Liane

Klaus Morgenroth
Horst Wagner

Wörterbuch Wirtschaftsfranzösisch

Französisch/Deutsch

Klaus Morgenroth
Horst Wagner

Wörterbuch Wirtschaftsfranzösisch

Französisch/Deutsch

Cornelsen
GIRARDET

Die Deutsche Bibliothek – CIP-Einheitsaufnahme

Morgenroth, Klaus:
Wörterbuch Wirtschaftsfranzösisch : französisch/deutsch / Klaus Morgenroth;
Horst Wagner – 1. Aufl., 1. Dr. – Berlin : Cornelsen, 1997
ISBN 3-464-49408-X

Verlagsredaktion: Erich Schmidt-Dransfeld
Technische Umsetzung: Text & Form, Düsseldorf

1. Auflage Druck 4 3 2 1 Jahr 2000 99 98 97

Druck: Parzeller, Fulda

ISBN 3-464-49408-X

Bestellnummer 494080

gedruckt auf säurefreiem Papier, umweltschonend
hergestellt aus chlorfrei gebleichten Faserstoffen

Vorwort

Das Wörterbuch Wirtschaftsfranzösisch umfaßt ca. 20.000 Fachwörter und Ausdrücke der französischen Wirtschaftssprache und deckt den Bereich der Wirtschaftspresse, gängiger Fachliteratur und wichtiger Situationen der Wirtschaftskommunikation ab. Es richtet sich an Wirtschaftsübersetzer, Anwender in der Wirtschaftspraxis sowie Lehrende und Lernende an Schulen und Hochschulen.

Das Wörterbuch basiert auf umfangreichen Datenbeständen an den Universitäten Metz und Saarbrücken, die von den Autoren zusammengeführt und lexikographisch aufbereitet wurden.

Das Wörterbuch versteht sich primär als Übersetzungswörterbuch. Zur besseren Lesbarkeit werden daher bei den französischen Einträgen nur die unbedingt erforderlichen grammatischen Merkmale angegeben (Genus der Substantive, Rektion der Verben, weibliche Form der Adjektive). Bei den deutschen Entsprechungen wird auf grammatische Angaben verzichtet.

Besondere Aufmerksamkeit wird der Wortkombinatorik gewidmet. Sie wird systematisch aufgeführt und ist somit fester Bestandteil der Mikrostruktur. Zur besseren Übersichtlichkeit ist sie in Nominal- und Verbalkombinatorik unterteilt. Diese differenzierte Mikrostruktur trägt zum einen dem hohen Anteil komplexer lexikalischer Einheiten in der französischen Wirtschaftssprache Rechnung. Zum anderen ergeben sich daraus Mehrfachaufführungen, die das Auffinden komplexer Mehrwortbegriffe wesentlich erleichtern. Diese werden nämlich sowohl als eigene Einträge an alphabetischer Stelle aufgeführt als auch unter der Kombinatorik der sinntragenden Einzelbestandteile des Kompositums. Im übrigen ist die Repräsentation der Kombinatorik sinnvoll, weil in der Praxis die Lexeme in eben dieser Einbettung in Texten vorkommen. Für die Zielgruppe der Lernenden schließlich ist es hilfreich, zusammen mit dem Fachwort auch gleich dessen Kombinatorik vorzufinden.

Mit einem Umfang von ca. 20.000 lexikalischen Einheiten wird in diesem Wörterbuch ein Grad fachsprachlicher Spezialisierung erreicht, der die o.g. Kommunikationssituationen im wesentlichen abdeckt. Es versteht sich jedoch, daß eine erschöpfende Darstellung der zahlreichen Teilgebiete z.B. des Rechnungswesens, des Controllings oder der Lagerwirtschaft Spezialwörterbüchernvorbehalten bleiben muß. Selbstverständlich sind aber Ergänzungsvorschläge und jegliche Hinweise für Folgeauflagen sehr willkommen.

Metz/Saarbrücken, im Oktober 1997 — Die Autoren

Abkürzungen und Symbole

etw	etwas
f	Femininum/féminin
fam	familiär/familier
jdm	jemandem
jdn	jemanden
jds	jemandes
m	Maskulinum/masculin
pej	pejorativ/péjoratif
pl	Plural/pluriel
qc	quelque chose
qn	quelqu'un
s.	sich
x	*verwendet als Geldbetrag* (x francs, x DM)
△	*kennzeichnet eine Rubrik mit Nominalkomposita*
△△	*kennzeichnet eine Rubrik mit Verbalkomposita*

Benutzungshinweise

I. Grundanordnung

Ein französisch-deutsches Wörterbuch, das sich schwerpunktmäßig an deutschsprachige Benutzer wendet, wird primär dazu herangezogen werden, treffende deutsche Entsprechungen für französische Begriffe oder Sprachwendungen zu ermitteln. Dafür ist eine möglichst strenge alphabetische Ordnung der Einträge am zweckmäßigsten.

Die Grundanordnung erfolgt deshalb auch prinzipiell alphabetisch. Der Übersichtlichkeit halber wird bei Mehrwortbegriffen (Komposita), gleich ob in einem Wort oder als Redewendung, der Hauptbegriff durch eine Tilde ersetzt.

Wenn in Redewendungen Artikel und Präpositionen vorkommen, werden sie im Sinne des strengen Alphabets bei der Einordnung als Wort berücksichtigt. Mehrfach mit dem gleichen Artikel bzw. der gleichen Präpositionen versehene Einträge folgen dann in sich jeweils wieder alpabetisch sortiert.

Beispiel:
Dem Haupteintrag **impôt** folgen nach diesen Regeln:

~ à la consommation **~ à la source**	} *Einträge mit à in sich alphabetisch*
~ cédulaire **~ communal**	} *Folgeeinträge alphabetisch anschließend*
~(s) d'Etat	*Plural ohne Mitsortierung; d' im Alphabet*
~ de Bourse **~ de solidarité**	} *Einträge mit de in sich alphabetisch*
~ direct **~ dû**	} *Folgeeinträge alphabetisch anschließend*
~ en cascade	*en im Alphabet*
~s et taxes	*Plural ohne Mitsortierung; et im Alphabet*
~ fédéral	*Folgeeintrag alphabetisch anschließend*

etc.

II. Mehrfacheintragung von Komposita

Komposita sind zum leichteren und schnelleren Auffinden zumeist doppelt eingetragen. Sie stehen erstens im fortlaufenden Alphabet der Haupteinträge und zweitens als Untereintrag unter dem Hauptbegriff ihres sinntragenden Einzelbestandteils.

Beispiel:
Man findet den Eintrag **administration des impôts** alphabetisch unter **administration** als **~ des impôts** und unter **impôts** als Untereintrag **administration des ~**.

III. Anordnung der Komposita in drei Rubriken

Als direkte alphabetische Einträge mit Tilde sind unter dem Haupteintrag solche Komposita eingetragen, die mit dem Haupteintrag als Bestandteil beginnen. Sie folgend jedoch erst an dritter Stelle.

Zuvor stehen, direkt unter dem jeweiligen Haupteintrag, die übrigen Komposita, und zwar in zwei Unterrubriken geordnet; diese sind übersichtlich eingerückt. An erster Stelle sind Nominalkomposita in einem Block, an zweiter Stelle Verbalkomposita angeordnet. Beide Blöcke werden mit Symbolen (ein bzw. zwei Dreiecke) deutlich abgegrenzt und in sich auch (nach den in I. beschriebenen Regeln) alphabetisch sortiert; die Trennung der Einträge erfolgt mit Semikolon.

Beispiel:
Unter **impôt** findet sich

△ **abaissement des ~s;** Steuer- senkung; **acquittement d'un** ~... etc.	} *Nominalkomposita,* *alphabetisch sortiert*
und	
△△ **acquitter un** ~ eine Steuer bezahlen, entrichten; **alléger l' ~...** etc.	} *Verbalkomposita,* *alphabetisch sortiert*
~ à la consommation etc.	*Komposita,* *beginnend mit Haupteintrag*

A

abaissement de ***qc*** *m* Senkung, Herabsetzung, Verkürzung, Verschlechterung von *etw*
~ **de l'âge de départ à la retraite** *m* Herabsetzung des Renteneintrittsalters
~ **de l'âge (légal) de la retraite** *m* Herabsetzung des (gesetzlichen) Rentenalters/Pensionsalters
~ **de la durée du travail** *m* Arbeitszeitverkürzung
~ **de la qualité** *m* Qualitätsverschlechterung
~ **des coûts** *m* Kostensenkung
~ **des droits de douane** *m* Zollsenkung
~ **des impôts** *m* Senkung der Steuern, Steuersenkung
abaisser (*qc* de x pour cent) (*etw* um x Prozent) senken
~ **le coût du travail** die Arbeitskosten senken
~ **le taux d'escompte** den Diskontsatz senken
~ **les taux d'intérêt** die Zinsen senken
abandon de ***qc*** *m* Aufgabe von *etw*, Verzicht auf *etw*
~ **d'actif** *m* Vermögensaufgabe
~ **de créance** *m* Forderungsverzicht
~ **de la prime** *m* Prämienaufgabe
~ **du produit** *m* Produktaufgabe
abandonner ***qc*** *etw* aufgeben
~ **la prime** auf die Übernahme der Prämie verzichten, die Übernahme der Prämie aufgeben
~ **une créance** auf eine Forderung verzichten, eine Forderung aufgeben
~ **une profession** einen Beruf aufgeben
abattage *m* Abbau, Schlachten, Fällen
abattement *m* Abschlag, Abzug, Preisnachlaß
△ **retraite sans ~** *f* Rente ohne Abzug
~ **à la base** *m* Grundfreibetrag, Steuerfreigrenze
~ **(d'impôt)** *m* Steuerfreibetrag, Steuerermäßigung, Steuernachlaß
△ **possibilité d'~** *f* möglicher Steuerfreibetrag, Steuerabzugsfähigkeit, Steuerabzugsmöglichkeit
△△ **bénéficier d'un ~** eine Steuerermäßigung/einen Steuernachlaß in Anspruch nehmen/erhalten; **procéder à un ~** eine Steuer ermäßigen; **supprimer des possibilités d'~** Steuerabzugsfähigkeiten/Steuerabzugsmöglichkeiten abschaffen; **avoir droit à un ~** auf eine Steuerermäßigung Anspruch haben
~ **fiscal** *m* Steuerfreibetrag, Steuerermäßigung, Steuernachlaß
~ **forfaitaire** *m* Pauschalabschlag, (Steuer) Pauschbetrag
~ **pour enfant à charge** *m* Kinderfreibetrag
~ **sur la paie** *m* Lohnabschlag
~ **sur le bénéfice imposable** *m* Freibetrag auf den zu versteuernden Gewinn
abattoir *souvent au pluriel* *m* Schlachthof
abattre ***qc*** *etw* niederreißen, schlachten, fällen
△ **viande abattue** *f* Schlachtfleisch
abîmé, e beschädigt
abolir le contrôle des changes die Devisenkontrolle/Devisenbewirtschaftung abschaffen
abondance *f* Überfluß
abondant, e ausgiebig, übermäßig, reichlich, im Überfluß vorhanden
△△ **l'offre est ~e** es besteht ein Überangebot
abonné/abonnée *m/f* Abonnent/Abonnentin, Teilnehmer/Teilnehmerin
abonné au téléphone *m* Telefonkunde, Fernsprechteilnehmer
abonnement *m* Abonnement
△ **carte mensuelle d'~** *f* Monatskarte; **police d'~** *f* laufende Police, Generalpolice; **taxe d'~ (pour le téléphone)** *f* Telefongrundgebühr; **vente par ~** *f* Abonnementverkauf
abonner à une revue (s') eine Zeitschrift abonnieren
abordable erschwinglich
△ **prix ~** *m* erschwinglicher Preis
aboutir zu einem positiven Ergebnis führen, erfolgreich sein, erfolgreich abgeschlossen werden
△△ **les négociations ont abouti** die Verhandlungen sind erfolgreich abgeschlossen worden

~ **à** *qc* zu *etw* kommen, gelangen
abrogation *f* Abschaffung, Außerkraftsetzung, Aufhebung
~ **d'une loi** *f* Abschaffung eines Gesetzes
abroger *qc* *etw* abschaffen, außer Kraft setzen, aufheben
absence *f* Abwesenheit, Fehlen
△ **temps d'~** *m pl* Fehlzeiten
~ **d'occupation professionnelle** *f* ohne Berufstätigkeit
~ **de cotation** *f* ohne Notierung
~ **de déclaration (de revenus)** *f* Fehlen einer Steuererklärung
~ **de droit** *f* fehlende Rechtsregel
~ **prolongée** *f* längere Abwesenheit
absentéisme *m* Fehlzeiten, Absentismus
~ **pour cause de maladie** *m* Krankenstand
absenter (s') sich entfernen, verreisen
~ **de son emploi (s')** seinen Arbeitsplatz verlassen, sich von seinem Arbeitsplatz entfernen
absorber *qc* *etw* aufnehmen, eingliedern
△△ **société absorbante** *f* übernehmende Gesellschaft; **société absorbée** *f* übernommene Gesellschaft; **un pays absorbe x pour cent des ventes françaises** in einem Land werden x Prozent der französischen Ausfuhren verkauft
~ **une société** ein Unternehmen übernehmen/eingliedern
absorption *f* Aufnahme, Verschmelzung
△ **fusion par ~** *f* Fusion durch Aufnahme
abstenir (s') sich enthalten, Abstand nehmen von
~ **de voter (s')** sich der Stimme enthalten
abstention *f* Stimmenthaltung
abus *m* Mißbrauch
~ **d'autorité** *m* Amtsmißbrauch
~ **de biens sociaux** *m* Unterschlagung von Vermögenswerten, Veruntreuung
~ **de confiance** *m* Vertrauensmißbrauch, Veruntreuung
~ **de droit** *m* Rechtsmißbrauch
~ **de gestion** *m* unredliche Geschäftsführung
~ **de position dominante (sur le marché)** *m* Mißbrauch einer (markt)beherrschenden Stellung
abusif, ive mißbräuchlich, willkürlich
△ **licenciement ~** *m* willkürliche Entlassung
accédant à la propriété *m* Grunderwerber, Hauserwerber, Häuslebauer *fam*
accéder à *qc* zu *etw* Zugang haben, *etw* erreichen, aufsteigen, *etw* stattgeben
~ **à la propriété** Eigentum bilden/erwerben, Eigentümer werden
~ **à un emploi** eine Stelle bekommen
~ **à une fonction de cadre** in eine leitende Position aufsteigen
~ **à une demande** einem Antrag stattgeben
accélération *f* Beschleunigung
~ **des importations** *f* Steigerung des Imports
accélérer *qc* *etw* beschleunigen
△ **formation accélérée** *f* Kurzausbildung
~ **le rythme de l'inflation** das Inflationstempo beschleunigen
~ **son mouvement à la baisse** seine/ihre Talfahrt beschleunigen
~ **(s')** sich beschleunigen
△△ **l'inflation s'accélère** der Preisauftrieb beschleunigt sich
accentuation *f* Betonung, Heraushebung, Akzentuierung
accentuer (s') sich verstärken, an Bedeutung zunehmen
△△ **le recul s'accentue** der Rückgang verstärkt sich
acceptabilité *f* Akzeptanz
△ **degré d'~** *m* Akzeptanzgrad; **prix d'~** *m* annehmbarer/marktgängiger Preis
acceptation *f* Annahme, Akzept
△ **crédit par ~** *m* Akzeptkredit; **documents contre ~** *m pl* Dokumente gegen Akzept; **engagement d'~** *m* Akzeptverpflichtung; **par ~** durch Akzeptleistung/Akzeptierung
△△ **envoyer une traite à l'~** einen Wechsel zwecks Akzepts einreichen
~ **à l'escompte** *f* Diskontierung
~ **bancaire/de banque** *f* Bankakzept
~ **d'une traite** *f* Akzeptieren eines Wechsels
~ **de complaisance** *f* Gefälligkeitsakzept
~ **par honneur** *f* Ehrenakzept
~ **par intervention** *f* Interventionsakzept

~ **partielle** *f* Teilakzept, Teilannahme
~ **sur protêt** *f* Ehrenakzept
accepter *qc* *etw* annehmen, akzeptieren
~ **un effet à l' escompte** einen Wechsel zum Diskont annehmen
~ **une lettre de change** einen Wechsel akzeptieren/querschreiben
~ **une traite** einen Wechsel akzeptieren/querschreiben
~ **une traite à l'escompte** einen Wechsel zum Diskont annehmen
accès *m* Zutritt, Zugang
△ **conditions d'~** *f pl* Zutrittsbedingungen; **préfixe d'~ international** *m* internationale Vorwahl; **rampe d'~** *f* Rampe, Finger (Flughafen)
△△ **avoir ~ (auprès de** ***qn/qc***) (zu *etw*) Zugang haben, (bei *jdm*) vorgelassen werden; **garantir l'~ au marché** den Zugang zum Markt garantieren
~ **au marché** *m* Marktzutritt, Zugang zum Markt
△△ **garantir l'~** den Zugang zum Markt garantieren
accessible zugänglich, erschwinglich
accession à ***qc*** Zugang zu *etw*
~ **à la propriété** *f* Eigentumserwerb
△ **prêt aidé à l'~ (PAP)** *m* staatlich gefördertes Darlehen zum Erwerb von Wohneigentum
~ **à la propriété immobilière** *f* Grund(eigentums)erwerb
accessoire *m* Zusatz, zusätzlicher Bestandteil
~s *m pl* Zubehör
~s de mode *m pl* modisches Zubehör
accessoire zusätzlich, nebensächlich, Neben-
△ **acte ~** *m* Nebenakt; **frais ~s** *m pl* Nebenkosten; **produit ~** *m* Nebenerlös; **profession ~** *f* Nebenbeschäftigung; **revenu ~** *m* Einkommen aus Nebenerwerb, Nebeneinkommen, Zusatzeinkommen; **salaire ~** *m* Nebeneinkommen, Zusatzeinkommen
accident *m* Unfall, Unglück
△ **assurance contre les ~s** *f* Unfallversicherung; **danger d'~** *m* Unfallgefahr; **décès par ~** *m* Unfalltod; **indemnité d'~** *f* Unfallentschädigung; **prévention des ~s** *f* Unfallschutz, Unfallverhütung; **responsable d'un ~** schuld an einem Unfall; **risque d'~** *m* Unfallgefahr; **risque d'~ mortel de la circulation** *m* Gefahr eines tödlichen Verkehrsunfalls
△△ **causer des ~s** Unfälle verursachen; **être engagé, e dans un ~** in einen Unfall verwickelt sein
~ **de la circulation** *m* Verkehrsunfall
~ **de stationnement** *m* Unfall des geparkten Fahrzeugs
~ **de/du travail** *m* Arbeitsunfall
△ **gravité d'un ~** *f* Schwere eines Arbeitsunfalls; **fréquence des accidents du travail** *f* Häufigkeit der Arbeitsunfälle
~ **de/du travail avec arrêt** *m* Arbeitsunfall mit Arbeitsunterbrechung
~ **donnant lieu à un arrêt de travail** *m* Arbeitsunfall mit anschließender Arbeitsunterbrechung
~ **en dommages** *m* Unfallschaden
~ **ménager** *m* Unfall im Haushalt
~ **(mortel) de la circulation** *m* (tödlicher)Verkehrsunfall
~ **pétrolier** *m* Tankerunglück
~ **professionnel** *m* Arbeitsunfall, Berufsunfall
accidenté, e verunglückt, Unfall-
△ **voiture ~e** *f* Unfallfahrzeug
accidentel, le Unfall-
△ **mort ~le** *f* Unfalltod
accise *f* Verbrauchssteuer, Akzise
△ **droits d'~** *m pl* Akzisen
△△ **être soumis, e à l'~** verbrauchssteuerpflichtig sein
accompagnement *m* Begleitung
△ **bordereau d'~** *m* Begleitschein; **document d'~** *m* Begleitdokument; **feuille d'~** *f* Begleitdokument; **papiers d'~** *m pl* Begleitdokumente
accomplir ***qc*** *etw* vollenden, ausführen
△ **fait accompli** *m* vollendete Tatsache; **mission accomplie** *f* ausgeführter Auftrag, Auftrag ausgeführt
accomplissement *m* Vollendung, Erfüllung
~ **d'une mission** *m* Erfüllung eines Auftrags
accord *m* Abkommen, Vertrag, Vereinbarung, Einigung, Zustimmung, Übereinstimmung
△ **en ~ avec** ***qn*** in Abstimmung mit

jdm; **négociation d'un ~** *f* Aushandeln eines Abkommens/Vertrags
△△ **conclure un ~** einen Vertrag/ein Abkommen schließen; **donner son ~ à** ***qc*** seine Zustimmung für *etw* erteilen/geben, einer Sache zustimmen; **donner son ~ de principe à** ***qc*** einer Sache grundsätzlich/prinzipiell zustimmen, sein prinzipielles Einverständnis für/zu *etw* geben; **être d'~ avec** ***qn*** mit *jdm* einverstanden sein; **parvenir à un ~** eine Einigung erzielen, zu einer Einigung gelangen; **renégocier un ~** einen Vertrag neu aushandeln, modifizieren; **signer un ~** einen Vertrag/ein Abkommen unterzeichnen; **tomber d'~ sur** ***qc*** sich über *etw* einigen, einig werden; **trouver un ~** zu einer Einigung kommen; **un ~ est intervenu** ein Vertrag /Abkommen ist zustandegekommen

~ **amiable** *m* gütliche Übereinkunft
~ **atypique** *m* atypische Vereinbarung
~ **bilatéral** *m* zweiseitiges/bilaterales Abkommen, zweiseitiger/bilateraler Vertrag
~ **collectif** *m* Tarifvertrag
~ **commercial** *m* Handelsabkommen
~ **contractuel** *m* vertragliche Vereinbarung
~ **d'arbitrage** *m* Schiedsvertrag
~ **d'association** *m* Assoziationsvertrag
~**s d'autolimitation** *m pl* Selbstbeschränkungsabkommen
~**s d'entreprise** *m pl* Betriebsvereinbarungen
~ **de clearing** *m* Clearingabkommen
~ **de compensation** *m* Kompensationsabkommen
~ **de coopération** *m* Kooperationsvertrag
~ **de crédit** *m* Kreditzusage, Kreditgewährung
~ **de distribution** *m* Vertriebsabkommen
~ **de fusion** *m* Fusionsabkommen
~ **de joint-venture** *m* Gemeinschaftsabkommen, Joint-Venture-Abkommen
~ **de libre-échange** *m* Freihandelsabkommen
~ **de partenariat** *m* Kooperationsvereinbarung, Partnerschaftsvertrag
~ **de participation** *m* Beteiligungsabkommen
~ **de swap** *m* Swapabkommen

Accords du GATT *m pl* Gatt-Abkommen, Gatt-Vereinbarungen

Accord général sur les tarifs douaniers et le commerce *m* Allgemeines Zoll- und Handelsabkommen (GATT)

~ **interbancaire** *m* Bankenabsprache
~ **monétaire** *m* Währungsabkommen
~ **moratoire** *m* Stillhalteabkommen
~ **multilatéral** *m* multilaterales Abkommen
~ **préférentiel** *m* Vorzugsvertrag
~ **salarial** *m* Lohnabkommen, Tarifabkommen, Tarifvereinbarung
~ **sur les prix** *m* Preisabsprache
~ **tacite** *m* stillschweigender Vertrag, stillschweigende Vereinbarung
△ **par ~** stillschweigend

accorder ***qc*** **à** ***qn*** *jdm etw* einräumen, zugestehen

~ **des avantages** Vorteile einräumen
~ **des concessions** Konzessionen/Zugeständnisse machen/einräumen
~ **des concessions commerciales** Handelsvorteile einräumen
~ **des facilités de crédit à** ***qn*** *jdm* Kreditmöglichkeiten einräumen
~ **le quitus** Entlastung erteilen
~ **un crédit à** ***qn*** *jdm* einen Kredit gewähren/bewilligen
~ **un emprunt à** ***qn*** *jdm* eine Anleihe gewähren/bewilligen
~ **un prêt à** ***qn*** *jdm* ein Darlehen gewähren/bewilligen
~ **une dérogation à** ***qn*** *jdn* von *etw* befreien
~ **une indemnisation à** ***qn*** *jdm* eine Entschädigung bewilligen
~ **une remise de x pour cent** x Prozent Rabatt gewähren, einen Preisnachlaß von x Prozent gewähren
~ **une ristourne de x pour cent** eine Beitragsrückerstattung von x Prozent gewähren
~ **une subvention** eine Subvention gewähren
~ **avec** ***qn*** **sur** ***qc*** **(s')** sich über *etw* einigen, einig werden

accoster anlegen (Schiff)

accréditer akkreditieren

accréditif *m* (Bar)Akkreditiv, Beglaubigungsbrief, Kreditbrief

△ **bénéficiaire d'un ~** *m* Akkreditierter; **émetteur d'un ~** *m* Akkreditivsteller
△△ **établir un ~** ein Akkreditiv ausstellen; **confirmer un ~** ein Akkreditiv bestätigen
~ **documentaire** *m* Dokumentenakkreditiv
~ **payable en espèces** *m* Barakkreditiv
~ **sur marchandises** *m* Warenakkreditiv
accréditif, ive Kredit-, Akkreditiv-
△ **carte ~ive** *f* Kreditkarte
accrocheur, euse zugkräftig, werbewirksam
accroissement *m* Zuwachs, Zunahme, Steigen, Anwachsen
△ **prime d'~** *f* Zuwachsprämie; **rythme d'~** *m* Wachstumstempo, Wachstumsrate; **taux d'~** *m* Zuwachsrate
△△ **prévoir un ~** auf Zuwachs planen
~ **de la capacité de production** *m* Erweiterung/Zunahme der Produktionskapazität
~ **de la population** *m* Bevölkerungswachstum, Bevölkerungszunahme
~ **de valeur** *m* Wertzuwachs
~ **démographique** *m* Bevölkerungswachstum, Bevölkerungszunahme
~ **des existences** *comptabilité* *m* Bestandszunahme *Buchführung*
~ **des garanties** *m* Verstärkung/Erhöhung der Sicherheiten
~ **des importations** *m* Importzuwachs
~ **des profits** *m* Gewinnsteigerung
~ **des stocks** *m* Vergrößerung der Lagerbestände
~ **du chiffre d'affaires** *m* Steigerung des Umsatzes, Umsatzzuwachs, Umsatzsteigerung
~ **du chômage** *m* Steigen der Arbeitslosigkeit, steigende Arbeitslosigkeit
~ **du pouvoir d'achat** *m* Steigerung der Kaufkraft
~ **du trafic** *m* Verkehrszunahme
accroître *qc* *etw* steigern
~ **la compétitivité** die Wettbewerbsfähigkeit steigern
~ **la demande** die Nachfrage steigern
~ **la productivité** die Produktivität steigern
~ **le pouvoir d'achat** die Kaufkraft erhöhen/ steigern
~ **sa part de marché** seinen Marktanteil vergrößern
~ **(s')** anwachsen, zunehmen
△△ **la concurrence s'accroît** die Konkurrenz wird größer
accueil *m* Aufnahme, Empfang
△ **capacité d'~** *f* Aufnahmekapazität; **hôtesse d'~** *f* Hosteß
accueillir *qn/qc* *jdn/etw* empfangen, aufnehmen
accumulation *f* Anhäufung, Ansammlung, Akkumulation
~ **de capital** *f* Kapitalansammlung, -anhäufung
~ **de stocks** *f* Lageranhäufung
accumuler *qc* *etw* anhäufen, akkumulieren
~ **(s')** sich anhäufen, auflaufen
accusation de dumping *f* Dumpingvorwurf, Vorwurf unfairen Wettbewerbs
accusé/accusée *m/f* Angeklagte(r)
accusé de réception *m* Eingangsbestätigung, Empfangsbestätigung
accuser *qn* **(de** *qc***)/***qc* 1. *jdn* anklagen, *jdn* (*einer Sache*) bezichtigen 2. *etw* aufweisen, ausweisen, verzeichnen
~ **des pertes** Verluste verzeichnen
~ **réception de** *qc* den Empfang/Eingang von *etw* bestätigen
~ **un bénéfice (de x francs)** einen Gewinn (von x Franc) ausweisen
~ **un déficit** ein Defizit aufweisen
~ **un écart important** *cours* starke Kursabweichungen aufweisen
~ **un excédent** einen Überschuß aufweisen/erzielen/abwerfen
~ **un pays de dumping** ein Land des Dumpings bezichtigen
~ **un recul de x pour cent** *Bourse* um x Prozent nachgeben *Börse*
~ **un solde de x francs** einen Saldo von x Franc aufweisen
achalandage *m* Kundenkreis, Kundenstamm
achalandé, e (gut) eingeführt
△ **magasin bien ~** *m* gut eingeführter Laden, Geschäft mit großer Stammkundschaft, *extensiv auch* Geschäft mit reichhaltigem Warenangebot
achat *m* Ankauf, Kauf, Erwerb, *pluriel:* Einkäufe, Einkaufsziffern
△ **acte d'~** *m* Kaufakt; **bon d'~** *m* Bezugsschein; **centrale d'~** *f* Einkaufszentrale; **centre d'achat** *m* Einkaufsabteilung; **commissionnaire à l'~** *m*

Einkaufskommissionär; **comportement d'~** *m* Kaufverhalten, Verbraucherverhalten, Konsumentenverhalten, Käuferverhalten; **condition d'~** *f* Einkaufsbedingung; **coopérative d'~** *f* Einkaufsgenossenschaft; **cours d'~** *m* Abnahmekurs, Kaufkurs; **coût d'~** *m* Anschaffungskosten; **décision d'~** *f* Kaufentscheidung; **décisionnaire en matière d'~** *m* Einkäufer; **demande d'~** *f* Kaufantrag; **directeur/directrice des ~s** *m/f* Einkaufsleiter, Einkaufsleiterin; **frais d'~** *m pl* Anschaffungskosten; **frein à l'~** *m* Hemmnis für den Kauf; **groupement d'~** *m* Einkaufsgenossenschaft; **groupement d'~ de détaillants** *m* Einkaufsvereinigung von Einzelhändlern; **habitudes d'~** *f pl* Kaufgewohnheiten; **journal des ~s** *m* Wareneinkaufsbuch; **marketing ~** *m* Beschaffungsmarketing; **motivation d'~** *f* Kaufmotiv; **obligation d'~** *f* Kaufzwang, Kaufverpflichtung; **offre publique d'~ (OPA)** *f* öffentliches Übernahmeangebot, Aktienaufkaufangebot; **option d'~** *f* Kaufoption; **ordre d'~** *m* Kaufauftrag; **ordres d'~ et de vente** *m pl* Kauf- und Verkaufsaufträge, Kauf- und Verkaufsorder; **organisation de l'~** *f* Einkaufsorganisation; **politique d'~** *f* Einkaufspolitik; **pouvoir d'~** *m* Kaufkraft; **prix d'~** *m* Einkaufspreis; **processus d'~** *m* Kaufakt; **puissance d'~** *f* Einkaufsmacht; **service ~/des ~s** *m* Einkaufsabteilung; **vague d'~s** *f* Kaufwelle

△△ **faire des ~s** einkaufen, Einkäufe machen; **inciter à l'~** verkaufswirksam sein; **ramener les ~s de ... à ...** die Einkaufsziffern von ... auf ... zurückführen; **réaliser des ~s** Einkäufe tätigen

~ **à crédit** *m* Ratenkauf, Kauf auf Kredit, Kreditkauf
~ **à découvert** *m* Kauf ohne Deckung
~ **à tempérament** *m* Teilzahlungskauf, Ratenkauf, Abzahlungskauf
△ **crédit pour ~** *m* Ratenkredit
~ **à terme** *m* Kreditkauf, Terminkauf
~ **à terme ferme** *m* Kauf auf feste Lieferung
~ **au comptant** *m* Barkauf, Kauf gegen Kasse
~ **au mieux** *m* Bestkauf
~ **d'actions** *m* Aktienkauf
~ **d'anticipation** *m* Spekulationskauf
~ **d'équipements** *m* Kauf von Einrichtungen/Anlagen
~ **d'impulsion** *m* Impulskauf, Spontankauf
~ **de créances** *m* Forderungsankauf
~ **de devises** *m* Devisenkauf
~**s de l'étranger** *m pl* Auslandskäufe, Käufe des Auslands
~ **de matériel et de marchandises** *m* Material- und Wareneinkauf
~ **de matières premières** *m* Kauf von Rohstoffen
~ **de placement** *m* Anlagekauf
~ **de renouvellement** *m* Ersatzkauf
~ **de soutien** *m* Interventionskauf, Stützkauf, Stützungskauf
~ **de titres** *m* Kauf von Wertpapieren, Wertpapiererwerb
~ **de valeurs** *m* Kauf von Wertpapieren, Wertpapiererwerb
~ **domestique** *m* Inlandskauf
~ **étranger** *m* Auslandskauf
~ **ferme** *m* fester Kauf (am Terminmarkt)
~ **par acomptes** *m* Ratenkauf, Abzahlungskauf
~ **pour revendre** *m* Kauf zwecks Weiterveräußerung
~ **spéculatif** *m* Meinungskauf, Spekulationskauf

acheminement *m* Beförderung, Transport
~ **par la route** *m* Beförderung auf der Straße
~ **par rail** *m* Beförderung auf dem Schienenweg

acheminer *qc* *etw* befördern, transportieren, übermitteln

acheter *qc* *etw* kaufen, erwerben
~ **à crédit** auf Kredit kaufen
~ **à la baisse** auf Baisse kaufen
~ **à prix d'or** *fam* sehr teuer kaufen, einen saftigen Preis zahlen
~ **à tempérament** auf Raten/Kredit/Abzahlung kaufen
~ **d'avance** im voraus kaufen
~ **des titres** Wertpapiere kaufen
~ **un article** einen Artikel kaufen
~ **un fonds de commerce** ein Geschäft

kaufen
~ **une licence** eine Lizenz erwerben
acheteur *m* Käufer, Erwerber
△ **catégorie d'~s** *f* Käufergruppe; **comportement de l'~** *m* Kaufverhalten, Verbraucherverhalten, Konsumentenverhalten, Käuferverhalten; **cours ~** *m* Geldkurs; **crédit ~** *m* Käuferkredit; **gros ~** *m* Großabnehmer; **option réservée à l'~** *f* für den Käufer reservierte Option
△△ **se porter ~** als Käufer auftreten
~ **potentiel** *m* potentieller Kunde/Käufer
~ **déjà acquis** *m* bereits gewonnener Kunde/Käufer
achèvement *m* Vollendung, Fertigstellung, Abschluß
△ **déclaration d'~ (des travaux)** *f* (Bau)Fertigstellungserklärung; **vente en futur état d'~** etappenweiser Verkauf einer Immobilie auf Teilzahlungsbasis bis zur Fertigstellung
~ **des travaux** *m* Fertigstellung der (Bau)Arbeiten
achever ***qc*** *etw* vollenden, fertigstellen, abschließen
achoppement *m* Anstoß, Anprall, Hemmnis
△ **pierre d'~** *f* Stein des Anstoßes; **point d'~** *m* schwieriger Punkt, Streitpunkt, Knackpunkt *fam*
achopper sur une question sich an einer Frage stoßen
acidification des sols *f* Versauerung des Bodens
acier *m* Stahl
△ **transformation de l'~** *f* Stahlverarbeitung
aciérie *f* Stahlwerk, Stahlfabrik
acompte *m* Abschlagszahlung, Anzahlung, Teilzahlung, Vorauszahlung
△ **achat par ~s** *m* Ratenkauf, Abzahlungskauf; **versement d'~** *m* Leistung einer Anzahlung
△△ **verser un ~** eine Anzahlung leisten
~ **à la commande** *m* Anzahlung bei Bestellung
~**s mensuels** *m pl* monatliche Akontozahlungen
~ **provisionnel** *m* Vorauszahlung (auf die Einkommenssteuer)
~ **sur dividende** *m* Abschlagsdividende
ACP (Afrique, Caraïbes, Pacifique) AKP (Afrika, Karibik, Pazifik)
△ **pays de l'~** *m pl* AKP-Länder
acquéreur *m* Erwerber, Käufer, Abnehmer, Ersteher
△△ **se rendre ~ de** ***qc*** *etw* erwerben
~ **subséquent** *m* Nacherwerber
acquérir ***qc*** *etw* erwerben, beschaffen, kaufen, abnehmen, erstehen
~ **la propriété par prescription** durch Ersitzung erwerben
~ **un brevet** ein Patent erwerben
~ **une licence** eine Lizenz erwerben
~ **x pour cent du capital** *m* x Prozent des Kapitals erwerben/übernehmen
acquêts *m pl* Zugewinn, während der Ehe gemeinschaftlich erworbenes Vermögen
△ **(régime de la) communauté réduite aux ~s** *m* Zugewinngemeinschaft, Errungenschaftsgemeinschaft
acquis *m* Errungenschaft, Besitzstand
~ **social** *m* soziale Errungenschaft
acquis, e erworben, errungen
△ **droits ~** *m pl* angestammte/wohlerworbene Rechte
acquisition *f* Beschaffung, Erwerb, Kauf
△ **coût d'~** *m* Beschaffungskosten, Erwerbskosten; **date d'~** *f* Beschaffungsdatum, Erwerbsdatum; **prix d'~** *m* Anschaffungspreis
~ **d'un terrain** *f* Grundstückserwerb
~ **de titres** *f* Kauf von Wertpapieren, Wertpapiererwerb
~ **de valeurs** *f* Kauf von Wertpapieren, Wertpapiererwerb
acquit *m* Quittung, Zahlungsbestätigung
△△ **donner ~ de …** den Empfang von … bescheinigen; **pour ~** Betrag dankend erhalten
acquittement *m* 1. (Be)Zahlung, Entrichtung, Abgeltung, Begleichung, Einlösung, Tilgung 2. Quittierung 3. Freisprechung, Freispruch
~ **d'un impôt** *m* Zahlung/Entrichtung einer Steuer
~ **d'une dette** *m* Begleichung einer Schuld
~ **de droits** *m* Zahlung/Entrichtung von Gebühren/Abgaben
acquitter ***qc/qn*** 1. *etw* bezahlen, entrichten, abgelten, begleichen, einlösen, til-

gen 2. quittieren 3. *jdn* freisprechen
~ **des droits** Gebühren/Abgaben bezahlen/entrichten
~ **un impôt** eine Steuer bezahlen/entrichten
~ **une redevance** eine Gebühr bezahlen
~ **de** ***qc*** **(s')** *etw* begleichen, entrichten, sich (einer Sache/einer Pflicht) entledigen
△△ **s'~ d'une mission** sich eines Auftrags entledigen, einen Auftrag ausführen/erfüllen; **s'~ de l'impôt** seine Steuerpflicht erfüllen

acte *m* 1. (Rechts)Handlung, Akt, Geschäft 2. Akte, Urkunde, Vertrag
△△ **passer un ~** einen (notariellen) Vertrag schließen; **prendre ~ de** ***qc*** *etw* zur Kenntnis/zu Protokoll nehmen
~ **accessoire** *m* Nebenakt
~ **administratif** *m* Verwaltungsakt
~ **authentique** *m* öffentlich beurkundetes Schriftstück, notarieller Vertrag
~ **civil** *m* Zivilakt
~**s conservatoires** *m pl* Sicherungsmaßnahmen
~ **constitutif d'une société** *m* Gründungsakt, Gründungshandlung
~ **d'achat** *m* Kaufakt, Kaufvorgang
~ **de caution** *m* Bürgschaftserklärung, Bürgschaftsurkunde
~ **de commerce** *m* Handelsakt, Handelsgeschäft
~ **de constitution** *m* Gründungsvertrag
~ **de décès** *m* Sterbeurkunde
~ **de disposition** *m* Bestimmungsakt
~ **de disposition conservatoire** *m* Verfügung zur Begründung der Sicherheitsübereignung
~ **de mariage** *m* Heiratsurkunde
~ **de naissance** *m* Geburtsurkunde
~ **de vandalisme** *m* mutwillige Zerstörung/Beschädigung, Vandalismus
~ **de vente** *m* Kaufvertrag
~ **délictueux** *m* strafbare Handlung
~ **et omission** *m/f* Handlung und Unterlassung
~ **isolé** *m* Einzelakt
~ **juridique** *m* Rechtsakt, Rechtsgeschäft
~ **notarié** *m* notarielle Urkunde
~ **nul** *m* nichtiger Akt
~ **sous seing privé** *m* privatschriftlicher Vertrag
~ **unilatéral** *m* einseitiger (Verwaltungs)Akt

Acte unique européen *m* Einheitliche Europäische Akte
~ **volontaire** *m* freiwillige Handlung

acteur *m* Akteur, Handelnder, Figur
~ **de second rang** zweitrangiger Akteur

actif *m* 1. *souvent au singulier:* Aktiva, Aktivbestand, Aktivseite der Bilanz, Kapital, Vermögen 2. *souvent au pluriel:* Erwerbspersonen, Erwerbstätige, Erwerbsbevölkerung
△ **abandon d'~** *m* Vermögensaufgabe; **article d'~** *m* Aktivposten; **compte d'~** *m* Aktivkonto; **correction d'~** *f* Berichtigung der Aktiva; **écriture d'~** *f* Aktivbuchung; **élément d'/de l'~** *m* Aktivposten, Vermögenswert; **insuffisance d'~** *f* Mangel an Masse, Überschuldung; **poste d'~** *m* Aktivposten; **pour insuffisance d'~** *f* mangels Masse; **réalisation de l'~** *f* Auflösung der Aktiva, Veräußerung der Vermögenswerte; **valeurs d'~** *f pl* Aktiva, Aktivwerte
△△ **comptabiliser** ***qc*** **à l'~** *etw* auf die Aktivseite verbuchen, aktivieren; **figurer à l'~** auf der Aktivseite stehen/erscheinen; **inscrire une somme à l'~** einen Betrag aktivieren; **juxtaposer l'~ et le passif** Aktivseite und Passivseite gegenüberstellen; **mobiliser un ~** einen Aktivbestand mobilisieren; **passer/porter** ***qc*** **à l'~** *etw* aktivieren; **une somme figure à l'~/est inscrite à l'~** ein Betrag steht auf der Aktivseite
~ **circulant** *m* Umlaufvermögen
~ **de la faillite** *m* Konkursmasse
~ **de/du bilan** *m* Aktivseite der Bilanz
~**s de roulement** *m pl* Umlaufvermögen
~ **disponible** *m* verfügbare Mittel, Umlaufvermögen
~**s divers** *m pl* sonstige Vermögensgegenstände
~ **et passif** *m/m* Aktiva und Passiva
~ **immobilisé** *m* Anlagevermögen
~**s liquides** *m pl* Kassenbestand
~ **net** *m* Reinvermögen, Nettobestand
~ **réalisable** *m* kurzfristig realisierbare Aktiva
~ **social** *m* Gesellschaftsvermögen

actif, -ive 1. aktiv 2. Erwerbs-, erwerbstätig
△ **balance ~ive** *f* aktive Bilanz; **bilan ~** *m* aktive Bilanz; **marché ~** *m* aktiver Markt; **personne ~ive** *f* Erwerbstätiger; **personne ~ive salariée** *f* Unselbständiger, unselbständig Beschäftigter; **population ~ive** *f* Erwerbsbevölkerung, Erwerbspersonen; **population ~ive ayant un emploi** *f* Erwerbstätige; **population ~ive en âge de travailler** *f* Erwerbsfähige, Bevölkerung im erwerbsfähigen Alter; **population ~ive étrangère** *f* ausländische Erwerbstätige/Erwerbspersonen; **population ~ive salariée** *f* nichtselbständige Erwerbstätige/Erwerbspersonen; **population ~ive occupée** *f* Erwerbstätige, Beschäftigte; **solde ~** *m* Habensaldo

action *f* 1. Aktion, Operation, Projekt 2. Aktie, Anteilschein, Börsenwert 3. Rechtshandlung, Verfahren
△ **achat d'~s** *m* Aktienkauf; **attribution d'~s** *f* Aktienzuteilung; **bourse des ~s** *f* Aktienbörse; **capital-~s** *m* Aktienkapital; **certificat d'~s** *m* Anteilschein; **compte d'épargne en ~s** *m* Aktiensparkonto; **cotation des ~s** *f* Aktiennotierung; **cours d'une ~** *m* Aktienkurs; **détenteur d'~s** *m* Aktienbesitzer, Aktieninhaber; **émetteur d'~s** *m* Emittent; **émission d'~s** *f* Aktienausgabe; **gestion du/d'un portefeuille d'~s** *f* Portefeuilleverwaltung; **indice du cours des ~s** *m* Aktienindex; **investissement en ~s** *m* Anlage in Aktien; **lancement d'~s** *m* Aktienausgabe; **lot d'~s** *m* Aktienpaket; **option sur ~s** *f* Option auf Aktien; **paquet d'~s** *m* Aktienpaket; **petit porteur d'~s** *m* Kleinaktionär; **placement en ~s** *m* Aktienanlage; **portefeuille d'~s** *m* Aktien-Portefolio, Aktien-Portefeuille; **porteur d'~s** *m* Aktienbesitzer, Aktieninhaber; **produit d'une ~** *m* Aktienertrag, Aktienrendite; **programme d'~** *m* Aktionsprogramm; **rayon d'~** *m* Einwirkungsgebiet, Tätigkeitsgebiet, Bezirk; **société en commandite par ~s** *f* Kommanditgesellschaft auf Aktien; **société par ~s** *f* Aktiengesellschaft; **souscription d'~s** *f* Aktienzeichnung, Zeichnung von Aktien; **transactions en ~s** *fpl* Aktiengeschäfte; **vente d'~s** *f* Aktienverkauf
△△ **coter une ~** eine Aktie notieren; **détenir des ~s** Aktien besitzen/halten; **émettre des ~s** Aktien ausgeben; **intenter une ~ en contrefaçon** wegen Produktpiraterie klagen; **les ~s montent/sont en baisse** die Aktien steigen/fallen; **négocier des ~s** Aktien handeln; **souscrire des ~s** Aktien zeichnen; **une ~ cote x francs** eine Aktie notiert mit x Franc; **vendre un paquet d'~s** ein Aktienpaket verkaufen

~ **à bon de souscription d'actions** *f* Aktie mit Bezugsrecht auf Aktien
~ **à dividende prioritaire** *f* Aktie mit Vorzugsdividende, Vorzugsaktie
~ **à dividende prioritaire sans droit de vote** *f* stimmrechtslose Aktie mit Vorzugsdividende, stimmrechtslose Vorzugsaktie
~ **ancienne droit détaché** *f* alte Aktie ohne Bezugsrecht
~ **au porteur** *f* Inhaberaktie
~ **avec clause d'agrément** *f* vinkulierte Aktie
~ **civile** *f* Klage auf Schadenersatz, Geltendmachen vermögensrechtlicher Ansprüche
~ **d'apport** *f* Einbringungsaktie, Gründeraktie, Aktie für Sacheinlage
~ **de capital** *f* Gründungsaktie, Kapitalanteil, Stammaktie
~ **de garantie** *f* Garantieaktie
~ **de jouissance** *f* Genußaktie
~ **de numéraire** *f* eingezahlte Aktie, Aktie für Bareinlage
~ **de préférence** *f* Vorzugsaktie
~ **de priorité** *f* Vorzugsaktie
~ **de second rang** *f* Nebenwert
~ **déposée** *f* hinterlegte Aktie
~s du bâtiment *fpl* Bauwerte
~ **en circulation** *f* begebene Aktie
~ **en désignation (d'un gérant)** *f* gerichtliche Bestellung eines Geschäftsführers
~ **en inopposabilité** *f* Konkursanfechtung
~ **en justice** *f* gerichtliche Klage, Rechtsklage
△△ **engager/intenter une ~** vor Ge-

richt klagen, einen Prozeß anstrengen, Klage erheben
~ **en nullité** *f* Anfechtungsklage
~ **(entièrement) libérée** *f* Vollaktie
~ **ex-droit** *f* Aktie ex Bezugsrecht
~ **gratuite** *f* Aufstockungsaktie, Berichtigungsaktie, Freiaktie, Gratisaktie, Zusatzaktie
~ **nominative** *f* Namensaktie
~ **nominative de capital** *f* auf den Inhaber lautende Namensaktie
~ **nominative liée** *f* vinkulierte Namensaktie
~ **non libérée** *f* Leeraktie
~ **nouvelle** *f* junge Aktie
~ **ordinaire** *f* Stammaktie
~ **préférentielle** *f* Vorzugsaktie
~ **priviligiée** *f* Vorzugsaktie
~ **propre** *f* eigene Aktie
~ **publicitaire** *f* Werbeaktion
~ **résolutoire** *f* Auflösungsklage (für Kaufvertrag)
~ **revendicative** *f* Aktion zur Durchsetzung einer Forderung
~ **sans droit de vote** *f* stimmrechtslose Aktie
~ **sociale** *f* soziales Handeln, Sozialmaßnahmen
~ **statutaire** *f* Pflichtaktie
~ **sur le marché** *f* Marktbearbeitung
~ **vedette** *f* Spitzenwert

actionnaire *m* Aktionär, Aktienbesitzer, Anteilseigner
△ **assemblée générale des ~s** *f* Hauptversammlung der Aktionäre, Aktionärshauptversammlung; **assemblée ordinaire des ~s** *f* ordentliche Aktionärsversammlung; **petit** ~ *m* Kleinaktionär
~ **ayant la majorité** *m* Mehrheitsgesellschafter, Mehrheitsaktionär
~ **dominant** *m* beherrschender Gesellschafter
~ **majoritaire** *m* Mehrheitsgesellschafter, Mehrheitsaktionär

actionnariat *m* Gesamtheit der Aktionäre, Beteiligung am Gesellschaftskapital
~ **des salariés** *m* Beteiligung der Arbeitnehmer am Unternehmen/am Gesellschaftskapital
~ **ouvrier** *m* Kapitalbeteiligung der Arbeitnehmer, Ausgabe von Belegschaftsaktien
~ **populaire** *m* breite Streuung von Aktien unter Kleinaktionären, Aktiensparen

activité *f* 1. Erwerbstätigkeit, Berufstätigkeit 2. Geschäftstätigkeit 3. Wirtschaftstätigkeit, Konjunktur
△ **affaiblissement de l'~** *m* Konjunkturabschwächung, -abkühlung; **année d'~** *f* Geschäftsjahr; **arrêt d'~** *m* Arbeitsunterbrechung; **baisse d'~** *f* Rückgang der Wirtschaftstätigkeit; **branche d'~** *f* Beschäftigungszweig, Berufszweig, Branche, Wirtschaftszweig; **cessation d'~** *f* Geschäftsaufgabe; **champ d'~** *m* Arbeitsgebiet; **domaine d'~** *m* Sparte, Tätigkeitsfeld; **en ~** amtierend; **local d'~** *m* gewerbliche Räume, Betriebsräume, Geschäftsräume; **niveau d'~** *m* Auslastungsgrad, Kapazitätsauslastung; **parc d'~s** *m* Gewerbegebiet; **personne en ~** *f* Erwerbstätiger; **personne en ~ professionnelle** *f* Erwerbstätiger, Berufstätiger; **personne sans ~** *f* Nichterwerbstätiger; **pôle d'~** *m* Gewerbegebiet; **rapport d'~** *m* Geschäftsbericht, Sendebericht (Fax); **ratio d'~** *m* Umsatzkennzahl; **ralentissement de l'~** *m* Verlangsamung der Geschäftstätigkeit, Konjunkturrückgang; **rémunération d'~** *f* Arbeitsvergütung; **revenu d'~** *m* Erwerbseinkommen, Einkommen aus Erwerbstätigkeit, Arbeitseinkommen; **secteur d'~** *m* Wirtschaftssektor; **taux d'~** *m* Erwerbsquote; **taux d'~ féminine** *m* Erwerbsquote bei Frauen; **zone d'~** *f* Gewerbegebiet
△△ **poursuivre ses ~s** seine Aktivitäten fortsetzen
~ **bancaire** *f* Bankgewerbe, Banktätigkeit
~ **commerciale** *f* Gewerbe, Gewerbetätigkeit
△△ **exercer une ~** ein Gewerbe betreiben
~ **de l'entreprise** *f* Unternehmenstätigkeit
~ **de loisirs** *f* Freizeitbeschäftigung
~ **du marché** *f* Marktgeschehen
~ **(économique)** *f* Wirtschaftstätigkeit, Wirtschaftsgeschehen, Konjunktur
△ **crise de l'~** *f* Krise der Wirtschaftstätigkeit, Konjunkturkrise; **dy-**

namisme de l'~ *m* Dynamik der Wirtschaftstätigkeit; **nomenclature des activités économiques** *f* Liste mit Klassifikation der wirtschaftlichen Tätigkeiten; **ralentissement de l'~** *m* Konjunkturrückgang, wirtschaftlicher Rückgang, Verlangsamung der Wirtschaftstätigkeit; **récession de l'~** *f* wirtschaftliche Rezession, wirtschaftlicher Abschwung; **redémarrage de l'~** *m* Wiederanspringen der Konjunktur, wirtschaftliche Wiederbelebung, Belebung der Wirtschaftstätigkeit; **relance de l'~** *f* Wiederbelebung/Wiederankurbelung der Wirtschaft, Konjunkturbelebung; **reprise de l'~** *f* wirtschaftliche Erholung, Aufschwung, Wiederbelebung der Wirtschaft; **secteur d'~** *m* Branche, Erwerbszweig, Wirtschaftsbereich, Wirtschaftssektor, Wirtschaftszweig; **secteurs d'~** *m pl* wirtschaftliche Hauptsektoren

△△ **l'~ augmente** die Wirtschaftstätigkeit steigt an/belebt sich; **l'~ ralentit** die Wirtschaftstätigkeit gerät ins Stocken/verlangsamt sich; **l'~ stagne** die Wirtschaftstätigkeit stagniert

~ **entrepreneuriale** *f* unternehmerische Tätigkeit

~ **féminine** *f* Erwerbstätigkeit bei Frauen

△ **taux d'~** *m* Erwerbsquote bei Frauen

~ **frénétique** *f* fieberhafte Wirtschaftstätigkeit

~ **indépendante** *f* selbständige Tätigkeit

~ **industrielle** *f* gewerbliche/betriebliche Tätigkeit

~ **industrielle ou commerciale** *f* gewerbliche/betriebliche Tätigkeit, Gewerbe

~ **libérale** *f* freiberufliche Tätigkeit

~ **professionnelle** *f* berufliche Tätigkeit, Berufstätigkeit, Erwerbstätigkeit, Gewerbe

△ **personne sans ~** *f* Nichterwerbstätiger

△△ **avoir une ~** einen Beruf ausüben; **déclarer une ~** ein Gewerbe anmelden

~ **professionnelle non salariée** *f* selbständige berufliche Tätigkeit

~ **professionnelle rémunérée** *f* Erwerbstätigkeit, vergütete berufliche Tätigkeit

~ **professionnelle salariée** *f* unselbständige/lohnabhängige berufliche Tätigkeit

~ **syndicale** *f* gewerkschaftliche Tätigkeit

actuaire *m* Versicherungsmathematiker

actualisation *f* Aktualisierung

actualiser le bilan die Bilanz aktualisieren

actuariat *m* Versicherungsmathematik

actuariel Anlage(n)-

△ **rendement ~** *m* Anlagerendite; **taux (d'intérêt) ~** *m* Anlagerendite; **taux ~ brut** *m* Effektivverzinsung, Rendite, Bruttoanlagerendite; **taux de rendement ~ annuel** *m* Effektivzinssatz, Realzinssatz

actuel, le aktuell, Zeit-

△ **état ~** *m* aktueller/gegenwärtiger Stand; **valeur ~le** *f* Zeitwert; **valeur ~le nette (VAN)** *f* Kapitalwert

ADEME (Agence de l'environnement et de la maîtrise de l'énergie) *f* französische Umweltschutz- und Energiebehörde

ad libidum beliebig, nach Belieben

ad valorem Ad Valorem

△ **droits de douane ~** *m pl* Wertzoll; **taxation ~** *f* Wertverzollung

adaptation *f* Anpassung

adapté, e aux réalités den Realitäten angepaßt, realistisch

adapté, e au marché marktgerecht, marktgängig

adapter ***qc* à …** *etw* anpassen an …, einstellen auf …

adapter à (s') sich einstellen auf, sich anpassen an

~ **les installations industrielles** die Produktionsanlagen umstellen

additif *m* Zusatz

addition *f* Rechnung, Addition, Zusatz, Hinzufügung

additionnel, le zusätzlich, nachträglich, Zusatz-

△ **budget ~** *m* Zusatzhaushalt, Sonderhaushalt, Sondervermögen, Nachtragshaushalt; **taxe ~le** Zusatzsteuer

adéquation *f* Übereinstimmung, Gleichgewicht, Anpassung

~ **entre l'offre et la demande** *f* Gleichgewicht zwischen Angebot und Nachfrage

adhérent/adhérente *m/f* Mitglied
~ **d'un syndicat** *m* Gewerkschaftsmitglied, Mitglied einer Gewerkschaft
~ **obligatoire** *m* Pflichtmitglied
adhérer à ***qc*** beitreten, angehören + D
~ **à l'UE** der EU beitreten
~ **à un syndicat** einer Gewerkschaft beitreten, in einer Gewerkschaft Mitglied sein/werden
adhésion *f* Beitritt, Mitgliedschaft
△ **bulletin d'~** *m* Beitrittserklärung; **contrat d'~** *m* Beitrittsvertrag; **déclaration d'~** *f* Beitrittserklärung; **demande d'~** *f* Beitrittsantrag
~ **au Système Monétaire Européen** *f* Beitritt zum Europäischen Währungssystem
adjoint *m* Stellvertreter, Gehilfe, Assistent, beigeordnetes Mitglied
~ **au maire** *m* stellvertretender Bürgermeister
adjoint, e stellvertretend, beigeordnet
△ **directeur ~** *m* stellvertretender Direktor
adjudicateur *m* Auktionator, Versteigerer, Auftragnehmer
adjudication *f* Versteigerung, Ausschreibung, Preiswettbewerb
△ **par voie d'~** durch Ausschreibung; **vente sur/par ~** *f* öffentliche Versteigerung
~ **forcée** *f* Zwangsversteigerung
~ **publique** *f* öffentliche Versteigerung
adjuger un marché einen Auftrag erteilen/vergeben
admettre ***qc*** *etw* annehmen, zulassen, aufnehmen, anerkennen
~ **(une valeur) à la cote (officielle)** (einen Börsenwert/eine Aktie) amtlich zulassen
~ **en franchise** zollfrei zulassen
~ **une valeur en Bourse** ein Papier an der Börse zulassen
administrateur *m* Mitglied eines Verwaltungsrats, Verwalter
~ **judiciaire** *m* vom Konkursgericht eingesetzter Treuhänder
administratif, ive Verwaltungs-, administrativ, behördlich
△ **acte ~** *m* Verwaltungsakt; **blanchiment ~** *m* offizielle/staatliche Geldwäsche; **charges ~ives** *f pl* Verwaltungsaufwand; **circonscription ~ive** *f* Verwaltungsbezirk; **contraintes ~ives** *f pl* behördliche/administrative Zwänge, Verwaltungsvorschriften; **découpage ~** *m* Verwaltungseinteilung; **directeur ~/directrice ~ive** *m/f* kaufmännischer Leiter/Direktor, kaufmännische Leiterin/Direktorin; **division ~ive** *f* administrative Einheit; **document ~ unique (DAU)** *m* Einheitspapier; **droit ~** *m* Verwaltungsrecht; **employé ~** *m* Verwaltungsangestellter; **fonction ~ive** *f* Verwaltungsfunktion; **formalités ~ives** *f pl* Verwaltungsformalitäten; **gestion ~ive** *f* Unternehmensverwaltung; **immeuble ~** *m* Verwaltungsgebäude; **juridiction ~ive** *f* Verwaltungsgerichtsbarkeit; **organisation ~ive** *f* Verwaltungsorganisation; **procédure ~ive** *f* Verwaltungsverfahren; **tâches ~ives** *f pl* Verwaltungsaufgaben; **tribunal ~** *m* Verwaltungsgericht
administration *f* Behörde, Verwaltung, Administration, *pluriel:* Staat *volkswirtschaftliche Gesamtrechnung*
△ **conseil d'~** *m* Verwaltungsrat; **haute ~ de l'Etat** *f* Staatsverwaltung
~ **des contributions directes** *f* Steuerbehörde für direkte Abgaben
~ **des douanes** *f* Zollbehörde
~ **des finances** *f* Finanzverwaltung, Finanzbehörde, Finanzamt
~ **des impôts** *f* Steuerbehörde, Finanzamt, Finanzbehörde
~ **des stocks** *f* Lagerverwaltung
~ **fiscale (compétente)** *f* (zuständige) Steuerbehörde
~ **portuaire** *f* Hafenverwaltung
~s publiques *f pl* öffentliche Verwaltungen
administrer ***qc*** *etw* leiten, führen, verwalten
admis, e à la cote officielle zur amtlichen/offiziellen Notierung zugelassen, zum amtlichen Börsenverkehr zugelassen
admis, e au marché de la cote officielle zur amtlichen/offiziellen Notierung zugelassen, zum amtlichen Börsenverkehr zugelassen
admis, e au marché officiel zur amt-

lichen/offiziellen Notierung zugelassen, zum amtlichen Börsenverkehr zugelassen

admission *f* Zulassung

△ **conditions d'~** *f pl* Zulassungsbestimmungen; **demande d'~ à la retraite** *f* Rentenantrag

~ **à la Bourse** *f* Börsenzugang, Börsenzulassung

~ **à la cote officielle** *f* Zulassung zum amtlichen Börsenverkehr

adopter ***qc/qn*** *etw* annehmen, verabschieden, einführen, *jdn* adoptieren

△△ **en adoptant la loi** mit der Verabschiedung des Gesetzes; **faire ~ *qc*** *etw* durchsetzen

~ **l'économie de marché** die Marktwirtschaft einführen

~ **le budget** den Haushalt verabschieden

~ **un projet de loi** einen Gesetzentwurf verabschieden

~ **un texte** einen Gesetzestext annehmen

~ **une directive** eine Regelung verabschieden/annehmen

~ **une loi** ein Gesetz verabschieden

~ **une mesure** eine Maßnahme ergreifen

adoption *f* Annahme, Verabschiedung, Einführung, Adoption

~ **du budget** *f* Verabschiedung des Haushalts

adresser *qc* à … *etw* richten, adressieren an …

~ **un recours auprès de …** eine Beschwerde einlegen bei …

~ **une demande à un marché** eine Nachfrage an einen Markt richten

adverse gegnerisch, gegensätzlich, Gegen-

△ **assurance ~** *f* gegnerische Versicherung; **partie ~** *f* Gegenpartei

AELE (Association Européenne de Libre Echange) *f* EFTA (European Free Trade Association)

aérien, ne Luft-

△ **affréteur ~** *m* Luftbefrachter, Luftcharterer; **cabotage ~** *m* Luftkabotage; **contrôleur ~** *m* Fluglotse; **courier ~** *m* Luftpostverkehr; **droit ~** *m* Luftverkehrsrecht; **espace ~** *m* Luftraum; **fret ~** *m* Luftfracht; **lettre de transport ~ (LTA)** *f* Luftfrachtbrief; **liaison ~e** *f* Flugzeugverbindung; **ligne ~ne** *f* Fluglinie, Air Line; **par voie ~ne** auf dem Luftweg, per Flugzeug; **publicité ~ne** *f* Luftwerbung; **réseau ~** *m* Streckennetz, Fluglininennetz; **trafic ~** *m* Luftverkehr; **trafic ~ de courte distance** *m* Luftnahverkehr; **transport ~** *m* Luftverkehr

aérogramme *m* Luftpostbrief

aéronautique Luftfahrt-, Flugzeug-

△ **industrie ~** *f* Luftfahrtindustrie, Flugzeugbau

aéroport *m* Flughafen, Flugplatz

△ **taxe d'~** *f* Flughafensteuer

aéroportuaire Flughafen-, Flugplatz-

aérospatial, e Luft- und Raum(fahrt)-

△ **industrie ~e** *f* Luft- und Raumfahrtindustrie

AES (Administration économique et sociale) *f* universitärer Ausbildungsgang für Verwaltungs- und Sozialrecht

AFB (Association française des banques) *f* Dachverband der französischen Banken

affacturage *m* Finanzierungsgeschäft, Factoring, Forfaitierung

△ **société d'~** *f* Factoring-Gesellschaft, Inkassobüro, Inkassogesellschaft

affaiblir (s') sich abkühlen, sich abschwächen, zurückgehen

affaiblissement *m* (Ab)Schwächung, Rückgang, Abkühlung

~ **conjoncturel** *m* Konjunkturabschwächung

~ **de l'activité** *m* Konjunkturabschwächung, -abkühlung

~ **du résultat financier** *m* Rückgang des Finanzertrags

affaire *f* Angelegenheit, Geschäft, *pluriel:* Geschäftsverkehr, Handel

△ **agent d'~s** *m* Makler; **avion d'~s** *m* Geschäftsflugzeug; **banque d'~s** *f* Investmentbank, Effektenbank; **classe ~s** *f* Business-Klasse; **centre d'~s** *m* Büro- und Geschäftsviertel; **chiffre d'~s (CA)** *m* Umsatz; **conclusion d'une ~** *f* Abschluß eines Geschäfts; **courant d'~s** *m* Geschäftsverlauf, Geschäftsmöglichkeiten; **développement des ~s** *m* Entwicklung des Geschäftsgangs; **femme d'~s** *f* Geschäftsfrau; **gestion des ~s** *f* Unternehmensführung; **hom-**

me d'~s *m* Geschäftsmann; **lettre d'~s** *f* Geschäftsbrief; **marche des ~s** *f* Entwicklung der Geschäfte, Geschäftstätigkeit; **monde des ~s** *m* Geschäftswelt; **négociation d'une ~** *f* Geschäftsverhandlung; **reprise d'une ~** *f* Geschäftsübernahme; **reprise des ~s** *f* Wiederankurbelung der Geschäfte; **secret des ~s** *m* Geschäftsgeheimnis; **sens des ~s** *m* Geschäftssinn; **volume des/d'~s** *m* Geschäftsvolumen; **voyage d'~s** *m* Geschäftsreise; **voyageur d'~s** *m* Geschäftsreisender

△△ **classer une ~** einen Fall zu den Akten legen, einen Vorgang abschließen; **conclure une ~** ein Geschäft abschließen; **discuter ~s** über Geschäfte reden/diskutieren; **être dans les ~s** geschäftlich tätig sein, Geschäftsmann/Geschäftsfrau sein; **être en relations d'~s** Geschäftsbeziehungen unterhalten; **faire des ~s** Geschäfte machen; **gérer les ~s** die Geschäfte führen; **négocier une ~** über ein Geschäft verhandeln; **suivre une ~** einen Vorgang bearbeiten

~s économiques et sociales *f pl* Wirtschaft und Sozialwesen

~ en souffrance *f* unerledigter Vorgang

~s étrangères *f pl* auswärtige Angelegenheiten

△ **Ministère des ~** *m* Auswärtiges Amt, Außenministerium; **ministre des ~** *m* Außenminister

~ juteuse *fam f* einträgliches Geschäft

~s sociales *f pl* soziale Angelegenheiten, Sozialwesen

△ **ministre des ~** *m* Sozialminister

~ suivie par: … *f* Sachbearbeiter: …

affairisme *m* Geschäftemacherei

affectation *f* 1. Zuweisung 2. Versetzung

△ **attente d'~** *f* Wartestellung; **compte d'~ spéciale** *m* Sonderkonto

~ aux réserves *f* Zuführung zu Rücklagen

~ de la CSG (contribution sociale généralisée) *f* Verwendung der Sozialabgabe

~ des impôts/recettes fiscales *f* Zweckbindung/Zweckgebundenheit der Steuereinnahmen

△ **non-~** *f* Nichtzweckgebundenheit der Steuereinnahmen

~ des résultats *f* Verwendung des Jahresergebnisses

affecter *qc/qn* 1. *etw/jdn* betreffen, berühren, sich auf *etw/jdn* auswirken 2. *etw* zuführen, umlegen, verwenden, einstellen

~ des bénéfices Gewinne verwenden

~ le compte des pertes et profits Auswirkungen auf das Erfolgskonto haben

△△ **n'affectant pas le compte des pertes et profits** erfolgsneutral

~ les frais die Kosten umlegen

~ une somme aux réserves einen Betrag den Rücklagen zuführen/in die Rücklagen einstellen

affermissement *m* Festigung

~ d'une relance durable *m* Festigung einer dauerhaften Wirtschaftsbelebung

affichage *m* Anschlag, Aushang, Bekanntmachung

△ **colonne d'~** *f* Litfaßsäule; **panneau d'~** *m* Anschlagtafel, Werbefläche, Werbetafel

~ des prix *m* Ausschilderung der Preise

affiche publicitaire *f* Werbeplakat

afficher *qc* 1. *etw* anschlagen, ausschildern 2. aufweisen, anzeigen, verzeichnen

△ **prix affiché** *m* ausgezeichneter Preis (auf dem Preisschild)

~ un déficit ein Defizit aufweisen

△△ **la balance affiche un déficit** die Bilanz weist ein Defizit auf

~ un excédent einen Überschuß aufweisen/erzielen/abwerfen

△△ **la balance affiche un excédent** die Bilanz weist einen Überschuß auf

~ un indice einen Index anzeigen

~ un profit einen Gewinn verzeichnen

~ un recul de x points einen Rückgang von x Punkten aufweisen

△△ **l'indice CAC-40 affiche un recul de x points** der Börsenindex weist einen Rückgang von x Punkten auf

~ un taux d'inflation de x pour cent eine Inflationsrate von x Prozent verzeichnen

~ une perte de x pour cent einen Verlust von x Prozent hinnehmen/erleiden

affilié/affiliée *m/f* Mitglied, Versicherter/Versicherte

affilié, e à … (an) … angeschlossen, angegliedert, zugehörig

△△ **être ~ à un syndicat** in einer Gewerkschaft Mitglied sein
affluence *f* Zufluß, Zulauf, hohe Besucherzahl
△ **heures d'~** *f pl* Spitzen(verkehrs)zeiten, Stoßzeiten, Hochbetrieb
affluer zufließen
afflux *m* Zustrom, Zufluß, Zuzug
~ **d'importations** *m* Importsog
~ **de capitaux** *m* Kapitalzufluß
~ **de capitaux étrangers** *m* Zufluß von ausländischem Kapital
~ **de main-d'oeuvre étrangère** *m* Zustrom ausländischer Arbeitnehmer
affranchir *qc etw* frankieren
affranchissement *m* Frankierung
affrètement *m* Befrachtung, Chartern
affréter *qc etw* befrachten, in Fracht nehmen, chartern
affréteur *m* Befrachter, Schiffsmieter, Charterer
~ **aérien** *m* Luftbefrachter, Luftcharterer
~ **routier** *m* Straßenbefrachter, Straßencharterer
affronter la concurrence der Konkurrenz standhalten/entgegentreten, sich der Konkurrenz stellen
AFME (Agence Française pour la Maîtrise de l'Energie) *f* Energieberatungsstelle
AFNOR (Association Française de Normalisation) *f* französischer Normenausschuß
âge *m* Alter, Zeit, Zeitalter, Ära
△ **classe d'~** *f* Jahrgang; **en ~ de voter** im Wahlalter; **en ~ scolaire** schulpflichtig; **limite d'~** *f* Altersgrenze; **moyenne d'~** *f* Durchschnittsalter; **pyramide des ~s** *f* Alterspyramide; **structure par ~** *f* Altersstruktur; **tranche d'~** *f* Altersgruppe, Altersstufe, Altersklasse; **troisième ~** *m* Senioren, ältere Menschen
~ **de départ à la retraite** *m* Renteneintrittsalter
△ **abaissement de l'~** *m* Herabsetzung des Renteneintrittalters
~ **légal** *m* gesetzlich festgelegtes Alter
~ **(légal) de la retraite** *m* gesetzliches Rentenalter
~ **légal de sortie de la vie active** *m* gesetzliches Rentenalter
âgé, e alt, älter, betagt, bejahrt
△ **personnes ~es** *f pl* Senioren, ältere Leute, Alte
agence *f* Agentur, Vertretung, Amt, Büro, Geschäftsstelle, Zweigstelle
△ **chef d'~** *m* Geschäftsstellenleiter; **directeur d'~** *m* Zweigstellenleiter
~ **bancaire** *f* Bankniederlassung, Zweigstelle einer Bank
~ **d'intérim** *f* Leiharbeitsfirma, Zeitarbeitssvermittlung, Zeitpersonalvermittlung, Zeitarbeitsunternehmen
△△ **travailler pour une ~** als Zeitarbeiter beschäftigt sein
Agence de l'environnement et de la maîtrise de l'énergie (ADEME) *f* französische Umweltschutz- und Energiebehörde
~ **de publicité** *f* Werbeagentur
~ **de recouvrement de créances** *f* Inkassobüro, Factoring-Gesellschaft
~ **de renseignements** *f* Auskunftsstelle, Informationsbüro
~ **de travail temporaire** *f* Leiharbeitsfirma, Zeitarbeitssvermittlung, Zeitarbeitsagentur, Vermittlungsstelle für Zeitarbeit
~ **de voyages** *f* Reisebüro
Agence Française pour la Maîtrise de l'Energie (AFME) *f* Energieberatungsstelle
~ **immobilière** *f* Immobilien(makler)-büro
Agence nationale pour l'emploi (ANPE) *f* Arbeitsamt
~ **publicitaire** *f* Werbeagentur
agencer *qc etw* anordnen, ausstatten, einrichten
agenda *m* Terminkalender
agent *m* Agent, Beauftragter, Vertreter, Vermittler, Versicherungsagent
~ **à la commission** *m* Provisionsagent, Provisionsvertreter
~ **commercial** *m* Import-Exportvertreter, Vermittlungsagent, selbständiger Handelsvertreter
~ **comptable** *m* Buchhalter
~ **d'affaires** *m* Makler
~ **d'assurance** *m* Versicherungsagent
~ **de change** *m avant 1988:* Börsenmakler, amtlicher Kursmakler, Effektenmakler

△ **charge d'~** *f* Börsenmaklerbüro; **Compagnie des agents de change (CAC)** *f avant 1988:* Verband der Börsenmakler, Kursmaklerkammer; **syndic des agents de change** *m* Vorsitzender der Kursmaklerkammer
~ **de fret aérien** *m* Luftfrachtagent
~ **de maîtrise** *m* technischer Angestellter mit aufsichtsführender Funktion
~ **des douanes** *m* Zollbeamter
~ **du fisc** *m* Steuerbeamter, Steuerprüfer
~ **du guichet** *m* Schalterbeamter
~ **économique** *m* Wirtschaftssubjekt, Wirtschaftseinheit
~ **en douane** *m* Zollspediteur
~ **exclusif** *m* Alleinvertreter
~ **exportateur** *m* Exportvertreter
~ **général** *m* Generalagent, Generalvertreter
~ **général d'assurance** *m* Versicherungsgeneralagent
~ **immobilier** *m* Immobilienmakler
~ **importateur** *m* Importvertreter
~ **maritime** *m* Reedereiagent, Schiffsagent
agglomération *f* Stadt, Ballungsgebiet
△ **à la périphérie des ~s** am Stadtrand; **grande ~** *f* Ballungsraum
~ **de population** *f* zusammenhängende besiedelte Fläche
~ **multicommunale** *f* Agglomeration bestehend aus mehreren Gemeinden
~ **urbaine** *f* städtisches Ballungsgebiet
aggravation *f* Verschärfung
~ **du risque** *f* Risikoerhöhung, Gefahrenerhöhung
aggraver (s') sich verschärfen
△△ **le chômage s'est aggravé** die Arbeitslosigkeit hat sich verschärft
agio *m* Agio, Aufgeld
agrafe *f* Heftklammer
agrafeuse *f* Hefter, Heftmaschine
agraire Land-, Agrar-, landwirtschaftlich
△ **économie ~** *f* Agrarwirtschaft (als Wirtschaftsform); **espace ~** *m* Agrarraum
agrandissement *m* Vergrößerung
△ **investissement d'~** *m* Erweiterungsinvestition
agréé, e anerkannt, zugelassen, genehmigt, angeschlossen, Vertrags-
△ **distributeur ~** *m* Konzessionär, Vertragshändler; **établissement ~** *m* zugelassenes Unternehmen
agréer *qc/qn* *etw/jdn* zulassen, anerkennen, genehmigen
agrégat *m* (volkswirtschaftliche) Globalgröße, Gesamtgröße, Aggregat
~s de la comptabilité nationale *m pl* Aggregate der volkswirtschaftlichen Gesamtrechnung
~s économiques *m pl* wirtschaftliche Globalgrößen, Gesamtgrößen, Aggregate
~s généraux *m pl* Gesamtgrößen
△ **interdépendance entre ~** *f* Zusammenwirken von Gesamtgrößen
~s macro-économiques *m pl* makroökonomische/gesamtwirtschaftliche Globalgrößen/Aggregate
~ **monétaire** *m* monetäres Aggregat, Teilgeldmenge
agrégation (d'entreprises) *f* Vereinigung, Verbindung (von Unternehmen)
agrément *m* Bewilligung, Einwilligung, Zustimmung
△ **clause d'~** *f* Zustimmungsklausel; **lettre d'~** *f* Empfehlungsschreiben, Befürwortungsschreiben
agricole landwirtschaftlich, Agrar-, Landwirtschafts-
△ **bâtiment ~** *m* landwirtschaftliches Gebäude; **bénéfices ~s (BA)** *m pl* landwirtschaftliches Einkommen; **coopérative ~** *f* landwirtschaftliche Genossenschaft; **échanges ~s** *m pl* Agrarhandel; **excédents ~s** *m pl* Agrarüberschüsse; **exploitant ~** *m* selbständiger Landwirt; **exploitation ~** *f* landwirtschaftlicher Betrieb; **exportations ~s** *f pl* Agrarexporte; **génie ~** *m* Agrartechnik; **industrie ~** *f* Agrarindustrie; **investissement ~** *m* landwirtschaftliche Investitionen; **machine ~** *f* landwirtschaftliche Maschine; **marché ~** *m* Agrarmarkt; **ouvrier ~** *m* in der Landwirtschaft Beschäftigter, Landarbeiter; **politique ~** *f* Agrarpolitik; **prélèvements ~s** *m pl* Agrarabschöpfungen; **prix ~s** *m pl* Agrarpreise; **production ~** *f* landwirtschaftliche Erzeugung, Landwirtschaft, Agrarproduktion; **produits ~s** *m pl* Agrarprodukte; **régime ~** *m* Sozialversicherung für in der Landwirtschaft Be-

schäftigte; **revenus ~s et forestiers** *m pl* Einkünfte aus Land- und Forstwirtschaft; **salarié ~** *m* Landarbeiter, Beschäftigter in der Landwirtschaft; **superficie/surface ~ utilisée (SAU)** *f* landwirtschaftlich genutzte Fläche; **syndicat ~** *m* Bauerngewerkschaft; **terrains ~s** *m pl* landwirtschaftlich genutztes Land; **travailleur ~** *m* Landarbeiter; **warrant ~** *m* Pfandurkunde für landwirtschaftliche Erzeugnisse

agriculteur *m* (selbständiger) Landwirt

agriculture *f* Landwirtschaft
△ **Ministère de l'~ et de la Pêche** *m* Landwirtschaftsministerium; **ministre de l'~ et de la Pêche** *m* Landwirtschaftsminister; **subvention à l'~** *f* Agrarsubvention

agro-alimentaire zur Ernährungswirtschaft gehörend
△ **excédent ~** *m* Außenhandelsüberschuß in der Lebensmittelindustrie; **entreprise ~** *f* Nahrungsmittelunternehmen; **groupe ~** *m* Konzern der Lebensmittelindustrie; **industrie ~** *f* Lebensmittelindustrie; **produits ~s** *m pl* Lebensmittel; **secteur ~** *m* Nahrungsmittelsektor, Nahrungsmittelbereich; **solde ~** *m* Saldo der Agrareinfuhren und -ausfuhren; **surplus ~** *m* Agrarüberschuß

aide *f* Unterstützung, Hilfe, Beihilfe, Förderung

~ **à domicile** *f* Haushaltshilfe

~ **à l'exportation** *f* Exportförderung

~ **à l'investissement** *f* Investitionsbeihilfe

~ **à la création d'entreprise** *f* Unterstützung zur Firmengründung/Unternehmensgründung

~ **à la/de restructuration** *f* Umstrukturierungshilfe

~ **au calcul** *f* Berechnungshilfe

~ **au développement** *f* Entwicklungshilfe

~ **au logement** *f* Wohnungsbeihilfe, Mietbeihilfe, Wohngeld

~**-comptable** *m* Hilfsbuchhalter

~ **d'urgence** *f* Soforthilfe, dringende Hilfsmaßnahmen

~ **entre voisins** *f* Nachbarschaftshilfe

~ **familiale** *f* Familienbeihilfe

~ **judiciaire** *f* Prozeßkostenhilfe, Rechtshilfe

~ **juridique** *f* Rechtsberatung

~ **personnalisée au logement (APL)** *f* staatliche Wohnungsbeihilfe

~ **sociale** *f* Sozialhilfe
△ **allocation simple de l'~** *f* einfaches Sozialhilfegeld

~ **sociale au logement (ASL)** *f* staatliche Wohnungsbeihilfe

~ **sociale aux chômeurs** *f* Arbeitslosenhilfe

aide *m/f* Helfer/Helferin, Hilfskraft, Mitarbeiter/Mitarbeiterin

aiguilleur du ciel *m* Fluglotse

air *m* Luft
△ **par ~** auf dem Luftweg, per Flugzeug; **pollution de l'~** *f* Luftverschmutzung, Luftbelastung

aire *f* Fläche, Gebiet, Anlage, Platz

aisé, e wohlhabend
△ **ménages ~s** *m pl* Haushalte mit mittleren/höheren Einkommen

ajourner des négociations Verhandlungen vertagen

ajouter *qc* *etw* hinzufügen
△ **valeur ajoutée** *f* Mehrwert

ajustable anpaßbar, flexibel

ajustement *m* Anpassung, Angleichung, Ausgleich

~ **de la balance des paiements** *m* Ausgleich des Zahlungsbilanzungleichgewichts

~ **des traitements** *m* Anpassung der Bezüge

~ **du SMIC** *m* Anpassung des gesetzlichen Mindestlohns

~ **monétaire** *m* Währungsangleichung, Währungsanpassung

ajuster *qc* *etw* anpassen, angleichen, ausgleichen

~ **le SMIC** den gesetzlichen Mindestlohn anpassen

~ **les salaires** die Löhne anpassen

~ **les traitements** die Gehälter/Bezüge anpassen

alarmant, e alarmierend, beängstigend
△ **recrudescence ~e du chômage** *f* alarmierender Anstieg der Arbeitslosigkeit

alcool *m* Alkohol, Branntwein
△ **monopole des ~s** *m* Branntweinmo-

nopol; **taxe sur les ~s et eaux de vie** *f* Branntweinsteuer
alcoolémie *f* Blutalkoholgehalt
△ **taux d'~** *m* Alkoholspiegel, Promillegrenze
alcoolisme *m* Alkoholismus
alcootest *m* Alkoholtest
aléatoire zufällig, Zufalls-
△ **échantillon ~** *m* Zufallsauswahl, Zufallsstichprobe
alerte *f* Alarm, Bereitschaft
△ **indicateur d'~** *m* Konjunkturindikator
alinéa *m* Absatz
aliénation *f* Entfremdung
aliéner ***qn*** **de** ***qc*** *jdn* von *etw* entfremden
alignement sur ***qc*** *m* 1. Angleichung, Anpassung an *etw* 2. (Bau)Fluchtlinie
alignement des cours *m* Kursangleichung
aligner ***qc*** **sur …** *etw* anpassen, angleichen an …
aligner sur ***qc*** **(s')** sich an *etw* anpassen, angleichen, orientieren
aliment *m* 1. Eßware, Lebensmittel 2. Unterhaltsgeld, Unterhaltsleistung, Alimente
alimentaire Ernährungs-, Nahrungs-
△ **besoin ~** *m* Nahrungsbedürfnis; **biens non ~s** *m pl* Non-Food-Produkte; **commerce ~** *m* Lebensmittelhandel; **commerce de gros ~** *m* Lebensmittelgroßhandel; **commerce non ~** *m* Non-Food-Handel; **denrées ~s** *f pl* Lebensmittel(produkte), Nahrungsmittel(produkte); **dépendance ~** *f* Nahrungsmittel(import)abhängigkeit; **facture ~** *f* Nahrungsmittelimportrechnung; **grande distribution ~** *f* Lebensmittelgroßflächenmärkte; **grande surface ~** *f* Lebensmittelgroßflächenmarkt; **industrie ~** *f* Nahrungsmittel-/Lebensmittelindustrie; **marché ~** *m* Lebensmittelmarkt; **non-~** Non-Food-; **rayon non-~** *m* Non-Food-Abteilung; **pension ~** *f* Unterhaltszahlung, Unterhaltskosten, Alimente; **produits ~s** *m pl* Nahrungsmittel, Lebensmittel
alimentation *f* Ernährung, Nahrung, Nahrungsmittel, Versorgung
△ **dépenses d'~** *f pl* Nahrungsmittelausgaben; **magasin d'~ (générale)** *m* Lebensmittelgeschäft; **sous-~** *f* Unterernährung
~ en énergie *f* Energieversorgung
alimenter (*qn* en *qc*) 1. (*jdn* mit *etw*) versorgen, ernähren 2. *etw* alimentieren, auffüllen
△ **police à ~** *f* Abschreibepolice
~ la trésorerie Liquiditäten schaffen
~ un compte ein Konto auffüllen/alimentieren
alléchant, e verlockend, verführerisch
△ **offre ~e** *f* verlockendes Angebot; **prix ~** *m* verlockender Preis
allégeance à ***qc*** *f* Bekenntnis zu *etw*
△△ **prêter ~ à** ***qc*** ein Bekenntnis zu *etw* ablegen
~ à l'économie de marché *f* Bekenntnis zur Marktwirtschaft
allègement *m* Erleichterung, Ermäßigung, Entlastung
~s d'impôts *m pl* Steuererleichterungen, Steuerermäßigungen
~ de la réglementation *m* Abbau der Reglementierung
~ fiscal *m* Steuererleichterung, Steuerermäßigung
alléger l'impôt die Steuer ermäßigen/erleichern
alléger les tarifs douaniers die Zolltarife senken
alléguer ***qc*** *etw* vorgeben
△ **fait allégué** *m* vorgegebene Tatsache
Allemagne unifiée *f* vereinigtes Deutschland
△ **de l'~** gesamtdeutsch
aller à la banque zur Bank gehen
aller au boulot *fam* zur Arbeit gehen, schaffen gehen *fam*
aller au travail zur Arbeit gehen
alliance *f* Bündnis, Vereinigung, Schwägerschaft
allié, e verbündet, verschwägert
allocataire *m/f* Unterstützungsempfänger(in), Bezieher(in) von Sozialleistungen, Anspruchsberechtigte(r), Beihilfeberechtigte(r)
allocation *f* Beihilfe, Zuschuß, Zuwendung, Unterstützung, Zuteilung
△ **bénéficiaire d'une ~** *m* Bezieher einer Sozialleistung

△△ **avoir droit à une ~** Anspruch auf eine Beihilfe/Unterstützung haben; **mettre une ~ sous condition de ressources** eine Beihilfe/Unterstützung an das Einkommen binden/vom Einkommen abhängig machen; **percevoir une ~** (eine) Beihilfe/Unterstützung/Zuwendung erhalten; **toucher des ~s** Sozialleistungen erhalten/beziehen; **verser une ~** eine Beihilfe/Unterstützung/Zuwendung auszahlen

~s budgétaires *fpl* Haushaltsbewilligungen

~ d'apprentissage *f* Ausbildungsbeihilfe, Lehr(lings)geld

~ de chômage/allocation-chômage *f* Arbeitslosengeld, Arbeitslosenunterstützung

~ de chômage partiel *f* Kurzarbeitergeld

~ de DTS (droits de tirage spéciaux) *f* Zuteilung von SZR (Sonderziehungsrechten)

~ de maternité *f* Mutterschaftsbeihilfe, Mutterschaftsgeld

~s de retraite de vieillesse *fpl* Altersrente

~ de salaire unique *f* Beihilfe für Alleinverdiener

~s familiales *fpl* Familienbeihilfe, Kindergeld

△ **Caisse d'Allocations Familiales (CAF)** *f* Familienbeihilfekasse; **Union de Recouvrement de la Sécurité Sociale et des ~ (URSSAF)** *f* Einzugsstelle für die Erhebung der Sozialversicherungsbeiträge

~ logement *f* Wohngeld, Wohnungsbeihilfe, Wohnungszuschuß

~ postnatale *f* Mutterschaftsbeihilfe

~ prénatale *f* Schwangerschaftsbeihilfe

~s sociales *fpl* Sozialleistungen

~ vieillesse *f* Altersbeihilfe, Altersunterstützung, Altersversorgung, Altersrente

allongement *m* Verlängerung, Fortführung, Fortschreiben

allonger (s') sich verlängern, sich ausweiten, länger werden, zunehmen

△△ **la durée du chômage s'allonge** die Dauer der Arbeitslosigkeit verlängert sich

alloué, e bewilligt, bereitgestellt

△ **crédit ~** *m* bereitgestellter Kredit; **temps ~** *m* Zeitaufwand

allouer (une prestation, une somme) zuwenden, auszahlen, bereitstellen (eine Leistung, einen Betrag)

~ des DTS (Droits de tirage spéciaux) SZR (Sonderziehungsrechte) zuteilen

allumettes *fpl* Streichhölzer, Zündwaren

△ **taxe sur les ~** *f* Zündwarensteuer

alourdir *qc* *etw* erschweren, erhöhen, vertiefen

~ la facture pétrolière die Ölimportrechnung erhöhen

~ les prélèvements obligatoires die gesetzlichen Steuern und Sozialabgaben erhöhen

~ (s') zunehmen, schwerer werden

△△ **les stocks s'alourdissent** die Lagerbestände nehmen zu

alourdissement *m* Versteifung

~ des cours *m* Kursversteifung

altération *f* Verschlechterung, Veränderung, Beeinträchtigung, Fälschung

alternance *f* Wechselfolge, Wechsel

△ **en ~** im Wechsel; **formation en ~** *f* duale Ausbildung

alterné, e abwechselnd, dual, Wechsel-

△ **éducation ~e** *f* duales Bildungssystem; **formation ~e** *f* duales Ausbildungssystem; **horaire ~** *m* Wechselschicht, wechselnde Arbeitschicht

ambiance *f* Stimmung, Klima, Atmosphäre

~ de baisse *f* Baissestimmung

~ de travail *f* Betriebsklima, Arbeitsatmosphäre

ambiant, e umgebend, repräsentativ

△ **taux ~** *m* repräsentativer Kapitalmarktzins

ambition *f* Ehrgeiz, Ambition, Zielvorstellung

△ **avec des ~s divergentes** mit unterschiedlichen Zielvorstellungen

ambulant, e ambulant, Wander-

△ **commerce ~** *m* ambulanter Handel, Wandergewerbe

amélioration *f* Verbesserung, Aufbesserung, Aufwertung, Melioration

~ de l'emploi *f* Verbesserung der Beschäftigung(ssituation)

~ de la balance *f* Verbesserung der Bilanz

~ de la productivité *f* Erhöhung/Verbesserung der Produktivität

~ **des termes de l'échange** *f* Verbesserung der Terms of Trade
~ **des traitements** *f* Anhebung der Bezüge
~ **du cadre de vie** *f* Verbesserung der Lebensverhältnisse
~ **du niveau de vie** *f* Verbesserung des Lebensstandards
~ **du résultat** *f* Ertragssteigerung
~ **du sol** *f* Bodenverbesserung
améliorer ***qc*** *etw* aufbessern, verbessern, aufwerten
~ **les rapports** die Beziehungen verbessern
~ **les traitements** die Bezüge verbessern
~ **(s')** sich bessern, sich verbessern
△△ **la balance s'est améliorée** die Bilanz hat sich verbessert; **la situation de l'emploi s'est améliorée** die Beschäftigungslage hat sich gebessert; **le niveau de vie s'améliore** der Lebensstandard verbessert sich
aménagement *m* 1. Anordnung, Einrichtung, Einteilung, Gestaltung, Planung 2. Flexibilisierung, Lockerung 3. *fiscalité:* Ermäßigung
~ **concerté** *m* konzertierte Raumplanung
△ **zone d'~ (ZAC)** *f* Gebiet für konzertierte Raumplanung
~ **(de la durée) du temps de travail** *m* Arbeitszeitgestaltung, Flexibilisierung der Arbeitszeit
~ **du territoire** *m* Raumordnung, Raumplanung, Strukturplanung
△ **Ministère de l'~ et de l'Environnement** *m* Raumordnungs- und Umweltministerium; **ministre de l'~ et de l'Environnement** *m* Raumordnungs- und Umweltminister; **politique d'~** *f* Raumordnungspolitik
~ **fiscal** *m* Steuerermäßigung, Schaffung von Steuererleichterungen
aménager ***qc*** 1. *etw* anordnen, einrichten, einteilen, ausstatten, ausbauen, gestalten, planen 2. lockern 3. ermäßigen
amende *f* Geldstrafe, Bußgeld
△△ **infliger une ~ à** ***qn*** *jdn* mit einer Geldstrafe belegen
~ **conventionnelle** *f* Konventionalstrafe
~ **fiscale** *f* Steuerstrafe, Steuerzuschlag
amendement *m* (Ab)Änderungsantrag, Novelle, Gesetzesänderung
△△ **voter un ~** eine Abänderung/Gesetzesänderung verabschieden
~ **à une loi** *m* Gesetzesnovelle
amener à ***qc*** zu *etw* führen
ameublement *m* Möbel, Mobiliar, Möblieren
△ **industrie de l'~** *f* Möbelindustrie; **secteur de l'~** *m* Möbelbranche
amiable einvernehmlich, gütlich, außergerichtlich, per Vergleich
△ **à l'~** einvernehmlich, gütlich, per Vergleich; **accord ~** *m* gütliche Übereinkunft; **constat ~ d'accident automobile** (*ou* **constat ~** *ou* **constat**) *m* Unfallbericht *Schilderung des Unfallhergangs auf einem entsprechenden Formular als Grundlage für die Schadensregulierung bei der Versicherung*; **expertise ~** *f* freiwillige Heranziehung eines Sachverständigen; **règlement ~** *m* gütliche Einigung, (außergerichtlicher) Vergleich
amiante *m* Asbest
amoindrir la portée de ***qc*** die Bedeutung von *etw* schmälern
amont (en ~) (fluß)aufwärts
△ **en ~ de la production** produktionsaufwärts; **entreprise en ~ de la production** *f* produktionsaufwärts angesiedeltes Unternehmen; **imposition en ~** *f* steuerliche Vorbelastung; **marché ~** *m* Beschaffungsmarkt, Lieferantenmarkt
amorce *f* Anfang, Ansatz, Entwurf
amorcer ***qc*** *etw* einleiten, in Gang bringen, zustande bringen
~ **une baisse** nachgeben
△△ **les cours amorcent une baisse** die Kurse geben nach
amortir ***qc*** *etw* abschreiben, tilgen, abbuchen, ablösen, abbezahlen, absetzen
△ **bien à ~** *m* Abschreibungsgegenstand; **somme à ~** *f* Tilgungsbetrag
~ **un emprunt** eine Anleihe tilgen
~ **un investissement (sur x années)** eine Investition (über x Jahre) abschreiben
~ **une dette** eine Schuld tilgen
amortissable abschreibungsfähig, tilgbar, absetzbar
amortissement *m* Abschreibung, Tilgung, Abtragung, Abbezahlung
△ **annuité d'~** *f* jährliche Abschreibungsquote; **caisse d'~** *f* Amortisa-

tionskasse, Schuldentilgungskasse; **charge d'~** *f* Tilgungsbelastung; **coefficient d'~** *m* Abschreibungsprozentsatz, Abschreibungskoeffizient; **dotation aux ~s** *f* Zuführung an die Abschreibungskonten; **emprunt d'~** *m* Annuitäten-Anleihe; **fonds d'~s** *m* Tilgungsfonds; **période d'~** *f* Abschreibungszeitraum; **plan d'~** *m* Tilgungsplan; **tableau d'~** *m* Tilgungsplan; **taux d'~** *m* Tilgungsrate

△△ **calculer l'~** die Abschreibung berechnen

~ **arithmétiquement dégressif** *m* Digitalabschreibung, arithmetisch-degressive Abschreibung

~ **constant** *m* lineare Abschreibung

~ **d'un emprunt** *m* Anleihetilgung

~ **d'une dette** *m* Tilgung einer Schuld

~ **dégressif** *m* degressive Abschreibung, degressive Absetzung für Abnutzung

~ **dérogatoire** *m* Sonderabschreibung

~ **exceptionnel** *m* außerordentliche Abschreibung

~ **fiscal** *m* steuerliche/steuerbilanzielle Abschreibung

~ **incorporable** *m* kalkulatorische Abschreibung

~ **linéaire** *m* lineare Abschreibung

~ **par annuité constante** *m* Annuitätentilgung

~ **par rachat en bourse** *m* Tilgung durch Rückkauf

~ **par remboursement anticipé** *m* Tilgung durch vorzeitige Rückzahlung, vorzeitige Tilgung

~ **par tranches égales** *m* Ratentilgung

~ **progressif** *m* progressive Abschreibung

~ **technique** *m* kalkulatorische Abschreibung

ampleur *f* Ausmaß

△ **reprise de faible ~** *f* schwache Wiederbelebung

amputer le budget den Haushalt kürzen

analogique analog

analyse *f* Analyse, Untersuchung, Forschung

~ **conjoncturelle** *f* Konjunkturanalyse

~ **coût-avantage** *f* Nutzwertanalyse, Kosten-Nutzen-Analyse

~ **de l'environnement** *f* Umweltanalyse

~ **de la concurrence** *f* Konkurrenzanalyse

~ **de/du marché** *f* Marktanalyse, Marktforschung

△ **institut d'~** *m* Marktforschungsinstitut

~ **médicale** *f* medizinische Untersuchung, Laboruntersuchung

△ **laboratoire d'analyses médicales** *m* medizinisches Labor

analyser *qc* *etw* analysieren, untersuchen, erforschen, beobachten

~ **le comportement d'achat/de l'acheteur** das Kaufverhalten/Käuferverhalten untersuchen

~ **le marché** den Markt analysieren/beobachten

~ **les styles de vie** Life Styles analysieren/untersuchen

analyste *m* Beobachter, Analytiker

~ **de marché** *m* Marktforscher, Marktbeobachter

analytique analytisch

△ **comptabilité ~** *f* Betriebsbuchhaltung, Kostenrechnung, kalkulatorische Buchhaltung; **indice ~** *m* analytischer Börsenindex

ancien, ne alt, ehemalig

△ **franc ~** *m* alter Franc *bis 1960*; **logement ~** *m* Altbauwohnung

ancienneté *f* Dienstalter, Anzahl der Berufsjahre, Betriebszugehörigkeit

△ **année d'~** *f* Dienstjahr, Berufsjahr; **prime d'~** *f* Dienstalterszulage; **retraite par ~** *f* Rente nach Dauer der Betriebszugehörigkeit

~ **du chômage** *f* Dauer der Arbeitslosigkeit

animal, e Tier-

△ **fibre ~e** *f* Tierfaser

animateur *m* Moderator, Leiter

animé, e lebhaft, belebt

△△ **la Bourse est ~e** die Börse ist lebhaft

animer (un groupe) (eine Gruppe) leiten, moderieren

~ **le débat** die Diskussion leiten

anneau, x *m* Ring

△ **classeur à ~x** *m* Ringordner, Ringbinder

année *f* Jahr, Jahrgang

△ **bénéfice de l'~** *m* Jahresüberschuß; **fin d'~** *f* Jahresende

~ **à temps partiel** *f* Teilzeitjahr
~ **boursière** *f* Börsenjahr
~ **calendaire** *f* Kalenderjahr
~ **civile** *f* Kalenderjahr
~ **consécutive** *f* Folgejahr
△ **pour la deuxième ~** im zweiten Folgejahr
~ **d'ancienneté** *f* Dienstjahr, Berufsjahr
~ **d'imposition/année imposable** *f* Veranlagungsjahr
~ **de base** *f* Basisjahr, Basis
~ **de référence** *f* Bezugsjahr, Basisjahr
~ **de service** *f* Dienstjahr
△ **nombre d'années de service** *m* Dauer der Betriebszugehörigkeit, Anzahl der Dienstjahre
~ **fiscale** *f* Steuerjahr
annexe *f* 1. Anhang, Anlage, Zusatz 2. *d'une entreprise:* Nebenbetrieb, Zweigbetrieb
△ **en ~** beiliegend, anbei
~ **au bilan** *f* Anhang zur Bilanz
~ **au compte de résultat** *f* Anhang zur Gewinn- und Verlustrechnung/Erfolgsrechnung
annexe Neben-
△ **guichet ~** *m* Nebenschalter; **services ~s** *m pl* Nebenleistungen
annonce *f* Annonce, Anzeige, Inserat
△ **petite ~** *f* Kleinanzeige
△△ **faire insérer une ~** eine Annonce aufgeben, inserieren, eine Anzeige schalten; **passer une ~** eine Anzeige aufgeben
~ **avec coupon-réponse** *f* Anzeige mit Antwortcoupon
~ **d'emploi** *f* Stellenanzeige
~ **financière** *m* Finanzanzeige
~ **légale** *f* öffentliche Bekanntmachung, amtliche Anzeige
△ **journal d'annonces légales** *m* amtlicher Anzeiger
~ **publicitaire** *f* Werbeanzeige
annoncer ***qc/qn*** *etw/jdn* ankündigen
~ **une décision** eine Entscheidung ankündigen
~ **une OPA (offre publique d'achat)** ein Übernahmeangebot ankündigen
annonceur *m* Inserent, Anzeigenauftraggeber
annoter ***qc*** *etw* anmerken, vermerken, mit Anmerkungen versehen

annuaire *m* Verzeichnis, Telefonbuch
~ **électronique** *m* elektronisches Telefonverzeichnis des Minitel
~ **téléphonique/de téléphone** *m* Telefonbuch
annualisation *f* 1. Umrechnung/Hochrechnung auf das ganze Jahr 2. einmaliger jährlicher Einzug
~ **du temps de travail** *f* Umrechnung der Arbeitszeit aufs Jahr
annuel, le jährlich, Jahres-
△ **balance ~le** *f* Jahresbilanz; **base ~le** *f* Jahresbasis; **bénéfice ~** *m* Jahresgewinn; **bilan ~** *m* Jahresbilanz; **budget ~** *m* Jahreshaushalt; **chiffre d'affaires ~** *m* Jahresumsatz; **clôture ~le** *f* Betriebsferien; **comptes ~s** *m pl* Jahresabschluß; **congé ~** *m* Jahresurlaub; **congé payé ~** *m* gesetzlicher Jahresurlaub; **cotisation ~le** *f* Jahresprämie; **coupon ~** *m* Jahreskupon; **dépôt ~ limité** *m* jährliche Höchsteinlage; **émoluments ~s** *m pl* Jahresgehalt; **en fermeture ~le** *f* Betriebsferien; **moyenne ~le** im Jahresdurchschnitt; **intérêt ~** *m* Annuität, Jahreszins; **inventaire ~** *m* jährliche Inventur; **publication ~le** *f* jährliche Veröffentlichung, Jahresbericht; **rapport ~** *m* Jahresbericht; **redevance ~le** *f* jährliche Abgabe; **régularisation ~le** *f* jährliche Schlußrechnung; **rémunération ~le** *f* Jahresverdienst; **rendement ~** *m* Jahresrendite; **résiliation ~le** *f* jährliche Kündigung (z.B. Versicherung); **réunion ~le** *f* jährliche Zusammenkunft, Jahrestreffen; **revenu ~** *m* Jahreseinkommen; **revenu ~ minimum** *m* Mindestjahreseinkommen; **salaire ~** *m* Jahreslohn; **salaire ~ moyen** *m* durchschnittlicher Jahreslohn; **salaire ~ net moyen** *m* durchschnittlicher Jahresnettolohn; **traitement ~** *m* Jahresgehalt; **tranche ~le** *f* jährlich ausgeloste Serie (bei der Rückzahlung von Anleihen)
annuité *f* Jahresrate, Jahreszahlung, jährliche Abschlagszahlung, Annuität
~ **d'amortissement** *f* jährliche Abschreibungsquote/Tilgungsrate
annulation *f* Aufhebung, Annulierung, Rückgängigmachung, Streichung, Löschung, Nichtigerklärung, Ungültig-

keitserklärung
△ **recours en ~** *m* Aufhebungsklage
~ **de(s) dette(s)** *f* Schuldenerlaß
annuler ***qc*** *etw* rückgängig machen, stornieren, löschen, annulieren, aufheben
~ **une commande** eine Bestellung rückgängig machen
anomalie *f* Unregelmäßigkeit, Anomalie
anonyme anonym, Aktien-
△ **offre ~ sous pli cacheté** *f* gesiegeltes Gebot; **société ~ (SA)** *f* Aktiengesellschaft (AG)
ANPE (Agence nationale pour l'emploi) *f* Arbeitsamt
△△ **s'inscrire à l'~** sich arbeitslos melden
antérieur, e vorherig, vorangegangen, früher
antériorité *f* Priorität, Vorrang, Vorzeitigkeit
△ **recherche d'~ (brevet)** *f* Prioritätsprüfung (Patent)
anthracite *m* Anthrazit
antichambre *f* Vorzimmer
anticipation *f* Vorwegnahme, Vorausnahme, Antizipation
△ **achat d'~** *m* Spekulationskauf; **crédit d'~** *m* Überbrückungskredit; **prêt d'~** *m* Zwischenkredit, Vorausdarlehen; **remboursement par ~** *m* vorzeitige Rückzahlung/Tilgung
△△ **rembourser un prêt par ~** ein Darlehen vorzeitig tilgen
anticipé, e vorgezogen, verfrüht, vorzeitig, vor Ablauf eines Termins
△ **paiement ~** *m* vorzeitige Zahlung, Vorauszahlung; **partage ~** *m* Teilung des Nachlasses zu Lebzeiten durch Schenkung; **remboursement ~** *m* vorzeitige Rückzahlung/Tilgung; **retraite ~e** *f* Vorruhestand
anticoncurrentiel, le gegen das Prinzip der Konkurrenz gerichtet, wettbewerbsfeindlich
anticyclique antizyklisch
anti-dumping *in Zusammensetzungen:* Anti-Dumping-
△ **loi ~** *f* Anti-Dumping-Gesetz; **mesure ~** *f* Anti-Dumping-Maßnahme; **taxe ~** *f* Anti-Dumping-Steuer
△△ **instaurer une taxe/des taxes ~** eine Antidumpingsteuer einführen
antifraude *in Zusammensetzungen:* Bekämpfung der Steuerhinterziehung
△ **convention ~** *f* Abkommen zur Bekämpfung der Steuerhinterziehung
antipollution *in Zusammensetzungen:* gegen die Umweltverschmutzung gerichtet
△ **législation ~** *f* Umweltschutzgesetzgebung; **lutte ~** *f* Bekämpfung der Umweltverschmutzung
antitrust *in Zusammensetzungen:* Anti-Trust-
△ **législation ~** *f* Anti-Trust-Gesetzgebung; **loi ~** *f* Kartellgesetz, Anti-Trust-Gesetz; **politique ~** *f* Anti-Trust-Politik
apatride *m* Staatenloser
APEC (Agence pour l'Emploi des Cadres) *f* staatliche Arbeitsvermittlung für leitende Angestellte
APL(aide personnalisée au logement) *f* staatliche Wohnungsbeihilfe
appareil *m* Apparat, Gerät, Vorrichtung
△ **parc d'~s** *m* Bestand an Geräten; Gerätepark
~ **commercial** *m* Verkaufsapparat
~ **de production** *m* Produktionsapparat
~ **électroménager** *m* Haushaltsgerät, Elektrogerät
~ **photographique** *m* Fotoapparat
appareillage *m* Ausrüstung, (technische) Anlagen, Gerätschaften
appareiller den Anker lichten, abfahren
apparent, e offensichtlich, sichtbar, augenscheinlich
△ **chômage ~** *m* sichtbare Arbeitslosigkeit; **non~** nicht erkennbar, nicht sichtbar, verborgen; **vice ~** *m* offenkundiger Mangel
apparition *f* Auftreten, Erscheinen
appartenance *f* Zugehörigkeit, Mitgliedschaft
~ **à l'entreprise** *f* Betriebszugehörigkeit
~ **à l'établissement** *f* Betriebszugehörigkeit
appauvrissement *m* Verarmung, Verelendung, Verknappung
appel (à *qn*/de *qc*) *m* 1. Aufruf, Aufforderung, Einforderung 2. (Telefon)Anruf 3. Berufung, Revision
△ **chambre des ~s** *f* Berufungskammer; **cour d'~** *f* Berufungsgericht; **prix**

d'~ *m* Lockvogelpreis; **récepteur d'~** *m* Funkrufempfänger
△△ **faire ~ à** ***qn*** sich an *jdn* wenden; **faire ~ à l'épargne publique** sich am öffentlichen Kapitalmarkt Mittel beschaffen; **faire ~ à un commissionnaire** sich an einen Spediteur wenden; **faire ~ au marché monétaire** auf den Geldmarkt gehen; **faire ~ d'un jugement** gegen ein Urteil Berufung einlegen; **se pourvoir en ~** Berufung einlegen
~ **à la concurrence** *m* Aufforderung zur Einreichung von Angeboten, Ausschreibung
~ **à la grève** *m* Streikaufruf
△ **lancer un ~** zum Streik aufrufen
~ **d'offres** *m* Ausschreibung, Angebotsaufforderung, Aufforderung zur Abgabe von Angeboten
△ **taux des appels d'offres (de la Banque de France)** *m* Diskontsatz für öffentliche Liquiditätsangebote
△△ **faire/lancer un ~** (ein Angebot) ausschreiben
~ **de candidatures** *m* Stellenausschreibung
~ **de fonds** *m* Einforderung von Kapital
~ **de marge** *m* Bareinschuß
~ **en PCV (payable chez vous)** *m* R-Gespräch
appelé *m* 1. Befugter, Beschenkter, Bedachter 2. Wehrpflichtiger
appeler (à ***qc*****)** rufen, (zu *etw*) aufrufen, einfordern
~ **à la grève** zum Streik aufrufen
appellation *f* 1. Anrede 2. Qualitätsbezeichnung in: *appellation contrôlée*
~ **contrôlée** *f* staatlich geprüfte Qualitätsbezeichnung für Weine
~ **d'origine** *f* Herkunftsbezeichnung
applicable à ***qc*** anwendbar auf
application *f* Anwendung, Ausführung, Verwendung
△ **champ d'~** *m* Anwendungsbereich; **décret d'~** *m* Ausführungsbestimmung; **domaine d'~** *m* Anwendungsbereich; **entrée en ~** *f* Inkrafttreten; **logiciel d'~** *m* Anwendungssoftware
△△ **entrer en ~** zur Anwendung kommen, in Kraft treten
~ **du droit** *f* Rechtsanwendung
~ **(informatique)** *f* Computerprogramm, Anwendung, Applikation
appliquer ***qc*** **à ...** *etw* anwenden auf ...
~ **un décret** eine Verordnung durchführen
~ **un programme** ein Programm anwenden
~ **une loi** ein Gesetz anwenden
appoint *m* Ergänzung, Zusatz, Neben-
△ **profession d'~** *f* Nebenbeschäftigung; **salaire d'~** *m* Zusatzverdienst, Nebeneinkommen
appointements *m pl* Bezüge, Besoldung, Gehalt, Vergütung
apport *m* Einlage, Eigenanteil, Einbringung
△ **à concurrence/dans la limite de son ~** in der Höhe seiner Einlage; **action d'~** *f* Einbringungsaktie, Gründeraktie; **commissaire aux ~s** *m* Gründungsprüfer; **droit d'~** *m* Einbringungsrecht; **responsable à concurrence/dans la limite de son ~ de ...** in der Höhe seiner Einlage haftbar für ...
~ **de capitaux** *m* Kapitaleinlage
~ **de devises** *m* Devisenzufuhr
~ **définitif** *m* endgültige Einlage
~ **en capital** *m* Kapitaleinlage, Geldeinlage
△△ **faire des apports en capital** Kapital einbringen
~ **en espèces** *m* Bareinlage, Geldeinlage
~ **en industrie** *m* Einlage in Form von Arbeitsleistungen
~ **en nature** *m* Sacheinlage
~ **en numéraire** *m* Bareinlage, Geldeinlage
~ **initial** *m* Eigenkapital, Kapitaleinlage bei der Gesellschaftsgründung, Stammeinlage (GmbH)
~ **personnel** *m* persönliche Einlage
apporter de l'argent frais neues/frisches Geld zur Verfügung stellen
apporter un gain considérable beträchtlichen Gewinn bringen/abwerfen
apporteur *m* Erbringer
~ **de capitaux** *m* Kapitalgeber, Kapitaleinleger
appréciation *f* 1. Schätzung, Bewertung 2. Wertsteigerung
△ **erreur d'~** *f* Fehleinschätzung; **modalités de l'~** *f pl* Bewertungsrichtlinien; **mode d'~** *m* Bewertungsart; **valeur**

de la nouvelle ~ *f* Berichtigungswert
~ **au-dessus de la valeur réelle** *f* Überbewertung
~ **d'une monnaie** *f* Kursgewinn, Kaufkraftgewinn einer Währung
~ **du risque** *f* Einschätzung des Risikos
apprécié, e pour ***qc*** geschätzt, anerkannt für *etw*
apprécier ***qc/qn*** *etw* begutachten, *etw/jdn* schätzen
~ **(s')** an Wert gewinnen
△△ **une monnaie s'apprécie** eine Währung gewinnt an Wert
apprenti, e *m/f* Lehrling, Auszubildende(r), Azubi *fam*
apprentissage *m* Lehre, Ausbildung
△ **allocation d'~** *f* Ausbildungsbeihilfe, Lehr(lings)geld; **contrat d'~** *m* Lehrvertrag; **taxe d'~** *f* Ausbildungsabgabe, Lehrlingsabgabe
△△ **faire un ~** eine Lehre machen, lernen
approbation *f* Zustimmung, Billigung, Genehmigung, Abnahme
△△ **donner son ~ à** ***qc*** seine Zustimmung zu *etw* geben
approche *f* Ansatz, Annäherung, Vorgehen
approfondi, e vertieft, gründlich, durchdacht
approfondir ***qc*** *etw* vertiefen, gründlich untersuchen
approfondissement *m* Vertiefung, Ergründung
approprié, e à ***qc*** zweckmäßig, angemessen, geeignet für *etw*
approprier ***qc*** **(s')** sich etwas aneignen, erringen
~ **des parts de marché (s')** Marktanteile erringen
approuver ***qc*** *etw* billigen, gutheißen, genehmigen
~ **le bilan** die Bilanz genehmigen
approvisionnement *m* Beschaffung, Versorgung, Belieferung, Bedarfsdeckung
△ **conditions d'~** *f pl* Einkaufs-/Beschaffungskonditionen; **contrat d'~** *m* Liefervertrag; **coûts d'~** *m pl* Versorgungs-/Beschaffungskosten; **fonction d'~** *f* Beschaffungsfunktion; **gestion de l'~** *f* Bedarfsdeckungsplanung; **logistique d'~** *f* Beschaffungslogistik; **marché d'~** *m* Beschaffungsmarkt, Lieferantenmarkt; **problèmes d'~** *m pl* Versorgungsschwierigkeiten; **sécurité d'~** *f* Versorgungsgarantie; **service d'~/des ~s** *m* Einkaufsabteilung, Einkauf, Beschaffungsabteilung; **source d'~** *f* Versorgungsquelle, Bezugsquelle
△△ **assurer l'~ de/en** ***qc*** die Versorgung mit *etw*/die Bedarfsdeckung an *etw* sicherstellen
~ **en matières premières** *m* Lieferung von/Belieferung mit/Versorgung mit Rohstoffen
~ **énergétique** *m* Energieversorgung
approvisionner ***qn*** **en** ***qc*** *jdn* mit *etw* beliefern, versorgen
~ ***qn*** **en électricité** *jdn* mit Elektrizität versorgen
~ **un compte** ein Konto auffüllen/alimentieren, einem Konto Geld zuführen
△ **compte non approvisionné** *m* nicht aufgefülltes/ungedecktes Konto
approximativement annähernd, ungefähr
appui *m* Unterstützung, Beistand, Hilfe, Schutz
appuyer ***qc/qn*** *etw/jdn* stützen, unterstützen, *jdm* beistehen
~ **sur (s')** sich stützen auf
après correction des variations saisonnières nach Berichtigung der jahreszeitlich bedingten Schwankungen/Saisonschwankungen
après déduction des frais nach Abzug der Kosten
après déduction des variations saisonnières nach Abzug der jahreszeitlich bedingten Schwankungen/Saisonschwankungen
après impôts nach Steuern, nach Abzug der Steuern
△ **bénéfices ~** *m pl* Gewinne nach Abzug der Steuern, Gewinne nach Steuern
après prélèvement de ***qc*** nach Abzug von *etw*
après-Bourse *f* Nachbörse
après-guerre (immédiat) *m* (unmittelbare) Nachkriegszeit
après-vente (service ~) (SAV) *m* Kundendienst

△ **service ~** *m* Kundendienst
△△ **assurer l'~ d'un produit** den Kundendienst für ein Produkt gewährleisten
aptitude *f* Eignung, Fähigkeit, Befähigung
△ **brevet d'~** *m* Befähigungsnachweis; **certificat d'~** *m* Befähigungsnachweis
~ **au travail** *f* Arbeitsfähigkeit
apurement *m* Berichtigung, Bereinigung, Entlastung, Prüfung, Abschluß
~ **collectif du passif** *m* kollektive Schuldenbereinigung
△ **plan d'~** *m* kollektiver Schuldenbereinigungsplan
~ **des comptes** *m* Rechnungsabschluß, Rechnungsprüfung
apurer un compte ein Konto abschließen
apurer une dette eine Schuld begleichen
arable bestellbar, Acker-
△ **terre ~** *f* Ackerboden, Ackerland
arbitrage *m* 1. Schiedsgerichtsbarkeit, Schiedsgerichtsverfahren, Schlichtung, Schlichtungsverfahren 2. Arbitrage, Arbitragegeschäft
△ **accord d'~** *m* Schiedsvertrag; **clause d'~** *f* Schiedsklausel; **compromis d'~** *m* Schiedsvertrag; **opération d'~** *f* Arbitragegeschäft; **procédure d'~** *f* Schiedsverfahren; **recours à l'~** *m* Anrufung eines Schlichters/Schiedsgerichts; **sentence d'~** *f* Schiedsspruch
△△ **soumettre** ***qc*** **à (un) ~** *etw* einem Schiedsspruch unterwerfen
~ **d'intérêt** *m* Zinsarbitrage
~ **de change** *m* Devisenarbitrage
~ **de place** *m* Platzarbitrage
~ **entre le mark et le dollar** *m* Arbitrage zwischen Dollar und Mark
~ **final** *m* letzte Schlichtungsinstanz
~ **sur devises** *m* Devisenarbitrage
arbitraire willkürlich, eigenmächtig
△ **résiliation ~** *f* willkürliche Kündigung
arbitral, e Schieds-, Schiedsgerichts-
△ **commission ~e** *f* Schlichtungsstelle; **procédure ~e** *f* Schiedsgerichtsverfahren; **sentence ~e** *f* Schiedsspruch
arbitrer ***qc*** *etw* schlichten, arbitrieren, austragen
architecte *m* Architekt
△ **honoraires d'~s** *m pl* Architektenhonorar(e)
archiver ***qc*** *etw* archivieren, aufbewahren
archives *f pl* Aktenablage, Aktensammlung, Archiv, Archivraum, Registratur
△ **boîte à ~** *f* Archivbox
argent *m* Geld, Silber
△ **avance d'~** *f* Geldvorschuß; **besoin d'~ frais** *m* Finanzierungsbedürfnis; **besoin d'~ liquide** *m* Bargeldbedarf; **blanchiment de l'~** *m* Geldwäsche; **coût de l'~** *m* Geldbeschaffungskosten; **en ~ comptant** gegen bar; **étalon d'~** *m* Silberwährung; **loyer de l'~** *m* Zinssatz; **marché de l'~** *m* Geldmarkt; **pénurie d'~** *f* Knappheit an flüssigen Mitteln; **placement d'~** *m* Geldanlage; **produit du loyer de l'~** *m* Zinsertrag; **retrait d'~** *m* Abhebung von Geld; **retrait d'~ liquide** *m* Abhebung von Bargeld, Barabhebung; **somme d'~** *f* Geldbetrag, Geldsumme, Betrag; **taux de l'~** *m* Zinssatz; **taux de l'~ à court terme** *m* Zinssatz für kurzfristige Einlagen; **taux de l'~ au jour le jour** *m* Tagesgeldzinssatz
△△ **apporter de l'~ frais** neues Geld zur Verfügung stellen; **avoir de l'~ à la banque** Geld auf der Bank haben; **blanchir de l'~** Geld waschen; **convertir en ~** in Geld umsetzen; **placer de l'~ à intérêt** Geld zinsbringend anlegen; **prêter de l'~ à** ***qn*** *jdm* Geld leihen, ein Darlehen geben; **retirer de l'~** Geld abheben
~ **à terme** *m* befristete Einlage, festes Geld, Termingeld
~ **comptant** *m* Bargeld
~ **en caisse** *m* Kassenbestand
~ **frais** *m* neues Geld, Bargeld
~ **liquide** *m* Bargeld, flüssiges Geld
△ **besoin d'~** *m* Bargeldbedarf
~ **monnayé** *m* gemünztes Geld
~ **noir** *m* Schwarzgeld
△ **chasse à l'~** *f* Jagd nach Schwarzgeld
~ **sale** *m* schmutziges Geld
~ **sans intérêt** *m* zinsfreies Geld
argument publicitaire *m* Werbebehauptung
argumentaire *m* Verkaufsmappe, Handbuch mit Verkaufsargumenten
ARGUS *m* Tabelle zur Ermittlung des

Zeitwertes von Pkws (ähnlich wie in Deutschland Schwacke)
armateur *m* Reeder
armement *m* Rüstung
△ **industrie de l'~** *f* Rüstungsindustrie
armes *f pl* Waffen
△ **trafic d'~** *m* illegaler Waffenhandel, Waffenschmuggel; **trafiquant d'~** *m* illegaler Waffenhändler, Waffenschmuggler
~ **nucléaires** *f pl* Kernwaffen, Nuklearwaffen, Atomwaffen
arpent *m* Morgen
arrangement de gré à gré *m* gütlicher Vergleich, gütliche Abmachung
arrêt *m* 1. Stillstand, Unterbrechung, Niederlegung, Stopp 2. Entscheidung, Urteil
△ **saisie-~** *f* Vorpfändung; **saisie-~ sur salaire** *f* Lohnpfändung; **saisie-~ sur traitement** *f* Gehaltspfändung
~ **conservatoire** *m* Sicherheitspfändung
~ **d'activité** *m* Arbeitsunterbrechung
~ **de données** *m* Erfassen/Eingabe von Daten
~ **en douane** *m* Zollpfändung
~ **de l'embauchage** *m* Einstellungsstopp
~ **de la croissance** *m* Wachstumsstillstand
~ **de travail** *m* 1. Arbeitsunterbrechung, Arbeitspause 2. Arbeitsniederlegung, Streik
△ **accident donnant lieu à un ~** *m* Arbeitsunfall mit anschließender Arbeitsunterbrechung; **certificat d'~** *m* Arbeitsunfähigkeitsbescheinigung
△△ **prescrire à *qn* un ~** *jdn* krank schreiben
~ **des travaux** *m* Unterbrechung der Bauarbeiten, Baustopp
~**-exécution** *m* Mobiliarzwangsvollstreckung
arrêté *m* 1. Erlaß, Anordnung, Verfügung 2. Kontoabschluß
△△ **prendre un ~** eine Verfügung/Verordnung erlassen
~ **d'expulsion** *m* Räumungsbefehl, Ausweisungsverfügung
~ **de compte** *m* Rechnungsabschluß, Kontoabschluß
~ **de compte trimestriel** *m* Quartalsabschlußauszug
arrêter *qc etw* anhalten, stillegen, niederlegen, stoppen, abschließen
~ **la production** die Produktion stillegen/stoppen
~ **le recrutement de main-d'oeuvre** einen Einstellungsstopp vornehmen
~ **le travail** die Arbeit niederlegen
~ **un compte** ein Konto abschließen
arrhes *f pl* Anzahlung
△△ **verser des ~** eine Anzahlung leisten
arrière-saison *f* Nachsaison
arriérés (de paiement) *m pl* (Zahlungs)Rückstände
arrimer *qc etw* stauen, verstauen
arrivée *f* Ankunft, Eingang, Eintritt, Zuzug
△ **à l'~ de ...** bei Ankunft/nach Eingang ...; **courrier ~** *m* Posteingang
arriver à destination am Bestimmungsort ankommen
arriver à échéance fällig werden
art *m* Kunst, Technik, Kunsthandwerk
△ **métier d'~** *m* Kunsthandwerk; **ouvrages d'~** *m pl* Kunstbauten (z.B. Brücken etc.)
article *m* 1. Artikel 2. Gut, Produkt, Ware 3. Posten *Buchführung*
△△ **acheter un ~** einen Artikel kaufen; **avoir un ~ en magasin** einen Artikel im Laden haben; **déréférencer un ~** einen Artikel aus dem Sortiment nehmen; **détenir un ~** einen Artikel führen; **lancer un ~ sur le marché** einen Artikel auf dem Markt einführen; **référencer un ~** einen Artikel in das Sortiment aufnehmen/führen; **reprendre un ~** einen Artikel zurücknehmen; **retirer un ~ de l'assortiment/du marché** einen Artikel aus dem Sortiment/vom Markt nehmen; **suivre un ~** einen Artikel führen; **vendre un ~** einen Artikel verkaufen
~ **compétitif** *m* wettbewerbsfähiger Artikel
~ **d'actif** *m* Aktivposten
~ **d'usage courant** *m* gängiger Konsumartikel
~ **de commerce** *m* Handelsware, Handelsartikel
~ **de consommation** *m* Konsumartikel
~ **de consommation courante** *m* gängiger Konsumartikel

~ **de grande consommation** *m* Massenkonsumartikel, Massenartikel
~ **de marque** *m* Markenartikel
~ **de passif** *m* Passivposten
~ **de première nécessité** *m* Artikel des Grundbedarfs
~ **du bilan** *m* Bilanzposten
~ **en promotion** *m* Artikel im Angebot
~ **en réduction** *m* ermäßigter/preisreduzierter Artikel
artifice comptable *m* Buchhaltungstrick
artisan *m* Handwerker
△ **quartier des ~s** *m* Handwerkerviertel
artisanal, e (*pluriel:* **artisanaux**) handwerklich, Handwerks-
△ **entreprise ~e** *f* Handwerksbetrieb; **établissement ~** *m* Handwerksbetrieb; **produits artisanaux et industriels** *m pl* Handwerks- und Industrieerzeugnisse; **qualité ~e** *f* handwerkliche Qualität; **zone ~e** *f* Gewerbegebiet
artisanat *m* Handwerk, Handwerkerschaft, Handwerkerstand
asile *m* Asyl, Anstalt, Heim
△ **demandeur d'~** *m* Asylbewerber
ASL (aide sociale au logement) *f* staatliche Wohnungsbeihilfe
aspirer à *qc* nach *etw* streben, trachten, *etw* erstreben, sich um *etw* bewerben
~ **à faire carrière** aufstiegswillig sein
assainir *qc* *etw* sanieren
~ **une entreprise** ein Unternehmen sanieren
assainissement *m* Sanierung
~ **d'une entreprise** *m* Sanierung eines Unternehmens
~ **de l'économie** *m* Sanierung der Wirtschaft
ASSEDIC (Association pour l'emploi dans l'industrie et le commerce) *f* Arbeitslosenversicherungskasse
△ **bénéficiaire des ~** *m* Bezieher von Arbeitslosengeld
△△ **bénéficier des ~** Arbeitslosengeld beziehen; **cotiser aux ~** Beiträge zur Arbeitslosenversicherung entrichten; **toucher des ~** Arbeitslosengeld beziehen
assemblage *m* Verbindung, Montage, Zusammenbau
△ **élément d'~** *m* Verbindungsteil; **robot d'~** *m* Montageroboter
assemblée *f* Versammlung
△△ **convoquer une ~** eine Versammlung einberufen; **dissoudre une ~** eine Versammlung auflösen; **l'~ se réunit/siège le ...** die Versammlung tritt am ... zusammen/tagt am ...
~ **consultative** *f* beratende Versammlung
~ **constitutive** *f* Gründungsversammlung
~ **(générale) des actionnaires** *f* Hauptversammlung der Aktionäre, Aktionärs(haupt)versammlung
~ **générale** *f* Hauptversammlung
~ **ordinaire des actionnaires** *f* ordentliche Aktionärsversammlung
Assemblée Nationale *f* Nationalversammlung, französisches Parlament
assembler 1. einberufen, versammeln 2. zusammenfügen, zusammensetzen, montieren, zusammenbauen
assermenter vereidigen, den Amtseid abnehmen
△ **traducteur assermenté** *m* vereidigter Dolmetscher/Übersetzer
assiduité *f* Fleiß, Pünktlichkeit, Leistung
△ **prime d'~** *f* Leistungszulage
assiette de l'impôt/d'imposition *f* Steuerbemessungsgrundlage
assigner *qn* **en justice** *jdn* vor Gericht laden
~ **une mission à** *qn* *jdm* einen Auftrag erteilen, *jdn* mit *etw* beauftragen
assimilé, e gleichgestellt, gleichgesetzt, ähnlich
△ **emploi ~ à la fonction publique** *m* beamtenähnliche Stellung; **titre ~** *m* gleichgestelltes Papier
assimiler *qc/qn* **à ...** *etw/jdn* gleichsetzen, gleichstellen mit ...
assistance *f* Unterstützung, Hilfestellung, Beihilfe, Beistand
△ **contrat d'~** *m* Hilfeleistungsvertrag
~ **technique** *f* technische Hilfe
assistant/assistante de direction *m/f* Direktionsassistent/Direktionsassistentin
assisté, e unterstützt, -gestützt
~ **par ordinateur** computergesteuert, computergestützt, computerunterstützt
△ **conception assistée par ordinateur (CAO)** *f* computergestützte Entwicklung, CAD (computer assisted design); **édition assistée par ordinateur** *f*

Desktop-Publishing; **enseignement ~ (EAO)** *f* computerunterstützter/computergestützter Unterricht; **fabrication assistée par ordinateur (FAO)** *f* computergestützte Fertigung/Herstellung; **publication assistée par ordinateur (PAO)** *f* Desktop-Publishing

assister à ***qc*** an *etw* teilnehmen, beiwohnen + D

assister ***qn*** *jdn* unterstützen, *jdm* beistehen, helfen

△△ **se faire ~** Unterstützung bekommen, sich helfen lassen

association *f* Verein, eingetragener Verein, Verband, Vereinigung, Assoziation, Innung

△ **contrat d'~** *m* Assoziationsvertrag; **droit d'~** *m* Koalitionsfreiheit

~ **à but non lucratif** *f* Verein mit nichtgewerblichen Zielen, Vereinigung ohne Erwerbszweck, Idealverein

~ **de consommateurs** *f* Verbrauchergemeinschaft, Verbraucherverband

~ **d'autodéfense** *f* Bürgerinitiative

~ **d'employeurs** *f* Arbeitgeberverband

~ **d'épargnants** *f* Sparverein

~ **en participation** *f* stille Gesellschaft

Association française de normalisation (AFNOR) *f* französischer Normenverband

Association française d'épargne et de retraite *f* Französische Spar- und Rentenvereinigung

Association française des banques (AFB) *f* Dachverband der französischen Banken

Association française pour la publicité industrielle *f* Französischer Verband für Industriewerbung

~ **loi de 1902** *f* Vereinigung ohne Erwerbszweck, Verein

~ **mutuelle professionnelle** *f* Berufsgenossenschaft

Association pour l'emploi dans l'industrie et le commerce (ASSEDIC) *f* Arbeitslosenversicherungskasse

~ **professionnelle** *f* Berufsverband, Berufsvereinigung, Fachverband

~ **reconnue d'utilité publique** *f* gemeinnütziger Verein

~ **syndicale** *f* 1. Berufsverband 2. Gewerkschaft(sverband)

associé (d'une société) *m* Gesellschafter, Partner, Teilhaber, Mitinhaber

△ **assemblée des ~s** *f* Gesellschafterversammlung; **consentement de la majorité des ~s** *m* Zustimmung der Mehrheit der Gesellschafter

associé, e assoziiert

△ **commerce ~** *m* assoziiertes Einzelhandelsgeschäft; **membre ~** *m* assoziiertes Mitglied

associer (s') sich zusammenschließen

assorti, e de ***qc*** mit *etw* ausgestattet, von *etw* begleitet, in Verbindung mit, Hand in Hand mit *etw*, mit *etw* versehen

△△ **être bien ~** eine große Auswahl haben, gut sortiert sein

assortiment *m* Sortiment, Auswahl, Kollektion, Vorrat, Warenlager

△ **largeur de l'~** *f* Sortimentsbreite; **politique d'~** *f* Sortimentspolitik, Sortimentsstrategie; **profondeur de l'~** *f* Sortimentstiefe

△△ **inclure un article dans l'~** einen Artikel in das Sortiment aufnehmen; **retirer un article de l'~** einen Artikel aus dem Sortiment nehmen

assouplir ***qc*** abschwächen, lockern, mildern

~ **sa position** eine flexiblere Haltung einnehmen

assouplissement du crédit *m* Krediterleichterung, Kreditverbilligung

assujetti, e à ***qc*** zu *etw* veranlagt, -pflichtig

~ **à l'assurance obligatoire** versicherungspflichtig

~ **à l'impôt** steuerpflichtig

~ **à l'impôt sur le revenu** einkommensteuerpflichtig, zur Einkommensteuer veranlagt

~ **à l'impôt sur le revenu des personnes physiques (IRPP)** einkommensteuerpflichtig, zur Einkommensteuer veranlagt

~ **à l'impôt sur les salaires et traitements** lohnsteuerpflichtig

~ **à la sécurité sociale** sozialversicherungspflichtig

~ **à la TVA** mehrwertsteuerpflichtig

~ **aux instructions** weisungsgebunden

assujettir (*qn* à l'impôt) (*jdn*) der Steuer unterwerfen

~ **les contribuables à l'impôt** die Steuerzahler der Steuer unterwerfen
assujettissement à l'impôt *m* Steuerpflichtigkeit, Steuerpflicht
assumer *qc* *etw* übernehmen, ausfüllen, tragen, bestreiten
~ **des dépenses** Ausgaben bestreiten
~ **la responsabilité de** *qc* für *etw* die Verantwortung tragen/übernehmen
~ **le financement** die Finanzierung tragen
~ **les frais** die Kosten übernehmen
assurable versicherungsfähig, versicherbar
△ **risques ~s** *m pl* versicherbare Gefahren/Risiken
assurance *f* 1. Versicherung, Assekuranz, Versicherungswesen 2. Garantie, Gewährung, Sicherheit
△ **agent d'~** *m* Versicherungsagent; **agent général d'~** *m* Versicherungsgeneralagent; **attestation d'~** *f* Versicherungsnachweis; **bénéficiaire de l'~ chômage** *m* Empfänger von Arbeitslosenunterstützung; **branche de l'~** *f* Versicherungsbranche; **cabinet d'~** *m* Versicherungsmaklerbüro; **capital garanti de l'~** *m* Versicherungssumme; **certificat d'~** *m* Versicherungsauszug, Versicherungsbescheinigung; **compagnie d'~** *f* Versicherungsgesellschaft; **compagnie d'~ privée** *f* private Versicherungsgesellschaft; **compagnie d'~-vie** *f* Lebensversicherungsgesellschaft; **consortium d'~** *m* Versicherungskonsortium; **contrat d'~** *m* Versicherungsvertrag; **convention d'~** *f* Abschluß einer Versicherung, Versicherungsvertrag; **courtier d'~** *m* Versicherungsmakler; **couverture par l'~** *f* Versicherungsschutz; **entreprise d'~** *f* Versicherungsunternehmen; **expert en ~s** *m* Versicherungssachverständiger; **fraude à l'~** *f* Versicherungsbetrug; **indemnité d'~** *f* Versicherungsentschädigung; **marché de l'~** *m* Versicherungsmarkt; **montant de l'~** *m* Versicherungssumme; **mutuelle d'~** *f* Versicherungsverein auf Gegenseitigkeit; **objet de l'~** *m* Versicherungsgegenstand; **opération d'~** *f* Versicherungsnehmer; **police d'~** *f* Versicherungspolice; **preneur d'~** *m* Versicherungsnehmer; **prime d'~** *f* Versicherungsbeitrag, Versicherungsprämie; **produit d'~** *m* Versicherungsprodukt; **profession de l'~** *f* Versicherungsbranche; **proposition d'~** *f* Versicherungsangebot; **représentant d'~** *m* Versicherungsvertreter; **secteur de l'~** *m* Versicherungswirtschaft, Versicherungsbranche; **services d'~** *m pl* Versicherungsdienstleistungen; **société d'~** *f* Versicherungsgesellschaft; **société d'~ à forme mutuelle** *f* Versicherungsverein auf Gegenseitigkeit; **société d'~ privée** *f* private Versicherungsgesellschaft; **somme de l'~** *f* Versicherungssumme; **sous-~** *f* Unterversicherung; **souscripteur d'une ~** *m* Versicherungsnehmer; **taxe d'~** *f* Versicherungssteuer; **taxe sur les conventions d'~** *f* Versicherungssteuer; **valeur d'~** *f* Versicherungswert
△△ **être couvert, e par une ~** durch eine Versicherung abgedeckt sein; **contracter/prendre/souscrire une ~** eine Versicherung abschließen
~**-accident** *f* Unfallversicherung
~ **adverse** *f* gegnerische Versicherung
~ **au tiers** *f* Haftpflichtversicherung (Kfz)
~**-auto(mobile)** *f* Kraftfahrzeugversicherung, Kfz-Versicherung
△ **vignette d'~** *f* Kfz-Versicherungsplakette
~ **bagages** *f* Gepäckversicherung
~**(-)chômage** *f* Arbeitslosenversicherung
~ **contre le vol** *f* Diebstahlversicherung
~ **contre les bris de glaces** *f* Glasversicherung
~ **contre les dégâts des eaux** *f* Wasserschadenversicherung
~ **(de) dommages** *f* Schadensversicherung, Sachversicherung
~ **de personnes** *f* Personenversicherung
~ **de personnes transportées** *f* Insassenversicherung
~ **(de) protection juridique** *f* Rechtsschutzversicherung
~ **de survie** *f* Überlebensversicherung
~ **décès** *f* Sterbeversicherung, Versicherung im Ablebensfall
~ **défense et recours** *f* Verkehrsrecht-

schutzversicherung
~-**incendie** *f* Feuerversicherung
~ **invalidité** *f* Invaliditätsversicherung
~-**maladie** *f* Krankenversicherung
△ **caisse d'~** *f* Krankenkasse; **prestations de l'~** *f pl* Leistungen der Krankenversicherung
~ **multirisque** *f* Universalversicherung
~ **mutuelle** *f* Versicherungsverein auf Gegenseitigkeit
~ **prévoyance** *f* Vorsorgeversicherung
~ **privée** *f* Privatversicherung
~ **protection juridique** *f* Rechtsschutzversicherung
~ **responsabilité civile** *f* Haftpflichtversicherung
~(-)**retraite** *f* Rentenversicherung
~(-)**retraite collective** *f* kollektive Rentenversicherung
~(-)**retraite privée** *f* private Rentenversicherung
~(-)**retraite supplémentaire** *f* Zusatzrentenversicherung
~ **risque simple** *f* Haftpflicht- u. Teilkaskoversicherung
~ **sociale** *f* Sozialversicherung
△△ **assujetti, e à l'~ obligatoire** sozialversicherungspflichtig; **caisse d'~** *f* Sozialversicherungskasse
~ **sur corps** *f* Kaskoversicherung
~ **sur facultés** *f* Kargoversicherung, Ladungsversicherung
~ **sur la vie à capital variable immobilier** *f* auf Immobilienanteil als tragende Stütze aufgebauter Lebensversicherungsvertrag
~ **tous risques** *f* Haftpflicht- u. Vollkaskoversicherung
~ **transport** *f* Transportversicherung, Frachtversicherung
~ **transport (de marchandises)** *f* Transportversicherung
~ **valeur à neuf** *f* Neuwertversicherung
~-**véhicule** *f* Kraftfahrzeugversicherung, Kfz-Versicherung
~ **véhicules à moteur (et remorques) (assurance VAM)** *f* Kraftfahrzeugversicherung
~ **veuvage** *f* Witwerversicherung
~-**vie** (*pl* **assurances-vie**) *f* Lebensversicherung
△ **compagnie (d')~** *f* Lebensversicherungsgesellschaft; **contrat (d')~** *m* Lebensversicherungsvertrag
△△ **contracter/souscrire une ~** eine Lebensversicherung abschließen
~-**vie dynamisée** *f* dynamisierte Lebensversicherung
~-**vieillesse** *f* Rentenversicherung, Altersversicherung
△ **caisse d'~** *f* Altersversicherung(skasse)
~ **vol** *f* Diebstahlversicherung
assuré, e *m/f* Versicherte(r), Versicherungs(teil)nehmer/Versicherungs(teil)nehmerin
△ **décès de l'~** *m* Tod des Versicherten
~ **maladie** *m/f* Krankenversicherte(r)
~ **social** *m/f* Sozialversicherte(r)
assuré, e versichert
△ **montant ~** *m* Versicherungssumme; **objet ~** *m* versicherter Gegenstand; **risque ~** *m* versichertes/gedecktes Risiko, versicherte Gefahr, Versicherungsgegenstand; **valeur ~e** *f* Versicherungswert, Versicherungssumme
assurer ***qn/qc*** **contre ...** *jdn/etw* gegen ... versichern
~ **des débouchés à** ***qn*** *jdm* Absatzmöglichkeiten sichern
~ **l'après-vente d'un produit** den Kundendienst für ein Produkt gewährleisten
~ **la collecte de** ***qc*** *etw* (ein)sammeln
~ **la libre circulation des marchandises** den freien Verkehr von Gütern gewährleisten
~ **la mobilité** die Mobilität gewährleisten
~ **le maintien du pouvoir d'achat** die Kaufkraft erhalten/sichern
~ **contre** ***qc*** **(s')** sich gegen *etw* versichern/absichern
~ **sur la vie (s')** sein Leben versichern, sich lebensversichern
assureur *m* Versicherer, Versicherungsträger
ATEI (Association du transport aérien international) *f* IATA (International Air Transport Association)
atelier *m* Werkstatt, Werkstätte, Abteilung, Betriebsstelle
△ **chef d'~** *m* Werkmeister; **fabrication en/par ~** *f* Werkstattfertigung
~ **de fabrication/de production** *m* Fertigungshalle, Fertigungswerkstatt

~ **clandestin** *m* illegale Werkstätte/Produktionsstätte
atmosphère *f* Atmosphäre, Luftschicht, Lufthülle, Stimmung
△ **pollution de l'~** *f* Luftverschmutzung, Luftbelastung, atmosphärische Umweltverschmutzung; **réchauffement de l'~** *m* Aufheizung der Atmosphäre
atmosphérique atmosphärisch, Luft-
△ **pollution ~** *f* Luftverschmutzung, Luftbelastung, atmosphärische Umweltverschmutzung
atomicité du marché *f* Marktzersplitterung
atomique Atom-, Nuklear-
△ **centrale ~** *f* Atomkraftwerk; **énergie ~** *f* Atomenergie, Kernenergie
atout *m* Trumpf, Vorteil
attaché commercial/attachée commerciale *m/f* Verkaufsbeauftragte(r), Handelsattaché
attaché/attachée de direction *m/f* Chefsekretär(in), Direktionssekretär(in)
attaché/attachée de presse *m/f* Pressereferent(in)
attacher ***qc*** *etw* binden, verbinden, festmachen
~ **une importance à** ***qc*** *etw* eine Bedeutung beimessen
attaquer ***qc/qn*** 1. *etw* angreifen, attackieren, angehen 2. *jdn* anklagen
~ **le marché** den Markt angehen/angreifen/attackieren
~ ***qn*** **en/pour contrefaçon** *jdn* wegen Nachahmung anklagen, gegen die Produktpiraten vorgehen
~ **un segment de marché** ein Marktsegment attackieren
~ **à** ***qc*** **(s')** *etw* attackieren, angreifen, angehen, sich *etw* vornehmen
~ **à un segment de marché (s')** ein Marktsegment attackieren/angehen
atteindre ***qc/qn*** *etw/jdn* erreichen
~ **la perfection** perfekt/vollkommen sein
~ **son plus haut/plus bas niveau historique** seinen historischen Höchststand/Tiefststand erreichen
~ **un bonus de x pour cent** einen Schadensfreiheitsrabatt von x Prozent erreichen
~ **un taux de x pour cent** eine Quote von x Prozent erreichen
~ **x pour cent** bei x Prozent liegen, x Prozent erreichen
atteinte *f* Beeinträchtigung, Schädigung
△△ **porter ~ à** ***qc/qn*** *etw /jdn* beeinträchtigen
~ **à la concurrence** *f* Wettbewerbsverstoß, Beeinträchtigung des Wettbewerbs
attente Erwartung, Erwarten, Warten
△△ **en ~ d'emploi** in Erwartung eines Arbeitsplatzes;
△△ **se mettre en position d'~ (d'emploi)** sich in Wartestellung (für einen Arbeitsplatz) begeben
atténuer ***qc*** *etw* abschwächen, dämpfen, mildern
~ ***qc*** **par des mesures sociales** *etw* mit Hilfe sozialer Maßnahmen mildern, sozial abfedern
attention *f* Achtung, Aufmerksamkeit
△ **à l'~ de** ***qn*** zu Händen von *jdm*
△△ **retenir l'~ de** ***qn*** die Aufmerksamkeit von *jdm* wecken
attestation *f* Bescheinigung, Attest, Bestätigung
△△ **établir une ~** eine Bescheinigung/Bestätigung ausstellen; **fournir une ~** eine Bescheinigung einreichen/vorlegen; **rédiger une ~** eine Bescheinigung/Bestätigung ausstellen
~ **d'assurance** *f* Versicherungsnachweis
~ **d'emploi** *f* Arbeitsbescheinigung
~ **de complaisance** *f* Gefälligkeitsattest, Gefälligkeitszeugnis
~ **de conformité** *f* Abnahmebescheinigung, Unbedenklichkeitsbescheinigung, Nämlichkeitsbescheinigung
~ **de l'employeur** *f* Beschäftigungsnachweis, Arbeitgeberbescheinigung
~ **de prise en charge** *f* Kostenübernahmeerklärung
~ **de versement** *f* Einzahlungsbescheinigung, Einzahlungsquittung
~ **fiscale** *m* Steuerbescheinigung
attester ***qc*** *etw* bezeugen, beurkunden, beweisen
attiser ***qc*** *etw* schüren, anfachen, anheizen
~ **l'inflation** die Inflation verschärfen/schüren/anheizen
attitude *f* Haltung, Verhalten, Einstellung
attractif, ive attraktiv

△ **prix ~** *m* attraktiver Preis
attraction *f* Sehenswürdigkeit, Attraktion, Freizeit-, Vergnügungs-
△ **parc d'~** *m* Freizeitpark, Vergnügungspark; **pôle d'~** *m* Anziehungspunkt, Anziehungspol; **rayon d'~** *m* Einzugsgebiet; **zone d'~** *f* Einzugsgebiet, Einzugsbereich
attribuer *qc* **(à** *qn***)** *jdm etw* gewähren, bewilligen, zuweisen, *etw* vergeben, erteilen
~ des crédits à la clientèle Kundenkredite gewähren
~ des monopoles Monopole vergeben
~ le marché à *qn* *jdm* den Zuschlag erteilen
attribution *f* Zuweisung, Vergabe, Bewilligung, Erteilung, *pluriel:* Befugnisse, Kompetenzen, Aufgabenbereich
△ **mode d'~** *m* Vergabeart; **principes d'~** *m pl* Vergaberegeln (bei öffentlichen Ausschreibungen/Aufträgen); **procédure d'~** *f* Vergabeart
~ d'actions *f* Aktienzuteilung
~ d'un crédit *f* Kreditbewilligung
~ du marché *f* Auftragsvergabe, Erteilung des Zuschlags
audience *f* 1. Echo, Wirkung, Resonanz 2. Zuhörerschaft, Einschaltquote 3. Audienz
△△ **avoir une forte ~** eine hohe Einschaltquote haben
audioconférence *f* Audiokonferenz
audiovisuel *m* audiovisuelle Medien, Bild- und Tonmedien
△ **loi sur l'~** *f* Bild- und Tongesetz, Mediengesetz
audiovisuel, le audiovisuell
△ **cassette audio(visuelle)** *f* Audiokassette; **redevance ~le** *f* Rundfunk- und Fernsehgebühr
audit *m* Revision, Wirtschaftsprüfung, Audit
△ **cabinet d'~** *m* Wirtschaftsprüfungsunternehmen; **mission d'~** *f* Auftrag für eine Wirtschaftsrevision/Wirtschaftsprüfung
△△ **faire appel à l'~** sich an ein Wirtschaftsprüfungsunternehmen wenden
~ d'entreprise *m* Unternehmensberatung
auditeur/auditrice *m/f* Zuhörer/Zuhörerin, Auditor/Auditorin
augmentation *f* Zunahme, Erhöhung, Steigerung, Wachsen, Vermehrung, Aufstockung
~ barémique *f* Erhöhung der Tabellenlöhne
~ cumulative de l'endettement *f* kumulative Erhöhung der Verschuldung
~ de capital *f* Kapitalaufstockung, Kapitalerhöhung
△△ **lancer une ~** eine Kapitalerhöhung einleiten/durchführen; **procéder à une ~** eine Kapitalerhöhung durchführen; **souscrire (à) une ~** eine Kapitalerhöhung zeichnen
~ de capital de réserves *f* Kapitalerhöhung aus Gesellschaftsmitteln
~ de capital en espèces *f* Kapitalerhöhung gegen Einlagen, effektive Kapitalerhöhung
~ de capital en numéraire *f* Kapitalerhöhung gegen Einlagen, effektive Kapitalerhöhung
~ de capital (par incorporation) de réserves *f* Kapitalerhöhung aus Gesellschaftsmitteln
~ de dépôt *f* Einlagenzuwachs
~ de l'emploi *f* Zunahme der Beschäftigung
~ de l'espérance de vie *f* Verlängerung der Lebenserwartung
~ de l'inventaire *f* Bestandsvermehrung
~ de la demande *f* Zunahme der Nachfrage, Nachfragebelebung
~ de la liquidité *f* Liquiditätssteigerung
~ de la population active *f* Wachsen der Erwerbsbevölkerung
~ de loyer *f* Mieterhöhung
~ de population *f* Bevölkerungszuwachs
~ de salaire/des salaires *f* Lohnerhöhung
~ des capacités *f* Kapazitätserweiterung
~ des coûts *f* Kostensteigerung
~ des effectifs *f* Personalaufstockung
~ des impôts *f* Steuererhöhung
~ des prix *f* Preiserhöhung, Preisanstieg
~ des revenus *f* Einkommenssteigerung
~ des tarifs *f* Preiserhöhung, Tariferhöhung, Beitragserhöhung
~ des traitements *f* Anhebung der Bezüge/Gehälter

~ **du chiffre d'affaires** *f* Umsatzzuwachs, Umsatzsteigerung
~ **du chômage** *f* Steigen der Arbeitslosigkeit, steigende Arbeitslosigkeit
~ **du personnel** *f* Personalaufstockung
~ **du PIB (produit intérieur brut)** *f* Anstieg/Zuwachs des BIP (Bruttoinlandsprodukts)
~ **du PNB (produit national brut)** *f* Wachstum/Zuwachs/Anstieg des BSP (Bruttosozialprodukts)
~ **du pouvoir d'achat** *f* Erhöhung der Kaufkraft
~ **du SMIC** (**salaire minimum interprofessionnel de croissance**) *f* Erhöhung des gesetzlichen Mindestlohns
~ **moyenne** *f* durchschnittliche Erhöhung
~ **salariale** *f* Lohnerhöhung

augmenter de ... ansteigen, sich erhöhen, steigen, sich steigern, zunehmen um ...
△△ **le chômage a augmenté (de x pour cent)** die Arbeitslosigkeit ist (um x Prozent) gestiegen; **le revenu augmente** das Einkommen steigt; **les prix augmentent** die Preise steigen; **les profits ont augmenté de ...** die Gewinne sind um ... gestiegen; **les salaires augmentent (de x pour cent)** die Löhne steigen (um x Prozent)
~ ***qc* de ...** *etw* erhöhen, steigern, anheben um ...
~ ***qc* de ... à ...** *etw* von ... auf ... erhöhen, steigern, anheben
~ **la liquidité** die Liquidität steigern
~ **la production** die Produktion erhöhen
~ **la production (à x unités annuelles)** die Produktion (auf x Einheiten jährlich) erhöhen
~ **la productivité** die Produktivität erhöhen
~ **la TVA** die Mehrwertsteuer erhöhen
~ **le capital** das Kapital aufstocken/erhöhen
~ **le pouvoir d'achat** die Kaufkraft erhöhen/steigern
~ **le SMIC (salaire minimum interprofessionnel de croissance)** den gesetzlichen Mindestlohn erhöhen/anheben
~ **les effectifs** die Belegschaftsstärke vergrößern, Personal einstellen
~ **les impôts** die Steuern heraufsetzen, die Steuerschraube anziehen *fam*
~ **les salaires** die Löhne erhöhen/anheben
~ **les traitements** die Bezüge anheben
~ **ses parts de marché** seinen Marktanteil vergrößern

aumône *f* Almosen

auspices (sous les ~ de *qn*) unter der Schirmherrschaft von *jdm*

austérité *f* Strenge, Disziplin, Härtemaßnahmen, Austerity-Politik
△ **budget d'~** *m* Sparhaushalt, restriktiver Haushaltsplan; **cure d'~** *f* Sparmaßnahmen; **plan d'~** *m* Einsparungsprogramm, Sparmaßnahmen, Austerity-Plan; **politique d'~** *f* Sparpolitik
~ **budgétaire** *f* restriktive Haushaltspolitik

autarcie *f* Autarkie, Selbstversorgung, wirtschaftliche Unabhängigkeit

auteur *m* Autor, Urheber, Verursacher, Täter
△ **droits d'~** *m pl* Urheberrechte

authentifier beurkunden, beglaubigen, amtlich bescheinigen

authentique authentisch, öffentlich beurkundet
△ **acte ~** *m* öffentlich beurkundetes Schriftstück

auto-approvisionnement *m* Selbstversorgung
△ **degré d'~** *m* Selbstversorgungsgrad

autodéfense *f* Selbstschutz, Selbsthilfe
△ **association d'~** *f* Bürgerinitiative

autobus *m* (Auto)Bus
△ **ligne d'~** *f* Buslinie

autocar *m* Bus, Reisebus

auto-consommation *f* Eigenverbrauch, Selbstverbrauch

autofinancement *m* Selbstfinanzierung, Innenfinanzierung
△ **capacité(s) d'~** *f (pl)* Selbstfinanzierungskapazität, Selbstfinanzierungsmöglichkeit(en); **degré d'~** *m* Selbstfinanzierungsgrad; **ressources d'~** *f pl* Selbstfinanzierungsmittel; **taux d'~** *m* Selbstfinanzierungsgrad
~ **brut** *m* Innenfinanzierung
~ **net** *m* Selbstfinanzierung

autofinancer *qc* *etw* aus Eigenmitteln finanzieren, selbstfinanzieren

~ **(s')** sich aus Eigenmitteln finanzieren, sich selbst finanzieren
autogestion *f* Selbstverwaltung
autolimitation *f* Selbstbeschränkung
△ **contrats d'~** *m pl* Selbstbeschränkungsabkommen
automatique automatisch
△ **caisse ~** *f* Geldautomat, Bankautomat; **consigne ~** *f* Gepäckschließfach; **distributeur ~** *m* Verkaufsautomat; **distributeur ~ de billets (DAB)** *m* Geldscheinautomat, Geldausgabeautomat (GAA); **guichet ~ de banque** *m* automatischer Bankschalter; **prélèvement ~** *m* Einzugsermächtigung, automatische Abbuchung; **virement ~** *m* Dauerauftrag
automatisation *f* Automatisierung
automatiser ***qc*** *etw* automatisieren
automobile *f* Automobil, Kraftfahrzeug, Kfz, Fahrzeug-
△ **assurance ~** *f* Kraftfahrzeugversicherung, Kfz-Versicherung; **carburant auto(mobile)** *m* Kfz-Treibstoff; **constructeur ~** *m* Automobilhersteller; **construction ~** *f* Kraftfahrzeugbau; **exportations ~s** *f pl* Fahrzeugexporte; **parc ~** *m* Fahrzeugpark; **pollution d'origine ~** *f* Umweltverschmutzung durch Kraftfahrzeuge; **secteur ~** *m* Automobilbranche; **taxe sur les ~s** *f* Kraftfahrzeugsteuer
autonome selbständig, autonom
△ **port ~** *m* autonomer Hafen
autonomie *f* Autonomie, Selbständigkeit, Unabhängigkeit
△ **prestations ~** *f pl* Leistungen der Pflegeversicherung
△△ **perdre son ~** seine Selbständigkeit verlieren, zum Pflegefall werden, pflegebedürftig werden
~ **de gestion** *f* Verwaltungshoheit, Eigenständigkeit in der Leitung
~ **économique** *f* wirtschaftliche Selbständigkeit/Autonomie
~ **juridique** *f* rechtliche Selbständigkeit
~ **tarifaire** *f* Tarifautonomie, Tarifhoheit, Zollhoheit
autorisation *f* Genehmigung, Erlaubnis, Einwilligung, Bewilligung, Befugnis, Bevollmächtigung
△ **procédure d'~** *f* Genehmigungsverfahren; **seuil d'~** *m* Kreditlinie, Kreditrahmen
△△ **demander/solliciter une ~** eine Genehmigung/Erlaubnis einholen
~ **de décaissement** *f* Sonderauszahlungserlaubnis
~ **de découvert** *f* Dispositionskredit, Dispo-Kredit, erlaubte Kontoüberziehung
~ **de prélèvement** *f* Einzugsermächtigung
~ **de travail** *f* Arbeitserlaubnis
~ **préalable** *f* vorherige Genehmigung
autorisé, e à faire ***qc*** dazu berechtigt, ermächtigt, befugt, autorisiert, *etw* zu tun
△ **crédit ~** *m* bewilligter Kredit; **découvert ~** *m* erlaubte Kontoüberziehung; **personnes non ~es** *f pl* Unbefugte, Unberechtigte; **plafond ~** *m* Höchstbetrag (steuerbegünstigte Anlage)
autoriser ***qn*** **à faire** ***qc*** *jdn* ermächtigen, bevollmächtigen, berechtigen, autorisieren, *etw* zu tun
autorité *f* Autorität, Hoheit, Machtbefugnis, Behörde
△ **abus d'~** *m* Amtsmißbrauch
△△ **faisant ~** maßgeblich; **placé, e sous l'~ de** ***qn*** unter *jds* Aufsicht gestellt
~s compétentes *f pl* zuständige Behörden
~ **de tutelle** *f* übergeordnete/vorgesetzte Behörde, Aufsichtsbehörde
~ **étatique** *m* staatliche Gewalt
~s fiscales *f pl* Finanzbehörden, Steuerbehörden
~s monétaires *f pl* Währungsbehörden, Währungsinstanzen
~s nationales *f pl* nationale Behörden/Instanzen
~ **patronale** *f* Arbeitgeberautorität
~s portuaires *f pl* Hafenbehörden
autoroute *f* Autobahn
~ **urbaine** *f* Stadtautobahn
autoroutier, ière Autobahn-
△ **réseau ~** *m* Autobahnnetz
autosuffisance énergétique *f* Selbstversorgung/Autarkie im Energiebereich
△ **par son ~** als Energieselbstversorger
autour de la corbeille *Bezeichnung für:* an der Pariser Börse
autres réserves *comptabilité f pl* sonstige Rücklagen *Buchführung*

auxiliaire *m* 1. Gehilfe, Hilfskraft 2. Vermittlungsagent, Vermittlungsvertreter
~ **de transport** *m* Vermittlungsvertreter im Transportbereich
auxiliaire helfend, mitwirkend, Hilfs-, Neben-
△ **matières ~s** *f pl* Hilfsstoffe; **produits ~s** *m pl* Hilfsstoffe; **secteur ~** *m* Hilfskostenstelle; **section ~** *f* Hilfskostenstelle
aval (en ~) (fluß)abwärts, (berg)abwärts
△ **en ~ de la production** produktionsabwärts; **entreprise en ~ de la production** *f* produktionsabwärts angesiedeltes Unternehmen; **marché ~** *m* Absatzmarkt, Konsumentenmarkt, Käufermarkt
aval *m* Bürgschaft, Sicherung, Aval
△△ **donner son ~ à** ***qc*** sein Einverständnis für *etw* geben, *etw* absegnen *fam*
~ **de banque** *m* Bankbürgschaft
avaliser une lettre de change für einen Wechsel Bürgschaft leisten
avaliser une traite einen Wechsel avalisieren
avance *f* Vorauszahlung, Vorschuß, Darlehen
△ **à l'~/d'~/par ~** im voraus, vorzeitig, vorgezogen, Voraus-; **paiement à l'~** *m* vorzeitige Zahlung, Vorauszahlung
△△ **acheter d'~** im voraus kaufen; **demander une ~** um einen Vorschuß bitten; **obtenir une ~** einen Vorschuß erhalten; **payer d'~** im voraus zahlen, vorauszahlen
~ **à découvert** *f* Blankokredit, Kassenkredit
~ **bancaire** *f* Bankdarlehen, Effektenlombard
~ **d'argent** *f* Geldvorschuß
~ **de caisse** *f* Barvorschuß
~ **de fonds** *f* Geldvorschuß, Kredit
~ **en compte courant** *f* Überziehungskredit, kurzfristiger Kredit für Unternehmen
~ **en devises** *f* Devisenvorschuß
~**s garanties** *f pl* langfristige Ausleihungen
~ **sur commande** *f* Anzahlung bei Bestellung
~ **sur compte** *f* Kontokorrentvorschuß
~ **sur contrat** *f* Vorauszahlung bei Auftragserteilung
~ **sur effets nantis** *f* Wechsellombard
~ **sur fret** *f* Frachtvorschuß
~ **sur gage** *f* Lombardkredit
~ **sur marchandises** *f* Warenlombard
~ **sur nantissement de titres** *f* Lombardkredit (bankmäßige Beleihung von Wertpapieren)
~ **sur note de frais** *f* Spesenvorschuß
~**s sur opérations de clearing** *f pl* Clearingvorschuß
~ **sur salaire** *f* Lohnvorauszahlung
~ **sur titres** *f* Effektenkredit, Lombardkredit
△ **taux des avances sur titres** *m* Lombardsatz
avancée *f* Vorstoß
△△ **faire une ~ dans l'informatique** in den Computerbereich vordringen/vorstoßen
avancement *m* 1. Beförderung, Aufstieg 2. Bauzustand, Stand
△ **perspectives d'~** *f pl* Aufstiegsmöglichkeiten
~ **des travaux** *m* Stand der Bauarbeiten
~ **du projet** *m* Projektfortschritt
avancer 1. fortschreiten, vorankommen, aufrücken, befördert werden 2. *de l'argent:* vorschießen, auslegen, vorstrekken 3. *un travail:* vorantreiben
△△ **faire ~** ***qc*** *etw* vorantreiben
avant-Bourse *f* Vorbörse
avant-projet *m* Vorprojekt
avant-saison *f* Vorsaison
avantage *m* Vorteil, Vorzug, Vergünstigung, *pluriel:* Leistungen, Bezüge, Vergütung
△△ **tirer ~ de** ***qc*** aus *etw* Vorteil ziehen
~ **à la commission** *m* Provisionsbasis
~ **comparatif** *m* komparativer Vorteil
△ **théorie des avantages comparatifs** *f* Theorie der komparativen Kostenvorteile
△△ **détenir un ~** einen komparativen Vorteil innehaben; **jouir d'un ~** einen komparativen Vorteil genießen/haben
~ **concurrentiel** *m* Wettbewerbsvorteil
~**s en nature** *m pl* Naturalbezüge, Naturalvergütung
~ **financier** *m* finanzieller Vorteil

~s fiscaux *m pl* Steuervorteile
~ par rapport à la concurrence *m* Wettbewerbsvorteil
~s sociaux *m pl* Sozialleistungen
avantager ***qn*** *jdn* bevorzugen, begünstigen
avantageux, se vorteilhaft, kostengünstig
avarie *f* Beschädigung, Havarie, Seeschaden, Transportschaden
△ **commissaire d'~s** *m* Havariekommissar; **constat d'~s** *m* Havariebefund, Havariefeststellung; **franco d'~s particulières** frei von besonderer Havarie
~ commune *f* große Havarie, gemeinsame Havarie
△ **clause d'~** *f* Havariegrosseklausel, Grosse-Havarie-Klausel; **compromis d'~** *m* Havariegrossekompromiß, Havariegrosseverpflichtungsschein, Havariegrosseübereinkunft; **règlement d'avaries communes** *m* Seeschadenberechnung
~ particulière *f* besondere Havarie
avenant à ***qc*** *m* Nachtrag, Zusatz zu *etw*
~ au contrat *m* Vertragszusatz
avenir *m* Zukunft
△ **à l'~** in Zukunft, (zu)künftig; **marché d'~** *m* zukunftsträchtiger Markt; **porteur d'~** zukunftsträchtig
avertissement *m* Warnung, Hinweis, Wink
△ **délai d'~** *m* Kündigungsfrist; **grève d'~** *f* Warnstreik; **lettre d'~** *f* Mahnbrief
avertisseur *m* Alarmblinker, Konjunkturindikator
aviculture *f* Geflügelzucht, Geflügelhaltung
avion *m* Flugzeug
△ **chute d'~** *f* Flugzeugabsturz; **par ~** auf dem Luftweg, per Flugzeug; **parc d'~s** *m* Flugzeugflotte
~ cargo *m* Frachtflugzeug
~ d'affaires *m* Geschäftsflugzeug
avis *m* Anzeige, Bescheid, Benachrichtigung
~ à tiers détenteur *m* Anzeige an Drittinhaber
~ consultatif *m* Gutachten
~ d'échéance *m* Zahlungsaufforderung
~ d'expédition *m* Versandanzeige
~ d'impayé *m* Mitteilung über einen uneingelösten Wechsel
~ d'imposition *m* Steuerbescheid
~ de constitution *m* Gründungsanzeige
~ de crédit *m* Avisierung des Kredits, Gutschriftsanzeige
~ de débit *m* Lastschriftsanzeige
~ de licenciement *m* Kündigungsschreiben
~ de prélèvement *m* Bankeinzugsverfahren, Einzugsverfahren
~ de réception (AR) *m* Empfangsanzeige
aviser ***qn*** *jdn* benachrichtigen
avocat *m* Rechtsanwalt, Anwalt, Rechtsbeistand
△ **cabinet d'~** *m* Anwaltsbüro, Anwaltskanzlei; **honoraires d'~** *m pl* Anwaltsgebühr(en)
~ consultant, e *m* beratender Anwalt
avoir *m* Aktivbestand, Aktivseite, Guthaben, Haben, Kredit
△ **poste d'~** *m* Habenposten; **transfert d'~s** *m* Überweisung von Guthaben
△△ **entretenir des ~s en monnaie étrangère auprès d'une banque** bei einer Bank Währungsguthaben unterhalten; **liquider des ~s** Bestände auflösen; **mobiliser un ~** ein Guthaben mobilisieren/flüssig/liquide machen
~ à vue *m* Sichtguthaben
~ bancaire *m* Bankguthaben
~ bloqué *m* Sperrguthaben, Terminguthaben
~s de change *m pl* Devisenbestände, Fremdwährungsguthaben, Nettoauslandsaktiva
~s de change officiels *m pl* Devisenbestände der Notenbank
~ en actions *m* Aktienbesitz
~ en banque *m* Bankguthaben
~ en caisse *m* Kassenbestand
~ en compte *m* Kontoguthaben
~s en devises *m pl* Devisenguthaben
~ en espèces *m* Barguthaben
~ en monnaie étrangère *m* Valutaguthaben, Währungsguthaben, Devisenguthaben
~ en valeurs mobilières *m* Wertpapierbestand
~s et engagements *m pl* Kredite und Einlagen
~ fiscal *m* Steuerguthaben, Steuergutschrift

~ **liquide** *m* flüssiges Guthaben
avortement *m* Abtreibung
axé sur l'exportation exportorientiert, exportintensiv
ayant droit *m* 1. Berechtigter, Anspruchsberechtigter 2. Mitversicherter

B

BA (bénéfices agricoles) *m pl* landwirtschaftliches Einkommen
bac de papier *m* Papierfach
bagages *m pl* Gepäck, Gepächstücke
△ **assurance ~** *f* Gepäckversicherung
bail (*pl:* **baux**) *m* Mietvertrag, Pachtvertrag
△ **crédit-~** *m* Leasing; **crédit-~ immobilier** *m* Immobilienleasing; **crédit-~ mobilier** *m* Leasing von beweglichen Gütern; **droit au ~** *m* Recht auf Verlängerung des Mietvertrages, Nachmietrecht; **droit de ~** *m* vom Mieter zu tragende Mietsteuer; **durée de ~** *f* Mietzeit; **expiration du ~** *f* Ablauf des Mietvertrags/Leasingvertrags; **locataire-~** *m* Leasingnehmer
△△ **donner** *qc* **à/en ~** *etw* verpachten/vermieten; **prendre un ~** mieten; **racheter un ~** einen Mietvertrag übernehmen, in einen Mietvertrag eintreten
~ **commercial** (*pl* baux commerciaux) *m* Mietvertrag für gewerbliche Räume
~ **de fermage** *m* Pachtvertrag
bailleur/bailleresse *m/f* Vermieter/Vermieterin, Leasinggeber/Leasinggeberin
~ **de capitaux** *m* Kapitalgeber
~ **de fonds** *m* Kapitalgeber, Geldgeber
~ **de gage** *m* Verpfänder
baisse *f* Sinken, Rückgang, Abflauen, Talfahrt, Abnahme, Einbruch, Baisse, Kursabwärtsbewegung, Kursrückgang, Kursverlust, Senkung, Abbau
△ **ambiance de ~** *f* Baissestimmung; **clause de ~** *f* Baisseklausel; **correction à la/en ~** *f* Kurskorrektur nach unten; **effet de ~** *m* kontraktiver Effekt; **forte ~** *f* starker Einbruch; **mouvement de ~** *m* Baissebewegung, rückläufige Bewegung; **opération à la ~** *f* Baissespekulation; **position à la ~** *f* Baisseposition; **spéculateur à la ~** *m* Baissespekulant, Baissier; **spéculation à la ~** *f* Baissespekulation; **tendance à la ~** *f* Abwärtsbewegung, Baissetendenz, Abwärtstrend, fallende Tendenz; **variation en ~** *f* Veränderung nach unten, Abwärtsbewegung
△△ **accélérer son mouvement à la ~** seine/ihre Talfahrt beschleunigen; **acheter à la ~** auf Baisse kaufen; **amorcer une ~** nachgeben; **corriger** *qc* **à la ~** *etw* nach unten korrigieren; **être à la ~ (Bourse, cours, indice)** fallende Tendenz haben (Börse, Börsenkurse, Börsenindex); **être en ~** fallen; **la ~ est de x pour cent** der Kursrückgang beträgt/die Einbrüche betragen x Prozent; **réviser/revoir à la ~** nach unten korrigieren; **se couvrir pendant la ~** sich während der Baisse eindecken; **spéculer à la ~** auf Baisse spekulieren; **tabler sur une ~** mit einem (Kurs)Rückgang rechnen; **vendre à la ~** auf Baisse verkaufen
~ **à la/de la Bourse** *f* Baisse an der Börse
~ **conjoncturelle** *f* Konjunkturabschwung
~ **d'activité/de l'activité** *f* Rückgang der Wirtschaftstätigkeit, Konjunkturrückgang
~ **d'impôt** *f* Steuersenkung, Steuerherabsetzung
~ **de fréquentation** *f* Besucherrückgang
~ **de la conjoncture** *f* Konjunkturrückgang
~ **de la demande** *f* Rückgang der Nachfrage
~ **de la mortalité** *f* Rückgang der Sterberate/Sterblichkeit
~ **de la natalité** *f* Geburtenrückgang, Rückgang der Geburtenhäufigkeit, Rückgang der Geborenenziffer
~ **de la nuptialité** *f* Rückgang der Zahl der Eheschließungen
~ **de la production** *f* Produktionsrückgang
~ **de la TVA** *f* Mehrwertsteuersenkung
~ **de salaire** *f* Lohnsenkung
~ **des cours** *f* Baisse, Kursrückgang, Kursverfall

~ **des effectifs** *f* Verringerung, Rückgang der Beschäftigtenzahl
~ **des prix** *f* Preisrückgang
~ **des taux d'intérêt** *f* Zinsrückgang
~ **des ventes** *f* Verkaufsrückgang
~ **du chômage** *f* Rückgang der Arbeitslosigkeit
~ **du coût unitaire** *f* Rückgang der Stückkosten
~ **du niveau d'un stock** *f* Lagerbestandsminderung
~ **du niveau de vie** *f* Sinken des Lebensstandards
~ **du pétrole** *f* Rückgang der Erdölpreise
~ **du PIB (produit intérieur brut)** *f* Rückgang/Sinken des BIP (Bruttoinlandsproduktes)
~ **du pouvoir d'achat** *f* Kaufkraftverlust
~ **du taux d'escompte** *f* Diskont(satz)-senkung
~ **du taux de couverture** *f* Rückgang des Deckungsverhältnisses

baisser de .../de ... à ... sinken, fallen, zurückgehen, abflauen, nachgeben um .../von ... auf ...
△△ **la Bourse a baissé** die Börse ist gefallen; **le marché baisse** der Markt gibt nach; **le niveau de vie baisse** der Lebensstandard sinkt; **le revenu baisse** das Einkommen sinkt; **le taux d'inflation baisse** die Inflationsrate sinkt/fällt; **les cours baissent** die Kurse fallen; **les prix baissent** die Preise sinken, fallen
~ ***qc*** *etw* senken, verringern, vermindern
△△ **faire ~ *qc* de x pour cent** *etw* um x Prozent senken ; **faire ~ les cours** die Kurse drücken
~ **la TVA** die Mehrwertsteuer senken
~ **les droits de douane** die Zölle senken

baissier *m* Baissier, Baissespekulant

baissier, ière rückläufig, nach unten weisend
△ **cycle ~** *m* Konjunkturrückgang an der Börse; **tendance ~ière** *f* rückläufige Tendenz

balance *f* Bilanz, Gleichgewicht, Handelsbuch in Kontoform
△ **amélioration de la ~** *f* Verbesserung der Bilanz; **déficit de la ~** *m* Bilanzdefizit; **dégradation de la ~** *f* Verschlechterung der Bilanz; **déséquilibre de la ~** *m* Bilanzungleichgewicht; **détérioration de la ~** *f* Verschlechterung der Bilanz; **équilibre de la ~** *m* Bilanzgleichgewicht; **excédent de la ~** *m* Bilanzüberschuß; **redressement de la ~** *m* Verbesserung der Bilanz; **rétablissement de la ~** *m* Verbesserung der Bilanz; **solde de la ~** *m* Bilanzsaldo, Bilanzergebnis; **solde déficitaire/excédentaire de la ~** *m* Bilanzdefizit/Bilanzüberschuß
△△ **équilibrer la ~** die Bilanz ausgleichen; **la ~ accuse/affiche/enregistre un déficit/un excédent** die Bilanz verzeichnet/weist ein Defizit/einen Überschuß auf; **la ~ est passive** die Bilanz ist negativ; **la ~ est active/positive** die Bilanz ist aktiv/positiv; **la ~ est équilibrée** die Bilanz ist ausgeglichen; **la ~ penche en faveur de** die Bilanz fällt zugunsten ... aus; **la ~ s'est améliorée** die Bilanz hat sich verbessert; **la ~ reste en déséquilibre** die Bilanz ist weiterhin unausgeglichen; **la ~ s'est dégradée/détériorée** die Bilanz hat sich verschlechtert; **redresser la ~** die Bilanz verbessern; **rééquilibrer la ~** die Bilanz wieder ausgleichen
~ **active** *f* aktive Bilanz
~ **annuelle** *f* Jahresbilanz
~ **commerciale** *f* Handelsbilanz, Außenhandelsbilanz
△ **déficit de la ~** *m* Handelsbilanzdefizit; **équilibre de la ~** *m* Ausgleich der Handelsbilanz, Handelsbilanzgleichgewicht; **excédent de la ~** *m* Handelsbilanzüberschuß; **redressement de la ~** *m* Verbesserung der Handelsbilanz; **solde de la ~** *m* Handelsbilanzsaldo, Handelsbilanzergebnis
△△ **rééquilibrer la ~** die Handelsbilanz wieder ausgleichen
~ **commerciale déficitaire/équilibrée/-excédentaire** *f* defizitäre/ausgeglichene/überschüssige Handelsbilanz
~ **commerciale passive** *f* passive Handelsbilanz
~ **cumulée** *f* Betriebsergebnisrechnung, Periodenrechnung, kurzfristige Erfolgsrechnung
~ **de clôture** *f* Schlußbilanz
~ **de l'endettement international** *f* Auslandsverschuldungsbilanz

~ **déficitaire/équilibrée/excédentaire** *f* defizitäre, negative, passive/ausgeglichene/überschüssige Bilanz
~ **des biens et services** *f* Waren- und Dienstleistungsbilanz
~ **des capitaux** *f* Kapitalbilanz, Kapitalverkehrsbilanz
~ **des capitaux à long terme** *f* Bilanz des langfristigen Kapitalverkehrs, langfristige Kapitalverkehrsbilanz
~ **des comptes courants** *f* Leistungsbilanz
~ **des dons** *f* Übertragungsbilanz, Schenkungsbilanz, Bilanz der unentgeltlichen Leistungen, Bilanz der einseitigen Übertragungen
~ **des échanges extérieurs** *f* Außenhandelsbilanz, Konto mit der übrigen Welt
~ **des invisibles** *f* Dienstleistungsbilanz
~ **des marchandises** *f* Warenbilanz
~ **des mouvements monétaires** *f* Devisenbilanz
~ **des opérations courantes** *f* Leistungsbilanz
~ **des paiements** *f* Zahlungsbilanz
△ **ajustement de la** ~ *m* Ausgleich des Zahlungsbilanzungleichgewichts; **contraintes de** ~ *fpl* Zahlungsbilanzzwänge; **déficit de la** ~ *m* Zahlungsbilanzdefizit; **déséquilibre de la** ~ *m* Zahlungsbilanzungleichgewicht; **difficultés de** ~ *fpl* Zahlungsbilanzschwierigkeiten; **équilibre de la** ~ *m* Zahlungsbilanzgleichgewicht; **excédent de la** ~ *m* Zahlungsbilanzüberschuß; **redressement de la** ~ *m* Verbesserung der Zahlungsbilanz; **solde de la** ~ *m* Zahlungsbilanzsaldo, Zahlungsbilanzergebnis
~ **des paiements courants** *f* Leistungsbilanz
~ **des paiements équilibrée** *f* ausgeglichene Zahlungsbilanz
~ **des services** *f* Dienstleistungsbilanz
~ **des transactions courantes** *f* Leistungsbilanz
~ **des transactions invisibles** *f* Dienstleistungsbilanz
~ **du commerce extérieur** *f* Außenhandelsbilanz
~ **du tourisme** *f* Tourismusbilanz (Teil der Dienstleistungsbilanz)
~ **énergétique** *f* Bilanz der Energieein- und -ausfuhren, Energiebilanz
~ **équilibrée** *f* ausgeglichene Bilanz
~ **excédentaire** *f* überschüssige Bilanz
~ **extérieure** *f* Außenhandelsbilanz
~ **favorable** *f* günstige Bilanz
~ **globale** *f* Gesamtbilanz
△ **solde de la** ~ *m* Saldo der Gesamtbilanz
~ **intermédiaire mensuelle** *f* Monatsbilanz
~ **négative** *f* negative Bilanz
~ **pétrolière** *f* Bilanz der Erdölein- und -ausfuhren
~ **positive** *f* positive Bilanz

balnéothérapie *f* Bäderbehandlung

balnéothérapique Bade-, Thermal-
△ **cure** ~ *f* Badekur

banalisation *f* Unkenntlichmachung, Verbreitung

bancable diskontfähig, diskontierbar
△ **titre** ~ *m* diskontfähiges Wertpapier

bancaire Bank-, bankgeschäftlich, bankrechtlich, bankwirtschaftlich
△ **acceptation** ~ *f* Bankakzept; **activité** ~ *f* Bankgewerbe, Banktätigkeit; **agence** ~ *f* Bankniederlassung, Zweigstelle einer Bank; **avance** ~ *f* Bankdarlehen, Effektenlombard; **avoir** ~ *m* Bankguthaben; **carte** ~ *f* Kreditkarte (einer Bank), Bankkarte; **carte** ~ **unique** *f* für alle Banken gültige Kreditkarte; **caution** ~ *f* Bankbürgschaft; **cautionnement** ~ *m* Bankgarantie, Bankbürgschaft; **chèque** ~ *m* Bankscheck; **code** ~ *m* Bankleitzahl; **Commission** ~ *f* Bankenaufsichtsbehörde; **commission** ~ *f* Bankprovision; **compte** ~ *m* Bankkonto; **compte courant** ~ *m* Bankgirokonto; **consortium** ~ *m* Bankenkonsortium; **coopérative** ~ *f* Bankgenossenschaft; **coordonnées** ~**s** *f pl* Bankverbindung; **créance** ~ *f* Bankforderung; **crédit** ~ *m* Bankkredit; **dépôts de clientèle** ~ *m pl* Einlagen von Kreditinstituten; **domiciliation** ~ **(d'une société)** *f* Angabe des Bankkontos/Zahlungsorts (eines Unternehmens/einer Gesellschaft); **engagement** ~ *m* Bankhaftung; **escompte** ~ *m* Bankdiskont; **établissement** ~ *m* Bankinstitut; **financement** ~ *m* Bank-

finanzierung; **garantie ~** *f* Bankgarantie, Bankbürgschaft, Banksicherheit; **garantie ~ usuelle** *f* bankübliche Sicherheit; **guichet ~** *m* Bankschalter, Bankfiliale, Zweigstelle einer Bank; **implantation ~** *f* Anzahl der Bankniederlassungen (in einem Land z.B.); **institut ~** *m* Bank, Geldinstitut; **interdit ~** *m* Scheck(ausstellungs)verbot; **intérêts ~s** *m pl* Bankzinsen; **intermédiation ~** *f* Bankvermittlung; **législation ~** *f* Bankengesetzgebung; **lettre de garantie ~** *f* Einlösungsgarantie einer Bank; **libre-service ~** *m* Selbstbedienung im Bankenbereich; **liquidité ~** *f* Bankenliquidität; **logiciel à usage ~** Banken-Software; **loi ~** *f* Bankengesetz; **marge ~** *f* Bankenspanne; **obligation ~** *f* Bankschuldverschreibung; **opération ~** *f* Bankgeschäft; **ordre ~** *m* Bankauftrag; **place ~** *f* Bankenplatz; **place ~ off shore** *f* Off shore-Bankenplatz; **pool ~** *m* Bankenkonsortium; **prêt ~** *m* Bankdarlehen, Bankkredit; **profession ~** *f* Bankgewerbe; **relations ~s** *f pl* Bankenbeziehung; **relevé d'identité ~ (RIB)** *m* Vordruck mit Angabe von Kontonummer, Bankleitzahl, Name des Kontoinhabers etc; **réseau ~** *m* Bankennetz; **secret ~** *m* Bankgeheimnis; **secteur ~** *m* Bankensektor; **services ~s** *m pl* Bank(dienst)leistungen, Bankdienste; **société non ~** *f* Nichtbank; **système ~** *m* Bankensystem, Bankwesen; **terminal ~** *m* Bankterminal; **virement ~** *m* Banküberweisung

△△ **effectuer des opérations ~s** Bankgeschäfte ausführen; **être tenu au secret ~** an das Bankgeheimnis gebunden sein

bancal, e wacklig, krummbeinig

△ **entreprise ~e** *fam f* zahlungsunfähiges Unternehmen

bancarisation *f* bankmäßige Erfassung

~ **de titres** *f* bankmäßige Erfassung von Wertpapieren

bande *f* Band, Streifen

~ **magnétique** *f* Magnetband

~ **perforée** *f* Lochstreifen

~ **transporteuse** *f* Förderband

banlieue *f* Vorort

△ **grande ~** *f* Einzugsgebiet; **proche ~** *f* Nahbereich, Stadtrandgebiet; **transports en commun urbains et de ~** *m pl* öffentlicher Personennahverkehr

banlieusard *m* Vorstädter, Pendler

banque *f* Bank

△ **Association française des ~s (AFB)** *f* Dachverband der französischen Banken; **aval de ~** *m* Bankbürgschaft; **avoir en ~** *m* Bankguthaben; **billet de ~** *m* Banknote; **billet de ~ convertible** *m* konvertible Banknote; **chèque de ~** *m* Bankscheck, Scheck einer Bank; **code ~** *m* Bankleitzahl; **compte en ~** *m* Bankkonto; **employé de ~** *m* Bankangestellter; **frais de ~** *m pl* Bankspesen; **nationalisation des ~s** *f* Verstaatlichung des Bankwesens; **opération de ~** *f* Bankgeschäft; **succursale de ~** *f* Bankfiliale; **transactions de gré à gré entre ~s** *f pl* Interbankenhandel

△△ **aller à la ~** zur Bank gehen; **avoir de l'argent à la/en ~** Geld auf der Bank haben; **avoir un compte en ~** ein Bankkonto haben

~ **à domicile** *f* Homebanking

~ **à statut légal spécial** *f* Bank mit Sonderstatut

~ **acceptante** *f* akzeptierende Bank

~ **attitrée** *f* Hausbank

~ **centrale** *f* Zentralbank, Bank der Banken, Emissionsbank, Notenbank, Reservebank, Währungsbank, Zentralnotenbank

△ **gouverneur de la ~** *m* Präsident der Zentralbank, Zentralbankpräsident; **intervention de la ~** *f* Intervention/Eingriff der Zentralbank

Banque centrale européenne (EUROFED) *f* europäische Zentralbank (EUROFED)

~ **chargée d'encaissement** *f* Inkassobank

~ **chargée du règlement** *f* zahlende Bank

~ **chef de file** *f* initiierende/federführende Bank

~ **commerciale** *f* Geschäftsbank, Handelsbank

~ **confirmante/confirmatrice** *f* bestätigende Bank

~ **coopérative** *f* genossenschaftliche Bank, Genossenschaftsbank

~ **créancière** *f* Gläubigerbank
~ **créditrice** *f* Gläubigerbank
~ **d'affaires** *f* Effektenbank
~ **d'émission** *f* Notenbank
~ **d'Etat** *f* Staatsbank
~ **de change** *f* Wechselbank
~ **de commerce** *f* Geschäftsbank, Handelsbank
~ **de crédit** *f* Kreditbank
~ **de dépôt et de virement** *f* Depositen- und Girobank
~ **de dépôts** *f* Depositenbank
~ **de données** *f* Datenbank, Datenbasis
△ **consultation d'une ~** *f* Abfrage einer Datenbank
△△ **être relié, e à une ~** mit einer Datenbank verbunden sein, an eine Datenbank angeschlossen sein
~ **de données en réseau** *f* Netzwerkdatenbank
~ **de données hiérarchique** *f* hierarchische Datenbank
~ **de données relationnelle** *f* relationale Datenbank
~ **dépositaire** *f* verwahrende Bank
Banque de France *f* Französische Staatsbank, Zentralbank, Notenbank
Banque de Paris et des Pays-Bas (Paribas) *f* französisch-holländische Privatbank
~ **de premier rang** *f* Notenbank
~ **de second rang** *f* Geschäftsbank
~ **dépositaire** *f* verwahrende Bank
~ **domiciliataire** *m* Domizilierungsbank
~ **des banques** *f* Zentralbank und Girozentrale
Banque des règlements internationaux (BRI) *f* Bank für internationalen Zahlungsausgleich (BIZ)
~ **émettrice** *f* ausgebende Bank, Emissionsbank, ausstellende Bank, Ausstellerbank
Banque Européenne pour la Reconstruction et le Développement (BERD) *f* Europäische Bank für Wiederaufbau und Entwicklung (EBWE)
Banque Fédérale *f* Bundesbank
Banque Française du Commerce Extérieur (BFCE) *f* französische Außenhandelsbank
Banque internationale pour la reconstruction et le développement (BIRD) *f* Internationale Bank für Wiederaufbau und Entwicklung (IBWE)
Banque mondiale pour la reconstruction et le développement *f* Weltbank für Wiederaufbau und Entwicklung
~ **mutualiste** *f* genossenschaftliche Bank
~ **nationalisée** *f* verstaatlichte Bank
~ **négociatrice** *f* negoziierende/verhandelnde Bank
~ **notificatrice** *f* avisierende Bank
~ **polyvalente** *f* Geschäftsbank, Universalbank
Banque Populaire *f* Volksbank
~ **présentatrice** *f* vorlegende Bank
~ **prêteuse** *f* darlehensgebende Bank
~ **privée** *f* Privatbank
~ **régionale** *f* Regionalbank
~ **remettante** *f* einreichende Bank
~ **semi-publique** *f* gemeinwirtschaftliche/gemischtwirtschaftliche Bank
~ **tirée** *f* bezogene Bank
~ **universelle** *f* Universalbank, Geschäftsbank
banqueroute *f* Bankrott
△ **déclaration de ~** *f* Bankrotterklärung
△△ **faire ~** Bankrott machen
~ **frauduleuse** *f* betrügerischer Bankrott
~ **simple** *f* einfacher Bankrott
banqueroutier *m* Bankrotteur
banquier *m* Bankier, Banker
~ **cambiste** *m* Devisenhändler
barème *m* Tabelle, Tarif, Satz, Berechnungstafel, Skala
~ **d'imposition applicable aux revenus encaissés** *m* Einkommensteuertarif
~ **de l'impôt** *m* Steuertabelle
~ **de prix** *m* Preisliste
~ **des salaires** *m* Lohnskala, Lohntabelle, Staffelung der Lohnsätze
△ **augmentation du ~** *f* Erhöhung der Lohnskala
~ **fiscal** *m* Steuertarif, Steuertabelle
~ **progressif** *m* progressiver Tarif
barémique Tabellen-
△ **augmentation ~** *f* Erhöhung der Tabellenlöhne
baril *m* Barrel
~ **de brut** *m* Barrel Rohöl
~ **de pétrole** *m* Barrel Erdöl, Barrel Rohöl, Faß Rohöl, Faß Erdöl

~ **/jour** *m* Barrel pro Tag
baromètre *analyse conjoncturelle m* Barometer *Konjunkturanalyse*
barrage *m* Staudamm
barre *m* Schwelle, Hürde, Marke
△△ **franchir la ~ des x pour cent** die x-Prozent-Marke überschreiten; **l'indice franchit la ~ des 110 points** der Index überschreitet die Schwelle von 110 Punkten; **le chômage a dépassé la ~ des 10 pour cent** die Arbeitslosigkeit hat die 10-Prozent-Hürde überschritten; **repasser sous la ~ des x pour cent** erneut unter die x-Prozent-Grenze/Schwelle fallen; **tomber en dessous de la barre des ...** unter die Schwelle von ... fallen
barré, e durchgestrichen, gekreuzt
△ **chèque barré** *m* gekreuzter Scheck, Verrechnungsscheck
barreau *m* Rechtsanwaltschaft
barrière *f* Schranke, Hemmnis
~ **commerciale** *f* Handelsschranke, Handelshemmnis
△ **contourner les barrières commerciales** die Handelsschranken umgehen; **supprimer les barrières commmerciales** die Handelsschranken abbauen
~ **douanière** *f* Zollschranke
bas, se niedrig, tief
△ **niveau de vie ~** *m* niedriger Lebensstandard
~ **de gamme** *m* unterer Qualitätsbereich, unterer Bereich der Produktpalette
△ **produit ~** *m* Produkt des unteren Qualitätsbereichs
~ **de la lettre** *m* Brieffuß
~ **du stellage** *m* unterer festgesetzter Kurs beim Stellagegeschäft
~ **prix** *m* Niedrigpreis
△△ **vendre à ~** verschleudern
~ **salaire** *m* Niedriglohn
△ **pays à ~s** *m* Niedriglohnland; **main-d'oeuvre à ~** *f* billige Arbeitskräfte
basculer dans le rouge in die roten Zahlen geraten, nach unten gehen
base *f* 1. *d'un indice:* Basis, Basisjahr, Basiswert 2. Grund-, Grundstoff-
△ **abattement à la ~** *m* Steuerfreigrenze; **année de ~** *f* Basisjahr, Basis; **besoins de ~** *m pl* Grundbedürfnisse; **congés de ~** *m pl* Grundurlaub; **industrie de ~** *f* Grundstoffindustrie; **informations de ~** *f pl* Grunddaten; **investissement de ~** *m* Grundinvestition; **prime de ~** *f* Grundprämie; **prix de ~** *m* Grundpreis, Richtpreis; **rémunération de ~** *f* Grundentlohnung; **retraite de ~** *f* Grundrente; **rétribution de ~** *f* Grundentlohnung; **salaire de ~** *m* Grundgehalt, Grundlohn; **taux de ~** *m* Basiszinssatz; **taux de ~ bancaire/des banques** *m* banküblicher Zinssatz/Basiszinssatz; **utilité de ~** *f* Grundnutzen
~ **annuelle** *f* Jahresbasis
~ **d'imposition** *f* Steuergrundlage, Steuergegenstand, Steuerbemessungsgrundlage
~ **de données** *f* Datenbank, Datenbasis
~ **de l'impôt** *f* Steuergrundlage, Steuergegenstand, Steuerbemessungsgrundlage
~ **de l'indice** *f* Basisjahr
~ **de référence** *f* Bezugsgröße, Basis
~ **semestrielle** *f* Halbjahresbasis
~ **trimestrielle** *f* Quartalbasis
basé, e à ... in ... ansässig, mit Sitz in ...
bassin *m* Becken, Gebiet, Revier, Zone
~ **charbonnier** *m* Kohlengebiet, Kohlerevier, Kohlenbecken
~ **d'emploi(s)** *f* Beschäftigungszone
~ **houiller** *m* Kohlenbecken, Kohlenrevier
bateau *m* Schiff, Boot
△ **par ~** per Schiff
~ **-citerne** *m* Tankschiff
~ **de croisière** *m* Kreuzfahrtschiff
~ **de pêche** *m* Fischerboot
bâti, e bebaut
△ **non bâti, e** unbebaut; **terrain ~** *m* bebautes Grundstück; **terrain non ~** *m* unbebautes Grundstück
bâtiment *m* 1. Bau, Gebäude 2. Baugewerbe, Bauwirtschaft
△ **actions du ~** *f pl* Bauwerte; **entrepreneur du ~** *m* Bauunternehmer; **entreprise du ~** *f* Bauunternehmen; **grand chantier de ~** *m* Großbaustelle; **grève du ~** *f* Bauarbeiterstreik; **industrie du ~** *f* Bauwirtschaft; **ouvrier du ~** *m* Bauarbeiter; **secteur du ~** *m* Baubranche
~ **agricole** *m* landwirtschaftliches Gebäude

Bâtiment-Travaux Publics (BTP) *m pl* Hoch- und Tiefbau, öffentliche Bauarbeiten
bâtir ***qc*** *etw* bauen, erbauen, errichten, herstellen
△ **terrain à ~** *m* Baugrundstück, Bauland
battage publicitaire *m* Werberummel
batterie *f* 1. Batterie 2. Paket, Bündel, Katalog, Satz
~ **de mesures** *f* Maßnahmenpaket
battre ***qc/qn*** *etw/jdn* schlagen, prägen
~ **monnaie** Geld prägen
~ **pour** ***qc*** **(se)** um *etw* ringen
baud *m* Baud
BC (brevet de compagnon) *m* Gesellenbrief
becquerel *m* Becquerel
bénéfice *m* Gewinn, Ertrag, (Betriebs) Ergebnis
△ **distribution des ~s** *f* Gewinnausschüttung, Gewinnverteilung; **évaluation par le ~** *f* Bewertung nach dem Betriebsergebnis; **hausse des ~s** *f* Gewinnsteigerung; **imposition des ~s** *f* Gewinnbesteuerung; **impôt sur le ~** *m* Gewinnsteuer, Ertragsteuer; **impôt sur les ~s des sociétés** *m* Körperschaftsteuer; **inflation par les ~s** *f* Gewinninflation; **maximisation des ~s** *f* Gewinnmaximierung; **part de ~** *f* Gewinnanteil; **participation aux ~s** *f* Beteiligung am Betriebsergebnis, Gewinnbeteiligung; **perte de ~** *f* Gewinnausfall; **prélèvement du ~** *m* Gewinnentnahme; **prise de ~s** *f* Gewinnmitnahme; **rapatriement de ~s** *m* Gewinnrückführung; **réalisation de ~s** *f* Gewinnerzielung; **recul du ~** *m* Absinken der Erträge, Gewinneinbruch; **répartition des ~s** *f* Gewinnverteilung, Gewinnaufteilung, Gewinnausschüttung; **thésaurisation des ~s** *f* Gewinnthesaurierung
△△ **accuser un ~ (de ...)** einen Gewinn (von ...) ausweisen; **affecter des ~s** Gewinne verwenden; **dégager un ~ (de ...)** (einen) Gewinn (von ...) erwirtschaften/erzielen; **dégager x milliards de ~** x Milliarden Gewinn erzielen; **distribuer les ~s** die Gewinne ausschütten; **encaisser un ~** einen Gewinn einheimsen; **être intéressé, e aux ~s** am Gewinn beteiligt sein; **faire des ~s** Gewinne machen; **les ~s fondent** die Gewinne schrumpfen zusammen; **maximiser les ~s** die Gewinne maximieren; **participer aux ~s** an den Gewinnen beteiligt sein; **réaliser des ~s** Gewinne/Erträge erzielen/erwirtschaften/machen; **redistribuer des ~s** Gewinne (wieder) ausschütten; **réinvestir les ~s** die Gewinne wiederanlegen; **répartir les ~s** die Gewinne verteilen/ausschütten
~s agricoles (BA) *m pl* landwirtschaftliches Einkommen
~ **annuel moyen** *m* durchschnittlicher Jahresgewinn
~ **après impôt** *m* Gewinn nach Abzug der Steuern/nach Steuern
~ **avant impôt** *m* Gewinn vor Abzug der Steuern/vor Steuern
~ **conservé** *m* einbehaltener Gewinn
~ **consolidé** *m* konsolidierter Gewinn
~ **d'exploitation** *m* Betriebsgewinn
~ **(s) de l'année** *m (pl)* Jahresüberschuß
~ **de placement** *m* Gewinn aus Kapitalanlage
~s des entreprises *m pl* Unternehmensgewinne
~ **disponible** *m* verfügbarer Gewinn
~s distribués *m pl* ausgeschüttete/verteilte Gewinne
~ **fiscal** *m* steuerpflichtiger Gewinn
~ **forfaitaire** *m* Pauschalgewinn
~ **imposable** *m* steuerpflichtiger Gewinn
~s industriels et commerciaux (BIC) *m pl* Einkünfte/Gewinn aus gewerblicher Tätigkeit
~ **net** *m* Nettogewinn, Reingewinn
~s non commerciaux (BNC) *m pl* Einkünfte/Gewinn aus nicht-gewerblicher Tätigkeit
~ **non-distribué/non-réparti** *m* unverteilter/nicht ausgeschütteter Gewinn
~s réalisés *m pl* erzielte Gewinne
~s réinvestis *m pl* wiederangelegte Gewinne
~ **réparti** *m* verteilter Gewinn
~ **reporté** *m* vorgetragener Gewinn
bénéficiaire *m* Begünstigter, Bezugsberechtigter, Nutznießer, Bezieher, Empfänger, Remittent, Wechselnehmer,

Empfangsberechtigter, Anspruchsberechtigter
~ **d'un accréditif** *m* Akkreditierter
~ **d'un dégrèvement** *m* Steuerbegünstigter
~ **d'un effet** *m* Empfänger eines Handelspapiers
~ **d'un prêt** *m* Darlehensnehmer
~ **d'un virement** *m* Überweisungsempfänger
~ **d'une allocation** *m* Bezieher einer Sozialleistung
~ **d'une lettre de change** *m* Wechselnehmer
~ **d'une licence** *m* Lizenzinhaber
~ **de l'allocation chômage** *m* Arbeitslosenunterstützungsempfänger, Arbeitslosengeldempfänger
~ **de l'assurance chômage** *m* Empfänger von Arbeitslosenunterstützung/Arbeitslosengeld, Arbeitslosenversicherungsnehmer
~ **de prestations sociales** *m* Bezieher von Sozialleistungen
~ **des ASSEDIC** *m* Bezieher von Arbeitslosenunterstützung/Arbeitslosengeld
~ **d'une bourse** *m* Stipendiat
~ **du crédit** *m* Kreditnehmer

bénéficiaire Gewinn-
△ **exercice ~** *m* Gewinnjahr; **marge ~** *f* Gewinnspanne; **marge ~ réduite** *f* niedrige Gewinnspanne; **participation ~** *f* Beteiligung am Betriebsergebnis, Gewinnbeteiligung; **résultat ~** *m* Gewinn, Bilanzgewinn

bénéficier de *qc* *etw* erhalten, beziehen, aus *etw* Nutzen ziehen, auf *etw* Anspruch haben
~ **d'un abattement** eine Steuermäßigung in Anspruch nehmen
~ **d'un courant d'affaires important** gute Geschäftsmöglichkeiten haben
~ **d'un soutien** eine Unterstützung erhalten
~ **d'une remise** Rabatt bekommen
~ **des ASSEDIC** Arbeitslosengeld beziehen
~ **du RMI (revenu minimal d'insertion)** Sozialhilfe beziehen

bénévolat *m* Ehrenamt

bénévole *m* ehrenamtlich Tätiger, Ehrenamtlicher *fam*
△ **à titre ~** ehrenamtlich

benne *f* Förderkorb, Seilbahnkabine

BEP (brevet d'études professionnelles) *m* Abschluß(zeugnis) einer Berufsfachschule

BERD (Banque Européenne pour la Reconstruction et le Développement) *f* EBWE (Europäische Bank für Wiederaufbau und Entwicklung)

besoin *m* Bedürfnis, Bedarf
△ **analyse des ~s** *f* Bedarfsanalyse; **estimation des ~s** *f* Bedarfseinschätzung; **satisfaction d'un/des ~(s)** *f* Befriedigung eines/der Bedürfnisse(s)
△△ **couvrir les ~s** den Bedarf decken; **détecter les ~s des consommateurs** die Verbraucherbedürfnisse herausfinden; **pourvoir à x pour cent des ~s** x Prozent des Bedarfs decken; **satisfaire un ~** einen Bedarf/ein Bedürfnis befriedigen
~**s à l'importation** *m pl* Importbedarf
~ **à satisfaire** *m* zu befriedigendes Bedürfnis/zu befriedigender Bedarf
~ **alimentaire** *m* Nahrungsbedürfnis
~ **collectif** *m* kollektives Bedürfnis
~**s courants** *m pl* laufender Bedarf
~ **d'argent frais** *m* Finanzierungsbedarf
~ **d'argent liquide** *m* Bargeldbedarf
~ **d'investissement** *m* Anlagebedarf, Investitionsbedarf
~**s de base** *m pl* Grundbedürfnisse
~ **de financement** *m* Finanz(ierungs)bedarf
~ **de liquidités** *m* Liquiditätsbedarf
~ **de luxe** *m* Luxusbedürfnis
~ **de main-d'oeuvre** *m* Personalbedarf, Arbeitskräftebedarf
~ **de rattrapage** *m* Nachholbedarf
~ **de sécurité** *m* Sicherheitsbedürfnis
~**s de tous les jours** *m pl* täglicher Bedarf
~**s de trésorerie** *m pl* Finanzbedarf
~**s du consommateur/des consommateurs** *m pl* Verbraucherbedürfnisse
~**s élémentaires** *m pl* Grundbedürfnisse
~**s en capitaux** *m pl* Kapitalbedarf
~**s en énergie/énergétiques** *m pl* Energiebedarf
~ **en fonds de roulement** *m* Bedarf an Umlaufvermögen
~**s en pétrole** *m pl* Erdölbedarf
~ **essentiel** *m* Grundbedürfnis

~s financiers *m pl* Finanzbedarf
~s fondamentaux *m pl* Grundbedürfnisse
~s humains *m pl* menschliche Bedürfnisse
~s primaires *m pl* Primärbedürfnisse
~s quotidiens *m pl* täglicher Bedarf
~s secondaires *m pl* Sekundärbedürfnisse
~ vestimentaire *m* Kleidungsbedürfnis
~s vitaux *m pl* Grundbedürfnisse
béton *m* Beton
△ **centrale à ~** *f* Betonwerk
betterave à sucre *f* Zuckerrübe
BFCE (Banque Française du Commerce Extérieur) *f* Französische Außenhandelsbank
biais (par le ~ de *qc*) über, durch, mit, mit Hilfe von *etw*
bi-annuel, le zweimal im Jahr, halbjährlich
△ **publication ~le** *f* zweimal im Jahr erscheinende/halbjährliche Veröffentlichung
BIC (bénéfices industriels et commerciaux) *m pl* Einkünfte aus gewerblicher Tätigkeit
bien *m* 1. Gut, Wirtschaftsgut, Ware 2. *pluriel:* Vermögen
△ **circulation des ~s** *f* Güterkreislauf, Güterverkehr; **communauté des ~s** *f* Gütergemeinschaft; **distribution des ~s** *f* Güterverteilung; **flux de ~s** *m pl* Güterströme; **liquidation des ~s** *f* Liquidation der Aktiva; **panier de ~s** *m* Warenkorb; **pénurie de ~s** *f* Güterknappheit; **production de ~s et services** *f* Leistungserstellung; **rareté de ~s** *f* Güterknappheit; **séparation de ~s** *f* Gütertrennung; **transfert de ~s** *m* Vermögensübertragung; **vente d'un ~** *f* Verkauf/Veräußerung eines Guts/Vermögenswertes
△△ **être responsable sur ses ~s personnels de *qc*** mit seinem persönlichen Vermögen haftbar sein/haften für *etw*; **échanger des ~s** Güter austauschen; **saisir un ~** ein Gut beschlagnahmen/pfänden
~ à amortir *m* Abschreibungsgegenstand
~s complémentaires *m pl* Komplementärgüter
~s corporels *m pl* materielle Güter
△ **investissement en ~** *m* Sachinvestition
~s d'approvisionnement *m pl* Versorgungsgüter
~s d'équipement *m pl* Ausrüstungsgüter, Investitionsgüter
~s d'équipement ménager *m pl* Haushaltsausrüstungsgüter
~s d'équipement professionnel *m pl* gewerbliche Anlagegüter
~s d'importation *m pl* Importwaren, Einfuhrwaren
~s d'investissement *m pl* Investitionsgüter, Ausrüstungsgüter
~s d'investissement lourd *m pl* Schwerinvestitionsgüter
~s de consommation *m pl* Konsumgüter, Verbrauchsgüter
~s de consommation courante *m pl* gängige Konsumgüter, Massenkonsumgüter, Güter des täglichen Bedarfs, Verbrauchsgüter
~s de consommation durables *m pl* Gebrauchsgüter, langlebige Konsumgüter
~s de consommation intermédiaire *m pl* Zwischenprodukte, Halbfertigerzeugnisse
~s de consommation non durables *m pl* Verbrauchsgüter, kurzlebige Konsumgüter
~s de grande consommation *m pl* gängige Konsumgüter, Massenkonsumgüter
~s de luxe *m pl* Luxusgüter
~s de nécessité courante *m pl* Bedarfsgüter
~s de première nécessité *m pl* Güter des Grundbedarfs, lebensnotwendige Güter
~s de production *m pl* Produktionsgüter, Produktionsmittel
~s destinés à l'exportation *m pl* Ausfuhrgüter
~s durables *m pl* Gebrauchsgüter, langlebige Güter
~ économique *m* Wirtschaftsgut
~s et services *m pl* Güter und Dienstleistungen, Waren und Dienstleistungen
△ **balance des ~** *f* Waren- und Dienstleistungsbilanz; **marché des ~** *m* Güter- und Dienstleistungsmarkt, Waren- und Dienstleistungsmarkt; **production de ~** *f* Erzeugung von Waren und Dienstleistungen, Leistungserstellung;

utilisation des ~ *f* Leistungsverwertung
~-être *m* Wohlstand
~s fonciers *m pl* Grundbesitz, Grundvermögen, Immobilien
~-fondé *m* Richtigkeit, Rechtmäßigkeit
~s immatériels *m pl* immaterielle Güter, Dienstleistungen
~ immeuble *m* unbewegliches Gut
~s immobiliers *m pl* Immobilien, Immobilienbesitz
~s incorporels *m pl* immaterielle Güter
~s industriels *m pl* Industrieerzeugnisse
~s intermédiaires *m pl* Zwischenprodukte, Halbfertigprodukte
△ **industrie des ~** *f* Industrie der Halbfertigprodukte
~s légers *m pl* leichte Güter/Industrieprodukte
~ loué *m* gemietetes/geleastes Gut
~s lourds *m pl* schwere Güter, Schwergüter
~s manufacturés *m pl* Erzeugnisse/Produkte der verarbeitenden Industrie
~s matériels *m pl* materielle Güter, Sachgüter
~ meuble *m* bewegliches Gut
~s mobiliers *m pl* bewegliche Güter/Vermögensgegenstände
△ **location de ~** *f* Vermietung beweglicher Güter
~s mobiliers de l'actif *m pl* bewegliche Aktivposten/Vermögenswerte/Vermögensgegenstände
~s mobiliers et immobiliers *m pl* mobile und immobile Vermögenswerte/Vermögensgegenstände
~s non alimentaires *m pl* Non-Food-Produkte
~s non durables *m pl* kurzlebige Güter, Verbrauchsgüter, Konsumgüter
~s personnels *m pl* persönliches Vermögen, Privatvermögen
~s propres *m pl* Privatvermögenswerte, Sondergut (eines Ehegatten)
~ réel *m* dingliches Gut, *pluriel:* Sachgüter
△ **nantissement d'un ~** *m* Verpfändung, Einräumen einer dinglichen Sicherheit
~s saisis *m pl* gepfändete Sachen
△ **défense de disposer des ~** *f* Verfügungs- und Veräußerungsverbot für gepfändete Sachen
~s semi-finis/semi-ouvrés *m pl* Zwischenerzeugnisse, Halbfertigprodukte, Halberzeugnisse, Halbfabrikate, Halbware, Zwischenprodukte, Vorprodukte
~s sociaux *m pl* Vermögenswerte (einer Gesellschaft)
△ **abus de ~** *m* Unterschlagung von Vermögenswerten (einer Gesellschaft)
bien situé, e in bevorzugter Lage
bijou (*pluriel:* **bijoux**) *m* Schmuckstück, Schmuck
bilatéral, e zweiseitig, gegenseitig, bilateral
△ **accord ~** *m* zweiseitiges/bilaterales Abkommen, zweiseitiger/bilateraler Vertrag; **contact ~** *m* bilateraler/zweiseitiger Kontakt; **négociations ~es** *f pl* bilaterale Verhandlungen; **taux ~** *m* bilateraler (Wechsel)Kurs
bilan *m* Bilanz
△ **actif du ~** *m* Aktivseite der Bilanz; **annexe au ~** *f* Anhang zur Bilanz; **article du ~** *m* Bilanzposten; **chapitre du ~** *m* Bilanzposten; **clôture de ~** *f* Bilanzabschluß; **compte de/du ~** *m* Bilanzkonto, Bilanzposten; **contrôle du ~** *m* Bilanzkontrolle; **dépôt de ~** *m* Erklärung der Zahlungsunfähigkeit, Konkursbeantragung, Konkursantrag, Konkursanmeldung; **équilibre du ~** *m* Bilanzgleichgewicht; **établissement du ~** *m* Bilanzaufstellung; **fraude en matière de ~** *f* Bilanzvergehen, Bilanzfrisur *fam*; **haut de ~** *m* oberer Bereich der Bilanz (Anlagevermögen und Eigenkapital); **identité des ~s successifs** *f* Bilanzkontinuität; **interprétation du ~** *f* Bilanzanalyse; **jour du ~** *m* Bilanzstichtag; **maquillage du ~** *m* Bilanzverschleierung; **obligation de publier le ~ annuel** *f* Publizitätspflicht; **poste du ~** *m* Bilanzposten; **réévaluation du ~** *f* Wertberichtigung der Bilanz; **règles concernant l'établissement du ~** *f pl* Bilanzierungsgrundsätze; **sincérité du ~** *f* Bilanzwahrheit; **structure de/du ~** *f* Bilanzstruktur; **total du ~** *m* Bilanzsumme
△△ **actualiser un ~** eine Bilanz aktualisieren; **approuver le ~** die Bilanz ge-

nehmigen; **camoufler le ~** die Bilanz frisieren; **clôturer le ~** die Bilanz abschließen; **contrôler le ~** die Bilanz prüfen; **déposer le/son ~** Konkurs anmelden/erklären, seine Zahlungsunfähigkeit erklären; **dresser le ~** bilanzieren, die Bilanz erstellen; **équilibrer le ~** die Bilanz ausgleichen; **établir le ~** bilanzieren, die Bilanz erstellen; **examiner le ~** die Bilanz prüfen; **falsifier un ~** eine Bilanz fälschen; **figurer au ~** in der Bilanz stehen/erscheinen; **inscrire** ***qc*** **au ~** *etw* in die Bilanz aufnehmen; **porter** ***qc*** **au ~** *etw* in die Bilanz aufnehmen; **présenter le ~** die Bilanz einreichen/vorlegen; **publier le ~** die Bilanz veröffentlichen; **réévaluer le ~** die Bilanz neu bewerten; **ressortir du ~** aus der Bilanz hervorgehen; **vérifier le ~** die Bilanz prüfen

~ **actif** *m* aktive Bilanz
~ **annuel** *m* Jahresbilanz
~ **consolidé** *m* konsolidierte Bilanz, Konzernbilanz
~ **de clôture** *m* Schlußbilanz, Jahresabschluß(bilanz)
~ **de fin d'exercice** *m* Schlußbilanz, Jahresabschluß(bilanz)
~ **de fondation** *m* Gründungsbilanz
~ **de liquidation** *m* Abwicklungsbilanz
~ **de situation** *m* Bestandsaufnahme
~ **d'ouverture** *m* Eröffnungsbilanz
~ **déficitaire** *m* passive/negative Bilanz
~ **énergétique** *m* Energiebilanz
~ **excédentaire** *m* überschüssige Bilanz
~ **favorable** *m* positive/überschüssige Bilanz
~ **intermédiaire** *m* Zwischenbilanz
~ **passif** *m* passive Bilanz
~ **social** *m* Sozialbericht eines Unternehmens

bilingue zweisprachig

bille *f* Kugel, Ball
△ **roulement à ~s** *m* Kugellager; **stylo à ~s** *m* Kugelschreiber

billet *m* 1. Eintrittskarte, Fahrkarte 2. Banknote, Schein 3. Wechsel 4. Los
~ **à ordre** *m* Solawechsel
~ **à réduction** *m* Ermäßigungskarte
~ **de banque** *m* Banknote
△ **contrefaçon de billets de banque** *f* Banknotenfälschung; **émission de billets de banque** *f* Notenausgabe; **faux ~** *m* falsche Banknote, Blüte; **liasse de billets de banque** *f* Bündel Banknoten
~ **de banque convertible** *m* konvertible Banknote
~ **de banque inconvertible** *m* nicht konvertible Banknote
~ **de loterie** *m* Lotterielos
~ **de/du Trésor** *m* kurzfristiger Wechsel
~ **de trésorerie** *m* Schuldpapier von Unternehmen, commercial paper
~ **vert** *m* Greenback, Dollar

billetterie *f* Geldautomat, Geldausgabeautomat (GAA)

biodégradable biologisch abbaubar, umweltfreundlich
△ **emballage ~** *m* Bioverpackung, umweltfreundliche Verpackung

biogénétique biogenetisch
△ **génie ~** *m* Gentechnik, Gentechnologie

biologique biologisch, ökologisch
△ **culture ~** *f* biologischer/ökologischer Anbau

biomasse *f* Biomasse

BIRD (Banque internationale pour la reconstruction et le développement – Banque mondiale) *f* Internationale Bank für Wiederaufbau und Entwicklung (IBWE), Weltbank

bisannuel, le alle zwei Jahre

BIT (Bureau International du Travail) *m* IAO (Internationale Arbeitsorganisation)

blâme *m* Tadel
△△ **encourir un ~** sich einen Tadel zuziehen; **infliger un ~ à** ***qn*** *jdm* einen Tadel erteilen

blanc, che weiß, leer, Blanko-
△ **bulletin ~** *m* leerer Stimmzettel; **carte ~che** *f* Blankovollmacht; **crédit ~** *m* Blankokredit; **endossement en ~** *m* Blanko-Indossament; **procuration en ~** *f* Blankovollmacht; **chèque en ~** *m* Blankoscheck

blanchiment (de l'argent) *m* Geldwäsche
△ **infraction de ~** *f* Delikt der Geldwäsche
△△ **pratiquer le ~ de l'argent de la drogue** Drogengeld weißwaschen

~ **administratif** *m* offizielle/staatliche Geldwäsche
~ **des narco-dollars** *m* Drogengeldwäsche, Drogendollarwäsche
blanchir *qc etw* weißen, weiß machen, waschen
~ **de l'argent** Geld waschen
blanc-seing *m* Blankovollmacht
blé *m* Getreide, Korn, Weizen
△ **bourse des ~s** *f* Getreidebörse
blessure grave *f* Schwerverletzung
bloc *m* Block, Briefblock, Häuserblock
~ **de papier** *m* Briefblock
~ **des pays de l'Est** *m* Ostblock
~ **sténo** *m* Stenoblock
blocage *m* Stopp, Sperre
△ **minorité de ~** *f* Sperrminorität
~ **des importations** *m* Einfuhrsperre
~ **des loyers** *m* Mietstopp
~ **des prix** *m* Preisstopp
△ **mesure de ~** *f* Preisstoppmaßnahme
△△ **le ~ prend fin** der Preistopp wird aufgehoben
~ **des prix et des salaires** *m* Preis- und Lohnstopp
~ **des salaires** *m* Lohnstopp
bloc-notes *m* Notizbuch
~ **électronique** *m* elektronisches Notizbuch
blocus économique *m* Wirtschaftsblokkade
bloquer *qc etw* festlegen, blockieren, einfrieren
△ **avoir bloqué** *m* Sperrguthaben, Terminguthaben; **compte bloqué** *m* Festgeldkonto, Termingeldkonto
~ **les parités** die Wechselkurse einfrieren
~ **les prix** einen Preisstopp einführen
~ **les salaires** die Löhne einfrieren, einen Lohnstopp verfügen
~ **un compte** ein Konto sperren
BM (brevet de maîtrise) *m* Meisterbrief
BNC (bénéfices non commerciaux) *m pl* Einkommen aus nicht gewerblicher Tätigkeit
BNP (Banque Nationale de Paris) *f* eine der drei großen staatlichen Geschäftsbanken in Frankreich
BO (Bulletin Officiel) *m* Französisches Amtsblatt
bois *m* Holz
△ **chèque en ~** *m* ungedeckter Scheck, fauler Scheck; **industrie du ~** *f* Holzindustrie
~ **de chauffage** *m* Brennholz
boisé, e bewaldet, waldig, Wald-
△ **parcelle ~e** *f* Waldgrundstück; **surface ~e** *f* Waldgebiet
boîte *f* Dose, Schachtel
~ **à archives** *f* Archivbox
~ **aux/à lettres** *f* Briefkasten
~ **aux lettres électronique** *f* elektronischer Briefkasten
~ **de vitesses** *f* Getriebe
~ **postale** *f* Postfach
bon *m* Schein, Gutschein
~ **à payer** *m* Abschnitt eines fälligen Wechsels
△ **demande de ~** *f* Inkassoaufforderung
~ **au porteur** *m* Inhabergutschein, Inhaberanweisung
~ **d'achat** *m* Bezugsschein
~ **d'épargne** *m* Sparbrief
~ **de caisse** *m* Kassenschein
~ **de caisse à échéance fixe** *m* Kassenschein mit fester Fälligkeit
~ **de commande** *m* Bestellschein
~ **de garantie** *m* Garantieschein
~ **de livraison** *m* Lieferschein
~ **de sortie** *m* Warenausgangszettel
~ **de souscription** *m* Aktienanrechtsschein, Zeichnungsschein, Optionsschein
~ **de souscription d'actions** *m* Aktienanrechtsschein
~ **de souscription d'obligation** *m* Obligationenanrechtsschein, Optionsschein zu einer Anleihe
~ **de travail** *m* Arbeitsschein
~ **dissociable** *m* getrennt verkäuflicher Optionsschein, getrennt verkäufliches Bezugsrecht
△ **obligation à ~** *f* Obligation mit getrennt verkäuflichem Optionsschein/ Bezugsrecht
~ **du Trésor** *m* Schatzbrief, Schatzschein, Schatzwechsel, Schatzanweisung, Schatzanleihe
△△ **émettre des bons du Trésor** Schatzbriefe ausgeben
~ **du Trésor en compte courant** *m* Schatzwechsel mit beschränkter Fungibilität (Verkauf an Banken)

~ **du Trésor négociable** *m* fungibler Schatzwechsel
~ **du Trésor sur formule** *m* börsenfähige Schuldverschreibung (Verkauf an jedermann)
~ **industriel** *m* Industrieobligation
~ **matériel** *m* Materialschein
bon marché billig, preiswert
△ **loyer** ~ *m* Billigmiete; **main-d'oeuvre** ~ *f* billige Arbeitskräfte
bond *m* Sprung
△△ **faire un** ~ sprunghaft ansteigen; **l'indice fait un** ~ **de x pour cent** der Index steigt sprunghaft um x Prozentpunkte an
~ **technologique** *m* Technologiesprung
bonification *f* Vergütung, Bonus, Rabatt
~ **d'intérêts** *f* Zinsvergütung, Zinsgutschrift
△ **prêt à** ~ *m* zinsverbilligtes Darlehen
~ **fiscale** *f* Steuervergütung, Steuergutschrift
bonifié, e zinsvergünstigt
△ **crédit** ~ *m* zinsvergünstigter Kredit; **prêt** ~ *m* zinsvergünstigtes Darlehen; **taux** ~ *m* verbilligter/vergünstigter Zinssatz
bonifier ***qc*** *etw* vergüten, gutschreiben, bonifiziern
bonne gestion des affaires *f* gute Unternehmensführung
bonne tenue *f* Festigkeit der Kurse, freundliche Entwicklung, gute Börsenstimmung, Festigkeit
bonne tenue d'une monnaie *f* Festigkeit einer Währung
bonus *m* Schadensfreiheitsrabatt, Bonus(regelung)
△ **taux de** ~ *m* Höhe des Schadensfreiheitsrabatts, Bonus
△△ **atteindre un** ~ **de x pour cent** einen Schadensfreiheitsrabatt von x Prozent erreichen
~ **maximum** *m* Höchststufe beim Schadensfreiheitsrabatt
boom *m* Boom
△△ **être en plein** ~ mitten im Boom stecken
~ **boursier** *m* Börsenboom
~ **de l'endettement** *m* Verschuldungsboom
bord *m* Rand, Bord
△ **à bord** an Bord; **connaissement à** ~ *m* An-Bord-Konnossement, Frachtbrief; **mise à** ~ *f* Verladung auf dem Schiff; **tableau de** ~ *m* Armaturenbrett, Konjunkturbarometer
bordereau *m* Schein, Liste, Aufstellung, Verzeichnis, Auszug, Formular
~ **d'accompagnement** *m* Begleitschein
~ **d'expédition** *m* Begleitschein, Versandschein
~ **de compte** *m* Kontoauszug
~ **de remise de chèques** *m* Scheckeinlieferungsformular
~ **de retrait** *m* Auszahlungsschein
~ **de versement** *m* Einzahlungsbeleg, Einzahlungsschein
bouc émissaire *m* Sündenbock
bouchon *m* 1. Pfropfen, Korken 2. Verkehrsstau, Stau
△ **grève-~** *f* Schwerpunktstreik
boulangerie-pâtisserie *f* Bäckerei-Konditorei
boule de commande *f* Trackball
boulon *m* Bolzen
boulot *fam* *m* Arbeit, Job *fam*
△ **petit** ~ *m* kleiner Job, Gelegenheitsarbeit
△△ **aller au** ~ *fam* zur Arbeit gehen, schaffen gehen *fam*
~ **-métro-dodo** *fam* *m* Arbeiten-Metrofahren-Schlafen (charakterisiert die Situation der Pendler in Paris und Umgebung)
bourg *m* Marktflecken, Dorf
bourgeois, e bürgerlich, Bürger-
△ **maison ~e** *f* Einfamilienhaus
bourgeoisie *f* Bürgertum
bourse *f* 1. Börse, Wertpapierbörse 2. Geldbörse, Geldbeutel 3. Stipendium
△ **admission à la** ~ *f* Börsenzulassung; **après-~** *f* Nachbörse; **avant-~** *f* Vorbörse; **baisse à/de la** ~ *f* Baisse an der Börse; **bénéficiaire d'une** ~ *m* Stipendiat; **bulletin de** ~ *m* Börsenbericht; **clôture de la** ~ *f* Börsenschluß; **COB (Commission des Opérations de Bourse)** *f* Börsenaufsichtsbehörde; **cotation (des cours) en** ~ *f* Kursnotierung an der Börse, Börsennotierung; **cote en** ~ *f* Börsenkurs; **cours à la/de** ~ *m* (Börsen)Kurs, Notierung, Aktienkurs, Wertpapierkurs, Kurswert; **écroule-**

ment de la ~ *m* Börsenzusammenbruch; **fléchissement de la ~** *m* Nachgeben der Börsenkurse; **formation des cours en ~** *f* Kursbildung an der Börse; **gain en ~** *m* Börsengewinn; **hausse à/de la ~** *f* Hausse an der Börse; **heures de la ~** *f pl* Börsenzeit; **impôt de ~** *m* Börsenumsatzsteuer; **impôt sur les opérations de ~** *m* Börsenumsatzsteuer; **indicateur de ~** *m* Börsenindikator; **introduction en ~** *f* Börseneinführung; **marché d'après ~** *m* Nachbörse; **négocié, e en ~** börsennotiert; **opération en/de ~** *f* Börsengeschäft; **ordre de ~** *m* Börsenorder, Börsenauftrag; **ouverture de la ~** *f* Börsenbeginn, Börseneröffnung; **plongeon de la ~** *m* Börsensturz, Kurssturz an der Börse; **reprise à la/de la ~** *f* Belebung (an) der Börse, Wiederaufleben der Börsentätigkeit; **reprise technique de la ~** *f* technische Erholung der Börse; **Société de ~** *f* Börsenmaklergesellschaft; **spéculateur à la ~** *m* Börsenspekulant; **spéculation à la/en ~** *f* Börsenspekulation; **tendance de la ~** *f* Börsentendenz, Kursbarometer; **tenue de la ~** *f* Börsenstimmung; **titre coté en ~** *m* börsennotierter/börsengängiger Titel; **titre de ~** *m* Börsenpapier; **valeur en ~** *f* Börsenwert

△△ **admettre une valeur en ~** ein Papier an der Börse zulassen; **être coté, e en ~** an der Börse notiert sein/werden; **être introduit, e en ~** an der Börse eingeführt sein/werden; **être négociable en ~** börsenfähig sein; **introduire une valeur en ~** ein Papier an der Börse einführen; **la ~ a baissé** die Börse ist gefallen; **la ~ a monté** die Börse ist gestiegen; **la ~ accuse un recul** die Börse gibt nach; **la ~ donne des signes d'hésitation** die Börse gibt sich zurückhaltend; **la ~ est animée** die Börse ist lebhaft; **la ~ plonge** die Börse gibt stark nach; **la ~ s'envole** die Börse zieht kräftig an; **la ~ se redresse** die Börse erholt sich; **s'introduire en ~** an der Börse eingeführt werden; **spéculer à la ~** an der Börse spekulieren

~ **de commerce** *f* Warenbörse, Handelsbörse

~ **de coton** *f* Baumwollbörse

Bourse de (la) sous-traitance *f* Zuliefererbörse

~ **de marchandises** *f* Produktenbörse, Warenbörse

~ **de/du sucre** *f* Zuckerbörse

~ **de tabac** *f* Tabakbörse

~ **de/des valeurs (mobilières)** *f* Börse, Wertpapierbörse, Effektenbörse

~ **des actions** *f* Aktienbörse

~ **des blés** *f* Getreidebörse

~ **des céréales** *f* Getreidebörse

~ **des grains** *f* Getreidebörse

~ **obligataire** *f* Obligationenbörse

~ **régionale** *f* Regionalbörse, Provinzbörse

boursicotage *m* gelegentliches Spekulieren an der Börse

boursicoter an der Börse spekulieren

boursicoteur, teuse *m f* Kleinspekulant, Gelegenheitsspekulant

boursier *m* 1. Börsenfachmann, Börsianer 2. Stipendiat

boursier, ière Börsen-

△ **année ~ière** *f* Börsenjahr; **boom ~** *m* Börsenboom; **capitalisation ~ière** *f* Börsenkapitalisierung, Börsenwert; **climat ~** *m* Stimmung an der Börse; **commerce ~** *m* Börsenhandel; **conjoncture ~ière** *f* Börsenkonjunktur; **cote ~ière** *f* Kurszettel, Kursblatt; **cours ~** *m* Börsenkurs; **débâcle ~ière** *f* Börsenkrach; **fluctuations ~ières** *f pl* Kursschwankungen; **indice ~** *m* Börsenindex; **krach ~** *m* Börsenkrach; **marché ~** *m* Börsenmarkt; **mécanismes ~s** *m pl* Börsengeschehen; **mois ~** *m* Börsenmonat; **négociations ~ières** *f pl* Börsenhandel, Börsenumsätze; **opération ~ière** *f* Börsengeschäft; **panique ~ière** *f* Börsenpanik; **place ~ière** *f* Börse, Börsenplatz; **placement ~** *m* Wertpapieranlage; **plus-value ~ière** *f* Kursgewinn; **portefeuille ~** *m* Wertpapier-Portfolio; **ratio ~** *m* Börsenkennzahl; **réforme ~ière** *f* Börsenreform; **rendement ~** *m* Börsenertrag, Börsenrendite; **reprise ~ière** *f* Belebung (an) der Börse; **séance ~ière** *f* Börsensitzung; **service ~** *m* Börsenabteilung; **spéculation ~ière** *f* Börsenspekulation; **tendance ~ière** *f* Börsentendenz, Kursbarometer; **titre ~** *m* Börsenpapier, Börsenwert; **titres ~s anciens** *m pl* historische Wertpapiere; **transaction ~ière** *f* Börsengeschäft, Börsentransaktion; **valeur ~ière** *f* 1. Börsenpapier 2. Kurswert; **volume des transactions ~ières** *m* Umsatzvolumen, Börsenumsätze

bouteille en plastique *f* Kunststoffflasche, Plastikflasche

boutique *f* (kleiner) Laden
△ **petite ~** *f* kleiner Laden, Tante-Emma-Laden

boutiquier *m* Ladenbesitzer

bovins *m pl* Rinder

bovin, e Rind-, Rinder-, Rinds-, Rindfleisch-
△ **cheptel ~** *m* Rinderbestand

BP (Boîte postale) *f* Postfach

BP (Brevet professionnel) *m* Facharbeiterbrief

brader *qc* *etw* verschleudern, verramschen

braderie *f* Ausverkauf, Verkauf zu stark herabgesetzten Preisen, Verkauf zu Ramschpreisen

branche *f* 1. *branche d'activité:* Beschäftigungszweig, Berufszweig, Branche 2. *branche économique:* (Wirtschafts)Bereich, Wirtschaftszweig, Branche
△ **convention de ~** *f* Zweigabkommen, Branchentarifvertrag; **négociations par ~s** *f pl* branchenspezifische Verhandlungen; **structure de la ~** *f* Branchenstruktur
△△ **être de la ~** von der Branche sein, in der Branche tätig sein; **être versé, e dans une ~** branchenkundig sein

~ **d'activité** *f* Beschäftigungszweig, Berufszweig, Branche
△ **évolution de la ~** *f* Branchenentwicklung

~ **d'assurance** *f* Versicherungszweig

~ **de la microinformatique** *f* Mikrorechnerbranche

~ **économique** *f* Wirtschaftszweig, Wirtschaftsbereich

~ **exportatrice** *f* Exportbranche

~ **industrielle** *f* Industriezweig

~ **professionnelle** *f* Berufszweig

branchement *m* Anschluß
△ **frais de ~** *m pl* Anschlußgebühren

~ **sur Internet** *m* Internet-Anschluß

~ **sur le secteur** *m* Netzanschluß

~ **téléphonique** *m* Telefonanschluß

brancher à/sur *qc* an *etw* anschließen
△△ **être branché, e sur Internet** einen Internet-Anschluß haben

bras croisés (grève des ~) *f* Sitzstreik

bras de fer *m* harte Auseinandersetzung, Zerreißprobe

brevet *m* Patent, Abschlußzeugnis
△ **contrefaçon d ~** *f* Patentverletzung, Patentbruch; **délivrance du ~** *f* Patenterteilung; **demande de ~** *f* Anmeldung eines Patents; **dépôt de ~** *m* Patentanmeldung; **licence de ~** *f* Patentlizenz, Lizenz zur Nutzung eines Patents; **Office européen des ~s (OEB)** *m* Europäisches Patentamt (EPA)
△△ **acquérir un ~** ein Patent erwerben; **déposer un ~** ein Patent anmelden; **déposer une demande de ~** einen Patentantrag einreichen; **détenir un ~** ein Patent besitzen; **exploiter un ~** ein Patent auswerten

~ **d'aptitude** *m* Befähigungsnachweis

~ **d'études professionnelles (BEP)** *m* Abschlußzeugnis einer Berufsfachschule

~ **d'invention** *m* Erfindungspatent

~ **de compagnon (BC)** *m* Gesellenbrief

~ **de fabrication** *m* Herstellungspatent

~ **de maîtrise (BM)** *m* Meisterbrief

brevetabilité *f* Patentierungsvoraussetzungen

breveter *qc* *etw* patentieren
△△ **faire ~** *qc* *etw* patentieren lassen, zum Patent anmelden

BRI (Banque des règlements internationaux) *f* BIZ (Bank für internationalen Zahlungsausgleich)

bricolage *fam* *m* Heimwerken

bricoleur *m* Heimwerker

brider *qc/qn* *etw/jdn* zügeln, hemmen

briguer *qc* *etw* anstreben, sich um *etw* bewerben, für *etw* kandidieren

~ **un emploi/un poste** sich um eine Stelle, einen Posten, einen Arbeitsplatz bewerben

brique *f* Ziegelstein

briquette de lignite *f* Braunkohlebrikett

bris de glaces *m* Glasbruch
△ **assurance contre les ~** *f* Glas(bruch)versicherung

briser une grève einen Streik brechen
briseur de grève *m* Streikbrecher
brocantage *m* Trödelhandel
brocante *f* Trödelladen, Altwarenhandel
brocanteur *m* Trödler, Altwarenhändler
brochure *f* Broschüre
~ **de présentation** *f* Informationsbroschüre
brouillard *comptabilité* *m* Tagebuch *Buchführung*
brut *m* Rohöl, Erdöl
△ **baril de ~** *m* Barrel Rohöl; **prix du ~** *m* Rohölpreis, Erdölpreis
brut, e brutto, Brutto-, Roh-
△ **autofinancement ~** *m* Innenfinanzierung; **dividende ~** *m* Bruttodividende; **données ~es** *f pl* unbereinigte Zahlen; **épargne ~e** *f* Bruttoersparnis/Bruttosparleistung der Haushalte; **épargne ~e des ménages** *f* Bruttoersparnis, Bruttosparleistung; **excédent ~ d'exploitation** *m* Bruttobetriebserfolg, Bruttobetriebsergebnis; **formation ~e de capital fixe (FBCF)** *f* Bruttoanlageinvestition; **investissement ~** *m* Bruttoinvestition; **jauge ~e** *m* Bruttotonnage; **marge ~e** *m* Brutto(gewinn)spanne; **marge ~e d'autofinancement (MBA)** *m* Selbstfinanzierungsquote, Cash flow; **pétrole ~** *m* Rohöl, Erdöl; **produit ~** *m* Bruttoprodukt, Rohprodukt; **produit intérieur ~ (PIB)** *f* Bruttoinlandsprodukts (BIP); **produit national ~ (PNB)** *f* Bruttosozialprodukt (BSP); **résultat ~** *m* Rohergebnis; **ressources ~es de l'Etat** *f pl* Bruttoeinnahmen des Staates; **revenu ~** *m* Bruttoeinkommen, Bruttoverdienst; **revenu ~ de l'entrepreneur** *m* Bruttoeinkommen/Bruttoverdienst des Unternehmers; **revenu disponible ~** *m* verfügbares Bruttoeinkommen; **salaire ~** *m* Bruttolohn; **taux actuariel ~** *m* Effektivverzinsung, Rendite, Bruttoanlagerendite; **traitement ~** *m* Bruttogehalt
BT (Brevet de technicien) *m* Technikerbrief
BTP (Bâtiment-Travaux Publics) *m pl* Hoch- und Tiefbau, öffentliche Baumaßnahmen
BTS (Brevet de technicien supérieur) *m* Technikerdiplom (nach zweijährigem Studiengang, auch in nicht-technischen Berufen)
budget *m* Haushalt, Haushaltsplan, Staatshaushalt, Budget, Etat
△ **dérapage du ~** *m* unkontrolliertes Wachstum der Haushaltsausgaben, Abdriften des Haushalts; **trou dans le ~** *fam m* Haushaltslücke, Haushaltsloch; **volume du ~ national** *m* Volumen des Staatshaushaltes
△△ **amputer le ~** den Haushalt kürzen; **comprimer un ~** einen Haushalt kürzen; **déterminer un ~** einen Etat bestimmen/festlegen; **discuter un ~** über einen Etat beraten; **grever le ~** den Haushalt belasten; **pratiquer des coupes sombres dans le ~** den Haushalt drastisch kürzen; **rectifier le ~** den Haushalt berichtigen; **réduire un ~** einen Haushalt kürzen/reduzieren; **voter le ~** den Haushalt/das Haushaltsgesetz verabschieden
~ **additionnel** *m* Zusatzhaushalt, Sonderhaushalt, Sondervermögen, Nachtragshaushalt
~ **annexe** *m* Zusatzhaushalt, Sonderhaushalt, Sondervermögen, Nachtragshaushalt
~ **annuel** *m* Jahreshaushalt
~ **d'austérité** *m* restriktiver Haushaltsplan, Sparhaushalt
~ **de l'Etat** *m* Staatshaushalt
~ **de trésorerie** *m* Liquiditätsplan
~ **énergétique** *m* Energiehaushalt
~ **équilibré/en équilibre** *m* ausgeglichener Staatshaushalt
~ **familial** *m* Haushaltsbudget
~ **national** *m* Staatshaushalt
△ **volume du ~** *m* Volumen des Staatshaushalts
~ **prévisionnel** *m* Haushaltsvoranschlag
~ **public** *m* öffentlicher Haushalt, Staatshaushalt
~ **publicitaire** *m* Werbeetat
~ **régional** *m* Regionalhaushalt
~ **serré** *m* knappes Budget, knapper Haushalt
~ **social** *m* Sozialhaushalt
budgétaire Haushalts-
△ **allocations ~s** *f pl* Haushaltsbewilligungen; **année ~** *f* Haushaltsjahr;

austérité ~ *f* restriktive Haushaltspolitik; **collectif** ~ *m* Nachtragsetat; **contraintes** ~**s** *f* Haushaltbeschränkungen, Haushaltszwänge; **crédit** ~ *m* öffentliche Haushaltsmittel; **déficit** ~ *m* Haushaltsdefizit, Haushaltslücke; **dépenses** ~**s** *fpl* Haushaltsausgaben; **dérapage** ~ *m* unkontrollierte Haushaltsausgaben; **dérive** ~ *f* unkontrollierte Haushaltsausgaben; **discipline** ~ *f* Haushaltsdisziplin; **disponibilités** ~**s** *fpl* verfügbare Haushaltsmittel; **dotation** ~ *f* Zuteilung von Haushaltsgeldern; **économies** ~**s** *fpl* Haushaltseinsparungen; **enveloppe** ~ *f* Haushaltsvolumen; **équilibre** ~ *m* ausgeglichener Haushalt; **exercice** ~ *m* Haushaltsjahr; **gestion** ~ *f* Verwaltung des Haushalts; **impasse** ~ *f* Haushaltsdefizit, Haushaltslücke; **ligne** ~ *f* Haushaltsrahmen; **politique** ~ *f* Haushaltspolitik; **politique** ~ **restrictive** *f* restriktive Haushaltspolitik; **prévisions** ~**s** *f pl* Haushaltsvoranschlag; **rallonge** ~ *f* Haushaltsnachtrag, Nachtragshaushalt; **recettes** ~**s** *fpl* Haushaltseinnahmen; **réductions** ~**s** *f pl* Haushaltskürzungen; **rentrées** ~**s** *f pl* Staatseinnahmen; **ressources** ~**s** *fpl* Haushaltsmittel; **restrictions** ~**s** *fpl* Haushaltskürzungen; **rigueur** ~ *f* Haushaltsdisziplin; **trou** ~ *m* Haushaltslücke

budgétisation *f* Budgetierung, Aufnahme in einen Etat, Veranschlagung

budgétiser *qc* *etw* budgetieren, in den Etat aufnehmen, im Haushalt veranschlagen

bulletin *m* Zettel, Stimmzettel, Schein, Bericht, Brief, Verzeichnis, Bulletin

~ **blanc** *m* leerer Stimmzettel

~ **d'adhésion** *m* Beitrittserklärung

~ **d'expédition** *m* Versandschein, Frachtbrief

~ **de commande** *m* Bestellschein

~ **de (la) Bourse** *m* Börsenbericht, amtliches Kursverzeichnis

~ **de la cote** *m* Kurszettel

~ **de paie/paye** *m* Lohnzettel, Gehaltszettel

~ **de salaire** *m* Lohnstreifen, Lohnzettel

~ **de souscription** *m* Zeichnungsformular

~ **de versement** *m* Einzahlungsbeleg, Einzahlungsschein

~ **de vote** *m* Stimmzettel

△ **dépouillement des bulletins de vote** *m* Auszählung der Stimmzettel

△△ **dépouiller les bulletins de vote** die Stimmen auszählen

Bulletin des annonces légales *m* amtliches Anzeigenblatt

bureau *pluriel:* ***bureaux*** *m* 1. Büro, Lokal, Zentrale, Amt 2. Schreibtisch

△ **employé de** ~ *m* Büroangestellter; **immeuble de** ~**x** *m* Bürogebäude; **matériel de** ~ *m* Büroausrüstung; **mobilier de** ~ *m* Büromöbel, Büromobiliar, Büroeinrichtung

~ **d'embauchage** *m* Einstellungsbüro

~ **d'études** *m* Konstruktionsbüro, Entwicklungsabteilung

~ **d'intérim** *m* Zeitarbeitsagentur, Zeitarbeitsvermittlung

~ **de change** *m* Wechselstube, Wechselkasse

~ **de conciliation** *m* Schlichtungsbüro

~ **de conseil** *m* Beratungsbüro

~ **de conseil d'entreprise** *m* Unternehmensberatungsbüro

~ **de construction** *m* Konstruktionsbüro, Ingenieurbüro

~ **de dactylographie** *m* Schreibzentrale

Bureau de Douanes *m* Zollamt

~ **de poste** *m* Postamt, Poststelle

~ **de tabac** *m* Tabakladen

~ **de vente** *m* Verkaufsbüro

~ **de vote** *m* Wahllokal

~ **des contributions directes** *m* für direkte Steuern (Einkommensteuer) zuständiges Finanzamt, Wohnsitzfinanzamt

~ **des objets trouvés** *m* Fundbüro

~ **douanier** *m* Zollamt

Bureau International du Travail (BIT) *m* Internationale Arbeitsorganisation (IAO)

~ **paysagé** *m* Großraumbüro

bureaucratie *f* Bürokratie

bureautique *f* Bürokommunikation, Bürotechnik

but *m* Ziel, Zweck

△△ **poursuivre un** ~ ein Ziel/einen Zweck verfolgen; **poursuivre un** ~ **industriel ou commercial** einen gewerblichen Zweck verfolgen

~ **de l'émission** *m* Emissionszweck
~ **lucratif** *m* Erwerbszweck
△ **à but lucratif** mit Erwerbscharakter, Erwerbs-; **à but non lucratif** ohne Erwerbscharakter, idealwirtschaftlich, nichtwirtschaftlich; **association à but non lucratif** *f* Verein mit nicht-gewerblichen Zielen, Vereinigung ohne Erwerbszweck, Idealverein; **société à ~** *f* Gesellschaft mit Erwerbscharakter
butoir *m* Puffer, Streitpunkt
△△ **constituer un ~** einen Streitpunkt/Konfliktpunkt darstellen

C

C&F (coût et fret) *m* Kosten und Fracht
CCI (Chambre de Commerce et d'Industrie) *f* IHK (Industrie- und Handelskammer)
CA (chiffre d'affaires) *m* Umsatz, Verkaufszahlen
cabinet *m* Büro, Praxis, Kabinett, (Beratungs)Stelle
△ **indemnité de ~** *f* (steuerfreie) Aufwandsentschädigung für hohe Beamte, Ministerialzulage
~ **d'assurance** *m* Versicherungsmaklerbüro
~ **d'audit** *m* Wirtschaftsprüfungsunternehmen
~ **d'avocat** *m* Anwaltsbüro, Anwaltskanzlei
~ **d'engineering** *m* Ingenieurbüro
~ **d'études techniques** *m* technisches Entwicklungsbüro, Ingenieurbüro
~ **de consultants** *m* Beratungsbüro
~ **de notaire** *m* Notariatskanzlei
~ **de recrutement** *m* privater Arbeitsvermittler, Personalberatungsbüro
~ **extérieur** *m* externe Beratungsstelle
~ **médical** *m* Arztpraxis
câblé, e verkabelt
△ **foyer ~** *m* verkabelter Haushalt
cabotage *m* Küstenschiffahrt, Kabotage
~ **aérien** *m* Luftkabotage
~ **routier** *m* Straßenkabotage
CAC (Cotation Assistée en Continu) *f* laufende Notierung per Computer, *bis 1988:* Compagnie des Agents de Change, Kursmaklerkammer, Maklerkammer
△ **indice ~** *m* Index der Kursmaklerkammer; **système ~ (cotation assistée en continu)** *m* System der laufenden Kursnotierung, fortlaufende Notierung per Computer
CAC-40 (*ou* **CAC 40,** *ou* **indice CAC-40)** *m* fortlaufender Börsenindex basierend auf 40 ausgesuchten Werten
△△ **l'indice ~ a plongé dans le rouge** *fam* der Börsenindex ist in die roten Zahlen gerutscht; **l'indice ~ a progressé de x points** der Börsenindex ist um x Punkte gestiegen; **l'indice ~ affiche un recul de x points** der Börsenindex weist einen Rückgang von x Punkten auf; **l'indice ~ bascule dans le rouge** der Börsenindex gerät in die roten Zahlen/geht nach unten; **l'indice ~ clôture en hausse** der Börsenindex geht bei Börsenschluß nach oben; **l'indice ~ passe dans le vert** der Börsenindex geht nach oben
caché, e versteckt, verborgen
△ **défaut ~** *m* verborgener/versteckter Mangel; **vice ~** *m* verborgener/versteckter Mangel
cachet *m* 1. Stempel, Entwertung 2. Gage
~ **de la poste** *m* Poststempel
△△ **le ~ faisant foi** das Datum des Poststempels ist maßgebend
cacheté, e abgestempelt
△ **dépôt ~** *m* Sonderverwahrung
CAD (Comité d'Aide au Développement) *m* Entwicklungshilfekomitee
cadastre *m* Kataster, Katasteramt
△ **service du ~** *m* Vermessungsamt, Katasteramt
cadeau de fin d'année *m* Weihnachtsgeschenk, Jahresgabe, Jahresgeschenk
cadence (de production) *f* Taktzeit (am Fließband)
cadre *m* 1. Rahmen, Plan, Schema 2. leitender Angestellter, Führungskraft 3. Stammbelegschaft, Stammpersonal, Führungspersonal
△ **collège ~** *m* Führungspersonal eines Unternehmens; **loi-~** *m* Rahmengesetz; **programme-~** *m* Rahmenprogramm,

Rahmenplan; **programme-~ de recherche** *m* Forschungsrahmenprogramm
~ **comptable** *m* Kontenrahmen
~ **dirigeant** *m* Führungskraft
~ **juridique/légal** *m* gesetzliche Rahmenbedingung, juristischer/gesetzlicher Rahmen
~ **moyen** *m* Angehöriger der mittleren Führungsebene
~ **supérieur** *m* leitender Angestellter, Führungkraft
caduc, que unwirksam, hinfällig
caducité *f* Unwirksamkeit, Hinfälligkeit
CAEM (Conseil d'Aide Economique Mutuelle) *m* RGW (Rat für Gegenseitige Wirtschaftshilfe – *englisch:* COMECON)
CAF (coût, assurance, fret) *m* CIF (Cost, Insurance, Freight) Kosten, Versicherung, Fracht
△ **calcul ~** *m* Berechnung auf CIF-Basis/in CIF-Preisen; **contrat ~** *m* Vertrag auf CIF-Basis; **prix ~** *m* CIF-Preis; **statistiques ~** *f pl* Statistiken auf CIF-Grundlage; **statistiques ~/FAB** *f pl* CIF/FOB-Auflistung, Statistik auf CIF/FOB-Grundlage; **vente ~** *f* CIF-Geschäft
△△ **calculer ~** auf CIF-Basis/in CIF-Preisen berechnen
CAF (Caisse d'Allocations Familiales) *f* Familienbeihilfekasse
cageot *m* Kiste, Steig
cahier des charges *m* Lastenheft, Pflichtenheft
caisse *f* 1. Kasse, Zahlstelle, Schalter 2. Kiste
△ **avance de ~** *f* Barvorschuß; **argent en ~** *m* Kassenbestand; **avoir en ~** *m* Kassenbestand; **bon de ~** *m* Kassenschein; **chèque de ~** *m* Kassenscheck; **crédit de ~** *m* Kassenkredit, Barkredit; **facilités de ~** *f pl* Überziehungskredit; **journal de ~** *m* Kassenbuch; **liquidité de ~** *f* Barreserve; **livre de ~** *m* Kassenbuch; **mouvement de ~** *m* Geldbewegung; **solde en ~** *m* Kassenbestand; **somme en ~** *f* Kassenbestand; **ticket de ~** *m* Kassenschein, Kassenbon
~ **automatique** *f* Geldautomat, Bankautomat
~ **d'amortissement** *f* Amortisationskasse, Schuldentilgungskasse
~ **d'assurance-maladie** *f* Krankenkasse
~ **d'assurance sociale** *f* Sozialversicherungskasse
~ **d'assurance vieillesse** *f* Altersversicherung(skasse)
~ **d'épargne** *f* Sparkasse
△ **livret de ~** *m* Sparbuch
~ **d'épargne et de prévoyance** *f* Spar- und Vorsorgekasse
~ **de crédit municipal** *f* Pfandleihanstalt
~ **de crédit mutuel** *f* Bankverein auf Gegenseitigkeit, genossenschaftliche Bank
~ **de grève** *f* Streikkasse
~ **de l'Etat** *f* Staatskasse
~ **de maladie** *f* Krankenkasse
~ **de prévoyance** *f* Vorsorgekasse, Versorgungskasse
~ **de retraite** *f* Pensionsfonds, Pensionskasse, Rentenkasse
~ **de retraite complémentaire** *f* Zusatzversorgungskasse (ZVK)
~**s du fisc** *f pl* Steuerkasse
~ **enregistreuse** *f* Registrierkasse
~ **nationale de sécurité sociale** *f* französische Sozialversicherungskasse
~ **professionnelle d'assurance sociale** *f* Berufsgenossenschaft
Caisse d'Allocations Familiales (CAF) *f* Familienbeihilfekasse
~ **des Dépôts et Consignations (CDC)** *f* Sparkassen- und Giroverband, Girozentrale der Sparkassen
~ **Nationale d'Assurance Vieillesse** *f* Altersrentenversicherungskasse
~ **Nationale d'Epargne** *f* Nationale Sparkasse
~ **Nationale de Prévoyance** *f* nationale Vorsorgekasse
~ **Primaire d'Assurance Maladie** *f* Krankenkasse, Ortskasse
caissier/caissière *m* Kassierer(in), Kassenführer(in), Kassenverwalter(in), Verkäufer(in) an der Kasse
calcul *m* Berechnung, Kalkulation
△ **aide au ~** *f* Berechnungshilfe; **facteur de ~** Berechnungsfaktor; **modalités de ~** *f pl* Berechnungsmodalitäten; **unité de ~** *f* Recheneinheit
~ **CAF** *m* Berechnung auf CIF-Basis/in CIF-Preisen

~ **de l'impôt** *m* Steuerberechnung, Steuerschuldermittlung
~ **de prime** *m* Prämienberechnung
~ **de rentabilité** *m* Rentabilitätsrechnung, Wirtschaftlichkeitsrechnung
~ **de retraite** *m* Rentenberechnung
~ **des charges par nature** *m* Kostenartenrechnung
~ **des coûts** *m* Ermittlung der Kosten, Kostenrechnung, Kostenkalkulation
~ **des coûts pour une période donnée** *m* Kostenperiodenrechnung
~ **des coûts prévisionnels** *m* Kostenplanungsrechnung
~ **des prix** *m* Preiskalkulation
~ **du coût des centres d'analyse** *m* Kostenstellenrechnung
~ **du coût par postes de production** *m* Kostenträgerrechnung
~ **du coût par unité de production** *m* Stück(kosten)rechnung
~ **du prix de revient** *m* Selbstkostenrechnung
~ **FAB** *m* Berechnung auf FOB-Basis/in FOB-Preisen
calculateur électronique *m* Elektronenrechner
calculé, e au plus juste knapp kalkuliert
calculer *qc etw* (be)rechnen, ausrechnen, ermitteln, kalkulieren, zählen
~ *qc* **CAF** *etw* auf CIF-Basis/in CIF-Preisen berechnen
~ *qc* **FAB** *etw* auf FOB-Basis/in FOB-Preisen berechnen
~ **l'amortissement** die Abschreibung berechnen
~ **l'impôt** die Steuer berechnen
calculatrice de poche *f* Taschenrechner
calculette *f* Taschenrechner
cale *f* Kielraum, Laderaum
calendaire Kalender-
△ **année** ~ *f* Kalenderjahr; **jour** ~ *m* Kalendertag
calendrier *m* (Termin)Kalender, Zeitplan
△△ **respecter un** ~ einen Zeitplan einhalten
calorifique Wärme-
△ **énergie** ~ *f* Wärmeenergie
cambiaire Wechsel-, Umtausch-
△ **droit** ~ *m* Wechselrecht; **engagement** ~ *m* Wechselverbindlichkeit; **garantie** ~ *f* Wechselgarantie
cambiste *m* Devisenhändler
cambiste Devisen-, Devisenhandels-
△ **banquier** ~ *m* Devisenhändler; **place** ~ *f* Devisenhandelsplatz
camelote *f* Schundware
caméscope *m* Video-Kamera
camion *m* Lastwagen, Lkw
△ **par** ~ Lkw-, mit dem Lkw
~ **des éboueurs** *m* Müllauto
~ **-bazar** *m* Verkaufswagen
camoufler le bilan die Bilanz frisieren
campagnard, e ländlich, Land-
△ **résidence ~e** *f* Landsitz
campagne *f* Kampagne, Aktion, Feldzug
△ **crédit de** ~ *m* Sonderkredit bei phasenverschobener Produktion/für Produktionsstoßzeiten
~ **de lancement** *f* Einführungsaktion
~ **de presse** *f* Pressekampagne
~ **de publicité** *f* Werbeaktion, Werbekampagne
△ **lancement de la** ~ *m* Start der Kampagne; **plan de** ~ *m* Medienplan
~ **électorale** *f* Wahlkampf
~ **publicitaire** *f* Werbekampagne
~ **publicitaire intensive** *f* Intensivwerbung
canal de distribution *m* Vertriebskanal, Vertriebsweg
canard boiteux *fam m* marodes/konkursbedrohtes Unternehmen
candidat/candidate *m/f* Kandidat(in), Bewerber(in)
△ **sélectionner un** ~ einen Kandidaten/Bewerber auswählen
~ **qualifié** *m* geeigneter Bewerber
candidature *f* Kandidatur, Bewerbung
△ **appel de ~s** *m* Stellenausschreibung; **lettre de** ~ *m* Bewerbungsschreiben
△△ **poser sa ~ (à un poste)** sich um eine Stelle bewerben; **poser sa ~ à l'Union Européenne** den EU-Beitritt beantragen
canette *f* Bierflasche
cantine *f* Kantine, Werkküche
canton *m* Kanton
cantonal, e den Kanton betreffend, Kantonal-
△ **élections ~es** *f pl* Kantonalwahlen
cantonné, e à *qc* auf *etw* beschränkt

CAO (conception assistée par ordinateur) *f* computergestützte Entwicklung, CAD (computer assisted design)
caoutchouc *m* Kautschuk, Gummi
△ **industrie du ~** *f* Gummiindustrie
CAP (Certificat d'Aptitude Professionnelle) *m* Abschlußzeugnis der berufsbildenden Schule
capacité *f* Kapazität, Potential, Fähigkeit, Kraft
△ **augmentation des ~s** *f* Kapazitätserweiterung; **investissement de ~** *m* Erweiterungsinvestition; **taux d'utilisation des ~s** *m* Kapazitätsauslastungsgrad, Auslastungsgrad, Maschinenlaufzeiten; **utilisation des ~s** *f* Kapazitätsauslastung, Maschinenlaufzeiten
△△ **tourner à x pour cent de sa ~** zu x Prozent (seiner Kapazität) ausgelastet sein
~ d'accueil *f* Aufnahmekapazität
~ d'autofinancement *f* Selbstfinanzierungskapazität, Selbstfinanzierungsmöglichkeit
~ d'endettement *f* Verschuldungspotential
~ d'exercice *f* Geschäftsfähigkeit
~ d'exportation *f* Ausfuhrpotential, Exportpotential, Exportkapazität
~ d'importation *f* Einfuhrpotential, Importpotential, Importkapazität
~ d'innovation *f* Innovationskapazität, Innovationsfähigkeit
~ de commercialisation *f* Vertriebskapazität
~ de contracter *f* Geschäftsfähigkeit, Vertragsfähigkeit
~ de financement *f* Finanzierungskraft
~ de jouissance *f* Nutzungsfähigkeit
~ de production *f* Produktionskapazität
△ **accroissement de la ~** *m* Erweiterung/Zunahme der Produktionskapazität; **taux d'utilisation de la ~** *m* Auslastungsgrad, Kapazitätsauslastungsgrad, Maschinenlaufzeiten
~ de stockage *f* Lagerkapazität
~ de travail *f* Arbeitsfähigkeit, Erwerbsfähigkeit
~ industrielle *f* Industriekapazität
~ juridique *f* Rechtsfähigkeit
△ **défaut de ~** *m* fehlende Rechtsfähigkeit
△△ **avoir la ~** rechtsfähig sein; **ayant la ~** rechtsfähig
~ productive *f* Produktionskapazität
~s professionnelles *f pl* berufliche Fähigkeiten
capita (per ~) pro Kopf
capital (*pluriel:* **capitaux**) *m* Kapital, Kapitalvermögen, Vermögen, Vermögensmasse, *pluriel:* Geldmittel, Gelder, Kapitalien
△ **action de ~** *f* Gründungsaktie, Kapitalanteil, Stammaktie; **accumulation de ~** *f* Kapitalansammlung; **afflux de capitaux étrangers** *m* Zufluß von ausländischem Kapital; **afflux de capitaux** *m* Kapitalzufluß; **apport de capitaux/en ~** *m* Kapitaleinlage; **apporteur de capitaux** *m* Kapitalgeber, Kapitaleinleger; **au ~ de ...** mit einem Kapital von ...; **augmentation de ~** *f* Kapitalaufstockung, Kapitalerhöhung; **bailleur de capitaux** *m* Kapitalgeber; **balance des capitaux** *f* Kapitalbilanz, Kapitalverkehrsbilanz; **besoins en capitaux** *m pl* Kapitalbedarf; **circulation des capitaux** *f* Kapitalverkehr; **consommation du ~** *f* Kapitalverzehr; **constitution d'un ~** *f* Kapitalbildung; **dépenses en ~** *f pl* Kapitalausgaben; **détenteur de capitaux** *m* Kapitalbesitzer, Anteilseigner; **distribution du ~** *f* Kapitalverteilung; **dotation en ~** *f* Kapitalausstattung; **engagement de capitaux** *m* Kapitaleinsatz; **entrée de capitaux** *f* Zufluß von Kapital, Kapitalzufluß; **exportation de(s) capitaux** *f* Kapitalexport; **exportations nettes de capitaux** *f pl* Nettokapitalexporte; **financement sur capitaux propres** *m* Eigenfinanzierung; **flux de capitaux** *m pl* Kapitalströme; **formation brute de ~ fixe (FBCF)** *f* Bruttoanlageinvestition; **fournisseur de capitaux** *m* Kapitalgeber; **fraction du ~** *f* Kapitalbruchteil; **fuite de capitaux** *f* Kapitalflucht; **gestion du ~** *f* Kapitalverwaltung; **hémorragie de capitaux** *f* Kapitalabwanderung; **importations nettes de capitaux** *f pl* Nettokapi-

talimporte; **imposition du** ~ *f* Kapitalbesteuerung; **impôt sur le capital** *m* Kapitalsteuer; **impôt sur le revenu des capitaux** *m* Kapitalertragssteuer; **industrie de capitaux** *f* kapitalintensive Branche; **intérêt du** ~ *m* Kapitalzins; **investissements en capitaux** *m pl* Kapitalinvestitionen; **libre circulation des capitaux** *f* freier Kapitalverkehr; **marché des capitaux** *m* Kapitalmarkt; **mise de capitaux** *f* Kapitaleinsatz; **mobilisation de capitaux** *f* Aufbringung von Mitteln, Kapitaleinsatz; **mobilité des capitaux** *f* Beweglichkeit des Kapitals; **mouvement de capitaux** *m* Kapitalbewegung, Kapitalverkehr; **part de** ~ *f* Kapitalanteil; **placement de capitaux** *m* Kapitalanlage; **plus-value du** ~ *f* Kapitalzuwachs; **prélèvement sur le** ~ *m* Kapitalsteuer; **rassemblement de capitaux** *m* Kapitalbildung; **réduction du** ~ *f* Kapitalherabsetzung; **reflux de capitaux** *m* Kapitalrückfluß; **remboursement du** ~ **(emprunté)** *m* Kapitalrückzahlung, Kapitaltilgung; **rémunération du** ~ *f* Kapitalverzinsung; **rendement du** ~ *m* Kapitalertrag; **rentrées de capitaux** *f pl* Kapitalimport, Kapitalzuflüsse; **répartition du** ~ *f* Kapitalaufteilung, Kapitalverteilung; **revenu(s) du** ~ *m(pl)* Kapitaleinkünfte, Kapitalerträge; **société de capital risque** *f* Wagnisfinanzierungsgesellschaft; **société de capitaux** *f* Kapitalgesellschaft; **sorties de capitaux** *f pl* Kapitalabfluß; **sorties nettes de capitaux** *f pl* Nettokapitalabfluß; **totalité du** ~ *f* Gesamtkapital; **transferts de capitaux** *m pl* Kapitaltransfer; **valeur de/en** ~ *f* Kapitalwert; **ventilation du** ~ *f* Kapitalverteilung

△△ **acheter/acquérir x pour cent du** ~ x Prozent des Kapitals erwerben/übernehmen; **augmenter le** ~ das Kapital aufstocken/erhöhen; **céder x pour cent du** ~ **d'une filiale** x Prozent des Kapitals einer Tochtergesellschaft abgeben; **collecter des capitaux** Kapital beschaffen/sammeln; **détenir x pour cent du** ~ x Prozent des Kapitals halten/innehaben/besitzen; **diffuser x pour cent du** ~ **dans le public** x Prozent des Kapitals in Streubesitz überführen; **drainer des capitaux** Kapital einsammeln/anziehen; **engager son** ~ sein Kapital einsetzen; **engager son** ~ **dans une affaire** sein Kapital in ein Geschäft stecken; **entrer dans le** ~ **d'une société** bei einer Gesellschaft einsteigen; **faire fructifier un** ~ ein Kapital zinsbringend anlegen; **fournir des capitaux** Kapital beschaffen; **immobiliser du** ~ Kapital binden; **investir des capitaux dans une entreprise** Kapital in eine Firma investieren/stecken; **investir un** ~ Kapital investieren/anlegen; **le** ~ **est dilué/dispersé** das Kapital ist verstreut; **lever des capitaux frais** frisches Kapital aufbringen; **ouvrir son** ~ sein Kapital öffnen; **placer des capitaux** Kapital anlegen; **prendre x pour cent dans le** ~ **de la société** x Prozent des Gesellschaftskapitals übernehmen; **recueillir des capitaux** Kapital/Gelder sammeln

~ **(à) risques** *m* venture-capital, Risikokapital, Wagniskapital

△ **entreprise de** ~ *f* Wagnisfinanzierungsunternehmen; **société de** ~ *f* Wagnisfinanzierungsgesellschaft

~**-actions** *m* Aktienkapital

~ **appelé** *m* eingefordertes/nicht eingezahltes Kapital

~ **d'exploitation** *m* betriebliches Vermögen, Betriebsvermögen, Gewerbekapital

~ **d'investissement** *m* Anlagekapital, Investitionskapital

~ **de départ à la retraite** *m* Startkapital für die Altersvervorgung

~ **de garantie** *m* Haftkapital, Deckungskapital, Garantiekapital

~ **de l'entreprise** *m* Betriebsvermögen, Gesellschaftskapital

~ **de roulement** *m* Umlaufkapital, Umlaufvermögen

~**-décès** *m* Sterbegeld

△ **assurance** ~ *f* Risikolebensversicherung

~ **effectif** *m* effektives Kapital, Eigenkapital

~ **engagé** *m* eingesetztes Kapital

~ **financier** *m* Finanzkapital

~ **fixe** *m* Anlagevermögen, festliegendes Kapital

△ **société d'investissement à ~** *f* geschlossener Fonds
~ **foncier** *m* Bodenkapital, Grundvermögen
~ **garanti de l'assurance** *m* Versicherungssumme
~ **immobilier** *m* Immobilienvermögen
~ **initial** *m* Anfangskapital, Gründungskapital
~ **investi** *m* investiertes/angelegtes Kapital
~ **libéré** *m* eingezahltes Kapital
~ **minimum** *m* Mindestkapital
~ **monétaire** *m* Geldvermögen
~ **non appelé** *m* nicht eingefordertes Kapital
~ **productif** *m* Produktivkapital
~**-risque** *m* Risikokapital, Wagniskapital, Venture capital
~ **social** *m* Gesellschaftskapital, Stammkapital (GmbH), Grundkapital (AG)
△ **montant du ~** *m* Höhe des Gesellschaftskapitals
~ **souscrit** *m* gezeichnetes Kapital
~ **technique** *m* Betriebskapital
capitaux à investir *m pl* erforderliche Investitionen
△ **montant des ~** *m* Umfang der erforderlichen Investitionen
~ **à long terme** *m pl* langfristiges Kapital
~ **circulants** *m pl* Umlaufvermögen
~ **empruntés** *m pl* Fremdkapital
△ **financement par des ~** *m* Fremdfinanzierung
~ **étrangers** *m pl* Fremdkapital
~ **fébriles** *m pl* heißes Geld
~ **frais** *m pl* neues Kapital
~ **liquides** *m pl* flüssige Mittel
~ **neufs** *m pl* neues Kapital
~ **permanents** *m pl* betriebsnotwendiges Kapital, Dauerkapital
△ **insuffisance des ~** *f* mangelhafte Kapitalausstattung
~ **propres** *m pl* Eigenkapital
△ **financement sur ~** *m* Eigenfinanzierung
capitale *f* Hauptstadt
capitalisation *f* Kapitalisierung, Kapitalansammlung
△ **multiple de ~** *m* Kapitalisierungsfaktor; **régime/système de ~** *m* Kapitalisierungsverfahren; **sous-~** *f* Unterkapitalisierung; **taux de ~** *m* Kapitalisierungssatz, Kapitalisierungszinsfuß, Rendite
~ **boursière** *f* Börsenkapitalisierung, Börsenwert
~ **d'intérêts** *f* Zinseszinsrechnung, Kapitalisierung der Zinsen
capitaliser kapitalisieren
△ **épargne capitalisée** *f* kapitalisierter Sparbetrag; **intérêts capitalisés** *m pl* Zinseszins(en)
capitalisme *m* Kapitalismus
capitaliste *m* Kapitalist
captif, ive gebunden, abhängig, lokal
△ **marché ~** *m* Markt eines monopolistischen Anbieters
capture *f* 1. Verhaftung, Gefangennahme 2. Beschlagnahme, Kapern, Erbeuten 3. Fischfang
△ **volume de ~** *m* Fangmenge
~ **nominale** *f* nominale Fangmenge
~ **nominale de produits de la pêche** *f* nominale Fangmenge von Fischereiprodukten
capturer *qc etw* fangen
△ **quantité capturée** *f* Fangmenge
caractéristique *f* Eigenschaft, Merkmal
~**s perçues** *f pl* wahrgenommene Merkmale
~**s techniques** *f pl* technische Merkmale
carbochimie *f* Kohlenchemie
carbone *m* Kohlenstoff
△ **dioxyde de ~** *m* Kohlendioxyd; **riche en ~** reich an Kohlenstoff
carburant *m* Treibstoff
△ **consommation de ~s** *f* Treibstoffverbrauch; **taxe sur les ~s** *f* Treibstoffsteuer
~ **auto** *m* Kfz-Treibstoff
carence *f* Mißstand, Mangel, Karenz
△ **délai de ~** *m* Karenzzeit
car-ferry *m* Autofähre
cargaison *f* (Schiffs)Ladung, Fracht
~ **de retour** *f* Rückfracht, Rückgut
~ **de vrac** *f* Schüttgut
~ **maritime** *f* Schiffsladung
~ **pontée** *f* Deckladung
cargo *m* Frachtschiff, Fracht-
△ **avion ~** *m* Frachtflugzeug
carnet *m* Heft, Buch, Block
~ **d'ordres** *m* Auftragsbuch
~ **de chèques** *m* Scheckheft
~ **de commandes** *m* Auftragsbuch

~ **de commandes bien garni/rempli** *m* gut gefülltes Auftragsbuch
~ **de quittances** *m* Quittungsblock
~ **de santé** *m* (1996 eingeführtes) Patientenbegleitheft zur Vorlage beim Arzt
carré *m* Viereck, Quadrat
~ **magique** *m* magisches Viereck
carré viereckig, Quadrat-
△ **mètre** ~ *m* Quadratmeter
carrière *f* 1. Karriere, berufliche Laufbahn, Werdegang 2. Steinbruch
△ **début de** ~ *m* Berufsbeginn, Beginn der beruflichen Laufbahn/Tätigkeit; **exploitation d'une** ~ *f* Abbau eines Steinbruchs; **fin de** ~ *f* Berufsende, Ende der beruflichen Laufbahn/Tätigkeit; **indemnité de fin de** ~ *f* Abfindung beim Ausscheiden aus dem Berufsleben; **perspectives de** ~ *f pl* Aufstiegsmöglichkeiten; **traitement en début de** ~ *m* Anfangsgehalt; **traitement en fin de** ~ *m* Endgehalt
△△ **aspirer à faire** ~ aufstiegswillig sein; **faire** ~ Karriere machen, aufsteigen
carte *f* Karte, Ausweis
△ **horaires à la** ~ *m pl* gleitende Arbeitszeit; **mandat-**~ *m* Postanweisung; **retraite à la** ~ *f* flexible Altersgrenze; **téléphone à** ~ *m* Kartentelefon; **travail à la** ~ *m* gleitende Arbeitszeit
~ **à mémoire** *f* Speicherkarte, Chipkarte, Magnetkarte
~ **à piste** *f* Magnetstreifenkarte
~ **à puce** *f* Chipkarte, Speicherkarte, Magnetkarte
~ **à télépaiement** *f* Kreditkarte
~ **accréditive** *f* Kreditkarte
△ **système de paiement par** ~ *m* POS-Zahlungssystem
~ **bancaire (CB)** *f* Kreditkarte, Bankkreditkarte, Karte für automatischen Zahlungsverkehr und Bargeldabruf
△ **contrôle d'accès avec la** ~ *m* Zugangskontrolle über Kreditkarte; **détenteur d'une** ~ *m* Kreditkarteninhaber; **numéro de** ~ *m* Kreditkartennummer; **paiement par** ~ *m* Zahlung per Kreditkarte; **porteur d'une** ~ *m* Inhaber einer Kreditkarte; **règlement par** ~ *m* Zahlung mit Kreditkarte; **retrait par** ~ *m* Abhebung per Kreditkarte; **titulaire d'une** ~ *m* Kreditkarteninhaber
△△ **payer/régler par** ~ mit Kreditkarte bezahlen; **la banque est émettrice de cartes bancaires** die Bank stellt Kreditkarten aus
~ **bancaire unique** *f* für alle Banken gültige Kreditkarte
~ **blanche** *f* Blankovollmacht
△△ **donner** ~ **à** *qn* *jdm* Blankovollmacht erteilen
~ **bleue (CB)** *f* verbreitete französische Kreditkarte
~ **chèques** *f* Scheckkarte
~ **d'identité** *f* Personalausweis
~ **de chèques** *f* Scheckkarte
~ **de circuits imprimés** *f* Leiterplatte, Steckkarte
~ **de commerçant** *f* Gewerbeausweis
~ **de crédit (bancaire)** *f* Kreditkarte
~ **de crédit non bancaire** *f* von Nichtbanken vergebene Kreditkarte
~ **de crédit internationale** *f* internationale Kreditkarte
~ **de fidélité** *f* Kundenkarte, Rabattkarte
~ **de garantie de chèque** *f* Scheck(garantie)karte
~ **de paiement** *f* Kreditkarte, Scheckkarte
~ **de paiement à mémoire** *f* Chip-Karte
~ **de paiement magnétique** *f* Magnetstreifenkarte
~ **de Sécurité Sociale** *f* Sozialversicherungsausweis
~ **de séjour** *f* Aufenthaltsgenehmigung
~ **de séjour temporaire** *f* befristete Aufenthaltsgenehmigung
~ **de travail** *f* Arbeitserlaubnis
~ **Eurochèque** *f* Euroscheck-Karte
~ **fax** *f* Fax-Karte
~ **mensuelle d'abonnement** *f* Monatskarte
~ **orange** *f* Verbundkarte, Netzkarte für Pariser Verkehrsverbund
~ **perforée** *f* Lochkarte
~ **professionnelle** *f* Gewerbeschein
~**-réponse** *f* Antwortkarte
cartel *m* Kartell, Absprache
△△ **interdire les ~s** die Kartelle verbieten
~ **de contingentement** *m* Quotenkartell
~ **de normalisation** *m* Normungskartell
~ **de production** *m* Produktionskartell

~ **de standardisation** *m* Typenkartell
~ **de vente** *m* Verkaufskartell
~ **des prix** *m* Preiskartell
~ **régional** *m* Gebietskartell
carton *m* Pappe, Karton
cartonnage *m* Hartpapierware, Pappware, Kartonagen
cartonné, e kartoniert, Karton-
△ **fiche ~e** *f* Karteikarte
cas *m* Fall, Ereignis
△ **étude de ~** *f* Fallstudie
~ **d'urgence** *m* Notfall
~ **de décès** *m* Todesfall
~ **de faillite** *m* Konkursfall
~ **de force majeure** *m* Fall höherer Gewalt, höhere Gewalt
~ **de sinistre** *m* Schadensfall
△ **en ~** im Schadensfall
~ **de vie** *m* Erlebensfall
~ **exceptionnel** *m* Ausnahmefall
~ **fortuit** *m* unvermutetes/zufälliges/unabwendbares Ereignis, unvorhergesehener Fall
~ **particulier** *m* Einzelfall, Sonderfall
~ **social** *m* Sozialfall
case *f* Fach
~ **de coffre-fort** *f* Tresorfach
caser ***qc/qn*** *etw/jdn* unterbringen
cascade (imposition en ~) *f* Mehrphasenbesteuerung
△ **impôt en ~** *m* Mehrphasensteuer
cash flow *m* Cash flow
casier *m* Fach, Schließfach
~ **judiciaire** *m* Strafregister
△△ **avoir un ~** vorbestraft sein; **avoir un ~ vierge** nicht vorbestraft sein
~ **postal** *m* Postfach
cassation *f* Berufung, Kassation, Revision
△ **Cour de ~** *f* Kassationsgericht; **pourvoi en ~** *m* Revisionsantrag, Kassationsantrag
△△ **se pourvoir en ~** Revision einlegen
casse *f* Bruch(schaden), Bruchware, Schrott, Schrottplatz
△△ **mettre à la ~** verschrotten
casser les prix die Preise radikal senken
△ **prix cassés** *m pl* Schleuderpreise, extrem reduzierte Preise
casser un monopole ein Monopol brechen
cassette *f* Kassette
~ **audio** *f* Audiokassette
~ **enregistrée** *f* bespielte Kassette
~ **vidéo** *f* Videokassette
~ **vierge** *f* unbespielte Kassette
casseur de prix *m* Preisbrecher
cassure Nord-Sud *f* Nord-Süd-Gefälle
cataclysme *m* Katastrophe
catalogable katalogisierbar
catalogue *m* Katalog
△ **prix ~** *m* Listenpreis, Katalogpreis; **référence de ~** *f* Kennummer, Bestellnummer; **vente par ~ (VPC)** *f* Versandhandel
catastrophe naturelle *f* Naturkatastrophe
catastrophe nucléaire *f* nukleare Katastrophe
catégorie *f* Kategorie, Gruppe, Art, Gattung
~ **d'acheteurs** *f* Käufergruppe
~ **de marchandises** *f* Warenart
~ **de produits** *f* Produktart, Warengattung
~ **de revenu** *f* Einkommensart
~ **professionnelle** *f* Berufsgruppe
~ **salariale** *f* Lohngruppe
~ **sociale** *f* soziale Gruppe/Schicht
~ **socio-professionnelle (CSP)** *f* Berufsgruppe
causalité *f* Ursache, Ursächlichkeit, Kausalität
△ **lien de ~** *m* ursächlicher Zusammenhang
cause *f* Ursache
~ **de décès** *f* Todesursache
△ **statistique des causes de décès** *f* Todesursachenstatistik
~ **licite** *m* zulässige Ursache
~ **présumée** *f* vermutete Ursache
causer ***qc*** *etw* verursachen
~ **des accidents** Unfälle verursachen
~ **des dégâts/dommages** Schäden verursachen
caution *f* Garantie, Bürgschaft, Kaution, Sicherheit
△ **acte de ~** *m* Bürgschaftserklärung, Bürgschaftsurkunde; **crédit sur ~** *m* Bürgschaftskredit; **moyennant ~** gegen Bürgschaft; **société de ~ mutuelle** *f* Kreditversicherungsgesellschaft
△△ **se porter ~ de** ***qc/qn*** für *etw* ein-

stehen, für *jdn/etw* bürgen, die Bürgschaft übernehmen
~ **bancaire** *f* Bankbürgschaft
~ **d'adjudication** *f* Bietungsgarantie
~ **en cas de déficit** *f* Ausfallbürgschaft
~ **financière** *f* Sicherstellung
cautionné, e durch Bürgschaft gesichert
△ **prêt ~** *m* durch Bürgschaft gesichertes Darlehen
cautionnement *m* Garantie, Bürgschaft, Kaution, Sicherheit(sleistung)
△ **crédit de ~** *m* Avalkredit
~ **bancaire** *m* Bankgarantie, Bankbürgschaft
~ **d'un crédit** *m* Kreditbürgschaft
~ **hypothécaire** *m* Hypothekenbürgschaft
~ **judiciaire** *m* gerichtlich angeordnete Sicherheitsleistung
~ **légal** *m* gesetzliche Bürgschaft
~ **multiple** *m* Solidarbürgschaft
~ **mutuel** *m* wechselseitige Bürgschaft
△ **organisme de ~** *m* Organ wechselseitiger Bürgschaft
~ **personnel** *m* persönliche Kaution
~ **réel** *m* dingliche Kaution
~ **simple** *m* selbstschuldnerische Bürgschaft
~ **solidaire** *m* gesamtschuldnerische Bürgschaft
cautionner *qc* für *etw* bürgen, als Bürge auftreten, Bürgschaft leisten
~ **un engagement** eine fremde Verbindlichkeit übernehmen
cavalerie *f* Wechselreiterei
△ **effet/papier/traite de ~** *m* Reitwechsel
CB (carte bancaire *ou* **carte bleue)** *f* Kreditkarte (einer Bank), Bankkreditkarte
CC (compte chèque/compte chèques) *m* Scheckkonto
CCA (Centre de Communication Avancée) *m* führendes französisches Marketinginstitut
CCI (Chambre de Commerce et d'Industrie) *f* IHK (Industrie- und Handelskammer)
CCP (compte chèques postaux/compte chèque postal – *nouvel intitulé:* **compte courant postal)** *m* Postscheckkonto, Postgirokonto
△ **mandat de versement à un ~** *m* Zahlungsanweisung auf ein Postgirokonto; **mandat de versement international sur ~** *m* internationale Zahlungsanweisung auf ein Postgirokonto
CDC (Caisse des Dépôts et Consignations) *f* Sparkassen- und Giroverband, Girozentrale der Sparkassen
CDD (contrat de travail à durée déterminée) *m* befristeter Arbeitsvertrag
CDI (contrat de travail à durée indéterminée) *m* unbefristeter Arbeitsvertrag
CD(-Rom) *m* CD(-Rom)
△ **lecteur de CD** *m* CD-Laufwerk
CE (Communauté Européenne) *f* EG (Europäische Gemeinschaft)
CEA (Commissariat à l'Energie Atomique) *m* Kommissariat für Atomenergie
CEA (Compte d'Epargne en Actions) *m* Aktiensparkonto
△ **Sicav ~** *f* Aktiensparkonto für Investmentpapiere
CECA (Communauté Européenne du Charbon et de l'Acier) *f* EGKS (Europäische Gemeinschaft für Kohle und Stahl), Montanunion
cédant *m* Abtretender, Veräußerer, Zedent
céder *qc* *etw* verkaufen, veräußern, überlassen, abtreten, übertragen
~ **des droits** Rechte abtreten
~ **du terrain** an Boden verlieren
~ **son portefeuille** sein Portefolio verkaufen
~ **une créance** eine Forderung abtreten/übertragen
~ **x pour cent** x Prozent abgeben, um x Prozent fallen
△△ **l'indicateur a cédé x pour cent** der (Konjunktur)Indikator ist um x Prozent gefallen
~ **x pour cent du capital d'une filiale** x Prozent des Kapitals einer Tochtergesellschaft abgeben
cédérom *m* CD-Rom
CEDEX (Courrier d'entreprise à distribution exceptionnelle) *m* Firmenpost und Post für Selbstabholer
cédulaire verbrieft
△ **créancier ~** *m* Hypothekengläubiger; **impôt ~** *m* nach der Einkommensart bemessene Steuer

CEE (Communauté Economique Européenne) *f* EWG (Europäische Wirtschaftsgemeinschaft)
cégétiste *m* Mitglied der Gewerkschaft CGT
△ **militant** ~ *m* aktives Mitglied der Gewerkschaft CGT
CEI (Communauté des Etats Indépendants) *f* GUS (Gemeinschaft Unabhängiger Staaten)
célibataire *m/f* Junggeselle/Junggesellin, Ledige(r)
célibataire ledig, unverheiratet
△ **mère** ~ *f* alleinerziehende Mutter, Alleinerziehende
cellule de crise *f* Krisenstab
central, e zentral
△ **chauffage** ~ *m* Zentralheizung; **entrepôt** ~ *m* Zentrallager; **fédération ~e** *f* Spitzenverband; **monnaie ~e** *f* Zentralbankgeld; **ordinateur** ~ *m* Zentralcomputer; **siège** ~ *m* Hauptsitz, Stammsitz; **stock** ~ *m* Zentrallager; **unité ~e** *f* Zentraleinheit, CPU
centrale *f* 1. Zentrale, Spitzenorganisation, Dachverband 2. Kraftwerk 3. Strafvollzugsanstalt
~ **à béton** *f* Betonwerk
~ **atomique** *f* Atomkraftwerk
~ **d'achat** *f* Einkaufszentrale
~ **de pompage** *f* Pumpspeicherkraftwerk
~ **électrique** *f* Elektrizitätswerk
~ **éolienne** *f* Windkraftwerk
~ **géothermique** *f* Erdwärmekraftwerk
~ **hydraulique/hydro-électrique** *f* Wasserkraftwerk
~ **marémotrice** *f* Gezeitenkraftwerk
~ **nucléaire** *f* Atomkraftwerk, AKW, Kernkraftwerk
~ **solaire** *f* Sonnenkraftwerk
~ **syndicale** *f* Gewerkschaftsdachverband
~ **syndicale ouest-allemande** *f* DGB (= Deutscher Gewerkschaftsbund)
~ **téléphonique** *f* Telefonzentrale
~ **thermique** *f* Heizkraftwerk, Wärmekraftwerk
centralisé, e zentralisiert, zentral
centraliser *qc* *etw* sammeln, zentralisieren
~ **les ordres** *Bourse* die Aufträge sammeln *Börse*
centre *m* Zentrum, Abteilung, Stelle, Amt, Institut
~ **commercial** *m* Einkaufszentrum
~ **culturel** *m* Kulturzentrum
~ **d'achat** *m* Einkaufsabteilung
~ **d'affaires** *m* Büro- und Geschäftsviertel
~ **d'analyse** *m* Kostenstelle
~ **d'information** *m* Informationszentrum
~ **de chèques postaux** *m* Postscheckzentrum
Centre de Communication Avancée (CCA) *m* führendes französisches Marketinginstitut
~ **de congrès** *m* Kongreßzentrum
~ **de consultation** *m* beratende Stelle
~ **de groupage** *m* Sammelstelle, Sammelplatz
~ **de recherches** *m* Forschungszentrum
~ **de (traitement) informatique** *m* EDV-Zentrum, Rechenzentrum
~ **de transbordement** *m* Großumschlagplatz
~ **des impôts (CDI)** *m* (zuständiges) Finanzamt, Wohnsitzfinanzamt
Centre des jeunes dirigeants d'entreprises *m* Verband junger Unternehmer
Centre des jeunes patrons *m* Verband junger Unternehmer
~ **eurofinancier** *m* Eurofinanzzentrum
~ **financier** *m* Finanzzentrum
Centre Français du Commerce Extérieur *m* Französisches Außenhandelszentrum
Centre Français du Patronat Chrétien *m* Französischer Christlicher Arbeitgeberverband
~ **informatique** *m* EDV-Zentrum
~ **télex** *m* Fernschreibzentrale
~ **touristique** *m* Fremdenverkehrsort
~ **ville** *m* Stadtmitte
cercle de qualité *m* Qualitätszirkel
cercle vicieux *m* Teufelskreis
△△ **rompre le** ~ den Teufelskreis durchbrechen
céréales *fpl* Getreide
△ **bourse des** ~ *f* Getreidebörse; **Office National Interprofessionnel des ~ (ONIC)** *m* Staatliches Amt für Getreide
CERN (Conseil Européen pour la Re-

cherche Nucléaire) *m* Europäische Organisation für Kernforschung
cerner *qc etw* eingrenzen, (ab)schätzen
certificat *m* Bescheinigung, Schein, Zertifikat, Zeugnis
~ **d'aptitude professionnelle (CAP)** *m* Facharbeiterbrief, Gesellenbrief
~ **d'arrêt de travail** *m* Arbeitsunfähigkeitsbescheinigung
~ **d'assurance** *m* Versicherungsauszug, Versicherungsbescheinigung
~ **d'inspection** *m* Prüfschein, Kontrollbescheinigung
~ **d'actions** *m* Aktienschein, Aktienzertifikat
~ **d'études** *m* Hauptschulabschluß
~ **d'investissement** *m* stimmrechtslose Aktie
~ **de complaisance** *m* Gefälligkeitsattest, Gefälligkeitszeugnis
~ **de conformité** *m* Abnahmebescheinigung, Unbedenklichkeitsbescheinigung, Nämlichkeitsbescheinigung
~ **de dépôt** *m* Einlageschein
~ **de garantie** *m* Garantieschein
~ **de jaugeage** *m* Meßbrief, Schiffsmeßbrief
~ **de nationalité** *m* Nachweis über die Staatsangehörigkeit
~ **de résidence** *m* Aufenthaltsbescheinigung
~ **de travail** *m* Arbeitsbescheinigung, Arbeitszeugnis
~ **d'origine** *m* Ursprungszeugnis
~ **international d'importation** *m* internationales Importzeugnis
certifié, e beglaubigt, bescheinigt, bestätigt
△ **chèque ~** *m* beglaubigter Scheck; **copie ~e conforme** *f* beglaubigte Abschrift
certifier *qc etw* bescheinigen, beglaubigen
cerveau électronique *m* Elektronengehirn
CES (Collège d'Enseignement Secondaire) *m* Gesamtschule mit mittlerem Bildungsabschluß, Realschule
CES (Conseil économique et social) *m* Wirtschafts- und Sozialrat
CES (Contrat Emploi Solidarité) *m* Arbeitsbeschaffungsmaßnahme
cessation *f* Einstellung, Aufgabe, Niederlegung
~ **d'activité** *f* Geschäftsaufgabe
~ **de commerce** *f* Geschäftsaufgabe
~ **de paiements** *f* Zahlungseinstellung
~ **de travail** *f* Arbeitsniederlegung
cesser *qc* mit *etw* aufhören, *etw* beenden, aus *etw* (aus)scheiden, *etw* niederlegen
~ **le travail** die Arbeit niederlegen, streiken
~ **ses fonctions** aus dem Amt ausscheiden
cessibilité *f* Übertragbarkeit
cessible veräußerbar, übertragbar, abtretbar, abzutretend
△ **librement ~** frei übertragbar; **part ~** *f* abtretbarer Anteil
cession *f* Abtretung, Zession, Überlassung, Übertragung, Verkauf, Veräußerung
△ **clause de ~** *f* Abtretungsklausel; **crédit de ~** *m* Zessionskredit; **plan de ~ de l'entreprise** *m* gerichtlich angeordnete Veräußerung des Unternehmens im Rahmen eines Konkursverfahrens; **plus-value de ~** *f* Veräußerungsgewinn; **prix de ~** *m* Verkaufspreis, Abgabepreis; **produit de ~** *m* Ertrag aus dem Verkauf von Aktiva; **valeur de ~** *f* Veräußerungswert
~ **de créance** *f* Forderungsabtretung
~ **de l'entreprise** *f* Veräußerung des Unternehmens
~ **de parts de société** *f* Veräußerung von Unternehmensanteilen
~ **volontaire** *f* freiwillige Lohn- und Gehaltsabtretung
cessionnaire *m* Zessionar, Übernehmer, Neugläubiger
CFA (Communauté Financière Africaine) *m* Afrikanische Finanzgemeinschaft
△ **franc CFA** *m* CFA-Franc
CFDT (Confédération française démocratique du travail) *f* französische Gewerkschaft
CFTC (Confédération française des travailleurs chrétiens) *f* französische christliche Gewerkschaft
CGC (Confédération générale des Cadres) *f* französische Gewerkschaft für leitende Angestellte

CGE (Compagnie générale d'électricité) *f* französischer Elektrokonzern
CGT (Confédération générale du travail) *f* der KPF nahestehende Gewerkschaft
CGV (conditions générales de vente) *f pl* allgemeine Verkaufsbedingungen
chaîne *f* 1. Band, Fließband 2. Kette, Handelskette, Marktkette, Franchise-Kette 3. (Fernseh)Sender, Programm
△ **fabrication à la ~** *f* Fließfertigung, Fließbandfertigung; **fabrication à la ~ à l'aide d'une chaîne de montage** *f* Fließbandfertigung; **travail à la ~** *m* Fließbandarbeit
~ **commerciale** *f* Handelskette, Vertriebskette
~ **culturelle (de télévision)** *f* (Fernseh)Kulturkanal
~ **de détaillants** *f* Einzelhandelskette
~ **de distribution** *f* Handelskette, Vertriebskette
~ **de fabrication** *f* Fertigungsstraße, Fertigungsband, Fließband, Montageband
~ **de magasins** *f* Handelskette, Ladenkette
~ **de montage** *f* Montageband, Fertigungsstraße, Fertigungsband, Fließband
~ **de production** *f* Fließband, Fertigungsstraße, Fertigungsband, Montageband
~ **de restaurants** *f* Restaurantkette
~ **de service public** *f* öffentlich-rechtlicher Sender, öffentlich rechtliche Fernsehanstalt/Rundfunkanstalt
~ **de supermarchés** *f* Supermarktkette
~ **hôtelière** *f* Hotelkette
~ **succursaliste** *f* Filialistenkette
~ **volontaire** *f* freiwillige Handelskette
chaland *m* 1. Kunde 2. Binnenschiff, Flußschiff, Lastkahn
chalandise (zone de ~) *f* Einzugsbereich, Einzugsgebiet
challenge *m* Herausforderung
challengeur *m* Herausforderer
chalutier *m* Trawler, Schleppnetzschiff
chambre *f* Kammer, Zimmer, Raum
~ **civile** *f* Zivilkammer
~ **criminelle** *f* Strafkammer
~ **de commerce** *f* Handelskammer
~ **de Commerce et d'Industrie (CCI)** *f* Industrie- und Handelskammer (IHK)
~ **(de commerce) internationale** *f* Internationale Handelskammer
~ **de compensation** *f* Verrechnungsstelle, Abrechnungsstelle
~ **des appels** *f* Berufungskammer
~ **de Métiers** *f* Handwerkskammer
~ **d'hôte** *f* Fremdenzimmer
~ **forte** *f* Tresorraum
~ **syndicale** *f* Berufskammer
~ **syndicale des agents de change** *f* Maklerkammer
champ *m* Feld, Gebiet
~ **d'activité** *m* Arbeitsgebiet, Tätigkeitsfeld
~ **d'application** *m* Anwendungsbereich
~ **pétrolier/pétrolifère** *m* Ölfeld, Erdölfeld
chance sur le marché *f* Marktchance
change *m* Geldwechsel, Devisenumtausch, Umtausch, Devisen-, Wechselkurs-
△ **agent de ~** *m* Börsenmakler (bis 1988); **arbitrage de ~** *m* Devisenarbitrage; **avoirs de ~** *m pl* Devisenbestände; **banque de ~** *f* Wechselbank; **bureau de ~** *m* Wechselstube, Wechselkasse; **contrôle des ~s/du ~** *m* Devisenkontrolle; **cours de/du ~** *m* Wechselkurs; **cote des ~s** *f* Devisenkursnotierung; **étalon de ~-or** *m* Gold-Exchange-Standard; **fluctuation de ~** *f* Währungsschwankung; **lettre de ~** *f* Wechsel; **lettre de ~-relevé (LCR)** *f* elektronische Form des Wechsels; **liberté des ~s** *f* freier Devisenverkehr, freie Austauschbarkeit der Währung; **marché des ~s** *m* Devisenmarkt; **marché du ~** *m* Devisenmarkt, Devisenbörse; **mécanismes des ~s** *m pl* Wechselkurssystem, Wechselkursmechanismus; **office des ~s** *m* Devisenbewirtschaftungsstelle; **opération de ~** *f* Devisengeschäft, Wechselgeschäft; **parité des ~s** *f* Währungsparität, Wechselkurs; **régime de ~ double** *m* gespaltener Devisenmarkt; **réglementation sur les ~s** *f* Devisenbestimmungen; **réserves de ~** *f pl* Devisenreserven; **restrictions de ~** *f pl* Devisenrestriktionen; **risque de ~** *m* Wechselkursrisiko, Währungsrisiko; **stabilisation des**

~s *f* Wechselkursstabilisierung, Währungsstabilisierung, Stabilisierung der Wechselkurse/Währungsparitäten; **taux de ~** *m* Wechselkurs, Devisenkurs, Umrechnungskurs; **taux de ~ équilibré** *m* ausgeglichener Wechselkurs; **taux de ~ fixe** *m* fester Wechselkurs; **taux de ~ flottant** *m* freier/frei schwankender Wechselkurs; **taux de ~ variable** *m* flexibler Wechselkurs; **variation de ~** *f* Wechselkursänderung, Wechselkursschwankung
△△ **libérer les ~s** die Wechselkurse freigeben
~ au comptant *m* Sortenverkauf
~s flottants *m pl* flexible Wechselkurse, Floaten, Floating
△ **régime/système de ~** *m* System der freien Wechselkurse
~ manuel *m* Sortenhandel
~ scriptural *m* Devisenhandel außer Sortenhandel
changement *m* Wechsel, (Ver)Änderung
~ d'équipe *m* Schichtwechsel
~ de nom *m* Namenswechsel
~ de parité *m* Wechselkursänderung
~ de profession *m* Berufswechsel
~ de statuts *m* Satzungsänderung
~ de(s) prix *m* Preisbewegung, Preisveränderung
changer une monnaie en une autre eine Währung in eine andere umtauschen/wechseln
chantier *m* Baustelle, Bauarbeiten
△ **grand ~ (du bâtiment)** *m* Großbaustelle; **grand ~ de travaux publics** *m* Großbaustelle
~ naval *m* Werft
chapeauter *qc* für *etw* als Dachverband fungieren
chapitre du bilan *m* Bilanzposten
charbon *m* Kohle
△ **extraction du ~** *f* Kohlenförderung; **liquéfaction du ~** *f* Kohlenverflüssigung; **mine de ~** *f* Kohlengrube, Kohlenzeche, Zeche; **réserve en ~** *f* Kohlenvorrat; **tonne équivalent ~ (TEC)** *f* Steinkohleeinheit (SKE); **valorisation du ~** *f* Kohlenveredelung
~ à usage domestique *m* Hausbrandkohle
~ à usage industriel *m* Industriekohle
~ aggloméré *m* Preßkohle
~ gras *m* Fettkohle
~ maigre *m* Magerkohle
charbonnages *m pl* Kohlenbergwerk, Zeche, Kohlengrube
Charbonnages de France *m pl* staatliche Kohlenbergwerksgesellschaft
charbonnier *m* Kohlendampfer
charbonnier, ière Kohle(n)-
△ **bassin ~** *m* Kohlengebiet, Kohlenrevier; **consommation ~ière** *f* Kohlenverbrauch; **économie ~ière** *f* Kohlenwirtschaft; **extraction ~ière** *f* Kohlenförderung; **importations ~ières** *f pl* Kohleimporte; **industrie ~ière** *f* Kohlenindustrie; **produits ~s** *m pl* Kohlenbergbauerzeugnisse; **région ~ière** *f* Kohlengebiet
charge *souvent au pluriel f* 1. Ausgabe, Aufwendung, Kosten, Aufwand, Last(en) *pluriel:* Nebenkosten, Wohngeld 2. *cargaison* Ladung 3. *jur* Vorwurf, Beweislast 4. Amt
△ **cahier des ~s** *m* Lastenheft; **compte de ~s** *m* Aufwandskonto; **décompte des ~s** *m* Abrechnung der Nebenkosten; **produits et ~s exceptionnels** *m pl* außerordentliche Aufwendungen und Erträge; **prise en ~ de** *qc f* Übernahme von *etw*; **prise en ~ des frais** *f* Kostenübernahme; **provisions pour ~s** *f pl* Aufwandsrückstellung, Rückstellungen für ungewisse Verbindlichkeiten; **rupture de ~** *f* Umladen, Umladung; **unité de ~** *f* Ladeeinheit
△△ **avoir** ***qn*** **à sa ~** für *jdn* unterhaltspflichtig sein; **être à la ~ de l'acheteur/du vendeur** zu Lasten des Käufers/Verkäufers gehen; **occuper une ~** ein Amt innehaben/bekleiden; **prendre** ***qc*** **à sa/en ~** *etw* übernehmen
~s à déduire *f pl* absetzbare Belastungen
~s administratives *f pl* Verwaltungsaufwand
~s communales *f pl* kommunale Belastungen
~s compressibles *f pl* reduzierbare Kosten
~ d'agent de change *f* Börsenmaklerbüro
~ d'amortissement *f* Tilgungsbelastung
~s d'entretien *f pl* Unterhaltungskosten

~s d'exploitation *f pl* Betriebsaufwendungen
~ d'intérêts *f* Zinslast
~s de gestion *f pl* Verwaltungsaufwand
~s de gestion courante *f pl* allgemeiner Verwaltungsaufwand
~ de la dette *f* Schuldenlast
~s de personnel *f pl* Personalaufwand
~s de remboursement *f pl* Tilgungskosten
~s déductibles *f pl* abzugsfähige Ausgaben/Kosten
~s exceptionnelles *f pl* außerordentliche Aufwendungen
~ financière *f* finanzielle Belastung, Finanzaufwendung, Zinsbelastung
~ fiscale *f* Steuerlast, Steuerbelastung, steuerliche Belastung
~s fixes *f pl* Fixkosten
~s hors gestion *f pl* betriebsfremde (neutrale) Aufwendungen
~s incompressibles *f pl* nicht reduzierbare Kosten
~s incorporables *f pl* kalkulatorische Kostenarten
~s indirectes *f pl* Gemeinkosten
~s indirectes par nature *f pl* Kostenarten
~s locatives *f pl* Mietnebenkosten
~s par nature *f pl* Aufwandsarten
△ **calcul des ~** *m* Kostenartenrechnung
~s portuaires *f pl* Hafenkosten, Hafengebühren
~s salariales *f pl* Lohnkosten (einschließlich Lohnnebenkosten)
~s sociales *f pl* Soziallasten, Sozialbeiträge
~s sociales et fiscales *f pl* (Sozial)Abgaben und Steuern
△ **poids des ~** *m* Abgaben- und Steuerlast
~s variables *f pl* variable Kosten
chargé, e (de mission) *m/f* Beauftragte(r), Verantwortliche(r)
chargé, e des relations publiques *m/f* Public-Relations-Beauftragte(r)
chargé, e de *qc* mit *etw* beauftragt
△ **~ du règlement de *qc*** für *etw* aufkommen
chargement *m* Verladung
~ en vrac *m* Bulkladung
charger *qc* *etw* laden, beladen, vollpacken
~ *qn* de *qc* *jdn* mit *etw* beauftragen
~ de *qc* (se) sich mit *etw* befassen, mit *etw* befaßt sein
chargeur *m* Verlader, Verschiffer, Verladespediteur, Verladeverschiffer
chariot *m* Fuhrwerk, Karren, Rollwagen, Einkaufswagen
charte *f* Charta
~ -partie (*pluriel:* **chartes-parties**) *f* Chartepartie
charter *m* Charter
△ **compagnie ~** *f* Charterfluggesellschaft; **vol ~** *m* Charterflug
chasse à l'argent noir *f* Jagd nach Schwarzgeld
chasseur de têtes *m* Kopfjäger, Headhunter
chauffage *m* Heizung, Feuerung
△ **bois de ~** *m* Brennholz; **frais de ~** *m pl* Heizungskosten; **installation de ~** *f* Heizungsanlage
~ central *m* Zentralheizung
~ urbain *m* städtische Fernheizung, Stadtheizung
chef *m* Chef, Leiter, Vorsteher, Boß *fam*
~ comptable *m* Hauptbuchhalter
~ d'atelier *m* Werkmeister
~ d'agence *m* Geschäftstellenleiter
~ d'entreprise *m* Unternehmer, Firmenchef
~ d'équipe *m* Schichtführer
~ d'exploitation *m* selbständiger Landwirt
~ de département *m* Abteilungsleiter
~ de famille *m* Familienoberhaupt, Familienvorstand, Haushaltsvorstand
~ de file *m* führende Kraft, Konsortialführer
~ de groupe *m* Gruppenleiter
~ de ménage *m* Haushaltsvorstand
~ de produit *m* Produktleiter, Produktchef
~ de rayon *m* Abteilungsleiter
~ de secteur *m* Verkaufsgebietsleiter
~ de service *m* Abteilungsleiter
~ des ventes *m* Verkaufsdirektor, Verkaufsleiter
~-magasinier *m* Lagermeister, Lagerverwalter
cheminot *m* Eisenbahner
△ **régime des ~s** (sécurité sociale) *m* Eisenbahnersozialversicherung

chemin de fer *m* Eisenbahn
△ **compagnie de ~** *f* Eisenbahngesellschaft; **ligne de ~** *f* Eisenbahnlinie; **par ~** mit der Bahn, auf dem Schienenweg; **réseau des chemins de fer** *m* Eisenbahnnetz; **transport par chemins de fer** *m* Bahntransport
chemise (cartonnée) *f* Mappe, Aktendeckel
chenal *m* Fahrrinne
cheptel *m* Vieh, Viehbestand
~ bovin *m* Rinderbestand
~ ovin *m* Schafbestand
chèque *m* Scheck
△ **bordereau de remise de ~s** *m* Scheckeinlieferungsformular; **carnet de ~s** *m* Scheckheft; **carte ~s** *f* Scheckkarte; **carte de garantie de ~** *f* Scheckgarantiekarte; **compte (de) ~s (ou compte-~s) (CC)** *m* Scheckkonto; **compte ~s postaux (CCP)** *m* Postscheckkonto; **créateur d'un ~** *m* Scheckaussteller; **édition de ~s** *f* Scheckausstellung; **émetteur d'un ~** *m* Scheckaussteller; **émission d'un ~** *f* Ausstellung eines Schecks; **encaissement d'un ~** *m* Einlösen eines Schecks; **endossataire d'un ~** *m* Scheckindossatar; **escroquerie sur les ~s** *f* Scheckbetrug; **formule de ~** *f* Scheckformular; **fraude sur les ~s** *f* Scheckbetrug; **opposition au paiement du ~** *f* Schecksperre, Schecksperrung; **porteur de ~** *m* Scheckinhaber, Scheckeinreicher, Überbringer; **provision d'un ~** *f* Scheckdeckung; **règlement par ~** *m* Zahlung mit Scheck; **remise de ~s** *f* Scheckeinlieferung, Scheckvorlage zur Einlösung; **talon de ~** *m* Scheckabschnitt, Talon; **traitement des ~s** *m* Scheckbearbeitung
△△ **créer/émettre/établir un ~** einen Scheck ausstellen; **domicilier un ~** einen Scheck domizilieren; **encaisser un ~** einen Scheck einlösen; **faire opposition au paiement d'un ~/sur un ~** einen Scheck sperren lassen; **faire un ~** einen Scheck ausstellen; **honorer un ~** einen Scheck bezahlen/honorieren; **libeller un ~ (en francs)** einen Scheck (in Franc) ausstellen; **payer/régler par ~** mit/per Scheck bezahlen; **tirer un ~** einen Scheck ausstellen; **toucher un ~** einen Scheck einlösen
~ à encaisser *m* einzulösender Scheck
~ à ordre *m* Orderscheck, Namensscheck
~ à porter en compte *m* Verrechnungsscheck
~ approvisionné *m* gedeckter Scheck
~ au porteur *m* Inhaberscheck
~ avec provision insuffisante *m* unzureichend gedeckter Scheck
~ bancaire *m* Scheck (einer Bank), Bankscheck
~ barré *m* gekreuzter Scheck, Verrechnungsscheck
~ certifié *m* beglaubigter Scheck
~ de banque *m* Scheck (einer Bank), Bankscheck
~ de caisse *m* Kassenscheck
~ de retrait *m* Auszahlungsschein
~ de virement *m* Verrechnungsscheck
~ de voyage *m* Reisescheck
~ en blanc *m* Blankoscheck
~ en bois *m* ungedeckter Scheck, fauler Scheck
~ falsifié *m* gefälschter Scheck
~ impayé *m* nicht bezahlter Scheck
~ non barré *m* Barscheck
~ non honoré *m* nicht bezahlter Scheck
~ non provisionné/sans provision *m* ungedeckter Scheck
~ omnibus *m* Auszahlungsschein
~ ordinaire *m* Barscheck, Überbringerscheck
~ périmé *m* verfallener Scheck
~ postal *m* Postscheck
△ **centre de chèques postaux** *m* Postscheckzentrum; **service des ~** *m* Postscheckamt
~ provisionné *m* gedeckter Scheck
~ tiré *m* gezogener Scheck
~-restaurant *m* Essensmarke
chéquier *m* Scheckheft, Scheckbuch
△ **interdiction de ~** *f* Scheckausstellungsverbot
△△ **être interdit, e de ~** vom Scheckverkehr ausgeschlossen werden
cher, chère teuer, kostspielig
△△ **coûter ~** teuer sein
chercher *qc* *etw* suchen
~ de l'emploi Arbeit suchen
~ de l'intérim Zeitarbeit suchen
~ des débouchés Absatzmärkte suchen

~ **du travail** Arbeit suchen
~ **du travail temporaire** einen Zeitarbeitsplatz suchen
~ **un emploi** einen Arbeitsplatz suchen
~ **une place** eine Arbeitsstelle suchen
~ **une situation** eine Arbeitsstelle suchen
chercheur d'or *m* Goldsucher, Goldgräber
△ **ambiance de chercheurs d'or** *f* Goldgräberstimmung
cherté de la vie *f* hohe Lebenshaltungskosten
chiffrable quantifizierbar
chiffre *m* 1. Zahl 2. Chiffre
△ **système de ~s** *m* Zahlentabelle
~ **de croissance** *m* Wachstumsrate
~ **de ventes** *m* Verkaufsziffer
~ **définitif** *m* endgültige Zahl/Ziffer
~**s déflatés** *m pl* (inflations)bereinigte Zahlen
~**s prévisionnels** *m pl* Sollzahlen
chiffre d'affaires (CA) *m* Umsatz, Absatz, Verkaufszahlen
△ **à faible ~** umsatzschwach; **accroissement du ~** *m* Umsatzsteigerung; **activité qui génère un CA** *f* umsatzerzeugende Aktivität; **augmentation du ~** *f* Umsatzsteigerung; **chute du ~** *f* Umsatzrückgang, Sinken des Umsatzes; **évolution du ~** *f* Umsatzentwicklung; **fluctuations du ~** *f pl* Umsatzschwankungen; **imposition du ~** *f* Umsatzbesteuerung; **impôt sur le ~** *m* Umsatzsteuer; **prévision du ~** *f* Absatzprognose; **produit à faible ~** *m* umsatzschwaches Produkt; **progression du ~** *f* Umsatzsteigerung; **ratio de ~** *m* Umsatzkennzahl; **recul du ~** *m* Umsatzrückgang; **taxe sur le ~** *f* Umsatzsteuer; **volume du ~** *m* Umsatzvolumen
△△ **dégager un ~** einen Umsatz abwerfen; **le ~ diminue/chute de ...** der Umsatz geht um...zurück/fällt um ...; **faire du chiffre** *fam* einen guten Umsatz machen; **réaliser un ~ de x francs** einen Umsatz von x Franc erzielen
~ **à l'exportation** *m* Exportumsatz
~ **annuel** *m* Jahresumsatz
~ **avec l'étranger** *m* Auslandsumsatz
~ **consolidé** *m* konsolidierter Umsatz
~ **du commerce spécialisé** *m* Fachhandelsumsatz
~ **global** *m* Pauschalumsatz
~ **par mètre carré de surface de vente** *m* Umsatz pro Quadratmeter Verkaufsfläche
~ **plafond** *m* höchstmöglicher Umsatz
~ **réalisé au cours du dernier exercice** *m* Vorjahresumsatz
~ **trimestriel** *m* Vierteljahresumsatz, Quartalsumsatz
chiffrer 1. beziffern 2. chiffrieren, verschlüsseln
△ **données chiffrées** *f pl* Angaben in Zahlen; **prévision chiffrée** *f* bezifferte Vorhersage
~ **des données informatiques** Daten chiffrieren/verschlüsseln
~ **à ... (se)** sich beziffern, sich belaufen auf .
chimique chemisch
△ **industrie ~** *f* chemische Industrie; **engrais ~** *m* chemischer Dünger, chemische Düngemittel; **produit ~** *m* chemisches Erzeugnis/Produkt, chemischer Stoff, Chemikalie
chirographaire chirographisch
chlore *m* Chlor
chlorfluorocarbones *m pl* Fluorkohlenwasserstoffe, FCKW
choc *m* Schock
△ **prix ~** *m* Tiefstpreis, Kampfpreis, Preisknüller; **résistant, e aux ~s** stoßfest
~ **pétrolier** *m* Erdölschock, Ölschock, Ölpreisschock
△ **premier ~** *m* erster Erdölschock, erste Ölkrise
choisir wählen, auswählen, aussuchen, eine Wahl treffen
△ **temps choisi** *m* flexible Arbeitszeit, Arbeitszeit à la carte, gleitende Arbeitszeit, Gleitzeit
choix *m* Wahl, Auswahl, Entscheidung
△ **deuxième ~** *m* zweite Wahl; **premier ~** *m* erste Wahl; **variété de ~** *f* Angebotsvielfalt, große Auswahl
~ **d'une profession** *m* Berufswahl
~ **de l'emplacement/de l'implantation** *m* Standortwahl
~ **décisif** *m* maßgebliche Entscheidung
~ **du site** *m* Standortwahl
~ **représentatif** *m* repräsentative Auswahl

chômage *m* Arbeitslosigkeit, Erwerbslosigkeit

△ **accroissement du ~** *m* Steigen der Arbeitslosigkeit; **allocation-~/de ~** *f* Arbeitslosengeld; **ancienneté du ~** *f* Dauer der Arbeitslosigkeit; **assurance(-)~** *f* Arbeitslosenversicherung; **au/en ~** arbeitslos; **augmentation du ~** *m* Steigen der Arbeitslosigkeit; **baisse du ~** *f* Rückgang der Arbeitslosigkeit; **bénéficiaire de l'assurance ~** *m* Empfänger von Arbeitslosenunterstützung; **compression du ~** *f* Verringerung der Arbeitslosigkeit; **courbe du ~** *f* Arbeitslosenkurve; **durée du ~** *f* Dauer der Arbeitslosigkeit; **indemnisation du ~** *f* Arbeitslosenunterstützung; **indemnité de ~** *f* Arbeitslosenunterstützung; **lutte contre le ~** *f* Bekämpfung der Arbeitslosigkeit; **montée du ~** *f* Anstieg der Arbeitslosigkeit; **personne au ~** *f* Arbeitsloser, Arbeitslose; **recrudescence alarmante du ~** *f* alarmierender Anstieg der Arbeitslosigkeit; **recul/régression/repli du ~** *m/f/m* Rückgang der Arbeitslosigkeit; **statistiques du ~** *f pl* Arbeitslosenstatistik; **taux de ~** *m* Arbeitslosenquote, Arbeitslosenrate, Erwerbslosenquote, Erwerbslosenrate; **traitement social du ~** *m* soziale Maßnahmen zur Bekämpfung der Arbeitslosigkeit; **victime du ~** *f* Opfer der Arbeitslosigkeit

△△ **enrayer le ~** die Arbeitslosigkeit bremsen; **être au/en ~** arbeitslos sein; **être frappé par le ~** von der Arbeitslosigkeit betroffen sein; **être victime du ~** Opfer der Arbeitslosigkeit sein; **la durée du ~ s'allonge** die Dauer der Arbeitslosigkeit nimmt zu; **le ~ a augmenté (de x pour cent)** die Arbeitslosigkeit ist (um x Prozent) gestiegen; **le ~ a dépassé la barre des 10 pour cent** die Arbeitslosigkeit hat die 10-Prozent-Hürde überschritten; **le ~ a diminué (de x pour cent)** die Arbeitslosigkeit ist (um x Prozent) gesunken; **le ~ a reculé/régressé (de x pour cent)** die Arbeitslosigkeit ist (um x Prozent) zurückgegangen; **le ~ est évalué à x pour cent** die Arbeitslosigkeit wird auf x Prozent geschätzt; **le ~ est incompressible** die Arbeitslosigkeit kann nicht gesenkt/abgebaut werden; **le ~ s'est aggravé** die Arbeitslosigkeit hat sich verschärft; **le ~ s'est stabilisé (à)** die Arbeitslosigkeit hat sich stabilisiert (bei); **le ~ se développe** steigt an; **le ~ se maintient autour de x pour cent** die Arbeitslosigkeit hält sich bei x Prozent; **le taux de ~ a reculé** die Arbeitslosenquote ist zurückgegangen; **lutter contre le ~** die Arbeitslosigkeit bekämpfen; **mettre au ~ partiel** Kurzarbeit verordnen; **pointer au ~** *fam* stempeln gehen *fam*; **prendre des mesures de ~ partiel** Kurzarbeit verordnen; **résorber le ~** die Arbeitslosigkeit abbauen/zurückführen

~ **apparent** *m* sichtbare Arbeitslosigkeit

~ **conjoncturel** *m* konjunkturelle/konjunkturbedingte/konjunkturell bedingte Arbeitslosigkeit

~ **cyclique** *m* zyklische Arbeitslosigkeit

~ **de longue durée** *m* Langzeitarbeitslosigkeit, Dauerarbeitslosigkeit

~ **déguisé** *m* versteckte/verschleierte Arbeitslosigkeit

~ **des jeunes** *m* Jugendarbeitslosigkeit

~ **élevé** *m* hohe Arbeitslosigkeit

~ **frictionnel** *m* fluktuationsbedingte Arbeitslosigkeit

~ **larvé** *m* verschleierte Arbeitslosigkeit

~ **massif** *m* Massenarbeitslosigkeit

~ **partiel** *m* Kurzarbeit

△△ **mettre au ~** Kurzarbeit verordnen

~ **réel** *m* tatsächliche Arbeitslosigkeit

~ **résiduel** *m* Restarbeitslosigkeit

~ **saisonnier** *m* saisonbedingte Arbeitslosigkeit

~ **sectoriel** *m* Arbeitslosigkeit in einer Branche

~ **structurel** *m* strukturbedingte/strukturell bedingte/strukturelle Arbeitslosigkeit

~ **technique** *m* betrieblich bedingte Arbeitslosigkeit, durch Betriebsstörung verursachte Arbeitslosigkeit, Kurzarbeit

~ **technologique** *m* durch technologischen Fortschritt verursachte Arbeitslosigkeit

chômé, e (arbeits)frei

△ **jour ~** *m* arbeitsfreier Tag; **jour ~ légal** *m* gesetzlicher Feiertag

chômer nicht arbeiten, frei haben
chômeur *m* Arbeitsloser, Erwerbsloser, Arbeitssuchender, Beschäftigungsloser
△ **nombre de ~s** *m* Arbeitslosenzahl, Arbeitslosenziffer, Zahl der Erwerbslosen
△△ **avoir le statut de ~** den Status eines Arbeitslosen haben; **être ~** arbeitslos sein; **indemniser les ~s** Arbeitslosengeld zahlen; **le nombre de ~s a atteint un niveau élevé** die Zahl der Arbeitslosen hat einen hohen Stand erreicht; **le nombre de ~s a augmenté** die Zahl der Arbeitslosen ist gestiegen; **le nombre de ~s a baissé** die Zahl der Arbeitslosen ist gesunken; **le nombre de ~s a franchi la barre des x pour cent** die Zahl der Arbeitslosen hat die x-Prozent-Hürde/-Grenze überschritten; **le nombre de ~s s'est alourdi** die Arbeitslosenzahl hat sich vergrößert; **le nombre de ~s s'est stabilisé à x pour cent** Zahl der Arbeitslosen hat sich bei x Prozent eingependelt; **prendre des mesures en faveur des ~s** Maßnahmen zu Gunsten der Arbeitslosen treffen/ergreifen; **se déclarer comme ~** sich arbeitslos melden
~ **de courte durée** *m* Kurzzeitarbeitsloser
~ **de longue durée** *m* Langzeitarbeitsloser
~ **en fin de droits** *m* Sozialhilfeempfänger (ehemaliger Arbeitslosenhilfeempfänger)
~ **partiel** *m* Kurzarbeiter
chronique chronisch
△ **déficit ~** *m* chronisches Defizit
Chronopost *f* Form der (Eil)Briefzustellung
chute *f* starker Rückgang, Verfall, Einbruch, Einschlag, Abfallen, Sturz
△△ **l'indice connaît une chute de ...** der Index fällt um/geht um ... zurück
~ **d'avion** *f* Flugzeugabsturz
~ **de la foudre** *f* Blitzeinschlag
~ **de la natalité** *f* Geburtenrückgang
~ **de la production industrielle** *f* Einbruch der Industrieproduktion
~ **des cours** *f* Kurseinbruch, Kurssturz
~ **des prix** *f* Preisrückgang, Preisverfall
~ **du chiffre d'affaires** *f* Umsatzrückgang, Sinken des Umsatzes
chuter (de ...) zurückgehen, fallen (um ...)
△△ **l'indice chute** der Index fällt; **le chiffre d'affaires chute de ...** der Umsatz geht um ... zurück; **les prix chutent** die Preise fallen
cible (visée) *f* Zielgruppe
cible publicitaire *f* Zielgruppe der Werbung, Umworbene
cibler *qc* sur *qn* sich mit *etw* an eine Zielgruppe wenden, *etw* auf *jdn* ausrichten
ci-joint anbei, beiliegend
ciment *m* Zement
cimenterie *f* Zementwerk, Zementfabrik
cinétique kinetisch, Bewegungs-
△ **énergie ~** *f* kinetische Energie, Bewegungsenergie
circonscription *f* Wahlkreis, Bezirk
~ **administrative** *f* Verwaltungsbezirk
~ **électorale** *f* Wahlbezirk, Wahlkreis
circonstances aggravantes *fpl* erschwerende/strafverschärfende Umstände
△ **majoration de la prime pour ~** *f* Risikozuschlag, Prämienerhöhung auf Grund erhöhter Gefahren/erschwerender Umstände
circonstances atténuantes *fpl* mildernde Umstände
circuit *m* Kreislauf, Schaltkreis
~ **commercial** *m* Absatzweg
~ **d'une monnaie** *m* Kreislauf einer Währung
~ **de concertation** *m* Abspracheverbund
~ **de distribution** *m* Vertriebswege, Vertriebsnetz
~ **de financement** *m* Finanzierungskreislauf
~ **direct** *m* direkter Vertriebsweg
~ **économique** *m* Wirtschaftskreislauf
~ **fermé** *m* geschlossener Kreislauf
~ **imprimé** *m* gedruckter Schaltkreis
~ **intégré** *m* integrierter Schaltkreis, Halbleiter
△ **usine de circuits intégrés** *f* Halbleiterwerk
~ **long** *m* langer Vertriebsweg
~ **multisectoriel** *m* multisektorieller Wirtschaftskreislauf
~ **ouvert** *m* offener Kreislauf
circulaire *f* Rundschreiben
△ **lettre ~** *f* Rundschreiben, Serienbrief

circulant, e in Umlauf befindlich, Umlauf-
△ **actif ~** *m* Umlaufvermögen; **capitaux ~s** *m pl* Umlaufvermögen

circulation *f* Umlauf, Verkehr, Umschlag
△ **accident de la ~** *m* Verkehrsunfall; **action en ~** *f* begebene Aktie; **libre ~ des travailleurs** *f* Freizügigkeit der Arbeitskräfte; **paiement sans ~ monétaire** *m* bargeldloser Zahlungsverkehr; **titres en ~** *m pl* umlaufende Wertpapiere
△△ **assurer la libre ~ des marchandises** den freien Verkehr von Gütern gewährleisten; **mettre en ~** in Umlauf setzen; **retirer de la ~** aus dem Verkehr ziehen, aus dem Umlauf nehmen

~ des biens *f* Güterkreislauf, Güterverkehr

~ des capitaux *f* Kapitalverkehr

~ des informations *f* Informationsaustausch, Informationsumlauf

~ des marchandises *f* Warenverkehr

~ des moyens de paiement *f* Zahlungsmittelumlauf

~ des personnes *f* Personenverkehr

~ des produits *f* Warenverkehr

~ des stocks *f* Lagerumschlag

~ fiduciaire *f* Notenumlauf

~ monétaire *f* Geldumlauf

circuler in Umlauf sein, zirkulieren, verkehren

~ librement frei verkehren

citadin/citadine *m/f* Stadtbewohner(in)

cité *f* Siedlung, Arbeitersiedlung

cité, e en objet oben angegeben, im Betreff angegeben

citerne *f* Zisterne, Behälter, Tank
△ **bateau-~** *m* Tankschiff

citoyen/citoyenne *m/f* Staatsbürger(in), Staatsangehörige(r)
△ **comité de ~s** *m* Bürgerinitiative; **droits du ~** *m pl* Bürgerrechte

~ de plein droit *m* vollberechtigter Bürger

citoyenneté *f* Staatsbürgerschaft, Staatsangehörigkeit
△ **double ~** *f* doppelte Staatsbürgerschaft

civil *m* Zivilist

civil, e Zivil-, bürgerlich, bürgerrechtlich
△ **action ~e** *f* Klage auf Schadenersatz, Geltendmachen vermögensrechtlicher Ansprüche; **année ~e** *f* Kalenderjahr; **chambre ~e** *f* Zivilkammer; **Code de Procédure ~e** *m* Zivilprozeßordnung; **droit ~** *m* Zivilrecht; **état ~** *m* Personenstandsregister, Standesamt; **génie ~** *m* Bauwesen, Hoch- und Tiefbau; **juridiction ~e et commerciale** *f* Zivil- und Handelsgerichtsbarkeit; **mariage ~** *m* standesamtliche Trauung; **protection ~e** *f* Zivilschutz; **recherche ~e** *f* zivile Forschung; **responsabilité ~e** *f* Haftung, Haftpflicht, Privathaftpflicht; **service ~** *m* Zivildienst; **société ~e (SC)** *f* Gesellschaft des bürgerlichen Rechts, BGB-Gesellschaft, GdbR; **société ~e immobilière (SCI)** *f* Bauträgergesellschaft (in der Rechtsform einer GdbR); **société ~e professionnelle(SCP)** *f* Sozietät (in der Rechtsform einer GdbR)
civilement responsable de ... zivilrechtlich haftpflichtig/haftbar für ...

civilisation *f* 1. Zivilisation, Kultur 2. Landeskunde

~ des loisirs *f* Freizeitkultur

civique staatsbürgerlich, bürgerlich, Bürger-
△ **devoir ~** *m* Bürgerpflicht; **droits ~s** *m pl* bürgerliche Ehrenrechte

clandestin *m* illegaler Arbeiter, Schwarzarbeiter

clandestin, e heimlich, verborgen, Schwarz-
△ **atelier ~** *m* illegale Werkstätte/Produktionsstätte; **commerce ~** *m* illegaler Handel, Schwarzhandel; **emploi ~** *m* illegale Beschäftigung, Beschäftigung ohne Arbeitserlaubnis; **marché ~** *m* Schwarzmarkt, Schwarzhandel; **passager ~** *m* blinder Passagier; **main-d'oeuvre ~e** *f* Schwarzarbeiter; **publicité ~e** *f* rechtswidrige Werbung, Schleichwerbung; **travail ~** *m* Arbeit ohne Arbeitserlaubnis, illegale Arbeit, Schwarzarbeit

clandestinité *f* Illegalität

classe *f* Klasse, Jahrgang, Schicht, Schadensklasse
△ **billet de première ~** *m* Fahrkarte erster Klasse; **lutte des ~s** *f* Klassenkampf

~ **affaires** *f* Business-Klasse
~**s creuses** *f pl* geburtenschwache Jahrgänge
~ **d'âge** *f* Jahrgang
~ **de cotisation** *f* Beitragsklasse
~ **laborieuse** *f* arbeitende Klasse
~ **ouvrière** *f* Arbeiterklasse
~ **préparatoire (aux grandes écoles)** *f* Vorbereitungsklasse (für den Eintritt in eine Eliteschule)
~ **sociale** *f* soziale Schicht
~ **tourisme** *f* Touristen-Klasse

classé, e unter Denkmalschutz gestellt
△ **monument** ~ *m* unter Denkmalschutz gestelltes Bauwerk; **site** ~ *m* Naturdenkmal, unter Naturschutz stehendes Denkmal

classement *m* 1. Aktenablage 2. Einstufung, Einteilung, Rangliste
△ **critère de** ~ *m* Einteilungskriterium; **système de** ~ *m* Klassifizierungssystem, System der Ranglistenerstellung
~ **des dossiers** *m* Aktenablage
~ **méthodique** *m* methodische Zusammenstellung

classer ***qc*** *etw* einordnen, einstufen, einsortieren, ablegen
~ **une affaire** einen Fall zu den Akten legen, einen Vorgang abschließen

classeur *m* Ordner, Binder
~ **à anneaux** *m* Ringordner, Ringbinder

classification *f* Einteilung, Klassifikation

clause *f* Bestimmung, Klausel, Vertragsklausel, Versicherungsbestimmung
~ **attributive de juridiction** *f* Gerichts(stands)klausel
~ **contraire** *f* gegenteilige Bestimmung
~ **d'agrément** *f* Zustimmungsklausel
~ **d'agrément (avec ~)** *f* mit Zustimmungsklausel, vinkuliert
~ **d'arbitrage** *f* Schiedsklausel
~ **d'avarie commune** *f* Havariegrosseklausel
~ **d'exclusivité** *f* Alleinvertretungsklausel
~ **d'indexation** *f* Indexklausel, Gleitklausel
~ **de baisse** *f* Baisseklausel
~ **de cession** *f* Abtretungsklausel
~ **de la nation la plus favorisée** *f* Meistbegünstigungsklausel
~ **de mobilité** *f* Mobilitätsbestimmung
~ **de non-concurrence** *f* Konkurrenzverbot
~ **de préretraite** *f* Vorruhestandsklausel
~ **de substitution** *f* Substitutionsklausel
~ **discriminatoire** *f* diskriminierende Bestimmung
~ **ducroire** *f* Delkredereklausel
~ **générale** *f* allgemeine Vertragsbestimmung/Vertragsklausel
~ **particulière** *f* besondere Vertragsbestimmung/Vertragsklausel
~ **pénale** *f* Schadenersatzfestsetzungsklausel
~ **résolutoire** *f* Rücktrittsklausel
~ **restrictive** *f* einschränkende Klausel
~ **spéciale** *f* Sonderklausel

clausé, e mit Vorbehalt
△ **connaissement** ~ *m* Konnossement mit Vorbehalt

clavier *m* Tastatur

clé (*aussi:* **clef**) *f* Schlüssel
△ **question** ~ *f* Schlüsselfrage; **secteur** ~ *m* Schlüsselsektor
△△ **mettre la ~ sous la porte** schließen, aufgeben, das Handtuch werfen *fam*
~ **de répartition** *f* Verteilungsschlüssel
~ **(informatique)** *f* Dongle, Hardwarecopierschutz

clés en main schlüsselfertig
△ **construction** ~ *f* schlüsselfertiges Gebäude, schlüsselfertiger Bau, schlüsselfertige Wohnung; **usine** ~ *f* schlüsselfertig übergebenes Werk; **vente** ~ *f* schlüsselfertige Übergabe

clearing *m* Clearing
△ **accord de** ~ *m* Clearingsabkommen; **compte de** ~ *m* Verrechnungskonto

client, e *m/f* Kunde/Kundin, Mandant/Mandantin, Klient/Klientin, Patient/Patientin
△ **acquisition de nouveaux ~s** *f* Gewinnung neuer Kunden; **compte de ~s** *m* Kundenkonto; **compte de ~ bancaire** *m* Lorokonto, Vostrokonto; **couche de ~s** *f* Kundenschicht; **crédit-~** *m* Kundenkredit; **demande des ~s** *f* Kundennachfrage; **entretien avec le ~** *m* Kundengespräch; **fichier (de) ~s** *m* Kundenkartei; **gros ~** *m* Großabnehmer; **livraison du ~** *f* Kundenbeliefe-

rung; **prospection des ~s** *f* Akquisition, Kundenwerbung; **relations avec les ~s** *f pl* Kundenkontakt; **service ~s/du ~** *m* Kundenpflege, Kundendienst, Kundenberatung, Service; **suivi des ~s** *m* Kundendienst, Kundenbetreuung; **visite de(s) ~(s)** *f* Kundenbesuch

~ **de passage** *m* Laufkunde

~ **industriel** *m* gewerblicher Kunde

~ **occasionnel** *m* Gelegenheitskunde

~ **potentiel** *m* potentieller Kunde

clientèle *f* Kundschaft, Kunden, Kundenkreis

△ **crédit à la ~** *m* Kundenkredit; **demande de la ~** *f* Kundennachfrage; **dépôts de ~ bancaire** *m pl* Einlagen von Kreditinstituten; **fiche de ~** *f* Kundenkarteikarte; **fidélisation de la ~** *f* Stammkundengewinnung, Kundenbindung; **gestion de la ~** *f* Kundendatenverwaltung; **prospection de la ~** *f* Kundenwerbung; **service-~** *m* Kundenpflege, Kundendienst, Kundenberatung, Service; **structure de la ~** *f* Kundenstruktur; **suivi de la ~** *m* Kundendienst, Kundenbetreuung; **test en ~** *m* Kundschaftstest

△△ **attribuer des crédits à la ~** Kundenkredite gewähren

~ **d'habitués** *f* Kundenstamm

~ **fixe** *f* fester Kundenstamm, feste Kundschaft

~ **potentielle** *f* potentielle Kundschaft

~ **professionnelle** *f* gewerbliche Kundschaft

clignotants *m pl* „Blinker", Konjunkturindikatoren

climat *m* Klima, Stimmung

~ **boursier** *m* Stimmung an der Börse

~ **économique** *m* Wirtschaftsklima

~ **social** *m* Sozialklima

cliquer sur *qc* auf *etw* klicken

cloisonner *qc* *etw* unterteilen, abtrennen, abschotten

△ **obstacles cloisonnant le marché** *m pl* zu einer Marktabschottung führende Hemmnisse

clore abschließen, beenden, schließen

~ **ses travaux (conférence)** zu Ende gehen (Konferenz)

~ **un compte** ein Konto abschließen/auflösen

clôture *f* Abschluß, Schluß, Börsenschluß

△ **balance de ~** *f* Schlußbilanz; **bilan de ~** *m* Schlußbilanz, Jahresabschluß(bilanz); **cote de ~** *f* Schlußnotierung; **cours de ~** *m* Schlußkurs; **date de ~** *f* Stichtag; **en/à la ~** bei Börsenschluß; **jour de ~** *m* Schlußtag, Stichtag; **rapport de ~** *m* Schlußbericht

~ **annuelle** *f* Betriebsferien

~ **de bilan** *f* Bilanzabschluß

~ **d'un compte (bancaire)** *f* Kontoauflösung

~ **de l'exercice** *f* Abschluß des Geschäftsjahres

~ **de la Bourse** *f* Börsenschluß

~ **de la procédure pour insuffisance d'actif** *f* Einstellung des Konkursverfahrens mangels Masse

~ **définitive** *f* Schlußtag, Stichtag

~ **des comptes** *f* Jahresabschluß

clôturer *qc* **(compte, bilan, Bourse)** *etw* schließen, abschließen, auflösen (Konto, Bilanz, Börse)

△△ **en clôturant** bei Börsenschluß; **l'indice CAC-40 clôture en hausse** der Börsenindex geht bei Börsenschluß nach oben

~ **en hausse de x pour cent** mit einem Gewinn von x Prozent abschließen

~ **le bilan** die Bilanz abschließen

~ **sur un gain de x points** mit einer Kurssteigerung von x Punkten schließen

~ **un compte** ein Konto auflösen

clou *fig m* Höhepunkt, Clou

club d'investissement *m* Investmentclub

clubiste *m* Mitglied eines Investmentclubs

CNAT (Commission Nationale à l'Aménagement du Territoire) *f* Nationale Raumordnungskommission

CNC (Conseil National de la Consommation) *m* Verbraucherschutzbehörde

CNPF (Conseil National du Patronat Français) *m* französischer Arbeitgeberverband

CNIL (Commission Nationale Informatique et Libertés) *f* französische Datenschutzbehörde

CNRS (Centre National de la Recherche

Scientifique) *m* nationales Forschungszentrum, französische Forschungsgemeinschaft

coalition *f* Koalition, Bündnis

△ **droit de ~** *m* Koalitionsfreiheit; **liberté de ~** *f* Koalitionsfreiheit

~ **électorale** *f* Wahlbündnis

~ **gouvernementale** *f* Regierungsbündnis, Regierungskoalition

co-associé *m* Mitgesellschafter

COB (Commission des opérations de Bourse) *f* französische Börsenaufsicht(sbehörde), Börsenaufsichtskommission, Börsenkontrollkommission

△ **visa de la ~** *m* Genehmigung der französischen Börsenaufsicht für Emissionen; **visé, e par la ~** von der Börsenaufsichtsbehörde genehmigt

cocontractant/cocontractante *m/f* Vertragspartner(in)

codé, e kodiert, verschlüsselt

△ **données ~es** *f pl* kodifizierte Angaben

Code *m* Gesetzbuch, Ordnung, Gesetz, Richtlinien

~ **Civil** *m* Bürgerliches Gesetzbuch (BGB)

~ **de Commerce** *m* Handelsgesetzbuch (HGB)

~ **de la Route** *m* Straßenverkehrsordnung

~ **de Nationalité** *m* Staatsbürgerschaftsgesetz

~ **de Procédure Civile (CPC)** *m* Zivilprozeßordnung (ZPO)

~ **de Procédure Pénale (CPP)** *m* Strafprozeßordnung (SPO)

~ **des Impôts** *m* Abgabenordnung

~ **des Marchés Publics (CMP)** *m* Richtlinien für die Vergabe öffentlicher Aufträge

~ **du Travail** *m* Arbeitsgesetzbuch

~ **Pénal** *m* Strafgesetzbuch (StGB)

~ **Social** *m* Sozialgesetzbuch

code *m* 1. Kode, Leitzahl 2. theoretische Fahrprüfung

△△ **passer son ~** die theoretische Fahrprüfung ablegen

~ **banque** *m* Bankleitzahl

~**-barres** *m* Strichkode

~ **confidentiel** *m* Geheimkode

~ **guichet** *m* Zweigstellenleitzahl (Bank)

~ **personnel confidentiel** *m* persönliche vertrauliche Kennzahl, Geheimzahl, PIN-Nummer

~ **postal** *m* Postleitzahl

~ **secret** *m* Geheimkode

codécision *f* Mitentscheidung

△ **droit de ~** *m* Mitentscheidungsrecht; **pouvoir de ~** *m* Mitentscheidungsrecht

codétenteur *m* Mitinhaber

CODEVI (Compte pour le développement industriel) *m* Sparkonto mit begrenzter Einlage und steuerfreien Zinserträgen zugunsten der Industrie

codification des articles *f* Artikelkodifizierung

coefficient *m* Faktor, Koeffizient, Beiwert

△ **à fort ~ de main-d'oeuvre** arbeitsintensiv; **à fort ~ de capitaux** kapitalintensiv

~ **d'amortissement** *m* Abschreibungsprozentsatz, Abschreibungskoeffizient

~ **d'élasticité** *m* Elastizitätskoeffizient

~ **d'endettement** *m* Verschuldungskoeffizient

~ **d'équivalence** *m* Äquivalenzziffer

~ **d'occupation des sols (COS)** *m* Flächennutzungszahl, Flächennutzenkoeffizient, Geschoßflächenzahl

~ **de conversion** *m* Umrechnungskoeffizient

~ **de liquidité** *m* Liquiditätskennziffer

~ **de pondération** *m* Wägungsfaktor, Gewichtungsfaktor

~ **de réserves obligatoires** *m* Mindestreservesatz

co-entreprise *f* Gemeinschaftsunternehmen

COFACE (Compagnie française d'assurance pour le commerce extérieur) *f* französische Außenhandelsversicherung

cofacer *qc* *etw* bei der COFACE versichern/absichern

~ **une opération** ein Geschäft bei der COFACE versichern/absichern

COFACI (Chambre Officielle Franco-Allemande de Commerce et d'Industrie) *f* ODFIHK (Offizielle Deutsch-Französische Industrie- und Handelskammer)

coffre *m* 1. Kofferraum 2. Tresor
~ **-fort** *m* Safe, Tresor
△ **case de ~** *f* Tresorfach
cogérance *f* Mitgeschäftsführung
cogestion *f* Mitbestimmung
△ **modèle de ~** *m* Mitbestimmungsmodell
~ **paritaire** *f* paritätische Mitbestimmung
cohérent, e einheitlich, kohärent
cohéritier *m* Miterbe
cohésion sociale *f* sozialer Zusammenhalt
coke de houille *m* Steinkohlekoks
cokerie *f* Kokerei
△ **gaz de ~** *m* Kokereigas
colbertisme *m* Colbertismus
colis *m* Päckchen, Paket
colisage *m* Abpacken
△ **liste de ~** *f* Packliste
collaborateur/collaboratrice *m* Mitarbeiter/Mitarbeiterin
△ **~ qualifié** *m* qualifizierter Mitarbeiter
collaboration *f* Zusammenarbeit
collaborer zusammenarbeiten, mitarbeiten
collecte *f* Einzug, Einziehen, Erheben, Einsammeln, Sammlung
△ **jour de ~ (des ordures)** *m* (Müll) Abfuhrtag; **jour de ~ pour les déchets toxiques** *m* Schadstoffsammeltermin
△△ **assurer la ~ de** ***qc*** *etw* (ein)sammeln
~ **de l'épargne** *f* Einsammeln der Spargelder
~ **des cotisations sociales** *f* Einzug der Sozialversicherungsbeiträge
~ **des fonds** *f* Mittelbeschaffung
~ **des impôts** *f* Einzug/Einziehen/Erheben der Steuern
~ **des informations** *f* Informationssammlung, Einholen von Informationen
~ **des ordures** *f* Abfallbeseitigung, Müllabfuhr
collecter ***qc*** *etw* sammeln, einziehen, beschaffen, einnehmen
△ **cotisations collectées** *fpl* eingezogene Beiträge; **fonds collectés** *m pl* gesammelte Gelder; **TVA collectée** *f* eingenommene Mehrwertsteuer
~ **des capitaux** Kapital sammeln/beschaffen
~ **des impôts** Steuern einziehen
~ **les dépôts des épargnants** die Einlagen der Sparer sammeln
collecteur *m* Kollektor
collectif budgétaire *m* Nachtragsetat, Nachtragshaushalt
collectif, ive Gemeinschafts-, kollektiv, Sammel-, Tarif-
△ **accord ~** *m* Tarifvertrag; **apurement ~ du passif** *m* kollektive Schuldenbereinigung; **besoin ~** *m* kollektives Bedürfnis; **compétition ~ive** *f* kollektiver Wettbewerb; **compte ~** *m* Sammelkonto; **contrat d'assurance ~** *m* Gruppenversicherungsvertrag; **conventions ~ives** *f pl* Tarifverträge; **équipements ~s** *m pl* Gemeinschaftseinrichtungen; **habitat ~** *m* Wohnungen in Wohnblocks; **immeuble ~** *m* Wohnblock, Mietshaus, Mehrfamilienhaus; **licenciement ~** *m* Massenentlassung; **négociations ~ives** *f pl* Tarifverhandlungen; **placement ~** *m* Sammelanlage; **publicité ~ive** *f* Gemeinschaftswerbung; **restauration ~ive** *f* Kantinen, Kantinenbetriebe; **services ~s** *m pl* öffentliche Dienstleistungen; **société en nom ~ (SNC)** *f* Offene Handelsgesellschaft (OHG); **stand ~** *m* Gemeinschaftsstand; **transports ~s** ***m pl*** öffentliche Verkehrsmittel; **utilité ~ive** *f* Gemeinnutzen
collectionner ***qc*** *etw* (ein)sammeln
collectivité *f* Gemeinschaft, Gesamtheit, Gemeinwesen, Körperschaft
△ **restauration de ~s** *f* Kantinen, Kantinenbetriebe
~ **locale** *f* kommunale Körperschaft, Gebietskörperschaft
~ **publique** *f* öffentlich-rechtliche Körperschaft, öffentliche Körperschaft
~ **régionale** *f* Gebietskörperschaft
~ **territoriale** *f* Gebietskörperschaft
collège *m* 1. Ausschuß, Gremium 2. Realschule, erste Sekundarstufe
~ **électoral** *m* Wählerschaft
collégial, e kollegial
△ **organe ~ (de direction) de l'entreprise** *m* kollegiales Führungsorgan des Unternehmens

collègue de travail *m/f* Arbeitskollege/Arbeitskollegin
collision en série *f* Massenauffahrunfall
colloque *m* Kolloquium, Tagung
colmater ***qc*** *etw* stopfen, ausgleichen
~ **un déficit** ein Defizit ausgleichen/stopfen
colonial, e Kolonial-
△ **denrées ~es** *f pl* Kolonialwaren
colonie *f* Kolonie
~ **de vacances** *f* Ferienkolonie
colonne *f* Säule, Spalte
△ **sous les ~s** *Bezeichnung für:* Pariser Börse
~ **d'affichage** *f* Litfaßsäule
~ **des crédits** *f* Habenseite, Credetseite
~ **des débits** *f* Debetseite, Sollseite
~ **Morris** *f* Litfaßsäule
colosse *m* Koloß, Gigant
colportage *m* Hausierhandel, Hausieren
colporteur *m* Hausierer
colza *m* Raps
combativité syndicale *f* Streikbereitschaft (der Gewerkschaften)
combattre l'inflation die Inflation bekämpfen
combinaison *f* Zusammensetzung, Mischung, Verbindung, Kombination
combiné *m* (Telephon)hörer
combiner ***qc*** *etw* zusammenstellen, berechnen, kombinieren
△ **transport combiné** *m* kombinierter Transport
combler ***qc*** **avec ...** *etw* ausfüllen, ausgleichen, decken mit ...
~ **des lacunes** Lücken schließen, ergänzen
~ **un déficit** ein Defizit decken/ausgleichen
combustible *m* Brennstoff
~s fossiles *m pl* fossile Brennstoffe
~s nucléaires *m pl* nukleare Brennstoffe
combustion *f* Verbrennung
△ **moteur à** ~ *m* Ottomotor, Verbrennungsmotor
COMECON *franz:* **Conseil d'Aide Economique Mutuelle (CAEM)** *m* COMECON, Rat für Gegenseitige Wirtschaftshilfe (RGW)
△ **pays du** ~ *m pl* COMECON-Länder
comité *m* Komitee, Ausschuß, Gremium
△ ~ **des gouverneurs des banques centrales** *m* Zentralbankausschuß
~ **consultatif** *m* beratender Ausschuß
~ **d'entreprise** *m* Betriebsrat
△ **comité central d'entreprise** zentraler Betriebsrat (bei einem Konzern); **composition du** ~ *f* Zusammensetzung des Betriebsrats; **consultation du** ~ *f* Konsultierung des Betriebsrats; **élection aux comités d'entreprise** *f* Betriebsratswahl
~ **d'hygiène, de sécurité et des conditions de travail (CHSCT)** *m* Ausschuß für Arbeitshygiene, Arbeitssicherheit und Arbeitsunfallverhütung
~ **d'information** *m* Informationsausschuß
~ **de grève** *m* Streikausschuß
~ **de soutien** *m* Förderverein, Hilfskomitee
~ **monétaire** *m* Währungsausschuß
commande *f* Bestellung, Auftrag, Order
△ **à la** ~ bei der Bestellung; **acompte à la** ~ *m* Anzahlung bei Bestellung; **après (la) réception de la** ~ nach Auftragseingang; **avance sur** ~ *f* Anzahlung bei Bestellung; **bon de** ~ *m* Bestellschein; **boule de** ~ *f* Trackball; **bulletin de** ~ *m* Bestellschein; **carnet de ~s** *m* Auftragsbuch; **carnet de ~s bien garni/rempli** *m* gut gefülltes Auftragsbuch; **confirmation de** ~ *f* Auftragsbestätigung; **exécution des ~s** *f* Auftragsabwicklung; **lettre de** ~ *f* Auftragsschreiben; **passation de la** ~ *f* Auftragserteilung, Bestellung; **réception de la** ~ *f* Auftragseingang; **situation des ~s** *f* Auftragslage; **sur** ~ auf Bestellung
△△ **annuler une** ~ eine Bestellung rückgängig machen, *etw* abbestellen; **emporter la** ~ den Auftrag erhalten; **enregistrer une** ~ einen Auftrag/eine Bestellung annehmen/entgegennehmen; **exécuter une** ~ einen Auftrag ausführen; **passer ~ de** ***qc*** *etw* bestellen; **passer ~ ferme de** ***qc*** *etw* fest bestellen; **passer une** ~ eine Bestellung aufgeben; **prendre une** ~ einen Auftrag/eine Bestellung annehmen/entgegennehmen
~ **d'essai** *f* Probebestellung, Probeauftrag

~ **publique** *f* öffentlicher Auftrag
commandé, e par microprocesseur mikroprozessorgesteuert
commandement de payer *m* Zwangsaufforderung, Zahlungsbefehl
commander ***qc*** *etw* bestellen, ordern, einen Auftrag erteilen, steuern
commanditaire *m* Kommanditist, Teilhafter
commandite (en ~) Kommandit-
△ **société en ~ (simple) (SCS)** *f* Kommanditgesellschaft (KG); **société en ~ par actions** *f* Kommanditgesellschaft auf Aktien (KGaA)
commandité *m* Komplementär, Vollhafter
commanditer une entreprise Kapital in ein Unternehmen einbringen, ein Unternehmen finanzieren
commerçant/commerçante *m/f* Geschäftsmann/Geschäftsfrau, Kaufmann/Kauffrau, Händler(in)
△ **carte de ~** *f* Gewerbeausweis; **non-~** *m* Nicht-Kaufmann, Minderkaufmann; **petit ~** *m* Kaufmann, Kleingewerbetreibender, Kleinhändler, kleiner Einzelhändler; **qualité de ~** *f* (Voll)Kaufmannsstatus; **statut de ~** *m* Status eines Kaufmanns, Kaufmannsstatus
△△ **avoir le statut de ~** Kaufmann/Vollkaufmann sein
~ **de/en gros** *m* Großhändler, Grossist, Großkaufmann
~ **du coin de la rue** *m* Tante-Emma-Laden
~ **en demi-gros** *m* Zwischenhändler
~ **exerçant en nom personnel** *m* Einzelkaufmann
~ **inscrit au registre de commerce** *m* Vollkaufmann
~ **intermédiaire** *m* Zwischenhändler
~ **non inscrit au registre de commerce** *m* Minderkaufmann
commerçant, e Geschäfts-, Handels-
△ **quartier ~** *m* Geschäftsviertel; **rue ~e** *f* Geschäftsstraße
△△ **être très ~** ein tüchtiger Kaufmann sein
commerce *m* 1. Handel, Handelsgewerbe 2. Geschäft, Laden, Handelsunternehmen
△ **acte de ~** *m* Handelsakt, Handelsgeschäft; **activité de ~** *f* kaumännische Tätigkeit; **article de ~** *m* Handelsartikel; **Association pour l'emploi dans l'industrie et le ~ (ASSEDIC)** *f* Arbeitslosenversicherungskasse; **banque de ~** *f* Geschäftsbank, Handelsbank; **Bourse de/du ~** *f* Warenbörse, Handelsbörse; **cessation de ~** *f* Geschäftsaufgabe; **Chambre de ~** *f* Handelskammer; **Chambre de ~ et d'Industrie (CCI)** *f* Industrie- und Handelskammer (IHK); **Code de ~** *m* Handelsgesetzbuch; **commis de ~** *m* Kaufmannsgehilfe; **école de ~** *f* Handels(hoch)schule; **Ecole supérieure de ~** *f oft private* Wirtschaftshochschule; **effet de ~** *m* Handelswechsel, Handelspapier; **employé de ~** *m* kaufmännischer Angestellter; **entreprise de ~** *f* Handelsunternehmen; **établissement de ~** *m* Geschäft, Handelsunternehmen, Handelsbetrieb; **flotte de ~** *f* Handelsflotte; **fonds de ~** *m* Geschäft, Laden, Firmenwert, Geschäftswert (ein eigenes Rechtsgebilde); **lettre de ~** *f* Wechsel; **liberté de ~** *f* Gewerbefreiheit; **liquidation d'un ~** *f* Liquidation/Auflösung einer Firma/eines Geschäfts; **livres de ~** *m pl* Handelsbücher; **maison de ~** *f* Geschäft, Handelshaus; **marque de ~** *f* Handelsmarke; **Ministère du ~** Handelsministerium; **navigation de ~** *f* Handelsschiffahrt; **opération de ~** *f* Handelsgeschäft; **papier de ~** *m* Handelsdokument, Handelswechsel, Handelspapier; **petit ~** *m* kleiner Einzelhandel, kleines Einzelhandelsgeschäft; **place de ~** *f* Handelsplatz; **port de ~** *m* Handelshafen; **Registre du ~ et des sociétés (RCS)** *m* Handelsregister; **représentant de ~** *m* Handelsvertreter; **reprise d'un ~** *f* Geschäftsübernahme; **restriction au ~** *f* Handelsbeschränkung; **Tribunal de ~** *m* Handelsgericht; **voyageur de ~** *m* Handelsreisender; **voyageur de ~ multicarte** *m* Handelsreisender, der mehrere Firmen vertritt
△△ **entrer dans le ~** Kaufmann werden; **être d'usage dans le ~** handelsüblich sein; **être dans le ~** *Person*: im

Handel tätig sein, Kaufmann sein, *Produkt*: im Handel (erhältlich) sein; **exercer un ~** einen Handel betreiben; **faire du ~ (avec *qn*)** (mit *jdm*) Handel treiben; **faire le ~ de *qc*** mit *etw* handeln/Handel treiben; **mettre *qc* hors ~** *etw* aus dem Verkehr ziehen; **retirer *qc* du ~** *etw* aus dem Handel nehmen; **se trouver dans le ~** im Handel erhältlich sein; **tenir un ~** ein Geschäft/einen Laden haben/führen/betreiben
~ **alimentaire** *m* Lebensmittelhandel
~ **alimentaire de détail** *m* Lebensmitteleinzelhandel
~ **(alimentaire) de proximité** *m* Nachbarschaftsladen, Geschäft in einem Wohngebiet, Geschäft der Nahversorgung, Convenience-Laden
~ **ambulant** *m* ambulanter Handel, Wandergewerbe
~ **associé** *m* assoziiertes Einzelhandelsgeschäft
~ **boursier** *m* Börsenhandel
~ **clandestin** *m* illegaler Handel, Schwarzhandel
~ **d'intermédiaire** *m* Zwischenhandel
~ **de détail** *m* Einzelhandel
~ **de détail spécialisé** *m* Facheinzelhandel
~ **de gros** *m* Großhandel(sgeschäft)
~ **de gros alimentaire** *m* Lebensmittelgroßhandel
~ **de l'art et des antiquités** *m* Kunst- und Antiquitätenhandel
~ **de marchandises** *m* Warenhandel
~ **du quartier** *m* Nachbarschaftsladen, Geschäft in einem Wohngebiet, Geschäft der Nahversorgung, Convenience-Laden
~ **équitable** *m* fairer Handel, Fair Trade
~ **et répartition** *m/f* Handel und Vertrieb
~ **extérieur** *m* Außenhandel
△ **balance du ~** *f* Außenhandelsbilanz; **déficit du ~** *m* Außenhandelsdefizit; **dégradation du ~** *f* Verschlechterung des Außenhandels; **déséquilibre du ~** *m* Außenhandelsungleichgewicht; **détérioration du ~** *f* Verschlechterung des Außenhandels; **équilibre du ~** *m* Außenhandelsgleichgewicht; **excédent du ~** *m* Außenhandelsüberschuß; **Ministère du ~** *m* Außenhandelsministerium; **ministre du ~** *m* Außenhandelsminister; **prix du ~** *m pl* Außenhandelspreise; **solde du ~** *m* Außenhandelsbilanz, Außenhandelssaldo; **volume du ~** *m* Außenhandelsvolumen
△△ **redresser le ~** den Außenhandel ankurbeln
~ **forain** *m* Wandergewerbe
~ **indépendant** *m* unabhängiges Handelsunternehmen, unabhängiger Handel
~ **intégré** *m* integrierte Einzelhandelsgeschäfte, integrierter Einzelhandel
~ **intérieur** *m* Binnenhandel, Innenhandel
~ **international** *m* Außenhandel, internationaler Handel
~ **intracommunautaire** *m* innergemeinschaftlicher Handel
~ **mondial** *m* Welthandel
△ **ralentissement du ~** *m* Rückgang des Welthandels
~ **non alimentaire** *m* Non-Food-Handel
~ **non sédentaire** *m* ambulanter Handel, Wandergewerbe
~ **non spécialisé** *m* Sortimentshandel
~ **sédentaire** *m* stationärer Handel
~ **spécialisé** *m* Fachhandel
△ **chiffre d'affaires du ~** *m* Fachhandelsumsatz
~ **succursaliste** *m* Filialhandel
~ **transfrontalier** *m* grenzüberschreitender Warenverkehr, grenzüberschreitender Handel
~ **transitaire** *m* Transithandel

commercer avec *qn*/un pays mit *jdm*/einem Land handeln, Handel treiben

commerciabilité *f* Verkäuflichkeit, Handelsfähigkeit, Handelbarkeit

commercial, e (*pluriel:* **commerciaux, commerciales**) kaufmännisch, geschäftlich, kommerziell, Handels-, Geschäfts-
△ **accord ~** *m* Handelsabkommen; **activité ~e** *f* kaufmännische Tätigkeit; **agent ~** *m* Import-Exportvertreter, Vermittlungsagent; **appareil ~** *m* Verkaufsapparat; **approche ~e** *f* kommerzielles Vorgehen; **attaché ~/attachée ~e** *m/f* Verkaufsbeauftragte(r), Handelsattaché; **bail ~** (*pluriel:* **baux commerciaux**) *m* Mietvertrag für gewerbliche Räume; **balance ~e** *f* Handelsbilanz,

Außenhandelsbilanz; **banque ~e** *f* Handelsbank, Geschäftsbank; **barrières ~es** *f pl* Handelsschranken; **bénéfices industriels et commerciaux (BIC)** *m pl* Einkünfte/Gewinn aus gewerblicher Tätigkeit; **bénéfices non commerciaux (BNC)** *m pl* Einkünfte aus nichtgewerblicher Tätigkeit; **centre ~** *m* Einkaufszentrum; **chaîne ~e** *f* Handelskette; **circuit ~** *m* Absatzweg; **comptabilité ~e** *f* kaufmännische Buchführung; **concession ~e** *f* Vertriebsgenehmigung, Vertriebskonzession; **conseiller ~** *m* Handelsberater, Berater in Handelssachen; **contrat ~** *m* Handelsvertrag; **correspondance ~e** *f* Handelskorrespondenz; **crédit ~** *m* Handelskredit; **déficit ~** *m* Handelsdefizit; **délégation ~e** *f* Handelsdelegation, Handelsvertretung; **dénomination ~e** *f* Handelsbezeichnung, Berufsbezeichnung; **dettes ~es** *f pl* Geschäftsschulden; **déséquilibre ~** *m* wirtschaftliches Ungleichgewicht; **directeur ~/directrice ~e** *m/f* Verkaufsleiter(in), Vertriebsleiter(in); **direction ~e** *f* kaufmännische Direktion; **discrimination ~e** *f* Diskriminierung im Handelsverkehr; **documents commerciaux** *m pl* Handelsunterlagen; **droit ~** *m* Handelsrecht; **échanges commerciaux** *m pl* Handelsaustausch, Handel; **embargo ~** *m* Handelsembargo; **enseignement ~** *m* Handelsunterricht; **entreprise ~e** *f* Handelsunternehmen, Handelsbetrieb; **équilibre ~** *m* wirtschaftliches Gleichgewicht; **équipement ~** *m* Geschäftsausrüstung; **établissement ~** *m* Handelsbetrieb; **excédent commercial** *m* (Außen)Handelsüberschuß, Exportüberschuß; **exercice ~** *m* Geschäftsjahr; **fonction ~e** *f* Absatzfunktion; **frais commerciaux** *m pl* Geschäftskosten; **franc ~** *m* Handelsfranc; **grande surface ~e** *f* Verbrauchermarkt; **guerre ~e** *f* Handelskrieg; **immobilier ~ et industriel** *m* gewerblich genutzte/gewerbliche Immobilien; **ingénieur ~** *m* Vertriebsingenieur; **intermédiaire ~** *m* Zwischenhändler; **inventaire ~** *m* Geschäftsinventar; **lettre ~e** *f* 1. Geschäftsbrief, 2. Wechsel; **lettre ~e de crédit** *f* Handelskreditbrief, commercial letter of credit (CLC); **local ~** *m* gewerbliche Räume; **marge ~e** *f* Handelsspanne; **mission ~e** *f* Vertriebsauftrag, Vertriebsfunktion, Handelsmission; **négociation ~ multilatérale (NCM)** *f* Welthandelsrunde (WHR); **mobilier ~** *m* Ladeneinrichtung, Mobiliar; **nom ~** *m* Geschäftsname; **organisation ~** *f* Vertriebsorganisation; **papier ~** *m* Handelsdokument; **parc ~** *m* Geschäftszentrum, Einkaufszentrum; **partenaire ~** *m* Handelspartner; **percée ~e** *f* Markterfolg; **politique ~e** *f* Handelspolitik, Marktstrategie; **pratiques ~es** *f pl* Handelspraktiken; **préjudice ~** *m* wirtschaftlicher Nachteil/Schaden; **propriété ~e** *f* gewerbliches Eigentum; **prospection ~e** *f* Kundenwerbung, Akquisition, Handelswerbung; **quinzaine ~e** *f* zweiwöchige Aktion des Handels mit Sonderangeboten; **ratio ~** *m* Absatzkennzahl, Umsatzkennzahl; **règlement ~** *m* Zahlung(sausgleich) im Geschäftsleben; **relations ~es** *f pl* Geschäftsverkehr, Geschäftsbeziehungen, Handelsbeziehungen; **représailles ~es** *f pl* Handelssanktionen, Wirtschaftssanktionen; **résultat ~** *m* Geschäftsergebnis; **risque ~** *m* Handelsrisiko, Geschäftsrisiko, wirtschaftliches Risiko; **secteur ~** *m* Vertriebssektor, Absatzwirtschaft, Handel, Vertrieb; **semaine ~e** *f* Aktionswoche/Werbeaktion des Handels (mit Sonderangeboten); **service ~** *m* 1. kommerzielle Dienstleistung 2. Verkaufsabteilung, Verkauf, Vertrieb, Vertriebsabteilung; **société ~e** *f* (Handels)Gesellschaft, gewerbliches Unternehmen; **solde ~** *m* Handelsbilanzsaldo; **succès ~** *m* Geschäftserfolg, Verkaufserfolg, Verkaufsschlager; **surface ~e** *f* Verkaufsfläche; **tensions ~s** *f pl* Handelskonflikte, Spannungen in den Handelsbeziehungen; **termes commerciaux** *m pl* Commercial Terms, Handelsregeln; **Termes Commerciaux Internationaux (TCI)** *m pl* Incoterms (International Commercial Terms); **transaction ~e** *f* Geschäft; **valeur ~e** *f* Handelswert; **voiture ~e** *f* Kombifahrzeug

commercialisable absatzfähig, absetzbar, handelbar, marktfähig, verkäuflich
△ **marchandise** ~ *f* Handelsware; **marchandise non** ~ *f* nicht absatzfähige Ware; **produit** ~ *m* absatzfähiges Produkt
commercialisation *f* Verkauf, Vertrieb, Vermarktung, Kommerzialisierung
△ **capacité de** ~ *f* Vertriebskapazität; **frais de** ~ *m pl* Vertriebskosten
commercialiser *qc etw* verkaufen, vertreiben, vermarkten, in den Handel bringen
commettant *m* Kommittent, Auftraggeber
commis de commerce *m* Kaufmannsgehilfe
commissaire *m* Kommissar, Prüfer
△ **juge-**~ *m* Konkursrichter
~ **aux apports** *m* Gründungsprüfer
~ **aux comptes** *m* Abschlußprüfer, Wirtschaftsprüfer
~ **d'avaries** *m* Havariekommissar
~ **-priseur** *m* Versteigerer, Auktionator
Commissariat à l'Energie Atomique (CEA) *m* Kommissariat für Atomenergie
Commissariat Général au Plan *m* französische Behörde für Wirtschaftsplanung, Plankommissariat
commission *f* 1. Kommission, Ausschuß 2. Provision, Courtage, Kommission
△ **à la** ~ auf Provisionsbasis; **agent à la** ~ *m* Provisionsagent, Provisionsvertreter; **avantage à la** ~ *m* Provisionsbasis; **paiement de** ~ *m* Provisionszahlung; **taux de** ~ *m* Provisionssatz
△△ **être rémunéré, e par une/à la** ~ eine Vergütung in Form einer Provision erhalten; **la banque prélève une** ~ die Bank berechnet eine Provision; **percevoir une** ~ eine Provision erheben; **rémunérer par une** ~ eine Vergütung in Form einer Provision zahlen; **siéger dans une** ~ Ausschußmitglied sein
~ **arbitrale** *f* Schlichtungsstelle
~ **bancaire** *f* Bankenkommission, Bankausschuß
~ **de banque** *f* Bankprovision
~ **de compte** *f* Umsatzprovision, Gewinnanteil
~ **de conciliation** *f* Schlichtungskommission
~ **de Contrôle des Banques** *f* Bankenaufsichtsbehörde
~ **de découvert** *f* Überziehungsgebühr
~ **de différentiel** *f* Gebühr bei Kassageschäften auf dem Terminmarkt
~ **de la concurrence** *f* Wettbewerbsaufsichtsbehörde
~ **de modernisation** *f* Modernisierungsausschuß
~ **de règlement anticipé** *f* Gebühr bei Kassageschäften auf dem Terminmarkt
~ **départementale d'urbanisme** *f* Aufsichtsbehörde, u.a. zuständig für die Stadtplanung
~ **des monopoles** *f* Wettbewerbsaufsichtsbehörde
~ **des Opérations en Bourse (COB)** *f* französische Börsenaufsichtsbehörde
~ **ducroire** *f* Delkredereprovision
~ **en cas de succès** *f* Erfolgsprovision
~ **Européenne** *f* Europäische Kommission
~ **interbancaire** *f* Bankenausschuß
~ **mixte paritaire** *f* paritätisch zusammengesetzter Ausschuß (z.B. von Arbeitgebern und -nehmern)
~ **Nationale à l'Aménagement du Territoire (CNAT)** *f* Nationale Raumordnungskommission
~ **nationale de la négociation collective** *f* Nationaler Ausschuß für Tarifvertragsverhandlungen
~ **Nationale Informatique et Libertés (CNIL)** *f* französische Datenschutzbehörde
~ **spécialisée** *f* Fachkommission
~ **sur fret** *f* Frachtprovision
~ **sur vente** *f* Verkaufsprovision
commissionnaire *m* Kommissionär, Kommissionsagent, Spediteur
△△ **faire appel à un** ~ sich an einen Spediteur wenden; **recourir aux services d'un** ~ auf die Dienste eines Spediteurs zurückgreifen
~ **à l'achat** *m* Einkaufskommissionär
~ **à la vente** *m* Verkaufskommissionär
~ **consignataire** *m* Kommissionär mit Konsignationslager
~ **de détail** *m* Einzelhandelskommissionär

~ **de gros** *m* Großhandelskommissionär
~ **de/en transport** *m* Spediteur
~ **dépositaire** *m* Kommissionär mit Konsignationslager
~ **ducroire** *m* Delkrederekommissionär, Kommissionär mit Delkrederehaftung
~ **en douane** *m* Zollkommissionär, Zollspediteur, Zollagent
commuer une peine eine Strafe vermindern
commun, e gemeinsam, gemein, gemeinschaftlich, Gemein-
△ **en ~** gemeinschaftlich; **transports en ~** *m pl* öffentliche Verkehrsmittel; **transports en ~ urbains et de banlieue** *m pl* öffentlicher Personennahverkehr
communal, e Gemeinde-, Kommunal-
△ **charges ~es** *f pl* kommunale Abgaben, Gemeindesteuern; **impôt ~** *m* kommunale Steuer, Gemeindesteuer; **obligation ~e** *f* Kommunalschuldverschreibung; **obligation ~e nominative** *f* Namenskommunalschuldverschreibung; **taxe ~e** *f* Gemeindesteuer
communautaire gemeinschaftlich, Gemeinschafts-
△ **droit ~** *m* EG-Recht, EU-Recht, Gemeinschaftsrecht; **impôt ~** *m* EU-Steuer, (europäische) Gemeinschaftssteuer; **préférence ~** *f* Gemeinschaftspräferenz; **prix ~** *m* EU-Preis; **production ~** *f* Gemeinschaftsproduktion; **transit ~** *m* Transit innerhalb der EU
communauté *f* Gemeinschaft
~ **d'héritiers** *f* Erbengemeinschaft
~ **de solidarité** *f* Solidargemeinschaft
~ **de(s) biens** *f* unbeschränkte (eheliche) Gütergemeinschaft
△ **régime de la ~** *m* Güterstand der unbeschränkten Gütergemeinschaft
Communauté des Etats Indépendants (CEI) *f* Gemeinschaft Unabhängiger Staaten (GUS)
Communauté Economique Européenne (CEE) *f* Europäische Wirtschaftsgemeinschaft (EWG)
Communauté Européenne (CE) *f* Europäische Gemeinschaft (EG)
Communauté Européenne de l'Energie Atomique (EURATOM) *f* Europäische Atomgemeinschaft (EURATOM)
Communauté Européenne du Charbon et de l'Acier (CECA) *f* Europäische Gemeinschaft für Kohle und Stahl (EGKS), Montanunion
Communauté Financière Africaine (CFA) *m* Afrikanische Finanzgemeinschaft
~ **(légale) réduite aux acquêts/~ d'acquêts** *f* Zugewinngemeinschaft
~ **universelle** *f* Güterstand der unbeschränkten Gütergemeinschaft
commune *f* Gemeinde, Kommune
△ **syndicat de ~s** *m* Kommunalverband
~ **rurale** *f* ländliche Gemeinde
~ **urbaine** *f* städtische Gemeinde, Stadtgemeinde
communication *f* Mitteilung, Nachricht, Übermittlung, Verbindung, Kommunikation
△ **action de ~** *f* Kommunikationstätigkeit; **droit de ~** *m* Mitteilungsrecht; **intensité de la ~** *f* Kommunikationsintensität, Kommunikationsstärke; **moyen de la ~ commerciale** *m* Werbemittel; **objectif de ~** *m* Kommunikationsziel; **stratégie de ~** *f* Kommunikationspolitik; **support de ~** *m* Werbeträger; **tarif de la ~/des ~s** *m* Gesprächsgebühr, Telefongebühr; **unité de ~** *f* Tarifeinheit, (Gebühren)Einheit; **voies de ~** *f pl* Verkehrsverbindungen; **type de ~** *m* Kommunikationstyp
△△ **être en ~** telefonieren, am Telefon sein, gerade sprechen; **faire une ~** eine Mitteilung machen, einen Vortrag halten; **mettre *qn* en ~ avec *qn*** *jdn* mit *jdm* verbinden; **prendre les ~s** die Anrufe entgegennehmen/annehmen
~ **de systèmes informatiques** *f* Zusammenarbeit von Computersystemen
~ **interculturelle** *f* interkulturelle Kommunikation
~ **interurbaine** *f* Ferngespräch
~ **professionnelle** *f* berufliche Kommunikation
~ **spécialisée** *f* fachliche Kommunikation, Fachkommunikation
~ **téléphonique** *f* Telefongespräch
communiqué *m* Mitteilung, Stellungnahme
~ **de presse** *m* Pressekommuniqué, Pressemitteilung

~ **injurieux** *m* beleidigende Mitteilung
communiquer *qc* *etw* mitteilen, kommunizieren
△ ~ **à des tiers** *etw* an Dritte weitergeben
compagnie *f* Gesellschaft, Verband
~ **charter** *f* Charterfluggesellschaft
~ **d'assurance** *f* Versicherungsgesellschaft
~ **d'assurance contre l'incendie** *f* Brandversicherungsgesellschaft
~ **d'assurance de droit privé** *f* privatrechtliche Versicherungsgesellschaft
~ **d'assurance privée** *f* private Versicherungsgesellschaft
~ **d'assurance-vie** *f* Lebensversicherungsgesellschaft
~ **de chemins de fer** *f* Eisenbahngesellschaft
~ **de navigation aérienne** *f* Luftfahrtgesellschaft, Fluggesellschaft
~ **des agents de change (CAC)** *f* Kursmaklerkammer, Verband der Börsenmakler
~ **des Indes** *f* Ostindische Kompanie
~ **Financière de Suez** *f* französische Geschäftsbank
~ **française d'assurance pour le commerce extérieur (COFACE)** *f* französische Außenhandelsversicherung
~ **maritime** *f* Schiffahrtsgesellschaft
~ **pétrolière** *f* Erdölgesellschaft
compagnon *m* Geselle
△ **brevet de ~ (BC)** *m* Gesellenbrief
comparaître (devant le tribunal) (vor Gericht) erscheinen
comparatif, ive vergleichend, komparativ, Vergleichs-
△ **avantage** ~ *m* komparativer Vorteil; **publicité ~ive** *f* vergleichende Werbung; **test** ~ *m* Vergleichstest
comparution *f* Erscheinen vor Gericht
compatible vereinbar, kompatibel
compatriote *m* Landsmann
compensable kompensierbar, anrechenbar, aufrechenbar
compensateur, trice ausgleichend, Ausgleichs-
△ **repos** ~ *m* Freizeitausgleich (zum Abfeiern von Überstunden)
compensation *f* Kompensation, Ausgleichsgeschäft, Kompensationsgeschäft
△ **chambre de** ~ *f* Verrechnungsstelle; **contrat de** ~ *m* Kompensationsabkommen; **cours de** ~ *m* Kompensationskurs; **fonction de** ~ *f* Ausgleichsfunktion; **organisme de** ~ *m* Clearingstelle
~ **des risques** *f* Risikoausgleich
compensatoire kompensatorisch, Kompensations-, Ausgleichs-
△ **montants ~s** *m pl* Ausgleichsbeträge; **montants ~s monétaires** *m pl* Währungsausgleichsabgabe, Währungsausgleichsbeträge
compenser *qc* **par ...** *etw* ausgleichen, aufrechnen durch/mit ...
~ **des créances avec des engagements** Forderungen mit Verbindlichkeiten aufrechnen
compétence *f* Kompetenz, Zuständigkeit, Zuständigkeitsbereich
△ **zone de** ~ *f* Zuständigkeitsbereich
△△ **relever de la ~ de** *qn* in den Zuständigkeitsbereich von *jdm* fallen
~ **exclusive** *f* Alleinzuständigkeit
~ **prud'homale** *f* arbeitsgerichtliche Zuständigkeit
~ **territoriale** *f* territoriale Zuständigkeit, Gebietshoheit
compétent, e zuständig, fachkundig
△ **autorités ~es** *f pl* zuständige Behörden; **instances ~es** *f pl* zuständige Stellen; **personne ~e** *f* zuständige/befugte Person; **tribunal** ~ *m* Gerichtsstand, zuständiges Gericht
compétitif, ive konkurrenzfähig, wettbewerbsfähig
△ **à des prix ~s** zu wettbewerbsfähigen Preisen; **article** ~ *m* Konkurrenzartikel; **entreprise ~ive** *f* wettbewerbsfähiges Unternehmen; **prix** ~ *m* wettbewerbsfähiger Preis
compétition *f* Wettbewerb, Wettkampf, Wettstreit
△△ **être en ~ avec** *qn* mit *jdm* konkurrieren, im Wettbewerb stehen
~ **collective** *f* kollektiver Wettbewerb
compétitivité *f* Wettbewerbsfähigkeit, Konkurrenzfähigkeit
△ **gain de** ~ *m* Zunahme der/Zuwachs an Wettbewerbsfähigkeit; **manque de**

~ *m* Mangel an Wettbewerbsfähigkeit; **perte de ~** *f* Einbuße/Verlust an Wettbewerbsfähigkeit

△△ **accroître la ~** die Wettbewerbsfähigkeit steigern; **développer la ~ d'une entreprise** die Wettbewerbsfähigkeit eines Unternehmens entwickeln; **faire preuve de ~** sich wettbewerbsfähig zeigen

~ **-coûts** *f* Wettbewerbsfähigkeit bei den Kosten

~ **-prix** *f* Wettbewerbsfähigkeit bei den Preisen

complaisance *f* Gefälligkeit

△ **acceptation de ~** *f* Gefälligkeitsakzept; **attestation de ~** *f* Gefälligkeitsattest, Gefälligkeitszeugnis; **certificat de ~** *m* Gefälligkeitsattest, Gefälligkeitszeugnis; **oblitération de ~** *f* Gefälligkeitsstempelung (Post); **pavillon de ~** *m* „Gefälligkeitsflagge" (ausländische Flagge, unter der ein Schiff aus arbeitsrechtlichen und steuerlichen Gründen fährt); **traite de ~** *f* Gefälligkeitswechsel

complément d'information *m* zusätzliche Information

complémentaire zusätzlich, ergänzend, Zusatz-

△ **caisse de retraite ~** *f* zusätzliche freiwillige Pensionskasse; **livraison ~** *f* Nachlieferung; **retraite ~** *f* Zusatzrente, zusätzliche Altersversorgung; **retraite ~ obligatoire** *f* Pflichtzusatzversorgung; **versement ~** *m* Zusatzzahlung

complet, ète vollständig, Voll-

△ **temps ~** *m* Vollzeit, Vollzeitbeschäftigung

compléter *qc* *etw* ergänzen

~ **un équipement** nachrüsten

complexe industriel *m* Industriekomplex

compliment *m* Kompliment

△△ **décerner un ~** ein Kompliment machen

comportement *m* Verhalten

~ **d'achat** *m* Kaufverhalten, Käuferverhalten

~ **d'épargne** *m* Spargewohnheiten

~ **des acheteurs** *m* Verhalten der Käufer, Einkaufsverhalten

~ **des consommateurs** *m* Konsumentenverhalten, Verbraucherverhalten, Käuferverhalten, Kaufverhalten

comporter *qc* *etw* mit sich bringen, beinhalten

~ **(se)** sich verhalten

composant *m* Bestandteil, Komponente, Element

composante *f* (technischer) Bestandteil, Bauteil

composé, e zusammengesetzt

△ **intérêts ~s** *m pl* Zinseszinsen

composer un numéro (eine Telefonnummer) wählen

composite zusammengesetzt, Verbund-

△ **emballage ~** *m* Verbundverpackung

composition *f* Zusammensetzung

~ **de l'indice** *f* Zusammensetzung des Index

△△ **entrer dans la ~** in den Index eingehen, der Zusammensetzung des Index entsprechen

~ **du portefeuille** *f* Portefeuillezusammensetzung

~ **tripartite** *f* dreiseitige Zusammensetzung, Drittelparität

compostage *m* 1. Kompostieren, Kompostdüngung 2. Entwerten (einer Fahrkarte)

comprendre *qc* *m* 1. *etw* verstehen, begreifen 2. beinhalten, umfassen

compressible komprimierbar, reduzierbar, abbaufähig

△ **charges ~s** *f pl* reduzierbare Kosten

compression *f* Abbau, Verringerung, Kompression

~ **d'effectifs** *f* Personalabbau

~ **de personnel** *f pl* Personalabbau

~ **des marges** *f* Verringerung der Gewinnspannen

~ **du chômage** *f* Verringerung der Arbeitslosigkeit

~ **du coût** *f* Kostenreduzierung

comprimer *qc* *etw* komprimieren, abbauen, zusammenstreichen

~ **les effectifs** den Personalbestand abbauen/reduzieren

~ **un budget** einen Haushalt kürzen/zusammenstreichen

compris, e dans *qc* in *etw* inbegriffen

△ **frais ~** einschließlich Kosten; **non ~** ausschließlich; **tout ~** insgesamt, alles

in allem, alles inbegriffen/inklusive
△△ **être ~ entre ... et ...** zwischen ... und ... betragen/liegen
compromettre *qc* *etw* aufs Spiel setzen, gefährden, beeinträchtigen, in Frage stellen
~ **les chances de** *qc* *etw* aufs Spiel setzen, gefährden
compromis *m* Kompromiß, Zugeständnis, Ausgleich, Vergleich, Vergleichsabkommen, Vergleichsabschluß
△△ **passer un ~** einen Kompromiß schließen
~ **d'arbitrage** *m* Schiedsvertrag
~ **d'avarie commune** *m* Havariegrossekompromiß, Havariegrosseübereinkunft
compta (=comptabilité) *fam* *f* 1. Buchführung, Buchhaltung, Rechnungswesen 2. Buchhaltungsabteilung, Buchhaltung
comptabilisable buchbar, buchhaltungsmäßig erfaßbar
comptabilisation *f* Berechnung, Berücksichtigung, Verbuchung, buchhalterische Erfassung
△ **double ~** *f* Doppelberechnung
comptabiliser *qc* *etw* buchen, buchmäßig/rechnerisch erfassen, berechnen, über *etw* Buch führen
~ **les mouvements/les opérations** die Geschäftsvorfälle erfassen
~ *qc* **à l'actif** *etw* auf die Aktivseite verbuchen, aktivieren
~ *qc* **au passif** *etw* auf die Passivseite verbuchen, passivieren
comptabilité *f* 1. Buchführung, Buchhaltung, Rechnungswesen 2. Buchhaltungsabteilung, Buchhaltung
△ **fonction de ~** *f* Buchhaltung/Rechnungswesen (als betriebswirtschaftliche Funktion); **logiciel de ~** *m* Buchführungssoftware; **service de ~** *m* Buchhaltungsabteilung, Buchhaltung; **vérification de ~** *f* Buchprüfung
△△ **passer** *qc* **en ~** buchen, verbuchen; **tenir une ~** Bücher führen; **tenir une ~ en partie simple/en partie double** eine einfache/doppelte Buchführung haben; **vérifier la ~** die Buchführung überprüfen
~ **analytique** *f* Betriebsbuchhaltung, Kostenrechnung, kalkulatorische Buchhaltung
~ **analytique d'exploitation** *f* Betriebsbuchhaltung
~ **bien tenue** *f* gut geführte Buchhaltung
~ **commerciale** *f* kaufmännische Buchführung
~ **d'entreprise** *f* Betriebsbuchhaltung, betriebliches Rechnungswesen
~ **d'exploitation** *f* betriebliches Rechnungswesen, Betriebsbuchführung
~ **des salaires** *f* Lohnbuchhaltung
~ **en/à partie double** *f* doppelte Buchführung, Doppik
~ **en/à partie simple** *f* einfache Buchführung
~ **financière** *f* Finanzbuchhaltung, pagatorische Buchführung
~ **générale** *f* allgemeine Buchhaltung, Finanzbuchhaltung
~ **informatisée** *f* EDV-Buchhaltung
~ **nationale** *f* volkswirtschaftliche Gesamtrechnung (VGR)
△ **agrégats de la ~** *m pl* Aggregate der volkswirtschaftlichen Gesamtrechnung; **SECN (système élargi de ~)** *m* offizielle Form der volkswirtschaftlichen Gesamtrechnung
~ **par/à décalque** *f* Durchschreibebuchführung
~ **publique** *f* öffentliche Buchführung, Kameralistik, kameralistische Buchführung, öffentliches Rechnungswesen
~ **simplifiée** *f* vereinfachte Buchführung
comptable *m/f* Buchhalter/Buchhalterin, Buchführer/Buchführerin
~ **public** *m* Statistiker der volkswirtschaftlichen Gesamtrechnung
comptable buchhalterisch, buchmäßig, buchhaltungsmäßig, buchhaltungstechnisch, in der Buchhaltung erfaßt, rechnerisch, Buchungs-, Buchhaltungs-, Buchführungs-
△ **agent ~** *m* Buchhalter; **aide-~** *m* Hilfsbuchhalter; **artifice ~** *m* Buchhaltungstrick; **cadre ~** *m* Kontenrahmen; **chef ~** *m* Hauptbuchhalter; **document ~** *m* Handelsbuch, Buchführungsunterlage; **écriture ~** *f* Buchung; **enregistrement ~** *m* Buchung, Eintrag; **exercice ~** *m* Rechnungsjahr, Wirtschaftsjahr; **expert ~** *m* (vereidigter) Buchprüfer,

Rechnungsprüfer, Bücherrevisor; **expertise ~** *f* Buchprüfung; **guide ~** *m* Buchhaltungsführer; **inscription ~** *f* Kontoaufzeichnung; **inventaire ~** *m* Buchinventar, buchmäßiges Inventar; **journal ~** *m* Journal, Tagebuch; **méthode ~** *f* Buchhaltungsmethode; **opération ~** *f* Buchungsvorgang; **organisation ~** *f* Buchhaltungsart; **perte ~** *f* Bilanzverlust, buchmäßiger Verlust; **pièce ~** *f* Buchungsbeleg; **plan ~** *m* Kontenplan; **plan ~ général (PCG)** *m* allgemeiner Kontorahmen; **prise en compte ~** *f* buchhalterische Berücksichtigung; **procédure ~** *f* Art der Buchführung, Buchführungsart; **résultat ~** *m* buchhalterisches Ergebnis; **résultat net ~** *m* buchhalterisches Nettoergebnis; **révision ~** *f* Buchprüfung; **service ~** *m* Buchhaltung(sabteilung); **situation nette ~** *f* buchhalterisches Reinvermögen; **technique ~** *f* Buchhaltungstechnik; **valeur ~** *f* Buchwert, Bilanzwert

comptant *m* 1. Bar-, Sofort- 2. Kassa-, Kassamarkt-, Kassageschäft-

△ **argent ~** *m* Bargeld; **au ~** bar, gegen Barzahlung; **achat au ~** *m* Barkauf, Kauf gegen Kasse; **change au ~** *m* Sortenverkauf; **cotation au ~** *f* Kassanotierung; **cours au ~** *m* Kassakurs; **marché au ~** *m* Kassamarkt; **opération au ~** *f* Bargeschäft, Kassageschäft; **ordre au ~** *m* Kassaauftrag; **paiement ~** *m* Barzahlung, Sofortzahlung; **prix au ~** *m* Barverkaufspreis; **règlement au ~** *m* Barzahlung; **transaction au ~** *f* Kassageschäft; **vente au ~** *f* Barverkauf

△△ **négocier au ~** Kassageschäfte abschließen, Geschäfte am Kassamarkt tätigen

compte *m* Konto, Rechnung, Berechnung, Rechnungsaufstellung, Guthaben, Auftrag

△ **apurement des ~s** *m* Rechnungsabschluß, Rechnungsprüfung; **arrêté de ~ trimestriel** *m* Quartalsabschlußauszug; **arrêté de ~** *m* Rechnungsabschluß, Kontoabschluß; **avance sur ~** *f* Kontokorrentvorschuß; **avoir en ~** *m* Kontoguthaben; **bordereau de ~** *m* Kontoauszug; **chèque à porter en ~** *m* Verrechnungsscheck; **clôture de ~** *f* Kontoauflösung; **commission de ~** *f* Umsatzprovision, Gewinnanteil; **cotitulaire d'un ~** *m* Kontomitinhaber; **découvert de ~** *m* Kontoüberziehung; **détenteur du ~** *m* Kontoinhaber; **droit au ~** *m* Recht auf ein Konto; **état d'un ~** *m* Kontostand; **extrait de ~** *m* Kontoauszug; **extrait journalier de ~** *m* Tageskontoauszug; **frais de tenue de ~** *m pl* Kontoführungsgebühren; **inscription au crédit d'un ~** *f* Gutschrift auf dem Konto; **intitulé du ~** *m* Kontobezeichnung; **juxtaposition par ~s** *f* kontenmäßige Gegenüberstellung; **mandataire d'un ~** *m* Unterschriftsberechtigter; **monnaie de ~** *f* (Ab) Rechnungswährung, Erfüllungsvaluta, Einheitswert der Fakturierung; **mouvement sur le ~** *m* Kontobewegung; **nature du ~** *f* Kontenart; **numéro de ~** *m* Kontonummer; **opération effectuée sur un ~** *f* (Konto)Bewegung, (Konto)Umsatz; **ouverture d'un ~** *f* Kontoeröffnung; **plan de ~s** *m* Kontenplan, Kontenrahmen; **position d'un ~** *f* Kontostand; **pour le ~ de** *qn* für *jds* Rechnung; **pour son propre ~** auf eigene Rechnung; **prélèvement sur un ~** *m* Abhebung von einem Konto; **prise en ~ comptable** *f* buchhalterische Berücksichtigung; **provision en ~** *f* Kontodeckung; **règlement des ~s** *m* Abrechnung; **relevé de ~** *m* Kontoauszug; **relevé de ~ mensuel/quotidien** *m* monatlicher/täglicher Kontoauszug; **retrait d'un ~** *m* Abhebung von einem Konto; **situation de ~** *f* Kontostand; **tenue du ~** *f* Kontoführung; **titulaire du ~** *m* Kontoinhaber; **unité de ~** *f* Rechnungseinheit; **virement d'un ~ à un autre** *m* Überweisung von Konto zu Konto; **virement d'une somme à un ~** *m* Überweisung eines Betrags auf ein Konto

△△ **alimenter/approvisionner un ~** ein Konto auffüllen/alimentieren; **apurer un ~** ein Konto bereinigen; **arrêter un ~** ein Konto abschließen; **avoir un ~ à découvert** im Soll stehen; **avoir un ~ en banque** ein Bankkonto haben; **bloquer un ~** 1. ein Konto sperren 2. ein

Konto als Terminkonto/Festgeldkonto führen; **clore un ~** ein Konto abschließen; **clôturer un ~** ein Konto auflösen; **créditer un ~ (de x francs)** ein Konto erkennen, einem Konto (x Franc) gutschreiben; **débiter un ~ (de x francs)** ein Konto (mit x Franc) belasten; **déposer sur un ~** auf einem Konto deponieren, auf ein Konto einzahlen; **détenir un ~** ein Konto besitzen; **équilibrer un ~** ein Konto ausgleichen; **être titulaire d'un ~** Inhaber eines Kontos sein; **faire opposition sur un ~** ein Konto sperren lassen; **faire un prélèvement sur un ~** Geld von einem Konto abheben; **fermer un ~** ein Konto abschließen; **imputer sur un ~** ein Konto belasten; **inscrire une somme en ~** einen Betrag auf dem Konto verbuchen; **liquider un ~** ein Konto abrechnen/abschließen/auflösen; **mettre son ~ à découvert** sein Konto überziehen; **ouvrir un ~** ein Konto eröffnen; **passer (une somme) en ~** (einen Betrag) buchen/auf dem Konto verbuchen; **porter x francs au crédit/au débit d'un ~** einem Konto x Franc gutschreiben, ein Konto mit x Franc belasten; **prélever x francs d'un ~** x Franc von einem Konto abheben; **prendre en ~** *qc etw* in Rechnung stellen, berücksichtigen; **s'établir/s'installer à son ~** sich selbständig machen; **se faire ouvrir un ~** ein Konto eröffnen; **se mettre à son ~** sich selbständig machen; **solder un ~** ein Konto ausgleichen/saldieren/abschließen; **tenir un ~** ein Konto führen; **traiter pour le ~ de** *qn* für *jdn*/im Auftrag von *jdm* Geschäfte tätigen; **transférer une somme d'un ~ à un autre** einen Betrag von einem Konto auf ein anderes übertragen; **verser de l'argent à un ~** Geld auf ein Konto einzahlen; **virer une somme à un ~** einen Betrag auf ein Konto überweisen

~ **à créditer** *m* zu erkennendes Konto

~ **à découvert** *m* überzogenes Konto

~ **à terme** *m* gebundenes Konto, Terminkonto, Termingeldkonto, Festgeldkonto

~ **à vue** *m* Sichtkonto

~ **analytique d'exploitation** *m* Konto der Betriebsbuchhaltung

~**s annuels** *m pl* Jahresabschluß

~ **bancaire** *m* Bankkonto

~ **bloqué** *m* 1. gesperrtes Konto 2. Terminkonto, Festgeldkonto, Depotkonto

~ **chèque postal/chèques postaux (CCP)** *m* Postscheckkonto

~(-)**chèques/compte de chèques (CC)** *m* Scheckkonto, Girokonto, laufendes Konto

~ **collectif** *m* Gemeinschaftskonto, Sammelkonto

~ **commun** *m* gemeinsames Konto, Gemeinschaftskonto

~ **courant** *m* Girokonto, laufendes Konto, Kontokorrent(konto), *pluriel:* Leistungsbilanz

△ **balance des comptes courants** Leistungsbilanz; **crédit en ~** *m* kurzfristiger (Firmen)Kredit; **dépôt en ~ de titres** *m* Sammelverwahrung; **versement au ~** *m* Einzahlung auf das laufende Konto

~ **courant bancaire** *m* (Bank)Girokonto, laufendes Bankkonto

~ **courant de caisse d'épargne** *m* Sparkassengirokonto

~ **courant postal (CCP)** *m* Postgirokonto

~ **courant-titres** *m* Girosammeldepot

~ **créditeur** *m* Habenkonto, Guthaben

~ **d'actif** *m* Aktivkonto, Vermögenskonto

~ **d'affectation spéciale** *m* Sonderkonto

~ **d'épargne** *m* Sparkonto

~ **d'épargne en actions** *m* Aktiensparkonto

~ **d'épargne-logement** *m* Bausparkonto

~ **d'épargne-temps** *m* Arbeitszeitkonto

~ **d'existence** *m* Bestandskonto

~ **d'exploitation générale** *m* allgemeine Betriebsbuchhaltung

~ **de bilan** *m* Bilanzkonto

~ **de capital** *m* Kapitalkonto

~ **de charges** *m* Aufwandskonto

~ **de clearing** *m* Verrechnungskonto

~ **de client bancaire** *m* Lorokonto, Vostrokonto

~ **de clients** *m* Kundenkonto

~ **de contrepartie** *m* Gegenkonto

~ **de dépôts** *m* Depotkonto

~ **de frais et débours** *m* Unkosten-und

Auslagenrechnung, Spesenrechnung
~ **de gestion** *m* Betriebskonto
~ **de groupe** *m* Sammelkonto
~s **de la nation** *m pl* volkswirtschaftliche Gesamtrechnung (VGR)
~ **de passif** *m* Passivkonto
~ **de produit des ventes** *m* Umsatzerlöskonto
~ **de régularisation** *m* Rechnungsabgrenzungsposten (RAP)
~ **de résultat(s)** *m* Erfolgsrechnung, Gewinn- und Verlustrechnung, Ergebnisrechnung
△ **annexe au ~** *f* Anhang zur Gewinn- und Verlustrechnung/Erfolgsrechnung
△△ **établir le ~** die Erfolgsrechnung/Gewinn- und Verlustrechnung/Ergebnisrechnung erstellen
~s **de stocks et d'encours** *m pl* Warenbestandskonten
~ **de tiers** *m* Anderkonto, Fremdkonto
~ **débiteur** *m* Debetkonto, Konto im Soll, Passivkonto, Sollkonto
~ **des profits et pertes/des pertes et profits** *m* Gewinn- und Verlustrechnung, GVR, GuV-Rechnung, Erfolgsrechnung
△△ **mettre** *qc* **en ~** *etw* abschreiben, in den Schornstein schreiben
~ **dormant** *m* nachrichtenloses Konto
~ **du bilan** *m* Bilanzposten
~ **ducroire** *m* Delkredererechnung
~ **en banque** *m* Bankkonto
△△ **avoir un ~** ein Bankkonto haben; **être titulaire d'un ~** Inhaber eines Bankkontos sein; **tenir des comptes en banque** Bankkonten führen
~ **en déshérence** *m* erbenloses Konto
~ **en devises** *m* Devisenkonto
~ **étranger en francs** *m* ausländisches Konto in Franc
~s **extérieurs** *m pl* Außenhandelsbilanzkonten
△ **balance des ~** *f* Außenhandelsbilanz, Konto mit der übrigen Welt; **redressement des ~** *m* Verbesserung der Außenhandelsbilanz; **rééquilibrage des ~** *m* Ausgleich der Außenhandelsbilanz
△△ **les ~ se dégradent** die Außenhandelsbilanz verschlechtert sich
~ **financier** *m* Finanzkonto, Finanzierungsübersicht
~ **indivis** *m* Gemeinschaftskonto
~ **négatif** *m* Kontostand im Soll
~ **non-résident** *m* Ausländerkonto, Gebietsfremdenkonto
~ **numéroté** *m* Nummernkonto
~ **parallèle** *m* Gegenkonto
~ **pour le Développement Industriel (CODEVI)** *m* Sparkonto mit begrenzter Einlage zugunsten der Industrie
~s **prévisionnels** *m pl* Vorkalkulation
~ **productif d'intérêts** *m* zinsbringendes Konto
~ **propre (pour)** *m* (für/auf) eigene Rechnung
△ **transport pour ~** *m* Transport für eigene Rechnung
~ **rémunérable/rémunéré** *m* zinsbringendes Konto
~ **rendu** *m* Bericht, Rechenschaftsbericht, Protokoll
~ **résident** *m* Inländerkonto, Gebietsansässigenkonto
~ **secondaire** *m* Zweitkonto, Unterkonto
~ **spécial** *m* Sonderkonto
~s **spéciaux du Trésor** *m pl* Sonderkonten der Staatskasse
~ **sur livret** *m* Sparkonto
~**-titres/de titres** *m* Wertpapierkonto, Depotkonto

compter (faire) *qc* 1. *etw* zählen, (be)rechnen 2. *etw* zu tun beabsichtigen
△△ **à compter de …** ab ..., von … an gerechnet

comptoir *m* Schalter, Ladentisch, Kontor
△ **opération au ~** *f* Tafelgeschäft, Schaltergeschäft

concédant *m* Konzessionsgeber

concéder *qc* **à** *qn* *jdm etw* zugestehen, einräumen, bewilligen

concentration *f* (wirtschaftliche) Konzentration, Verbindung, Zusammenballung
△ **processus de ~** *m* Konzentrationsbewegung, Konzentrationsprozeß; **taux de ~** *m* Konzentrationsgrad
~ **conglomérale** *f* konglomerale Konzentration
~ **d'entreprises** *f* Unternehmenskonzentration
~ **de pouvoir économique** *f* wirtschaftliche Machtzusammenballung

~ **des patrimoines** *f* Vermögenskonzentration
~ **économique** *f* wirtschaftliche Konzentration, Unternehmenskonzentration
~ **horizontale** *f* horizontale Konzentration
~ **industrielle** *f* Unternehmenskonzentration
~ **par diversification** *f* Konzentration durch Diversifizierung
~ **verticale** *f* vertikale Konzentration
concentrer ***qc*** *etw* konzentrieren
conception *f* Konzeption, Konzept, Vorstellung
~ **assistée par ordinateur (CAO)** *f* computergestützte Entwicklung, CAD (computer assisted design)
~ **globale** *f* Gesamtkonzept
~ **marketing** *f* Marketingkonzept
concerner ***qc*** betreffen, treffen, angehen
concertation *f* Abstimmung, Konzertierung, Absprache
△ **circuit de ~** *m* Absprachеverbund
concerté, e konzertiert
△ **action ~e** *f* konzertierte Aktion; **aménagement ~** *m* konzertierte Raumplanung
concerter ***qc*** über *etw* übereinkommen, *etw* verabreden, abstimmen
~ **sur** ***qc*** **(se)** über *etw* übereinkommen, *etw* verabreden, abstimmen
concession *f* 1. Zugeständnis 2. Genehmigung, Konzession, Lizenz
~ **commerciale** *f* Vertriebsgenehmigung, Vertriebskonzession
~ **de licence** *f* Lizenzerteilung
~**s réciproques** *f pl* gegenseitige Zugeständnisse
concessionnaire *m* Vertragshändler, Alleinvertreter, Konzessionär
△ **réseau de ~s** *m* Vertragshändlernetz
~ **exclusif** *m* alleiniger Vertragshändler, Alleinvertreter
conciliateur *m* Schlichter
conciliateur, trice vermittelnd
conciliation *f* Schlichtung, Einigung, Vergleich
△ **bureau de ~** *m* Schlichtungsbüro; **commission de ~** *f* Schlichtungskommission
conclure ***qc*** *etw* schließen, abschließen, vereinbaren, vollenden
~ **la vente** den Verkauf zum Abschluß bringen, abschließen
~ **un accord** einen Vertrag/ein Abkommen schließen
~ **un contrat** einen Vertrag abschließen
~ **un marché** ein Geschäft abschließen
~ **une affaire** ein Geschäft abschließen
conclusion de ***qc*** *f* Abschluß von *etw*, Geschäftsabschluß, Schlußfolgerung
~ **d'une convention collective** *f* Tarifabschluß
~ **du contrat** *f* Vertragsabschluß
concordat (judiciaire) *m* (gerichtlicher) Vergleich
concordat (judiciaire) simple *m* einfacher (gerichtlicher) Vergleich
concordataire Vergleichs-
△ **procédure ~** *f* Vergleichsverfahren
concours (d'entrée) *m* Auswahlverfahren, Auswahlwettbewerb *z.B. für den öffentlichen Dienst*
△ **mise au ~** *f* Ausschreibung; **mise au ~ interne** *f* interne Ausschreibung
concours publicitaire *m* Werbewettbewerb, Preisausschreiben
conçu, e pour … konzipiert, ausgelegt für …
~ **pour x millions de passagers** ausgelegt für x Millionen Fluggäste
concubin/concubine *m/f* Lebensgefährte/Lebensgefährtin, Lebenspartner(in)
concubinage *m* eheähnliche Gemeinschaft, Konkubinat
concurrence *f* Konkurrenz, Wettbewerb
△ **analyse de la ~** *f* Konkurrenzanalyse; **appel à la ~** *m* Aufforderung zur Einreichung von Angeboten, Ausschreibung; **atteinte à la ~** *f* Wettbewerbsverstoß, Beeinträchtigung des Wettbewerbs; **avantage par rapport à la ~** *m* Wettbewerbsvorteil; **commission de la ~** *f* Wettbewerbsaufsichtsbehörde; **Conseil de la ~** *m* Amt für Wettbewerbsaufsicht; **dans la ~ internationale** im internationalen Wettbewerb; **défiant toute ~** konkurrenzlos; **distorsion de la ~** *f* Wettbewerbsverzerrung; **droit de la ~** *m* Wettbewerbsrecht; **fixation des prix à partir de la ~** *f* wettbewerbsorientierte Preisbildung; **jeu de la ~** *m* freier Wettbewerb; **libre**

(jeu de la) ~ *m* freier Wettbewerb; **limitation de la ~** *f* Wettbewerbsbeschränkung; **politique de ~** *f* Wettbewerbspolitik; **pression de la ~** *f* Wettbewerbsdruck, Konkurrenzdruck; **prix/tarif défiant toute ~** *m* unschlagbarer Preis; **renforcement de la ~** *m* Verstärkung des Wettbewerbs
△△ **affronter la ~** der Konkurrenz entgegentreten, sich der Konkurrenz stellen; **défier toute ~** konkurrenzlos sein; **entrer en ~ avec** ***qn*** zu *jdm* in Wettbewerb treten; **être en ~ avec ...** in Konkurrenz stehen zu ...; **faire ~ à** ***qn*** *jdm* Konkurrenz machen; **faire face à la ~** der Konkurrenz standhalten/entgegentreten, sich dem Wettbewerb stellen; **fausser la ~** den Wettbewerb verzerren; **la ~ est vive** die Konkurrenz ist heftig; **la ~ s'accroît** die Konkurrenz wird größer; **limiter la ~** den Wettbewerb beschränken; **se heurter à la ~ de** ***qn*** auf die Konkurrenz von *jdm* stoßen; **se livrer une ~ acharnée/sans merci** sich einen erbitterten/gnadenlosen Wettbewerb liefern; **se trouver en ~ avec** ***qn*** in Konkurrenz zu *jdm* stehen, sich in Konkurrenz zu *jdm* befinden; **subir la pression de la ~** unter Konkurrenzdruck stehen
concurrence de (à ~) in Höhe von
△ **à ~ de son apport** in der Höhe seiner Einlage; **à ~ de x francs** bis zu/bis zu einer Höhe von x Franc; **jusqu'à ~ de x francs** bis zu (einer Höhe von) x Franc
~ déloyale *f* unlauterer Wettbewerb
~ directe *f* direkte Konkurrenz
~ étrangère *f* ausländische Konkurrenz
~ illicite *f* unlauterer Wettbewerb
~ imparfaite *f* unvollkommener Markt, unvollkommener Wettbewerb
~ internationale *f* internationale Konkurrenz
~ monopolistique *f* monopolistische Konkurrenz
~ parfaite *f* vollständige Konkurrenz
~ pure et parfaite *f* vollkommener Markt, vollkommen freier Wettbewerb
concurrencer ***qn/qc*** *jdm/etw* Konkurrenz machen
concurrent/concurrente *m/f* Wettbewerber(in), Konkurrent(in)
concurrent, e konkurrierend, Konkurrenz-, Wettbewerbs-
△ **entreprise ~e** *f* Konkurrenzunternehmen, Wettbewerber; **produit ~** *m* Konkurrenzprodukt
concurrentiel, le konkurrenzfähig, Wettbewerbs-, Konkurrenz-
△ **avantage ~** *m* Wettbewerbsvorteil; **entreprise ~le** *f* wettbewerbsfähiges Unternehmen; **environnement ~** *m* Wettbewerbsumfeld; **marché très ~** *m* stark umkämpfter Markt; **mécanismes ~s** *m pl* Marktmechanismen; **position ~le** *f* Wettbewerbssituation; **secteur ~** *m* Wettbewerbssektor, privatwirtschaftlicher Sektor
condamnation *f* Verurteilung
~ pénale *f* strafrechtliche Verurteilung
condamner ***qn*** *jdn* verurteilen
~ ***qn*** **par contumace** *jdn* in Abwesenheit verurteilen
condensateur *m* Kondensator
condition *f* 1. Bedingung, Kondition, Voraussetzung 2. Zustand, *pluriel:* Verhältnisse
△ **à des ~s déterminées** zu festgelegten Bedingungen; **à la ~ que ...** unter der Bedingung/für den Fall, daß ...; **dans ces ~s** unter diesen Bedingungen; **défaillance d'une ~** *f* Hinfälligwerden einer Bedingung; **sous certaines ~s** unter gewissen Voraussetzungen
△△ **fixer les ~s** die Bedingungen/Konditionen festlegen; **remplir une ~** eine Bedingung/Voraussetzung erfüllen
~ d'accès *f pl* Zutrittsbedingungen
~ d'achat *f* Einkaufsbedingung
~s d'admission *f pl* Zulassungsbedingungen
~s d'approvisionnement *f pl* Einkaufskonditionen, Beschaffungsbedingungen
~s d'embauche *f pl* Anstellungsbedingungen
~s d'existence *f pl* Existenzbedingungen
~s d'habitat *f pl* Wohnverhältnisse
~s de crédit *f pl* Kreditbedingungen, Kreditkonditionen
~ de délai *f* Fristbedingung
~ de l'emprunt *f* Anleihebedingung, Kreditbedingung
~s de livraison et de paiement *f pl* Liefer- und Zahlungsbedingungen

~**s de logement** *f pl* Wohnverhältnisse
~ **de paiement** *f* Zahlungsbedingung
~ **de prix** *f* Preisbedingung
~**s de refinancement des banques** *f pl* Refinanzierungskonditionen der Banken
~ **de ressources** *f* Einkommensabhängigkeit (einer Unterstützung/Beihilfe)
△△ **mettre une allocation sous** ~ eine Beihilfe/Unterstützung an das Einkommen koppeln/binden, vom Einkommen abhängig machen
~ **de santé** *f* Gesundheitszustand
~**s de transport** *f pl* Transportbedingungen
~**s de travail** *f pl* Arbeitsbedingungen
△ **amélioration des** ~ *f* Verbesserung der Arbeitsbedingungen
~**s de vente** *f pl* Verkaufsbedingungen
~**s du marché** *f pl* Marktbedingungen
~**s générales de vente (CGV)** *f pl* allgemeine Verkaufsbedingungen
~**s générales du contrat** *f pl* allgemeine Vertragsbedingungen
~**s particulières du contrat** *f pl* besondere Vertragsbedingungen
~ **préalable** *f* Vorbedingung
conditionné, e abgepackt
conditionnel, le bedingt, unter Vorbehalt, unverbindlich
△ **offre ~le** *f* freibleibendes/unverbindliches Angebot; **ordre** ~ *m* bedingtes Termingeschäft
conditionnement *m* Verpackung, Abpacken, (Produkt)Aufmachung, Art der Verpackung, Stückelung
△ **filière du** ~ *f* Verpackungssparte, Verpackungsbereich; **industrie du** ~ *f* Verpackungsindustrie; **professionnel du** ~ *m* Verpackungsproduzent, Spezialist für Verpackungen
~ **industriel** *m* industrielle Verpackung/Aufmachung
conditionner (un produit) (ein Produkt) aufmachen, abpacken, verpacken
conducteur/conductrice *m/f* Fahrer(in)
~ **inexpérimenté** *m* Führerscheinneuling
△ **surprime conducteurs inexpérimentés** *f* Risikozuschlag für Führerscheinneulinge
conduire *qc* *etw* fahren, führen, leiten, lenken
△ **permis de** ~ *m* Führerschein
conduite *f* Führung, Leitung, (Auto)Fahren
~ **en état d'ivresse** *f* Trunkenheit am Steuer
confection *f* 1. Herstellung 2. Konfektion, Fertigkleidung
Confédération des Travailleurs Chrétiens *f* christliche Arbeitergewerkschaft
Confédération fiscale européenne *f* europäischer Steuerberaterverband
Confédération Française Démocratique du Travail (CFDT) *f* der sozialistischen Partei nahestehende Gewerkschaft
Confédération générale des cadres (CGC) *f* französische Gewerkschaft für leitende Angestellte
Confédération générale des PME (petites et moyennes entreprises) *f* französischer Verband der mittelständischen Betriebe
Confédération Générale du Travail (CGT) *f* der KP nahestehende Gewerkschaft
confédération syndicale *f* Gewerkschaftsverband
conférence *f* Konferenz, Besprechung, Tagung, Vortrag
△△ **être en** ~ eine Besprechung haben, in einer Besprechung sein; **tenir une** ~ eine Besprechung abhalten
~ **au sommet** *f* Gipfeltreffen, Gipfelkonferenz
~ **de la CSCE** *f* KSZE-Konferenz
~ **de presse** *f* Pressekonferenz
~ **Nord-Sud** *f* Nord-Süd-Konferenz
~ **tarifaire** *f* Zollkonferenz
conférer à *qn* **le droit de faire** *qc* *jdm* das Recht verleihen/geben, *etw* zu tun
confiance *f* Vertrauen
△ **abus de** ~ *m* Vertrauensmißbrauch; **crise de** ~ *f* Vertrauenskrise; **digne de** ~ vertrauenswürdig; **personne de** ~ *f* Vertrauensperson; **perte de** ~ *f* Vertrauensschwund; **poste de** ~ *m* Vertrauensstellung, Vertrauensposten; **vote de** ~ *m* Vertrauensvotum
confidentiel, le vertraulich, Geheim-
△ **à titre** ~ *m* vertraulich; **code** ~ *m* Geheimkode

confirmation *f* Bestätigung
~ **de la commande** *f* Auftragsbestätigung
~ **écrite** *f* schriftliche Bestätigung
confirmer *qc* *etw* bestätigen
~ **un accréditif** ein Akkreditiv bestätigen
confiscation *f* Beschlagnahme
confisquer *qc* *etw* beschlagnahmen
conflictualité *f* Konfliktträchtigkeit
conflit *m* Konflikt, Streit
~ **du travail** *m* Arbeitskonflikt
~ **généralisé** *m* sich ausweitender Konflikt
~ **localisé** *m* örtlich begrenzter Konflikt
confondu, e zusammengenommen, zusammengerechnet, ohne Unterscheidung
△ **toutes catégories ~es** alle Kategorien zusammengenommen, ohne Unterscheidung der verschiedenen Kategorien
conforme à *qc* (einer Sache) gemäß, entsprechend
conformément à … gemäß, -mäßig
~ **au contrat** vertragsgemäß
~ **aux règlements** vorschriftsmäßig
conformité *f* Konformität, Übereinstimmung
△ **attestation/certificat de ~** *f/m* Abnahmebescheinigung, Unbedenklichkeitsbescheinigung, Nämlichkeitsbescheinigung
confortable komfortabel, bequem
△ **revenu ~** *m* gutes Einkommen, guter Verdienst
confrère *m* Kollege
confrontation *f* Konfrontation, Zusammentreffen, Gegenüberstellung
~ **de l'offre et de la demande** *f* Zusammentreffen von Angebot und Nachfrage
~ **des ordres d'achat et de vente** *f* Gegenüberstellung der Kauf- und Verkaufsaufträge
confronté, e à konfrontiert mit
congé *m* 1. Urlaub, Beurlaubung 2. Entlassung, Kündigung 3. Abschied
△ **dates de ~s** *f pl* Urlaubsdaten; **jour de ~** *m* Urlaubstag; **mise en ~** *f* Beurlaubung; **prime de ~(s)** *f* Urlaubsgeld; **reliquat de ~s** *m* Resturlaub
△△ **demander trois jours de ~** um einen dreitägigen Urlaub bitten/einen dreitägigen Urlaub beantragen; **donner son ~ à** *qn* *jdn* entlassen; **être en ~ de maladie** krankgeschrieben sein; **partir en ~** in Urlaub gehen; **prendre ~ de** *qn* sich von *jdm* verabschieden; **prendre un jour de ~** einen Tag Urlaub nehmen; **se mettre en ~ de maladie** sich krankschreiben lassen
~ **annuel** *m* Jahresurlaub
~ **collectif d'entreprise** *m* Betriebsferien
~ **d'études** *m* Bildungsurlaub
~**s de base** *m pl* Grundurlaub
~ **de convalescence** *m* Genesungsurlaub
~ **de formation** *m* Bildungsurlaub
~ **de maladie** *m* Abwesenheit vom Arbeitsplatz wegen Krankheit, „Krankenurlaub"
△△ **avoir un/être en ~** krankgeschrieben sei, krankfeiern
~ **de maternité** *m* Mutterschaftsurlaub
~ **parental** *m* Erziehungsurlaub
~**s payés** *m pl* bezahlter Urlaub
~ **payé annuel** *m* gesetzlicher Jahresurlaub
~ **pour la création d'entreprise** *m* Existenzgründungsurlaub
~ **sabbatique** *m* Forschungsurlaub
~ **sans solde** *m* unbezahlter Urlaub
congédier un employé einen Angestellten entlassen, einem Angestellen kündigen
congélateur *m* Tiefkühlschrank, Tiefkühltruhe, (Tief)Kühl-
△ **navire ~** *m* Kühlschiff
congloméral, e diagonal, konglomeral
△ **concentration ~e** *f* diagonale/konglomerale Konzentration/Verbindung
conglomérat *m* Mischkonzern, Konglomerat
congrès *m* Tagung, Kongreß
△ **centre de ~** *m* Kongreßzentrum; **palais des ~** *m* Kongreßgebäude
~ **d'un parti** *m* Parteitag
congressiste *m* Kongreßteilnehmer, Tagungsteilnehmer
conifère *m* Nadelbaum, Nadelholz
conjoint *m* Lebensgefährte, Ehegatte, Ehepartner
~ **survivant** *m* überlebender Ehepartner
△ **rente du ~** *f* Witwenrente, Witwerrente

conjoint, e gemeinschaftlich, gemeinsam, verbunden, angeschlossen
△ **entreprise ~e** *f* angeschlossenes Unternehmen

conjointement gemeinschaftlich, gemeinsam, solidarisch

conjoncture *f* Konjunktur, Marktsituation, Wirtschaftslage
△ **affaiblissement de la ~** *m* Konjunkturabschwächung; **aléas de la ~** *m pl* Konjunkturzufälle; **amélioration de la ~** *f* Erholung der Konjunktur; **baisse de la ~** *f* Konjunkturrückgang; **bonne ~** *f* gute Konjunkturlage; **détérioration de la ~** *f* Verschlechterung der Konjunktur; **emballement de la ~** *m* Konjunkturüberhitzung; **enquête de ~** *f* Konjunkturumfrage; **évolution de la ~** *f* Konjunkturentwicklung; **fléchissement de la ~** *m* Konjunkturrückgang; **fluctuations de la ~** *f pl* Konjunkturschwankungen; **haute ~** *f* Hochkonjunktur; **institut de ~** *m* Konjunkturforschungsinstitut; **morosité de la ~** *f* Konjunkturflaute; **note de ~** *f* Konjunkturbericht; **ralentissement de la ~** *m* Konjunkturabschwächung; **rapport de ~** *m* Konjunkturbericht; **reflux de la ~** *m* Konjunkturrückgang; **réglage contracyclique de la ~** *m* kontrazyklische Regulierung der Konjunktur; **retournement de ~** *m* Konjunkturumschwung; **revirement de la ~** *m* Konjunkturverschlechterung, Konjunkturrückgang; **sensible aux mouvements de la ~** konjunkturempfindlich; **soubresauts de la ~** *m pl* Konjunktursprünge; **surchauffe de la ~** *f* überhitzte Konjunktur
△△ **freiner la ~** die Konjunktur dämpfen; **la ~ s'est retournée** die Konjunktur ist umgekippt; **la ~ est morose** die Konjunktur ist schlecht; **peser sur la ~** die Konjunktur belasten

~ **boursière** *m* Börsenkonjunktur

~ **économique** *f* Wirtschaftskonjunktur

conjoncturel, le konjunkturell, konjunkturbedingt, Konjunktur-
△ **affaiblissement ~** *m* Konjunkturabschwächung; **analyse ~le** *f* Konjunkturanalyse; **baisse ~le** *f* Konjunkturabschwung; **chômage ~** *m* konjunkturelle Arbeitslosigkeit; **cycle ~** *m* (Konjunktur)Zyklus; **évolution ~le** *f* Konjunkturentwicklung; **décroissance ~le** *f* Konjunkturabschwung; **dépression ~le** *f* Konjunkturabschwung; **effondrement ~** *m* Konjunktureinbruch; **expansion ~le** *f* Wirtschaftsaufschwung; **fléchissement ~** *m* Konjunkturabschwächung; **fluctuations ~les** *f pl* Konjunkturschwankungen; **indicateur ~** *m* Konjunkturindikator; **instrument ~ de mesure** *m* Konjunkturmeßinstrument; **intervention ~le** *f* Konjunkturmaßnahme; **politique ~le** *f* Konjunkturpolitk; **prévision ~le** *f* Konjunkturprognose, Konjunkturvor(aus)schau; **ralentissement ~** *m* Konjunkturverlangsamung, Konjunkturabschwächung, Abkühlung der Konjunktur; **reprise ~le** *f* Konjunkturbelebung; **situation ~le** *f* Konjunkturlage; **tassement ~** *m* Konjunkturabschwächung; **variations ~les** *f pl* Konjunkturschwankungen

conjoncturiste *m/f* Konjunktursachverständige(r), Konjunkturforscher(in), Wirtschaftsforscher(in)

connaissance *f* Wissen, Kenntnis, Verständnis
△△ **prendre ~ de** *qc* von *etw* Kenntnis nehmen, *etw* zur Kenntnis nehmen, einsehen

connaissement *m* Konnossement, Frachtbrief

~ **à bord** *m* An-Bord-Konnossement

~ **à ordre** *m* Orderkonnossement

~ **à personne dénommée** *m* Namenskonnossement

~ **au porteur** *m* Inhaberkonnossement

~ **clausé** *m* Konnossement mit Vorbehalt

~ **de bout en bout** *m* Durch(fracht)konnossement

~ **direct** *m* Durch(fracht)konnossement

~ **embarqué** *m* Abladekonnossement, Konnossement verschifft

~ **ferroviaire** *m* Eisenbahnverladebescheinigung

~ **fluvial** *m* Binnenschiffahrtskonnossement

~ **maritime** *m* Schiffsfrachtbrief

~ **négociable** *m* begebbares Konnossement

~ **net** *m* reines Konnossement
~ **reçu pour embarquement** *m* Konnossement empfangen zur Verschiffung
~ **sans réserve** *m* Konnossement ohne Abschreibung
connaître un déficit chronique chronisch im Defizit sein
connaître un net recul deutlich zurückgehen
connaître une chute de x points um x Prozentpunkte fallen
connecter *qc* **avec ...** *etw* verbinden mit ...
connexion *f* Anschluß
conquérir *qc* *etw* erorbern, erschließen, erringen
~ **de nouveaux marchés** neue Märkte erobern/erschließen
~ **des parts de marché** Marktanteile erringen/erobern
conquête de parts de marché *f* Eroberung von Marktanteilen
conquête du marché *f* Markteroberung
conquête sociale *f* soziale Errungenschaft
conscient, e des problèmes d'environnement umweltbewußt
consécutif, ive aufeinanderfolgend, Folge-
△ **année ~ive** *f* Folgejahr
conseil *m* 1. Berater, Rat 2. Beratung, Unternehmensberatung, Hinweis, Rat
△ **assureur-~** *m* Versicherungsberater; **bureau de ~** *m* Beratungsbüro; **ingénier-~** *m* beratender Ingenieur; **service-~** *m* Beratung; **société (de) ~** *f* Beratungsgesellschaft, Consultingunternehmen
conseil d'administration (CA) *m* Verwaltungsrat
△ **président du ~** *m* Verwaltungsratsvorsitzender; **séance du ~** *f* Verwaltungsratssitzung
~ **d'entreprise** *m* Unternehmensberatung
△ **bureau de ~** *m* Unternehmensberatungsbüro
~**s d'utilisation** *m pl* Hinweise zur Benutzung
~ **de direction** *m* Direktorium, Vorstand
~ **de la concurrence** *m* Wettbewerbsaufsichtsbehörde
~ **de surveillance** *m* Aufsichtsrat
△△ **élire les membres du ~** die Mitglieder des Aufsichtsrates wählen; **siéger au ~** im Aufsichtsrat sitzen, Mitglied des Aufsichtsrats sein
~ **des experts** *m* Sachverständigenrat
~ **des prud'hommes** *m* Arbeitsgericht, Schiedsstelle für arbeitsrechtliche Auseinandersetzungen
~ **en placement** *m* Anlageberatung
~ **européen** *m* Europäischer Rat
~ **fiscal** *m* Steuerberater
~ **juridique** *m* Rechtsberater
~ **municipal** *m* Gemeinderat, Stadtrat
~ **régional** *m* Regionalrat, Regionalversammlung
Conseil Constitutionnel *m* Verfassungsrat
~ **d'Etat** *m* Staatsrat (Kassationsgericht im öffentlichen Recht)
~ **de l'Europe** *m* Europarat
~ **de la Concurrence** *m* Amt für Wettbewerbsaufsicht
~ **des Communautés Européennes** *m* Rat der Europäischen Gemeinschaften
~ **des Ministres** *m* Ministerrat
~ **du GATT** *m* GATT-Rat
~ **Economique et Social (CES)** *m* Wirtschafts-und Sozialrat
~ **Européen pour la Recherche Nucléaire (CERN)** *m* Europäische Organisation für Kernforschung
~ **Général** *m* Entscheidungsorgan auf der Ebene des Departements
~ **National du Patronat Français (CNPF)** *m* Arbeitgeberverband
conseiller *m* Berater, Rat(smitglied)
~ **commercial** *m* Handelsberater, Berater in Handelssachen
~ **fiscal** *m* Steuerberater
~ **municipal** *m* Mitglied des Gemeinderats
~ **prud'homme** *m* Arbeitsschöffe, Schöffe am Arbeitsgericht
~ **régional** *m* Mitglied der Regionalversammlung
conseiller ***qc*** **à** ***qn*** *jdm etw* raten, empfehlen
△ **prix conseillé** *m* empfohlener Verkaufspreis
consensus *m* Konsens
△△ **parvenir à un ~** zu einem Konsens gelangen, einen Konsens erreichen

~ **social** *m* sozialer Konsens
consentement *m* Zustimmung, Einwilligung
~ **de crédit** *m* Kreditzusage
~ **de la majorité des associés** *m* Zustimmung der Mehrheit der Gesellschafter
consentir ***qc*** **à** ***qn*** *jdm etw* gewähren, bewilligen
~ **un crédit/un prêt à** ***qn*** *jdm* einen Kredit/ein Darlehen gewähren/bewilligen
~ **une remise de x pour cent** x Prozent Rabatt gewähren
conséquence juridique *f* juristische Folge
conservation *f* Bewahrung, Verwahrung, Erhaltung, Konservierung
△ **de longue ~** haltbar; **dépôt en ~** *m* Sonderverwahrung
~ **de portefeuille** *f* Portefeuilleverwahrung
~ **de titres** *f* Depotverwahrung
~ **des hypothèques** *f* Hypothekenverzeichnis
conservatoire Sicherungs-, Sicherheits-
△ **actes ~s** *m pl* Sicherungsmaßnahmen; **arrêt ~** *m* Sicherheitspfändung
conserve *f* Konserve
△ **fabrication de ~s** *f* Konservenherstellung
conserver ***qc*** *etw* behalten, bewahren, einbehalten, aufbewahren, lagern
△ **bénéfice conservé** *m* einbehaltener Gewinn
~ **sa parité à l'égard d'une autre monnaie** seinen Wechselkurs gegenüber einer anderen Währung (beibe)halten
~ **son emploi** seinen Arbeitsplatz behalten
conserverie *f* Konservenfabrik
considération *f* Erwägung, (Hoch)Achtung
△△ **prendre en ~** ***qc*** *etw* in Erwägung ziehen
consignataire *m* Konsignatar, Verkaufskommissionär, Verwahrer
△ **commissionnaire ~** *m* Kommissionär mit Konsignationslager
consignation *f* 1. Pfand (für eine Verpackung), Flaschenpfand 2. Konsignation, Hinterlegung von Wertpapieren
△ **Caisse des Dépôts et Consignations** *f* staatliche Hinterlegungs- und Konsignationskasse
consigne *f* 1. Vorschrift 2. Aufruf, Parole 3. Pfand 4. Gepäckaufbewahrung
△ **sans ~** ohne Pfand, Einweg-
~ **automatique** *f* Gepäckschließfach
~ **de grève** *f* Streikparole, Streikaufruf
consigner ***qc*** 1. *etw* (schriftlich) niederlegen, hinterlegen 2. *etw* mit einem Pfand belegen
~ ***qc*** **dans un traité** *etw* in einem Vertrag niederlegen
consolidation *f* Konsolidierung
~ **de dette** *f* Umschuldung
~ **des cours** *f* Kursfestigung
consolidé, e konsolidiert
△ **bénéfice ~** *m* konsolidierter Gewinn; **bilan ~** *m* konsolidierte Bilanz; **chiffre d'affaires ~** *m* konsolidierter Umsatz; **dette ~e** *f* konsolidierte Schuld
consolider ***qc*** *etw* festigen, konsolidieren
consommables *m pl* Betriebsstoffe, verzehrbare Güter
consommable konsumierbar, genießbar
△ **matières ~s** *f pl* Betriebsstoffe
consommateur/consommatrice *m/f* Verbraucher(in), Konsument(in), Benutzer(in), Nutzer(in)
△ **association de ~s** *f* Verbraucherverband; **besoins du ~** *m pl* Verbraucherbedürfnisse; **comportement du ~** *m* Konsumentenverhalten; **coopérative de ~s** *f* Verbrauchergenossenschaft, Konsumgenossenschaft; **défense des ~s** *f* Verbraucherschutz; **du producteur au ~** vom Erzeuger zum Verbraucher; **demande des ~s** *f* Verbrauchernachfrage; **organisme de défense du ~** *m* Verbraucherschutzorganisation; **mouvement de défense des ~s** *m* Verbraucherschutzbewegung; **organisation de ~s** *f* Verbraucherverband; **organisme de défense du ~** *m* Verbraucher(schutz)organisation; **panel de ~s** *m* Verbraucherpanel; **protection du ~/des ~s** *f* Verbraucherschutz; **Union Fédérale des Consommateurs (UFC)** *f* französischer Verbraucherschutzverband
△△ **détecter les besoins des ~s** die Verbraucherbedürfnisse herausfinden
~ **final** *m* Endverbraucher, Letztverbraucher

~ **moyen** *m* Normalverbraucher, Durchschnittsverbraucher

~ **potentiel** *m* Interessent, potentieller Verbraucher

consommateur, trice Verbraucher-, Verbrauchs-

△ **pays** ~ *m* Verbraucherland

consommation *f* Verbrauch, Konsum, Verzehr, Bedarf

△ **à faible ~ de fioul** heizölsparend; **article de ~ courante/de grande ~** *m* Massen(konsum)artikel, gängiger Konsumartikel, Konsumartikel des täglichen Bedarfs; **biens de ~** *m pl* Konsumgüter, Verbrauchsgüter; **biens de ~ courante/de grande ~** *m pl* Massenkonsumgüter, gängige Konsumgüter; **biens de ~ durables** *m pl* langlebige Konsumgüter/Gebrauchsgüter; **biens de ~ intermédiaire** *m pl* Zwischenprodukte, Halbfertigerzeugnisse; **biens de ~ non durables** *m pl* Verbrauchsgüter, kurzlebige Konsumgüter; **Conseil National de la Consommation (CNC)** *m* Verbraucherschutzbehörde; **coopérative de** ~ *f* Verbrauchergenossenschaft, Konsumgenossenschaft; **crédit à la ~** *m* Konsumtivkredit, Konsumentenkredit, Verbraucherkredit; **date limite de ~** *f* Verfallsdatum (bei Lebensmitteln); **droit de la ~** *m* Verbraucherrecht; **enquête de ~** *f* Verbrauchsforschung, Verbraucherumfrage, **habitudes de ~** *f pl* Konsumgewohnheiten, Verbrauchsgewohnheiten; **impôt à la ~** *m* Verbrauchssteuer; **impropre à la ~** zum Verzehr nicht geeignet; **indice des prix à la ~** *m* Index der Verbraucherpreise, Verbraucherpreisindex; **indice mensuel des prix à la ~** *m* monatlich erstellter allgemeiner Verbraucherpreisindex; **Institut National de la Consommation (INC)** *m* Verbraucherschutzbehörde; **marketing de ~** *m* Konsumentenmarketing; **modes de ~** *m pl* Verbrauchsgewohnheiten, Konsumgewohnheiten; **prêt à la ~** *m* Konsumentenkredit, (Anschaffungs)Darlehen; **prix à la ~** *m* Verbraucherpreis, Konsumentenpreis; **produits de grande ~** *m pl* Massenkonsumgüter, Verbrauchsgüter; **ralentissement de la ~** *m* Rückgang des Verbrauchs/Konsums, Konsumrückgang; **relance de la ~** *f* Ankurbeln des Konsums; **relance par la ~** *f* Wiederbelebung durch den Konsum; **reprise de la ~** *f* Ansteigen des Verbrauchs; **société de ~** *f* Konsumgesellschaft; **sous-~** *f* Unterkonsumtion; **taxe à la/de/sur la ~** *f* Verbrauchsteuer

△△ **encourager la ~** zum Verbrauch anreizen, den Verbrauch stimulieren; **la ~ a augmenté/a baissé** der Verbrauch ist gestiegen/gesunken; **la ~ est en plein boom** der Verbrauch boomt; **la ~ progresse de x pour cent** der Verbrauch steigt um x Prozent; **la ~ stagne** der Verbrauch stagniert

~ **charbonnière** *f* Kohlenverbrauch

~ **d'énergie** *f* Energieverbrauch

~ **de carburants** *f* Treibstoffverbrauch

~ **de temps** *f* Zeitaufwand

~ **des ménages** *f* Verbrauch der Haushalte, privater Konsum/Verbrauch, Konsum der Privathaushalte

△ **relance de la ~** *f* Wiederankurbeln des privaten Konsums; **reprise de la ~** *f* Ansteigen des privaten Verbrauchs

△△ **doper la ~** den privaten Verbrauch anregen/stimulieren

~ **des particuliers** *f* Verbrauch der Haushalte, privater Konsum/Verbrauch, Konsum der Privathaushalte

~ **du capital** *f* Kapitalverzehr

~ **énergétique** *f* Energieverbrauch

△ **sur~** *f* zu hoher Energieverbrauch

~ **finale** *f* Endverbrauch

~ **intérieure** *f* inländischer Verbrauch

~ **intermédiaire** *f* Verbrauch an Zwischenprodukten

~ **journalière** *f* Tagesverbrauch

~ **par tête d'habitant** *f* Pro-Kopf-Verbrauch

~ **privée** *f* privater Konsum/Verbrauch

~ **publique** *f* Verbrauch der öffentlichen Hand

consommer (*qc*) (*etw*) verbrauchen, konsumieren

△ **propension à ~** *f* Konsumbereitschaft, Konsumneigung

~ **des matières premières** Rohstoffe verbrauchen

consomptible konsumierbar, verzehrbar, verbrauchbar

consortium *m* Konsortium, Konzern
~ **bancaire** *m* Bankenkonsortium
~ **d'assurances** *m* Versicherungskonsortium
~ **financier** *m* Finanzkonsortium
~ **industriel** *m* Industriekonsortium
constant, e beständig, fest, gleichbleibend, konstant, stabil, linear
△ **amortissement ~** *m* lineare Abschreibung; **de qualité ~e** von gleichbleibender Qualität/Güte; **en/à francs/prix ~s** in konstanten Franc/Preisen
△△ **exprimer en francs/prix ~s** in konstanten Franc/Preisen ausdrücken
constat d'avaries *m* Havariebefund, Havariefeststellung
constat amiable d'accident automobile (*ou* **constat amiable** *ou* **constat**) *m* Unfallbericht *Schilderung des Unfallhergangs auf einem entsprechenden Formular als Grundlage für die Schadensregulierung bei der Versicherung*
△△ **remplir un ~** einen Unfallbericht ausfüllen; **signer un ~** einen Unfallbericht unterschreiben
constituer ***qc*** *etw* bilden, anlegen, zusammenstellen, gründen
~ **des réserves** Rücklagen bilden
~ **des stocks** ein Lager anlegen
~ **partie civile (se)** als Nebenkläger auftreten
~ **un portefeuille de produits** ein Produktportfolio zusammenstellen
~ **un stock de** ***qc*** einen Vorrat von *etw* anlegen, *etw* bevorraten
~ **une encaisse** einen Barbestand bilden
~ **une gamme** eine Produktpalette zusammenstellen
~ **une provision** eine Deckung bilden
~ **une société** eine Gesellschaft gründen
constitutif, ive grundlegend, wesentlich, konstitutiv
△ **acte ~ d'une société** *m* Gründungsakt, Gründungshandlung; **assemblée ~ive** *f* Gründungsversammlung
constitution *f* 1. Bildung, Gründung, Einsetzung 2. Verfassung
△ **acte de ~** *m* Gründungsvertrag; **avis de ~** *m* Gründungsanzeige; **formalités de ~** *f pl* Gründungsformalitäten
~ **d'un capital** *f* Kapitalbildung
~ **d'un groupe industriel** *f* Konzernbildung
~ **d'un stock** *f* Lageraufbau, Bevorratung
~ **d'une retraite** *f* Aufbau einer Rente
constitutionnel, le verfassungsgemäß, verfassungsmäßig, Verfassungs-, Staats-
△ **droit ~** *m* Verfassungsrecht
constructeur *m* Hersteller, Fabrikant, Erbauer
~ **automobile** *m* Automobilhersteller, Fahrzeugbauer
~ **d'ordinateurs** *m* Computerhersteller
~ **de voitures** *m* Automobilhersteller, Fahrzeugbauer
~ **mondial** *m* weltweiter Hersteller
~ **privé** *m* privater Bauträger
construction *f* 1. Konstruktion, Herstellung, Aufbau, Erbauung, Bauen, Wohnungsbau 2. Gebäude, Bau, Bauwerk
△ **aide à la ~** *f* Förderung des Wohnungsbaus, Wohnbauhilfe; **bureau de ~** *m* Konstruktionsbüro, Ingenieurbüro; **en cours de ~** in Bau, im Bau befindlich; **entrepreneur de ~** *m* Bauunternehmer; **entreprise de ~** *f* Bauunternehmen; **entreprise de ~ navale** *f* Schiffsbauunternehmen; **financement de la ~** *m* Baufinanzierung; **indice du coût de la ~ (ICC)** *m* Baukostenindex; **prêt à la ~** *m* Baufinanzierungsdarlehen, Baukredit; **projet de ~** *m* Bauvorhaben; **promoteur de ~** *m* Bauprojektträger, Bauträger(gesellschaft); **rythme de ~** *m* Bautempo; **vice de ~** *m* Konstruktionsfehler
△△ **modifier une ~** umbauen
~ **aéronautique** *f* Flugzeugbau
~ **automobile** *f* Kraftfahrzeugbau
~ **clés en main** *f* schlüsselfertiges Gebäude, schlüsselfertiger Bau, schlüsselfertige Wohnung
~ **d'immeubles d'habitation** *f* Wohnungsbau
~ **de logements sociaux** *f* sozialer Wohnungsbau
~ **de véhicules à moteur** *f* Kraftfahrzeugbau
~ **européenne** *m* europäischer Aufbauprozeß
~ **mécanique** *f* Maschinenbau

~ **navale** *f* Schiffbau
~ **neuve** *f* Neubau
~ **résidentielle** *f* Wohnungsbau
construire ***qc*** *etw* bauen, erbauen, errichten, konstruieren
△ **permis de ~** *m* Baugenehmigung; **terrain à ~** *m* Baugrundstück, Bauland
consulat *m* Konsulat
consultant *m* Berater
△ **cabinet de ~s** *m* Beratungsbüro, Consultingfirma
consultant, e beratend
△ **avocat ~** *m* beratender Anwalt; **médecin ~** *m* beratender Arzt
consultatif, ive beratend
△ **assemblée ~ive** *f* beratende Versammlung; **avis ~** *m* Gutachten; **comité ~** *m* beratender Ausschuß; **organe ~** *m* beratendes Organ; **voix ~ive** *f* beratende Stimme
consultation *f* Befragung, Abfrage, Konsultation, Arztbesuch, Beratung, Ausschreibung
△ **centre de ~** *m* beratende Stelle; **droit de ~** *m* Konsultationsrecht; **heures de ~** *f pl* Sprechstunde(n)
~ **d'une banque de données** *f* Abfrage einer Datenbank
~ **médicale** *f* ärztliche Konsulation
△ **honoraires de consultations médicales** *m pl* Arzthonorar(e)
~ **populaire** *f* Volksbefragung
consulter ***qn*** *jdn* zu Rate ziehen, befragen, anhören, konsultieren
consumérisme *m* Konsumerismus, Verbraucherschutz, Verbraucherschutzbewegung
contact *m* Kontakt
△ **moyens de ~** *m pl* Verbindungsmittel
△△ **nouer des ~s avec** ***qn*** mit *jdm* Kontakte knüpfen
~ **bilatéral** *m* bilateraler Kontakt
contamination *f* Verseuchung
contenance *f* Inhalt, Fassungsvermögen
conteneur/container *m* Container, Großbehälter, Versandbehälter
△ **manifeste de ~** *m* Container-Ladungsverzeichnis, Container-Manifest; **portique à ~s** *m* Containerbrücke; **porte-~s** *m* Containerschiff; **poubelle ~** *f* Müllcontainer; **transport par ~s** *m* Containerbeförderung
~ **calorifique** *m* Thermosbehälter
~ **complet** *m* Voll-Containerladung
~ **isotherme** *m* Wärmeschutzbehälter
conteneuriser in Container verladen/verbringen
contenir ***qc*** 1. *etw* enthalten, beinhalten 2. verhindern, begrenzen, beschränken
~ **l'indice** den Anstieg des Index begrenzen
~ **l'indice des prix** den (Anstieg des) Preisindex begrenzen
~ **la croissance de la masse monétaire** das Anwachsen der Geldmenge begrenzen
~ **le déficit** das Defizit beschränken
contenter de ***qc*** **(se)** sich mit *etw* zufrieden geben
contentieux *m* Streitfall, Rechtsstreit, Rechtsabteilung
△ **service du ~** *m* Rechtsabteilung
~ **fiscal** *m* Rechtsstreitigkeit in Steuersachen, Steuerstreit
contestation *f* Anfechtung, Beanstandung, Einwendung, Einspruch, Widerspruch
contester ***qc*** *etw* beanstanden, bestreiten, einwenden, in Zweifel ziehen, in Abrede stellen, zurückweisen
~ **les licenciements** die Entlassungen anfechten
~ **une créance** eine Forderung bestreiten
~ **une décision** eine Entscheidung anfechten
contigu, e angrenzend
contingent *m* Kontingent, Anteil, Quote
△ **militaire du ~** *m* Wehrdienstleistender, Wehrpflichtiger
~ **à l'exportation/d'exportations** *m* Ausfuhrkontingent, Exportkontingent
~ **à l'importation/d'importations** *m* Einfuhrkontingent, Importkontingent
contingentement *m* Kontigentierung, Quotenregelung
△ **cartel de ~** *m* Quotenkartell
~ **des exportations/des importations** *m* Ausfuhrkontingentierung/Einfuhrkontingentierung
contingenter ***qc*** *etw* kontingentieren, rationieren, bewirtschaften
continu, e durchgehend, anhaltend, (fort)laufend, kontinuierlich

△ **cotation en ~** *f* fortlaufende Notierung; **en ~** durchgehend, fortlaufend; **journée ~e** *f* durchgehende Arbeitszeit, durchgehende Öffnungszeiten; **formation ~e** *f* Weiterbildung, Fortbildung; **marché ~** *m* kontinuierlicher Markt (Börse)

continuation *f* Weiterführung, Fortdauer, Fortsetzung

~ de l'entreprise *f* Fortführung des Betriebs

continuer à produire weiterproduzieren

continuer sur sa lancée weitermachen

contournement *m* Umgehung
△ **itinéraire de ~** *m* Umgehungsstraße

contourner *qc* *etw* umgehen, umfahren

contractant *m* Vertragsschließender, Vertragspartner, Kontrahent
△ **Etat ~** *m* Vertragsstaat; **liberté des ~s** *f* Vertragsfreiheit

contractant, e vertragsschließend, Vertrags-
△ **partie ~e** *f* vertragsschließende Partei, Vertragspartei, Vertragspartner; **pays ~** *m* vertragsschließendes Land

contracter *qc* *etw* abschließen, aufnehmen, eingehen, sich zu *etw* (vertraglich) verpflichten
△ **capacité de ~** *f* Geschäftsfähigkeit, Vertragsfähigkeit; **dette contractée** *f* aufgenommene Schuld; **emprunt contracté** *m* aufgenommenes Darlehen; **incapable de ~** geschäftsunfähig; **incapacité de ~** *f* mangelnde Geschäftsfähigkeit; **liberté d'entreprendre et de ~** *f* Unternehmens- und Vertragsfreiheit; **obligation contractée par écrit** *f* schriftlich eingegangene Verpflichtung

~ des dettes/une dette Schulden machen, eine Schuld eingehen

~ un emprunt ein Darlehen aufnehmen

~ un engagement eine Verpflichtung übernehmen

~ un prêt ein Darlehen aufnehmen

~ une assurance eine Versicherung abschließen

~ une obligation eine Anleihe aufnehmen

contraction d'un excédent *f* Verringerung eines Überschusses

contraction du déficit *f* Verringerung des Defizits

contraction monétaire *f* Verringerung der Geldmenge

contractuel *m* Angestellter des öffentlichen Dienstes ohne Beamtenstatus

contractuel, le vertraglich (festgelegt), vertragsgemäß
△ **accord ~** *m* vertragliche Vereinbarung; **défaillance ~le** *f* Vertragswidrigkeit, Vertragsverletzung, Vertragsbruch; **délai ~** *m* Vertragsfrist; **engagement ~** *m* vertragliche Verpflichtung; **infraction ~le** *f* Vertragsverletzung, Vertragswidrigkeit, Vertragsbruch; **paiement ~** *m* vertragliche Zahlung; **préavis ~** *m* vereinbarte Kündigungsfrist; **politique ~le** *f* Tarifpolitik; **réserve ~le** *f* vertragliche Rücklage; **responsabilité ~le** *f* Vertragshaftung, vertragliche Haftung; **salaire ~** *m* Tariflohn; **solution ~le** *f* vertragliche Lösung; **termes ~s** *m pl* Vertragsbestimmungen, Vertragsklauseln

contradictoire widersprüchlich, streitig, kontradiktorisch
△ **expertise ~** *f* wiedersprüchliches Gutachten; **jugement ~** *m* kontradiktorisch ergangenes Urteil; **procédure ~** *f* streitiges Verfahren

contraignant, e einengend

contraindre *qn* **de faire** *qc* *jdn* zwingen *etw* zu tun
△△ **se voir contraint, e de faire** *qc* sich gezwungen sehen *etw* zu tun

contrainte *f* Zwang, Zwangslage, Erzwingung, Nötigung, Auflage

~s budgétaires *f pl* Haushaltbeschränkungen, Haushaltszwänge

~s administratives *f pl* Verwaltungsvorschriften

contraire gegensätzlich, gegenteilig, entgegengesetzt, anderslautend, -widrig
△ **clause ~** *f* gegenteilige Bestimmung; **stipulation ~** *f* anderslautende Auflage/Vereinbarung/Verfügung

contrat *m* Vertrag, Vereinbarung, Abschluß, Geschäft, Kontrakt
△ **aux termes du ~** laut Vertrag, nach den Bestimmungen des Vertrags; **avenant au ~** *m* Vertragszusatz; **conclusion du ~** *f* Vertragsabschluß; **conforme au ~** vertragsgemäß; **conformément au ~** vertragsgemäß; **dérogation**

au ~ *f* Vertragsabweichung; **dès la conclusion du ~** bereits bei Vertragsabschluß; **durée du ~** *f* Vertragsdauer; **échéance du ~** *f* Vertragsablauf; **en vertu du ~** laut Vertrag, vertragsgemäß; **expiration du ~** *f* Vertragsablauf; **frais du ~** *m pl* Verwaltungskostenanteil bei Verträgen; **modification du ~** *f* Vertragsänderung; **négociation d'un ~** *f* Vertragsverhandlung, Geschäftsverhandlung; **nullité du ~** *f* Nichtigkeit des Vertrags; **objet du ~** *m* Vertragsgegenstand; **par ~** vertraglich; **partie au ~** *f* Vertragspartei, Vertragspartner; **période du ~** *f* Vertragsdauer; **résiliation d'un ~** *f* Vertragskündigung, Kündigung/Aufkündigung/Aufhebung/Auflösung eines Vertrages; **résolution d'un ~ (de vente)** *f* Auflösung eines Kauf(Vertrages); **respect d'un ~** *m* Vertragserfüllung; **rupture de ~** *f* Vertragsbruch; **rupture abusive de ~** *f* rechtsmißbräuchliche Vertragslösung; **selon les clauses du ~** vertragsgemäß; **signature d'un ~** *f* Vertragsunterzeichnung; **–stipulation du ~** *f* Vertragsbestimmungen, Vertragsklauseln; **termes du ~** *m pl* Vertragsbestimmungen; **violation du ~** *f* Vertragsverletzung, Vertragswidrigkeit, Vertragsbruch

△△ **conclure un ~** einen Vertrag abschließen; **décrocher un ~** einen Vertrag bekommen/einheimsen; **déroger à un ~** von einem Vertrag abweichen; **émaner du ~** aus dem Vertrag hervorgehen; **honorer un ~** einen Vertrag erfüllen; **passer un ~** einen Vertrag abschließen; **ratifier un ~** einen Vertrag ratifizieren; **reconduire un ~** einen Vertrag verlängern; **renouveler un ~** einen Vertrag verlängern; **résilier un ~** einen Vertrag auflösen/kündigen; **ressortir du ~** aus dem Vertrag hervorgehen; **rompre un ~** einen Vertrag kündigen/auflösen; **signer un ~** einen Vertrag unterzeichnen; **souscrire un ~** einen Vertrag abschließen; **suspendre un ~** einen Versicherungsvertrag aussetzen/ruhen lassen

~ **à durée déterminée (CDD)** *m* befristeter Vertrag

~ **à durée indéterminée (CDI)** *m* unbefristeter Vertrag

~ **à l'exportation** *m* Exportvertrag

~ **à terme** *m* Terminkontrakt

~ **CAF** *m* Vertrag auf CIF-Basis

~ **commercial** *m* Handelsvertrag

~ **d'adhésion** *m* Beitrittsvertrag

~ **d'apprentissage** *m* Lehrvertrag, Ausbildungsvertrag

~ **d'approvisionnement** *m* Liefervertrag

~ **d'assistance** *m* Hilfeleistungsvertrag

~ **d'association** *m* Assoziationsvertrag

~ **d'assurance** *m* Versicherungsvertrag

△ **conditions générales du ~** *f pl* allgemeine Versicherungsbedingungen; **conditions particulières du ~** *f pl* besondere Versicherungsbedingungen

~ **d'assurance collectif** *m* Gruppenversicherungsvertrag

~ **d'assurance-vie** *m* Lebensversicherungsvertrag

~ **d'embauche** *m* Anstellungsvertrag, Arbeitsvertrag

~ **d'épargne** *m* Sparvertrag

~ **d'épargne-retraite à versements libres** *m* Rentensparkonto mit freien Einzahlungen

~ **d'exclusivité** *m* Ausschließlichkeitsvertrag, Exklusivvertrag

~ **de commission de transport** *m* Speditionsvertrag

~ **de concession de distribution exclusive** *m* Alleinvertriebsvertrag

~ **de crédit** *m* Kreditvertrag

~ **(de) ducroire** *m* Delkrederevertrag

~ **de fermage** *m* Pachtvertrag

~ **de fiducie** *m* Treuhandvertrag

~ **de formation en alternance** *m* Ausbildungsvertrag nach dem dualen System

~ **de franchisage** *m* Franchisevertrag

~ **de gage** *m* Pfandvertrag

~ **de livraison** *m* Liefervertrag

~ **de mariage** *m* Ehevertrag

~ **de prêt** *m* Darlehensvertrag

~ **de société** *m* Gesellschaftsvertrag

~ **de solidarité entre les générations** *m* Generationsvertrag

~ **de temps partiel avec un droit d'option sur un travail à plein temps** *m* Teilzeitvertrag mit einer Option auf Vollzeit

~ **de transport** *m* Beförderungsvertrag, Frachtvertrag, Speditionsvertrag
~ **de travail** *m* Arbeitsvertrag
△△ **exécuter le ~** den Arbeitsvertrag ausführen; **insérer** ***qc*** **dans le ~** *etw* in den Arbeitsvertrag aufnehmen, im Arbeitsvertrag vereinbaren; **réaliser le ~** den Arbeitsvertrag ausführen; **résilier le ~** den Arbeitsvertrag kündigen; **rompre le ~** den Arbeitsvertrag brechen; **signer le ~** den Arbeitsvertrag unterzeichnen; **suspendre le ~** den Arbeitsvertrag aufheben
~ **de travail à durée déterminée** *m* befristeter Arbeitsvertrag
~ **de travail à durée indéterminée** *m* unbefristeter Arbeitsvertrag
~ **de travail intermittent** *m* Zeitarbeitsvertrag
~ **de travail temporaire** *m* Zeitarbeitsvertrag
~ **de travail verbal** *m* mündlich geschlossener Arbeitsvertrag
~ **de vente** *m* Kaufvertrag
△ **résolution du ~** *f* Wandelung/Auflösung des Kaufvertrags
Contrat Emploi Solidarité (CES) *m* Arbeitsbeschaffungsmaßnahme (seit 1990)
~ **FAB** *m* Vertrag auf FOB-Basis
~ **incluant une réserve de dédit** *m* Reuevertrag
~ **synallagmatique** *m* gegenseitig/beidseitig verpflichtender/bindender Vertrag
contravention *f* Stafmandat, Strafzettel, Verwarnung
contrebande *f* Schmuggel
△ **marchandise de ~** *f* Schmuggelware
△△ **faire de la ~** schmuggeln
contrecoup *m* Rückstoß, Schock, indirekte Folge
△ **par ~ de** ***qc*** als indirekte Folge von *etw*
△△ **subir le ~ de la crise** die Folgen der Krise zu spüren bekommen
contre-expertise *f* Gegengutachten
contrefaçon *f* betrügerische Nachahmung, Imitation, Kopieren, Nachbildung, Fälschung, Produktpiraterie
△ **lutte contre la ~** Bekämpfung der Produktpiraterie
△△ **attaquer** ***qn*** **pour/en ~** *jdn* wegen Nachahmung/Fälschung verklagen; **intenter/ouvrir une action en ~** gegen die Produktfälschung/gegen die Produktpiraten vorgehen, wegen Produktpiraterie klagen
~ **de billets de banque** *f* Banknotenfälschung
~ **de brevet** *f* Patentverletzung, Patentbruch
contrefaire ***qc*** *etw* nachahmen, nachbilden
contremaître *m* Vorarbeiter, Meister, Industriemeister
contre-offre *f* Gegenangebot
contre-OPA *f* Gegenangriff nach einem Übernahmeversuch
contrepartie *f* Gegenleistung, Entschädigung
△ **activité de ~** *f* Gegengeschäft; **affaire en ~** *f* Gegengeschäft; **compte de ~** *m* Gegenkonto; **en ~** als Gegenleistung
△△ **faire la ~ des opérations** selbstkontrahieren, selbst als Käufer/Verkäufer auftreten; **se porter ~** *Bourse* selbstkontrahieren *Börse*
contresigner ***qc*** *etw* gegenzeichnen
contretemps *m* Verhinderung, Störung
△△ **avoir un ~** verhindert sein
contre-valeur *f* Gegenwert
contrevalorisation *f* Gegenwertstellung
~ **en francs** *f* Gegenwertstellung in Franc
contribuable *m/f* Steuerpflichtige(r), Steuerzahler(in)
△ **gros ~** *m* großer Steuerzahler; **petit ~** *m* kleiner Steuerzahler
△△ **assujettir les ~s à l'impôt** die Steuerzahler der Steuer unterwerfen
contribuer à ***qc/à*** + infinitif zu *etw* beitragen, dazu beitragen zu …
contributif, ive steuerlich, beitragsgebunden, Steuer-
△ **faculté ~ive** *f* Steuerkraft; **régime ~ (de l'assurance sociale)** *m* beitragsgebundenes Versicherungssystem
contribution *f* Beteiligung, Beitrag, Steuer, Abgabe
△ **receveur des ~s** *m* Steuereinnehmer, Finanzkassenleiter
~ **à l'insertion professionnelle** *f* Beitrag zur beruflichen Eingliederung

~ **directe** *f* direkte Steuer, direkte Abgabe
△ **administration des contributions directes** *f* Steuerbehörde für direkte Abgaben; **bureau des contributions directes** *m* für die Einkommensteuererklärung zuständiges Finanzamt
~ **fiscale** *f* Abgabe, Steuer
~ **indirecte** *f* indirekte Steuer, indirekte Abgabe
~ **parafiscale** *f* steuerähnliche Abgabe
~ **patronale** *f* Arbeitgeberbeitrag
~ **sociale généralisée (CSG)** *f* in Frankreich seit 1991 auf alle Einkommen erhobene Sozialabgabe
△ **recouvrement de la CSG** *m* Erhebung der Sozialabgabe
~ **de solidarité** *f* Krisensonderbeitrag, Solidaritätsabgabe, Solidaritätszuschlag
~ **unitaire au coût fixe** *f* Deckungs(kosten)beitrag
contrôle *m* Kontrolle, Überwachung, Aufsicht
△ **droit de** ~ *m* Kontrollbefugnis; **organe de** ~ *m* Kontrollorgan; **possibilité de** ~ *f* Kontrollmöglichkeit; **prise de** ~ **d'une société** *f* Übernahme der Aktienmehrheit einer Gesellschaft
△△ **exercer un** ~ eine Kontrolle ausüben; **les ~s se multiplient** die Kontrollen nehmen zu; **lever les ~s** die Kontrollen entfallen lassen/aufheben; **prendre le** ~ **de** ***qc*** die Kontrolle über/von *etw* übernehmen, *etw* kontrollieren; **prendre le** ~ **d'une entreprise** ein Unternehmen übernehmen
~ **à l'importation** *m* Einfuhrkontrolle
~ **de gestion** *m* Controlling
~ **de l'Etat** *m* staatliche Lenkung, Staatsaufsicht
~ **de la fabrication** *m* Fertigungskontrolle
~ **de la qualité** *m* Qualitätskontrolle, Qualitätsprüfung
△ **service du** ~ *m* Abteilung für Qualitätsprüfung
~ **de la sécurité** *m* Sicherheitsüberwachung
~ **des changes/du change** *m* Devisenkontrolle, Devisenbewirtschaftung
△ **levée du** ~ *f* Aufhebung der Devisenkontrollmaßnahmen; **régime de** ~ *m* Devisenbewirtschaftungssystem
△△ **abolir le** ~ die Devisenkontrolle abschaffen; **démanteler le système de** ~ das System der Devisenkontrolle abbauen; **instaurer le** ~ die Devisenkontrolle/Devisenbewirtschaftung einführen; **lever le** ~ die Devisenkontrolle/Devisenbewirtschaftung aufheben
~ **des mouvements de capitaux** *m* Devisenkontrolle, Devisenbewirtschaftung
~ **des prix** *m* Preiskontrolle
~ **des prix des loyers** *m* Mietpreislenkung, Wohnraumbewirtschaftung
~ **des produits** *m* Produktkontrolle
~ **des salaires** *m* Begrenzung der Lohnzuwächse
~ **douanier** *m* Zollkontrolle
~ **du bilan** *m* Bilanzkontrolle
~ **du crédit** *m* Kreditkontrolle
~ **du fisc/fiscal** *m* Steuerprüfung, Außenprüfung
~ **final** *m* Endkontrolle
~ **par échantillons** *m* Stichprobenkontrolle
~ **quantitatif du crédit** *m* Kontrolle des Kreditvolumens
~ **sanitaire** *m* (ärztliche/tierärztliche) Gesundheitskontrolle
~ **sur pièces** *m* Überprüfung der Belege
contrôler ***qc*** *etw* kontrollieren, überwachen, überprüfen
~ **le bilan** die Bilanz prüfen
~ **les prix** die Preise kontrollieren, eine Preiskontrolle ausüben
contrôleur aérien *m* Fluglotse
contrôleur des impôts *m* Steuerprüfer
contrôleur fiscal *m* Steuerprüfer
controversé, e umstritten, kontrovers
contumace *f* Nichterscheinen vor Gericht
△ **jugement par** ~ *m* Verurteilung in Abwesenheit des Angeklagten, in Abwesenheit des Angeklagten ergangenes Urteil; **par** ~ in Abwesenheit
△△ **condamner** ***qn*** **par** ~ *jdn* in Abwesenheit verurteilen; **juger** ***qn*** **par** ~ *jdn* in Abwesenheit verurteilen
convalescence *f* Genesung, Konvaleszenz
△ **congé de** ~ *m* Genesungsurlaub
convenable angemessen, passend, ordentlich

△ **revenu ~** *m* angemessenes Einkommen
convenance (à votre ~) *f* nach Ihrem Belieben
convenir à ***qc*** zu *etw* passen, taugen, sich zu *etw* eignen, für *etw* geeignet sein
~ **de** ***qc*** *etw* vereinbaren, abmachen, einräumen, zugestehen
△ **échéance convenue** *f* vereinbarte Laufzeit; **port convenu** *m* vereinbarter Hafen; **préavis convenu** *m* vereinbarte Kündigungsfrist; **prix convenu** *m* vereinbarter Preis
convention *f* Vereinbarung, Konvention, Vertrag
~ **antifraude** *f* Abkommen zur Bekämpfung der Steuerhinterziehung
~ **collective** *f* Tarifvertrag, Tarifabkommen
△△ **négocier une ~** einen Tarifvertrag aushandeln; **signer une ~** einen Tarifvertrag unterzeichnen/abschließen
~ **d'assurance** *f* Abschluß einer Versicherung, Versicherungsvertrag
△ **taxe sur les conventions d'assurance** *f* Versicherungssteuer
~ **de branche** *f* Zweigabkommen, Branchentarifvertrag
~ **de non-concurrence** *f* Konkurrenzverbot
~ **de stage** *f* Praktikumsvertrag
~ **salariale** *f* Lohnvereinbarung
conventionné, e vertraglich vereinbart, festgesetzt, Vertrags-
△ **loyer ~** *m* Vertragsmiete; **prêt ~ (PC)** *m* Kredit mit Sonderkonditionen; **prix ~** *m* vereinbarter Preis
conventionnel, le vertraglich, vertragsgemäß, verabredet, Vertrags-
△ **amende ~le** *f* Konventionalstrafe; **procédure ~le** *f* gewöhnliches/übliches Verfahren
convergence *f* Konvergenz, Abstimmung, Zusammenwirken, Übereinstimmung
△ **critères de ~** *m pl* Konvergenzkriterien
~ **des politiques** *f* aufeinander abgestimmte politische Konzepte, Konvergenz der Politik
conversation téléphonique *f* Telefongespräch
conversion *f* Umwandlung, Umrechnung, Konvertierung, Konversion
△ **délai de ~** *m* Umwandlungsfrist; **prix de ~** *m* Umrechnungspreis; **taux de ~** *m* Konversionskurs, Umrechnungssatz
~ **professionnelle** *f* Umschulung
~ **de séparation de corps en divorce** *f* Umwandlung der Trennung von Tisch und Bett in Scheidung
convertibilité *f* Konvertierbarkeit, Konvertibilität
△ **libre ~** *f* freie/volle Konvertierbarkeit; **risque de~** *m* Konvertibilitätsrisiko, Währungsrisiko (z.B. bei Exportgeschäften)
~ **des monnaies** *f* Konvertierbarkeit der Währungen, Währungskonvertierbarkeit
~ **en or** *f* Goldkonvertibilität
△△ **supprimer la ~ d'une monnaie** die Goldkonvertibilität einer Währung aufheben
~ **externe** *f* Ausländerkonvertierbarkeit
~ **interne** *f* Inländerkonvertibilität
~ **monétaire** *f* Konvertierbarkeit der Währungen, Währungskonvertierbarkeit
convertible konvertierbar
△ **devise ~** *f* konvertible/konvertierbare Währung; **emprunt ~** *m* Wandelanleihe; **monnaie ~** *f* konvertierbare Währung; **monnaie non ~** *f* nicht konvertierbare Währung; **obligation ~ (en actions)** *f* Wandelschuldverschreibung, Wandelanleihe
convertir (*qc* en *qc*) (*etw* in *etw*) umwandeln, konvertieren
~ ***qc*** **en argent** *etw* in Geld umsetzen
~ **le capital en retraite** Kapital verrenten
convivial, e benutzerfreundlich
convocation *f* Aufforderung, Vorladung, Einberufung
△ **lettre de ~** *f* Einberufungsschreiben; **sur la ~ de** ***qn*** auf Einberufung durch *jdn*
convoquer ***qn*** *jdn* laden, einberufen
~ **une assemblée** eine Versammlung einberufen
coopératif, ive genossenschaftlich, kooperativ, Genossenschafts-, Kooperations-

△ **banque ~ive** *f* genossenschaftliche Bank, Genossenschaftsbank; **crédit ~ et mutuel** *m* Genossenschaftskredit; **magasin ~** *m* Genossenschaftsladen; **mouvement ~** *m* Genossenschaftsbewegung; **secteur ~** *m* genossenschaftlicher/gemeinwirtschaftlicher Sektor; **secteur mutuel et ~** *m* gemeinwirtschaftlicher Sektor; **société ~ive** *f* (eingetragene) Genossenschaft, Kooperative; **société ~ive ouvrière de production (SCOP)** *f* Arbeitergenossenschaft

coopération *f* Kooperation, Zusammenarbeit, Entwicklungshilfe

△ **au titre de la ~** im Rahmen der Kooperation; **contrat de ~** *m* Kooperationsvertrag; **en ~ avec ...** in Zusammenarbeit mit ...; **Organisation de Coopération et de Développement Economique (OCDE)** *f* Organisation für wirtschaftliche Zusammenarbeit und Entwicklung (OECD); **volonté de ~** *f* Wille zur Zusammenarbeit, Kooperationsbereitschaft

△△ **favoriser la ~** die Zusammenarbeit fördern; **nuire à la ~** der Zusammenarbeit schaden

~ industrielle *f* industrielle Zusammenarbeit

~ technique *f* technische Zusammenarbeit

coopérative *f* Genossenschaft, Kooperative, eingetragene Genossenschaft

△△ **adhérer à une ~** einer Genossenschaft beitreten/angehören

~ agricole *f* landwirtschaftliche Genossenschaft

~ bancaire *f* Bankgenossenschaft

~ d'achat *f* Einkaufsgenossenschaft

~ d'utilisation de matériel agricole (CUMA) *f* Maschinenring

~ de consommation *f* Verbrauchergenossenschaft

~ de construction et de gestion d'immeubles *f* Wohnungs(bau)genossenschaft

~ de détaillants *f* Einkaufsgenossenschaft

~ de location de matériel agricole *f* Maschinenring

~ de production/de producteurs *f* Erzeugergenossenschaft, Erzeugerkooperative

~ de vente *f* Verkaufsgenossenschaft, Vertriebsgenossenschaft

~ ouvrière *f* Arbeitergenossenschaft

~ vinicole *f* Winzergenossenschaft

coopérer avec *qn* mit *jdm* zusammenarbeiten

coordination *f* Koordinierung

coordonnées *fpl* persönliche Daten/Verbindungen, persönliche Angaben, wie z.B. Adresse und Telefonnummer

~ bancaires *fpl* Bankverbindung

coordonner *qc* *etw* koordinieren

copie *f* Kopie, Durchschlag, Abschrift

~ certifiée conforme *f* beglaubigte Abschrift

copier *qc* *etw* kopieren

~ un programme informatique ein Computerprogramm kopieren

copieur *m* Kopiermaschine, Kopierer

copropriétaire *m* Miteigentümer

copropriété *f* gemeinschaftliches Immobilieneigentum, Miteigentum

△ **logement en ~** *m* Eigentumswohnung; **syndic de ~** *m* Hausverwalter, Gebäudeverwalter (bei Eigentumswohnungen)

corbeille *f* 1. Korb, Papierkorb 2. Maklerschranke

△ **autour de la ~** *Bezeichnung für:* an der Pariser Börse

coresponsabilité *f* Mitverantwortung

corporation *f* Zunft, Innung

corporatiste (berufs)ständisch, korporatistisch

corporel, le 1. materiell 2. den Körper betreffend, Personen-

△ **dommage ~** *m* Personenschaden, körperlicher Schaden; **éléments ~s (d'un fonds de commerce)** *mpl* Sachwerte (eines Geschäfts); **immobilisations ~les** *fpl* Sachanlagen; **investissement ~** *m* materielle Investition

corps *m* Körper, physikalischer Körper

△ **séparation de ~** *f* Getrenntleben, Trennung

~ de la lettre *m* Brieftext

~ de métier *m* Zunft, Berufsgruppe

~ électoral *m* Wählerschaft

~ et facultés *mpl* Schiff und Ladung

correcteur d'orthographe *m* Rechtschreibprogramm, Korrekturprogramm

correction *f* Korrektur, Kurskorrektur, Berichtigung, Bereinigung
~ **à la baisse** *f* Kurskorrektur nach unten
~ **à la hausse** *f* Kurskorrektur nach oben
~ **CAF-FAB** *f* CIF-FOB-Korrektur
~ **d'actif** *f* Berichtigung der Aktiva
~ **des cours** *f* Kursberichtigung
~ **des variations saisonnières** *f* Berichtigung der jahreszeitlich bedingten Schwankungen
~ **du marché** *f* Marktkorrektur
~ **en baisse** *f* Kurskorrektur nach unten
~ **en hausse** *f* Kurskorrektur nach oben
~ **technique** *f* (technische) Kurskorrektur
correspondance *f* Briefverkehr, Schriftverkehr, Korrespondenz, Versand-, Fern-
△ **échange de ~** *m* Briefwechsel, Schriftverkehr; **enseignement par ~** *m* Fernunterricht; **par ~** im Direktversand; **talon de ~** *m* Kupon für Mitteilungen an den Empfänger; **vente par ~ (VPC)** *f* Versandhandel
~ **commerciale** *f* Handelskorrespondenz
correspondancier/correspondancière *m/f* Handelskorrespondent(in)
correspondant/correspondante *m/f* Korrespondent(in), Briefpartner(in), Geschäftspartner(in), Gesprächspartner(in)
~ **postal** *m* Briefkorrespondent
corrigé, e *statistique* berichtigt, bereinigt *Statistik*
△ **données ~es de l'inflation** *f pl* inflationsbereinigte Werte; **en données ~es de l'inflation** inflationsbereinigt; **données ~es des variations saisonnières (données CVS)** *f pl* saisonbereinigte Zahlen/Werte; **indice ~** *m* bereinigter Index
~ **de l'inflation** inflationsbereinigt
~ **des variations saisonnières** saisonbereinigt
~ **en francs constants** inflationsbereinigt, in konstanten Franc
corriger à la baisse nach unten korrigieren
corriger à la hausse nach oben korrigieren
corrompre ***qn*** *jdn* bestechen, schmieren *fam*
corruptibilité *f* Bestechlichkeit
corruptible bestechlich
corruption de fonctionnaire *f* Beamtenbestechung
COS (coefficient d'occupation des sols) *m* Flächennutzungszahl, Flächennutzenkoeffizient, Geschoßflächenzahl
costing (direct) *m* Costing
cotation *f* 1. Notierung, Börsennotierung, Kursermittlung, Kursnotierung, Quotierung 2. Bewertung, Wertermittlung (Kfz)
△ **double ~** *f* Doppelnotierung; **modalités de ~** *f pl* Notierungsverfahren; **ouverture de la ~** *f* Eröffnung der Notierung; **reprise de ~** *f* Wiederaufnahme der Notierung; **suspension de ~** *f* Aussetzen der Kursnotierung
△△ **équilibrer une ~** eine Kursnotierung ausgleichen; **reporter la ~** die Notierung aufschieben; **reprendre la ~** die Notierung wiederaufnehmen; **suspendre la ~** die Notierung aussetzen/unterbrechen
~ **à la criée** *f* Auktionsverfahren zur Kursfeststellung, Kursfestsetzung durch Ausruf
~ **assistée en continu (CAC)** *f* fortlaufende Notierung per Computer
~ **au comptant** *f* Kassanotierung
~ **continue** *f* fortlaufende Notierung
~ **d'une action** *f* Aktiennotierung
~ **des cours** *f* Kursnotierung
~ **(des cours) en Bourse** *f* Kursnotierung an der Börse, Börsennotierung
~ **élevée en bourse** *f* hohe Börsenbewertung
~ **en continu** *f* fortlaufende Notierung
~ **par opposition** *f* Kursfestsetzung durch Gegenüberstellung
~ **suspendue** *f* Notierungsaussetzung
~ **unique** *f* einheitliche Notierung
cote *f* Kursblatt, Kurszettel, Kursnotierung, Kurswert
△ **bulletin de la ~** *m* Kurszettel; **hors ~** unnotiert; **marché hors-~** *m* Freiverkehr; **radiation de la ~** *f* Aufhebung der Börsenzulassung
△△ **être inscrit, e à la ~** amtlich notiert sein; **figurer à la ~** notiert sein; **la ~ a gagné x pour cent** der Kurs(wert) ist um x Prozent angestiegen/nach oben

gegangen; **la ~ se déprécie de x pour cent** der Kurs(wert) ist um x Prozent gesunken/nach unten gegangen
~ **de clôture** *f* Schlußnotierung
~ **de popularité** *f* Beliebtheitsgrad, Popularität(sgrad)
~ **des changes** *f* Devisenkursnotierung
~ **des cours** *f* Kursnotierung
~ **du jour** *f* Tageskurs
~ **en bourse** *f* Kurs, Kursnotierung, Börsenkurs, Börsennotierung
~ **officielle** *f* 1. amtliche Notierung, amtlicher Kurs 2. Börsenhandel mit amtlicher Notierung, amtlicher Börsenverkehr, amtlicher Handel, amtlicher Kurszettel
△ **admission à la ~** *f* Zulassung zum amtlichen Börsenverkehr; **marché de la ~** *m* Börsenhandel mit amtlicher Notierung
△△ **admettre à la ~** amtlich zulassen; **demander son admission à la ~** die Zulassung zur amtlichen Notierung beantragen; **être admis, e à la/au marché de la ~** zum amtlichen Handel zugelassen sein
coté, e en Bourse an der Börse notiert, börsennotiert, börsengängig
△ **société ~e en Bourse** *f* Publikumsgesellschaft, börsennotierte Gesellschaft; **titre ~** *m* börsennotiertes/börsengängiges Wertpapier; **valeur ~e** *f* börsengängiger Wert
△△ **être ~ en Bourse** an der Börse notiert sein
coter (*qc*) (*etw*) kotieren, notieren
△△ **une action cote x francs** eine Aktie notiert mit x Franc
~ **des titres** Titel notieren
~ **une action** eine Aktie notieren
cotisant *m* Beitragszahler
cotisation *f* Mitgliedsbeitrag, Beitrag
△ **classe de ~** *f* Beitragsklasse; **déplafonnement des ~s** *m* Abschaffung der Beitragshöchstgrenze/Beitragsbemessungsgrenze; **durée de (versement de) ~s** *f* Beitragszahlungsdauer, Beitragszeit; **rappel de ~** *m* Beitragsnachforderung; **taux de ~** *m* Beitragssatz; **timbre de ~** *m* Beitragsmarke
△△ **recouvrer des ~s** Beiträge einziehen/erheben
~ **annuelle** *f* Jahresbeitrag
~**s collectées** *f pl* gesammelte/eingezogene Beiträge
~ **mensuelle** *f* Monatsbeitrag
~ **obligatoire** *f* Pflichtbeitrag, Mitgliedsbeitrag
△ **activité soumise à ~** *f* versicherungspflichtige Tätigkeit
~**s patronales** *f pl* Arbeitgeberbeiträge zur Sozialversicherung
~**s rétroactives** *f pl* Beitragsnachentrichtung
~**s salariales** *f pl* Arbeitnehmerbeiträge zur Sozialversicherung
~**s sociales** *f pl* Sozialabgaben, Sozialbeiträge, Beiträge zur Sozialversicherung, Sozialversicherungsbeiträge
△ **collecte des ~** *f* Einzug der Sozialversicherungsbeiträge
△△ **payer des ~** Beiträge zur Sozialversicherung zahlen
~ **syndicale** *f* Gewerkschaftsbeitrag
cotiser à ... Beiträge entrichten/abführen/zahlen an ...
~ **à la Sécurité Sociale** Sozialversicherungsbeiträge zahlen
~ **aux ASSEDIC (Association pour l'Emploi dans l'Industrie et le Commerce)** Beiträge zur Arbeitslosenversicherung entrichten
cotitulaire *m* Mitinhaber
~ **d'un compte** *m* Kontomitinhaber
coton *m* Baumwolle
△ **bourse de ~** *f* Baumwollbörse
couche *f* Schicht, Gruppe
~ **d'ozone** *f* Ozonschicht
~ **de clients** *f* Kundenschicht, Kundengruppe
~ **de la population** *f* Bevölkerungsschicht
coulisse *f* inoffizielle Börse, freier Börsenverkehr, Freiverkehrsbörse, Kulisse
coulissier *m* Kulissier
coup *m* Schlag, Stoß
~ **dur** *m* harter Schlag, Notfall
~ **de fil** *m* (Telefon)Anruf
△△ **donner un ~ à *qn*** *jdn* anrufen
~ **de fouet** *m* Aufpeitschen, drastische Ankurbelungsmaßnahme, Kapitalspritze, Geldspritze
~ **de grisou** *m* Grubenexplosion, Schlagwetter

coupable *m* Schuldiger
coupable schuldig
△△ **déclarer** ***qn*** **~** *jdn* schuldig sprechen; **plaider ~** sich zu seiner Schuld bekennen, sich schuldig bekennen; **se déclarer ~** sich schuldig bekennen
coupes sombres *f pl* Kahlschlag, einschneidende Kürzungen
△△ **faire/opérer/pratiquer des ~** einschneidende Kürzungen/drastische Sparmaßnahmen vornehmen; **procéder à des ~** einschneidende Kürzungen/drastische Sparmaßnahmen vornehmen
coupes budgétaires *f pl* Haushaltskürzungen
couple *m* Paar, Ehepaar
~ **marié** *m* verheiratetes Paar, Ehepaar
coupon *m* Coupon, Kupon, Erträgnisschein, Bon
△ **détachement de ~** *m* Kuponzahlung; **détenteur de ~s** *m* Kuponinhaber; **échéance du ~** *f* letztfähiger Kupontermin; **emprunt à ~ unique différé** *m* Nullkuponanleihe; **encaissement des ~s** *m* Kuponeinlösung; **feuille de ~s** *f* Kuponbogen; **paiement de ~** *m* Kuponzahlung; **société de gestion de ~s** *f* Kuponverwaltungsgesellschaft
~ **annuel** *m* Jahreskupon
~ **couru** *m* Stücknotiz
~ **d'intérêt** *m* Zinsschein
~ **de dividende** *m* Dividendenschein, Gewinnanteilschein
~**(-)réponse** *m* Antwortkupon, Antwortschein
~**(-)réponse international** *m* internationaler Antwortschein
~ **zéro** *m* Nullkupon
△ **obligation à ~** *f* Nullkupon-Anleihe, Zero-Bond
couponnage *m* Ausgabe von Rabattmarken
~ **croisé** *m* cross-couponning
couponnement *m* Stücklegung, Stückelung
coups et blessures *m pl* Körperverletzung
coupure *f* 1. Trennung, Unterbrechung 2. Schein
△ **petites ~s** *f pl* kleine Scheine
~ **d'électricité** *f* Stromausfall, Stromunterbrechung
~ **de mots** *f* Silbentrennung
Cour *f* Gerichtshof, Gericht
~ **administrative d'appel** *f* Verwaltungsberufungsgericht
~ **d'appel** *f* Berufungsgericht, Appellationsgericht
~ **d'assises** *f* Schwurgericht
~ **de Cassation** *f* Kassationsgericht
~ **de Justice** *f* Gerichtshof
~ **de Justice Européenne** *f* Europäischer Gerichtshof
~ **des Comptes** *f* Rechnungshof
courant *m* Trend, Lauf, Ablauf, Strömung, Strom
~ **d'affaires** *m* (günstige) Geschäftsmöglichkeiten
△△ **bénéficier d'un ~ important** gute Geschäftsmöglichkeiten haben
~ **d'exportations** *m* Exporttätigkeit
~ **d'investissements** *m* Investitionstätigkeit
~ **de mode** *m* Modetrend
~ **électrique** *m* elektrischer Strom
~ **néo-libéral** *m* neoliberale Strömung
courant, e laufend
△ **à prix ~s** zu laufenden Preisen; **besoins ~s** *m* täglicher Bedarf; **compte ~** *m* Girokonto, laufendes Konto, Kontokorrent(konto), *pluriel:* Leistungsbilanz; **dépenses ~es** *f pl* laufende Ausgaben; **en francs ~s** in laufenden Franc; **excédent ~** *m* laufender Überschuß; **exportations ~es** *f pl* laufende Exporte; **gestion ~e** *f* laufende Geschäftsführung; **prix-~** *m* Preisliste; **qualité ~e** *f* einfache Qualität; **résultat ~** *m* laufendes Ergebnis, Betriebsergebnis
△△ **exprimer en francs/prix ~s** in laufenden Franc/Preisen ausdrücken
courbe *f* Kurve
~ **du chômage** *f* Arbeitslosenkurve
~ **du cycle de vie** *f* Lebenszykluskurve
courir les magasins *fam* Einkäufe machen, die Geschäfte abklappern *fam*
couronne *f* Krone
~ **danoise** *f* dänische Krone
~ **islandaise** *f* isländische Krone
~ **norvégienne** *f* norwegische Krone
~ **suédoise** *f* schwedische Krone
courriel *m* E-Mail

courrier *m* 1. Post, Posteingang 2. Brief, Schreiben 3. Briefverkehr 4. (Post) Schiff, Post(Flugzeug), Kurier
△ **long ~** *m* Langstreckenflugzeug; **moyen ~** *m* Mittelstreckenflugzeug; **par retour du ~** postwendend
△△ **dépouiller le ~** den Posteingang/ die Post durchsehen
~ **aérien** *m* Luftpostverkehr
~ **arrivée** *m* Posteingang
~ **départ** *m* Postausgang
~ **électronique** *m* elektronische Post, E-Mail

cours *m* 1. Ablauf, Lauf, Verlauf, Gang 2. Kurs, Kurswert, Notierung, Börsenkurs, Aktienkurs, Wertpapierkurs, Preis 3. Kurs, Lehrgang
△ **à un ~ pivot de** zu einem Mittelkurs von; **alourdissement des ~** *m* Kursversteifung; **au ~ de** im Laufe von, während, in; **au ~ du troisième trimestre** im dritten Quartal; **au premier ~** zum Anfangskurs; **avec des ~ significatifs** mit großem Indikationswert; **baisse des ~** *f* Kursrückgang, Kursverfall; **chute des ~** *f* Kurseinbruch, Kurssturz; **consolidation des ~** *f* Kursfestigung; **cotation des ~ en Bourse** *f* Kursnotierung an der Börse; **cote des ~** *f* Kursnotierung; **dégringolade des ~** *fam f* Kurssturz, Purzeln der Kurse *fam*; **dérapage des ~** *m* Kurseinbruch; **dernier ~** *m* Schlußkurs; **détermination des ~** *f* Kursfeststellung; **effondrement des ~** *m* Kurseinbruch; **effritement des ~** *m* Abbröckeln der Kurse; **fixation des ~** *f* Kursfestsetzung; **flambée des ~** *f* Kursexplosion, Höhenflug der Kurse; **flottement des ~** *m* Floaten der Wechselkurse; **fluctuation des ~** *f* Kursschwankung; **formation des ~** *f* Kursbildung; **fourchette des ~** *f* Spannweite der Kurse, Kursmarge; **glissade des ~** *f* Kurssturz; **glissement des ~** *m* Kursrutsch; **hausse des ~** *f* Kursanstieg, Kurssteigerung, Hausse; **homologation des ~** *f* amtliche Bestätigung der Kurse; **indice du ~ des actions** *m* Aktienindex; **navigation au long ~** *f* Hochseeschiffahrt; **ordre au dernier ~** *m* Auftrag zum Schlußkurs; **ordre au premier ~** *m* Auftrag zum Anfangskurs; **oscillation de(s) ~** *f* Kursschwankung; **premier ~** *m* Anfangskurs; **raffermissement des ~** *m* Kursfestigung; **rechute des ~** *f* erneuter Kurssturz; **recul des ~** *m* Kursrückgang; **régression des ~** *f* Kursrückgang; **remontée des ~** *f* Kurserholung; **repli des ~** *m* Kursrückgang, Kursrutsch; **reprise des ~** *f* Kurserholung; **stabilisation des ~** *f* Kurskonsolidierung; **stabilité des ~** *f* Kursstabilität; **tassement des ~** *m* Kursabschwächung, Nachgeben der Kurse; **valeur du ~** *f* Kurswert; **variation des ~** *f* Kursschwankung; **violence des variations des ~** *f* heftige Kursschwankungen; **volatilité des ~** *f* Instabilität der Kurse
△△ **chercher à faire hausser les ~** die Kurse in die Höhe treiben; **faire baisser les ~** die Kurse drücken; **faire hausser/monter les ~** die Kurse in die Höhe treiben; **inscrire le ~** den Kurs notieren; **intervenir sur les ~** auf die Kurse Einfluß nehmen; **laisser flotter les ~** die Kurse frei schwanken lassen; **le ~ est résistant** der Kurs ist widerstandsfähig; **le ~ se maintient** der Kurs behauptet sich; **les ~ amorcent une baisse** die Kurse geben nach; **les ~ baissent** die Kurse fallen; **les ~ décollent** die Kurse klettern in die Höhe; **les ~ dérapent** die Kurse stürzen; **les ~ fléchissent** die Kurse geben nach; **les ~ grimpent** die Kurse klettern nach oben; **les ~ montent** die Kurse steigen; **les ~ ont plongé** die Kurse sind nach unten gegangen; **les ~ s'écroulent** die Kurse brechen zusammen; **les ~ s'effondrent** die Kurse brechen zusammen; **les ~ s'effritent** die Kurse bröckeln ab; **les ~ se raffermissent** die Kurse festigen sich; **les ~ sont bas** die Kurse sind niedrig; **les ~ sont déprimés** die Kurse sind gedrückt; **les ~ sont élevés** die Kurse sind hoch; **les ~ sont fermes** die Kurse sind fest; **les ~ sont volatiles** die Kurse sind unstabil; **soutenir le ~ (d'une monnaie)** den Kurs (einer Währung) stützen; **stabiliser les ~** die Kurse stabilisieren
~ **à la/de/en Bourse** *m* Kurs, Notierung,

Börsenkurs, Aktienkurs, Wertpapierkurs, Kurswert
~ **à prime** *m* Prämienkurs
~ **à terme** *m* Terminkurs
~ **à terme ferme** *m* fester Terminkurs
~ **acheteur** *m* Ankaufskurs, Geldkurs
~ **au comptant** *m* Kassakurs
~ **boursier** *m* Börsenkurs
△ **hausse des cours boursiers** *f* Hausse der Börsenkurse
~ **d'achat** *m* Abnahmekurs, Kaufkurs
~ **d'émission** *m* Ausgabekurs, Emissionskurs
~ **d'équilibre** *m* Gleichgewichtskurs, Mittelkurs
~ **d'intervention** *m* Interventionskurs
~ **d'introduction** *m* Einführungskurs
~ **d'ouverture** *m* Anfangskurs, Eröffnungskurs
△ **ordre au ~** *m* Auftrag zum Anfangskurs
~ **d'une action** *m* Aktienkurs
~ **d'une monnaie contre/face à...** Kurs einer Währung gegenüber...
~ **de clôture** *m* Schlußkurs
△ **ordre au ~** *m* Auftrag zum Schlußkurs
~ **de compensation** *m* Kompensationskurs
~ **de fabrication** *m* Herstellungsprozeß
~ **de (la) Bourse** *m* Börsenkurs
~ **de réponse des primes** *m* Tageskurs
~ **de soutien** *m* Stützkurs
~ **des matières premières** *m pl* Rohstoffkurse
~ **des valeurs mobilières** *m* Effektenkurs
~ **du/de change** *m* Wechselkurs
~ **du jour** *m* Tageskurs
△ **au ~** zum Tageskurs
~ **du marché** *m* Marktkurs
~ **légal** *m* gesetzlicher Kurs
~ **libre** *m* außerbörslicher Kurs, Freiverkehrskurs
~ **limite** *m* Kurslimit, Grenzkurs, Abweichungsschwelle
~ **limité (à ...)** *m* (auf ...) limitierter Kurs
△ **ordre à ~** *m* limitierter Auftrag
~ **médian** *m* Leitkurs, Mediankurs
~ **moyen** *m* Mittelkurs
~ **officiel** *m* amtlicher/offizieller Kurs
~ **papier** *m* Briefkurs
~ **pivot** *m* Leitkurs
~ **plafond** *m* Höchstkurs, obere Abweichungsschwelle, oberer Interventionspunkt
~ **plancher** *m* Interventionskurs, untere Abweichungsschwelle, unterer Interventionspunkt
~ **vendeur** *m* Abgabekurs, Verkaufskurs

course *f* 1. Rennen, Wettkampf 2. Einkauf
△△ **faire des ~s** einkaufen, Besorgungen machen

court, e kurz, knapp
△ **taux ~** *m* Zinssatz für kurzfristige Gelder; **titre ~** *m* kurzfristige Anleihe, Anleihe mit kurzer Laufzeit, Kurzläufer; **zone ~e** *f* Güternahverkehr
△△ **être à ~ de** *qc* an *etw* Mangel haben; **être à ~ d'argent** knapp bei Kasse sein *fam*; **être à ~ de liquidités** keine flüssigen Mittel haben

court terme *m* kurzfristige Periode, kurzfristiger Zeitablauf
△ **à ~** kurzfristig; **crédit à ~** *m* kurzfristiger Kredit; **dettes à ~** *f pl* kurzfristige Schulden; **disponibilités à ~** *f pl* kurzfristig verfügbare Geldmittel; **emprunt à ~** *m* kurzfristige Anleihe, Anleihe mit kurzer Laufzeit, Kurzläufer; **exigibilités à ~** *f pl* kurzfristige Verbindlichkeiten; **prêt à ~** *m* kurzfristiges Darlehen; **réalisable à ~** kurzfristig realisierbar; **ressources à ~** *f pl* kurzfristige Geldmittel; **sur le ~** kurzfristig; **titre à ~** *m* kurzfristiger Titel; **titre de créance à ~** *m* kurzfristige Schuldverschreibung; **variations à ~** *f pl* kurzfristige Schwankungen
△△ **honorer ses dettes à ~** seinen kurzfristigen Zahlungsverpflichtungen nachkommen

courtage *m* Courtage, Börsenhandel, Maklergeschäft
△ **activité de ~** *f* Maklergeschäft; **droit de ~** *m* Maklergebühr; **licence de ~** *f* Gewerbeerlaubnis für Makler; **société de ~** *f* Maklerbüro

courtier *m* Makler, Handelsmakler, Vermittler
~ **d'assurance** *m* Versicherungsmakler
~ **de marchandises** *m* Warenmakler
~ **de publicité** *m* Anzeigenmakler

~ **en devises** *m* Devisenmakler
~ **maritime** *m* Schiffsmakler
couru, e aufgelaufen
△ **intérêt ~** *m* Zinsgewinn, aufgelaufene Zinsen
coût *m* Kosten, Preis
△ **à moindre ~** billiger; **abaissement des ~s** *m* Kostensenkung; **alourdissement des ~s** *m* Kostensteigerung; **au ~ de la production** zu Produktionskosten; **au ~ des facteurs** zu Faktorkosten; **au meilleur ~** billigst, möglichst kostengünstig; **augmentation des ~s** *f* Kostensteigerung; **calcul des ~s** *m* Kostenkalkulation; **compétitivité-~s** *f* Wettbewerbsfähigkeit bei den Kosten; **compression du ~** *f* Kostenreduzierung; **contribution unitaire au ~ fixe** *f* Deckungskostenbeitrag; **explosion des ~s** *f* Kostenexplosion; **facteur ~s** *m* Kostenfaktor; **inflation par les ~s** *f* Kostendruckinflation; **réduction des ~s** *f* Kostensenkung
△△ **maîtriser les ~s** die Kosten in den Griff bekommen; **modérer les ~s** die Kosten mäßigen; **réduire le(s) ~(s)** (die) Kosten reduzieren/abbauen; **supporter un ~** Kosten tragen
~ **d'achat/d'acquisition** *m* Anschaffungskosten, Beschaffungskosten
~s **administratifs** *m pl* Verwaltungskosten, Betriebskosten, Festkosten
~s **d'approvisionnement** *m pl* Beschaffungskosten, Versorgungskosten
~-**avantage** *m* Nutzwert, Kosten-Nutzen
~ **d'entretien du stock** *m* Lagerkosten
~s **d'exploitation** *m pl* Betriebskosten, Betriebsaufwand
~ **d'intermédiation financière** *m* Bankdienstleistungskosten, Bankvermittlungskosten
~s **de distribution** *m pl* Vertriebskosten
~ **de fabrication** *m* Herstellungskosten
~ **de l'argent** *m* Geldbeschaffungskosten
~ **de l'énergie** *m* Energiekosten
~ **de la vie** *toujours au singulier* *m* Lebenshaltungskosten
△ **indice du ~** *m* Index der Lebenshaltungskosten, Lebenshaltungsindex
~ **de pénétration** *m* Markterschliessungskosten
~s **de production** *m pl* Produktionskosten
~ **de prospection** *m* Kundenwerbungskosten
~s **de recherche** *m pl* Forschungskosten
~ **de revient** *m* Selbstkosten, Selbstkostenpreis, Einstandspreis, Gestehungspreis
~ **de revient unitaire** *m* Stückkosten
~ **de stockage** *m* Lagerkosten
~s **de transport** *m pl* Transportkosten
~ **des facteurs** *m* Faktorkosten
△ **revenu national au ~** *m* Volkseinkommen zu Faktorkosten
~s **des matières premières** *m pl* Rohstoffkosten
~ **différentiel** *m* Mehrkosten
~ **du personnel** *m* Personalkosten
△ **prime pour le ~** *f* Personalkostenzuschuß
~ **du transport** *m* Transportkosten
~ **du travail** *m* Arbeitskosten
△ **abaisser le ~** die Arbeitskosten senken
~s **effectifs** *m pl* tatsächliche Kosten
~ **et fret (C&F)** *m* Kosten und Fracht
~s **exorbitants** *m pl* horrende Kosten
~s **fixes** *m pl* Fixkosten, Festkosten, feste Kosten
~ **global** *m* Gesamtkosten
~ **marginal** *m* Grenzkosten
~ **moyen** *m* Durchschnittskosten
~s **par unité produite** *m pl* Kosten pro Produkteinheit
~s **prévisionnels** *m pl* voraussichtliche Kosten, veranschlagte Kosten
△ **calcul des ~** *m* Kostenplanungsrechnung
~s **réels** *m pl* tatsächliche Kosten
~ **salarial** *m* Lohnkosten
~ **salarial unitaire** *m* Lohnstückkosten
~ **social** *m* soziale Kosten
~ **total du crédit** *m* Gesamtkreditkosten
~ **unitaire** *m* Stückkosten
~s **unitaires d'exploitation** *m pl* Betriebskosten pro Leistungseinheit
~s **unitaires de fabrication** *m pl* Stückkosten, Durchschnittskosten pro Leistungseinheit
~s **variables** *m pl* variable Kosten
△ **marge sur ~** *f* Deckungsbeitrag
coût, assurance, fret (CAF) Cost, Insurance, Freight (CIF)

△ **calcul CAF** *m* Berechnung auf CIF-Basis, in CIF-Preisen; **contrat CAF** *m* Vertrag auf CIF-Basis; **prix CAF** *m* CIF-Preis; **statistiques CAF** *fpl* Statistiken auf CIF-Grundlage; **vente CAF** *f* CIF-Geschäft

△△ **calculer CAF** auf CIF-Basis/in CIF-Preisen berechnen

coût, assurance, fret et fluctuations de change/ou commissions bancaires Kosten, Versicherung, Fracht und Wechselkursschwankungen/oder Bankgebühren)

coûter *qc* **à** *qn* *jdn etw* kosten

△ **prix coûtant** *m* Einstandspreis, Selbstkostenpreis

~ **cher** teuer sein

~ **les yeux de la tête** *fam* ein Heidengeld kosten, sündhaft teuer sein *fam*

coûteux, se kostspielig

coutume *f* Tradition, Gewohnheit

couvert, e gedeckt, abgesichert, versichert

△ **risque** ~ *m* **risque** ~ *m* versichertes/gedecktes Risiko, versicherte Gefahr, Versicherungsgegenstand; **risque non** ~ *m* nicht versicherte Gefahr, ausgeschlossenes Risiko

△△ **être ~ par une assurance** durch eine Versicherung abgedeckt sein

couverture *assurance, import-export f* Deckung *Versicherung, Import-Export*

△ **note de** ~ *f* Deckungszusage, vorläufige Versicherungsbescheinigung; **opération de** ~ *f* Deckungsgeschäft; **quotité de** ~ *f* Deckungsquote; **taux de** ~ *m* Deckungsgrad, Deckungsverhältnis, Deckungsrate; **taux de ~ en valeur** *m* nominale Deckungsrate/Deckungsquote; **taux de ~ en volume** *m* reale Deckungsrate/Deckungsquote

~ **du risque** *f* Versicherungsschutz, Risikodeckung

~ **par l'assurance** *f* Versicherungsschutz

~ **sociale** *f* soziale Sicherung, Sozialversicherung

△ **système de** ~ *m* Sozialversicherungssystem, soziales Netz

couvrir *qc/qn* *jdn* decken, *etw* abdecken

~ **les besoins** den Bedarf decken

~ **les frais** die Kosten decken

~ **contre** *qc* **(se)** sich decken, sich gegen *etw* absichern

~ **contre les risques de ... (se)** sich gegen die ...risiken absichern

CPC (Code de Procédure Civile) *m* ZPO (Zivilprozeßordnung)

CPP (Code de Procédure Pénale) *m* SPO (Strafprozeßordnung)

créance (sur *qn***)** *f du point de vue du créancier:* Außenstand, Anspruch, (Schuld)Forderung an *jdn*, *du point de vue du débiteur:* Verbindlichkeit, Schuld

△ **abandon de** ~ *m* Forderungsverzicht; **achat de ~s** *m* Forderungskauf; **cession de** ~ *f* Forderungsabtretung; **exigibilité d'une** ~ *f* Fälligkeit/Eintreibbarkeit einer Forderung; **extinction d'une** ~ *f* Erlöschen einer Forderung; **fonds commun de ~s** *m* Forderungsfonds; **mobilisation d'une** ~ *f* Mobilisierung einer Forderung; **mobilisation de ~ née sur l'étranger (MCE)** *f* Mobilisierung von Auslandsforderungen; **recouvrement d'une** ~ *m* Eintreiben einer Forderung; **solvabilité d'une** ~ *f* Bonität einer Forderung; **titre de** ~ *m* Forderungspapier, Forderungstitel, Gläubigerpapier, Schuldverschreibung

△△ **abandonner une** ~ auf eine Forderung verzichten; **avoir une ~ sur** *qn* an *jdn* eine Forderung haben; **céder une** ~ eine Forderung abtreten/übertragen; **compenser des ~s avec des engagements** Forderungen mit Verbindlichkeiten aufrechnen; **contester une** ~ eine Forderung bestreiten; **encaisser une** ~ eine Forderung einziehen/eintreiben; **faire rentrer une** ~ eine Forderung einziehen/eintreiben; **mobiliser une** ~ eine Forderung mobilisieren, flüssig/liquide machen; **recouvrer une** ~ eine Forderung eintreiben

~ **à court/moyen/long terme** *f* kurzfristige/mittelfristige/langfristige Forderung

~**s à recouvrer** *fpl* ausstehende Forderungen, Außenstände

~ **bancaire** *f* Bankforderung

△ **sécurisation de créances bancaires** *f* Verbriefung von Bankforderun-

gen (in Form von handelsfähigen Kapitalmarktpapieren); **titrisation de créances bancaires** *f* Verbriefung von Bankforderungen (in Form von handelsfähigen Kapitalmarktpapieren)
~s de la faillite *f pl* Konkursforderungen
~ **douteuse** *f* zweifelhafte/dubiose Forderung, uneinbringliche Forderung
△ **provision pour créances douteuses** *f* Rückstellung für dubiose Forderungen
~ **due** *f* fällige Forderung
~ **due non rentrée** *f* rückständige/überfällige Forderung
~ **échue** *f* fällige Forderung
~ **incessible** *f* nicht abtretbare Forderung
~ **irrécouvrable** *f* nicht beitreibbare/nicht eintreibbare Forderung
~ **litigieuse** *f* bestrittene/strittige Forderung
~ **mobilisable** *f* mobilisierbare/eintreibbare Forderung
~ **née** *f* Ausfuhrforderung, Forderung auf Grund von Warenlieferungen und Leistungen
~ **négociable** *f* bankfähige/übertragbare Forderung
~ **non approuvée** *f* nicht genehmigte Forderung
~ **non mobilisable** *f* nicht mobilisierbare/nicht eintreibbare Forderung
~ **privilégiée** *f* bevorzugte Forderung
~ **sur l'étranger** *f* Auslandsforderung
~ **sur traite** *f* Wechselforderung
créancier *m* Gläubiger, Kreditor
△ **ensemble des ~s** *m* Gläubigergemeinschaft
~ **(non-)privilégié** *m* (nicht) bevorrechtigter Gläubiger
~ **bénéficiant d'une garantie réelle** *m* dinglich gesicherter Gläubiger
~ **bénéficiant d'une sûreté** *m* gesicherter Gläubiger
~ **chirographaire** *m* nicht bevorrechtigter Gläubiger
créancier, ière *m* Gläubiger-
△ **banque ~ière** *f* Gläubigerbank
~ **cédulaire** *m* Hypothekengläubiger
créateur *m* Gründer, Schöpfer, Erfinder
~ **d'entreprise** *m* Existenzgründer, Unternehmensgründer
△ **prêt d'installation du ~** *m* Existenzgründungsdarlehen, Betriebsgründungsdarlehen
~ **d'un chèque** *m* Scheckaussteller
créateur, trice -schöpfend, -schaffend
~ **d'emplois** arbeitsplätzeschaffend
création *f* Gründung, Erstellung, Errichtung, Schöpfung, Bildung, Schaffung, Entwurf, Aufstellung
△ **date de ~** *f* Gründungsdatum; **lieu de ~ d'un chèque** *m* Austellungsort eines Schecks
~ **d'emplois** *f* Schaffung von Arbeitsplätzen
~ **d'entreprise** *f* Existenzgründung, Unternehmensgründung
△ **aide à la ~** *f* Unterstützung zur Firmengründung/Unternehmensgründung
~ **d'une lettre de change** *f* Ausstellung eines Wechsels
~ **de DTS (droits de tirage spéciaux)** *f* Schaffung von SZR (Sonderziehungsrechten)
~ **de programmes informatiques** *f* Erstellung von Computerprogrammen
~ **en commun d'une entreprise nouvelle** *f* gemeinsame Gründung eines neuen Unternehmens
~ **monétaire** *f* Geldschöpfung
△ **pouvoir de ~** *m* Geldschöpfungsfähigkeit
créativité *m* Kreativität
crèche *f* Kinderkrippe
crédirentier *m* Rentengläubiger
crédit *m* 1. Kredit, Darlehen, Akkreditiv 2. Guthaben, Haben 3. Kreditwürdigkeit, Kredittätigkeit 4. *surtout au pluriel:* Mittel, Gelder
△ **à ~** auf Kredit; **accord de ~** *m* Kreditgewährung; **achat à ~** *m* Ratenkauf, Kauf auf Kredit; **assouplissement du ~** *m* Krediterleichterung, Kreditverbilligung; **attribution de ~** *f* Kreditvergabe; **avis de ~** *m* Gutschriftsanzeige; **banque de ~** *f* Kreditbank; **bénéficiaire du ~** *m* Kreditnehmer; **carte de ~** *f* Kreditkarte; **cautionnement d'un ~** *m* Kreditbürgschaft; **colonne des ~** *f* Habenseite, Credetseite; **conditions de ~** *f pl* Kreditbedingungen, Kreditkonditionen; **consentement de ~** *m* Kreditzusage; **contrat de ~** *m* Kreditvertrag;

contrôle du ~ *m* Kreditkontrolle; **coût total du ~** *m* Gesamtkreditkosten; **date de validité du ~** *f* Verfallsdatum des Akkreditivs; **délai de validité d'un ~** *m* Gültigkeitsdauer eines Akkreditivs; **demande d'ouverture de ~** *f* Krediteröffnungsantrag; **demande de ~** *f* Kreditnachfrage; **dépassement de la ligne de ~** *m* Kreditlinienüberschreitung; **dépassement du ~** *m* Kreditüberziehung; **désencadrement du ~** *m* Erleichterung der Kreditaufnahme, Aufhebung von Kreditbeschränkungen; **desserrement du ~** *m* Kreditlockerung, Erleichterung der Kreditaufnahme, Aufhebung von Kreditbeschränkungen; **distribution de ~s** *f* Kreditvergabe; **durée du ~** *f* Kreditlaufzeit; **échéance d'un ~** *f* Kreditlaufzeit, Kreditfälligkeit; **écriture de ~** *f* Haben-Buchung; **émission d'un ~** *f* Eröffnung eines Akkreditivs; **encadrement du ~** *m* Kreditbeschränkung, Kreditkontrolle, Kreditlenkung, Erschwerung der Kreditaufnahme; **encours de ~** *m pl* gesamte ausstehende Kredite, Kreditvolumen; **engagement de ~** *m* Kreditverpflichtung; **engagement de ~ à long terme** *m* langfristige Kreditverpflichtung; **établissement de ~** *m* Bank, Kreditinstitut, Kreditbank; **euro-~** *m* Eurokredit; **exigences du ~** *f pl* Erfordernisse des Akkreditivs, kredittechnische Erfordernisse; **expansion du ~** *f* Kreditausweitung; **facilités de ~** *f pl* Kreditmöglichkeiten; **inscription au ~ d'un compte** *f* Gutschrift auf dem Konto; **instituts/institutions de ~** *m/f pl* Banken und Kreditinstitute, Geldinstitute, Banken; **lettre commerciale de ~** *f* commercial letter of credit (CLC), Handelskreditbrief; **lettre de ~** *f* Akkreditiv, Kreditbrief; **ligne de ~** *f* Kreditrahmen, Kreditlinie; **marché du ~** *m* Kreditmarkt; **montant du ~** *m* Kreditbetrag; **note de ~** *f* Gutschrift; **octroi d'un ~** *m* Kreditbewilligung, Kreditgewährung; **opération au ~** *f* Gutschrift; **opération de ~** *f* Kreditgeschäft; **organisme de ~** *m* Kreditinstitut; **organisme de ~ spécialisé** *m* Spezialkreditinstitut; **ouverture de ~** *f* Kreditaufnahme; **politique du ~** *f* Kreditpolitik; **prise de ~** *f* Kreditaufnahme; **promesse de ~** *f* Kreditzusage; **raréfaction des ~s** *f* Kreditverknappung; **régularisation du ~** *f* Kreditsteuerung; **relèvement du ~** *m* Krediterhöhung; **renchérissement du ~** *m* Kreditverteuerung; **réserve de ~** *f* Kreditreserve; **resserrement du ~** *m* Erschwerung der Kreditaufnahme, Kreditdrosselung, Kreditschrumpfung; **restrictions de ~** *f pl* Kreditbeschränkungen, Kreditrestriktionen; **risque de ~** *m* Kreditrisiko; **société de ~** *f* Kreditgesellschaft; **société de ~-bail** *f* Leasing-Gesellschaft; **société de financement de vente à ~** *f* Kreditfinanzierungsgesellschaft; **taux des ~s** *m* Kreditzinsen; **utilisation de/du/des ~(s)** *f* Kreditinanspruchnahme, Kreditausschöpfung; **vente à ~** *f* Verkauf auf Kredit, Kreditverkauf, Zielverkauf; **volume du ~** *m* Kreditvolumen

△△ **accorder des facilités de ~ à** ***qn*** *jdm* Krediterleichterungen einräumen/gewähren; **accorder un ~** einen Kredit vergeben; **accorder un ~ à** ***qn*** *jdm* einen Kredit gewähren/bewilligen; **acheter à ~** auf Kredit kaufen; **attribuer des ~s à la clientèle** Kundenkredite gewähren; **consentir un ~ à** ***qn*** *jdm* einen Kredit gewähren/bewilligen; **débloquer des ~s** Gelder bereitstellen, Gelder locker machen *fam*; **désencadrer/desserrer le ~** die Kreditaufnahme erleichtern, die Kreditkontrolle lockern; **détendre les ~s** die Kreditaufnahme erleichtern; **disposer d'un ~ de x francs** über Mittel in Höhe von x Franc verfügen; **distribuer des ~s** Kredite verteilen; **émettre un ~** ein Akkreditiv eröffnen; **encadrer le ~** die Kreditaufnahme erschweren (als kreditpolitische Maßnahme); **faire ~ à un client** einem Kunden Kredit/ein Zahlungsziel einräumen; **inscrire au ~** ins Haben buchen; **jouir d'un bon ~** gute Kreditwürdigkeit haben; **octroyer un ~ à** ***qn*** *jdm* einen Kredit bewilligen/gewähren; **porter (une somme) au ~** (einen Betrag) ins Haben eintragen; **porter x francs au ~ d'un compte** einem Konto x Franc gutschreiben; **resserrer le ~** die

Kreditaufnahme erschweren/drosseln/ begrenzen; **vendre à ~** gegen Kredit verkaufen; **vivre à ~** auf Kredit leben
~ **à court terme** *m* kurzfristiger Kredit
~ **à découvert** *m* Blankokredit
~ **à l'entreprise** *m* Firmenkredit
~ **à l'exportation** *m* Exportkredit
~ **à l'habitat** *m* Wohnungs(bau)kredit
~ **à l'importation** *m* Einfuhrkredit
~ **à l'investissement** *m* Investitionskredit
~ **à la clientèle** *m* Kundenkredit
~ **à la consommation** *m* Konsumtivkredit, Konsumkredit
△ **institut de ~** *m* Verbraucherkreditbank, Teilzahlungsbank
~ **à long terme** *m* langfristiger Kredit
~ **à moyen terme** *m* mittelfristiger Kredit
~ **à taux fixe** *m* Festzinskredit
~ **à taux indexé** *m* Kredit mit indexgebundenem Zinssatz
~ **à taux révisable** *m* Kredit mit variablem/veränderlichem Zinssatz
~ **à taux variable** *m* Kredit mit variablem/veränderlichem Zinssatz
~ **à tempérament** *m* Teilzahlungskredit
~ **accordé d'ordre et pour compte de tiers** *m* durchlaufender Kredit
~ **acheteur** *m* Käuferkredit, Kundenkredit
~ **adossé** *m* durch Bürgschaft gesicherter Kredit
~ **alloué** *m* bereitgestellter/bewilligter Kredit
~ **autorisé** *m* bewilligter Kredit
~ **aux particuliers** *m* Kredit an Privatpersonen
~ **bail** *m* Leasing
~ **bail immobilier** *m* Immobilienleasing
~ **bail mobilier** *m* Leasing von beweglichen Gütern
~ **bancaire** *m* Bankkredit
~ **bonifié** *m* zinsvergünstigter Kredit
~ **budgétaire** *m* öffentliche Haushaltsmittel
△△ **ouvrir un ~** Haushaltsmittel bewilligen
~-**client** *m* Kundenkredit
~ **commercial** *m* Handelskredit
~ **coopératif et mutuel** *m* Genossenschaftskredit
~ **cumulatif** *m* kumulativer Kredit
~ **d'anticipation** *m* Überbrückungskredit
~ **d'équipememt à moyen terme** *m* mittelfristiger Ausrüstungskredit
~ **d'escompte** *m* Diskontkredit, Wechselkredit
~ **d'exploitation** *m* Betriebsmittelkredit
~ **d'heures** *m* Freistunden
~ **d'impôt** *m* von der Einkommenssteuer abzugsfähiger Betrag
~ **d'investissement** *m* Investitionskredit
~ **de caisse** *m* Kassenkredit, Barkredit
~ **de campagne** *m* Sonderkredit bei phasenverschobener Produktion/für Produktionsstoßzeiten
~ **de cautionnement** *m* Avalkredit
~ **de cession** *m* Zessionskredit
~ **de financement** *m* Finanzierungskredit
~ **de mobilisation** *m* Mobilisierungskredit
~ **de paiement échelonné** *m* Teilzahlungskredit
~ **de préfinancement** *m* Vorfinanzierungskredit
~ **de réescompte** *m* Rediskontkredit
~ **de trésorerie** *m* Überbrückungskredit, Zwischenkredit, Liquiditätskredit
~ **différé** *m* verzögerte Gutschrift
~ **disponible** *m* bereitgestellter Kredit, *pluriel:* verfügbare Mittel, verfügbare Haushaltsmittel
~ **documentaire (CREDOC)** *m* Dokumentenakkreditiv
△ **Règles et usances uniformes relatives aux crédits documentaires (RUU)** *f pl* Einheitliche Richtlinien und Gebräuche für Dokumentenakkreditive (ERA)
~ **documentaire irrévocable** *m* unwiderrufliches Dokumentenakkreditiv
~ **documentaire irrévocable et confirmé** *m* unwiderrufliches und bestätigtes Dokumententakkreditiv
~ **documentaire révocable** *m* widerrufliches Dokumentenakkreditiv
~ **en blanc** *m* Blankokredit
~ **en compte courant** *m* Kontokorrentkredit, kurzfristiger Firmenkredit
~ **en monnaie étrangère** *m* Währungskredit

~ **études** *m* Studienkredit
~ **foncier** *m* Bodenkredit, Grundkredit, Immobiliarkredit
~ **fournisseur** *m* Lieferantenkredit
~ **gratuit** *m* zinsloser Kredit
~ **hypothécaire** *m* Hypothekenkredit
~ **immobilier** *m* Immobiliarkredit
~ **interbancaire** *m* Bank-an-Bank-Kredit
~ **irrévocable** *m* unwiderrufliches Akkreditiv
~ **lié** *m* gebundener Kredit
~ **municipal (caisse de ~)** *m* Pfandleihanstalt
~ **mutuel** *m* Genossenschaftsbank, Bankverein auf Gegenseitigkeit
~ **par acceptation** *m* Akzeptkredit
~ **permanent** *m* Dispokredit
△ **ligne de** ~ *f* ständige Kreditlinie
~ **personnel** *m* Dispokredit
~ **ponctuel** *m* punktueller Kredit
~ **pour achats à tempérament** *m* Ratenkredit
~ **red clause** *m* red clause credit
~ **réel** *m* Realkredit
~ **relais** *m* Überbrückungskredit
~ **renouvelable** *m* Revolvingkredit
~ **révocable** *m* widerruflicher Kredit
~ **revolving** *m* revolvierender Kredit
~ **rotatif** *m* Revolvingkredit, revolvierender Kredit, roulierender Kredit
~ **sans garantie** *m* ungedeckter Kredit
~ **sans intérêts** *m* zinsloser Kredit
~ **stand-by** *m* Stand-by-Kredit
△ **ligne de** ~ *f* Stand-by- Kreditlinie
~ **sur caution** *m* Bürgschaftskredit
~ **sur garantie** *m* gedeckter Kredit
~ **transférable** *m* übertragbarer Kredit
~ **utilisable** *m* verfügbarer Kredit
~ **utilisable par paiement différé** *m* Akkreditiv mit hinausgeschobener Zahlung

créditer (un compte de x francs) ins Haben buchen, anrechnen, (einem Konto x Franc) gutschreiben, kreditieren, erkennen
△ **compte à** ~ *m* zu erkennendes Konto; **écriture à** ~ *f* Habenbuchung; **intérêt à** ~ *m* Habenzins
~ **sous avis** unter Anzeige erkennen
~ **un compte de x francs** einem Konto x Franc gutschreiben

Crédit Agricole *m* Kreditgenossenschaft speziell für Landwirte
~ **du Nord** *m* französische Geschäftsbank
~ **Foncier de France** *m* französische Hypothekenkreditbank
~ **Local de France** *m* französisches Gemeindekreditinstitut
~ **Lyonnais** *m* französische Geschäftsbank
~ **Mutuel** *m* französische Genossenschaftsbank
~ **Populaire de France** *m* französische Geschäftsbank

créditeur *m* Gläubiger

créditeur, trice Haben-, Guthaben-
△ **banque ~trice** *f* Gläubigerbank; **compte** ~ *m* Habenkonto, Guthaben; **intérêts ~s** *m pl* Habenzinsen, Guthabenzinsen, Einlagenzinsen; **mouvement** ~ *m* Gutschrift, Kontogutschrift, Habenbuchung; **solde** ~ *m* Habensaldo, Aktivsaldo; **taux** ~ *m* Habenzinsen; **tendance ~trice** *f* Habentendenz

CREDOC (crédit documentaire) *m* Dokumentenakkreditiv

créer *qc* *etw* gründen, schaffen
~ **des emplois** Arbeitsplätze schaffen
~ **des emplois dans le secteur des services** Arbeitsplätze im Dienstleistungsbereich schaffen
~ **des liquidités** Liquiditäten schaffen
~ **un cartel** ein Kartell gründen
~ **un chèque** einen Scheck ausstellen
~ **un précédent** einen Präzedenzfall schaffen
~ **une entreprise** ein Unternehmen gründen
~ **une société** eine Gesellschaft/eine Firma gründen

créneau *m* Marktlücke, Marktnische
△ **stratégie de** ~ *f* Nischenstrategie, Marktlückenstrategie

creusement du déficit *m* Vergrößerung/Verschärfung des Defizits

creuser (se) sich vergrößern, sich verschärfen
△△ **l'écart d'inflation se creuse** der Inflationsabstand vergrößert sich; **le déficit s'est creusé** das Defizit hat sich vergrößert

creux, se hohl, leer

△ **classes ~ses** *f pl* geburtenschwache Jahrgänge
creux de la vague *m* Talsohle
creux démographique *m* geburtenschwache Jahrgänge
criblé, e de dettes tief verschuldet, bis über beide Ohren verschuldet *fam*
criée *f* Versteigerung durch Zuruf, Kursfestsetzung durch Ausruf
△ **à la ~** durch Zuruf; **cotation à la ~** *f* Kursfestsetzung durch Ausruf; **marché à la ~** *m* öffentliche Versteigerung; **vente à la ~** *f* Verkauf durch Zuruf
criminalité en col blanc *f* Wirtschaftskriminalität
crise *f* kritischer Punkt, Krisis, Krise
△ **en pleine ~** in einer tiefen Krise
△△ **déclencher une ~** eine Krise auslösen; **être heurté, e de plein fouet par la ~** von der Krise voll getroffen werden; **lutter contre la ~** die Krise bekämpfen; **sortir de la ~** die Krise überwinden/hinter sich lassen; **subir le contrecoup de la ~** die Folgen der Krise zu spüren bekommen; **surmonter une ~** eine Krise überwinden; **traverser une ~** eine Krise durchmachen, in einer Krise stecken
~ **de l'activité économique** *f* Wirtschaftskrise, Konjunkturkrise
~ **cyclique** *f* zyklische Krise
~ **de l'emploi** *f* Beschäftigungskrise
~ **de l'endettement** *f* Schuldenkrise, Verschuldungskrise
~ **de l'énergie** *f* Energiekrise
~ **de trésorerie** *f* Liquiditätskrise
~ **de vente** *f* Absatzkrise
~ **des matières premières** *f* Rohstoffkrise
~ **du golfe** *f* Golfkrise
~ **du pétrole** *f* Ölkrise
~ **économique** *f* Wirtschaftskrise
~ **économique mondiale** *f* Weltwirtschaftskrise
~ **économique prolongée** *f* anhaltende Wirtschaftskrise
~ **énergétique** *f* Energiekrise
~ **financière** *f* Finanzkrise
~ **monétaire** *f* Währungskrise
~ **pétrolière** *f* Ölkrise
~ **structurelle** *f* Strukturkrise
critère *m* Kriterium, Gesichtspunkt
~ **d'évaluation** *m* Bewertungskriterium
~ **de classement** *m* Einteilungskriterium
~**s de convergence** *m pl* Konvergenzkriterien
~ **de segmentation** *m* Segmentierungskriterium
croisé, e (an)gekreuzt, über Kreuz, wechselseitig, verschachtelt
△ **couponnage ~** *m* cross-couponning; **participation ~e** *f* Schachtelbeteiligung, wechselseitige Beteiligung
croiser *qc etw* (an)kreuzen
~ **(se)** sich kreuzen
croisière *f* Kreuzfahrt
△ **bateau de ~** *m* Kreuzfahrtschiff; **vitesse de ~** *f* Reisegeschwindigkeit
△△ **trouver sa vitesse de ~** seinen (Arbeits)Rhythmus finden
croissance *f* Wachstum, Wirtschaftswachstum, Wachstumsphase, Zuwachs
△ **accélération de la ~** *f* Wachstumsbeschleunigung; **arrêt de la ~** *m* Wachstumsstillstand; **chiffre de ~** *m* Wachstumsrate; **chances de ~ à long terme** *f pl* langfristige Wachstumschancen; **courbe de ~** *f* Wachstumskurve; **économie de ~** *f* Wachstumswirtschaft; **entreprise de ~** *f* Wachstumsunternehmen; **facteur de ~** *m* Wachstumsfaktor, Wachstumsträger, *en apposition:* wachstumsfördernd, wachstumstragend; **infléchissement de la ~** *m* Wachstumsrückgang; **inflexion (générale) de la ~** *f* (allgemeiner) Wachstumsrückgang; **investissement de ~** *m* Wachstumsinvestition; **moteur de la ~** *m* Wachstumslokomotive, Wachstumsmotor; **phase de ~** *f* Wachstumsphase, Konjunkturaufschwungsphase; **perspectives de ~** *f pl* Wachstumsaussichten, Wachstumsperspektiven; **politique de ~ différentielle** *f* Wachstum nach Maß; **porteur de ~** wachstumsfördernd, wachstumstragend; **prévisions de ~** *f pl* Wachstumsprognosen; **rythme de ~** *m* Wachstumstempo, Wachstumsrate; **rythme élevé de ~** *m* schnelles Wachstumstempo, hohe Wachstumsrate; **secteur en (phase de)~** *m* Wachstumsbranche; **taux de ~** *m* Wachstumsrate, Zuwachsrate; **valeur de ~** *f* Wachstumsaktie

△△ **enregister une ~ de ...** ein Wachstum von ... aufweisen/registrieren; **freiner la ~** das Wachstum bremsen; **la ~ s'est ralentie** das Wachstum ist langsamer geworden; **relancer la ~** das Wachstum ankurbeln; **redresser la ~ industrielle** das industrielle Wachstum verbessern/beleben; **renouer avec la ~** eine neue Wachstumsphase kennen, wieder Anschluß an das Wachstum finden; **saper la ~** das Wachstum untergraben
~ **de l'embauche** *f* Wachstum/Zuwachs der Beschäftigung
~ **de l'emploi** *f* Beschäftigungszunahme
~ **de la nuptialité** *f* Anstieg der Zahl der Eheschließungen, Erhöhung der Zahl der Eheschließungen
~ **du niveau de vie** *f* Ansteigen des Lebensstandards, wachsender Lebensstandard
~ **du PIB (Produit intérieur brut)** *f* Zuwachs des BIP (Bruttoinlandsprodukt)
~ **du PNB (Produit national brut)** *f* Wachstum des BSP (Bruttosozialprodukt)
~ **économique** *f* Wirtschaftswachstum
△△ **redresser la ~** das Wirtschaftswachstum fördern/ankurbeln
~ **économique en baisse** *f* sinkendes/rückgängiges Wirtschaftswachstum, Wachstumsrückgang, Wachstumsknick
~ **économique nominale** *f* nominales Wirtschaftswachstum
~ **économique réelle** *f* reales Wirtschaftswachstum
~ **en valeur** *f* nominalesWachstum
~ **en volume** *f* reales Wachstum
~ **équilibrée** *f* ausgeglichenes Wachstum
~ **monétaire** *f* Wachstum der Geldmenge
~ **par habitant** *f* Pro-Kopf-Wachstum
~ **réelle** *f* reales Wachstum
~ **soutenue** *f* anhaltendes Wachstum
~ **vigoureuse** *f* starkes Wachstum
~ **zéro** *f* Nullwachstum
croissant, e wachsend, steigend, zunehmend
△ **demande ~e** *f* wachsende Nachfrager; **tendance ~e** *f* wachsende Tendenz
croître (an)wachsen, (an)steigen, zunehmen
△△ **les salaires continuent de ~** die Löhne steigen weiter an
~ **en valeur** nominal wachsen
~ **en volume** real wachsen
croquis *m* Skizze
cru *m* Wein, Weinberg, Weingebiet
△ **grand ~** *m* Spitzenwein
crue *f* Hochwasser
crypter *qc etw* chiffrieren, verschlüsseln
~ **des données informatiques** elektronische Daten verschlüsseln
CSCE (Conférence sur la Sécurité et la Coopération en Europe) *f* KSZE (Konferenz für Sicherheit und Zusammenarbeit in Europa)
△ **sommet de la ~** *m* KSZE-Gipfel
CSG (Contribution sociale généralisée) *f in Frankreich seit 1991 auf alle Einkommen erhobene* Sozialabgabe
△ **perception de la CSG** *f* Einziehung der Sozialabgabe; **recouvrement de la ~** *m* Erhebung der Sozialabgabe
CSP (catégorie socio-professionnelle) *f* Berufsgruppe
cube *m* Würfel, Kubik-
△ **mètre ~** *m* Kubikmeter
cuir *m* Leder
△ **industrie du ~** *f* Lederindustrie
cuivre *m* Kupfer
△ **fil de ~** *m* Kupferdraht
cultivable bebaubar, bestellbar, Acker-
△ **terres ~s** *f pl* Ackerboden, Ackerland
cultivé, e 1. bebaut, bestellt, Acker- 2. kultiviert
△ **terre ~e** *f* Ackerboden, Ackerland
cultiver *qc* 1. *etw* bebauen, bestellen 2. pflegen, bilden
culture *f* 1. Kultur, Bildung 2. Anbau, (Land)Wirtschaft, Kultur
~ **biologique** *f* biologischer/ökologischer Anbau
~ **d'exportation** *f* für den Export bestimmter Anbau
~ **extensive** *f* extensive Wirtschaft
~ **générale** *f* Allgemeinbildung
~ **intensive** *f* intensive Wirtschaft
~ **maraîchère** *f* Gemüseanbau
~ **permanente** *f* Dauerkultur
culturel, le kulturell, Kultur-

△ **centre ~** *m* Kulturzentrum; **chaîne ~le** *f* Kulturkanal; **dépenses ~les** *f* Ausgaben für Kultur
CUMA (coopérative d'utilisation de matériel agricole) *f* Maschinenring
cumul d'impôts *m* Steuerkumulierung
cumul de fonctions *m* Ämterhäufung
cumulatif, ive kumulativ
△ **crédit ~** *m* kumulativer Kredit; **dividende ~** *m* kumulative Dividende; **imposition ~ive** *f* Mehrfachbesteuerung
cumuler *qc* *etw* kumulieren, häufen
△ **balance cumulée** *f* Betriebsergebnisrechnung, Periodenrechnung, kurzfristige Erfolgsrechnung; **intérêts cumulés** *m pl* Zinseszinsen
curatif, ive heilsam, Heil-
△ **effet ~** *m* Heilwirkung
cure *f* Kur
~ balnéothérapique *f* Badekur
~ d'amaigrissement *f* Schlankheitskur
~ d'austérité *f* Sparmaßnahmen
~ thermale *f* Badekur
curiste *m* Kurgast
curriculum vitae (CV) *m* Lebenslauf
△△ **rédiger son CV** seinen Lebenslauf schreiben/aufsetzen
curseur *m* Cursor, Schreibmarke
cursus *m* (beruflicher) Werdegang
CVS (corrigé des variations saisonnières) saisonbereinigt
cycle *m* 1. Zyklus, Konjunkturzyklus 2. Verhandlungsrunde
△ **désynchronisation du ~ économique** *f* Konjunkturschaukel; **hyper-~** *m* langfristiger Zyklus; **point de retournement du ~** *m* Wendepunkt im Konjunkturzyklus; **synchronisation du ~ économique** *f* Konjunkturgleichschritt
~ baissier *m* Konjunkturrückgang an der Börse
~ conjoncturel *m* Konjunkturzyklus
~ de courte durée *m* Kurzzeitzyklus
~ de longue durée *m* Langzeitzyklus
~ de négociations *m* Verhandlungsrunde
~ de vie *m* Lebenszyklus
△ **courbe du ~** *f* Lebenszykluskurve
~ de vie du produit *m* Produktlebenszyklus
△△ **se trouver à la fin/au début du cycle de vie d'un produit** sich am Ende/Anfang des Produktlebenszyklus befinden, am Ende/Anfang des Produktlebenszyklus stehen
~ économique *m* Wirtschaftszyklus, Konjunkturzyklus
~ Kondratieff *m* lange Welle, Kondratieffwelle
~ majeur *m* mittelfristiger Zyklus
~ mineur *m* kurzfristiger Zyklus
cyclique zyklisch
△ **chômage ~** *m* konjunkturelle Arbeitslosigkeit; **crise ~** *f* zyklische Krise

D

DAB (distributeur automatique de banque) *m* automatischer Bankschalter
dactylo *fam* (**= dactylographe**) *f* Schreibkraft, Tippse *fam*
dactylographe *f* Schreibkraft
dactylographie *f* Maschinenschreiben
△ **bureau de ~** *m* Schreibzentrale
dactylographier *qc* *etw* tippen
danger d'accident *m* Unfallgefahr
danger d'inflation *m* Inflationsgefahr
DATAR (Délégation à l'Aménagement du Territoire et à l'Action Régionale) *f* zentrale Raumplanungsbehörde
date *f* Datum, Termin
△△ **fixer une ~** ein Datum/einen Termin festsetzen
~ d'acquisition *f* Erwerbsdatum
~ d'effet (sur *qc/qn***)** *f* Vertragsbeginn
~ d'embauchage *f* Einstellungstermin
~ d'émission/de l'émission *f* Ausstellungsdatum, Ausstellungstag
~ d'entrée en fonctions *f* Eintrittstermin, Datum des Dienstantritts
~ d'entrée en vigueur *f* Zeitpunkt des Inkrafttretens, Einführungstermin
~ d'exigibilité d'une dette *f* Fälligkeitsdatum einer Schuld
~ d'expédition *f* Absendedatum
~ de clôture *f* Stichtag
~s de congés *f pl* Urlaubsdaten, Urlaubszeiten
~ de création *f* Gründungsdatum
~ de jouissance *f* Datum des Übergangs des Nutz(nieß)ungsrechts

~ **de livraison** *f* Liefertermin
~ **de paiement** *f* Zahlungstermin
~ **(de prise) d'effet** *f* Vertragsbeginn
~ **de valeur** *f* Wertstellungsdatum
~ **de validité du crédit** *f* Verfallsdatum des Akkreditivs
~ **fixe** *f* festgelegtes Datum, fester Termin
△ **traite à ~** *f* Tageswechsel, Datumswechsel
~ **limite** *f* Stichtag, äußerster Termin
~ **limite de consommation** *f* Verfallsdatum (bei Lebensmitteln)
~ **limite de paiement** *f* letzter Zahlungstermin
~ **limite de vente** *f* Verfallsdatum
~ **réelle du paiement du salaire** *f* tatsächliches Datum der Lohnzahlung
~ **réelle du versement** *f* tatsächliches Datum der Zahlung
daté, e du datiert vom/am
DAU (Document administratif unique) *m* Einheitspapier
DEA (Diplôme d'études approfondies) *m* französisches Universitätsdiplom (i.d.R. nach fünf Jahren Studium)
débâcle boursière *f* Börsenkrach
déballer *qc* *etw* auspacken
débarquement *m* 1. Abladen, Ausladung 2. Ausschiffung, Löschen, Landung
débarquer (*qc*) 1. *etw* abladen, ausladen, ausschiffen, löschen 2. an Land gehen
~ **les marchandises** die Fracht löschen
débat *m* Debatte, Diskussion
△△ **animer le ~** die Diskussion leiten
débaucher *qn* *jdn* entlassen
~ **un salarié** einen Arbeitnehmer entlassen
débirentier *m* Rentenschuldner
débit *m* 1. Verkauf, Absatz, Vertrieb 2. Verkaufsstelle 3. Soll, Sollseite, Debet, Lastschrift 4. Leistung, Durchsatz, Kapazität
△ **avis de ~** *m* Lastschriftsanzeige; **colonne des ~** *f* Sollseite, Debetseite; **écriture de ~** *f* Soll-Buchung; **opération au ~** *f* Belastung
△△ **inscrire au ~** ins Soll buchen; **passer/porter une somme au ~ d'un compte** einen Betrag ins Soll eintragen, ein Konto mit einem Betrag belasten
~ **de boissons** *m* Schenke, Ausschank
△ **licence de ~** *f* Schankerlaubnis
~ **de tabac** *m* Tabakladen
~ **différé** *m* verzögerte Lastschrift
~ **horaire** *m* Leistung/Durchsatz/Kapazität pro Stunde
débiter belasten, ins Soll buchen
~ **un compte de x francs** ein Konto mit x Franc belasten
débiteur/débitrice *m/f* Schuldner/Schuldnerin
△ **solvabilité d'un ~** *f* Zahlungsfähigkeit eines Schuldners
~ **de l'impôt** *m* Steuerzahler, Steuerschuldner
~ **défaillant** *m* säumiger Schuldner
~ **insolvable** *m* zahlungsunfähiger Schuldner
~ **principal** *m* Hauptschuldner
débiteur, trice Soll-, Debet-, Passiv-, Fehl-
△ **compte ~** *m* Debetkonto, Konto im Soll, Passivkonto, Sollkonto; **intérêts ~s** *m pl* Sollzinsen; **mouvement ~** *m* Kontobelastung, Lastschrift, Belastung, Sollbuchung; **pays ~** *m* Schuldnerland; **solde ~** *m* Passivsaldo, Debetsaldo, Fehlbetrag, Sollsaldo; **taux ~** *m* Sollzins; **tendance ~trice** *f* Solltendenz
déblocage *m* Befreiung, Freigabe, Aufhebung, Aufheben
~ **des prix** *m* Freigabe der Preise
débloquer *qc* *etw* freigeben, auszahlen (Kredit)
~ **des crédits** Kredite bereitstellen/auszahlen, Kredite locker machen *fam*
débordé, e de travail überlastet
débouché *m* 1. Absatzmarkt, Absatzmöglichkeiten, Konsumentenmarkt, Käufermarkt 2. *pluriel:* Beschäftigungsmöglichkeiten, Arbeitsmöglichkeiten, Berufsaussichten
△ **marché des ~s** *m* Absatzmarkt, Konsumentenmarkt, Käufermarkt
△△ **assurer des ~s à** *qn* *jdm* Beschäftigungsmöglichkeiten zusichern; **chercher des ~s** Absatzmärkte suchen; **ouvrir un ~** einen Absatzmarkt erschließen; **trouver des ~s** Absatzmärkte finden
~s à l'exportation *m pl* Absatzmöglich-

keiten im Ausland
~s extérieurs *m pl* Auslandsabsatz
~s professionnels *m pl* Beschäftigungsmöglichkeiten, Arbeitsmöglichkeiten, Berufsaussichten
débours *souvent au pluriel* *m* Aufwendung, Aufwand, Auslage
△ **compte de frais et ~** *m* Auslage, Unkosten-und Auslagenrechnung, Spesen
débrayage *m* Arbeitsniederlegung, Streik
débrayer die Arbeit niederlegen, in den Ausstand treten, streiken
débudgétiser ***qc*** *etw* im Haushalt streichen
début de carrière *m* Berufsbeginn, Beginn der beruflichen Laufbahn
△ **traitement en ~** *m* Anfangsgehalt
début de la garantie *m* Beginn des Versicherungsschutzes
débutant *m* Anfänger, Neuling
débuter anfangen, seine Arbeitsstelle antreten
décaissement *m* Auszahlung, Sonderauszahlung
△ **autorisation de ~** *f* Sonderauszahlungserlaubnis
décaisser de l'argent Geld auszahlen
décalage *m* Verschiebung, Unterschied
~ dans le temps *m* Phasenverschiebung, zeitliche Verschiebung, zeitliches Auseinanderklaffen
~ de prix *m* Preisunterschied
~ horaire *m* Zeitverschiebung
décalé *mercatique* *m* Nonkonformist, Aussteiger *Marketing*
décaler ***qc*** *etw* verschieben
décalque *m* Durchpausen, Durchschreiben
△ **comptabilité par/à ~** *f* Durchschreibebuchführung
décélération de l'inflation *f* Verlangsamung der Inflation
décennie *f* Jahrzehnt
△ **durant la ~ écoulée** im vergangenen/abgelaufenen Jahrzehnt
décentralisation *f* Dezentralisierung
décès *m* Ableben, Tod, Sterbefall
△ **acte de ~** *m* Sterbeurkunde; **allocation-~** *f* Sterbegeld; **allocation (en cas) de ~** *f* Sterbegeld; **assurance ~** *f* Sterbeversicherung; **assurance en cas de ~** *f* Risikolebensversicherung für den Sterbefall; **capital-~** *f* Sterbegeld; **cas de ~** *m* Todesfall; **cause de ~** *f* Todesursache; **déclaration des ~** *f* Todeserklärung; **par suite de ~** wegen Todesfalls; **risque de ~** *m* Todesfallrisiko; **transcription de ~** *f* erfaßte Todesfälle
~ de l'assuré, e *m* Tod/Ableben des/der Versicherten
~ par accident *m* Unfalltod
décharge *f* 1. Entlastung 2. Quittung 3. Mülldeponie, Müllkippe
△ **témoin à ~** *m* Entlastungszeuge
~ publique *f* öffentliche Mülldeponie, Müllkippe
~ sauvage *f* wilde Mülldeponie, Müllkippe
déchargement *m* Entladen
décharger 1. *qn* de *qc* 2. *qc* 1. *jdn* von *etw* entlasten, entbinden 2. abladen, ausladen, entladen, löschen
décharger *qn* de toute responsabilité *jdn* von jeglicher Verantwortung entbinden
déchéance *f* Verlust, Verfall, Verwirkung
~ sociale *f* sozialer Abstieg
déchets *m pl* Abfall, Abfälle, Abfallstoffe, Müll
△ **incinération des ~** *f* Müllverbrennung; **(re)traitement de ~** *m* (Wieder)Aufbereitung von Abfällen
△△ **éliminer les ~s** den Müll entsorgen
~ d'emballage *m pl* Verpackungsmüll
~ encombrants *m pl* Sperrmüll
~ industriels *m pl* Industriemüll
~ ménagers *m pl* Hausmüll
~ nucléaires *m pl* Atommüll
△ **retraitement des ~** *m* Wiederaufbereitung von Atommüll
~ radioactifs *m pl* radioaktive Abfälle
~ récupérables *m pl* wiederverwertbare Abfälle, Wertmüll
△ **tri des ~** *m* Wertmüllsortierung
~ spéciaux *m pl* Sondermüll, Sonderabfälle
~ toxiques *m pl* Giftmüll
△ **sachet pour les ~** *m* Schadstoffbeutel
déchetterie *f* Müllsammelstelle, Müllverwertungsstelle, Mülldeponie

déchiffrable par la machine maschinenlesbar
décideur *m* Entscheidungsträger
décisif, ive maßgeblich, entscheidend
△ **choix** ~ *m* maßgebliche Entscheidung
décision *f* Entscheidung, Beschluß
△ **droit de** ~ *m* Entscheidungsrecht; **erreur de** ~ *f* Fehlentscheidung; **liberté de** ~ *f* Entscheidungsfreiheit; **organe de** ~ *m* Beschlußorgan; **prise de** ~ *f* Beschlußfassung, Entscheidungsbildung; **procédure de** ~ *f* Entscheidungsverfahren
△ **annoncer une** ~ eine Entscheidung ankündigen; **contester une** ~ eine Entscheidung anfechten; **participer à la** ~ an der Entscheidung beteiligt sein, mitbestimmen; **prendre une** ~ eine Entscheidung treffen
~ **d'achat** *f* Kaufentscheidung
~ **extraordinaire** *f* außergewöhnliche Entscheidung
~ **finale** *f* Schlußentscheidung
~ **unilatérale** *f* einseitige Entscheidung
décisionnaire en matière d'achat *m* entscheidungsbefugter/verantwortlicher Einkäufer
déclarant en douane Anmelder, Deklarant, Zollbeteiligter
déclaration *f* Aussage, (Steuer)Erklärung, Anmeldung, Meldung, Anzeige, Deklaration
△ **obligation de** ~ *f* Anmeldepflicht, Meldepflicht
~ **d'adhésion** *f* Beitrittserklärung
~ **d'achèvement (des travaux)** *f* (Bau) Fertigstellungserklärung
~ **de banqueroute** *f* Bankrotterklärung
~ **de décès** *f* Anmeldung eines Todesfalls
~ **(de revenus)** *f* Einkommensteuererklärung
△ **absence de** ~ *f* Fehlen einer Steuererklärung; **souscription d'une** ~ *f* Abgabe einer Steuererklärung
~ **de sinistre** *f* Schadensmeldung
~ **en douane** *f* Zollanmeldung, Zollerklärung
~ **nominative** *f* namentliche Aussage
~ **obligatoire** *f* Anzeigepflicht, Meldepflicht
~ **obligatoire au fisc** *f* steuerliche Meldevorschrift
déclaré, e offengelegt, versteuert, angegeben
△△ **inflation** ~ *f* offene Inflation; **non** ~ unversteuert, nicht angegeben, nicht offengelegt, Schwarz-
déclarer *qc* *etw* erklären, anmelden, anzeigen, deklarieren, melden, versteuern
△ **obligation de** ~ *qc* Anmeldepflicht, Meldepflicht für *etw*
~ *qc* **à la/en douane** *etw* verzollen, deklarieren, beim Zollamt abfertigen lassen
~ **ses revenus** seine Einkünfte angeben
~ **un sinistre** einen Schaden melden
~ **une activité professionnelle** ein Gewerbe anmelden
~ **(se)** sich melden, sich anmelden
~ **comme chômeur (se)** sich arbeitslos melden
~ **décidé à faire** *qc* **(se)** sich entschlossen zeigen *etw* zu tun
~ **en/en état de faillite (se)** Konkurs anmelden
déclenchement *m* Auslösen, Ausklinken
△ **seuil de** ~ **du SMIC** *m* Mindestlohnschwelle
déclencher *qc* *etw* auslösen
~ **une crise** eine Krise auslösen
~ **une grève** einen Streik auslösen
~ **la spirale inflationniste** die Lohn-Preis-Spirale auslösen
déclin *m* Abnehmen, Nachlassen, Rückgang, Abstieg, Schrumpfung, Degeneration, Degenerationsphase
△ **phase de** ~ *f* Abstiegsphase
décliner (*qc*) 1. *etw* ablehnen, verweigern 2. abnehmen, sinken, absteigen, verfallen, zurückgehen
~ **la responsabilité** die Verantwortung ablehnen/von sich weisen
décollage *m* 1. Start, Anziehen 2. Einführung, Einführungsphase, Start-Up-Phase
décoller abheben, in die Höhe klettern
décompilation *f* Dekompilierung, Dekompilation
~ **de programmes** *f* Dekompilation von (Computer)Programmen
décompte *m* Abzug, Abrechnung, Verrechnung, Zählung
△△ **faire le** ~ **de** *qc* *etw* abziehen, abrechnen
~ **d'exploitation** *m* Betriebsabrechnung

~ **des charges** *m* Abrechnung der Nebenkosten
~ **des intérêts** *m* Berechnung der fälligen Zinsen
~ **des voix** *m* Stimmen(aus)zählung
déconfiture *f* finanzieller Ruin, Krach, Pleite
décontamination *f* Entseuchung, Dekontaminierung
décote *f* Herabsetzung des Steuersatzes, Steuernachlaß, Steuerfreibetrag, Kursabschlag
~ **pour les foyers à faibles revenus** *f* Abschlag für Haushalte mit geringem Einkommen
découpage administratif *m* Verwaltungseinteilung
découvert *m* Kontoüberziehung, Blankokredit
△ **à ~** überzogen, ungedeckt, im Soll; **achat à ~** *m* Kauf ohne Deckung; **avance à ~** *f* Blankokredit, Kassenkredit; **autorisation de ~** *f* Dispositionskredit, Dispo-Kredit, erlaubte Kontoüberziehung; **commission de ~** *f* Überziehungsgebühr; **compte à ~** *m* überzogenes Konto; **crédit à ~** *m* Blankokredit; **intérêts de ~** *m pl* Überziehungszinsen; **vente à ~** *f* Leerverkauf
△△ **avoir un (compte à) ~** im Soll stehen; **être à ~** ohne Deckung sein, offenstehen; **mettre son compte à ~** sein Konto überziehen
~ **autorisé** *m* erlaubte Kontoüberziehung
~ **de compte** *m* Kontoüberziehung
décret *m* Verfügung, Verordnung, Anordnung, Dekret, Beschluß
△△ **appliquer un ~** eine Verordnung durchführen; **prendre un ~** eine Verfügung/Verordnung erlassen
~ **d'application** *m* Ausführungsbestimmung, Durchführungsverordnung
décréter *qc* *etw* verfügen, dekretieren, beschließen
~ **le lock-out** die Aussperrung verkünden
~ **une grève** einen Streik beschließen
décrocher *qc fam* *etw* ergattern, kriegen, auftreiben, einheimsen *fam*
~ **un contrat** einen Vertrag bekommen/einheimsen
~ **un emploi** eine Stelle/einen Job bekommen/finden
décroissance *f* Wachstumsrückgang, Rückgang
~ **conjoncturelle** *f* Konjunkturabschwung
décroissant, e abnehmend, zurückgehend, fallend
décroître abnehmen, zurückgehen
décrue des taux d'intérêt *f* Zinsrückgang
décrypter des données informatiques elektronische Daten entschlüsseln
dédit *m* Aufkündigung, Rücktritt, Reugeld
△ **contrat comportant un ~** *m* Vertrag mit Rücktrittsklausel; **en cas de ~** im Rücktrittsfall; **lettre de ~** *f* Absagebrief
dédommagement *m* Entschädigung
△△ **réclamer un ~ à *qn*** von *jdm* eine Entschädigung verlangen
dédommager *qn* (de *qc*) *jdn* (für *etw*) entschädigen
dédouanement *m* Zollabfertigung, Verzollung
△ **formalités de ~** *f pl* Zollformalitäten; **frais de ~** *m pl* Zollabfertigungsgebühren; **opérations de ~** *f pl* Zollabfertigung(smaßnahmen); **technique de ~** *f* Verzollungsverfahren
dédouaner *qc* *etw* verzollen, abfertigen
△△ **non dédouané, e** unverzollt
~ **sans inspection préalable** ohne vorherige Untersuchung abfertigen
déductibilité *f* Abzugsfähigkeit
~ **de la TVA** *f* Mehrwertsteuerabzug(sfähigkeit), Vorsteuerabzug
déductible abzugsfähig
△ **charges ~s** *f pl* abzugsfähige Ausgaben/Kosten
déduction *f* Abzug, Abrechnung, Einbezahlung, Nachlaß, Rabatt
~ **des variations saisonnières** *f* Abzug der jahreszeitlich bedingten Schwankungen
△ **après ~** nach Abzug der jahreszeitlich bedingten Schwankungen
~ **faite de ...** abzüglich ...
~ **fiscale** *f* steuerlicher Abzug
déduire *qc* *etw* abziehen, absetzen
~ ***qc* de l'impôt** *etw* von der Steuer absetzen
~ **une somme du revenu imposable** einen Betrag vom zu versteuernden Einkommen abziehen

défaillance *f* Nichterfüllung, Versagen, Verzug, Wegfall, Ausfall
~ **contractuelle** *f* Vertragswidrigkeit, Vertragsverletzung, Vertragsbruch
~ **d'entreprise** *f* Konkurs, Zusammenbruch, Insolvenz, Unternehmenszusammenbruch
~ **d'une condition** *f* Hinfälligwerden einer Bedingung
~ **dans le remboursement** *f* Nichterfüllung der Rückzahlung/Ratenverpflichtung
~ **du donneur d'ordre** *f* Nichterfüllung durch den Auftraggeber
~ **du vendeur** *f* Nichtlieferung durch den Verkäufer
défaillant, e säumig, konkursbedroht, in Konkurs, der Nichterfüllung schuldig
△ **débiteur ~** *m* säumiger Schuldner; **entreprise ~e** *f* konkursbedrohtes Unternehmen
défalcation *f* Abrechnung, Abzug
défalquer *qc* de *qc* *etw* von *etw* abziehen
défaut *m* 1. Mangel, Fehler, Mißstand 2. Abwesenheit, Verzug
△ **à ~** anderweitig; **à ~ de ...** mangels ...; **par ~** in Abwesenheit
△△ **être condamné par ~** in Abwesenheit verurteilt werden
~ **caché** *m* verborgener Mangel
~ **de capacité (juridique)** *m* fehlende Rechtsfähigkeit
~ **de fabrication** *m* Fabrikationsfehler
~ **de matière** *m* Materialfehler
~ **de paiement** *m* Zahlungsverzug
défavorable ungünstig, nachteilig
défavorisé, e benachteiligt
défection *f* Ausfall
△△ **faire ~** ausfallen, ausbleiben
défectueux, euse schadhaft, fehlerhaft, mangelhaft
défendeur/défenderesse *m/f* Beklagte(r), beklagte Partei, Antragsgegner(in)
défendre verteidigen, beschützen, vertreten, stützen
~ **les intérêts de *qn*** *jds* Interessen vertreten
~ **ses parts de marché** seinen Marktanteil veteidigen
~ **une monnaie** eine Währung verteidigen, den Kurs einer Währung stützen

défense *f* Verteidigung, Rechtfertigung, Schutz, Verbot, Untersagen
△ **en ~** zur Verteidigung
~ **de disposer des biens saisis** *f* Verfügungs- und Veräußerungsverbot für gepfändete Sachen
~ **de l'environnement** *f* Umweltschutz
~ **de la propriété intellectuelle** *f* Schutz des geistigen Eigentums
~ **des consommateurs** *f* Verbraucherschutz
△ **mouvement de ~** *m* Verbraucherschutzbewegung; **organisation de ~** *m* Verbraucherschutzverband
~ **des intérêts** *f* Interessenschutz, Wahrnehmung der Interessen
~ **-recours** *f* Verkehrsrechtsschutz
△ **assurance ~** *f* Verkehrsrechtsschutzversicherung
△△ **souscrire une garantie ~** eine Verkehrsrechtsschutzversicherung abschließen
défenseur *m* Verteidiger, Rechtsbeistand, Prozeßvertreter
déférer *qn* en justice *jdn* vor Gericht bringen
défi *m* Herausforderung
défiant toute concurrence konkurrenzlos, unschlagbar
△ **prix ~** *m* unschlagbarer Preis
déficit *m* Defizit, Deckungslücke, Außenbeitrag, Passivsaldo
△ **caution en cas de ~** *f* Ausfallbürgschaft; **contraction du ~** *f* Verringerung des Defizits; **garantie en cas de ~** *f* Ausfallbürgschaft; **réduction du ~** *f* Abbau des Defizits; **report en arrière de ~** *m* Verlustrücktrag
△△ **accuser un ~** ein Defizit aufweisen; **afficher un ~** ein Defizit aufweisen; **colmater un ~** ein Defizit ausgleichen; **combler un ~** ein Defizit decken/ausgleichen; **connaître un ~ chronique** chronisch im Defizit sein; **contenir le ~** das Defizit beschränken/begrenzen; **enregistrer un ~** ein Defizit aufweisen; **éponger un ~** ein Defizit abschöpfen; **être en ~** ein Defizit aufweisen, in den roten Zahlen sein; **financer le ~ extérieur** das Auslandsdefizit finanzieren; **la balance commerciale accuse un ~ de ...** die Han-

delsbilanz weist ein Defizit von ... auf; **le ~ s'est creusé** das Defizit hat sich vergrößert; **ramener le ~ à x francs** das Defizit auf x Franc herunterschrauben; **réduire le ~** das Defizit verringern; **résorber un ~** ein Defizit beseitigen

~ **budgétaire** *m* Haushaltsdefizit, Haushaltslücke

~ **chronique** *m* chronisches Defizit

~ **commercial** *m* Handelsdefizit

~ **de la balance commerciale** *m* Handelsbilanzdefizit

~ **de la balance des capitaux** *m* Kapitalbilanzdefizit

~ **de la balance des paiements** *m* Zahlungsbilanzdefizit

~ **de la balance des services** *m* Dienstleistungsbilanzdefizit

~ **de la balance des transactions courantes** *m* Leistungsbilanzdefizit

~ **de naissances** *m* Geburtenausfall, Mangel an Geburten

~ **des paiements courants** *m* Leistungsbilanzdefizit

~ **du commerce extérieur** *m* Außenhandelsdefizit

~ **énergétique** *m* Defizit bei Energieprodukten, Energielücke, Eigenenergiedefizit

~ **extérieur** *m* Auslandsdefizit

△△ **financer le ~** das Auslandsdefizit finanzieren

~ **industriel** *m* Defizit im Industriewarenverkehr

~ **manufacturier** *m* Außenhandelsdefizit in der Fertigungsindustrie

~ **public** *m* Staatsdefizit, Haushaltsdefizit

△ **réduction des déficits publics** *f* Verringerung der Haushaltsdefizite

~ **structurel** *m* strukturelles Defizit

~ **vis-à-vis/à l'égard d'un pays** *m* Defizit mit/gegenüber einem Land

déficitaire defizitär, verlustbringend, verlustreich

△ **balance ~** *f* passive/negative Bilanz; **bilan ~** *m* passive/negative Bilanz; **domaine ~** *m* verlustreiche Sparte; **exercice ~** *m* Verlustjahr; **profession ~** *f* Mangelberuf; **rendement ~** *m* Minderertrag; **résultat ~** *m* negatives Ergebnis, Ertragsausfall; **secteur ~** *m* verlustreiche Sparte; **solde ~ de la balance** *m* Bilanzdefizit

△△ **être ~** einen Verlust erwirtschaften

défier toute concurrence konkurrenzlos sein

définir la parité d'une monnaie die Parität einer Währung festlegen

définitif, ive endgültig, definitiv

△ **apport ~** *m* endgültige Einlage; **clôture ~ive** *f* Schlußtag, Stichtag; **embauche ~ive** *f* endgültige/unbefristete Einstellung; **redevable ~** *m* Steuerpflichtiger, Steuerträger; **réception ~ive** *f* Endabnahme, endgültige Abnahme

définition du poste *f* Stellenbeschreibung

défiscalisation *f* Steuerbefreiung

défiscalisé, e steuerfrei

déflaté, e inflationsbereinigt

△ **chiffres ~s** *m pl* (inflations)bereinigte Zahlen

déflater *qc* *etw* in konstanten/(inflations)bereinigten Preisen ausdrücken

déflation *f* Deflation, Deflationspolitik, Rückgang der Preise und des Sozialproduktes

△ **mouvement de ~** *m* Deflationsbewegung; **politique de ~** *f* Deflationspolitik

△△ **favoriser le mouvement de ~** die Deflationsbewegung begünstigen; **poursuivre la ~** die Deflation fortsetzen, weiter deflationär sein; **subir le contrecoup de la ~** die Deflation zu spüren bekommen

déflationniste deflatorisch, deflationär, deflationistisch

DEFM (demandes d'emplois non satisfaites en fin de mois) *f pl* vom Arbeitsamt monatlich veröffentlichte Zahl der Stellengesuche

déforestation *f* Waldsterben

défraîchi, e abgenutzt, verblaßt

défrayer die Spesen vergüten/zurückerstatten

défunt, e *m/f* Verstorbene(r), Verschiedene(r)

défunt, e verstorben, verschieden

dégagement *m* Umgehung, Entlastung

△ **route de ~** *f* Entlastungsstraße, Umgehungsstraße

~s bénéficiaires *m pl* Verkäufe zur Gewinnmitnahme
dégager *qc* *etw* erwirtschaften, erzielen, abwerfen, ausweisen, freisetzen
~ **des émissions toxiques** giftige Stoffe/Emissionen freisetzen
~ **des pertes** Verluste aufweisen
~ **un bénéfice** einen Gewinn erwirtschaften, Gewinn erzielen
~ **un chiffre d'affaires** einen Umsatz erwirtschaften
~ **un excédent** einen Überschuß abwerfen
~ **un gain** einen Gewinn erzielen
~ **un profit** einen Gewinn erwirtschaften/erzielen
~ **un surplus** einen Überschuß ausweisen
~ **un surplus commercial** einen Handelsüberschuß erzielen/erwirtschaften
~ **une marge** einen Gewinn erzielen
~ **une plus-value** einen Wertzuwachs erzielen
~ **x milliards de bénéfice** x Milliarden Gewinn machen
dégât *m* (materieller) Schaden
△ **nature et importance des ~s** *f/f* Art und Höhe des Schadens
△△ **causer des ~s** Schäden verursachen; **estimer/évaluer les ~s** den Schaden abschätzen; **faire des ~s** Schäden verursachen; **limiter les ~s** den Schaden begrenzen; **réparer les ~s** den Schaden beheben/reparieren
~s des eaux *m pl* Wasserschaden, Wasserschäden
△ **assurance contre les ~** *f* Wasserschadensversicherung
dégotter *qc* *fam etw* ergattern, auftreiben, schnappen *fam*
dégradation *f* Verschlechterung, Verschlimmerung, Verminderung
~ **de l'emploi** *f* Verschlechterung der Arbeitsmarktlage
~ **de la balance** *f* Verschlechterung der Bilanz
~ **des marges** *f* Verschlechterung der Gewinnspannen
~ **des termes de l'échange** *f* Verschlechterung der Terms of Trade
~ **du commerce extérieur** *f* Verschlechterung des Außenhandels
~ **du stock** *f* Lagerbestandswertminderung
~ **générale de l'économie** *f* Verschlechterung der allgemeinen Wirtschaftslage
dégrader (se) sich verschlechtern, sich verschlimmern
△△ **la balance s'est dégradée** die Bilanz hat sich verschlechtert; **la situation de l'emploi s'est dégradée** die Beschäftigungslage hat sich verschlechtert
dégraissage des/d'effectifs *m* Personalabbau, Personaleinsparungen, Abspecken im Personalbereich *fam*
dégraisser les effectifs *fam* Personal abbauen/einsparen, abspecken *fam*
degré *m* Grad
~ **d'acceptabilité** *m* Akzeptanzgrad
~ **d'auto-approvisionnement** *m* Selbstversorgungsgrad
~ **d'autofinancement** *m* Selbstfinanzierungsgrad
~ **d'instruction** *m* Bildungsgrad
~ **d'ouverture** *m* Öffnungsgrad
~ **de culture** *m* Bildungsgrad
~ **de liquidité** *m* Liquiditätsgrad
~ **de mémorisation** *m* Speichergrad
~ **de motorisation** *m* Motorisierungsgrad
~ **de notoriété** *m* Bekanntheitsgrad
~ **de parenté** *m* Verwandtschaftsgrad
~ **de productivité** *m* Produktivitätsgrad
~ **de rentabilité** *m* Rentabilitätsgrad
~ **d'invalidité** *m* Grad der Erwerbsminderung
~ **élevé de modernisation** *m* hoher Modernisierungsgrad
dégressif, ive degressiv
△ **amortissement ~** *m* degressive Abschreibung, degressive Absetzung für Abnutzung; **imposition ~ive** *f* degressive Besteuerung
dégrevé, e (steuer)befreit, steuerlich entlastet
~ **d'office** steuerbefreit von Amts wegen
dégrèvement d'impôt *m* Steuererleichterung, Steuernachlaß, Steuerermäßigung
dégrèvement fiscal *m* Steuererleichterung, Steuernachlaß, Steuerermäßigung
dégrever *qc/qn* *jdn* steuerlich entlasten, für *etw* die Steuern vermindern

dégriffé, e ohne Firmenschild, ohne Markenname, preisreduziert
dégringolade des cours *fam f* Kurssturz, Purzeln der Kurse
dégringoler *fam* purzeln, in den Keller gehen *fam*
△△ **les cours de Bourse ont dégringolé** die Börsenkurse sind in den Keller gegangen
dégroupage *m* Stückelung
dégrouper *qc etw* stückeln
déguisé, e versteckt, verschleiert
dégustation *f* (Kost)Probe
△ **stand de ~** *m* Kostprobenstand, Probierstand
délabré, e verfallen, marode, baufällig, altersschwach *fam*
△ **maison ~e** *f* baufälliges Haus
délabrement *m* Verfall
△ **en état de ~ avancé** in fortgeschrittenem Verfall befindlich, stark verfallen/baufällig
délai *m* Frist, Termin
△ **à très bref ~** sehr kurzfristig; **condition de ~** *f* Fristbedingung; **dans les ~s impartis** fristgerecht; **dans les meilleurs ~s** umgehend, unverzüglich; **dans les plus brefs ~s** unverzüglich, umgehend; **dans un ~ relativement court** relativ kurzfristig; **prorogation d'un ~** *f* Fristverlängerung; **respect des ~s** *m* Termineinhaltung; **sans ~** ohne Verzug, unverzüglich
△△ **fixer comme dernier ~** als äußersten Termin festsetzen; **laisser s'écouler un ~** eine Frist verstreichen lassen; **passer un ~** einen Termin übertreten; **passé ce/le ~** nach Ablauf des Termins; **respecter un ~** einen Termin/eine Frist einhalten
~ contractuel *m* vertragliche Frist, vertraglich vereinbarte Frist, Vertragsfrist
△ **inobservation des délais contractuels** *f* Nichteinhaltung der Vertragsfristen/vertraglich vereinbarten Fristen
~ d'avertissement *m* Kündigungsfrist
~ d'opposition *m* Sperrfrist
~ de carence *m* Karenzzeit, Karenztage
~ de conversion *m* Umwandlungsfrist
~ de date *m* vom Ausstellungstag (eines Wechsels) an berechnete Frist
△ **traite à un certain ~** *f* Datowechsel
~ de fabrication *m* Herstellungszeit, Fertigungsfrist
~ de grâce *m* Nachfrist, Schonfrist, Gnadenfrist, Galgenfrist *fam*
~ de licenciement *m* Kündigungsfrist
~ de livraison *m* Lieferfrist
~ de paiement *m* Zahlungsfrist, Zahlungsziel, Kreditlaufzeit
~ de préavis *m* Kündigungsfrist
~ de prescription *m* Verjährungsfrist
△ **suspension du ~** *f* Hemmung der Verjährungsfrist
△△ **suspendre le ~** die Verjährungsfrist hemmen
~ de présentation *m* Vorlagefrist
~ de réflexion *m* Bedenkfrist, Bedenkzeit
~ de régularisation *m* Regulierungsfrist
~ de rigueur *m* äußerster Termin, äußerste Frist
~ de séjour en entrepôt *m* Lagerzeit
~ de souscription *m* Subskriptionsfrist
~ de transport *m* Beförderungsfrist
~ de validité d'un crédit *m* Gültigkeitsdauer eines Akkreditivs
~ de vue *m* Sichtfrist
△ **traite à un ~** *f* Nachsichtwechsel
~ légal *m* gesetzliche Frist
~ supplémentaire *m* Nachfrist
délégation *f* 1. (Übertragung einer) Befugnis, Beauftragung, Bestellung 2. Delegation, Abordnung, Vertretung
Délégation à l'Aménagement du Territoire et à l'Action Régionale (DATAR) *f* zentrale Raumplanungsbehörde
~ commerciale *f* Handelsdelegation, Handelsvertretung
~ de l'autorité patronale *f* Delegierung der Arbeitgeberautorität
~ des employeurs *f* Arbeitgeberdelegation
~ patronale *f* Arbeitgeberdelegation
délégué *m* Abgeordneter, Vertreter, Delegierter
~ du personnel *m* Personalvertreter, Arbeitnehmervertreter, Belegschaftsvertreter
~ régional *m* Gebietsvertreter
~ syndical *m* Gewerkschaftsvertreter, Gewerkschaftsdelegierter, Gewerkschaftsfunktionär

déléguer *qn* **(à/pour** *qc***)** *jdn* (mit *etw*) beauftragen, bestellen, ermächtigen, abordnen, delegieren
délestage *m* Entlastung
△ **itinéraire de ~** *f* Entlastungsstraße, Entlastungsstrecke
délibération *f* Beratung, Verhandlung
délibérer sur *qc* über *etw* beraten, verhandeln
△△ **instances délibérantes** *f pl* beratende Instanzen; **pouvant ~** beschlußfähig
délictueux, euse strafbar
△ **fait ~** *m* strafbare Handlung
délinquance *f* Straffälligkeit, Kriminalität
délinquant *m* Straffälliger
délinquant, e straffällig
délit *m* Verstoß, Delikt, Vergehen
~ **d'entrave** *m* Störungsdelikt
~ **d'initiés** *m* Insider-Vergehen, Verstoß gegen die Insiderregeln
~ **de fuite** *m* Fahrerflucht
△△ **condamner** *qn* **pour ~** *jdn* wegen Fahrerflucht verurteilen
délivrance *f* Abgabe, Ablieferung, Aushändigung, Übergabe, Erteilung
~ **du brevet** *f* Patenterteilung
délivrer *qc* *etw* abgeben, abliefern, aushändigen, übergeben, erteilen
~ **des options** Optionen vergeben
~ **une licence** eine Genehmigung erteilen
délocalisation *f* Standortverlagerung, Produktionsverlagerung
délocaliser la production die Produktion verlagern *meist in Niedriglohnländer*
déloyal, e unlauter, unehrlich, unfair
△ **concurrence ~e** *f* unlauterer Wettbewerb
demande (de/en *qc***)** *f* Anfrage, Bedarf, Nachfrage (nach *etw*), nachgefragte Gütermenge/Dienstleistungen
△ **augmentation de la ~** *f* Zunahme der Nachfrage, Nachfragebelebung; **baisse de la ~** *f* Rückgang der Nachfrage; **excédent de ~** *m* Nachfrageüberhang; **fléchissement de la ~** *m* Rückgang der Nachfrage; **forte ~** *f* kräftige/lebhafte Nachfrage; **forte poussée de la ~** *f* hoher Nachfragedruck; **inflation par la ~** *f* Nachfrageinflation, nachfrageinduzierte Inflation; **libre jeu de l'offre et de la ~** *m* freies Spiel von Angebot und Nachfrage; **loi de l'offre et de la ~** *f* Gesetz von Angebot und Nachfrage; **mollesse de la ~** *f* Nachfrageschwäche; **raffermissement de la ~** *f* Nachfragestärkung, Nachfragefestigung; **recul de la ~** *m* Rückgang der Nachfrage; **relance par la ~** *f* Wiederbelebung durch die Nachfrage; **saturation de la ~** *f* Nachfragesättigung; **stimulation de la ~** *f* Anregung/Stimulierung der Nachfrage; **transport à la ~** *m* Bedarfsverkehr, Gelegenheitsverkehr
△△ **accroître la ~** die Nachfrage steigern; **adresser une ~ à un marché** eine Nachfrage an einen Markt richten; **faire face à la ~** die Nachfrage befriedigen; **faire l'objet d'une ~ croissante** sich steigender Nachfrage erfreuen; **la ~ est forte** die Nachfrage ist hoch; **l'offre dépasse la ~** das Angebot übersteigt die Nachfrage; **relancer la ~** die Nachfrage beleben/ankurbeln; **répondre à la ~** die Nachfrage befriedigen, der Nachfrage nachkommen; **satisfaire la ~** die Nachfrage befriedigen; **stimuler la ~** die Nachfrage anregen
~ **croissante** *f* steigende Nachfrage
~ **d'achat** *f* Kaufantrag
~ **d'adhésion** *f* Aufnahmeantrag
~ **d'immatriculation** *f* Antrag auf Eintragung
~ **d'admission à la retraite** *f* Rentenantrag
~ **d'emploi** *f* Stellengesuch
△ **Demandes d'emplois non satisfaites en fin de mois (DEFM)** *f pl* vom Arbeitsamt monatlich veröffentlichte Zahl der Stellengesuche
~ **d'investissement** *f* Investitionsnachfrage
~ **d'offre** *f* Anfrage
~ **d'ouverture de crédit** *f* Krediteröffnungsantrag
~ **de bon à payer** *f* Inkassoaufforderung
~ **de brevet** *f* Anmeldung eines Patents
~ **de crédit** *f* Kreditnachfrage
~ **de documentation** *f* Bitte um Übersendung von Informationsmaterial
~ **de la clientèle** *f* Kundennachfrage
~ **de main-d'oeuvre** *f* Arbeitskräftenachfrage

~ **de pointe** *f* Spitzennachfrage
~ **de prélèvement** *f* Abbuchungsauftrag
~ **de prêt** *f* Darlehensantrag
~ **de renseignements** *f* Auskunftsgesuch, Bitte um Informationen
~ **de restitution de la TVA** *f* Antrag auf Umsatzsteuerrückerstattung/Rückerstattung der bezahlten Mehrwertsteuer
~ **des clients** *f* Kundennachfrage
~ **des consommateurs** *f* Verbrauchernachfrage
~ **dynamique** *f* dynamische Nachfrage
~ **effective** *f* effektive Nachfrage
~ **en dommages et intérêts** *f* Antrag auf Schadenersatz, Schadenersatzforderung
~ **excessive** *f* übermäßige Nachfrage
~ **extérieure** *f* Auslandsnachfrage
~ **globale** *f* Gesamtnachfrage
~ **intérieure** *f* Inlandsnachfrage, Binnennachfrage
~ **potentielle** *f* potentielle Nachfrage
~ **précise** *f* genaue Anfrage
~ **publique** *f* Nachfrage des staatlichen Sektors
~ **solvable** *f* kaufkräftige Nachfrage
~ **vigoureuse** *f* kräftige/starke Nachfrage
demander ***qc*** *etw* beantragen, anfordern, nachfragen, einholen
~ **réparation (du préjudice subi)** Wiedergutmachung (des erlittenen Schadens) verlangen/beantragen
~ **trois jours de congé** einen dreitägigen Urlaub beantragen
~ **un moratoire pour la dette** einen Zahlungsaufschub beantragen/verlangen
~ **un prêt** ein Darlehen beantragen
~ **une autorisation** eine Genehmigung/Erlaubnis einholen
~ **une avance** um einen Vorschuß bitten
demandeur *m* Nachfrager, Antragsteller
demandeur d'asile *m* Asylbewerber
~ **d'emploi** *m* Arbeitssuchender, Erwerbssuchender, Beschäftigungssuchender, Arbeitsloser
~ **potentiel** *m* potentieller Nachfrager
demandeur/demanderesse *m/f* Kläger/Klägerin, Klageführer(in), Beschwerdeführer(in), klagende Partei
démantèlement *m* Abbau, Entflechtung
~ **des montants compensatoires monétaires** *m* Abbau der Währungsausgleichsbeträge
~ **tarifaire** *m* Zollabbau
démanteler ***qc*** *etw* entflechten, abbauen
~ **le système de contrôle des changes** das System der Devisenkontrolle abbauen
démarchage *m* Kundenwerbung, Akquisition, Direktverkauf
△ **vente par ~ (à domicile)** *f* Haustürverkauf, Haus zu Haus-Verkauf, Hausierhandel
~ **à domicile** *m* Detailreisehandel, Haustürverkauf, Haus zu Haus-Verkauf
démarche *f* Vorgehen, Schritt, Verfahren
△△ **accomplir les ~s nécessaires** die nötigen Schritte einleiten
~ **de marketing** *f* Marketingkonzept
~ **juridiques** *f pl* rechtliche Schritte
démarcher ***qn*** *jdn* akquirieren, Kundschaft werben
démarcheur *m* Akquisiteur, Anwerber, Kundenwerber, Detailreisender
démarque *f* Auszeichnung einer Ware zu herabgesetzten Preisen, Preisreduzierung
démarqué, e ohne Firmenschild, ohne Markenname, preisreduziert
démarquer ***qc*** *etw* mit einem herabgesetzten Preis auszeichnen
démarrage *m* Start, Beginn
démarrer starten, beginnen, anlaufen
dématérialisation de titres *f* Dematerialisierung/Umwandlung von Wertpapieren
dématérialisé, e dematerialisiert, umgewandelt
△ **titre ~** *m* dematerialisiertes Wertpapier (im Gegensatz zu effektiven Stükken)
démembrement *m* Aufspaltung, Teilung, Zergliederung, Zerstückelung
déménagement *m* Umzug
demeurant à ... wohnhaft in ...
demeure *f* 1. Wohnung, Aufenthaltsort 2. Auslassung, Nichterfüllung, Rückstand
△ **mise en ~ (de payer)** *f* Zahlungsaufforderung, Inverzugsetzung
△△ **mettre en ~** in Verzug setzen, zur Erfüllung einer geschuldeten Leistung auffordern
demeurer à ... wohnhaft sein in ...
demi-produits *m pl* Halbwaren, Halberzeugnis

demi-produits incorporés *m* montierte Halbwaren/Halberzeugnisse
démission *f* Rücktritt, Kündigung, Abdankung, Amtsaufgabe, Demission
démissionner zurücktreten, kündigen, abdanken, ein Amt aufgeben, demissionieren
~ **de son mandat** sein Mandat niederlegen
démographie *f* Demographie, Bevölkerungsstatistik, Bevölkerungswissenschaft
démographique demographisch, Bevölkerungs-
△ **accroissement** ~ *m* Bevölkerungswachstum, Bevölkerungszunahme; **densité** ~ *f* Bevölkerungsdichte; **évolution** ~ *f* Bevölkerungsentwicklung; **expansion** ~ *f* Bevölkerungswachstum, Bevölkerungszunahme; **données** ~**s** *fpl* Bevölkerungszahlen; **transition** ~ *f* demographische Veränderung
démonétisation *f* Ungültigerklärung eines Zahlungsmittels, Außerkurssetzung, Demonetisierung
démonétiser un moyen de paiement ein Zahlungsmittel für ungültig erklären/außer Kurs setzen, demonetisieren
démonstrateur *m* Vorführer
démonstration *f* Vorführung
démontage *m* Abbau, Demontage
démuni, e mittellos, arm
dénatalité *f* Geburtenrückgang
dénationalisation *f* (Re)Privatisierung, Entstaatlichung
dénationaliser une entreprise ein Unternehmen reprivatisieren/entstaatlichen
dénaturation *f* Denaturierung, Verfälschung
deniers de l'Etat/publics *m pl* öffentliche Mittel
dénombrer *qc* *etw* aufzählen, zählen
dénomination commerciale *f* Handelsbezeichnung, Berufsbezeichnung
dénomination sociale *f* Firma, Firmenname
dénoncer *qc/qn* 1. *etw* anprangern, *jdn* denunzieren 2. *etw* aufkündigen, auflösen
~ **un emprunt** eine Anleihe kündigen
dénouer une opération ein Geschäft durch ein Gegengeschäft gewinnbringend ausgleichen
denrée *souvent au pluriel* *f* (Eß)Ware, Nahrungsmittel, Lebensmittel
~**s alimentaires** *f pl* Lebensmittel(produkte), Nahrungsmittel(produkte)
~**s (alimentaires) de première nécessité** *f pl* Grundnahrungsmittel
~**s coloniales** *f pl* Kolonialwaren
~**s contingentées** *f pl* bewirtschaftete Nahrungsmittel/Eßwaren
~**s frelatées** *f pl* verfälschte Nahrungsmittel/Eßwaren
~**s périssables** *f pl* leichtverderbliche Nahrungsmittel/Eßwaren
~**s tropicales** *f pl* Tropenprodukte
dense dicht
densité *f* Dichte, Stärke
~ **démographique** *f* Bevölkerungsdichte
△ **à faible** ~ dünn besiedelt; **à forte** ~ dicht besiedelt
~ **téléphonique** *f* Dichte des Telefonnetzes
déontologie *f* Berufspflicht, Standespflicht, beruflicher Ehrenkodex
départ *m* Abreise, Abgang, Ausgang, Ausscheiden
△ **courrier** ~ *m* Postausgang; **indemnité de** ~ *f* Abfindung; **indemnité de** ~ **à la retraite** *f* Abfindung beim Ausscheiden aus dem Berufsleben; **lieu de** ~ *m* Abfahrtsort, Abgangsort; **salaire de** ~ *m* Anfangsgehalt; **taux de** ~ *m* 1. Ausgangssatz 2. Anteil der Urlaubsreisenden an der Gesamtbevölkerung, „Urlaubsquote"
~ **à la/en retraite** *m* Pensionierung, Rentenbeginn
~ **avant terme** *m* vorzeitiges Ausscheiden
~ **en préretraite** *m* Frühpensionierung, Eintritt in den Vorruhestand
~ **en retraite anticipée** *m* Frühpensionierung, Eintritt in den Vorruhestand
~ **usine** ab Werk
△ **prix** ~ *m* Preis ab Werk
département *m* Abteilung, Fachbereich, Ressort, Department, Departement
△ **chef de** ~ *m* Abteilungsleiter
~ **d'outre-mer (DOM)** *m* überseeisches Departement

~ **de recherche** *m* Forschungsabteilung
~s **métropolitains** *m pl* mutterländische Departements
dépassé, e überholt
dépassement *m* Überziehung, Überschreitung
~ **de la ligne de crédit** *m* Kreditlinienüberschreitung
~ **du crédit** *m* Kreditüberziehung
dépasser *qc* *etw* überschreiten, übersteigen, überholen, übertreffen, überziehen
△△ **l'offre dépasse la demande** das Angebot übersteigt die Nachfrage; **le chômage a dépassé la barre des x pour cent** die Arbeitslosigkeit hat die x-Prozent-Hürde überschritten
~ **le niveau des prix** das Preisniveau überschreiten
~ **les prévisions** die Vorhersagen übertreffen
~ **les quotas** die Quoten überschreiten
dépendance *f* 1. Abhängigkeit, enge Verbindung 2. Pflegebedürftigkeit 3. Dependenz, Nebengebäude
△ **allocation ~** *f* Leistungen der Pflegeversicherung; **prestations ~** *f pl* Leistungen der Pflegeversicherung
~ **alimentaire** *f* Nahrungsmittel(import)abhängigkeit
~ **d'un pays à l'égard/vis-à-vis de l'extérieur** *f* Abhängigkeit eines Landes gegenüber dem Ausland
~ **de l'importation** *f* Importabhängigkeit
~ **énergétique** *f* Energieabhängigkeit, Abhängigkeit im Energiebereich
~ **pétrolière** *f* Abhängigkeit von Ölimporten
~ **technologique** *f* Abhängigkeit im Technologiebereich
dépendant, e abhängig, pflegebedürftig
△ **personne ~e** *f* Pflegebedürftige(r); **société ~e** *f* abhängige Gesellschaft
dépendre de *qc/qn* von *etw/jdn* abhängig sein
dépens *m pl* Kosten, Prozeßkosten
dépensateur de fonds *m* Geldgeber
dépense *souvent au pluriel* *f* Ausgabe, Aufwand, Auslage, Verausgabung
△ **poste de ~s** *m* Ausgabenposten; **recettes et ~s courantes** *f pl* laufende Einnahmen und Ausgaben; **système des ~s** *m* Ausgabenzusammenstellung
△△ **assumer des ~s** Ausgaben bestreiten; **faire face à ses ~s** seine Ausgaben bestreiten
~s **budgétaires** *f pl* Haushaltsausgaben
~s **courantes** *f pl* laufende Ausgaben
~s **culturelles** *f pl* Ausgaben für Kultur
~s **d'alimentation** *f pl* Nahrungsmittelausgaben
~s **d'énergie** *f pl* Energieausgaben
~s **d'entretien et menues réparations** *f pl* Ausgaben für den laufenden Unterhalt und kleinere Reparaturen
~s **d'équipement** *f pl* Sachaufwendungen, Sachausgaben, Ausrüstungsausgaben
~s **d'exploitation** *f pl* Betriebsausgaben
~s **d'investissement** *f pl* Investitionsausgaben
~s **de protection sociale** *f pl* Sozialversicherungskosten
~s **de l'Etat** *f pl* Staatsausgaben
~s **de logement** *f pl* Wohnungsaufwendungen, Ausgaben für Wohnzwecke
~s **de personnel** *f pl* Personalausgaben
~s **de recherche et développement** *f pl* Forschungs- und Entwicklungsausgaben
~s **de soutien** *f pl* Unterstützungsausgaben
~ **de temps** *f* Zeitaufwand
~s **en capital** *f pl* Kapitalausgaben
~s **engagées** *f pl* Zahlungsverpflichtungen
~s **excédentaires** *f pl* Mehraufwand
~s **liées à l'achat** *f pl* mit dem Kauf verbundene Ausgaben
~s **militaires** *f pl* Militärausgaben
~s **nationales de recherche et de développement (DNRD)** *f pl* öffentliche Ausgaben für Forschung und Entwicklung
~s **ordinaires** *f pl* ordentliche/gewöhnliche Ausgaben
~s **publicitaires** *f pl* Werbeausgaben
~s **publiques** *f pl* Staatsausgaben, Ausgaben der öffentlichen Hand
~s **sociales** *f pl* Sozialausgaben
dépenser *qc* *etw* ausgeben, aufwenden, verausgaben
~ **des milliards pour ...** Milliarden ausgeben für ...

dépensier, ière verschwenderisch
déperdition *f* Verlust, Ausfall, (Gewichts)Schwund
dépérissement des forêts *m* Waldsterben
dépistage médical *m* medizinische Vorsorgeuntersuchung
déplacement *m* 1. Verlegung, Verlagerung 2.Dienstreise
△ **frais de ~** *m pl* (Geschäfts)Reisekosten
déplacer (se) (geschäftlich) reisen, unterwegs sein
déplafonnement des cotisations *m* Abschaffung der Beitragshöchstgrenze/Beitragsbemessungsgrenze
déplafonner die Höchstgrenze abschaffen
dépliant *m* Faltprospekt, Faltblatt
dépolluant *m* umweltsäuberndes Produkt
dépolluant, e umweltsäubernd
dépolluer *qc* *etw* entseuchen, entgiften, umweltfreundlicher machen
△ **moteur dépollué** *m* umweltfreundlicher/schadstoffarmer Motor; **voiture dépolluée** *f* umweltfreundliches/schadstoffarmes Fahrzeug
dépollution *f* Maßnahmen gegen Umweltverschmutzung, Entseuchung
déport *m* Deport, Deportgeschäft
△ **opération de ~** *f* Deportgeschäft; **taux de ~** *m* Deport-Satz
déposant *m* Hinterleger, Deponent, Depotinhaber
déposer *qc* *etw* hinterlegen, abliefern, anmelden, erklären, deponieren
△ **action déposée** *f* hinterlegte Aktie; **marque déposée** *f* eingetragenes Markenzeichen; **objet déposé** *m* hinterlegter Gegenstand
~ **des titres** Effekten hinterlegen/deponieren
~ **en gage** als Pfand hinterlegen
~ **le/son bilan** Konkurs anmelden, Konkurs erklären, seine Zahlungsunfähigkeit erklären, einen Vergleichsantrag stellen
~ **sur un compte** auf einem Konto deponieren/anlegen
~ **un brevet** ein Patent anmelden
~ **un préavis de grève** einen Streik ankündigen
~ **une demande** einen Antrag stellen
~ **une demande de brevet** einen Patentantrag einreichen
~ **une OPA** ein Übernahmeangebot machen
~ **une plainte** Anzeige erstatten, eine Klage einreichen, Klage erheben, klagen
dépositaire *m* Treuhänder, Depothalter, Depositär, Verwahrer, Auslieferer
△ **banque ~** *f* verwahrende Bank; **commissionnaire ~** *m* Kommissionär mit Konsignationslager; **dépôt du ~** *m* Auslieferungslager
dépossession *f* Enteignung, Besitzentziehung, Besitzübertragung
dépôt *m* 1. Einlage, Spareinlage, Depositengeld, hinterlegte Sache, Depositum, Konto 2. Lager, Depot
△ **augmentation de ~** *f* Einlagenzuwachs; **banque de ~** *f* Depositenbank; **certificat de ~** *m* Einlageschein; **compte de ~s** *m* Depotkonto; **droit de ~** *m* Depotgebühr; **fonds en ~** *m pl* Depositengelder, Treuhandvermögen; **formule de ~** *f* Einzahlungsschein; **mise en ~** *f* Deponierung (von Wertpapieren); **réserves sur les ~s des établissements** *f pl* Reservesatz auf Bankdepositen
△△ **avoir en ~** in Verwahrung haben; **collecter les ~s des épargnants** die Einlagen der Sparer einsammeln; **procéder au ~ du bilan** Konkurs anmelden; **recevoir des fonds en ~** Geldeinlagen entgegennehmen; **rémunérer un ~ à x pour cent** eine Einlage mit x Prozent verzinsen; **retirer un ~** eine Einlage zurückziehen
~ **à échéance fixe** *m* Termingeldkonto
~ **à terme** *m* Termineinlage
~ **à vue** *m* Sichteinlage
~ **annuel limité** *m* jährliche Höchsteinlage
~ **bancaire** *m* Bankeinlage, Bankguthaben
~ **cacheté** *m* Sonderverwahrung
~ **d'épargne** *m* Spareinlage
~**s d'épargne-logement** *m pl* Bausparereinlagen
~**s dans les caisses d'épargne** *m pl* Einlagen bei Sparkassen
~ **de bilan** *m* Erklärung der Zahlungsun-

fähigkeit, Konkursbeantragung, Konkursantrag, Konkursanmeldung
~ **de brevet** *m* Patentanmeldung
~s **de clientèle bancaire** *m pl* Einlagen von Kreditinstituten
~ **de fonds** *m* Kapitalhinterlegung
~ **de garantie** *m* Sicherheitshinterlegung, Garantiedepot
~ **de vente** *m* Auslieferungslager
~ **du dépositaire** *m* Auslieferungslager
~ **distributeur** *m* Auslieferungslager
~ **en compte courant de titres** *m* Sammelverwahrung
~ **en conservation** *m* Sonderverwahrung
~ **en euro-devises** *m* Eurogelddepot, Eurodevisendepot
~ **en euro-dollars** *m* Eurodollardepot, Eurodollareinlage
~s **gratuits** *m pl* Gratisdepositen
~s **judiciaires** *m pl* gerichtlich hinterlegte Sachen
~ **minimum** *m* Mindesteinlage
~ **sur livret** *m* Spareinlage
~-**titres** *m* Wertpapierdepot, Effektendepot
~-**titres collectif** *m* Gemeinschaftsdepot für Wertpapiere, Effektensammeldepot, Sammelverwahrung
dépouillement *m* 1. Nüchternheit, Kargheit 2. Auszählung, Auswertung, Aufbereitung
~ **de questionnaires** *m* Auswertung von Fragebögen
~ **des bulletins de vote** *m* Auszählung der Stimmzettel
dépouiller *qc* (de *qc*) 1. *etw* (*einer Sache*) entblößen 2. *etw* auswerten, auszählen
~ **les bulletins de vote** die Stimmen auszählen
dépréciation *f* Entwertung, Wertverzehr, Wertverlust, Abwertung, Kaufkraftverlust, Kursverlust
~ **de la monnaie** *f* Geldwertverlust
~ **de la valeur** *f* Wertverlust
déprécier (se) sich entwerten, an Wert verlieren
△△ **la cote se déprécie de x pour cent** die Börsenkurse sind um x Prozent zurückgegangen; **une monnaie se déprécie** eine Währung verliert an Wert
dépression *f* Depression, Tief, Abschwung
~ **conjoncturelle** *f* Konjunkturabschwung
déprime *f* lustlose Stimmung
déprimé, e gedrückt, flau
△△ **les cours sont ~s** die Kurse sind gedrückt
député *m* Abgeordneter
dérangement *m* Störung, Betriebsstörung
△△ **être en ~** außer Betrieb/gestört sein
dérapage *m* Schleudern, Einbruch, Schub, Abdriften
~ **budgétaire/du budget** *m* unkontrolliertes Wachstum der Haushaltsausgaben, Abdriften des Haushalts, Haushaltsüberschreitung
~ **des cours** *m* Kurseinbruch, Kursrutsch
~ **des prix** *m* Preisschub
~ **salarial/des salaires** *m* Lohnauftrieb, Lohnschub, Lohdrift
déraper stürzen, außer Kontrolle geraten
△△ **les cours dérapent** die Kurse stürzen
déréférencement *m* Herausnahme aus dem Sortiment
déréférencer un article einen Artikel aus dem Sortiment nehmen
déréglementation *f* Deregulierung, Entreglementierung, Liberalisierung
~ **des taux d'intérêt** *f* Liberalisierung/Dereglementierung der Zinssätze
déréglementé, e dereguliert
dérégulation *f* Deregulierung
dérivation *f* Ableitung, Abzweigung
dérive *f* Abrutschen, (Kurs)Drift
~ **budgétaire** *f* unkontrollierte Haushaltsausgaben
dérivé, e abgeleitet, Neben-
△ **produit ~** *m* Nebenerzeugnis, Nebenprodukt, Abfallprodukt
dérivés *m pl* Derivate
dernier cours *m* Schlußkurs
dernier enchérisseur *m* Höchstbietender, Meistbietender
dernier survivant *m* Letztüberlebender
dérogation *f* Ausnahme, Abweichung
△ **par ~ à** abweichend von
△△ **accorder une ~ à *qn*** *jdn* von *etw* befreien; **recevoir une ~ de *qn* pour *qc*** von *jdm* für *etw* befreit werden
~ **au contrat** *f* Vertragsabweichung
dérogatoire Ausnahme-, Sonder-

△ **amortissement ~** *m* Sonderabschreibung
déroger à ***qc*** von *etw* abweichen, *etw* abändern
~ **à un contrat** von einem Vertrag abweichen
~ **à une loi** ein Gesetz abändern
déroulement de la production *m* Produktionsablauf
dérouler (se) sich abspielen, geschehen
désaccord *m* Meinungsverschiedenheit
△△ **être en ~ avec** ***qn/qc*** mit *jdm/etw* nicht einverstanden sein
désaffectation *f* Stillegung
désaffecté, e stillgelegt
△ **usine ~e** *f* stillgelegte Fabrik, stillgelegtes Werk
désaisonnalisation *f* Umrechnung in saisonbereinigte Zahlen, Desaisonalisierung
désaisonnalisé, e saisonbereinigt
△ **taux ~** *m* saisonbereinigter Satz; **valeurs ~es** *f pl* saisonbereinigte Werte
désavantagé, e benachteiligt
désavantager ***qn*** *jdn* benachteiligen
descendant *m* Nachkomme, Abkömmling
descendre dans la rue auf die Straße gehen, demonstrieren
descriptif *m* Beschreibung (meist technischer Daten)
descriptif, ive beschreibend, deskriptiv
△ **notice ~ive d'un produit** *f* Produktbeschreibung, Produktinformation
description de poste *f* Stellenbeschreibung
désencadrement du crédit *m* Erleichterung der Kreditaufnahme, Aufhebung von Kreditbeschränkungen
désencadrer le crédit die Kreditaufnahme erleichtern (als kreditpolitische Maßnahme)
désenclavement *m* Verkehrsanbindung, Erschließung
désendettement *m* Entschuldung, Schuldenabbau
désendetter ***qn*** *jdn* entschulden
désendetter (se) seine Schulden bezahlen/abtragen
désengager de (se) sich zurückziehen aus
déséquilibre *m* Ungleichgewicht
~ **commercial** *m* wirtschaftliches Ungleichgewicht
~ **de la balance** *m* Bilanzungleichgewicht
~ **de la balance des paiements** *m* Zahlungsbilanzungleichgewicht
~ **du commerce extérieur** *m* Außenhandelsungleichgewicht
déséquilibré, e unausgeglichen, aus dem Gleichgewicht geraten
désertification *f* Wüstenbildung, Desertifikation
déshérité, e arm, verarmt, enterbt
△ **les plus ~s** die Ärmsten
déshériter ***qn*** *jdn* enterben
déshérence *f* Erbenlosigkeit
△ **compte en ~** *m* erbenloses Konto
design *m* Design
désignation *f* Bezeichnung
désigner ***qc*** *etw* bezeichnen, angeben
désindexation *f* Aufheben der Indexbindung
désindexer les salaires die Preisindexbindung der Löhne aufheben
désinflation *f* Desinflation, dezelerierte Inflation, gebremst inflationäre Entwicklung, Rückgang der Inflation/des Preisanstiegs
△ **politique de ~** *f* Desinflationspolitik
désintéresser les créanciers die Gläubiger abfinden
désintermédiation *f* vermehrte direkte Publikumseröffnung der Geldmärkte
désinvestir desinvestieren
désinvestissement *m* Desinvestition, Desinvestierung
désireux/désireuse d'acheter ***qc*** kaufinteressiert
désister au profit de ***qn*** **(se)** zugunsten von *jdm* zurücktreten
désorganiser ***qc*** *etw* desorganisieren, die Ordnung auflösen
DESS (**Diplôme d'études supérieures spécialisées)** *m* Universitätsdiplom i.d.R. nach fünf Jahren Studium
dessaisissement *m* Abtretung, Aufgabe, Herausgabe, Übergabe
desserrement du crédit *m* Erleichterung der Kreditaufnahme, Aufhebung von Kreditbeschränkungen
desserrer la rigueur die Sparpolitik/Austerity-Politik lockern

desserrer le crédit die Kreditaufnahme erleichtern
desserte ferroviaire *f* Eisenbahnanbindung, Schienenanbindung
desserte routière *f* Verkehrsanbindung, Straßenanbindung
desservir ***qc/qn*** 1. *etw/jdn* an das Verkehrsnetz anschließen/anbinden 2. beliefern
△△ **être bien desservi** verkehrsgünstig gelegen, angebunden sein
dessinateur industriel *m* technischer Zeichner
dessins et modèles *m pl* Muster und Modelle
△ **protection des ~** *f* Gebrauchsmusterschutz
déstabilisateur, trice destabilisierend
destinataire *m* Empfänger
~ **final** *m* Endempfänger
destination *f* Bestimmungsort, Verwendungszweck
△ **à ~ de ...** nach..., mit Ziel/Bestimmungsort ...; **lieu de ~** *m* Bestimmungsort; **pays de ~** Bestimmungsland; **port de ~** Bestimmungshafen
△△ **arriver à ~** am Bestimmungsort ankommen
déstockage *m* Lagerabbau
déstocker Lager abbauen
destructeur de documents *m* Reißwolf, Papierwolf, Dokumentenvernichter
destruction *f* Vernichtung, Zerstörung
désuet, e veraltet
désuétude *f* Veraltung, Ungebräuchlichkeit durch Nichtanwendung
désynchronisation du cycle économique *f* Konjunkturschaukel
désyndicalisation *f* Sinken des gewerkschaftlichen Organisierungsgrades
détachement de coupon *m* Kuponzahlung
détaché, e 1. abgesondert, abgetrennt, einzeln, Einzel- 2. abgestellt, beurlaubt, abgeordnet, entsendet
△ **pièces ~es** *f pl* Einzelteile
détacher ***qc/qn*** 1. *etw* absondern, abtrennen 2. *jdn* abstellen, beurlauben, abordnen, entsenden
~ **un droit** einen Bezugsschein abtrennen
détail *m* Einzelheit, Detail, Einzel-, Einzelhandels-
△ **commerce de ~** *m* Einzelhandel; **commerce de ~ spécialisé** *m* Facheinzelhandel; **commissionnaire de ~** *m* Einzelhandelskommissionär; **magasin de ~ (indépendant)** *m* (unabhängiges) Einzelhandelsgeschäft; **prix de ~** *m* Einzelhandelspreis; **vente au ~** *f* Einzelhandelsverkauf, Einzelverkauf
détaillant *m* Einzelhändler
△ **coopérative de ~s** *f* Einkaufsgenossenschaft; **groupement d'achat de ~s** *m* Einkaufsvereinigung von Einzelhändlern; **marge de ~** *f* Einzelhandelsspanne
~ **spécialisé** *m* Facheinzelhändler
détaxation *f* Steuerbefreiung, Steuererleichterung
détaxe (en ~) gebührenfrei, steuerfrei
détaxer ***qc*** *etw* von Steuern befreien
détecter ***qc*** *etw* ermitteln, aufspüren, herausfinden, ausfindig machen, wahrnehmen
~ **les besoins des consommateurs** die Verbraucherbedürfnisse aufspüren/ausfindig machen
détection *f* Ermittlung, Aufspüren, Ausfindigmachen, Wahrnehmung
détendre les crédits die Kreditaufnahme erleichtern
détendre (se) sich entspannen
△△ **les taux d'intérêt se détendent** die Zinsen sinken, bei den Zinsen tritt eine Entspannung ein
détenir ***qc*** *etw* besitzen, halten, innehaben, führen (Artikel)
~ **des actions** Aktien halten/besitzen
~ **des réserves** Rücklagen halten
~ **des titres** Wertpapiere halten/besitzen
~ **un article** einen Artikel führen
~ **un avantage comparatif** einen komparativen Vorteil innehaben
~ **un brevet** ein Patent besitzen
~ **un compte (en banque)** ein (Bank)Konto besitzen/innehaben
~ **un monopole** ein Monopol besitzen
~ **un portefeuille de ...** einen Bestand an ... halten
~ **une encaisse en dollars** einen Barbestand in Dollar besitzen
~ **x pour cent du capital** x Prozent des Kapitals halten/innehaben/besitzen

~ **x pour cent du marché** x Prozent Marktanteile halten
détente des taux d'intérêt *f* Entspannung bei den Zinsen
détenteur *m* Inhaber, Besitzer, Halter, Eigner
△ **avis à tiers ~** *m* Anzeige an Drittinhaber
~ **d'actions** *m* Aktienbesitzer, Aktieninhaber
~ **d'obligations** *m* Obligationsinhaber
~ **d'un titre** *m* Inhaber eines Wertpapiers
~ **d'une carte de crédit** *m* Kreditkarteninhaber
~ **de capitaux** *m* Kapitalbesitzer, Anteilseigner
~ **de coupons** *m* Kuponinhaber
~ **de gage** *m* Pfandinhaber
~ **de marchandises** *m* Warenbesitzer
~ **de parts (sociales)** *m* Anteilseigner
~ **de portefeuille** *m* Wertpapierbesitzer
~ **de titres** *m* Effekteninhaber, Wertpapierinhaber
~ **du compte** *m* Kontoinhaber
détention *f* 1. Besitz, Halten (von Wertpapieren) 2. Haft, Gefangenhaltung
~ **par des particuliers** *f* privater Besitz
détenu *m* Häftling
détergent *m* Reinigungsmittel
détérioration *f* Verschlechterung, Verschlimmerung, Schädigung, Sinken
~ **de l'environnement** *f* Umweltschädigung
~ **de la balance** *f* Verschlechterung der Bilanz
~ **de la conjoncture** *f* Verschlechterung der Konjunktur
~ **des termes de l'échange** *f* Verschlechterung der Terms of Trade
~ **du commerce extérieur** *f* Verschlechterung des Außenhandels
détérioré, e beschädigt, beeinträchtigt, verschlechtert
△ **marchandise ~e** *f* beschädigte Ware
détériorer (se) sich verschlechtern, sich verschlimmern
△△ **la balance s'est détériorée** die Bilanz hat sich verschlechtert; **la situation sur le marché de l'emploi se détériore** die Arbeitsmarktsituation verschlechtert sich
détermination *f* Ermittlung, Feststellung, Festlegung
~ **des cours** *f* Kursfeststellung
déterminer *qc* *etw* festlegen, festsetzen, bestimmen
~ **l'impôt** die Steuer feststellen
~ **le prix** den Preis festlegen
~ **un budget** einen Etat bestimmen/festlegen
détournement de fonds *m* Unterschlagung
détournement de procédure *m* Verfahrensmißbrauch
détourner *qc* *etw* hinterziehen, veruntreuen, unterschlagen
~ **des fonds** Gelder veruntreuen/unterschlagen
détresse *f* Not
détriment (au ~ de *qc/qn***)** auf Kosten von *etw/jdm*
dette *f* Schuld, Verbindlichkeit, Ausstand
△ **acquittement d'une ~** *m* Begleichung einer Schuld; **amortissement d'une ~** *m* Tilgung einer Schuld; **annulation des ~s** *f* Schuldenerlaß; **charge de la ~** *f* Schuldenlast; **consolidation de ~** *f* Umschuldung; **date d'exigibilité d'une ~** *f* Fälligkeitsdatum einer Schuld; **extinction d'une ~** *f* Erlöschen einer Schuld; **grand-livre de la ~ publique** *m* Staatsschuldbuch; **paiement de la ~** *m* Schuldenrückzahlung, Schuldendienst, Schuldentilgung; **poursuite pour ~s** *f* Beitreibung; **provision pour ~s** *f* Verlustrückstellung; **ratio de ~s** *m* Verschuldungskoeffizient (Verhältnis Schulden/Eigenkapital); **reconnaissance de ~** *f* Schuldanerkennung, Schuldanerkenntnis, Schuldschein; **rééchelonnement de la ~** *m* Umschuldung, Streckung der Tilgungsdauer, Tilgungsstreckung; **règlement d'une ~** *m* Rückzahlung einer Schuld; **remboursement d'une ~** *m* Rückzahlung, Tilgung einer Schuld; **remise de ~** *f* Schuldenerlaß; **restructuration de la ~** *f* Umschuldung; **service de la ~** *m* Schuldendienst
△△ **amortir une ~** eine Schuld tilgen; **apurer une ~** eine Schuld begleichen/bereinigen; **contracter une ~** eine

Schuld eingehen; **effacer une ~** eine Schuld erlassen; **éteindre une ~** eine Schuld tilgen; **être criblé de ~s** bis über beide Ohren in Schulden stecken; **être responsable des ~s** für die Schulden haften/haftbar sein; **honorer ses ~s** seinen Zahlungsverpflichtungen nachkommen; **réaménager une ~** eine Umschuldung vornehmen; **rééchelonner ses ~s** eine Tilgungsstreckung/Umschuldung vornehmen; **rembourser une ~** eine Schuld zurückzahlen/tilgen; **remettre une ~** eine Schuld erlassen; **servir une ~** eine Schuld abtragen

~s à court/moyen/long terme *fpl* kurzfristige/mittelfristige/langfristige Schulden/Verbindlichkeiten

~ à échoir *f* noch nicht fällige Schuld

~s commerciales *fpl* Geschäftsschulden

~ consolidée *f* konsolidierte Schuld

~ contractée *f* aufgenommene Schuld

~s d'exploitation *f pl* Unternehmensschulden

~ de l'Etat *f* Staatsschuld

~ exigible *f* fällige Schuld

~ extérieure *f* Auslandsverschuldung, Auslandsschuld

△ **étalement de la ~** *m* Umschuldung der Auslandsschuld; **paiement au titre de la ~** *m* Zahlung auf die Außenschuld; **rééchelonnement de la ~** *m* Umschuldung, Tilgungsstreckung der Auslandsschulden; **remboursement de la ~** *m* Rückzahlung/Tilgung der Auslandsschulden; **restructuration de la ~** *f* Umschuldung der Auslandsschulden; **service de la ~** *m* Auslandsschuldendienst

△△ **demander un moratoire pour la ~** einen Zahlungsaufschub/eine Tilgungsstreckung für die Auslandsschuld beantragen; **rembourser la ~** die Auslandsschuld zurückzahlen/tilgen

~ extérieure civile *f* private Auslandsschuld

~ extérieure garantie *f* gesicherte Auslandsschuld

~ extérieure nette *f* Nettoauslandsverschuldung

~ extérieure privée *f* private Auslandsverschuldung, Auslandsschulden

~ extérieure publique *f* öffentliche Auslandsverschuldung, Auslandsschulden

~ externe *f* Auslandsverschuldung, Auslandsschuld

~s financières *fpl* Finanzschulden, langfristige Schulden

~ fiscale *f* Steuerschuld

~ flottante *f* schwebende Schuld

~ foncière *f* Grundschuld

~s fournisseurs *fpl* Verbindlichkeiten an Lieferanten

~ inscrite *f* eingetragene Schuld

~ intérieure *f* Inlandsverschuldung

~ interne *f* Inlandsverschuldung

~ publique *f* Staatsschuld, Staatsverschuldung

~ sociale *f* Sozialversicherungsdefizit

△ **remboursement de la ~ (RDS)** *m* Sondersteuer zum Abbau des Sozialversicherungsdefizits

~s sociales *f pl* Gesellschaftsschulden, Gesellschaftsverbindlichkeiten

~ vis-à-vis de l'étranger *f* Auslandsschuld

DEUG (Diplôme d'études universitaires générales) *m* erstes Universitätsdiplom (nach zwei Jahren Studium), Vordiplom, Zwischenprüfung

deux (fois) huit *m pl* Arbeit in zwei Schichten

△△ **faire les ~** in zwei Schichten/zweischichtig arbeiten

deuxième choix *m* zweite Wahl

dévalorisation *f* Entwertung, Abwertung

dévaloriser (se) sich entwerten, an Wert verlieren

dévaluation (d'une monnaie) *f* Abwertung (einer Währung)

dévaluer une monnaie eine Währung abwerten

devanture *f* Schaufenster, Auslage

développement *m* Entwicklung, Wachstum, Wachstumsphase

△ **aide au ~** *f* Entwicklungshilfe; **en plein ~** in vollem Aufschwung, in voller Entwicklung; **Institut de ~ Industriel (IDI)** *m* Institut für industrielle Entwicklung (IIE); **pays en voie de ~ (PVD)** *m* Entwicklungsland; **plan de ~** *m* Entwicklungsplan; **(service) recherche et ~ (R&D)** *m* Forschung(s)- und Entwicklung(sabteilung); **Société de ~ Régional (SDR)** *f* Gesellschaft für re-

gionale Entwicklung; **sous-~** *m* Unterentwicklung
~ **de nouveaux modèles** *m* Entwicklung neuer Modelle
~ **des affaires** *m* Entwicklung des Geschäftsgangs
~ **des ventes** *m* Absatzentwicklung
~ **économique** *m* Wirtschaftsentwicklung, wirtschaftliche Entwicklung
~ **régional** *m* regionale Entwicklung
△ **prime de ~** *f* Regionalentwicklungsprämie; **Société de Développement Régional** *f* Gesellschaft für regionale Entwicklung, regionale Wirtschaftsförderungsgesellschaft
~ **social** *m* soziale Entwicklung
développer *qc etw* entwickeln
△ **pays développé** *m* entwickeltes Land; **pays sous-développé** *m* unterentwickeltes Land
~ **la compétitivité d'une entreprise** die Wettbewerbsfähigkeit eines Unternehmens entwickeln
déverrouiller un programme ein Computerprogramm entschlüsseln, den Kopierschutz eines Programms knacken
déverser *qc etw* auskippen
devis (estimatif) *m* Entwurf, Plan, Aufstellung, Vorrechnung, Ausgabenvoranschlag, Kostenvoranschlag
△△ **faire un ~ des frais** seine Kosten veranschlagen
devise *souvent au pluriel f* 1. Devise, Währung, Sorte 2. Wahlspruch, Devise
△ **achat de ~s** *m* Devisen(an)kauf; **apport de ~s** *m* Devisenzufuhr; **avance en ~s** *f* Devisenvorschuß; **avoirs en ~s** *m pl* Devisenguthaben; **compte en ~s** *m* Devisenkonto; **encours en ~s** *m* Devisenbestand; **marché des ~s** *m* Devisenmarkt, Devisenbörse; **mouvements de ~s** *m pl* Devisenbewegungen; **opération sur ~s** *f* Devisengeschäft; **opérations sur ~s** *f pl* Devisenhandel; **pénurie de ~s** *f* Devisenknappheit; **pertes de ~s** *f pl* Devisenverluste, Devisenabgänge; **pourvoyeur de ~s** *m* Devisenbringer; **pourvoyeur, euse de ~s** devisenbringend; **recettes de ~s** *f pl* Deviseneinnahmen; **rentrées de/en ~s** *f pl* Deviseneinnahmen, Deviseneingänge, Devisenzuflüsse; **réserves en ~s** *f pl* Währungsreserven; **sortie de ~s** *f* Devisenabfluß; **source de ~s** *f* Devisenquelle; **spéculation sur ~s** *f* Devisenspekulation; **swap de ~s** *m* Devisenswapgeschäft; **transfert de ~s** *m* Überweisung von Devisen
~ **convertible** *f* konvertible/konvertierbare Währung
~ **étrangère** *f* ausländische Währung
~ **forte** *f* starke Devise, Hartdevise
~ **inconvertible** *f* nicht konvertible/nicht konvertierbare Währung
~ **non convertible** *f* nicht konvertierbare Währung
~ **titre** *f* Effektendevise
devoir ***qc* à *qn*** *jdm etw* schulden
devoir *m* Pflicht
~ **civique** *m* Bürgerpflicht
dialogue *m* Dialog, Gespräch
△△ **engager un ~ avec *qn*** Gespräche mit *jdm* aufnehmen
~ **Nord-Sud** *m* Nord-Süd-Dialog
diapositive *f* Diapositiv, Dia
△ **projection de ~s** *f* Dia-Vorführung
dictaphone *m* Diktiergerät
dicter ***qc* à *qn*** *jdm etw* diktieren
diesel *m* Diesel, Dieselöl
△ **moteur ~** *m* Dieselmotor
diffamant, e diffamierend
diffamer ***qn*** *jdn* diffamieren, verleumden, diskriminieren
diffamation *m* Verleumdung, üble Nachrede
différé, e aufgeschoben, verschoben, vertagt, verzögert
△ **crédit ~** *m* verzögerte Gutschrift; **débit ~** *m* verzögerte Lastschrift; **paiement ~** *m* aufgeschobene/spätere Zahlung; **réduction ~e** *f* nachträglicher Rabatt
différence Unterschied
~ **de prix** *f* Preisunterschied
~ **de rendement** *f* Renditenunterschied
~**s de mentalité** *f pl* Mentalitätsunterschiede
différenciation du produit *f* Produktunterscheidung, Produktdifferenzierung
différend *m* Streitfall, Auseinandersetzung
△△ **régler un ~** sich einigen, einen Streit beilegen; **régler un ~ à l'amiable** sich gütlich einigen, einen Streit gütlich

beilegen, sich außergerichtlich einigen
différentiel *m* Unterschied, Differenz, Abstand, Differential
△ **commission de ~** *f* Gebühr bei Kassageschäften auf dem Terminmarkt
différentiel d'inflation *m* Inflationsabstand
différentiel, le gestaffelt, differentiell, ausgleichend, Mehr-
△ **coût ~** *m* Mehrkosten; **taxe ~le** *f* gestaffelte Steuer; **taxe ~le sur les véhicules automobiles** *f* Kraftfahrzeugsteuer
différer *qc* *etw* verschieben, aufschieben, vertagen, verzögern
difficile à réaliser aufwendig
difficulté *f* Schwierigkeit
~s d'estimation *f pl* Bewertungsprobleme
~s d'évaluation *f pl* Bewertungsprobleme
~s de financement *f pl* Finanzierungsprobleme
~s de survie *f pl* Überlebenschwierigkeiten
~s de trésorerie *f pl* Liquiditätsschwierigkeiten, Liquiditätsengpaß
△△ **avoir des ~** nicht genügend flüssige Mittel zur Verfügung haben
~s financières *f pl* Finanzschwierigkeiten
diffuser 1. verbreiten, verkaufen 2. senden, ausstrahlen
~ un programme ein Programm senden/ausstrahlen
~ x pour cent du capital dans le public x Prozent des Kapitals in Streubesitz überführen
diffuseur *m* Verteiler
diffusion *f* Verbreitung, Ausstrahlung
△ **zone de ~** *f* Verbreitungsgebiet, Streubereich, Streugebiet
~ minimale des titres *f* Mindestverbreitung der Titel
dilemme *m* Dilemma, Question mark, Fragezeichen
dilué, e verstreut, verwässert
△△ **le capital est ~** das Kapital ist verstreut
dimension *f* Größe, Ausmaß, Maß, Dimension
~ de l'établissement *f* Unternehmensgröße
diminuer de ... sich verringern, sinken, geringer werden, zurückgehen um ...
△△ **encore ~ de x pour cent** um weitere x Prozent sinken
diminuer *qc* *etw* verringern, vermindern, senken, herabsetzen, reduzieren
~ la durée du travail d'une heure die Arbeitszeit um eine Stunde verringern/verkürzen
~ la liquidité die Liquidität herabsetzen
~ le pouvoir d'achat die Kaufkraft vermindern
~ les stocks die Lagerbestände verringern
diminution *f* Verringerung, Verminderung, Rückgang, Senkung, Sinken, Herabsetzung, Schwund
~ de l'inventaire *f* Bestandsverminderung
~ de la population *f* Bevölkerungsrückgang, Bevölkerungsschwund
~ de la population active *f* Rückgang der Erwerbsbevölkerung
~ de revenu *f* Einkommensrückgang
~ des existences *comptabilité* *f* Bestandsverringerung *Buchhaltung*
~ des investissements *f* Rückgang der Investitionen/der Investitionstätigkeit
~ des salaires *f* Rückgang der Löhne
~ du nombre de chômeurs *f* Verringerung der Arbeitslosenzahl
~ du prix *f* Minderung des Kaufpreises
dioxyde de carbone *m* Kohlendioxid
dioxyde de soufre *m* Schwefeldioxid
△ **émission de ~** *f* Schwefeldioxid-Emission
diplômé, e *m/f* Abgänger(in), Absolvent(in)
diplôme *m* Diplom, Examen
direct, e direkt
△ **concurrecnce ~e** *f* direkte Konkurrenz; **connaissement ~** *m* Durch(fracht)konnossement; **contribution ~e** *f* direkte Steuer, direkte Abgabe; **escompte ~** *m* Direktdiskont; **fiscalité ~e** *f* direktes Steuersystem; **impôt ~** *m* direkte Steuer; **imposition ~e** *f* direkte Besteuerung; **investissement ~** *m* Direktinvestition; **investissements ~s à l'étranger** *m* Direktinvestitionen im Ausland; **marketing ~** *m* Direktmar-

keting; **numéro ~** *m* Durchwahl; **publicité ~e** *f* Direktwerbung; **vente ~e** *f* Direktverkauf, Direktvertrieb; **vente ~e à domicile (VAD)** *f* Haustürverkauf, Haus zu Haus-Verkauf, Hausierhandel
directeur/directrice *m/f* Direktor(in), Leiter(in)
~ **adjoint** *m* stellvertretender Direktor
~ **administratif** *m* kaufmännischer Leiter/Direktor
~ **commercial** *m/f* Verkaufsleiter, Vertriebsleiter
~ **d'agence** *m* Zweigstellenleiter
~ **d'entreprise** *m* Betriebsleiter
~ **d'exploitation** *m* Betriebsdirektor
~ **d'usine** *m* Betriebsleiter
~ **de succursale** *m* Filialleiter
~ **des achats** *m* Einkaufsleiter
~ **des ventes** *m* Vertriebsleiter
~ **du travail** *m* Arbeitsdirektor
~ **du Trésor** *m* Direktor des Schatzamtes
~ **financier** *m* Finanzleiter
~ **général (DG)** *m* Generaldirektor
~ **général adjoint** *m* stellvertretender Generaldirektor
~ **marketing** *m* Marketingleiter
~ **technique** *m* technischer Leiter
directeur, trice leitend, Leit-
△ **taux ~s** *m* Leitzinsen
direction *f* Leitung, Führung, Direktion, Vorstand
△ **assistant/assistante de ~** *m/f* Direktionsassistent(in); **attaché/attachée de ~** *m/f* Chefsekretär(in), Direktionssekretär(in); **comité de ~** *m* Vorstand; **conseil de ~** *m* Direktorium, Vorstand; **fonction de ~** *f* Leitungsfunktion; **organe de ~** *m* Führungsorgan; **tâches de ~** *fpl* Leitungsaufgaben
~ **commerciale** *f* kaufmännische Direktion/Leitung
~ **d'entreprise** *f* Betriebsführung, Unternehmensführung
~ **du groupe** *f* Konzernleitung
~ **générale** *f* Geschäftsleitung
~ **portuaire** *f* Hafenamt
~ **régionale** *f* Regionalleitung
directive *f* Regelung, Direktive, Bestimmung, Weisung, Vorschrift
△△ **adopter une ~** eine Regelung verabschieden/annehmen; **mettre au point une ~** eine Bestimmung ausarbeiten; **tenir compte d'une ~** eine Bestimmung, Direktive einhalten
~ **de service** *f* Dienstvorschrift
~ **laxiste** *f* lasche Vorschrift
~ **restrictive** *f* restriktive Vorschrift
~ **stricte** *f* strenge Vorschrift
directoire *m* Präsidium, Vorstand. Direktorium
△ **président du ~** *m* Vorstandsvorsitzender
dirigeant *m* Führungskraft, Führer, Leiter, Manager
~ **syndicaliste** *m* Gewerkschaftsführer
dirigeant, e leitend, führend, Führungs-
△ **cadre ~** *m* Führungskraft, Manager; **équipe ~e** *f* Führungsmannschaft
diriger *qc etw* leiten, führen, lenken
~ **une entreprise** ein Unternehmen führen
dirigisme *m* Dirigismus, Wirtschaftslenkung
discipline budgétaire *f* Haushaltsdisziplin
discipline du travail *f* Arbeitsdisziplin
△ **manquement à la ~** *m* Verstoß gegen die Arbeitsdisziplin
discipline salariale *f* Lohndisziplin
discount *m* 1. Discount, Rabatt 2. Discountgeschäft, Discounter
△ **magasin ~** *m* Discountgeschäft
discrétion *f* 1. Diskretion, Verschwiegenheit, Zurückhaltung 2. Belieben, Ermessen
discrétion (à ~) nach Belieben
discrimination *f* Diskriminierung
~ **commerciale** *f* Diskriminierung im Handelsverkehr
discriminatoire diskriminierend
△ **clause ~** *f* diskriminierende Bestimmung
discussion *f* Diskussion, Debatte, Gespräch, Beratung
△△ **suspendre les ~s** die Gespräche abbrechen
~s préliminaires *fpl* Vorgespräche
~s salariales *fpl* Tarifgespräche
discuter *qc etw* diskutieren
~ **affaires** über Geschäfte diskutieren
~ **un budget** über einen Etat beraten
~ **un texte (légal)** über einen (Gesetzes)Text debattieren/diskutieren
disette *f* Hungersnot

disparité des prix *f* Preisunterschied
disparités de salaires *f pl* Lohnunterschiede
disparition *f* 1. Verschwinden, Abhandenkommen 2. Ableben
dispensé, e de ***qc*** von *etw* befreit
dispenser ***qc/qn*** **de** ***qc*** 1. *jdn* von *etw* befreien 2. *etw* erteilen
~ **des liquidités** Geld-, Barmittel verteilen
~ ***qn*** **d'un impôt** *jdn* von einer Steuer befreien
~ **un enseignement** Unterricht erteilen
dispersé, e verstreut
dispersion *f* Aufsplitterung, Zerstreuung, Streuung
disponibilité *f* 1. Verfügbarkeit *pluriel:* flüssige Mittel, Liquiditäten, verfügbare Geldmittel/Gelder, Barmittel, Zahlungsbereich 2. Beurlaubung
△ **mise en ~** *f* Beurlaubung; **volant de ~s** *m* Liquiditätsreserve
△△ **être en ~** beurlaubt sein; **manquer de ~s** keine verfügbaren/flüssigen Geldmittel/keine Liquiditäten besitzen
~s à court terme *f pl* kurzfristig verfügbare Geldmittel
~s budgétaires *f pl* verfügbare Haushaltsmittel
~s financières *f pl* Geldbestände, Liquiditäten, zur Verfügung stehende Geldmittel
~s monétaires *f pl* Geldmenge M1 (Bargeldumlauf und Sichteinlagen), Summe der Zahlungsmittel
~s quasi-monétaires *f pl* Quasi-Geld
disponible (pour ***qc*****)** verfügbar (für *etw*)
△ **actif ~** *m* verfügbare Mittel, Umlaufvermögen; **bénéfice ~** *m* verfügbarer Gewinn; **crédit ~** *m* bereitgestellter Kredit, *pluriel:* verfügbare Mittel, verfügbare Haushaltsmittel; **fonds ~s** *m pl* liquide Mittel; **informations ~s** *f pl* verfügbare Daten; **quotité ~** *f* frei verfügbarer Anteil (z.B. Erbe); **ressources ~s** *f pl* verfügbare Ressourcen; **revenu ~** *m* verfügbares Einkommen; **revenu ~ brut** *m* verfügbares Bruttoeinkommen; **revenu ~ des ménages** *m* verfügbares Haushaltseinkommen, verfügbares Einkommen; **revenu ~ net** *m* verfügbares Nettoeinkommen; **valeurs ~s** *f* verfügbare Werte
disposer ***qc*** *etw* anordnen
disposer de ***qc*** über *etw* verfügen
~ **d'excédents de trésorerie** Liquiditätsüberschüsse haben
~ **d'un crédit de x francs** über Mittel in Höhe von x Franc verfügen
~ **d'un volant de liquidités** über Barreserven verfügen
~ **de liquidités importantes** über bedeutende Barmittel verfügen
dispositif *m* Vorrichtung, Mechanismus, Anlage
~ **automatique** *m* automatische Vorrichtung
~ **de tri** *m* Sortieranlage
dispositif, ive dispositiv
△ **facteur ~** *m* dispositiver Faktor
disposition *f* Verfügung, Bestimmung
△ **acte de ~** *m* Verfügung(shandlung); **acte de ~ conservatoire** *m* Verfügung zur Begründung der Sicherheitsübertragung; **droit de ~ des tiers** *m* Verfügungsberechtigung Dritter; **mise à la ~** *f* Bereitstellung, Zurverfügungstellung; **pouvoir de ~** *m* Verfügungsgewalt
△△ **être à la ~ de** ***qn*** *jdm* zur Verfügung stehen; **mettre** ***qc*** **à la ~** *etw* zur Verfügung stellen; **tenir à ~ de …** zur Verfügung von… halten
~s contraignantes *f pl* einengende Bestimmungen
~s finales *f* Schlußbestimmungen
~s fiscales *f pl* steuerrechtliche Bestimmungen/Vorschriften
~ **légale** *f* gesetzliche Bestimmung
~ **transitoire** *f* Übergangsbestimmung
disque *m* Platte
~ **dur** *m* Festplatte
~ **magnétique** *m* Magnetplatte
~ **optique compact (DOC)** *m* Kompaktbildplatte
~ **optique numérique (DON)** *m* digitale Bildplatte
disquette *f* Diskette
△ **lecteur de ~s** *m* Diskettenlaufwerk
dissémination nucléaire *f* Verbreitung von Nuklearwaffen
dissimuler ***qc*** *etw* verheimlichen, verstecken
~ **des revenus au fisc** Einkünfte den

Steuerbehörden verheimlichen, Einkünfte nicht versteuern
dissiper des malentendus Mißverständnisse ausräumen
dissolution *f* Auflösung
△ **action en ~ pour justes motifs** *f* Auflösungsklage
~ **d'une société** *f* Auflösung einer Gesellschaft
dissoudre une assemblée eine Versammlung auflösen
dissoudre une société eine Gesellschaft/eine Firma auflösen
distance *f* Distanz, Entfernung, Versand-
△ **vente à ~** *f* Versandhandel
distorsion *f* Verzerrung
~ **de la concurrence** *f* Wettbewerbsverzerrung
~ **des termes de l'échange** *f* Verzerrung der Terms of Trade
distinctif, ive unterscheidend, distinktiv, Unterscheidungs-
△ **marque ~ive** *f* Unterscheidungsmerkmal
distribuer *qc* *etw* vertreiben, verlaufen, verteilen, ausschütten
△△ **bénéfices distribués** *m pl* ausgeschüttete/verteilte Gewinne; **non distribué, e** nicht ausgeschüttet, einbehalten; **production distribuée** *f* abgesetzte Produktion
~ **des/les bénéfices** Gewinne/die Gewinne ausschütten
~ **des crédits** Kredite verteilen
~ **des dividendes** Dividenden ausschütten/zahlen
~ **des revenus** Einkommen verteilen
~ **les profits** die Gewinne ausschütten
~ *qc* **sous licence** *etw* in Lizenz vertreiben
~ **un produit** ein Produkt verkaufen, vertreiben
distributeur *m* 1. Vertreiber, Absatzmittler, Händler, Zwischenhändler, Auslieferer, Distributor 2. Verkaufsautomat (für Getränke, Süßwaren etc)
△ **intermédiaire ~** *m* Zwischenverteiler, Zwischenhändler, Zwischenhandel; **marque ~** *f* Handelsmarke; **importateur ~** *m* Importeur; **panel de ~s** *m* Handelspanel; **vente en/par ~(s)** *f* Automatenverkauf
~ **agréé** *m* Konzessionär, Vertragshändler
~ **automatique** *m* Verkaufsautomat
△ **vente en/par ~** *f* Automatenverkauf
~ **automatique de billets (DAB)** *m* Geldscheinautomat, Geldausgabeautomat (GAA)
~ **exclusif** *m* Alleinvertreiber
distributeur, trice Verteiler-, Auslieferungs-
△ **dépôt ~** *m* Auslieferungslager
distribution *f* 1. Absatz, Vertrieb, Distribution, Handel, Verkauf, Vermarktung 2. Ausschüttung, Vergabe 3. Zustellung, Verteilung, Austragung
△ **canal** (*pluriel:* **canaux) de ~** *m* Vertriebskanal, Vertriebsweg; **chaîne de ~** *f* Handelskette; **circuit de ~** *m* Vertriebswege, Vertriebsnetz; **contrat de ~** *m* Vertriebsabkommen; **coûts de ~** *m pl* Vertriebskosten; **entreprise de ~** *f* Vertriebsunternehmen; **fiabilité de la ~** *f* Zuverlässigkeit des Vertriebs; **forme de ~** *f* Vertriebsform; **frais de ~** *m pl* Vertriebskosten; **géant de la ~** *m* Handelsriese; **grand de la ~** *m* Handelsriese; **grande ~** *f* große Vertriebsunternehmen; **groupe de ~** *m* Vertriebsgruppe; **marge de ~** *f* Handelsspanne; **moyens de ~** *m pl* Vertriebsmittel; **non-~** *f* Nichtzustellung (Post); **plateforme de ~** *f* Verteilerdienst; **politique de ~** *f* Vertriebspolitik; **production et ~ de l'électricité** *f* Stromerzeugung und -verteilung; **réseau de ~** *m* Vertriebsnetz; **secteur de la ~** *m* Vertriebssektor, Absatzwirtschaft, Handel, Vertrieb; **structure de la ~** *f* Distributionsstruktur, Vertriebsstruktur; **système de ~** *m* Vertriebssystem
~ **d'électricité** *f* Elektrizitätsverteilung
~ **d'énergie** *f* Energieverteilung
~ **d'un message** *f* Versenden/Übertragung einer Nachricht
~ **de crédits** *f* Kreditgewährung, Kreditvergabe
~ **de dividendes** *f* Dividendenausschüttung
~ **des bénéfices** *f* Gewinnausschüttung, Gewinnverteilung
△ **politique visant à la ~** *f* Gewinnausschüttungspolitik

~ **des biens** *f* Verteilung der Güter
~ **des fournitures** *f* Warenvertrieb
~ **du capital** *f* Kapitalverteilung
~ **exclusive** *f* Alleinvertrieb
△ **contrat de concession de ~** *m* Alleinvertriebsvertrag
~ **industrielle** *f* industrieller Vertrieb
~ **sélective** *f* selektiver Vertrieb
divergence *f* Abweichung, Unterschied, Meinungsverschiedenheit
△ **seuil de ~** *m* Abweichungsschwelle
diversification *f* Diversifizierung
△ **concentration par ~** *f* Konzentration durch Diversifizierung
~ **des sources d'approvisionnement** *f* Diversifizierung der Bezugsquellen/Versorgungsquellen
~ **du portefeuille** *f* gute Mischung des Portefeuilles
~ **énergétique** *f* Energiediversifizierung
diversifié, e abwechslungsreich, weitgefächert, diversifiziert
diversifier ses réserves seine Rücklagen diversifizieren
diversité des produits *f* Produktvielfalt
dividende *m* Dividende, Gewinnanteil
△ **acompte sur ~** *m* Abschlagsdividende; **action à ~ prioritaire sans droit de vote** *f* stimmrechtslose Aktie mit Vorzugsdividende, stimmrechtslose Vorzugsaktie; **action à ~ prioritaire** *f* Aktie mit Vorzugsdividende, Vorzugsaktie; **coupon de ~** *m* Dividendenschein, Gewinnanteilschein; **distribution de ~s** *f* Dividendenausschüttung; **droit à ~** *m* Recht auf Dividende; **fixation du ~** *f* Dividendenfestsetzung; **titre à ~** *m* Dividendenpapier, Dividendentitel
△△ **avoir droit à un ~** dividendenberechtigt sein; **distribuer un ~** eine Dividende ausschütten; **toucher un ~** eine Dividende erhalten
~**s accumulés** *m pl* aufgelaufene Dividenden
~ **brut** *m* Bruttodividende
~ **cumulatif** *m* kumulative Dividende
~ **net** *m* Nettodividende
~ **privilégié** *m* Vorzugsdividende
~ **statutaire** *m* satzungsmäßige Dividende
diviser *qc etw* teilen, dividieren
~ **par deux** durch zwei teilen, halbieren
division *f* 1. Abteilung, Geschäftsbereich, Division 2. Teilung, Spaltung
~ **administrative** *f* administrative Einheit, Verwaltungseinheit
~ **du travail** *f* Arbeitsteilung
~ **informatique** *f* Computerbereich, Computerabteilung
~**s syndicales** *f pl* gewerkschaftliche Spaltung
divisionnaire 1. *militaire:* zur Division gehörig, Divisions- 2. *monnaie:* Scheide-
△ **monnaie ~** *f* Münzgeld; **pièces ~s** *f pl* Scheidemünzen
divorce *m* Scheidung
△△ **demander le ~** die Scheidung einreichen; **être en instance de ~** in Scheidung leben; **prononcer un ~** ein Scheidungsurteil fällen
divorcé, e geschieden
divorcer (de *qn*) sich (von *jdm*) scheiden lassen
document *m* Aktenstück, Beleg, Schriftstück, Unterlage, Urkunde, Dokument
△ **destructeur de ~s** *m* Reißwolf, Papierwolf, Dokumentenvernichter
~ **administratif unique (DAU)** *m* Einheitspapier
~**s commerciaux** *m pl* Handelsunterlagen
~ **comptable** *m* Handelsbuch, Buchführungsunterlage, *pluriel:* Bücher
△△ **établir des documents comptables** Bücher/Buchhaltungsunterlagen erstellen; **redresser les documents comptables** die Bücher berichtigen
~**s contre acceptation** *m pl* Dokumente gegen Akzept
~**s contre paiement** *m pl* Dokumente gegen Zahlung
~ **d'accompagnement** *m* Begleitdokument
~**s d'expédition** *m pl* Versandpapiere
~ **de vente** *m* Verkaufsdokument
~**s douaniers** *m pl* Zollpapiere
~ **final** *m* Schlußdokument
~**s financiers et commerciaux** *m pl* Finanz- und Handelsdokumente
~ **justificatif** *m* Beleg
~ **notarié** *m* notarielle Urkunde
~ **prévisionnel** *m* Planungsdokument

documentaire dokumentarisch, Dokumenten-
△ **accréditif ~** *m* Dokumentenakkreditiv; **crédit ~ (CREDOC)** *m* Dokumentenakkreditiv; **crédit ~ confirmé** *m* bestätigtes Dokumentenakkreditiv; **crédit ~ irrévocable** *m* unwiderrufliches Dokumentenakkreditiv; **crédit ~ révocable** *m* widerrufliches Dokumentenakkreditiv; **remise ~** *f* „Wechsel gegen Dokumente"; **traite ~** *f* Dokumententratte
documentation *f* Dokumentation, Unterlagen, Informationsmaterial
△ **demande de ~** *f* Bitte um Übersendung von Informationsmaterial; **service de ~** *m* Dokumentationsabteilung
~ **publicitaire** *f* Werbeunterlage
dollar *m* Dollar
△ **avoir en ~s** *m* Dollarguthaben
DOM (Domaine d'outre mer) *m* französisches Gebiet in Übersee
domaine *m* 1. Feld, Bereich 2. Landsitz, Domäne
~ **d'activité** *m* Sparte, Tätigkeitsfeld
~ **d'application** *m* Anwendungsbereich
~ **d'une extrême sensibilité** *m* äußerst sensibler Bereich
~ **déficitaire** *m* verlustreiche Sparte
~ **partiel** *m* Teilbereich
~ **public** *m* Gemeingut, Gemeineigentum, öffentliches Eigentum
△△ **tomber dans le ~** Gemeingut/Gemeineigentum werden, lizenzfrei werden
domanial, e Domänen-
△ **forêt ~e** *f* Domänenwald, Staatsforst, Gemeindeforst, staatseigener Wald, gemeindeeigener Wald; **recettes ~es** *f pl* Einnahmen aus Staatsgütern
domestique 1. Haus-, hauswirtschaftlich 2. inländisch
△ **achat ~** *m* Inlandskauf; **charbon à usage ~** *m* Hausbrandkohle; **fuel ~** *m* Heizöl (für den Hausbrand); **investisseur ~** *m* inländischer Anleger/Investor; **opérateur ~** *m* inländischer Auftraggeber; **production ~** *f* inländische Produktion; **services ~s** *m pl* häusliche Dienstleistungen
domestiques *péj m pl* Hausangestellte
domicile *m* Wohnsitz, Wohnort, Heim, Haus, Haushalt
△ **aide à ~** *f* Haushaltshilfe; **banque à ~** *f* Homebanking; **démarchage à ~** *m* Detailreisehandel, Haustürverkauf, Haus zu Haus-Verkauf; **franco ~** frei Haus; **livraison à ~** *f* Lieferung zum Kunden, Anlieferung, Heimservice; **ouvrier à ~** *f* Heimarbeiter; **sans ~ fixe** ohne festen Wohnsitz; **sans ~ fixe (SDF)** *m/f* Obdachlose(r); **travail à ~** *m* Heimarbeit; **travailleur à ~** *m* Heimarbeiter; **vente directe à ~ (VAD)** *f* Haustürverkauf, Haus zu Haus-Verkauf, Hausierhandel
△△ **élire ~** einen Wohnsitz nehmen; **livrer à ~** ins Haus liefern
~ **fiscal** *m* Steuerwohnsitz
~ **légal** *m* gesetzlicher Wohnsitz
~ **principal** *m* Hauptwohnsitz
~ **secondaire** *m* Nebenwohnsitz, Zweitwohnsitz
domiciliataire *m* Domiziliat
domiciliation *f* Domizilierung, Angabe des Zahlungsorts
domicilié, e à... wohnhaft in..., Domizil-
△ **traite ~e** Domizilwechsel, Zahlstellenwechsel; **non-~** *m* Nicht-Gebietsansässiger, Devisenausländer, Ausländer, Gebietsfremder
domicilier *qc* *etw* domizilieren, für/von *etw* den Zahlungsort angeben
~ **un chèque** einen Scheck domizilieren
~ **une lettre de change** einen Wechsel domizilieren, den Zahlungsort eines Wechsels angeben
~ **une traite** einen Wechsel domizilieren, den Zahlungsort eines Wechsels angeben
dominant, e dominierend, beherrschend
△ **actionnaire ~** *m* beherrschender Gesellschafter
dominer *qc/qn* *etw/jdn* dominieren, beherrschen
dommage *m* Schaden, Verlust, Einbuße, Beschädigung
△ **accident en ~s** *m* Unfallschaden; **assurance-~s** *f* Schadensversicherung, Sachversicherung; **garantie ~s au véhicule** *f* Kaskoversicherung; **garantie ~s corporels aux passagers** *f* Insassenversicherung; **montant approximatif des ~s** *m* ungefähre Schadens-

summe; **réparation d'un ~** *f* Wiedergutmachung eines Schadens
△△ **causer des ~s** Schaden verursachen; **estimer les ~s** den Schaden abschätzen; **évaluer les ~s** den Schaden abschätzen; **provoquer des ~s** Schaden verursachen; **réparer un ~** einen Schaden wiedergutmachen; **répondre d'un ~** für einen Schaden haften; **subir un ~** (einen) Schaden erleiden
~ corporel *m* Personenschaden, körperlicher Schaden
△ **garantie dommages corporels au conducteur** *f* Fahrerversicherung; **garantie dommages corporels aux passagers** *f* Insassenversicherung
~ effectif *m* wirklicher Schaden
~s financiers *m pl* finanzieller Schaden
~ immatériel *m* immaterieller Schaden
~ indirect *m* Folgeschaden
~s-intérêts/dommages et intérêts *m pl* Schadenersatz
△ **demande en ~** *f* Antrag auf Schadenersatz, Schadenersatzforderung
△△ **demander des ~** Schadenersatz fordern/verlangen
~ matériel *m* Sachschaden, materieller Schaden
~ moral *m* immaterieller Schaden
~ subi *m* erlittener Schaden
don *m* Spende, Schenkung, Übertragung
△ **balance des ~s** *f* Übertragungsbilanz, Schenkungsbilanz, Bilanz der unentgeltlichen Leistungen, Bilanz der einseitigen Übertragungen
△△ **faire ~ de** *qc etw* spenden, schenken
~ aux oeuvres *m* Spende an gemeinnützige Organisationen
donataire *m* Beschenkter
donateur *m* Schenker, Geber
donation *f* Schenkung
~ entre vifs *f* Schenkung bei Lebzeiten
~ -partage *f* Teilung des Nachlasses im Wege der Schenkung
donnée *f* Vorgabe, Angabe, (statistische) Größe *pluriel:* Daten, Werte, Ziffern, Zahlen
△ **arrêt de ~s** *m* Erfassen/Eingabe von Daten; **banque de ~s** *f* Datenbank, Datenbasis; **base de ~s** *f* Datenbank, Datenbasis; **échange des ~s** *m* Datenaustausch; **introduction des ~s** *f* Dateneingabe; **saisie de ~s** *f* Datenerfassung; **traitement de ~s** *m* Datenverarbeitung
△△ **saisir des ~s** Daten erfassen/eingeben
~s brutes *f pl* unbereinigte Zahlen
~ chiffrée *f* Zahlenangabe
~s codées *f pl* kodierte Angaben
~s corrigées *f pl* bereinigte Zahlen/Werte
△ **en ~** bereinigt
~s corrigées de l'inflation *f pl* inflationsbereinigte Werte
△ **en ~** inflationsbereinigt
~s corrigées des variations saisonnières (données CVS) *f pl* saisonbereinigte Werte
△ **en ~ (en données CVS)** saisonbereinigt
~s démographiques *f pl* Bevölkerungszahlen, Bevölkerungsdaten
~s du marché *f pl* Marktdaten, Marktgegebenheiten
~s informatiques *f pl* elektronische Daten, Computerdaten
△△ **chiffrer des ~** Daten chiffrieren/verschlüsseln; **crypter des ~** elektronische Daten verschlüsseln; **décrypter des ~** elektronische Daten entschlüsseln
~s moyennes annuelles (en) im Jahresdurchschnitt
~ numérique *f* Mengenangabe, *pluriel:* Zahlenmaterial
~s prévisionnelles *f pl* Soll-Daten
~s réelles *f pl* Ist-Daten
donneur d'ordre *m* Auftraggeber, Ordergeber
△ **défaillance du ~** *f* Nichterfüllung durch den Auftraggeber
donneur de licence *m* Lizenzgeber
doper la consommation des ménages den Verbrauch der Haushalte anregen/stimulieren
doper les marchés financiers die Finanzmärkte anheizen
dossier *m* Akte, Dossier, Mappe
△ **classement des ~s** *m* Aktenablage; **frais de ~** *m pl* Bearbeitungsgebühren
△△ **examiner les ~s** die Akten überprüfen/durcharbeiten

~ **annexe** *m* Unterlage/Akte im Anhang
~ **individuel** *m* persönliche Akte
dotation *f* Ausstattung, Dotierung, Zuweisung, Zuwendung
~ **aux amortissements** *f* Zuführung an die Abschreibungskonten
~ **aux réserves** *f* Zuführung an die Rücklagen
~ **budgétaire** *f* Zuteilung von Haushaltsgeldern
~ **en capital** *f* Kapitalausstattung
~ **en personnel** *f* Personalbestand, personelle Ausstattung
doté, e de la personnalité morale mit eigener Rechtspersönlichkeit
douane *f* Zoll, Zollwesen, Zollamt
△ **administration des ~s** *f* Zollbehörde; **agent de la ~** *m* Zollbeamter; **agent en ~** *m* Zollspediteur; **arrêt en ~** *m* Zollpfändung; **bureau de ~** *m* Zollamt; **commissionnaire en ~** *m* Zollspediteur, Zollagent; **déclarant en ~** *m* Anmelder, Deklarant, Zollbeteiligter; **déclaration en ~** *f* Zollanmeldung, Zollerklärung; **droits de ~** *m pl* Zölle, Zollgebühren, Zollabgaben; **en franchise de droits de ~** zollfrei; **entreposage sous ~** *m* Einlagerung unter Zollverschluß; **entrepôt de ~** *m* Zolllager; **marchandise sous ~** *f* Zollgut; **poste de ~** *m* Zollstelle; **sous ~** unter Zollverschluß; **tarif des ~s** *m* Zolltarif; **valeur en ~** *f* Zollwert
△△ **baisser les droits de douane** die Zölle senken; **déclarer** ***qc*** **à la ~** verzollen, deklarieren; **expédier** ***qc*** **en ~** beim Zoll abfertigen; **ne pas être soumis, e aux droits de ~** zollfrei sein; **passer la ~** den Zoll/die Grenze passieren; **payer la ~** den Zoll zahlen; **prélever des droits de ~** Zollgebühren/Zölle erheben
douanier *m* Zollbeamter, Zöllner
douanier, ière Zoll-
△ **barrière ~ière** *f* Handelshemmnis, Zollschranke; **bureau ~** *m* Zollamt; **contrôle ~** *m* Zollkontrolle; **documents ~s** *m pl* Zollpapiere; **entrepôt ~** *m* Zolllager; **formalités ~ières** *f pl* Zollformalitäten; **guerre ~ière** *f* Zollkrieg; **nomenclature ~ière** *f* Zollnomenklatur; **politique ~ière** *f* Zollpolitik; **protection ~ière** *f* Zollschutz; **querelle ~ière** *f* Zollstreit; **recettes ~ières** *f pl* Zolleinnahmen; **régime ~** *m* Zollbehandlung, Zollverfahren, Zollsystem; **services ~s** *m pl* Zollbehörden; **statistique ~ière** *f* Zollstatistik; **tarif ~** *m* Zollsatz, Zolltarif; **tarification ~ière** *f* Zollfestsetzung; **territoire ~** *m* Zollgebiet; **union ~ière** *f* Zollunion; **valeur ~ière** *f* Zollwert
double citoyenneté *f* doppelte Staatsbürgerschaft
double comptabilisation *f* Doppelberechnung
double cotation *f* Doppelnotierung
double emploi *m* doppelt vorhanden, überflüssig
△△ **faire ~** doppelt vorhanden sein, überflüssig sein
double imposition *f* Doppelbesteuerung
doublement *m* Verdoppelung
douteux, se fraglich
△ **créance ~se** *f* zweifelhafte/dubiose Forderung, uneinbringliche Forderung
drainer des capitaux Kapital einsammeln, anziehen
drainer des fonds Gelder einsammeln, anziehen
drainer l'épargne Spargelder anziehen
dresser l'inventaire (de ***qc*****)** das Inventar aufstellen
dresser un bilan eine Bilanz aufstellen
drogue *f* Droge, Rauschgift
△ **trafic de ~(s)** *m* Drogenhandel, Rauschgifthandel; **trafiquant de ~s** *m* Rauschgifthändler
droit *m* 1. Gebühr, Abgabe, Zoll, Steuer, Gebührensatz 2. Recht, Berechtigung, Anspruch, Bezugsrecht
△ **absence de ~** *f* fehlende Rechtsregel; **acquittement de ~s** *m* Zahlung/Entrichtung von Gebühren/Abgaben; **application du ~** *f* Rechtsanwendung; **chômeur en fin de ~s** *m* Sozialhilfeempfänger; **de plein ~** von Rechts wegen, rechtmäßig; **en franchise de ~s (de douane)** zollfrei; **Etat de ~** *m* Rechtsstaat; **exempt, e de ~s** gebührenfrei; **franc, che de (tous) ~s** gebührenfrei; **règle de ~** *f* Rechtsnorm, Rechtssatz, Rechtsvorschrift
△△ **acquitter des ~s** Gebühren/Abga-

ben bezahlen/entrichten; **avoir ~ à** ***qc*** auf *etw* Anspruch haben auf; **céder des ~s** Rechte abtreten; **conférer à** ***qn*** **le ~ de faire** ***qc*** *jdm* das Recht verleihen/geben, *etw* zu tun; **détacher un ~** einen Bezugsschein abtrennen; **encaisser un ~** eine Gebühr einziehen; **étendre les ~s** die Rechte ausweiten; **exonérer** ***qn*** **d'un ~** *jdn* von einer Abgabe befreien; **faire ~ à une demande** einem Antrag stattgeben; **faire valoir ses ~s** seine Rechte geltend machen; **majorer un ~** eine Gebühr erhöhen/anheben; **ouvrir ~ à** berechtigen zu, einen Anspruch begründen/entstehen lassen; **relever un ~** eine Gebühr erhöhen/anheben; **rendu ~s acquittés** geliefert verzollt; **rendu ~s non acquittés** geliefert unverzollt; **s'adresser à qui de ~** sich an die zuständige Person wenden; **se réserver le ~ de faire** ***qc*** sich das Recht vorbehalten *etw* zu tun

~ **à disposer de soi-même** *m* Selbstbestimmungsrecht

~ **à dividende** *m* Recht auf Dividende

~ **à indemnité** *m* Anspruch auf Entschädigung

△ **perte du ~** *f* Anspruchsverlust

~ **à l'information** *m* Informationsrecht, Auskunftsrecht

~**s acquis du cotisant** *m pl* erworbene Anwartschaften des Versicherten

~ **administratif** *m* Verwaltungsrecht

~ **aérien** *m* Luftverkehrsrecht

~ **au bail** *m* Recht auf Verlängerung des Mietvertrages, Nachmietrecht

~ **au compte** *m* Recht auf ein Konto

~ **au logement** *m* Recht auf Wohnung

~ **au remboursement** *m* Rückzahlungsanspruch

~ **au travail** *m* Recht auf Arbeit

~ **cambiaire** *m* Wechselrecht

~ **civil** *m* Zivilrecht, bürgerliches Recht

~**s civils** *m pl* Bürgerrechte

~**s civiques** *m pl* bürgerliche Ehrenrechte

△ **privation des ~** *f* Verlust der bürgerlichen Ehrenrechte

~ **commercial** *m* Handelsrecht

~ **commun** *m* allgemeines Recht

~ **communautaire** *m* Gemeinschaftsrecht, EG-Recht, EU-Recht

~ **comparé** *m* vergleichendes Recht

~ **constitutionnel** *m* Staatsrecht

~**s d'accise** *m pl* Verbrauchsabgabe, Akzisen

~**s d'auteur** *m pl* Urheberrechte

△ **protection des ~** *f* Urheberschutz; **titulaire des ~** *m* Urheberrechtsinhaber

△△ **protégé, e par des ~** urheberrechtlich geschützt

~ **d'apport** *m* Einbringungsrecht

~ **d'association** *m* Vereinigungsfreiheit

~ **d'échange** *m* Umtauschrecht

~ **d'enregistrement** *m* Eintragungsgebühr, Verwaltungsgebühr, Notargebühr, Beurkundungsgebühr

~**s d'enregistrement et de timbre** *m* Registergebühren

~ **d'enregistrement sur la vente d'immeubles** *m* Grunderwerbsteuer

~ **d'entrée** *m* Aufnahmegebühr, Eintrittsgeld, *pluriel:* Einfuhrzölle

△ **location avec ~** *f* Vermietung mit einer Sonderzahlung für den Eintritt in den Mietvertrag (bei Geschäftsräumen)

~ **d'exploitation** *m* Abbaurecht, Schürfrecht

~**s d'importation** *m pl* Einfuhrzölle

~**s d'inscription** *m pl* Anmeldegebühren, Einschreibegebühr

~ **d'option** *m* Optionsrecht

△△ **exercer un ~** eine Option/ein Optionsrecht ausüben

~ **de bail** *m* vom Mieter zu tragende Mietsteuer

~ **de coalition** *m* Koalitionsfreiheit

~ **de codécision** *m* Mitentscheidungsrecht

~ **de cogestion** *m* Mitbestimmungsrecht

~ **de communication** *m* Mitteilungsrecht

~ **de consultation** *m* Konsultationsrecht

~ **de contrôle** *m* Kontrollbefugnis

~ **de courtage** *m* Maklergebühr

~ **de décision** *m* Entscheidungsrecht

~ **de dépôt** *m* Depotgebühr

~ **de disposition des tiers** *m* Verfügungsberechtigung Dritter

~**s de douane** *moins souvent au singulier m pl* Zölle, Zollgebühren, Zollabgaben

△ **abaissement des ~** *m* Zollsenkung; **en franchise de ~** zollfrei; **en suspension de ~** unter Aufhebung der Zollab-

gaben; **exempt, e de ~** zollfrei; **franchise des ~** *f* Zollfreiheit, Zollbefreiung; **fraude aux ~** *f* Zollvergehen, Schmuggel; **prélèvement des ~** *m* Zollerhebung; **réduction des ~** *f* Abbau der Zölle; **relèvement des ~** *m* Zollerhöhung; **suppression des ~** *f* Abbau der Zölle; **taux des ~** *m* Zollsatz
△△ **ne pas être soumis, e aux ~** zollfrei sein; **prélever des droits de douane sur …** Zollgebühren erheben, Zölle erheben auf …; **relever les ~** die Zölle anheben
~ **de douane „ad valorem"** *m* Wertzoll
~ **de garde** *m* Aufbewahrungsgebühr, Depotgebühr
~ **de grève** *m* Streikrecht
~ **de jouissance** *m* Genußrecht, Nutzungsrecht
~ **de la concurrence** *m* Wettbewerbsrecht
~ **de la consommation** *m* Verbraucherrecht
~ **de la famille** *m* Familienrecht
~**s de magasinage** *m pl* Lagergebühren, Lagergeld
~ **de mutation** *m* Übertragungsrecht
~ **de préemption** *m* Vorkaufsrecht
~ **de préférence** *m* vorrangiges Recht
~ **de recours** *m* Regreßanspruch
~ **de regard** *m* Recht auf Einsichtnahme, Mitspracherecht
~ **de réponse** *m* Recht auf Antwort, Recht auf Erwiderung
~ **de rétention** *m* Zurückbehaltungsrecht
~ **de rétractation de l'acceptation** *m* Widerrufsrecht
~ **de saisie** *m* Pfändungsrecht
~ **de signature** *m* Zeichnungsrecht
~ **de souscription** *m* Bezugsrecht, Vorzugsrecht
~ **de souscription d'une valeur** *m* Bezugsrecht auf einen Titel
~**s de succession** *m pl* Erbschaftssteuer
~**s de timbre** *m pl* Stempelgebühr, Stempelsteuer
~**s de tirage** *m pl* Ziehungsrechte
~**s de tirage ordinaires** *m pl* ordentliche Ziehungsrechte
~**s de tirage spéciaux (DTS)** *m pl* Sonderziehungsrechte (SZR)
~ **de vente exclusif** *m* Alleinverkaufsrecht
~ **de vote** *m* Wahlrecht, Stimmrecht
△△ **avoir le ~** *m* wahlberechtigt sein
~ **des locataires** *m* Mieterrecht
~ **des sociétés** *m* Gesellschaftsrecht
~**s des travailleurs relatifs à la cogestion** *m pl* Mitbestimmungsrechte
~ **détaché** *action m* ohne Bezugsrecht *Aktie*
~ **du citoyen** *m* Bürgerrecht
~ **du travail** *m* Arbeitsrecht
~ **exclusif** *m* ausschließliches Recht
~ **fiscal** *m* Steuerrecht
~ **fondamental** *m* Grundrecht
~ **international** *m* internationales Recht
~ **interne** *m* innerstaatliches/nationales Recht
~ **maritime** *m* Seerecht
~ **national** *m* nationales Recht
~ **objectif** *m* objektives Recht
~ **patrimonial** *m* Erbrecht, Vermögensrecht
~ **pénal** *m* Strafrecht
~ **personnel** *m* persönliches Recht
~ **politique** *m* politisches Recht
~**s portuaires** *m* Hafengebühren
~ **préférentiel** *m* Vorzugsrecht
~ **préférentiel de souscription** *m* Bezugsrecht auf junge Aktien, Vorzugsrecht
~ **privé** *m* Privatrecht
~ **public** *m* öffentliches Recht
△ **organisme de ~** *m* Körperschaft des öffentlichen Rechts
~ **réel** *m* dingliches Recht
~ **rural** *m* Landrecht
~ **social** *m* Sozialrecht
~ **spécial** *m* besonderes Recht, Sonderrecht
~ **subjectif** *m* subjektives Recht
~**s sur l'alcool** *m pl* Alkoholsteuer
~**s sur le tabac** *m pl* Tabaksteuer
~ **syndical** *m* Gewerkschaftsrecht
~**s variables** *m pl* veränderliche Gebühren(sätze)

DTS (droits de tirage spéciaux) *m pl* SZR (Sonderziehungsrechte)
△ **allocation de ~** *f* Zuteilung von SZR; **création de ~** *f* Schaffung von Sonderziehungsrechten; **répartition des ~** *f* Verteilung der SZR
△△ **allouer des DTS** SZR zuteilen

dû, due à gebührend, gehörig, geschuldet
△ **créance due** *f* fällige Forderung; **créance due non rentrée** *f* rückständige/überfällige Forderung; **port ~** unfrei, portopflichtig; **somme due** *f* geschuldeter Betrag
△△ **être ~ à** *qc* auf *etw* zurückzuführen sein
dualiste dual
△ **système ~** *m* duales System, duales Berufsausbildungssystem
ducroire *m* Delkredere
△ **clause ~** *f* Delkredereklausel; **commission ~** *f* Delkredereprovision; **commissionnaire ~** *m* Delkrederekommissionär; **compte ~** *m* Delkredererechnung; **contrat (de) ~** *m* Delkrederevertrag; **responsabilité ~** *f* Delkrederehaftung
△△ **être ~** das Delkredere übernehmen; **porter en compte ~** Delkredere berechnen; **se porter ~** das Delkredere übernehmen
dumping *m* Dumping, Dumpingmaßnahmen
△ **accusation de ~** *f* Dumping-Vorwurf; **mesures anti-~** *f pl* Anti-Dumping-Maßnahmen; **prix ~** *m* Dumpingpreis; **taxe anti-~** *f* Anti-Dumping-Steuer
△△ **accuser un pays de ~** ein Land des Dumpings bezichtigen; **pratiquer des prix ~** zu Dumpingpreisen anbieten/verkaufen
duplex (en ~ de) zugeschaltet aus (Radio, TV)
duplicata *m* Duplikat, Zweitschrift
durabilité *f* Dauer, Dauerhaftigkeit, Langlebigkeit, Lebensdauer
durable haltbar, dauerhaft, langlebig
△ **biens ~s** *m pl* Gebrauchsgüter, langlebige Güter; **emploi ~** *m* dauerhafter Arbeitsplatz, Dauerstellung; **équipements ~s** *m pl* langlebige Wirtschaftsgüter; **non ~** kurzlebig
durcissement de la fiscalité *m* Zunahme der steuerlichen Belastung
durcissement de la politique monétaire *m* Verschärfung der Währungspolitik
durée *f* Dauer, Laufzeit
△ **chômage de longue ~** *m* Langzeitarbeitslosigkeit, Dauerarbeitslosigkeit; **chômeur de courte/de longue ~** *m* Kurzzeitarbeitsloser/Langzeitarbeitsloser; **contrat à ~ déterminée (CDD)** *m* befristeter Vertrag; **contrat à ~ indéterminée (CDI)** *m* unbefristeter Vertrag; **cycle de courte/longue ~** *m* Kurzzeit-/Langzeitzyklus; **emprunt à ~ prorogeable** *m* Anleihe mit verlängerbarer Laufzeit; **investissement de longue ~** *m* langfristige Investition; **pour une ~ déterminée** befristet
~ conventionnelle du travail *f* tarifvertragliche Dauer der Arbeitszeit
~ d'amortissement *f* Abschreibungszeit
~ de bail *f* Mietzeit
~ de l'emprunt *f* Laufzeit des Darlehens/der Anleihe
~ de l'épargne *f* Dauer der Ansparperiode
~ de protection *f* Schutzfrist
~ de validité *f* Gültigkeitsdauer
~ de versement de cotisations *f* Beitragszeit
~ de versement des retraites *f* Rentendauer
~ de vie *f* Lebensdauer
~ de vie du produit *f* Produktlebensdauer
~ des travaux *f* Dauer der Arbeiten (z. B. Bauarbeiten)
~ déterminée *f* befristete Dauer
△ **à ~** befristet; **contrat à ~ (CDD)** *m* befristeter Vertrag; **rente à ~** *f* Rente mit fester Laufzeit (bei Rentensparverträgen)
~ du chômage *f* Dauer der Arbeitslosigkeit
△△ **la ~ s'allonge** die Dauer der Arbeitslosigkeit verlängert sich
~ du contrat *f* Vertragsdauer
~ du crédit *f* Kreditlaufzeit
~ du mandat *f* Amtsdauer
~ du remboursement *f* Tilgungsdauer
~ du temps de travail *f* (Dauer der) Arbeitszeit
△ **aménagement de la ~** *m* Arbeitszeitgestaltung, Flexibilisierung der Arbeitszeit; **réduction de la ~** *f* Arbeitszeitverkürzung
~ du terme *f* Laufzeit
~ du travail *f* Arbeitszeit, Arbeitsdauer
△ **abaissement de la ~** *m* Arbeitszeitverkürzung

△△ **diminuer la ~ d'une heure** die (Dauer der) Arbeitszeit um eine Stunde verringern; **ramener la ~ à ... heures** die (Dauer der) Arbeitszeit auf ... Stunden herunterfahren/reduzieren; **réduire la ~** die Arbeitszeit verkürzen; **revendiquer une réduction de la ~** eine Verkürzung der Arbeitszeit fordern

~ **du travail annuel** *f* jährliche Arbeitszeit, Jahresarbeitszeit

~ **du travail mensuel** *f* monatliche Arbeitszeit

~ **d'utilisation** *f* Nutzungsdauer

~ **effective** *f* effektive/tatsächliche Dauer

~ **ferme du contrat** *f* feste Vertragsdauer

~ **hebdomadaire du travail** *f* Wochenarbeitszeit

~ **indéterminée** *f* unbefristete/unbestimmte Dauer

△ **à ~** unbefristet; **contrat à ~ (CDI)** *m* unbefristeter Vertrag

~ **légale du travail** *f* gesetzliche Arbeitszeit

~ **moyenne de séjour (DMS)** *f* durchschnittliche Aufenthaltsdauer/Durchlaufzeit/Werkstoffzeit

~ **moyenne du chômage** *f* durchschnittliche Dauer der Arbeitslosigkeit

DUT (Diplôme universitaire de technologie) *m* französisches Universitätsdiplom

dynamique dynamisch

△ **demande ~** *f* dynamische Nachfrage

dynamisme *m* Dynamik

~ **de l'activité (économique)** *m* Dynamik der Wirtschaftstätigkeit

E

EURL (entreprise unipersonelle à responsabilité limitée) *f* Ein-Mann-GmbH, Ein-Personen-GmbH

eau (*pluriel:* **eaux**) *f* Wasser

△ **pollution de l'~/des ~x** *f* Wasserverschmutzung, Gewässerverschmutzung, Gewässerbelastung; **résistant, e à l'~** wasserfest; **teneur en ~** *f* Wassergehalt

~ **légère** *f* Leichtwasser

△ **réacteur à ~** *m* Leichtwasserreaktor

~x territoriales *f pl* Hoheitsgewässer

~x usées *f pl* Abwässer

ébauche *f* Entwurf

éboueurs *m pl* Müllabfuhr

△ **camion des ~** *m* Müllauto; **jour de passage des ~s** *m* (Müll)Abfuhrtag

écart *m* Abweichung, Kluft

△△ **accuser un ~ (important) des cours** (starke) Kursabweichungen aufweisen; **l'~ se creuse** die Kluft verschärft sich

~ **d'inflation** *m* Inflationsabstand

△△ **l'~ se creuse** der Inflationsabstand vergrößert sich; **réduire l'~** den Inflationsabstand verringern

~s de patrimoine *m pl* Vermögensunterschiede

~ **de prix** *m* Preisabweichung

~s de revenu(s) *m pl* Einkommensunterschiede

~s de salaires *m pl* Lohnunterschiede

~s de taux d'intérêt *m pl* Zinsunterschiede

écarter de *qc* (s') von *etw* abweichen

échange *m* Austausch, Tausch, Umtausch, Handel, Wechsel, *pluriel:* Handelsverkehr, Handel, internationaler Handel, Außenhandel

△ **acte d'~** *m* Tauschvorgang; **activité d'~** *f* Austauschgeschäft; **droit d'~** *m* Umtauschrecht; **excédent des ~s** *m* Handelsüberschuß; **expansion des ~s** *f* Ausweitung des Handels; **flux d'~** *m pl* Handelsströme; **instrument d'~** *m* Tauschmittel; **intensification des ~s** *f* Steigerung des Handelsverkehrs; **internationalisation des ~s** *f* Internationalisierung des Handels; **intra-~s** *m pl* Intrahandel; **libéralisation des ~s** *f* Liberalisierung des Welthandels; **libre-~** *m* Freihandel; **offre publique d'~ (OPE)** *f* öffentliches Übernahmeangebot in Verbindung mit einem Aktienumtausch; **opération d'~** *f* Tauschvorgang; **possibilité d'~** *f* Umtauschmöglichkeit; **pour un volume d'~ de** bei einem Handelsvolumen von; **pour une valeur d'~ de** bei einem Handelswert von; **structure d'~** *f* Außenhandelsstruktur; **taux de croissance des ~s** *m* Wachstumsquote des (internationalen) Handels; **termes de l'~** *m pl* Terms of Trade, reales Austauschverhältnis; **valeur d'~** *f* Tauschwert, Handelswert; **volume des ~s** *m* Handelsvolumen; **zone de libre ~** *f* Freihandelszone

△△ **faciliter les ~** den Warenaustausch erleichtern; **faisant l'objet d'~s nourris** mit hoher Umsatzaktivität; **les ~s enregistrent un surplus** der Handelsverkehr/(Außen)Handel verzeichnet einen Überschuß; **les ~s dégagent un excédent** der Handelsverkehr/(Außen) Handel wirft einen Überschuß ab; **les ~s se soldent par un déficit/excédent** der Handelsverkehr/(Außen)Handel schließt mit einem Defizit/Überschuß ab; **les ~s sont excédentaires de...** der Handelsverkehr/(Außen)Handel verzeichnet einen Überschuß von ...; **les ~s ont reculé** der Handelsverkehr/(Außen)Handel ist zurückgegangen; **les ~s sont équilibrés** der Handelsverkehr/(Außen)Handel ist ausgeglichen

~s agricoles *m pl* Agrarhandel

~s bilatéraux *m pl* bilateraler Handel

~s commerciaux *m pl* Güteraustausch, Handelsverkehr

~s commerciaux internationaux *m pl* internationaler Handelsverkehr, Handelsaustausch

~ d'informations *m* Informationsaustausch

~ de correspondance *m* Briefwechsel, Schriftverkehr

~ de données *m* Datenaustausch

~s de marchandises *m pl* Warenaustausch

~s de produits *m pl* Güteraustausch

~s de produits agricoles *m pl* Agrarhandel

~s de services *m pl* Dienstleistungsverkehr

~s de technologie *m pl* Technologietransfer

~ de vues *m* Meinungsaustausch

~s extérieurs *m pl* Außenhandel, Außenwirtschaft

△ **équilibre des ~** *m* außenwirtschaftliches Gleichgewicht; **solde des ~** *m* Außenhandelsbilanzsaldo, Außenhandelsbilanzergebnis; **structure des ~** *f* Außenhandelsstruktur

~s industriels *m pl* Industriewarenverkehr, Austausch von Industrieerzeugnissen

△ **solde des ~** *m* Saldo aus dem Industriewarenverkehr

△△ **les ~ s'effondrent** der Industriewarenverkehr bricht zusammen

~s intérieurs *m pl* Binnenhandel, inländischer Handel

~s internationaux *m pl* Außenwirtschaft, internationale Handelsbeziehungen, internationaler Warenaustausch, Welthandel

△ **obstacles aux ~** *m pl* außenwirtschaftliche Handelshemmnisse

~s interrégionaux *m pl* interregionaler Handelsverkehr

~s intracommunautaires *m pl* innergemeinschaftlicher/innereuropäischer Handel

~s intra-UE *m pl* binneneuropäischer Handel, Handel innerhalb der EU

~s invisibles *m pl* Dienstleistungsverkehr

~s manufacturiers *m pl* Industriewarenverkehr

échangeable contre *qc* gegen *etw* austauschbar, eintauschbar, umtauschbar

△ **obligation ~** *f* Wandelobligation, Wandelanleihe

échanger *qc* **contre** *qc* *etw* gegen *etw* tauschen, umtauschen, wechseln

~ des biens Güter tauschen

~ des titres Effekten umtauschen

~ une monnaie en une autre eine Währung in eine andere umtauschen/wechseln/tauschen

~ à ... (s') zu ... getauscht/gewechselt werden

△△ **le dollar s'échange à x francs** der Dollar wird zum Kurs von/mit x Franc gehandelt; **s'échanger à ... (devises)** zu einem Kurs von ... gehandelt/gewechselt/getauscht werden (Devisen)

échantillon *m* Stichprobe, Probe, Stichprobeneinheit, Erhebungseinheit

△ **contrôle par ~s** *m* Stichprobenkontrolle; **enquête par ~s** *f* Repräsentativbefragung

△△ **prélever un ~** eine (Stich)Probe entnehmen; **prendre un ~ au hasard** eine Zufallsstichprobe machen
~ **aléatoire** *m* Zufallsauswahl, Zufallsstichprobe
~ **représentatif** *m* repräsentative Auswahl, repräsentative Stichprobe
échantillonnage *m* Mustersammlung, Stichprobe, Stichprobenerhebung
échantillonner une population Bevölkerungsstichproben erheben
échéance *f* Fälligkeit, Fälligkeitstermin, Zahlungstermin, Zahlungsziel, Termin
△ **à ~ de trois mois** mit dreimonatiger Laufzeit; **à trois mois d'~** mit dreimonatiger Laufzeit; **avis d'~** *m* Zahlungsaufforderung; **indice d'~** *m* Fälligkeitsindex; **obligation à ~ rapprochée** *f* Anleihe mit kurzer Restlaufzeit; **prorogation d'une ~** *f* Fristverlängerung; **rééchelonnement des ~s** *m* Streckung der Tilgungsfristen; **report d'~** *m* Zahlungsaufschub, Nachfrist(setzung); **traite à courte ~** *f* kurzfristiger Wechsel; **traite à ~ fixe** *f* Datumswechsel, Tageswechsel; **traite à ~s fractionnées** *f* Ratenwechsel
△△ **à l'~ prescrite** zu dem bestimmten Zeitpunkt; **à une ~ fixée d'avance** zu einem vorher festgelegten Zeitpunkt; **arriver à ~** fällig werden; **faire face à ses ~s** seine Schulden rechtzeitig bezahlen können; **fixer une ~ à ...** einen Stichtag festlegen auf ...; **venir à ~ le ...** am ... fällig werden
~ **convenue** *f* vereinbarte Laufzeit
~ **d'un crédit** *f* Laufzeit eines Kredits
~ **d'une traite** *f* Fälligkeit eines Wechsels
~ **du contrat** *f* Vertragsablauf
~ **du coupon** *f* letztfähiger Kupontermin
~ **du remboursement** *f* Tilgungsfälligkeit
~ **fiscale** *f* Steuertermin
~ **fixe** *f* feste Fälligkeit, fester Fälligkeitstermin, Zahlungstermin, Termin
△ **bon de caisse à ~** *m* Kassenschein mit fester Fälligkeit; **dépôt à ~** *m* Termingeldkonto; **traite à ~** *f* Datumswechsel, Tageswechsel
~ **intercalaire** *f* Zwischenfälligkeitstermin
échéancier *m* Terminkalender, Terminplan
~ **fiscal** *m* Steuerterminkalender
échec *m* Mißerfolg, Scheitern
△ **en état d'~** gescheitert
△△ **se solder par un ~** mit einem Mißerfolg enden
échelle *f* Maßstab, Maßskala, Rahmen
△ **à l'~ de l'UE** im Rahmen der UE
~ **d'économie utile** *f* Nutzungswirtschaftsskala
~ **d'évaluation** *f* Bewertungskriterium
~ **des salaires** *f* Lohn- und Gehaltsskala
~ **mobile des salaires** *f* gleitende Lohnskala
échelon *m* Stufe, Gehaltsstufe
échelonné, e gestaffelt
△ **paiement ~** *m* Zahlung in Raten, gestreckte Zahlung
échelonnement *m* Staffelung
échelonner *qc* *etw* staffeln
~ **les impôts** die Steuern staffeln
~ **les traitements** die Gehälter staffeln
~ **sur** *qc* **(s')** sich auf *etw* verteilen, sich über *etw* erstrecken, sich staffeln
~ **dans le temps (s')** sich über eine gewisse Zeit erstrecken, sich zeitlich verteilen
échoir fällig sein/werden
△△ **dette à ~** *f* noch nicht fällige Schuld; **la traite échoit le ...** der Wechsel ist am ... fällig
échouer scheitern
échu, e abgelaufen, fällig, zahlbar
△ **à terme ~** nach Ablauf der Frist; **créance ~e** *f* fällige Forderung; **intérêts ~s** *m pl* fällige/aufgelaufene Zinsen
éclat *m* Glanz
△△ **donner de l'~ à** *qc* *etw* zu Glanz verhelfen, Glanz verleihen; **donner tout son ~ à** *qc* *etw* zu vollem Glanz verhelfen, vollen Glanz verleihen, *etw* in vollem Glanz erstrahlen lassen
écluse *f* Schleuse
éco-bilan *m* Ökobilanz, Umweltbilanz
Eco-Emballages *m pl* Umweltverpackung, umweltfreundliche Verpackung
△ **logo d'~** *m* Umweltlabel
éco-label *m* Umweltsiegel
école *f* Schule, Fachschule, Hochschule
~ **d'ingénieur(s)** *f* Ingenieurschule

~ **de commerce** *f* Handelsschule, Handelshochschule
~ **de gestion** *f* Wirtschaftshochschule, Managementschule
Ecole des hautes études commerciales (HEC) *f* Wirtschaftshochschule für höheres Management in Paris
~ **(néo-)libérale** *f* (neo)liberale Schule (der Wirtschaftswissenschaft)
~ **polytechnique** *f* polytechnische Hochschule, Hochschule für Ingenieurwesen
~ **professionnelle** *f* Berufsschule
~ **supérieure de commerce** *f* (oft private) Wirtschaftshochschule
écologie *f* Umweltschutz, Ökologie
écologique ökologisch, umweltfreundlich, Umwelt-
économe sparsam
économétrie *f* Ökonometrie
économie *f* 1. Wirtschaft, Wirtschaftstätigkeit, Wirtschaftswissenschaft 2. Einsparung, Ersparnis
△ **assainissement de l'~** *m* Sanierung der Wirtschaft, Wirtschaftssanierung; **dégradation générale de l'~** *f* Verschlechterung der allgemeinen Wirtschaftslage; **entreprise d'~ mixte** *f* gemischtwirtschaftliches Unternehmen, Unternehmen mit staatlicher Beteiligung; **forum consacré à l'~** *m* Wirtschaftstagung; **Ministère de l'~** *m* Wirtschaftsministerium; **ministre de l'~** *m* Wirtschaftsminister; **mondialisation de l'~** *f* weltweite wirtschaftliche Verflechtung, Globalisierung der Wirtschaft; **ralentissement de l'~** *m* Rückgang der Wirtschaftstätigkeit, Konjunkturabschwächung, wirtschaftlicher Rückgang; **redressement de l'~** *m* wirtschaftliche Erholung; **relance de l'~** *f* Wiederankurbelung der Wirtschaft, Wiederbelebung der Wirtschaftstätigkeit, Konjunkturbelebung; **secteur de l'~** *m* Branche, Erwerbszweig, Wirtschaftsbereich, Wirtschaftssektor, Wirtschaftszweig; **stagnation de l'~** *f* Wirtschaftsflaute; **surchauffe de l'~** *f* Konjunkturüberhitzung; **vigueur de l'~** *f* Stärke der Wirtschaft, schwungvolle Wirtschaftslage
△△ **faire des ~s** sparen, einsparen, Einsparungen vornehmen/erzielen; **faire l'~ de** *qc etw* einsparen; **freiner l'~** die Wirtschaftstätigkeit verlangsamen; **injecter des liquidités dans l'~** Geld in die Wirtschaft pumpen; **l'~ est fragile** die Wirtschaft ist krisenanfällig; **placer ses ~s** seine Ersparnisse anlegen; **réaliser des ~s** Einsparungen vornehmen/erzielen; **réaliser une ~ de x francs** x Franc einsparen; **redresser l'~** die Wirtschaft ankurbeln; **relancer l'~** die Wirtschaft ankurbeln/beleben; **restructurer l'~** die Wirtschaft umstrukturieren
~ **agraire** *f* Agrarwirtschaft
~s **budgétaires** *fpl* Haushaltseinsparungen
~ **centralement planifiée** *f* zentrale Planwirtschaft, Zentralverwaltungswirtschaft
~ **charbonnière** *f* Kohlenwirtschaft
~ **collectiviste** *f* Kollektivwirtschaft
~ **concertée** *f* abgestimmte Wirtschaft
~s **d'échelle** *fpl* Größenvorteile, Kostendegression durch Massenproduktion, Skalenerträge
△△ **réaliser des ~** Einsparungen durch Massenproduktion erzielen, Skalenerträge/Größenvorteile erzielen
~ **d'électricité** *f* Stromeinsparung
~s **d'énergie** *fpl* Energieeinsparungen, Energieersparnis
~ **d'entreprise** *f* Betriebswirtschaftslehre
~ **d'expansion** *f* Wachstumswirtschaft
~ **d'impôt** *f* Steuerersparnis
~ **de croissance** *f* Wachstumswirtschaft
~ **de marché** *f* Marktwirtschaft, freie Marktwirtschaft
△ **allégeance à l'~** *m* Bekenntnis zur Marktwirtschaft; **système d'~** *m* marktwirtschaftliches System, Marktwirtschaft
△△ **adopter/instaurer/mettre en place l'~** die (freie) Marktwirtschaft einführen
~ **de marché contrôlée** *f* gelenkte Marktwirtschaft
~s **de pétrole** *fpl* Öleinsparungen
~ **déréglementée** *f* deregulierte Wirtschaft
~ **dirigée** *f* zentralgelenkte Wirtschaft

~ **florissante** *f* blühende Wirtschaft, schwungvolle Wirtschaftslage
~ **forestière** *f* Waldwirtschaft
~ **générale** *f* Volkswirtschaftslehre
~ **globale** *f* Gesamtwirtschaft
~ **libérale** *f* liberale Wirtschaft, freie Marktwirtschaft
~ **libre (de marché)** *f* freie Marktwirtschaft
~ **mixte (d' ~)** gemischtwirtschaftlich, mit staatlicher Beteiligung
△ **entreprise/société d'~** *f* Unternehmen/Gesellschaft mit staatlicher Beteiligung, gemischtwirtschaftliches Unternehmen/gemischtwirtschaftliche Gesellschaft
~ **mondiale** *f* Weltwirtschaft
~ **monétaire** *f* Geldwirtschaft
~ **nationale** *f* Volkswirtschaft, Volkswirtschaftslehre
~ **parallèle** *f* Schattenwirtschaft
~ **planifiée** *f* Planwirtschaft, Zentralverwaltungswirtschaft
~ **politique** *f* Volkswirtschaft, Volkswirtschaftslehre
~ **privée** *f* Privatwirtschaft
~ **sociale de marché** *f* soziale Marktwirtschaft
~ **souterraine** *f* Schattenwirtschaft
~ **stationnaire** *f* stationäre Wirtschaft

économique wirtschaftlich, sparsam, Wirtschafts-
△ **activité** ~ *f* Wirtschaftstätigkeit; **agent** ~ *m* Wirtschaftssubjekt, Wirtschaftseinheit; **agrégats ~s** *m pl* wirtschaftliche Gesamtgrößen, Aggregate; **agrégats macro-~s** *m pl* Globalgrößen, Aggregate; **amortissement** ~ *m* Abschreibung; **autonomie** ~ *f* wirtschaftliche Selbständigkeit/Autonomie; **bien** ~ *m* Wirtschaftsgut; **branche** ~ *f* Wirtschaftsszweig, Branche, Bereich; **circuit** ~ *m* Wirtschaftskreislauf; **climat** ~ *m* Wirtschaftsklima; **concentration** ~ *f* wirtschaftliche Konzentration, Unternehmenskonzentration; **conjoncture** ~ *f* Wirtschaftskonjunktur; **Conseil ~ et social (CES)** *m* Wirtschafts- und Sozialrat; **crise** ~ *f* Wirtschaftskrise; **crise ~ mondiale** *f* Weltwirtschaftskrise; **crise ~ prolongée** *f* anhaltende Wirtschaftskrise; **croissance** ~ *f* Wirtschaftswachstum; **cycle** ~ *m* Wirtschaftszyklus, Konjunkturzyklus; **développement** ~ *m* Wirtschaftsentwicklung, wirtschaftliche Entwicklung; **environnement** ~ *m* (gesamt)wirtschaftliche Umwelt; **expansion** ~ *f* Wirtschaftswachstum; **expert** ~ *m* Wirtschaftsexperte; **fluctuations ~s** *f pl* Konjunkturschwankungen; **fonction** ~ *f* Wirtschaftsfunktion; **grandeurs ~s** *f pl* wirtschaftliche Größen/Daten; **licenciement** ~ *m* Entlassung/Kündigung aus betrieblichen Gründen; **macro-~** makroökonomisch; **marasme** ~ *m* Wirtschaftsflaute; wirtschaftliche Stagnation; **mécanismes ~s** *m pl* Wirtschaftsmechanismen; **miracle** ~ *m* Wirtschaftswunder; **observatoire** ~ *m* Wirtschaftsobservatorium, Wirtschaftsbeobachtung; **partenaire** ~ *m* Wirtschaftspartner; **performance** ~ *f* Wirtschaftsleistung; **plan** ~ *m* Wirtschaftsplan; **planification** ~ *f* Wirtschaftsplanung; **politique** ~ *f* Wirtschaftspolitik; **presse** ~ *f* Wirtschaftspresse; **prévision** ~ *f* Wirtschaftsprognose, Wirtschaftsvorschau, Wirtschaftsvoraussage; **rapport** ~ *m* wirtschaftlicher Ertrag; **redressement** ~ *m* wirtschaftliche Erholung; **régime** ~ *m* Wirtschaftssystem, Wirtschaftsordnung; **reprise (de l'activité)** ~ *f* Wiederbelebung der Wirtschaft, wirtschaftliche Erholung; **résultats ~s** *m pl* wirtschaftliche Ergebnisse; **rétablissement** ~ *m* wirtschaftliche Erholung; **revue** ~ *f* Wirtschaftszeitschrift; **sciences ~s** *f pl* Wirtschaftswissenschaft(en), Volks- und Betriebswirtschaftslehre; **secteur** ~ *m* Branche, Erwerbszweig, Wirtschaftsbereich, Wirtschaftssektor, Wirtschaftszweig; **sommet ~ mondial** *m* Weltwirtschaftsgipfel; **souveraineté** ~ *f* wirtschaftliche Souveränität; **stagnation** ~ *f* Wirtschaftsflaute; **sujet** ~ *m* Wirtschaftssubjekt; **système** ~ *m* Wirtschaftssystem, Wirtschaftsordnung; **tension** ~ *f* wirtschaftliche Spannung; **territoire** ~ *m* Wirtschaftsgebiet; **union ~ et monétaire** *f* Wirtschafts- und Währungsunion; **unités ~s** *f pl* Wirtschaftseinheiten; **utilité** ~ *f*

wirtschaftlicher Nutzen **vie ~** *f* Wirtschaftsleben;
économiquement irréparable (voiture) mit wirtschaftlichem Totalschaden (Kfz)
△△ **être ~** einen wirtschaftlichen Totalschaden haben (Kfz)
économiser *qc* *etw* einsparen, sparen
économiste *m/f* Wirtschaftsexperte/Wirtschaftsexpertin, Wirtschaftswissenschaftler(in), Volkswirt(in)
~ d'entreprise *m* Betriebswirt
écoulé, e abgelaufen
écoulement *m* Absatz, Vertrieb, Absatzvorgang
~ des stocks *m* Verkauf der Lagerbestände
écouler *qc* *etw* absetzen, verkaufen
~ les stocks Lagerbestände verkaufen
~ une marchandise (sur le marché) eine Ware (auf dem Markt) absetzen
~ (s') ablaufen, verstreichen
△△ **laisser ~ un délai** eine Frist verstreichen lassen
écoute *f* 1. Abhörvorrichtung, Abhördienst 2. Einschaltquote, Einschaltzeit, Sendezeit
△ **à faible ~** mit niedriger Einschaltquote; **à forte ~** mit hoher Einschaltquote; **heures de grande ~** *f pl* Haupteinschaltzeit; Hauptsendezeit, beste Sendezeit; **table d'~** *f* Abhöreinrichtung; **taux d'~** *m* Einschaltquote
écran *m* Bildschirm, Monitor, Schutzschirm
△ **société ~** *f* Briefkastenfirma
écraser les prix die Preise drücken
écrémage (du marché) *m* Absahnen/Abschöpfen des Markts, Skimming
△ **stratégie d'~** *f* Absahnstrategie, Skimmingstrategie
écrire en toutes lettres ausschreiben
écrit, e en langage machine in Maschinensprache geschrieben
écriture (comptable) *f* Buchung, Eintrag, Buchungsvorgang
△ **faux en ~** *m* Urkundenfälschung; **jeu d'~s** *m* Umbuchung
△△ **passer une ~** buchen; **par jeu d'~s** durch Buchung und Gegenbuchung
~ à créditer *f* Habenbuchung
~ d'actif *f* Aktivbuchung
~ de crédit *f* Haben-Buchung
~ de débit *f* Soll-Buchung
~ de passif *f* Passivbuchung
écroulement de l'entreprise *m* Firmenzusammenbruch
écroulement de la Bourse *m* Börsenzusammenbruch
écrouler (s') zusammenbrechen
△△ **les cours s'écroulent** die Kurse brechen zusammen
ECU (European Currency Unit) – *aujourd'hui:* **euro** *m* ECU (Europäische Währungseinheit) – *heute:* Euro
Ecureuil (= Caisse d'épargne) *m* Sparkasse (nach ihrem Emblem, dem Eichhörnchen)
△ **emprunt ~** *m* Anleihe der Sparkassen
EDF (Electricité de France) *f* staatlicher Elektrizitäts- und Energiekonzern, staatliche Elektrizitätswerke, staatliches Stromversorgungsunternehmen
édicter une loi ein Gesetz erlassen
éditer une publication eine Veröffentlichung herausgeben
éditeur *m* Verleger, Herausgeber
édition *f* Verlag, Verlagswesen
△ **maison d'~** *f* Verlag(shaus)
~ assistée par ordinateur *f* Desktop-Publishing
éditorial *m* Leitartikel
éducation *f* Erziehung, Bildung, Ausbildung
~ alternée/en alternance *f* duales Bildungssystem
~ nationale *f* nationales Bildungswesen
△ **Ministère de l'~** *m* Erziehungsministerium
EEE (Espace Economique Européen) *m* EWR (Europäischer Wirtschaftsraum)
effacer *qc* auslöschen, löschen, erlassen
~ une dette eine Schuld erlassen
effectif *m* Personalbestand, Personalstärke, Belegschaftsstärke, Belegschaftszahlen
△ **augmentation des ~s** *f* Personalaufstockung; **baisse des ~s** *f* Verringerung/Rückgang der Beschäftigtenzahl; **compressions d'~s** *m pl* Personalabbau; **dégraissage des ~s** *m* Personalabbau; **évolution des ~s** *f* Personalent-

wicklung; **réductions d'~s** *f pl* Personalabbau; **sous-~** *m* Personalunterbesetzung, personelle Unterbesetzung, Personalmangel

△△ **augmenter les ~s** die Belegschaftsstärke vergrößern, Personal einstellen; **comprimer les ~s** den Personalbestand abbauen/reduzieren; **dégraisser les ~s** abspecken; **les ~s ont augmenté** die Belegschaftsstärke ist angestiegen; **maintenir les ~s** den Personalbestand aufrechterhalten; **posséder un ~ de x salariés** x Arbeitnehmer beschäftigen; **réduire les ~s** Personal entlassen

~s réduits *m pl* begrenzte Personalausstattung

~ salarié *m* Personalbestand, Belegschaft

effectif, ive effektiv, tatsächlich, wirklich, Effektiv-

△ **capital ~** *m* effektives Kapital, Eigenkapital; **coûts ~s** *m pl* tatsächliche Kosten; **demande ~ive** *f* effektive Nachfrage; **dommage ~** *m* wirklicher Schaden; **taux d'intérêt ~** *m* Effektivzinssatz; **taux ~ global (TEG)** *m* Effektivzinssatz, effektiver Jahreszins; **valeur ~ive** *f* Effektivwert

effectuer *qc* *etw* durchführen, ausführen, erbringen

△ **travail à ~** *m* Arbeitsanfall, auszuführende Arbeit

~ des licenciements massifs Massenentlassungen durchführen

~ des opérations bancaires Bankgeschäfte ausführen

~ un retrait eine Abhebung vornehmen, Geld abheben

~ un service eine Dienstleistung erbringen

~ un sondage eine Meinungsumfrage durchführen

~ un stage TUC an einer AB-Maßnahme teilnehmen

~ un tirage eine Ziehung durchführen

~ un travail eine Arbeit leisten/erbringen/tätigen

~ un versement Geld einzahlen, eine Zahlung vornehmen

~ un virement eine Überweisung vornehmen

effet (sur *qc/qn***)** *m* Wirkung, Auswirkung (auf *etw/jdn*)

△ **date d'~** *f* Vertragsbeginn; **prise d'~** *f* Wirksamwerden

△△ **avoir un ~ positif sur ...** eine positive Wirkung auf ... haben; **faire ~** wirken, Folgen zeitigen; **prendre ~** wirksam werden, in Kraft treten; **produire des ~s sur** *qc* auf *etw* (ein)wirken, sich auf *etw* auswirken, auf *etw* Auswirkungen haben

~ curatif *m* Heilwirkung

~ de baisse *m* kontraktiver Effekt

~s de rationalisation *m pl* Rationalisierungseffekte

~ de serre *m* Treibhauseffekt

~ de synergie *m* Synergieeffekt

~s inflationnistes *m pl* inflationäre Wirkungen

~s produits sur *qc* *m pl* Auswirkungen auf *etw*

~ redistributif *m* Umverteilungseffekt

~ rétroactif *m* Rückwirkung

△ **à ~** rückwirkend

~ suspensif *m* aufschiebende Wirkung

~ thérapeutique *m* Heilwirkung

effet (de commerce) *surtout au pluriel* *m* Handelspapier, Handelswechsel

△ **bénéficiaire d'un ~** *m* Empfänger eines Handelspapiers; **encaissement d'~s** *m* Inkasso von Handelspapieren; **escompte d'~** *m* Wechseldiskont, Wechseldiskontierung; **escompte des effets de commerce** *m* Diskontierung von Handelspapieren; **preneur d'~** *m* Wechselnehmer

△△ **émettre un ~** einen Wechsel ausstellen; **endosser un ~** einen Wechsel indossieren; **remettre des effets de commerce** Wechsel einreichen; **remettre un ~ à l'escompte** einen Wechsel zum Diskontieren einreichen; **remettre un ~ à l'encaissement** einen Wechsel zum Inkasso einreichen

~s à payer *m pl* Wechselverbindlichkeiten, Schuldwechselbestand

~s à recouvrer *m pl* einzuziehende Wechsel

~s à tirer *m pl* Wechselforderungen, Besitzwechselbestand

~ court *m* kurzer Wechsel

~ d'emprunt public *m* Staatsschuldverschreibung

~ **de cavalerie** *m* Reitwechsel
~ **de commerce échu** *m* abgelaufener Wechsel
~**s de commerce et valeurs mobilières** *m pl* Geld- und Kapitalmarktpapiere, Handelspapiere und Effekten
~ **de mobilisation** *m* Mobilisierungspapier
~ **du Trésor** *m* Schatzwechsel
△ **portefeuille d'effets du Trésor** *m* Schatzwechsel-Portfolio
~ **impayé** *m* geplatzter Wechsel
~ **libre** *m* einwandfreier Wechsel
~ **nanti** *m* lombardierter Wechsel
efficace effizient, wirksam
efficacité *f* Effizienz, Leistung
△ **goût de l'~** *m* Sinn für Leistung, Leistungsbereitschaft
~ **commerciale** *f* Handelswirksamkeit
effluents *m pl* Abwässer
effondrement *m* Zusammenbruch, Zerfall
~ **conjoncturel** *m* Konjunktureinbruch
~ **de la production** *m* Zusammenbruch/Einbruch der Produktion
~ **des cours** *m* Kurseinbruch
~ **des prix** *m* Preisverfall, Preissturz
~ **économique** *m* wirtschaftlicher Zusammenbruch
effondrer (s') stürzen, zusammenbrechen
△△ **le marché s'effondre** der Markt bricht zusammen; **les cours s'effondrent** die Kurse brechen zusammen; **les prix s'effondrent** die Preise stürzen
efforcer de *qc*/de faire *qc* (s') *m* sich um *etw* bemühen, um *etw* bemüht sein, darum bemüht sein, *etw* zu tun
effort *m* Anstrengung, Bemühung
~ **d'exportation** *m* Exportbemühung
~ **d'investissement** *m* Investitionsanstrengung, Investitionsbemühung
~ **de restructuration** *m* Umstrukturierungsbemühung
~ **de prospection** *m* Bemühung um Kundenwerbung
~ **promotionnel** *m* Verkaufsbemühung
effraction *f* Einbruch, Eindringen
△ **vol avec/par ~** *m* Einbruchdiebstahl
effritement des cours *m* Abbröckeln der Kurse, Abschwächung der Aktienkurse, Kursschwäche
effriter (s') abbröckeln
△△ **la hausse s'effrite** der Kursanstieg bröckelt ab; **les cours s'effritent** die Kurse bröckeln ab
égalitaire gleich, gerecht
égalité *f* Gleichheit, Gleichmäßigkeit
△ **principe d'~** *m* Gleichheitsgrundsatz
~ **de la femme** *f* Gleichberechtigung der Frau
~ **des partenaires** *f* Gleichheit der Partner
△ **reconnaissance de l'~** *f* Anerkennung der Gleichheit der Partner
~ **des voix** *f* Stimmengleichheit
~ **devant l'impôt** *f* Gleichheit vor der Steuer, steuerliche Gleichbehandlung
~ **fiscale** *f* Gleichheit vor der Steuer, steuerliche Gleichbehandlung
égide (sous l'~ de *qc/qn*) unter der Schirmherrschaft von *etw/jdm*
élaboration *f* Erarbeitung, Ausarbeitung, Bearbeitung, Erstellung, Entwicklung
élaborer *qc* *etw* erarbeiten, ausarbeiten, bearbeiten, entwickeln, erstellen
~ **un projet** ein Konzept entwickeln/ausarbeiten
~ **un texte** einen Text erarbeiten/verfassen
élargir *qc* *etw* vergrößern, verbreitern
~ **la palette de l'offre** die Angebotspalette verbreitern
~ **un marché** einen Markt erweitern
élargissement de l'UE *m* Erweiterung der EU
élasticité *f* Elastizität
△ **coefficient d'~** *m* Elastizitätskoeffizient
élasticité des prix/élasticité-prix *f* Preiselastizität
△ **coefficient d'~** *m* Elastizitätskoeffizient
électeur *m* Wähler, Stimmberechtigter, Wahlberechtigter
élection *f* Wahl, Abstimmung, Stimmenabgabe
~ **aux comités d'entreprise** *f* Betriebsratwahl
~**s cantonales** *f pl* Kantonalwahlen
~**s législatives** *f pl* Parlamentswahlen
~**s municipales** *f* Gemeindewahl, Kommunalwahl

~s prud'homales *f pl* Arbeitsgerichtswahlen
électoral Wahl-
△ **campagne ~e** *f* Wahlkampf; **circonscription ~e** *f* Wahlkreis; **coalition ~e** *f* Wahlbündnis; **collège ~** *m* Wählerschaft, Wahlberechtigte; **corps ~** *m* Wählerschaft; **fraude ~e** *f* Wahlbetrug, Wahlfälschung; **liste ~e** *f* Wahlliste; **loi ~e** *f* Wahlgesetz; **locomotive ~e** *f* Wahlkampflokomotive; **participation ~e** *f* Wahlbeteiligung
électorat *m* Wählerschaft
électricité *f* Elekrizität, Strom
△ **coupure d'~** *f* Stromausfall, Stromunterbrechung; **distribution d'~** *f* Elektrizitätsverteilung; **économie d'~** *f* Stromeinsparung; **panne d'~** *f* Stromausfall, Blackout; **production et distribution de l'~** *f/f* Stromerzeugung und -verteilung
△△ **approvisionner en ~** mit Elektrizität versorgen; **produire de l'~** Elektrizität erzeugen
~ (d'origine) hydraulique *f* Elektrizität aus Wasserkraft
~ (d'origine) nucléaire *f* Atomstrom
Electricité de France (EDF) *f* staatlicher Elektrizitäts- und Energiekonzern, staatliche Elektrizitätswerke, staatliches Stromversorgungsunternehmen
électrification *f* Elektrifizierung
électrifier *qc etw* elektrifizieren
électrique elektrisch
△ **centrale ~** *f* Elektrizitätswerk; **centrale hydro-~** *f* Wasserkraftwerk; **courant ~** *m* elektrischer Strom; **énergie ~** *f* elektrische Energie
électroménager *m* Haushaltsgeräte(branche)
électroménager Elektro-
△ **appareil ~** *m* Elektrogerät
électronique *f* Elektronik
~ de l'espace *f* Weltraumelektronik
~ de loisirs *f* Unterhaltungselektronik
~ grand public *f* Unterhaltungselektronik
électronique elektronisch
△ **annuaire ~** *m* elektronisches Telefonverzeichnis des Minitel; **bloc-notes ~** *m* elektronisches Notizbuch; **boîte aux lettres ~** *f* elektronischer Briefkasten; **calculateur ~** *m* Elektronenrechner; **cerveau ~** *m* Elektronengehirn; **courrier ~** *m* elektronische Post, E-Mail; **lecteur ~** *m* elektronisches Lesegerät; **messagerie ~** *f* Mailbox; **monnaie ~** *f* elektronisches Geld, Plastikgeld; **paiement ~** *m* elektronische Zahlungsabwicklung, Zahlungsabwicklung per Computer; **traitement ~** *m* elektronische Datenverarbeitung, EDV; **virement ~** *m* EDV-vermittelte Überweisung
électrotechnique elektrotechnisch
△ **industrie ~** *f* elektrotechnische Industrie
élément *m* Element, Bestandteil, Moment
~s corporels *m pl* Sachwerte
~ d'actif/de l'actif *m* Aktivposten, Vermögenswert
~ d'assemblage *m* Verbindungsteil
~ de passif *m* Passivposten
~ du patrimoine *m* Vermögensbestandteil
~ du salaire *m* Lohnbestandteil
~s incorporels *m pl* immaterielle Betriebswerte
~s mobiliers *m pl* materielle Betriebswerte
~ moteur *m* treibendes Moment/Element
élémentaire elementar, Elementar-
△ **facteur ~** *m* Elementarfaktor
élevage *m* Viehzucht
△△ **faire de l'~** Vieh halten, Viehzucht treiben
élévation du niveau de vie *f* Anhebung des Lebensstandards
élevé, e hoch
△ **chômage ~** *m* hohe Arbeitslosigkeit; **niveau de vie ~** *m* hoher Lebensstandard; **profits ~s** *m pl* hohe Gewinne; **salaire ~** *m* Hochlohn, hoher Lohn
△△ **les cours sont ~s** die Kurse sind hoch
élever à … (s') sich belaufen auf …, betragen, ausmachen
éleveur *m* Viehzüchter
éligibilité *f* Wählbarkeit
éligible wählbar
élimination de déchets *f* Entsorgung von Abfällen

éliminer *qc* eliminieren, beseitigen, niederreißen
~ **les déchets** den Müll entsorgen
~ **un obstacle** ein Hindernis beseitigen
élire *qn* *jdn* wählen, auswählen, erwählen
~ *qn* **à l'unanimité** *jdn* einstimmig wählen
~ **domicile** einen Wohnsitz nehmen
~ **les membres du conseil d'administration** die Mitglieder des Aufsichtsrates wählen
émanciper *qn* *jdn* für volljährig erklären
émaner de.. hervorgehen aus ...
~ **du contrat** aus dem Vertrag hervorgehen
emballage *m* Verpackung
△ **déchets d'~** *m pl* Verpackungsmüll; **frais d'~** *m pl* Verpackungskosten; **franco d'~** verpackungskostenfrei; **industrie de l'~** *f* Verpackungsindustrie; **professionnel de l'~** *m* Verpackungsproduzent, Spezialist für Verpackungen
~ **biodégradable** *m* Bioverpackung, umweltfreundliche Verpackung
~ **composite** *m* Verbundverpackung
~ **perdu** *m* Einwegverpackung, verlorene Verpackung
~ **vide** *m* Leergut
emballement de la conjoncture *m* Konjunkturüberhitzung
emballer *qc* *etw* verpacken
emballeur *m* Verpacker
embargo *m* Handelssperre, Handelsembargo, Handelsverbot
△ **levée de l'~** *f* Aufhebung der (Handels)Sperre
△△ **lever un ~** eine Handelssperre aufheben; **mettre l'~ sur un produit** ein Embargo für ein Produkt verhängen
~ **commercial** *m* Handelsembargo
~ **pétrolier** *m* Erdölembargo
~ **sur les exportations** *m* Exportembargo
~ **sur les importations** *m* Importembargo
embarquement *m* Verladung, Verschiffung, Einschiffung
△ **port d'~** *m* Verschiffungshafen
embarquer *qc* *etw* verladen, verschiffen, einschiffen
embauchage *m* Einstellung, Anstellung, Anwerbung, Beschäftigung
△ **arrêt de l'~** *m* Einstellungsstopp; **bureau d'~** *m* Einstellungsbüro; **conditions d'~** *f pl* Einstellungsbedingungen; **date d'~** *f* Einstellungstermin; **premier ~** *m* Ersteinstellung
embauche *f* Einstellung, Anstellung, Beschäftigung, Beschäftigung
△ **conditions d'~** *f pl* Anstellungsbedingungen; **contrat d'~** *m* Anstellungsvertrag, Arbeitsvertrag; **croissance de l'~** *f* Wachstum/Zuwachs der Beschäftigung; **entretien d'~** *m* Vorstellungsgespräch; **reprise de l'~** *f* Zunahme der Beschäftigung
△△ **prévoir l'~ de x personnes** die Einstellung von x Personen planen
~ **définitive** *f* endgültige/unbefristete Einstellung
~ **temporaire** *f* befristete Einstellung
embaucher *qn* *jdn* einstellen
~ **de la main-d'oeuvre** Personal einstellen
~ **un employé** einen Angestellten einstellen
~ **un ouvrier** einen Arbeiter einstellen
émergent, e heraustretend, hervorkommend, Schwellen-
△ **nations ~es** *f pl* Schwellenländer; **pays ~s** *m pl* Schwellenländer
émetteur *m* Aussteller, Emittent, Sender
~ **d'actions** *m* Emittent
~ **d'un accréditif** *m* Akkreditivsteller
~ **d'un chèque** *m* Scheckaussteller
~ **de titres** *m* Emittent von Wertpapieren
émetteur, trice ausstellend
△ **banque ~trice** *f* ausgebende Bank, Emissionsbank, ausstellende Bank, Ausstellerbank; **organisme ~** *m* ausstellendes Organ
△△ **être ~ de** ausstellen, ausgeben
émettre *qc* 1. *etw* senden, ausstrahlen 2. emittieren, ausgeben, begeben
~ **de la monnaie** (Bank)Noten drucken
~ **des actions** Aktien ausgeben
~ **des exigences** Anforderungen stellen
~ **des obligations** Anleihen/Schuldverschreibungen ausgeben
~ **des titres** Wertpapiere ausgeben
~ **un chèque** einen Scheck ausstellen
~ **un crédit** ein Akkreditiv eröffnen
~ **un effet de commerce** einen Wechsel ausstellen

~ **un emprunt** eine Anleihe begeben/ ausgeben
~ **un programme** ein Programm ausstrahlen
~ **une lettre de change** einen Wechsel ausstellen
~ **une traite** einen Wechsel ausstellen
émis, e ausgegeben, emittiert
émission *f* 1. Sendung 2. Ausgabe, Ausstellung, Emission, Begebung 3. *écologie:* Emission, Ausstoß
△ **banque d'~** *f* Notenbank; **but de l'~** *m* Emissionszweck; **cours d'~** *m* Ausgabekurs, Emissionskurs; **date d'~/de l'~** *f* Ausstellungsdatum, Ausstellungstag; **interdiction d'~** *f* Emissionsverbot; **institut d'~** *m* Notenbank; **jour d'~** *m* Emissionstag; **lancement d'une ~** *m* Auflegung einer Emission; **nouvelle ~** *f* Neuemission; **opération d'~** *f* Emissionsgeschäft; **prime à l'~** *f* Emissionsagio; **prime d'~** *f* Ausgabeprämie; **prix d'~** *m* Ausgabepreis, Emissionspreis; **valeur d'~** *f* Emissionswert
△△ **demander l'~** um Ausstellung ersuchen; **lancer une ~** eine Emission auflegen
~ **à taux fixe** *f* Emission mit festem Zinssatz
~ **d'actions** *f* Aktienausgabe
~ **d'obligations** *f* Ausgabe von Schuldverschreibungen, Ausstellung von Schuldverschreibungen
~ **d'oxyde d'azote** *f* Stickstoffoxyd-Emission
~ **d'un chèque** *f* Ausstellung eines Schecks
~ **d'un crédit** *f* Eröffnung eines Akkreditivs
~ **d'un emprunt** *f* Begebung einer Anleihe, Emission einer Anleihe
~ **d'un emprunt obligataire** *f* Ausgabe einer Obligation
~ **d'une lettre de change** *f* Ausstellung eines Wechsels
~ **de billets de banque** *f* Notenausgabe
~ **de dioxyde de soufre** *f* Schwefeldioxyd-Emission
~ **de poussières** *f* Staubemission
~ **de titres** *f* Ausgabe von Wertpapieren, Wertpapieremission
~s de titres nouveaux *fpl* Neuemissionen
~ **de valeurs mobilières** *f* Emission von Wertpapieren/Effekten
~ **monétaire** *f* Notenausgabe, Geldschöpfung
~ **obligataire** *f* Ausgabe /Ausstellung von Schuldverschreibungen
~ **obligataire de l'Etat** *f* Ausgabe von Staatsschuldverschreibungen
~ **par souscription publique** *f* Subskriptionsemission
emménagement *m* Einzug
émoluments *m pl* Bezüge, Gehalt, Einkünfte
~ **annuels** *m pl* Jahresgehalt
empaquetage *m* Verpackung, Verpacken
empêchement *m* Verhinderung, Hemmnis, Hindernis
△△ **avoir un ~** verhindert sein
empêcher ***qc/qn de …*** *etw* verhindern, *jdn* daran hindern zu …
emplacement *m* Stelle, Platz, Standort
△ **choix de l'~** *m* Standortwahl
emplettes (faire ses ~) einkaufen
emploi *m* 1. Gebrauch, Verwendung 2. Beschäftigung, Stelle, Arbeit, Arbeitsplatz, Beschäftigungsverhältnis, Arbeitsstelle 3. Beschäftigung, Beschäftigungslage, Arbeitsmarktlage
△ **Agence nationale pour l'~ (ANPE)** *f* Arbeitsamt; **amélioration de l'~** *f* Verbesserung der Beschäftigung(slage); **annonce d'~** *f* Stellenanzeige; **Association pour l'~ dans l'Industrie et le Commerce (ASSEDIC)** *f* Arbeitslosenversicherung(skasse); **attestation d'~** *f* Arbeitsbescheinigung; **augmentation de l'~** *f* Zunahme der Beschäftigung; **bassin d'~s** *m* Beschäftigungszone; **Contrat Emploi Solidarité (CES)** *m* Arbeitsbeschaffungsmaßnahme (seit 1990); **créateur, trice d'~s** arbeitsplätzeschaffend; **création d'~s** *f* Schaffung von Arbeitsplätzen; **création de nouveaux ~s** *f* Schaffung von neuen Arbeitsplätzen; **crise de l'~** *f* Beschäftigungskrise; **croissance de l'~** *f* Beschäftigungsszunahme; **dégradation de l'~** *f* Verschlechterung der Beschäftigungslage/Arbeitsmarktlage; **demande d'~** *f* Stellengesuch; **demandes d'~s non satisfaites en fin de mois**

(DEFM) *f pl* vom Arbeitsamt monatlich veröffentlichte Zahl der Stellengesuche; **demandeur d'~** *m* Arbeitssuchender, Arbeitsloser; **enquête sur l'~** *f* Untersuchung zur Arbeitsmarktlage; **féminisation de l'~** *f* Feminisierung der Arbeit; **flexibilité de l'~** *f* Flexibilität des Arbeitsplatzes; **fluctuations de l'~** *f pl* Beschäftigungsschwankungen; **garantie de l'~** *f* Arbeitsplatzsicherheit; **générateur d'~s** beschäftigungsintensiv, arbeitsplätzeschaffend; **marché de l'~** *m* Arbeitsmarkt; **Ministère de l'~** *m* Arbeitsministerium; **Ministère de l'~ et de la Solidarité** *m* Arbeits- und Sozialministerium; **ministre de l'~** *m* Arbeitsminister; **mobilité de l'~** *f* Arbeitsmobilität; **mode d'~** *m* Gebrauchsanweisung; **niveau de l'~** *m* Beschäftigungslage; **nombre d'~s** *m* Zahl der Arbeitsplätze; **nombre des offres d'~** *m* Zahl der offenen Stellen; **notice d'~** *f* Gebrauchsanweisung; **offre d'~** *f* Stellenangebot; **personne sans ~** *f* Beschäftigungslose(r); **personne occupant un ~** *f* Beschäftigter/Beschäftigte; **pertes d'~s** *f pl* Verlust von Arbeitsplätzen; **plein ~** *m* Vollbeschäftigung; **politique de l'~** *f* Beschäftigungspolitik; **population active ayant un ~** *f* Erwerbstätige; **population disponible à la recherche d'un ~ (PDRE)** *f* dem Arbeitsmarkt zur Verfügung stehende Arbeitslose; **précarité de l'~** *f* Unsicherheit des Arbeitsplatzes; **recul de l'~** *m* Beschäftigungsrückgang; **réductions d'~s** *f pl* Personalabbau; **reprise de l'~** *f* Zunahme der Beschäftigung; **sans-~** *m* Arbeitsloser, Erwerbsloser; **sans-~** arbeitslos, beschäftigungslos, erwerbslos; **sécurité d'~/de l'~** *f* Arbeitsplatzsicherheit, Sicherheit des Arbeitsplatzes; **situation de l'~** *f* Beschäftigungslage; **sommet sur l'~** Beschäftigungsgipfel; **sondage pour l'~** *m* Arbeitsmarktuntersuchung, Arbeitsmarktumfrage; **sous-~** *m* Unterbeschäftigung; **suppressions d'~s** *f pl* Abbau/Streichung/Vernichtung von Arbeitsplätzen, Personalabbau; **taux de l'~** *m* Beschäftigungsquote; **UNEDIC (Union nationale pour l'~ dans l'Industrie et le Commerce)** *f* Dachverband der französischen Arbeitslosenversicherungskassen

△△ **briguer un ~** sich um eine Stelle, einen Posten, einen Arbeitsplatz bewerben; **chercher de l'~** Arbeit suchen; **chercher un ~** einen Arbeitsplatz suchen; **conserver son ~** seinen Arbeitsplatz behalten; **créer des ~s** Arbeitsplätze schaffen; **décrocher un ~** eine Stelle/einen Job bekommen/finden; **entrer dans un ~** eine Stellung antreten; **être à la recherche d'un ~** auf der Suche nach einem Arbeitsplatz sein; **être en attente d'~** in Wartestellung für einen Arbeitsplatz sein; **être sans ~** arbeitslos, beschäftigunslos, erwerbslos sein; **fournir des ~s** Arbeitsplätze zur Verfügung stellen; **la situation de l'~ s'est améliorée** die Beschäftigungslage hat sich gebessert; **la situation de l'~ s'est dégradée/détériorée** die Beschäftigungslage hat sich verschlechtert; **perdre des ~s** Arbeitsplätze verlieren; **postuler un ~** sich um eine Stelle bewerben; **pourvoir un ~** eine Stelle besetzen; **s'absenter de son ~** seinen Arbeitsplatz verlassen, vom Arbeitsplatz fernbleiben; **supprimer des ~s** Arbeitsplätze abbauen, vernichten

~ **à pourvoir** *m* zu besetzende Stelle, offene Stelle, freie Stelle

~ **à temps complet/à temps plein** *m* Vollarbeitsplatz, ganze Stelle

~ **à temps partiel** *m* Teilzeitarbeitsplatz, Teilzeitstelle

~ **assimilé à la fonction publique** *m* beamtenähnliche Stellung

~ **clandestin, e** *m* illegale Beschäftigung, Beschäftigung ohne Arbeitserlaubnis

~ **de fonds** *m* Mittelverwendung

~ **durable** *m* dauerhafter Arbeitsplatz, Dauerstellung

~ **précaire** *m* unsicherer Arbeitsplatz

~ **saisonnier** *m* Saisonbeschäftigung

~ **sûr** *m* sicherer Arbeitsplatz

~ **temporaire** *m* Zeitarbeitsstelle

~ **transitoire** *m* vorübergehende Stelle, Übergangsjob

~ **vacant** *m* zu besetzende Stelle, offene Stelle, freie Stelle

employé/employée *m/f* Angestellter/Angestellte, Beschäftigter/Beschäftigte

△ **syndicat d'~s** *m* Angestelltengewerkschaft
△△ **congédier un ~** einen Angestellten entlassen (auch wegen Vergehen); **débaucher un ~** einen Angestellten entlassen; **embaucher un ~** einen Angestellten einstellen; **engager un ~** einen Angestellten einstellen; **licencier un ~** einen Angestellten entlassen; **renvoyer un ~** einen Angestellten entlassen
~ **à mi-temps** *m* Halbtagsarbeitskraft
~ **à temps partiel** *m* Teilzeitarbeitskraft
~ **administratif** *m* Verwaltungsangestellter
~ **de banque** *m* Bankangestellter
~ **de bureau** *m/f* Bürokraft, Büroangestellter
~ **de commerce** *m* kaufmännischer Angestellter
~**(e)s de maison** *m/f pl* Hausangestellte
~ **des postes** *m* Postangestellter
~ **intérimaire** *m* Zeitarbeitskraft
employer ***qn*** *jdn* beschäftigen
employeur *m* Arbeitgeber
△ **ancienneté chez l'~** *f* Dauer der Betriebszugehörigkeit; **association d'~s** *f* Arbeitgeberverband; **attestation de l'~** *f* Bescheinigung des Arbeitgebers; **délégation des ~s** *f* Arbeitgeberdelegation; **fonds de l'~** *m* Arbeitgeberfonds; **syndicat d'~s** *m* Arbeitgebervereinigung
empocher ***qc*** *etw* einstreichen
~ **des profits** *fam* Gewinne einstreichen
emporter ***qc*** 1. mitnehmen, erringen, erobern, erlangen 2. zur Folge haben, nach sich ziehen
△ **prix emporté** *m* Mitnahmepreis
~ **la commande** den Auftrag erhalten
~ **un marché** einen Auftrag erhalten
emprunt *m* Anleihe, aufgenommener Kredit, Entleihung, Darlehen, Kreditaufnahme
△ **amortissement d'un ~** *m* Anleihetilgung; **condition de l'~** *f* Anleihebedingung, Kreditbedingung; **durée de l'~** *f* Laufzeit des Darlehens/der Anleihe; **émission d'un ~** *f* Begebung einer Anleihe, Emission einer Anleihe; **lancement d'un ~** *m* Auflegung einer Anleihe; **ressource d'~** *f* Kreditquelle; **souscripteur d'un ~** *m* Zeichner einer Anleihe; **souscription d'un ~** *f* Zeichnung einer Anleihe; **titre d'~** *m* Anleihepapier; **tranche de l'~** *f* Anleihetranche
△△ **accorder un ~ à** ***qn*** *jdm* eine Anleihe gewähren; **amortir un ~** eine Anleihe tilgen; **contracter un ~** eine Anleihe aufnehmen; **dénoncer un ~** eine Anleihe kündigen; **émettre un ~** eine Anleihe begeben/ausgeben; **lancer un ~** eine Anleihe begeben/auflegen; **placer un ~** eine Anleihe placieren/anlegen; **rembourser la première tranche d'un ~** den ersten Teilabschnitt einer Anleihe tilgen; **souscrire un ~** eine Anleihe zeichnen
~ **à coupon unique différé** *m* Nullkuponanleihe
~ **à court terme** *m* kurzfristige Anleihe, Anleihe mit kurzer Laufzeit, Kurzläufer
~ **à durée prorogeable** *m* Anleihe mit verlängerbarer Laufzeit
~ **à intérêts** *m* verzinsliche Anleihe
~ **à long terme** *m* langfristige Anleihe, Anleihe mit langer Laufzeit, Langläufer
~ **à lots** *m* Losanleihe
~ **à moyen terme** *m* mittelfristige Anleihe, Anleihe mit mittlerer Laufzeit
~ **(à) x pour cent** *m* x-Prozentige Anleihe, X-Prozenter
~ **contracté** *m* aufgenommenes Darlehen
~ **convertible** *m* Wandelanleihe
~ **d'amortissement** *m* Annuitäten-Anleihe
~ **d'Etat indexé sur l'or** *m* auf Gold indexierte Staatsanleihe
~ **d'Etat notionnel** *m* fiktive Staatsanleihe (MATIF)
~ **d'investissement** *m* Investitionsanleihe
~ **de l'/d'Etat** *m* Staatsanleihe, Staatspapier
~ **du Trésor** *m* Staatsanleihe, öffentlicher Kredit
~ **Ecureuil** *m* Anleihe der Sparkassen
~ **en euro-devises** *m* Eurodevisenanleihe
~ **en obligations convertibles** *m* Wandelanleihe
~ **extérieur** *m* ausländische Anleihe
~ **forcé** *m* Zwangsanleihe

~ **groupé** *m* Investitionsanleihe
~ **in fine** *m* Endfälligkeitsanleihe
~ **multi-devises** *m* Mehrwährungsanleihe
~ **obligataire** *m* Obligationenanleihe
~ **obligataire à taux fixe à fenêtres** *m* Festzinsanleihe „mit Fenstern"
~ **obligatoire** *m* Zwangsanleihe
~ **perpétuel** *m* unbefristete Anleihe
~ **privé** *m* private Anleihe
~ **public** *m* öffentliche Anleihe, Staatsanleihe
~ **sur titres** *m* Lombarddarlehen
~ **TMO (taux moyen obligataire/taux moyen des obligations/taux du marché obligataire)** *m* Anleihe mit Zinsindexierung auf dem Durchschnittszinssatz für Rentennpapiere
emprunter (*qc* à *qn*) (von *jdm etw*) (aus)leihen, ein Darlehen aufnehmen
~ **sur gage** gegen Pfand borgen
emprunteur *m* Kreditnehmer, Darlehensnehmer
emprunteur, se kreditnehmend, darlehensnehmend, Schuldner-
△ **pays ~** *m* Schuldnerland
ENA (Ecole Nationale d'Administration) *f* französische Elitehochschule für Verwaltung
encadrement *m* 1. Führungsebene, leitende Ebene 2. Steuerung, Beschränkung
△ **personnel d'~** *m* Führungspersonal, Führungskräfte
~ **du crédit** *m* Kreditbeschränkung, Kreditkontrolle, Erschwerung der Kreditaufnahme (als kreditpolitische Maßnahme), Steuerung des Kreditvolumens, Bestimmung des Kreditschöpfungsspielraumes, Kreditbewirtschaftung
△ **levée de l'~** *f* Aufhebung der Kreditkontrollmaßnahmen/Kreditbewirtschaftung
△△ **prendre des mesures d'~** kreditbeschränkende Maßnahmen ergreifen
encadrer *qc* 1. *etw* (ein)rahmen 2. *etw* beschränken, kontrollieren, steuern, bewirtschaften
~ **le crédit** die Kreditaufnahme erschweren (als kreditpolitische Maßnahme)
encaisse *f* Barbestand, Bargeld, Kassenbestand
△ **reconstitution de l'~** *f* Wiederherstellung des Kassenbestandes
△△ **constituer une ~** einen Barbestand bilden/anlegen; **détenir une ~ en dollars** einen Barbestand in Dollar besitzen
~ **de précaution** *f* Reservekassenbestand
~ **inactive** *f* nicht zweckgebundener Barbestand
~ **métallique** *f* Hartgeldvorrat, Metalldeckung
~ **monétaire** *f* Münzbestand
~ **nécessaire** *f* zweckgebundener Barbestand
~**-or** *f* Goldbestand
encaissement *m* Einziehen, Einlösen (Scheck, Wechsel, Forderung), Einkassierung, Inkasso, Inkassogeschäft, Einnahme, Zahlungseingang, Einzahlung
△ **banque chargée d'~** *f* Inkassobank; **commission d'~** *f* Inkassoprovision; **frais d'~** *m pl* Inkassogebühren, Einziehungskosten, Einzugsspesen; **opération d'~** *f* Einziehungsgeschäft, Inkassogeschäft; **ordre d'~** *m* Einziehungsauftrag, Inkassoauftrag
~ **d'effets** *m* Inkasso von Handelspapieren
~ **d'un chèque** *m* Einlösung/Einlösen eines Schecks
~ **d'une traite** *m* Einlösung/Einlösen eines Wechsels
~ **des coupons** *m* Kuponeinlösung
~ **de(s) primes** *m* Prämieneinnahmen
encaisser *qc* *etw* einnehmen, einlösen, einkassieren, einziehen, erhalten
△ **chèque à ~** *m* einzulösender Scheck
~ **des primes** Prämien einstreichen
~ **un bénéfice** einen Gewinn einstreichen
~ **un chèque** einen Scheck einziehen/einlösen
~ **un droit** eine Gebühr einkassieren/einziehen
~ **une créance** eine Forderung einziehen
~ **une lettre de change** einen Wechsel einziehen/einlösen
~ **une redevance** eine Gebühr erheben/einnehmen
~ **une traite** einen Wechsel einziehen/einlösen
encart *m* Beilage, Einlage

~ **publicitaire** *m* Werbebeilage
enchère *f* Mehrgebot, höheres Angebot, *extensiv:* Auktion
△ **vente aux ~s** *f* Versteigerung; **vente forcée aux ~s** *f* Zwangsversteigerung
△△ **faire une ~** bieten; **faire monter les ~s** die Mehrgebote in die Höhe treiben; **mettre aux ~s** versteigern; **vendre aux ~s** versteigern
enchérisseur *m* Bieter, Bietender, Steigerer
△ **dernier ~** *m* Höchstbietender, Meistbietender
encombrants *m pl* Sperrmüll
encombrant, e sperrig, Sperr-
△ **déchets ~s** *m pl* Sperrmüll
encombrer les marchés die Märkte verstopfen
encouragement *m* Förderung, Anreiz, Unterstützung
△ **mesure d'~** *f* Förderungsmaßnahme, Anreiz
encourager ***qc*** *etw* ermutigen, fördern, anreizen, stimulieren
~ **l'épargne** die Spartätigkeit fördern
~ **la consommation** zum Verbrauch anreizen, den Verbrauch stimulieren
~ **les investissements/l'investissement** die Investitionen/die Investitionstätigkeit fördern/anreizen
encourir ***qc*** sich *etw* zuziehen, *etw* erhalten, eingehen, einer Sache ausgesetzt sein
△ **risque encouru** *m* bestehendes/eingegangenes Risiko
~ **des sanctions** Sanktionen erleiden
~ **un blâme** sich einen Tadel zuziehen
~ **un péril** Gefahr laufen, einer Gefahr ausgesetzt sein
encours (*aussi* en-cours) *m* 1. Obligo, Kredite, Kreditkontingent, Kreditvolumen 2. Fondshöhe, Fondskapital
~ **de crédit** *m pl* gesamte ausstehende Kredite, Kreditvolumen
~ **de production** *m pl* unfertige Erzeugnisse
~ **en devises** *m* Devisenbestand
endetté, e verschuldet
endettement *m* Verschuldung, Schuldenlast
△ **augmentation cumulative de l'~** *f* kumulative Erhöhung der Verschuldung; **boom de l'~** *m* Verschuldungsboom; **capacité d'~** *f* Verschuldungspotential; **coefficient d'~** *m* Verschuldungskoeffizient; **crise de l'~** *f* Schuldenkrise, Verschuldungskrise; **état de l'~** *m* Verschuldungsbilanz; **limite de l'~** *f* Verschuldungsgrenze; **niveau d'~** *m* Schuldenhöhe, Verschuldungsausmaß; **nouvel ~** *m* Neuverschuldung; **par voie d'~** durch Verschuldung; **plafond de l'~** *m* Verschuldungs(ober)-grenze; **ratio d'~** *m* Verschuldungskoeffizient; **structure de l'~** *f* Verschuldungsstruktur, Schuldenstruktur
△△ **avoir recours à l'~** Schulden aufnehmen, sich verschulden
~ **de l'Etat** *m* Staatsverschuldung, öffentliche Verschuldung, Verschuldung der öffentlichen Hand
~ **du Tiers Monde** *m* Verschuldung der Dritten Welt
~ **extérieur** *m* Auslandsverschuldung
~ **global** *m* Gesamtverschuldung
~ **intérieur** *m* Inlandsverschuldung
~ **international** *m* Auslandsverschuldung, internationale Verschuldung
~ **public** *m* Staatsverschuldung, öffentliche Verschuldung, Verschuldung der öffentlichen Hand
endetter (s') sich verschulden
endiguer ***qc*** *etw* eindämmen
~ **l'inflation** die Inflation eindämmen
endommagé, e beschädigt
endommager ***qc*** *etw* beschädigen
endos (*aussi:* **endossement**) *m* Indossament, Indossierung, Abtretungsvermerk, Giro, Übertragung
endossable indossierbar, übertragbar
△ **non ~** nicht übertragbar (Scheck)
endossataire *m* Indossatar, Nachmann, Neugläubiger, Zessionär
△ **recours de l'~** *m* Wechselregreß
~ **d'un chèque** *m* Scheckindossatar
~ **d'une traite** *m* Wechselnehmer
endossement (*aussi:* **endos**) *m* Indossament, Indossierung, Abtretungsvermerk, Giro, Übertragung
△ **engagement par ~** *m* Indossamentverbindlichkeit; **papier/titre transmissible par ~** *m* Dispositionspapier, Traditionspapier
~ **en blanc** *m* Blanko-Indossament

endosser *qc etw* indossieren, girieren
△ **titre endossé** *m* indossierter Titel
~ **un effet de commerce/une lettre de change/une traite** einen Wechsel indossieren/querschreiben
endosseur *m* Begebender, Altgläubiger, Indossant, Vormann, Zedent
~ **subséquent** *m* Nachgirant
endroit touristique *m* Fremdenverkehrsort, Fremdenverkehrsgebiet
énergétique Energie-
△ **approvisionnement ~** *m* Energieversorgung; **autosuffisance ~** *f* Energieselbstversorgung; **balance ~** *f* Bilanz der Energieein- und -ausfuhren; **besoins ~s** *m pl* Energiebedarf; **bilan ~** *m* Energiebilanz; **budget ~** *m* Energiehaushalt; **consommation ~** *f* Energieverbrauch; **crise ~** *f* Energiekrise; **déficit ~** *m* Defizit bei Energieprodukten, Energielücke; **dépendance ~** *f* Energieabhängigkeit; **diversification ~** *f* Energiediversifizierung; **facture ~** *f* Energierechnung; **indépendance ~** *f* Energieunabhängigkeit; **politique ~** *f* Energiepolitik; **production ~** *f* Energieerzeugung; **produit ~** *m* Energieerzeugnis, Energieprodukt; **recettes ~s** *f pl* Einnahmen aus Energielieferungen; **ressources ~s** *f pl* Energiequellen, Energiereserven; **surconsommation ~** *f* zu hoher Energieverbrauch; **taux d'indépendance ~** *m* Grad der Energieunabhängigkeit
énergie *f* Energie, Energieträger, Energiequelle
△ **Agence Française pour la Maîtrise de l'~ (AFME)** *f* französische Beratungsstelle für Energieeinsparungen ; **alimentation en ~** *f* Energieversorgung; **approvisionnement en ~** *m* Energieversorgung; **besoins en ~** *m pl* Energiebedarf; **consommation d'~** *f* Energieverbrauch; **coût de l'~** *m* Energiekosten; **crise de l'~** *f* Energiekrise; **dépenses d'énergie** *f pl* Energieausgaben; **distribution d'~** *f* Energieverteilung; **économies d'~** *f pl* Energieeinsparungen; **forme d'~** *f* Energieart, Energieform; **gaspillage d'~** *m* Energieverschwendung; **observatoire de l'~** *m* Energiebehörde; **pénurie d'~** *f* Energieknappheit, Energieverknappung; **production d'~** *f* Energieerzeugung; **récupération de l'~** *f* Energierückgewinnung; **ressources en ~** *f pl* Energiequellen, Energiereserven; **secteur de l'~** *m* Energiesektor, Energiewirtschaft; **sources d'~** *f pl* Energiequellen, Energieträger; **stock d'~ non renouvelable** *m* nicht erneuerbarer Energievorrat, Vorrat an nicht erneuerbaren Energien
△△ **économiser de l'~** Energie einsparen
~ **atomique** *f* Atomenergie, Kernenergie
~ **calorifique** *f* Wärmeenergie
~ **cinétique** *f* kinetische Energie, Bewegungsenergie
~**s de remplacement** *f pl* Ersatzenergieformen
~**s douces** *f pl* umweltfreundliche Energien, sanfte Energien
~ **électrique** *f* elektrische Energie
~ **éolienne** *f* Windenergie
~ **fossile** *f* fossile Energie
~ **géothermique** *f* geothermische Energie, Energie aus Erdwärme
~ **hydraulique** *f* Wasserkraft, Wasserenergie
~ **mécanique** *f* mechanische Energie
~ **nucléaire** *f* Kernenergie, Atomenergie
~ **primaire** *f* Primärenergie
~**s renouvelables** *f pl* erneuerbare Energieformen
~ **secondaire** *f* Sekundärenergie, abgeleitete Energie
~ **solaire** *f* Sonnenenergie
~ **thermique** *f* thermische Energie, Wärmeenergie, Wärmekraft
~**s traditionelles** *f pl* herkömmliche Energieformen
enfant *m* Kind
~ **à charge** *m* unterhaltsberechtigtes Kind, unversorgtes Kind
△ **abattement pour ~** *m* Kinderfreibetrag
△△ **avoir un ~** unterhaltspflichtig sein
~ **illégitime** *m* uneheliches Kind
~ **légitime** *m* eheliches Kind
~ **mineur** *m* minderjähriges Kind
~ **naturel** *m* uneheliches Kind
enfreindre *qc* gegen *etw* verstoßen, *etw* nicht beachten, verletzen

~ **la loi** das Gesetz brechen, verletzen, gegen das Gesetz verstoßen

engagé, e engagiert, verwickelt, beteiligt, eingesetzt

△ **capital ~** *m* eingesetztes Kapital, Anlagekapital; **dépenses ~es** *f pl* Zahlungsverpflichtungen

△△ **être ~ dans un accident** in einen Unfall verwickelt sein; **être ~ dans une procédure** an einem Verfahren beteiligt sein

engagement *m* Verbindlichkeit, Verpflichtung, Obligo, Einlage, Einstellung, Engagement

△ **offre sans ~** *f* freibleibendes Angebot; **rupture d'~** *f* Vertragsbruch; **sans ~ de notre part** unsererseits unverbindlich, ohne Gewähr

△△ **cautionner un ~** eine fremde Verbindlichkeit übernehmen; **compenser des créances avec des ~s** Forderungen mit Verbindlichkeiten aufrechnen; **contracter un ~** eine Verpflichtung übernehmen; **faillir à ses ~s** seine Verpflichtungen nicht erfüllen; **honorer un ~** eine Verpflichtung erfüllen, einer Verpflichtung nachkommen

~ **à court terme/à moyen terme/à long terme** *m* kurzfristige/mittelfristige/langfristige Verbindlichkeit

~ **à vue** *m* Sichtverbindlichkeit

~ **bancaire** *m* Bankhaftung

~ **cambiaire** *m* Wechselverbindlichkeit

~ **contractuel** *m* vertragliche Verpflichtung

~ **d'acceptation** *m* Akzeptverpflichtung

~ **de capitaux** *m* Kapitaleinsatz

~ **de crédit** *m* Kreditverpflichtung

~ **de crédit à long terme** *m* langfristige Kreditverpflichtung

~ **de longue durée** *m* langfristige Verbindlichkeit

~ **de paiement** *m* Zahlungsverpflichtung

~ **de reprise** *m* Rücknahmeverpflichtung

~**s divers** *m pl* sonstige Verbindlichkeiten

~**s en cours** *m pl* laufende Verpflichtungen

~**s envers d'autres créditeurs** *m pl* Verbindlichkeiten gegenüber anderen Gläubigern

~**s envers des établissements de crédit** *m pl* Verbindlichkeiten gegenüber Kreditinstituten

~**s financiers** *m pl* finanzielle Verpflichtungen

△△ **faire face à ses ~** seinen Zahlungsverpflichtungen nachkommen; **honorer ses ~** seinen Zahlungsverpflichtungen nachkommen

~ **hors bilan** *m* Eventualverbindlichkeit

~ **par endossement** *m* Indossamentverbindlichkeit

~ **spéculatif** *m* spekulatives Engagement

engager ***qc/qn*** **(*à faire qc*)** *jdn* einstellen, *jdn* verpflichten, *etw* zu tun, *etw* einleiten, binden, übernehmen

~ **des capitaux dans** ***qc*** in *etw* Kapital (hinein)stecken

~ **des pourparlers sur** ***qc*** Beratungen einleiten über *etw*

~ **des poursuites contre** ***qn*** Antrag auf Strafverfolgung gegen *jdn* stellen

~ **du personnel** Arbeitskräfte einstellen

~ **sa responsabilité** die Verantwortung übernehmen, haften

~ **son capital** sein Kapital binden

~ **un dialogue avec** ***qn*** Gespräche mit *jdm* aufnehmen

~ **un processus** einen Prozeß einleiten

~ **une action en justice** Klage erheben

~ **une procédure de règlement judiciaire** ein Konkursverfahren einleiten, Konkurs beantragen

~ **à faire** ***qc*** **(s')** sich verpflichten, *etw* zu tun

~ **dans** ***qc*** **(s')** *etw* beginnen, aufnehmen, einleiten

△△ **les syndicats s'engagent dans la négociation** die Gewerkschaften nehmen Verhandlungen auf

engineering *m* Engineering

△ **cabinet d'~** *m* Ingenieurbüro

engorgé, e überfüllt, verstopft

engrais *m* Dünger, Düngemittel

~ **chimiques** *m pl* chemischer Dünger, chemische Düngemittel

engranger des profits Gewinne einfahren

enlèvement *m* 1. Entführung 2. Abholung, Abtransport

~ **des ordures ménagères** *m* Müllabfuhr

△ **taxe d'~** *f* Müllabfuhrgebühren
enlever ***qc*** **(à** ***qn*****)** *etw* abholen, (*jdm*) *etw* wegnehmen
~ **des parts de marché à** ***qn*** *jdm* Marktanteile wegnehmen
~ ***qn*** *jdn* entführen
enquête *f* Umfrage, Befragung, Ermittlungen, Nachforschungen
~ **de conjoncture** *f* Konjunkturumfrage
~ **de consommation** *f* Verbrauchsforschung, Verbraucherumfrage
~ **de solvabilité** *f* Bonitätsprüfung, Kreditwürdigkeitsprüfung
~ **fiscale** *f* Steuerfahndung
~ **minute** *f* Blitzuntersuchung
~ **par échantillons** *f* Repräsentativbefragung
~ **par sondage** *f* Meinungsforschung
△ **Société française d'~ (SOFRES)** *f* französisches Meinungsforschungsinstitut
~ **sur l'emploi/~ emploi** *f* Untersuchung zur Arbeitsmarktlage
~ **sur les salaires** *f* Lohnuntersuchung, Analyse der Lohnsituation
enquêteur *m* Erhebungsperson, Befrager, Meinungsforscher
enrayer ***qc*** *etw* bremsen, stoppen, bekämpfen
~ **le chômage** die Arbeitslosigkeit bremsen
enregistrement *m* Buchung, Registrierung, Eintragung, Anmeldung, Aufnahme
△ **droit d'~** *m* Eintragungsgebühr, Notargebühr, Beurkundungsgebühr, Stempelgebühr, **frais d'~ et de timbre** *m pl* Registergebühren; **support d'~** *m* Aufnahmeträger, Tonträger, Aufzeichnungsträger, Medium
~ **chronologique** *m* chronologische Aufzeichnung
~ **comptable** *m* Buchung, Eintrag
enregistrer ***qc*** 1. verzeichnen, erzielen 2. buchen, registrieren, aufzeichnen, erfassen, eintragen 3. aufnehmen, bespielen
~ **un déficit/excédent** ein Defizit/einen Überschuß verzeichnen
△△ **la balance enregistre un déficit/un excédent** die Bilanz verzeichnet ein Defizit/einen Überschuß
~ **un résultat** ein Ergebnis verzeichnen/erzielen
~ **un surplus** einen Überschuß verzeichnen/erzielen
~ **une croissance de ...** ein Wachstum von ... aufweisen/registrieren
~ **une perte** einen Verlust verzeichnen/erzielen
~ **une plus-value** einen Wertzuwachs verzeichnen/erzielen
~ **une société au Registre du Commerce** eine Gesellschaft ins Handelsregister eintragen
enregistreur, se Aufnahme-, Registrier-
△ **caisse ~se** *f* Registrierkasse
enrichi, e angereichert
△ **uranium ~** *m* angereichertes Uran
enrichissement *m* Bereicherung, Anreicherung
enrichir ***qc/qn*** bereichern, reich machen, anreichern
enseigne *f* Firmenname, Firmenzeichen, Firmenschild
△ **grande ~** *f* große Marke, großer Name
~ **lumineuse** *f* Leuchtreklame, Leuchtschild
enseignement *m* Lehre, Unterricht, Schulwesen, Schuldienst
~ **assisté par ordinateur (EAO)** *f* computerunterstützter/computergestützter Unterricht
~ **par correspondance** *m* Fernunterricht
~ **professionnel** *m* Berufsschulwesen, berufsbildendes Schulwesen
~ **public** *m* öffentlicher Schuldienst
~ **techn(olog)ique** *m* Fachschulwesen
ensemble *m* Menge, Gesamtheit, Ensemble, Ganzes, Gesamt-
△ **sous-~** *m* Teilmenge; **système d'~** *m* Gesamtdarstellung
~ **des créanciers** *m* Gläubigergemeinschaft
entaché, e d'illégalité rechtswidrig
entaché, e de fraude betrügerisch, gefälscht
entamer aufnehmen, einleiten
~ **des négociations** Verhandlungen aufnehmen
~ **des poursuites judiciaires contre** ***qn*** rechtliche Schritte gegen *jdn* einleiten, gegen *jdn* gerichtlich vorgehen

~ **les préparatifs d'une réunion** eine Sitzung vorbereiten
~ **une discussion** eine Diskussion einleiten/aufnehmen
entendre des témoins Zeugen vernehmen
entente *f* Absprache, Kartell
△△ **faire une ~** eine Absprache treffen
~ **en matière de prix** *f* Preisabsprache
~ **informelle** *f* informelle Absprache, Frühstückskartell
~ **obligatoire** *f* Pflichtkartell
~ **sur les prix** *f* Preisabsprache
entériner *qc* *etw* offiziell bestätigen
enterrement *m* Beerdigung
△ **frais d'~** *m pl* Beerdigungskosten
en-tête *m* Briefkopf
△ **papier à ~** *m* Briefpapier mit Briefkopf
entraide *f* gegenseitige Hilfe, Hilfeleistung
~ **judiciaire** *f* Rechtshilfe, Rechtsbeistand
entraîner *qc/qn* *etw* mit sich bringen, nach sich ziehen, mit *etw* verbunden sein, *jdn* mitreißen
~ **des frais** mit Kosten verbunden sein
entrave *f* Hindernis, Hemmnis, Störung
△ **délit d'~** *m* Störungsdelikt
entraver *qc* *etw* beeinträchtigen, einschränken, behindern, hemmen
entrée *f* Einfuhr, Aufnahme, Eintritt, Zufluß
△ **concours d'~** *m* Auswahlverfahren, Auswahlwettbewerb; **droit d'~ (franchise)** *m* Aufnahmegebühr, Eintrittsgeld (Franchise-Vertrag); **droits d'~** *m pl* Einfuhrzoll; **formalités d'~** *f pl* Einfuhrformalitäten; **prix d'~** *m* Eintrittspreis; **prohibition d'~** *f* Einfuhrverbot
~ **dans le Système monétaire européen (SME)** *f* Beitritt zum Europäischen Währungssystem (EWS)
~ **de capitaux** *f* Zufluß von Kapital, Kapitalzufluß
~**s de fonds** *f pl* Geldeingänge, Barmitteleingänge
~ **de gamme** *f* unterer Qualitätsbereich
△ **produit ~** *m* Produkt des unteren Qualitätsbereichs
~ **en application** *f* Inkrafttreten
~ **en entrepôt** *f* Eintritt ins Lager, Lagerung
~ **en fonction** *f* Dienstantritt
~ **en jouissance** *f* Besitzantritt, Beginn der Nutznießung, Nutzungsbeginn, Inbesitznahme
~ **en portefeuille** *f* Bestandseingang
~**s en stock** *f pl* Lagereingänge
~ **en vigueur** *f* Inkrafttreten
~ **sur le marché du travail** *f* Eintritt in den Arbeitsmarkt
△△ **faire son ~** erstmals auf den Arbeitsmarkt kommen
entremise (par l'~ de) durch Vermittlung von
entreposage *m* Lagerhaltung, Einlagerung
~ **sous douane** *m* Einlagerung unter Zollverschluß
entreposer *qc* *etw* lagern, einlagern
entrepositaire *m* Zwischenhändler
entrepôt *m* Lager, Lagerhaus, Lagerraum, Warenlager
△ **entrée en ~** *f* Eintritt ins Lager, Lagerung; **frais d'~** *m pl* Lagerkosten
~ **central** *m* Zentrallager
~ **douanier/de douane** *m* Zollager
△△ **placer des marchandises en ~** Waren unter Zollverschluß stellen
~ **frigorifique** *m* Kühlhaus
~ **particulier** *m* firmeneigenes Lager
~ **privé** *m* privates/firmeneigenes Lager
~ **productif** *m* Produktivlager
~ **public** *m* öffentliches Lager
entreprendre *qc* *etw* unternehmen
△ **liberté d'~ et de contracter** *f* Unternehmens- und Vertragsfreiheit
entrepreneur *m* Unternehmer, Firmenchef
△ **jeune ~** *m* Jungunternehmer; **revenu brut de l'~** *m* Bruttoeinkommen/Bruttoverdienst des Unternehmers
~ **du bâtiment** *m* Bauunternehmer
~ **de construction** *m* Bauunternehmer
~ **de transports** *m* Transportunternehmer
entrepreneurial, e unternehmerisch, Unternehmer-
△ **activité ~e** *f* unternehmerische Tätigkeit
entreprise *f* Unternehmen, Unternehmung, Betrieb

△ **accords d'~** *m pl* Unternehmensvereinbarungen; **activité de l'~** *f* Unternehmenstätigkeit; **appartenance à l'~** *f* Betriebszugehörigkeit; **assainissement d'une ~** *m* Sanierung eines Unternehmens; **association des grandes ~s** *f* Verband der Großunternehmer; **au niveau de l'~** auf Unternehmensebene, betrieblich; **audit d'~** *m* Unternehmensberatung; **bénéfices des ~s** *m pl* Unternehmensgewinne; **bureau de conseil d'~** *m* Unternehmensberatungsbüro; **capital de l'~** *m* Betriebsvermögen, Gesellschaftskapital; **cession de l'~** *f* Veräußerung des Unternehmens; **chef d'~** *m* Unternehmer, Firmenchef; **comité d'~** *m* Betriebsrat; **comptabilité d'~** *f* Betriebsbuchhaltung, betriebliches Rechnungswesen; **concentration d'~s** *f* Unternehmenskonzentration; **congé collectif d'~** *m* Betriebsferien; **conseil d'~** *m* Unternehmensberatung; **continuation de l'~** *f* Weiterführung des Unternehmens; **contrats d'~** *m pl* Betriebsvereinbarungen; **créateur d'~** *m* Existengründer; **création d'~** *f* Unternehmensgründung; **crédit à l'~** *m* Firmenkredit; **défaillance d'~** *f* Konkurs, Zusammenbruch, Insolvenz; **directeur d'~** *m* Betriebsdirektor; **direction d'~** *f* Betriebsführung, Unternehmensführung; **économie d'~** *f* Betriebswirtschaftslehre; **économiste d'~** *m* Betriebswirt; **écroulement de l'~** *m* Firmenzusammenbruch; **esprit d'~** *m* Unternehmergeist; **établissement d'une ~** *m* Niederlassung eines Unternehmens; **fidélisation à l'~** *f* Bindung an das Unternehmen; **fonction de l'~** *f* betrieblicher Funktionsbereich; **fondation d'une ~** *f* Gründung eines Unternehmens, Unternehmensgründung; **fusion d'~s** *f* Unternehmenszusammenschluß, Unternehmensfusion; **gestion d'~** *f* 1. Unternehmensführung, Unternehmensleitung, Geschäftsführung 2. Betriebswirtschaftslehre; **gestion d'une ~** *f* Leitung eines Unternehmens; **gestion moderne des ~s** *f* moderne Unternehmensführung; **image d'une ~** *f* Firmenimage; **implantation d'une ~** *f* Ansiedlung eines Unternehmens; **informations concernant les ~s** *f pl* Unternehmensdaten; **interne à l'~** betriebsintern; **investissement des ~s** *m* Investition der Betriebe, Investitionen der Unternehmen; **liberté d'~** *f* Handels- und Gewerbefreiheit; **micro-~** *f* Klein(st)unternehmen; **nationalisation d'~s privées** *f* Verstaatlichung von Privatunternehmen; **objectif de l'~** *m* Unternehmensziel; **occupation d'~** *f* Unternehmensbesetzung, Betriebsbesetzung; **organisation de l'~** *f* Unternehmensorganisation; **patrimoine de l'~** *m* Betriebsvermögen; **pérennité de l'~** *f* Fortbestand des Unternehmens, Unternehmenserhaltung; **petites et moyennes ~s (PME)** *f pl* kleine und mittlere Unternehmen, mittelständische Unternehmen; **plan de cession de l'~** *m* gerichtlich angeordnete Veräußerung des Unternehmens im Rahmen eines Konkursverfahrens; **prise de participation dans une ~** *f* Beteiligung an einem Unternehmen; **publicité d'~** *f* Unternehmenswerbung; **rachat d'~** *m* Unternehmensaufkauf; **rachat d'une ~ par ses salariés** *m* Übernahme eines Betriebs durch die Belegschaft; **redressement d'une ~** *m* Sanierung eines Unternehmens; **regroupement d'~s** *m* Unternehmenszusammenschluß; **rentabilité de l'~** *f* Unternehmensrentabilität; **repreneur (d'une ~)** *m* Erwerber, Übernehmer, Käufer (eines Unternehmens); **reprise d'~ par les salariés** *f* Unternehmensübernahme durch die Beschäftigten; **revenus de l'~** *m pl* Einkommen aus unternehmerischer Tätigkeit; **services aux ~s** *m pl* unternehmensbezogene Dienstleistungen; **stage en ~** *m* Betriebspraktikum; **structure de l'~** *f* Unternehmensstruktur; **taille de l'~** *f* Größe des Unternehmens, Unternehmensgröße, Betriebsgröße; **tourisme d'~** *m* Betriebsbesichtigungstouristik; **transmission d'~** *f* Unternehmensübertragung; **type d'~** *m* Betriebsart; **vie de l'~** *f* Betriebsgeschehen; **visite d'~** *f* Unternehmensbesichtigung

△△ **assainir une ~** ein Unternehmen sanieren; **commanditer une ~** Kapital in ein Unternehmen einbringen, ein Unternehmen finanzieren; **créer une ~** ein Unternehmen gründen; **diriger une ~** ein Unternehmen führen; **être réinvesti, e dans l'~** im Unternehmen verbleiben; **fermer une ~** ein Unternehmen schließen; **garantir la pérennité/la survie de l'~** den Fortbestand des Unternehmens sichern; **gérer la trésorerie d'une ~** für die Rechnungsführung in einem Unternehmen zuständig sein; **gérer une ~** ein Unternehmen verwalten/leiten/führen; **investir des capitaux dans une ~** Kapital in ein Unternehmen investieren/stecken; **lock-outer une ~** die Beschäftigten aus einem bestreikten Unternehmen aussperren; **prendre le contrôle d'une ~** ein Unternehmen übernehmen; **racheter une ~** ein Unternehmen aufkaufen; **redresser une ~** ein Unternehmen sanieren; **renflouer une ~** ein Unternehmen sanieren; **reprendre une ~** ein Unternehmen übernehmen/aufkaufen; **reprivatiser une ~** ein Unternehmen reprivatisieren/wieder privatisieren

~ **agro-alimentaire** *f* Nahrungsmittelunternehmen

~ **artisanale** *f* Handwerksbetrieb

~ **au bord de la faillite** *f* konkursbedrohtes Unternehmen

~ **bancale** *f* zahlungsunfähiges Unternehmen

~ **commerciale** *f* Handelsunternehmen, Handelsbetrieb

~ **compétitive/concurrentielle** *f* wettbewerbsfähiges Unternehmen

~ **concurrente** *f* Konkurrenzunternehmen, Wettbewerber

~ **conjointe** *f* angeschlossenes Unternehmen

~ **d'assurance** *f* Versicherungsunternehmen

~ **d'économie mixte** *f* gemischtwirtschaftliches Unternehmen, Unternehmen mit staatlicher Beteiligung

~ **d'utilité publique** *f* gemeinwirtschaftliches Unternehmen

~ **de capital-risque** *f* Wagnisfinanzierungsgesellschaft

~ **de commerce** *f* Handelsunternehmen

~ **de commerce de détail** *f* Einzelhandelsunternehmen

~ **de construction** *f* Bauunternehmen

~ **de construction navale** *f* Schiffsbauunternehmen

~ **de croissance** *f* Wachstumsunternehmen

~ **de distribution** *f* Vertriebsunternehmen

~ **de fabrication** *f* Fertigungsbetrieb

~ **de manufacture** *f* Fabrikbetrieb

~ **de manutention** *f* Warenumschlagsbetrieb

~ **de production** *f* produzierendes Unternehmen

~ **de recyclage** *f* Verwertungsunternehmen

~ **de service public** *f* öffentliches Dienstleistungsunternehmen

~ **de transformation** *f* weiterverarbeitender Betrieb, weiterverarbeitendes Unternehmen, Weiterverarbeitungsunternehmen

~ **de transport** *f* Transportunternehmen, Spedition

~ **de travail temporaire** *f* Zeitarbeitunternehmen

~ **de vente par correspondance** *f* Versandhaus

~ **défaillante** *f* konkursbedrohtes Unternehmen

~ **du bâtiment** *f* Bauunternehmen

~ **du secteur public** *f* öffentliches/staatliches Unternehmen

~ **en amont du circuit de production** *f* produktionsaufwärts angesiedeltes Unternehmen

~ **en autogestion** *f* selbstverwaltetes Unternehmen

~ **en aval du circuit de production** *f* produktionsabwärts angesiedeltes Unternehmen

~ **en difficulté** *f* bedrohtes Unternehmen, Unternehmen in Schwierigkeiten

~ **exportatrice** *f* Exportunternehmen

~ **familiale** *f* Familienbetrieb

~ **filiale** *f* Tochterunternehmen

~ **individuelle** *f* Einzelunternehmen

~ **industrielle** *f* Industriebetrieb, Industrieunternehmen

~ **leader** *f* Marktführer

~ **marquée par les gérants** *f* Geschäfts-

führerunternehmung
~ **marquée par les propriétaires** *f* Eigentümerunternehmung
~ **moyenne** *f* mittelständisches Unternehmen, Unternehmen mittlerer Größe
~ **nationale** *f* staatliches Unternehmen
~ **nationalisée** *f* staatliches/verstaatlichtes Unternehmen
~ **non rentable** *f* unrentabler Betrieb
~ **non solvable** *f* zahlungsunfähiges Unternehmen
~ **opéable** *f* übernahmegefährdetes Unternehmen
~ **prestataire de services** *f* Dienstleistungsunternehmen
~ **privée** *f* privates Unternehmen, Privatunternehmen
△ **nationalisation d'entreprises privées** *f* Verstaatlichung von Privatunternehmen
~ **privée d'utilité publique** *f* gemeinnütziges Privatunternehmen
~ **publique** *f* staatlicher Betrieb, öffentliches Unternehmen, Staatsunternehmen, Staatsbetrieb
~ **rentable** *f* rentabler Betrieb
~ **semi-publique** *f* gemischtwirtschaftliches Unternehmen
~ **solvable** *f* zahlungsfähiges Unternehmen
~ **sous-traitante** *f* Zulieferunternehmen, Unterauftragsnehmer
~ **touchée par la grève** *f* bestreiktes Unternehmen
~ **unipersonnelle à responsabilité limitée (EURL)** *f* Einpersonen-GmbH, Ein-Mann-GmbH

entrer dans ***qc/qc*** 1. in *etw* eintreten, *etw* beitreten 2. *etw* eingeben (Daten)
~ **au service de** ***qn*** in *jds* Dienst treten
~ **dans la composition de l'indice** der Zusammensetzung (des Index) entsprechen
~ **dans la vie active** ins Erwerbsleben eintreten
~ **dans la vie professionnelle** in das Berufsleben eintreten
~ **dans le capital d'une société** bei einer Gesellschaft einsteigen
~ **dans le commerce** Kaufmann werden
~ **dans un emploi** eine Stellung antreten
~ **en application** zur Anwendung kommen, in Kraft treten
~ **en concurrence avec** ***qn*** in Wettbewerb treten zu *jdm,* in Konkurrenz (zueinander) treten/stehen
~ **en exercice** eine Stelle/ein Amt antreten
~ **en fonction** ein Amt antreten
~ **en liquidation** in Liquidation geraten
~ **en possession de** ***qc*** *etw* in Besitz nehmen, den Besitz antreten
~ **en pourparlers** in Verhandlungen treten
~ **en service** in Betrieb gehen
~ **en vigueur** in Kraft treten
~ **pour ... (x pour cent) dans ...** ... (x Prozent) ausmachen in/bei ...

entretenir des avoirs en monnaie étrangère auprès d'une banque bei einer Bank Währungsguthaben unterhalten

entretien *m* 1. Gespräch 2. Wartung, Instandhaltung
△ **charges d'~** *f pl* Unterhaltungskosten, Instandhaltungskosten; **charges d'exploitation et d'~** *f pl* betriebsbedingte Aufwendungen und Instandhaltungskosten; **coût d'~ du stock** *m* Lagerkosten; **d'~ facile** wartungsfreundlich; **dépenses d'~ et menues réparations** *f pl* Ausgaben für den laufenden Unterhalt und kleinere Reparaturen; **fourniture d'~** *f* Wartungsmaterial; **frais d'~** *m pl* Unterhaltungskosten; **produit d'~** *m* Reinigungsmittel, Pflegemittel; **produits d'~ et de fonctionnement** *m* Betriebsstoffe; **service (d')~** *m* Reinigungsdienst, Wartungsdienst, Kundendienst
~ **avec le client** *m* Kundengespräch
~ **d'embauche** *m* Vorstellungsgespräch
~ **individuel** *m* Einzelgespräch

énumérer ***qc*** *etw* aufzählen

enveloppe *f* Briefumschlag, Kuvert
~ **budgétaire** *f* Haushaltsvolumen

envergure *f* Spannbreite, Ausmaß
△ **de moindre ~** geringeren Ausmaßes, weniger umfangreich

environnement *m* Umfeld, Umwelt
△ **analyse de l'~** *f* Umweltanalyse; **détérioration de l'~** *f* Umweltschädigung; **marque NF ~** *f* französisches Umweltzeichen; **Ministère de l'~** *m*

Umweltministerium; **ministre de l'~** *m* Umweltminister; **protection de l'~** *f* Umweltschutz
△△ **respecter l'~** umweltverträglich sein, die Umwelt schonen
~ **concurrentiel** *m* Wettbewerbsumfeld
~ **économique général** *m* (gesamt)wirtschaftliches Umfeld
~ **fiscal** *m* steuerliches Umfeld
~ **institutionnel** *m* politische und rechtliche Umwelt
~ **mondial** *m* internationales Umfeld
~ **socio-culturel** *m* sozio-kulturelle Umwelt
~ **socio-démographique** *m* sozio-demographische Umwelt
~ **technologique** *m* technologische Umwelt
environnemental, e Umwelt-
envoi *m* Sendung, Versand, Entsendung, Zustellung
△ **frais d'~** *m pl* Versandkosten
~ **contre remboursement** *m* Nachnahmesendung
~ **en valeur déclarée (VD)** *m* Wertsendung, Sendung mit Wertangabe
~ **exprès** *m* Eilsendung
~ **prioritaire** *m* bevorzugte Zustellung, Eilzustellung
envoler (s') kräftig anziehen/steigen
△△ **la Bourse s'envole** die Börse zieht kräftig an; **le marché s'envole** der Markt expandiert, die Umsätze steigen; **les prix s'envolent** die Preise steigen rapide
envoyé spécial/envoyée spéciale *m/f* Sonderberichterstatter(in)
envoyer *qc* **(à** *qn***)** *jdm etw* schicken, zusenden, zuschicken
~ **un mandat à** *qn* *jdm* eine Postanweisung schicken
~ **un message à** *qn* *jdm* eine Nachricht schicken
~ **une traite à l'acceptation** einen Wechsel zwecks Akzepts einreichen
éolien, ne Wind-, Windkraft-, windgetrieben
△ **centrale ~ne** *f* Windkraftwerk; **énergie ~ne** *f* Windenergie
éolienne *f* Windmaschine, Windrad
épargnant *m* Sparer
△ **association d'~s** *f* Sparverein; **investisseur-~** *m* Investmentsparer; **petit ~** *m* Kleinsparer
~s institutionnels *m pl* institutionelle Anleger
épargne *f* Ersparnis, Sparen, Spartätigkeit, Sparleistung
△ **Association française d'~ et de retraite** *f* Französische Spar- und Rentenvereinigung; **bon d'~** *m* Sparbrief; **caisse d'~** *f* Sparkasse; **Caisses d'~ et de prévoyance** *f pl* Sparkassen; **collecte de l'~** *f* Einsammeln der Spargelder; **compte d'~** *m* Sparkonto; **compte d'~ en actions** *m* Aktiensparkonto; **compte d'~-temps** *m* Arbeitszeitkonto; **contrat d'~** *m* Sparvertrag; **dépôt d'~** *m* Spareinlage; **dépôts d'~-logement** *m pl* Spareinlagen; **durée de l'~** *f* Dauer der Ansparperiode; **esprit d'~** *m* Sinn fürs Sparen; **forme d'~** *f* Sparform; **gonflement de l'~** *m* Zuwachs des Sparvermögens; **grande ~** *f* Großsparen; **livret d'~** *m* Sparbuch; **part affectée à l'~** *f* Sparanteil; **période d'~** *f* Ansparzeit; **placement d'~** *m* Sparanlage; **prime d'~** *f* Sparprämie; **progression de l'~** *f* Sparkapitalzuwachs; **propension à l'~** *f* Sparneigung; **protection de l'~** *f* Sparerschutz; **relance de l'~** *f* Belebung/Ankurbelung der Spartätigkeit; **revenus de l'~** *m pl* Einkommen aus Sparanlagen; **taux d'~** *m* Sparquote
△△ **drainer l'~** die Ersparnisse kanalisieren; **encourager l'~** die Spartätigkeit fördern; **éponger son ~** *fam* seine Ersparnisse aufbrauchen, an das Ersparte gehen *fam*; **tirer sur son ~** auf seine Ersparnisse zurückgreifen, seine Ersparnisse anschneiden/angreifen; **se constituer une ~** sich ein Sparkapital bilden
~ **à long terme** *f* langfristige Spartätigkeit
~ **à statut spécial** *f* Sondersparform
~ **brute** *f* Bruttoersparnis, Bruttosparleistung
~ **brute des ménages** *f* Bruttoersparnis/Bruttosparleistung der Haushalte
~ **capitalisée** *f* kapitalisierter Sparbetrag
~ **de précaution** *f* Vorsorgesparen
~ **de prévoyance** *f* Vorsorgesparen

~ **des ménages** *f* Ersparnisse der Haushalte, Spartätigkeit der Haushalte
~ **forcée** *f* Zwangssparen
~ **immobilière** *f* Geldanlage in Immobilien
~ **liquide** *f* kurzfristig kündbare Spareinlagen, liquide Ersparnisse
~-**logement** *f* Bausparen, Bausparvertrag
△ **compte d'~** *m* Bausparkonto; **dépôts d'~** *m pl* Bauspareinlagen; **livret d'~** *m* Bausparbuch; **plan d'~** *m* Bausparvertrag; **prêt d'~** *m* Bauspardarlehen, Bausparkredit; **prime d'~** *f* Bausparprämie, Wohnungsbauprämie
△△ **souscrire un plan d'~** einen Bausparvertrag abschließen
~ **longue** *f* langfristiges Sparen
~ **populaire** *f* Volkssparen
△ **livret d'~** *m* Volkssparbuch mit begrenzter Einlage und steuerfreien Zinserträgen; **plan d'~** *m* Volkssparplan (steuerbegünstigte vermögenswirksame Anlage)
~ **privée** *f* private Spargelder
~ **publique** *f* öffentliches Sparwesen, öffentliche Spargelder
△ **société faisant appel à l'~** *f* Publikumsgesellschaft, börsennotierte Gesellschaft
~-**retraite** *f* Rentensparen, Vorsorgesparen
épargner *qc* *etw* sparen
△ **propension à ~** *f* Sparneigung
épave automobile *f* Autowrack
épicerie *f* Gemischtwarenladen, Kolonialwarengeschäft, kleines Lebensmittelgeschäft
épicier du coin de la rue *m* Tante-Emma-Laden *fam*
éponger son épargne *fam* seine Ersparnisse aufbrauchen, an das Ersparte gehen *fam*
éponger un déficit ein Defizit abschöpfen
épuisé, e ausverkauft, vergriffen
épuisement des réserves d'hydrocarbures *m* Erschöpfung der Erdöl- und Erdgasvorräte
épuisement des stocks (jusqu'à ~) solange Vorrat reicht
épuration *f* Klärung, Bereinigung, Klär-
△ **station d'~** *f* Kläranlage

équilibré, e ausgeglichen, ausgewogen
△ **balance ~e** ausgeglichene Bilanz; **croissance ~e** ausgeglichenes Wachstum; **échanges ~s** ausgeglichener Handelsverkehr/Außenhandel
équilibre *m* Gleichgewicht, Ausgewogenheit, Ausgleich
△ **budget en ~** *m* ausgeglichener Staatshaushalt; **cours d'~** *m* Gleichgewichtskurs; **prix d'~** *m* Gleichgewichtspreis; **subvention d'~** *f* Ausgleichssubvention
~ **budgétaire** *m* ausgeglichener Staatshaushalt
~ **commercial** *m* wirtschaftliches Gleichgewicht
~ **de la balance** *m* Bilanzgleichgewicht
~ **de la balance commerciale** *m* Ausgleich der Handelsbilanz, Handelsbilanzgleichgewicht
~ **de la balance des paiements** *m* Zahlungsbilanzgleichgewicht, ausgeglichene Zahlungsbilanz
~ **de la trésorerie** *m* Liquiditätsgleichgewicht
~ **des échanges extérieurs** *m* außenwirtschaftliches Gleichgewicht
~ **du bilan** *m* Bilanzgleichgewicht
~ **du commerce extérieur** *m* Außenhandelsgleichgewicht
~ **extérieur** *m* Außenhandelsgleichgewicht
~ **financier** *m* finanzielles Gleichgewicht
équilibrer ausgleichen
~ **le bilan** die Bilanz ausgleichen
~ **un compte** ein Konto ausgleichen
~ **la balance** die Bilanz ausgleichen
~ **une cotation** eine Kursnotierung ausgleichen
équipe *f* Schicht, Mannschaft, Team
△ **changement d'~** *m* Schichtwechsel; **chef d'~** *m* Schichtführer; **esprit d'~** *m* Teamgeist; **travail en ~(s)** *m* Schichtarbeit
~ **de nuit** *f* Nachtschicht
~ **de vente** *f* Verkaufsmannschaft
~ **dirigeante** *f* Führungsmannschaft
~ **du matin** *f* Frühschicht
~ **du soir** *f* Spätschicht
équipement *m* Ausstattung, Ausrüstung, Einrichtung

△ **achat d'~s** *m* Kauf von Einrichtungen; **biens d'~** *m pl* Ausrüstungsgüter, Investitionsgüter; **biens d'~ ménager** *m pl* Haushaltsausrüstung; **biens d'~ professionnel** *m pl* Anlagegüter; **crédit d'~** *m* Ausrüstungskredit; **dépenses d'~** *f pl* Sachaufwendungen, Sachausgaben, Ausrüstungsausgaben; **investissement d'~** *m* Ausrüstungsinvestition; **marché de premier ~** *m* Erstausstattungsmarkt; **Ministère de l'~, des Transports et du Logement** *m* Verkehrs- und Wohnungsbauministerium; **ministre de l'~, des Transports et du Logement** *m* Verkehrs- und Wohnungsbauminister; **premier ~** *m* Erstausstattung; **taux d'~** *m* Ausstattungsgrad; **taux d'~ des ménages** *m* Geräteausstattung der Haushalte

△△ **compléter un ~** nachrüsten

~s collectifs *m pl* Gemeinschaftseinrichtung

~ commercial *m* Geschäftsausrüstung

~s durables *m pl* langlebige Wirtschaftsgüter

~ en téléphone *m* Zahl der Telefonanschlüsse

~ industriel *m* Industrieausrüstung

~ matériel *m* Sachausrüstung

~s portuaires *m pl* Hafeneinrichtungen

~ sanitaire *m* Sanitärausstattung

~s sociaux *m pl* Sozialeinrichtungen

~s vétustes *m pl* veraltete Anlagen

équiper *qc/qn* de *qc* *etw/jdn* mit *etw* ausrüsten, ausstatten

équitable angemessen, gerecht, recht und billig, fair

△ **commerce ~** *m* fairer Handel, Fair Trade

équité en matière fiscale *f* Steuergerechtigkeit

équivalence *f* Gleichwertigkeit, Gleichrangigkeit

△ **coefficient d'~** *m* Äquivalenzziffer

équivalent, e à gleichbedeutend mit

équivaloir à *qc* (mit) *etw* gleichwertig sein

érodé, e par l'inflation von der Inflation aufgezehrt

éroder *qc* auswaschen, aushöhlen, untergraben

~ les marges die Gewinnspanne aushöhlen

~ les salaires die Löhne untergraben/-entwerten, zu einem Lohnschwund führen

érosion *f* Entwertung, Wertminderung, Wertrückgang, Wertverlust, Schwund

~ des revenus *f* Entwertung der Einkommen

~ des salaires *f* Entwertung der Löhne

~ du pouvoir d'achat *f* Kaufkraftschwund

~ monétaire *f* Geldentwertung, Geldwertminderung, Inflation

erreur *f* Irrtum, Fehler, Fehl-

△ **par ~** irrtümlich; **sauf ~ ou omission de notre part** vorbehaltlich eines Irrtums unsererseits, Irrtum vorbehalten

~ d'appréciation *f* Fehleinschätzung

~ de décision *f* Fehlentscheidung

escalade *f* Eskalation, Eskalieren, Zuspitzung, Höherschrauben

~ des prix *f* Preisauftrieb

~ des revendications *f* Höherschrauben der Forderungen

escale *f* Zwischenlandung

△△ **faire ~ à…** in…zwischenlanden

escompte *m* Diskontierung, Diskont, Diskontgeschäft, Wechselkredit

△ **acceptation à l'~** *f* Diskontierung; **crédit d'~** *m* Diskontkredit, Wechselkredit; **opération d'~** *f* Diskontgeschäft, Wechselgeschäft; **plafond d'~** *m* Diskontgrenze, Diskontplafond; **politique d'~** *f* Diskontpolitik; **remise d'une traite à l'~** *f* Wechseldiskontierung; **taux d'~/de l'~** *m* Diskontsatz; **vente avec ~** *f* Rabattverkauf

△△ **accepter un effet à l'~** einen Wechsel zum Diskont annehmen; **remettre une traite à l'~** einen Wechsel zum Diskont geben, diskontieren

~ à forfait *m* Diskont ohne Haftung des Giranten

~ bancaire *m* Bankdiskont

~ d'effet *m* Wechseldiskont, Wechseldiskontierung

~ de papier de commerce *m* Handelswechseldiskontierung

~ de règlement *m* Barzahlungskonto

~ des effets de commerce *m* Diskontierung von Handelspapieren

~ direct *m* Direktdiskont

escompter *qc* *etw* diskontieren
~ **une lettre de change** einen Wechsel diskontieren
escroc *m* Betrüger
escroquerie *f* Betrug
~ **sur les chèques** *f* Scheckbetrügerei, Scheckbetrug
espace *m* Raum, Weltraum
△ **électronique de l'~** *f* Weltraumelektronik
~ **aérien** *m* Luftraum
~ **agraire** *m* Agrarraum
Espace économique européen (EEE) *m* Europäischer Wirtschaftsraum (EWR)
~ **naturel** *m* natürlicher Lebensraum
~ **protégé** *m* geschützte Zone, Schutzgebiet
~ **publicitaire** *m* Werbefläche
~ **unique** *m* einheitlicher (Wirtschafts) Raum
~ **vert** *m* Grünanlage
~ **vital** *m* Lebensraum
espèce *f* Art, Spezies, Gattung
~ **de marchandises** *f* Warenart
espèces *fpl* Bargeld
△ **apport en ~** *m* Bareinlage, Geldeinlage; **avoir en ~** *m* Barguthaben, Geldeinlage; **en ~** bar; **paiement en ~** *m* Barzahlung; **prestation en ~** *f* Geldleistung; **règlement en ~** *m* Barzahlung; **rémunération en ~s** *f* Barentlohnung; **retrait d'~** *m* Barabhebung; **versement en ~** *m* Bareinzahlung
△△ **ce magasin n'accepte que les règlements en ~** in diesem Geschäft wird nur Barzahlung akzepziert; **faire un versement en ~** eine Bareinzahlung vornehmen; **le règlement a lieu/se fait en ~** die Zahlung erfolgt in bar; **payer/régler en ~** bar zahlen
espérance de vie *f* Lebenserwartung
△ **augmentation de l'~** *f* Verlängerung der Lebenserwartung
espionnage industriel *m* Industriespionage
esprit d'entreprise *m* Unternehmensgeist, Unternehmergeist
esprit d'épargne *m* Sparsinn
esprit d'équipe *m* Teamgeist
essai *m* Versuch, Probe, Bemusterung
△ **à titre d'~** *m* probehalber, probeweise; **commande d'~** *f* Probebestellung, Probeauftrag; **offre d'~** *f* unverbindliche Bemusterung, Werbeangebot; **période d'~** *f* Probezeit; **prix d'~** *m* Preis zum Kennenlernen, Schnupperpreis *fam*
~ **de matériau** *m* Werkstoffprüfung
~ **de réception** *m* Abnahmeprüfung
essence *f* Benzin, Treibstoff, Sprit *fam*
△ **moteur à ~** *m* Ottomotor, Benzinmotor
~ **sans plomb** *f* bleifreies Benzin
essentiel, le wesentlich, eigentlich, notwendig, Grund-
△ **besoin ~** *m* Grundbedürfnis
essor (économique/de l'économie) *m* Aufschwung, Wirtschaftsaufschwung
△△ **prendre un nouvel ~** einen Wiederaufschwung erleben
essoufflement de l'expansion *m* Verlangsamung/Abschwächung des Aufschwungs, stockender Aufschwung
essuyer des pertes Verluste erleiden
essuyer une perte de x francs x Franc einbüßen
estimatif, ive geschätzt, veranschlagt, Schätz-
△ **état ~** *m* Verzeichnis mit Wertangabe
estimation *f* Schätzung, Einschätzung, Bewertung, Hochrechnung
△ **difficultés d'~** *fpl* Bewertungsprobleme; **selon les premières ~s** nach ersten Schätzungen, nach der ersten Hochrechnung; **valeur d'~** *f* Schätzwert
~ **de prix** *f* Preisschätzung
~ **des besoins** *f* Bedarfseinschätzung
~ **prévisionnelle** *f* Vorausschätzung
estimer *qc/qn* *etw* (ab)schätzen, bewerten, veranschlagen, *jdn* schätzen
~ **l'importance du/d'un sinistre** die Schadenshöhe abschätzen/ermitteln, den/einen Schaden abschätzen
~ **les dégâts** den Schaden abschätzen
~ **les dommages** den Schaden abschätzen
estivant *m* Sommerurlauber, Sommerfrischler
établir *qc* *etw* aufstellen, festsetzen
~ **des documents comptables** Bücher/Buchhaltungsunterlagen erstellen
~ **le bilan** bilanzieren, die Bilanz erstellen

~ **le compte de résultats** die Erfolgsrechnung/Gewinn- und Verlustrechnung/Ergebnisrechnung erstellen
~ **le solde** den Saldo feststellen
~ **un accréditf** ein Akkreditiv ausstellen
~ **un chèque** einen Scheck ausstellen
~ **un rapport** einen Bericht/ein Gutachten erstellen
~ **une attestation** eine Bescheinigung/Bestätigung aufsetzen/ausstellen
~ **une liste** eine Liste aufstellen, eine Aufstellung machen
~ **(s')** sich ansiedeln, sich niederlassen
~ **à son compte (s')** sich selbständig machen
établissement *m* 1. Betrieb, Betriebsstätte, Einrichtung, Niederlassung, Anstalt, Institut 2. Festsetzung, Aufstellung, Erstellung
△ **appartenance à l'~** *f* Betriebszugehörigkeit; **dimension de l'~** *f* Unternehmensgröße; **frais d'~** *m pl* Betriebsgründungskosten, Errichtungskosten; **liberté d'~** *f* Niederlassungsfreiheit
~ **agréé** *m* zugelassenes Unternehmen
~ **artisanal** *m* Handwerksbetrieb
~ **bancaire** *m* Bankinstitut
~ **commercial** *m* Handelsbetrieb
~ **d'une entreprise** *m* Niederlassung eines Unternehmens
~ **de commerce** *m* Geschäft, Handelsunternehmen, Handelsbetrieb
~ **de crédit** *m* Bank, Kreditinstitut, Kreditbank
~ **de l'impôt** *m* Festsetzung der Steuer
~ **de la facture** *m* Rechnungsausstellung
~ **du bilan** *m* Aufstellung der Bilanz, Bilanzaufstellung
~ **du/des prix** *m* Preisermittlung, Preisbildung
~ **financier** *m* Geldinstitut, Bank, Kreditinstitut, Finanzinstitut
~ **industriel** *m* Industriebetrieb
~ **mutualiste** *m* gemeinwirtschaftliche Einrichtung
~ **non-bancaire** *m* Nicht-Bank
~ **payeur** *m* Zahlstelle
~ **pénitentiaire** *m* Strafanstalt
~ **privé** *m* privates Institut
~ **public** *m* Anstalt/Körperschaft des öffentlichen Rechts, öffentlich-rechtliche Körperschaft (besondere Rechtsform von öffentlichen Unternehmen)
~ **scolaire** *m* Schule
étage de direction *m* Chefetage
étagère *f* (Waren)Regal
étalage *m* (Schaufenster)Auslage
étalagiste *m* Schaufensterdekorateur
étalé, e sur cinq ans auf fünf Jahre verteilt/gestreckt
étalement de la dette *m* Umschuldung, Tilgungsstreckung
étaler ***qc*** *etw* ausbreiten, ausdehnen, ausweiten, verteilen
~ **les risques** die Risiken verteilen
~ **(sur ...) (s')** sich (aus)dehnen, sich verteilen, sich ausweiten (auf ...)
△△ **la négociation s'étale** die Verhandlung(en) weitet (weiten) sich aus
étalon *m* (Währungs)Standard
~ **d'argent** *m* Silberwährung
~ **de change-or** *m* Gold-Exchange-Standard, Golddevisenstandard
~ **de mesure** *m* Maßstab
~ **des valeurs** *m* Wertmesser
~ **monétaire** *m* Währungsstandard
~**-or** *m* Goldwährung, Goldstandard
étape *f* Etappe, Strecke, Stufe
△ **passage par ~s à** ***qc*** *m* schrittweiser Übergang zu *etw*
△△ **franchir une ~ décisive** einen entscheidenden Schritt tun; **procéder par ~s** schrittweise/etappenweise vorgehen
~ **transitoire** *f* Übergangsetappe, Übergangsphase
état *m* 1. Stand, Zustand 2. Berufsstand, Beruf 3. Liste, Verzeichnis, Aufstellung
△ **de son ~** von Beruf; **en bon ~** in gutem Zustand
~ **actuel** *m* aktueller Stand
~ **civil** *m* Personenstandsregister, Standesamt
△ **bureau d'~** *m* Standesamt; **fiche d'~** *f* Personenstandsurkunde; **nom d'~** *m* Personenstandsname
~ **d'avancement des travaux** *m* Stand der (Bau)Arbeiten
~ **d'avancement du projet** *m* Projektfortschritt
~ **d'esprit** *m* Einstellung, Geisteshaltung
~ **d'ivresse** *m* Trunkenheit

△ **conduite en ~** *f* Trunkenheit am Steuer
~ **de faillite** *m* Konkurs
△△ **se déclarer en ~** Konkurs erklären/anmelden
~ **de frais** *m* Kostenaufstellung
~ **de l'endettement** *m* Verschuldungsbilanz
~ **de pertes** *m* Verlustabrechnung
~ **de santé** *m* Gesundheitszustand
~ **des finances** *m* Finanzlage
~ **du marché** *m* Marktlage
~ **du patrimoine** *m* Vermögenssituation
~ **du stock** *m* Lagerbestand
~ **d'un compte** *m* Kontostand
~ **d'urgence** *m* Ausnahmezustand
~ **estimatif** *m* Verzeichnis mit Wertangabe
~ **matrimonial** *m* Familienstand
~ **prévisionnel** *m* Haushaltsvoranschlag
~ **récapitulatif** *m* Zusammenstellung, zusammenfassende Aufstellung
Etat *m* Staat
△ **agent de l'~** *m* Staatsdiener; **banque d'~** *f* Staatsbank; **budget de l'~** *m* Staatshaushalt; **caisse de l'~** *f* Staatskasse; **Conseil d'~** *m* Staatsrat (Kassationsgericht im öffentlichen Recht); **contrôle de l'~** *m* staatliche Lenkung, Staatsaufsicht; **dépenses de l'~** *f pl* Staatsausgaben; **dette de l'~** *f* Staatsschuld; **emprunt de l'/d'~** *m* Staatsanleihe, Staatspapier; **endettement de l'~** *m* Staatsverschuldung, öffentliche Verschuldung, Verschuldung der öffentlichen Hand; **fonds de l'~** *m pl* öffentliche Mittel, Staatsgelder; **impôt d'~** *m* zentralstaatliche Steuer; **monopole d'~** *m* Staatsmonopol; **obligation d'~** *f* Staatsanleihe; **recettes de l'~** *f pl* Staatseinnahmen; **rentrées de l'~** *f pl* Staatseinnahmen; **revenus de l'~ entrepreneur** *m pl* Einkünfte des Staates als Unternehmer; **statistiques d'~** *f pl* staatliche Statistiken; **titre d'~** *m* Staatspapier; **transferts de l'~** *m pl* öffentliche Einkommensübertragungen
~ **contractant** *m* Vertragsstaat
~ **de droit** *m* Rechtsstaat
~ **employeur** *m* öffentlicher Arbeitgeber
~ **fédéral** *m* Bundesstaat, Bund
~**-major** *m* Führungsstab
~ **membre** *m* Mitgliedstaat
~ **participant** *m* Teilnehmerstaat
~**-providence** *m* Wohlfahrtsstaat
Etats-Unis *m pl* Vereinigte Staaten
étatique staatlich, Staats-
△ **autorité ~** *m* staatliche Gewalt
étatisation *f* Verstaatlichung
étendre les droits à ... die Rechte ausweiten auf ...
éteindre une dette eine Schuld tilgen
étendue *f* Umfang
~ **de la garantie** *f* Versicherungsumfang, Gewährleistungsumfang
~ **des prestations** *f* Leistungsumfang
~ **et nature des prestations** *m* Art und Umfang der Leistungen
étiquetage *m* Auszeichnen von Waren, Etikettierung
étiquette *f* Etikett, Preisschild
△ **valse des ~s** *fam f* starker Preisauftrieb
~ **de prix** *f* Preisschild, Etikett
étranger *m* 1. Ausland 2. Ausländer
△ **achats de l'~** *m pl* Auslandskäufe, Käufe des Auslands; **chiffre d'affaires avec l'~** *m* Auslandsumsatz; **créance sur l'~** *f* Auslandsforderung; **investissement direct à l'~** *m* Direktinvestition im Ausland; **service ~** *m* Auslandsabteilung; **ventes à l'~** *f pl* Auslandsverkäufe
étranger, ère ausländisch, auswärtig, Auslands-, Außen-
△ **affaires ~ères** *f pl* auswärtige Angelegenheiten; **capitaux ~s** *m pl* Auslandskapital; **concurrence ~ère** *f* ausländische Konkurrenz; **devise ~ère** *f* ausländische Währung; **investissements ~s** *m pl* Auslandsinvestitionen; **investisseur ~** *m* ausländischer Anleger/Investor; **main-d'oeuvre ~ère** *f* ausländische Arbeitskräfte, Gastarbeiter; **monnaie ~ère** *f* ausländisches Geld; **opérateur ~** *m* ausländischer Auftraggeber; **participation ~ère** *f* ausländische Beteiligung; **réglementations ~s** *f pl* ausländische Vorschriften; **titre ~** *m* ausländischer Titel; **travailleur ~** *m* Gastarbeiter; **valeurs ~ères** *f pl* ausländische Wertpapiere/Werte
être de ... ... betragen, sich belaufen auf ...

étroitesse du marché *f* Enge des Markts
étude *f* 1. Studium, Forschung 2. Untersuchung, Gutachten, Studie 3. Planung, Entwicklung, Projektierung 4. Kanzlei, Büro
△ **assurance ~s** *f* Ausbildungsversicherung; **bureau d'~s** *m* Konstruktionsbüro; **certificat d'~s** *m* Hauptschulabschluß; **congé d'~s** *m* Bildungsurlaub; **crédit ~s** *m* Studienkredit; **lancement de l'~** *m* Beginn der Studie/Untersuchung
△△ **arrêter/commencer ses ~s** sein Studium abbrechen/beginnen
~ **d'impact sur l'environnement** *f* Umweltverträglichkeitsprüfung
~ **de cas** *f* Fallstudie
~ **de faisabilité** *f* Durchführbarkeitsstudie, Machbarkeitsstudie
~ **de lancement** *f* Untersuchung zur Markteinführung
~ **de marché** *f* Marktuntersuchung, Marktstudie, Marktanalyse
△△ **faire/mener une ~** eine Marktstudie durchführen
~ **de motivation** *f* Motivforschung
~ **de notaire** *f* Notariatskanzlei, Notariat
~ **de produit** *f* Produktentwicklung
~**s du marché** *fpl* Marktforschung
~ **par pays** *f* Länderanalyse
~ **préalable** *f* Voruntersuchung
~ **préliminaire** *f* Voruntersuchung
~ **prévisionnelle** *f* Vorstudie, Planung
~**s secondaires** *fpl* gymnasiale Schulausbildung, Absolvierung der Sekundarstufe
~**s statistiques** *fpl* statistische Untersuchungen/Erhebungen
~**s supérieures** *fpl* Universitätsstudium, Hochschulstudium, Hochschulausbildung
EURATOM *m* EURATOM (Europäische Atombehörde)
EURL (Entreprise unipersonnelle à responsabilité limitée) *f* Ein-Personen-GmbH, Ein-Mann-GmbH
euro *m* Euro
euro(-) Euro-
eurobancaire europäische Banken betreffend
eurobanque/euro-banque *f* Eurobank
eurochèque *m* Euroscheck
eurocrédit *m* Eurokredit
△ **marché des ~s** *m* Eurokreditmarkt
eurodeutschemark *m* Euro-DM, Euro-Mark
eurodevise/euro-devise *f* Eurodevise, Eurogeld
△ **dépôt en ~s** *m* Eurogelddepot; **emprunt en ~s** *m* Eurodevisenanleihe; **marché des ~s** *m* Eurogeldmarkt
euro-dollar *m* Eurodollar
△ **marché de l'~** *m* Eurodollarmarkt; **taux de l'~** Eurodollar-Kurs; **volume des ~s** *m* Eurodollar-Anleihevolumen
euro-émission *f* Euroemission
△ **marché des ~s** *m* Eurokapitalmarkt
euro-emprunt *m* europäische Anleihe, Eurobond
EUROFED *f sigle prévu pour la future banque centrale européenne* EUROFED
euro-financier, ière Eurofinanz-
△ **marché ~** *m* Eurofinanzmarkt
eurofranc/euro-franc *m* Eurofranc
euroinvestisseur *m* europäischer Anleger
eurolire/euro-lire *f* Eurolira
euro-marché *m* Euromarkt
euro-marché monétaire *m* Eurogeldmarkt
euromonnaie *f* Eurogeld, Eurowährung
euro-obligations *fpl* Eurobonds
euro-pessimisme *m* Europamüdigkeit
Europe *f* Europa
~ **d'après guerre** *f* Nachkriegseuropa
~ **des Quinze** *f* Europa der Fünfzehn
~ **occidentale/de l'Ouest** *f* Westeuropa
~ **orientale/de l'Est** *f* Osteuropa
European Currency Unit (ECU) *m* Europäische Währungseinheit (ECU)
européen, ne europäisch
△ **Acte unique ~** *m* Einheitliche Europäische Akte; **Banque centrale ~ne** *f* europäische Zentralbank; **Commission ~ne** *f* Europäische Kommission; **Communauté ~ne** *f* Europäische Gemeinschaft; **Conseil ~** *m* Europäischer Rat; **construction ~ne** *f* europäischer Aufbauprozeß; **Espace économique ~ (EEE)** *m* Europäischer Wirtschaftsraum (EWR); **grand marché ~** *m* europäischer Binnenmarkt; **groupement ~ d'intérêt économique (GEIE)** *m* eu-

ropäische wirtschaftliche Interessenvereinigung; **marché intérieur ~** *m* europäischer Binnenmarkt; **Office ~ des brevets (OEB)** *m* Europäisches Patentamt (EPA); **Système monétaire ~ (SME)** *m* Europäisches Währungssystem (EWS); **Union ~ne (UE)** *f* Europäische Union (EU); **unité de compte ~ne** *f* Europäische Rechnungseinheit

évacuation des déchets *f* Abfallentsorgung

évacuer ***qc*** *etw* wegschaffen, beseitigen, entsorgen, evakuieren

évaluation *f* Bewertung, Schätzung, Auswertung

△ **critère d'~** *m* Bewertungskriterium; **difficultés d'~** *fpl* Bewertungsprobleme; **échelle d'~** *f* Bewertungskriterium; **méthode d'~** *f* Bewertungsmethode; **mode d'~** *m* Bewertungskriterium

~ **par le bénéfice** *f* Bewertung nach dem Betriebsergebnis

évaluer ***qc*** *etw* bewerten, auswerten, veranschlagen, beziffern, schätzen, abschätzen

△△ **le chômage est évalué à x pour cent** die Arbeitslosigkeit wird auf x Prozent geschätzt

~ **l'importance du sinistre** die Schadenshöhe abschätzen/ermitteln, den Schaden abschätzen

~ **les dégâts/les dommages** den Schaden/die Schäden abschätzen

~ **trop bas** unterschätzen, unterbewerten

~ **trop haut** überschätzen, überbewerten

évasion fiscale *f* Steuerflucht, Steuerevasion

événement de force majeure *m* Ereignis höherer Gewalt, höhere Gewalt

événement naturel *m* natürliches Ereignis

événementiel Erlebnis-, Event-

△ **marketing ~** *m* Erlebnismarketing, Eventmarketing

éventail *m* Fächer, Palette, Auswahl, Angebot

~ **de produits** *m* Produktpalette, Produktfächer

~ **de services** *m* Dienstleistungspalette

~ **des prix** *m* Preispalette, Preisspanne

~ **des revenus** *m* Einkommensschere

~ **des salaires** *m* Lohnskala

éviction *f* Verdrängung, Auschaltung

△ **indemnité d'~** *f* Abstandszahlung, Konventionalstrafe; **processus d'~** *m* Verdrängungsprozeß

évidence (mettre en ~ ***qc*****)** *etw* deutlich machen

évoluer sich (fort)entwickeln

△ **langage évolué** *m* höhere Programmiersprache

évolutif, ive entwicklungsfähig

évolution *f* Entwicklung, Tendenz

△△ **faire ressortir une ~** eine Entwicklung aufzeigen

~ **conjoncturelle/de la conjoncture** *f* Konjunkturentwicklung

~ **de la branche d'activité** *f* Branchenentwicklung

~ **de la population** *f* Bevölkerungsentwicklung

~ **de la rentabilité** *f* Ertragsentwicklung

~ **démographique** *f* Bevölkerungsentwicklung

~ **des cours en Bourse** *f* Börsenkursentwicklung

~ **des effectifs** *f* Personalentwicklung

~ **des prix** *f* Preisentwicklung

~ **des rémunérations/salaires** *f* Lohn- und Gehaltsentwicklung

~ **du chiffre d'affaires** *f* Umsatzentwicklung

~ **du cours des valeurs** *f* Kursentwicklung

~ **du marché** *f* Marktentwicklung

~ **en termes nominaux** *f* nominale Entwicklung

~ **en termes réels** *f* reale Entwicklung

~ **nominale des revenus** *f* nominale Einkommensentwicklung

~ **réelle des revenus** *f* reale Einkommensentwicklung

évoquer ***qc*** *etw* erwähnen

exacerber ***qc*** *etw* verschärfen, zuspitzen

~ **les fluctuations de change** die Währungsschwankungen verschärfen/ zuspitzen

exagéré, e überhöht, übertrieben

examen *m* Prüfung, Überprüfung, Untersuchung, Beurteilung

~ **approfondi** *m* gründliche Untersuchung

~ **cas par cas** *m* Überprüfung des jeweiligen/einzelnen Falls, Überprüfung Fall für Fall

~ **de la situation** *m* Beurteilung der Lage
~ **médical** *m* ärztliche Untersuchung
examiner ***qc*** *etw* (nach)prüfen, überprüfen
~ **le bilan** die Bilanz prüfen
~ **les dossiers** die Akten überprüfen/durcharbeiten
excédent *m* Überschuß, Exzedent
△ **contraction d'un ~** *f* Verringerung eines Überschusses; **réassurance en ~ de sinistre** *f* Exzedentenversicherung; **restitution de l'~ de versement** *f* Steuerrückerstattung; **traité d'~** *m* Exzedentenrückversicherung
△△ **accuser/afficher/enregistrer/dégager un ~** einen Überschuß aufweisen/verzeichnen/erzielen/abwerfen; **l'~ est de/s'élève à/se chiffre à x pour cent** der Überschuß beträgt x Prozent; **réaliser un ~** einen Überschuß realisieren/aufweisen/verzeichnen
~s agricoles *m pl* Agrarüberschüsse
~ **à l'égard/vis-à-vis d'un pays** *m* Überschuß gegenüber einem Land
~ **agro-alimentaire** *m* Außenhandelsüberschuß in der Lebensmittelindustrie, Überschuß bei Nahrungsmittelprodukten und landwirtschaftlichen Erzeugnissen
~ **brut d'exploitation** *m* Bruttobetriebserfolg, Bruttobetriebsergebnis
~ **commercial** *m* (Außen)Handelsüberschuß, Exportüberschuß
~ **courant** *m* laufender Überschuß
~ **d'offre** *m* Angebotsüberhang
~ **de l'exercice** *m* Jahresüberschuß
~ **de la balance** *m* Bilanzüberschuß
~ **de la balance commerciale** *m* Handelsbilanzüberschuß
~ **de la balance des capitaux** *m* Kapitalbilanzüberschuß
~ **de la balance des paiements** *m* Zahlungsbilanzüberschuß
~ **de la balance des services** *m* Dienstleistungsbilanzüberschuß
~ **de la balance des transactions courantes** *m* Leistungsbilanzüberschuß
~ **de la demande** *m* Nachfrageüberhang
~ **de la production** *m* Produktionsüberschuß
~ **de liquidités** *m* Liquiditätsüberschuß
~ **de naissances** *m* Geburtenüberschuß
~ **de poids** *m* Übergewicht
~ **de production** *m* Produktionsüberschuß
~ **de sinistre (réassurance en ~** *f*) *m* Exzedenten(rück)versicherung
~s de trésorerie *m pl* Überliquiditäten, Liquiditätsüberschüsse
~ **des échanges** *m* Handelsüberschuß, Überschuß im Außenhandel
~ **des services** *m* Überschuß aus dem Dienstleistungsverkehr
△ **repli de l'~** *m* Rückgang des Dienstleistungsüberschusses/des Überschusses der Dienstleistungsbilanz
~s du commerce extérieur *m* Außenhandelsüberschuß
~ **du pouvoir d'achat** *m* Kaufkraftüberhang
~ **du tourisme** *m* Überschuß aus dem Tourismus
~ **industriel** *m* Überschuß aus dem Industriewarenverkehr
~ **touristique** *m* Überschuß aus dem Tourismus
excédentaire überschüssig, Mehr-
△ **balance ~** *f* überschüssige Bilanz; **bilan ~** *m* überschüssige Bilanz; **dépenses ~s** *f pl* Mehraufwand; **production ~** *f* Mehrproduktion; **solde ~ de la balance** *m* Bilanzüberschuß
excéder ***qc*** *etw* übersteigen, überschreiten
~ **un certain niveau** eine bestimmte Höhe übersteigen
~ **ses pouvoirs** seine Befugnisse überschreiten
excepté ausgenommen
exceptionnel, le außergewöhnlich, Sonder-, Ausnahme-
△ **cas ~** *m* Ausnahmefall; **charges ~les** *f pl* außerordentliche Aufwendungen
excès de la demande *m* Nachfrageüberhang
excès de liquidité *m* Überliquidität
excès de vitesse *m* Geschwindigkeitsüberschreitung, Geschwindigkeitsübertretung, überhöhte Geschwindigkeit
excessif, ive übermäßig, exzessiv
△ **demande ~ive** *f* übermäßige Nachfrage, Nachfrageüberhang; **fiscalité ~ive** *f* übermäßig hohe steuerliche Belastung
exclure ***qc*** *etw* ausschließen
exclusif, ive alleinig, ausschließlich, Allein-, Exklusiv-

△ **agent ~** *m* Alleinvertreter; **concessionnaire ~** *m* alleiniger Vertragshändler; **distribution ~ive** *f* Alleinvertrieb; **distributeur ~** *m* Alleinvertreiber; **droit ~** *m* ausschließliches Recht; **compétence ~ive** *f* Alleinzuständigkeit; **représentation ~ive** *f* Alleinvertretung
exclusion *f* Ausschluß, Ausschließung, soziale Marginalisierung
△ **lutte contre l'~** *f* Kampf gegen soziale Marginalisierung
exclusivité *f* Ausschließlichkeit
△ **clause d'~** *f* Alleinvertretungsklausel; **contrat d'~** *m* Exklusivvertrag
~ territoriale *f* Alleinvertrieb mit Gebietsschutz
excursion en bateau *f* Ausflugsfahrt mit dem Schiff, Bootsfahrt, Schiffausflug
exécuter *qc* *etw* ausführen, durchführen, vollziehen, tätigen, erbringen, abwickeln
~ des ordres d'achat et de vente Kauf- und Verkaufsaufträge/Kauf- und Verkaufsorder ausführen
~ des ordres de Bourse Börsenaufträge ausführen
~ un travail eine Arbeit ausführen/leisten
~ une commande einen Auftrag ausführen
~ une opération ein Geschäft tätigen
exécuteur *m* Vollstrecker, Vollzieher
~ testamentaire *m* Testamentvollstrecker
exécutif *m* vollziehende Gewalt, Exekutive
exécutif, ive ausführend
△ **organe ~** *m* ausführendes Organ
exécution *f* Ausführung, Durchführung, Erfüllung, Vollstreckung, Anfertigung
△ **arrêt-~** *m* Mobiliarzwangsvollstreckung; **lieu d'~** *m* Ausführungsort; **non-~** *f* Nichterfüllung
~ d'un ordre de Bourse *f* Ausführung eines Börsenauftrags
~ des commandes *f* Auftragsabwicklung
~ du testament *f* Testamentsvollstreckung
~ forcée *f* Zwangsvollstreckung
~ spéciale *f* Spezialanfertigung
exécutoire vollstreckbar
△ **titre ~** *m* vollstreckbarer Titel
exemplaire *m* Exemplar, Ausfertigung
△ **en trois ~s** in dreifacher Ausfertigung
exempt, e d'impôt steuerfrei
exempt, e de droits (de douane) gebührenfrei, zollfrei
exempté, e d'un impôt von einer Steuer befreit
exempter *qc/qn* **d'un impôt** *etw/jdn* von einer Steuer befreien
exemption *f* Befreiung
△ **en ~ de droits (de douane)** gebührenfrei, zollfrei
~ d'impôt *f* Steuerbefreiung
exercer *qc* *etw* ausüben, betreiben
~ à plein temps vollzeitbeschäftigt sein
~ un commerce einen Handel betreiben
~ un contrôle eine Kontrolle ausüben
~ un droit d'option eine Option/ein Optionsrecht ausüben
~ un métier einen Beruf ausüben
~ un pouvoir sur *qn* auf *jdn* einen Einfluß ausüben/Einfluß haben
~ un recours von einem Rechtsmittel Gebrauch machen, Rechtsmittel einlegen
~ une action contre *qn* eine Klage gegen *jdn* einreichen
~ une activité commerciale ein Gewerbe betreiben
~ une activité/profession libérale eine freiberufliche Tätigkeit ausüben, freiberuflich tätig sein, freiberuflich arbeiten
~ une activité professionnelle eine berufliche Tätigkeit ausüben
~ une fonction ein Amt bekleiden
~ une ponction sur les revenus die Einkommen stärker besteuern
~ une profession einen Beruf ausüben
~ sur *qc* **(s')** sich auf *etw* auswirken
exercice *m* 1. Wirtschaftsjahr, Finanzjahr, Geschäftsjahr, Rechnungsjahr 2. Übung, Ausübung
△ **bilan de fin d'~** *m* Jahresabschluß(bilanz); **capacité d'~** *f* Ausübungsfähigkeit; **clôture de l'~** *f* Abschluß des Geschäftsjahres; **dans l'~ de sa fonction de ...** in Ausübung seiner Funktion als...; **en fin d'~** bei Jahresabschluß; **excédent de l'~** *m* Jahresüberschuß; **incapacité d'~** *f* Berufsunfähigkeit, Geschäftsunfähigkeit; **par rapport à l'~ précédent** gegenüber dem Vorjahr; **rapport d'~** *m* Geschäftsbericht; **résultat de l'~** *m* Jahres-

ergebnis, Jahresüberschuß, Jahresfehlbetrag, Erfolgsbilanz

△△ **entrer en ~** sein Amt antreten

~ **bénéficiaire** *m* Gewinnjahr

~ **budgétaire** *m* Haushaltsjahr

~ **clos au ...** *m* am ... abgeschlossenes Wirtschaftsjahr

~ **commercial** *m* Geschäftsjahr

~ **comptable** *m* Rechnungsjahr, Wirtschaftsjahr

~ **d'un mandat** *m* Ausübung eines Mandats

~ **d'une profession** *m* Berufsausübung

~ **d'une profession libérale** *m* Ausüben einer freiberuflichen Tätigkeit

~ **de la souveraineté** *m* Herrschaftsausübung

~ **déficitaire** *m* Verlustjahr

~ **en cours** *m* laufendes Wirtschaftsjahr

~ **fiscal** *m* Steuerjahr

exhérédation *f* Enterbung

exigence *f* Anforderung, Erfordernis

△△ **émettre des ~s** Anforderungen stellen

~s du crédit *f pl* Erfordernisse des Akkreditivs, kredittechnische Erfordernisse

~ **technique** *f* technische Anforderung

exiger *qc* *etw* verlangen

exigibilité *f* Fälligkeit, *pluriel:* Verbindlichkeiten

△ **date d'~ d'une dette** *f* Fälligkeitsdatum einer Schuld; **dettes classées par ordre d'~ croissante** *f* nach wachsendem Fälligkeitsdatum geordnete Schulden

~ **d'une créance** *f* Fälligkeit/Eintreibbarkeit einer Forderung

~s à court terme *f pl* kurzfristige Verbindlichkeiten

exigible rückzahlbar, fällig

△ **créance ~** *f* eintreibbare Forderung; **dette ~** *f* fällige Schuld; **intérêts ~s** *m pl* fällige Zinsen; **passif ~ à court terme** *m* laufende Verbindlichkeiten

△△ **le solde est ~ immédiatement** der Saldo wird sofort fällig

existence *f* Vorhandensein, Bestand, Existenz, *pluriel:* Bestand, Bestände *Buchhaltung*

△ **accroissement des ~s** *m* Bestandszunahme; **compte d'~** *m* Bestandskonto; **conditions d'~** *f pl* Lebensbedingungen; **diminution des ~s** *f* Bestandsverringerung; **moyens d'~** *m pl* Existenzgrundlage

~ **de la provision en compte** *f* Vorhandensein der Kontodeckung

~ **juridique** *f* rechtlicher Bestand

exode rural *m* Landflucht

exonération *f* Befreiung, Entlastung, Dispens, Verzicht, Erlaß

~ **d'impôt** *f* Steuererlaß, Steuerbefreiung

~ **de taxes** *f* Gebührenfreiheit

~ **des plus-values** *f* Wertzuwachsbefreiung

~ **fiscale** *f* Steuerbefreiung, Steuerfreiheit

~ **totale** *f* völlige Steuerbefreiung

exonéré, e d'impôt von der Steuer befreit, steuerbefreit, steuerfrei

exonéré, e de l'impôt sur le revenu einkommensteuerfrei

exonéré, e de la TVA mehrwertsteuerfrei

exonérer ***qc/qn*** **d'un impôt/d'un droit** *jdn* von einer Steuer/Abgabe befreien

exorbitant, e übermäßig, übertrieben, überhöht, horrend

△ **coûts ~s** *m* horrende Kosten; **loyer ~** *m* überhöhte Miete; **prix ~** *m* horrender Preis

expansion *f* Aufschwung, Expansion, Wirtschaftsaufschwung, Konjunkturanstieg, Wirtschaftsausdehnung, Wirtschaftswachstum

△ **économie d'~** *f* Wachstumswirtschaft; **en ~** im Aufschwung; **essoufflement de l'~** *m* Verlangsamung/Abschwächung des Aufschwungs; **investissement d'~** *m* Erweiterungsinvestition; **moteur de l'~** *m* Wachstumsmotor; **phase d'~** *f* Aufschwungsphase; **secteur en ~** *m* Wachstumsbranche; **société en ~** *f* expandierendes Unternehmen; **taux d'~** *m* Expansionsrate

△△ **ralentir l'~** den Aufschwung bremsen

~ **conjoncturelle** *f* Wirtschaftsaufschwung

~ **de la population** *f* Bevölkerungswachstum, Bevölkerungszunahme

~ **démographique** *f* Bevölkerungswachstum, Bevölkerungszunahme

~ **du crédit** *f* Kreditausweitung

~ **du marché** *f* Marktausweitung

~ **économique** *f* Wirtschaftsaufschwung, Wirtschaftswachstum
~ **industrielle** *f* industrielle Expansion
expansionnisme *m* Expansionismus
expansionniste expansionistisch
expatrié, e ausgebürgert, ausgewandert, Auslands-
△ **Français ~s** *m pl* Auslandsfranzosen; **travailleur ~** *m* im Ausland Arbeitender
expédier *qc* *etw* versenden, abschicken, aufgeben
△ **prêt, e à être expédié, e** versandbereit, versandfertig
~ *qc* **en douane** *etw* beim Zoll abfertigen
expéditeur *m* Absender
expédition *f* 1. Versand, Versendung, Absendung 2. Ausfertigung, Abschrift
△ **avis d'~** *m* Versandanzeige; **bordereau d'~** *m* Begleitschein, Versandschein; **bulletin d'~** *m* Versandschein, Frachtbrief; **date d'~** *f* Absendedatum; **documents d'~** *m pl* Versandpapiere; **frais d'~** *m pl* Versandkosten; **mode d'~** *m* Versandart; **récipissé d'~** *m* Ausgangsschein; **service d'~** *m* Versandabteilung
expérience professionnelle *f* Berufserfahrung
expérimenté, e erfahren
expert *m* Sachverständiger, Fachmann, Experte
△ **conseil des ~s** *m* Sachverständigenrat; **honoraires d'~** *m pl* Sachverständigengebühren
~ **comptable** *m* (vereidigter) Buchprüfer, Rechnungsprüfer, Bücherrevisor
△ **Union des experts comptables** *f* Berufsverband der Rechnungsprüfer
~ **économique** *m* Wirtschaftsexperte
~ **en assurances** *m* Versicherungssachverständiger
~ **fiscal** *m* Steuerberater
expertise *f* Gutachten
△ **rapport d'~** *m* Gutachten
~ **amiable** *f* freiwillige Heranziehung eines Sachverständigen
~ **comptable** *f* Buchprüfung
△ **société d'~** *f* Buchprüfungsgesellschaft
~ **contradictoire** *f* widersprüchliches Gutachten
~ **du sinistre** *f* Schadensbegutachtung
~ **judiciaire** *f* Heranziehung eines Sachverständigen (auf Grund gerichtlicher Anordnung)
expertiser *qc* *etw* begutachten
expiration *f* Ablauf(en), Auslauf(en), Verfall, Ende
△ **date d'~** *f* Verfallsdatum, Auslaufdatum, Gültigkeitsende
~ **de validité** *f* Ende der Geltungsdauer
~ **du bail** *f* Ablauf des Mietvertrags/Leasingvertrags
~ **du contrat** *f* Vertragsablauf, Vertragsende
expirer ablaufen, auslaufen, enden
exploitable par ordinateur maschinenlesbar
exploitant *m* Betreiber, Unternehmer, Kaufmann
~ **agricole** *m* selbständiger Landwirt
△ **syndicat d'exploitants agricoles** *m* Bauernverband
~ **individuel** *m* Einzelunternehmer, Einzelkaufmann
exploitation *f* 1. Betrieb 2. Geschäftstätigkeit, Bewirtschaftung 3. Auswertung, Abbau, Gewinnung, Ausbeutung
△ **bénéfice d'~** *m* Betriebsgewinn; **capital d'~** *m* betriebliches Vermögen, Betriebsvermögen, Gewerbekapital; **chef d'~** *m* selbständiger Betreiber; **comptabilité d'~** *f* betriebliches Rechnungswesen, Betriebsbuchführung; **compte analytique d'~** *m* Konto der Betriebsbuchhaltung; **compte d'~ générale** *m* allgemeine Betriebsbuchhaltung; **coût d'~** *m* Betriebskosten pro Einheit; **crédit d'~** *m* Betriebsmittelkredit; **décompte d'~** *m* Betriebsabrechnung; **dépenses d'~** *f pl* Betriebsausgaben; **dettes d'~** *f pl* Unternehmensschulden; **directeur/directrice d'~** *m/f* Betriebsdirektor(in); **droit d'~** *m* Abbaurecht, Schürfrecht; **excédent brut d'~** *m* Bruttobetriebserfolg, Bruttobetriebsergebnis; **frais d'~** *m pl* Betriebskosten; **logiciel d'~** *m* Betriebssystemsoftware, Systemsoftware; **marge d'~** *f* Spanne, Gewinnspanne; **mise en ~** *f* Inbetriebnahme; **mode d'~** *m* Betriebsform; **moyens d'~** *m pl* Betriebsmittel; **perte d'~** *f* Betriebsver-

lust; **produit net d'~** *m* Nettobetriebsergebnis; **résultat d'~** *m* Betriebsergebnis; **résultat net d'~** *m* Nettobetriebsergebnis, bereinigter Gewinn; **statistique d'~** *f* Betriebsstatistik; **système d'~** *m* Betriebssystem; **valeurs d'~** *f pl* Betriebsvermögen
~ **agricole** *f* landwirtschaftlicher Betrieb
~ **agricole à responsabilité limitée** *f* landwirtschaftlicher Betrieb in Form einer GmbH
~ **d'un résultat** *f* Auswertung eines Ergebnisses
~ **d'une carrière** *f* Abbau eines Steinbruchs
~ **d'une mine** *f* Betrieb einer Grube/eines Bergwerks
~ **de matières premières** *f* Rohstoffgewinnung, Rohstoffausbeutung, Förderung von Rohstoffen
~ **des ressources naturelles** *f* Ausbeutung der natürlichen Ressourcen
~ **du sol** *f* Bodennutzung
~ **familiale** *f* Familienbetrieb
~ **forestière** *f* Forstbetrieb
~ **globale** *f* Gesamtbetrieb
~ **(non) rentable** *f* (un)rentabler Betrieb

exploiter ***qc (qn)*** *etw* auswerten, verwerten, betreiben, bewirtschaften, *etw (jdn)* ausbeuten
~ **un brevet** ein Patent auswerten
~ **un magasin en franchise** einen Laden in Franchise betreiben
~ **un ouvrier** einen Arbeiter ausbeuten
~ **une ferme** einen Bauernhof bewirtschaften
~ **une mine** ein Bergwerk/eine Grube betreiben/ausbeuten

explosif, ive explosiv, Spreng-
△ **substance ~ive** *f* explosive Substanz

explosion des coûts *f* Kostenexplosion

explosion des marges *f* Hochschnellen der Gewinnspannen

export *m* Export, Ausfuhr
△ **service ~** *m* Exportabteilung

exportateur *m* Exporteur
△ **deuxième ~ mondial** *m* weltweit zweitgrößter Exporteur
~ **de pétrole** *m* Ölexporteur, Erdölexporteur
~ **net** *m* Nettoexporteur
△ **~ de capitaux** *m* Kapitalnettoexporteur

exportateur, trice Ausfuhr-, Export-
△ **agent ~** *m* Exportvertreter; **branche ~trice** *f* Exportbranche; **entreprise ~trice** *f* Exportunternehmen; **pays ~** *m* Ausfuhrland, Exportland; **potentiel ~** *m* Exportpotential
~ **de pétrole** ölexportierend, erdölexportierend
△ **Organisation des pays ~s de pétrole (OPEP)** *f* Organisation erdölexportierender Länder, Organization of Petroleum Exporting Countries (OPEC)

exportation *f* Export, Ausfuhr, *pluriel:* Ausfuhrhandel, Exporte, Exportgüter, Exporttätigkeit
△ **aide à l'~** *f* Exportförderung; **biens destinés à l'~** *m pl* Ausfuhrgüter; **capacité d'~** *f* Exportpotential; **chiffre d'affaires à l'~** *m* Exportumsatz; **contingent à l'/d'~** *m* Ausfuhrkontingent, Exportkontingent; **contingentement des ~s** *m* Ausfuhrkontingentierung, Exportkontingentierung; **contrat à l'~** *m* Exportvertrag; **courant d'~s** *m* Exporttätigkeit; **crédit à l'~** *m* Exportkredit; **culture d'~** *f* für den Export bestimmter Anbau; **débouchés à l'~** *m pl* Absatzmöglichkeiten im Ausland; **effort d'~** *m* Exportbemühung; **embargo sur les ~s** *m* Exportembargo; **financement à l'~** *m* Ausfuhrfinanzierung; **flux d'~** *m* Exportströmung; **formalités d'~** *f pl* Ausfuhrformalitäten; **importation-~** *f* Einfuhr-Ausfuhr, Import-Export; **incitation à l'~** *f* Exportanreiz; **industrie d'~** *f* Exportgüterindustrie; **interdiction d'~** *f* Exportverbot, Ausfuhrverbot; **licence d'~** *f* Ausfuhrerlaubnis, Ausfuhrgenehmigung; **maison d'~** *f* Exportfirma; **marché d'~** *m* Exportmarkt; **monopole d'~** *m* Exportmonopol; **montant des ~s** *m* Höhe/Umfang der Ausfuhren/Exporte; **négociant à l'~** *m* Exporthändler, Exportgroßhändler, Großexporteur; **niveau des ~s** *m* Höhe der Exporte; **offre d'~** *f* Exportangebot; **préfinancement des ~s** *m* Exportvorfinanzierung; **prime à l'~** *m* Ausfuhrprämie; **prix à l'~** *m* Exportpreis; **prohibition d'~** *f* Aus-

fuhrverbot; **recettes d'~/à l'** *f pl* Exporterlöse; **reprise des ~s** *f* Anziehen der Exporte; **service ~** *m* Exportabteilung; **subvention à l'~** *f* Ausfuhrbeihilfe, Exportbeihilfe, Exportsubvention; **taux d'intérêt à l'~** *m* Zinsen für Ausfuhrkredite; **taxe à l'~** *f* Ausfuhrabgabe, Ausfuhrsteuer, Exportabgabe, Exportsteuer; **volume des ~s** *m* Exportvolumen

△△ **axé, e sur l'~** exportorientiert; **freiner les ~s** die Ausfuhr(en) bremsen; **interdire l'~ d'un produit** die Ausfuhr eines Produktes verbieten; **limiter les ~s** den Export beschränken; **mettre un embargo sur les ~s** eine Ausfuhrsperre verhängen; **réaliser x pour cent de son chiffre d'affaires à l'~** x Prozent seines Umsatzes im Export erzielen; **stimuler les ~s** den Export fördern

~s à destination de ... *f pl* Exporte nach...

~s agricoles *f pl* Agrarexporte

~s automobiles *f pl* Fahrzeugexporte

~s courantes *f pl* laufende Exporte

~ de capitaux *f* Kapitalexport

~s de marchandises *f pl* Warenexporte

~ de pétrole *f* Erdölexport

~ en franchise *f* zollfreie Ausfuhr

~s nettes *f pl* Nettoexporte

~ soumise à licence *f* genehmigungspflichtige Ausfuhr

exporter *qc etw* exportieren, ausführen

△ **inflation exportée** *f* exportierte Inflation; **interdiction d'~** *f* Exportverbot, Ausfuhrverbot

exposant *m* Aussteller

exposition *f* Ausstellung, Messe, Salon

△ **meuble d'~** *m* Warenständer; **palais des ~s** *m* Ausstellungsgebäude; **parc d'~** *m* Messegelände, Ausstellungsgelände

△△ **ouvrir une ~** eine Ausstellung eröffnen

~ spécialisée *f* Fachausstellung

~ universelle *f* Weltausstellung

exprès Eil-, Sonder-

△ **envoi en ~** *m* Eilsendung; **lettre ~** *f* Eilbrief; **par ~** per Eilboten/Eilbrief

express *m* Schnellzug, D-Zug

express Eil-, Schnell-, Kurier-

△ **messagerie ~** *f* Kurierdienst; **métro-~** *m* S-Bahn, Schnellbahn; **régime ~** *m* Expreßgut, Expreßsendung; **Réseau ~ régional (RER)** Pariser S-Bahn-Netz

exprimer *qc etw* ausdrücken, abgeben

△ **suffrage exprimé** *m* abgegebene Stimme

~ en francs/prix constants in konstanten Franc/Preisen ausdrücken

~ en francs/prix courants in laufenden Franc/Preisen ausdrücken

expropriation *f* Enteignung

exproprier *qn jdn* enteignen

expulser *qn jdn* ausweisen, vertreiben, zwangsräumen

expulsion *f* Ausweisung, Vertreibung, Zwangsräumung

△ **arrêté d'~** *m* Räumungsbefehl, Ausweisungsverfügung

~ d'un locataire *f* Zwangsräumung einer Wohnung

ex-RDA *f* ehemalige DDR

extensif, ive extensiv

△ **culture ~ive** *f* extensive Wirtschaft

extension *f* Ausweitung, Ausdehnung

△ **investissement d'~** *m* Erweiterungsinvestition

~ des garanties *f* Ausweitung der Garantien, *assurance:* Erweiterung des Versicherungsschutzes

extérieur *m* Ausland

extérieur ausländisch, Außen-, Auslands-, Fremd-

△ **commerce ~** *m* Außenhandel; **comptes ~s** *m pl* Außenhandelsbilanzkonten; **débouchés ~s** *m pl* Auslandsabsatz; **déficit ~** *m* Auslandsdefizit; **demande ~e** *f* Auslandsnachfrage; **dette ~e** *f* Auslandsverschuldung, Auslandsschuld; **échanges ~s** *m pl* Außenhandel; **emprunt ~** *m* ausländische Anleihe; **endettement ~** *m* Auslandsverschuldung; **équilibre (du commerce) ~** *m* Außenhandelsgleichgewicht; **financement ~** *m* Außenfinanzierung; **marché ~** *m* Auslandsmarkt; **services ~s** *m pl* Fremdleistungen

externe extern, Außen-, Auslands-, Ausländer-

△ **convertibilité ~** *f* Ausländerkonvertierbarkeit; **endettement ~** *f* Auslandsverschuldung, Auslandsschuld; **financement ~** *m* Außenfinanzierung

extincteur *m* Feuerlöscher

extinction d'une créance *f* Erlöschen einer Forderung
extinction d'une dette *f* Erlöschen einer Schuld
extinction du passif *f* Passivtilgung
extorsion de fonds *f* Erpressung von Geldern
extra-communautaire außergemeinschaftlich
extraordinaire außerordentlich, außergewöhnlich, Sonder-
△ **décision** ~ *f* außergewöhnliche Entscheidung, Sonderbeschluß; **séance** ~ *f* Sondersitzung; **sommet** ~ *m* außerordentlicher Gipfel
extraction *f* Förderung, Abbau, Gewinnung
~ **charbonnière/du charbon** *f* Kohlenförderung
~ **de la houille** *f* Steinkohlenabbau
~ **minière** *f* Bergbau, Gewinnung von Bodenschätzen
~ **pétrolière** *f* Ölförderung
extractif, ive herausziehend, Berg-
△ **industrie ~ive** *f* Bergbau
extradition *f* Auslieferung
extraire du minerai Erz fördern/abbauen/gewinnen
extrait *m* Auszug, Extrakt
~ **de compte** *m* Kontoauszug
~ **du Registre du commerce et des sociétés (RCS)** *m* Auszug aus dem Handelsregister
~ **journalier de compte** *m* Tageskontoauszug
extrapatrimonial nicht zum Vermögen gehörend
extrapolation *f* Extrapolierung

F

FCP (Fonds commun de placement) *m* Sammelanlagefonds
FCP de court terme *m* Geldmarktfonds
FAB (franco à bord) FOB (Free on board)
△ **calcul** ~ *m* Berechnung auf FOB-Basis/in FOB-Preisen; **contrat** ~ *m* Vertrag auf FOB-Basis; **prix** ~ *m* FOB-Preis; **statistiques** ~ *f pl* Statistiken auf FOB-Grundlage; **vente** ~ *f* FOB-Geschäft
△△ **calculer** *qc* ~ *etw* auf FOB-Basis/in FOB-Preisen berechnen
fabricant *m* Hersteller
fabrication *f* Fertigung, Herstellung, Fabrikation
△ **atelier de** ~ *m* Fertigungshalle; **brevet de** ~ *m* Herstellungspatent; **chaîne de** ~ *f* Fertigungsstraße, Fertigungsband; **contrôle de la** ~ *m* Fertigungskontrolle; **cours de** ~ *m* Herstellungsprozeß; **coûts de** ~ *m pl* Herstellungskosten; **défaut de** ~ *m* Fabrikationsfehler; **délai de** ~ *m* Fertigungsfrist, Herstellungszeit; **entreprise de** ~ *f* Fertigungsbetrieb; **fiche de** ~ *f* Fertigungszettel; **frais de** ~ *m pl* Herstellungskosten; **gamme de** ~ *f* Fertigungsprogramm; **ordonnancement de la** ~ *f* Fertigungssteuerung; **planning de** ~ *m* Produktionsplanung; **procédé de** ~ *m* Herstellungsverfahren, Produktionsverfahren; **risque de** ~ *m* Fabrikationsrisiko; **secret de** ~ *m* Produktionsgeheimnis, Fabrikationsgeheimnis; **technique de** ~ *f* Produktionstechnik, Fertigungstechnik; **type de** ~ *m* Fertigungstyp; **unité de** ~ *f* Fertigungsstätte; **vice de** ~ *m* Fabrikationsfehler
~ **à l'unité** *f* Einzelfertigung
~ **à la chaîne** *f* Fließfertigung, Fließbandfertigung
~ **à la chaîne à l'aide d'une chaîne de montage** *f* Fließbandfertigung
~ **assistée par ordinateur (FAO)** *f* computergestützte Fertigung/Herstellung
~ **de conserves** *f* Konservenherstellung
~ **de masse** *f* Massenproduktion
~ **de produits** *f* Herstellung von Produkten
~ **de produits alimentaires** *f* Nahrungsmittelherstellung
~ **de séries alternées** *f* Sortenfertigung
~ **en atelier** *f* Werkstattfertigung
~ **en grande(s) série(s)** *f* Großserienfertigung
~ **en série** *f* Serienfertigung
~ **industrielle** *f* industrielle Fertigung
~ **sous licence** *f* Lizenzfertigung
~ **sur commande** *f* Auftragsfertigung

fabrique *f* Fabrik, Produktionsbetrieb, Werk
△ **marque de ~** *f* Fabrikmarke; **prix de ~** *m* Fabrikpreis
fabriquer *qc etw* fertigen, herstellen
~ de grandes/petites séries große/kleine Serien fertigen
~ un produit sous licence ein Produkt in Lizenz fertigen
facilité *f* Erleichterung, Kulanz, Vergünstigung, Faszilität
~s de caisse *f pl* Überziehungskredit
~s de crédit *f pl* Kreditmöglichkeiten
△△ **accorder des ~ à** ***qn*** *jdm* Kreditmöglichkeiten einräumen
~s de financement *f pl* Finanzierungsmöglichkeiten, Finanzierungserleichterungen
~s de paiement *f pl* Zahlungserleichterungen
faciliter les échanges den Warenaustausch erleichtern
façon *f* Art, Weise, Machart, Ausführung, Werklohn
△ **travail à ~** *m* Werklohnarbeit
~ de faire *f* Vorgehensweise
facteur *m* 1. Briefträger 2. Faktor, Produktionsfaktor
△ **au coût des ~s** zu Faktorkosten
~ coûts *m* Kostenfaktor
~ d'inflation *m* Inflationsfaktor
~ de calcul *m* Berechnungsfaktor
~ de croissance *m* Wachstumsfaktor, Wachstumsträger, *en apposition:* wachstumsfördernd, wachstumstragend
~ de production *m* Produktionsfaktor
~ dispositif *m* dispositiver Faktor
~ élémentaire *m* Elementarfaktor
~ primaire *m* Elementarfaktor
~ principal *m* Hauptfaktor
~ supplémentaire *m* Zusatzfaktor
facto (de ~) de facto, De-Fakto-
△ **société créée de ~** *f* De-Fakto-Gesellschaft
factoring *m* Factoring
facturation *f* Rechnungserstellung, Rechnungssaustellung, Fakturierung
△ **monnaie de ~** *f* Fakturierungswährung
facture *f* Rechnung
△ **établissement de la ~** *m* Rechnungserstellung, Rechnungssaustellung; **montant de la ~** *m* Rechnungsbetrag; **relevé de ~s** *m* Sammelrechnung, Rechnungsaufstellung; **vente sans ~** *f* Verkauf ohne Rechnung
△△ **régler une ~** eine Rechnung begleichen
~ alimentaire *f* Nahrungsmittelimportrechnung
~ énergétique *f* Energierechnung
△△ **grever la ~** die Energierechnung belasten
~ pétrolière *f* außenwirtschaftliche Ölrechnung, (Erd)Ölrechnung, Ölimportrechnung
△△ **alourdir la ~** die Ölimportrechnung erhöhen
facturer (*qc* à *qn*) (*jdm etw*) in Rechnung stellen, berechnen
△ **prestations facturées** *f pl* abgerechnete Leistungen
facultatif, ive freiwillig
△ **réserve ~ive** *f* freie/freiwillige Rücklage
faculté *f* 1. Fähigkeit, Möglichkeit 2. Befugnis, Recht 3. Fakultät 4. *pluriel:* Ladung, Kargo
△ **assurance sur ~s** *f* Kargoversicherung, Ladungsversicherung; **corps et ~s** *m pl* Schiff und Ladung
~ contributive *f* Steuerkraft
~ de régularisation *f* Regulierungsmöglichkeit
faible schwach
△ **monnaie ~** *f* schwache/weiche Währung
~ taux *m* niedrige Quote
faiblir sich abkühlen, sich abschwächen (Konjunktur)
failli *m* Konkursschuldner, Gemeinschuldner, Inhaber eines in Konkurs gegangenen Unternehmens
faillir à *qc etw* nicht nachkommen, nicht genügen
~ à ses engagements seinen Verpflichtungen nicht nachkommen
faillite *f* Konkurs, Insolvenz, Bankrott, Pleite, Konkursverfahren, Unternehmenszusammenbruch
△ **actif de la ~** *m* Konkursmasse; **cas de ~** *m* Konkursfall; **créances de la ~** *f pl* Konkursforderungen; **déclaration**

de ~ *f* Konkurserklärung; **entreprise au bord de la ~** *f* konkursbedrohtes Unternehmen; **masse de la ~** *f* Konkursmasse; **ouverture de la ~** *f* Konkurseröffnung; **passif de la ~** *m* Passivmasse; **procédure de ~** *f* Konkursverfahren; **syndic de ~** *m* Konkursverwalter
△△ **être au bord de la ~** am Rande des Konkurses stehen, vom Konkurs bedroht sein; **être en ~** in Konkurs sein; **être près de la ~** vor dem Konkurs stehen; **faire ~** Konkurs machen, in Konkurs gehen, Pleite gehen/machen *fam*; **se déclarer (en état) de ~** Konkurs erklären/anmelden
~ **frauduleuse/simple** *f* betrügerischer/ einfacher Konkurs
faim *f* Hunger
△ **rester sur sa ~** nicht auf seine Kosten kommen, leer ausgehen; **ne pas rester sur sa ~** *etw* geboten bekommen, auf seine Kosten kommen
faire acte de candidature sich bewerben, kandidieren
faire face à ***qc*** *etw* standhalten, entgegentreten
~ **à la concurrence** der Konkurrenz entgegentreten, sich dem Wettbewerb stellen
~ **à la demande** die Nachfrage befriedigen
~ **à ses dépenses** seine Ausgaben bestreiten
~ **à ses échéances** seine Schulden rechtzeitig bezahlen können
faire-valoir *m* Bodenbewirtschaftung
~ **collectif** *m* Kollektivbewirtschaftung
~ **direct** *m* Eigenbewirtschaftung, Selbstbewirtschaftung
faisabilité *f* Durchführbarkeit, Machbarkeit
△ **étude de ~** *f* Durchführbarkeitsstudie, Machbarkeitsstudie
fait *m* 1. Tatsache, Handlung, Faktum 2. *pluriel:* Tatbestand, Sachverhalt, Sachlage, Fakten
~ **accompli** *m* vollendete Tatsache
△△ **créer un ~** vollendete Tatsachen schaffen; **être mis devant le ~** vor vollendete Tatsachen gestellt werden
~ **allégué** *m* vorgegebene Tatsache
~ **délictueux** *m* strafbare Handlung
~ **fautif** *m* pflichtwidriges Handeln
~ **juridique** *m* juristischer Tatbestand
falsifier ***qc*** *etw* fälschen
~ **un bilan** eine Bilanz fälschen
familial, e die Familie betreffend, familiär, Familien-
△ **aide ~e** *f* Familienbeihilfe; **allocations ~es** *f pl* Familienbeihilfe; **budget ~** *m* Haushaltsbudget; **entreprise/exploitation ~e** *f* Familienbetrieb; **quotient ~** *m* Koeffizient zur Berücksichtigung der Familiengröße bei der Einkommensteuerberechnung (Familiensplitting); **société ~e** *f* Gesellschaft in Familienbesitz, Familiengesellschaft
famille *f* Familie
△ **chef de ~** *m* Haushaltsvorstand; **droit de la ~** *m* Familienrecht; **membre de la ~** *m* Angehöriger, Familienmitglied, Familienangehöriger; **situation de ~** *f* Familienstand
~ **de produits** *f* Produktfamilie
~ **monoparentale** *f* Familie mit alleinerziehendem Elternteil
~ **nombreuse** *f* kinderreiche Familie
famine *f* Hungersnot
faussaire *m* Fälscher
fausse monnaie *f* Falschgeld
fausser la concurrence den Wettbewerb verzerren
fausser le jeu commercial den Wettbewerb verzerren
faute *f* Fehler, Verstoß, Vergehen
~ **grave** *f* schwerer Verstoß, grober Fehler
~ **professionnelle** *f* Dienstvergehen
fautif, ive schuldig, schuldhaft, fehlerhaft
△ **fait ~** *m* pflichtwidriges Handeln; **retard ~** *m* schuldhafter Verzug
faux *m* Fälschung
△△ **condamner pour ~ et usage de ~** wegen Fälschung und Gebrauch gefälschter Urkunden verurteilen
~ **en écriture** *m* Urkundenfälschung
faux, sse falsch
~ **billet** *m* falsche Banknote, Blüte *fam*
~ **frais** *m pl* Unkosten
~ **monnayage** *m* Falschmünzerei, Geldfälschung
~ **-monnayeur** *m* Geldfälscher, Falschmünzer
~ **-témoignage** *m* falsche (Zeugen)Aussage, falsches Zeugnis

faveur *f* Gunst, Vergünstigung, Vorrecht
△ **traitement de ~** *m* Sonderbehandlung, Vorzugsbehandlung
favorable günstig
favoriser ***qc/qn*** *etw/jdn* begünstigen, fördern
~ l'investissement die Investitionen begünstigen, die Investitionstätigkeit anregen
~ la coopération die Zusammenarbeit fördern
~ le mouvement de déflation die Deflationsbewegung begünstigen
fax *m* Fax, Telefax
FBCF (formation brute de capital fixe) *f* Bruttoanlageinvestition
FCP (fonds commun de placement) *m* Beteiligungsfonds
fécondité *f* Fruchtbarkeit, Geburtenhäufigkeit
△ **taux de ~** *m* Fruchtbarkeitsquote, Fruchtbarkeitsziffer
fédéral, e Bundes-, föderal
△ **Banque Fédérale** *f* Bundesbank; **Etat ~** *m* Bundesstaat, Bund; **impôt ~** *m* Bundessteuer
fédération *f* 1. Bündnis, Bund 2. Verband, Dachverband, Zentralverband, Dachorganisation
~ centrale *f* Spitzenverband
~ de syndicats de l'industrie *f* Industrieverband
Fédération Nationale des Coopératives de Consommation *f* nationaler Verbund der Konsumgenossenschaften
~ syndicale *f* Gewerkschaftsverband
féminin, e weiblich, feminin, Frauen-
△ **activité ~e** *f* Erwerbstätigkeit bei Frauen; **professions ~es** *fpl* Frauenberufe; **taux d'activité ~e** *m* Erwerbsquote bei Frauen
féminisation de l'emploi *f* Feminisierung der Arbeit
femme au foyer *f* Hausfrau
femme d'affaires *f* Geschäftsfrau
fer *m* Eisen
△ **minerai de ~** *m* Eisenerz
fermage *m* Pacht(zins)
△ **bail de ~** *m* Pachtvertrag; **contrat de ~** *m* Pachtvertrag; **redevance de ~** *f* Pachtgeld
ferme *f* 1. Bauernhof 2. Pacht, Verpachten
△△ **exploiter une ~** einen Bauernhof bewirtschaften
ferme fest
△ **achat ~** *m* fester Kauf (am Terminmarkt); **marché ~** *m* fester Markt; **offre ~** *f* festes Angebot; **vente ~** *f* fester Verkauf
△△ **l'offre est ~** das Angebot ist fest; **le cours est ~** der Kurs ist fest
fermer un compte ein Konto löschen
fermer une entreprise ein Unternehmen schließen
fermeté d'une monnaie *f* Festigkeit einer Währung
fermeture *f* Schließung, Stillegung
~ annuelle *f* Betriebsferien
~ du magasin *f* Ladenschluß
△ **heures de ~** *fpl* Ladenschlußzeiten
~ hebdomadaire *f* wöchentliche Schließung
△ **jour de ~** *m* wöchentlicher Ruhetag
ferraille *f* Schrott
△ **mettre à la ~** verschrotten
ferrailleur *m* Schrotthändler
ferré, e Schienen-, Eisenbahn-, Bahn-
△ **voie ~e** *f* Schienenweg; **par voie ~e** mit der Bahn, auf dem Schienenweg
ferroutage *m* Huckepackverkehr
ferroviaire Eisenbahn-, Schienen-
△ **connaissement ~** *m* Eisenbahnverladebescheinigung; **desserte ~** *f* Eisenbahnanbindung, Schienenanbindung; **liaison ~e** *f* Eisenbahnverbindung; **réseau ~** *m* Schienennetz; **trafic ~** *m* Bahnverkehr, Schienenverkehr; **transports ~s** *mpl* Eisenbahnverkehr; **véhicule ~** *m* Schienenfahrzeug
ferry-boat *m* Fähre
festivités *fpl* Feierlichkeiten
fête légale *f* gesetzlicher Feiertag
△ **jour de ~** *m* gesetzlicher Feiertag
fétiche *m* Fetisch
△ **valeur ~** *f* Fetischwert
feuille *f* Blatt, Zettel, Dokument, Schein, Bescheid, Bogen
~ d'accompagnement *f* Begleitdokument
~ d'impôt *f* (Einkommen)Steuerbescheid
~ de coupons *f* Kuponbogen
~ de maladie *f* Krankenschein
~ de répartition des charges *f* Betriebsabrechnungsbogen

~ **de route** *f* Frachtbrief, Begleitschein
~ **de salaire** *f* Gehaltsabrechnung, Lohnabrechnung, Lohnzettel
~ **de soins** *f* Behandlungsschein, Krankenschein (Grundlage zur Rückerstattung vorausentrichteter Arzthonorare und Medikamente durch die Krankenkasse)
fiabilité *f* Zuverlässigkeit
~ **de la distribution** *f* Zuverlässigkeit des Vertriebs
fiable zuverlässig, verläßlich, störungsfrei
fibre *f* Faser
~ **animale** *f* Tierfaser
~**s artificielles et synthétiques** *f pl* Kunst- und Synthetikfasern
~ **naturelle** *f* Naturfaser
~ **optique** *f* Glasfaser
~ **synthétique** *f* Kunstfaser, Synthetikfaser
~ **textile** *f* Textilfaser
~ **végétale** *f* Pflanzenfaser
fiche *f* Karte, Zettel, Schein
~ **cartonnée** *f* (kartonierte) Karteikarte
~ **d'état civil** *f* Personenstandsurkunde
~ **de clientèle** *f* Kundenkarteikarte
~ **de fabrication** *f* Fertigungszettel
~ **de mouvement de stock** *f* Lagerbestandskarte
~ **de prospection** *f* Akquisitionkarte
~ **de salaire** *f* Lohnzettel, Lohnabrechnung
~ **de stock** *f* Lagerbestandskarte
fichier *m* Kartei, Datei
△△ **charger un ~** eine Datei laden; **mémoriser un ~** eine Datei speichern; **mettre en mémoire un ~** eine Datei speichern; **sauvegarder un ~** eine Datei sichern/speichern
~ **(de) clients** *m* Kundenkartei
~ **clients et fournisseurs** *m* Kunden- und Lieferantenkartei
~ **fiscal** *m* Steuerkartei
fictif, ive fiktiv, Schein-
△ **gain ~** *m* Scheingewinn; **société ~ive** *f* Scheingesellschaft
fidélisation *f* Fidelisierung, (Kunden) Bindung
~ **à l'entreprise** *f* Bindung an das Unternehmen, Kundenbindung
~ **de la clientèle** *f* Stammkundengewinnung, Kundenbindung
fidéliser ***qn*** *jdn* an das Unternehmen binden, zum Stammkunden machen
fidélité *f* Treue, Kundentreue
△ **carte de ~** *f* Rabattkarte; **prime de ~** *f* Treueprämie; **rabais de ~** *m* Treuerabatt; **remise de ~** *f* Treuerabatt
fiduciaire *m* Treuhänder
fiduciaire treuhänderisch, Treuhand-
△ **circulation ~** *f* Notenumlauf; **monnaie ~** *f* Papiergeld; **société ~** *f* Treuhandgesellschaft
fiducie *f* Treuhänderschaft, Treuhand
△ **contrat de ~** *m* Treuhandvertrag
△△ **donner en ~** an einen Treuhänder übergeben, in Treuhänderschaft übergeben
fièvre de hausse *f* Haussefieber
figurer à/dans ***qc*** in *etw* stehen, enthalten sein, erscheinen
~ **à l'actif/au passif** auf der Aktivseite/Passivseite stehen/erscheinen
~ **à la cote** notiert sein
~ **au bilan** in der Bilanz stehen/erscheinen
~ **dans l'indice des prix** im Lebenshaltungsindex berücksichtigt werden
fil de cuivre *m* Kupferdraht
filature *f* Spinnerei
filiale *f* Tochtergesellschaft, Tochter, Tochterunternehmen, Tochterfirma
△ **entreprise ~** *f* Tochterunternehmen; **société ~** *f* Tochterunternehmen, Tochtergesellschaft
~ **à x pour cent de ...** *f* x-prozentige Tochter von ...
filialiser une entreprise ein Unternehmen als Tochtergesellschaft übernehmen
filiation *f* Abstammung
~ **légitime** *f* eheliche Abstammung
~ **naturelle** *f* uneheliche Abstammung
filière *f* 1. Bereich, Zweig, Sektor 2. Kette, Netz 3. Studiengang
~ **du conditionnement** *f* Verpackungsindustrie, Verpackungssektor
film *m* Film
△ **projection de ~s** *f* Fimvorführung
~ **publicitaire** *m* Werbekurzfilm, Werbespot
fin *f* Ende

△△ **mettre ~ à** *qc* *etw* ein Ende setzen
~ **d'année** *f* Jahresende
△ **cadeau de ~** *m* Weihnachtsgeschenk, Jahresgabe, Jahresgeschenk; **prime de ~** *f* Weihnachtsgeschenk; **prime de ~ et de vacances** *f* Weihnachts- und Urlaubsgeld
~ **de carrière** *m* Ende der beruflichen Laufbahn/Tätigkeit
△ **traitement en ~** *m* Endgehalt
~ **de droits (chômeur en ~)** *m* Sozialhilfeempfänger (ehemaliger Arbeitslosenhilfeempfänger)
△△ **être en ~** keine Arbeitslosenunterstützung mehr beziehen, zum Sozialfall werden
~ **de mois** *f* Monatsende
△ **liquidation de ~** *f* Ultimoabrechnung, Ultimoliquidation
~ **de parcours (d'un contrat)** *f* Vertragsablauf
~ **de saison** *f* Saisonschluß, Saisonende
△ **soldes en ~** *m pl* Aus- und Schlußverkäufe, Schlußverkauf
~**s de série** *f pl* Auslaufmodelle, Restposten, Sonderangebote
~ **du contrat d'assurance** *f* Ablauf des Versicherungsvertrags
final, e letzte(r), Letzt-, End-, Schluß-
△ **arbitrage ~** *m* letzte Schlichtungsinstanz; **consommateur ~** *m* Endverbraucher, Letztverbraucher; **consommation ~e** *f* Endverbrauch; **contrôle ~** *m* Endkontrolle; **décision ~e** *f* Schlußentscheidung; **destinataire ~** *m* Endempfänger; **document ~** *m* Schlußdokument; **dispositions ~es** *f pl* Schlußbestimmungen; **stock ~** *m* Endbestand
finance *f* Finanz, Finanzwesen, Finanzwelt, *pluriel:* Finanzen, (Geld)Mittel
△ **administration des ~s** *f* Finanzverwaltung, Finanzbehörde; **état des ~s** *m* Finanzlage; **haute ~** *f* Hochfinanz; **loi de ~s** *f* Haushaltsgesetz; **loi de ~s rectificative** *f* Nachtragshaushalt(sgesetz); **Ministère des ~s** *m* Finanzministerium; **ministre des ~s** *m* Finanzminister; **monde de la ~** *m* Finanzwelt, Geldwesen; **receveur des ~s** *m* Steuereinnehmer, Finanzkassenleiter
△△ **être dans la ~** im Finanzgeschäft tätig sein; **surveiller les ~s d'une société** die Finanzen eines Unternehmens überwachen
~**s publiques** *f pl* öffentliche Finanzen, Staatshaushalt, Staatsfinanzen
financement *m* Finanzierung, Kapitalbeschaffung
△ **besoin(s) de ~** *m (pl)* Finanzbedarf, Finanzierungsbedarf; **capacité de ~** *f* Finanzierungskraft; **circuit de ~** *m* Finanzierungskreislauf; **crédit de ~** *m* Finanzierungskredit; **difficulté de ~** *f* Finanzierungsproblem; **facilités de ~** *f pl* Finanzierungsmöglichkeiten, Finanzierungserleichterungen; **forme de ~** *f* Finanzierungsart; **mode de ~** *m* Finanzierungsart; **moyens de ~** *m pl* Finanzierungsmittel; **opération de ~** *f* Finanzgeschäft; **plan de ~** *m* Finanzierungsplan; **ressources de ~** *f pl* Finanzierungsquelle(n); **société de ~** *f* Finanzierungsgesellschaft; **société de ~ de vente à crédit** *f* Kreditfinanzierungsgesellschaft; **source de ~** *f* Finanzierungsquelle; **tableau de ~** *m* Finanzierungsplan; **taux de ~** *m* Finanzierungsquote
△△ **assumer le ~** die Finanzierung tragen
~ **à l'exportation** *m* Ausfuhrfinanzierung
~ **bancaire** *m* Bankfinanzierung
~ **d'un prêt** *m* Darlehensfinanzierung
~ **de la construction** *m* Baufinanzierung, Immobilienfinanzierung
~ **de logements** *m* Wohnungsbaufinanzierung
~ **des investissements** *m* Investitionsfinanzierung
~ **du stock** *m* Vorratsfinanzierung
~ **externe/extérieur** *m* Außenfinanzierung, Fremdfinanzierung
~ **immobilier** *m* Immobilienfinanzierung, Baufinanzierung
~ **interne/intérieur** *m* Innenfinanzierung
~ **minimum** *m* Mindestfinanzierung
~ **par (des) capitaux empruntés** *m* Fremdfinanzierung
~ **par emprunts/sur fonds empruntés** *m* Fremdfinanzierung
~ **par restructuration du patrimoine** *m*

Finanzierung durch Vermögensumschichtung
~ **privé** *m* Privatfinanzierung
~ **propre** *m* Eigenfinanzierung
~ **sur capitaux propres/fonds propres** *m* Eigenfinanzierung
financer *qc* *etw* finanzieren
~ **le déficit extérieur** das Auslandsdefizit finanzieren
financier *m* Banker, Finanzier
financier, ière Finanz-, finanziell, Geld-
△ **annonce ~ière** *m* Finanzanzeige; **avantage ~** *m* Kostenvorteil; **aux faibles possibilités ~ières** finanzschwach, kapitalschwach; **besoins ~s** *m pl* Finanzbedarf; **capital ~** *m* Finanzkapital; **caution ~ière** *f* finanzielle Bürgschaft/Sicherheit; **centre ~** *m* Finanzzentrum; **charge ~ière** *f* finanzielle Belastung; **charges ~ières** *f pl* Finanzaufwendungen, finanzielle Belastung; **comptabilité ~ière** *f* Finanzbuchhaltung; **compte ~** *m* Finanzkonto; **consortium ~** *m* Finanzkonsortium; **crise ~ière** *f* Finanzkrise; **dettes ~ières** *f pl* Finanzschulden; **difficultés ~ières** *f pl* Finanzschwierigkeiten; **directeur ~/directrice ~ière** *m/f* Finanzleiter(in); **disponibilités ~ières** *f pl* Geldbestände, Liquiditäten, zur Verfügung stehende Geldmittel; **dommages ~s** *m pl* finanzieller Schaden; **engagements ~s** *m pl* finanzielle Verpflichtungen; **équilibre ~** *m* finanzielles Gleichgewicht; **établissement ~** *m* Geldinstitut, Bank, Kreditinstitut, Finanzinstitut; **établissements ~s** *m pl* Banken und Kreditinstitute; **fonction ~ière** *f* finanzwirtschaftliche Funktion; **frais ~s** *m pl* Finanzierungskosten; **frais ~s incorporables** *m pl* kalkulatorische Zinsen; **franc ~** *m* Finanz-Franc; **gestion ~ière** *f* Finanzverwaltung, Finanzbuchhaltung; **institutions ~ières** *f pl* Banken und Kreditinstitute, Geldinstitute, Banken, Banken und Versicherungen; **instruments ~s** *m pl* Financial Futures; **intermédiaire ~** *m* Finanzvermittler; **institut ~** *m* Finanzinstitut; **intermédiation ~ière** *f* Finanzvermittlung; **investissement ~** *m* Finanzinvestition; **lien ~** *m* finanzielle Verbindung; **Marché à terme d'instruments ~s (MATIF)** *m* Markt für Financial Futures; **marché ~** *m* Finanzmarkt, Kapitalmarkt; **montage ~** *m* Finanzkonstrukt; **moyens ~s** *m pl* finanzielle Mittel; **opération ~ière** *f* Finanzgeschäft; **organisme ~** *m* Geldinstitut, Finanzinstitut; **papier ~** *m* Finanzpapier; **participation ~ière** *f* Kapitalbeteiligung; **patrimoine ~** *m* Geldvermögen; **place ~ière** *f* Finanzplatz, Börsenplatz, Bankplatz; **placement ~** *m* Finanzanlage, Kapitalanlage, Geldanlage; **ponction ~ière** *f* Liquiditätsentzug; **portefeuille ~** *m* Finanzportfolio; **produits ~s** *m pl* Finanzerträge, Finanzerlöse, Zinserträge, Kapitalerträge; **question ~ière** *f* Geldfrage; **ratio ~** *m* Finanzkennzahl; **rendement ~** *m* Kapitalertrag, Verzinsung; **rentabilité ~ière** *f* Eigenkapitalrentabilität; **ressources ~ières** *f pl* Finanzquellen, Finanzmittel; **résultat ~** *m* Finanzertrag; **service ~** *m* Finanzabteilung; **services ~s** *m* Finanzdienstleistungen; **situation ~ière** *f* finanzielle Lage; **société ~ière** *f* Finanzierungsgesellschaft; **société ~ière de droit privé** *f* privatrechtliche Finanzierungsgesellschaft; **solidité ~ière** *f* finanzielle Solidität; **stabilisation ~ière** *f* finanzielle Konsolidierung; **titre ~** *m* Finanztitel; **transaction ~ière** *f* Finanzgeschäft; **transactions ~ières** *f pl* Finanzgeschäfte, Zahlungsverkehr; **valeurs ~ières** *f pl* Finanzwerte
fini, e fertig(gestellt), beendet, Fertig-
△ **produit ~** *m* Fertigerzeugnis; **produits ~s et marchandises** *m/f pl* fertige Erzeugnisse und Waren
finition *f* Verarbeitung, Fertigstellung, Endbearbeitung
fioul (domestique) *m* Heizöl
~s lourds *m pl* Schweröle
firme *f* Firma, Firmenname, Unternehmen, Geschäft
△ **image d'une ~** *f* Firmenimage; **implantation d'une ~** *f* Ansiedlung eines Unternehmens; **rachat de ~s** *m* Unternehmensaufkauf
~ **de travail temporaire** *f* Zeitarbeitunternehmen
~ **oligopolistique** *f* oligopolistisches Un-

ternehmen

fisc *m* Finanzamt, Fiskus, Steuerbehörde, Finanzbehörde, Finanzverwaltung
△ **agent du** ~ *m* Steuerbeamter, Steuerprüfer; **caisses du** ~ *f pl* Steuerkasse; **contrôleur du** ~ *m* Steuerbeamter, Steuerprüfer; **déclaration obligatoire au** ~ *f* Meldepflicht beim Finanzamt; **inspecteur du** ~ *m* Steuerfahnder; **inspection du** ~ *f* Steuerprüfung, Steuerrevision; **recettes du** ~ *f pl* Steuereinnahmen; **visite du** ~ *f* Steuerprüfung, Außenprüfung, Betriebsprüfung
△△ **frauder le** ~ Steuern hinterziehen

fiscal, e Steuer-, steuerlich, fiskalisch
△ **abattement** ~ *m* Steuernachlaß; **administration ~e compétente** *f* zuständige Steuerbehörde; **allègement** ~ *m* Steuererleichterung, Steuerermäßigung; **aménagement** ~ *m* Steuererleichterung, Steuerermäßigung; **amende ~e** *f* Steuerstrafe, Steuerzuschlag; **amortissement** ~ *m* steuerliche Abschreibung; **année ~e** *f* Steuerjahr; **astuce ~e** *m* Steuertrick; **attestation ~e** *m* Steuerbescheinigung; **autorités ~es** *f pl* Finanzbehörde, Steuerbehörde; **avantages fiscaux** *m pl* Steuervorteile; **avoir** ~ *m* Steuergutschrift; **barème** ~ *m* Steuertarif, Steuertabelle; **bénéfice** ~ *m* steuerpflichtiger Gewinn; **bonification ~e** *f* Steuervergütung, Steuergutschrift; **charge ~e** *f* Steuerlast, Steuerbelastung, steuerliche Belastung; **conseil** ~ *m* Steuerberater; **conseiller** ~ *m* Steuerberater; **contentieux** ~ *m* Rechtsstreitigkeit in Steuersachen, Steuerstreit; **contribution ~e** *f* Abgabe, Steuer; **contrôle** ~ *m* Steuerprüfung, Außenprüfung; **contrôleur** ~ *m* Steuerprüfer; **déduction ~e** *f* steuerlicher Abzug; **dégrèvement** ~ *m* Steuererleichterung, Steuerermäßigung; **dette ~e** *f* Steuerschuld; **dispositions ~es** *f pl* steuerrechtliche Bestimmungen/Vorschriften; **domicile** ~ *m* Steuerwohnsitz; **droit** ~ *m* Steuerrecht; **échéance ~e** *f* Steuertermin; **échéancier** ~ *m* Steuerterminkalender; **égalité ~e** *f* Gleichheit vor der Steuer; **enquête ~e** *f* Steuerfahndung; **environnement** ~ *m* steuerliches Umfeld; **évasion ~e** *f* Steuerflucht, Steuerevasion; **exercice** ~ *m* Steuerjahr; **exonération ~e** *f* Steuerbefreiung; **expert** ~ *m* Steuerberater; **fichier** ~ *m* Steuerkartei; **foyer** ~ *m* Haushalt (im steuerlichen Sinne); **fraude ~e** *f* Steuerbetrug, Steuerhinterziehung; **harmonisation ~e** *f* Steuerharmonisierung; **incitation ~e** *f* steuerlicher Anreiz; **infraction ~e** *f* Steuervergehen; **iniquité ~e** *f* steuerliche Ungerechtigkeit, Steuerungerechtigkeit; **injustice ~e** *f* steuerliche Ungerechtigkeit, Steuerungerechtigkeit; **instances ~es compétentes** *f pl* zuständige Steuerbehörden; **législation ~e** *f* Steuergesetzgebung; **loi ~e** *f* Steuergesetz; **mesures ~es** *f pl* steuerliche Maßnahmen; **montage** ~ *m* Steuerkonstrukt, steuerliche Gestaltung; **obligation ~e** *f* Steuerpflicht; **organisme** ~ *m* Steuerorgan, Steuerbehörde; **pénalité ~e** *f* Steuerstrafe; **politique ~e** *f* Steuerpolitik; **ponction ~e** *f* Steuerbelastung; **pouvoir** ~ *m* Steuerhoheit; **prélèvement** ~ *m* Steuererhebung, Steuerabgabe; **prescription (en matière) ~e** *f* Steuerverjährung; **pression ~e** *f* Steuerlast; **pression ~e et para~e** *f* Steuer- und Abgabendruck, Steuer- und Abgabenlast; **produit** ~ *m* Steueraufkommen; **puissance ~e (véhicule)** *f* Steuerklasse, Steuer-PS (Kfz); **redressement** ~ *m* Steuerberichtigung; **refuge** ~ *m* Steueroase, Steuerzufluchtsort; **recettes ~es** *f pl* Steuereinnahmen, Steueraufkommen; **redressement** ~ *m* Steuerberichtigung; **réforme ~e** *f* Steuerreform; **régime** ~ *m* Steuersystem, steuerliche Behandlung; **rendement** ~ *m* Steueraufkommen; **rentrées ~es** *f pl* Steuereinnahmen; **représentant** ~ *m* Steuervertreter; **résidence ~e** *f* Steuerwohnsitz; **ressources ~es** *f pl* fiskalische Einnahmen, Steueraufkommen; **ressources non ~es** *f pl* nichtfiskalische Einnahmen; **résultat** ~ *m* steuerliches Ergebnis; **revenu** ~ *m* Steuerertrag; **secret en matière ~e** *m* Steuergeheimnis; **services fiscaux** *m pl* Steuerverwaltung; **système** ~ *m* Steuersystem; **taux** ~ *m* Steuersatz; **timbre** ~ *m* Steuermarke; **transparence ~e** *f*

Steuertransparenz; **vérification ~e** *f* Steuerprüfung, Außenprüfung; **vis ~e** *f* Steuerschraube

fiscalisation *f* Besteuerung, Finanzierung durch Steuern

fiscaliser *qc etw* besteuern, durch Steuern finanzieren

fiscalité *f* Steuergesetzgebung, Steuersystem, Abgabesystem, Steuerrecht, Steuerwesen, steuerliche Belastung, Besteuerung

△ **durcisssement de la ~** *m* Zunahme der steuerlichen Belastung; **harmonisation des ~s** *f* Vereinheitlichung/Harmonisierung der Steuersysteme; **réforme de la ~** *f* Steuerreform; **renforcement de la ~** *m* Zunahme der steuerlichen Belastung; **types de ~** *m pl* Besteuerungsformen

~ **de groupe** *f* Konzernbesteuerung
~ **directe** *f* direktes Steuersystem
~ **écrasante** *f* drückende Steuerlast
~ **excessive** *f* übermäßig hohe steuerliche Belastung
~ **indirecte** *f* indirektes Steuersystem
~ **libérale** *f* liberales Steuersystem
~ **locale** *f* lokales Abgabesystem/Steuersystem

fissible spaltbar, Spalt-

fissile spaltbar, Spalt-

△ **matière ~** *f* spaltbares Material; **noyau ~** *m* spaltbarer Kern

fission *f* Spaltung
~ **de l'atome** *f* Atomspaltung, Kernspaltung
~ **nucléaire** *f* Kernspaltung

fixation *f* Festsetzung, Festlegung
~ **de salaire** *f* Gehaltsfestsetzung
~ **des cours** *f* Kursfestsetzung, Kursbildung
~ **des loyers** *f* Festsetzung der Mieten
~ **des parités (de change)** *f* Festsetzung der Wechselkurse
~ **des prix** *f* Preisfestsetzung, Preisbildung
~ **des prix à partir de la concurrence** *f* wettbewerbsorientierte Preisfestsetzung/Preisbildung
~ **des tarifs** *f* Preisgestaltung, Tarifgestaltung, Gebührenfestsetzung
~ **du dividende** *f* Dividendenfestsetzung

fixe *m* Fixum, festes Gehalt

fixe fest, fix, Fest-

△ **à revenu ~** mit fester Verzinsung, festverzinslich; **capital ~** *m* Anlagevermögen, festliegendes Kapital; **charges ~s** *f pl* Fixkosten; **clientèle ~** *f* fester Kundenstamm, feste Kundschaft; **coûts ~s** *m pl* Fixkosten, Festkosten, feste Kosten; **date ~** *f* festgelegtes Datum, fester Termin; **intérêt ~** *m* fester Zins, Festzins; **investissement ~** *m* Anlageinvestition; **revenu ~** *m* festes Einkommen; **terme ~** *m* fester Termin, feste Frist, fester Auszahlungszeitpunkt

fixer *qc etw* festsetzen, festlegen, anberaumen
~ **comme dernier délai** als äußersten Termin festsetzen
~ **des priorités (se)** sich Schwerpunkte setzen
~ **l'impôt** die Steuer festsetzen
~ **le prix** den Preis festlegen
~ **les conditions** die Bedingungen/Konditionen festlegen
~ **les quotités** die Mindestmengen festsetzen
~ **un rendez-vous** einen Termin festsetzen/anberaumen
~ **une date** einen Termin/ein Datum festsetzen
~ **une échéance à ...** einen Stichtag festlegen auf ...
~ ***qc* (se)** *etw* festsetzen, sich *etw* setzen

fixing *m* Fixing

flambée des cours *f* Kursexplosion, Höhenflug der Kurse

flambée des prix *f* Preisexplosion, starker Preisauftrieb

flamber (prix, cours) nach oben/in die Höhe schießen (Preise, Kurse)

△△ **les prix flambent** die Preise schießen nach oben/in die Höhe

flèche (en) *f* steil (nach oben)

△△ **(re)monter en ~** (wieder) in die Höhe schnellen

fléchir (cours, investissement, monnaie, prix) nachgeben, an Wert verlieren, abrutschen, zurückgehen (Kurse, Investitionen, Preise, Währung)

△△ **l'investissement a fléchi** die Investitionstätigkeit ist zurückgegangen; **la conjoncture fléchit** die Konjunktur flaut ab/kühlt sich ab; **les cours fléchis-**

sent die Kurse geben nach; **les prix fléchissent** die Preise geben nach; **une monnaie fléchit (vis-à-vis d'une autre)** eine Währung gibt nach (gegenüber einer anderen)
fléchissement *m* Abschwächung, Rückgang, Nachgeben, Schwäche,
~ **conjoncturel** *m* Konjunkturabschwächung
~ **de l'investissement** *m* Investitionsrückgang
~ **de la Bourse** *m* Nachgeben der Börsenkurse
~ **de la conjoncture** *m* Konjunkturabschwächung, Konjunkturrückgang
~ **de la demande** *m* Rückgang der Nachfrage, Nachfrageschwäche
~ **des prix** *m* Nachgeben der Preise
~ **des revenus** *m* Einkommensrückgang
~ **des taux d'intérêt** *m* Nachgeben der Zinsen
flexibilité de l'emploi *f* Mobilität/Flexibilität der Arbeitnehmer, Arbeitsmobilität
floating *m* Floating, freies Schwanken, Floaten (der Wechselkurse)
florissant, e blühend, schwungvoll
flot (remettre *qc* **à ~)** *etw* wieder flottmachen
flottaison *f* Floating, freies Schwanken, Floaten (der Wechselkurse)
flotte *f* Flotte
~ **de commerce** *f* Handelsflotte
~ **de pêche** *f* Fischereiflotte
~ **mondiale** *f* Weltflotte
~ **spécialisée** *f* Spezialflotte
flottement (des cours) *m* Floating, freies Schwanken, Floaten (der Wechselkurse)
flottement généralisé des monnaies *m* allgemeines Floaten, freies Schwanken der Wechselkurse
flotter floaten
△△ **changes flottants** *m pl* flexible Wechselkurse, Floaten, Floating; **laisser ~ une monnaie** eine Währung floaten lassen, den Kurs einer Währung frei schwanken lassen
fluctuation *f* Schwankung, Fluktuation
△ **marge de ~** *f* Schwankungsbreite
~**s boursières** *f pl* Kursschwankungen an der Börse
~**s conjoncturelles** *f pl* Konjunkturschwankungen
~ **de change** *f* Währungsschwankung, Wechselkursschwankung
~**s de l'emploi** *f pl* Beschäftigungsschwankungen
~**s de l'offre** *f pl* Angebotsschwankungen
~ **des cours** *f* Kursschwankung
△△ **se couvrir contre les risques de ~** sich gegen die Kursrisiken absichern
~**s des taux de change** *f pl* Wechselkursschwankungen
~ **des valeurs** *f* Wertpapierschwankung
~**s du chiffre d'affaires** *f pl* Umsatzschwankungen
~**s économiques** *f pl* Konjunkturschwankungen, Schwankungen der Wirtschaft
~**s monétaires** *f pl* Währungsschwankungen, Wechselkursschwankungen
fluctuer schwanken
fluvial, e Fluß-, Binnenschiffahrts-
△ **connaissement ~** *m* Binnenschiffahrtskonnossement; **navigation ~** *f* Binnenschiffahrt; **par voie ~e** auf dem Binnenwasserweg
flux *m* Strom, Fluß
~ **d'échanges** *m pl* Handelsströme
~ **d'entrées et de sorties de fonds** *m pl* Geldeingänge und -ausgänge
~ **d'exportation** *m* Exportstrom
~ **de biens** *m* Güterstrom
~ **de capitaux** *m* Kapitalstrom, Geldstrom
~ **de services** *m pl* Dienstleistungsströme
~ **migratoire** *m* Wanderungsbewegung, Pendlerstrom
~ **monétaire** *m* Geldstrom, Kapitalstrom
~ **réel** *m* Güterstrom
~ **tendus (en ~)** just in sequence
FME (Fonds Monétaire Européen) *m* EWF (Europäischer Währungsfonds)
FMI (Fonds Monétaire International) *m* IWF (Internationaler Währungsfonds)
FNGS (Fonds National de Garantie des Salaires) *m* Garantiefonds für Lohnzahlungen an Beschäftigte von in Konkurs gegangenen Unternehmen
FO (Force Ouvrière) *f* französische Gewerkschaft
foire *f* Ausstellung, Messe, Jahrmarkt
△ **suivi d'une ~** *m* Messenachbereitung

△△ **ouvrir une ~** eine Ausstellung/Messe eröffnen

foncier, ière Grund-, Grund- und Boden-
△ **biens ~s** *m pl* Grundbesitz, Immobilien; **capital ~** *m* Bodenkapital, Grundvermögen; **crédit ~** *m* Bodenkredit, Grundkredit, Immobilienkredit; **dette ~ière** *f* Grundschuld; **impôt ~** *m* Grundsteuer; **investissement ~** *m* Anlage/Investition in Grundbesitz; **livre ~** *m* Grundbuch; **obligation ~ière** *f* Hypothekenpfandbrief, Pfandbrief; **obligation ~ière nominative** *f* Namenspfandbrief; **patrimoine ~** *m* Immobilienvermögen, Grundbesitz; **placement ~** *m* Anlage in Grundbesitz, Anlage in Grund und Boden; **propriété ~ière** *f* Liegenschaft, Grundbesitz; **propriété ~ière agricole** *f* landwirtschaftlich genutzter Grundbesitz; **revenus ~s, loyers et fermages** *m pl* Einkünfte aus Vermietung und Verpachtung; **société ~ière** *f* Immobiliengesellschaft; **spéculation ~ière** *f* Bodenspekulation, Grundstücksspekulation, Immobilienspekulation; **taxe ~ière** *f* Grundsteuer

fonction *f* Amt, Funktion, Dienst
△ **logement de ~** *m* Dienstwohnung
△△ **cesser ses ~s** aus dem Amt ausscheiden; **démissionner d'une ~** ein Amt niederlegen; **entrer en ~** ein Amt antreten; **être en ~** im Amt sein; **être ~ de *qc*** von *etw* abhängig sein; **être titulaire d'une ~** ein Amt innehaben; **exercer une ~** ein Amt bekleiden; **faire ~ de *qc*** als *etw* fungieren
~ **administrative** *f* Verwaltungsfunktion
~ **commerciale** *f* Absatzfunktion
~ **d'approvisionnement** *f* Beschaffungsfunktion
~ **de compensation** *f* Ausgleichsfunktion
~ **de comptabilité** *f* Buchhaltung/Rechnungswesen (als betriebswirtschaftliche Funktion)
~ **de direction** *f* Leitungsfunktion
~ **de l'entreprise** *f* betrieblicher Funktionsbereich
~ **de sécurité** *f* Sicherungsfunktion
~ **du personnel** *f* Personalwesen, Personalabteilung
~ **économique** *f* Wirtschaftsfunktion
~ **financière** *f* finanzwirtschaftliche Funktion
~ **logistique** *f* logistische Funktion, logistischer Aufgabenbereich
~ **personnel** *f* Personalfunktion
~ **publique** *f* öffentlicher Dienst
△ **agent de la ~** *m* Angehöriger des öffentlichen Dienstes, Beamter; **emploi assimilé à la ~** *m* beamtenähnliche Stellung; **traitements dans la ~** *m pl* Löhne und Gehälter im öffentlichen Dienst
△△ **travailler dans la ~** im öffentlichen Dienst arbeiten
~ **spéculative** *f* spekulative Funktion
~ **supplémentaire** *f* Zusatzfunktion
~ **technique** *f* technische Funktion, technischer Aufgabenbereich

fonctionnaire *m* Angehöriger des Öffentlichen Dienstes, Beamter, Angestellter, Funktionär
~ **à plein temps** *m* Vollzeitbeamter, Vollzeitangestellter (des öffentlichen Dienstes)
~ **de police** *m* Polizeibeamter

fonctionnariser *qn* *jdn* verbeamten

fonctionnel, le funktionnell, Nutz-, Gebrauchs-
△ **valeur ~le** *f* Nutzwert, Gebrauchswert, funktionneller Wert

fonctionnement *m* Funktionieren, Funktionsweise, Betrieb
△ **frais de ~** *m pl* Betriebskosten; **vice de ~** *m* Funktionsmangel
~ **à deux postes par jour** *m* Zwei-Schicht-Betrieb

fonctionner avec *qc/qn* mit *etw/jdm* zusammenarbeiten, zusammenlaufen, funktionieren

fond *m* Grund, Untergrund, Hintergrund, Boden, Untertage-
△ **mineur/ouvrier de ~** *m* Untertagearbeiter
~ **de tiroir** *m* eiserne Reserve
~ **marin/de la mer** *m* Meeresboden
~ **océanique** *m* Meeresboden

fondamental, e (*pluriel:* **fondamentaux, fondamentales**) grundlegend, fundamental, Grund-, Grundlagen-
△ **droit ~** *m* Grundrecht; **besoins fondamentaux** *m pl* Grundbedürfnisse;

recherche ~e *f* Grundlagenforschung
fondateur/fondatrice *m/f* Gründer(in), Stifter(in)
△ **pères ~s de l'Europe** *m pl* europäische Gründungsväter
fondation *f* 1. Gründung 2. Stiftung
△ **bilan de ~** *m* Gründungsbilanz
~ **à but non lucratif** *f* gemeinnützige Stiftung
~ **d'une entreprise** *f* Gründung eines Unternehmens, Unternehmensgründung
~ **de la CEE (Communauté Economique Européene)** *f* Gründung der EWG (Europäische Wirtschaftsgemeinschaft)
fondé de pouvoir *m* Prokurist, Handlungsbevollmächtigter, Stellvertreter
fonder *qc etw* gründen
~ **une société** eine Gesellschaft/Firma gründen
fonderie *f* Gießerei
fondre schmelzen, dahinschmelzen, zusammenschrumpfen
△△ **les bénéfices fondent** die Gewinne schrumpfen zusammen
fonds *souvent au pluriel m* Mittel, Geldmittel, Bestand, Vermögen, Fonds
△ **affectation des ~** *f* Mittelanweisung; **appel de ~** *m* Heranziehung von Kapital, Kapitalanforderung; **avance de ~** *f* Geldvorschuß, Kredit; **bailleur de ~** *m* Kapitalgeber; **collecte des ~** *f* Mittelbeschaffung; **dépensateur de ~** *m* Geldgeber; **dépositeur des ~** *m* Depositär, Depothalter, Depositenverwahrer; **dépôt de ~** *m* Kapitalhinterlegung; **détournement de ~** *m* Unterschlagung; **emploi de ~** *m* Mittelverwendung; **extorsion de ~** *f* Erpressung von Geldern; **mobilisation de fonds** *f* Aufbringung von Mitteln, Kapitaleinsatz; **participation à un ~** *f* Fondsbeteiligung; **placement de ~** *m* Kapitalanlage; **pourvoyeur de ~** *m* Kapitalbeschaffer; **rentrées de ~** *f pl* Geldeingänge; **retrait de ~** *m* Geldabhebung; **transfert de ~s** *m* Geldübertragung, Geldüberweisung; **versement de ~** *m* Geldeinzahlung, Geldauszahlung
△△ **détourner des ~** Gelder veruntreuen/unterschlagen; **drainer des ~** Gelder einsammeln/anziehen; **réaffecter des ~** Mittel zuweisen/umwidmen; **recevoir des ~ en dépôt** eine Einzahlung annehmen; **retirer des ~** Geld(er) abheben; **verser des ~** Geld(er) einzahlen/auszahlen
~ **à préavis** *m* Kündigungsgelder
~ **collectés** *m pl* gesammelte Gelder
~ **collectifs de retraite** *m pl* Pensionsfonds
~ **commun** *m* Sammelfonds
~ **commun d'investissement** *m* Investmentfonds
~ **commun de créances** *m* Forderungsfonds
~ **commun de placement (FCP)** *m* Sammelanlagefonds, Investmentfonds, Beteiligungsfonds
~ **commun de placement à court terme** *m* kurzfristiger Sammelanlagefonds
~ **commun de placement à risques** *m* Investmentfonds mit erhöhtem Risiko
~ **d'amortissements** *m* Tilgungsfonds
~ **d'investissement** *m* Anlagefonds
~ **de commerce** *m* Geschäft, Laden, Firmenwert, Geschäftsausstattung, Geschäftswert (eigenes Rechtsgebilde)
△ **éléments corporels du ~** *m pl* Sachwerte des Geschäfts; **éléments incorporels du ~** *m pl* immaterielle Werte des Geschäfts, immaterielle Betriebswerte
△△ **acheter un ~** ein Geschäft kaufen; **vendre un ~** ein Geschäft verkaufen
Fonds de développement économique et social *m* Fonds für wirtschaftliche und soziale Entwicklung
~ **de garantie** *m* Garantiefonds
~ **de garantie salariale** *m* Lohngarantiefonds
~ **de grève** *m* Streikkasse
~ **de l'employeur** *m* Arbeitgeberfonds
~ **de l'Etat** *m pl* öffentliche Mittel, Staatsgelder
~ **de participation** *m* Beteiligungsfonds
~ **de régularisation** *m* Ausgleichsfonds
~ **de réserve** *m* Reservefonds, Instandsetzungsrücklage
~ **de retraite** *m* Altersversorgungsfonds
△ **provisions pour ~** *f pl* Pensionsrückstellungen

~ **de roulement** *m(pl)* laufendes Betriebskapital, Umlaufvermögen
△ **besoin en fonds de roulement** *m* Bedarf an Umlaufvermögen
~ **de salariés** *m* Arbeitnehmerfonds
~ **de solidarité** *m* Solidaritätsfonds, Streikkasse
~ **de trésorerie** *m* Geldmarktfonds
~ **disponibles** *m pl* liquide Mittel
~ **du patronat** *m* Arbeitgeberfonds
~ **du plan Marshall** *m pl* Marshallplanmittel
~ **empruntés** *m pl* Fremdmittel, Fremdkapital
~ **en dépôt** *m pl* Depositengelder, Treuhandvermögen
~ **gérés** *m pl* verwaltete Gelder
~ **investi** *m* investiertes Kapital
~ **locaux de péréquation** *m pl* lokaler Ausgleichsfonds
Fonds Monétaire Européen (FME) *m* Europäischer Währungsfonds (EWF)
Fonds Monétaire International (FMI) *m* Internationaler Währungsfonds (IWF)
Fonds national de garantie des salaires (FNGS) *m* Garantiefonds für Lohnzahlungen an Beschäftigte von in Konkurs gegangenen Unternehmen
Fonds national de péréquation de la taxe professionnelle *m* Gewerbesteuerausgleichsfonds
Fonds national pour l'aménagement foncier et urbain *m* Fonds für Raum- und Stadtplanung
~ **patronal** *m* Arbeitgeberfonds
~ **propres** *m pl* Eigenkapital, haftende Mittel
△ **insuffisance des** ~ *f* ungenügendes Eigenkapital, Eigenkapitalschwäche; **manque de** ~ *m* Mangel an Eigenkapital; **ratio de** ~ *m* Eigenkapitalkennzahl; **renforcement des** ~ *m* Erhöhung/Stärkung des Eigenkapitals
△△ **manquer de** ~ an Eigenkapitalschwäche leiden, unterkapitalisiert sein; **renforcer ses** ~ sein Eigenkapital erhöhen
~ **publics** *m pl* öffentliche Mittel
~ **salariaux** *m pl* Arbeitnehmerfonds
forage *m* Bohrung
~ **en mer/off shore** *m* Off-shore-Bohrung
~ **pétrolier** *m* Ölbohrung, Erdölbohrung
forain *m* Schausteller
forain, e Wander-, Schausteller-
△ **commerce** ~ *m* Wandergewerbe; **marchand** ~ *m* Jahrmarkthändler
force *f* Kraft, Stärke, Macht, Gewalt, *plu-riel:* Streitkräfte
△ **rapport de forces** *m* Kräfteverhältnis, Stärkeverhältnis, Machtkampf; **travailleur de** ~ *m* Schwerarbeiter
~**s de police** *f pl* Polizeikräfte
~ **de travail** *f* Arbeitskraft
~ **de vente** *f* Verkauf, Verkaufsstab, Vertrieb, Außendienst
△ **animateur de la** ~ *m* Außendienstleiter
~**s du marché** *f pl* Marktkräfte
~ **majeure** *f* höhere Gewalt
△ **cas/événement de** ~ *m* Fall/Ereignis höherer Gewalt, höhere Gewalt
Force Ouvrière (FO) *f* französische Gewerkschaft
~ **sur le marché** *f* Marktstärke
forcé, e gezwungen, Zwangs-
△ **adjudication ~e** *f* Zwangsversteigerung; **emprunt** ~ *m* Zwangsanleihe; **épargne ~e** *f* Zwangssparen; **exécution ~e** *f* Zwangsvollstreckung
forcer ***qn*** **(à faire** ***qc*****)** *jdn* zwingen (*etw* zu tun)
forestier, ière forstwirtschaftlich, Wald-
△ **économie ~ière** *f* Waldwirtschaft; **exploitation ~ière** *f* forstwirtschaftlicher Betrieb; **peuplement** ~ *m* Baumbestand; **placement** ~ *m* Anlage in Waldbesitz; **taxe ~ière aux dépenses de reboisement** *f* Aufforstungsteuer
forêt *f* Wald
~ **domaniale** *f* Domänenwald, Staatsforst, Gemeindeforst, staatseigener Wald, gemeindeeigener Wald
~ **privée** *f* Privatwald
forfait *m* Pauschalbetrag, Pauschsumme
△ **escompte à** ~ *m* Diskont ohne Haftung des Giranten; **prix à** ~ *m* Pauschalpreis
~ **journalier** *m* Tagespauschale
forfaitaire pauschal, Pausch-, Pauschal-
△ **abattement** ~ *m* Pauschbetrag (Steuerfreibetrag); **bénéfice** ~ *m* Pauschalgewinn; **imposition** ~ *f* Pauschalbesteuerung; **imposition ~ minimale** *f*

Pauschalmindestbesteuerung; **prélèvement** ~ *m* Pauschalbesteuerung; **prix** ~ *m* Pauschalpreis; **retraite** ~ *f* Pauschal(renten)versorgung; **somme** ~ *f* Pauschalsumme, Pauschalbetrag; **taux** ~ *m* Einheitssatz, Pauschalsatz

formalité *f* Formalität

△△ **accomplir des ~s** Formalitäten erledigen

~s administratives *f pl* Verwaltungsformalitäten

~s d'entrée *f pl* Einfuhrformalitäten

~s d'exportation *f pl* Ausfuhrformalitäten

~s d'importation *f pl* Einfuhrformalitäten

~s de constitution *f pl* Gründungsformalitäten

~s de dédouanement *f pl* Zollformalitäten

~s de sortie *f pl* Ausfuhrformalitäten

~s douanières *f pl* Zollformalitäten

formation *f* Ausbildung, Bildung

△ **congé de** ~ *m* Bildungsurlaub; **frais de** ~ *m pl* Ausbildungskosten; **journée de** ~ *f* Ausbildungstag; **programme de** ~ *m* Ausbildungsprogramm, Schulungsprogramm; **stage de** ~ *m* Lehrgang, Ausbildungslehrgang, Fortbildungsmaßnahme, Fortbildungskurs

~ **accélérée** *f* Kurzausbildung

~ **alternée/en alternance** *f* duales Ausbildungssystem

~ **brute de capital fixe (FBCF)** *f* Bruttoanlageinvestition

~ **continue** *f* Weiterbildung, Fortbildung

△ **institut de** ~ *m* Weiterbildungseinrichtung

~ **de monopole** *f* Monopolbildung

~ **de stocks** *f* Lagerbildung

~ **des cours** *f* Kursbildung

~ **des cours en Bourse** *f* Kursbildung an der Börse

~ **des prix** *f* Preisbildung

~ **des revenus** *f* Einkommensbildung

~ **du personnel** *f* Personalausbildung

~ **du PNB (produit national brut)** *f* Bildung des BSP (Bruttosozialprodukt)

~ **en alternance** *f* duale Berufsausbildung

△ **contrat de** ~ *m* Ausbildungsvertrag nach dem dualen System; **système de** ~ *m* duales Berufsausbildungssystem

~ **initiale** *f* Erstausbildung, Grundausbildung

~ **permanente** *f* Weiterbildung, Fortbildung

~ **professionnelle** *f* Berufsausbildung

△ **niveau élevé de la** ~ *m* hohes Niveau der Berufsausbildung; **organisme de** ~ *m* Berufsausbildungseinrichtung

~ **professionnelle initiale** *f* berufliche Erstausbildung

~ **sur le tas** *f* Ausbildung am Arbeitsplatz/durch die Praxis, Vor-Ort-Ausbildung

forme *f* Form

△ **vice de** ~ *m* Formmangel, Formfehler, formaler Mangel

~ **d'énergie** *f* Energieart, Energieform

~ **d'épargne** *f* Sparform

~ **d'organisation** *f* Organisationsform

~ **d'un cycle** *f* Konjunkturkurve, Konjunkturverlauf

~ **de distribution** *f* Vertriebsform

~ **de financement** *f* Finanzierungsart

~ **juridique** *f* Rechtsform

~ **juridique d'une société** *f* Gesellschaftsform

former ***qn*** *jdn* ausbilden

formulaire *m* Formular

△△ **remplir un** ~ ein Formular ausfüllen

~ **d'impôt** *m* Steuerformular

formule *f* Formel, Form, Formular, Schein

~ **de chèque** *f* Scheckformular

~ **de dépôt** *f* Einzahlungsschein

~ **de placement** *f* Anlageform, Anlagemöglichkeit

~ **de politesse** *f* Grußformel

formuler des recommandations Anregungen geben, Empfehlungen aussprechen

formuler des réserves Vorbehalte formulieren/vermerken

fort, e stark, voll, hoch

△ **au prix** ~ zum vollen Preis; **chambre ~e** *f* Tresorraum; **devise ~e** *f* starke Devise, Hartdevise

~ **courant d'investissements** *m* ausgeprägte Investitionstätigkeit

~e demande (de/en *qc*) *f* kräftige/lebhafte Nachfrage

~**e inflation** *f* hohe Inflation
~**e poussée de la demande** *f* hoher Nachfragedruck
~**e progression des offres d'emploi** *f* starke Zunahme der Stellenangebote
~ **recul** *m* starker Rückgang
fortuit, e unvermutet, zufällig, unvorhergesehen, unabwendbar
fortune *f* Vermögen, Vermögensbestand, Besitz, Habe
△ **gestion de** ~ *f* Vermögensverwaltung; **imposition de la** ~ *f* Vermögensbesteuerung; **impôt de solidarité sur la** ~ **(ISF)** *m derzeitige Bezeichnung für* Vermögensteuer; **impôt sur la** ~ *m* Vermögensteuer
~ **immobilière** *f* Grundvermögen
~ **personnelle** *f* persönlicher Besitz, persönliches Vermögen
△△ **être responsable sur sa ~ de ...** mit dem persönlichen Besitz/Vermögen haften/haftbar sein für ...
fossilisation *f* Fossilisierung, Fossilienbildung
fossile fossil, Fossil-
△ **combustibles ~s** *m pl* fossile Brennstoffe; **énergie** ~ fossile Energie
fouet *m* Peitsche(nhieb)
△ **coup de** ~ *m* Aufpeitschen, drastische Ankurbelungsmaßnahme, Kapitalspritze, Geldspritze
△△ **être heurté, e de plein ~ par la crise** von der Krise voll getroffen werden
fouiller ***qc/qn*** *etw/jdn* durchsuchen, durchforsten
fouilles *f pl* Ausgrabung
△ **lieu de** ~ *m* Ausgrabungsort
fourchette *f* 1. Spanne, Marge 2. Hochrechnung
~ **des cours** *f* Spannweite der Kurse, Kursmarge
△ **tension de la** ~ *f* Spannweite der Kursschwankungen
~ **des prix** *f* Preisspanne
fourgonnette *f* Lieferwagen, Transporter
fournir ***qc/qn*** *etw* liefern, erbringen, vorlegen, einreichen, abgeben, *jdn* beliefern
△ **prestations fournies** *f pl* erbrachte Leistungen; **travail fourni** *m* geleistete Arbeit
~ **des emplois** Arbeitsplätze zur Verfügung stellen
~ **une attestation** eine Bescheinigung einreichen/vorlegen
~ **une explication** eine Erklärung liefern/abgeben
fournisseur *m* Lieferant, Zulieferer, *pluriel:* Lieferantenverbindlichkeiten *Buchführung*
△ **crédit** ~ *m* Lieferantenkredit; **dettes** ~ *f pl* Verbindlichkeiten an Lieferanten
~ **d'usage** *m* Hauslieferant
~ **de capitaux** *m* Kapitalgeber
~ **habituel** *m* Hauslieferant
fourniture *f* Lieferung, *pluriel:* Bedarf, Material
△ **distribution des ~s** *f* Warenvertrieb; **matières et ~s** *f pl* Roh-, Hilfs- und Betriebsstoffe; **matières et ~s consommables** *f pl* Betriebsstoffe
~**s d'entretien** *f pl* Wartungsmaterial
~**s de bureau** *f pl* Bürobedarf
~**s et dépenses de personnel** *f pl* Material- und Personalkosten
fourrure *f* Pelz
foyer *m* Haushalt, Familie, Heim, Wohnheim
△ **femme au** ~ *f* Hausfrau
~ **cablé** *m* verkabelter Haushalt
~ **fiscal** *m* Haushalt *im steuerlichen Sinne*
fraction *f* Bruchteil
~ **du capital** *f* Kapitalbruchteil
fractionnement *m* Stückelung, Abpacken in kleinere Mengen
fractionner ***qc*** *etw* stückeln, teilen, in kleinen Mengen abpacken
△ **obligation fractionnée** *f* Teilobligation
~ **la marchandise** die Ware stückeln
fragile anfällig
△△ **l'économie est** ~ die Wirtschaft ist krisenanfällig
fragilité technique *f* Störanfälligkeit
frais *m pl* Kosten, Ausgaben, Unkosten, Aufwendungen
△ **après déduction des** ~ nach Abzug der Kosten; **aux ~ de ...** auf Kosten von...; **état de frais** *m* Kostenaufstellung; **faux** ~ *m pl* Unkosten; **note de** ~ *f* Spesenrechnung; **remboursement de** ~ *m* Auslagenerstattung; **participation aux** ~ *f* Kostenbeteiligung, Unkostenbeitrag; **sans** ~ kostenlos

△△ **affecter les ~** die Kosten umlegen; **assumer les ~** die Kosten übernehmen; **couvrir les ~** die Kosten decken; **entraîner des ~** mit Kosten verbunden sein; **faire un devis des ~** seine Kosten veranschlagen, einen Kostenvoranschlag machen; **inclure les ~** die Unkosten einschließen; **les ~ se montent à …** die Kosten belaufen sich auf …; **rembourser des frais** Auslagen/Kosten erstatten; **rentrer dans ses ~** die Kosten decken/wieder hereinbekommen, auf seine Kosten kommen
~ **accessoires** *m pl* Nebenkosten
~ **administratifs** *m pl* Verwaltungskosten
~ **commerciaux** *m pl* Geschäftskosten
~ **compris** einschließlich Kosten
~ **d'achat** *m pl* Anschaffungskosten
~ **d'acquisition du terrain** *m pl* Kosten für den Grundstückserwerb, Grunderwerbskosten
~ **d'emballage** *m pl* Verpackungskosten
~ **d'enregistrement et de timbre** *m pl* Registergebühren
~ **d'enterrement** *m pl* Beerdigungskosten
~ **d'entrepôt** *m pl* Lagerkosten
~ **d'entretien** *m pl* Unterhaltungskosten
~ **d'envoi** *m pl* Versandkosten
~ **d'établissement** *m pl* Betriebsgründungskosten, Errichtungskosten
~ **d'expédition** *m pl* Versandkosten
~ **d'exploitation** *m pl* Betriebskosten
~ **d'hôpital** *m pl* Krankenhauskosten
~ **d'hospitalisation** *m pl* Krankenhauskosten
~ **d'incinération** *m pl* Einäscherungskosten
~ **d'inhumation** *m pl* Beerdigungskosten
~ **d'investissement** *m pl* Investitionskosten
~ **d'opposition** *m pl* Gebühren für die Sperrung
~ **de banque** *m pl* Bankspesen
~ **de branchement** *m pl* Anschlußgebühren
~ **de chauffage** *m pl* Heizungskosten
~ **de commercialisation** *m pl* Vertriebskosten
~ **de constitution** *m pl* Gründungskosten
~ **de dédouanement** *m pl* Zollabfertigungsgebühren
~ **de déplacement** *m pl* Reisekosten
△ **remboursement de ~** *m* Erstattung von Reisekosten
~ **de distribution** *m pl* Vertriebskosten
~ **de dossier** *m pl* Bearbeitungsgebühren
~ **de fabrication** *m pl* Herstellungskosten
~ **de fonctionnement** *m pl* Betriebskosten
~ **de formation professionnelle** *m pl* Berufsausbildungskosten
~ **de garde des enfants** *m pl* Kinderbetreuungskosten
~ **de gestion** *m pl* Betriebskosten, Verwaltungskosten
~ **de justice** *m pl* Gerichtskosten
~ **de licence** *m pl* Lizenzgebühren, Lizenzabgaben
~ **de magasinage** *m pl* Lagerkosten
~ **de main-d'oeuvre** *m pl* Arbeitskosten
~ **de maladie** *m pl* Krankheitskosten
~ **de manutention** *m pl* Lade- und Entladekosten, Behandlungskosten
~ **de personnel** *m pl* Personalkosten, Personalaufwendungen, Personalaufwand
~ **de publicité** *m pl* Werbekosten
~ **de recherche** *m pl* Forschungskosten
~ **de représentation** *m pl* Repräsentationsaufwendungen
~ **de souscription** *m pl* Zeichnungskosten
~ **de tenue de compte** *m pl* Kontoführungsgebühren
~ **de transport** *m pl* Transportkosten
~ **divers** *m pl* sonstige Aufwendungen
~ **du contrat** *m pl* Vertragskosten, Verwaltungskosten
~ **encourus** *m pl* anfallende Kosten
~ **financiers** *m pl* Finanzierungskosten
~ **financiers incorporables** *m pl* kalkulatorische Zinsen
~ **fixes** *m pl* feste Kosten, fixe Kosten
~ **généraux** *m pl* Gemeinkosten
~ **médicaux** *m pl* Arztkosten, Heilkosten
△ **remboursement de ~** *m* Heilkostenerstattung
~ **professionnels** *m pl* Werbungskosten
△ **net, e de ~** abzüglich Werbungskosten

~ **réels** *m pl nicht pauschalierte Abzugsmöglichkeit in der französischen Einkommensteuererklärung, vergleichbar mit:* Werbungskosten
△ **remboursement de ~ sur justification** *m* Auslagenerstattung auf Grund von Belegen
~ **variables** *m pl* variable Kosten
franc *m* Franc, Franken
△ **compte étranger en ~s** *m* ausländisches Konto in Franc; **contrevalorisation en ~s** *f* Gegenwertstellung in Franc; **en ~s constants** in konstanten/inflationsbereinigten Franc; **en ~s courants** in laufenden Franc; **nouveau ~** *m* neuer Franc; **zone ~** *f* Franc-Zone
△△ **corrigé en ~s constants** inflationsbereinigt, in konstanten Franc; **exprimer en ~s constants/courants** in kostanten/laufenden Franc ausdrücken; **le ~ a glissé à son plus bas niveau** der Franc ist auf seinen Tiefststand gesunken; **le ~ a repris le chemin de la baisse** der Franc ist wieder auf Talfahrt
~ **ancien** *m* alter Franc *bis 1960*
~ **belge** *m* belgischer Franc
~ **CFA (Communauté Financière Africaine)** *m* CFA-Franc
~ **commercial** *m* Handelsfranc
~ **constant** *m* konstanter/inflationsbereinigter Franc
~ **déprimé** *m* Schwäche des Franc
~ **financier** *m* Finanz-Franc
~ **lourd** *m* „neuer" Franc, harter Franc *ab 1960*
~ **malgache** *m* madegassischer Franc
~**-or** *m* Goldfranc
~ **suisse** *m* Schweizer Franken, Schweizer Franc
~ **vert** *m* grüner Franc
franc, che frei, franco
△ **zone ~che** *f* wirtschaftliches Sondergebiet (u.a. mit Subventionen und Steuererleichterungen für fünf Jahre)
~ **de (tous) droits** gebührenfrei
Français à l'étranger *m pl* Auslandsfranzosen
Français expatriés *m pl* Auslandsfranzosen
Français résidents à l'étranger *m pl* Auslandsfranzosen
France continentale *f* Kontinentalfrankreich
France métropolitaine *f* französisches Mutterland
France Télécom *f* französische Telekom
franchir la barre des x pour cent die x-Prozent-Hürde überschreiten
△△ **l'indice franchit la barre des x points** der Index überschreitet die Schwelle von x Punkten
franchir le cap des ... die ...-Grenze überschreiten
franchir une étape décisive einen entscheidenden Schritt tun
franchisage *m* Franchising, Franchise
△ **contrat de ~** *m* Franchisevertrag
franchise *f* 1. Franchising, Franchise 2. Selbstbehalt, Selbstbeteiligung (Versicherung)
△ **en ~ de droits de douane** zollfrei; **en ~ d'imposition/d'impôt** steuerfrei, steuerbefreit; **exportation en ~** *f* zollfreie Ausfuhr; **montant de la ~** *m* Höhe der Selbstbeteiligung; **sous ~ d'impôts** steuerfrei
△△ **admettre en ~** zollfrei zulassen; **exploiter un magasin en ~** einen Laden als Franchise betreiben
~ **des droits de douane** *f* Zollfreiheit, Zollbefreiung
~ **tarifaire** *f* Zollfreiheit
franchisé *m* Franchisenehmer, Franchise-Partner
franchiseur *m* Franchisegeber, Franchiser
franchising *m* Franchising, Franchise
franco frei, franco
~ **à bord (FAB)** Free on board (FOB), frei an Bord
~ **d'avaries particulières** frei von besonderer Havarie
~ **d'emballage** verpackungskostenfrei
~ **de port** portofrei
△△ **nos prix s'entendent ~** unsere Preise verstehen sich einschließlich Porto
~ **de port et d'emballage** versand- und verpackungskostenfrei
~ **de tous frais** ohne jegliche Kosten
~ **domicile** frei Haus
~ **le long du navire** frei Längsseite Seeschiff

~ **transporteur** frei Frachtführer
~ **wagon** franko Waggon, frei Waggon
franco-allemand deutsch-französisch
△ **traité** ~ *m* deutsch-französischer Vertrag
frappé, e par le chômage von der Arbeitslosigkeit betroffen
frapper ***qn/qc*** **d'un impôt** *jdn/etw* mit einer Steuer belasten/belegen
fraude *f* Betrug, Fälschung, Unterschlagung
△ **présomption de** ~ *f* Betrugsvermutung
△△ **entaché, e de** ~ betrügerisch, gefälscht; **passer** ***qc*** **en** ~ *etw* (ein/heraus)schmuggeln
~ **à l'assurance** *f* Versicherungsbetrug
~ **aux droits de douane** *f* Zollvergehen, Schmuggel
~ **électorale** *f* Wahlfälschung
~ **en matière de bilan** *f* Bilanzvergehen, Bilanzfrisur *fam*
~ **en matière de faillite** *f* Konkursvergehen
~ **fiscale** *f* Steuerbetrug, Steuerhinterziehung
△ **présomption de** ~ *f* Verdacht auf Steuerhinterziehung
△△ **lutter contre la** ~ den Steuerbetrug bekämpfen
~ **fiscale sur la TVA** *f* Mehrwertsteuerhinterziehung
~ **sur les chèques** *f* Scheckbetrügerei
frauder ***qn*** *jdn* betrügen, hintergehen, hinterziehen
~ **le fisc** Steuern hinterziehen
fraudeur *m* Betrüger
frauduleux, se betrügerisch, arglistig
△ **banqueroute ~se** *f* betrügerischer Bankrott; **faillite ~se** *f* betrügerischer Konkurs; **manoeuvres ~s** *fpl* betrügerische Machenschaften; **tromperie ~se** *f* arglistige Täuschung
frein *m* Bremse, Hemmnis, Hemmfaktor
~ **à l'achat** *m* Kaufhemmnis, Kaufhindernis
freiner ***qc*** *etw* verlangsamen, dämpfen, bremsen, drosseln
~ **l'économie** die Wirtschaftstätigkeit verlangsamen
~ **la conjoncture** die Konjunktur dämpfen
~ **la croissance** das Wachstum bremsen
~ **la hausse des prix** die Preissteigerung drosseln
~ **la masse monétaire** das Anwachsen der Geldmenge bremsen
~ **les exportations** die Ausfuhren bremsen
~ **les salaires** den Lohnanstieg bremsen
freinte *f* Gewichtsschwund, Gewichtsverlust
~ **de route** *f* Gewichtsschwund beim Transport
frelaté, e verdorben, verfälscht
△ **denrées ~es** *fpl* verfälschte/verdorbene Nahrungsmittel, verfälschte/verdorbene Eßwaren
frénétique fieberhaft, frenetisch
△ **activité** ~ *f* fieberhafte Wirtschaftstätigkeit
fréquence *f* Frequenz
△△ **attribuer une ~ à** ***qn*** *jdm* eine Frequenz zuteilen
~ **des accidents du travail** *f* Häufigkeit der Arbeitsunfälle
fréquentation *f* Besuch, Verkehr, Umgang
△ **baisse de** ~ *f* Besucherrückgang
~ **des salles de cinéma** *f* Besucherzahlen von Lichtspielhäusern
fréquenter un point de vente eine Verkaufsstelle aufsuchen, kaufen
fret *m* 1. Fracht, Frachtgut 2. Frachtgeld, Frachtkosten
△ **avance sur** ~ *f* Frachtvorschuß; **commission sur** ~ *f* Frachtprovision; **coût, assurance, ~ (CAF)** Cost, Insurance, Freight (CIF); **gare de** ~ *f* Frachthof; **marché du** ~ *m* Frachtmarkt; **taux de** ~ *m* Frachtrate; **trafic de** ~ *m* Frachtverkehr
~ **aérien** *m* Luftfracht
△ **agent de** ~ *m* Luftfrachtagent; **gare de** ~ *f* Luftfrachthof
~ **de retour** *m* Rückfracht
~ **en vrac** *m* unverpackte Ladung
~ **maritime** *m* Seefracht
~ **payé** *m* Fracht im voraus bezahlt
~ **transitaire** *m* Transitfracht
friche *f* Brachland
~ **industrielle** *f* Industriebrache
friction *f* Reibung, Friktion
△ **sans** ~ reibungslos

frictionnel, le reibungsbedingt, Reibungs-, fluktuierend, fluktuationsbedingt
frigorifique Kühl-
△ **entrepôt ~** *m* Kühlhaus
Front populaire *m* Volksfront, Volksfrontregierung (1936-38)
frontalier *m* Grenzgänger, Grenzbewohner, Grenzarbeiter
frontalier, ière Grenz-
△ **travailleur ~** *m* Grenzgänger; **trans~** grenzüberschreitend
frontière *f* Grenze
△ **aux ~s** an den Grenzen; **ouverture des ~s** *f* Öffnung der Grenzen; **passage de la ~** *m* Grenzübertritt; **police des ~s** *f* Grenzpolizei; **poste-~** *m* Grenzstelle; **rendu ~** geliefert frei Grenze
△△ **passer la ~** die Grenze passieren
fructifier ertragreich sein, Zinsen abwerfen
△△ **faire ~ un capital** ein Kapital zinsbringend anlegen
fuel *m* Heizöl
~ **domestique** *m* Heizöl
fuite *f* Flucht
△ **délit de ~** *m* Fahrerflucht
~ **de capitaux** *f* Kapitalflucht
funiculaire *m* Seilbahn
fusée espace *f* Weltraumrakete
fusion *f* Fusion, Verschmelzung, Zusammenschluß
△ **accord de ~** *m* Fusionsabkommen
~ **d'entreprises** *f* Unternehmenszusammenschluß, Unternehmensfusion
~ **de sociétés** *f* Fusion von Gesellschaften
~ **nucléaire** *f* Kernfusion
~ **par absorption** *f* Fusion durch Aufnahme
fusionnement *m* Fusionieren, Fusionierung
fusionner fusionieren, sich zusammenschließen

G

G7 *m* G7, Siebenergruppe
GAB (guichet automatique de banque) *m* automatischer Bankschalter, Geldautomat
gabarit *m* Größe, Maß, Norm, Abmessungen, Laderaumhöhe
gâchage des prix *m* Verderben der Preise
gage *m* Pfand, Sicherheit, *pluriel:* Lohn der Hausangestellten
△ **à titre de ~** pfandweise, als Pfand; **avances sur ~s** *fpl* Lombardgeschäfte; **bailleur de ~** *m* Verpfänder; **constitution d'un ~** *f* Pfandbestellung; **contrat de ~** *m* Pfandvertrag; **détenteur de ~** *m* Pfandinhaber; **mise en ~** *f* Verpfändung; **prêt sur ~** *m* Pfanddarlehen, Lombardkredit; **prêteur sur ~** *m* Pfandleiher
△△ **constituer un ~** ein Pfand bestellen; **déposer en ~** als Pfand hinterlegen; **donner** *qc* **en ~** *etw* verpfänden/übereignen, eine Sicherheit geben; **emprunter sur ~** gegen Pfand borgen
~ **hypothécaire** *m* Hypothek, Grundpfand
~ **immobilier** *m* Hypothek, Grundpfand
~ **manuel** *m* Faustpfand
gageable beleihbar
gagerie (saisie-~) *f* Pfändung von beweglichen Sachen des Mieters
gagne-pain *m* Broterwerb
gagner *qc etw* gewinnen, verdienen
△ **manque à ~** *m* entgangener Gewinn, Verdienstausfall
~ **des marchés** Märkte gewinnen, Abschlüsse tätigen
~ **des parts de marché** Marktanteile gewinnen
~ **en …** verdienen, gewinnen an …
~ **x pour cent** um x Prozent zunehmen
gain *m* Gewinn, Einkommen, Profit
△△ **apporter un ~ considérable** beträchtlichen Gewinn bringen/abwerfen; **clôturer sur un ~ de x points (Bourse)** mit einer Kurssteigerung von x Punkten schließen (Börse); **dégager un ~** einen Gewinn erzielen/abwerfen; **retirer un ~ de** *qc* aus *etw* Nutzen ziehen; **obtenir un ~** einen Gewinn erhalten/einstreichen/erzielen; **réaliser un ~** einen Gewinn erzielen
~ **annuel** *m* Jahresverdienst
~ **de cause (obtenir ~)** Recht bekommen, einen Prozeß gewinnen
~ **de compétitivité** *m* Zunahme der/Zuwachs an Wettbewerbsfähigkeit

~**s de parts de marché** *m pl* Marktanteilsgewinne
~ **de pouvoir d'achat** *m* Kaufkraftzunahme, Kaufkraftgewinn
~ **de productivité** *m* Produktivitätszuwachs, Produktivitätsgewinn
~ **de rendement** *m* Leistungsgewinn
~ **en bourse** *m* Börsengewinn
~ **fictif** *m* Scheingewinn
~ **horaire** *m* Stundenverdienst
~ **matériel** *m* materieller Gewinn
~ **mensuel** *m* monatlicher Gewinn
~ **moyen** *m* Durchschnittsgewinn, Durchschnittsverdienst
~ **pécuniaire** *m* Geldgewinn
~**s perdus** *m pl* Verdienstausfall
~ **spéculatif** *m* Spekulationsgewinn
~ **supputé** *m* geschätzter Gewinn
~ **sur les changes** *m* Devisengewinn

galerie marchande *f* Ladengalerie, Einkaufspassage

galoper galoppieren
△ **inflation galopante** *f* galoppierende Inflation

gamme (de produits) *f* Produktpalette, Produktfächer, Produktspektrum, Sortiment
△ **bas de** ~ *m* unterer Qualitätsbereich; **entrée de** ~ *f* unterer Qualitätsbereich; **haut de** ~ *m* oberer Qualitätsbereich; **largeur de la** ~ *f* Sortimentsbreite/Breite der Produktpalette; **milieu de** ~ *m* mittlerer Qualitätsbereich; **moyen de** ~ *m* mittlerer Qualitätsbereich; **politique de** ~ *f* Produktstrategie, Produktpalettenpolitik, Sortimentspolitik; **produit haut de** ~ *m* Produkt des oberen Qualitätsbereichs, Qualitätsprodukt; **profondeur de la** ~ *f* Sortimentstiefe, Tiefe der Produktpalette; **renouvellement à long terme de la** ~ *m* langfristige Erneuerung der Produktpalette
△△ **constituer une** ~ **(de produits)** eine Produktpalette zusammenstellen
~ **de fabrication** *f* Fertigungsprogramm
~ **de production** *f* Produktionspalette, Fabrikationsprogramm
~ **de voitures** *f* Modellreihe, Modellpalette
~ **des produits offerts** *f* Produktangebot
~ **large/profonde** *f* breite/tiefe Produktpalette

garant *m* Bürge, Garant, Hüter
△△ **se porter** ~ **de** ***qc/qn*** für *etw* einstehen, für *jdn/etw* bürgen, die Bürgschaft übernehmen

garantie *f* 1. Deckung, Garantie, Sicherheit, Gewährleistung 2. Versicherung, Versicherungsschutz
△ **accroissement des** ~**s** Verstärkung der Sicherheiten, erhöhte/verstärkte Sicherheiten; **action de** ~ *f* Garantieaktie; **bon de** ~ *m* Garantieschein; **capital de** ~ *m* Haftkapital, Deckungskapital, Garantiekapital; **certificat de** ~ *m* Garantieschein; **créancier bénéficiant d'une** ~ **réelle** *m* dinglich gesicherter Gläubiger; **crédit sans** ~ *m* ungedeckter Kredit; **crédit sur** ~ *m* gedeckter Kredit; **début de la** ~ *m* Beginn des Versicherungsschutzes; **dépôt de** ~ *m* Sicherheitshinterlegung, Garantiedepot; **étendue de la** ~ *f* Versicherungsumfang; **extension des** ~**s** *f* Erweiterung des Versicherungsschutzes; **fonds de** ~ *m* Garantiefonds; **fonds de** ~ **salariale** *m* Lohngarantiefonds; **groupe de** ~ *m* Abnahmekonsortie; **lettre de** ~ **bancaire** *f* Einlösungsgarantie einer Bank; **période de** ~ *f* Dauer der Garantie, Garantiezeit; **sans** ~ ohne Garantie, ohne Gewähr; **suspension de** ~ *f* Erlöschen/Unterbrechung des Versicherungsschutzes; **syndicat de** ~ *m* Übernahmekonsortium
△ **tomber sous** ~ unter die Garantie fallen
~ **bancaire** *f* Bankgarantie, Bankbürgschaft, Banksicherheit
△ **contre** ~ gegen Stellung einer Bankgarantie
~ **bancaire usuelle** *f* banküblAiche Sicherheit
~ **cambiaire** *f* Wechselgarantie
~ **COFACE** *f* COFACE-Garantie
~ **complémentaire** *f* Zusatzgarantie, ergänzende Garantie
~ **de l'emploi** *f* Arbeitsplatzsicherheit
~ **de ressources** *f* Einkommensgarantie
~ **de salaire** *f* Lohngarantie
~ **de vente** *f* Abnahmegarantie
~ **défense-recours (garantie ~)** *f* Verkehrsrechtsschutzversicherung *wird in der Regel zusammen mit der Haft-*

pflichtversicherung abgeschlossen
△△ **souscrire une ~** eine Verkehrsrechtsschutzversicherung abschließen
~ **dommages au véhicule** *f* Kaskoversicherung
~ **dommages corporels au conducteur** *f* Fahrerversicherung
~ **dommages corporels aux passagers** *f* Insassenversicherung
~ **du risque** *f* Versicherungsschutz, Risikodeckung
~ **en cas de déficit** *f* Ausfallbürgschaft
~ **immédiate** *f* sofortiger Versicherungsschutz
~ **inconditionnelle** *f* uneingeschränkte Garantie
~ **légale** *f* gesetzliche Gewährleistung
~ **légale minimum** *f* gesetzliche Mindestgarantie
~ **obligatoire** *f* Pflichtversicherung
~ **protection juridique** *f* Rechtsschutzversicherung
~ **responsabilité civile** *f* Haftpflichtschutz, Haftpflichtversicherung, Haftpflichtversicherungsschutz
~**s souscrites** *fpl* versicherte Risiken/Gefahren, Leistungen, Umfang des Versicherungsschutzes
~ **supplémentaire** *f* Zusatzgarantie
garantir *qc* *etw* gewährleisten, garantieren
△ **avance garantie** *f* Sicherheitsleistung; **garanti, e par sûretés réelles immobilières** durch Grundpfandrechte gesichert; **garanti, e x mois pièces et main-d'oeuvre** mit x-monatiger Garantie für Ersatzteile und Arbeitskosten; **montant garanti** *m* Höchstbetrag (beim Euroscheck); **valeur garantie** *f* Versicherungswert
~ **l'accès au marché** *m* den Zugang zum Markt garantieren
~ **la pérennité/la survie de l'entreprise** den Fortbestand des Unternehmens sichern
~ **contre** *qc* **(se)** sich gegen *etw* absichern
garde *f* Aufsicht, Betreuung, Bewachung, Pflege
△ **droit de ~** *m* Aufbewahrungsgebühr, Depotgebühr; **mise en ~** *f* (Ver)Warnung
~ **à vue** *f* Polizeigewahrsam
~ **des enfants** *f* Kinderbetreuung, Sorgerecht, elterliche Sorge
~ **des titres** *f* Wertpapierverwahrung
△ **droit de ~** *m* Depotgebühr
garder *qc* **en stock** *etw* im Lager behalten
gare *f* Bahnhof
~ **de fret aérien** *f* Luftfrachthof
~ **de marchandises** *f* Güterbahnhof
~ **de triage** *f* Verschiebebahnhof
~ **de voyageurs** *f* Bahnhof, Fluggasthalle
~ **routière** *f* Busbahnhof
gas-oil *m* Dieselkraftstoff, Dieselöl, Gasöl
gaspillage *m* Verschwendung
~ **d'énergie** *m* Energieverschwendung
gaspiller *qc* *etw* verschwenden
GATT (General Agreement on Tariffs and Trades) *m* GATT (General Agreement on Tariffs and Trades), Allgemeines Zoll- und Handelsabkommen
△ **accords du ~** *m pl* GATT-Verträge, GATT-Abkommen; **conseil du ~** *m* GATT-Rat, Rat der Vertragsparteien
△△ **adhérer au ~** dem GATT beitreten
gaz *m* Gas
△ **teneur en ~** *f* Gasgehalt
~ **de cokerie** *m* Kokereigas
Gaz de France (GDF) *m* staatliches Gasversorgungsunternehmen
~ **de haut fourneau** *m* Hochofengas
~ **de pétrole liquéfié** *m* Flüssiggas aus Erdöl
~ **de raffinerie** *m* Raffineriegas
~ **naturel** *m* Erdgas
~ **naturel liquéfié** *m* verflüssigtes Erdgas
gazier, ière Gas-
△ **recettes ~ières** *fpl* Einnahmen aus dem Erdgasabsatz
gazoduc *m* Ferngasleitung, Gasleitung
gazole *m* Dieselkraftstoff, Dieselöl, Gasöl
GDF (Gaz de France) *m* staatliches Gasversorgungsunternehmen
géant *m* Riese, Gigant
~ **d'un secteur économique** *m* Branchenriese
~ **de la distribution/du négoce** *m* Handelsriese
géant, e riesig, gigantisch, Riesen-, Super-

△ **pétrolier** ~ *m* Supertanker

gel *m* Einfrieren, Stopp, Pause, Stilllegung

~ **des salaires** *m* Einfrieren der Löhne, Lohnstopp, Lohnpause

~ **des terres** *m* Flächenstillegung

geler ***qc*** *etw* einfrieren, festlegen, stilllegen, stoppen

~ **les salaires** die Löhne einfrieren

gendarmes *fam m pl* institutionelle Anleger

général, e (*pluriel:* **généraux, générales**) allgemein, Gesamt-

△ **agrégats généraux** *m pl* (wirtschaftliche) Gesamtgrößen, Gesamtaggregate, Globalgrößen; **Conseil** ~ *m* Entscheidungsorgan auf der Ebene der Departements; **culture ~e** *f* Allgemeinbildung; **directeur ~ (DG)** *m* Generaldirektor; **directeur ~ adjoint** *m* stellvertretender Generaldirektor; **grève ~e** *f* Generalstreik

générateur, trice d'emplois arbeitsplätzeschaffend

générations nombreuses *f pl* geburtenstarke Jahrgänge

génie agricole *m* Agrartechnik

génie biogénétique *m* Gentechnik, Gentechnologie

génie civil *m* Hoch- und Tiefbau, Bauwesen

génie maritime *m* Schiffsbau

genre de vie *m* Lebensweise

gens de maison *m pl* Hausangestellte

géographique geographisch, räumlich

△ **mobilité** ~ *f* räumliche/geographische Mobilität; **secteur** ~ *m* Raum, Gebiet, Sektor, Region; **unité ~ de production** *f* geographische Produktionseinheit

géothermique geothermisch, Erdwärme-

△ **centrale** ~ *f* Erdwärmekraftwerk; **énergie** ~ *f* geothermische Energie, Energie aus Erdwärme

gérance *f* Verwaltung, Pacht, Verpachtung

△ **location** ~ *f* Unternehmenspacht, Vermietung eines Handelsunternehmens

△△ **donner en** ~ verpachten; **prendre en** ~ pachten, in Pacht nehmen

~ **de patrimoine** *f* Vermögensverwaltung

gérant *m* Geschäftsführer, Verwalter

△ **action en désignation d'un** ~ *f* gerichtliche Bestellung eines Geschäftsführers; **rémunération du** ~ *f* Geschäftsführergehalt

~ **de patrimoine** *m* Vermögensverwalter

~ **de portefeuille** *m* Portefeuilleverwalter, Wertpapierverwalter

~ **majoritaire** *m* Mehrheitsgeschäftsführer

~ **minoritaire** *m* Minderheitsgeschäftsführer

gérer (*qc*) (*etw*) führen, leiten, verwalten, wirtschaftlich nutzen

~ **la trésorerie d'une entreprise** für die Rechnungsführung in einem Unternehmen zuständig sein

~ **les affaires** die Geschäfte führen

~ **paritairement** paritätisch verwalten

~ ***qc*** **en commun** *etw* gemeinsam verwalten

~ **un patrimoine** ein Vermögen verwalten

~ **un portefeuille** ein Portefolio verwalten

~ **une entreprise** ein Unternehmen leiten/führen/verwalten

geste *m* Handgriff, Geste

gestion *f* Leitung, Führung, Abwicklung, Verwaltung, Geschäftsführung, Unternehmensführung, Unternehmensleitung, Management, Betriebswirtschaftslehre

△ **abus de** ~ *m* unredliche Geschäftsführung; **autonomie de** ~ *f* Verwaltungshoheit, Eigenständigkeit in der Leitung; **bonne ~ des affaires** *f* gute Unternehmensführung; **charges de** ~ *f pl* Verwaltungsaufwand; **compte de** ~ *m* Erfolgskonto; **contrôle de** ~ *m* Controlling; **école de** ~ *f* Wirtschaftshochschule, Managementschule; **frais de** ~ *m pl* Betriebskosten, Verwaltungskosten; **mauvaise** ~ *f* Mißwirtschaft, schlechte Geschäftsführung; **méthode de** ~ *f* Verwaltungstechnik; **rapport de** ~ *m* Geschäftsbericht; **résultat de** ~ *m* Betriebsergebnis

△△ **participer à la** ~ an der Betriebsführung beteiligt sein, mitbestimmen

~ **administrative** *f* Unternehmensverwaltung

~ **budgétaire** *f* Verwaltung des Haushalts
~ **courante** *f* laufende Geschäftsführung
~ **d'entreprise** *f* 1. Unternehmensführung, Unternehmensleitung, Geschäftsführung 2. Betriebswirtschaftslehre
~ **d'immeubles** *f* Gebäudeverwaltung
~ **de fortune** *f* Vermögensverwaltung
~ **de l'approvisionnement** *f* Bedarfsdeckungsplanung
~ **de la clientèle** *f* Kundendatenverwaltung
~ **de la production** *f* Produktionsleitung
~ **de la société** *f* Unternehmensführung, Unternehmenspolitik
~ **de patrimoine** *f* Vermögensverwaltung
~ **de portefeuille** *f* Vermögensverwaltung, Wertpapierverwaltung, Portfolioverwaltung
~ **de sinistres** *f* Schadensabwicklung
~ **de trésorerie** *f* Rechnungsführung
~ **des affaires** *f* Geschäfts-, Unternehmensführung
~ **des risques** *f* Risikomanagement
~ **des sinistres** *f* Schadensabwicklung
~ **des stocks** *f* Lagerverwaltung
△ **règles de ~** *f pl* Lagerhaltungsprinzipien
~ **des titres** *f* Wertpapierverwaltung
~ **du capital** *f* Kapitalverwaltung
~ **du linéaire** *f* Regalpflege
~ **du personnel** *f* Personalwirtschaft
~ **du portefeuille d'actions** *f* Aktien-Portefeuilleverwaltung
~ **financière** *f* Finanzverwaltung, Finanzbuchhaltung
~ **moderne des entreprises** *f* moderne Unternehmensführung
~ **par objectifs** *f* Management by Objectives
~ **paritaire** *f* paritätische Verwaltung
~ **prévisionnelle** *f* Unternehmensplanung, Betriebsplanung
~ **quotidienne** *f* laufende Geschäftsführung
~ **sous mandat** *f* Auftragsverwaltung
gestionnaire *m/f* Verwalter/Verwalterin
~ **de patrimoine** *m* Vermögensverwalter
~ **de portefeuille** *m* Portefeuilleverwalter, Wertpapierverwalter
~ **des placements** *m* Anlageverwalter
~ **du magasin** *m* Lagerverwalter, Filialleiter
gestionnaire Verwaltungs-
△ **organisme ~** *m* Verwaltungsorganisation
GIE (groupement d'intérêt économique) *m* Interessengemeinschaft (IG), wirtschaftliche Interessenvereinigung, Konsortium, Arbeitsgemeinschaft, ARGE
gisement *m* Lagerstätte, Vorkommen
~ **de houille** *m* Steinkohlenvorkommen
~ **de pétrole/pétrolier** *m* Erdölvorkommen
~ **pétrolifère** *m* Erdöllagerstätte, Ölvorkommen
glissade/glissement des cours *f/m* Kurssturz, Kursrutsch
glisser nachgeben, verlieren, abrutschen
△△ **une monnaie glisse** eine Währung gibt nach
~ **à son plus bas niveau** seinen Tiefststand erreichen
global, e global, aggregiert, Gesamt-
△ **balance ~e** *f* Gesamtbilanz; **chiffre d'affaires ~** *m* Pauschalumsatz; **conception ~e** *f* Gesamtkonzept; **demande ~e** *f* Gesamtnachfrage; **économie ~e** *f* Gesamtwirtschaft; **endettement ~** *m* Gesamtverschuldung; **exploitation ~e** *f* Gesamtbetrieb; **offre ~e** *f* Gesamtangebot, aggregiertes Angebot; **prix ~** *m* Gesamtpreis; **régularisation ~e** *f* Globalsteuerung; **résultat ~** *m* Gesamtergebnis; **revenu ~** *m* Gesamteinkommen
globalement insgesamt
globalisation des marchés *f* Globalisierung/Internationalisierung der Märkte
glorieuses (trente ~) *f pl* goldene Nachkriegsjahre
GMS (grandes et moyennes surfaces) *f pl* Mittel- und Großflächenmärkte
gondole *f* Gondel, Verkaufsgondel
△ **tête de ~** *f* Präsentationskorb (in einem Supermarkt)
gonflement *m* Anschwellen, Aufblähung, Ansteigen
~ **de l'épargne** *m* Zuwachs des Sparvermögens
~ **de la masse monétaire** *m* Aufblähung der Geldmenge

~ **de la population active** *m* Ansteigen der Erwerbsbevölkerung
~ **inflationniste** *m* inflationäre Aufblähung
goulot/goulet d'étranglement *m* Engpaß
goût *m* Geschmack, Sinn
~ **de l'efficacité** *m* Sinn für Leistung
~ **du défi** *m* Freude an der Herausforderung
gouverneur *m* Gouverneur, Präsident
~ **de (la) banque centrale** *m* Zentralbankpräsident
grâce *f* Gnade, Gunst, Begnadigung
△ **délai de ~** *m* Nachfrist, Schonfrist, Gnadenfrist, Galgenfrist *fam*; **période de ~** *f* tilgungsfreie Zeit (bei Krediten), Karenzzeit
gracier ***qn*** *jdn* begnadigen
grade *m* Dienstgrad, Rangstufe
grain *m* Korn
△ **bourse de ~s** *f* Getreidebörse
graisser la patte à ***qn*** *fam jdn* schmieren *fam*
graminées *f pl* Gräser
grand, e groß, hoch, stark
~**e agglomération** *f* Ballungsraum
~ **argentier** *m* Finanzminister
~**e banlieue** *f* Einzugsgebiet
Grande-Bretagne *f* Großbritannien
~ **chantier de travaux publics** *m* Großbaustelle
~ **commerce non spécialisé** *m* Sortimentshandel
~ **commerce spécialisé** *m* Fachmarkt, Fachhandel
~**e consommation (de ~)** für ein breites Publikum, Massenkonsum-
△ **article de ~** *m* gängiger Konsumartikel, Massenkonsumartikel, Massenartikel; **biens de ~** *m pl* gängige Konsumgüter, Massengüter, Massenkonsumgüter
~ **cru** *m* Spitzenwein
~ **de la distribution** *m* Handelsriese
~ **distributeur** *m* großes Vertriebsunternehmen
~**e distribution** *f* große Vertriebsunternehmen
~**e distribution alimentaire** *f* Lebensmittelgroßflächenmärkte
~ **duché** *m* Großherzogtum
Grande Ecole *f* Elitehochschule
~**e enseigne** *f* große Marke, großer Name
~**e entreprise** *f* Großunternehmen
~**e épargne** *f* Großsparen
~**-livre** *comptabilité m* Hauptbuch *Buchführung*
~**-livre de la dette publique** *m* Staatsschuldbuch
~ **magasin** *m* Warenhaus, Kaufhaus
~ **marché européen** *m* europäischer Binnenmarkt
~ **marché intérieur** *m* europäischer Binnenmarkt
~**e pêche** *f* Hochseefischerei
~ **propriétaire foncier** *m* Großgrundbesitzer
~ **propriétaire terrien** *m* Großgrundbesitzer
~ **public** für ein breites Publikum, Massen-
△ **services ~** *m pl* Dienstleistungen für ein breites Publikum
~**e série** *f* Großserie
△ **fabrication/production en ~** *f* Großserienfertigung; **produit de ~** *m* Massenartikel, Massenprodukt
~**e surface** *f* Verbrauchermarkt, großer Supermarkt, Discounter
△ **magasin à ~** *m* großflächiger Verkaufsbetrieb, Verbrauchermarkt
~**e surface alimentaire** *f* Lebensmittelgroßflächenmarkt
~**e surface** *f* Verbrauchermarkt
~**es et moyennes surfaces (GMS)** *f pl* Mittel- und Großflächenmärkte
~**es surfaces spécialisées (GSS)** *f pl* Fachmärkte, Fachdiscounter
~**es surfaces spécialisées non alimentaires** *f pl* Non-Food-Fachmärkte
grandeur *f* Größe, *pluriel:* Daten
△ **ordre de ~** *m* Größenordnung
~ **quantifiée** *f* quantifizierte Größe
~**s économiques** *f pl* ökonomische/wirtschaftliche Daten/Größen
~**s macro-économiques** *f pl* makroökonomische Größen
~**s micro-économiques** *f pl* mikroökonomische Größen
gratification spéciale *f* Sondergratifikation
gratuit, e gratis, kostenfrei, umsonst, zum Nulltarif *fam*

△ **à titre ~** kostenlos, gebührenfrei, unentgeltlich; **action ~e** *f* Aufstockungsaktie, Berichtigungsaktie, Freiaktie, Gratisaktie, Zusatzaktie; **crédit ~** *m* zinsloser Kredit; **dépôts ~s** *m pl* Gratisdepositen; **journal ~** *m* Anzeigenblatt, Gratisanzeiger

gratuité *f* Kostenfreiheit, Nulltarif

gratuitement gratis, kostenfrei, umsonst, zum Nulltarif *fam*

gravats *m pl* Bauschutt

gravité d'un accident de/du travail *f* Schwere eines Arbeitsunfalls

gré *m* Belieben, Gutdünken, Willkür

△ **à votre ~** nach Ihrem Gutdünken/Belieben; **arrangement de ~ à ~** *m* gütlicher Vergleich, gütliche Abmachung; **procédure de ~ à ~** *f* freihändige Vergabe (bei öffentlichen Ausschreibungen/Aufträgen); **transactions de ~ à ~ entre banques** *f pl* Interbankenhandel

greffe *f* Geschäftsstelle, Gerichtsgeschäftsstelle

greffe d'organes *f* Organverpflanzung

greffe du registre de commerce et des sociétés *f* Geschäftsstelle des Handelsregistergerichts

greffe du Tribunal de Commerce *f* Geschäftsstelle des Handelsgerichts

greffier *m* Gerichtsschreiber, Urkundsbeamter

grêle *f* Hagel

△ **sinistré, e par la ~** hagelgeschädigt

grève *f* Streik, Ausstand, Arbeitsniederlegung

△ **appel à la ~** *m* Streikaufruf; **briseur de ~** *m* Streikbrecher; **caisse de ~** *f* Streikkasse; **comité de ~** *m* Streikausschuß; **consigne de ~** *f* Streikparole, Streikaufruf; **droit de (faire) ~** *m* Streikrecht; **entreprise touchée par la ~** *f* bestreiktes Unternehmen; **fonds de ~** *m* Streikkasse; **menace de ~** *f* Streikdrohung; **mot d'ordre de ~** *m* Streikaufruf; **piquet de ~** *m* Streikposten; **préavis de ~** *m* Streikankündigung; **vague de ~s** *f* Streikwelle

△△ **appeler à la ~** zum Streik aufrufen; **briser une ~** einen Streik brechen; **déclencher une ~** einen Streik auslösen; **décréter une ~** einen Streik beschließen; **déposer un préavis de ~** einen Streik ankündigen; **être en ~** im Ausstand/im Streik sein, streiken; **être paralysé, e par une ~** durch einen Streik lahmgelegt sein; **être touché, e par la ~** vom Streik betroffen sein/werden, *entreprises:* bestreikt sein/werden; **faire ~ (pour** *qc***)** für *etw* streiken; **laisser pourrir une ~** *fam* einen Streik sich totlaufen lassen *fam*; **lancer un appel à la ~** zum Streik aufrufen; **lancer un mot d'ordre de ~** eine Streikparole ausgeben, zum Streik aufrufen; **lancer une ~** zu einem Streik aufrufen; **lever le mot d'ordre de ~** den Streikaufruf aufheben, den Streik beenden; **mener une ~** einen Streik führen; **se mettre en ~** in den Streik treten; **terminer la ~** den Streik beenden

~ avec occupation des lieux/locaux *f* Streik mit Besetzung des Unternehmens/der Werkhallen

~ d'avertissement *f* Warnstreik

~ de solidarité *f* Sympathiestreik

~ des bras croisés *f* Sitzstreik

~ des impôts *f* Steuerstreik

~ du bâtiment *f* Bauarbeiterstreik

~ du zèle *f* Bummelstreik, Dienst nach Vorschrift

~ générale *f* Generalstreik

~ partielle *f* Teilstreik

~ perlée *f* mustergültiger Streik, Vorzeigestreik, Bummelstreik

~ ponctuelle *f* Schwerpunktstreik

~ sauvage *f* wilder Streik

~ spontanée *f* spontane Arbeitsniederlegung

~ sur le tas *f* Sitzstreik

~ surprise *f* Blitzstreik

~ tournante *f* Sukzessivstreik, rollierender Streik

~-bouchon *f* Schwerpunktstreik

grever besteuern, belasten

~ ***qc*** **d'un impôt** *etw* mit einer Steuer belegen, besteuern

~ ***qc*** **d'une hypothèque** *etw* hypothekarisch belasten

~ la facture énergétique die Energierechnung belasten

~ le budget den Haushalt belasten

gréviste *m* Streikender

griffe *f* Modemarke

grille des salaires *f* Lohnskala, Lohntabelle

grimper nach oben/in die Höhe klettern, ansteigen
△△ **les cours grimpent** die Kurse klettern nach oben
grisou *m* Grubengas
△ **coup de ~** *m* Grubenexplosion, Schlagwetter
gros *m* Großhandel, Großmarkt-, Großhandels-
△ **achat en ~** *m* Großeinkauf; **commerçant de ~** *m* Großhändler; **commerçant en demi-~** *m* Zwischenhändler; **commerce de ~** *m* Großhandel(sgeschäft); **commerce de ~ alimentaire** *m* Lebensmittelgroßhandel; **commissionnaire de ~** *m* Großhandelskommissionär; **marché de ~** *m* Großmarkt; **magasin de ~** *m* Großhandelsgeschäft; **magasin de ~ en libre service** *m* Großhandelsabholmarkt, Cash and Carry-Markt; **négociant en ~** *m* Großhändler; **prix de ~** *m* Großhandelspreis; **vente en ~** *f* Großhandelsverkauf, Engrosverkauf
gros, se groß, dick, Groß-
△△ **rapporter ~** viel einbringen
~ **acheteur** *m* Großabnehmer
~ **client** *m* Großkunde, Großabnehmer
~ **contribuable** *m* großer Steuerzahler
~ **ordre** *m* großer Börsenauftrag, Börsenorder
~ **porteur** *m* Großaktionär
grossiste *m* Großhändler, Grossist
△ **semi-~** *m* Halbgroßhändler
groupage *m* Sammelgut, Sammelgutverkehr
△ **centre de ~** *m* Sammelstelle, Sammelplatz
groupé, e gemeinsam, gemeinschaftlich, gruppiert
△ **emprunt ~** *m* Investitionsanleihe
groupe *m* 1. (Unternehmens)Gruppe, Konzern 2. Risikoklasse (Kfz-Haftpflichtversicherung)
△ **agriculture de ~** *f* Gruppenbewirtschaftung; **assurance-vie de ~** *f* Gruppenlebensversicherung; **chef de ~** *m* Gruppenleiter; **compte de ~** *m* Sammelkonto; **constitution d'un ~ industriel** *f* Konzernbildung; **direction du ~** *f* Konzernleitung; **fiscalité de ~** *f* Konzernbesteuerung; **stratégie de ~** *f* Konzernstrategie
~ **agro-alimentaire** *m* Konzern der Lebensmittelindustrie
~ **d'expression** *m* Arbeitnehmerversammlung (kann ohne Mitwirken der Gewerkschaft oder der Personalvertretung tätig werden)
~ **de distribution** *m* Vertriebsgruppe
~ **de garantie** *m* Abnahmekonsortie
~ **de pression** *m* Lobby, pressure group, Interessenverband
~ **de référence** *m* Bezugsgruppe
~ **de travail** *m* Arbeitsgruppe
~ **financier** *m* Finanzgruppe
~ **horizontal** *m* Horizontalkonzern
~ **industriel** *m* Industrieunternehmensgruppe, Industriekonzern
~ **monopoliste** *m* Monopolkonzern
~ **pétrolier** *m* Ölkonzern, Erdölkonzern
~ **public** *m* staatlicher Konzern
~ **vertical** *m* Vertikalkonzern
groupement *m* 1. Gruppe, Gruppierung, Vereinigung, Zusammenschluß, Gemeinschaft, Genossenschaft 2. Gliederung, Einteilung, Klassifizierung
~ **d'achat** *m* Einkaufsgenossenschaft
~ **d'achat de détaillants** *m* Einkaufsvereinigung von Einzelhändlern
~ **d'intérêt économique (GIE)** *m* wirtschaftliche Interessenvereinigung, Konsortium, Interessengemeinschaft, Arbeitsgemeinschaft, ARGE
~ **d'utilisateurs de Swift** *m* Vereinigung der Swift-Benutzer
~ **de personnes** *m* Vereinigung von Personen
~ **européen d'intérêt économique (GEIE)** *m* europäische wirtschaftliche Interessenvereinigung
~ **professionnel** *m* Berufsverband, Berufsstand
grouper des marchandises pour le transport Güter für den Transport sammeln/zusammenfassen
groupeur *m* Sammelgutunternehmer, Sammelladungsspediteur
△ **transitaire-~** *m* Verkehrsführer
grue *f* Kran
GSS (grandes surfaces spécialisées) *fpl* Fachmärkte
guerre *f* Krieg
△ **invalide de ~** *m* Kriegsversehrter,

Kriegsbeschädigter; **risque de ~** *m* Kriegsgefahr, Kriegsrisiko
~ **commerciale** *f* Handelskrieg
~ **des prix** *f* Preiskrieg
~ **douanière** *f* Zollkrieg
~ **froide** *f* kalter Krieg
guichet *m* Schalter, Zweigstelle, Filiale, Schalterstelle
△ **agent du ~** *m* Schalterbeamter; **code ~** *m* Zweigstellenleitzahl; **fermeture d'un ~** *f* Schließung eines Schalters; **ouverture d'un ~** *f* Öffnung eines Schalters; **opération au ~** *f* Schaltergeschäft
~ **annexe** *m* Nebenschalter
~ **automatique** *m* Geldautomat
~ **automatique de banque** *m* automatischer Bankschalter
~ **bancaire** *m* Bankschalter, Bankfiliale, Zweigstelle (einer Bank)
~ **de versement** *m* Einzahlungsschalter
~ **principal** *m* Hauptschalter
guide *m personne ou livre:* Führer, Reiseführer, Ratgeber
~ **comptable** *m* Buchhaltungsführer
guider ***qn*** *jdn* leiten, führen, lenken
△ **visite guidée** *f* Führung
guilde *f* Gilde, Zunft, Innung, genossenschaftliche Vereinigung

H

habilité, e à faire ***qc*** berechtigt, *etw* zu tun
habiliter ***qn*** **à faire** ***qc*** ermächtigen, bevollmächtigen *jdn etw* zu tun
habillage *m* Aufmachung, Verpackung, Verkleidung
habillement *m* Bekleidung, Kleidung, Bekleidungsindustrie
habiller ***qc*** verkleiden, aufmachen *etw*
habiller ***qn*** anziehen, ankleiden, bekleiden *jdn*
habitant *m* Einwohner, Bewohner
△ **consommation par (tête d') ~** *f* Pro-Kopf-Verbrauch
habitat *m* Wohnen, Wohnungen, Wohnsituation
△ **conditions d'~** *f pl* Wohnverhältnisse; **crédit à l'~** *m* Wohnungs(bau)-kredit; **type d'~** *m* Wohnungsart, Wohnform
~ **collectif** *m* Wohnungen in Wohnblocks
habitation *f* Wohnung
△ **construction d'immeubles d'~** *f* Wohnungsbau; **immeuble d'~** *m* Wohngebäude; **propriétaire de son ~** *m* Wohnungseigentümer; **taxe d'~** *f* Wohnraumsteuer
~ **à loyer modéré (HLM)** *f* Sozialwohnung (auch Gebäudekomplex)
habitude *f* Gewohnheit
~s d'achat *f pl* Kaufgewohnheiten
~s de consommation *f pl* Konsumgewohnheiten, Verbrauchsgewohnheiten
habitué *m* regelmäßiger/häufiger Besucher, Stammgast
△ **clientèle d'~s** *f* Kundenstamm
habituel, le üblich
△ **fournisseur ~** *m* Hauslieferant
habituellement gewöhnlicherweise, üblicherweise
hachurer ***qc*** schraffieren *etw*
hall *m* Halle, Vorraum
~ **de production** *m* Produktionshalle
halle *f* (souvent au *pluriel*) Markthalle, Großmarkt(halle)
handicapé/handicapée *m/f* Behinderter/Behinderte
handicapé, e behindert
harmonisation *f* Harmonisierung, Vereinheitlichung
~ **de la fiscalité** *f* Steuerharmonisierung
~ **de la TVA** *f* Harmonisierung der MwSt
~ **des fiscalités/des régimes fiscaux** *f* Harmonisierung/Vereinheitlichung der Steuersysteme
~ **fiscale** *f* Steuerharmonisierung
harmoniser ***qc*** harmonisieren, vereinheitlichen *etw*
~ **les législations européennes** die europäischen Gesetzgebungen harmonisieren/vereinheitlichen
~ **les taux de TVA** die Mehrwertsteuersätze angleichen/harmonisieren
hausse (Bourse, cours, prix, salaires) *f* Ansteigen, Steigerung, Anstieg, Zunahme, Hausse, Anziehen der Kurse, Kursanstieg, Kursverbesserung (Börse, Kurse, Preise, Löhne)
△ **à la ~/en ~** im Ansteigen/im Steigen

begriffen, haussierend; **mouvement de ~** *m* Haussebewegung; **mouvement vers la ~** *m* ansteigende Tendenz; **speculateur à la ~** *m* Haussespekulant; **spéculation à la ~** *f* Haussespekulation; **tendance à la ~** *f* Aufwärtstrend, Aufwärtstendenz; **valeurs en ~** *f pl* Werte mit haussierenden Kursen; **variation en ~** *f* Veränderung nach oben, Aufwärtsbewegung

△△ **corriger** ***qc*** **à la ~** nach oben korrigieren *etw*; **être à la ~/en ~** anziehen, steigen, im Steigen begriffen sein, nach oben weisen/gehen; **l'indice CAC-40 clôture en ~** der Börsenindex geht bei Börsenschluß nach oben; **la Bourse clôturait en ~ de x %** die Börse schloß mit einem Zuwachs von x %; **la Bourse ouvrait en ~** die Börse eröffnete mit einem Kursanstieg; **la ~ s'éffrite** der Kursanstieg bröckelt ab; **les prix sont en ~ de x %** die Preise steigen um x %; **pousser le marché à la ~** die Kurse/Preise in die Höhe treiben; **réviser** ***qc*** **à la ~** nach oben korrigieren *etw*; **revoir** ***qc*** **à la ~** nach oben korrigieren *etw*; **spéculer à la ~** auf Hausse spekulieren; **subir une ~** eine Erhöhung erfahren; **vendre à la~** auf Hausse verkaufen

~ **à/de la Bourse** *f* Hausse an der Börse
~ **de la TVA** *f* Mehrwertsteuererhöhung
~ **de salaire** *f* Lohnerhöhung
~ **des bénéfices** *f* Gewinnsteigerung
~ **des cours** *f* Kurssteigerung, Kursanstieg, Hausse
~ **des cours boursiers** *f* Hausse der Börsenkurse
~ **des loyers** *f* Mietpreissteigerung
~ **des prix** *f* Preisanstieg, Preisauftrieb, Preissteigerung, Teuerung

△△ **freiner la ~** die Preissteigerung drosseln; **la ~ est de ...** der Preisauftrieb beträgt ...

~ **des salaires** *f* Lohnerhöhung
~ **des taux d'intérêt** *f* Zinserhöhungen
~ **générale des prix** *f* allgemeiner Preisanstieg/Preisauftrieb, allgemeine Preissteigerung
~ **nominale des revenus** *f* nominale Einkommenssteigerung
~ **rapide du chiffre d'affaires** *f* schnelle Umsatzsteigerung

haussier *m* Haussier
haut, e hoch, Hoch-
~**e administration de l'Etat** *f* Staatsverwaltung
~**e conjoncture** *f* Hochkonjunktur
~ **de gamme** *m* oberer Qualitätsbereich, oberer Bereich der Produktpalette
~ **de gamme** des oberen Qualitätsbereichs, Qualitäts-

△ **produit ~** *m* Produkt des oberen Qualitätsbereichs, Qualitätsprodukt

~ **du bilan** *m* oberer Bereich der Bilanz
~ **du stellage** *m* oberer festgesetzter Kurs beim Stellagegeschäft
~ **fourneau** *m* Hochofen
~**e finance** *f* Hochfinanz
~**e qualité** *f* hohe Qualität, Spitzenqualität
~**s revenus** *m pl* hohe Einkommen, Besserverdienende
~**e saison** *f* Hauptsaison, Hochsaison
~**e technologie** *f* Hochtechnologie, Spitzentechnologie, High-Tech

△ **produit de ~** *m* Hochtechnologieprodukt, High-Tech-Produkt

Hautes Etudes Commerciales (HEC) *f* französische Wirtschaftshochschule (Elitehochschule)
hautement qualifié, e hochqualifiziert
HEC (Hautes Etudes Commerciales) *f* französische Wirtschaftshochschule (Elitehochschule)
hélicopter de secours (médical) *m* Rettungshubschrauber
héliport *m* Hubschrauberlandeplatz
héliportage *m* Beförderung mittels Hubschrauber
héliporté, e Hubschrauber-, mit Hubschraubern

△ **secours (médical) ~** *m* Hubschrauberrettungsdienst

hémorragie *f* Blutung, Ausbluten, Abwanderung, Verlust
~ **de capitaux** *f* Kaptitalabwanderung
~ **de devises** *f* Devisenabfluß
~ **de main-d'oeuvre** *f* Abwanderung von Arbeitskräften
herbicide *m* Pflanzenschutzmittel
héréditaire Erb-

△ **indivision~** *f* Erbengemeinschaft

héritage *m* Erbe, Erbschaft

△△ **laisser** ***qc*** **en ~** als Erbe hinterlas-

sen *etw*, vererben *etw*; **recevoir *qc* en ~** als Erbe erhalten *etw*, erben *etw*
hériter de *qc* erben *etw*
~ d'un patrimoine ein Vermögen erben
~ *qc* (de *qn*) erben *etw* (von *jdm*)
héritier *m* Erbe
~ universel *m* Universalerbe
hétérogène heterogen
hétérogénéité *f* Heterogenität, Verschiedenartigkeit, Ungleichartigkeit
heure *f* Stunde
△ **à l'~** 1. pro Stunde, in der Stunde 2. pünktlich
~s d'affluence *fpl* Spitzen(verkehrs)zeiten, Stoßzeiten, Hochbetrieb
~s d'ouverture (des magasins) *fpl* (Laden) Öffnungszeiten
~s de consultation *fpl* Sprechstunde(n)
~s de grande écoute *fpl* Haupteinschaltzeit(en)
~s de la Bourse *fpl* Börsenzeit
~s de pointe *fpl* Spitzen(verkehrs)zeiten, Stoßzeiten, Hochbetrieb
~s de travail *fpl* Arbeitszeit(en)
~-machine *f* Maschinenstunde
~s supplémentaires *fpl* Überstunden
heurté, e de plein fouet par la crise von der Krise voll getroffen
heurter *qc* anstoßen *etw*, stoßen gegen *etw*
~ à *qc* (se) stoßen auf *etw*, treffen auf *etw*
~ à la concurrence de *qn* (se) auf die Konkurrenz von *jdm* stoßen
Hexagone *m* (=Sechseck) Bezeichnung für Frankreich
hiérarchie *f* Hierarchie
~ des salaires *f* Lohnhierarchie
hiérarchique hierarchisch
△ **banque de données ~** *f* hierarchische Datenbank; **supérieur ~** *m* Vorgesetzter
hiérarchisé, e hierarchisch aufgebaut
high-tech *m* High-Tech(-Produkte)
histoire économique *f* Wirtschaftsgeschichte
hiver nucléaire *m* nuklearer Winter
HLM (habitation à loyer modéré) *m* Sozialwohnung (auch Gebäudekomplex)
holding *f/m* Holding, Holdinggesellschaft
△ **société ~** *f* Holding, Holdinggesellschaft
~ financier *m* Finanzholding
homme d'affaires *m* Geschäftsmann
homme de paille *m* Strohmann
homogène homogen, gleichartig
homogénéité *f* Homogenität, Gleichartigkeit
~ des produits *f* sachliche Gleichartigkeit der Güter, Produkthomogenität
homologation *f* amtliche Anerkennung, Bestätigung
~ des cours *f* amtliche Bestätigung der Kurse
homologuer *qc* genehmigen, offiziell anerkennen *etw*
honnêteté *f* Ehrlichkeit
honoraires *m pl* Honorar(e)
△ **liquidation des ~** *f* Honorarfestsetzung, Liquidation
~ d'architectes *m pl* Architektenhonorar(e)
~ d'avocat *m pl* Anwaltsgebühr(en)
~ d'expert *m pl* Sachverständigengebühr(en)
~ de consultations médicales *m pl* Arzthonorar(e)
~ de(s) médecin(s) *m pl* Arzthonorar(e)
~ de notaires *m pl* Notargebühr(en)
~ médicaux *m pl* Artzhonorare
honorer *qc* erfüllen *etw*
△ **chèque non honoré** *m* nicht bezahlter/eingelöster Scheck
~ ses dettes (à court terme) seinen (kurzfristigen) Zahlungsverpflichtungen nachkommen
~ un contrat/engagement einen Vertrag erfüllen
~ une lettre de change einen Wechsel honorieren
hôpital *m* Krankenhaus
△ **frais d'~** *m pl* Krankenhauskosten
horaire (souvent au *pluriel*) *m* Arbeitszeit, Fahrplan
△ **réduction des ~s de travail** *f* Arbeitszeitverkürzung
~ à la carte *m* gleitende Arbeitszeit
~ alterné *m* Wechselschicht
~(s) de travail *m (pl)* Arbeitszeit, Arbeitszeiten
~ (de travail) variable *m* gleitende Arbeitszeit, Gleitzeit
horaire stündlich, pro Stunde, Stunden-
△ **débit ~** *m* Leistung/Kapazität/

Durchsatz pro Stunde; **décalage** ~ *m* Zeitverschiebung; **gain** ~ *m* Stundenverdienst; **productivité** ~ **du travail** *f* Arbeitsproduktivität pro Stunde; **revenu** ~ *m* Stundenlohn; **salaire** ~ *m* Stundenlohn; **SMIC** ~ *m* gesetzlicher Mindeststundenlohn; **taux** ~ *m* Stundensatz

horizontal, e horizontal, waagerecht
△ **concentration ~e** *f* horizontale Konzentration; **groupe** ~ *m* Horizontalkonzern

horloge *f* Uhr, Zeituhr
~ **de pointage** *f* Stechuhr, Zeituhr

hors außer, außer-, außerhalb
△ **charges ~ gestion** *fpl* betriebsfremde (neutrale) Aufwendungen
~**(-)cote** *m* Freiverkehrsbörse, Freiverkehr, Markt der nicht amtlich notierten Wertpapiere
△ **marché** ~ *m* Freiverkehrsbörse; **société inscrite au ~/cotée sur le** ~ *f* Gesellschaft, deren Anteile an der Freiverkehrsbörse gehandelt werden
△△ **inscrire/introduire une valeur sur le** ~ eine Aktie an der Freiverkehrsbörse einführen
~ **de portée** unerreichbar
~ **de prix** unerschwinglich
~ **saison** in der Nebensaison
~**(-)série** Sonder-, in Sonderanfertigung hergestellt
~ **service** außer Betrieb
~ **taxe(s) (HT)** zollfrei, steuerfrei, ohne Steuern, ohne MwSt, netto
~ **TVA** ohne MwSt, MwSt nicht inbegriffen, netto

horticole Garten-, Gartenbau-

horticulture *f* Gartenbau

hospice *m* Altersheim

hospitalisation (complète) *f* stationäre Behandlung
△ **frais d'**~ *m pl* Krankenhauskosten

hôte *m* Gast
△ **chambre d'**~ *f* Fremdenzimmer

Hôtel de la Monnaie/des Monnaies *m* Münzamt, Prägeanstalt

hôtelier *m* Hotelier, Hotelbesitzer, Gastwirt

hôtelier, ière Hotel-, Beherbergungs-
△ **chaîne ~ière** *f* Hotelkette

hôtellerie *f* Hotelgewerbe

hôtesse (d'accueil) *f* Hosteß, Empfangsdame
~ **(de l'air)** *f* Stewardess

houille *f* Steinkohle
△ **extraction de la** ~ *f* Steinkohlenabbau; **gisement de** ~ *m* Steinkohlenvorkommen; **mine de** ~ *f* Steinkohlenbergwerk, Steinkohlengrube
~ **blanche** *f* (=weiße Kohle) Wasserkraft
~ **grasse** *f* Fettkohle
~ **maigre** *f* Magerkohle

houiller, ère Steinkohlen-, Kohlen-, kohlenhaltig, flözführend
△ **bassin** ~ *m* Kohlenbecken, Kohlenrevier; **industrie ~ère** *f* Steinkohlenindustrie; **richesse ~ère** *f* Kohlenreichtum; **terrain** ~ *m* Steinkohlenformation

houillère(s) *f (pl)* Steinkohlenbergwerk

houlette *f* Hirtenstab
△ **sous la** ~ **de** ***qn*** unter der Anleitung/Leitung von *jdm*

hovercraft *m* Luftkissenboot

HT (hors taxe) zollfrei, steuerfrei, ohne MwSt, ohne Steuern, netto

huile *f* Öl
~**s usagées** *fpl* Altöl

huissier (de justice) *m* Gerichtsbeamter, Gerichtsvollzieher

hydraulique Wasser-, hydraulisch
△ **centrale** ~ *f* Wasserkraftwerk; **électricité (d'origine)** ~ *f* Elektrizität aus Wasserkraft

hydrocarbure *m* Kohlenwasserstoff

hydrocarbures *m pl* Erdöl und Erdgas, Mineralöle
△ **épuisement des réserves d'**~ *m* Erschöpfung der Erdöl- und Erdgasvorräte; **réserves d'**~ *f pl* Erdöl- und Erdgasvorräte

hydro-électrique Wasserkraft-
centrale ~ *f* Wasserkraftwerk

hyper-cycle *m* langfristiger Zyklus

hyperinflation *f* Hyperinflation

hypermarché *m* Verbrauchermarkt, großer Supermarkt, SB-Warenhaus

hypothécaire hypothekarisch
△ **cautionnement** ~ *m* Hypothekenbürgschaft; **crédit** ~ *m* Hypothekenkredit; **gage** ~ *m* Hypothek

hypothèque *f* Hypothek
△ **amortissement d'**~ *m* Hypotheken-

tilgung; **conservation des ~s** *f* Hypothekenverzeichnis

△△ **grever** *qc* **d'une ~** hypothekarisch belasten *etw*

hypothéquer *qc* hypothekarisch belasten *etw*

I

IARD (incendie, accidents et risques divers) *f* Schadenversicherung gegen Feuer, Unfall und andere Risiken

ICC (indice du coût de la construction) *m* Baukostenindex

icône *f* Symbol, Zeichen, Ikone

idée de produit *f* Produktidee

identifiable identifizierbar, wiedererkennbar, bestimmbar

identifiant TVA *m* Umsatzsteueridentifikationsnummer

identification (d'un produit) *f* Wiedererkennen (eines Produktes)

identifier *qc/qn* identifizieren, erkennen *etw/jdn*

identique (à *qc***)** identisch, gleichbedeutend (mit *etw*)

identité *f* Identität, Übereinstimmung

△ **carte d'~** *f* Personalausweis

~ **des bilans successifs** *f* Bilanzkontinuität

IDI (Institut de Développement Industriel) *m* Institut für industrielle Entwicklung

IGF (impôt sur les grandes fortunes) *m* Vermögensteuer (*frühere Bezeichnung*)

IGN (Institut Géographique National) *m* nationales geographisches Institut

île *f* Insel

îles côtières *f pl* Küsteninseln

illégal, e ungesetzlich

illégalité *f* Ungesetzlichkeit

illégitime unehelich, illegitim

△ **enfant ~** *m* uneheliches Kind, nicht eheliches Kind

illettré *m* Analphabet

illettré, e lese- und schreibunkundig

illicite ungesetzlich

illimité, e unbeschränkt

△ **de façon ~e** unbeschränkt; **en quantité ~e** in unbegrenzter Menge; **responsabilité ~e** *f* unbeschränkte Haftung; **responsable de façon ~e de** *qc* unbeschränkt haftbar für *etw*

△△ **être responsable de façon ~e de** *qc* unbeschränkt haften für *etw*

ilôt *m* kleine Insel

image *f* Bild, Image

~ **d'une entreprise/société/firme** *f* Image, Firmenimage

~ **de marque** *f* Image, Markenimage

~ **de produit** *f* Produktimage

~ **de soi** *f* Selbstbild, Selbstverständnis

imbattable unschlagbar

△ **prix ~** *m* unschlagbarer Preis

immatériel, le immateriell

immatriculation *f* Eintragung, Anmeldung, Zulassung (Kfz)

~ **au Registre du Commerce (RCS)** *f* Handelsregistereintragung, Eintragung in das Handelsregister

△ **demande d'~** *f* Antrag auf Eintragung; **numéro d'~** *m* Handelsregisternummer

~ **d'un véhicule** *f* Zulassung eines Kfz

immatriculé, e au Registre du Commerce (RCS) im Handelsregister eingetragen

immatriculer (*qn***/une société) au Registre du Commerce (RCS)** in das Handelsregister eintragen (*jdn*/eine Gesellschaft)

immeuble *m* Mietshaus, Hochhaus, Wohngebäude (Mehrfamilienhaus), Bürogebäude, Gebäude, Haus

△ **amortissement des ~s** *m* Gebäudeabschreibung; **coopérative de construction et de gestion d'~s** *f* Wohnungs(bau)genossenschaft

immeuble unbeweglich

△ **bien ~** *m* unbewegliches Gut

~ **à loyer moyen/normal** *m* Wohngebäude mit mittlerer/normaler Miete

~ **à usage industriel et/ou commercial** *m* gewerbliches Gebäude, gewerblich genutztes Gebäude

~ **administratif** *m* Verwaltungsgebäude

~ **ancien** *m* Altbau(wohnungen)

~ **collectif** *m* Wohnblock, Mietshaus, Mehrfamilienhaus

~ **d'habitation** *m* Wohngebäude

△ **construction d'immeubles d'habitation** *f* Wohnungsbau, Mietwohnungsbau
~ **de bureaux** *m* Bürogebäude
~ **de grand standing** *m* Wohngebäude mit hohem Komfort
~ **de rapport** Renditeobjekt
~ **locatif** *m* Mietgebäude, Mietshaus, Mietwohnhaus
~ **public** *m* Verwaltungsgebäude
immobilier *m* Immobilien
~ **commercial et industriel** *m* gewerblich genutzte Immobilien, gewerbliche Immobilien
~**-papier** *m* Immobilienvermögen
immobilier, ière Immobilien-
△ **agence ~ière** *f* Immobilien(makler)büro; **agent ~** *m* Immobilienmakler; **biens ~s** *m pl* Immobilien, Immobilienbesitz; **biens mobiliers et ~s** *m pl* mobile und immobile Vermögenswerte; **capital ~** *m* Immobilienvermögen; **crédit ~** *m* Immobilienkredit; **épargne ~ière** *f* Geldanlage in Immobilien; **fortune ~ière** *f* Grundvermögen; **gage ~** *m* Grundpfand; **opération ~ière** *f* Immobiliengeschäft; **patrimoine ~** *m* Immobilienbesitz, Immobilienvermögen; **prêt~** *m* Immobilienkredit; **société civile immobilière (SCI)** *f* Immobiliengesellschaft (in Form einer BGB-Gesellschaft); **société ~ière** *f* Immobiliengesellschaft; **société ~ière d'investissement (SII)** *f* Immobilienfonds (Immobilieninvestitionsgesellschaft zur Errichtung und Vermietung von Wohnungen); **société ~ière pour le commerce et l'industrie (SICOMI)** *f* Immobilienfonds (Immobilieninvestitionsgesellschaften zur Errichtung und Vermietung gewerblicher Gebäude); **spéculation ~ière** *f* Bodenspekulation, Grundstücksspekulation, Immobilienspekulation; **transaction ~ière** *f* Immobiliengeschäft
immobilisation *f* Festlegung, Blockierung, Anlage, Anlagegut, Anlagewert
~**s** *f pl* Anlagevermögen, Anlagegüter, Anlagen, Anlagewerte
~**s corporelles** *f pl* Sachanlagen
~ **de capitaux** *f* Kapitalbindung
~**s financières** *f pl* Finanzanlagen
~**s incorporelles** *f pl* immaterielle Anlagewerte, immaterielles Anlagevermögen
immobiliser *qc* festlegen, binden, lahmlegen *etw*
~ **du capital** Kapital binden
impact *m* Auswirkung
△ **étude d'~** *f* Umweltverträglichkeitsprüfung
△△ **avoir un ~ catastrophique sur** *qc* eine katastrophale Auswirkung haben auf *etw*
~ **négatif** *m* negative Auswirkung
~ **sur le long terme** *m* langfristige Auswirkung
imparti, e zugewiesen, bewilligt
△ **délai ~** *m* zugebilligte Frist; **temps ~** *m* zugebilligte Zeit
impasse *f* Sackgasse
△△ **mener à l'~** in die Sackgasse führen
~ **budgétaire** *f* Haushaltsdefizit, Haushaltslücke
impayé *m* Außenstand, nicht beglichene Rechnung, nicht eingelöster Wechsel
△ **avis d'~** *m* Mitteilung über einen uneingelösten Wechsel; **retour d'~** *m* Rücksendung eines nicht eingelösten Wechsels; **risque d'~s** *m* Nichtzahlungsrisiko
~**s** *m pl* Außenstände
impayé, e unbezahlt, nicht bezahlt, offen
△ **chèque ~** *m* nicht bezahlter Scheck; **effet ~** *m* nicht bezahlter/notleidender/geplatzter Wechsel; **traite ~e** *f* nicht bezahlter/notleidender/geplatzter Wechsel
△△ **rester ~** unbezahlt bleiben/sein, noch offen stehen
impeccable tadellos, einwandfrei
impératif *m* Notwendigkeit, Erfordernis
imperméable dicht, undurchdringbar, -fest, -dicht
~ **à l'air** luftdicht
~ **à l'eau** wasserdicht, wasserfest
implantation *f* Niederlassung, Ansiedlung, Standort, Einführung
△ **choix de l'~** *m* Standortwahl; **lieu d'~** *m* Standort; **stratégie d'~ d'une entreprise** *f* Ansiedlungspolitik eines Unternehmens
~ **bancaire** *f* Anzahl der Bankniederlassungen/Zweigstellen

~ **d'une entreprise/firme** *f* Ansiedlung eines Unternehmens
~ **de nouvelles industries** *f* Industrieansiedlung, Industrieneuansiedlung
~ **du modèle économique occidental** *f* Einführung des westlichen Wirtschaftsmodells
~ **industrielle** *f* Industrieansiedlung
implanter *qc* **(une entreprise, un magasin, une usine)** ansiedeln *etw* (Unternehmen, Geschäft, Fabrik)
~ **à ... (s')** sich ansiedeln in ...
impliquer *qc/qn* **dans** *qc* implizieren, verwickeln *etw/jdn* in *etw*
import-export *m* Import-Export
△ **service** ~ *m* Import-Export-Abteilung; **société (d')** ~ *f* Import-Export-Firma, Gesellschaft für Import und Export
importable importierbar, einfuhrfähig
importance *f* Bedeutung, Wichtigkeit, Höhe
△ **sans** ~ unerheblich, unbedeutend, irrelevant
△△ **prendre de l'~** an Bedeutung gewinnen
~ **des dégâts** *f* Schadenshöhe, Schwere des Schadens
△ **la nature et l'~** *f* die Art und Höhe des Schadens
~ **du risque** *f* Höhe des Risikos
~ **du sinistre** *f* Schadenshöhe, Schwere des Schadens
△△ **estimer/évaluer l'~** die Schadenshöhe abschätzen
importateur *m* Importeur
~ **distributeur** *m* Importeur
importateur, trice Import-, Einfuhr-
△ **agent** ~ *m* Importvertreter; **pays** ~ *m* Einfuhrland
importation *f* Einfuhr, Import, *pl* Importhandel, Importe, Einfuhren, Importgeschäfte, Importgüter, Einfuhrgüter
△ **accélération des ~s** *f* Steigerung der Importe/Einfuhren; **accroissement des ~s** *m* Importzuwachs, Steigerung der Importe/Einfuhren; **afflux d'~** *m* Importsog; **besoins à l'~** *m pl* Einfuhrbedarf, Importbedarf; **biens d'~** *m pl* Importwaren; **capacité d'~** *f* Einfuhrkapazität, Importkapazität; **certificat international d'~** *m* internationales Importzeugnis/Einfuhrzeugnis; **contingent à l'~/d'~** *m* Einfuhrkontingent, Importkontingent; **contraction des ~s** *f* Drosselung der Einfuhren/Importe; **crédit à l'~** *m* Einfuhrkredit; **droits d'~** *m pl* Einfuhrzölle, Importzölle; **embargo sur les ~s** *m* Importembargo; **indice des prix à l'~** *m* Index der Einfuhrpreise; **interdiction d'~** *f* Einfuhrverbot; **licence à l'~/d'~** *f* Einfuhrgenehmigung, Einfuhrbewilligung, Einfuhrerlaubnis; **monopole d'~** *m* Einfuhrmonopol; **plafond d'~** *m* Einfuhrbeschränkung, Einfuhrobergrenze, Einfuhrhöchstbetrag; **prix à l'~** *m* Einfuhrpreis; **quotas d'~** *m pl* Einfuhrquote(n), Einfuhrkontingent(e), Importquote(n), Importkontingent(e); **subvention à l'~** *f* Einfuhrsubvention, Importsubvention; **tassement des ~s** *m* Verringerung der Einfuhren; **taxe à l'~** *f* Einfuhrsteuer, Importsteuer; **volume des ~s** *m* Einfuhrvolumen
△△ **interdire l'~ d'un produit** die Einfuhr/den Import eines Produktes verbieten; **maîtriser les ~s** die Einfuhren/Importe drosseln; **réduire la part des ~s** den Einfuhranteil/Importanteil verringern, kürzen; **renchérir les importations** die Einfuhren verteuern; **tirer les ~s** die Einfuhren/Importe nach oben ziehen
~s charbonnières *f pl* Kohleimporte
~ **de pétrole** *f* Erdölimport
~ **de produits agricoles** *f* Import von landwirtschaftlichen Produkten
~ **de technologie** *f* Technologieimport
~ **en exemption** *f* zollfreie Einfuhr
~ **en franchise** *f* zollfreie Einfuhr
~s en provenance de ... *f pl* Einfuhren aus ...
~-exportation *f* Einfuhr-Ausfuhr, Import-Export
~s invisibles *f pl* unsichtbare Importe, Dienstleistungsimporte
~s nettes de capitaux *f pl* Nettokapitalimporte
~ **soumise à licence** *f* genehmigungspflichtige Einfuhr
importer *qc* einführen, importieren *etw*
imposable *m* Steuerpflichtiger, Steuerzahler

imposable steuerpflichtig (Person, Einkünfte), zu versteuern, besteuerbar
△ **année ~** *f* Veranlagungsjahr; **bénéfice ~** *m* zu versteuernder Gewinn; **matière ~** *f* Steuergegenstand, Steuerobjekt; **non ~** nicht veranlagt (Person), steuerfrei (Einkünfte); **opération ~** *f* steuerpflichtige Transaktion; **patrimoine net ~** *m* steuerpflichtiges Nettovermögen; **période ~** *f* Veranlagungsperiode; **revenu ~** *m* steuerpflichtiges Einkommen, zu versteuerndes Einkommen; **tranche ~** *f* steuerpflichtiger Anteil; **tranche non ~** *f* steuerfreier Anteil, Steuerfreibetrag
△△ **être ~** steuerpflichtig sein (Person, Einkünfte), zu versteuern sein, veranlagt werden; **ne pas être ~** nicht veranlagt werden, nicht steuerpflichtig sein, steuerfrei sein
~ sur le revenu einkommensteuerpflichtig
imposé, e besteuert, zu einer Steuer veranlagt, veranlagt
imposer *qc/qn* besteuern *etw/jdn*, veranlagen *jdn*
~ le bénéfice/le revenu den Gewinn/das Einkommen besteuern
~ *qc* à la source an der Quelle besteuern *etw*
~ *qc* (à *qn*) auferlegen *etw (jdm)*
~ une stricte modération salariale eine strikte Mäßigung bei den Lohnzuwächsen/Tarifabschlüssen durchsetzen/verordnen
~ (s') sich aufdrängen, sich durchsetzen
imposition *f* Besteuerung, Veranlagung, Steuerlast, Belastung, Steuerbelastung
△ **année d'~** *f* Veranlagungsjahr; **avis d'~** *m* Steuerbescheid; **barème d'~** *m* Einkommensteuertarif; **base d'~/de l'~** *f* Steuergegenstand, Steuergrundlage, Bemessungsgrundlage; **double ~** *f* Doppelbesteuerung; **période d'~** *f* Veranlagungszeitraum; **seuil d'~** *m* Steuerfreigrenze; **taux d'~** *m* Steuersatz, Hebesatz
~ à la source *f* Quellenbesteuerung
~ cumulative *f* Mehrfachbesteuerung
~ d'office *f* Steuerfestsetzung von Amts wegen
~ de la fortune *f* Vermögensbesteuerung
~ de la richesse *f* Vermögenbesteuerung
~ dégressive *f* degressive Besteuerung
~ des bénéfices *f* Gewinnbesteuerung
~ des intérêts *f* Zinsbesteuerung
~ des revenus *f* Einkommensbesteuerung
~ directe *f* direkte Besteuerung
~ du capital *f* Kapitalbesteuerung
~ du chiffre d'affaires *f* Umsatzbesteuerung
~ du patrimoine *f* Vermögensbesteuerung
~ en amont *f* Vorbelastung (Steuer)
~ en cascade *f* Mehrphasenbesteuerung
~ forfaitaire (minimale) *f* Pauschal(mindest)besteuerung
~ indirecte *f* indirekte Besteuerung
~ séparée *f* getrennte Veranlagung (Ehegattenbesteuerung)
impôt *m* Steuer, Abgabe
△ **abaissement des ~s** *m* Steuersenkung; **acquittement d'un ~** *m* Zahlung, Entrichtung einer Steuer; **administration des ~s** *f* Steuerbehörde(n); **assiette de l'~** *f* Steuerbemessungsgrundlage; **assujetti, e à l'~** steuerpflichtig, der Steuer unterworfen; **assujettissement à l'~** *m* Steuerpflichtigkeit, Steuerpflicht; **augmentation des ~s** *f* Steuererhöhung; **baisse d'~** *f* Steuersenkung; **barème de l'~** *m* Steuertabelle; **base de l'~** *f* Steuergegenstand, Steuerbemessungsgrundlage; **bénéfice après/avant ~s** *m* Gewinn nach/vor (Abzug der) Steuern; **calcul de l'~** *m* Steuerberechnung, Steuerschuldermittlung; **centre des ~s (CDI)** *m* (örtliches) Finanzamt; **Code de ~s** *m* Abgabenordnung; **collecte de l'~** *f* Einzug, Einziehen, Erheben der Steuer; **contrôleur des ~s** *m* Steuerprüfer; **crédit d'~** *m* von der Einkommensteuer abzugsfähiger Betrag; **cumul d'~s** *m* Steuerkumulierung; **dégrèvement d'~** *m* Steuernachlaß, Steuerermäßigung; **économie d'~** *f* Steuerersparnis; **égalité devant l'~** *f* steuerliche Gleichbehandlung; **exempté, e d'un ~** von einer Steuer befreit, steuerbefreit, steuerfrei; **exemption d'~** *f* Steuerbefreiung, Steuererlaß; **exonération d'~** *f* Steuerbefreiung, Steuererlaß; **exonéré, e d'~**

von der Steuer befreit, steuerbefreit, steuerfrei; **feuille d'~** *f* Steuerbescheid; **grève des ~s** *f* Steuerstreik; **montant de l'~** *m* Steuerbetrag; **net, te d'~** nach Abzug der Steuer; **perception de l'~/des ~s** *f* Steuereinziehung, Steuererhebung; **prélèvement de l'~** *m* Steuereinziehung; **prélèvement de l'~ à la source** *m* Quellensteuerabzug, Quellenabzug; **progression de l'~** *f* Steuerprogression; **rappel d'~** *m* Steuernachforderung; **recouvrement de l'~** *m* Steuerbeitreibung, Steuereinziehung; **redevable effectivement soumis à l'~** *m* Steuerträger; **réduction d'~** *f* Steuerermäßigung; **remboursement d'~** *m* Steuerrückzahlung; **rôle d'~** *m* Steuerliste; **soumis, e à l'~/un ~** steuerpflichtig; **sous franchise d'~s** steuerfrei

△△ **acquitter un ~** eine Steuer bezahlen, entrichten; **alléger l'~** die Steuer ermäßigen; **assujettir *qn* à l'~** der Steuer unterwerfen *jdn*; **augmenter les ~s** die Steuern erhöhen/heraufsetzen; **calculer l'~** die Steuer berechnen; **collecter des ~s** Steuern einziehen; **déduire *qc* de l'~** von der Steuer absetzen *etw*; **déterminer l'~** die Steuer feststellen; **dispenser *qn* d'un ~** von einer Steuer befreien *jdn*; **échelonner les ~s** die Steuern staffeln; **être assujetti, e à l'~** steuerpflichtig sein; **être exempté, e d'un ~** von einer Steuer befreit sein; **être exonéré, e d'~** von der Steuer befreit sein; **être passible d'un ~** steuerpflichtig sein, zu versteuern sein (Person, Einkünfte); **être redevable d'un ~** zur Zahlung einer Steuer verpflichtet sein; **être soumis, e à un ~** einer Steuer unterliegen; **exempter *qc/qn* d'un ~** von einer Steuer befreien *etw/jdn*; **exonérer *qc/qn* d'~** von der Steuer befreien *etw/jdn*; **fixer l'~** die Steuer festsetzen; **grever *qc* d'un ~** mit einer Steuer belegen, besteuern *etw*; **lever des ~s** Steuern erheben; **payer des ~s** Steuern zahlen; **prélever un ~** eine Steuer einbehalten; **recouvrer des ~s** Steuern einziehen/erheben; **réduire les ~s** die Steuern senken, herabsetzen, ermäßigen; **répercuter un ~ sur *qn*** eine Steuer auf *jdn* abwälzen, überwälzen; **retenir un ~ (à la source)** eine Steuer (an der Quelle) einbehalten; **reverser un ~ (à l'Etat)** eine Steuer (an den Staat) abführen; **s'acquitter de l'~** die Steuerpflicht erfüllen, seine Steuern zahlen; **soumettre *qn* à un ~** zu einer Steuer heranziehen *jdn*; **verser des ~s** Steuern abführen

~ **à la consommation** *m* Verbrauchsteuer
~ **à la source** *m* Quellensteuer
~ **cédulaire** *m* nach der Einkommensart bemessene Steuer
~ **communal** *m* kommunale Steuer, Gemeindesteuer
~ **communautaire** *m* EU-Steuer
~(s) **d'Etat** *m (pl)* zentralstaatliche Steuern (im Gegensatz zu kommunalen Steuern)
~ **de Bourse** *m* Börsensteuer, Börsenumsatzsteuer
~ **de solidarité sur la fortune (ISF)** *m* derzeitige Bezeichnung für die Vermögensteuer
~ **direct** *m* direkte Steuer
~ **dû** *m* geschuldete Steuer
~ **en cascade** *m* Mehrphasensteuer
~**s et taxes** *m pl* Steuern und Abgaben
~ **fédéral** *m* Bundessteuer
~ **foncier** *m* Grundsteuer
~ **général sur le revenu** *m* allgemeine Einkommensteuer
~ **indirect** *m* indirekte Steuer
~ **local (*pl* impôts locaux)** *m (pl)* kommunale Steuer(n), Gemeindesteuer(n)
~ **perçu en amont** *m* Vorsteuer
~ **progressif** *m* progressive Steuer
~ **proportionnel** *m* Proportionalsteuer
~ **régional** *m* Steuer, die zugunsten der Region erhoben wird, Regionalsteuer
~ **retuenu à la source** *m* Quellensteuer
~ **sécheresse** *m* Dürresteuer
~ **sur la consommation** *m* Verbrauchsteuer
~ **sur la fortune** *m* Vermögensteuer
~ **sur la plus-value** *m* Steuer auf Veräußerungsgewinne, Wertzuwachssteuer
~ **sur le bénéfice** *m* Gewinnsteuer, Ertragsteuer
~ **sur le capital** *m* Kapitalsteuer
~ **sur le chiffre d'affaires** *m* Umsatzsteuer

~ **sur le patrimoine** *m* Vermögensteuer
~ **sur le revenu** *m* Einkommensteuer, Lohnsteuer, Lohn- und Einkommensteuer
~ **sur le revenu des capitaux** *m* Kapitalertragsteuer
~ **sur le revenu des personnes physiques (IRPP)** *m* Einkommensteuer für natürliche Personen
~ **sur le revenu des sociétés (IS)** *m* Körperschaftsteuer
△ **taux de l'~** *m* Körperschaftsteuersatz
~ **sur le revenu du capital** *m* Kapitalertragsteuer
~ **sur le salaire** *m* Lohnsteuer
~ **sur les bénéfices** *m* Ertragsteuer, Gewinnsteuer
~ **sur les bénéfices des sociétés** *m* Körperschaftsteuer
~ **sur les bénéfices industriels et commerciaux** *m* Steuer auf Unternehmereinkünfte, Steuer auf Einkünfte aus Gewerbetätigkeit
~ **sur les bénéfices non commerciaux** *m* Steuer auf nicht gewerbliche Einkünfte
~ **sur les donations** *m* Schenkungsteuer
~ **sur les grandes fortunes (IGF)** *m* Vermögensteuer (*frühere Bezeichnung*)
~ **sur les intérêts des dépôts en banque** *m* Zinsabschlagsteuer
~ **sur les opérations de Bourse** *m* Börsenumsatzsteuer
~ **sur les plus-values** *m* Steuer auf Veräußerungsgewinne, Wertzuwachssteuer
~ **sur les revenus des sociétés (IS)** *m* Körperschaftsteuer
△ **taux de l'~** *m* Körperschaftsteuersatz
~ **sur les salaires et traitements** *m* Lohnsteuer
~ **sur les sociétés (IS)** *m* Körperschaftsteuer
△ **taux de l'~** *m* Körperschaftsteuersatz
~ **sur les successions** *m* Erbschaftsteuer
~ **sur les successions et donations** *m* Erbschaft- und Schenkungsteuer
imprescriptibilité *f* Unverjährbarkeit
imprescriptible unverjährbar
imprévisibilité *f* Unvorhersehbarkeit, Unberechenbarkeit
~ **des taux de change** *f* Unvorhersehbarkeit/Unberechenbarkeit der Wechselkurse
imprévisible nicht vorhersehbar, nicht voraussehbar, unvorhersehbar
imprévu, e unvorhergesehen
imprimante *f* Drucker (Gerät)
△ **sortie sur ~** *f* Druckerausgabe, Ausdruck
~ **à jet d'encre** *f* Tintenstrahldrucker
~ **à laser** *f* Laserdrucker
~ **postscript** *f* Postscript-Drucker
imprimé *m* Drucksache, Vordruck, Formular
~ **à taxe réduite** *m* Drucksache zu ermäßigter Gebühr, Streifbandzeitung
imprimé, e gedruckt
△ **carte de circuits ~s** *f* Leiterplatte; **circuit ~** *m* gedruckter Schaltkreis
imprimer *qc* drucken *etw*
imprimerie *f* Druckerei
imprimeur *m* Drucker (Beruf), Druckereiarbeiter
improductif, ve ungenutzt, unproduktiv
△△ **rester ~** brachliegen
impropre unecht, uneigentlich, ungeeignet
~ **à la consommation** nicht zum Verzehr geeignet
impuissance *f* Machtlosigkeit
impuissant, e machtlos
impulsion *f* Impuls
△ **achat d'~** *m* Impulskauf, Spontankauf
impunité *f* Straffreiheit
imputabilité *f* Anrechenbarkeit, Zurechenbarkeit
imputable à *qc/qn* zu Lasten von *etw/jdm*, anrechenbar auf *etw*
imputation *f* Anrechnung, Verrechnung, Zurechnung
imputer *qc* à/sur un compte auf einem Konto verrechnen *etw*
inabordable 1. unerschwinglich, horrend 2. unzugänglich
inactif *m* Nicht-Erwerbstätiger
inactif, ve nicht erwerbstätig
△ **population ~ve** *f* Nicht-Erwerbstätige
inactifs *m pl* Nicht-Erwerbstätige
inadaptation *f* mangelnde Anpassungsfähigkeit
inadapté, e ungeeignet, unpassend

inadéquat, e inadäquat, nicht entsprechend, nicht übereinstimmend, unangemessen
inadéquation *f* Nichtentsprechung, Nichtübereinstimmung, Unangemessenheit
inamical, e unfreundlich, feindselig
△ **OPA ~e** *f* feindliches Übernahmeangebot
inamovible unabsetzbar, unkündbar, unwiderruflich
inamovibilité *f* Unabsetzbarkeit, Unkündbarkeit, Unwiderruflichkeit
inapte unbrauchbar, ungeeignet, untauglich
inaptitude *f* Nichteinigung, Unbrauchbarkeit, Ungeeignetheit, Untauglichkeit
inattendu, e unerwartet
inauguration *f* Einweihung
~ **d'une usine** *f* Einweihung einer Fabrik
INC (Institut National de la Consommation) *m* Verbraucherschutzbehörde
incapable (de contracter) nicht geschäftsfähig, geschäftsunfähig
incapacité *f* Unfähigkeit, Geschäftsunfähigkeit, Arbeitsunfähigkeit
~ **d'exercice** *f* Geschäftsunfähigkeit
~ **de contracter** *f* Geschäftsunfähigkeit
~ **de paiement** *f* Zahlungsunfähigkeit
~ **de travail** *f* Arbeitsunfähigkeit
~ **durable (de travail)** *f* ständige/dauerhafte Arbeitsunfähigkeit
~ **juridique** *f* Rechtsunfähigkeit
~ **permanente (de travail)** *f* ständige/dauerhafte Arbeitsunfähigkeit
~ **permanente et définitive (de travail)** *f* ständige und dauerhafte Arbeitsunfähigkeit
~ **professionnelle** *f* Berufsunfähigkeit
~ **temporaire (de travail)** *f* zeitweilige Arbeitsunfähigkeit
incassable bruchsicher, unzerbrechlich
incendie *m* Brand, Feuer
△ **assurance-~** *f* Feuerversicherung; **assureur ~** *m* Feuerversicherer
~, accidents et risques divers (IARD) *f* Schadenversicherung gegen Feuer, Unfall und andere Gefahren
incertain, e unsicher, ungewiß, unbeständig
incessibilité *f* Nichtübertragbarkeit, Unabtretbarkeit
incessible nicht abtretbar, nicht veräußerbar
△ **créance ~** *f* nicht abtretbare Forderung
inchangé, e unverändert
incidence *f* Auswirkung, Folge, Konsequenz
△△ **avoir une ~ sur** ***qc*** eine Auswirkung haben auf *etw*
incident *m* Vorfall, Vorkommnis, Zwischenfall, Unregelmäßigkeit, Störung
~ **technique** *m* technische Störung, Störfall
~ **de paiement** *m* Zahlungsunregelmäßigkeit
incinération *f* Verbrennung, Einäscherung
△ **frais d'~** *m pl* Einäscherungskosten
~ **des déchets** *f* Müllverbrennung
△ **usine d'~** *f* Müllverbrennungsanlage
incitation *f* Anreiz, Anregung
~ **à l'exportation** *f* Exportanreiz
~ **fiscale** *f* steuerlicher Anreiz
~ **fiscale aux investissements** *f* steuerlicher Investitionsanreiz
~ **matérielle** *f* materieller Anreiz
inciter (*qn*) à (faire) *qc* veranlassen (*jdn*) zu (tun) *etw*
~ **à l'achat** verkaufswirksam sein
inclure *qc* dans *qc* einschließen *etw* in *etw*
~ **les frais** die Unkosten berechnen/einschließen
~ **un article dans l'assortiment** einen Artikel in das Sortiment aufnehmen
inclus, e einbegriffen, inbegriffen, eingeschlossen
inclusion *f* Einschließen, Einschluß, Einbegreifen
incomber à *qn* de faire *qc* obliegen *etw* zu tun *jdm*
△△ **il incombe au vendeur de payer le fret** es obliegt dem Verkäufer, die Fracht zu zahlen
incompatibilité *f* Unvereinbarkeit, Unverträglichkeit
incompatible unvereinbar, unverträglich
incompétence *f* Inkompetenz, Ungeeignetheit, Nichtzuständigkeit
incompétent, e nicht zuständig, unfähig, ungeeignet, inkompetent

incompressible nicht (weiter) reduzierbar
△ **charges ~s** *f pl* nicht reduzierbare Kosten
inconditionnel, le bedingungslos, uneingeschränkt
△ **de manière ~le** unbehindert, uneingeschränkt
inconvénient *m* Nachteil
inconvertibilité *f* Nichtumwandelbarkeit, Nichtkonvertibilität, Nichteinlösbarkeit
inconvertible nicht umwandelbar, nicht konvertibel, nicht einlösbar
△ **billet de banque ~** *m* nicht konvertierbare Banknote; **devise ~** *f* nicht konvertierbare/nicht konvertible Währung
incorporation *f* Integration, Einarbeitung
~ **de(s) réserves** *f* Umwandlung von Rücklagen in Nennkapital
incorporel, le immateriell
△ **biens ~s** *m pl* immaterielle Güter; **éléments ~s** *m pl* immaterielle Betriebswerte
incorporer *qc* **dans** *qc* einarbeiten, integrieren, einbauen *etw* in *etw*
△ **demi-produit incorporé** *m* montiertes Halberzeugnis
incoterms *m* Incoterms
incriminé, e beanstandet
incriminer *qc* beanstanden *etw*
indéfini, e unbeschränkt, unbegrenzt
indéfiniment unbeschränkt, unbegrenzt
~ **responsable de** *qc* unbeschränkt haftbar für (*etw*)
indemnisable entschädigungsfähig, mit Entschädigungsanspruch
△ **sinistre ~** *m* Schadensfall mit Entschädigungsanspruch
indemnisation *f* Entschädigung
△△ **accorder une ~ à** *qn* eine Entschädigung bewilligen; **verser une ~ à** *qn* eine Entschädigung zahlen
~ **de chômage** *f* Arbeitslosengeld, Arbeitslosenunterstützung
indemnisé, e entschädigt
indemniser *qc* entschädigen, eine Entschädigung zahlen für *etw*
indemniser (*qn*) (**pour** *qc*) entschädigen (*jdn*), eine Entschädigung zahlen *jdm* (für *etw*)
~ (*qn*) **sur la base de la valeur vénale** zum Zeitwert entschädigen (*jdn*)
~ **les chômeurs** Arbeitslosengeld zahlen
indemnité *f* Entschädigung, Entschädigungszahlung, Abfindung
△ **droit à ~** *m* Anspruch auf Entschädigung
~ **d'accident** *f* Unfallentschädigung
~ **d'assurance** *f* Versicherungsentschädigung
~ **d'éviction** *f* Abstandszahlung, Konventionalstrafe
~ **de cabinet** *f* (steuerfreie) Aufwandsentschädigung für hohe Beamte, Ministerialzulage
~ **de chômage** *f* Arbeitslosengeld, Arbeitslosenunterstützung
~ **de départ** *f* Abfindung
~ **de départ à la retraite** *f* Abfindung beim Ausscheiden aus dem Berufsleben
~ **de fin de carrière** *f* Abfindung beim Ausscheiden aus dem Berufsleben
~ **de licenciement** *f* Abfindung bei Beendigung des Arbeitsverhältnisses, Abfindung bei der Entlassung
~ **de remboursement par anticipation** *f* Vorfälligkeitsentschädigung
~ **de retard** *f* Säumniszuschlag
~ **de transport** *f* Fahrtkostenzuschuß, Wegegeld, Fahrtkostenerstattung
~ **imposable** *f* steuerpflichtige Entschädigung
~ **journalière** *f* Tagegeld, Krankenhaustagegeld
~ **journalière en cas d'hospitalisation** *f* Krankenhaustagegeld
indépendance *f* Unabhängigkeit
~ **énergétique** *f* Energieunabhängigkeit
△ **taux d'~** *m* Grad der Energieunabhängigkeit
indépendant *m* Selbständiger
indépendant, e unabhängig
△ **artisan ~** *m* selbständiger Handwerker; **commerçant ~** *m* selbständiger/unabhängiger Einzelhändler; **commerce ~** *m* unabhängiger Handel; **travailleur ~** *m* Selbständiger
indéterminé, e unbestimmt, unbegrenzt
△ **à durée ~e** unbefristet, auf unbestimmte Dauer; **contrat (de travail) à durée ~e (CDI)** *m* unbefristeter Arbeitsvertrag; **responsabilité ~e** *f* unbe-

grenzte/unbeschränkte Haftung
index *m* Index, Register, Verzeichnis
indexation *f* Indexbildung, Indexierung, Lohn-Preis-Bindung
△ **clause d'~** *f* Indexklausel, Lohn-Preis-Bindungsklausel; **suspension de l'~** *f* Aufhebung der Lohn-Preis-Bindung; **système d'~** *m* Indexsystem, Lohn-Preis-Bindungssystem
△△ **limiter les effets de l'~** die Wirkung der Lohn-Preis-Bindung abmildern; **mettre fin aux clauses d'~** die Lohn-Preis-Bindung abschaffen; **suspendre l'~** die Lohn-Preis-Bindung aussetzen
~ **d'une grandeur sur une valeur de référence** *f* Kopplung eines Indexes an eine Bezugsgröße
~ **des loyers** *f* Mietindexierung
~ **des salaires et traitements** *f* Lohn- und Gehaltsindexierung
~ **des salaires sur les prix** *f* Lohn-Preis-Bindung
~**-or** *f* Goldindexierung
indexé, e an einen Index gebunden, indexiert
△ **emprunt d'Etat ~ sur l'or** *m* an den Goldwert indexierte/gebundene Staatsanleihe; **crédit à taux ~** *m* Kredit zu einem indexgebundenen Zinssatz
indexer *qc* sur *qc* an einen Index binden *etw*
△ **emprunt d'Etat indexé sur l'or** *m* an den Goldwert indexierte Staatsanleihe
indicateur *m* Börsenindikator, Aktienindex, Indikator
△△ **l'~ a cédé x points** der Indikator ist um x Punkte gefallen; **les ~s piquent du nez** die Indikatoren weisen nach unten
~ **conjoncturel** *m* Konjunkturindikator
~ **d'alerte** *m* Konjunkturindikator
~ **de Bourse** *m* Börsenindikator; Kursindikator
~ **de tendance** *m* Börsenindikator, Kursindikator, Börsenbarometer (bis 1989)
~ **instantané** *m* Echtzeitindikator
indicatif *m* (Telefon) Vorwahl
indicatif, ve hinweisend, anzeigend
~ **(à titre)** zur Information
indication *f* Angabe, Anzeichen, Merkmal
~ **de prix** *f* Preisangabe
indice *m* Index (z.B. Preisindex, Lebenshaltungsindex)
△ **composition de l'~** *f* Zusammensetzung des Index; **prise en compte de *qc* dans l'~** *f* Berücksichtigung im Index von *etw*; **valeurs de l'~** *fpl* Indexwerte
△△ **afficher un ~** einen Index anzeigen; **contenir l'~** den Anstieg des Index verhindern; **l'~ a progressé de x points** der Index ist um x Prozentpunkte gestiegen; **l'~ accuse/affiche un recul (de x points)** der Index geht (um x Prozentpunkte) zurück/weist einen Rückgang (um x Prozentpunkte) auf; **l'~ chute (de x points)** der Index fällt (um x Prozentpunkte); **l'~ connaît une chute** der Index fällt; **l'~ est ramené à ...** der Index sinkt auf ...; **l'~ fait un bond (de x points)** der Index steigt sprunghaft (um x Prozentpunkte) an; **l'~ franchit la barre des x points** der Index überschreitet die Schwelle von x Prozentpunkten; **l'~ monte en flèche** der Index schießt steil nach oben; **l'~ perd x points** der Index büßt x Prozentpunkte ein; **l'~ recule/régresse de x points** der Index fällt/geht um x Prozentpunkte zurück
~ **analytique** *m* analytischer Börsenindex
~ **boursier** *m* Börsenindex, Aktienindex
~ **CAC-40 (ou CAC-40)** *m* Index der Pariser Börse basierend auf 40 ausgesuchten Werten
△△ **l'~ a progressé de x points** der Börsenindex ist um x Prozentpunkte gestiegen; **l'~ affiche un recul (de x points)** der Börsenindex weist einen Rückgang (von x Prozentpunkten) auf; **l'~ clôture en baisse/hausse** der Börsenindex geht bei Börsenschluß nach unten/oben
~ **corrigé** *m* bereinigter Index
~ **d'échéance** *m* Fälligkeitsindex
~ **de pénétration** *m* Durchdringungsindex
~ **de peuplement** *m* Bevölkerungsdichteindex
~ **de référence** *m* Bezugsindex
~ **des industrielles** *m* Industrieaktien-Index

~ **des loyers** *m* Mietpreisindex
~ **des prix** *m* allgemeiner Preisindex, Preisindex für die Lebenshaltung, Lebenshaltungsindex
△△ **contenir l'~** den Anstieg des Lebenshaltungsindex verhindern; **être pris, e en compte dans l'~** im Lebenshaltungsindex berücksichtigt werden; **figurer dans l'~** im Lebenshaltungsindex berücksichtigt werden; **l'~ a progressé de x points** der Lebenshaltungsindex ist um x Prozentpunkte gestiegen; **l'~ dépasse ...** der Lebenshaltungsindex steigt über ...; **l'~ est revenu à ...** der Lebenshaltungsindex ist auf ... zurückgegangen
~ **des prix à l'importation** *m* Index der Einfuhrpreise
~ **des prix à la consommation (des ménages)** *m* Index der Verbraucherpreise, Verbraucherpreisindex
~ **des prix à la production** *m* Erzeugerpreisindex
~ **des prix de détail** *m* Einzelhandelspreisindex
~ **des prix de gros** *m* Großhandelspreisindex
~ **des salaires** *m* Lohnindex
~ **des termes de l'échange** *m* Index der Terms of Trade
~ **des valeurs industrielles** *m* Industrieaktien-Index
~ **du cours des actions** *m* Aktienindex
~ **du coût de la construction (ICC)** *m* Baukostenindex
~ **du coût de la vie** *m* Index der Lebenshaltungskosten, Lebenshaltungsindex
~ **mensuel des prix à la consommation** *m* monatlich erstellter Index der Verbraucherpreise
~ **pondéré** *m* Bewertungsindex, gewichteter Index
~ **trimestriel** *m* Vierteljahresindex, Quartalsindex

indiquer *qc* angeben *etw*

indirect, e indirekt
△ **charges ~es** *m pl* Gemeinkosten; **fiscalité ~e** *f* indirekte Besteuerung, indirekte Steuern; **impôts ~s** *m pl* indirekte Steuern

indisponibilité *f* Nichtverfügbarkeit

indisponible nicht verfügbar

individuel, le ~l, Einzel-
△ **dossier ~** *m* Einzelakte, persönliche Akte; **entreprise ~le** *f* Einzelunternehmen; **entrepreneur ~** *m* Einzelunternehmer; **entretien ~** *m* Einzelgespräch; **exploitant ~** *m* Einzelunternehmer

indivis, e ungeteilt, Gemeinschafts-
△ **compte ~** *m* Gemeinschaftskonto

indivision héréditaire *f* Erbengemeinschaft

indu, e unbegründet, unberechtigt

induit, e induziert, ausgelöst

industrialisation *f* Industrialisierung

industrialisé, e Industrie-, industrialisiert
△ **pays ~** *m* Industrieland; **région fortement ~e** *f* hochindustrialisiertes Gebiet

industrialiser *qc* industrialisieren *etw*

industrie *f* Industrie
△ **apport en ~** *m* Einlage in Form von Arbeitsleistungen; **Chambre de Commerce et d'Industrie (CCI)** *f* Industrie- und Handelskammer (IHK); **fédération de syndicats de l'~** *f* Industrieverband, Arbeitgeberverband der Industrie; **société immobilière pour le commerce et l'~ (SICOMI)** *f* Immobilienfonds (Immobilieninvestitionsgesellschaften zur Errichtung und Vermietung gewerblicher Gebäude)
~ **aéronautique** *f* Luftfahrtindustrie, Flugzeugbau
~ **aérospatiale** *f* Luft- und Raumfahrtindustrie
~ **agricole** *f* Agrarindustrie
~ **agricole et alimentaire** *f* Landwirtschaftsprodukte- und Nahrungsmittelindustrie
~ **agro-alimentaire** *f* Nahrungsmittelindustrie, Lebensmittelindustrie
~ **alimentaire** *f* Nahrungsmittelindustrie, Lebensmittelindustrie
~ **automobile** *f* Automobilindustrie
~ **charbonnière** *f* Kohlenindustrie
~ **chimique** *f* chemische Industrie
~ **chimique et parachimique** *f* chemische und parachemische Industrie
~ **d'avenir** *f* Zukunftsindustrie
~ **d'exportation** *f* Exportgüterindustrie
~ **de base** *f* Grundstoffindustrie
~ **de capitaux** *f* kapitalintensive Branche

~ **de l'ameublement** *f* Möbelindustrie
~ **de l'armement** *f* Rüstungsindustrie
~ **de l'emballage** *f* Verpackungs(mittel)industrie
~ **de l'habillement** *f* Bekleidungsindustrie
~ **de la chaussure** *f* Schuhindustrie
~ **de la viande** *f* fleischverarbeitende Industrie
~ **de luxe** *f* Luxusgüterindustrie
~ **de main-d'oeuvre** *f* arbeitskraftintensive/lohnintensive Branche
~ **de première transformation** *f* Erstverarbeitungsindustrie
~ **de produits grand public** *f* Massenkonsumgüterindustrie
~ **de soustraitance** *f* Zulieferindustrie
~ **de transformation** *f* verarbeitende Industrie
~ **des biens intermédiaires** *f* Industrie der Halbfertigprodukte
~ **des emballages** *f* Verpackungs(mittel)industrie
~ **des semi-conducteurs** *f* Halbleiterindustrie
~ **du bâtiment** *f* Bauwirtschaft
~ **du bois** *f* Holzindustrie
~ **du caoutchouc** *f* Gummiindustrie
~ **du cuir** *f* Lederindustrie
~ **du cuir et de la chaussure** *f* Schuh- und Lederindustrie
~ **du jouet** *f* Spielwarenindustrie
~ **du lait** *f* Milchindustrie, Molkereiproduktеindustrie
~ **du meuble** *f* Möbelindustrie
~ **du papier** *f* Papierindustrie
~ **du papier et du carton** *f* Papier- und Kartonindustrie
~ **du prêt-à-porter** *f* Konfektionsindustrie
~ **du textile** *f* Textilindustrie
~ **du textile et de l'habillement** *f* Textil- und Bekleidungsindustrie
~ **du tourisme** *f* Fremdenverkehrsgewerbe, Tourismusbranche
~ **du verre** *f* Glasindustrie
~ **électrotechnique** *f* Elektroindustrie, elektrotechnische Industrie
~ **en déclin** *f* im Niedergang befindliche Industrie
~ **en restructuration** *f* Industrie im Umbruch/in der Umstrukturierung
~ **extractive** *f* Bergbau
~ **horlogère** *f* Uhrenindustrie
~ **hôtelière** *f* Hotelgewerbe
~ **houillère** *f* (Stein) Kohlenbergbau
~ **lainière** *f* Wollindustrie
~ **laitière** *f* Milchindustrie, Molkereiproduktеindustrie
~ **lourde** *f* Schwerindustrie
~ **manufacturière** *f* produzierendes Gewerbe
~ **mécanique** *f* Maschinenbau(industrie)
~ **métallurgique** *f* Metallindustrie
~ **minière** *f* Bergbau
~ **nucléaire** *f* Atomindustrie
~ **pétrochimique** *f* petrochemische Industrie
~ **pétrolière** *f* Erdölindustrie
~ **pharmaceutique** *f* Arzneimittelindustrie, Pharmaindustrie
~ **productrice** *f* produzierendes Gewerbe
~ **spatiale** *f* Raumfahrtindustrie
~ **sucrière** *f* Zuckerindustrie
~ **textile** *f* Textilindustrie
~ **touristique** *f* Fremdenverkehrsgewerbe, Tourismusbranche
~ **transformatrice** *f* weiterverarbeitende Industrie, verarbeitendes Gewerbe

industriel *m* Industrieller, Industrieunternehmer

industriel, le industriell, Industrie- △ **activité ~le** *f* gewerbliche Tätigkeit; **biens ~s** *m pl* Industriegüter; **bon ~** *m* Industrieobligation; **branche ~le** *f* Industriezweig; **capacité ~le** *f* Industriekapazität; **client ~** *m* Industriekunde, gewerblicher Kunde; **complexe ~** *m* Industriekomplex; **conditionnement ~** *m* industrielle Verpackung/Aufmachung; **coopération ~le** *f* industrielle Zusammenarbeit; **déchets ~s** *m pl* Industriemüll, Industrieabfälle; **dessinateur ~** *m* technischer Zeichner; **échanges ~s** *m pl* Industriewarenverkehr, Austausch von Industrieerzeugnissen; **en conditionnement ~** in industrieller Verpackung/Aufmachung; **entreprise ~le** *f* Industriebetrieb, Industrieunternehmen; **équipement ~** *m* Industrieausrüstung; **espionnage ~** *m* Industriespionage; **établissement ~** *m* Industriebetrieb; **groupe ~** *m* Industriekonzern; **installations ~les** *f pl* Industrieanlagen, Produktionsanlagen; **Institut de Développement Industriel (IDI)** *m* Institut für industrielle Entwicklung; **jachère ~le** *f* Industriebrache; **milieux ~s** *m pl* Industriekreise; **noyau ~** *m* Industriezentrum, industrielles Zentrum; **tissu ~** *m* Industriestruktur

industriel, le et/ou commercial, le gewerblich

INED (Institut National d'Etudes Démographiques) *m* Staatliches Institut für Bevölkerungswissenschaft

inefficacité *f* Ineffizienz

inégalitaire ungleich, ungerecht, sozial ungerecht

inégalité *f* Ungleichheit

~ des patrimoines *f* Vermögensungleichheit

~ des revenus *f* Einkommensungleichheit, Einkommensunterschiede

inemployé, e ungenutzt, unausgelastet, unbenutzt

inertie *f* Passivität

inexécution *f* Nichterfüllung

~ d'une obligation *f* Nichterfüllung einer Verpflichtung/Verbindlichkeit

~ des obligations contractuelles *f* Nichterfüllung der vertraglichen Verpflichtungen

inexpérience *f* Unerfahrenheit, Mangel an Erfahrung

infalsifiable fälschungssicher

inférieur, e à ***qc*** niedriger als *etw*

infériorisation *f* Herabdrücken (im Wert)

inférioriser ***qc*** (den Wert von *etw*) herabdrücken

inflation *f* Geldentwertung, Inflation, Preisauftrieb, Teuerung

△ **corrigé, e de l'~** inflationsbereinigt; **décélération de l'~** *f* Verlangsamung der Inflation; **différentiel d'~** *m* Inflationsabstand; **données corrigées de l'~** *f pl* inflationsbereinigte Werte; **écart d'~** *m* Inflationsabstand; **en données corrigées de l'~** inflationsbereinigt; **forte ~** *f* hohe Inflation; **lutte contre l'~** *f* Bekämpfung der Inflation; **plan anti-~** *m* Anti-Inflationsplan; **poussée d'~** *f* Inflationsschub; **ralentissement de l'~** *m* Inflationsrückgang, Verlangsamung des Preisanstiegs; **réduction de l'~** *f* Abbau der Inflation; **reprise de l'~** *f* Wiederaufflammen der Inflation; **risque d'~** *m* Inflationsgefahr, Inflationsrisiko; **rythme d'~** *m* Inflationstempo; **taux d'~** *m* Inflationsrate, Teuerungsrate, Preissteigerungsrate; **tendance à l'~** *f* Inflationsneigung

△△ **accélérer le rythme de l'~** das Inflationstempo beschleunigen; **afficher un taux d'~ de x %** eine Inflationsrate von x % verzeichnen; **attiser l'~** die Inflation schüren, verschärfen; **combattre l'~** die Inflation bekämpfen; **endiguer l'~** die Inflation eindämmen; **être érodé, e par l'~** von der Inflation aufgezehrt werden; **juguler l'~** die Inflation unter Kontrolle bringen; **l'écart d'~ se creuse** der Inflationsabstand vergrößert sich; **l'~ recule** der Preisanstieg geht zurück; **l'~ reflue** die Inflation geht zurück; **l'~ s'accélère** der Preisauftrieb beschleunigt sich; **l'~ s'est arrêtée** der Preisanstieg ist zum Stillstand gekommen; **le taux d'~ a été ramené à x %** die Inflationsrate wurde auf x % heruntergeschraubt, verringert; **le taux d'~ a progressé (de x %)** die Inflationsrate ist (um x %) angestiegen; **le taux d'~ baisse** die Inflationsrate sinkt, fällt; **lutter contre l'~** die Inflation bekämpfen; **maîtriser l'~** die Inflation drosseln; **ralentir l'~** die Inflation verlangsamen; **réduire l'écart d'~** den Inflationsabstand verringern; **retenir l'~** die Inflation bremsen

~ autoinduite *f* autoinduzierte/hausgemachte Inflation

~ déclarée *f* offene Inflation

~ exportée *f* exportierte Inflation

~ galopante *f* galoppierende Inflation

~ importée *f* importierte Inflation

~ intérieure *f* hausgemachte Inflation

~ larvée *f* versteckte Inflation

~ latente *f* versteckte Inflation

~ ouverte *f* offene Inflation

~ par l'offre *f* Angebotsinflation

~ par la demande *f* Nachfrageinflation, nachfrageinduzierte Inflation

~ par les bénéfices *f* Gewinninflation

~ **par les coûts** *f* Kostendruckinflation, kostenverursachte Inflation
~ **rampante** *f* schleichende Inflation
~ **refoulée** *f* zurückgestaute Inflation
inflationniste inflatorisch, inflationär, inflationistisch
△ **effets ~s** *m pl* inflationäre Wirkungen; **gonflement ~** *m* inflationäre Aufblähung; **menace ~** *f* Inflationsgefahr; **spirale ~** *f* Lohn-Preis-Spirale, Inflationsspirale; **risque ~** *m* Inflationsgefahr, Inflationsrisiko
△△ **déclencher une spirale ~** eine Lohn-Preis-Spirale auslösen
infléchir (s') nachlassen, fallen, zurückgehen
infléchissement *m* Rückgang
~ **de la croissance** *m* Wachstumsrückgang
inflexion *f* Fallen, Sinken, Rückgang, Krümmung, Biegung
~ **(générale) de la croissance** *f* (allgemeiner) Wachstumsrückgang
infliger ***qc*** **à** ***qn*** zufügen, antun *etw jdn*
~ **des sanctions à** ***qn*** Sanktionen/Strafen verhängen gegen *jdn*
~ **un malus à** ***qn*** mit einem Malus belegen *jdn*
~ **une amende à** ***qn*** mit einer Geldstrafe belegen *jdn*
informaticien *m* Informatiker
information *f* Information, Daten
△ **à titre d'~** zur Information; **circulation des ~s** *f* Informationsaustausch; **collecte des ~s** *f* Informationssammlung, Einholen von Informationen; **complément d'~** *m* Zusatzinformation, zusätzliche Information; **droit à l'~** *m* Informations- oder Auskunftsrecht; **échange d'~s** *m* Informationsaustausch; **pour ~** zur Kenntnisnahme
~s concernant les entreprises *f pl* Unternehmensdaten
~s de base *f pl* Grunddaten
~s disponibles *f pl* verfügbare Daten
informatique *f* Informatik, Elektronische Datenverarbeitung, EDV
△ **centre d'~** *m* Rechenzentrum; **clé informatique** *f* Hardwarekopierschutz, Dongle; **Commission Nationale de l'Informatique et des Libertés** *f* französische Datenschutzbehörde
informatique Computer-, im Computerbereich, EDV-
△ **centre (de traitement) ~** *m* Rechenzentrum; **division ~** *f* Computerbereich; **piratage ~** *m* Computerkriminalität, Softwarepiraterie; **programme ~** *m* Computerprogramm
informatisation *f* Computerisierung, EDV-Einführung
informatisé, e computerisiert
△ **compabtilité ~e** *f* EDV-Buchhaltung
informatiser (*qc*) computerisieren, auf EDV umstellen (*etw*)
informel, le formlos, informell
△ **économie ~le** *f* Schattenwirtschaft; **entente ~le** *f* Frühstückskartell
informer de ***qc*** **(s')** sich informieren über *etw*
~ **des tendances des marchés (s')** sich über die Markttendenzen informieren
infraction *f* Vergehen, Verletzung, strafbare Handlung
~ **contractuelle** *f* Vertragsverletzung, Vertragswidrigkeit, Vertragsbruch
~s à la réglementation économique *f pl* Wirtschaftskriminalität
~s fiscales *f pl* Steuervergehen
infrastructure *f* Infrastruktur
~ **urbaine** *f* städtische Infrastruktur
infructueux, euse erfolglos, ergebnislos, nutzlos, vergeblich
ingénierie *f* Ingenieurleistungen, Ingenieurberatung
ingénieur *m* Ingenieur
△ **école d'~s** *f* Ingenieurschule
~ **commercial** *m* Vertriebsingenieur
~ **d'affaires** *m* Vertriebsingenieur
~-conseil *m* beratender Ingenieur
inhérent, e innewohnend, eng verbunden
inhumation *f* Beerdigung, Bestattung
△ **frais d'~** *m pl* Bestattungskosten
ininterrompu, e kontinuierlich, ununterbrochen
iniquité *f* Ungerechtigkeit
~ **fiscale** *f* steuerliche Ungerechtigkeit
initial, e Anfangs-, anfänglich
△ **capital ~** *m* Anfangskapital, Gründungskapital, Startkapital; **formation professionnelle ~e** *f* berufliche Erstausbildung
initiale *f* Initiale, Anfangsbuchstabe

initiateur *m* Initiator
initiation (à *qc*) *f* Einführung (in *etw*)
initiative *f* Initiative, Anregung
△ **à l'~ de** *qn* auf Anregung von *jdm*
~ **privée** *f* private Initiative, Privatinitiative
initié *m* Insider
△ **délit d'~s** *m* Insidervergehen, Verstoß gegen die Insiderregeln; **scandale d'~s** *m* Insideraffaire
injecter *qc* **dans** *qc* injizieren *etw* in *etw*
~ **des liquidités dans l'économie** Geld in die Wirtschaft pumpen
injonction *f* Aufforderung, Befehl, Gebot
~ **de payer** *f* Mahnbescheid, Zahlungsaufforderung
injurieux, se beleidigend
△ **communiqué ~** *m* beleidigende Mitteilung
injustice *f* Ungerechtigkeit
~ **de l'imposition** *f* Steuerungerechtigkeit
~ **fiscale** *f* Steuerungerechtigkeit
injustifiable nicht zu rechtfertigen
injustifié, e ungerechtfertigt, unberechtigt
innocence *f* Unschuld
△ **présomption d'~** *f* Unschuldsvermutung
innocuité *f* Unbedenklichkeit, Unschändlichkeit
inonder *qc* überfluten, überschwemmen *etw*
~ **le marché de** *qc* den Markt überschwemmen mit *etw*
innovation *f* Neuerung
△ **capacité d'~** *f* Innovationsfähigkeit, Innovationspotential
~ **technologique** *f* technologische Innovation
inobservation *f* Nichtbeachtung, Nichteinhaltung
~ **des délais contractuels** *f* Nichteinhaltung der Vertragsfristen
INPI (Institut National de la Propriété Industrielle) *m* Patentamt
insaisissabilité *f* Unpfändbarkeit
insaisissable nicht faßbar, nicht pfändbar
insalubre ungesund, gesundheitsschädlich
inscription *f* Buchung, Einschreibung
△ **droits d'~** *m pl* Einschreibegebühr(en)
~ **au crédit d'un compte** *f* Gutschrift auf dem Konto
~ **comptable** *f* Kontoaufzeichnung
~ **modificative** *f* Änderung, Veränderung
~ **modificative au Registre du commerce** *f* Änderung im Handelsregister, Änderung der Handelsregistereintragung
inscrire *qc* eintragen, buchen, verbuchen, verzeichnen *etw*
~ *qc* **au bilan** in die Bilanz aufnehmen
~ *qc*/**une somme au crédit/débit** ins Haben/Soll buchen *etw*/einen Betrag
~ **une valeur sur le hors cote** eine Aktie an der Freiverkehrsbörse einführen
inscrit, e eingetragen, gebucht
~ **au Second Marché** auf dem geregelten Markt gehandelt
insecticide *m* Insektenvernichtungsmittel, Pflanzenschutzmittel
INSEE (Institut National de la Statistique et des Etudes Economiques) *m* Staatliches Statistikinstitut
insérer *qc* **dans** *qc* einfügen *etw* in *etw*
~ *qc* **dans le contrat de travail** im Arbeitsvertrag vereinbaren *etw*
INSERM (Institut National de la Santé et de la Recherche Médicale) *m* Staatliches medizinisches Forschungs- und Gesundheitsinstitut
insertion *f* Eingliederung (z.B. in das Berufsleben)
△ **Revenu minimum d'~ (RMI)** *m* 1988 geschaffene kompensatorische Sozialleistung zur Garantierung eines Mindesteinkommens (zeitlich begrenzte Sozialhilfe)
~ **dans un journal d'annonces légales** *f* Bekanntmachung in einem amtlichen Anzeiger
~ **professionnelle** *f* berufliche Eingliederung
~ **publicitaire** *f* Werbeinserat, Werbeanzeige
insolvabilité *f* Insolvenz, Liquiditätsengpaß, Zahlungsunfähigkeit
insolvable zahlungsunfähig, insolvent, kreditunwürdig
△ **débiteur ~** *m* zahlungsunfähiger Schuldner

inspecteur *m* Prüfer, Inspektor
~ **des impôts** *m* Steuerprüfer
~ **des ventes** *m* Vertriebsinspektor
~ **du fisc** *m* Steuerfahnder
inspection *f* Inspektion, Überprüfung
△ **certificat d'~** *m* Prüfschein, Prüfbescheinigung, Kontrollbescheinigung
~ **du fisc** *f* Steuerprüfung, Steuerrevision
~ **du travail (et de la main-d'oeuvre)** *f* Gewerbeaufsicht(samt)
instabilité *f* Unbeständigkeit, Instabilität, Labilität
~ **des parités** *f* Instabilität der Wechselkurse, Wechselkursschwankungen
instable unbeständig, instabil, labil
installateur *m* Installateur
installation *f* Anlage, technische Anlage
~**s de chauffage** *fpl* Heizungsanlage(n)
~**s industrielles** *fpl* Industrieanlage(n), Produktionsanlage(n)
△△ **reconvertir les ~** die Produktionsanlagen umstellen
~**s vétustes ou dépassées** *fpl* alte und abgenutzte oder überholte Anlagen
installer ***qc*** aufstellen *etw*
~ **des machines** Maschinen aufstellen
~ **(s')** sich niederlassen
~ **à son compte (s')** sich selbständig machen
instamment inständig, dringend
△△ **prier** ***qn*** **~ de faire** ***qc*** dringend bitten *etw* zu tun *jdn*
instance *f* Instanz, Stelle, Behörde
~ **de/en révision** *f* Revisionsinstanz
~**s compétentes** *fpl* zuständige Stellen
~**s délibérantes** *fpl* beratende Instanzen
~**s fiscales compétentes** *fpl* zuständige Steuerbehörden
~**s syndicales** *fpl* Gewerkschaftsgremien
instantané, e augenblicklich
instauration *f* Errichtung, Einrichtung
instaurer ***qc*** einführen *etw*
~ **l'économie de marché** die Marktwirtschaft einführen
~ **la rigueur** Sparmaßnahmen einführen
~ **le contrôle des changes/du change** die Devisenbewirtschaftung einführen
~ **une politique de rigueur** einen Sparkurs einschlagen
~ **une taxe anti-dumping** eine Anti-Dumping-Steuer einführen
institut *m* Institut, Einrichtung
~ **bancaire** *m* Bank, Geldinstitut
~ **d'analyse du marché** *m* Marktforschungsinstitut
~ **d'émission** *m* Notenbank
~ **de conjoncture** *m* Wirtschaftsforschungsinstitut, Konjunkturinstitut
~ **de crédit à la consommation** *m* Verbraucherkreditbank, Teilzahlungsbank
~ **de Développement Industriel (IDI)** *m* Institut für industrielle Entwicklung
~ **de formation continue** *m* Weiterbildungseinrichtung
~ **de recherche économique** *m* Wirtschaftsforschungsinstitut
~ **de sondage** *m* Meinungsforschungsinstitut
~ **financier** *m* Finanzinstitut
~ **Géographique National (IGN)** *m* nationales geographisches Institut
~ **National d'Etudes Démographiques (INED)** *m* Staatliches Institut für Bevölkerungswissenschaft
~ **National de la Consommation (INC)** *m* Verbraucherschutzbehörde
~ **National de la Propriété Industrielle (INPI)** *m* Patentamt
~ **National de la Santé et de la Recherche Médicale (INSERM)** *m* Staatliches medizinisches Forschungs- und Gesundheitsinstitut
~ **National de la Statistique et des Etudes Economiques (INSEE)** *m* Staatliches Statistikinstitut
~ **universitaire de technologie (IUT)** *m* Fachhochschule mit 2-jährigem Studiengang (Technik)
institution *f* Institution, Einrichtung, Anstalt
△ **au sein d'une ~** in/innerhalb einer Institution
~**s de crédit** *fpl* Banken und Kreditinstitute, Geldinstitute, Banken
~**s de retraite professionnelle** *fpl* Einrichtungen der betrieblichen/berufsständischen Altersversorgung
~**s financières** *fpl* Banken, Geldinstitute, Banken und Kreditinstitute, Banken und Versicherungen (*Volkswirtschaftliche Gesamtrechnung*)
~**s financières spécialisées** *fpl* spezialisierte Kreditinstitute
~ **publique** *f* öffentliche Einrichtung, öffentliche Anstalt

institutionnels *m pl* institutionelle Anleger
institutionnel, le institutionell
△ **épargnants ~** *m pl* institutionelle Anleger; **environnement ~** *m* politische und rechtliche Umwelt; **investisseurs ~** *m pl* institutionelle Anleger; **secteurs ~** *m pl* institutionelle Sektoren (Volkswirtschaftliche Gesamtrechnung)
instruction *f* 1. Anweisung 2. Bildung, Schulbildung
△ **assujetti, e aux~s** weisungsgebunden; **degré d'~** *m* Bildungsgrad
~ publique *f* öffentliches Bildungswesen
instruire *qn* anlernen, einarbeiten, einweisen *jdn*
instrument *m* Instrument, Mittel
~s classiques (de la politique économique) *m pl* klassische Instrumente (der Wirtschaftspolitik)
~ conjoncturel de mesure *m* Konjunkturmeßinstrument
~ d'échange *m* Tauschmittel
~ de mesure *m* Meßgerät
~ de paiement *m* Zahlungsmittel
~ de régulation *m* Regulierungsinstrument, Steuerungsinstrument
~ de réserve (de valeur) *m* Wertaufbewahrungsmittel
~ des swaps financiers *m* Instrumentarium der Financial Swaps
~ financier *m* Finanzinstrument, Financial Future
instrumentation *f* Instrumente
~ de précision *f* Präzisionsinstrumente
insuffisance *f* Mangel, Fehlen
~ d'actif *f* Mangel an Masse, Überschuldung
△ **pour ~** mangels Masse
~ de liquidité *f* Unterliquidität, Liquiditätsmangel
~ de provision *f* Deckungslücke, unzureichende Deckung
~ de trésorerie *f* Unterliquidität, Liquiditätsmangel
~ des capitaux permanents *f* mangelhafte Kapitalausstattung
~ des capitaux/fonds propres *f* Eigenkapitalschwäche
insuffisant, e unzureichend
△ **provision ~e** *f* unzureichende Deckung
intégral, e vollständig, völlig, integral
intégralement ganz, vollständig, völlig
intégralité *f* Vollständigkeit
intégration *f* Einbindung, Integration, Einbettung, Einarbeiten, Einbau, Fertigungstiefe
~ verticale *f* vertikale Integration
intégrer *qc/qn* **dans** *qc* mit einbeziehen/integrieren *jdn* in *etw*, einarbeiten/einbauen *etw* in *etw*
△ **commerce intégré** *m* integrierter Handel
intempéries *f pl* Witterungseinflüsse, Schlechtwetter
intensification *f* Intensivierung, Verstärkung, Ausbau
~ des échanges *f* Steigerung des Handelsverkehrs
intensité *f* Intensität, Stärke
~ de la communication *f* Kommunikationsintensität, Kommunikationsstärke
intenter un procès einen Prozeß anstrengen, klagen, vor Gericht gehen
~ une action en justice einen Prozeß anstrengen, klagen, vor Gericht gehen
~ une action en contrefaçon wegen Produktpiraterie klagen
intentionnel, le vorsätzlich, absichtlich, mit Absicht, bewußt
interbancaire Interbanken-, Bank-an-Bank-, Zwischenbanken-
△ **accord ~** *m* Bankenabkommen; **carte de paiement ~** *f* Kreditkarte (einer Bank); **commission ~** *f* Bankenausschuß; **crédit ~** *m* Bank-an-Bank-Kredit; **marché ~** *m* Interbankenhandel, Interbankenmarkt; **syndicat ~** *m* Bankenkonsortium; **taux ~** *m* Zinssatz für Darlehen von Banken an Banken, Interbankenzinssatz
interbancarité *f* Bankenverbundsystem, Interbankenhandel
intercalaire Zwischen-, eingeschoben
△ **échéance ~** *f* Zwischenfälligkeitstermin
intercaler *qc* **dans** *qc* einfügen, einschieben *etw* in *etw*
intercommunal, e Gemeindeverbands-, mehrere Gemeinden betreffend
△ **syndicat ~** *m* Gemeinde(zweck)verband

interconnecté, e zwischengeschaltet
interconnexion *f* Verbindung, Verbund, Zusammenschluß
~ **des transports en commun** *f* Verkehrsverbund im öffentlichen Personennahverkehr
interculturel, le interkulturell
△ **communication ~le** *f* interkulturelle Kommunikation
interdépendance *f* Interdependenz, wechselseitige Abhängigkeit
~ **entre des agrégats généraux** *f* Zusammenwirken von Gesamtgrößen
interdiction *f* Verbot
~ **d'émettre des chèques** *f* Ausschluß vom Scheckverkehr, Scheck(ausstellungs)verbot
~ **d'émission** *f* Emissionsverbot, Ausstellungsverbot (Schecks)
~ **d'exportation/d'exporter** *f* Ausfuhrverbot, Exportverbot
~ **d'importation/d'importer** *f* Einfuhrverbot, Importverbot
~ **de chéquier** *f* Ausschluß vom Scheckverkehr, Scheck(ausstellungs)verbot
~ **de payer des intérêts** *f* Verzinsungsverbot
~ **de perquisition** *f* Durchsuchungsverbot
~ **de prix minimum** *f* Mindestpreisverbot
~ **de rémunération** *f* Verzinsungsverbot
~ **de séjour** *f* Aufenthaltsverbot
interdire ***qc*** verbieten, untersagen *etw*
~ **l'importation d'un produit** die Einfuhr eines Produktes verbieten
~ **les cartels** Kartelle verbieten
interdit *m* Verbot
~ **bancaire** *m* Scheck(ausstellungs)verbot
interdit, e untersagt, verboten, verwehrt
~ **de chéquier** vom Scheckverkehr ausgeschlossen, mit Scheckverbot belegt
interentreprise überbetrieblich
intéressé/intéressée *m/f* Beteiligter/Beteiligte, Interessierter/Interessierte
intéressé, e à ***qc*** beteiligt an *etw*
~ **aux bénéfices** am Gewinn beteiligt
intéressement *m* Gewinnbeteiligung
~ **aux résultats** *m* Gewinnbeteiligung
~ **aux ventes** *m* Beteiligung am Verkaufserlös
~ **des salariés** *m* Gewinnbeteiligung der Arbeitnehmer
intéresser ***qn*** **à** ***qc*** beteiligen *jdn* an *etw*
intérêt *m* 1. Interesse 2. Zins, Kapitalertrag
△ **arbitrage d'~** *m* Zinsarbitrage; **bonification d'~s** *f* Zinsvergütung; **capitalisation d'~s** *f* Zinseszins; **charge d'~s** *f* Zinslast; **compte productif d'~s** *m* zinsbringendes Konto; **crédit sans ~s** *m* zinsloses Darlehen; **décompte des ~s** *m* Berechnung der fälligen Zinsen, Zinsabrechnung; **défense des ~s des consommateurs** *f* Verbraucherschutz, Vertretung der Verbraucherinteressen; **dommages et ~s (ou dommages-~s)** *m pl* Schadensersatz; **emprunt à ~s** *m* verzinsliche Anleihe; **majoré, e des ~s** zuzüglich der Zinsen; **marché d'~ national (MIN)** *m* Großmarkt (z.B. Rungis für die Einzelhändler der Großregion Paris); **paiement des ~s** *m* Zinszahlung; **perception des ~s** *f* Zinseinziehung; **perte d'~s** *f* Zinsverlust; **sans ~(s)** zinslos; **taux d'~** *m* Zinssatz, Zinsfuß; **variation des taux d'~** *f* Zinsschwankung
△△ **défendre les ~s de** ***qn*** die Interessen von *jdm* vertreten; **payer des ~s** Zinsen zahlen; **rapporter un ~ de x %** x % Zinsen (ein)bringen; **servir des ~s** Zinsen zahlen; **verser des ~s** Zinsen zahlen
~ **à créditer** *m* Habenzins
~ **annuel** *m* Annuität, Jahreszins
~**s bancaires** *m pl* Bankzinsen
~**s capitalisés** *m pl* Zinseszins(en)
~**s composés** *m pl* Zinseszinsen
~ **couru** *m* Zinsgewinn, aufgelaufene Zinsen
~**s créditeurs** *m pl* Aktivzinsen, Ertragszinsen, Habenzinsen, Guthabenzinsen, Einlagezinsen
~**s cumulés** *m pl* Zinseszins(en)
~**s de découvert** *m pl* Überziehungszinsen
~**s débiteurs** *m pl* Sollzinsen, Darlehenszinsen, Debetzinsen, Passivzinsen
~ **de report** *m* Reportsatz, Reportkurs (Zinsaufschlag)
~ **de retard** *m* Verzugszins
~**s des emprunts** *m pl* Darlehenszinsen

~ **du capital** *m* Kapitalzins
~**s échus** *m pl* fällige/aufgelaufene Zinsen
~**s encaissés** *m pl* eingenommene/empfangene Zinsen, Zinseinkünfte
~**s exigibles** *m pl* fällige/aufgelaufene Zinsen
~ **fixe** *m* fester Zins, Festzins
~ **général** *m* Gemeinwohl
~**s hypothécaires** *m pl* Hypothekenzinsen
~**s moratoires** *m pl* Stundungszinsen, Verzugszinsen
~**s perçus** *m pl* eingenommene/empfangene Zinsen, Zinseinkünfte
~**s perçus et produits similaires** *m pl* Zinsen und zinsähnliche Erträge
~**s postcomptés** *m pl* aufgezinste Zinsen
~**s précomptés** *m pl* abgezinste Zinsen
~ **réel** *m* Realzins
~ **usurier** *m* Wucherzins
~ **variable** *m* variabler Zins
~**s versés** *m pl* gezahlte Zinsen
interface *f* Schnittstelle
~ **homme-machine** *f* Mensch-Maschine-Schnittstelle
intérieur, e innen, inländisch, Binnen-
△ **commerce ~** *m* Binnenhandel, inländischer Handel, Innenhandel; **dette ~e** *f* Inlandsverschuldung; **échanges ~s** *m pl* Binnenhandel, inländischer Handel, Innenhandel; **grand marché ~** *m* europäischer Binnenmarkt; **inflation ~e** *f* hausgemachte Inflation; **marché ~ européen** *m* europäischer Binnenmarkt; **migration ~e** *f* Binnenwanderung; **navigation ~e** *f* Binnenschiffahrt; **production ~e** *f* Binnenproduktion; **production ~e brute** *f* Bruttoinlandsproduktion; **produit ~ brut (PIB)** *m* Bruttoinlandsprodukt (BIP); **règlement ~** *m* Hausordnung; **réseau de voies navigables ~es** *m* Binnenschiffahrtswege; **taxe ~e sur les produits pétroliers (TIPP)** *f* Mineralölsteuer; **trafic ~ métropole** *m* Verkehr im französischen Mutterland; **taux ~s** *m pl* inländische Zinsen
△△ **faire monter les taux ~s** die inländischen Zinsen in die Höhe treiben
intérim *m* Zeitarbeit, Leiharbeit
△ **agence d'~** *f* Zeitarbeitsunternehmen, Leiharbeitsfirma, Zeitarbeitsvermittlung, Zeitpersonalvermittlung; **bureau d'~** *m* Zeitarbeitsunternehmen, Leiharbeitsfirma, Zeitarbeitsvermittlung, Zeitpersonalvermittlung; **mission d'~** *f* Zeitarbeitsauftrag; **travail en ~** *m* Zeitarbeit, Leiharbeit
△△ **chercher de l'~** Zeitarbeit suchen; **travailler en ~** als Zeitarbeiter beschäftigt sein; **travailler pour une agence d'~** als Zeitarbeiter beschäftigt sein; **trouver de l'~** einen Zeitarbeitsplatz finden
intérimaire *m/f* Zeitarbeitskraft, Leiharbeiter/Leiharbeiterin
intérimaire Zeitarbeits-, Leiharbeits-
△ **travail ~** *m* Zeitarbeit, Leiharbeit
interlocuteur *m* Gesprächspartner
intermédiaire *m* 1. Zwischenhändler, Absatzmittler 2. Vermittlungsagent, Vermittlungsvertreter, Vermittler, Makler, Mittelperson
△ **par l'~ de *qn*** durch Vermittlung von *jdm*, unter Einschaltung von *jdm*, über *jdn*
intérmédiaire Zwischen-
△ **biens de consommation ~** *m pl* Zwischenprodukte, Halbfertigerzeugnisse; **bilan ~** *m* Zwischenbilanz; **commerçant ~** *m* Zwischenhändler; **consommation ~** *f* Zwischenverbrauch, Verbrauch an Zwischenprodukten
~ **commercial** *m* Zwischenhändler, Absatzmittler
~ **distributeur** *m* Zwischenverteiler, Zwischenhändler, Zwischenhandel
~ **financier** *m* Finanzvermittler
intermédiation *f* Vermittlung, Schlichtung
~ **bancaire** *f* Kapitalvermittlung durch die Banken, Bankdiensleistung
△ **coût d'~** *m* Kosten für Bankdienstleistungen
~ **financière** *f* Kapitalvermittlung
intermittant *m* Zeitarbeiter
intermittant du spectacle *m* Zeitarbeiter im Bereich von Film- und Theaterbereich (mit besonderem Status)
intermittent, e unterbrochen, wechselnd, mit Unterbrechung
△ **contrat de travail ~** *m* Zeitarbeitsvertrag; **inventaire ~** *m* periodische

Bestandsaufnahme; **travail ~** *m* Zeitarbeit

internationalisation *f* Internationalisierung, Globalisierung

~ **des échanges** *f* Internationalisierung des Handels

~ **des marchés** *f* Internationalisierung der Märkte

~ **des services** *f* zunehmende Verflechtung im internationalen Dienstleistungsverkehr

interne intern, inner-, Binnen-

△ **convertibilité ~** *f* Inländerkonvertibilität; **dette ~** *f* Inlandsverschuldung; **droit ~** *m* innerstaatliches/nationales Recht; **réservé, e à l'usage ~** nur für den Dienstgebrauch, nur zur internen Verwendung; **usage ~** *m* Dienstgebrauch, betriebsinterne Verwendung

~ **à l'entreprise** betriebsintern

Internet *m* Internet

△ **branchement à/sur/raccordement à ~** *m* Internet-Anschluß

△△ **être branché, e sur ~** einen Internet-Anschluß haben

interpénétration *f* Verflechtung

interphone *m* Sprechanlage, Gegensprechanlage

interpolation *f* Interpolierung, Einschiebung

interprétation *f* Interpretation, Analyse

~ **du bilan** *f* Bilanzanalyse

interprofessionnel, le überberuflich, branchenübergreifend

△ **salaire minimum ~ de croissance (SMIC)** *m* dynamischer gesetzlicher Mindestlohn

interrégional, e interregional, überregional

△ **échanges interrégionaux** *m pl* interregionaler Handelsverkehr

interrogation *f* Befragung, Abfrage

~ **en ligne** *f* On-line-Abfrage

interroger ***qc/qn*** abfragen *etw*, befragen *jdn*

interrompre les négociations die Verhandlungen abbrechen

interrupteur *m* Schalter

interruption *f* Unterbrechung

△ **sans ~** durchgehend

intersectoriel, le Zwischensektor-, intersektoral

intersyndical, e gewerkschaftsübergreifend, übergewerkschaftlich

interurbain, e Fern-

△ **communication ~e** *f* Ferngespräch; **réseau ~** *m* Fernverbindungsnetz

intervenant *m* Mitwirkender, Beteiligter, Akteur

intervenir (dans ***qc*****)** eingreifen/intervenieren (in *etw*), das Wort ergreifen

~ **pour stabiliser le taux de change** zur Stabilisierung des Wechselkurses intervenieren

~ **sur les cours** auf die Kurse Einfluß nehmen

intervention *f* 1. Intervention, Eingreifen, Lenkung 2. Diskussionsbeitrag, Redebeitrag

△ **cours d'~** *m* Interventionskurs; **organisme d'~** *m* Interventionsstelle; **politique d'~** *f* Interventionspolitik; **mécanisme d'~** *m* Interventionsmechanismus; **prix d'~** *m* Interventionspreis

~ **conjoncturelle** *f* Konjunkturmaßnahme

~ **de l'Etat/des pouvoirs publics** *f* staatlicher Eingriff

~ **de la banque centrale** *f* Intervention/Eingriff der Zentralbank

~ **sur le marché** *f* Marktintervention

interventionnisme *m* Interventionismus, staatliche Lenkung, Interventionspolitik

interventionniste interventionistisch, Lenkungs-

intitulé *m* Bezeichnung, Benennung

~ **de/du compte** *m* Kontobezeichnung, Art des Kontos

intituler ***qc*** betiteln, benennen, bezeichnen *etw*

intra-échanges *m pl* Intrahandel

intracommunautaire innergemeinschaftlich, innereuropäisch, EU-Binnen-

△ **commerce ~** *m* innergemeinschaftlicher Handel, EU-Binnenhandel; **échanges ~s** *m pl* innergemeinschaftlicher Handel, EU-Binnenhandel

intrant *m* Input

introduction *f* Einführung

~ **de la retenue à la source** *f* Einführung der Quellensteuer

~ **de(s) données** *f* Dateneingabe

~ **de nouvelles technologies** *f* Einführung neuer Technologien
~ **en Bourse** *f* Börseneinführung
~ **sur le marché** *f* Markteinführung
introduire *qc* einführen *etw*
~ **en bourse (s')** an die Börse gehen
~ **un produit sur le marché** ein Produkt auf dem Markt einführen/auf den Markt bringen
~ **une procédure** ein Verfahren einleiten/anstrengen/in Gang setzen
~ **une valeur en Bourse** ein Papier an der Börse einführen
~ **une valeur sur le hors cote** eine Aktie an der Freiverkehrsbörse einführen
introduit, e en Bourse an der Börse eingeführt
inusable verschleißfrei, abnutzungsfrei
inutilisable unbrauchbar, nicht verwendbar, unbenutzbar, nicht einsetzbar
invalidation *f* Nichtigkeitserklärung, Annullierung, Ungültigkeitserklärung
~ **d'un contrat** *f* Annullierung/Nichtigkeitserklärung eines Vertrages
invalide *m* Erwerbsunfähiger, Invalide
~ **de guerre** *m* Kriegsversehrter, Kriegsbeschädigter
invalide erwerbsunfähig, invalide, ungültig
invalider *qc* für nichtig/ungültig erklären, ungültig machen, annullieren, *etw*
invalidité *f* Invalidität, Arbeitsunfähigkeit, Erwerbsunfähigkeit, Berufsunfähigkeit
△ **assurance ~** *f* Berufsunfähigkeitsversicherung; **degré d'~** *m* Grad der Erwerbsminderung; **pension d'~** *f* Invalidenrente, Erwerbsunfähigkeitsrente
~ **partielle** *f* Erwerbsminderung, teilweise Erwerbsunfähigkeit
~ **permanente partielle (IPP)** *f* dauerhafte Erwerbsminderung, dauerhafte teilweise Erwerbsunfähigkeit
~ **permanente totale (IPT)** *f* dauerhafte völlige Erwerbsunfähigkeit
~ **professionnelle** *f* Berufsunfähigkeit
~ **totale** *f* völlige Erwerbsunfähigkeit
invariable unveränderlich
invendable unverkäuflich, nicht absetzbar
invendu *m* Remittent, nicht verkaufter Artikel, Ladenhüter
inventaire *m* Inventur, Bestand, Bestandsaufnahme, Inventar, Vorrat
△△ **dresser l'~ de** *qc* ein Inventar aufstellen von *etw*; **faire l'~ de** *qc* eine Bestandsaufnahme machen von *etw*; **procéder à l'~** die/eine Inventur durchführen, Inventur machen; **procéder à l'~ d'une succession** den Bestand eines Nachlasses aufnehmen
~ **annuel** *m* jährliche Inventur
~ **commercial** *m* Geschäftsinventar
~ **comptable** *m* Buchinventur, buchmäßige Inventur
~ **du patrimoine** *m* Vermögenserfassung
~ **du stock** *m* Bestandsverzeichnis der Lagerbestände
~ **extra-comptable** *m* effektive Inventur, körperliche Bestandsaufnahme
~ **intermittent** *m* periodische Bestandsaufnahme
~ **net** *m* Nettobestand
~ **notarié** *m* notarielles Inventarverzeichnis
~ **permanent** *m* laufende Inventur, permanente Inventur
~ **périodique** *m* periodische Bestandsaufnahme
~ **physique** *m* körperliche Bestandsaufnahme
~ **simplifié** *m* vereinfachtes Inventar
inventer *qc* erfinden *etw*
inventeur *m* Erfinder
invention *f* Erfindung
△ **brevet d'~** *m* Patent
inventorier *qc* erfassen, inventarisieren *etw*
inverse entgegengesetzt, umgekehrt
△ **à l'~** umgekehrt; **en sens ~** in entgegengesetzter Richtung
inversement entgegengesetzt, umgekehrt
investi, e investiert, angelegt
△ **capital ~** *m* angelegtes/investiertes Kapital
investigation *f* Untersuchung, Ermittlung, Erforschung
~ **judiciare** *f* gerichtliche Untersuchung
investir (*qc* dans *qc*/une entreprise) anlegen, investieren (*etw* in *etw*/ein Unternehmen)

△ **propension à ~** *f* Investitionsbereitschaft, Investitionsneigung

~ **des capitaux dans une entreprise** Kapital in eine Firma investieren/stecken

~ **massivement** massiv investieren

~ **un capital** Kapital investieren, anlegen

investissement *m* Investition, Anlage, Kapitalanlage, Investitionstätigkeit, Investitionsbereich

△ **besoin d'~** *m* Anlagebedarf, Investitionsbedarf; **biens d'~** *m pl* Investitionsgüter, Ausrüstungsgüter; **biens d'~ lourd** *m pl* Schwerinvestitionsgüter; **capital d'~** *m* Anlagekapital, Investitionskapital; **certificat d'~** *m* stimmrechtslose Aktie; **club d'~** *m* Investmentclub; **crédit à l'~/d'~** *m* Investitionskredit; **de lourds ~s** *m pl* umfangreiche Investitionen; **diminution des ~s** *f* Rückgang der Investitionen, der Investitionstätigkeit; **effort d'~** *m* Investitionsbemühungen; **emprunt d'~** *m* Investitionsanleihe; **financement des ~s** *m* Investitionsfinanzierung; **fléchissement de l'~** *m* Investitionsrückgang; **fort courant d'~s** *m* ausgeprägte Investitionstätigkeit; **frais d'~** *m* Investitionskosten; **incitation fiscale aux ~s** *f* steuerlicher Investitionsanreiz; **liberté d'~** *f* Investitionsfreiheit; **plan d'~** *m* Investitionsplan; **politique d'~** *f* Investitionspolitik; **poussée des ~s** *f* Investitionsschub; **programme d'~** *m* Investitionsprogramm; **progression des ~s** *f* Anstieg der Investitionen; **projet d'~** *m* Investitionsvorhaben; **propension à l'~** *f* Investitionsbereitschaft, Investitionsneigung; **reprise des ~s** *f* Anziehen der Investitionen, Belebung der Investitionstätigkeit; **retard des ~s** *m* Investitionsrückstand; **société d'~** *f* Investmentgesellschaft; **société immobilière d'~ (SII)** *f* Immobilienfonds (Immobilieninvestitionsgesellschaft zur Errichtung und Vermietung von Wohnungen); **taux d'~** *m* Investitionsquote

△△ **amortir un ~ sur x années** eine Investition über x Jahre abschreiben; **encourager l'~/les ~s** die Investitionen fördern; **faire des ~s** Investitionen tätigen; **favoriser l'~** die Investitionen begünstigen; **l'~ a fléchi** die Investitionstätigkeit ist zurückgegangen; **l'~ a progressé de x %** die Investitionen sind um x % gestiegen; **l'~ reprend** die Investitionen steigen, ziehen an; **les ~s redécollent/redémarrent/reprennent** die Investitionen ziehen wieder an/steigen wieder; **les ~s s'élèvent à x millions** die Investitionen belaufen sich auf x Millionen; **promouvoir l'~/les ~s** die Investitionen fördern; **réaliser des ~s/un ~** Investitionen/eine Investition tätigen; **stimuler les ~s** die Investitionen/Investitionstätigkeit anregen/fördern

~ **agricole** *m* landwirtschaftliche Investitionen

~ **brut** *m* Bruttoinvestition

~ **corporel** *m* materielle Investition

~ **d'agrandissement** *m* Erweiterungsinvestition

~ **d'équipement** *m* Ausrüstungsinvestition

~ **d'extension** *m* Erweiterungsinvestition

~ **d'infrastructure/dans les infrastructures** *m* infrastrukturelle Investition

~ **dans la pierre** *m* Kapitalanlage in Immobilien, Immobilienanlage

~ **dans les ressources humaines** *m* Ausbildungsinvestition, Humankapitalinvestition

~ **de base** *m* Grundinvestition

~ **de capacité** *m* Erweiterungsinvestition

~ **de croissance** *m* Wachstumsinvestition

~ **de longue durée** *m* langfristige Investition

~ **de modernisation** *m* Modernisierungsinvestition

~ **de productivité** *m* Modernisierungsinvestition, Produktinvestition, Rationalisierungsinvestition

~ **de rationalisation** *m* Modernisierungsinvestition, Produktinvestition, Rationalisierungsinvestition

~ **de remplacement** *m* Ersatzinvestition, Erneuerungsinvestition

~ **de renouvellement** *m* Ersatzinvestition, Erneuerungsinvestition

~ **des entreprises** *m* Investition der Betriebe, Investition der Unternehmen

~ **des ménages** *m* Investition der Haushalte
~ **direct** *m* Direktinvestition(en)
~**s direct à l'étranger** *m pl* Direktinvestitionen im Ausland
~ **en actions et obligations** *m* Anlage in Aktien und Anleihen
~ **en biens corporels** *m* Sachinvestition
~**s en capitaux** *m pl* Kapitalinvestitionen
~**s étrangers** *m pl* Auslandsinvestitionen
~ **financier** *m* Finanzinvestition
~**s fixes** *m pl* Anlageinvestitionen
~ **foncier** *m* Anlage in Grundbesitz
~ **immatériel** *m* immaterielle Investition
~ **immobilier** *m* Anlage in Immobilien, Immobilienanlage
~ **incorporel** *m* immaterielle Investition
~ **indirect** *m* indirekte Investition
~**s industriels** *m pl* Industrieinvestitionen
~ **initial** *m* Anfangsinvestition
~ **locatif** *m* Anlage im Mietwohnungsbau, Anlage in Mietimmobilien
~ **matériel** *m* materielle Investition, Sachinvestition, Realinvestition
~ **net** *m* Nettoinvestition
~ **obligatoire** *m* Zwangsinvestition
~ **productif** *m* Modernisierungsinvestition, Produktinvestition, Rationalisierungsinvestition
~ **projeté** *m* geplante Investition, geplante Anschaffung
~ **publicitaire** *m* Werbeaufwand, Werbeinvestition
~ **publipromotionnel** *m* Werbeaufwand, Werbeinvestition
~**s publics** *m pl* öffentliche Investitionen
~ **total** *m* Bruttoinvestition

investisseur *m* Investor, Anleger
△ **gros** ~ *m* Großinvestor; **pays** ~ *m* kapitalexportierendes Land; **petit** ~ *m* Kleinanleger; **pool d'**~**s** *m* Anlegerpool
~ **domestique** *m* inländischer Anleger/Investor
~-**épargnant** *m* Investmentsparer
~ **étranger** *m* ausländischer Anleger/Investor
~ **industriel** *m* industrieller Anleger/Investor
~**s institutionnels** *m pl* institutionelle Anleger/Investoren
~ **isolé** *m* Einzelanleger, Einzelinvestor
~ **privé** *m* Privatanleger, privater Anleger, Privatinvestor, privater Investor
~ **public** *m* öffentlicher Anleger, öffentlicher Investor

invisible unsichtbar

invisibles *m pl* unsichtbare Exporte und Importe, unsichtbare Transaktionen
△ **balance des** ~ Dienstleistungsbilanz

involontaire unfreiwillig, unwillentlich, versehentlich, unabsichtlich, unbeabsichtigt
△ **omission** ~ *f* unwillentliches Versäumnis, Versehen

invoquer ***qc*** geltend machen *etw*
~ **la prescription** Verjährung geltend machen

IPP (invalidité permanente partielle) *f* dauerhafte Erwerbsminderung, dauerhafte teilweise Erwerbsunfähigkeit

IPT (invalidité permanente totale) *f* dauerhafte völlige Erwerbsunfähigkeit

IRPP (impôt sur le revenu des personnes physiques) *m* Einkommensteuer (für natürliche Personen)

irrécouvrable nicht eintreibbar, uneinbringlich

irrécupérable nicht mehr zu retten

irrécusable tadellos, unwiderlegbar

irrégulier, ière unregelmäßig

irremplaçable unersetzlich

irréparable nicht mehr reparierbar, irreparabel
△△ **être économiquement** ~ einen wirtschaftlichen Gesamtschaden haben (Kfz)

irrévocable unwiderruflich
△ **crédit documentaire** ~ *m* unwiderrufliches Dokumentenakkreditiv

irrigation *f* Bewässerung

irrigué, e bewässert

IS (impôt sur le revenu des sociétés/sur les sociétés) *m* Körperschaftsteuer
△ **taux de l'**~ *m* Körperschaftsteuersatz

ISF (impôt de solidarité sur la fortune) *m* derzeitige Bezeichnung für die Vermögensteuer

isolant, e islolierend, nicht leitend

isolation *f* Isolation (im technischen Sinne)

isolé,e getrennt, einzeln, isoliert

isolément getrennt, einzeln, isoliert

isolement *m* Isolierung, Absonderung
isotherme Isolier-, Wärmeschutz-
△ **conteneur ~** *m* Wärmeschutzbehälter, Isolierbehälter
issu, e de stammend aus
issue *f* Ausweg, Ausgang
itinéraire *m* Weg, Wegstrecke, Route
IUT (Institut universitaire de technologie) *m* Fachhochschule mit 2-jährigem Studiengang (Technik)
ivresse *f* Trunkenheit
△ **conduite en état d'~** *f* Trunkenheit am Steuer

J

jachère *f* Brache
△ **en ~** brach(liegend); **mise en ~** *f* Flächenstillegung
~ **industrielle** *f* Industriebrache
jauge *m* 1. Tonnage, Fassungsvermögen 2. Eichmaß, Anzeigegerät
~ **brute** *m* Bruttotonnage
jaugeage *m* Messen, Meßvorgang, Eichen, Tonnagebestimmung
△ **certificat de ~** *m* Meßbrief, Schiffsmeßbrief
jauger *qc* eichen, messen, die Tonnage bestimmen, bewerten
jetable Wegwerf-, Einweg-, wegwerfbar, Einmal-
jeter l'éponge aufgeben, das Handtuch werfen, schließen
jetons de présence *m pl* Aufsichtsratvergütung
jeu *m* Spiel, Satz
~ **d'écritures (comptables)** *m* Buchung, Umbuchung
~ **de l'offre et de la demande** *m* Spiel von Angebot und Nachfrage
~ **de la concurrence** *m* (freier) Wettbewerb
△ **libre ~** *m* freier Wettbewerb
jeune *m* Jugendlicher
jeune jung, jugendlich
~ **dirigeant d'entreprise** *m* Jungunternehmer
~ **entrepreneur** *m* Jungunternehmer
~ **patron** *m* Jungunternehmer
JO (Journal Officiel) *m* Staatsanzeiger
joaillerie *f* Juwelierkunst, Juwelierhandwerk, Juweliergeschäft, Juwelenhandel, Schmuckwarenhandel
joaillier *m* Juwelier, Schmuckwarenhändler
job *m* vorübergehende Beschäftigung/Stelle, Job
joindre *qc* **(à** *qc***)** beilegen, beifügen *etw* (zu *etw*)
~ *qn* erreichen *jdn*
joint-venture *f* Joint Venture, Gemeinschaftsunternehmen
△ **accord de ~** *m* Gemeinschaftsabkommen, Joint-Venture-Abkommen
△△ **lancer des ~s** Joint Ventures gründen
jouir de *qc* genießen *etw*, besitzen *etw*
~ **d'un bon crédit** gute Kreditwürdigkeit haben
~ **d'un avantage comparatif** einen komparativen Vorteil haben
~ **d'un grand prestige** ein hohes Ansehen genießen
~ **du monopole d'un/sur un produit** das Monopol für ein Produkt haben
jouissance *f* Anspruch, Dividendenanspruch, Gewinnberechtigung, Zinsgenuß
△ **action de ~** *f* Genußaktie; **capacité de ~** *f* Nutzungsfähigkeit; **date de ~** *f* Anspruchsbeginn, Übergang des Nutzungsrechts; **droit de ~** *m* Genußrecht; **entrée en ~** *f* Anspruchsbeginn; **paisible ~ d'une licence de brevet** *f* ungestörte Nutzung eines Patentrechts
jour *m* Tag, Tages-
△ **au cours du ~** zum Tageskurs; **à ce ~** bis zum heutigen Tag, inzwischen; **ce ~** heute, mit heutigem Datum; **cours du ~** *m* Tageskurs; **aux de l'argent au ~ le ~** *m* Tagesgeldzinssatz
~ **calendaire** *m* Kalendertag
~ **chômé** *m* arbeitsfreier Tag
~ **chômé légal** *m* gesetzlicher Feiertag
~ **d'émission** *m* Emissionstag
~ **de clôture** *m* Schlußtag, Stichtag
~ **de collecte (des ordures)** *m* (Müll) Abfuhrtag
~ **de collecte pour les déchets toxiques** *m* Schadstoffsammeltermin
~ **de congé** *m* Urlaubstag, freier Tag
~ **de fermeture hebdomadaire** *m* wöchentlicher Ruhetag

~ **de fête** *m* Feiertag
~ **de fête légal** *m* gesetzlicher Feiertag
~ **de la réponse des primes** *m* Prämienerklärungstag
~ **de passage des éboueurs** *m* (Müll) Abfuhrtag
~**s de planche** *m pl* Schiffsliegezeit, Liegezeit
~ **de pointe** *m* Spitzenverkehrstag
~ **de ramassage** *m* (Müll) Abfuhrtag
~ **de ramassage des vieux habits** *m* Altkleidertag
~ **de repos** *m* Ruhetag
~ **du bilan** *m* Bilanzstichtag
~ **du recensement** *m* Erhebungstag, Stichtag, Zähltag
~ **du sinistre** *m* Schadenstag
~ **férié** *m* arbeitsfreier Tag, Feiertag
~ **ouvrable** *m* Werktag
~ **ouvré** *m* Arbeitstag
journal *m* Zeitung, Tagebuch, Journal
~ **comptable** *m* Journal, Tagebuch
~ **de caisse** *m* Kassenbuch
~ **de vente** *m* Warenverkaufsbuch
~ **des achats** *m* Wareneinkaufsbuch
~ **des entrées en stock** *m* Wareneingangsbuch, Wareneingangsjournal
~ **des sorties de stock** *m* Warenausgangsbuch, Warenausgangsjournal
~ **des ventes** *m* Verkaufsjournal
~ **gratuit** *m* Anzeigenblatt, Gratisanzeiger
~ **Officiel (JO)** *m* Staatsanzeiger
~ **quotidien** *m* Tageszeitung
journalier *m* Taglöhner
journalier, ière täglich
△ **consommation ~ière** *f* Tagesverbrauch; **forfait ~** *m* Tagespauschale; **production ~ière** *f* Tagesproduktion
journée *f* Tag
~**s chômées** *f pl* Fehltage
~ **continue** *f* durchgehende Öffnung
~ **de formation** *f* Ausbildungtag
~**s perdues du fait de grèves** *f pl* durch Streik verlorengegangene Arbeitstage
~ **portes ouvertes** *f* Tag der offenen Tür
judiciaire gerichtlich, Gerichts-, juristisch
△ **aide ~** *f* Prozeßkostenhilfe, Rechtshilfe; **autorité ~** *f* gerichtliche Gewalt; **casier ~** *m* Strafregister; **cautionnement ~** *m* gerichtlich angeordnete Sicherheitsleistung; **dépôts ~s** *m pl* gerichtlich hinterlegte Sachen; **entreaide ~** *f* Rechtsbeistand, Rechtshilfe; **expertise ~** *f* Heranaziehung eines Sachverständigen (auf gerichtliche Anordnung); **investigation ~** *f* gerichtliche Untersuchung; **licitation ~** *f* Zwangsversteigerung; **poursuites ~s** *f pl* gerichtliche Verfolgung, Gerichtsverfahren; **vente par licitation ~** *f* Zwangsversteigerung
△△ **avoir un casier ~ (vierge)** (nicht) vorbestraft sein; **entamer des poursuites ~s (à l'encontre de *qn*)** rechtliche Schritte unternehmen (gegen *jdn*)
juge *m* Richter
~**-commissaire** *m* Konkursrichter
jugement *m* Urteil
~**par contumace** *m* in Abwesenheit des Angeklagten ergangenes Urteil, Verurteilung in Abwesenheit
juger *qc/qn* urteilen über/beurteilen *etw*, verurteilen/richten *jdn*
juger *qc* ... *etw* erachten, halten für ...
~ ***qc* trop rigoureux, se** für zu streng erachten, halten *etw*
juguler *qc* unter Kontrolle bringen, bremsen, drosseln, unterbinden, unterdrücken abschwächen *etw*
~ **l'inflation** die Inflation unter Kontrolle bringen
juridiction *f* Gerichtsbarkeit
△ **clause attributive de ~** *f* Gerichtsstandsklausel
~ **administrative** *f* Verwaltungsgerichtsbarkeit
~ **civile** *f* Zivilgerichtsbarkeit
~ **commerciale** *f* Handelsgerichtsbarkeit
~ **prud'homale** *f* Arbeitsgerichtbarkeit
juridique rechtlich, Rechts-, juristisch
△ **acte ~** *m* Rechtsakt; **aide ~** *m* Rechtshilfe, Rechtsbeistand; **cadre ~** *m* juristischer Rahmen; **conseil ~** *m* Rechtsberater; **conséquences ~s** *f pl* juristische Folgen; **existence ~** *f* rechtlicher Bestand; **fait ~** *m* juristische Tatsache; **forme ~** *f* Rechtsform; **forme ~ d'une société** *f* Gesellschaftsform; **statut ~** *m* Rechtsform, rechtlicher Status
juriste *m/f* Jurist/Juristin
juste knapp
△ **calculé, e au plus ~** (sehr) knapp kalkuliert

juste à temps *m* Just-in-Time (-Produktion)
△ **production en ~** *f* Just-in-Time-Produktion
justice *f* Gerichtsbarkeit, Gericht, Gerichtswesen
△ **action en ~** *f* gerichtliche Klage; **cour de ~** *f* Gerichtshof; **frais de ~** *m pl* Gerichtskosten
△△ **déférer** ***qn*** **en ~** vor Gericht bringen *jdn*; **engager une action en ~** Klage erheben
~ **à deux viteses** *f* Zwei-Klassen-Justiz
justificatif *m* Beleg, Beweisstück, Beweismittel, Nachweis, Bescheinigung
△ **présentation d'un ~** *f* Beibringen von Belegen, Vorlage eines Nachweises; **sur présentation d'un ~** gegen Vorlage eines Nachweises
△△ **fournir/présenter/produire des ~s** Nachweise erbringen/vorlegen, Belege beibringen
~ **à fournir/présenter/produire** *m* vorzulegender Nachweis
~ **de revenus** *m* Einkommensnachweis
justificatif, ve Nachweis-, Beleg-
△ **document ~** *m* Beleg, Nachweis; **pièce ~ve** *f* Beleg, Nachweis; **sur présentation d'une pièce ~ve** gegen Vorlage eines Beleges
justification *f* Rechtfertigung, Nachweis
justifié, e gerechtfertigt, berechtigt, zutreffend
justifier ***qc*** rechtfertigen *etw*
juteux, euse einträglich
△ **affaire ~euse** *f* einträgliches Geschäft
juxtaposer ***qc*** gegenüberstellen *etw*
~ **l'actif et le passif** Aktivseite und Passivseite gegenüberstellen
juxtaposition *f* Gegenüberstellung
~ **par comptes** *f* kontenmäßige Gegenüberstellung

K

keynésien, ne Keynes'sche(r, s), keynesianisch
KF (kilofrancs) *m pl* tausend Franc
kilofrancs (KF) *m pl* tausend Franc
kit *m* Bausatz, Nachrüstsatz
krach *m* Krach, Bankrott, Zusammenbruch
~ **boursier** *m* Börsenkrach

L

label *m* Etikett, Markierung, Gütezeichen
~ **d'origine** *m* Ursprungszeichen, Herkunftsnachweis
~ **de qualité** *m* Gütezeichen, Qualitätssiegel
laboratoire *m* Labor, Experimentierfeld
~ **d'analyses médicales** *m* medizinisches Labor
~ **d'idées** *m* Experimentierfeld für neue Ideen
~ **de recherche** *m* Forschungslabor
laborieux, se arbeitsam, arbeitend
△ **classe ~e** *f* arbeitende Klasse
labour *m* Bodenbearbeitung, Feldbestellung
labourable kultivierbar, bestellbar
labourage *m* Bodenbearbeitung, Feldbestellung, Pflügen
lâcher ***qc*** loslassen *etw*
~ **du papier** Titel abstoßen
lacune *f* Lücke
△△ **combler les ~s** die Lücken schließen, ergänzen
laine *f* Wolle
△ **bas de ~** *m* Sparstrumpf
laisser ***qc*** **en héritage** als Erbe hinterlassen *etw*, vererben *etw*
laisser (+*infinitif*) lassen
~ **filer/flotter une monnaie** eine Währung floaten lassen, den Kurs einer Währung frei schwanken lassen, nicht intervenieren
~ **pourrir une grève** einen Streik sich totlaufen lassen
laissez-passer *m* Durchlaßschein, Passierschein
lambris *m* Deckenverkleidung, Wandverkleidung
△ **sous les ~** (Bezeichnung für) an der Pariser Börse

laminage *m* Walzen, Strecken
laminer *qc* walzen, strecken *etw*
lamineur *m* Walzwerkarbeiter
laminoir *m* Walzwerk
lancement *m* Einführung, Produkteinführung, Einführungsphase, Start-Up-Phase
△ **campagne de ~** *f* Einführungsaktion; **phase de ~** *f* Einführungsphase; **prix de ~** *m* Einführungspreis; **publicité de ~** *f* Einführungswerbung
~ **d'actions** *m* Aktienausgabe
~ **d'un article sur le marché** *m* Markteinführung eines Artikels
~ **d'un emprunt** *m* Ausgabe einer Anleihe
~ **d'un produit sur le marché** *m* Markteinführung eines Artikels
~ **d'une émission** *m* Auflegung einer Emission
~ **de l'étude** *m* Beginn der Studie/Untersuchung
~ **de la campagne** *m* Start der Kampagne
~ **sur le marché** *m* Markteinführung
lancer *qc* einführen, lancieren *etw*
~ **des joint-ventures** Joint Ventures gründen
~ **un appel à la grève** zum Streik aufrufen
~ **un appel d'offres (pour** *qc***)** ausschreiben (*etw*)
~ **un emprunt** eine Anleihe begeben, auflegen
~ **un mot d'ordre de grève** die Streikparole ausgeben, zum Streik aufrufen
~ **un produit sur le marché** ein Produkt auf den Markt bringen/auf den Markt werfen/einführen
~ **une mise en garde** eine Warnung aussprechen
~ **une OPA (offre public d'achat) (sur un titre, sur une société)** ein Übernahmeangebot machen/starten (für einen Titel, für eine Gesellschaft)
~ **une opération** eine Aktion, ein Projekt starten
langage *m* Sprache
~ **de programmation** *m* Programmiersprache
~ **évolué** *m* höhere Programmiersprache
~ **informatique** *m* Programmiersprache
~ **machine** *m* Maschinensprache
△△ **écrit, e en ~** in Maschinensprache geschrieben
langue *f* Sprache
~ **de procédure** *f* Verfahrenssprache
~ **officielle** *f* Amtssprache, offizielle Sprache
lanterne rouge *f* Schlußlicht, letzer Platz, Nachzügler
largement weit, breit, bei weitem
~ **réparti, e dans le public (actions)** in Streubesitz befindlich (Aktien)
largeur *f* Breite
~ **de l'assortiment** *f* Sortimentsbreite
~ **de la gamme (de produits)** *f* Breite der Produktpalette
larvé, e verschleiert, verborgen, versteckt
△ **chômage ~** *m* verschleierte Arbeitslosigkeit
latent, e latent, verborgen
LCR (lettre de change-relevé) *f* elektronische Form des Wechsels
leader *m* Führer, Marktführer, Preisführer
△ **entreprise ~** *f* Marktführer
~ **d'opinion** *m* Meinungsmacher, Meinungsführer
~ **de/du marché** *m* Marktführer
~ **sur le marché** *m* Marktführer
leadership *m* Führung
leasing *m* Leasing
lèche-vitrine (*fam*) *m* Schaufensterbummel
△△ **faire du ~** (*fam*) einen Schaufensterbummel machen
lécher les vitrines (*fam*) einen Einkaufsbummel machen
lecteur *m* 1. Leser 2. Lesegerät, Laufwerk
~ **CD-ROM/cédérom** *m* CD-ROM-Laufwerk
~ **de CD** *m* CD-Laufwerk
~ **de disquettes** *m* Diskettenlaufwerk
~ **de journal** *m* Zeitungsleser
~ **effectif** *m* tatsächlicher Leser
~ **électronique** *m* elektronisches Lesegerät
légal, e legal, rechtlich, Rechts-
△ **âge ~** *m* gesetzlich festgelegtes Alter; **âge ~ de la retraite** *m* gesetzliches Rentenalter; **âge ~ de sortie de la vie active** *m* gesetzliches Rentenalter; **annonce ~e** *f* öffentliche Bekanntmachung; **cadre ~** *m* gesetzliche Rahmen-

bedingung; **cautionnement** ~ *m* gesetzlicheBürgschaft; **cours** ~ *m* gesetzlicher Kurs; **délai** ~ *m* gesetzliche Frist; **disposition ~e** *f* gesetzliche Bestimmung; **domicile** ~ *m* gesetzlicher Wohnsitz; **durée ~e du travail** *f* gesetzliche Arbeitszeit; **fête ~e** *f* gesetzlicher Feiertag; **garantie ~e** *f* gesetzliche Gewährleistung, gesetzliche Garantie; **jour chômé** ~ *m* gesetzlicher Feiertag; **jour de fête** ~ *m* gesetzlicher Feiertag; **journal d'annonces ~es** *m* amtlicher Anzeiger; **minimum** ~ *m* gesetzlicher Mindestbetrag; **monnaie ~e** *f* gesetzliches Zahlungsmittel; **moyen de paiement** ~ *m* gesetzliches Zahlungsmittel; **obligation ~e** *f* gesetzliche Verpflichtung; **par voie ~e** auf dem Rechtsweg; **préavis** ~ *m* gesetzliche Kündigungsfrist; **prescription ~e** *f* gesetzliche Bestimmung, rechtliche Vorschrift; **redevable** ~ *m* Steuerpflichtiger; **régime matrimonial** ~ *m* eheliches Güterrecht, gesetzliches Güterrecht, gesetzlicher Güterstand; **réglementation ~e** *f* gesetzliche Regelung; **représentant** ~ *m* gesetzlicher Vertreter; **représentation ~e** *f* gesetzliche Stellvertretung, gesetzliche Vertretung, gesetzliche Vertretungsmacht; **réserves ~es** *f pl* gesetzliche Rücklagen; **retraite ~e** *f* gesetzliche Rente; **sauvegardes ~es** *f pl* gesetzliche Schutzvorschriften (für Steuerzahler); **statut** ~ *m* gesetzlicher Status, Rechtsstellung; **terme** ~ *m* gesetzliche Frist; **usufruit** ~ *m* gesetzliche Nutznießung; **validité ~e** *f* Rechtswirksamkeit; **voie ~e** *f* Rechtsweg

légaliser *qc* legalisieren, für legal erklären *etw*

légalitaire *m* Vermächtnisnehmer, Erbe

léger, ère leicht, gering

△ **biens ~s** *m pl* leichte Güter

~ **mieux** *m* leichte Besserung

législateur *m* Gesetzgeber

législatif, ve gesetzgebend

△ **élections ~ves** *f* Parlamentswahlen

législation *f* Gesetzgebung

△ **harmoniser les ~s européennes** die europäischen Gesetzgebungen harmonisieren/vereinheitlichen; **modifier une** ~ eine Gesetzgebung ändern

~ **anti-pollution** *f* Umweltschutzgesetzgebung

~ **anti-trust** *f* Kartellgesetzgebung, Anti-Trust-Gesetzgebung

~ **bancaire** *f* Bankengesetzgebung

~ **du travail** *f* Arbeitsgesetzgebung

~ **fiscale** *f* Steuergesetzgebung

~ **sociale** *f* Sozialgesetzgebung

législature *f* Legislaturperiode

légitime legitim, ehelich

△ **enfant** ~ *m* eheliches Kind; **filiation** ~ *f* eheliche Abstammung

léguer *qc* hinterlassen, vererben *etw*

~ **un patrimoine** ein Vermögen hinterlassen, vererben

léser *qn* in seinen Rechten verletzen *jdn*

lettre *f* 1. Brief, Schreiben 2. Buchstabe

△ **corps de la** ~ *m* Briefinhalt, Brieftext; **levée des ~s** *f* Leerung des Briefkastens

△ **écrire** *qc* **en toutes ~s** *etw* ausschreiben

~ **circulaire** *f* Rundschreiben, Serienbrief

~ **commerciale** *f* 1. Geschäftsbrief 2. Wechsel

~ **commerciale de crédit** *f* Handelskreditbrief, commercial letter of credit (CLC)

~ **d'affaires** *f* Geschäftsbrief

~ **d'agrément** *f* Empfehlungsschreiben, Befürwortungsschreiben

~ **d'avertissement** *f* Mahnbrief

~ **d'injonction (de paiement)** *f* Zahlungsaufforderung

~ **de candidature** *f* Bewerbungsschreiben

~ **de change** *f* Wechsel, Tratte

△ **acceptation d'une** ~ *f* Wechselakzept; **bénéficiaire d'une** ~ *m* Wechselnehmer; **création d'une** ~ *f* Ausstellung eines Wechsels; **domiciliation d'une** ~ *f* Domizilierung eines Wechsels; **émission d'une** ~ *f* Ausstellen eines Wechsels; **encaissement d'une** ~ *m* Einziehen eines Wechsels; **endossement d'une** ~ *m* Indossieren, Querschreiben eines Wechsels

△△ **accepter une** ~ einen Wechsel akzeptieren; **avaliser une** ~ für einen Wechsel Bürgschaft leisten; **domicilier une** ~ einen Wechsel domizilieren;

émettre une ~ einen Wechsel ausstellen; **encaisser une ~** einen Wechsel einziehen; **endosser une ~** einen Wechsel indossieren/querschreiben; **honorer une ~** einen Wechsel honorieren; **protester une ~** einen Wechsel zu Protest geben; **tirer une ~** einen Wechsel ziehen
~ **de change à 30 jours** *f* 30-Tage-Wechsel
~ **de change acceptée** *f* Akzeptwechsel
~ **de change non endossable** *f* Rektawechsel
~ **de change-relevé (LCR)** *f* elektronische Form des Wechsels
~ **de commande** *f* Auftragsschreiben, Bestellung
~ **de commerce** *f* Wechsel
~ **de convocation** *f* Einberufungsschreiben
~ **de crédit** *f* Akkreditiv, Kreditbrief
~ **de dédit** *f* Absagebrief, abschlägige Antwort
~ **de garantie bancaire** *f* Einlösungsgarantie einer Bank
~ **de licenciement** *f* Kündigungsschreiben
~ **de mise en demeure** *f* letzte Mahnung, Zahlungsaufforderung
~ **de motivation** *f* (ausführliches) Bewerbungsschreiben
~ **de rappel (de paiement)** *f* Zahlungserinnerung, Mahnbrief, Mahnung, Mahnschreiben
~ **de réclamation** *f* Mängelrüge, Reklamation, Reklamationsschreiben
~ **de recommandation** *f* Empfehlungsbrief, Empfehlungsschreiben
~ **de refus** *f* Absagebrief, abschlägige Antwort
~ **de relance** *f* Mahnbrief, Mahnung, Mahnschreiben
~ **de réserves** *f* schriftliche Schadensmeldung
~ **de transport aérien (LTA)** *f* Luftfrachtbrief
~ **de voiture** *f* Frachtbrief
~ **de voiture CIM** *f* internationaler CIM-Frachtbrief
~ **de voiture CMR** *f* internationaler CMR-Frachtbrief
~ **de voiture internationale (LVI)** *f* internationaler Frachtbrief
~ **manuscrite** *f* handgeschriebener Brief
~ **recommandée** *f* Einschreibebrief, Einschreiben
△ **par ~** per Einschreiben
~ **recommandée avec avis de réception** *f* Einschreibebrief mit Rückschein
~**-type** *f* Musterbrief
levée *f* Aufhebung, Leerung (Briefkasten)
~ **de l'embargo** *f* Aufhebung der Sperre
~ **de l'encadrement du crédit** *f* Aufhebung der Kreditbeschränkungsmaßnahmen
~ **de titres** *f* Wertpapierübernahme
~ **des lettres** *f* Leerung des Briefkastens
~ **des sanctions économiques** *f* Aufhebung der Wirtschaftssanktionen
~ **du contrôle des changes/du change** *f* Aufhebung der Devisenbewirtschaftung
~ **du secret bancaire** *f* Aufhebung des Bankgeheimnisses
lever *qc* aufheben, aufnehmen, aufbringen, übernehmen, erheben *etw*
~ **des capitaux frais** frisches Kapital besorgen
~ **des impôts** Steuern erheben
~ **des titres** Wertpapiere übernehmen
~ **la prime** die Prämie übernehmen
~ **la saisie** die Beschlagnahme aufheben
~ **le contrôle des changes/du change** die Devisenbewirtschaftung aufheben
~ **le lock-out** die Aussperrung aufheben
~ **le mot d'ordre de grève** den Streikaufruf aufheben, den Streik beenden
~ **les contrôles** die Kontrollen entfallen lassen/aufheben
~ **un embargo** eine Handelssperre aufheben
~ **une option** eine Option ausüben
liaison *f* Verbindung
~ **aérienne** *f* Flugverbindung
~ **ferroviaire** *f* Zugverbindung
~ **maritime** *f* Schiffsverbindung
~ **postale** *f* Postverbindung
~ **routière** *f* Straßenverbindung
~ **téléphonique** *f* Telefonverbindung
liasse *f* Bündel, Stoß, Satz
~ **de billets de banque** *f* Bündel Banknoten
libellé *m* Abfassung, Bezeichnung, Wortlaut

libellé, e en francs lautend auf Franc
libeller ***qc*** ausstellen *etw*
~ ***qc*** **de sa main** persönlich *etw* ausstellen
~ **un chèque en francs** einen Scheck in Franc ausstellen
libéral, e liberal
△ **fiscalité ~e** *f* liberales Steuersystem; **profession ~e** *f* freier Beruf, Freiberufler
libéralisation *f* Liberalisierung, Aufhebung staatlicher Beschränkungen
~ **des échanges** *f* Liberalisierung des Welthandels
~ **des mouvements de capitaux** *f* Aufgabe der Devisenbewirtschaftung, Liberalisierung des Kapitalverkehrs
~ **des prix** *f* Preisfreigabe, Aufhebung der Preisbindung/des Preisstopps
~ **des services** *f* Liberalisierung des Dienstleistungsverkehrs
libération *f* Freigabe, Aufhebung von Beschränkungen
~ **des loyers** *f* Aufhebung der Wohnraumbewirtschaftung, Freigabe der Mieten
~ **des mouvements de capitaux** *f* Einführung des freien Kapitalverkehrs, Aufhebung der Devisenbewirtschaftung
~ **des parts sociales** *f* Einzahlung/Zeichnung der Gesellschaftsanteile
~ **des prix** *f* Preisfreigabe, Aufhebung der Preisbindung/des Preisstopps
libérer ***qc*** 1. freigeben *etw* 2. einzahlen (*Kapital*)
△ **capital libéré** *m* eingezahltes Kapital
~ **intégralement** voll einzahlen (Aktien)
~ **les prix** die Preise freigeben (nach einem Preisstopp)
liberté *f* Freiheit
~ **d'association** *f* Koalitionsfreiheit
~ **d'entreprendre et de contracter** *f* Unternehmens- und Vertragsfreiheit
~ **d'entreprise** *f* Handels- und Gewerbefreiheit
~ **d'établissement** *f* Niederlassungsfreiheit
~ **d'investissement** *f* Investitionsfreiheit
~ **de coalition** *f* Koalitionsfreiheit
~ **de commerce** *f* Gewerbefreiheit
~ **de contracter** *f* Vertragsfreiheit
~ **de décision** *f* Entscheidungsfreiheit
~ **de fixation des tarifs** *f* Freiheit der Preisgestaltung/Tarifgestaltung/Gebührenfestsetzung
~ **de marché** *f* freie Marktwirtschaft, freier Markt
~ **des changes** *f* freier Devisenverkehr
~ **des contractants** *f* Vertragsfreiheit
~ **des prix** *f* freie Preisbildung
~ **du travail** *f* Freiheit der Berufsausübung
~**s publiques** *f pl* verfassungsmäßige Grundrechte
~**s syndicales** *f pl* gewerkschaftliche Rechte
libre frei, unbeschränkt, unbegrenzt
~ **circulation** *f* freier Verkehr, Freizügigkeit
△△ **assurer la ~ des marchandises** den freien Verkehr von Gütern/Waren gewährleisten
~ **circulation des biens et des personnes** *f* freier Personen- und Warenverkehr
~ **circulation des capitaux** *f* freier Kapitalverkehr
~ **circulation des marchandises** *f* freier Warenverkehr
~ **circulation des produits** *f* freier Warenverkehr
~ **circulation des services** *f* freier Dienstleistungsverkehr
~ **circulation des travailleurs** *f* Freizügigkeit der Arbeitnehmer
~ **concurrence** *f* freier Wettbewerb
~ **convertibilité** *f* volle Konvertierbarkeit
~**-échange** *m* Freihandel
△ **accord de ~** *m* Freihandelsabkommen; **partisan du ~** *m* Befürworter des Freihandels; **politique de ~** *f* Freihandelspolitik; **zone de ~** *f* Freihandelszone
~**-entreprise** *f* freies Unternehmertum, freie Wirtschaft
~ **jeu de l'offre et de la demande** *m* freies Spiel von Angebot und Nachfrage
~ **jeu de la concurrence** *m* freier Wettbewerb
~ **pratique** *f* (zollrechtlich) freier Verkehr
△ **mise en ~ (MLP)** *f* Abfertigung

~(-)service *m* Selbstbedienung, Selbstbedienungsladen
△ **en ~** Selbstbedienungs-, in Selbstbedienung; **magasin de gros en ~** *m* Großhandelsabholmarkt, Cash and Carry-Markt; **mini-~** *m* kleines Lebensmittelgeschäft mit Selbstbedienung; **vente en ~** *f* Selbstbedienung
△△ **vendre en ~** in Selbstbedienung verkaufen
~(-)service bancaire *m* Selbstbedienung im Bankenbereich
librement frei, unbeschränkt, unbegrenzt
~ cessible frei übertragbar
licence *f* Lizenz, Lizenzrechte, Genehmigung
△ **bénéficiaire d'une ~** *m* Lizenzinhaber; **concession de ~** *f* Lizenzerteilung; **donneur de ~** *m* Lizenzgeber; **droits de ~** *m pl* Lizenzgebühren; **exportation soumise à ~** *f* genehmigungspflichtige Ausfuhr; **fabrication sous ~** *f* Lizenzfertigung; **frais de ~** *m pl* Lizenzgebühren, Lizenzabgaben; **importation soumise à ~** *f* genehmigungspflichtige Einfuhr; **octroi de ~** *m* Lizenzvergabe, Lizenzerteilung; **vente sous ~** *f* Lizenzverkauf
△△ **acheter/aquérir une ~** eine Lizenz erwerben; **délivrer une ~** eine Genehmigung erteilen; **distribuer *qc* sous ~** in Lizenz vertreiben *etw*; **fabriquer un produit sous ~** ein Produkt in Lizenz fertigen
~ à l'exportation/d'exportation *f* Ausfuhrbewilligung, Ausfuhrerlaubnis, Ausfuhrgenehmigung
~ à l'importation/d'importation *f* Einfuhrbewilligung, Einfuhrerlaubnis, Einfuhrgenehmigung
~ d'exploitation *f* Lizenz, Betriebsgenehmigung, Gewerbeerlaubnis, Konzession
~ de brevet *f* Patentlizenz, Lizenz zur Nutzung eines Patents
~ de courtage *f* Gewerbeerlaubnis für Makler
~ de transport *f* Transportkonzession
~ de débit de boisson *f* Konzession zum Getränkeausschank, Schankerlaubnis
~ de vente *f* Verkaufslizenz
~ industrielle *f* Industrielizenz
licencié *m* Lizenznehmer
licenciement *m* Entlassung, Kündigung
△ **avis de ~** *m* Kündigungsschreiben; **indemnité de ~** *f* Abfindung bei der Entlassung; **lettre de ~** *f* Kündigungsschreiben; **mesures de ~** *f pl* Kündigungsmaßnahmen; **procédure de ~** *f* Kündigungsverfahren, Entlassungsverfahren
△△ **contester les ~s** gegen die Entlassungen Widerspruch einlegen; **effectuer des ~s massifs** Massenentlassungen durchführen; **menacer *qn* de ~** mit Kündigung drohen *jdm*; **prononcer des ~s** Kündigungen aussprechen; **recevoir sa lettre de ~** seine Kündigung erhalten, sein Kündigungsschreiben erhalten; **renoncer aux mesures de ~** auf Kündigungsmaßnahmen verzichten
~ abusif *m* willkürliche Entlassung/Kündigung
~ collectif *m* Massenentlassung
~ économique *m* Entlassung/Kündigung aus betrieblichen Gründen
~ illégal *m* ungesetzliche Kündigung
~ immédiat *m* fristlose Entlassung/Kündigung
~ individuel *m* Einzelkündigung
~ injustifié *m* unbegründete Entlassung/Kündigung
~ pour cause/motif économique *m* Entlassung/Kündigung aus betrieblichen Gründen
~ pour motif personnel *m* Entlassung/Kündigung aus persönlichen Gründen
~ sans préavis *m* fristlose Entlassung/Kündigung
~ sec *m* Entlassungsmaßnahme(n) ohne Sozialplan
licencier *qn* entlassen *jdn*, kündigen *jdm*
~ de la main-d'oeuvre Personal entlassen
~ un ouvrier einen Arbeiter entlassen
licitation (judiciaire) *f* Zwangsversteigerung
licite (rechtlich) zulässig
△ **cause ~** *f* zulässiger Grund
lié, e par *qc* (rechtlich/vetraglich) gebunden durch *etw*
△ **crédit ~** *m* gebundener Kredit
lien *m* Verbindung, Bindung, Beziehung

~ **de causalité** *m* ursächlicher Zusammenhang, Kausalzusammenhang
~ **de parenté** *m* Verwandschaftsverhältnis
~ **financier** *m* finanzielle Verbindung
~ **hiérarchique** *m* Hierarchiebeziehung
lier ***qn*** (rechtlich/vertraglich) binden *jdn*, verbindlich sein für *jdn*
△△ **être lié, e par *qc*** (rechtlich/vetraglich) gebunden sein durch *etw*
lieu *m* Ort, Stelle, Stätte
△△ **avoir ~** stattfinden; **s'il y a ~** gegebenenfalls
~ **d'exécution** *m* Ausführungsort
~ **d'implantation** *m* Standort
~ **de création** *m* Austellungsort
~ **de départ** *m* Absendeort, Abfahrtsort, Abgangsort
~ **de destination** *m* Bestimmungsort
~ **de livraison** *m* Lieferort
~ **de paiement** *m* Zahlungsort
~ **de production** *m* Produktionsstätte
~ **de relevé** *m* Erhebungsstelle
~ **de résidence** *m* Wohnort
~ **de séjour principal** *m* Hauptwohnsitz, Hauptaufenthaltsort
~ **de travail** *m* Arbeitsstelle, Arbeitsort
△ **occupation du ~** *f* Unternehmensbesetzung, Betriebsbesetzung
~ **de vente** *m* Point of Sale (POS), Verkaufsstätte, Verkaufsstelle, Verkaufsort
△ **publicité sur le ~ (PLV)** *f* POS-Werbung (POS=point of sale), Werbung am Verkaufsort
~ **des fouilles** *m* Ausgrabungsstätte
~ **touristique** *m* Fremdenverkehrsort
ligne *f* Verbindung, Linie, Direkt-, Online-
△ **en ~** on-line; **interrogation en ~** *f* On-line-Abfrage
△△ **avoir *qn* en ~** am Apparat haben *jdn*
~ **aérienne** *f* Fluglinie, Air Line
~ **budgétaire** *f* Haushaltsrahmen
~ **d'autobus/de bus** *f* Buslinie
~ **de chemin de fer** *f* Bahnlinie
~ **de métro** *f* Metrolinie
~ **de tramway** *f* Straßenbahnlinie
~ **de crédit** *f* Kreditrahmen, Kreditlinie
△△ **ouvrir une ~** eine Kreditlinie/einen Kreditrahmen einräumen, eröffnen
~ **de crédit permanente** *f* Dauerkreditlinie
~ **de crédit stand-by** *f* Stand-by-Kreditlinie
~ **de production** *f* Produktionslinie, Fertigungslinie
~ **de produits** *f* Produktlinie
~ **maritime** *f* Schiffahrtslinie
~**s obliques parallèles** *f pl* parallele Schrägbalken (auf einem Verrechnungsscheck)
~ **régulière** *f* Liniendienst, Linienverkehr
lignite *m* Braunkohle
△ **briquette de ~** *f* Braunkohlebrikett
limitation *f* Beschränkung
~ **de la concurrence** *f* Wettbewerbsbeschränkung
~ **quantitative** *f* Mengenbeschränkung
~ **unilatérale** *f* einseitige Beschränkung
limite *f* Grenze, Höhe, Limit
△ **dans la ~ de son apport** in der Höhe seiner Einlage; **date ~** *f* Stichtag, letzter/äußerster Termin; **responsable dans la ~ de son apport (de *qc*)** in der Höhe seiner Einlage haftbar (für *etw*)
△△ **être responsable dans la ~ de son apport (de *qc*)** in der Höhe seiner Einlage haften (für *etw*)
~ **à/de l'endettement** *f* Verschuldungsgrenze
~ **d'âge** *f* Altersgrenze
~ **de rentabilité** *f* Rentabilitätsgrenze
limité, e begrenzt, beschränkt
△ **de portée très ~e** von sehr begrenzter Wirkung; **à responsabilité ~e** mit beschränkter Haftung; **société à responsabilité ~e** *f* Gesellschaft mit beschränkter Haftung
~ **dans le temps** zeitlich begrenzt
limiter ***qc*** beschränken *etw*
~ **la concurrence** den Wettbwerb beschränken
~ **les dégâts** den Schaden begrenzen
~ **les effets de l'indexation** die Wirkung der Lohn-Preis-Bindung abmildern
~ **les risques** das Risiko in Grenzen halten
~ **(se)** sich einschränken, kurz treten
~ **à (*qc*) (se)** sich beschränken auf (*etw*)
limitrophe angrenzend, benachbart, Grenz-, Nachbar-

linéaire *m* Verkaufsregale
△ **gestion du ~** *f* Regalpflege
linéaire linear
△ **amortissement ~** *m* lineare Abschreibung
lingot *m* Barren
~ **d'or** *m* Goldbarren
liquéfaction *f* Verflüssigung
~ **du charbon** *f* Kohleverflüssigung
liquéfier *qc* verflüssigen *etw*
△ **gaz liquéfié** *m* Flüssiggas
liquidable abrechnungsfähig, auflösbar
liquidateur *m* Liquidator, Masseverwalter
△ **mandataire-~** *m* mit der Auflösung beauftragter Konkursverwalter
~ **judiciaire** *m* Konkursverwalter
liquidation *f* Liquidierung, Liquidation, Abrechung, Abschluß, Auflösung, Terminclearing, Abrechnung am Ende des Börsenmonats
△ **bilan de ~** *m* Abwicklungsbilanz; **valeur de ~** *f* Liquidationswert
△△ **entrer en ~** in Liquidation geraten; **mettre une société en ~** eine Firma auflösen/liquidieren
~ **d'un commerce** *f* Liquidation/Auflösung einer Firma/eines Geschäfts
~ **d'un compte** *f* Auflösung eines Kontos
~ **d'une société** *f* Liquidation/Auflösung einer Gesellschaft
~ **de fin de mois** *f* Ultimoabrechnung, Ultimoliquidation
~ **de dettes** *f* Bezahlen von Schulden
~ **de quinzaine** *f* Medioabrechnung, Medioliquidation
~ **de stocks** *f* Lagerräumung, Lagerausverkauf
~ **des biens** *f* Liquidation der Aktiva
~ **des honoraires** *f* Honorarfestsetzung, Liquidierung
~ **générale** *f* Ultimoabrechnung, Ultimoliquidation
~ **immédiate** *f* sofortige Liquidiation
~ **judiciaire** *f* Liquidierung im Rahmen eines Konkursverfahrens
~ **partielle** *f* Teilliquidation
~ **totale** *f* Totalausverkauf
liquide *m* 1. Flüssigkeit 2. Bargeld, Barmittel
△ **en ~** bar
△△ **payer/régler en ~** bar zahlen; **transformer** *qc* **en ~** flüssig machen
liquide flüssig, bar, liquid
△ **argent ~** *m* Bargeld; **avoir ~** *m* flüssiges Guthaben; **capitaux ~s** *m pl* flüssige Mittel; **épargne ~** *f* kurzfristig kündbare Spareinlagen, liquide Ersparnisse; **moyens ~s** *m pl* flüssige Mittel; **retrait d'argent ~** *m* Abheben von Bargeld
liquider *qc* liquidieren, abrechnen, glattstellen, auflösen *etw*
~ **des avoirs** Bestände auflösen
~ **un compte** ein Konto abrechnen/glattstellen/auflösen
~ **un stock** ein Lager räumen, Lagerbestände ausverkaufen
~ **une société** eine Gesellschaft liquidieren/auflösen
liquidité (souvent au *pluriel*) *f* Liquidität, Guthaben, liquide Mittel, flüssige Mittel, Barmittel, Zahlungsfähigkeit, Gelder
△ **augmentation de la ~** *f* Liquiditätssteigerung; **besoin de ~s** *m* Liquiditätsbedarf; **coefficient de ~** *m* Liquiditätskennziffer; **degré de ~** *m* Liquiditätsgrad; **excédent de ~s** *m* Liquiditätsüberschuß, Überliquidität; **excès de ~** *m* Liquiditätsüberschuß, Überliquidität; **insuffisance de ~** *f* Unterliquidität; **ratio de ~** *m* Liquiditätskennziffer
△△ **augmenter la ~** die Liquidität steigern; **créer des ~s** Liquidität schaffen; **diminuer la ~** die Liquidität herabsetzen; **disposer d'un volant de ~s** über Barreserven verfügen; **disposer de ~s importantes** über bedeutende Barmittel verfügen; **être à court de ~s** keine flüssigen Mittel haben; **faire appel au marché monétaire pour obtenir des ~s** auf den Kapitalmarkt gehen, um sich Gelder zu verschaffen; **injecter des ~s dans l'économie** Geld in die Wirtschaft pumpen; **manquer de ~s** keine verfügbaren Mittel/Liquiditäten haben, an Liquiditätsmangel leiden; **reconstituer ses ~s** seine Liquiditäten aufstocken/erneuern; **s'adresser au marché monétaire pour obtenir des ~s** auf den Kapitalmarkt gehen, um sich Gelder zu verschaffen
~ **bancaire** *f* Bankenliquidität

~ **croissante** *f* wachsende Liquidität
~ **d'un placement** *f* Liquidität einer Anlage
~ **de caisse** *f* Barreserve
~s **internationales** *f pl* liquide Zentralbank-Devisenbestände
lisible par la machine maschinenlesbar
liste *f* Liste
△△ **établir une ~ (de** ***qc*****)** eine Liste aufstellen (von *etw*)
~ **d'inventaire** *f* Inventarliste
~ **d'opposition** *f* Sperrliste (für Schecks)
~ **de colisage** *f* Packliste
~ **électorale** *f* Wahlliste
~ **noire** *f* schwarze Liste
~ **nominative** *f* Namensliste, Namensverzeichnis
lister ***qc*** auflisten *etw*
litige *m* Rechtsstreit, Streitsache, Streitfall
△ **résolution d'un ~** *f* Beilegung eines Streifalles
~ **en cours** *m* schwebendes Verfahren
~ **en matière de tarifs** *m* Tarifstreitigkeit
litigieux, se strittig, bestritten
△ **créance ~se** *f* strittige Forderung
littoral *m* Küstengebiet
livrable lieferbar
livraison *f* Lieferung, Auslieferung, Aushändigung
△ **bon de ~** *m* Lieferschein; **contrat de ~** *m* Liefervertrag; **date de ~** *f* Liefertermin; **délai de ~** *m* Lieferfrist; **retard de ~** *m* Lieferungsverzögerung, Lieferverzug
△△ **prendre ~ d'une marchandise** eine Lieferung in Empfang nehmen; **la livraison sera effectuée à votre entière satisfaction** die Lieferung wird zu Ihrer vollen Zufriedenheit erfolgen
~ **à domicile** *f* Lieferung zum Kunden, Anlieferung, Heimservice
~ **arriérée** *f* ausstehende/rückständige Lieferung
~ **complémentaire** *f* Nachlieferung
~ **de matières premières** *f* Rohstofflieferung
~ **de titres** *f* Lieferung von Börsenpapieren
~ **du client** *f* Kundenbelieferung
~ **incomplète** *f* unvollständige Lieferung
~ **intra-communautaire** innergemeinschaftliche Lieferung, EU-Binnenlieferung
~ **partielle** *f* Teillieferung
livre *f* Pfund (Gewicht, Währung)
~ **sterling** *f* Pfund Sterling
livre *m* Buch
△ **grand ~** *m* Hauptbuch (Buchführung); **grand ~ de la dette publique** *m* Staatsschuldenbuch
~ **d'inventaire** *m* Inventarbuch
~ **de caisse** *m* Kassenbuch
~s **de commerce** *m pl* Handelsbücher
~ **des métiers** *m* Handwerksrolle
~ **foncier** *m* Grundbuch
~ **journal** *m* Journal
livrer ***qc*** **(à** ***qn*****)** liefern *etw* (*jdm*), ausliefern *etw*
~ **à domicile** ins Haus liefern
livrer des titres Wertpapiere liefern
~ **une marchandise** eine Ware liefern/ausliefern
~ ***qn*** beliefern *jdn*
~ **un client/un magasin** beliefern einen Kunden/ein Geschäft
~ **une concurrence acharnée/sans merci (se)** sich einen erbitterten/gnadenlosen Wettbewerb liefern
livret (d'épargne) *m* Sparbuch
△ **compte sur ~** *m* Sparkonto; **dépôt sur ~** *m* Spareinlage
~ **A** *m* Sparbuch mit begrenzter Einlage und steuerfreien Zinserträgen
~ **d'épargne populaire** *m* Volkssparbuch mit begrenzter Einlage und steuerfreien Zinserträgen
~ **d'épargne-logement** *m* Bausparbuch
livreur *m* Auslieferer
lobby *m* Lobby
local (*pl* **locaux)** *m* Räume, Räumlichkeiten, Betriebsräume, Geschäftsräume
~ **à usage commercial** *m* Geschäftslokal
~ **commercial** *m* gewerbliche Räume, Betriebsräume, Geschäftsräume
~ **d'activité** *m* gewerbliche Räume, Betriebsräume, Geschäftsräume
~ **de stockage** *m* Lagerraum, Lagergebäude
local, e (*pl* **locaux, locales)** lokal, örtlich, kommunal, gemeindlich, Orts-, Lokal-
△ **antenne ~e** *f* Niederlassung; **fiscalité ~e** *f* kommunales Abgabesystem/Steuersystem, gemeindliches Ab-

gabesystem/Steuersystem; **impôts locaux** *m pl* kommunale Steuern, Gemeindesteuern
localité *f* Ortschaft, Ort
locataire *m* Mieter
△ **ancien ~** *m* Vormieter; **droit des ~s** *m* Mieterrecht; **expulsion d'un ~** *f* Räumung, Zwangsräumung
~-bail *m* Leasingnehmer
locatif, ve Miet-
△ **charges ~ves** *f pl* Mietnebenkosten; **valeur ~ve** *f* Mietwert
location *f* Vermietung, Mietobjekt
△ **année de ~** *f* Mietjahr; **coopérative de ~ de matériel agricole** *f* Maschinenring
~ à loyer règlementé *f* Wohnung unter Mietbewirtschaftung, Mietpreisbindung
~ avec droit d'entrée *f* Vermietung mit einer Sonderzahlung für Eintritt in den Mietvertrag (bei Geschäftsräumen)
~ avec option d'achat *f* Vermietung mit einer Kaufoption (bei Geschäftsräumen)
~ avec promesse de vente *f* Vermietung mit Vorkaufsrecht (bei Geschäftsräumen)
~ de biens mobiliers *f* Vermietung beweglicher Güter
~ de véhicules/voitures *f* Kfz-Vermietung, Autoverleih, Autovermietung
~ gérance *f* Unternehmenspacht, Vermietung/Verpachtung eines Handelsunternehmens
~ sans droit d'entrée *f* Vermietung ohne Sonderzahlung für Eintritt in den Mietvertrag (bei Geschäftsräumen)
~-vente *f* Mietkauf
locaux (*singulier* **local**) *m pl* Räume, Räumlichkeiten, Betriebsräume, Geschäftsräume
~ commerciaux *m pl* Geschäftsräume, gewerbliche Räume
~ d'activité(s) *m pl* Geschäftsräume, gewerbliche Räume
lock-out *m* Aussperrung
△△ **décréter le ~** die Aussperrung verkünden; **lever le ~** die Aussperrung aufheben
lock-outer *qn*/le personnel aussperren *jdn*/die Beschäftigten
lock-outer une entreprise die Beschäftigten (aus einem bestreikten Unternehmen) aussperren
locomotive *m* Lokomotive, Zugpferd
~ électorale *m* Wahlkampflokomotive
logement *m* Wohnung, Wohnungsbau
△ **aide au ~** *f* Wohngeld; **aide personnalisée au ~ (APL)** *f* Mietbeihilfe, Wohngeld; **aide sociale au ~ (ASL)** *f* Mietbeihilfe, Wohngeld; **allocation de ~** *f* Wohngeld, Mietbeihilfe; **conditions de ~** *f pl* Wohnbedingungen; **construction de ~s** *f* Wohnungsbau; **droit au ~** *m* Recht auf Wohnung; **épargne-~** *f* Bausparen; **financement de ~s** *m* Wohnungsbaufinanzierung; **prix moyens des ~s** *m pl* Durchschnittsmieten, Mietspiegel; **propriétaire de son ~** *m* Wohnungseigentümer
~ ancien *m* Altbauwohnung
~ de fonction *m* Dienstwohnung
~ de service *m* Werkswohnung
~ en copropriété *m* Eigentumswohnung
~ neuf *m* Neubauwohnung
~ social *m* Sozialwohnung
△ **construction de logements sociaux** *f* sozialer Wohnungsbau
logiciel *m* Computerprogramm, Programm, Software
△△ **pirater un ~** *m* eine Raubkopie von einer Software herstellen
~ à usage bancaire *m* Bankensoftware
~ d'application *m* Anwendungssoftware
~ de comptabilité *m* Buchhaltungssoftware
~ d'exploitation *m* Betriebs(system)-software
~ de traitement de texte *m* Textverarbeitungsprogramm
logistique *f* Logistik
~ d'approvisionnement *f* Beschaffungslogistik
logistique logistisch
△ **fonction ~** *f* logistische Aufgabenbereich
logo *m* Logo, Markenzeichen
~ d'Eco-Emballages *m* Umweltlabel (vergleichbar Grüner Punkt)
loi *f* Gesetz
△ **abrogation d'une ~** *f* Abschaffung/Außerkraftsetzung/Aufhebung ei-

nes Gesetzes; **amendement à une ~** *m* Gesetzesnovelle

△△ **déroger à une ~** ein Gesetz abändern; **édicter une ~** ein Gesetz erlassen; **enfreindre la ~** das Gesetz brechen, verletzen, gegen das Gesetz verstoßen; **être régi, e par la ~** dem Gesetz unterstehen; **tomber sous le coup de la ~** dem Gesetz unterworfen sein

~ anti-trust *f* Kartellrecht

~-cadre *f* Rahmengesetz

~ de finances *f* Haushaltsgesetz, Etatgesetz

△ **projet de ~** *m* Haushaltsentwurf, Haushaltsvorlage

~ de finances rectificative *f* Nachtragshaushalt(sgesetz)

~ de l'offre et de la demande *f* Gesetz von Angebot und Nachfrage

~ des grands nombres *f* Gesetz der großen Zahl

~ électorale *f* Wahlgesetz

~s et règlements *m pl* Gesetze und Regelungen

~ fiscale *f* Steuergesetz

~ Monory *f* Gesetz zur Förderung des steuerbegünstigten Aktiensparens

~ relative à l'informatique, aux fichiers et aux libertés *f* Datenschutzgesetz

~ Royer *f* Gesetz zum Schutz des kleinen Einzelhandels (Genehmigungsverfahren für Großflächenmärkte)

~ Scrivener *f* Gesetz zum Schutz der Verbraucher

loisir(s) *m* (*pl*) Freizeit

△ **activité de ~s** *f* Freizeitbeschäftigung; **électronique de ~s** *f* Unterhaltungselektronik; **temps de ~(s)** *m* Freizeit

lombard *m* Lombard, Lombardsatz

△ **taux ~** *m* Lombardsatz

long, longue lang, langfristig

△ **épargne longue** *f* langfristiges Sparen

~ terme *m* langfristige Periode, Zeitabläufe

△ **à ~** langfristig; **créance à ~** *f* langfristige Forderung; **capitaux à ~** *m pl* langfristiges Kapital; **crédit à ~** *m* langfristiger Kredit; **dettes à ~** *f pl* langfristige Schulden; **emprunt à ~** *m* langfristige Anleihe, Anleihe mit langer Laufzeit, Langläufer; **engagement de crédit à ~** *m* langfristige Kreditverpflichtung; **placement à ~** *m* lanfristige Anlage; **prêt à ~** *m* langfristiges Darlehen; **renouvellement à ~ de la gamme** *m* langfristige Erneuerung der Produktpalette; **sur le ~** langfristig; **titre à ~** *m* langfristiger Titel

~-courier *m* Langstreckenflugzeug

longévité *f* Langlebigkeit, Lebensdauer

lopin *m* Stück, Teil, Rohling

~ de terre *m* kleines Stück Land

lot *m* Los, Paket, Packmenge

△ **emprunt à ~s** *m* Losanleihe

~ d'actions *m* Aktienpaket

~ de marchandises *m* Warenposten

loterie *f* Verlosung, Lotterie

△ **billet de ~** *m* Lotterielos

loti, e *m* bedacht, versehen, ausgestattet, aufgeteilt

△ **bien ~** gut ausgestattet

lotir *qc* aufteilen, verteilen, parzellieren, stückeln, verlosen *etw*

lotissement *m* 1. Stückelung, Abpacken in kleinere Mengen, Aufteilung, Parzellierung 2. Grundstück, Baugrundstück, Bebauungsgebiet

louable 1. vermietbar 2. anerkennenswert, lobenswert

louer (*qc*) vermieten, mieten (*etw*)

△ **bien loué** *m* gemietetes/geleastes Gut

loueur *m* Vermieter, Verleiher

~ de main-d'oeuvre *m* Verleiher von Zeitarbeitskräften

~ de voitures *m* Autovermieter

~ en meublé *m* Vermieter von möblierten Wohnungen/Zimmern

lourd, e schwer

△ **biens ~s** *m pl* schwere Güter, schwere Industrieprodukte, Schwergüter; **franc ~** *m* neuer Franc (1959); **industrie ~e** *f* Schwerindustrie

lourdement schwer, stark

~ déficitaire mit hohem Defizit

~ endetté, e hoch verschuldet

loyer *m* Miete, Mietzins

△ **augmentation de ~** *f* Mieterhöhung; **contrôle des prix des ~s** *m* Mietpreislenkung

~ bon marché *m* Billigmiete

~ conventionné *m* Vertragsmiete

~ **de l'argent** *m* Geldzins, Zinsfuß
~ **de l'argent au jour le jour** *m* Tagesgeldzinssatz
~ **du mois** *m* Monatsmiete
~ **du trimestre** *m* Quartalsmiete
~ **réglementé** *f* Mietbewirtschaftung, behördlich festgesetzte Miete, Mietpreisbindung
△ **location à ~** *f* Wohnung unter Mietbewirtschaftung, Mietpreisbindung
~ **sans les charges** *m* Kaltmiete
LTA (lettre de transport aérien) *f* Luftfrachtbrief
lu et approuvé gelesen/zur Kenntnis genommen und gebilligt
lubrifiant *m* Schmierstoff
lucratif, ve gewinnbringend, einträglich, ertragreich
△ **à but non ~** ohne Erwerbszweck
lumineux, se erleuchtet, Leucht-
△ **enseigne ~se** *f* Leuchtreklame, Leuchtschild
lutte (contre/pour *qc***)** *f* Kampf (gegen/für *etw*), Bekämpfung (von *etw*)
~ **contre l'exclusion** *f* Kampf gegen die Marginalisierug/den sozialen Ausschluß
~ **contre l'inflation** *f* Bekämpfung der Inflation
~ **contre le chômage** *f* Bekämpfung der Arbeitslosigkeit
~ **contre les marées noires** *f* Bekämpfung der Ölpest
~ **des classes** *f* Klassenkampf
~ **pour les parts de marché** *f* Kampf um Marktanteile
lutter kämpfen
~ **contre** *qc* bekämpfen *etw*, kämpfen gegen *etw*
~ **contre l'inflation** die Inflation bekämpfen
~ **contre la crise** die Krise bekämpfen
~ **contre la fraude fiscale** den Steuerbetrug bekämpfen
~ **contre le chômage** die Arbeitslosigkeit bekämpfen
luxe *m* Luxus
△ **biens de ~** *m pl* Luxusgüter
△△ **s'offrir/se permettre le ~ de** *qc* sich *etw* leisten
LVI (lettre de voiture internationale) *f* internationaler Frachtbrief

M

machine *f* Maschine
△ **interface homme-~** *f* Mensch-Maschine-Schnittstelle; **lisible par la ~** maschinenlesbar
~ **agricole** *f* landwirtschaftliche Maschine, Landmaschine
~**-outil (*pl* machines-outils)** *f* Werkzeugmaschine
~**-outil à commande numérique** *f* computergesteuerte Werkzeugmaschine, NC-Werkzeugmaschine
~**s et installations industrielles** *f pl* Maschinen und Produktionsanlagen
macro *f* Makro (Programmroutine)
macro Makro-
~**-économie** *f* Makroökonomie, Volkswirtschaft
~**-économique** makroökonomisch, volkswirtschaftlich
△ **agrégats ~s** *m pl* Globalgrößen, Aggregate; **grandeurs ~s** *f pl* makroökonomische Größen
magasin *m* Laden, Geschäft, Lager
△ **en ~** auf Lager; **chaîne de ~s** *f* Handelskette, Ladenkette; **gestionnaire de ~** *m* Lagerverwalter, Filialleiter; **grand ~** *m* Kaufhaus, Warenhaus; **petit ~** *m* kleiner Laden; **vente traditionnelle en ~** *f* traditioneller Ladenverkauf
△△ **avoir (un article) en ~** im Laden haben, vorrätig haben, auf Lager (einen Artikel); **courir les ~s** Einkäufe machen, die Geschäfte abklappern; **exploiter un ~ en franchise** einen Laden in Franchise betreiben; **tenir un ~** ein Geschäft führen
~ **à grande surface** *m* Verbrauchermarkt
~ **à prix unique** *m* Einheitspreisgeschäft
~ **à succursales** *m* Filialist, Filialgeschäft
~ **à succursales multiples (MAS)** *m* Filialist, Filialgeschäft
~ **bien achalandé** *m* gut gehendes Geschäft, Geschäft mit einem umfangreichen Warenangebot
~ **coopératif** *m* Genossenschaftsladen

~ **d'alimentation** *m* Lebensmittelgeschäft
~ **d'usine** *m* Fabrikverkaufslokal, Direktverkaufsstelle, Factory-Outlet
~ **de détail (indépendant)** *m* (unabhängiges) Einzelhandelsgeschäft
~ **de discount** *m* Discountgeschäft, Discountladen
~ **de gros** *m* Großhandelsgeschäft
~ **de gros en libre-service** *m* Großhandelsabholmarkt, Cash and Carry-Markt
~ **de meubles** *m* Möbelgeschäft
~ **de proximité** *m* Tante-Emma-Laden, Convenience Store, Nachbarschaftsladen, kleines Geschäft in einem Wohngebiet
~ **de vente au détail** *m* Einzelhandelsgeschäft
~ **de vêtements** *m* Bekleidungsgeschäft
~ **discount** *m* Discountgeschäft
~ **populaire** *m* Kaufhalle, Warenhaus mit kleinerem Sortiment
~ **spécialisé** *m* Fachgeschäft

magasinage *m* Einlagerung, Lagern
△ **droits de ~** *m pl* Lagergebühren; **frais de ~** *m pl* Lagerkosten

magasiner *qc* auf Lager nehmen, lagern, speichern *etw*

magasinier *m* Lagerist
△ **chef-~** *m* Lagermeister, Lagerverwalter

magazine *m* Zeitschrift
~ **professionnel** *m* Fachzeitschrift

magistrat *m* Richter(schaft)

magnétique magnetisch
△ **bande ~** *f* Magnetband; **disque ~** *m* Magnetplatte

magnétophone *m* Tonbandgerät, Kassettenrekorder

magnétoscope *m* Videorekorder

mailing *m* Werbesendung, Mailing

maillage *m* Netzwerk, Vernetzung, Maschenweite

main *f* Hand
△ **de la ~ à la ~** bar ohne Quittung
~ **levée de saisie** *f* Pfändungsaufhebung

main-d'oeuvre *f* Arbeitskräfte, Personal, Arbeit
△ **besoin de ~** *m* Personalbedarf, Arbeitskräftebedarf; **coût de la ~** *m* Arbeitskosten, Personalkosten; **demande de ~** *f* Arbeitskräftenachfrage; **industrie de ~** *f* arbeitskraftintensive/lohnintensive Branche; **Inspection du travail et de la ~** *f* Gewerbeaufsicht(samt); **loueur de ~** *m* Verleiher von Zeitarbeitskräften; **manque de ~ qualifiée** *m* Mangel an qualifizierten Arbeitskräften; **mobilité de la ~** *f* Arbeitsmobilität, Mobilität der Arbeitskräfte/Arbeitnehmer; **pénurie de ~** *f* Arbeitskräftemangel; **prix de la ~** *m* Arbeitskosten, Personalkosten; **produit à forte intensité de ~** *m* arbeitsintensives Erzeugnis/Produkt; **produit garanti x mois pièces et ~** *m* Produkt mit einer x-monatigen Garantie für Ersatzteile und Arbeitskosten; **ressources en ~** *f pl* Arbeitskräftepotential; **service de la ~** *m* Arbeitsvermittlung; **surplus de ~** *m* Arbeitskräfteüberschuß; **trafic de ~** *m* illegaler Handel mit Arbeitskräften
△△ **arrêter le recrutement de ~** einen Einstellungsstopp vornehmen; **avoir recours à la ~ étrangère** auf ausländische Arbeitskräfte zurückgreifen; **embaucher de la ~** Personal einstellen; **licencier de la ~** Personal entlassen; **stopper le recrutement de ~** einen Einstellungsstopp vornehmen
~ **à bas salaire** *f* billige Arbeitskräfte
~ **bon marché** *f* billige Arbeitskräfte
~ **clandestine** *f* illegale Arbeitskräfte
~ **immigrée** *f* Gastarbeiter
~ **qualifiée** *f* Fachkräfte, qualifizierte Arbeitskräfte

mainmise *f* Beschlagnahme, Besitzergreifung, Herrschaft, Inbesitznahme

maintenance *m* Wartung
△ **service de ~** *m* Wartungsdienst

maintenir *qc* aufrechterhalten, halten *etw*
~ **en vie** *qc* am Leben erhalten *etw*
~ **le pouvoir d'achat** die Kaufkraft sichern/erhalten
~ **les effectifs** den Personalbestand aufrechterhalten
~ **sa marge** seine Gewinnspanne beibehalten
~ **sa position** seine Position halten
~ **sur les rails** in der Bahn halten, nicht aus der Bahn werfen
~ **(autour de ...) (se)** sich halten (bei ...), sich behaupten

△△ **le chômage se maintient autour de x %** die Arbeitslosigkeit hält sich bei x %; **le cours se maintient** der Kurs behauptet sich
maintien *m* Aufrechterhaltung, Sicherung, Erhaltung
~ **de la stabilité des prix** *m* Sicherung/Erhaltung der Preisstabilität
~ **du pouvoir d'achat** *m* Kaufkraftsicherung
△△ **assurer le ~** die Kaufkraft erhalten/sichern
maire *m* Bürgermeister
△ **adjoint au ~** *m* stellvertretender Bürgermeister
maison *f* Haus, Firma
~ **à succursales** *f* Filialgeschäft
~ **bourgeoise** *f* Einfamilienhaus
~ **d'édition** *f* Verlag
~ **d'exportation** *f* Exportfirma
~ **de commerce** *f* Geschäft, Handelshaus
~ **de négoce** *f* Handelshaus, Großhandelshaus
~ **de prêt sur gages** *f* Pfandleihanstalt
~ **de repos** *f* Erholungsheim, Sanatorium, Altersheim
~ **de réescompte** *f* Rediskontbank
~ **de retraite** *f* Altersheim
~ **de vente par correspondance** *f* Versandhaus
~ **préfabriquée** *f* Fertighaus
maître *m* Meister, Herr, Anrede für einen Notar
~ **d'oeuvre** *m* Bauleiter, Auftragnehmer (Bauunternehmen)
~ **de l'ouvrage** *m* Bauherr, Auftraggeber
maîtrise *f* Meisterprüfung, Meisterbrief
△ **brevet de ~** *m* Meisterbrief
maîtriser ***qc*** meistern, in den Griff bekommen *etw*
~ **l'inflation** die Inflation drosseln
~ **les coûts** die Kosten in den Griff bekommen
~ **les importations** die Einfuhren drosseln
majeur, e 1. volljährig 2. bedeutend, umfangreich, größer
△ **événement de force ~e** *m* (Ereignis) höhere(r) Gewalt; **force ~e** *f* höhere Gewalt
majoration *f* Erhöhung, Zuschlag
~ **d'impôt** *f* Steuererhöhung
~ **de la prime pour circonstances aggravantes** *f* Risikozuschlag, Prämienerhöhung wegen erhöhter Gefahren/erschwerender Umstände
~ **de prime(s)** *f* Prämienerhöhung
~ **de prix** *f* Mehrpreis, Aufpreis, Preiserhöhung
~ **de retard** *f* Verspätungszuschlag, Säumniszuschlag
~ **du SMIC** *f* Anhebung des gesetzlichen Mindestlohns
~ **pour paiement tardif** *f* Versäumniszuschlag
majoré, e erhöht
△ **taux ~** *m* erhöhter Satz
majoré, e des intérêts zuzüglich der Zinsen
majorer ***qc*** **(de) ...** erhöhen, verteuern *etw* (um ...)
~ **le SMIC** den Mindestlohn erhöhen, anheben
~ **un droit** eine Gebühr erhöhen, anheben
majoritaire Mehrheits-, mehrheitlich
△ **actionnaire** *m* Mehrheitsgesellschafter, Mehrheitsaktionär; **associé ~** *m* Mehrheitsgesellschafter; **gérant ~** *m* Mehrheitsgeschäftsführer; **scrutin ~** *m* Mehrheitswahl(recht)
majorité *f* 1. Mehrheit 2. Volljährigkeit
△ **à la ~ qualifiée** mit qualifizierter Mehrheit; **actionnaire ayant la ~** *m* Mehrheitsgesellschafter, Mehrheitsaktionär; **âge de la ~** *m* Volljährigkeit; **associé ayant la ~** *m* Mehrheitsgesellschafter; **consentement de la ~ des associés** *m* Zustimmung der Mehrheit der Gesellschafter
△△ **atteindre l'âge de la ~** volljährig werden
~ **absolue** *f* absolute Mehrheit
~ **des deux tiers** *f* Zweidrittelmehrheit
~ **des voix** *f* Stimmenmehrheit
~ **ordinaire** *f* einfache Mehrheit
~ **parlementaire** *f* parlamentarische Mehrheit
~ **qualifiée** *f* qualifizierte Mehrheit
~ **relative** *f* relative Mehrheit
~ **silencieuse** *f* schweigende Mehrheit
~ **simple** *f* einfache Mehrheit
majuscule *f* Großbuchstabe
△ **en ~s** in Großbuchstaben
maladie *f* Krankheit

△ **absentéisme pour cause de ~** *m* Krankenstand; **assurance ~** *f* Krankenversicherung; **assurance ~ supplémentaire (facultative)** *f* Zusatzkrankenversicherung; **caisse de ~** *f* Krankenkasse; **congé de ~** *m* Abwesenheit vom Arbeitsplatz wegen Krankheit, „Krankenschein"
△△ **être en congé de ~** krankgeschrieben sein
~ **professionnelle** *f* Berufskrankheit
malentendu *m* Mißverständnis
△△ **dissiper des ~s** Mißverständnisse ausräumen; **susciter un ~** ein Mißverständnis hervorrufen
malfaçon *f* schlechte Verarbeitung, mangelhafte Ausführung, Fabrikationsfehler
malus *m* Malus, Rückstufung beim Schadensfreiheitsrabatt
△△ **infliger un ~** mit einem Malus belegen
malversation *f* Unterschlagung, Veruntreuung
management *m* Management, Unternehmensführung
manager *qc* führen, leiten, managen, organisieren *etw*
managérial, e Führungs-, Manager-, leitend
manageur/manageuse *m/f* Manager/Managerin
Manche *f* Ärmelkanal
△ **outre-~** jenseits des Ärmelkanals, in England
mandant *m* Auftraggeber, Mandant, Vollmachtgeber
mandat *m* Auftrag, Mandat, Amt
△ **durée du ~** *f* Mandatsdauer, Amtsdauer; **exercice d'un ~** *m* Mandatsausübung; **gestion sous ~** *f* Auftragsverwaltung
~ **(de paiement)** *m* Anweisung, Auftrag, Mandat, Postanweisung, Zahlungsanweisung
△△ **envoyer un ~ à** ***qn*** eine Postanweisung schicken *jdm*
~**-carte** *m* Postanweisung
~ **de poste (international)** *m* Postanweisung (im Auslandsverkehr)
~ **de versement (international) (à un CCP)** (internationale) Zahlungsanweisung (auf ein Postscheckkonto/Postgirokonto)
~ **de virement** *m* Überweisungsauftrag, Postanweisung
~ **du Trésor** *m* Schatzanweisung
~ **télégraphique** *m* telegraphische Postanweisung
mandataire *m* Beauftragter, Unterschriftsberechtigter
~**-liquidateur** *m* mit der Auflösung beauftragter Konkursverwalter
mandaté, e (à faire ***qc*****)** beauftragt, bevollmächtigt (*etw* zu tun)
mandater ***qn*** **de faire** ***qc*** beauftragen *jdn* damit *etw* zu tun
manière *f* Art und Weise
△ **de ~ inconditionnelle** unbehindert, uneingeschränkt
manifestation *f* Veranstaltung, Demonstration, Kundgebung
manifeste *m* Manifest
~ **de conteneur** *m* Container-Ladungsverzeichnis
manifeste offenkundig
manipulable handhabbar
manipulation *f* 1. Bedienung, Handhabung 2. Manipulation
manipuler ***qc*** 1. bedienen, handhaben *etw* 2. manipulieren *etw*
manne pétrolière *f* Ölsegen
manoeuvre *f* Manöver, Aktion
△ **marge de ~** *f* Handlungsspielraum
~**s frauduleuses** *f pl* betrügerische Machenschaften
manoeuvre *m* Hilfsarbeiter, ungelernter Arbeiter
manquant *m* Fehlbestand, fehlende Ware
manque *m* Mangel, Ausfall
~ **à gagner** *m* entgangener Gewinn, Verdienstausfall
~ **à produire** *m* Produktionsausfall
~ **de capitaux propres** *m* Mangel an Eigenkapital, Eigenkapitalschwäche
~ **de compétitivité** *m* mangelnde Wettbewerbsfähigkeit
~ **de fonds propres** *m* Mangel an Eigenkapital, Eigenkapitalschwäche
~ **de liquidités** *m* Knappheit an flüssigen Mitteln
~ **de temps** *m* Zeitmangel, Zeitnot
~ **de main-d'oeuvre qualifiée** *m* Mangel an qualifizierten Arbeitskräften

manquement *m* Verfehlung, Verschulden
~ **à la discipline du travail** *m* Verstoß gegen die Arbeitsdisziplin
~ **à ses obligations** *m* Pflichtverletzung
manquer à ***qc*** verletzen *etw*, nicht nachkommen einer Verpflichtung
~ **à ses obligations** seine Pflichten verletzen
manteau *m* Mantel (bei effektiven Stükken)
manuel *m* Handbuch
~ **de l'utilisateur** *m* Benutzerhandbuch, Bedienungsanweisung
manuel, le manuell, von Hand
△ **change ~** *m* Sortenhandel; **gage ~** *m* Faustpfand
manufacture *f* Manufaktur
△ **entreprise de ~** *f* Fabrikbetrieb
manufacturé, e hergestellt, erzeugt
△ **biens/produits ~s** *m pl* Industrieerzeugnisse, Erzeugnisse der verarbeitenden Industrie
manufacturier *m* Hersteller
manufacturier, ière produzierend, herstellend
△ **déficit ~** *m* Außenhandelsdefizit im Industriegüterbereich; **échanges ~s** *m pl* Industriewarenverkehr; **industrie ~ière** *f* produzierendes Gewerbe
manuscrit, e handschriftlich, handgeschrieben
△ **lettre ~e** *f* handgeschriebener Brief
manutention *f* Lagerwirtschaft, Umschlag, Verladen, Umladung
△ **entreprise de ~** *f* Warenumschlagsunternehmen; **frais de ~** *m pl* Lade- und Entladekosten; **service de ~ des marchandises** *m* Güterladedienst, Warenwirtschaftssystem
~ **des marchandises** *f* Lagerwirtschaft, Güterumschlag
~ **portuaire** *f* Ladungsumschlag im Hafen
manutentionnaire *m* Lagerist, Fachkraft für Lagerwirtschaft, Lagerarbeiter
maquette *f* Entwurf, Modell
maquillage *m* Schminke, Verschleierung
~ **du bilan** *m* Bilanzverschleierung
maquiller (*qc*) 1. schminken 2. frisieren, fälschen (*etw* z.B. eine Bilanz)
maraîcher *m* Gemüseanbauer
maraîcher, ère Gemüseanbau-
△ **culture ~ère** *f* Gemüseanbau
marasme *m* Flaute, Stagnation
~ **économique** *m* Wirtschaftsflaute, wirtschaftliche Stagnation
marchand/marchande *m/f* Händler/Händlerin
~**des quatre saisons** *m/f* Obst- und Gemüsehändler, Obst- und Gemüsehändlerin
~ **forain/marchande foraine** *m/f* Jahrmarkthändler/Jahrmarkhändlerin
marchand, e 1. kaufmännisch, Handel treibend 2. Handels-, Markt- 3. gewerblich
△ **galerie ~e** *f* Ladengalerie, Einkaufspassage; **marine ~e** *f* Handelsmarine; **navigation ~e** *f* Handelsschiffahrt; **PIB ~** *m* BIP abzüglich der unentgeltlichen Leistungen des Staates; **produit intérieur brut ~** *m* Bruttoinlandsprodukt ausschließlich Leistungen des Staates; **services ~s** *m pl* gewerbliche Dienstleistungen, entgeltliche Dienstleistungen, Dienstleistungen zu Marktpreisen; **services ~s aux particuliers** *m pl* gewerbliche Dienstleistungen für Privatkunden; **services ~s de santé** *m pl* gewerbliche medizinische Dienstleistungen; **services ~s financiers** *m pl* gewerbliche Finanzdienstleistungen; **valeur ~e** *f* Handelswert, Verkehrswert
marchandage *m* Feilschen, Schachern, Kuhhandel
marchander (*qc*/sur *qc*) handeln, feilschen (um), aushandeln *etw*
marchandisage *m* Merchandising
marchandise *f* Ware, Handelsgut, Handelsware, Gut
△ **achat de matériel et de ~s** *m* Material- und Wareneinkauf; **après (la) réception de la ~** nach Erhalt der Ware; **avance sur ~** *f* Warenkredit, Warenlombard; **bourse de ~s** *f* Warenbörse; **catégorie de ~s** *f* Warenart; **commerce de ~s** *m* Warenhandel; **courtier de ~s** *m* Warenmakler; **échanges de ~** *m pl* Warenaustausch; **gare des ~s** *f* Güterbahnhof; **train de ~s** *m* Güterzug
△△ **assurer la libre circulation des ~s**

den freien Warenverkehr gewährleisten; **débarquer les ~s** die Waren ausladen, die Fracht löschen; **écouler une ~ (sur le marché)** eine Ware (auf dem Markt) absetzen; **fractionner la ~** die Ware stückeln; **grouper/réunir des ~s pour le transport** Güter für den Transport sammeln/zusammenfassen; **les ~ voyagent aux risques et périls de l'acheteur** die Waren werden auf Risiko des Käufers versandt, das Transportrisiko trägt der Käufer; **passer des ~s en fraude** Waren (ein/heraus)schmuggeln

~ **commercialisable** *f* Handelsware

~ **dangereuse** *f* Gefahrgut, gefährliche Güter

~ **de contrebande** *f* Schmuggelware

~ **détériorée** *f* beschädigte Ware

~ **de mauvaise qualité** *f* Ramsch(ware)

~**s en magasin** *fpl* Lagerbestand

~ **en solde** *f* reduzierte Ware

~ **en souffrance** *f* nicht abgeholte Ware

~**s en stock** *fpl* Lagerbestand

~ **en transit** *f* Transitgut

~**s en vrac** *fpl* Massengüter, Massenware

~ **importée** *f* eingeführte Ware

~ **mise en nantissement** *f* sicherungsübereignete Ware

~ **non commercialisable** *f* nicht absatzfähige Ware

~ **pondéreuse** *f* Schwergut

~ **sous douane** *f* Zollgut

~ **transitant par un pays tiers** *f* Ware, die durch ein Drittland befördert wird

marche *f* Entwicklung, Verlauf

~ **des affaires** *f* Entwicklung der Geschäfte, Geschäftstätigkeit

△△ **la ~ s'accélère** die Geschäftstätigkeit wird reger

marché *m* Markt, Handel, Abschluß, Geschäftsabschluß

△ **analyse de ~** *f* Marktanalyse; **analyste de ~** *m* Marktforscher, Marktbeobachter; **atomicité du ~** *f* Marktzersplitterung; **chance sur le ~** *f* Marktchance; **conditions du ~** *fpl* Marktbedingungen; **conquête du ~** *f* Markteroberung; **correction du ~** *f* Markterkorrektur; **économie (libre) de ~** *f* (freie) Marktwirtschaft; **économie de ~ contrôlée** *f* gelenkte Marktwirtschaft; **économie sociale de ~** *f* soziale Marktwirtschaft; **écrémage du ~** *m* Absahnen, Skimming; **étroitesse du ~** *f* Enge des Marktes; **étude de ~** *f* Marktuntersuchung, Marktstudie, Marktanalyse; **euro-~** *m* Euromarkt; **euro-~ monétaire** *m* Eurogeldmarkt; **évolution du ~** *f* Marktentwicklung; **expansion du ~** *f* Marktausweitung; **force sur le ~** *f* Marktstärke; **forces du ~** *fpl* Marktkräfte; **globalisation des ~s** *f* Globalisierung der Märkte; **grand ~ européen/intérieur** *m* europäischer Binnenmarkt; **internationalisation des ~s** *f* Internationalisierung der Märkte; **introduction sur le ~** *f* Markteinführung; **lancement sur le ~** *m* Markteinführung; **leader du ~** *m* Marktführer; **liberté de ~** *f* freie Marktwirtschaft, freier Markt; **mondialisation des ~s** *f* Globalisierung der Märkte; **observation du ~** *f* Marktbeobachtung; **obstacles cloisonnant le ~** *mpl* Markthemmnisse; **part de ~** *f* Marktanteil; **partage du ~** *m* Marktaufteilung; **pénétration du ~** *f* Marktdurchdringung; **prévisions de ~** *fpl* Marktaussichten, Marktprognosen; **prise de parts de ~** *f* Erringung von Marktanteilen; **prix du ~** *m* Marktpreis; **répartition des ~s** *f* Marktaufteilung; **reprise sur le ~** *f* Markterholung; **Second Marché** *m* Geregelter Markt; **segment de ~** *m* Marktsegment; **stratégie de pénétration du ~** *f* Marktdurchdringungsstrategie; **sur le ~** am Markt, auf dem Markt; **tendances du ~** *fpl* Markttrends; **transparence du ~** *f* Markttransparenz; **volume de/du ~** *m* Marktvolumen, Börsenumsatz

△△ **accroître sa part de ~** seinen Marktanteil vergrößern; **adjuger un ~** einen Auftrag erteilen, vergeben; **adresser une demande à un ~** eine Nachfrage an einen Markt richten; **analyser le ~** den Markt analysieren/beobachten; **attaquer le ~/un segment de ~** den Markt/ein Marktsegment angehen/angreifen/attackieren; **attribuer le ~** den Zuschlag erteilen; **augmenter ses parts de ~** seinen Marktanteil vergrößern; **conclure un ~** ein Geschäft abschließen; **conquérir de nouveaux**

~s neue Märkte erobern, neue Märkte erschließen; **conquérir des parts de ~** Marktanteile erringen/erobern; **conquérir un ~** einen Markt erobern; **défendre ses parts de ~** seinen Marktanteil veteidigen; **détenir x % du ~** x % Marktanteile halten; **doper les ~s financiers** die Finanzmärkte anheizen; **écouler une marchandise sur le ~** eine Ware auf dem Markt absetzen; **élargir son ~** seinen Markt vergrößern; **élargir un ~** einen Markt erweitern; **encombrer les ~s** die Märkte verstopfen; **enlever des parts de ~ à *qn*** Marktanteile wegnehmen *jdm*; **faire une étude de ~** eine Marktstudie durchführen; **gagner des ~s** Abschlüsse tätigen; **gagner des parts de ~** Marktanteile gewinnen; **garantir l'accès au ~** den Zugang zum Markt garantieren; **inonder le ~ de *qc*** den Markt überschwemmen mit *etw*; **instaurer l'économie de ~** die Marktwirtschaft einführen; **introduire (un produit) sur le ~** (ein Produkt) auf den Markt bringen, einführen, auf dem Markt einführen; **lancer (un produit) sur le ~** (ein Produkt) auf den Markt bringen/werfen, einführen; **le ~ baisse** der Markt gibt nach; **le ~ est frileux** der Markt ist schwach; **le ~ s'effondre** der Markt bricht zusammen; **le ~ s'envole** der Markt expandiert, die Umsätze steigen; **le ~ se redresse** der Markt erholt sich; **le ~ se retourne** auf dem Markt tritt eine Tendenzwende ein; **mener une étude de ~** eine Marktstudie durchführen; **mettre en place une économie de ~** die Marktwirtschaft einführen; **ouvrir de nouveaux ~s** neue Märkte eröffnen/erschließen; **passer un ~** ein Geschäft abschließen; **pénétrer un/le ~** einen/den Markt durchdringen; **perdre des ~s** Aufträge verlieren; **perdre des parts de ~** Marktanteile verlieren; **prendre x % du ~** einen Marktanteil von x % erringen; **préserver ses parts de ~** seinen Marktanteil behaupten; **protéger le ~** den Markt abschirmen; **raffermir sa position sur un ~** seine Marktposition festigen; **relancer le ~** den Markt (wieder) beleben; **retirer (un article/un produit) du ~** (einen Artikel/ein Produkt) vom Markt nehmen; **s'attaquer à un ~** einen Markt attackieren; **s'attaquer à un segment de ~** ein Marktsegment attackieren; **s'ouvrir de nouveaux ~s** sich neue Märkte eröffnen, erschließen; **se partager le ~** sich den Markt aufteilen; **soumissionner à un ~** submissionieren, an einer Ausschreibung teilnehmen

~ **à la criée** *m* Versteigerung (z.B. von Fisch, Gemüse auf dem Großmarkt)

~ **à option** *m* Optionsgeschäft, Optionshandel

~ **à règlement mensuel (RM)** *m* Markt für Termingeschäfte, Terminmarkt (Erfüllung per ultimo)

~ **à terme** *m* Terminmarkt

~ **à terme de marchandises** *m* Warenterminbörse

~ **à terme international de France (MATIF)** *m* Markt für Financial Futures/Derivate

~ **actif** *m* aktiver Markt

~ **actuel** *m* tatsächlicher Markt

~ **agricole** *m* Agrarmarkt

~ **alimentaire** *m* Lebensmittelmarkt

~ **amont** *m* Beschaffungsmarkt, Lieferantenmarkt

~ **au comptant** *m* Effektivmarkt, Kassageschäft, Kassamarkt, Lokomarkt, Spotmarkt

~ **au noir** *m* Schwarzmarkt

~ **aval** *m* Absatzmarkt, Konsumentenmarkt, Käufermarkt

~ **boursier** *m* Börsenmarkt

~ **calme** *m* ruhiger Markt

~ **captif** *m* Markt eines monopolistischen Anbieters

~ **clandestin** *m* Schwarzmarkt, Schwarzhandel

~ **commun** *m* gemeinsamer Markt

~ **continu** *m* kontinuierlicher Markt (Börse)

~ **d'approvisionnement** *m* Beschaffungsmarkt, Lieferantenmarkt

~ **d'après Bourse** *m* Nachbörse

~ **d'exportation** *m* Exportmarkt

~ **d'intérêt national (MIN)** *m* Großmarkt (z.B. Rungis für die Einzelhändler der Großregion Paris)

~ **d'options à terme** *m* Optionsmarkt

~ **d'options à terme négociables à Paris**

(MONEP) *m* Pariser Optionsmarkt
~ **de gré à gré** *m* freihändige Vergabe (bei öffentlichen Ausschreibungen/ Aufträgen)
~ **de gros** *m* Großmarkt
~ **de l'argent** *m* Geldmarkt
~ **de l'assurance** *m* Versicherungsmarkt
~ **de l'emploi** *m* Beschäftigungsmarkt, Arbeitsmarkt
~ **de l'euro-dollar** *m* Eurodollarmarkt
~ **de l'or** *m* Goldmarkt
~ **de la Cote officielle** *m* Börsenhandel mit amtlicher Notierung
△ **admis, e au ~** zur amtlichen Notierung zugelassen
~ **de matières premières** *m* Rohstoffmarkt
~ **de premier équipement** *m* Erstausstattungsmarkt
~ **de renouvellement** *m* Ersatzbeschaffungsmarkt
~ **des biens et services** *m* Güter-/Waren- und Dienstleistungsmarkt
~ **des capitaux** *m* Kapitalmarkt
~ **des changes/du change** *m* Devisenmarkt, Devisenbörse, Wechselmarkt
△ **opérateur sur le ~** *m* Devisenhändler; **sur le ~** am Devisenmarkt; **sur le marché libre des changes** im freien Devisenhandel
~ **des débouchés** *m* Absatzmarkt, Konsumentenmarkt, Käufermarkt
~ **des devises** *m* Devisenmarkt, Devisenbörse
~ **des euro-crédits** *m* Eurokreditmarkt
~ **des euro-devises** *m* Eurodevisenmarkt, Eurogeldmarkt
~ **des euro-émissions** *m* Eurokapitalmarkt
~ **des euro-obligations** *m* Euroobligationenmarkt
~ **des matières premières** *m* Rohstoffmarkt
~ **des obligations** *m* Obligationenmarkt
~ **des options** *m* Optionsmarkt
~ **des swaps** *m* Swapmarkt
~ **des transports** *m* Transportmarkt
~ **des valeurs (mobilières)** *m* Wertpapiermarkt, Wertpapierbörse, Effektenbörse, Effektenmarkt
~ **des voitures de tourisme** *m* Pkw-Markt
~ **du crédit** *m* Kreditmarkt
~ **du fret** *m* Frachtmarkt
~ **du travail** *m* Arbeitsmarkt, Beschäftigungsmarkt
△ **déréglementation du ~** *f* Dereglementierung des Arbeitsmarktes; **entrée sur le ~** *f* Eintritt in den Arbeitsmarkt; **sur le ~** auf dem Arbeitsmarkt
△△ **faire son entrée sur le ~** *f* erstmals auf den Arbeitsmarkt kommen
~ **du travail tendu** *m* angespannter Arbeitsmarkt
~ **en repli** *m* rückläufiger Markt
~ **étroit** *m* enger Markt
~ **euro-financier** *m* Eurofinanzmarkt
~ **euro-obligataire** *m* Euroobligationenmarkt
~ **européen** *m* europäischer Binnenmarkt
~ **extérieur** *m* Außenmarkt, Auslandsmarkt
~ **ferme** *m* fester Markt
~ **financier** *m* Finanzmarkt, Kapitalmarkt, Kreditmarkt
△△ **doper les marchés financiers** die Finanzmärkte anheizen
~ **futur** *m* potentieller Markt, zukünftiger Markt, Zukunftsmarkt
~ **global** *m* Gesamtmarkt
~ **hors cote** *m* Freiverkehrsbörse, Freiverkehr
~ **hypothécaire** *m* Hypothekenmarkt
~ **interbancaire** *m* Interbankenhandel, Interbankenmarkt
~ **intérieur européen/unique** *m* europäischer Binnenmarkt
~ **international** *m* Auslandsmarkt, Weltmarkt
~ **locatif** *m* Mietwohnungsmarkt
~ **mondial** *m* Weltmarkt
~ **monétaire** *m* Geldmarkt, Devisenmarkt, Kapitalmarkt
△ **taux du ~** *m* Geldmarktzins
△△ **faire appel/s'adresser au ~ pour obtenir des liquidités** auf den Kapitalmarkt gehen, um sich Gelder zu verschaffen
~ **monétaire libre** *m* freier Kapitalmarkt, freier Geldmarkt
~ **noir** *m* Schwarzhandel, Schwarzmarkt
~ **non alimentaire** *m* Non-Food-Markt
~ **obligataire** *m* Obligationenhandel,

Rentenhandel, Rentenmarkt, Markt für festverzinsliche Wertpapiere
△ **taux du ~ (TMO)** *m* Durchschnittszinssatz für Rentenpapiere
~ **officiel** *m* amtlicher Börsenhandel, amtlicher Börsenmarkt, amtlicher Börsenverkehr, amtlicher Handel
△ **admis, e au ~** zur offiziellen Notierung zugelassen
~ **officiel des changes** *m* offizieller Devisenmarkt
~ **officiel du comptant** *m* amtlicher Kassamarkt
~ **organisé** *m* organisierter Markt, geregelter Markt, reglementierter Markt (z.B. in der EU)
~ **parallèle** *m* Parallelmarkt
~ **pétrolier** *m* Ölmarkt
~ **peu actif** *m* enger Markt
~ **potentiel** *m* potentieller Markt, Marktpotential
~ **primaire** *m* Primärmarkt
~ **protégé** *m* geschützter Markt
~ **public** *m* öffentlicher Auftrag, Verdingungsvertrag, öffentliche Ausschreibung
△ **Code des Marchés Publics (CMP)** *m* Richtlinien für die Vergabe öffentlicher Aufträge (vergleichbar VOB)
~ **réel** *m* tatsächlicher Markt
~ **réglementé** *m* geregelter Markt, reglementierter Markt (z.B. in der EU)
~ **sans volume** *m* umsatzschwacher Markt
~ **secondaire** *m* Sekundärmarkt, Umlaufmarkt
~ **solvable** *m* kaufkräftiger Markt, Markt mit zahlungsfähigen Nachfragern
~ **spot** *m* Spotmarkt
~ **surabondant** *m* überfüllter Markt
~ **test** *m* Testmarkt
~ **très concurrentiel** *m* stark umkämpfter Markt
~ **unique** *m* europäischer Binnenmarkt
~ **unique européen** *m* einheitlicher europäischer Markt

marchéage *m* Marketing
△ **plan de ~** *m* Marketing Mix

marcher funktionnieren, klappen

marée(s) *fpl* Gezeiten
~ **noire** *f* Ölpest
△ **lutte contre les marées noires** *f* Bekämpfung der Ölpest

marémoteur, trice *f* Gezeiten-
△ **centrale ~trice** *f* Gezeitenkraftwerk; **usine ~trice** *f* Gezeitenkraftwerk

mareyage *m* Seefisch(groß)handel

mareyeur *m* Seefisch(groß)händler

marge *f* Spanne, Marge, Gewinnspanne
△ **compression de la ~/des ~s** *f* Verringerung der Gewinnspanne(n); **confortable ~** *f* satte Gewinnspanne; **dégradation des ~s** *f* Verschlechterung der Gewinnspannen; **explosion des ~s** *f* Hochschnellen der Gewinnspannen; **politique de ~s** *f* Gewinnspannenpolitik; **réduction des ~s** *f* Verringerung der Gewinnspannen; **taux de ~** *m* Prozentspanne, Gewinnspanne; **vente à ~ réduite** *f* Verkauf mit geringer Gewinnspanne
△△ **dégager une ~ de x %** eine Gewinnspanne von x % erzielen; **éroder les ~s** die Gewinnspanne aushöhlen; **les ~s se redressent** die Gewinnspannen vergrößern sich wieder; **maintenir sa ~** seine Gewinnspanne beibehalten; **réaliser une ~ de x %** eine Spanne von x % erzielen
~ **bancaire** *f* Bankenspanne
~ **bénéficiaire** *f* Gewinnspanne
~ **bénéficiaire réduite** *f* niedrige Gewinnspanne
~ **brute** *f* Brutto(gewinn)spanne
△ **taux de ~** *m* Bruttoaufschlag, Bruttogewinnspanne
~ **brute d'autofinancement (MBA)** *f* Selbstfinanzierungsquote, Cash flow
~ **commerciale** *f* Handelsspanne
~ **d'exploitation** *f* Spanne, Gewinnspanne
~ **de détaillant** *f* Einzelhandelsspanne
~ **de distribution** *f* Handelsspanne
~ **de fluctuation** *f* Schwankungsbreite, Bandbreite
△ **avec une ~ de ...** bei/mit einer Schwankungsbreite von ...
~ **de manoeuvre** *f* Handlungsspielraum
~ **de réescompte** *f* Rediskontspanne, Rediskontkontingent
~ **de sécurité** *f* Sicherheitsmarge
~ **de solvabilité** *f* Solvabilitätsspielraum
~ **nette** *f* Nettogewinnspanne
~ **serrée** *f* geringe Gewinnspanne, scharf kalkulierte Gewinnspanne

~ **sur coût complet** *f* Nettogewinnspanne
~ **sur coût variable** *f* Deckungsbeitrag
~ **sur un produit** *f* Gewinnspanne bei einem Produkt
marginal, e Grenz-
△ **coût ~** *m* Grenzkosten; **taux ~** *m* Grenzquote
mariage *m* Ehe, Hochzeit
△ **acte de ~** *m* Heiratsurkunde; **contrat de ~** *m* Ehevertrag
~ **civil** *m* standesamtliche Trauung
marié, e verheiratet
△ **couple ~** *m* Ehepaar
marieur *m* Ehevermittler
marin, e Meer-, See-, Marine-
△ **fond ~** *m* Meeresboden
marine *f* Marine
~ **marchande** *f* Handelsmarine
maritime See-, Meer-
△ **agent ~** *m* Reedereiagent, Schiffsagent; **compagnie ~** *f* Schiffahrtsgesellschaft; **courtier ~** *m* Schiffsmakler; **droit ~** *m* Seerecht; **fret ~** *m* Seefracht; **navigation ~** *f* Seeschiffahrt; **par voie ~** *f* auf dem Seeweg; **pays ~** *m* Meeresanrainerland
marketing *m* Marketing, Absatzforschung
△ **directeur ~** *m* Marketingleiter; **service ~** *m* Marketingabteilung; **stratégie ~** *f* Marketingstrategie
△△ **faire du ~** Marketing betreiben
~ **achat** *m* Beschaffungsmarketing
~ **de consommation** *m* Konsumentenmarketing
~ **direct** *m* Direktmarketing
~ **événementiel** *m* Erlebnismarketing, Eventmarketing
~ **industriel** *m* Industriemarketing
~ **mix** *m* Marketing Mix
~ **régional** *m* Standortmarketing, Regionalmarketing, Stadtmarketing
~ **stratégique** *m* strategisches Marketing
~ **téléphonique** *m* Telefonmarketing
marquage *m* Markierung, Aufschrift, Stempelung
marque *f* Marke, Produktmarke, Merkmal
△ **article de ~** *m* Markenartikel; **image de ~** *f* Image; **politique de ~** *f* Markenpolitik
△△ **promouvoir une ~** eine Marke fördern
~ **de commerce** *f* Handelsmarke
~ **de fabrique** *f* Fabrikmarke
~ **déposée** *f* eingetragenes Markenzeichen
~ **distinctive** *f* Unterscheidungsmerkmal
~ **distributeur** *f* Handelsmarke
~ **NF environnement** *f* französisches Umweltzeichen
marquer des points Pluspunkte sammeln, Punkte machen
MAS (magasin à succursales multiples) *m* Filialist, Filialgeschäft
mass média *m pl* Massenmedien
masse *f* Masse, Menge
△ **production de/en ~** *f* Massenfertigung, Massenproduktion, Großserienproduktion
~ **critique** *f* kritische Masse
~ **de la faillite** *f* Konkursmasse
~ **du règlement judiciaire** *f* Vergleichsmasse
~ **monétaire** *f* Geldmenge, Geldvolumen
△ **gonflement de la ~** *m* Aufblähung der Geldmenge; **resserrement de la ~** *m* Verringerung der Geldmenge
△△ **contenir la croissance de la ~** das Anwachsen der Geldmenge begrenzen; **freiner la ~** das Anwachsen der Geldmenge bremsen; **la ~ progresse** die Geldmenge wächst
~ **salariale** *f* Lohnsumme
~ **successorale** *f* Erb(schafts)masse, Nachlaßmasse
matérialiser *qc* realisieren, verwirklichen, wirksam werden lassen *etw*
matériau *m* Werkstoff, Material
△ **essai de ~** *m* Werkstoffprüfung
matériaux *m pl* Werkstoffe
~ **nouveaux** *m pl* neue Werkstoffe, neue Materialien
~ **supraconducteurs** *m pl* supraleitende Werkstoffe
matériel *m* 1. Ausrüstung, Material 2. Hardware
△ **achat de ~ et de marchandises** *m* Material- und Wareneinkauf
~ **de bureau** *m* Büroausrüstung
~ **militaire** *m* militärische Ausrüstung, Militärgüter

~ **de production** *m* Produktionsmaterial, Produktionsmittel
~ **de stockage** *m* Lagermaterial, Lagereinrichtungen
~ **de transport** *m* Transportmittel, Transportausrüstung
~ **et outillage** *m* Material und Geräte
~ **et outillage industriel** *m* technische Anlagen und Maschinen
~ **informatique** *m* Hardware
~ **roulant** *m* Wagenpark
matériel, le materiell, Sach-
△ **équipement ~** *m* Sachausrüstung; **gain ~** *m* materieller Gewinn; **incitation ~le** *f* materieller Anreiz; **investissement ~** *m* materielle Investition, Sachinvestition
maternité *f* Mutterschaft
△ **allocation (de) ~** *f* Mutterschaftsgeld; **congé de ~** *m* Mutterschaftsurlaub
matière *f* Materie, Substanz, Gegenstand
△ **en ~ de ...** in Hinsicht auf ...; im Bereich ..., in Sachen ...
~s auxiliaires *f pl* Hilfsstoffe
~s consommables *f pl* Betriebsstoffe
~s et fournitures *f pl* Roh-, Hilfs- und Betriebsstoffe
~s et fournitures consommables *f pl* Betriebsstoffe
~ **fissile** *f* spaltbares Material
~ **grise** *f* Know-how
~ **imposable** *f* Steuergegenstand, Steuerobjekt
~ **plastique** *f* Kunststoff
~s premières *f pl* Rohstoffe, Grundstoffe, Ausgangsprodukte
△ **achat de ~** *m* Kauf von Rohstoffen; **approvisionnement en ~** *m* Rohstoffversorgung; **cours des ~** *m pl* Rohstoffkurse; **coût des ~** *m* Rohstoffkosten; **crise des ~** *f* Rohstoffkrise; **exploitation de ~** *f* Rohstoffausbeutung; **marché de(s) ~** *m* Rohstoffmarkt; **prix des ~** *f* Rohstoffpreise
△△ **consommer des ~** Rohstoffe verbrauchen; **soutenir les cours des ~** die Rohstoffkurse stützen
~s premières énergétiques *f pl* Primärenergieträger
~s premières et consommables *f pl* Roh-, Hilfs-, Betriebsstoffe
~s premières non énergétiques *f pl* Rohstoffe außer Energien
~s premières renouvelables *f pl* nachwachsende Rohstoffe
~s textiles *f pl* Textilien
MATIF (Marché à terme international de France) *m* Terminmarkt für Financial Futures, Derivate
matin *m* Morgen
△ **équipe du ~** *f* Frühschicht
matraquage *m* Knüppeln
~ **publicitaire** *m* Einhämmern von Werbeslogans
matraque *f* Knüppel
matraquer *qn* knüppeln, prügeln *jdn*
~ ***qn* de publicité(s)** mit Werbung berieseln, ständig der Werbung aussetzen *jdn*
matrice *f* Matrix
maturité *f* Reife, Reifephase
mauvais, e *m* schlecht
~ **payeur** *m* säumiger Zahler
~ **risque** *m* schlechtes Risiko
~e gestion *f* Mißwirtschaft, schlechte Geschäftsführung
~e tenue (d'une monnaie, de la Bourse) *f* Schwäche (einer Währung, der Börse)
maximal, e maximal, Höchst-
maximisation *f* Maximierung
~ **des bénéfices/profits** *f* Gewinnmaximierung
maximiser *qc* maximieren *etw*, so weit wie möglich steigern/erhöhen *etw*
~ **le profit** Gewinne maximieren
~ **les bénéfices** die Gewinne maximieren
~ **les profits** die Gewinne maximieren
maximum *m* Höchstmaß, Maximum, Obergrenze
~ **de *qc*** *m* Höchstmaß an *etw*
~ **d'utilité** *m* Nutzenmaximum
~ **de satisfaction** *m* Höchstmaß an Befriedigung
△△ **procurer un ~** ein Höchstmaß an Befriedigung verschaffen
mazout *m* Heizöl
MBA (marge brute d'autofinancement) *f* Selbstfinanzierungsquote, Cash flow
MCE (mobilisation de créance née sur l'étranger) *f* Mobilisierung von Auslandsforderungen
mécanique *f* Mechanik, Mechanismus
mécanique mechanisch

△ **construction ~** *f* Maschinenbau
~ **de précision** *f* Feinmechanik
mécanisation *f* Mechanisierung
mécanisme *m* Mechanismus, Verfahren
~**s boursiers** *m pl* Börsengeschehen
~**s concurrentiels** *m pl* Marktmechanismen
~ **d'intervention** *m* Interventionsmechanismus
~ **de répartition** *m* Umlageverfahren
~ **des changes** *m* Wechselkurssystem, Wechselkursmechanismus
~**s du marché** *m pl* Marktmechanismen
~ **du taux de change** *m* Wechselkursmechanismus
~**s économiques** *m pl* Wirtschaftsmechanismen
~**s monétaires** *m pl* Währungsmechanismen
~ **redistributif** *m* Umverteilungssystem, Umverteilungsmechanismus
mécénat *m* Mäzenat, Mäzenentum
mécène *m* Mäzen
méconnaissance *f* Geringschätzung, Verkennung, Unkenntnis
méconnaître *qc* geringschätzen, verkennen, nicht kennen *etw*
médecin *m* Arzt
~ **consultant** *m* zur Beratung hinzugezogener Arzt
~ **du travail** *m* Betriebsarzt, Werksarzt, Arbeitsmediziner
~ **généraliste** *m* Arzt für Allgemeinmedizin, Allgemeinmediziner, praktischer Arzt
~ **libéral** *m* freiberuflich tätiger Arzt
~ **spécialiste** *m* Facharzt
médecine *f* Medizin
~ **du travail** *f* Arbeitsmedizin
média *m/m pl* Medium, Medien
△ **mass ~** *m pl* Massenmedien; **stratégie ~** *f* Medienstrategie
~ **de proximité** *m pl* lokale Medien
~**-planning** *m* Mediaplan
médian, e Median-, Mittel-
△ **cours ~** *m* Mediankurs, Mittelkurs, Leitkurs (EWS)
médiateur *m* Vermittler, Schlichter
médiation *f* Schlichtungsverfahren, Vermittlungsverfahren
médiatique mediengerecht, medienwirksam
médical, e medizinisch, ärztlich
△ **cabinet ~** *m* Arztpraxis; **examen ~** *m* ärztliche Untersuchung; **frais médicaux** *m* Arztkosten, Kosten für ärztliche Behandlung
medium *m* Medium
~ **publicitaire** *m* Werbemedium
meilleur coût (au) billigst, möglichst kostengünstig
membre *m* Mitglied, Angehöriger
△ **Etat ~** *m* Mitgliedsstaat
~ **à part entière** *m* Vollmitglied
~ **associé** *m* assoziiertes Mitglied
~ **d'une profession libérale** *m* Angehöriger eines freien Berufs, Freiberufler
~ **de la famille** *m* Angehöriger, Familienmitglied, Familienangehöriger
même de faire *qc* **(être à)** in der Lage/im Stande sein *etw* zu tun
mémoire *f* 1. Gedächtnis 2. Speicher
~ **morte** *f* Festspeicher
~ **permanente** *f* permanenter Speicher
~ **temporaire** *f* Zwischenspeicher
~ **vive** *f* Arbeitsspeicher (RAM)
mémoriser (*qc*/une information/un fichier) 1. sich einprägen, auswendig lernen *etw* 2. speichern (*etw*/eine Information/eine Datei)
menace *f* Drohung, Gefahr
~ **de grève** *f* Streikdrohung
~ **inflationniste** *f* Inflationsgefahr
menacer (*qn*) drohen (*jdm*)
~ ***qn* de licenciement** mit Kündigung drohen *jdm*
ménage *m* Haushalt
△ **consommation des ~s** *f* Verbrauch der Haushalte, Konsum der Privathaushalte, privater Konsum, privater Verbrauch; **épargne (brute) des ~s** *f* (Brutto) Ersparnis/Spartätigkeit der Haushalte; **indice des prix à la consommation des ~s** *m* Verbraucherpreisindex; **investissement des ~s** *m* Investition der Haushalte; **relance de la consommation des ~s** *f* Ankurbeln des privaten Konsums; **reprise de la consommation des ~s** *f* Ansteigen des privaten Verbrauchs; **revenu des ~s** *m* Einkommen der Privathaushalte
△△ **la consommation des ~s progresse de x %** der private Konsum steigt um x %

~s aisés *m pl* Haushalte mit mittlerem/höherem Einkommen
~ de référence *m* Referenzhaushalt
~ moyen *m* Durchschnittshaushalt
ménager, ère Haushalts-
△ **accident ~** *m* Unfall im Haushalt; **déchets ~s** *m pl* Hausmüll; **enlèvement des ordures ~ères** *m* Müllabfuhr; **ordures ~ères** *f pl* Hausmüll; **tâches ~ères** *f pl* Hausarbeit
mener *qc* führen, durchführen *etw*
~ des négociations Verhandlungen führen
~ une étude de marché eine Marktstudie durchführen
~ une grève einen Streik durchführen, streiken
~ une OPA ein Übernahmeangebot machen
~ une politique conjoncturelle eine Konjunkturpolitik betreiben
~ une politique économique eine Wirtschaftspolitik betreiben
~ à bien *qc* erfolgreich durchführen/abschließen *etw*
~ à bien une négociation eine Verhandlung erfolgreich durchführen/abschließen
~ à l'impasse in die Sackgasse führen
mensualisation *f* monatliche Zahlungsweise
~ de l'impôt *f* (Umstellung auf) monatliche Steuerzahlung
mensualisé, e monatlich bezahlt
mensualiser (*qc*) monatlich zahlen, auf monatliche Zahlung(sweise) umstellen (*etw*)
mensualité *f* monatliche Rückzahlungsrate, Monatsrate, monatliche Rate
△ **par ~s** in Monatsraten
mensuel, le monatlich, Monats-
△ **carte ~le d'abonnement** *f* Monatskarte; **cotisation ~le** *f* Monatsbeitrag; **gain ~** *m* monatlicher Gewinn; **prélèvement ~** *m* monatlicher Abzug, monatliche Erhebung (Steuer)
mensuellement monatlich
mention *f* Angabe
△△ **faire ~ de** *qc* erwähnen *etw*
mentionné, e en objet im Betreff (genannt)
mentionner *qc* vermerken, erwähnen, angeben *etw*
menu *m* Menü, Auswahl
mercatique *f* Marketing
merchandising *m* Merchandising
mer *f* Meer
△ **par ~** auf dem Seeweg
mère *f* Mutter, Muttergesellschaft
△ **société-~** *f* Muttergesellschaft
~ célibataire *f* alleinerziehende Mutter, Alleinerziehende
mérite *m* Verdienst
message *m* Mitteilung, Nachricht, Botschaft
△ **distribution d'un ~** *f* Versenden/Übertragen einer Nachricht
△△ **envoyer un ~** eine Botschaft schikken
~ publicitaire *m* Werbebotschaft
messagerie *f* (le plus souvent au *pluriel*) Kurierdienst, Transportunternehmen (i.d.R. für kleineres Stückgut)
~ électronique *f* Mailbox
~ express *f* Kurierdienst
~ vocale *f* Sprachmailbox, Voicebox
△△ **transférer un appel à une ~** einen Anruf in eine Sprachmailbox/Voicebox umleiten
mesurable meßbar
mesure *f* Maßnahme, Maß
△ **dans une large ~** in hohem Maße; **sur ~** nach Maß, maßgeschneidert; **solution sur ~** *f* maßgeschneiderte Lösung, Individuallösung
△△ **adopter une ~** eine Maßnahme ergreifen; **être en ~ de faire** *qc* in der Lage sein/im Stande sein, *etw* zu tun; **faire deux poids, deux ~s** mit verschiedenem Maß messen; **prendre des ~s de chômage partiel** Kurzarbeit verordnen
~ anti-dumping *f* Anti-Dumping-Maßnahme
~s d'encadrement de crédit *f pl* Kreditbeschränkungsmaßnahmen
△△ **prendre des ~** kreditbeschränkende Maßnahmen ergreifen
~ d'encouragement *f* Fördermaßnahme, Anreiz
~ d'incitation *f* Ankurbelungsmaßnahme, Anreiz
~ d'incitation à l'investissement *f* Investitionsanreiz
~ de blocage de prix *f* Preisstoppmaßnahme

~ **de précaution** *f* Vorsichtsmaßnahme
~ **de rationalisation** *f* Rationalisierungsmaßnahme
~ **de refroidissement** *f* Dämpfungsmaßnahme, Abkühlungsmaßnahme
~ **de relance** *f* Ankurbelungsmaßnahme
~ **de rétorsion** *f* Vergeltungsmaßnahme
~**s de rigueur** *f pl* Sparmaßnahmen
~**s et tailles** *f pl* Maße und Größen
~**s fiscales** *f pl* steuerliche Maßnahmen
~ **préventive** *f* Vorsorgemaßnahme, Präventivmaßnahme
~ **prévisionnelle** *f* Planungsmaßnahme
~ **procyclique** *f* prozyklische Maßnahme
~ **protectionniste** *f* protektionistische Maßnahme
métal *m* Metall
~ **jaune** *m* Gold
~ **précieux** *m* Edelmetall
métallique Metall-
△ **encaisse** ~ *f* Münzgeldbestand, Hartgeldvorrat
métallo (*fam*) *m* Metallarbeiter
métallurgie *f* Metallindustrie, metallverarbeitende Industrie
~ **des métaux non ferreux** *f* Nichteisenmetallindustrie, NE-Metallindustrie
métallurgique metallverarbeitend
métallurgiste *m* Metallarbeiter
métaux non ferreux *m pl* Nicht-Eisenmetalle, NE-Metalle
métayage *m* Pacht, Verpachtung
métayer *m* Pächter
méthane *m* Methan
méthode comptable *f* Buchhaltungsmethode
~ **d'évaluation** *f* Bewertungsmethode
~ **de gestion** *f* Managementmethode, Verwaltungstechnik
~ **de transport** *f* Beförderungsart
~ **de vente** *f* Absatzmethode, Verkaufsmethode, Vetriebsmethode
métier *m* Beruf
△ **Chambre de ~s** *f* Handwerkskammer; **corps de ~** *m* Berufsgruppe, Zunft; **livre des ~s** *m* Handwerksrolle; **Registre des ~s** *m* Handwerksrolle
~ **d'art** *m* Kunsthandwerk
mètre *m* Meter
~ **carré** *m* Quadratmeter
~ **cube** *m* Kubikmeter
métro(politain) *m* Metro, U-Bahn
△ **ligne de ~** *f* Metrolinie
métropolitain, e mutterländisch
△ **départements ~s** *m pl* mutterländische Departements; **France ~e** *f* das französische Mutterland
mettre setzen, legen, stellen
~ **à la disposition de *qn* (*qc*)** zur Verfügung stellen *jdm* (*etw*)
~ **à découvert (son compte)** überziehen (sein Konto)
~ **à jour *qc*** auf den neuesten Stand bringen, aktualisieren *etw*
~ **à la casse *qc*** verschrotten *etw*
~ **à la ferraille *qc*** verschrotten *etw*
~ **à la retraite *qn*** *jdn* pensionieren
~ **à son (propre) compte (se)** sich selbständig machen
~ **au chômage partiel *qn*** Kurzarbeit verordnen *jdm*
~ **au compte des profits et pertes *qc*** in den Schornstein schreiben, abschreiben *etw*
~ **au point *qc*** ausarbeiten *etw*
~ **au rebut *qc*** ausrangieren, wegwerfen, loswerden *etw*
~ **au travail (se)** sich an die Arbeit machen
~ **certaines activités en sous-traitance** bestimmte Aufgaben an Zulieferer/Subunternehmer vergeben
~ **d'accord sur *qc* (se)** vereinbaren *etw*
~ **de côté (*qc*)** auf die hohe Kante legen, sparen (*etw*)
~ **de l'argent de côté** Geld beiseitelegen
~ **du papier en circulation** Titel verkaufen
~ **en demeure *qn*** letztmalig mahnen *jdn*, eine Zahlungsaufforderung schicken *jdm*, in Verzug setzen *jdn*
~ **en évidence *qc*** deutlich machen *etw*
~ **en mémoire *qc*/une information/un fichier** speichern *etw*/eine Information/eine Datei
~ **en péril *qc*** gefährden *etw*
~ **en place *qc*** einführen, einrichten *etw*
~ **en place une économie de marché** die Marktwirtschaft einführen
~ **en place une politique de ...** eine ...-Politik beginnen
~ **en position d'attente (se)** sich in Wartestellung begeben

~ **en quête de** *qc* **(se)** suchen nach *etw*
~ **en route** *qc* in Betrieb setzen/nehmen, auf den Weg bringen, einleiten *etw*
~ **en route (se)** in Gang kommen, aufbrechen
~ **en service** *qc* in Dienst stellen *etw*
~ **en stock** *qc* auf Lager nehmen *etw*
~ **en valeur** *qc* nutzen, hervorstreichen, vorteilhaft betonen, hervorheben *etw*
~ **en vente** *qc* in den Handel bringen, verkaufen, zum Verkauf bringen *etw*
~ **en vigueur** *qc* in Kraft setzen *etw*
~ **fin à** *qc* ein Ende setzen einer Sache
~ **fin aux clauses d'indexation** die Lohn-Preis-Bindung abschaffen
~ **hors commerce** *qc* aus dem Verkehr ziehen *etw*
~ **la clé sous la porte** schließen, aufgeben, das Handtuch werfen
~ **son/un compte à découvert** sein Konto überziehen
~ **sur pied** *qc* aufbauen *etw*
~ **une société en liquidation** eine Firma auflösen/liquidieren
meuble *m* Möbel, Möbelstück
~ **d'exposition** *m* Warenständer
meuble beweglich
△ **bien** ~ *m* bewegliches Gut
mévente *f* schlechter Absatz, schlechter Verkauf
mezzogiorno *m* Mezzogiorno, strukturschwaches Gebiet
mi-temps *m* Teilzeitarbeit, Teilzeitbeschäftigung, Halbtagsarbeit
mi-temps (à) halbtags, Halbtags-, Teilzeit-
△ **travail à** ~ *m* Teilzeitarbeit, Teilzeitbeschäftigung, Halbtagsarbeit
△△ **travailler à** ~ teilzeitarbeiten, eine Teilzeitbeschäftigung ausüben
micro *m* 1. Mikrofon 2. Personalcomputer, PC
micro mikro-
~**-économie** *f* Mikroökonomie, Betriebswirtschaft
~**-économique** mikroökonomisch, betriebswirtschaftlich
△ **grandeurs ~s** *f pl* mikroökonomische Größen
~**-électronique** *f* Mikroelektronik
~**-entreprise** *f* Kleinunternehmen
~**-informatique** *f* PC-Bereich, Mikrorechnerbereich
△ **branche de la** ~ *f* Mikrorechnerbranche
~**-ordinateur** *m* Personalcomputer, PC
~**-processeur** *m* Mikroprozessor
mieux *m* Besserung
△ **léger/petit** ~ *m* leichte Besserung
mieux besser
~ **de nos intérêts (au)** zur unserer (beiderseitigen) Zufriedenheit
~ **disant** *m* günstigster Bieter
~ **être** *m* höherer Lebensstandard
migrant *m* Wanderarbeiter, Pendler
~ **journalier** *m* Einpendler, Pendler
migration *f* Wanderung
~ **intérieure** *f* Binnenwanderung
migratoire Wanderungs-
△ **mouvement** ~ *m* Wanderungsbewegung, räumliche Bevölkerungsbewegung; **solde** ~ *m* Wanderungssaldo
milieu *m* Milieu, Umwelt, Mitte
~ **de gamme** *m* mittlerer Qualitätsbereich, mittlerer Bereich der Produktpalette
△ **situé, e en** ~ im mittleren Qualitätsbereich angesiedelt
~ **de gamme** des mittleren Qualitätsbereichs
△ **produit** ~ *m* Produkt des mittleren Qualitätsbereichs
~ **rural** *m* ländliches Milieu
~ **urbain** *m* städtisches Milieu
milieux *m pl* Kreise
~ **industriels** *m pl* Industriekreise
~ **ouvriers** *m pl* Arbeiterkreise, Arbeitermilieu
~ **patronaux** *m pl* Unternehmerkreise
~ **professionnels** *m pl* Fachkreise
militaire *m* Militär, Militärangehöriger
~ **du contingent** *m* Wehrdienstleistender, Wehrpflichtiger
militant *m* aktives Mitglied, Vorkämpfer, Funktionär
~ **cégétiste** *m* aktives Mitglied der Gewerkschaft CGT
~ **syndical** *m* aktiver Gewerkschaftler
militer pour *qc* kämpfen für *etw*
MIN (marché d'intérêt national) *m* Großmarkt (z.B. Rungis für die Einzelhändler der Großregion Paris)
mine *f* 1. Bergwerk, Grube, Mine 2. Miene
△ **exploitatation d'une** ~ *f* Betreiben eines Bergwerks

~ **d'or** *f* Goldbergwerk, Goldgrube
~ **de charbon** *f* Kohlengrube, Kohlenzeche, Kohlebergwerk
~ **de houille** *f* Steinkohlenbergwerk, Steinkohlengrube
~ **de potasse** *f* Kalibergwerk
minerai *m* Erz
~ **de fer** *m* Eisenerz
minéralier *m* Erzschiff
mineur *m* 1. Minderjähriger 2. Bergmann, Bergarbeiter
mineur, e minderjährig
△ **enfant** ~ *m* minderjähriges Kind
mini-échantillon *m* Minimuster
mini-libre-service *m* kleines Lebensmittelgeschäft mit Selbstbedienung
mini-margeur *m* Harddiscounter
minier, -ière Bergbau-, Bergwerks-, Gruben-
minimal, e minimal, Mindest-
minimiser ***qc*** 1. herunterspielen *etw*, die Bedeutung von *etw* herunterspielen 2. so weit wie möglich verringern/senken, minimieren *etw*
minimum *m* Minimum, Untergrenze, Mindestbetrag, Mindestmaß
△ **capital** ~ *m* Mindestkapital; **dépôt** ~ *m* Mindesteinlage
~ **légal** *m* gesetzlicher Mindestbetrag
~ **vieillesse** *m* Mindestrente
~ **vital** *m* Existenzminimum
Ministère *m* Ministerium
~ **de l'Agriculture et de la Pêche** *m* Landwirtschaftsministerium
~ **de l'Aménagement du Territoire et de l'Environnement** *m* Raumordnungs- und Umweltministerium
~ **de l'Economie** *m* Wirtschaftsministerium
~ **de l'Economie et des Finances** *m* Wirtschafts- und Finanzministerium
~ **de l'Economie, des Finances et de l'Industrie** *m* Wirtschafts-, Finanz- und Industrieministerium
~ **de l'Emploi** *m* Arbeitsministerium
~ **de l'Emploi et de la Solidarité** *m* Arbeits- und Sozialministerium
~ **de l'Environnement** *m* Umweltministerium
~ **de l'Equipement, des Transports et du Logement** *m* Verkehrs- und Wohnungsbauministerium
~ **de l'Industrie** *m* Industrieministerium
~ **de tutelle** *m* übergeordnetes/vorgesetztes Ministerium
~ **des Affaires Etrangères** *m* Auswärtiges Amt, Außenministerium
~ **des Finances** *m* Finanzministerium
~ **du Commerce** *m* Handelsministerium
~ **du Travail** *m* Arbeitsministerium
ministre *m* Minister
~ **ad hoc** *m* Sonderminister
~ **de l'Agriculture et de la Pêche** *m* Landwirtschaftsminister
~ **de l'Aménagement du Territoire et de l'Environnement** *m* Raumordnungs- und Umweltminister
~ **de l'Economie** *m* Wirtschaftsminister
~ **de l'Economie et des Finances** *m* Wirtschafts- und Finanzminister
~ **de l'Economie, des Finances et de l'Industrie** *m* Wirtschafts-, Finanz- und Industrieminister
~ **de l'Emploi** *m* Arbeitsminister
~ **de l'Emploi et de la Solidarité** *m* Arbeits- und Sozialminister
~ **de l'Environnement** *m* Umweltminister
~ **de l'Equipement, des Transports et du Logement** *m* Verkehrs- und Wohnungsbauminister
~ **de l'Industrie** *m* Industrieminister
~ **des Affaires Etrangères** *m* Außenminister
~ **des Affaires Sociales** *m* Sozialminister
~ **des Finances** *m* Finanzminister
~ **du Commerce** *m* Handelsminister
~ **du Travail** *m* Minister für Arbeit
Minitel *m* Endgerät, das die Benutzung des französischen Postdienstes Télétel ermöglicht (häufig Synonym für diese Dienstleistung selbst)
△ **vente par** ~ *f* Verkauf über Minitel
minorer ***qc*** **de ...** unterbewerten, herabsetzen, vermindern *etw* um ...
minoritaire Minderheits-
△ **associé** ~ *m* Minderheitsgesellschafter; **gérant** ~ *m* Minderheitsgeschäftsführer
minorité *f* Minderheit, Minorität, Minderjährigkeit
~ **de blocage** *f* Sperrminorität
minute *f* Minute
△ **enquête** ~ *f* Blitzuntersuchung

minuterie *f* Zeitschaltuhr (z.B. Treppenhausbeleuchtung)
miracle *m* Wunder
~ **économique** *m* Wirtschaftswunder
mise *f* Aufstellen, Einlage, Einsatz
~ **à bord** *f* Verladung (auf das Schiff)
~ **à (la) disposition** *f* Bereitstellung, Zurverfügungstellung
~ **à jour** *f* Aktualisierung
~ **à la retraite** *f* Pensionierung
~ **à pied** *f* Suspendierung, zeitweiliger Ausschluß von der Arbeit
~ **à son (propre) compte** *f* Selbständigmachen
~ **au concours interne** *f* interne Ausschreibung
~ **au même niveau** *f* Angleichung, Anpassung
~ **de capitaux** *f* Kapitaleinsatz
~ **de fonds** *f* Kapitaleinlage
~ **en congé** *f* Beurlaubung
~ **en demeure** *f* letzte Mahnung, Zahlungsaufforderung, in Verzugsetzung
△ **lettre de ~** *f* letzte Mahnung, Zahlungsaufforderung
~ **en dépôt** *f* Deponierung (von Wertpapieren)
~ **en exploitation** *f* Inbetriebnahme
~ **en gage** *f* Verpfändung
~ **en garde** *f* Warnung
△△ **lancer une ~** eine Warnung aussprechen
~ **en jachère** *f* Flächenstillegung
~ **en jouissance** *f* Zinslauf (bei Anleihen)
~ **en libre pratique (MLP)** *f* Abfertigung
~ **en marche** *f* Inbetriebnahme, Anstellen, in Betrieb setzen, Anlassen
~ **en oeuvre** *f* Durchführung, Bewerkstelligung, Umsetzung
△△ **poursuivre la ~ de** *qc* weiter durchführen *etw*
~ **en page** *f* Umbruch, Layout
~ **en pension** *f* Hinterlegen von Wertpapieren, Wertpapierpensionsgeschäft
~ **en place** *f* Einrichtung, Errichtung, Gründung
~ **en place du RMI** *f* Einführung der Sozialbeihilfe
~ **en préretraite** *f* Frühpensionierung
~ **en réserve** *f* Rücklagenbildung
~ **en route** *f* Inbetriebnahme, Anstellen
~ **en service** *f* Inbetriebnahme
~ **en stock** *f* Lagerung
~ **en valeur** *f* Erschließung, Nutzung, Aufwertung
~ **en valeur de la terre** *f* Bodennutzung
~ **en vente** *f* Verkauf, Inverkaufbringen
~ **initiale** *f* Anfangseinsatz
~ **sur pied** *f* Aufbau, Einrichtung
miser sur ***qc*** auf *etw* setzen
~ **sur le nucléaire** auf Kernenergie setzen
mission *f* Auftrag, Mission
△ **accomplissement d'une ~** *m* Erfüllung eines Auftrags
△△ **assigner une ~ à** ***qn*** einen Auftrag erteilen *jdm*, *jdn* mit *etw* beauftragen; **avoir pour ~ de faire** ***qc*** den Auftrag haben, *etw* zu tun; **s'acquitter d'une ~** einen Auftrag ausführen/erfüllen;
~ **accomplie** *f* ausgeführter Auftrag, Auftrag ausgeführt
~ **commerciale** *f* Vertriebsauftrag, Vertriebsfunktion, Handelsmission
~ **d'intérim** *f* Zeitarbeitsauftrag, Zeitarbeitsverhältnis
mixte gemischt
△ **assurance ~** *f* gemischte Lebensversicherung; **entreprise d'économie ~** *f* gemischtwirtschaftliches Unternehmen
MLP (mise en libre pratique) *f* Abfertigung
mobile *m* Motiv
mobile mobil
mobilier *m* Mobiliar
~ **commercial** *m* Ladeneinrichtung, Mobiliar
~ **de bureau** *m* Büromöbel, Büromobiliar, Büroeinrichtung
mobilier, ière mobil, beweglich
△ **biens ~s** *m pl* bewegliche Sachen, bewegliche Güter, bewegliche Vermögensgegenstände; **biens ~s de l'actif** *m pl* bewegliche Vermögensgegenstände; **crédit-bail ~** *m* Leasing von beweglichen Gütern; **éléments ~s** *m pl* materielle Betriebswerte; **valeurs ~ières** *f pl* Wertpapiere, Effekten
mobilisable mobilisierbar, realisierbar
△ **créance (non) ~** *f* (nicht) mobilisierbare Forderung
mobilisation *f* Mobilisierung, Aufbringung, Bereitstellung, Flüssigmachung

△ **effet de ~** *m* Mobilisierungspapier; **quotité de ~** *f* mobilisierungsfähiger Anteil eines Kreditengagements
~ **d'une créance** *f* Mobilisierung einer Forderung
~ **de capitaux** *f* Aufbringung von Mitteln, Kapitaleinsatz
~ **de créance née sur l'étranger (MCE)** *f* Mobilisierung von Auslandsforderungen
~ **de fonds** *f* Aufbringung von Mitteln, Kapitaleinsatz
~ **des salariés durant la grève** *f* Mobilisierung der Beschäftigten beim Streik
~ **des travailleurs** *f* Mobilisierung der Arbeitnehmer
mobiliser ***qc*** **(un actif, un avoir, une créance)/*qn*** mobilisieren, flüssig, liquide machen *etw* (einen Aktivbestand, ein Guthaben, eine Forderung), mobilisieren *jdn*
mobilité *f* Mobilität (der Arbeitnehmer), Arbeitsmobilität, Flexibilität
△ **clause de ~** *f* Mobilitätsbestimmung
~ **de l'emploi** *f* Arbeitsmobilität
~ **de la main-d'oeuvre** *f* Arbeitsmobilität, Mobilität der Arbeitskräfte/Arbeitnehmer
~ **des travailleurs** *f* Arbeitsmobilität, Mobilität der Arbeitskräfte/Arbeitnehmer
~ **géographique** *f* räumliche/geographische Mobilität
~ **professionnelle** *f* berufliche Mobilität
~ **sociale** *f* soziale Mobilität
modalité *f* Modalität, Verfahren
~**s d'appréciation** *f pl* Bewertungsrichtlinien
~**s de calcul** *f pl* Berechnungsmodalitäten
~**s de cotation** *f pl* Notierungsverfahren
~**s de paiement** *f pl* Zahlungsbedingungen
~**s de souscription** *f pl* Zeichnungsbedingungen, Zeichnungsmodalitäten
mode *f* Mode
mode *m* Art, Art und Weise
~ **d'appréciation** *m* Bewertungsart
~ **d'attribution** *m* Art der Vergabe, Vergabeart (bei öffentlichen Ausschreibungen/Aufträgen)
~ **d'emploi** *m* Gebrauchsanweisung
~ **d'évaluation** *m* Bewertungskriterium
~ **d'expédition** *m* Versandart
~ **d'exploitation** *m* Betriebsform
~ **de calcul de la retraite** *m* Rentenberechnungsverfahren
~**s de consommation** *m pl* Verbrauchsgewohnheiten, Konsumgewohnheiten
~ **de financement** *m* Finanzierungsart
~ **de notation** *m* Aufzeichnungsart
~ **de paiement** *m* Zahlungsweise
~ **de passation** *m* Art der Vergabe, Vergabeart (bei öffentlichen Ausschreibungen/Aufträgen)
~ **de rémunération** *m* Entlohnungsverfahren, Vergütungsmodus
~ **de répartition** *m* Verteilungsmodus
~ **de scrutin** *m* Wahlverfahren
~ **de vie** *m* Lebensweise
modèle *m* Modell
△ **dessins et ~s** *m pl* Muster und Modelle, Gebrauchsmuster; **implantation du ~ économique occidental** *f* Einführung des westlichen Wirtschaftsmodells
△△ **adopter/suivre un ~** ein Modell übernehmen
~ **de cogestion** *m* Mitbestimmungsmodell
~ **de milieu de gamme** *m* Mittelklassemodell (Kfz)
~ **vedette** *m* Spitzenmodell
modem *m* Modem
modérateur, trice mäßigend, regulierend
△ **ticket ~** *m* Zuzahlung/Selbstbeteiligung bei Medikamenten
modération *f* Mäßigung
~ **salariale** *f* Mäßigung bei den Lohnzuwächsen/Tarifabschlüssen
modérer ***qc*** mäßigen *etw*
~ **les coûts** die Kosten senken
~ **ses revendications salariales** seine Lohnforderungen mäßigen
~ **(se)** sich mäßigen
modernisation *f* Modernisierung
△ **investissement de ~** *m* Modernisierungsinvestition
~ **de l'appareil productif** *f* Modernisierung des Produktionsapparates
~ **des installations** *f* die Modernisierung der Anlagen
modeste anspruchslos, bescheiden, gering, niedrig

modicité *f* Begrenztheit, Geringfügigkeit, geringe Größe, niedriges Niveau
~ **du prix** *f* geringes Preisniveau, niedriger Preis
modificatif, ve Änderungs-, verändernd
△ **inscription ~ve au Registre du Commerce** *f* Änderung im Handelsregister, Änderung der Handelsregistereintragung
modification *f* Veränderung, Anpassung
~ **des parités** *f* Wechselkursänderung, Wechselkursanpassung
~ **des statuts** *f* Satzungsänderung
~ **du contrat** *f* Vertragsänderung
~ **du prix** *f* Preisänderung
~ **du produit** *f* Produktveränderung, Produktmodifikation
~ **du taux pivot** *f* Leitkursänderung
modifier *qc* ändern, modifizieren *etw*
~ **les statuts d'une société** die Satzung einer Gesellschaft ändern
~ **une construction** umbauen
~ **une législation** eine Gesetzgebung ändern
modique bescheiden, niedrig, gering (Preis, Betrag)
△ **prix** ~ *m* bescheidener/gemäßigter Preis; **somme** ~ *f* niedriger Betrag
modulation *f* 1. Staffelung 2. Übertragungsrate
module *m* Modul
modulé, e gestaffelt
moduler *qc* staffeln, flexibel gestalten *etw*
moindre geringer, schwächer, weniger
~ **coût (à)** kostengünstiger
△△ **produire à** ~ kostengünstiger produzieren
moins (*qc*) weniger, abzüglich (*etw*)
~ **disant** *m* günstigster Bieter
~**-value** *f* Wertverlust, Wertminderung
~**-values de recettes** *f pl* Mindereinnahmen
~**-values fiscales** *f pl* Steuermindereinnahmen
mois *m* Monat
△ **treizième** ~ *m* dreizehntes Monatsgehalt
~ **boursier** *m* Börsenmonat
~ **précédent** *m* Vormonat
△ **par rapport au** ~ im Vergleich zum Vormonat
moisson *f* Ernte, Erntezeit
moissonner *qc* ernten *etw*
moitié *f* Hälfte
△ **pour** ~ zur Hälfte
~ **prix (à)** zum halben Preis
mollesse *f* Weichheit, Schwäche
~ **de la demande** *f* Nachfrageschwäche
moment *m* Augenblick, Zeitpunkt, Moment
△ **à tout** ~ jederzeit
~ **choisi** *m* gewählter Zeitpunkt
momentané, e vorübergehend
momentanément vorübergehend
monde *m* Welt
~ **de la finance** *m* Finanzwelt, Geldwesen
~ **des affaires** *m* Geschäftswelt
~ **du travail** *m* Arbeitswelt
~ **extérieur** *m* Außenwelt
~ **occidental** *m* westliche Welt
mondial, e Welt-, in der Welt
△ **commerce** ~ *m* Welthandel; **crise économique ~e** *f* Weltwirtschaftskrise; **environnement** ~ *m* internationales Umfeld
mondialisation *f* Globalisierung
~ **de l'économie** *f* weltweite wirtschaftliche Verflechtung, Globalisierung der Wirtschaft
~ **des marchés** *f* Globalisierung der Märkte
MONEP (Marché d'options négociables à Paris ou Marché d'options à terme négociables à Paris) *m* Pariser Optionsmarkt
monétaire Währungs-, Geld-
△ **accord** ~ *m* Währungsabkommen; **agrégat** ~ *m* monetäres Aggregat, Teilgeldmenge; **ajustement** ~ *m* Währungsanpassung; **autorités ~s** *f pl* Währungsbehörden; **balance des mouvements ~s** *f* Kapitalverkehrsbilanz, Devisenbilanz; **capital** ~ *m* Geldvermögen; **circulation** ~ *f* Geldumlauf; **comité** ~ *m* Währungsausschuß; **contraction** ~ *f* Verringerung der Geldmenge; **création** ~ *f* Geldschöpfung; **crise** ~ *f* Währungskrise; **croissance** ~ *f* Wachstum der Geldmenge; **disponibilités ~s** *f pl* Summe der Zahlungsmittel; **disponibilités quasi-~s** *f pl* Quasi-Geld; **durcissement de la politique** ~

m Verschärfung der Währungspolitik; **économie ~** *f* Geldwirtschaft; **émission ~** *f* Notenausgabe, Geldschöpfung; **encaisse ~** *f* Münzgeldbestand, Hartgeldvorrat; **érosion ~** *f* Geldwertminderung; **euro-marché ~** *m* Eurogeldmarkt; **fluctuations ~s** *f pl* Währungsschwankungen; **marché ~** *m* Geldmarkt; **masse ~** *f* Geldmenge; **mécanismes ~s** *m pl* Währungsmechanismen; **ordre ~** *m* Währungsordnung; **parité ~** *f* Währungsparität, Wechselkurs; **placement ~** *m* Anlage am Geldmarkt; **politique ~** *f* Geldpolitik, Währungspolitik; **position ~ extérieure** *f* Devisenbestände der Zentralbank; **pouvoir ~** *m* Währungshoheit; **réajustement ~** *m* Währungsanpassung, Wechselkursanpassung; **réserves ~s** *f pl* Währungsreserven; **ressources ~s** *f pl* Geldmittel; **serpent ~** *m* Währungsschlange; **SME (Système ~ européen)** *m* EWS (Europäisches Währungssystem); **stabilité ~** *f* Währungsstabilität; **surcharge ~** *f* Währungszuschlag; **système ~** *m* Währungssystem; **taux ~** *m* Geldmarktzins; **tensions ~s** *f pl* Wechselkursspannungen; **turbulences ~s** *f pl* Währungsturbulenzen; **union ~** *f* Währungsunion; **unité ~** *f* Währungseinheit; **volume ~ en circulation** *m* Geldumlauf; **zone ~** *f* Währungszone

monétarisme *m* Monetarismus

monétariste *m* Monetarist

monétariste monetaristisch

monétique *f* Electronic Banking, elektronischer Zahlungsverkehr, elektronisches Zahlungssystem, Plastikgeld

monétiser l'or Gold ausmünzen

moniteur *m* 1. Monitor, Bildschirm 2. Betreuer, Ausbilder, Lehrer

monitrice *f* Betreuerin, Ausbilderin, Lehrerin

monnaie *f* Geld, Zahlungsmittel, Währung, Kleingeld, Rückgeld

△ **avoir en ~ étrangère** *m* Valutaguthaben, Währungsguthaben, Devisenguthaben; **bonne tenue d'une ~** *f* Festigkeit einer Währung; **convertibilité des ~s** *f* Konvertibilität der Währungen; **crédit en ~ étrangère** *m* Währungskredit, Devisenkredit; **dépréciation de la ~** *f* Geldwertverlust; **dépréciation d'une ~** *f* Kursverlust/Kaufkraftverlust einer Währung; **dévaluation d'une ~** *f* Abwertung einer Währung; **fausse ~** *f* Falschgeld; **fermeté d'une ~** *f* Festigkeit einer Währung; **flottement généralisé des ~s** *m* Floaten, freies Schwanken der Wechselkurse; **Hôtel de la Monnaie/des Monnaies** *m* Münzamt, Prägeanstalt; **mauvaise tenue d'une ~** *f* Schwäche einer Währung; **panier de ~s** *m* Währungskorb; **pièce de ~** *f* Münze, Geldstück; **repli d'une ~** *m* Kursrückgang einer Währung; **stabilité de la ~** *f* Währungsstabilität

△△ **avoir de la ~** Kleingeld, Wechselgeld haben; **battre ~** Geld prägen; **changer une ~ en une autre** eine Währung in eine andere umtauschen/wechseln; **conserver sa parité à l'égard d'une autre ~** seinen Wechselkurs gegenüber einer anderen Währung (beibe)halten; **défendre une ~** eine Währung verteidigen, den Kurs einer Währung stützen; **dévaluer une ~** eine Währung abwerten; **échanger une ~ en une autre** eine Währung in eine andere umtauschen, wechseln; **émettre de la ~** Noten drucken; **euro-monnaie** *f* Eurogeld, Eurowährung; **il y a des tensions sur une ~** eine Währung ist unter Druck; **laisser filer/flotter une ~** eine Währung floaten lassen, den Kurs einer Währung frei schwanken lassen, nicht intervenieren; **réévaluer une ~** eine Währung aufwerten; **rendre la ~** Wechselgeld herausgeben; **soutenir (le cours d') une ~** (den Kurs) eine(r) Währung stützen; **supprimer la convertibilité en or d'une ~** die Goldkonvertibilität einer Währung aufheben; **une ~ est sous-évaluée** ist unterbewertet; **une ~ est surévaluée** ist überbewertet; **une ~ glisse** eine Währung gibt nach; **une ~ s'apprécie** eine Währung gewinnt an Wert; **une ~ se déprécie** eine Währung verliert an Wert; **une ~ se raffermit** eine Währung festigt sich; **une ~ tient bon** eine Währung hält sich gut

~ **centrale** *f* Zentralbankgeld

~ **commune** *f* gemeinsame Währung
~ **convertible** *f* konvertierbare Währung
~ **de compte** *f* Rechungseinheit
~ **de facturation** *f* Fakturierungswährung
~ **de papier** *f* Papiergeld
~ **de règlement** *f* Erfüllungsvaluta
~ **de réserve** *f* Reservewährung
~ **de substitution** *f* Ersatzwährung
~ **de virement** *f* Buchgeld
~ **divisionnaire** *f* Münzgeld, Scheidemünzen
~ **électronique** *f* elektronisches Geld, Plastikgeld
~ **étrangère** *f* ausländische Währung, Devisen, Valuta
△ **avoir en ~** *m* Valutaguthaben, Währungsguthaben, Devisenguthaben
△△ **entretenir des avoirs en ~ auprès d'une banque** bei einer Bank Währungsguthaben unterhalten
~ **faible** *f* schwache/weiche Währung
~ **fiduciaire** *f* Papiergeld
~ **forte** *f* starke/harte Währung
~ **légale** *f* gesetzliches Zahlungsmittel
~ **métallique** *f* Hartgeld, Münzgeld
~ **nationale** *f* Landeswährung
~ **non convertible** *f* nicht konvertierbare Währung
~ **numéraire** *f* Bargeld
~**-or** *f* Goldwährung
~ **panier** *f* Korbwährung
~ **refuge** *f* Fluchtwährung
~ **scripturale** *f* Giralgeld, Buchgeld, Skripturalgeld
~ **stable** *f* stabile Währung
~ **unique** *f* Einheitswährung
monnayable in Geld umsetzbar
monnayage *m* Münzprägen, Ausmünzen, Münzwesen, Prägung
△ **faux-~** *m* Falschmünzerei, Geldfälschung
monnayer ***qc*** zu Geld machen, in Bargeld umsetzen *etw*
△ **argent monnayé** *m* gemünztes Geld
monoparental, e alleinerziehend, Eineltern-
△ **famille ~e** *f* Alleinerziehende(r), Einelternfamilie
monopole *m* Monopol
△ **Commission des ~s** *f* Wettbewerbsaufsichtbehörde; **formation de ~** *f* Monopolbildung; **situation de ~** *f* Monopolzustand
△△ **attribuer des ~s** Monopole vergeben; **avoir le ~ d'un produit** das Monopol für ein Produkt haben; **avoir un ~** ein Monopol haben; **casser un ~** ein Monopol brechen; **détenir un ~** ein Monopol besitzen; **jouir du ~ d'un/sur un produit** das Monopol für ein Produkt haben
~ **d'Etat** *m* Staatsmonopol
~ **d'exportation** *m* Exportmonopol
~ **d'importation** *m* Einfuhrmonopol
~ **de vente** *m* Verkaufsmonopol, Vertriebsmonopol
~ **des alcools** *m* Branntweinmonopol
~ **des négociations** *m* Monopol der Börsengeschäfte, Verhandlungsmonopol
monopolisation *f* Monopolisierung
monopoliser ***qc*** ein Monopol ausüben bei/über *etw*, monopolisieren *etw*
~ **le marché** den Markt monopolisieren
~ **un produit** ein Monopol ausüben für ein Produkt, ein Produkt monopolisieren
monopoliste *m* Monopolist
monopoliste Monopol-, monopolistisch
△ **groupe ~** *m* Monopolkonzern: **position ~** *f* Monopolstellung
monopolistique Monopol-, monopolistisch
△ **concurrence ~** *f* monopolistische Konkurrenz
monopsone *m* Monopson, Nachfragemonopol
mont-de-piété *m* Pfandhaus (alte Bezeichnung)
△△ **engager** ***qc*** **au ~** ins Pfandhaus bringen *etw*
montage *m* Montage, Montieren
△ **atelier de ~** *m* Montagewerkstatt
~ **financier** *m* Finanzkonstrukt
~ **fiscal** *m* Steuerkonstrukt, steuerliche Gestaltung
montant *m* Betrag, Summe, Höhe
~ **approximatif des dommages** *m* ungefähre Schadenssumme
~ **assuré** *m* Versicherungssumme
~**s compensatoires** *m pl* Ausgleichsbeträge
~**s compensatoires monétaires** *m pl* Währungsausgleichsabgabe, Währungsausgleichsbeträge

△ **démantèlement des ~** *m* Abbau der Währungsausgleichsbeträge
~ **de l'assurance** *m* Versicherungssumme
~ **de l'impôt** *m* Steuerbetrag
~ **de l'indemnité** *m* Entschädigungssumme
~ **de la facture** *m* Rechnungsbetrag
~ **de la franchise** *m* Höhe der Selbstbeteiligung
~ **de la rémunération brute** *m* Höhe der Bruttoentlohnung
~ **de la retraite** *m* Rentenhöhe
~ **de la TVA** *m* Mehrwertsteuerbetrag
~ **des capitaux à investir** *m* (Umfang der) erforderliche(n) Investitionen
~ **des exportations** *m* Höhe/Umfang der Ausfuhren/Exporte
~ **des importations** *m* Höhe/Umfang der Einfuhren/Importe
~ **des primes encaissées** *m* Prämienaufkommen
~ **des transactions boursières** *m* Börsenumsätze
~ **des ventes** *m* Verkäufe, Geldwert der Verkäufe
~ **du capital social** *m* Höhe des Gesellschaftskapitals
~ **du crédit** *m* Kreditbetrag
~ **du litige** *m* Streitwert
~ **du prêt** *m* Darlehenssumme
~ **du risque** *m* Versicherungswert, Versicherungssumme
△ **réactualisation du ~** *f* Anpassung des Versicherungswertes/der Versicherungssumme
~ **du sinistre** *m* Schadenshöhe
~ **garanti** *m* Höchstbetrag (beim Euroscheck)
~ **global** *m* Gesamtbetrag
~ **maximum** *m* Höchtsbetrag, maximaler Betrag
~ **maximum autorisé** *m* Höchtsbetrag (bei Abhebungen)
~ **net imposable** *m* steuerpflichtiger Nettobetrag
~ **nominal** *m* Nominalbetrag
~ **partiel** *m* Teilbetrag
~ **placé** *m* Anlagesumme
~ **reporté** *m* Übertrag
~ **total** *m* Gesamtbetrag
montée *f* Anstieg, Ansteigen, Steigerung
~ **de l'inflation** *f* Anstieg der Inflation
~ **des prix** *f* Preissteigerung
~ **du chômage** *f* Anstieg der Arbeitslosigkeit
~ **du niveau de vie** *f* Steigerung des Lebensstandards
monter (cours, prix, salaires, Bourse) steigen, in die Höhe gehen (Kurse, Preise, Löhne, Börse)
△△ **faire ~ les cours** die Kurse in die Höhe treiben; **la Bourse a monté** die Börse ist gestiegen; **les cours/prix/salaires montent (de x %)** die Kurse/Preise/Löhne steigen (um x %)
~ **en flèche** (cours, prix) in die Höhe schnellen (Kurse, Preise)
△△ **l'indice monte en flèche** der Index schießt steil nach oben
morale *f* Moral
~ **fiscale** *f* Steuerehrlichkeit, Steuermoral
moratoire *m* Moratorium, Zahlungsaufschub
moratoire Moratoriums-, Aufschub-, Stillhalte-
△ **accord ~** *m* Stillhalteabkommen, Abkommen über einen Zahlungsaufschub, Moratorium, Stundungsabkommen; **intérêts ~s** *m pl* Stundungszinsen, Verzugszinsen
△△ **demander un ~ pour la dette extérieure** einen Stundung für die Auslandsschuld beantragen
morcellement *m* Zerstückelung
morose lustlos, verdrossen
morosité *f* Lustlosigkeit, Verdrossenheit, schlechte Stimmung, Flaute
~ **de la conjoncture** *f* Konjunkturflaute
mort *f* Tod
~ **accidentelle** *f* Unfalltod
mort, e tot, Neben-
~**e-saison** *f* Nebensaison, Zeit geringer Geschäftstätigkeit, umsatzschwache Zeit
mortalité *f* Sterberate, Sterblichkeit
△ **baisse de la ~** *f* Rückgang der Sterberate, der Sterblichkeit
mot *m* Wort
~ **d'ordre** *m* Parole
~ **d'ordre de grève** *m* Streikaufruf, Streikparole

△△ **lancer un ~** die Streikparole ausgeben, zum Streik aufrufen; **lever le ~** den Streikaufruf aufheben, den Streik beenden
~ de passe *m* Paßwort
moteur *m* Motor
△△ **servir de ~ à** *qc* ein starker Antrieb sein für *etw*
~ à combustion *m* Ottomotor, Verbrennungsmotor
~ à essence *m* Ottomotor, Benzinmotor
~ de l'expansion/de la croissance *m* Wachstumslokomotive
~ de la relance *m* Motor des Aufschwungs, Konjunkturmotor
~ dépollué *m* schadstoffarmer Motor
~ diesel *m* Dieselmotor
moteur, trice antreibend
△ **élément ~** *m* treibendes Element/Moment; **force ~trice** *f* Triebkraft
motif *m* Grund, Motiv
~s professionnels (pour des) aus beruflichen Gründen
motivant, e motivierend
motivation *f* Motiv, Beweggrund, Motivation, Antriebsfaktor
△ **étude de ~** *f* Motivuntersuchung
~ d'achat *f* Kaufmotiv
motivé, e begründet, motiviert
motiver *qn* motivieren *jdn*
motorisation *f* Motorisierung
△ **degré de ~** *m* Motorisierungsgrad
mouture *f* Fassung, Version
△ **deuxième ~ du texte** *f* zweite Fassung, Version des Textes
mouvement *m* Bewegung, Veränderung, Buchung (Bilanz, Konto)
△ **balance des ~s monétaires** *f* Kapitalverkehrsbilanz, Devisenbilanz
~ à la/de baisse *m* Baissebewegung, rückläufige Bewegung, fallende Tendenz
△△ **accélérer son ~** seine/ihre Talfahrt beschleunigen
~ à la/de hausse *m* Haussebewegung, steigende Tendenz
△△ **accélérer son ~** seinen/ihren Höhenflug beschleunigen
~ coopératif *m* Genossenschaftsbewegung
~ créditeur *m* Gutschrift, Kontogutschrift, Habenbuchung
~ de baisse *m* Baissebewegung, rückläufige Bewegung, fallende Tendenz
~ de caisse *m* Geldbewegung
~s de capitaux *m pl* Kapitalverkehr, Kapitalbewegungen
△ **contrôle des ~** *m* Devisenkontrolle, Devisenbewirtschaftung; **libéralisation des ~** *f* Aufgabe der Devisenbewirtschaftung, Liberalisierung des Kapitalverkehrs
~ de compte *m* Kontobewegung
~ de défense des consommateurs *m* Verbraucherschutzbewegung
~s de devises *m pl* Devisenbewegungen
~ de hausse *m* Haussebewegung, steigende Tendenz
~(s) de stock(s) *m* (*pl*) Lagerbewegung(en)
△ **fiche de ~** *f* Lagerbestandskarte
~s de(s) prix *m pl* Preisbewegungen
~s de trésorerie *m pl* Liquiditätsveränderungen, Kassenbuchungen
~ débiteur *m* Kontobelastung, Lastschrift, Belastung, Sollbuchung
~ migratoire *m* Wanderungsbewegung, räumliche Bevölkerungsbewegung
~ ouvrier *m* Arbeiterbewegung
~ spéculatif *m* Spekulation
~ sur le compte *m* Kontobewegung
~ syndical *m* Gewerkschaftsbewegung
~ syndicaliste *m* Gewerkschaftsbewegung
~ vers la baisse *m* Baissebewegung, rückläufige Bewegung, fallende Tendenz
~ vers la hausse *m* Haussebewegung, steigende Tendenz
moyen *m* Mittel
△ **par tous ~s en son pouvoir** *m pl* mit allen ihm/ihr zur Verfügung stehenden Mitteln, nach besten Kräften
~ d'échange *m* Tauschmittel
~s d'existence *m pl* Existenzgrundlage
~s d'exploitation *m pl* Betriebsmittel
~s de communication *m pl* Kommunikationsmittel
~s de communication commerciale *m pl* Werbemittel
~s de contact *m pl* Verbindungsmittel
~s de distribution *m pl* Vertriebsmittel
~s de financement *m pl* Finanzierungsmittel

~ **de paiement** *m* Zahlungsmittel
~ **de paiement légal** *m* gesetzliches Zahlungsmittel
~ **de pression** *m* Druckmittel
~ **de preuve** *m* Beweismittel
~**s de production** *m pl* Produktionsmittel
△ **socialisation des** ~ *f* Vergesellschaftung der Produktionsmittel
~ **de thésaurisation** *m* Wertaufbewahrungsmittel
~**s de transport** *m pl* Verkehrsmittel
~**s de vente** *m pl* Verkaufsmittel
~**s financiers** *m pl* finanzielle Mittel, Finanzmittel
~**s liquides** *m pl* flüssige Mittel
~**s promotionnels** *m pl* Verkaufsförderungsmittel
~**s propres** *m pl* Eigenmittel
~ **publicitaire** *m* Werbemittel
moyen, ne durchschnittlich, Durchschnitts-, Mittel-
△ **cadres ~s** *m pl* Angehörige der mittleren Führungsebene; **consommateur** ~ *m* Durchschnittsverbraucher, Normalverbraucher; **cours** ~ *m* Mittelkurs; **coût** ~ *m* Durchschnittskosten; **entreprise ~ne** *f* Durchschnittsbetrieb; **gain** ~ *m* durchschnittlicher Gewinn; **ménage** ~ *m* Durchschnittshaushalt; **; petites et ~nes entreprises (PME)** *f pl* mittelständische Unternehmen, kleine und mittlere Unternehmen (KMU); **pouvoir d'achat du salaire ~ par tête** *m* Durchschnittskaufkraft des Lohns pro Kopf; **rendement** ~ *m* durchschnittlicher Ertrag, Durchschnittsertrag; **salaire annuel (net)** ~ *m* durchschnittlicher Jahres(netto)lohn; **salaire** ~ *m* Durchschnittslohn
~**-courier** *m* Mittelstreckenflugzeug
~**ne surface** *f* Mittelflächenmarkt;
~ **de gamme** *m* mittlerer Qualitätsbereich, mittlerer Bereich der Produktpalette
△ **situé, e en** ~ im mittleren Qualitätsbereich angesiedelt
~ **de gamme** des mittleren Qualitätsbereichs
△ **produit** ~ *m* Produkt des mittleren Qualitätsbereichs
~ **terme** *m* mittelfristige Periode/Zeitabläufe
△ **à** ~ *m* mittelfristig; **crédit à** ~ *m* mittelfristiger Kredit; **emprunt à** ~ *m* mittelfristige Anleihe, Anleihe mit mittlerer Laufzeit; **prêt à** ~ *m* mittelfristigers Darlehen; **rentabilité à** ~ *f* mittelfristige Rentabilität; **sur le** ~ *m* mittelfristig; **titre à** ~ *m* mittelfristiger Titel
moyennant *qc* gegen (Leistung/Zahlung von) *etw*
~ **caution** gegen Bürgschaft
~ **une redevance** gegen eine Gebühr
moyenne *f* Durchschnitt, Schnitt
△ **en** ~ durchschnittlich, im Durchschnitt, im Schnitt
~ **annuelle** *f* Jahresdurchschnitt
△ **en** ~ im Jahresdurchschnitt, im Jahresschnitt
~ **d'âge** *f* Durchschnittsalter
~ **pondérée** *f* gewogenes Mittel
~ **surface** *f* Mittelflächenmarkt
~**s entreprises** *f pl* mittelständische Unternehmen
multi-bancarisation *f* Kontoeinrichtung bei mehreren Banken
multicarte Mehrfirmen-
△ **représentant/voyageur de commerce** ~ *m* Handelsreisender, der mehrere Firmen vertritt
multidevises Mehrwährungs-
△ **emprunt** ~ *m* Mehrwährungsanleihe
multilatéral, e mehrseitig, multilateral
multinationale *f* multinationales Unternehmen, Multi
multiple *m* Mehrfaches
~ **de capitalisation** *m* Kapitalisierungsfaktor
multiple mehrfach
△ **cautionnement** ~ *m* Solidarbürgschaft
multiplicateur *m* Multiplikator
multiplication *f* Steigerung, Vermehrung, Zunahme, Multiplikation
multiplicité *f* Vielfältigkeit
multipropriétaire *m* Teilzeiteigentümer (Time Sharing)
multipropriété *f* Teilzeiteigentum (Time Sharing)
multirisque mehrere Gefahren betreffend (Versicherung)
△ **garantie** ~ *f* kombinierte Versicherung

multisectoriel, le Mehrbranchen-, branchenübergreifend
△ **circuit ~** *m* multisektorieller Wirtschaftskreislauf
municipal, e kommunal, gemeindlich, Kommunal-, Gemeinde-
△ **arrêté ~** *m* Verfügung der Gemeinde; **caisse de crédit ~** *f* Pfandleihanstalt; **conseil ~** *m* Gemeinderat; **conseiller ~** *m* Gemeinderatsmitglied, Gemeinderat; **élections ~es** *f pl* Gemeinderatswahlen, Kommunalwahlen
municipalité *f* Stadtverwaltung, Gemeindeverwaltung, Stadt, Gemeinde
munir ***qn/qc*** **de** ***qc*** versehen, ausstatten *etw/jdn* mit *etw*
mutation *f* 1. Veränderung, Wechsel, Wandel 2. Versetzung
△ **droit de ~** *m* Übertragungsrecht
~s structurelles *f pl* strukturelle Veränderungen, Strukturwandel
~ technique *f* technischer Umbruch, technische Umwälzung
muter ***qn*** versetzen *jdn*
mutualisme *m* Versicherungswesen auf Gegenseitigkeit
mutualiste auf Gegenseitigkeit, die Versicherungsvereine auf Gegenseitigkeit betreffend, genossenschaftlich, gemeinwirtschaftlich
△ **banque ~** *f* gemeinwirtschaftliche/genossenschaftliche Bank; **établissement ~** *m* gemeinwirtschaftliche/genossenschaftliche Einrichtung/Gesellschaft; **secteur ~** *m* gemeinwirtschaftlicher/genossenschaftlicher Sektor, Versicherungswesen auf Gegenseitigkeit; **société ~** *f* Versicherungsverein auf Gegenseitigkeit
mutualité *f* Versicherungsverein auf Gegenseitigkeit
mutuel, le gegenseitig, auf Gegenseitigkeit
△ **assurance ~le** *f* Versicherungsverein auf Gegenseitigkeit; **caisse de crédit ~** *f* Bankverein auf Gegenseitigkeit, genossenschaftliche Bank; **cautionnement ~** *m* wechselseitige Bürgschaft
mutuelle (d'assurance) *f* Versicherungsverein auf Gegenseitigkeit
mutuellement gegenseitig

N

naissance *f* Geburt
△ **acte de ~** *m* Geburtsurkunde; **déficit de ~s** *m* Geburtenausfall, Mangel an Geburten; **excédent de ~s** *m* Geburtenüberschuß
naître entstehen, geboren werden
nantir ***qc*** verpfänden, übereignen, als Sicherheit geben *etw*
nantissement *m* Verpfändung, Sicherheitsübereignung
△ **prêt en ~** *m* pfandrechtlich abgesichertes Darlehen
△△ **donner** ***qc*** **en ~** verpfänden *etw*
~ d'un bien réel *m* Verpfändung, Einräumen einer dinglichen Sicherheit
~ de titres *m* Lombardierung, Wertpapierhinterlegung zwecks Sicherstellung
Napoléon *m* französische Goldmünze
nappe *f* Tischtuch
~ de pétrole *f* Ölteppich
~ phréatique *f* Grundwasser
narco-trafiquant *m* Rauschgifthändler
natalité *f* Geburtenziffer, Geburtenrate
△ **baisse de la ~** *f* Geburtenrückgang; **taux de ~** *m* Geburtenrate
nation *f* Nation
△ **clause de la ~ la plus favorisée** *f* Meistbegünstigungsklausel; **comptes de la ~** *m pl* volkswirtschaftliche Gesamtrechnung
national, e staatlich, ~
△ **droit ~** *m* ~es Recht
nationalisation *f* Verstaatlichung, Nationalisierung
~ d'entreprises privées *f* Verstaatlichung von Privatunternehmen
~ des banques *f* Verstaatlichung des Bankwesens
nationalisé, e verstaatlicht
△ **banque ~e** *f* verstaatlichte Bank; **entreprise ~e** *f* verstaatlichtes Unternehmen
nationaliser une entreprise ein Unternehmen verstaatlichen
nationalité *f* Staatsangehörigkeit, Nationalität

△ **certificat de ~** *m* Staatsangehörigkeitsnachweis; **Code de ~** *m* Staatsbürgerschaftsgesetz
nature *f* Natur, Art, Naturalien
△ **apport en ~** *f* Sacheinlage; **avantages en ~** *m pl* Naturalbezüge, Naturalvergütung; **en ~** in Naturalien; **calcul des charges par ~** *m* Kostenartenrechnung; **charges par ~** *f pl* Aufwandsarten, Kostenarten
△△ **payer en ~** in Naturalien zahlen
~ **de/du compte** *f* Kontenart
~ **du sinistre** *f* Art des Schadens
~ **et l'importance des dégâts (la)** *f* Art und Höhe des Schadens
naturel, le natürlich, unehelich
△ **biens ~s** *m pl* freie Güter; **enfant ~** *m* uneheliches Kind; **fibres ~les** *f pl* Naturfasern; **gaz ~ (liquéfié)** *m* (verflüssigtes) Erdgas; **filiation ~le** *f* uneheliche Abstammung
naufrage *m* Schiffbruch
naval, e (*pl* **navals, navales)** Werft-
△ **chantiers ~s** *m pl* Werft(en); **construction ~e** *f* Schiffbau
navette *f* Fähre, Pendelverkehr, Zubringer
△△ **faire la ~** pendeln
navigable schiffbar, fahrtüchtig
navigation *f* Schiffahrt, Navigation
~ **au long cours** *f* Hochseeschiffahrt
~ **de commerce** *f* Handelsschiffahrt
~ **fluviale** *f* Flußschiffahrt, Binnenschiffahrt
~ **intérieure** *f* Binnenschiffahrt
~ **marchande** *f* Handelsschiffahrt
~ **maritime** *f* Seeschiffahrt
navire *m* Schiff
△ **franco le long du ~** frei Längsseite Seeschiff
~-congélateur *m* Kühlschiff
~ **marchand** *m* Handelsschiff
~ **de pêche** *m* Fischereifahrzeug, Fischfangschiff
~ **pétrolier** *m* Tanker
~-usine *m* Fabrikschiff
nécessaire notwendig, erforderlich
△ **faire le ~** alles Erforderliche/Notwendige tun, die notwendigen Schritte unternehmen
nécessité *f* Notwendigkeit
△ **biens de ~ courante** *m pl* Bedarfsgüter, Güter des täglichen Bedarfs; **biens de première ~** *m pl* Güter des Grundbedarfs, lebensnotwendige Güter
négligence *f* Fahrlässigkeit, Nachlässigkeit, Versehen
△ **par ~** aus Versehen
négligent, e fahrlässig, nachlässig
négliger ***qc*** vernachlässigen, übersehen *etw*
négoce *m* Handel, Großhandel
△ **société de ~** *f* Handelsgesellschaft, Großhandelsgesellschaft
~ **d'un produit** *m* Handel mit einer Ware
~ **de titres** *m* Wertpapierhandel
~ **international** *m* Ein- und Ausfuhr
~ **technique** *m* technischer Handel, technischer Großhandel
négociabilité *f* Verkäuflichkeit, Handelsfähigkeit, Handelbarkeit
négociable übertragbar, begebbar, begebungsfähig, handelbar, negoziabel, negoziierbar
△ **créance ~** *f* bankfähige/übertragbare Forderung; **non ~** nicht übertragbar, nicht negoziierbar
~ **en Bourse** börsenfähig
négociant *m* Händler, Großhändler
~ **à l'exportation** *m* Exporthändler, Exportgroßhändler, Großexporteur
~ **à l'importation** *m* Importhändler, Importgroßhändler, Großimporteur
~ **en gros** *m* Großhändler
~ **indépendant** *m* selbständiger/unabhängiger Händler
négociateur *m* Verhandlungspartner, Unterhändler
~s patronaux *m pl* Arbeitgebervertreter/Arbeitgeberseite bei Verhandlungen
négociation *f* Verhandlung
△ **cycle de ~s** *m* Verhandlungsrunde; **paquet final des ~s** *m* Schlußpaket der Verhandlungen; **point d'achoppement des ~s** *m* schwieriger Punkt („Knackpunkt") der Verhandlungen; **volume des ~s (Bourse)** *m* Volumen des Börsengeschäfts
△△ **ajourner des ~s** Verhandlungen vertagen; **entamer des ~s sur** ***qc*** Verhandlungen aufnehmen über *etw*; **interrompre les ~s** die Verhandlungen ab-

brechen; **les ~s s'étalent** die Verhandlungen ziehen sich hin; **les négociations ont abouti** die Verhandlungen sind erfolgreich abgeschlossen worden; **les ~s piétinent** die Verhandlungen kommen nicht voran; **mener à bien une ~** eine Verhandlung erfolgreich abschließen; **mener des ~s sur *qc*** Verhandlungen führen über *etw*; **ouvrir des ~s sur *qc*** Verhandlungen aufnehmen über *etw*

~s bilatérales *f pl* bilaterale Verhandlungen

~s boursières *f pl* Börsenhandel, Börsenumsätze

~ collective *f* Tarifverhandlung

~ commerciale multilatérale (NCM) *f* Welthandelsrunde (WHR)

~ d'un contrat *f* Vertragsverhandlung, Geschäftsverhandlung

~ d'une affaire *f* Geschäftsverhandlung

~ des valeurs mobilières (en Bourse) *f* Handel mit Wertpapieren, Wertpapierhandel (an der Börse)

~s multilatérales *f pl* multilaterale Verhandlungen

~s par branches *f pl* branchenspezifische Verhandlungen

~ par quotité *f* Handeln mit einer Mindestzahl von Titeln

~s salariales *f pl* Lohnverhandlungen, Tarifverhandlungen

~s sur *qc* *f pl* Verhandlungen über *etw*

~s tarifaires *f pl* Zollverhandlungen

négocié, e gehandelt, verkauft

~ au Second Marché auf dem geregelten Markt gehandelt

~ en Bourse börsennotiert

négocier (*qc*, avec *qn*) handeln (mit *etw*), verhandeln (mit), aushandeln (*etw*)

~ à terme Termingeschäfte abschließen

~ au comptant Kassageschäfte abschließen, Börsengeschäfte am Kassamarkt tätigen

~ d'emblée sofort mit den Verhandlungen beginnen

~ des actions (mit) Aktien handeln

~ des titres (mit) Effekten handeln

~ les salaires Löhne aushandeln

~ les salaires réels Reallöhne aushandeln

~ un traité einen Vertrag aushandeln

~ une affaire über ein Geschäft verhandeln

~ une convention collective einen Tarifvertrag aushandeln

néolibéral, e neoliberal

néolibéralisme *m* Neoliberalismus, Wirtschaftsliberalismus

net, te 1. netto 2. deutlich, spürbar

△△ **subir un ~ recul** einen deutlichen Rückgang erfahren

~ à payer zu zahlender Betrag, zu zahlen

~ d'impôt nach Abzug der Steuer

~ de frais professionnels abzüglich Werbungskosten

neuf, ve neu, frisch

△ **capitaux ~s** frisches/neues Kapital; **construction ~ve** *f* Neubau

NF (Norme Française) *f* französische Norm

△ **marque ~ environnement** *f* französisches Umweltzeichen

niche fiscale *f* Steuerschlupfloch

niveau *m* Höhe, Ebene, Stand, Niveau

△ **au même ~** auf dem gleichen Stand; **au ~ de l'année précédente** auf dem Stand des Vorjahrs; **baisse du ~ d'un stock** *f* Lagerbestandsminderung; **de top ~** auf Spitzenniveau

△△ **atteindre son plus bas/haut ~ (historique)** seinen (historischen) Tiefststand/Höchststand erreichen; **être au même ~** auf gleicher Höhe liegen; **glisser/tomber à son plus bas ~ (historique)** seinen/ihren (historischen) Tiefststand erreichen, auf seinen/ihren (historischen) Tiefststand fallen

~ d'activité *m* Auslastungsgrad, Kapazitätsauslastung

~ d'endettement *m* Verschuldungsausmaß

~ d'instruction *m* Bildungsgrad

~ de l'emploi *m* Beschäftigungslage

~ de production *m* Produktionshöhe

~ de revenu *m* Einkommenshöhe, Einkommensniveau

~ de salaire *m* Lohnhöhe, Lohnniveau

~ de satisfaction *m* Befriedigungsniveau

~ d'urbanisation *m* Urbanisierungsgrad, Verstädterungsgrad

~ de vie *m* Lebensstandard

△ **amélioration/augmentation/croissance du** ~ *f* Erhöhung/ Verbesserung des Lebensstandards; **baisse du** ~ *f* Sinken des Lebensstandards; **élévation du** ~ *f* Anhebung des Lebensstandards
△△ **le ~ baisse/s'améliore** der Lebensstandard sinkt/verbessert sich
~ **de vie bas** *m* niedriger Lebensstandard
~ **de vie élévé** *m* hoher Lebensstandard
~ **des exportations** *m* Höhe der Exporte
~ **des prélèvements obligatoires** *m* Höhe der Steuern und Sozialabgaben
~ **des prix** *m* Preisniveau
~ **des salaires** *m* Lohnhöhe, Lohnniveau
~ **élevé de (la) formation professionnelle** *m* hohes Niveau der Berufsausbildung
nocif, ve schädlich
nocturne *f* Abendverkauf, verlängerte Öffnungszeiten
nocturne Nacht-, Abend-
noir schwarz
△ **au** ~ Schwarz-, schwarz; **travail au** ~ *m* Schwarzarbeit
△△ **travailler au** ~ schwarz arbeiten
nom *m* Name
△ **au ~ de *qn*** im Namen von *jdm*; **changement de** ~ *m* Namenswechsel; **en ~ propre** auf eigenen Namen, als Einzelfirma; **en son ~ nom** auf eigenen Namen
~ **commercial** *m* Geschäftsname
~ **d'état civil** *m* Personenstandsname
nombre *m* Zahl, Anzahl
~ **d'années de service** *m* Anzahl der Dienstjahre, Dauer der Betriebszugehörigkeit
~ **d'emplois** *m* Zahl der Arbeitsplätze
~ **d'habitants** *m* Einwohnerzahl
~ **d'unités** *m* Stückzahl
~ **de pièces** *m* Stückzahl
~ **de/des chômeurs** *m* Arbeitslosenzahl, Arbeitslosenziffer, Zahl der Erwerbslosen
~ **d'/des emplois** *m* Zahl der Arbeitsplätze
~ **des offres d'emploi** *m* Zahl der offenen Stellen
~ **pondéré** *m* gewichtete Anzahl
~ **total** *m* Gesamtzahl
nombreux, se zahlreich
△ **familles ~ses** *f pl* kinderreiche Familien; **générations ~ses** *f pl* geburtenstarke Jahrgänge
nomenclature *f* Verzeichnis, Liste
~ **des activités économiques** *f* Verzeichnis der Wirtschaftstätigkeiten
~ **douanière** *f* Zollnomenklatur, Warenverzeichnis
~ **internationale** *f* internationales Waren- und Güterverzeichnis
nominal *m* Nominalwert, Nennwert
nominal, e nominal
△ **capture ~e** *f* nominale Fangmenge; **en termes nominaux** nominal; **hausse ~e des revenus** *f* nominale Einkommenssteigerung; **salaire** ~ *m* Nominallohn; **valeur ~e** *f* Nennwert, Nominalwert
nominatif, ve Namens-
△ **action ~ve** *f* Namensaktie; **déclaration ~ve** *f* namentliche Erklärung; **liste ~ve** *f* Namensliste, namentliche Liste; **police ~ve** *f* Namenspolice; **rôle** ~ *m* Steuerliste
nomination *f* Berufung, Ernennung
nommer *qc* nennen *etw*
~ ***qn* (*qc*)** nennen, ernennen (zu *etw*)
~ ***qn* à vie (fonctionnaire)** fest anstellen, auf Lebenszeit ernennen (Beamter)
~ ***qn* ministre** zum Minister ernennen *jdn*
non- Nicht-, nicht-, Un-, un-
~**-affectation des impôts** *f* Nichtzweckgebundenheit der Steuereinnahmen
~**-affectation des recettes fiscales** *f* Nichtzweckgebundenheit der Steuereinnahmen
~ **alimentaire** Non-Food-
△ **biens ~s** *m pl* Non-Food-Produkte; **commerce** ~ *m* Non-Food-Handel; **grandes surfaces spécialisées ~s** *f pl* Non-Food-Fachmärkte; **marché** ~ *m* Non-Food-Markt; **secteur** ~ *m* Non-Food-Bereich
~ **apparent, e** nicht erkennbar, nicht sichtbar, verborgen
△ **vice** ~ *m* nicht sichtbarer/versteckter Mangel
~ **appelé, e** nicht eingefordert
△ **capital** ~ *m* nicht eingefordertes Kapital
~ **assujetti, e à l'impôt sur le revenu** einkommensteuerfrei, nicht einkommensteuerpflichtig

~ **bancaire** Nicht-Bank-
△ **établissement ~** *m* Nicht-Bank, Nicht-Bankeneinrichtung
~ **barré, e** nicht gekreuzt
△ **chèque ~** *m* Barscheck
~-**commerçant** *m* Nicht-Kaufmann, Minderkaufmann
~ **compris, e** ausschließlich, ohne
~ **convertible** nicht umwandelbar, nicht konvertibel, nicht einlösbar
△ **billet de banque ~** *m* nicht konvertierbare Banknote; **devise ~** *f* nicht konvertierbare/nicht konvertible Währung
~ **déclaré, e** unversteuert, Schwarz-, nicht angemeldet, nicht angegeben
~ **dédouané, e** unverzollt
~-**discrimination** *f* Nichtdiskriminierung
~-**discrimination commerciale** *f* Nichtdiskriminierung im Handelsverkehr
~ **distribué, e** einbehalten, nicht ausgeschüttet (Gewinn)
~-**distribution** *f* Nichtzustellung (Post)
~-**domicilié** *m* Nicht-Gebietsansässiger, Devisenausländer, Ausländer, Gebietsfremder
~ **durable** kurzlebig
△ **biens (de consommation) ~s** *m pl* kurzlebige Konsumgüter
~ **endossable** nicht übertragbar (Scheck)
~ **honoré, e** nicht bezahlt, nicht eingelöst
△ **chèque ~** *m* nicht bezahlter Scheck
~ **imposable** nicht veranlagt, nicht steuerpflichtig, steuerfrei
~ **lucratif, ve** nicht gewinnorientiert, ohne Erwerbszweck, ohne Erwerbscharakter
△ **à but ~** ohne Erwerbszweck, ohne Erwerbscharakter, nicht gewinnorientiert; **association à but ~** *f* Vereinigung ohne Erwerbszweck; **société à but ~** *f* Gesellschaft ohne Erwerbscharakter
~ **marchand, e** nicht gewerblich, des staatswirtschaftlichen/öffentlichen Sektors
△ **PIB ~** *m* unentgeltliche Leistungen des Staates im BIP; **services ~s** *m pl* nicht gewerbliche Dienstleistungen, Dienstleistungen des staatswirtschaftlichen Sektors
~ **négociable** nicht negoziierbar, nicht übertragbar
~-**paiement** *m* Zahlungsverzug, Nichtzahlung
~ **provisionné, e** ungedeckt (Scheck)
△ **chèque ~** *m* ungedeckter Scheck
~-**qualité** *f* Qualitätsmangel, Mangel an Qualität
~ **recouvrable** nicht eintreibbar
~ **recyclable** nicht wiederverwendbar
~ **réglé, e** nicht bezahlt, unbezahlt
~-**régularisation** *f* Nichtregulierung
~-**remise** *f* Nichtaushändigung
~ **rémunéré, e** unvergütet, unbezahlt
~ **rentable** unrentabel
△ **exploitation ~** *f* unrentabler Betrieb
~-**résident** *m* Nicht-Gebietsansässiger, Devisenausländer, Ausländer, Gebietsfremder
△ **compte ~** *m* Gebietsfremdenkonto, Ausländerkonto
~ **résident, e** gebietsfremd, nicht gebietsansässig
△ **unité ~e** *f* nicht gebietsansässige Wirtschaftseinheit
~-**respect** *m* Nichtbeachtung
~-**salarié** Nichtselbständiger, (lohn) abhängig Beschäftigter
~ **salarié, e** selbständig
~ **satisfait, e** offen, unbesetzt (Stellengesuche)
~ **sédentaire** ambulant, fliegend (Handel)
△ **commerce ~** *m* Wandergewerbe, ambulanter Handel
~ **soumis, e à l'impôt sur le revenu** einkommensteuerfrei
~ **soumis, e aux droits de douane** zollfrei
~-**syndiqué** *m* nicht gewerkschaftlich organisierter Arbeitnehmer
~-**syndiqué, e** nicht gewerkschaftlich organisiert
~ **transférable** nicht übertragbar
Nord-Sud Nord-Süd
△ **cassure ~** *f* Nord-Süd-Gefälle; **conférence ~** *f* Nord-Süd-Konferenz; **dialogue ~** *m* Nord-Süd-Dialog; **rivalités ~** *f pl* Nord-Süd-Konflikt
normalisation *f* Normung, Standardisierung
△ **Association française de ~ (AFNOR)** *f* französischer Normenverband; **cartel de ~** *m* Normungskartell

normaliser *qc* normen *etw*
norme *f* Norm
~s d'urbanisme *f pl* Bauvorschriften
~s de productivité *f pl* Produktivitätsnormen
~ de qualité *f* Qualitätsnorm
~s de sécurité *f* Sicherheitsnormen, Sicherheitsstandards
~ Française (NF) *f* französische Norm
~s sanitaires *f pl* Hygienevorschriften
△ **surveillance des ~** *f* Hygieneüberwachung
Nos réf. (nos références) Unser Zeichen
notaire *m* Notar
△ **cabinet de ~** *m* Notariatskanzlei; **étude de ~** *f* Notariatskanzlei; **honoraires d'architectes et de ~s** *m pl* Architekten- und Notarhonorare; **pardevant (le) ~** vor dem Notar
notarié, e notariell
△ **acte/document ~** *m* notarieller Vertrag, notarielle Urkunde
notation de gré à gré entre banques *f* Interbankennotierung
note *f* 1. Hinweis, Prospekt 2. Rechnung
△ **bloc-~s** *m* Notizblock
~ d'honoraires *f* Honorarabrechnung, Liquidation
~ d'information *f* Hinweis, Prospekt
~ de conjoncture *f* Konjunkturbericht
~ de couverture *f* Deckungszusage, vorläufige Versicherungsbescheinigung
~ de crédit *f* Gutschrift
~ de frais *f* Spesenrechnung
△ **avance sur ~** *f* Spesenvorschuß
~ de service *f* Dienstanweisung
notice *f* Gebrauchsanweisung, Produktbeschreibung, Produktinformation, Beipackzettel
~ d'emploi *f* Gebrauchsanweisung
~ descriptive (d'un produit) *f* Produktbeschreibung, Produktinformation
notification *f* Benachrichtigung, Bescheid
~ de redressement *f* Bescheid über Steuerberichtigung
notifier *qc* offiziell mitteilen, anzeigen *etw*
notion *f* Begriff
notionnel *m* fiktive Anleihe an der französischen Terminbörse
△ **emprunt ~** *m* fiktive Anleihe an der französischen Terminbörse
notoriété *f* Bekanntheit, Bekanntheitsgrad
△ **degré de ~** *m* Bekanntheitsgrad
nouer *qc* (an)knüpfen *etw*
~ des contacts avec *qn* Kontakte knüpfen mit *jdm*
~ des rapports personnels persönliche Beziehungen knüpfen
nourrissant, e nahrhaft
nourriture *f* Ernährung, Nahrung, Kost
nouveau, nouvel, nouvelle *pl* **nouveaux, nouvelles)** neu
~ franc *m* neuer Franc
~le émission *f* Neuemission
~le génération *f* nachwachsende Generation
~x Länder *m pl* neue Bundesländer
~le livraison *f* Nachlieferung, Neulieferung
~x médias *m pl* neue Medien
~x pauvres *m pl* neue Arme
~le pauvreté *f* neue Armut
△ **victimes de la ~** *f pl* Opfer der neuen Armut
~x pays industrialisés (NPI) *m pl* Schwellenländer
~x services *m pl* neue Dienstleistungen
nouveauté *f* Neuheit
noyau *m* Kern
~ d'uranium *m* Urankern
~ fissile *m* spaltbarer Kern
~ industriel *m* Industriezentrum, industrielles Kerngebiet
~ radioactif *m* radioaktiver Atomkern
NPI (nouveaux pays industrialisés) *m pl* Schwellenländer
nucléaire *m* Kernenergie, Atomenergie, Atomindustrie
△ **tout-~** *m* Energiekonzept, das der Kernenergie absoluten Vorrang einräumt
△△ **miser sur le ~** auf Kernenergie setzen
nucléaire Atom-, atomar, Nuklear-, nuklear, Kern-
△ **catastrophe ~** *f* nukleare Katastrophe; **centrale ~** *f* Atomkraftwerk (AKW), Kernkraftwerk; **combustible ~** *m* nuklearer Brennstoff; **déchets ~** *m pl* Atommüll; **dissémination ~** *f* Verbreitung von Nuklearwaffen; **électri-**

cité (d'origine) ~ *f* Atomstrom; **énergie** ~ *f* Kernenergie, Atomenergie; **fission** ~ *f* Kernspaltung; **fusion** ~ *f* Kernfusion; **hiver** ~ *m* nuklearer Winter; **industrie** ~ *f* Atomindustrie; **réacteur** ~ *m* Kernreaktor, Atomreaktor; **recherche** ~ *f* Kernforschung
nuire (à ***qc/qn*****)** schaden (*einer Sache/jdm*)
~ **à la coopération** der Zusammenarbeit schaden
nuisance *f* Unannehmlichkeit, Belästigung
nuisance sonore *f* Lärmbelästigung
nuisible schädlich
nuit *f* Nacht
△ **équipe de** ~ *f* Nachtschicht, Spätschicht
nuitée *f* Übernachtung (im Hotel)
~s de touristes étrangers *f pl* Ausländerübernachtungen
nul, le rechtsunwirksam, nichtig
△ **acte** ~ *m* nichtiger Akt/Vertrag
~ **et non avenu, e** rechtsunwirksam, nichtig, null und nichtig
nullité *f* Nichtigkeit
~ **du contrat** *f* Nichtigkeit des Vertrags
numéraire *m* Barmittel, Bargeld
△ **apport en** ~ *m* Bareinlage, Geldeinlage; **en** ~ bar; **monnaie** ~ *f* Bargeld
△△ **payer/régler en** ~ bar zahlen
numérique numerisch, digital
△ **données ~s** *f pl* Mengenangaben, Zahlenangaben, digitale Werte
numériser ***qc*** digitalisieren *etw*
numéro *m* Nummer
△ **compte à ~(s)** *m* Nummernkonto
△△ **composer un** ~ **(de téléphone)** eine Telefonnummer wählen
~ **d'identification nationale** *m* nationale Identifikationsnummer (Sozialversicherungsnummer)
~ **d'identité** *m* Identifikationsnummer
~ **d'immatriculation au Registre du Commerce (RCS)** *m* Handelsregisternummer
~ **d'ordre** *m* laufende Nummer
~ **de carte (de crédit)** *m* Kreditkartennummer
~ **de compte** *m* Kontonummer
~ **de la Sécurité Sociale** *m* Sozialversicherungsnummer
~ **de police** *m* Versicherungsscheinnummer, Policennummer
~ **de poste** *m* Durchwahl(nummer)
~ **de référence** *m* Artikelnummer
~ **de téléphone** *m* Telefonnummer, Rufnummer
~ **direct** *m* Durchwahl
~ **du plan comptable** *m* Kontenrahmennummer
~ **du Registre du Commerce et des Sociétés (RCS)** *m* Handelsregisternummer
~ **national d'identité** *m* Sozialversicherungsnummer
~ **SIREN** *m* Handelsregisternummer (Unternehmen)
~ **SIRET** *m* Handelsregisternummer (Betriebsstätte)
~ **spécial** *m* Sondernummer
~ **un** *m* Marktführer, Nummer eins
~ **un européen/mondial** *m* europäischer/Welt- Marktführer, die Nummer eins in Europa/in der Welt
~ **vert** *m* Rufnummer für gebührenfreien Anruf, gebührenfreier Infodienst
numérotation *f* Numerierung, Numerieren
numéroter (***qc*****)** numerieren (*etw*)
nuptialité *f* Zahl der Eheschließungen, Heiratshäufigkeit
△ **baisse/croissance de la** ~ *f* Rückgang/Ansteigen der Zahl der Eheschließungen
nutrition *f* Ernährung
nutritionnel, le die Ernährung bereffend, Ernährungs-

O

obéir à ***qc*** entsprechen, folgen *etw*
~ **à** ***qn*** gehorchen *jdm*
~ **à un principe/une règle** einem Prinzip/einer Regel folgen
objecter ***qc/que ...*** einwenden *etw*/ daß ...
objecteur de conscience *m* Wehrdienstverweigerer
objectif *m* Ziel
~ **de communication** *m* Kommunikationsziel

~ **de l'entreprise** *m* Unternehmensziel
~ **de placement** *m* Anlageziel
~ **de vente** *m* Absatzziel, Verkaufsziel
~ **du plan** *m* Planziel
~ **fixé** *m* festgesetztes Ziel
~ **macro-économique** *m* makroökonomisches Ziel
~ **prioritaire** *m* vorrangiges Ziel
objectif, ve objektiv
△ **droit** ~ *m* objektives Recht
objection *f* Einwand
objet *m* Gegenstand, Objekt
△ **sans** ~ gegenstandslos
△△ **faire l'~ de** *qc* Gegenstand sein von *etw*; **faire l'~ d'échanges nourris** (eine) hohe Umsatzaktivität besitzen/aufweisen; **faisant l'~ d'échanges nourris** mit hoher Umsatzaktivität; **faire l'~ d'une demande croissante** sich steigender Nachfrage erfreuen
~ **assuré** *m* versicherter Gegenstand
~ **d'usage courant** *m* Gebrauchsgegenstand
~ **de l'assurance** *m* Versicherungsgegenstand
~ **de spéculation** *m* Spekulationsgegenstand
~ **déposé** *m* hinterlegter Gegenstand
~ **du contrat** *m* Vertragsgegenstand
~ **loué** *m* Mietgegenstand
~**s personnels** *m pl* persönliche Gegenstände
~ **social** *m* Geschäftsgegenstand
~ **trouvé** *m* Fundsache
~**s trouvés** *m pl* Fundsachen, Fundbüro, Fundamt
△ **bureau des** ~ *m* Fundbüro, Fundamt
obligataire *m* Inhaber einer Obligation
obligataire Obligations-, von Obligationen, Renten-
△ **bourse** ~ *f* Obligationenbörse; **émission d'un emprunt** ~ *f* Ausgabe einer Obligation; **émission** ~ *f* Ausstellung von Schuldverschreibungen; **emprunt** ~ *m* Obligationenanleihe; **emprunt ~ à taux fixe à fenêtres** *m* Festzinsanleihe „mit Fenstern"; **marché** ~ *m* Obligationenhandel, Rentenhandel, Rentenmarkt; **produit** ~ *m* Rentenprodukt
obligation *f* 1. Verbindlichkeit 2. Schuldverschreibung, Anleihe, Obligation, Rente 3. Verpflichtung
△ **émission d'~s** *f* Ausgabe von Schuldverschreibungen; **bon de souscription d'~s** *m* Obligationenanrechtsschein; **emprunt en ~s convertibles (en actions)** *m* Wandelanleihe; **emprunt en ~s remboursables en actions** *m* Wandelanleihe; **emprunt par ~s** *m* Anleiheobligation; **euro-~** *f* Eurobonds; **investissement en actions et ~s** *m* Anlage in Aktien und Anleihen; **inexécution d'une** ~ *f* Nichterfüllung einer Verpflichtung/Verbindlichkeit; **porteur d'~s** *m* Anleiheninhaber; **remboursement d'une** ~ *m* Rückzahlung von Obligationen; **rendement d'une** ~ *m* Rendite einer Anleihe
△△ **émettre des ~s** Anleihen ausgeben; **faire** ~ verpflichten; **manquer à ses ~s** seine Pflichten verletzen; **racheter une** ~ eine Anleihe zurückkaufen; **se voir dans l'~ de faire** *qc* sich gezwungen sehen, *etw* zu tun; **souscrire une** ~ eine Anleihe zeichnen
~ **à bon de souscription d'action** *f* Optionsanleihe
~ **à bon de souscription d'obligation** *f* Anleihe mit Optionsscheinen/Bezugsrecht
~ **à bon dissociable** *f* Obligation mit getrennt verkäuflichem Optionsschein/Bezugsrecht
~ **à coupon zéro** *f* Nullkupon-Anleihe, Zero-Bond
~ **à échéance rapprochée** *f* Anleihe mit kurzer Restlaufzeit
~ **à fenêtre** *f* vorzeitig kündbare, langfristige Schuldverschreibung
~ **à option** *f* Optionsanleihe
~ **à règlement différé** *f* Schuldverschreibung mit Zahlungsaufschub für den Anleihezeichner
~ **à revenu fixe** *f* Anleihe/Obligation mit festem Zinssatz, festverzinsliche Anleihe
~ **à revenu variable** *f* Anleihe/Obligation mit variablem Zinssatz
~ **à taux (d'intérêt) variable** *f* Anleihe/Obligation mit variablem Zinssatz, zinsvariable Anleihe
~ **à taux (d'intérêt) fixe** *f* Anleihe/Obligation mit festem Zinssatz, festverzinsliche Anleihe

~ **à taux (d'intérêt) flottant** *f* Anleihe/Obligation mit variablem Zinssatz, zinsvariable Anleihe
~ **à taux (d'intérêt) progressif** *f* Anleihe/Obligation mit progressivem Zinssatz
~ **à taux (d'intérêt) révisable** *f* Anleihe/Obligation mit variablem Zinssatz, zinsvariable Anleihe
~ **à taux (d'intérêt) variable** *f* Anleihe/Obligation mit variablem Zinssatz, zinsvariable Anleihe
~ **à x %** *f* x-prozentige Anleihe
~ **amortissable par annuités constantes** *f* Annuitätenanleihe
~ **amortissable par annuités terminables** *f* Annuitätenanleihe
~ **assimilable du Trésor** *f* Staatsschuldverschreibung
~ **au porteur** *f* Inhaberschuldverschreibung
~ **ayant x jours/mois/ans à courir** *f* Anleihe mit einer Restlaufzeit von x Tagen/Monaten/Jahren
~ **bancaire** *f* Bankschuldverschreibung
~ **communale** *f* Kommunalschuldverschreibung
~ **communale nominative** *f* Namenskommunalschuldverschreibung
~ **contractée par écrit** *f* schriftlich eingegangene Verpflichtung
~ **convertible (en actions)** *f* Wandelschuldverschreibung, Wandelanleihe
~ **d'accepter** *f* Annahmepflicht
~ **d'achat** *f* Kaufzwang, Kaufverpflichtung
~ **d'Etat** *f* Staatsobligation, Staatspapier, Staatsanleihe
~ **de conserver les documents comptables** *f* Aufbewahrungspflicht für Buchhaltungsunterlagen
~ **de déclaration** *f* Anmeldepflicht, Meldepflicht
~ **de déclarer *qc*** *f* Anmeldepflicht, Meldepflicht für *etw*
~ **de paiement** *f* Zahlungsverpflichtung
~ **de préavis** *f* Pflicht zur Einhaltung einer Kündigungsfrist, Vorankündigungspflicht
~ **de premier rang** *f* erstklassige Obligation
~ **de priorité** *f* Vorzugsobligation
~ **de rachat** *f* Rücknahmeverpflichtung
~ **du secret professionnel** *f* berufliche Schweigepflicht
~ **du Trésor** *f* Staatsschuldverschreibung
~ **échangeable** *f* Wandelobligation, Wandelanleihe
~ **fiscale** *f* Steuerpflicht
~ **foncière** *f* Hypothekenpfandbrief, Pfandbrief
~ **foncière nominative** *f* Namenspfandbrief
~ **fractionnée** *f* Teilobligation
~ **hypothécaire** *f* Hypothekenpfandbrief, Pfandbrief
~ **indemnitaire** *f* Anleihe als Ersatz für Aktien verstaatlichter Gesellschaften
~ **indexée** *f* indexierte Anleihe
~ **industrielle** *f* Industrieobligation
~ **légale** *f* gesetzliche Verpflichtung
~ **nominative** *f* Namensschuldverschreibung
~ **non hypothécaire** *f* hypothekarisch nicht abgesicherte Schuldverschreibung
~ **participante** *f* gewinnberechtigte Obligation
~ **perpétuelle** *f* ewige Anleihe
~ **prorogeable** *f* verlängerbare Obligation
~ **publique** *f* Staatsschuldverschreibung
~ **qui a x jours/mois/ans à courir** *f* Anleihe mit einer Restlaufzeit von x Tagen/Monaten/Jahren
~ **renouvelable du Trésor** *f* erneuerbare Staatsschuldverschreibung

obligatoire Pflicht-, verbindlich, verpflichtend, Zwangs-
△ **cotisation ~** *f* Pflichtbeitrag, Mitgliedsbeitrag; **déclaration ~** *f* Meldepflicht, Anzeigepflicht, Mitgliedsbeitrag; **emprunt ~** *m* Zwangsanleihe; **entente ~** *f* Pflichtkartell

obligé *m* Schuldner
~ **principal** *m* Hauptschuldner

obligé, e (de faire *qc*) gezwungen, verpflichtet (*etw* zu tun)
△△ **se voir ~** sich gezwungen/verpflichtet sehen, *etw* zu tun

observation *f* Beobachtung
~ **des prix** *f* Preisbeobachtung
~ **du marché** *f* Marktbeobachtung

observatoire *m* Observatorium, Beobachtungsstation
~ **de l'Energie** *m* französische Energiebehörde
~ **économique** *m* „Wirtschaftsobservatorium", Wirtschaftsbeobachtung
observer ***qc/qn*** 1. beobachten *etw/jdn* 2. beachten, einhalten *etw*
~ **le comportement d'achat/de l'acheteur** das Kaufverhalten/Käuferverhalten/Konsumentenverhalten beobachten
obsolescence (d'un produit) *f* Veralten (eines Produkts)
obsolescent, e überholt, veraltet
obsolète überholt, veraltet
obstacle *m* Hemmnis, Hindernis, Barriere
△ **éliminer/surmonter un ~** ein Hindernis aus dem Weg räumen/überwinden
~ **à l'importation** *m* Importhemmnis, Importhindernis, Importbarriere
~**s aux échanges internationaux** *m pl* Handelshemmnisse
~**s cloisonnant le marché** *m pl* Hemmnisse, die zu einer Marktabschottung führen
~ **insurmontable** *m* unüberwindliches Hindernis
~ **non tarifaire (au commerce)** *m* nichttarifäres Handelshemmnis/Handelshindernis
~ **tarifaire (au commerce)** *m* tarifäres Handelshemmnis/Handelshindernis
obtenir ***qc*** erhalten, bekommen *etw*
~ **des informations** Informationen erhalten
~ **gain de cause** Recht bekommen, obsiegen
~ **un gain** einen Gewinn erhalten/einstreichen/erzielen
~ **une avance** einen Vorschuß erhalten
occasion *f* Gelegenheit, Gebrauchtware, Artikel aus zweiter Hand
△ **d'~** gebraucht; **voiture d'~** *f* Gebrauchtwagen
occasionnel, le gelegentlich, Gelegenheits-
△ **client ~** *m* Gelegenheitskunde
occasionner ***qc*** verursachen *etw*
occident *m* Westen
occidental, e westlich
occulte verborgen, heimlich
△ **réserve ~** *f* stille Rücklage; **société ~ (en participation)** *f* stille Gesellschaft, stille Beteiligung, stille Beteiligungsgesellschaft
occulter ***qc*** verbergen, verheimlichen *etw*
occupant *m* 1. Besetzer 2. Bewohner
occupation *f* 1. Besetzung 2. Bewohnen 3. Tätigkeit, Beschäftigung
△ **plan d'~ des sols (POS)** *m* Flächennutzungsplan
~ **d'entreprise** *f* Unternehmensbesetzung, Betriebsbesetzung
~ **d'usine** *f* Unternehmensbesetzung, Betriebsbesetzung
~ **des lieux/des locaux/du lieu de travail** *f* Unternehmensbesetzung, Betriebsbesetzung
~ **professionnelle** *f* Berufstätigkeit
occuper ***qc*** 1. besetzen *etw* 2. bewohnen *etw* 3. einnehmen, innehaben *etw*
~ **le premier rang** den ersten Platz einnehmen
~ **les lieux du travail** das Unternehmen besetzen
~ **un poste** eine Position/Stellung einnehmen/innehaben
~ **(s') de** ***qc*** sich einer Sache annehmen, sich kümmern um *etw*
~ **(s') de** ***qn*** betreuen *jdn*
occurrence *m* Fall, Gelegenheit, Vorkommen
△ **en l'~** im gegebenen Fall
OCDE (Organisation de Coopération et de Développement Economique) *f* OECD (Organisation für wirtschaftliche Zusammenarbeit und Entwicklung)
△ **au sein de l'~** innerhalb der OECD; **pays de l'~** *m pl* OECD-Länder; **rapport de l'~** *m* Jahresbericht der OECD; **siège de l'~** *m* OECD-Sitz
océanique Meeres-, Ozean-
△ **fond ~** *m* Meeresboden
octroi *m* Gewährung, Zuteilung
~ **d'un/de crédit** *m* Kreditbewilligung, Kreditgewährung
~ **de licence** *m* Lizenzerteilung, Lizenzvergabe
octroyer ***qc*** gewähren *etw*
~ **un crédit/prêt à** ***qn*** einen Kredit/ein Darlehen bewilligen/gewähren *jdm*
~ **une subvention à** ***qn*** eine Subvention gewähren *jdm*

oeuvre *m* Bauwerk
△ **gros ~** *m* Rohbau; **maître d'~** *m* Bauleiter, Auftragnehmer (Bauunternehmen)
oeuvres (sociales) *f pl* Sozialdienst, gemeinnützige Organisation, Hilfsorganisation
△ **don aux ~** *m* Spende an eine gemeinnützige Organisation
offert, e angeboten
office *m* Amt, Büro, Stelle
~ **de Justification et de Diffusion (OJD)** *m* Auflagenüberwachungsstelle
~ **du tourisme** *m* Fremdenverkehrsamt, Verkehrsbüro
~ **Européen des Brevets (OEB)** *m* Europäisches Patentamt (EPA)
~ **National Interprofessionnel des Céréales (ONIC)** *m* Staatliches Amt für Getreide
~ **Statistique des Communautés Européennes** *m* Statistisches Amt der Europäischen Gemeinschaft
officialisation *f* amtliche Bestätigung, offizielle Anerkennung
officialiser *qc* amtlich bestätigen, offiziell anerkennen, amtlich werden lassen *etw*
officier (ministériel) *m* vereidigter Träger eines öffentlichen Amtes
officieux, euse halbamtlich, inoffiziell, offiziös
offrant *m* Bieter
△ **plus ~** *m* Meistbietender; **vente au plus ~** *f* Verkauf an den Meistbietenden
△△ **vendre au plus ~** an den Meistbietenden verkaufen
offre (de/en ***qc*****)** *f* Angebot (an *etw*), Preisangebot, Warenangebot, Dienstleistungsangebot
△ **adéquation entre l'~ et la demande** *f* Gleichgewicht zwischen Angebot und Nachfrage; **appel d'~s** *m* Ausschreibung, Angebotsaufforderung; **confrontation de l'~ et de la demande** *f* Zusammentreffen von Angebot und Nachfrage; **contre-~** *f* Gegenangebot; **demande d'~** *f* Anfrage; **excédent d'~** *m* Angebotsüberhang; **fluctuations de l'~** *f pl* Angebotsschwankungen; **(libre) jeu de l'~ et de la demande** *m* (freies) Spiel von Angebot und Nachfrage; **loi de l'~ et de la demande** *f* Gesetz von Angebot und Nachfrage; **politique de l'~** *f* Angebotspolitik
△△ **être tenu, e par son ~** an sein Angebot gebunden sein; **faire un appel d'~s** eine Ausschreibung machen, ein Angebot ausschreiben; **faire une ~** ein Angebot machen/unterbreiten; **l'~ dépasse la demande** das Angebot übersteigt die Nachfrage; **l'~ est abondante** es besteht ein Überangebot; **l'~ est pléthorique** es besteht ein Überangebot; **soumettre une ~** ein Angebot unterbreiten/machen
~ **abondante** *f* Überangebot
~ **alléchante** *f* verlockendes Angebot
~ **anonyme sous pli cacheté** *f* gesiegeltes Gebot
~ **conditionnelle** *f* freibleibendes/unverbindliches Angebot
~ **d'emploi** *f* Stellenangebot
△ **nombre des offres d'emploi** *m* Zahl der offenen Stellen
~ **d'essai** *f* unverbindliche Bemusterung, Werbeangebot
~ **d'exportation** *f* Exportangebot
~ **de main-d'oeuvre** *f* Arbeitskräfteangebot
~ **de marchandises** *f* Warenangebot
~ **de règlement** *f* Vergleichsvorschlag (bei Konkursverfahren)
~ **de remboursement** *f* Rückzahlungsangebot
~ **de services** *f* Dienstleistungsangebot
~ **de travail** *f* Arbeitsangebot
~ **en emplois à temps partiel** Angebot an Teilzeitarbeitsplätzen, Teilzeitangebote
~ **ferme** *f* festes Angebot
~ **globale** *f* Gesamtangebot, aggregiertes Angebot
~ **pléthorique** *f* Überangebot
~ **précise** *f* Angebot
~ **publique d'achat (OPA)** *f* öffentliches Übernahmeangebot, Aktienaufkaufangebot
△ **contre-OPA** *f* Gegenangriff nach einem Übernahmeversuch; **tentative d'OPA** *f* Übernahmeversuch
△△ **annoncer/déposer/lancer/mener une OPA (sur un titre, une société)** ein Übernahmeangebot machen, starten (für einen Titel, für eine Gesellschaft);

résister à une OPA sich gegen ein Übernahmeangebot erfolgreich zur Wehr setzen
~ **publique d'achat amicale** *f* freundliches Übernahmeangebot, freundschaftliches Übernahmeangebot
~ **publique d'achat d'une société sur une autre** *f* Übernahmeangriff eines Unternehmens auf ein anderes
~ **publique d'achat hostile** *f* feindliches Übernahmeangebot
~ **publique d'achat inamicale** *f* feindliches Übernahmeangebot
~ **publique d'échange (OPE)** *f* öffentliches Übernahmeangebot in Verbindung mit einem Aktienumtausch
~ **sans engagement** *f* freibleibendes Angebot
~ **sous pli cacheté** *f* gesiegeltes Angebot/Gebot
~ **spéciale** *f* Sonderangebot
~ **spontanée** *f* unverlangtes Angebot
~ **susceptible d'intéresser beaucoup de clients** *f* Angebot, das zahlreiche Kunden anzieht
offreur *m* Anbieter
offrir ***qc*** **(à** ***qn*****)** schenken, anbieten *etw* (*jdm*)
~ **à la souscription (publique)** zur (öffentlichen) Zeichnung anbieten/vorlegen
~ **des services** Dienstleistungen anbieten
~ ***qc*** **(s')** sich *etw* leisten
OJD (Office de Justification et de Diffusion) *m* Auflagenüberwachungsstelle
oléoduc *m* Ölleitung
oligopole *m* Oligopol
oligopolistique oligopolistisch
omettre ***qc*** auslassen, übersehen *etw*
omission *f* Auslassung, Irrtum, Versehen
△ **sauf erreur ou ~ de notre part** vorbehaltlich eines Irrtums unsererseits, Irrtum vorbehalten
~ **involontaire** *f* unwillentliches Versäumnis, Versehen
~ **volontaire** *f* Unterlassung, Versäumnis
once (d'or fin) *f* Unze (Feingold, Feinunze)
onéreux, se kostspielig, teuer
△ **à titre ~** gegen Bezahlung, gebührenpflichtig
ONIC (Office National Interprofessionnel des Céréales) *m* Staatliches Amt für Getreide
OP (ouvrier professionnel) *m* Facharbeiter
OPA (offre publique d'achat) *f* Öffentliches Übernahmeangebot, Aktienaufkaufangebot
△ **contre-~** *f* Gegenangriff nach einem Übernahmeversuch; **tentative d'~** *f* Übernahmeversuch
△△ **annoncer/déposer/lancer/ mener une ~ (sur un titre, une société)** ein Übernahmeangebot machen, starten (für einen Titel, für eine Gesellschaft); **résister à une ~** sich gegen ein Übernahmeangebot erfolgreich zur Wehr setzen
~ **amicale** *f* freundliches Übernahmeangebot, freundschaftliches Übernahmeangebot
~ **d'une société sur une autre** *f* Übernahmeangriff eines Unternehmens auf ein anderes
~ **hostile** *f* feindliches Übernahmeangebot
~ **inamicale** *f* feindliches Übernahmeangebot
OPCVM (Organismes de placements collectifs de valeurs mobilières) *m pl* Oberbegriff für Sammelfonds und Investmentgesellschaften
OPE (offre publique d'échange) *f* öffentliches Übernahmeangebot in Verbindung mit einem Aktienumtausch
opéable übernahmegefährdet
△ **entreprise ~** *f* übernahmegefährdetes Unternehmen
OPEP (Organisation des Pays exportateurs de pétrole) *f* OPEC (Organization of Petroleum Exporting Countries), Organisation erdölexportierender Länder
△ **pays de l'~** *m pl* OPEC-Länder; **pays non-~** *m pl* Nicht-OPEC-Länder; **production non-~** *f* Produktion aus Nicht-OPEC-Ländern
opérateur *m* Auftraggeber, Börsenkunde, Devisenhändler, Marktteilnehmer
~ **domestique** *m* inländischer Auftraggeber
~ **étranger** *m* ausländischer Auftraggeber

~ **sur le marché des changes** *m* Devisenhändler

opération *f* Projekt, Aktion, Operation, Transaktion, Arbeitsverrichtung, Geschäftsvorfall, Börsengeschäft, Geschäft, Kontobewegung, Vorgang △△ **dénouer une ~** ein Geschäft durch ein Gegengeschäft gewinnbringend ausgleichen; **exécuter une ~** ein Geschäft tätigen; **faire la contrepartie des ~s** selbstkontrahieren, selbst als Käufer/Verkäufer auftreten; **lancer une ~** eine Aktion/ein Projekt starten; **solder une ~** ein Geschäft durch ein Gegengeschäft gewinnbringend ausgleichen

~ **à la baisse** *f* Baissespekulation, Baissegeschäft

~ **à la hausse** *f* Haussespekulation, Haussegeschäft

~ **à perte** *f* Verlustgeschäft

~ **à prime** *f* Prämiengeschäft

~ **à terme** *f* Termingeschäft

~ **à terme ferme** *f* Festgeschäft per Termin

~ **au comptant** *f* Bargeschäft, Kassageschäft

~ **au comptoir** *f* Tafelgeschäft, Schaltergeschäft

~ **au crédit** *f* Gutschrift

~ **au débit** *f* Lastschrift. Belastung

~ **au guichet** *f* Tafelgeschäft, Schaltergeschäft

~ **bancaire** *f* Bankgeschäft

~ **blanche** *f* Bankgeschäft ohne Zinseffekt

~ **boursière** *f* Börsengeschäft

~ **comptable** *f* Buchungsvorgang

~ **d'arbitrage** *f* Arbitragegeschäft

~ **d'assurance** *f* Versicherungsgeschäft

~ **d'échange** *f* Tauschvorgang

~ **d'émission** *f* Emissionsgeschäft

~ **d'encaissement** *f* Einziehungsgeschäft, Inkassogeschäft

~ **d'escompte** *f* Diskontgeschäft, Wechselgeschäft

~ **d'importance** *f* bedeutende Transaktion, bedeutendes Geschäft

~ **d'initié(s)** *f* Insidergeschäft

~ **de banque** *f* Bankgeschäft

~ **de Bourse** *f* Börsengeschäft △ **Commission des Opérations de Bourse (COB)** *f* französische Börsenaufsichtsbehörde; **impôt sur les opérations de Bourse** *m* Börsenumsatzsteuer

~ **de change** *f* Wechselgeschäft, Devisengeschäft

~ **de commerce** *f* Handelsgeschäft

~ **de couverture** *f* Deckungsgeschäft

~ **de crédit** *f* Kreditgeschäft

~ **de déport** *f* Deportgeschäft

~ **de financement** *f* Finanzgeschäft

~ **de guichet** *f* Schaltergeschäft

~ **de l'option du double** *f* Nochgeschäft (Kassa- und Termingeschäft 1:1)

~ **de paiement** *f* Zahlungsvorgang, Geldbewegung

~ **de placement** *f* Anlagegeschäft

~ **de répartition** *f* Verteilungsvorgang

~ **de report** *f* 1. Reportgeschäft, 2. Prolongation

~ **de sauvetage** *f* Rettungseinsatz

~ **de spéculation** *f* Spekulationsgeschäft

~ **de stellage** *f* Stellagegeschäft

~ **en Bourse** *f* Börsengeschäft

~ **en cours** *f* laufender Vorgang

~ **escargot** *f* Bummelstreik, Dienst nach Vorschrift

~ **ferme** *f* festes Termingeschäft

~ **financière** *f* Finanzgeschäft

~ **immobilière** *f* Immobiliengeschäft

~ **imposable** *f* steuerpflichtige Transaktion

~**s infrasectorielles** *f pl* zwischensektorale Transaktionen

~ **isolée** *f* Einzelbuchung, Einzelgeschäft

~ **publicitaire** *f* Werbeaktion, Werbekampagne

~ **RM (règlement mensuel)** *f* Ultimogeschäft

~ **spéculative** *f* Spekulationsgeschäft

~ **sur devises** *f* Devisengeschäft

~ **sur titres** *f* Wertpapiergeschäft

~ **sur titres à l'étranger** *f* Auslandsgeschäft in Wertpapieren

opérer *qc* durchführen, ausführen *etw*

~ **des transactions financières** Finanztransaktionen ausführen

opinion *f* Meinung, öffentliche Meinung △ **leader d'~** *m* Meinungsmacher, Meinungsführer

~ **publique** *f* öffentliche Meinung

opposition *f* Sperre, Sperrung, Einspruch △ **cotation par ~** *f* Kursfestsetzung

durch Gegenüberstellung; **délai d'~** *m* Sperrfrist; **frais d'~** *m pl* Gebühren für die Sperrung; **procédure d'~** *f* Einspruchsverfahren, Sperrverfahren
△△ **faire ~ sur un compte** ein Konto sperren lassen (z. B. nach Scheckverlust); **faire ~ sur/à un chèque** einen Scheck sperren lassen (z. B. nach Scheckverlust)
~ **au paiement du chèque** *f* Schecksperre, Schecksperrung
opter pour *qc* sich entscheiden für *etw*, optieren für *etw*
optimal, e optimal
optimisation *f* Optimierung
optimiser *qc* optimieren *etw*
optimum *m* Optimum, beste Lösung
~ **économique** *m* wirtschaftlicher Bestwert, wirtschaftliches Optimum
~ **de production** *m* Produktionsoptimum
~ **technique** *m* technisches Optimum
option *f* Option, Optionsrecht
△ **droit d'~** *m* Optionsrecht; **Marché d'~s à terme** *m* Optionsmarkt; **Marché d'~s négociables à Paris ou Marché d'~s à terme négociables à Paris** (MONEP) *m* Pariser Optionsmarkt; **support d'~s** *m* Basis für Optionsgeschäfte
△△ **délivrer des ~s** Optionen vergeben; **exercer un droit d'~** eine Option ausüben; **lever une ~** eine Option ausüben; **prendre une ~ (sur** *qc***)** eine Option erwerben (auf *etw*); **renoncer à l'~** auf die Option verzichten; **s'assurer une ~ (sur** *qc***)** sich eine Option sichern (auf *etw*)
~ **d'achat** *f* Kaufoption
~ **de remboursement** *f* Tilgungsoption, Rückzahlungsoption
~ **de vente** *f* Verkaufsoption
~ **du double** *f* Nochgeschäft (Kassa-und Termingeschäft 1:1)
~ **négociable** *f* Optionsgeschäft
~ **réservée à l'acheteur** *f* für den Käufer reservierte Option
~ **sur actions** *f* Option auf Aktien
optique *f* Optik, Sicht, Perspektive
△ **dans l'~ de** *qn* aus der Sicht von *jdm*; **dans une ~ (de) marketing** unter Marketinggesichtspunkten; **disque ~** *m* Bildplatte
or *m* Gold
△ **chercheur d'~** *m* Goldsucher; **encaisse or** *f* Goldbestand; **étalon de change-~** *m* Gold-Exchange-Standard; **étalon-~** *m* Goldstandard; **franc-~** *m* Goldfranc; **marché de l'~** *m* Goldmarkt; **mine d'~** *f* Goldbergwerk, Goldgrube; **once d'~ fin** *f* Unze Feingold; **réserves d'~** *f pl* Goldreserven
△△ **acheter à prix d'~** *qc* sehr teuer kaufen *etw*, einen saftigen Preis zahlen für *etw*; **l'~ baisse** der Goldkurs sinkt; **monétiser l'~** Gold ausmünzen; **payer à prix d'~** *qc* sehr teuer bezahlen *etw*, einen saftigen Preis zahlen für *etw*
~ **fin** *m* Feingold
~ **marchand** *m* nicht-monetäres Gold
~ **monétaire** *m* monetäres Gold
~ **noir** *m* Erdöl, schwarzes Gold
oral, e mündlich
oralement mündlich
orbite *m* Umlaufbahn, Wirkungsbereich
△ **dans son ~** in ihrem/seinem Umkreis, Dunstkreis, Wirkungsbereich
ordinaire gewöhnlich, üblich, einfach
△ **action ~** *f* Stammaktie; **assemblée ~ des actionnaires** *f* ordentliche Aktionärversammlung; **chèque ~** *m* Bar- oder Überbringerscheck; **droits de tirage ~s** *m pl* ordentliche Ziehungsrechte
ordinateur *m* Computer, Rechner
△ **assisté, e par ~** computergesteuert, computergestützt, computerunterstützt; **conception assistée par ~ (CAO)** *f* CAD (computer assisted design), computergestützte Entwicklung; **édition assistée par ~** *f* Desktop-Publishing; **exploitable par ~** maschinenlesbar; **fabrication assistée par ~ (FAO)** *f* computergesteuerte Fertigung; **micro-~** *m* Personalcomputer, PC; **publication assistée par ~ (PAO)** *f* Desktop-Publishing
~ **central** *m* Zentralcomputer
~ **portable** *m* tragbarer PC, Laptop, Notebook
ordonnance (du gouvernement) *f* Rechtsverordnung
ordonnancement *m* Steuerung, Regelung
~ **de la fabrication/production** *m* Fertigungssteuerung

ordonner *qc* anordnen *etw*
ordre *m* 1. Ordnung, Reihenfolge, Größenordnung 2. Börsenauftrag, Anweisung, Auftrag, Bestellung, Börsenorder 3. Kammer, Berufsstand, Berufsverband
△ **à ~** an die Order; **billet à ~** *m* Solawechsel; **cahier d'~s** *m* Auftragsbuch; **chèque à ~** *m* Orderscheck, Namensscheck; **confrontation des ~s d'achat et de vente** *f* Gegenüberstellung der Kauf- und Verkaufsaufträge; **dans un ~ dispersé** in ungeschlossener Formation; **de l'~ de x %** in der Größenordnung von x %, rund x %; **donneur d'~** *m* Auftraggeber, Ordergeber; **gros ~** *m* großer Börsenauftrag; **par ~** im Auftrag, in Vertretung, in Vollmacht; **petit ~** *m* kleiner Börsenauftrag; **renouvellement des ~s** *m* Prolongation der Aufträge; **sur ~ d'un client** im Auftrag eines Kunden
△△ **exécuter un ~** einen Auftrag ausführen; **donner/passer un ~ d'achat/de vente** einen Kaufauftrag/Verkaufsauftrag erteilen; **le courtier/l'agent de change centralise les ~s** der Börsenmakler sammelt und verarbeitet die Aufträge; **un ~ tombe** ein Auftrag gilt nicht mehr
~ **à cours limité** *m* limitierter Auftrag
~ **à règlement mensuel** *m* Ultimoauftrag, Ultimogeschäft
~ **à terme** *m* Terminauftrag
~ **au comptant** *m* Kassaauftrag
~ **au cours d'ouverture** *m* Auftrag zum Anfangskurs
~ **au cours de clôture** *m* Auftrag zum Schlußkurs
~ **au dernier cours** *m* Auftrag zum Schlußkurs
~ **au mieux** *m* Bestens-Order, Billigst-Order
~ **au premier cours** *m* Auftrag zum Anfangskurs
~ **bancaire** *m* Bankauftrag
~ **conditionnel** *m* bedingtes Termingeschäft
~ **d'achat** *f* Kaufauftrag
△ **exécution d'un ~** *f* Ausführung eines Kaufauftrags
△△ **exécuter un ~** einen Kaufauftrag ausführen; **donner/passer un ~** einen Kaufauftrag erteilen
~**s d'achat et de vente** *m pl* Kauf- und Verkaufsaufträge/Kauf- und Verkaufsorder
△ **confrontation des ~** *f* Gegenüberstellung der Kauf- und Verkaufsaufträge; **exécution d' ~** *f* Ausführung von Kauf- und Verkaufsaufträgen
△△ **exécuter des ~** Kauf- und Verkaufsaufträge/Kauf- und Verkaufsorder ausführen
~ **d'encaissement** *m* Einziehungsauftrag, Inkassoauftrag
~ **de Bourse** *m* Börsenorder, Börsenauftrag
△ **exécution d'un ~** *f* Ausführung eines Börsenauftrags
△△ **exécuter des ordres de Bourse** Börsenaufträge ausführen
~ **de grandeur** *m* Größenordnung
~ **de notation** *m* Aufzeichnungsart
~ **de paiement** *m* Zahlungsaufforderung, Zahlungsauftrag, Zahlungsanweisung
~ **de payer** *m* Zahlungsaufforderung, Zahlungsauftrag, Zahlungsanweisung
~ **de prélèvement automatique** *m* Abbuchungsauftrag
~ **de priorité** *m* Rangfolge, Prioritätsreihenfolge
~ **de vente** *f* Verkaufsauftrag
△ **exécution d'un ~** *f* Ausführung eines Verkaufsauftrags
△△ **exécuter un ~** einen Verkaufsauftrag ausführen; **donner/passer un ~** einen Verkaufsauftrag erteilen
~ **de virement** *m* Überweisungsauftrag
~ **de virement permanent/régulier** *m* Dauerauftrag
~ **du jour** *m* Tagesordnung
~ **illimité** *m* unbeschränkter Auftrag, nicht limitierter Auftrag
~ **important** bedeutender Börsenauftrag
~ **limité** *m* beschränkter Auftrag, limitierter Auftrag
~ **monétaire** *m* Währungsordnung
~ **national des pharmaciens** *m* Nationaler Apothekerverband
~ **professionnel** *m* Kammer, Berufsstand, Berufsverband
~ **public** *m* öffentliche Ordnung
~ **stop** *m* Stoporder

ordure *f* Müll, Dreck
~s ménagères *f pl* Müll, Hausmüll
△ **collecte des ~** *f* Müllabfuhr, Abfallbeseitigung; **enlèvement des ~** *m* Müllabfuhr, Abfallbeseitigung
organe *m* Organ
~ **collégial (de direction) de l'entreprise** *m* kollegiales Führungsorgan des Unternehmens
~ **consultatif** *m* beratendes Organ
~ **de contrôle** *m* Kontrollorgan
~ **de décision** *m* Beschlußorgan
~ **de direction** *m* Führungsorgan
~ **de presse** *m* Presseorgan
~ **exécutif** *m* ausführendes Organ
~ **représentatif** *m* repräsentatives Organ
organigramme *m* Organisationsplan
organisateur de voyages *m* Reiseveranstalter
organisation *f* Organisation, Verband
△ **forme d'~** *f* Organisationsform
~ **administrative** *f* Verwaltungsorganisation
~ **commerciale** *f* Vertriebsorganisation
~ **comptable** *f* Buchhaltungsart
~ **de consommateurs** *f* Verbraucherschutzverband
~ **de Coopération et de Développement économique (OCDE)** *f* Organisation für wirtschaftliche Zusammenarbeit und Entwicklung (OECD)
~ **de défense des consommateurs** *f* Verbraucherschutzverband
~ **de l'achat** *f* Einkaufsorganisation
~ **de l'entreprise** *f* Unternehmensorganisation
~ **des Pays exportateurs de pétrole (OPEP)** *f* Organisation erdölexportierender Länder, Organization of Petroleum Exporting Countries (OPEC)
~ **des ventes** *f* Verkaufsorganisation
~ **du temps de travail** *f* Arbeitszeitregelung, Arbeitszeitgestaltung
~ **du travail** *f* Arbeitsorganisation
~ **matérielle et administrative** *f* technische und administrative Durchführung/Organisation
~ **patronale** *f* Arbeitgeberorganisation, Arbeitgeberverband
~ **professionnelle** *f* berufliche Interessenvertretung, berufsständische Organisation, Berufsorganisation
~ **scientifique du travail (OST)** *f* Taylorismus
~ **syndicale d'employeurs** *f* Arbeitgeberorganisation, Arbeitgeberverband
~ **syndicale (de salariés)** *f* Arbeitnehmervertretung, Gewerkschaft
organiser *qc* organisieren, veranstalten *etw*
~ **un salon** eine Messe/Ausstellung veranstalten
organisme *m* Organisation, Stelle, Einrichtung, Behörde
~ **d'intervention** *m* Interventionsstelle
~ **de compensation** *m* Clearingstelle
~ **de crédit** *m* Kreditinstitut
~ **de crédit spécialisé** *m* Spezialkreditinstitut
~ **de défense du consommateur** *m* Verbraucher(schutz)organisation
~ **de droit public** *m* Körperschaft des öffentlichen Rechts
~ **de formation professionnelle** *m* Berufsausbildungseinrichtung
~ **de la Sécurité sociale** *m* Sozialversicherungseinrichtung
~s de placements collectifs de valeurs mobilières (OPCVM) *m pl* Oberbegriff für Sammelfonds und Investmentgesellschaften
~ **de protection sociale** *m* Sozialversicherung
~ **émetteuer** *m* ausstellendes Organ, Emittent
~ **financier** *m* Geldinstitut, Finanzinstitut
~ **financier international** *m* internationale Finanzbehörde
~s fiscaux *m pl* Steuerorgan(e), Steuerbehörde(n)
~ **gestionnaire** *m* Verwaltungsorganisation
~ **international** *m* internationale Organisation, internationale Institution
~ **payeur** *m* Auszahlungsstelle
~ **placeur** *m* Plazierungsorgan
~ **professionnel** *m* berufliche Interessenvertretung, berufsständische Organisation, Berufsorganisation
~ **public** *m* öffentliche Einrichtung, Behörde
~s semi-publics et publics *m pl* halböffentliche und öffentliche Einrichtungen/Organisationen

orge *m* Gerste
orienté, e vers la pratique praxisorientiert
orienter contre *qc* **(s')** gegen *etw* steuern
~ **vers** *qc* **(s')** sich in Richtung auf *etw* orientieren
originaire de ... aus ... (stammend)
original *m* Urschrift, Original
origine *f* Herkunft, Ursprung
△ **appellation d'~** *f* Herkunftsbezeichnung, Ursprungsbezeichnung; **certificat d'~** *m* Ursprungszeugnis, Herkunftsnachweis; **pays d'~** *m* Herkunftsland
orthographe *f* Rechtschreibung, Orthographie
△ **correcteur d'~** *m* Rechtschreibprogramm
OS (ouvrier spécialisé) *m* angelernter Arbeiter
oscillation *f* Schwankung, Schwanken
~ **de(s) cours** *f* Kursschwankung
~ **de(s) prix** *f* Preisschwankung
osciller entre ... et ... schwanken zwischen ... und ...
△△ **les salaires oscillent entre ... et ...** die Löhne schwanken zwischen ... und ...
OST (organisation scientifique du travail) *f* Taylorismus
ostréiculture *f* Austernzucht
oubli *m* Vergessen, Versäumnis, Unterlassung, Nachläsigkeit
outil *m* Werkzeug, Vorrichtung
△ **machine-~** *m* Werkzeugmaschine
~ **de production** *m* Produktionsapparat, Produktionsinstrumente
~ **de travail** *m* Betriebsausstattung, Produktionsmittel
outillage *m* technische Ausrüstung, Maschinen
△ **matériel et ~** *m* Material und Geräte
outrance (à) extrem, übertrieben
△ **spécialisation à ~** *f* extreme/übermäßige Spezialisierung
outre-Atlantique jenseits des Atlantiks, in den USA
~-Manche jenseits des Ärmelkanals, in England
~-mer in Übersee
~-Rhin *m* jenseits des Rheins, in Deutschland
△ **nos voisins d'~** *m pl* unsere deutschen Nachbarn
outrepasser *qc* überschreiten, übertreten *etw*
~ **ses pouvoirs** seine Befugnisse überschreiten
ouverture *f* Öffnung, Börsenbeginn, Börseneröffnung
△ **à l'~** *f* bei Börsenbeginn, bei Börseneröffnung; **bilan d'~** *m* Eröffnungsbilanz; **cours d'~** *m* Eröffnungskurs; **degré d'~** *m* Öffnungsgrad; **heures d'~ (des magasins)** *f pl* (Laden) Öffnungszeiten
~ **d'un/de crédit** *f* Krediteröffnung, Eröffnung eines Akkreditivs
△ **demande d'~** *f* Krediteröffnungsantrag
~ **d'un/de compte** *f* Kontoeröffnung
~ **(de la Bourse)** *f* Börsenbeginn, Börseneröffnung
△ **à l'ouverture** *f* bei Börsenbeginn, bei Börseneröffnung; **cours d'ouverture** *m* Anfangskurs, Eröffnungskurs
~ **de la cotation** *f* Eröffnung der Notierung
~ **des frontières** *f* Öffnung der Grenzen
~ **des marchés nationaux** *f* Öffnung der Binnenmärkte
~ **des guichets** *f* Schalteröffnung(szeiten)
~ **des plis** *f* Angebotseröffnung
ouvrage *m* Werk
△ **maître de l'~** *m* Bauherr, Auftraggeber
~s d'art *m pl* Kunstbauten (technischer Art wie Brücken u.ä.)
~s du génie civil *m pl* technische Bauwerke
ouvrier/ouvrière *m/f* Arbeiter/Arbeiterin
△△ **congédier/débaucher un ~** einen Arbeiter entlassen; **embaucher/engager un ~** einen Arbeiter einstellen; **exploiter un ~** einen Arbeiter ausbeuten; **licencier/renvoyer un ~** einen Arbeiter entlassen
~ **à domicile** *m* Heimarbeiter
~ **agricole** *m* in der Landwirtschaft Beschäftigter, Landarbeiter
~ **aux pièces** *m* Akkordarbeiter
~ **d'usine** *m* Fabrikarbeiter

~ **de fond** *m* Untertagearbeiter
~ **du bâtiment** *m* Bauarbeiter
~ **non qualifié** *m* Hilfsarbeiter, ungelernter Arbeiter
~ **professionnel (OP)** *m* Facharbeiter
~ **qualifié** *m* Facharbeiter
~ **saisonnier** *m* Saisonarbeiter
~ **spécialisé (OS)** *m* angelernter Arbeiter
~ **syndiqué** *m* gewerkschaftlich organisierter Arbeiter

ouvrier, ière Arbeiter-
△ **classe ~ière** *f* Arbeiterklasse; **Force ~ière** *f* französische Gewerkschaft; **milieux ~s** *m pl* Arbeiterkreise, Arbeitermilieu; **mouvement ~** *m* Arbeiterbewegung; **salaire ~** *m* Arbeitslohn; **syndicat ~** *m* Arbeitergewerkschaft

ouvrir *qc* öffnen, eröffnen *etw*
~ **de nouveaux marchés** neue Märkte eröffnen, erschließen
~ **des négociations** Verhandlungen aufnehmen
~ **droit à** *qc* einen Anspruch begründen/entstehen lassen auf *etw*
~ **son capital** sein Kapital öffen, Beteiligung anbieten
~ **un compte (d'épargne)** ein (Spar) Konto eröffnen
~ **un crédit budgétaire** Haushaltsmittel bewilligen
~ **un débouché** einen Absatzmarkt erschließen
~ **un salon** eine Ausstellung/Messe eröffnen
~ **une action en contrefaçon** wegen Produktpiraterie klagen
~ **une exposition** eine Ausstellung/Messe eröffnen
~ **une foire** eine Ausstellung/Messe eröffnen
~ **une ligne de crédit** eine Kreditlinie/einen Kreditrahmen einräumen/eröffnen

ovin, e Schaf-
△ **production ~e** *f* Schaferzeugung

oxyde d'azote *m* Stickstoff, Stickoxyde
△ **émission d'~** *f* Stick(stoff)oxydemission

oxygène *m* Sauerstoff
△△ **apporter un ballon d'~ à l'économie** der Wirtschaft frischen Schwung geben

ozone *m* Ozon
△ **couche d'~** *f* Ozonschicht; **trou d'~** *m* Ozonloch

P

PAC (politique agricole commune) *m* Gemeinsame Agrarpolitik, GAP
△ **réforme de la ~** *f* Reform der gemeinsamen Agrarpolitik

pack *m* Gebinde

pacotille *f* Billigware, Ramsch(ware), Schund(ware)

page *f* Seite
~**s blanches (de l'annuaire)** *f* amtliches Telefonbuch
~**s jaunes (de l'annuaire)** *f pl* Branchenverzeichnis, gelbe Seiten

paie (*ou* **paye)** *f* Lohnzahlung, Lohn
△ **bulletin de ~** *m* Lohn- und Gehaltszettel

paiement (*ou* **payement)** *m* Zahlung
△ **arriérés de ~** *m pl* Zahlungsrückstände; **carte de ~** *f* Kreditkarte, Scheckkarte; **carte de ~ à mémoire** *f* Chipkarte; **carte de ~ à magnétique** *f* Magnetstreifenkarte; **conditions (de livraison et) de ~** *f pl* (Liefer- und) Zahlungsbedingungen; **date (limite) de ~** *f* Zahlungstermin; **délai de ~** *m* Zahlungsfrist, Zahlungsziel; **documents contre ~** *m pl* Dokumente gegen Zahlung; **engagement de ~** *m* Zahlungsverpflichtung; **incapacité de ~** *f* Zahlungsunfähigkeit; **lettre de rappel de ~** *f* Zahlungserinnerung, Mahnbrief, Mahnung, Mahnschreiben; **mandat de ~** *m* Postanweisung, Zahlungsanweisung; **mode de ~** *m* Zahlungsweise; **moyens de ~** *m pl* Zahlungsmittel; **ordre de ~** *m* Zahlungsaufforderung, Zahlungsauftrag, Zahlungsanweisung; **par ~** durch Zahlung; **système de ~ compensatoire** *m* Preisstützungssystem; **terminal de ~ électronique** *m* bargeldloses Kassensystem, POS-Kasse
~ **à l'avance** *m* vorzeitige Zahlung, Vorauszahlung
~ **à tempérament** *m* Ratenzahlung

~ **anticipé** *m* vorzeitige Zahlung, Vorauszahlung
~ **arriéré** *m* ausstehende Zahlung, Zahlungsrückstand
~ **au titre de la dette extérieure** *m* Zahlung auf die Außenschuld
~ **comptant** *m* Barzahlung, Sofortzahlung
~ **contractuel** *m* vertragliche Zahlung
~ **contre remise d'une traite** *m* Zahlung gegen Aushändigung einer Tratte
~ **de commission** *m* Provisionszahlung
~ **de coupon** *m* Kuponzahlung
~ **de la dette** *m* Schuldenrückzahlung, Schuldendienst, Schuldentilgung
△ **suspension du ~** *f* Einstellung des Schuldendienstes
△△ **suspendre le ~** die Schuldenzahlung/den Schuldendienst einstellen
~ **de la prime** *m* Prämienzahlung
~ **de la rente** *m* Rentenzahlung (z.B. Leibrente)
~ **de la retraite** *m* Rentenzahlung (Altersrente)
~ **des intérêts** *m* Zinszahlung
~ **des salaires** *m* Lohnzahlung
~ **différé** *m* aufgeschobene/spätere Zahlung
~ **échelonné** *m* Zahlung in Raten, gestreckte Zahlung
△ **crédit de ~** *m* Teilzahlungskredit
~ **électronique** *m* elektronische Zahlungsabwicklung, Zahlungsabwicklung per Computer
~ **en espèces** *m* Barzahlung
~ **en retard** *m* Zahlungsrückstand
~ **mensuel** *m* monatliche Zahlung
~ **par carte (bancaire/de crédit)** *m* Zahlung mit Kreditkarte
△ **système national de ~** *m* inländisches Kreditkartenzahlungssystem
~ **par virement** *f* Zahlung durch Überweisung
~ **sans circulation monétaire** *m* bargeldloser Zahlungsverkehr
~ **simple** *m* reine Zahlung
~ **sous réserve** *m* Zahlung unter Vorbehalt
~ **tardif** *m* verspätete Zahlung
~**s scripturaux** *m pl* bargeldloser Zahlungsverkehr
pair *m* Nennwert
△ **au ~** zum Nennwert, pari; **au-dessous du ~** unter Nennwert, unter pari; **au-dessus du ~** über Nennwert, über pari
paix *f* Frieden
~ **sociale** *f* sozialer Frieden
Palais Brongniart *m* Sitz der Pariser Börse
palette *f* 1. Palette (Transport) 2. Produktpalette
~ **de produits offerts** *f* Produktpalette, Angebotspalette
△△ **élargir la ~** die Produktpalette/Angebotspalette erweitern
palliatif *m* Notbehelf, Notlösung, unzureichende Maßnahme
pallier *qc* vorübergehend Abhilfe schaffen, Symptome lindern
pancarte *f* Tafel, Schild
panel *m* Panel, feste Testgruppe, Standardtestgruppe
~ **de consommateurs** *m* Verbraucherpanel
~ **de distributeurs** *m* Handelspanel
panier *m* Korb, Papierkorb
△△ **mettre** *qc* **au ~** wegwerfen *etw*
~ **de biens (et services)** *m* Warenkorb
~ **de la ménagère** *m* Warenkorb
~ **de marchandises** *m* Warenkorb
~ **de monnaies** *m* Währungskorb
panique *f* Panik
~ **boursière** *f* Börsenpanik
panne *f* Panne
~ **d'électricité** *f* Stromausfall, Blackout
panneau *m* Schild, Tafel
~ **d'affichage** *m* Anschlagtafel, Werbefläche, Werbetafel
PAO (publication assistée par ordinateur) *f* Desktop-Publishing, DTP
PAP (prêt aidé à l'accession à la propriété) *m* staatlich gefördertes Darlehen zum Erwerb von Wohneigentum
papier *m* Papier, Wertpapiere, Titel
△ **bac à ~** *m* Papierfach; **cours ~** *m* Briefkurs
△△ **absorber du ~** Titel aufkaufen; **lâcher du ~** Titel abstoßen; **mettre du ~ en circulation** Titel verkaufen; **ramasser du ~** Titel aufkaufen
~ **à en-tête** *m* Briefpapier mit Briefkopf
~ **à lettres** *m* Briefpapier
~ **au porteur** *m* Inhaberpapier

~ **commercial** *m* Handelsdokument, Handelswechsel
~s **d'accompagnement** *m pl* Begleitdokumente
~ **de commerce** *m* Handelsdokument, Handelswechsel
~ **financier** *m* Finanzpapier
~ **kraft** *m* Packpapier
~ **transmissible par endossement** *m* Dispositionspapier, Traditionspapier
papillon *m* abtrennbarer Abschnitt
~ **de rappel** *m* Erinnerungszettel
paquet *m* Paket
~ **d'actions** *m* Aktienpaket
~ **de titres** *m* Aktienpaket
~ **final des négociations** *m* Schlußpaket der Verhandlungen
~ **tarif spécial** *m* Spezialtarifpaket
par durch, mit, mittels
~ **acte (authentique)** notariell, durch notariellen Vertrag
~ **air** auf dem Luftweg, per Flugzeug
~ **avance** im voraus
~ **avion** auf dem Luftweg, per Flugzeug
~ **bateau** per Schiff
~ **camion** per Lkw
~ **chemin de fer** mit der Bahn, auf dem Schienenweg
~ **conséquent** folglich
~ **contrat** vertraglich
~-**devant (le) notaire** vor dem Notar
~ **écrit** schriftlich
~ **erreur** irrtümlich
~ **l'entremise de** ***qn*** durch Vermittlung von *jdm*
~ **lettre recommandée** per Einschreiben
~ **négligence** aus Versehen
~ **ordre (PO)** im Auftrag, in Vertretung, in Vollmacht
~ **paiement** durch Zahlung
~ **procuration (PP)** im Auftrag, in Vertretung, in Vollmacht
~ **rapport à** ***qc*** verglichen mit *etw*
~ **rapport à la même période** verglichen mit demselben Zeitraum
~ **rapport au mois précédent** im Vergleich zum Vormonat
~ **rapport au troisième trimestre** verglichen mit dem dritten Quartal
~ **surcroît** überdies, obendrein
~ **tous moyens en son pouvoir** mit allen ihm/ihr zur Verfügung stehenden Mitteln, nach besten Kräften
~ **voie aérienne** auf dem Luftweg, per Flugzeug
~ **voie d'endettement** durch Verschuldung
~ **voie de presse** durch die Presse
~ **voie de presse et de poste** durch die Presse und per Post
~ **voie ferrée** mit der Bahn, auf dem Schienenweg
~ **voie fluviale** auf dem Binnenwasserweg
~ **voie judiciaire** zwangsweise, auf gerichtlichem Weg
~ **voie légale** auf dem Rechtsweg
~ **voie maritime** auf dem Seeweg
~ **voie postale** auf dem Postweg
~ **voie téléphonique** auf telefonischem Weg
~ **voie terrestre** auf dem Landweg
para-bancaire bankähnlich
parachimie *f* Parachemie
paradis fiscal *m* Steuerparadies, Steueroase
paradoxal, e paradox, widersprüchlich
parafiscal, e steuerähnlich/ Abgabe-,
△ **contribution ~e** *f* steuerähnliche Abgabe; **système ~** *m* Abgabensystem; **taxe ~e** *f* steuerähnliche Abgabe
parallèle parallel
△ **économie ~** *f* Schattenwirtschaft
paralyser ***qc/qn*** lähmen *etw/jdn*, lahmlegen *etw*
être paralysé, e par une grève durch einen Streik lahmgelegt sein
paramètre *m* Parameter
paraphe *m* Abzeichen, Abzeichnung
parapher ***qc*** abzeichnen *etw*
parc *m* Bestand, Inventar, Park
△△ **renouveler son ~ de ...** seinen Bestand an ... erneuern
~ **commercial** *m* Geschäftszentrum, Einkaufszentrum
~ **d'activités** *m* Gewerbegebiet
~ **d'appareils** *m* Bestand an Geräten
~ **d'attraction** *m* Freizeitpark, Vergnügungspark
~ **d'automobiles** *m* Fahrzeugbestand, Fahrzeugpark, Wagenpark, Kfz-Bestand, Fuhrpark
~ **d'avions** *m* Flugzeugflotte
~ **d'exposition** *m* Messegelände, Ausstellungsgelände

~ **d'immeubles** *m* Baubestand
~ **d'immeubles anciens** *m* Altbaubestand
~ **de lignes téléphoniques** *m* Telefonnetz
~ **de logements** *m* Wohnungsbestand
~ **de loisirs** *m* Freizeitpark, Vergnügungspark
~ **de machines** *m* Maschinenpark
~ **de technologie** *m* Technologiepark
~ **de téléviseurs** *m* Bestand an Fernsehern
~ **de véhicules/voitures** *m* Fahrzeugbestand, Fahrzeugpark, Wagenpark, Kfz-Bestand, Fuhrpark
~ **hôtelier** *m* Bettenbestand
~ **immobilier** *m* Immobilienbestand
~ **industriel** *m* Zahl der Industriebetriebe
~ **naturel régional** *m* regionaler Naturpark
~ **nucléaire** *m* Bestand an Atomkraftwerken
~ **roulant** *m* Fahrzeugbestand, Fahrzeugpark, Wagenpark, Kfz-Bestand, Fuhrpark
parcelle *f* Parzelle, Grundstück
~ **boisée** *f* Waldgrundstück
parcellisation *f* Zerlegung
parcellisation des tâches *f* Zerlegung der Arbeit in kleine Arbeitsschritte
parcourir (un chemin) durchlaufen (einen Weg)
parental, e Eltern-, elterlich, Erziehungs-
△ **congé** ~ *m* Erziehungsurlaub
parent *m* Elternteil, Verwandter
~ **isolé** *m* Elternteil, Alleinerziehende, Alleinerziehender
parenté *f* Verwandtschaft(sbeziehung)
△ **degré de** ~ *m* Verwandtschaftsgrad
paritaire paritätisch
△ **commission mixte** ~ *f* paritätisch zusammengesetzter Ausschuß (z.B. von Arbeitgebern und Arbeitnehmern); **gestion** ~ *f* paritätische Leitung/Verwaltung/Mitbestimmung
paritairement paritätisch
△△ **gérer *qc*** ~ paritätitsch verwalten/leiten *etw*
parité *f* Parität, Wechselkurs
△ **changement de** ~ *m* Wechselkursänderung, Wechselkursanpassung; **fixation des ~s** *f* Festlegung der Wechselkurse; **instabilité des ~s** *f* Instabilität der Wechselkurse, Wechselkursschwankungen; **modification des ~s** *f* Wechselkursänderung, Wechselkursanpassung; **réajustement des ~s** *m* Wechselkursänderung, Wechselkursanpassung; **réaménagement de la ~ dollar-mark** Neufestsetzung des Wechselkursverhältnisses zwischen Dollar und DM; **stabilisation des ~s** *f* Stabilisierung der Wechselkurse; **système de ~s fixes** *m* System fester Paritäten; **volatilité des ~s** *f* Instabilität der Wechselkurse, Wechselkursschwankungen
△△ **conserver sa ~ à l'égard d'une autre monnaie** seinen Wechselkurs gegenüber einer anderen Währung (beibe)halten; **définir la ~ d'une monnaie** die Parität festlegen; **réajuster les ~s monétaires** die Wechselkurse/Paritäten neu festlegen/ändern/anpassen; **stabiliser les ~s monétaires** die Wechselkurse stabilisieren
~ **de change** *f* Währungsparität, Wechselkurs
~ **de(s) pouvoir d'achat (PPA)** *f* Kaufkraftparität
~ **des changes** *f* Währungsparität, Wechselkurs
~ **monétaire** *f* Währungsparität, Wechselkurs
parole *f* Sprache, gesprochene Sprache
parquet *m* Parkett (Börse), Gericht
parrainage *m* Patenschaft, Schirmherrschaft
△ **sous le ~ de *qn*** unter der Schirmherrschaft von *jdm*
parrainer *qc* die Schirmherrschaft für *etw* übernehmen
part *f* Anteil, Teil
△ **détenteur de ~s** *m* Anteilseigner
~ **affectée à l'épargne** *f* Sparanteil
~ **assimilée à la plus-value** *f* Ertragsanteil
~ **cessible** *f* abtretbarer Anteil
~ **d'héritage** *f* Erbanteil, Erbteil
~ **de bénéfice** *f* Gewinnanteil
~ **de capital** *f* Kapitalanteil
~ **de marché** *f* Marktanteil
△ **conquête de parts de marché** *f* Er-

oberung von Marktanteilen; **en termes de part(s) de marché** gemessen an den Marktanteilen; **gains de parts de marché** *m pl* Marktanteilgewinne; **perte de parts de marché** *f* Verlust an Marktanteilen; **prise de parts de marché** *f* Erringung von Marktanteilen

△△ **accroître sa ~** seinen Marktanteil vergrößern; **augmenter ses parts de marché** seinen Marktanteil vergrößern; **conquérir des parts de marché** Marktanteile erringen, erobern; **défendre ses parts de marché** seinen Marktanteil verteidigen; **enlever des parts de marché à** ***qn*** Marktanteile wegnehmen *jdm*; **être la deuxième entreprise du pays en termes de part(s) de marché** *f* gemessen an den Marktanteilen das zweitwichtigste Unternehmen des Landes sein; **gagner des parts de marché** Marktanteile gewinnen; **les gains de parts de marché sont importants** *m pl* die Marktanteilgewinne sind bedeutend; **perdre des parts de marché** Marktanteile verlieren; **préserver ses parts de marché** seinen Marktanteil behaupten

~ **de propriété** *f* Eigentumsanteil

~ **de SICAV** *f* Investmentfondsanteil

~ **de société** *f* Gesellschaftsanteil, Unternehmensanteil

△ **cession de parts de société** *f* Veräußerung von Unternehmensanteilen

~ **du lion** *f* Löwenanteil

△△ **se tailler la ~** sich den Löwenanteil nehmen

~ **globale** *f* globaler Anteil

~**s nominatives** *f pl* Namenspapiere

~ **patronale (des cotisations sociales)** *f* Arbeitgeberanteil, Arbeitgeberbeiträge zur Sozialversicherung

~ **salariale (des cotisations sociales)** *f* Arbeitnehmeranteil, Arbeitnehmerbeiträge zur Sozialversicherung

~ **sociale** *f* Gesellschaftsanteil

~**s transmissibles** *f pl* übertragbare Anteile

partage *m* Aufteilung, Teilung

△ **donation-~** *f* Teilung des Nachlasses durch Schenkung

~ **anticipé** *m* Teilung des Nachlasses zu Lebzeiten durch Schenkung

~ **des responsabilités** *m* Aufteilung der Verantwortlichkeiten

~ **des tâches** *m* Aufgabenteilung

~ **des voix** *m* Stimmengleichheit

△△ **en cas de ~, la voix du président est prépondérante** bei Stimmengleichheit gibt die Stimme des Vorsitzenden den Ausschlag

~ **du marché** *m* Marktaufteilung

~ **du travail** *m* Verteilung der Arbeit (d.h. Umverteilung der vorhandenen Arbeitsplätze auf mehr Beschäftigte)

~ **entre vifs** *m* Teilung des Nachlasses zu Lebzeiten durch Schenkung

~ **judiciaire** *m* gerichtlich verfügte Teilung

~ **successoral** *m* Nachlaßteilung

partager ***qc*** teilen *etw*

~ **le temps du travail** Arbeitszeit (und damit Arbeitsplätze) teilen

~ ***qc*** **(se)** sich teilen *etw*

~ **le marché (se)** sich den Markt aufteilen

partenaire *m* Partner

~ **commercial** *m* Handelspartner

~ **économique** *m* Wirtschaftspartner

~**s sociaux** *m pl* Sozialpartner, Tarifparteien, Tarifpartner

partenariat *m* Partnerschaft, Kooperation

△ **accord de ~** *m* Kooperationsvereinbarung; **politique de ~** *f* Kooperationspolitik

parti *m* Partei

~ **travailliste** *m* Labour-Partei

participatif, ve Beteiligungs-

△ **prêt/titre ~** *m* 1983 geschaffenes Anteilspapier an verstaatlichten Unternehmen (Mischform zwischen Anleihe und Aktie)

participation (à ***qc*****)** *f* 1. Beteiligung, Teilnahme, Anteil (an *etw*) 2. Mitbestimmung der Arbeitnehmer, Gewinnbeteiligung der Arbeitnehmer

△ **fonds de ~** *m* Beteiligungsfonds; **prise de ~** *f* Beteiligung; **société en ~** *f* Stille Gesellschaft; **taux de ~** *m* Beteiligungsrate, Wahlbeteiligung; **titre de ~** *m* Anteilschein

△△ **avoir une ~ dans une société** an einer Gesellschaft beteiligt sein; **avoir une ~ de x francs** mit x Franc beteiligt sein; **porter la (prise de) ~ à x %** die Beteiligung auf x % anheben; **prendre**

une ~ dans (le capital d') une société sich an einer Gesellschaft (am Gesellschaftskapital eines Unternehmens) beteiligen; **revendre sa ~ dans une société** seine Anteile an einer Gesellschaft wieder verkaufen
~ à un fonds *f* Fondsbeteiligung
~ aux bénéfices *f* Beteiligung am Betriebsergebnis, Gewinnbeteiligung
~ aux frais *f* Unkostenbeitrag, Kostenbeteiligung
~ aux résultats (financiers) *f* Beteiligung am Betriebsergebnis, Gewinnbeteiligung
~ bénéficiaire *f* Beteiligung am Betriebsergebnis, Gewinnbeteiligung
~ croisée *f* Schachtelbeteiligung, wechselseitige Beteiligung
△ **prise de ~** *f* Schachtelbeteiligung
~ électorale *f* Wahlbeteiligung
~ étrangère *f* ausländische Beteiligung
~ financière *f* Kapitalbeteiligung
~ indirecte *f* indirekte Beteiligung
~ majoritaire *f* Aktienmehrheit, Kapitalmehrheit, Mehrheitsbeteiligung
~ minoritaire *f* Minderheitsbeteiligung
~ publique *f* Beteiligung der öffentlichen Hand
participer à *qc* teilnehmen an, teilhaben an, Anteil haben an *etw*
~ à la décision mitbestimmen
~ à la gestion mitbestimmen
~ à une souscription sich an einer Zeichnung beteiligen
~ aux bénéfices am Gewinn beteiligt sein
particularité *f* Besonderheit
particulier *m* Privatperson
△ **consommation des ~s** *f* Verbrauch der Haushalte, privater Verbrauch; **crédit aux ~s** *m* Kredit an Privatpersonen, Verbraucherkredit; **détention par des ~s** *f* privater Besitz
particulier, ière besondere(r), Einzel-, Sonder-
△ **avarie ~ière** *f* besondere Havarie; **cas ~** *m* Einzelfall, Sonderfall; **conditions ~ières du contrat** *fpl* besondere Vertragsbedingungen/Vertragsbestimmungen
particulièrement besonders
partie *f* 1. Teil 2. Partei (im juristischen Sinne), Vertragspartner
△ **en ~** teilweise, zum Teil
~ adverse *f* Gegenpartei
~s au contrat *fpl* Vertragsparteien, Vertragspartner
~ contractante *f* vertragsschließende Partei, Vertragspartner
~ prenante (être) mitmachen, teilnehmen, mitziehen
partiel, le teilweise, Teil-
△ **acceptation ~le** *f* Teilakzept, Teilannahme; **chômage ~** *m* Kurzarbeit; **domaine ~** *m* Teilbereich; **emploi à temps ~** *m* Teilzeitarbeitsplatz
partir weggehen, abreisen
~ à la retraite in Rente/in den Ruhestand gehen
~ en congé in Urlaub gehen
~ en préretraite in den Vorruhestand gehen
~ en retraite anticipée in den Vorruhestand gehen
partisan de *qc* *m* Anhänger von *etw*, Befürworter von *etw*
~ du libre-échange *m* Anhänger/Befürworter des Freihandels
parvenir à *qc* zu *etw* gelangen, *etw* erreichen
△△ **faire parvenir *qc* à *qn*** schicken, senden *jdm etw*
~ à un accord eine Einigung erzielen
~ à un consensus social einen sozialen Konsens erreichen
pas de porte *m* Mietverhältnis mit Recht auf Verlängerung des Mietvertrages gegen Zahlung einer Ablösesumme an den Vormieter (bei gewerblichen Räumen)
passage *m* Durchgang, Vorbeigehen, Übergang
△ **client de ~** *m* Laufkunde
~ à *qc* *m* Übergang zu *etw*
~ de la frontière *m* Grenzübertritt
~ par étapes à *qc* *m* schrittweiser Übergang zu *etw*
passager *m* Passagier, Fahrgast, Fluggast, Insasse, Mitfahrer
△ **garantie dommages corporels aux ~s** *f* Insassenversicherung
~ en transit direct *m* Transitreisender
~s-kilomètres (transportés) *m pl* Passagierkilometer
passation (du marché) *f* Auftragsverga-

be, Vergabe, Zuschlag (bei öffentlichen Ausschreibungen/Aufträgen)
△ **mode de ~** *m* Art der Vergabe, Vergabeart (bei öffentlichen Ausschreibungen/Aufträgen)

passavant *m* Nämlichkeitsschein

passé ce délai nach Ablauf dieser Frist

passer vorübergehen, passieren
~ **à l'actif** *qc* aktivieren *etw*
~ **au passif** *qc* passivieren *etw*
~ **commande (ferme) de** *qc* (fest) bestellen *etw*
~ **dans le rouge/vert (indice CAC 40)** nach unten/oben gehen (Börsenindex)
~ **de ... à ...** von ... auf ... ansteigen/sinken
△△ **le taux d'inflation est passé de ... à ...** die Inflationsrate ist von ... auf ... gestiegen/gefallen
~ **des marchandises en fraude** Waren (ein/heraus)schmuggeln
~ **en comptabilité** *qc* buchen, verbuchen
~ **en compte** *qc* verbuchen *etw*
~ **en fraude** *qc* schmuggeln, einschmuggeln, herausschmuggeln *etw*
~ **la barre des x %** die x %-Grenze überschreiten
~ **la douane** den Zoll, die Grenze passieren
~ **par profits et pertes** in den Schornstein schreiben, abschreiben
~ **un acte** einen notariellen Vertrag schließen
~ **un contrat** einen Vertrag abschließen
~ **un marché** ein Geschäft abschließen
~ **un ordre d'achat/de vente (à** *qn***)** einen Kaufauftrag/Verkaufsauftrag erteilen (*jdm*)
~ **une annonce** eine Anzeige aufgeben
~ **une commande** eine Bestellung aufgeben
~ **une somme en compte** einen Betrag buchen/auf dem Konto verbuchen

passible de *qc* -pflichtig
~ **d'un impôt** steuerpflichtig, zu versteuern (Person, Einkünfte)
~ **de l'IS** körperschaftsteuerpflichtig

passif *m* Passiva, Passivseite der Bilanz, Schuldenmasse, Verbindlichkeiten
△ **article de ~** *m* Passivposten; **compte de ~** *m* Passivkonto, Debetkonto; **écriture de ~** *f* Passivbuchung; **élément de ~** *m* Passivposten; **plan d'apurement collectif du ~** *m* kollektiver Schuldenbereinigungsplan; **poste de ~** *m* Passivposten
△△ **comptabiliser** *qc* **au ~** auf die Passivseite verbuchen, passivieren; **juxtaposer l'actif et le ~** Aktivseite und Passivseite gegenüberstellen; **passer** *qc* **au ~** passivieren; **porter** *qc* **au ~** passivieren; **une somme est inscrite/figure au ~ du bilan** ein Betrag erscheint auf der Passivseite der Bilanz
~ **à long terme** *m* langfristige Verbindlichkeiten
~ **de la faillite** *m* Passivmasse
~ **exigible** *m* fällige Verbindlichkeiten
~ **exigible à court terme** *m* laufende Verbindlichkeiten
~ **privilégié** *m* bevorrechtigte Verbindlichkeiten
~ **social** *m* Passivmasse, Verbindlichkeiten der Gesellschaft

pâté de maisons *m* Häuserblock

patente *f* Gewerbesteuer (frühere Bezeichnung)

patrimoine *m* Besitz, Vermögen, Erbe
△ **concentration des ~s** *f* Vermögenskonzentration; **écarts de ~** *m pl* Vermögensunterschiede; **éléments du ~** *m pl* Vermögensbestandteile; **gestion de ~** *f* Vermögensverwaltung; **gestionnaire de ~** *m* Vermögensverwalter; **imposition du ~** *f* Vermögensbesteuerung; **inégalité des ~s** *f* Vermögensungleichheit; **revenus du ~** *m pl* Einkommen aus Vermögen
△△ **gérer un ~** ein Vermögen verwalten; **hériter d'un ~** ein Vermögen erben; **imposer le ~** das Vermögen besteuern; **léguer un ~** ein Vermögen hinterlassen, vererben; **transmettre un ~** ein Vermögen übertragen
~ **de l'entreprise** *m* Betriebsvermögen
~ **financier** *m* Geldvermögen
~ **financier des ménages** *m* Geldvermögen der Haushalte
~ **foncier** *m* Immobilienvermögen, Grundbesitz
~ **immobilier** *m* Immobilienbesitz, Immobilienvermögen
~ **industriel** *m* Industriebesitz
~ **net imposable** *m* steuerpflichtiges Nettovermögen

patrimonial, e Vermögens-, vermögensrechtlich
△ **droit ~** *m* Vermögensrecht, Erbrecht; **extra~** nicht zum Vermögen gehörend
patron *m* Unternehmer, Arbeitgeber, Firmenchef, Unternehmensleiter, *pl* Arbeitgeberschaft, Arbeitgeber
△ **syndicat de ~s** *m* Arbeitgeberverband
~ des patrons (*fam*) *m* Vorsitzender des Arbeitgeberverbandes
patronage *m* Schirmherrschaft
△ **sous le ~ de *qn*** unter der Schirmherrschaft von *jdm*
~ des banques *m* Schirmherrschaft der Banken
patronal, e (*pl* **patronaux, patronales**) Arbeitgeber-
△ **contribution ~e au financement** *f* Arbeitgeberbeitrag zur Finanzierung; **cotisations ~es** *f pl* Arbeitgeberbeiträge zur Sozialversicherung; **délégation ~e** *f* Arbeitgeberdelegation; **fonds ~** *m* Arbeitgeberfonds; **milieux patronaux** *m pl* Unternehmerkreise; **négociateurs patronaux** *m* Arbeitgebervertreter/Arbeitgeberseite bei Verhandlungen; **organisation ~e** *f* Arbeitgeberverband; **part ~e (des cotisations sociales)** *f* Arbeitgeberanteil, Arbeitgeberbeiträge zur Sozialversicherung; **syndicat ~** *m* Arbeitgeberverband
patronat *m* Arbeitgeber, Unternehmer, Arbeitgeberschaft
△ **Conseil national du ~ français (CNPF)** *m* Arbeitgeberverband; **fonds du ~** *m* Arbeitgeberfonds
patronyme *m* Familienname
pâturage *m* Weideland
~ permanent *m* dauerhaftes Weideland
pâturer weiden, abweiden
paupérisation *f* Verarmung, Verelendung
~ absolue/relative *f* absolute/relative Verarmung
pauvre arm, verarmt
△ **classes ~s** *f pl* arme Schicht(en); **nouveaux ~s** *m pl* die neuen Armen
pauvreté *f* Armut
△ **nouvelle ~** *f* neue Armut; **seuil de ~** *m* Armutsgrenze; **victimes de la nouvelle ~** *f pl* Opfer der neuen Armut
△△ **vivre en dessous du seuil de ~** unterhalb der Armutsgrenze leben
pavillon *m* 1. Pavillon, Häuschen 2. Flagge
~ de complaisance *m* „Gefälligkeitsflagge" d.h. beim sog. Ausflaggen die Flagge eines Landes, unter dem ein Schiff aus finanziellen, arbeitsrechtlichen oder steuerlichen Gründen fährt
payable zahlbar
△ **accréditif ~ en espèces** *m* Barakkreditiv
~ à vue auf Sicht zahlbar
~ au porteur zahlbar an Inhaber
paye (*ou* paie) *f* Lohnzahlung, Lohn
△ **bulletin de ~** *m* Lohn- und Gehaltszettel
payé, e entlohnt, vergütet
△ **congé ~** *m* bezahlter Urlaub, gesetzlicher Urlaub; **fret ~** *m* Fracht im voraus bezahlt
△△ **être ~ à l'heure/à la semaine/au mois** nach Stunden/pro Woche/pro Monat bezahlt werden, Stundenlohn/Wochenlohn/Monatslohn beziehen; **être ~ au SMIC** den Mindestlohn beziehen
payement (*ou* paiement) *m* Zahlung (*vgl. unter* **paiement**)
payer (*qc*, *qn*) zahlen, bezahlen (*etw*, *jdn*)
△ **bon à~** *m* Abschnitt eines fälligen Wechsels; **commandement de ~** *m* Zahlungsaufforderung; **injonction de ~** *f* Mahnbescheid, Zahlungsaufforderung; **effets à ~** *m pl* Wechselverbindlichkeit; **net à ~** zu zahlender Betrag; **ordre de ~** *m* Zahlungsaufforderung, Zahlungsauftrag, Zahlungsanweisung
~ à prix d'or *qc* sehr teuer kaufen *etw*, einen saftigen Preis zahlen für *etw*
~ à son véritable prix *qc* den wirklichen Preis zahlen (d. h. einen nicht subventionierten Preis) für *etw*
~ au prix fort *qc* teuer bezahlen *etw*
~ cher *qc* teuer bezahlen *etw*
~ d'avance im voraus zahlen, vorauszahlen
~ des cotisations sociales Beiträge zur Sozialversicherung zahlen
~ des impôts Steuern zahlen
~ des intérêts Zinsen zahlen

~ **en espèces/en liquide** bar zahlen
~ **en nature** in Naturalien zahlen
~ **en numéraire** bar zahlen
~ **en plusieurs versements** in mehreren Raten zahlen
~ **en retard** verspätet zahlen
~ **la douane/les droits de douane** den Zoll zahlen
~ **par carte (bancaire/de crédit)** mit Kreditkarte bezahlen
~ **par chèque** mit Scheck bezahlen
~ **par prélèvement automatique** durch Einzugsermächtigung zahlen
~ **par versements échelonnés** in Raten bezahlen
~ **par virement** durch Überweisung bezahlen
~ **une redevance** eine Gebühr bezahlen
~ ***qc* (se)** sich *etw* leisten

payeur *m* Zahler
△ **établissement ~** *m* Zahlstelle; **mauvais ~** *m* säumiger Zahler

pays *m* Land
△ **arrière-~** *m* Hinterland
~ **à bas salaires** *m* Niedriglohnland
~ **ACP (Afrique, Caraïbes, Pacifique)** *m pl* AKP-Länder
~ **appartenant à ...** *m* Mitgliedsland in ...
~ **consommateur** *m* Verbraucherland
~ **contractant** *m* vertragsschließendes Land
~ **d'origine** *m* Ursprungsland, Herkunftsland
~ **de destination** *m* Bestimmungsland
~ **de l'ASEAN** *m pl* ASEAN-Länder
~ **de l'Est** *m pl* osteuropäische Länder
~ **de l'OCDE** *m pl* OECD-Länder
~ **débiteur** *m* Schuldnerland
~ **développé** *m* entwickeltes Land
~ **du tiers monde/Tiers-monde** *m pl* Dritte Welt-Länder, Länder der Dritten Welt
~ **émergents** *m pl* Schwellenländer
~ **emprunteur** *m* Schuldnerland
~ **en développement** *m* Entwicklungsland
~ **en voie de développement (PVD)** *m pl* Entwicklungsländer
~ **en voie d'industrialisation (PVI)** *m pl* Schwellenländer
~ **exportateur** *m* Ausfuhrland, Exportland
~ **exportateurs de pétrole** *m pl* ölexportierende Länder
~ **exportateur de produits agricoles** *m* Agrarausfuhrland
~ **importateur** *m* Einfuhrland, Importland
~ **industrialisés** *m pl* Industrieländer
△ **nouveaux ~ (NPI)** *m pl* Schwellenländer; **vieux ~** *m pl* alte Industrieländer
~ **industrialisés à économie de marché** *m pl* marktwirtschaftlich organisierte Industrieländer
~ **investisseur** *m* Heimatland
~ **les moins avancés** *m pl* am wenigsten entwickelte Länder, LDC-Länder
~ **maritime** *m* Meeresanrainerland
~ **membre (de ...)** *m* (...-) Mitgliedsland
~ **membres de l'UE** *m pl* EU-Mitgliedsländer
~ **non alignés** *m pl* blockfreie Länder
~ **non-OPEP** *m pl* Nicht-OPEC-Länder
~ **non pétroliers** *m pl* nicht-ölexportierende Länder
~ **OPEP** *m pl* OPEC-Länder
~ **pétroliers** *m pl* erdölerzeugende Länder, erdölexportierende Länder
~ **producteur de blé** *m* weizenerzeugendes Land
~ **producteurs de pétrole** *m pl* erdölerzeugende Länder
~ **signataire** *m* Unterzeichnerstaat
~ **tiers** *m* Drittland
~ **transitaire** *m* Transitland
~ **voisin** *m* Nachbarland

paysage *m* Landschaft
~ **salarial** *m* Lohnlandschaft

paysagiste *m* Landschaftsgärtner

PC *m* Personalcomputer, PC

PCS (professions et catégories socio-professionnelles) *f pl* vom Staatlichen Statistikinstitut (INSEE) verwendete Berufsgruppenklassifizierung

PCV (appel en) *m* R-Gespräch

PDG (président-directeur général) *m* Generaldirektor, Vorstandsvorsitzender

PDRE (population disponible à la recherche d'un emploi) *f* dem Arbeitsmarkt zur Verfügung stehende Arbeitslose (INSEE-Statistik)

péage *m* Maut, Straßenutzungsgebühr, Autobahngebühr
pêche *f* Fischerei
△ **bateau de ~** *m* Fischerboot; **flotte de ~** *f* Fischereiflotte; **grande ~** *f* Hochseefischerei; **petite ~** *f* Fischfang in Küstennähe; **port de ~** *m* Fischereihafen
~ maritime *f* Seefischerei
pécule *m* Barschaft, kleinere Sparsumme, Rücklage
pécuniaire Geld-
△ **gain ~** *m* Geldgewinn; **peine ~** *f* Geldstrafe
peine *f* Strafe
~ de prison *f* Gefängnisstrafe, Freiheitsstrafe
~ pécuniaire *f* Geldstrafe
pelle *f* Schaufel
~ mécanique *f* Bagger, Schaufelbagger
pénal, e Straf-
△ **clause ~e** *f* Schadensersatzfestsetzungsklausel, Vertragsstrafenklausel, Konventialstrafenklausel; **condamnation ~e** *f* strafrechtliche Verurteilung; **droit ~** *m* Strafrecht; **responsabilité ~e** *f* strafrechtliche Verantwortlichkeit
pénaliser ***qn*** 1. bestrafen, mit einer Strafe belegen *jdn* 2. benachteiligen *jdn*
pénalité *f* Strafe, Vertragsstrafe
~ de retard *f* Säumniszuschlag, Verspätungszuschlag, Verzugsentschädigung
~ fiscale *f* Steuerstrafe, Strafsteuer
pencher vers ***qc*** neigen zu *etw*
pénétration *f* Durchdringung
△ **coût de ~** *m* Markterschließungskosten; **taux de ~** *m* Durchdringungsgrad
~ de produits étrangers *f* Eindringen ausländischer Erzeugnisse
~ du marché *f* Marktdurchdringung
△ **stratégie de ~** *f* Marktdurchdringungsstrategie
pénétrer le/un marché den/einen Markt durchdringen
pénible schwer, hart
△ **travail ~** *m* schwere Arbeit
péniche *f* Frachtkahn
pénitentiaire Strafvollzugs-, Gefängnis-
△ **établissement ~** *m* Strafanstalt
pense-bête *m* Merkzettel
pension *f* 1. Versorgungsrente 2. Pensionsgeschäft
△ **fonds de ~** *m* Pensionsfond; **prise en ~** *f* Wertpapierpensionssgeschäft; **mise en ~** *f* Hinterlegen von Wertpapieren, Wertpapierpensionssgeschäft; **taux de prise en ~** *m* Zinssatz für Wertpapierpensionssgeschäfte, Lombardsatz
△△ **recevoir/toucher une ~** eine Versorgungsrente bekommen; **verser une ~ à** ***qn*** eine Versorgungsrente auszahlen *jdm*
~ à préavis *f* zeitlich nicht befristetes Pensionsgeschäft
~ à terme *f* Pensionsgeschäft mit festgelegter Laufzeit
~ alimentaire *f* Unterhaltszahlung, Unterhaltskosten
~ au jour le jour *f* Pensionsgeschäft mit 1 Tag Laufzeit
~ d'invalidité *f* Invaliditätsrente
~ d'invalidité professionnelle *f* Berufsunfähigkeitsrente
~ de retraite/de retraité *f* Altersrente
~ de réversion *f* übertragbare Altersrente (auf Witwen/Witwer), Hinterbliebenenrente
~ de veuve de guerre *f* Kriegerwitwenrente
~ de vieillesse *f* Altersrente
~ réversible *f* übertragbare Altersrente (auf Witwen/Witwer), Hinterbliebenenrente
pénurie *f* Mangel, Knappheit, Verknappung
~ d'argent *f* Knappheit an flüssigen Mitteln
~ d'énergie *f* Energieknappheit, Energieverknappung
~ de biens *f* Güterknappheit
~ de devises *f* Devisenknappheit
~ de logements *f* Wohnungsnot
~ de main-d'oeuvre *f* Arbeitskräftemangel
~ de matières premières *f* Rohstoffknappheit, Rohstoffmangel
pépinière *f* 1. Baumschule 2. Ausbildungstätte, Kaderschmiede
per capita Pro-Kopf-
△ **revenu ~** *m* Pro-Kopf-Einkommen
percée *f* Durchbruch
~ commerciale *f* Markterfolg
percepteur *m* Steuereinnehmer, Finanzbeamter

perceptible wahrnehmbar, spürbar
perception *f* 1. Erhebung, Eintreibung, Einziehung, Finanzamt, Finanzkasse, Steuerbehörde 2. Wahrnehmung
△ **taux de ~** *m* Hebesatz
~ **de l'autre** *f* Fremdwahrnehmung
~ **de l'impôt/des impôts** *f* Steuereinziehung, Steuererhebung
~ **de la CSG (contribution sociale généralisée)** *f* Einziehung der Sozialabgabe
~ **des intérêts** *f* Zinseinziehung
percevoir ***qc*** **(des intérêts, un impôt, des cotisations sociales, un revenu)** 1. einziehen, erhalten, beziehen *etw* (Zinsen, eine Steuer, Beiträge zur Sozialversicherung, ein Einkommen) 2. wahrnehmen *etw*
~ **des prestations sociales** Sozialleistungen erhalten/beziehen
perçu, e erhalten, bezogen
△ **caractéristiques ~es** *f pl* wahrgenommene Merkmale
perdre ***qc*** verlieren, einbüßen *etw*
△△ **l'indice perd x points** der Index büßt x Punkte ein
~ **des emplois** Arbeitsplätze verlieren
~ **des marchés** Aufträge verlieren
~ **des parts de marché** Marktanteile verlieren
~ **en** ***qc*** verlieren an *etw*
~ **en valeur** an Wert verlieren
~ **son pouvoir d'achat** an Kaufkraft verlieren
~ **x % de sa valeur** x % an Wert verlieren
perdu, e Wegwerf-, Einweg-, wegwerfbar
△ **emballage ~** *m* Einwegverpackung
père *m* Vater
~célibataire *m* Alleinerziehender, alleinerziehender Vater
~ **de famille** *m* Familienvater
~s-fondateurs *m pl* Gründerväter
perennité *f* dauerhafter Bestand, Fortbestand, Überleben, Dauerhaftigkeit, Erhaltung
~ **de l'entreprise** *f* Fortbestand des Unternehmens, Unternehmenserhaltung
△ **garantir la ~** den Fortbestand des Unternehmens sichern
péréquation *f* Ausgleich
perfectible verbesserungsfähig
perfection *f* Vollkommenheit, Perfektion
△△ **atteindre la ~** perfekt/vollkommen sein
perfectionnement *m* Vervollkommnung, Veredelung
~ **actif/passif** *m* aktive/passive Veredelung
perforation *f* Lochung
perforé, e gelocht, perforiert, durchlöchert, vorgestanzt
△ **bande ~e** *f* Lochstreifen; **carte ~e** *f* Lochkarte
performance *f* Leistung
△ **amélioration des ~s** *f* Leistungsverbesserung
~ **économique** *f* Wirtschaftsleistung
performant, e leistungsfähig, leistungsstark
péril *m* Gefahr
△ **aux risques et ~s de** ***qn*** auf Gefahr von *jdm*
△△ **encourir un ~** Gefahr laufen, einer Gefahr ausgesetzt sein; **les marchandises voyagent aux risques et ~s de l'acheteur** die Waren werden auf Risiko des Käufers versandt, das Transportrisiko trägt der Käufer
périmé, e veraltert, überholt, abgelaufen, verfallen
△ **chèque ~** *m* verfallener Scheck
périmètre *m* Bereich, Umgebung
~ **de protection** *m* Schutzbereich
période *f* Zeitraum, Periode
△ **calcul des coûts pour une ~ donnée** *m* Kostenperiodenberechnung; **par rapport à la même ~** verglichen mit dem selben Zeitraum
~s à venir *f pl* künftige Zeiträume
~ **d'amortissement** *f* Abschreibungszeitraum, Tilgungszeit
~ **d'emploi** *f* Beschäftigungszeit
~ **d'épargne** *f* Ansparzeit
~ **d'essai** *f* Probezeit
~ **d'imposition** *f* Veranlagungszeitraum
~s de cotisation *f pl* Beitragszeiten
~ **de garantie** *f* Garantiezeit
~ **de grâce** *f* tilgungsfreie Zeit (bei Krediten), Karenzzeit
~ **de récession** *f* Rezessionsperiode
~ **de rééchelonnement** *f* Umschuldungszeitraum

~ **de référence** *f* Bezugszeitraum, Vergleichsperiode
~ **de remboursement** *f* Tilgungszeit
~ **déterminée** *f* bestimmter Zeitraum
~ **du contrat** *f* Vertragsdauer
~ **imposable** *f* Veranlagungsperiode
~s **intercensitaires** *f pl* Zeiträume zwischen zwei Volkszählungen
~s **non couvertes par des cotisations** *f pl* beitragslose Zeiten
~ **sans remboursement** *f* tilgungsfreie Zeit (bei Krediten)
~ **sous référence** *f* Berichtszeitraum
périodicité *f* Periodizität
△ **règle de la ~** *f* Regel der zeitlichen Übereinstimmung (bei Finanzierung: kurzfristige Fremdmittel für kurzfristige Verbindlichkeiten, langfristige Fremdmittel für langfristige Verbindlichkeiten)
périodique *m* Periodikum, periodisch erscheinende Veröffentlichung
périodique periodisch
périodiquement in periodischen Abständen, periodisch
périphérie des agglomérations *f* Stadtrand
△ **à la ~** *f* am Stadtrand
périphérique *m* Peripherie, peripheres Teil, Peripheriegerät, Ringautobahn
périphérique Rand-, Umgehungs, Ring-
△ **autoroute ~** *f* Ringautobahn; **boulevard ~** *m* Ringautobahn
périssable leichtverderblich
△ **denrées ~s** *f pl* leichtverderbliche Güter
permanence *f* Bereitschaft, Vertretung, Büro, Dienst
permanent *m* ständiger Vertreter
~ **syndical** *m* Gewerkschaftsvertreter (als ständiger Ansprechpartner im Betrieb)
permanent, e andauernd, ständig
△ **capitaux ~s** *m* Dauerkapital, betriebsnotwendiges Kapital; **crédit ~** *m* Dauerkredit, Dispokredit, Kreditlinie; **formation ~e** *f* Weiterbildung
perméabilité *f* Durchlässigkeit
permettre (*qc* à *qn*) erlauben (*etw jdm*)
~ **à *qn* de faire *qc*** erlauben *jdm etw* zu tun
~ ***qc* (se)** sich *etw* erlauben/leisten
~ **le luxe de *qc* (se)** sich *etw* leisten
permis *m* Erlaubnis, Genehmigung, Führerschein
~ **(de conduire)** *m* Führerschein
~ **de construire** *m* Baugenehmigung
~ **de séjour** *m* Aufenthaltsgenehmigung
~ **de travail** *m* Arbeitserlaubnis
permutation *f* Umwandlung, Tausch
perpétuel, le dauernd, beständig
△ **emprunt ~** *m* unbefristete Anleihe
persistance *f* Andauern
persister andauern
personnalisé, e persönlich, individuell
personnalité *f* Persönlichkeit
~ **juridique/morale** *f* Rechtspersönlichkeit
△ **doté, e de la ~** mit eigener Rechtspersönlichkeit; **sans ~** ohne eigene Rechtspersönlichkeit
△△ **avoir la ~** eine juristische Person sein; **être doté, e de la ~** mit eigener Rechtspersönlichkeit ausgestattet sein
personne *f* Person
△ **assurance des ~s** *f* Personenversicherung; **groupement de ~s** *m* Vereinigung von Personen
~s **à revenu modeste** *f pl* Geringverdiener, Bezieher niedriger Einkommen
~s **à très faible revenu** *f pl* Einkommensschwache
~ **active** *f* Erwerbstätiger
~ **active salariée** *f* unselbständig Beschäftigter
~s **âgées** *f pl* Senioren, ältere Leute, Alte
~ **assujettie à l'impôt** *f* Steuerpflichtiger
~ **au chômage** *f* Arbeitsloser
~ **compétente** *f* befugte/zuständige/kompetente Person
~ **de confiance** *f* Vertrauensperson
~ **de référence** *f* Bezugsperson
~ **de référence du ménage** *f* Bezugsperson im Haushalt
~ **employée à temps partiel** *f* Teilzeitkraft
~ **en activité** *f* Erwerbstätiger
~ **en activité professionnelle** *f* Erwerbstätiger, Berufstätiger
~s **en formation** *f pl* in der Berufsausbildung Befindliche, Auszubildende
~ **en question** *f* betreffende Person
~ **en traitement dans les hôpitaux psychiatriques** *f* Patient in einer psychotherapeutischen Anstalt

~ **exerçant une activité commerciale ou industrielle** *f* Gewerbetreibender
~ **exerçant une profession libérale** *f* freiberuflich Tätiger
~ **extérieure/étrangère à l'entreprise** *f* Außenstehender, Betriebsfremder
~ **imposable** *f* Steuerpflichtiger
~ **juridique** *f* Rechtssubjekt
~ **morale** *f* juristische Person
~ **occupant un emploi** *f* Beschäftigter, Beschäftigte
~ **physique** *f* natürliche Person
△ **impôt sur le revenu des personnes physiques (IRPP)** *m* Einkommensteuer (für natürliche Personen)
~ **propriétaire de son habitation/logement** *f* Wohnungseigentümer
~ **sans activité** *f* Nichterwerbstätiger
~ **sans travail** *f* Arbeitsloser, Arbeitslose
~ **susceptible d'acheter un produit** *f* potentieller Käufer
~ **transportée** *f* Insasse
△ **assurance (des) personnes transportées** *f* Insassenversicherung

personnel *m* Personal
△ **augmentation du ~** *f* Personalaufstockung; **charges/dépenses de ~** *f pl* Personalaufwand; **dotation en ~** *f* Personalausstattung, personelle Ausstattung, Personalbestand; **formation du ~** *f* Personalausbildung; **fournitures et dépenses de ~** *f pl* Material- und Personalkosten; **frais de ~** *m pl* Personalkosten
△△ **engager du ~** Personal/Arbeitskräfte einstellen
~ **d'encadrement** *m* Führungskräfte
~ **d'équipe** *m* Schichtarbeiter
~ **de jour** *m* Tagesarbeiter
~ **effectif** *m* effektive Belegschaft
~ **médical** *m* medizinisches Personal
~ **permanent** *m* Stammbelegschaft
~ **qualifié** *m* qualifiziertes Personal

personnel, le persönlich
△ **cautionnement ~** *m* persönliche Bürgschaft; **droit ~** *m* perönliches Recht; **fortune ~le** *f* persönliches Vermögen

personnellement persönlich
~ **et solidairement responsable (des dettes)** persönlich und gesamtschuldnerisch haftbar (für die Schulden)

perspective *f* Perspektive, Aussicht
~s d'avancement *f pl* Aufstiegsmöglichkeiten
~s de carrière *f pl* Aufstiegsmöglichkeiten
~s de croissance *f pl* Wachstumsaussichten
~s de promotion *f pl* Aufstiegsmöglichkeiten
~s du marché *f pl* Marktchancen
~s économiques *f pl* Wirtschaftsperspektiven

perte *f* Verlust, Einbuße
△ **compte de(s) ~s et profits** *m* (*neuere Bezeichnung:* **compte de résultat**) Gewinn- und Verlustrechnung, GVR, GuV-Rechnung, Erfolgsrechnung; **n'affectant pas le compte des ~s et profits** erfolgsneutral; **profits et ~s** *m pl* Gewinn und Verlust; **provisions pour ~s** *f pl* Verlustrückstellungen; **revente à ~** *f* Wiederverkauf mit Verlust; **vente à ~** *f* Verlustverkauf, Verkauf mit Verlust
△△ **accuser des ~s** Verluste verzeichnen; **afficher une ~ de x %** einen Verlust von x % hinnehmen, erleiden; **dégager des ~s** Verluste aufweisen; **enregistrer une ~** einen Verlust verzeichnen; **essuyer des ~s** Verluste erleiden; **essuyer une ~ de x francs** x Franc einbüßen; **passer par profits et ~s** in den Schornstein schreiben, abschreiben; **réduire la ~** den Verlust verringern; **subir une ~** einen Verlust erleiden; **travailler à ~** mit Verlust arbeiten
~ **brute** *f* Gesamtverlust
~ **censée être totale** *f* konstruktiver Totalverlust
~ **comptable** *f* Bilanzverlust, buchmäßiger Verlust
~s d'emplois *f pl* Verlust von Arbeitsplätzen
~ **d'exploitation** *f* Betriebsverlust
~ **d'intérêts** *f* Zinsverlust
~ **de bénéfice** *f* Gewinnausfall
~ **de compétitivité** *f* Verlust an Wettbewerbsfähigkeit
~ **de confiance** *f* Vertrauensverlust
~s de devises *f pl* Devisenverluste, Devisenabgänge

~ **de loyers** *f* Mietausfall
~ **de parts de marché** *f* Verlust an Marktanteilen
~ **de pouvoir d'achat** *f* Kaufkraftverlust
~ **de qualité** *f* Qualitätseinbuße, Qualitätsverlust
~ **de recettes** *f* Einnahmenverlust, Einbuße
~**s de recettes fiscales** *fpl* Steuermindereinnahmen, Steuerausfälle
~**s de rentrées** *fpl* Einnahmeausfälle
~ **de salaire** *f* Verdienstausfall
~ **de valeur** *f* Wertverlust
~ **du droit à indemnité** *f* Anspruchsverlust
~**s et profits** *fpl* Gewinn und Verlust
△ **compte de ~** *m* (*neuere Bezeichnung:* **compte de résultat**) Gewinn- und Verlustrechnung, GVR, GuV-Rechnung, Erfolgsrechnung; **n'affectant pas le compte des ~** erfolgsneutral
~ **nette** *f* Nettoverlust
~ **partielle** *f* Teilverlust
~ **sèche** *f* Barverlust, Totalverlust
~ **totale absolue** *f* tatsächlicher Totalverlust
pertinent, e relevant, aussagekräftig
△ **question ~e** *f* relevante Frage
perturbation *f* Störung
~ **du processus de production** *f* Störung des Produktionsprozesses
perturbé, e gestört
perturber ***qc*** stören, beeinträchtigen *etw*
pesage *m* Wiegen, Gewichtsüberprüfung
peser (*qc*) wiegen (*etw*)
~ **lourd** schwer wiegen
~ **lourdement sur la trésorerie** die Finanzen schwer belasten
~ **sur la conjoncture** die Konjunktur belasten
petit, e klein, unbedeutend
~ **actionnaire** *m* Kleinaktionär, Streubesitzaktionär
~ **boulot** *m* Gelegenheitsjob
~ **client** *m* Kleinkunde
~ **commerçant** *m* Kleinhändler, kleiner Einzelhändler
~ **commerce** *m* kleiner Einzelhandel
~ **commerce alimentaire de proximité** *m* Lebensmittelgeschäft(e) der Nahversorgung
~ **commerce de proximité** *m* Nachbarschaftsläden, Geschäfte in den Wohngebieten, Geschäfte der Nahversorgung
~ **commerce du quartier** *m* Nachbarschaftsläden, Geschäfte in den Wohngebieten, Geschäfte der Nahversorgung
~ **commerce spécialisé** *m* kleiner Facheinzelhandel
~ **contribuable** *m* kleiner Steuerzahler
~ **épargnant** *m* Kleinsparer
~ **exploitant** *m* Kleinbauer, Nebenerwerbslandwirt
~ **investisseur** *m* Kleinanleger
~ **magasin** *m* kleiner Laden
~ **mieux** *m* leichte Besserung
~ **ordre** *m* kleiner Börsenauftrag
~ **paquet** *m* Päckchen
~ **porteur (d'actions)** *m* Kleinaktionär, Kleinanleger
~ **salaire** *m* Niedriglohn, Leichtlohn
~ **trafic frontalier** *m* kleiner Grenzverkehr
~**e annonce** *f* Kleinanzeige *pl* Anzeigenteil der Zeitung
~**e boutique** *f* kleiner Laden
~**es coupures** *fpl* kleine Scheine
~**e entreprise** *f* Kleinunternehmen
~**e épargne** *f* Kleinsparen
~**es et/ou moyennes entreprises (PME)** *f pl* kleine und mittlere Unternehmen (KMU), mittelständische Betriebe, mittelständische Unternehmen, Mittelstand
~**es et/ou moyennes industries (PMI)** *f pl* kleine und mittlere Industrieunternehmen, mittelständische Industriebetriebe
~**e exploitation** *f* (landwirtschaftlicher) Kleinbetrieb
~**e monnaie** *f* Kleingeld
~**e pêche** *f* Fischfang in Küstennähe
~**e série** *f* Kleinserie
~**e surface** *f* Kleinflächenmarkt
pétrochimie *f* Erdölchemie, Petrochemie
pétrochimique petrochemisch
△ **industrie ~** *f* petrochemische Industrie
pétrodollars *mpl* Petrodollars, Öldollars
△ **recyclage des ~** *m* Petrodollar-Recycling
pétrole *m* Erdöl, Petroleum, Öl
△ **augmentation du prix du ~** *f* Erdölpreiserhöhung, Erhöhung des Erdöl-

preises; **baisse du ~** *f* Rückgang der Erdölpreise; **baril de ~** *m* Barrel Erdöl; **besoins en ~** *m pl* Erdölbedarf; **crise du ~** *f* Ölkrise; **économies de ~** *f pl* Erdöleinsparungen; **exportateur de ~** *m* Erdölexporteur; **exportateur, trice de ~** erdölexportierend; **exportation de ~** *f* Erdölexport; **extraction du ~** *f* Erdölförderung; **gisement de ~** *m* Erdöllagerstätte, Erdölvorkommen; **gaz de ~ liquéfié** *m* Flüssiggas aus Erdöl; **importation de ~** *f* Erdölimport; **nappe de ~** *f* Ölteppich; **pays exportateurs/producteurs de ~** *m pl* erdölexportierende/erdölerzeugende Länder; **prix du ~** *m* Erdölpreis; **puits de ~** *m* Erdölförderanlage, Bohrloch; **raffinerie de ~** *f* Erdölraffinerie; **réserves de ~** *f pl* Erdölvorräte, Erdölreserven; **tonne équivalent ~** *f* (TEP) Tonne Erdöleinheit

△△ **extraire du ~** Erdöl fördern

~ **brut** *m* Rohöl, Erdöl

pétrolier *m* Öltanker, Erdöltanker

~ **géant** *m* Supertanker

pétrolier, ière Öl-, Erdöl-

△ **accident ~** *m* Tankerunglück; **balance ~ière** *f* Bilanz der Erdölein- und -ausfuhren; **champ ~** *m* Erdölfeld; **choc ~** *m* Ölkrise; **compagnie ~ière** *f* Erdölgesellschaft; **crise ~ière** *f* Ölkrise; **embargo ~** *m* Erdölembargo; **extraction ~ière** *f* Erdölförderung; **facture ~ière** *f* Erdölrechnung; **forage ~** *m* Erdölbohrung; **gisement ~** *m* Erdölvorkommen; **groupe ~** *m* Erdölkonzern; **industrie ~ière** *f* Erdölindustrie; **manne ~ière** *f* Ölsegen; **marché ~** *m* Erdölmarkt; **pays non ~s** nicht-erdölexportierende Länder; **pays ~s** *m pl* erdölexportierende Länder; **port ~** *m* Erdölhafen; **premier choc ~** *m* erste Ölkrise; **produits ~s** *m pl* Erdölprodukte; **recettes ~ières** *f pl* Erdöleinnahmen; **revenu ~** *m* Erdölgelder; **société ~ière** *f* Erdölgesellschaft

pétrolifère erdölhaltig, ölhaltig, Erdöl-, Öl-

△ **gisement ~** *m* Erdölvorkommen, Ölvorkommen

peuplé, e besiedelt

peuplement *m* Besiedlung

~ **forestier** *m* Baumbestand

~ **normal** *m* normale Besiedlung

pharmaceutique pharmazeutisch, Arzneimittel-, Pharma-

△ **industrie ~** *f* Arzneimittelindustrie, Pharmaindustrie

pharmacie *f* 1. Apotheke 2. Arzneimittelindustrie, Pharmaindustrie

pharmacien *m* Apotheker

~ **d'officine** *m* Laborant

phase *f* Phase, Periode, Zeitraum

~ **d'expansion** *f* Wachstumsphase

~ **de croissance** *f* Wachstumsphase (Produktlebenszyklus)

~ **de déclin** *f* Abstiegsphase (Produktlebenszyklus)

~ **de lancement** *f* Einführungsphase (Produktlebenszyklus)

~ **de maturité** *f* Reifephase (Produktlebenszyklus)

~ **de planification** *f* Planungsphase

~ **de prospérité** *f* Aufschwungsphase, Wohlstandsphase

~ **de ralentissement** *f* Verlangsamungsphase

~ **de récession** *f* Rezensionsphase

photocopie *f* (Foto) Kopie

photocopier *qc* (foto) kopieren *etw*

photocopieur/photocopieuse *m/f* Fotokopierer, Fotokopiergerät

physique physisch, körperlich

△ **personne ~** *f* natürliche Person

PIB (produit intérieur brut) *m* Bruttoinlandsprodukt, BIP

△ **augmentation du ~** *f* Zuwachs des Bruttoinlandsproduktes; **baisse du ~** *f* Rückgang, Sinken des Bruttoinlandsproduktes; **croissance du ~** *f* Zuwachs des Bruttoinlandsproduktes; **formation du ~** *f* Bildung des Bruttoinlandsproduktes; **progression du ~** *f* Zuwachs des Bruttoinlandsprodukts; **régression du ~** *f* Rückgang, Sinken des Bruttoinlandsproduktes

~ **au prix du marché** *m* Bruttoinlandsprodukt zu Marktpreisen

~ **marchand** *m* Bruttoinlandsprodukt ausschließlich unentgeltliche Leistungen des Staates

~ **non marchand** *m* unentgeltliche Leistungen des Staates im Bruttoinlandsprodukt

~ **par habitant** *m* Bruttoinlandsprodukt pro Kopf
pièce *f* 1. Teil, Ersatzteil, Werkstück 2. Geldstück, Münze 3. Beleg 4. Zimmer, Raum
△ **contrôle sur ~s** *m* Überprüfung der Belege; **salaire à la ~** *f* Stücklohn, Akkordlohn
△△ **être/travailler aux ~s** im Akkord arbeiten
~ **à usiner** *f* zu bearbeitendes Werkstück
~ **comptable** *f* Buchungsbeleg
~ **d'identité** *f* Ausweis, Ausweispapier
△△ **fournir/présenter une ~** sich ausweisen
~ **d'or** *f* Goldmünze
~ **d'outillage** *f* Werkzeugteil
~ **de monnaie** *f* Münze, Geldstück
~ **de monnaie en or** *f* Goldstück
~ **de rechange** *f* Ersatzteil
~ **détachée** *f* Einzelteil, Ersatzteil
~**s divisionnaires** *f pl* Scheidemünzen
~ **indépendante rattachée au logement** *f* Anbau
~**s jointes/annexes (P.J.)** *f pl* Anlagen
~**s justificatives** *f pl* Beweisstücke, Beweismittel, Bescheinigungen, Nachweise, Belege
~**s métalliques** *f pl* Münzen
~ **usinée** *f* bearbeitetes Werkstück
pied *m* Fuß
△ **mise à ~** *f* Suspendierung, zeitweilige Entlassung; **mise sur ~** *f* Aufbau, Einrichtung
△△ **mettre à pied** ***qn*** suspendieren, zeitweilig entlassen *jdn*; **mettre sur pied** ***qc*** aufbauen, einrichten *etw*; **prendre ~** Fuß fassen
~ **de la prime** *m* Kaufkurs abzüglich Prämie
pile *f* Batterie
~ **usagée** *f* Altbatterie
pilier *m* Pfeiler
pilotage *m* Führung, Steuerung
pilote *m* 1. Pilot 2. Versuchs-, Test-
△ **projet ~** *m* Modellprojekt, Modellversuch; **ville ~** *f* Teststadt, Versuchsgebiet
~ **de ligne** *m* Linienpilot, Flugkapitän
piloter ***qc*** steuern, bedienen *etw*
piquet de grève *m* Streikposten
piratage informatique *m* Computerkriminalität, Softwarepiraterie
pirater ***qc*** imitieren, nachahmen, fälschen
~ **un logiciel** eine Raubkopie herstellen
pisciculture *f* Fischzucht
piste *f* Spur, Bahn, Piste, Start- und Landebahn
pivot *m* Angelpunkt, zentraler Punkt
△ **cours ~** *m* Leitkurs
PJ/Ann. (Pièces jointes/Annexes) *f* Anlagen
placard *m* 1. Plakat 2. Schrank, Wandschrank
~ **publicitaire** *m* große Werbeanzeige, Großanzeige
place *f* 1. Platz, Stelle 2. Arbeitsplatz, Arbeitsstelle 3. Finanzplatz, Börsenplatz
△ **arbitrage de ~** *m* Platzarbitrage
△△ **chercher/trouver une ~** eine Arbeitsstelle suchen/finden; **revendiquer la ~ du numéro un** die Marktführerschaft beanspruchen
~ **bancaire** *f* Bankenplatz
~ **bancaire off shore** *f* Off shore-Bankenplatz
~ **boursière** *f* Börse, Börsenplatz
~ **cambiste** *f* Devisenhandelsplatz
~ **de commerce** *f* Handelsplatz
~ **de province** *f* Regionalbörse
~ **de transbordement** *f* Großumschlagplatz
~ **financière** *f* Finanzplatz, Börsenplatz, Bankenplatz
~ **off shore** *f* Off shore-Bankenplatz
~ **privilégiée** *f* Vorzugsplatz
placé, e angelegt
~ **sous l'autorité de ...** unter der Aufsicht von ... gestellt
placement *m* Anlage, Geldanlage, Investition
△ **bénéfice de ~** *m* Gewinn aus Kaptitalanlage; **conseil en ~** *m* Anlageberatung, Anlageberater; **durée d'un ~** *f* Anlagedauer; **fonds commun de ~ (FCP)** *m* Beteiligungsfonds; **formule de ~** *f* Anlageform; **gestion de ~s** *f* Anlageverwaltung, Wertpapierverwaltung; **gestionnaire de ~s** *m* Anlageverwalter, Wertpapierverwalter; **liquidité d'un ~** *f* Liquidität einer Anlage; **Organismes de ~s collectifs de valeurs mobilières (OPCVM)** *m pl* Oberbe-

griff für Sammelfonds und Investmentgesellschaften; **sécurité d'un ~** *f* Anlagensicherheit; **titre de ~** *m* Anlagenwert, Anlagenpapier
△△ **choisir entre plusieurs formules de ~** unter mehreren Anlageformen wählen
~ **à court/long/moyen terme** *m* kurzfristige/langfristige/mittelfristige Anlage
~ **à risques** *m* Risikoanlage
~ **à terme** *m* langfristige Anlage, Festgeldanlage
~ **bloqué** *m* Festgeldanlage
~ **boursier** *m* Wertpapieranlage
~**s classiques** *m pl* klassische Anlageformen
~ **collectif** *m* Sammelanlage
~ **d'argent** *m* Geldanlage
~ **d'épargne** *m* Sparanlage
~ **dans la pierre** *m* Geldanlage in Immobilien
~ **de capitaux** *m* Kapitalanlage
~ **de fonds** *m* Kapitalanlage
~ **de(s) travailleurs** *m* Arbeitsvermittlung, Personalvermittlung
~ **direct** *m* Direktanlage
~ **en actions** *m* Aktienanlage
~ **en valeurs mobilières** *m* Wertpapieranlage
~ **financier** *m* Finanzanlage, Kapitalanlage, Geldanlage
~ **foncier** *m* Anlage in Grundbesitz, Anlage in Grund und Boden
~ **forestier** *m* Anlage in Waldbesitz
~ **immobilier** *m* Anlage in Immobilien, Immobilienanlage
~ **liquide** *m* liquide Anlage
~ **mobilier** *m* Wertpapieranlage
~ **monétaire** *m* Anlage am Geldmarkt
~ **notarié** *m* Geldanlagen beim Notar
~**-or** *m* Goldanlage
~**-pierre** *m* Anlage in Immobilien
~ **refuge** *m* Anlage in Fluchtwerten, Fluchtwert
~ **rémunérateur** *m* einträgliche Anlage
~ **retraite** *m* Versorgungsanlage
~ **spéculatif** *m* spekulative Anlage
~ **sûr** *m* sichere Anlage
placer *qc* (des capitaux, ses économies, son épargne) anlegen *etw* (Kapital, seine Ersparnisse)
~ **un emprunt** eine Anleihe plazieren
~ **un titre sur le marché** ein Papier auf dem Markt plazieren
~ ***qn* sous l'autorité de ...** unter der Aufsicht von ... stellen *jdn*
plafond *m* Höchstbetrag, Höchstmenge, Obergrenze, Maximum, Maximalbetrag, Ober-, Höchst-, Maximal-
△ **chiffre d'affaires ~** *m* höchstmöglicher Umsatz; **cours ~** *m* Höchstkurs, oberer Interventionskurs (EWS); **prix ~** *m* Höchstpreis; **taux ~** *m* Höchstsatz
~ **autorisé** *m* Höchstbetrag (steuerbegünstigte Anlage)
~ **cumulé** *m* Gesamthöchstbetrag (steuerbegünstigte Anlage)
~ **d'escompte** *m* Diskontgrenze, Diskontplafond
~ **d'importations** *m* Einfuhrhöchstmenge
~ **de l'endettement** *m* Verschuldungs(ober)grenze
~ **de la Sécurité Sociale** *m* Sozialversicherungsobergrenze, Beitragsbemessungsgrenze, Pflichtversicherungsgrenze
~ **de réescompte** *m* Rediskontkontingent, Rediskontobergrenze
~ **de ressources** *m* Ressourcenobergrenze, Einkommensobergrenze
plafonné, e nach oben begrenzt, auf ein Maximum begrenzt
plafonner (*qc*) nach oben/auf ein Maximum begrenzen (*etw*)
plage *f* 1. flache Küste, Strand 2. Bereich
~ **de variation** *f* Variationsbereich
plaider pour *qc* sich aussprechen, plädieren für *etw*
plaider coupable sich schuldig bekennen
plaignant *m* Kläger
plainte *f* Beschwerde, Klage
△△ **porter ~ (contre *qn*)** vor Gericht gehen, klagen (gegen *jdn*), anzeigen (*jdn*), vor Gericht bringen.(*jdn*)
plaisance *f* Vergnügen
△ **port de ~** *m* Yachthafen
plan *m* Plan, Konzept, Programm, Ebene
△ **sur le ~ ...** auf der Ebene des/der ..., auf der ...-ebene
△△ **le ~ prévoit de .../que ...** der Plan/das Konzept sieht vor, daß ..., nach dem Plan/Konzept soll ...
~ **anti-inflation** *m* Anti-Inflationsplan

~ **comptable** *m* Kontenplan, Kontenrahmen
~ **comptable général** *m* allgemeiner Kontorahmen
~ **d'amortissement** *m* Tilgungsplan
~ **d'apurement collectif du passif** *m* kollektiver Schuldenbereinigungsplan
~ **d'austérité** *m* Einsparungsprogramm, Sparmaßnahmen, Austerity-Plan
~ **d'épargne populaire (PEP)** *m* Volkssparplan (steuerbegünstigte vermögenswirksame Anlage)
~ **d'épargne-logement** *m* Bausparen, Bausparvertrag
~ **d'investissement** *m* Investitionsplan
~ **d'occupation des sols (POS)** *m* Flächennutzungsplan
~ **de campagne** *m* Mediaplan
~ **de cession de l'entreprise** *m* gerichtlich angeordnete Veräußerung des Unternehmens im Rahmen eines Konkursverfahrens
~ **de comptes** *m* Kontenrahmen, Kontenplan
~ **de développement** *m* Entwicklungsplan
~ **de financement** *m* Finanzplan, Finanzierungsplan
~ **de marchéage** *m* Marketing Mix
~ **de prévention** *m* Präventivplan, Vorsorgeplan
~ **de production** *m* Produktionsplan
~ **de reconversion** *m* Umstrukturierungsplan
~ **de redressement** *m* Sanierungskonzept, Sanierungsplan
~ **de redressement judiciaire** *m* gerichtlich genehmigter Sanierungsplan im Rahmen eines Konkursverfahrens
~ **de relance (de l'économie)** *m* Plan zur Ankurbelung der Wirtschaft
~ **de restructuration** *m* Umstrukturierungsplan, Sanierungsplan
~ **de rigueur** *m* Sparplan, Sparprogramm
~ **de trésorerie** *m* Liquiditätsplan
~ **économique** *m* Wirtschaftsplan
~ **impératif** *m* verbindlicher Plan
~ **indicatif** *m* indikativer Rahmenplan, orientierender Plan
~ **marketing** *m* Marketingsplan
~ **media** *m* Mediaplan
~ **quadriennal** *m* Vierjahresplan
~ **quinquennal** *m* Fünfjahresplan
~ **relationnel** *m* Beziehungsebene
△ **sur le ~** auf der Beziehungsebene
~ **social** *m* Sozialplan

planche *f* Brett, Planke
△ **jours de ~** *m pl* Schiffsliegezeit, Liegezeit

plancher *m* Mindestbetrag, Untergrenze, Miminum, Tiefst-, Mindest-
△ **cours ~** *m* Interventionskurs, unterer Interventionskurs (EWS); **prix ~** *m* Tiefstpreis, Mindestpreis; **taux ~** *m* Mindestsatz

planification *f* Wirtschaftsplanung, Planung
~ **économique** *f* Wirtschaftsplanung
~ **indicative** *f* orientierende Planung, indikative Rahmenplanung
~ **régionale** *f* regionale Entwicklungsplanung
~ **sociale** *f* soziale Planung

planifier *qc* planen *etw*
~ **son travail** seine Arbeit planen

planning *m* Terminplan
~ **d'intervention** *m* Terminplan
~ **de fabrication** *m* Produktionsplanung
~ **des travaux** *m* Arbeitsplanung

plaque *f* Platte, Schild
~ **d'immatriculation** *f* Nummernschild, Kfz-Kennzeichen(schild)
~ **en laiton** *f* Messingschild
~ **tournante** *f* Drehscheibe

plastique *m* Plastik
△ **bouteille en ~** *f* Plastikflasche

plasturgie *f* Kunststoffverarbeitung, kunststoffverarbeitende Industrie

plat *m* Teller, Gericht
~ **cuisinés congelés** *m pl* tiefgefrorene Fertiggerichte, Tiefkühlkost, Tiefkühlgerichte

plate-forme (de forage) *f* Bohrinsel

platine *f* Platine
~ **de mémoire centrale** *f* Hauptspeicherplatine

plein, e voll
△ **à ~ rendement** voll ausgelastet; **de ~ droit** von Rechts wegen, rechtmäßig; **en année ~e** auf das ganze Jahr gerechnet; **en ~ développement** in vollem Aufschwung, in voller Entwicklung; **en ~e crise** in einer tiefen Krise; **en ~e évo-**

lution in vollem Aufschwung, in voller Entwicklung; **heurté, e de ~ fouet par la crise** von der Krise voll getroffen; **retraite à taux ~** *f* volle Rente; **salarié à temps ~** *m* Vollzeitarbeitnehmer, Vollzeitarbeitskraft; **travail à ~ temps/temps ~** *m* Vollzeitarbeit, Vollzeitbeschäftigung; **volume ~** *m* volles Volumen
△△ **produire à ~ régime** auf vollen Touren produzieren; **tourner à ~ régime** auf vollen Touren laufen; **travailler à ~ temps/temps ~** vollzeitarbeiten, einer Vollzeitbeschäftigung nachgehen
~ **emploi** *m* Vollbeschäftigung
~ **temps** *m* Vollzeit
△△ **travailler à ~** vollzeitarbeiten
~e saison *f* Hochsaison, Hauptsaison
plénier, ière Voll-, Plenar-
△ **assemblée ~ière** *f* Plenarsitzung, Vollversammlung; **séance ~ière** *f* Plenarsitzung, Vollversammlung
pléthore *f* Übermaß, Überfluß
pléthorique im Übermaß, Überfluß vorhanden
△ **offre ~** *f* Überangebot
△△ **l'offre est ~** es besteht ein Überangebot
pli *m* 1. Falte 2. Umschlag, Schreiben
△ **offre (anonyme) sous ~ cacheté** *f* gesiegeltes Gebot; **ouverture des ~s** *f* Angebotseröffnung; **sous ce (même) ~** mit gleicher Post, anbei, inliegend, beiliegend; **sous ~ séparé** mit getrennter Post
~ **de service** *m* Dienstpost(umschlag)
~s de service et correspondances en franchise *m pl* Dienstpost(umschläge) und portofreie Sendungen
plier *qc* falten, knicken *etw*
plomb *m* 1. Blei 2. Plombe
△ **essence sans ~** *f* bleifreies Benzin
plomber *qc* verplomben *etw*
plongeon *m* Kopfsprung, Sturz
~ **de la Bourse** *m* Börsensturz, Kurssturz an der Börse
plonger (Bourse, cours, indice) stark nachgeben, fallen (Börse, Kurse, Börsenindex)
△△ **l'indice CAC-40 a plongé dans le rouge** der Börsenindex ist in die roten Zahlen gerutscht; **la Bourse plonge** die Börse gibt stark nach; **les cours ont plongé** die Kurse sind nach unten gegangen
~ **dans le rouge (indice)** in die roten Zahlen kommen, geraten (Börsenindex)
pluie *f* Regen
~ **acides** *f pl* saurer Regen
pluriannualité *f* Mehrjährigkeit, mehrjährige Gültigkeit
pluriannuel, le mehrjährig
plus mehr
△ **en ~** zusätzlich
~ **déshérités (les)** *m pl* (die) Ärmsten
~ **offrant** *m* Meistbietender
△ **vente au ~** *f* Verkauf an den Meistbietenden
△△ **vendre au ~** an den Meistbietenden verkaufen
plus-value *f* Wertzuwachs, Wertsteigerung, Gewinn, Spekulationsgewinn, Kursgewinn
△ **augmentation en ~** *f* Wertsteigerung; **impôt sur la (les) ~(s)** *m* Wertzuwachssteuer
△△ **dégager/enregistrer/réaliser une ~** einen Wertzuwachs erzielen
~- à long terme *f* langfristige Wertsteigerung
~- boursière *f* Kursgewinn
~- de cession *f* Veräußerungsgewinn
~- du capital *f* Kapitalzuwachs
~- immobilière *f* Gewinn aus Wertzuwachs von Immobilien
~- mobilière *f* Gewinn aus Wertzuwachs von Wertpapieren
plutôt (au) schnellstens
PLV (publicité sur le lieu de vente) *f* POS-Werbung (POS=point of sale), Werbung am Verkaufsort
PME (petites et/ou moyennes entreprises) *f pl* kleine und mittlere Unternehmen (KMU), mittelständische Betriebe, mittelständische Unternehmen, Mittelstand
△ **Confédération générale des ~** *f* französischer Verband der mittelständischen Unternehmen
PMI (petites et moyennes industries) *f pl* mittelständische Industrieunternehmen, mittelständische Industriebetriebe
~ **de la high-tech** *f* mittelständische innovative Industriebetriebe, mittelständische High-Tech-Unternehmen

PNB (produit national brut) *m* Bruttosozialprodukt, BSP
△ **augmentation du ~** *f* Zuwachs des Bruttosozialproduktes; **baisse du ~** *f* Rückgang, Sinken des Bruttosozialproduktes; **croissance du ~** *f* Zuwachs des Bruttosozialproduktes; **formation du ~** *f* Bildung des Bruttosozialproduktes; **progression du ~** *f* Zuwachs des Bruttosozialprodukts; **régression du ~** *f* Rückgang, Sinken des Bruttosozialproduktes
~ **au coût des facteurs** *m* BSP zu Faktorkosten
~ **au prix du marché** *m* BSP zu Marktpreisen
~ **marchand** *m* BSP ausschließlich unentgeltliche Leistungen des Staates
~ **non marchand** *m* unentgeltliche Leistungen des Staates im BSP
~ **par habitant** *m* BSP pro Kopf
pneu(matique) *m* Reifen
PO (par ordre) im Auftrag, in Vertretung, in Vollmacht
poche *f* Tasche
△ **calculatrice de ~** *f* Taschenrechner
pochette *f* Hülle, Umschlag
~ **plastique** *f* Plastikhülle, Klarsichthülle
poids *m* Gewicht
△ **excédent de ~** *m* Mehrgewicht, Gewichtsüberschreitung, Übergewicht
△△ **alléger le ~ des charges sociales et fiscales** die Abgaben- und Steuerlast senken; **faire deux ~, deux mesures** mit verschiedenem Maß messen
~ **à vide** *m* Leergewicht
~ **d'or** *m* Goldgewicht
△△ **valoir son ~** in Gold aufgewogen werden
~ **des charges sociales et fiscales** *m* Abgaben- und Steuerlast
~ **lourd** *m* LKW, Lastkraftwagen
~ **mort** *m* Dog, armer Hund (Produktportfolio)
~ **total maximum autorisé (PTMA)** *m* höchstzulässiges Gesamtgewicht
~ **vif** *m* Lebendgewicht
poinçonnage *m* Entwertung, Lochen, Stempeln
poinçonner entwerten, lochen, stempeln
point *m* Punkt, Prozentpunkt
△△ **l'indice CAC-40 a progressé de x ~s** der Börsenindex ist um x Punkte gestiegen; **l'indice CAC-40 affiche un recul de x ~s** der Börsenindex weist einen Rückgang von x Punkten auf; **l'indice connaît une chute de x ~s** der Index fällt um x Prozentpunkte; **l'indice fait un bond de x ~s** der Index steigt sprunghaft um x Prozentpunkte an; **l'indice franchit la barre des x ~s** der Index überschreitet die Schwelle von x Punkten; **l'indice perd x ~s** der Index büßt x Punkte ein; **l'indice régresse de x ~s** der Index geht um x Prozentpunkte zurück; **mettre au ~ *qc*** entwickeln, ausarbeiten *etw*
~ **d'achoppement** *m* schwieriger Punkt („Knackpunkt"), Streitpunkt
~ **d'achoppement des négociations** *m* schwieriger Punkt („Knackpunkt") der Verhandlungen
~ **d'intervention** *m* Interventionspunkt
~ **de retournement (du cycle)** *m* Wendepunkt (im Konjunkturzyklus)
~ **de saturation** *m* Sättigungspunkt
~ **de vente** *m* Vertriebsstelle, Verkaufsstätte, Verkaufsstelle, Laden, Filiale
~ **mort** *m* Break-Even-Point, Rentabilitätsschwelle, toter Punkt
pointage *m* Stempeln, Zeitkontrolle mittels Stechuhr
△ **horloge de ~** *f* Stechuhr, Zeituhr
pointe *f* Spitze
△ **demande de ~** *f* Spitzennachfrage; **heures de ~** *f pl* Spitzen(verkehrs)zeiten, Stoßzeiten, Hochbetrieb; **technologie de ~** *f* Spitzentechnologie
~ **de trésorerie** *f* Spitze beim Liquiditätsbedarf
~ **quotidienne** *f* Tagesspitze
pointer stempeln, stechen (Zeituhr)
~ **au chômage** stempeln gehen
pointeuse *f* Stempeluhr, Zeituhr
pointillé, e punktiert
△ **en ~** punktiert
pôle *m* Pol, Zentrum
~ **d'activité** *m* Gewerbegebiet
~ **d'attraction** *m* Anziehungspunkt
~ **industriel** *m* Industrieregion, Industriegebiet
~ **technique** *m* Technologiepark
police *f* 1. Polizei 2. Police, Versicherungsschein

△ **fonctionnaire de** ~ *m* Polizeibeamter; **forces de** ~ *f pl* Polizeikräfte
~ **au porteur** *f* Inhaberpolice
~ **d'abonnement** *f* laufende Police, Generalpolice
~ **d'assurance** *f* Versicherungspolice
~ **de chargement** *f* Konnossement
~ **des frontières** *f* Grenzpolizei
~ **globale** *f* Sammelpolice
~ **individuelle** *f* Einzelpolice
~ **nominative** *f* Namenspolice
~**-type** *f* Standardpolice
politesse *f* Höflichkeit
△ **formule de** ~ *f* Grußformel (Brief), Höflichkeitsformel
politique agricole *f* Agrarpolitik
~ **agricole commune (PAC)** *f* gemeinsame Agrarpolitik
~ **antitrust** *f* Anti-Trust-Politik
~ **budgétaire** *f* Haushaltspolitik
~ **commerciale** *f* Marktstrategie, Handelspolitik
~ **conjoncturelle** *f* Konjunkturpolitik
~ **contractuelle** *f* Tarifpolitik
~ **d'achat** *f* Einkaufspolitik
~ **d'aménagement du territoire** *f* Raumordnungspolitik
~ **d'assortiment** *f* Sortimentspolitik, Sortimentsstrategie
~ **d'austérité** *f* Sparpolitik, Austerity-Politik
~ **d'escompte** *f* Diskontpolitik
~ **d'intervention** *f* Interventionspolitik
~ **d'investissement** *f* Investitionspolitik, Investitionsstrategie
~ **de concurrence** *f* Wettbewerbspolitik
~ **de crédit** *f* Kreditpolitik
~ **de déflation** *f* Deflationspolitik
~ **de désinflation** *f* Desinflationspolitik
~ **de distribution** *f* Distributionspolitik, Vertriebspolitik, Vertriebsstrategie
~ **de gamme** *f* Produkt(paletten)politik, Produktstrategie
~ **de l'emploi** *f* Beschäftigungspolitik
~ **de l'offre** *f* Angebotspolitik
~ **de libre-échange** *f* Freihandelspolitik
~ **de marge(s)** *f* Gewinnspannenpolitik
~ **de marketing** *f* Marketingpolitik
~ **de marque** *f* Markenpolitik
~ **de partenariat** *f* Kooperationspolitik
~ **de prix** *f* Preispolitik, Preisstrategie
~ **de produit(s)** *f* Produktpolitik, Produktstrategie
~ **de recrutement** *f* Einstellungspolitik
~ **de redistribution** *f* Umverteilungspolitik
~ **de redistribution des revenus** *f* Politik der Einkommensumverteilung
~ **de réescompte** *f* Rediskontpolitik
~ **de revenu(s)** *f* Einkommenspolitik
~ **de rigueur** *f* Austerity-Politik, Sparpolitik, Sparkurs
△△ **instaurer une** ~ einen Sparkurs einschlagen
~ **de transports** *f* Verkehrspolitik
~ **des prix** *f* Preispolitik
~ **des réserves obligatoires** *f* Mindestreservenpolitik
~ **des revenus** *f* Einkommenspolitik
~ **des taux d'intérêt** *f* Zinspolitik
~ **douanière** *f* Zollpolitik
~ **du crédit** *f* Kreditpolitik
~ **du logement** *f* Wohnungsbaupolitik
~ **économique** *f* Wirtschaftspolitik
~ **énergétique** *f* Energiepolitik
~ **fiscale** *f* Steuerpolitik
~ **industrielle** *f* Industriepolitik
~ **monétaire** *f* Währungspolitik, Geldpolitik
~ **monétaire restrictive** *f* restriktive Geldpolitik
~ **protectionniste** *f* protektionistische Politik, Schutzpolitik
~ **régionale** *f* Regionalpolitik
~ **salariale** *f* Lohnpolitik
~ **sociale** *f* Sozialpolitik
~ **tarifaire** *f* Gebührenpolitik, Preispolitik, Tarifpolitik
~ **visant à la distribution des bénéfices** *f* Gewinnausschüttungspolitik
~ **visant à la thésaurisation des bénéfices** *f* Gewinnthesaurierungspolitik
politique politisch
△ **droit** ~ *m* politisches Recht
polluant *m* Schadstoff, umweltschädigender Stoff
polluant, e umweltverschmutzend, umweltbelastend
△ **produit** ~ *m* umweltschädigendes/umweltbelastendes Produkt
polluer (*qc*) verschmutzen, verunreinigen (*etw*)
pollueur *m* Umweltverschmutzer, Verschmutzer

~ **de l'eau** *m* Gewässerverschmutzer
pollution *f* Umweltverschmutzung, Umweltbelastung, Umweltverseuchung, Schadstoffbelastung
△ **législation anti-~** *f* Umweltschutzgesetzgebung
~ **atmosphérique** *f* Luftverschmutzung, Luftbelastung, atmosphärische Umweltverschmutzung
~ **d'origine automobile** *f* Umweltverschmutzung durch Kraftfahrzeuge
~ **de l'air** *f* Luftverschmutzung, Luftbelastung
~ **de l'atmosphère** *f* Luftverschmutzung
~ **de l'eau/des eaux** *f* Wasserverschmutzung, Gewässerverschmutzung, Gewässerbelastung
~ **de la mer** *f* Meeresverschmutzung, Meeresbelastung
~ **des rivières** *f* Verschmutzung/Belastung/Verseuchung der Flüsse
~ **du sol** *f* Bodenverseuchung, Bodenbelastung
~ **sonore** *f* Lärmbelästigung
polychlorure de vinyle *m* Polyvinylchlorid
polycopieuse *f* Photokopierer, Photokopiergerät
polypole *m* Polypol
polystyrène *m* Polystyrol, Styropor
polytechnique polytechnisch
△ **école ~** *f* technische Hochschule; **Ecole Polytechnique** *f* französische Elitehochschule für Ingenieurwesen
polyvalent, e vielseitig einsetzbar
△ **banque ~e** *f* Geschäftsbank, Universalbank
pompage *m* Pumpen
centrale de ~ *f* Pumpspeicherkraftwerk
pompe *f* Pumpe, Zapfsäule
△ **prix à la ~** *m* Tankstellenpreis (für Benzin), Benzinpreis
~ **à injection** *f* Einspritzpumpe
ponction *f* Liquiditätsentzug
△△ **exercer une ~ sur les revenus** die Einkommen stärker besteuern
~ **financière** *f* Liquiditätsentzug
~ **fiscale** *f* Steuerbelastung
ponctualité *f* Pünktlichkeit
ponctuel, le pünktlich, punktuell, schwerpunktmäßig
△ **grève ~le** *f* Schwerpunktstreik
pondération *f* Gewichtung, Wägung
△ **coefficient de ~** *m* Wägungsfaktor, Gewichtungsfaktor
pondéré, e gewichtet, gewogen
△ **indice ~** *f* Bewertungsindex, gewichteter Index; **moyenne ~e** *f* gewogenes Mittel
pondérer *qc* gewichten, wägen *etw*
pondéreux *m* Schwergut
pondéreux, se schwer
△ **marchandise ~se** *f* Schwergut
pont *m* Brücke
~ **transbordeur** *m* Umladeanlage, Verladebrücke
Ponts et Chaussées *m pl* Straßenbauverwaltung
pool *m* Pool, Konsortium
~ **d'investisseurs** *m* Anlegerpool
~ **bancaire** *m* Bankenkonsortium
populaire volkstümlich, Volks-
△ **consultation ~** *f* Volksbefragung; **épargne ~** *f* Volkssparen; **magasin ~** *m* Billigkaufhaus; **livret d'épargne ~** *m* Volkssparbuch mit begrenzter Einlage und steuerfreien Zinserträgen; **Plan d'épargne ~ (PEP)** *m* Volkssparplan (steuerbegünstigte vermögenswirksame Anlage);
popularité *f* Beliebtheit, Popularität
△ **cote de ~** *f* Beliebtheitsgrad, Popularitätsgrad
population *f* Bevölkerung
△ **accroissement de la ~** *m* Bevölkerungswachstum, Bevölkerungszunahme, Bevölkerungszuwachs; **augmentation de la ~** *f* Bevölkerungswachstum, Bevölkerungszunahme, Bevölkerungszuwachs; **couche de la ~** *f* Bevölkerungsschicht; **diminution de la ~** *f* Bevölkerungsrückgang, Bevölkerungsschwund; **évolution de la ~** *f* Bevölkerungsentwicklung; **expansion de la ~** *f* Bevölkerungszunahme, Bevölkerungswachsum
△△ **échantillonner une ~** Bevölkerungsstichproben erheben
~ **active** *f* Erwerbsbevölkerung, Erwerbspersonen
△ **augmentation de la ~** *f* Wachsen der Erwerbsbevölkerung; **diminution de la ~** *f* Rückgang der Erwerbsbevölke-

rung; **gonflement de la ~** *m* Ansteigen der Erwerbsbevölkerung; **répartition de la ~ au sein des différents secteurs économiques** *f* Verteilung der Erwerbsbevölkerung auf die einzelnen Wirtschaftssektoren

△△ **la ~ augmente/diminue** *f* die Erwerbsbevölkerung vergrößert/verringert sich

~ **active ayant un emploi** *f* Erwerbstätige, Beschäftigte
~ **active étrangère** *f* ausländische Erwerbstätige
~ **active occupée** *f* Erwerbstätige, Beschäftigte
~ **active salariée** *f* nichtselbständige Erwerbstätige
~ **disponible à la recherche d'un emploi (PDRE)** *f* dem Arbeitsmarkt zur Verfügung stehende Arbeitslose (INSEE-Statistik)
~ **en âge de travailler** *f* Erwerbsfähige, Bevölkerung im erwerbsfähigen Alter
~ **inactive** *f* Nicht-Erwerbstätige
~ **mondiale** *f* Weltbevölkerung
~ **pénale** *f* Gefängnisinsassen
~ **résidente** *f* gebietsansässige Bevölkerung
~ **rurale** *f* Landbevölkerung
~ **statistique dénombrable** *f* statistisch erfaßbare Bevölkerung
~ **totale** *f* Gesamtbevölkerung

porc Schwein
porcin, e Schweine-
production ~e *f* Schweineerzeugung
port *m* 1. Hafen 2. Porto, Beförderungspreis, Transport(kosten), Fracht(kosten)

△ **avant-~** *m* Vorhafen; **franco de ~** portofrei, frachtfrei; **~ payé jusqu'à ...** frachtfrei bis ...

△△ **nos prix s'entendent franco de ~** unsere Preise verstehen sich einschließlich Porto/Fracht

~ **autonome** *m* autonomer Hafen
~ **convenu** *m* vereinbarter Hafen
~ **d'embarquement** *m* Verschiffungshafen
~ **de commerce** *m* Handelshafen
~ **de destination** *m* Bestimmungshafen, Zielhafen
~ **de pêche** *m* Fischereihafen
~ **de plaisance** *m* Yachthafen
~ **de transbordement** *m* Umschlagshafen
~ **dû** unfrei
~ **fluvial** *m* Binnenhafen
~ **maritime** *m* Seehafen
~ **payé** Fracht im voraus bezahlt
~ **payé assurance comprise** frachtfrei versichert
~ **payé jusqu'à ...** Fracht bezahlt bis ...
~ **pétrolier** *m* Ölhafen, Erdölhafen

portage *m* Huckepackverfahren
portant sur *qc* betreffend *etw*
porte à porte *m* Haustürverkauf, Hausierhandel

△△ **faire du ~** hausieren gehen, Klinken putzen

portes-ouvertes (journée) *f pl* Tag der offenen Tür
porte-conteneurs *m* Containerschiff
porte-parole *m* Sprecher
~- de presse *m* Pressesprecher
porté, e en diminution de *qc* abgezogen von *etw*
portée *f* Wirkung, Auswirkung

△ **de ~ très limitée** *f* von sehr begrenzter Wirkung; **hors de ~** unerreichbar

△△ **amoindrir la ~ de** *qc* die Bedeutung schmälern von *etw*

portefeuille *m* Portfolio, Wertpapierportfolio, Bestand, Portefeuille

△ **aménagement du ~** *m* Portfolioumschichtung; **cession de ~** *f* Bestandsübertragung; **composition du ~** *f* Portfoliozusammensetzung; **diversification du ~** *f* gute Mischung des Portfolios; **gestion de ~** *f* Portfolioverwaltung; **gestionnaire de ~** *m* Portfolioverwalter; **rentabilité d'un ~** *f* Rentabilität eines Portfolios; **société de ~** *f* Beteiligungsgesellschaft, Unternehmensbeteiligungsgesellschaft

△△ **avoir un ~ diversifié** ein weitgefächertes Portfolio haben; **avoir un titre en ~** ein Wertpapier im Bestand haben/halten; **céder son ~** sein Portfolio verkaufen; **détenir un ~ de ...** einen Bestand an ... halten; **gérer un ~** ein Portfolio verwalten

~ **boursier** *m* Wertpapier-Portfolio
~ **cédé** *m* abgetretener Bestand
~ **collectif** *m* Fondsvermögen

~ **d'actions** *m* Aktien-Portfolio
~ **d'effets du Trésor** *m* Schatzwechsel-Portfolio
~ **d'obligations** *m* Renten-Portfolio
~ **de produits** *m* Produkt-Portfolio
△△ **constituer un ~** ein Produkt-Portfolio zusammenstellen
~ **de titres** *m* Wertpapier-Portfolio
△△ **gérer des portefeuilles de titres** Wertpapier-Portfolios verwalten
~ **de valeurs mobilières** *m* Wertpapier-Portfolio
~ **diversifié** *m* gut gemischtes Portfolio
~ **financier** *m* Finanzportfolio, Bestand
~ **repris** *m* übernommener Bestand, übernommenes Portfolio

porter ***qc*** tragen *etw*
~ **à l'actif** ***qc*** aktivieren *etw*
~ **atteinte à** ***qc*** beeinträchtigen *etw*
~ **au bilan** ***qc*** in die Bilanz aufnehmen *etw*
~ **au crédit** ***qc*** ins Haben eintragen/buchen *etw*
~ **au débit** ***qc*** ins Soll eintragen/buchen *etw*
~ **au passif** ***qc*** passivieren *etw*
~ **en diminution** ***qc*** **de** ***qc*** abziehen *etw* von *etw*
~ **le fardeau de** ***qc*** schwertragen an *etw*
~ **préjudice à** ***qn*** einen Nachteil zufügen *jdm*, schaden *jdm*
~ **un chèque en compte** einen Scheck gutschreiben/verrechnen
△ **chèque à ~ en compte** *m* Verrechnungsscheck
~ **un grand intérêt à** ***qc*** großes Interesse zeigen/haben an/für *etw*, sich sehr interessieren für *etw*
~ **une somme au crédit** einen Betrag ins Haben eintragen/buchen
~ **une somme au crédit d'un compte** einem Konto einen Betrag gutschreiben
~ **une somme au débit** einen Betrag ins Soll eintragen/buchen
~ **une somme au débit d'un compte** ein Konto mit einem Betrag belasten
~ **une somme en compte** einen Betrag gutschreiben/verrechnen
~ **une somme/x francs au crédit d'un compte** einem Konto x Franc gutschreiben
~ ***qc*** **à** ***qc*** anheben, ausbauen, ausweiten *etw* auf *etw*
~ **la capacité à x unités** die Kapazität auf x Einheiten ausbauen
~ **la prise de participation à x %** die Beteiligung auf x % anheben
~ **sur** ***qc*** (sujet qc) sich auf *etw* beziehen (Subjekt *etw*), betreffen *etw*
△△ **le règlement porte sur ...** die Bestimmung bezieht sich auf ...
~ **... (se)** auftreten als ...
~ **acheteur ou vendeur (se)** als Käufer oder Verkäufer auftreten
~ **caution de** ***qn/qc*** **(se)** bürgen/einstehen für *etw/jdn*, die Bürgschaft übernehmen für *jdn/etw*
~ **contrepartie (se)** selbstkontrahieren
~ **ducroire (se)** das Delkredere übernehmen
~ **garant de** ***qc/qn*** **(se)** bürgen/einstehen für *etw/jdn*, die Bürgschaft übernehmen für *etw/jdn*
~ **partie civile (se)** Zivilanklage erheben, Privatklage erheben, als Nebenkläger auftreten

porteur *m* Inhaber, Anleger, Überbringer
△ **action au ~** *f* Inhaberaktie; **au ~** Inhaber-; **bon au ~** *m* Inhabergutschein, Inhaberanweisung; **chèque au ~** *m* Überbringerscheck; **obligation au ~** *f* Inhaberschuldverschreibung; **payable au ~** zahlbar an Inhaber; **petit ~ (d'actions)** *m* Kleinaktionär, Kleinanleger; **police au ~** *f* Inhaberpolice; **titre au ~** *m* Inhaberpapier
~ **d'actions** *m* Aktienbesitzer, Aktieninhaber
~ **d'obligations** *m* Obligationenbesitzer, Obligationeninhaber
~ **d'un effet de commerce** *m* Wechselinhaber
~ **d'un titre** *m* Inhaber eines Wertpapiers
~ **de carte** *m* Karteninhaber
~ **de chèque** *m* (Scheck) Überbringer
~ **de parts** *m* Anteilseigner, Inhaber von Anteilen
~ **de titres** *m* Wertpapierinhaber
~ **de valeurs mobilières** *m* Wertpapierinhaber

porteur, se zukunftsträchtig, einträglich
△ **créneau ~** *m* einträgliche/zukunftsträchtige Marktlücke

~ **d'avenir** zukunftsträchtig
~ **de croissance** wachstumstragend
portique à conteneurs *m* Containerbrücke
portuaire Hafen-, den Hafen betreffend
△ **administration** ~ *f* Hafenverwaltung; **autorités ~s** *fpl* Hafenbehörden; **charges ~s** *fpl* Hafengebühren; **direction** ~ *f* Hafenamt; **droits ~s** *m pl* Hafengebühren; **équipements ~s** *m pl* Hafeneinrichtungen; **tarif** ~ *m* Hafengebühr; **taxe** ~ *f* Hafengebühr
POS (plan d'occupation des sols) *m* Flächennutzungsplan
poser sa candidature (à un poste) sich (um eine Stelle) bewerben
~ **à l'Union Européenne** den EU-Beitritt beantragen
position *f* Engagement, Position
△ **report de** ~ *m* Prolongierung des Engagements
△△ **dénouer/solder sa** ~ sein Engagement glattstellen; **faire reporter sa** ~ sein Engagement prolongieren; **maintenir sa** ~ seine Position halten
~ **à cheval** *f* Doppelprämiengeschäft
~ **à la baisse** *f* Baisseposition
~ **à la hausse** *f* Hausseposition
~ **concurrentielle** *f* Wettbewerbsposition
~ **d'attente** *f* Wartestellung
△ **se mettre en** ~ sich in Wartestellung begeben
~ **d'un compte** *f* Kontostand
~ **de leader** *f* Führungsposition, Spitzenreiterposition
~ **de monopole** *f* Monopolstellung
~ **de tête** *f* Spitzenposition
~ **dominante sur le marché** *f* marktbeherrschende Stellung
△ **abus de** ~ *m* Mißbrauch einer marktbeherrschenden Stellung
~ **du compte** *f* Kontoposition
~ **monétaire extérieure** *f* Devisenbestände der Zentralbank
~ **monopoliste** *f* Monopolstellung
~ **prédominante** *f* Vorherrschaft, vorherrschende Stellung
~ **sur le marché** *f* Marktstellung
positionnement *m* Positionierung, Produktpositionierung
positionner *qc* positionieren *etw*
~ **un produit** ein Produkt positionieren
posséder *qc* besitzen *etw*
~ **des parts dans ...** Anteile besitzen an ...
~ **un effectif de x salariés** x Arbeitnehmer beschäftigen
possesseur *m* Besitzer
~ **de titres** *m* Wertpapierbesitzer
~ **de valeurs mobilières** *m* Wertpapierbesitzer
possession *f* Besitz
△ **simple** ~ *f* bloßer Besitz; **prise en** ~ *f* Inbesitznahme
△△ **entrer en** ~ **de** *qc* den Besitz antreten von *etw*, in Besitz nehmen *etw*; **prendre** ~ **de** *qc* in Besitz nehmen *etw*
~ **d'or** *f* Goldbesitz
~ **paisible de la chose vendue** *f* ungestörter Besitz an der Kaufsache
possibilité *f* Möglichkeit
~ **d'échange** *f* Umtauschmöglichkeit
~ **d'opposition** *f* Widerspruchsmöglichkeit
~ **de contrôle** *f* Kontrollmöglichkeit
~ **de régulariser sa situation fiscale** *f* Möglichkeit der Selbstanzeige (Steuerhinterziehung)
~ **de remboursement** *f* Tilgungsmöglichkeit
~ **matérielle** *f* materielle/technische Fähigkeit
possible möglich
△ **faire tout son** ~ sein möglichstes tun
post-acheminement *m* Nachlauf
post-scriptum (PS) Post-Scriptum
post-test *m* Nachtest
postal, e Post-, postalisch
△ **boîte ~e** *f* Postfach; **casier** ~ *m* Postfach; **centre des chèques postaux** *m* Postscheckamt; **chèque** ~ *m* Postscheck; **compte courant** ~ *m* Postgirokonto
postdater *qc* auf einen späteren Termin datieren, nachdatieren *etw*
poste *f* Post
△ **administration des ~s** *f* Postverwaltung; **bureau de** ~ *m* Postamt; **cachet de la** ~ *m* Poststempel; **cachet de la** ~ **faisant foi (le)** es zählt das Datum des Poststempels
Poste & Télécommunications (PTT) *fpl* französische Post und Telekom
Postes, Télécommunications, Télédif-

fusion (PTT) *f pl* französische Post und Telekom
~ **restante** postlagernd
poste *m* 1. Posten 2. Stelle, Arbeitsplatz, 3. Radioapparat, Fernsehgerät
△ **calcul du coût par ~s de production** *m* Kostenträgerrechnung; **définition/description de/du ~** *f* Stellenbeschreibung; **fonctionnement à deux ~s par jour** *m* Zwei-Schicht-Betrieb
△△ **occuper un ~** eine Position/Stellung einnehmen/innehaben; **pourvoir un ~** eine Stelle besetzen
~ **à pourvoir** *m* zu besetzende Stelle
~ **central de secours** *m* Rettungsleitstelle
~ **d'actif** *m* Aktivposten
~ **d'avoir** *m* Habenposten
~ **de confiance** *m* Vertrauensstellung, Vertrauensposten
~ **de dépense(s)** *m* Ausgabe(n)posten
~ **de douane** *m* Zollstelle
~ **de passif** *m* Passivposten
~ **de radio** *m* Radioapparat
~ **de régularisation** *m* Rechnungsabgrenzungsposten
~ **de secours** *m* Rettungsstelle
~ **de secours aérien** *m* Rettungsflugstelle
~ **de travail** *m* Arbeitsplatz (oft im technischen Sinne), Arbeitsstelle
~ **du bilan** *m* Bilanzposten
~**-frontière** *m* Grenzstelle
~ **téléphonique** *m* Telefonanschluß, Telefonapparat
poster *qc* aufgeben, auf die Post bringen *etw*
~ **une lettre** einen Brief aufgeben/auf die Post bringen
postier *m* Postangestellter, Postbeamter
postulant *m* Bewerber
postuler un emploi sich um eine Stelle bewerben
potentiel *m* Potential
~ **du marché** *m* Marktpotential
~ **exportateur** *m* Exportpotential
potentiel, le potentiell
△ **acheteur ~** *m* potentieller Käufer/Kunde; **client ~** *m* potentieller Kunde; **clientèle ~le** *f* potentielle Kundschaft; **consommateur ~** *m* potentieller Verbraucher; **demande ~le** *f* potentielle Nachfrage; **demandeur ~** *m* potentieller Nachfrager

pots-de-vin *m pl* Bestechungsgelder, Schmiergelder
poubelle *f* Mülltonne, Abfalltonne
~ **containeur** *f* Müllcontainer
pouce *m* 1. Daumen 2. Inch
pour für
~ **acquit** Betrag dankend erhalten
~ **cause de ...** wegen ...
~ **cent** *m* Prozent
~ **des motifs professionnels** aus beruflichen Gründen
~ **des raisons de ...** aus Gründen der/des ...
~ **information** zur Kenntnisnahme
~ **insuffisance d'actif** mangels Masse
~ **le compte de** ***qn*** im Auftrag von, für *jdn*, für Rechnung von *jdm*
~ **moitié** zur Hälfte
~ **suite à donner** zur weiteren Bearbeitung
~ **un volume d'échange(s) de ...** bei einem Handelsvolumen von ...
~ **une valeur d'échange(s) de ...** bei einem Handelswert von ...
pourcentage *m* Prozentsatz, prozentualer Anteil
△ **en ~** in Prozenten, prozentual
~ **du total des ventes** *m* prozentualer Anteil am Gesamtumsatz
pourparlers *m pl* Verhandlungen, Beratungen
△△ **engager des ~ sur** ***qc*** Verhandlungen aufnehmen über *etw*; **entrer en ~ sur** ***qc*** in Verhandlungen eintreten über *etw*, Verhandlungen aufnehmen über *etw*
pourrir 1. (ver)faulen 2. sich totlaufen (Streik, Verfahren)
△△ **laisser ~ une grève** einen Streik sich totlaufen lassen
poursuite *f* Verfolgung
△△ **engager des ~s contre** ***qn*** Antrag auf Strafverfolgung gegen *jdn* stellen
~ **en justice** *f* gerichtliche Verfolgung, gerichtliche Schritte
~ **pour dettes** *f* Beitreibung
~**s judiciaires** *f pl* gerichtliche Verfolgung, Gerichtsverfahren
△△ **entamer des ~ (à l'encontre de** ***qn*****)** gerichtlich vorgehen (gegen *jdn*), klagen, vor Gericht gehen
~**s pénales** *f pl* Strafverfolgung

poursuivi, e en justice gerichtlich belangt
poursuivre *qc* verfolgen, fortsetzen *etw*
~ *qn* 1. verfolgen *jdn* 2. verklagen, gerichtlich belangen *jdn*
~ **en justice** *qn* verklagen, gerichtlich belangen *jdn*
~ **la mise en oeuvre de** *qc* weiter durchführen *etw*
~ **ses activités** seine Aktivitäten fortsetzen
~ **un but** ein Ziel/einen Zweck verfolgen
~ **un but industriel ou commercial** einen gewerblichen Zweck verfolgen
pourvoi en cassation *m* Revisionsantrag, Kassationsantrag
pourvoir à *qc* sorgen für *etw*
pourvoir à x % des besoins *m* x % des Bedarfs decken
~ **en cassation (se)** Revision einlegen
~ **un emploi/un poste** eine Stelle besetzen
△ **emploi/poste à** ~ *m* zu besetzende Stelle, offene Stelle, freie Stelle
pourvoyeur, se de devises devisenbringend
~ **de fonds** *m* Kapitalbeschaffer
pourvu, e de *qc* ausgestattet/versehen mit *etw*
poussée *f* Anstieg, Zunahme, Schub
~ **d'inflation** *f* Inflationsschub
~ **de la demande** *f* Nachfragedruck
~ **des investissements** *f* Investitionsschub
~ **des prix** *f* Anstieg der Preise
~ **des salaires** *fpl* der Lohnauftrieb, Anstieg der Löhne
pousser le marché à la hausse die Kurse/Preise in die Höhe treiben
poussière *f* Staub
△ **émission de ~s** *f* Staubemission
pouvoir *m* 1. Kraft, Macht, Gewalt 2. Regierung 3. Vollmacht
△ **par tous moyens en son** ~ mit allen ihm/ihr zur Verfügung stehenden Mitteln, nach besten Kräften
△△ **avoir ~ de faire** *qc* Vollmacht haben/berechtigt sein, *etw* zu tun; **excéder/outrepasser ses ~s** seine Befugnisse überschreiten; **excercer un ~ sur** *qn* Macht ausüben auf *jdn*
~ **central** *m* Zentralgewalt
~ **d'achat** *m* Kaufkraft
△ **accroissement du** ~ *m* Erhöhung/Steigerung der Kaufkraft; **augmentation du** ~ *f* Erhöhung/Steigerung der Kaufkraft; **baisse du** ~ *f* Kaufkraftverlust; **érosion du** ~ *f* Kaufkraftschwund; **excédent du** ~ *m* Kaufkraftüberhang; **gains de** ~ *m pl* Kaufkraftgewinne; **maintien du** ~ *m* Kaufkraftsicherung; **parité (de) ~ (PPA)** *f* Kaufkraftparität; **pertes de** ~ *fpl* Kaufkraftverluste; **progression du** ~ *f* Kaufkraftzuwachs; **stagnation du** ~ *f* Kaufkraftstagnation; **standard de ~ (SPA)** *m* Kaufkraftstandard (KKS)
△△ **accroître le** ~ die Kaufkraft erhöhen, die Kaufkraft steigern; **assurer le maintien du** ~ die Kaufkraft erhalten, die Kaufkraft sichern; **augmenter le** ~ die Kaufkraft erhöhen, die Kaufkraft steigern; **diminuer le** ~ die Kaufkraft vermindern; **perdre son** ~ an Kaufkraft verlieren
~ **d'achat des prestations sociales** *m* Kaufkraft der Sozialleistungen
~ **d'achat du revenu disponible brut** *m* Kaufkraft des verfügbaren Bruttoeinkommens
~ **d'achat du salaire** *m* Kaufkraft des Lohns
~ **d'achat du salaire moyen par tête** *m* Durchschnittskaufkraft des Lohns pro Kopf
~ **de codécision** *m* Mitentscheidungsrecht
~ **de création monétaire** *m* Geldschöpfungsfähigkeit
~ **de disposition** *m* Verfügungsgewalt
~ **de négociation** *m* Verhandlungsposition, Verhandlungsstärke, Verhandlungsmacht
~ **fiscal** *m* Steuerhoheit
~ **libératoire** *m* schuldbefreiende Wirkung, Zahlkraft
~ **libératoire illimité** *m* unbegrenzte Zahlkraft
~ **monétaire** *m* Währungshoheit
~s publics *m pl* öffentliche Hand, Staat, Behörden
PP (par procuration) im Auftrag, in Vertretung, in Vollmacht
PPA (parité de pouvoir d'achat) *f* Kaufkraftparität

pragmatisme *m* Realitätsnähe, Pragmatik, Pragmatismus
pratique *f* Praxis, Praktik, Praktizieren
~s commerciales *fpl* Handelspraktiken
~ des loisirs *f* Freizeitverhalten
~s entravant la concurrence *fpl* wettbewerbsbeschränkende Praktiken
~ illicites *f pl* unerlaubte Praktiken, Wettbewerbsverstöße
pratiquer *qc* praktizieren *etw*
~ des coupes sombres dans le budget den Haushalt drastisch kürzen
~ des prix bas zu Niedrigpreisen anbieten/verkaufen
~ des prix dumping zu Dumpingpreisen anbieten/verkaufen
~ la retenue à la source eine Quellensteuer erheben
préalable *m* Vorraussetzung
préalable vorherig
△ **condition ~** *f* Vorbedingung; **étude ~** *f* Voruntersuchung
préalablement zuvor, vorher
préavis *m* Kündigung, Vorankündigung
△ **délai de ~** *m* Kündigungsfrist; **sans ~** fristlos
~ contractuel *m* vereinbarte Kündigungsfrist
~ convenu *m* vereinbarte Kündigungsfrist
~ de grève *m* Streikankündigung
△△ **déposer un ~** einen Streik ankündigen
~ de résiliation *m* Kündigungsfrist
~ légal *m* gesetzliche Kündigungsfrist
prébarré, e bankseitig gekreuzt (Verrechnungscheck)
△ **chèque ~** *m* bankseitig gekreuzter Verrechnungscheck
précaire unsicher
△ **emploi ~** *m* unsicherer Arbeitsplatz
précarisation *f* zunehmende Unsicherheit
~ de l'emploi *f* zunehmende Unsicherheit des Arbeitsplatzes
précarité *m* Unsicherheit
△ **prime de ~** *f* Lohnzuschlag bei Zeitarbeit oder befristetem Vertrag
~ de l'emploi *f* Unsicherheit des Arbeitsplatzes
précaution *f* Vorsicht
△ **mesure de ~** *f* Vorsichtsmaßnahme
précédent *m* Präzedenzfall
△△ **créer un ~** einen Präzedenzfall schaffen
précédent, e vorhergehend, vorig, vorangegangen
△ **par rapport au mois ~** im Vergleich zum Vormonat
préciser *qc* präzisieren *etw*
~ (se) sich abzeichnen
précision *f* Genauigkeit, Präzision
△ **de ~** Präzisions-, Fein-; **instrumentation de ~** *f* Präzisionsinstrumente; **mécanique de ~** *f* Feinmechanik
préconisation *f* Empfehlung
préconiser *qc* empfehlen, befürworten *etw*
prédécesseur *m* Vorgänger/Vorgängerin
prédire *qc* voraussagen *etw*
prédominance *f* Vorherrschaft
prédominant, e vorherrschend
prééminence *f* Vorrang
prééminent, e vorrangig
préemption *f* Vorkauf
△ **droit de ~** *m* Vorkaufsrecht
préfabrication *f* Fertigbau, Fertigbauweise, Herstellung von Fertigteilen
préfabriqué *m* Fertigbauteil, Fertigbauweise
préfabriqué, e vorgefertigt, Fertig-
△ **maison ~e** *f* Fertighaus
préfectoral, e des Präfekten, der Präfektur, Präfektur-
△ **agrément ~** *m* Zustimmung der Präfektur; **arrêté ~** *m* Präfekturverfügung
préfecture *f* Präfektur
préférence *f* Präferenz, Vorzug
△ **droit de ~** *m* vorrangiges Recht; **système des ~s généralisées** *m* System allgemeiner Zollpräferenzen
~ communautaire *f* Gemeinschaftspräferenz
~s généralisées *fpl* allgemeine Präferenzen
préférentiel, le Vorzugs-, bevorzugt
△ **accord ~** *m* Vorzugsvertrag; **droit ~ (de souscription)** *m* Bezugsrecht auf junge Aktien; Vorzugsrecht; **taux ~** *m* Vorzugszinssatz; **traitement ~** *m* Vorzugsbehandlung, Bevorzugung
préférer *qc* **à** *qc* vorziehen *etw* einer Sache
préfet *m* Präfekt

préfigurer *qc* vorgelagert sein einer Sache, eine Vorstufe sein für *etw*
préfinancement *m* Vorfinanzierung
△ **crédit/prêt de ~** *m* Vorfinanzierungskredit, Zwischenkredit
~ **des exportations** *m* Exportvorfinanzierung
préfinancer *qc* vorfinanzieren *etw*
préfixe d'accès international *m* internationale Vorwahl
préfixé, e vormontiert
préjudice *m* Nachteil, Schaden, Beeinträchtigung
△△ **demander réparation du ~ subi** Wiedergutmachung des erlittenen Schadens fordern/verlangen; **porter ~ à** *qn* einen Nachteil zufügen *jdm*, schaden *jdm*
~ **commercial** *m* wirtschaftlicher Nachteil/Schaden
~ **matériel** *m* materieller Schaden
~ **pécuniaire** *m* finanzieller Schaden
~ **moral** *m* ideeller Schaden
préjudiciable nachteilig, Schaden zufügend
△△ **être ~ à** *qn/qc* schaden *jdm/etw*
prélèvement *m* 1. Abgabe, Abzug, Steuer, Abschöpfung, Erhebung, Steuererhebung 2. Abhebung (Konto)
△ **après ~ de** *qc* nach Abzug von *etw*; **autorisation de ~** *f* Einzugsermächtigung, Abbuchungsvollmacht; **demande de ~** *f* Abbuchungsauftrag; **ordre de ~ automatique** *m* Abbuchungsauftrag; **taux de ~** *m* Steuerquote, Belastung durch Steuern und Abgaben, Steuersatz, Hebesatz
△△ **faire un ~ sur un compte** Geld von einem Konto abheben
~ **à la source** *m* Quellenabzug, Quellensteuerabzug
~ **automatique** *m* Einzugsermächtigung
△ **autorisation de ~** *f* Einzugsermächtigung, Abbuchungsvollmacht
△△ **payer par ~** durch Einzugsermächtigung zahlen
~**s agricoles** *m pl* Agrarabschöpfungen
~ **de l'impôt** *m* Steuereinziehung
~ **de l'impôt à la source** *m* Quellensteuer, Quellensteuerabzug, Quellenabzug
~ **des droits de douane** *m* Zollerhebung
~ **des impôts** *m* Steuereinziehung
~ **du bénéfice** *m* Gewinnentnahme
~ **fiscal** *m* Steuererhebung, Steuerabgabe
~ **forfaitaire** *m* Pauschalbesteuerung
~ **libératoire** *m* Pauschalsteuer, Quellensteuer, Quellenabzug
~ **mensuel** *m* monatlicher Abzug, monatliche Erhebung (Steuer)
~**s obligatoires** *m pl* Steuern und Abgaben (einschließlich Sozialabgaben), Steuern und Sozialabgaben
△ **niveau des ~** *m* Höhe der Steuern und Sozialabgaben
△△ **alourdir les ~** die Steuern und Sozialabgaben erhöhen
~ **proportionnel** *m* Proportionalsteuer, proportionale Entnahme
~**s sociaux** *m pl* Sozialabgaben
~ **sur la réserve** *m* Entnahme aus der Rücklage
~ **sur le capital** *m* Kapitalsteuer
~ **sur le salaire** *m* Lohnabzug, Lohnsteuer
~ **sur un compte** *m* Abhebung von einem Konto
prélever *qc* **(des droits de douane, un impôt, une taxe)** erheben, einbehalten, abziehen, abschöpfen, entnehmen *etw* (Zölle, eine Steuer)
~ **à la source (un impôt/une taxe)** an der Quelle erheben (eine Steuer)
~ **des impôts** Steuern erheben
~ **un échantillon (aléatoire)** eine (Zufalls) Stichprobe machen
~ **un impôt** eine Steuer einbehalten
~ **une redevance** eine Gebühr erheben
~ **une taxe** eine Steuer einbehalten/erheben
~ **x francs d'un compte** x Franc von einem Konto abheben
préliminaire vorbereitend
△ **auditions ~s** *f pl* vorherige Anhörung; **étude ~** *f* Voruntersuchung
premier choix *m* erste Wahl
△ **... de ~** ... erster Wahl
premier cours *m* Anfangskurs
△ **au ~** zum Anfangskurs
premier embauchage *m* Ersteinstellung
premier équipement *m* Erstausstattung
△ **marché de ~** *m* Erstausstattungsmarkt
Premier Ministre *m* Premierminister

premier prix *m* Niedrigpreispreisprodukt (Handelsmarke)
premier succès *m* Anfangserfolg
première d'atelier *f* Leiterin eines Modeateliers
première monte *f* Erstmontage
première qualité *f* erste Qualität, erstklassig
△ **de ~** von erstklassiger Qualität
première transformation de l'acier *f* Rohstahlverarbeitung
prénatal, e vorgeburtlich, pränatal
△ **allocation ~e** *f* Schwangerschaftsgeld
prendre *qc* nehmen *etw*
~ **à (sa) charge** *qc* übernehmen *etw*
~ **acte de** *qc* zur Kenntnis/zu Protokoll nehmen *etw*
~ **bonne note de** *qc* notieren, vermerken *etw*
~ **connaissance de** *qc* *etw* einsehen, *etw* zur Kenntnis nehmen
~ **de l'importance** an Bedeutung gewinnen
~ **des allures de ...** sich ausnehmen wie ...
~ **des mesures (de ...)** (...-) Maßnahmen ergreifen
~ **des mesures de chômage partiel** Kurzarbeit verordnen
~ **des participations dans ...** Beteiligungen erwerben an ..., sich beteiligen an ..., sich einkaufen bei ...
~ **des renseignements** Auskünfte einholen, sich erkundigen
~ **du retard** in Rückstand geraten
~ **effet** wirksam werden
~ **en charge** *qc*, **des frais** übernehmen *etw*, Kosten
~ **en compte** *qc* in Rechnung stellen, berücksichtigen *etw*
~ **en considération** *qc* berücksichtigen *etw*
~ **en gérance** *qc* pachten *etw*
~ **possession de** *qc* in Besitz nehmen *etw*
~ **le contrôle d'une entreprise** ein Unternehmen übernehmen
~ **le risque de ...** das Risiko/die Gefahr eingehen zu ..., Gefahr laufen zu ...
~ **les communications** die Anrufe entnehmen
~ **livraison d'une marchandise** die Lieferung in Empfang nehmen
~ **pied** Fuß fassen
~ **rendez-vous (avec** *qn***)** einen Termin vereinbaren (mit *jdm*)
~ **sa retraite** in Rente gehen
~ **un arrêté** eine Verfügung, Verordnung erlassen
~ **un bail** mieten
~ **un décret** eine Verfügung/Verordnung erlassen
~ **un jour de congé** einen Tag Urlaub nehmen
~ **une commande** einen Auftrag/eine Bestellung annehmen/entgegennehmen
~ **une décision d'achat** eine Kaufentscheidung treffen
~ **une option (sur** *qc***)** eine Option erwerben (auf *etw*)
~ **une participation dans (le capital d') une société** sich an einem Unternehmen (am Gesellschaftskapital eines Unternehmens) beteiligen
~ **une participation de x %** einen Anteil von x % übernehmen, sich mit x % beteiligen
~ **une réglementation** eine Bestimmung erlassen
~ **x % du marché** einen Marktanteil von x % erringen
preneur d'assurance *m* Versicherungsnehmer
~ **d'effet** *m* Wechselnehmer
préparation *f* Vorbereitung
~ **à/de la vente** *f* Absatzvorbereitung
préparé, e vorbereitet, Fertig-
△ **denrées ~es** *f pl* Fertiggerichte
prépondérance *f* Ausschlag, Übergewicht
prépondérant, e entscheidend, ausschlaggebend
△△ **en cas de partage des voix, la voix du président est ~e** bei Stimmengleichheit gibt die Stimme des Vorsitzenden den Ausschlag
préposé *m* Briefträger
préproduction *f* Vorproduktion
préretraite *f* Vorruhestand
△ **clause de ~** *f* Vorruhestandsklausel; **départ en ~** *m* Frühpensionierung
△△ **partir en ~** in den Vorruhestand gehen
~ **à temps partiel** *f* Teilzeitvorruhestand

préretraité/ préretraitée *m/f* Frührentner/Frührentnerin
prérogative *f* Privileg, Vorrecht, Vollmacht
présage *m* Omen
présager ***qc*** vorhersagen *etw*, bedeuten (für die Zukunft) *etw*
prescripteur *m* Präskriptor, Gate Keeper (Marketing)
prescription *f* 1. Vorschrift 2. Verjährung
△ **délai de ~** *m* Verjährungsfrist
△△ **acquérir la propriété par ~** Besitz durch Ersitzung erwerben; **il y a ~** es ist Verjährung eingetreten, *etw* ist verjährt; **invoquer la ~** Verjährung geltend machen; **s'éteindre par ~** durch Verjährung erlöschen
~ **d'urbanisme** *f* Bauvorschrift
~ **décennale** *f* zehnjährige Verjährungsfrist
~ **(en matière) fiscale** *f* Steuerverjährung
~ **légale** *f* gesetzliche Bestimmung, rechtliche Vorschrift
~ **médicale** *f* ärztliches Rezept, Rezept
~ **pharmaceutique** *f* Arzneimittelrezept, Arzneimittelverordnung
prescrire verjähren, verfallen
~ ***qc*/que ...** vorschreiben *etw*/daß ...
~ **un arrêt de travail (à/pour *qn*)** krank schreiben (*jdn*)
prescrit, e 1. verjährt, verfallen, ungültig 2. vorgeschrieben
présence *f* Anwesenheit, Präsenz
~ **au poste de travail** *f* Anwesenheit am Arbeitsplatz
présent, e anwesend, vertreten, vorhanden
△ **Par la ~e, nous vous mettons en demeure de ...** Hiermit fordern wir Sie letztmalig auf, zu ...
présentation *f* Präsentation, Darbietung, Vorlage
△ **brochure de ~** *f* Informationsbroschüre
~ **d'un justificatif/d'une pièce justificative** *f* Beibringen von Belegen, Vorlage eines Nachweises
△ **sur ~** gegen Vorlage eines Nachweises
présenter ***qc*** vorstellen, vorlegen *etw*
~ **le bilan** die Bilanz einreichen, vorlegen
~ **comme suit (se)** folgendermaßen aussehen
présentoir *m* Verkaufständer
présérie *f* Nullserie, Vorserie
préserver ***qc*** behalten, behaupten *etw*
~ **ses parts de marché** seinen Marktanteil behaupten
présidence *f* Vorsitz, Präsidentschaft
~ **tournante** *f* wechselnder Vorsitz, wechselnde Präsidentschaft
président/présidente *m/f* Präsident/Präsidentin, Vorsitzender/Vorsitzende
~ **de la banque centrale** *m* Notenbankpräsident
~ **du conseil d'administration** *m* Verwaltungsratsvorsitzender
~ **du directoire** *m* Vorstandsvorsitzender
~**-directeur général (PDG)** *m* Generaldirektor
présomption *f* Vermutung, Annahme
~ **d'innocence** *f* Unschuldsvermutung
~ **de fraude** *f* Betrugsvermutung, Betrugsverdacht
~ **de fraude fiscale** *f* Verdacht auf Steuerhinterziehung
presse *f* 1. Presse (Zeitung) 2. Presse (Maschine)
△ **campagne de ~** *f* Pressekampagne; **communiqué de ~** *m* Pressemitteilung, Pressekommuniqué; **conférence de ~** *f* Pressekonferenz; **selon la ~** der Presse zufolge
~ **à emboutir** *f* Presse
~ **d'information** *f* allgemeine Presse
~ **économique** *f* Wirtschaftspresse
~**-papier** *m* Briefbeschwerer
~ **professionnelle** *f* Fachpresse
~ **quotidienne** *f* Tagespresse, Tageszeitungen
~ **régionale** *f* Regionalpresse
~ **spécialisée** *f* Fachpresse
~ **technique** *f* technische Fachpresse
pression *f* Druck
△ **sous la ~ de *qc/qn*** unter dem Druck von *etw/jdm*
△△ **faire ~ sur *qn*** Druck ausüben auf *jdn*
~ **de la concurrence** *f* Konkurrenzdruck, Wettbewerbdruck
△△ **subir la ~** unter Konkurrenzdruck stehen

~ **fiscale** *f* Steuerlast, Steuerdruck
~ **fiscale et parafiscale** *f* Steuer- und Abgabendruck, Steuer- und Abgabenlast
~ **inflationniste** *f* Inflationsdruck
~ **publicitaire** *f* Werbedruck
~ **verte** *f* Druck der Umweltschützer/Grünen
pressurer ***qn*** auspressen *jdn*
prestataire de service(s) *m* Dienstleister, Dienstleistungsunternehmen, Anbieter von Dienstleistungen
△ **entreprise ~** *f* Dienstleistungsunternehmen
prestation *f* (souvent au *pluriel*) Leistung, Dienstleistung, Zuwendung, Sozialleistung
△ **étendue des ~s** *f* Leistungsumfang; **étendue et nature des ~s** *f pl* Art und Umfang der Leistungen
~ **autonomie** *f* Leistungen der Pflegeversicherung
~**s d'invalidité** *f pl* Invalidenrente
~**s de l'assurance maladie** *f pl* Leistungen der Krankenversicherung
~ **de (la) Sécurité sociale** *f* Sozialversicherungsleistung, Leistung der Sozialversicherung
~ **de services** *f* Dienstleistung, Anbieten von Dienstleistungen, Verkauf von Dienstleistungen, Erbringen von Dienstleistungen
~ **de travail** *f* Arbeitsleistung
~**s de travail temporaire** *f pl* Vergütung aus Zeitarbeit
~**s de vieillesse** *f pl* Altersversorgung
~ **dépendance** *f* Leistungen der Pflegeversicherung
~ **en espèces** *f* Geldleistung
~ **en nature** *f* Sachleistung
~ **en numéraire** *f* Geldleistung
~**s facturées** *f pl* abgerechnete/berechnete Leistungen
~**s familiales** *f pl* Familienbeihilfen
~**s fournies** *f pl* erbrachte Leistungen
~**s sociales** *f pl* Sozialleistungen, Sozialbezüge, Leistungen der Sozialversicherung, Bezüge aus der Sozialversicherung
△ **bénéficiaire de ~** *m* Bezieher von Sozialleistungen, Sozialleistungsempfänger
△△ **être bénéficiaire de ~** Bezieher von Sozialleistungen/Sozialleistungsempfänger sein, Sozialleistungen beziehen; **percevoir/recevoir/toucher des ~** Sozialleistungen erhalten/beziehen; **verser des ~** Sozialleistungen auszahlen
~**s sociales de l'entreprise** *f pl* betriebliche Sozialleistungen
~ **spéciale** *f* Sonderleistung
prestige *m* Ansehen, Prestige, Einfluß
△△ **jouir d'un grand ~** ein hohes Ansehen genießen
prestigieux, se von hohem Ansehen, einflußreich, großartig
présumé, e vermutet, vermutliche
△ **cause ~e** *f* vermutete Ursache
prêt *m* Darlehen, Kredit, Ausleihe
△ **bénéficiaire d'un ~** *m* Darlehensnehmer; **contrat de ~** *m* Darlehensvertrag; **demande de ~** *f* Darlehensantrag; **financement d'un ~** *m* Darlehensfinanzierung; **montant du ~** *m* Darlehenssumme
△△ **accorder/consentir un ~ à** ***qn*** einen Kredit/ein Darlehen gewähren/bewilligen *jdm*; **contracter un ~** einen Kredit/ein Darlehen aufnehmen; **demander un ~** einen Kredit/ein Darlehen beantragen; **le ~ vient à échéance le ...** der Kredit/das Darlehen wird am ... fällig; **octroyer un ~ à** ***qn*** einen Kredit/ein Darlehen gewähren/bewilligen *jdm*; **rembourser un ~** ein Darlehen tilgen; **rembourser un ~ par anticipation** ein Darlehen vorzeitig tilgen; **solliciter un ~** einen Kredit/ein Darlehen beantragen
~ **à bonification d'intérêts** *m* zinsverbilligtes Darlehen
~ **à court terme** *m* kurzfristiges Darlehen
~ **à la consommation** *m* Konsumentenkredit, Darlehen, Anschaffungsdarlehen
~ **à la construction** *m* Baufinanzierungskredit, Baufinanzierungsdarlehen, Baukredit
~ **à long terme** *m* langfristiges Darlehen
~ **à moyen terme** *m* mittelfristiges Darlehen
~ **à taux (d'intérêt) bonifié** *m* bezuschußtes Darlehen, zinsvergünstigtes Darlehen

~ **à taux (d'intérêt) fixe** *m* Festzinsdarlehen, Festzinskredit
~ **à taux (d'intérêt) révisable/variable** *m* Kredit mit variablem Zinssatz
~ **à taux zéro** *m* zinsloses Darlehen
~ **à tempérament** *m* Teilzahlungskredit
~ **aidé à l'accession à la propriété (PAP)** *m* staatlich gefördertes Darlehen zum Erwerb von Wohneigentum
~**s aux sociétés** *m pl* Firmendarlehen
~**s aux ménages** *m pl* Privatdarlehen
~ **avec hypothèque** *m* hypothekarisch abgesichertes Darlehen
~ **bancaire** *m* Bankdarlehen, Bankkredit
~ **bonifié** *m* zinsvergünstigtes Darlehen
~ **bonifié par l'Etat** *m* Darlehen mit staatlichem Zinszuschuß
~ **cautionné** *m* durch Bürgschaft gesichertes Darlehen
~ **conventionné (PC)** *m* Kredit mit Sonderkonditionen (staatlicher Zinszuschuß)
~ **d'anticipation** *m* Zwischenkredit, Vorausdarlehen
~ **d'épargne-logement** *m* Bauspardarlehen, Bausparkredit
~ **d'installation du créateur d'entreprise** *m* Existenzgründungsdarlehen, Betriebsgründungsdarlehen
~ **d'urgence** *m* Dringlichkeitskredit
~ **de préfinancement** *m* Vorfinanzierungskredit, Zwischenkredit
~ **en nantissement** *m* pfandrechtlich abgesichertes Darlehen
~ **hypothécaire** *m* Hypothekendarlehen, Hypothekenkredit
~ **immobilier** *m* Realkredit, Hypothekendarlehen, Hypothekenkredit
~ **jumelé** *m* verbundenes Darlehen
~ **locatif aidé (PLA)** *m* staatlich gefördertes Wohnungsbaudarlehen
~**-logement** *m* Kredit zum Erwerb von Wohnungseigentum
~ **non affecté** *m* Darlehen zur freien Verfügung
~ **participatif** *m* 1983 geschaffenes Anteilspapier an verstaatlichten Unternehmen (Mischform zwischen Anleihe und Aktie)
~ **personnel** *m* Personalkredit
~ **personnel permanent** *m* persönlicher Überziehungskredit
~ **relais** *m* Zwischenkredit, Vorfinanzierungskredit
~ **sur gage** *m* Pfanddarlehen, Lombardkredit
~ **sur nantissement** *m* Lombardgeschäft, Lombardkredit
~ **syndiqué** *m* Konsortialkredit
prêt, e bereit, fertig
~ **à être expédié, e** versandbereit, versandfertig
prêtable ausleihbar
prête-nom *m* Strohmann
prétendant *m* Bewerber
prétendre ***qc*** behaupten *etw*
~ **à *qc*** Anspruch erheben auf *etw*, sich bewerben um *etw*
prétention *f* Anspruch, Behauptung, Gehaltsvorstellung, Gehaltsanspruch
~**s salariales** *f pl* Gehaltsansprüche, Gehaltsvorstellungen
prêter *qc* à *qn* leihen *etw jdm*
~ **à *qc* (se)** geeignet sein für *etw*
~ **à usure** zu Wucherzinsen (ver)leihen
~ **à taux usuraire** zu Wucherzinsen (ver)leihen
~ **allégeance à *qc*** ein Bekenntnis ablegen zu *etw*
~ **de l'argent à *qn*** Geld (ver)leihen, ein Darlehen geben *jdm*
~ **serment** einen Eid schwören, einen Schwur leisten
prêteur *m* Kreditgeber, Darlehensgeber, Kreditgeber, Darlehensgeber
~ **sur gage** *m* Pfandleiher
prêteur, euse kreditgebend, darlehensgebend, Kredit-, Darlehens-
△ **banque ~euse** *f* darlehensgebende Bank
preuve *f* Beweis, Nachweis
△ **faire ~ de *qc*** beweisen *etw*, als Beweis dienen für *etw*; **faire ~ de compétitivité** sich wettbewerbsfähig zeigen; **avoir fait ses ~s** sich bewährt haben
prévaloir sur *qc/qn* obsiegen über *etw/jdn*
prévenir *qc* verhüten *etw*, vorsorgen gegen *etw*, vorbeugen einer Sache
~ ***qn*** benachrichtigen *jdn*
préventif, ve vorbeugend, präventiv, vorsorglich, Vorsorge-, Vorbeuge-
prévention *f* Vorbeugung, Verhütung, Vorsorge

~ **des accidents** *f* Unfallschutz, Unfallverhütung
prévisible absehbar
prévision *f* Prognose, Vorhersage, Voraussage, Vorausschau
△△ **dépasser les ~s** die Vorhersagen übertreffen; **faire des ~s** vorausplanen
~s budgétaires *f pl* Haushaltsvoranschlag
~ **chiffrée** *m* bezifferte Vorhersage
~ **conjoncturelle** *f* Konjunkturvor(aus)schau, Konjunkturprognose
~s de croissance *f pl* Prognosen über die Wachstumsraten
~s de marché *f pl* Marktaussichten, Marktprognosen
~ **de trésorerie** *f* Liquiditätsberechnung, Cash-Flow-Prognose
~ **de ventes** *f* Absatzprognose, Verkaufsprognose, Verkaufsvoraussage
~s des experts *f pl* die Vorhersagen der Wirtschaftsexperten
~ **des ventes** *f* Absatzprognose, Verkaufsprognose, Verkaufsvoraussage
~ **du chiffre d'affaires** *f* Umsatzprognose
~ **économique** *f* Wirtschaftsprognose, Wirtschaftsvorschau, Wirtschaftsvoraussage
prévisionnel, le Soll-, -voranschlag, Plan-, Vor-, Planungs-, vorausschauend
△ **budget ~** *m* Betriebsplanung, Haushaltsvoranschlag; **chiffres ~s** *m pl* Sollzahlen; **comptes ~s** *m pl* Vorkalkulation; **coût(s) ~(s)** *m (pl)* veranschlagter Aufwand; **document ~** *m* Planungsdokument; **estimation ~le** *f* Vorausschätzung; **état ~** *m* Haushaltsvoranschlag; **étude ~le** *f* Vorstudie, Planung; **gestion ~le** *f* Betriebsplanung, Unternehmensplanung; **mesure ~le** *f* vorsorgliche Maßnahme
prévoir *qc*/que ... einplanen *etw*/daß ..., rechnen mit *etw*/damit daß ..., vorsehen *etw*/daß ...
~ **dans le contrat de travail *qc*/que ...** im Arbeitsvertrag vereinbaren, vorsehen *etw*/daß ...
~ **trop grand** zu großzügig planen
~ **un accroissement** auf Zuwachs planen
prévoyance *f* Vorsorge
△ **assurance ~** *f* Vorsorgeversicherung; **caisse d'épargne et de ~** *f* Spar- und Vorsorgekasse, **caisse de ~** *f* Vorsorgekasse, Versorgungskasse; **Caisse Nationale de Prévoyance** *f* staatliche Vorsorgekasse; **épargne de ~** *f* Vorsorgesparen
prévoyant, e vorausschauend
prévu, e geplant
primaire Primär-, Erst-, Anfangs-
△ **besoins ~s** *m pl* Primärbedürfnisse; **facteur ~** *m* Primärfaktor; **marché ~** *m* Primärmarkt; **produits ~s** *m pl* Primärgüter; **revenu ~** *m* Primäreinkommen, Gewinneinkommen, Faktoreinkommen; **revenu ~ brut/net** *m* Bruttoprimäreinkommen/Nettoprimäreinkommen; **secteur ~** *m* primärer Sektor, Primärsektor
primauté *f* Vorrang, Vormachtstellung
prime *f* Prämie, Versicherungsbeitrag
△ **abandon de la ~** *m* Prämienaufgabe; **calcul de ~** *m* Prämienberechnung; **encaissements de ~s** *m pl* Prämieneinnahmen, Prämienaufkommen **jour de la réponse des ~s** *m* Prämienerklärungstag; **opération à ~** *f* Prämiengeschäft; **pied de la ~** *m* Kaufkurs abzüglich Prämie; **réponse de(s) ~(s)** *f* Prämienerklärung
△△ **abandonner la ~** Reuegeld bezahlen; **encaisser les ~s** Prämien einstreichen; **lever la ~** die Prämie übernehmen; **redistribuer des ~s** Versicherungsbeiträge wieder ausschütten, erstatten
~ **à l'émission** *f* Emissionsagio, Ausgabeprämie
~ **à l'exportation** *f* Ausfuhrprämie
~ **à la naissance** *f* Geburtsbeihilfe
~ **annuelle** *f* Jahresprämie
~ **d'accroissement** *f* Zuwachsprämie
~ **d'ancienneté** *f* Dienstalterzulage
~ **d'assiduité** *f* Leistungszulage
~ **d'assurance** *f* Versicherungsbeitrag, Versicherungsprämie
△△ **redistribuer/reverser des primes d'assurance** Versicherungsbeiträge (rück)erstatten, zurückzahlen, wieder ausschütten
~ **d'émission** *f* Ausgabeprämie, Emissionsagio

~ **d'épargne** *f* Sparprämie
~ **d'épargne-logement** *f* Bausparprämie, Wohnungsbauprämie
~ **d'investissement** Investitionszulage
~ **de base** *f* Grundprämie
~ **de bilan** *f* Gewinnbeteiligung (nach Bilanzveröffentlichung)
~ **de cabinet** *f* (steuerfreie) Aufwandsentschädigung für hohe Beamte, Ministerialzulage
~ **de congé(s)** *f* Urlaubsgeld
~ **de déménagement** *f* Umzugsgeld
~ **de développement régional** *f* Regionalentwicklungsprämie
~ **de fidélité** *f* Treueprämie
~ **de fin d'année et de vacances** *f* Weihnachts- und Urlaubsgeld
~ **de maintien du pouvoir d'achat** *f* Kaufkrafterhaltungsprämie
~ **de natalité** *f* Geburtsbeihilfe
~ **de précarité** *f* Lohnzuschlag bei Zeitarbeit oder befristetem Vertrag
~ **de référence** *f* Grundprämie
~ **de remboursement** *f* Anleiheagio
~ **de rendement** *f* Leistungsprämie
~ **de risque** *f* Risikozuschlag
~ **de transport** *f* Fahrtkostenzulage
~ **de transport forfaitaire** *f* Fahrkostenpauschale, pauschale Fahrtkostenzulage
~ **fixe** *f* feste Prämie
~ **pour le coût du personnel** *f* Personalkostenzuschuß
~ **rate** *f* Primerate
~ **spéciale** *f* Sonderzulage
primeurs *fpl* Frühgemüse
principal *m* 1. Hauptsache, Hauptklage 2. Hauptschuld, Hauptforderung
principal, e Haupt-, wichtigster
△ **guichet ~** *m* Hauptschalter
principe *m* Grundsatz, Prinzip
△ **de ~** grundsätzlich
△△ **donner son accord de ~** seine grundsätzliche Zustimmung geben
~ **d'égalité** *m* Gleicheitsgrundsatz
~ **de l'assurance** *m* Versicherungsprinzip
~ **de territorialité** *m* Territorialitätsprinzip
~**s d'attribution** *mpl* Vergaberegeln (bei öffentlichen Ausschreibungen/Aufträgen)
prioritaire vorrangig
△ **envoi ~** *m* Eilzustellung, bevorzugte Zustellung; **objectif ~** *m* vorrangiges Ziel
priorité *f* Priorität
△ **en ~** vorrangig, vorzugsweise
pris, e en compte/en considération (dans *qc*) berücksichtigt (bei *etw*)
pris, e ensemble zusammengenommen
prise *f* Nehmen, Aufnahme, Übernehmen
~ **d'effet** *f* Wirksamwerden
~ **de bénéfices** *f* Gewinnmitnahme
~ **de contrôle d'une société** *f* Übernahme der Anteilsmehrheit einer Gesellschaft
~ **de crédit** *f* Kreditaufnahme
~ **de décision** *f* Entscheidungsbildung
~ **de participation(s)** *f* Beteiligung
△△ **porter la ~ à x %** die Beteiligung auf x % anheben
~ **de participation croisée** *f* Schachtelbeteiligung
~ **de participation dans une entreprise** *f* Beteiligung an einem Unternehmen
~ **de parts de marché** *f* Erringung von Marktanteilen
~ **de résolution** *f* Beschlußfassung
~ **en charge de *qc*** *f* Übernahme von *etw*
~ **en charge des frais** *f* Kostenübernahme
~ **en compte de *qc*** *f* Berücksichtigung von *etw*
~ **en compte comptable de *qc*** *f* buchhalterische Berücksichtigung von *etw*
~ **en compte dans l'indice de *qc*** *f* Berücksichtigung im Index von *etw*
~ **en considération de *qc*** *f* Berücksichtigung von *etw*
~ **en pension** *f* Wertpapierpensionsgeschäft
△ **taux de ~** *m* Zinssatz für Wertpapierpensionsgeschäfte, Lombardsatz
~ **en possession de *qc*** *f* Inbesitznahme von *etw*
privatif, ve ausschließlich, privat
△ **à titre ~** zur ausschließlichen Nutzung
privation *f* Entzug, Verlust, Entbehrung
~ **des droits civiques** *f* Verlust der bürgerlichen Ehrenrechte
privatisation *f* Privatisierung

privatiser *qc* privatisieren
~ **une entreprise publique** ein öffentliches Unternehmen privatisieren
privé, e privat
△ **acte sous seing** ~ *m* privatschriftlicher Vertrag; **assurance** ~**e** *f* Privatversicherung; **droit** ~ *m* Privatrecht; **emprunt** ~ *m* private Anleihe; **entreprise sociétaire** ~**e** *f* private Gesellschaft; **entrepôt** ~ *m* privates Lager; **épargne** ~**e** *f* private Spargelder; **établissement** ~ *m* privates Institut, private Anstalt, private Firma, Privatschule; **sous seing** ~ privatschriftlich
priver de *qc* **(se)** verzichten auf *etw*
~ *qn* **de** *qc* vorenthalten, wegnehmen *jdm etw*
privilège *m* Privileg, Vorrecht
privilégié, e privilegiert, bevorrechtigt, bevorzugt
△ **action** ~**e** *f* Vorzugsaktie; **créancier** ~ *m* bevorrechtigter Gläubiger
privilégier *qc/qn* privilegieren, bevorzugen *etw/jdn*
prix *m* Preis, Geldwert, Geldpreis
△ **à bas** ~ zu Niedrigpreisen; **à des** ~ **compétitifs** zu wettbewerbsfähigen Preisen; **à moitié** ~ zum halben Preis; **à** ~ **constants** zu konstanten Preisen; **à** ~ **courants** zu laufenden Preisen; **à** ~ **coûtant** zum Selbstkostenpreis; **à vil** ~ zu Schleuderpreisen; **accord sur les** ~ *m* Preisabsprache; **au** ~ **d'équilibre** zum Gleichgewichtspreis; **au** ~ **du marché** zu Marktpreisen; **augmentation des** ~ *f* Preiserhöhung, Preisanstieg; **augmentation du** ~ **du pétrole** *f* Erdölpreiserhöhung, Erhöhung des Erdölpreises; **baisse des** ~ *f* Preisrückgang; **barème de** ~ *m* Preisliste; **blocage des** ~ *m* Preisstopp; **blocage des** ~ **et des salaires** *m* Preis- und Lohnstopp; **calcul de(s)** ~ *m* Preiskalkulation, Kalkulation; **cartel de** ~ *m* Preiskartell; **casseur de** ~ *m* Preisbrecher; **changement des** ~ *m* Preisbewegung, Preisänderung; **chute des** ~ *f* Preisrückgang; **compétitivité-**~ *f* Wettbewerbsfähigkeit bei den Preisen; **conditions de** ~ *f pl* Preisbedingungen; **contrôle des** ~ *m* Preiskontrolle; **déblocage des** ~ *m* Freigabe der Preise, Aufheben des Preisstopps; **contrôle des** ~ *m* Preiskontrolle; **décalage de** ~ *m* Preisunterschied; **différence de** ~ *f* Preisunterschied; **diminution du** ~ *f* Minderung des Kaufpreises, Kaufpreisminderung; **disparité des** ~ *f* Preisunterschied; **écart de** ~ *m* Preisabweichung, Preisunterschied; **effondrement des** ~ *m* Preisverfall; **élasticité des** ~ *f* Preiselastizität; **en** ~ **constants** in konstanten Preisen; **en** ~ **courants** in laufenden Preisen; **entente en matière de** ~**/sur les** ~ *f* Preisabsprache; **escalade des** ~ *f* Preisauftrieb; **estimation de** ~ *f* Preisschätzung; **établissement du** ~ *m* Preisfestsetzung; **étiquette de** ~ *f* Preisschild; **éventail des** ~ *m* Preisspanne; **évolution des** ~ *f* Preisentwicklung; **fixation des/du** ~ *f* Preisfestsetzung; **flambée des** ~ *f* Preisexplosion, starker Preisauftrieb; **fléchissement des** ~ *m* Nachgeben der Preise; **formation des** ~ *f* Preisbildung; **gel des** ~ *m* Einfrieren der Preise; **gâchage des** ~ *m* Verderben der Preise; **guerre des** ~ *f* Preiskrieg; **hausse des** ~ *f* Preisanstieg, Preisauftrieb, Preissteigerung, Teuerung; **indice des** ~ *m* Preisindex, allgemeiner Preisindex; **indice des** ~ **à la consommation** *m* Index der Verbraucherpreise, Verbraucherpreisindex; **indice des** ~ **de détail** *m* Einzelhandelspreisindex; **indice des** ~ **de gros** *m* Großhandelspreisindex; **indice mensuel des** ~ **à la consommation** *m* monatlich erstellter allgemeiner Verbraucherpreisindex; **libération des** ~ *f* Freigabe der Preise, Aufheben des Preisstopps; **majoration de** ~ *f* Mehrpreis, Aufpreis; **niveau des** ~ *m* Preisniveau; **observation des** ~ *f* Preisbeobachtung; **PIB au** ~ **du marché** *m* Bruttoinlandsprodukt zu Marktpreisen; **politique de** ~ *f* Preispolitik; **premier** ~ *m* Niedrigpreispreisprodukt (Handelsmarke); **produit intérieur brut au** ~ **du marché** *m* Bruttoinlandsprodukt zu Marktpreisen; **rapport qualité-**~ *m* Preis-Leistungsverhältnis; **réglementation des** ~ *f* Preisreglementierung; **relevé de** ~ *m* Preiserhebung; **retournement sur le** ~ *m* (starke) Preisverän-

derung; **stabilité des ~** *f* Preisstabilität; **variation de ~** *f* Kostenabweichung; **vente à ~ coûtant** *f* Verkauf zum Selbstkostenpreis
△△ **acheter à ~ d'or** *qc* sehr teuer kaufen *etw*, einen saftigen Preis zahlen für *etw*; **bloquer les ~** einen Preisstopp einführen; **casser les ~** die Preise radikal senken; **contrôler les ~** eine Preiskontrolle ausüben; **déterminer le ~** den Preis festlegen; **écraser les ~** die Preise drücken; **être hors de ~** unerschwinglich sein; **exprimer en ~ constants/courants** in konstanten/laufenden Preisen ausdrücken; **faire un ~ à** *qn* einen (günstigen) Preis machen *jdm*; **fixer le ~** den Preis festlegen; **geler les ~** die Preise einfrieren; **les ~ augmentent** die Preise steigen; **les ~ baissent/chutent** die Preise sinken/fallen; **les ~ flambent** die Preise schießen nach oben, in die Höhe; **les ~ fléchissent** die Preise geben nach; **les ~ montent** die Preise steigen; **les ~ montent en flèche** die Preise schnellen in Höhe; **les ~ s'effondrent** die Preise stürzen, brechen zusammen; **les ~ s'envolent** die Preise steigen rapide; **les ~ tombent** die Preise fallen; **libérer les ~** die Preise freigeben (nach einem Preisstopp); **nos ~ s'entendent ...** unsere Preise verstehen sich ...; **nos ~ s'entendent franco de port** unsere Preise verstehen sich einschließlich Porto/Fracht; **payer à son véritable ~** *qc* den wirklichen Preis zahlen (d. h. einen nicht subventionierten Preis) für *etw*; **payer au ~ fort** *qc* teuer bezahlen *etw*; **pratiquer des ~ bas** zu Niedrigpreisen anbieten/verkaufen; **pratiquer des ~ dumping** zu Dumpingpreisen anbieten/verkaufen; **relever des ~** eine Preiserhebung durchführen; **répercuter la TVA sur le ~ de vente** die MwSt auf den Verkaufspreis abwälzen; **soutenir les ~** die Preise stützen; **stabiliser les ~** die Preise stabilisieren; **vendre à bas ~** verschleudern; **vendre à moitié ~** zum halben Preis verkaufen; **vendre à ~ coûtant** zum Selbstkostenpreis verkaufen; **vendre à vil ~** verschleudern

~ **à débattre** *m* Preis nach Vereinbarung
~ **à forfait** *m* Pauschalpreis
~ **à l'exportation** *m* Ausfuhrpreis, Exportpreis
~ **à l'importation** *m* Einfuhrpreis, Importpreis
~ **à l'unité** *m* Stückpreis, Einzelpreis
~ **à la consommation** *m* Verbraucherpreis, Konsumentenpreis
△ **indice des ~** *m* Index der Verbraucherpreise, Verbraucherpreisindex; **indice mensuel des ~** *m* monatlich erstellter allgemeiner Verbraucherpreisindex
~ **à la pompe** *m* Tankstellenpreis (für Benzin), Benzinpreis
~ **à la production** *m* Erzeugerpreis, Herstellerpreis, Produzentenpreis
△ **indice des ~** *m* Erzeugerpreisindex
~ **abordable** *m* erschwinglicher Preis
~ **acceptable** *m* annehmbarer Preis
~ **administré** *m* staatlich festgesetzter Preis
~ **affiché** *m* ausgezeichneter Preis (auf dem Preisschild)
~ **agricoles** *m pl* Agrarpreise, Landwirtschaftspreise
~ **alléchant** *m* verlockender Preis
~ **attractif** *m* attraktiver Preis
~ **au comptant** *m* Barverkaufspreis
~ **CAF** *m* CIF-Preis
~ **cassés** *m pl* Schleuderpreise, extrem reduzierte Preise
~ **catalogue** *m* Listenpreis, Katalogpreis
~ **choc** *m* Tiefstpreis, Kampfpreis, Preisknüller
~ **communautaire** *m* EU-Preis
~ **compétitif** *m* wettbewerbsfähiger Preis
~ **conseillé** *m* empfohlener Verkaufspreis
~ **constants** *m pl* konstante Preise
△ **en ~** in laufenden Preisen
△△ **exprimer en ~** in konstanten Preisen ausdrücken
~ **conventionné** *m* vereinbarter Preis
~ **convenu** *m* vereinbarter Preis
~**-courant** *m* Preisliste
~ **courants** *m pl* laufende Preise
△ **en ~** in laufenden Preisen
△△ **exprimer en ~** in laufenden Preisen ausdrücken
~ **coûtant** *m* Einstandspreis, Selbstkostenpreis

△△ **vendre à ~** zum Selbstkostenpreis verkaufen
~ **d'acceptabilité** *m* annehmbarer Preis, marktgängiger Preis
~ **d'achat** *m* Einkaufspreis
~ **d'acquisition** *m* Anschaffungspreis
~ **d'appel** *m* Lockvogelpreis
~ **d'arrivée tous frais compris** CIF-landed Preis
~ **d'émission** *m* Ausgabepreis, Emissionspreis
~ **d'entrée** *m* Eintrittspreis, Eintrittsgeld
~ **d'équilibre** *m* Gleichgewichtspreis
~ **d'essai** *m* Preis zum Kennenlernen, Schnupperpreis
~ **d'intervention** *m* Interventionspreis
~ **d'orientation** *m* Richtpreis
~ **d'origine** *m* ursprünglicher Preis
~ **de base** *m* Grundpreis, Richtpreis
~ **de cession** *m* Verkaufspreis, Abgabepreis
~ **de conversion** *m* Umrechnungspreis
~ **de détail** *m* Einzelhandelspreis
△ **indice des ~** *m* Einzelhandelspreisindex
~ **de dumping** *m* Dumpingpreis
~ **de fabrique** *m* Fabrikpreis
~ **de gros** *m* Großhandelspreis
△ **indice des ~** *m* Großhandelspreisindex
~ **de l'énergie** *m* Energiepreis
~ **de l'essence** *m* Benzinpreis
~ **de l'once** *m* Preis der Feinunze
~ **de l'once d'or fin** *m* Preis der Feinunze Gold
~ **de l'or** *m* Goldpreis
~ **de la main-d'oeuvre** *m* Personalkosten, Arbeitskosten
~ **de lancement** *m* Einführungspreis
~ **de main-d'oeuvre** *m* Personalkosten, Arbeitskosten
~ **de marché** *m* Marktpreis
~ **de rachat** *m* Rücknahmepreis
~ **de référence** *m* Bezugspreis, Referenzpreis
~ **de remboursement** *m* Rückzahlungspreis
~ **de revient** *m* Selbstkostenpreis, Einstandspreis, Entstehungskosten, Gestehungskosten, Gestehungspreis, Herstellungspreis
△ **calcul du ~** *m* Selbstkostenrechnung
~ **de revient usine** *m* Herstellungspreis ab Fabrik
~ **de souscription** *m* Subskriptionspreis, Zeichnungspreis
~ **de soutien** *m* Stützpreis
~ **de vente** *m* Verkaufspreis
△△ **répercuter la TVA sur le ~** die MwSt auf den Verkaufspreis abwälzen
~ **de vente alléchant** *m* verlockender Verkaufspreis
~ **de vente au détail** *m* Einzelhandelspreis
~ **de vente HT (hors taxe)** *m* Nettoverkaufspreis, Verkaufspreis ohne Mehrwertsteuer
~ **de vente TTC (toutes taxes comprises)** *m* Bruttoverkaufspreis, Verkaufspreis mit Mehrwertsteuer
~ **défiant toute concurrence** *m* unschlagbarer Preis
~ **départ usine** *m* Preis ab Werk
~ **des insertions** *m* Anzeigenpreis
~ **des loyers** *m pl* Mietpreise, Mieten, Wohnungsmieten
△ **contrôle des ~** *m* Mietpreislenkung, Wohnraumbewirtschaftung
~ **des matières premières** *m pl* Rohstoffpreise
~ **des terrains** *m pl* Grundstückspreise
~ **discriminatoire** *m* diskriminierender Preis
~ **du brut** *m* Rohölpreis, Erdölpreis
~ **du commerce extérieur** *m pl* Außenhandelspreise
~ **du loyer** *m* Mietpreis
~ **du marché** *m* Marktpreis
△ **au ~** zum Marktpreis, zu Marktpreisen
~ **du marché international/mondial** *m* Weltmarktpreis
~ **du pétrole** *m* Erdölpreis, Ölpreis
~ **dumping** *m* Dumpingpreis
△△ **pratiquer des ~** zu Dumpingpreisen anbieten/verkaufen
~ **emporté** *m* Mitnahmepreis
~ **exorbitant** *m* horrender Preis
~ **FAB** *m* FOB-Preis
~ **fixe** *m* Festpreis
~ **forfaitaire** *m* Pauschalpreis
~ **fort (au)** zum vollen Preis
~ **global** *m* Gesamtpreis
~ **hors taxes (HT)** Preis ohne Mehrwertsteuer, Nettopreis

~ **imbattable** *m* unschlagbarer Preis
~ **imposé** *m* festgelegter Kaufpreis
~ **inabordable** *m* unerschwinglicher Preis
~ **indicatif** *m* empfohlener Preis
~ **indiqué** *m* angegebener Preis
~ **le plus bas** *m* Niedrigstpreis, äußerster Preis
~ **modique** *m* bescheidener/gemäßigter Preis
~ **moyens des logements** *m pl* Durchschnittsmieten, Mietspiegel
~ **négocié** ausgehandelter Preis
~ **net** *m* Nettopreis
~ **nominal** *m* Nominalpreis
~ **ordinaire** *m* Normalpreis
~ **ouvertement affichés** *m pl* offene Preisauszeichnung
~ **pétroliers** *m pl* Erdölpreise
~ **plafond** *m* Höchstpreis
~ **plancher** *m* Tiefstpreis, Mindestpreis
~ **prohibitif** *m* überteuerter Preis
~ **psychologique** psychologischer Preis
~ **raisonnable** *m* annehmbarer Preis, vernünftiger Preis, angemessener Preis
~**-réclame** *m* Werbepreis
~ **recommandé** *m* empfohlener Preis, Richtpreis
~ **réduit** herabgesetzer/ermäßigter/gesenkter Preis
~ **réel** *m* realer Preis, echter Preis
~ **régulé** *m* regulierter Preis
~ **sacrifiés** *m pl* Schleuderpreise
~ **spécial** *m* Sonderpreis
~ **spot** *m* Spotpreis
~ **subventionné** gestützter/subventionierter Preis
~ **symbolique** symbolischer Preis
~ **total** *m* Gesamtpreis
~ **TTC (toutes taxes comprises)** *m* Bruttopreis, Preis mit Mehrwertsteuer
~ **unique** *m* Einheitspreis
~ **unitaire** *m* Einzelpreis, Stückpreis
probabilité *f* Wahrscheinlichkeit
probable *f* wahrscheinlich
problème *m* Problem
~**s d'approvisionnement** *m pl* Versorgungsschwierigkeiten
~**s d'intempéries** *m pl* Witterungsprobleme
~ **relationnel** *m* zwischenmenschliches Problem, Beziehungsproblem
procédé *m* Verfahren (technisch)
~ **de fabrication/production** *m* Herstellungsverfahren, Produktionsverfahren
~ **industriel** *m* industrieller Vorgang
~ **technique** *m* technisches Verfahren
procéder à *qc* vornehmen *etw*, durchführen *etw*, tätigen *etw*
~ **à des coupes sombres** einschneidende Kürzungen/drastische Sparmaßnahmen vornehmen
~ **à des transactions** Geschäfte tätigen
~ **à l'inventaire** Inventur durchführen
~ **à l'inventaire d'une succession** den Bestand eines Nachlasses aufnehmen
~ **à un fort provisionnement** umfangreiche Rückstellungen vornehmen
~ **à une augmentation de capital** eine Kapitalerhöhung durchführen
~ **au dépôt du bilan** Konkurs anmelden
~ **au règlement du sinistre** Schadensregulierung vornehmen
~ **au remboursement** die Rückzahlung vornehmen
~ **par étapes** schrittweise vorgehen
procédure *f* Verfahren (juristisch), Vorgehen(sweise)
△ **détournement de ~** *m* Verfahrensmißbrauch; **langue de ~** *f* Verfahrenssprache; **vice de ~** *m* Verfahrensfehler
△△ **engager/introduire une ~** ein Verfahren einleiten/anstrengen/in Gang setzen; **être engagé,e dans une ~** an einem Verfahren beteiligt sein
~ **administrative** *f* Verwaltungsverfahren
~ **arbitrale** *f* Schiedsgerichtsverfahren
~ **civile** *f* Zivilprozeßordnung
△ **Code de la ~ (CPC)** *m* Zivilprozeßordnung (ZPO)
~ **comptable** *f* Art der Buchführung, Buchführungsart
~ **concordataire** *f* Vergleichsverfahren
~ **conventionnelle** *f* gewöhnliches, übliches Verfahren
~ **d'arbitrage** *f* Schiedsverfahren
~ **d'assainissement** *f* Sanierungsverfahren
~ **d'attribution (du marché)** *f* Art der Vergabe, Vergabeart (bei öffentlichen Ausschreibungen/Aufträgen)
~ **d'autorisation** *f* Genehmigungsverfahren

~ **d'injonction** *f* Mahnverfahren
~ **d'opposition** *f* Einspruchsverfahren
~ **de décision** *f* Entscheidungsverfahren
~ **de gré à gré** *f* freihändige Vergabe (bei öffentlichen Ausschreibungen/Aufträgen)
~ **de licenciement** *f* Kündigungsverfahren
~ **de médiation** *f* Vermittlungsverfahren, Schlichtungsverfahren, Schiedsverfahren
~ **de passation (du marché)** *f* Art der Vergabe, Vergabeart (bei öffentlichen Ausschreibungen/Aufträgen)
~ **de recours** Beschwerdeverfahren
~ **de règlement** Zahlungsverfahren
~ **de règlement judiciaire** *f* Konkursverfahren
△△ **engager une ~** ein Konkursverfahren einleiten/beantragen
~ **gré à gré** *f* freihändige Vergabe (bei öffentlichen Ausschreibungen/Aufträgen)
~ **judiciaire** *f* gerichtliches Verfahren
~ **pénale** *f* Strafprozeßordnung
△ **Code de la ~ (CPP)** *m* Strafprozeßordnung (SPO)
~ **protectrice** *f* besonderes Schutzverfahren
~ **prud'homale** *f* Arbeitsgerichtsverfahren
~ **restreinte** *f* beschränkte Ausschreibung

procès *m* Prozeß, Rechtsstreit
△△ **intenter un ~** einen Prozeß anstrengen, klagen, vor Gericht gehen
~-verbal *m* Protokoll, Niederschrift, gebührenpflichtige Verwarnung

processus *m* Prozeß, Vorgang (technisch, administrativ)
△ **engager un ~** einen Prozeß einleiten
~ **d'achat** *m* Kaufakt, Kaufvorgang
~ **d'éviction** Verdrängungsprozeß
~ **de concentration** *m* Konzentrationsbewegung, Konzentrationsprozeß
~ **de décision** *m* Entscheidungsprozeß
~ **de production** *m* Herstellungsprozeß, Produktionsprozeß
△ **stade (d'un ~) de production** *m* Produktionsstufe
~ **de recyclage** *m* Recyclingprozeß
~ **de relance** *m* Prozeß der Wiederbelebung
~ **de transformation** *m* Transformationsprozeß, Verarbeitungsprozeß
~ **de vente** *m* Verkaufsprozeß
~ **technique** *m* technischer Prozeß/Vorgang

proche nahe, in der Nähe
~ **banlieue** *f* Vorort
~ **du monde du travail** berufsnah

Proche Orient *m* Naher Osten

procuration *f* Vollmacht
△ **par ~ (PP)** im Auftrag, in Vertretung, per Vollmacht
△△ **donner ~ à *qn*** eine Vollmacht erteilen *jdm*
~ **en blanc** *f* Blankovollmacht

procurer *qc* à *qn* verschaffen *jdm etw*
~ **la liquidité** Liquidität verschaffen
~ ***qc* (se)** sich *etw* beschaffen, verschaffen
~ **des avantages (se)** sich Vorteile verschaffen

procyclique prozyklisch
△ **mesure ~** *f* prozyklische Maßnahme

producteur *m* Erzeuger, Hersteller, Produzent
△ **coopérative de ~s** *f* Erzeugergenossenschaft, Erzeugerkooperative; **du ~ au consommateur** vom Erzeuger zum Verbraucher; **vente directe par les ~s** *f* Direktverkauf der Erzeuger
~ **de téléviseurs** *m* Fernseh(geräte)hersteller
~s mondiaux d'électricité *m pl* weltweite Stromerzeuger

producteur, trice erzeugend, verarbeitend
△ **pays ~s de pétrole** *m pl* erdölerzeugende Länder

productif, ve produktiv
△ **appareil ~** *m* Produktionsapparat; **capacité ~~ve** *f* Produktionskapazität, Leistungsfähigkeit; **capital ~** *m* Produktivkapital; **entrepôt ~** *m* Produktivlager; **investissement(s) ~(s)** *m (pl)* Modernisierungsinvestition(en), Produktinvestition(en), Rationalisierungsinvestition(en); **vieillissement de l'appareil ~** *m* Überalterung des Produktionsapparates

production *f* Produktion, Erzeugung, Fertigung, Herstellung, Ausstoß
△ **accroissement de la capacité de ~** *m* Erweiterung, Zunahme der Produktion,

Kapazitätsausweitung; **appareil de ~** *m* Produktionsapparat; **atelier de ~** *m* Fertigungshalle, Fertigungsstätte; **au coût de la ~** zu Produktionskosten; **baisse de la ~** *f* Produktionsrückgang; **biens de ~** *m pl* Produktionsgüter, Produktionsmittel; **cadence de ~** *f* Taktzeit (am Fließband); **capacité de ~** *f* Produktionskapazität; **cartel de ~** *m* Produktionskartell, Herstellerkartell; **calcul du coût par postes/unités de ~** *m* Kostenträgerrechnung/Stückkostenrechnung; **chaîne de ~** *f* Fließband; **coopérative de ~** *f* Erzeugergenossenschaft, Erzeugerkooperative; **coût de ~** *m* Produktionskosten; **délocalisation de la ~** *f* Produktionsverlagerung (meist in Niedriglohnländer); **déroulement de la ~** *m* Produktionsablauf; **effondrement de la ~** *m* Zusammenbruch/Einbruch der Produktion; **en amont/en aval de la ~** produktionsaufwärts/produktionsabwärts; **encours de ~** *m* unfertige Erzeugnisse; **entreprise de ~** *f* produzierendes Unternehmen; **excédent de (la) ~** *m* Produktionsüberschuß; **facteur de ~** *m* Produktionsfaktor; **gamme de ~** *f* Produktionspalette, Fabrikationsprogramm; **indice des prix à la ~** *m* Erzeugerpreisindex; **moyens de ~** *m pl* Produktionsmittel; **niveau de ~** *m* Produktionshöhe; **outil de ~** *m* Produktionsapparat, Produktionsinstrumente; **prix à la ~** *m* Erzeugerpreis, Herstellerpreis, Produzentenpreis; **processus de ~** *m* Herstellungsprozeß; **ralentissement de la ~** *m* Produktionsrückgang; **socialisation des moyens de ~** *f* Vergesellschaftung der Produktionsmittel; **société ouvrière de ~ (SCOP)** *f* Arbeitergenossenschaft; **stade (d'un processus) de ~** *m* Produktionsstufe; **unité de ~** *f* Produktionsstätte; **unité juridique de ~** *f* rechtlich selbständige Produktionsstätte; **unité technique de ~** *f* technische Produktionsstätte, Produktionseinheit; **unités de ~ homogènes** *f pl* Produktionswirtschaftseinheiten; **vieillissement de l'appareil de ~** *m* Überalterung des Produktionsapparates; **volume de la ~** *m* Produktionsvolumen

△△ **arrêter la ~** die Produktion stillegen; **augmenter la ~** die Produktion erhöhen; **délocaliser la ~** die Produktion verlagern (meist in Niedriglohnländer); **réduire la ~** die Produktion herunterfahren; **relancer la ~** die Produktion ankurbeln; **restreindre la ~** die Produktion drosseln/verringern/begrenzen; **stopper la ~** die Produktion anhalten/stoppen

~ **agricole** *f* landwirtschaftliche Erzeugung, Landwirtschaft, Agrarproduktion

~ **animale** *f* Vieherzeugnisse

~ **annuelle** *f* Jahresproduktion

~ **bovine** *f* Rinderproduktion

~ **communautaire** *f* Gemeinschaftsproduktion

~ **d'électricité** *f* Stromerzeugung

~ **d'énergie** *f* Energieerzeugung

~ **de biens (économiques)** *f* Gütererzeugung

~ **de biens et services** *f* Erzeugung von Waren und Dienstleistungen, Leistungserstellung

~ **de ferreux** *f* Eisenmetallherstellung

~ **de fils et fibres artificiels et synthétiques** *f* Produktion künstlicher und synthetischer Fäden und Fasern

~ **de lait** *f* Milchproduktion

~ **de masse** *f* Massenfertigung, Massenproduktion, Großserienproduktion

~ **de matières premières** *f* Gewinnung von Rohstoffen

~ **de métaux** *f* Metallproduktion

~ **de minerai(s)** *f* Erzförderung

~ **de pétrole (off-shore)** Ölförderung (auf Bohrinseln/im Meer)

~ **de poisson(s)** *f* Fischfang, Fischproduktion

~ **de services** *f* Erstellung von Dienstleistungen

~ **de véhicules automobiles** *f* Kraftfahrzeugproduktion

~ **de véhicules utilitaires** *f* Nutzfahrzeugproduktion

~ **de viande** *f* Fleischproduktion

~ **distribuée** *f* abgesetze Produktion

~ **domestique** *f* inländische Produktion

~ **du sol** *f* Bodenproduktion

~ **en grande(s) série(s)** *f* Massenfertigung, Massenproduktion, Großserien-

produktion
~ **en juste à temps** *f* Just-in-Time-Produktion
~ **en masse** *f* Massenfertigung, Massenproduktion, Großserienproduktion
~ **en petite(s) série(s)** *f* Kleinserienfertigung, Kleinserienproduktion
~ **en série(s)** *f* Serienfertigung, Serienproduktion
~ **énergétique** *f* Energieerzeugung
~ **et distribution d'électricité** *f* Stromerzeugung und -verteilung
~ **excédentaire** *f* Mehrproduktion, Produktionsüberschuß
~ **globale** *f* Gesamtproduktion
~ **industrielle** *f* Industrieproduktion
△ **chute de la ~** *f* Einbruch der Industrieproduktion
~ **intérieure** *f* Inlandsproduktion, Binnenproduktion
~ **intérieure brute** *f* Bruttoinlandsproduktion
~ **journalière** *f* Tagesproduktion
~ **laitière** *f* Milchproduktion
~ **liée** *f* Kuppelproduktion
~ **manufacturière** *f* Industrieproduktion
~ **marchande** *f* Produktion des privatwirtschaftlichen Sektors, gewerbliche Produktion
~ **mondiale** *f* Weltproduktion
~ **mondiale de pétrole** *f* weltweite Erdölförderung
~ **nationale** *f* Inlandsproduktion, Binnenproduktion
~ **nationale de véhicules automobiles** *f* inländische Kraftfahrzeugproduktion
~ **nette d'électricité** *f* Nettostromerzeugung
~ **non marchande** *f* Produktion des staatswirtschaftlichen Sektors
~ **non-OPEP** *f* Produktion aus Nicht-OPEC-Ländern
~ **ovine** *f* Schaferzeugung
~ **planétaire** *f* Weltproduktion
~ **porcine** *f* Schweineerzeugung
~ **requérant beaucoup de travail et peu de capital** *f* lohnintensive und wenig kapitalintensive Produktion
~ **stockée** *f* gelagerte Produktion, Produktion auf Halde
~ **totale** *f* Gesamtproduktion
~ **végétale** *f* pflanzliche Produktion

productiviste leistungsorientiert
productivité *f* Produktivität
△ **amélioration de la ~** *f* Erhöhung der Produktivität; **degré de ~** *m* Produktivitätsgrad; **en termes de ~** was die Produktivität angeht; **investissements de ~** *m pl* Rationalisierungsinvestitionen, Modernisierungsinvestitionen, Produktivinvestitionen; **progrès de ~** *m* Produktivitätsfortschritte
△△ **accroître/augmenter la ~** die Produktivität steigern/erhöhen; **la ~ baisse** die Produktivität nimmt ab; **s'adapter aux normes mondiales de ~** die weltweit üblichen Produktivitätsstandards erfüllen
~ **des facteurs de production** *f* Produktivität der Produktionsfaktoren
~ **du capital** *f* Kapitalproduktivität
~ **du travail** *f* Arbeitsproduktivität
~ **horaire du travail/par heure de travail** *f* Arbeitsproduktivität pro Stunde
~ **totale** *f* Gesamtproduktivität
~ **totale des facteurs** *f* Gesamtproduktivität aller Posten/Faktoren

produire (*qc*) 1. produzieren, erzeugen, herstellen (*etw*) 2. vorlegen, nachweisen (*etw*)
△ **manque à ~** *m* Produktionsausfall
△△ **continuer à ~** weiterproduzieren
~ **à moindre coût** kostengünstiger produzieren
~ **à plein régime** auf vollen Touren produzieren
~ **de l'électricité** Elektrizität erzeugen
~ **des biens et des services** Güter- und Dienstleistungen produzieren
~ **des effets sur** *qc* sich auswirken auf *etw*, Auswirkungen haben auf *etw*
~ **des justificatifs** Nachweise erbringen, Belege vorlegen
~ **en série(s)/en masse** (*qc*) in Massen-/Serienfertigung herstellen (*etw*)
~ **(se)** sich ereignen, vorkommen, auftreten

produit *m* 1. Produkt , Erzeugnis, Ware, Gut, Fabrikat 2. Ertrag, Erlös
△ **abandon du ~** *m* Produktaufgabe; **biens-~s** *m pl* reproduzierbare Güter; **catégorie de ~(s)** *f* Produktart, Warengruppe; **chef de ~** *m* Produktleiter, Produktchef; **conditionnement d'un ~** *m*

Produktaufmachung, Art der Verpakkung, Stückelung; **contrôle des ~s** *m* Produktkontrolle; **cycle de vie des ~s** *m* Produktlebenszyklus; **demi-~s** *m pl* Halbwaren; **demi-~ incorporé** *m* montiertes Halberzeugnis; **différenciation du ~** *f* Produktunterscheidung, Produktdifferenzierung; **diversité des ~s** *f* Produktvielfalt; **échanges de ~s** *m pl* Güteraustausch; **éventail de ~s** *m* Produktpalette; **fabrication de ~s** *f* Herstellung von Produkten; **famille de ~s** *f* Produktfamilie; **gamme de ~s** *f* Produktpalette; **homogénéité des ~s** *f* sachliche Gleichartigkeit der Güter, Produkthomogenität; **image de ~** *f* Produktimage; **ligne de ~s** *f* Produktlinie; **palette de ~s offerts** *f* Angebotspalette; **politique de ~** *f* Produktpolitik; **portefeuille de ~s** *m* Produktportfolio; **secteur des ~s de base** *m* Grundstoffwirtschaft; **selon le(s) ~(s)** je nach Produkt(en); **unité de ~** *f* Produkteinheit

△△ **avoir le monopole d'un ~** das Monopol für ein Produkt haben; **constituer un portefeuille de ~s** ein Produktportfolio zusammenstellen; **encaisser le ~ d'une vente ou d'une prestation** den Verkaufserlös einnehmen; **fabriquer un ~ sous licence** ein Produkt in Lizenz fertigen; **introduire un ~ sur le marché** ein Produkt auf dem Markt einführen/auf den Markt bringen; **jouir du monopole d'un ~** das Monopol für ein Produkt haben; **lancer un ~ sur le marché** ein Produkt auf dem Markt einführen/auf den Markt bringen/werfen; **monopoliser un ~** ein Monopol ausüben für ein Produkt, ein Produkt monopolisieren; **positionner un ~** ein Produkt positionieren; **retirer un ~ du marché** ein Produkt vom Markt nehmen

~ **à faible chiffre d'affaires** *m* umsatzschwaches Produkt

~ **à faible intensité technologique** *m* Erzeugnis mit geringen technologischen Anforderungen

~ **à forte intensité de capital** *m* kapitalintensives Erzeugnis/Produkt

~ **à forte intensité de main-d'oeuvre/ de travail** *m* arbeitsintensives Erzeugnis/Produkt

~ **à forte valeur ajoutée** *m* hochveredeltes Produkt/Erzeugnis, Produkt mit hoher Wertschöpfung

~s **à forte densité technologique** *m pl* Hochtechnologieprodukte (*OECD-Bezeichnung*)

~s **à haut degré de technicité/à haute intensité technologique** *m pl* Hochtechnologieprodukte

~ **accessoire** *m* Nebenerlös

~s **ACP (Afrique, Caraïbes, Pacifique)** *m pl* Produkte aus AKP-Ländern

~s **agricoles** *m pl* landwirtschaftliche Erzeugnisse, Agrarerzeugnisse

△ **échanges de ~** *m pl* Agrarhandel

~s **agro-alimentaires** *m pl* Lebensmittel(produkte), Nahrungsmittel(produkte)

~s **alimentaires** *m pl* Lebensmittel(produkte), Nahrungsmittel(produkte)

△ **fabrication de ~** *f* Nahrungsmittelherstellung, Lebensmittelherstellung

~s **artisanaux et industriels** *m pl* Handwerks- und Industrieerzeugnisse

~s **auxiliaires** *m pl* Hilfsstoffe

~ **bas de gamme** *m* Produkt des unteren Qualitätsbereichs

~s **blancs** *m pl* weiße Ware

~ **brut** *m* Bruttoprodukt, Rohprodukt

~s **charbonniers** *m pl* Kohlenbergbauerzeugnisse

~ **chimique** *m* chemisches Erzeugnis, chemisches Produkt, chemischer Stoff, Chemikalie, Erzeugnis der chemischen Industrie

~s **cinématographiques** *m pl* Filmprodukte

~ **commercialisable** *m* absatzfähiges Produkt

~ **concurrent** *m* Konkurrenzprodukt

~ **d'assurance** *m* Versicherungsprodukt

~ **d'entretien** *m* Reinigungsmittel

~s **d'équipement** *m pl* Ausrüstungsprodukte

~ **d'exploitation** *m* Betriebsertrag

~ **d'hygiène** *m* Körperpflegemittel

~ **d'imprimerie** *m* Druckerzeugnis

~ **d'intérêts** *m* Zinserlös

~ **d'un impôt** *m* Einnahme/Ertrag aus einer Steuer, Steuerertrag

~ **d'une action** *m* Aktienrendite

~ **d'usage industriel** *m* Produkt zur gewerblichen Nutzung

~s d'utilisation courante *m pl* Bedarfsgüter, gängige Konsumgüter
~s de base *m pl* Grundstoffe, Stapelwaren, Grundprodukte
△ **secteur des ~** *m* Grundstoffwirtschaft
~ de beauté *m* Kosmetikartikel
~ de cession *m* Ertrag aus Verkauf von Aktiva
~s de grande consommation *m pl* Massenkonsumgüter, Verbrauchsgüter
~ de grande série *m* Massenartikel, Massenprodukt, Großserienprodukt
~s de haute technologie *m pl* Hochtechnologieprodukte, High-Tech-Produkte
~ de la liquidation *m* Liquidationserlös
~s de la pêche *m pl* Fischereiprodukte, Fischproduktion
△ **capture nominale de ~** *f* nominale Fischfangmenge
~s de la quatrième génération *m pl* Produkte der vierten Generation
~ de luxe *m* Luxusartikel
~s de première nécessité *m pl* lebenswichtige Güter, Güter des Grundbedarfs
~s de remplacement *m pl* Ersatzprodukte
~s de substitution *m pl* Ersatzprodukte
~s de toute première nécessité *m pl* Erzeugnisse des Grundbedarfs
~s demi-finis *m pl* Zwischenerzeugnisse, Halbfertigprodukte, Halberzeugnisse, Halbfabrikate, Halbware, Vorprodukte
~ dérivé *m* abgeleitetes Produkt, Nebenprodukt, Nebenerzeugnis, Abfallprodukt
~ des ventes *m* Verkaufserlös
△ **compte de ~** *m* Erlöskonto
~s du cuir *m pl* Lederwaren, Erzeugnisse der ledererzeugenden und lederverarbeitenden Industrie
~ du loyer de l'argent *m* Zinsertrag
~s en cours (de fabrication) *m pl* unfertige Erzeugnisse
~s énergétiques *m pl* Energieerzeugnisse, Energieprodukte, Energieträger
~s et charges exceptionnels *m pl* außerordentliche Aufwendungen und Erträge
~s et services *m pl* Produkte und Dienstleistungen
~s exceptionnels *m pl* außerordentliche Erträge
~s fabriqués *m pl* hergstellte Produkte
~s financiers *m pl* Finanzerträge, Finanzerlöse, Zinserträge, Kapitalerträge
~ fini *m* Fertigerzeugnis, Endprodukt, Fertigprodukt
~s finis et marchandises *m pl* fertige Erzeugnisse und Waren
~ fiscal *m* Steueraufkommen
~ garanti x mois pièces et main-d'oeuvre *m* Produkt mit einer x-monatigen Garantie für Ersatzteile und Arbeitskosten
~ haut de gamme *m* Produkt des oberen Qualitätsbereichs, Qualitätsprodukt
~ hors-exploitation *m* außerbetrieblicher Ertrag, betriebsfremder Ertrag
~s industriels *m pl* Industrieerzeugnisse, Industrieprodukte, Industriegüter
~ intérieur brut (PIB) *m* Bruttoinlandsprodukt (BIP)
△ **augmentation du ~** *f* Zuwachs des Bruttoinlandsproduktes; **baisse du ~** *f* Rückgang, Sinken des Bruttoinlandsproduktes; **croissance du ~** *f* Zuwachs des Bruttoinlandsproduktes; **formation du ~** *f* Bildung des Bruttoinlandsproduktes; **progression du ~** *f* Zuwachs des Bruttoinlandsprodukts; **régression du ~** *f* Rückgang, Sinken des Bruttoinlandsproduktes
~ intérieur brut au coût des facteurs *m* Bruttoinlandsprodukt zu Faktorkosten
~ intérieur brut au prix du marché *m* Bruttoinlandsprodukt zu Marktpreisen
~ intérieur brut marchand *m* Bruttoinlandsprodukt ausschließlich unentgeltliche Leistungen des Staates
~ intérieur brut non marchand *m* unentgeltliche Leistungen des Staates im Bruttoinlandsprodukt
~s intermédiaires *m pl* Zwischenprodukte
~ leader *m* marktführendes Produkt
~s libres *m pl* markenfreie Artikel, No Name-Produkte
~ locomotive *m* Zugpferd
~s manufacturés *m pl* Fertigprodukte, Fertigerzeugnisse, Industrieerzeugnisse
~ moyen de gamme *m* Produkt des mittleren Qualitätsbereichs
~ national brut (PNB) *m* Bruttosozialprodukt (BSP)

△ **augmentation du ~** *f* Zuwachs des Bruttosozialproduktes; **baisse du ~** *f* Rückgang, Sinken des Bruttosozialproduktes; **croissance du ~** *f* Zuwachs des Bruttosozialproduktes; **formation du ~** *f* Bildung des Bruttosozialproduktes; **progression du ~** *f* Zuwachs des Bruttosozialprodukts; **régression du ~** *f* Rückgang, Sinken des Bruttosozialproduktes

~ **national brut marchand** *m* Bruttosozialprodukt ausschließlich unentgeltliche Leistungen des Staates

~ **naturel** *m* Naturprodukt

~ **net d'exploitation** *m* Nettobetriebsergebnis

~s non alimentaires *m pl* Non-Food-Artikel, Non-Food-Erzeugnisse

~s non pétroliers *m pl* Nicht-Mineralölerzeugnisse

~ **obligataire** *m* Rentenprodukt

~s par nature *m pl* Ertragsarten

~s pétroliers *m pl* Erdölprodukte, Mineralölerzeugnisse

△ **taxe intérieure sur les ~ (TIPP)** *f* Mineralölsteuer; **taxe sur les ~** *f* Mineralölsteuer

~s pharmaceutiques *m pl* Arzneimittel

~s photographiques *m pl* fotografische Produkte

~ **polluant** *m* umweltschädigendes/umweltbelastendes Produkt

~s primaires *m pl* Primärgüter

~s réfrigérants *m pl* Kühlmittel

~ **résiduel** *m* Abfallprodukt, Rückstand

~ **secondaire** *m* Sekundärprodukt

~s semi-finis *m pl* Zwischenerzeugnisse, Halbfertigprodukte, Halberzeugnisse, Halbfabrikate, Halbware, Vorprodukte

~s semi-ouvrés *m pl* Zwischenerzeugnisse, Halbfertigprodukte, Halberzeugnisse, Halbfabrikate, Halbware, Vorprodukte

~ **standardisé** *m* standardisiertes Produkt

~ **stratégique** *m* strategisches Produkt

~ **tactique** *m* taktisches Produkt

~s textiles *m pl* Erzeugnisse der Textilindustrie

~ **végétaux** *m pl* pflanzliche Produkte

profession *f* 1. Beruf, berufliche Tätigkeit 2. Branche, Gewerbe

△ **changement de ~** *m* Berufswechsel; **choix d'une ~** *m* Berufswahl; **exercice d'une ~** *m* Berufsausübung

△△ **abandonner une ~** einen Beruf aufgeben; **avoir une ~ d'appoint** eine Nebenbeschäftigung haben; **être de la ~** von der Branche/vom Beruf sein; **exercer une ~** einen Beruf ausüben; **quitter la ~** seinen Beruf aufgeben

~ **accessoire** *f* Nebenbeschäftigung

~ **bancaire** *f* Bankgewerbe

~ **d'appoint** *f* Nebenbeschäftigung

~ **de l'assurance** *f* Versicherungsbranche

~ **déficitaire** *f* Mangelberuf

~s et catégories socio-professionnelles (PCS) *f pl* vom Staatlichen Statistikinstitut (INSEE) verwendete Berufsgruppenklassifizierung

~ **exercée** *f* ausgeübter Beruf

~s féminines *f pl* Frauenberufe

~s intellectuelles supérieures *f pl* Bezeichnung für bestimmte akademische Berufe

~s intermédiaires *f pl* Bezeichnung für Angehörige der mittleren Führungsebene

~s les plus demandées *f pl* Wunschberufe

~ **libérale** *f* freier Beruf, Freiberufler

△ **exercice d'une ~** *m* Ausübung eines freien Berufes, freiberufliche Tätigkeit; **membres des ~s** *f pl* Freiberufler

~s paramédicales *f pl* paramedizinische Berufe

~ **principale** *f* Hauptberuf

~ **salariée** *f* unselbständige Tätigkeit

professionnel *m* Fachmann, Profi, Spezialist, Fachbesucher (Messe)

~ **de l'emballage** *m* Verpackungsproduzent, Spezialist für Verpackungen

~ **du conditionnement** *m* Verpackungsproduzent, Spezialist für Verpackungen

professionnel, le beruflich, gewerblich, Fach-, Berufs-

△ **accident ~** *m* Arbeitsunfall, Berufsunfall; **activité ~le** *f* berufliche Tätigkeit; **annuaire ~** *m* Fachadreßbuch; **association ~le** *f* Berufsverband; **biens d'équipement ~** *m pl* gewerbliches Anlagevermögen; **biens ~s** *m pl* haftende Einlagen; **branche ~le** *f* Berufszweig, Gewerbezweig; **brevet d'études ~les (BEP)** *m* Abschlußzeugnis einer Berufsfachschule; **brevet ~ (BP)** *m* Facharbeiterbrief; **capacités ~les** *f pl* berufliche Fähigkeiten; **carte ~le** *f* Gewerbeschein; **catégorie ~le** *f* Berufsgruppe; **Certificat d'Aptitude Professionnelle (CAP)** *m* Abschlußzeugnis einer berufsbildenden Schule; **clientèle ~le** *f* gewerbliche Kundschaft; **communication ~le** *f* berufliche Kommunikation; **conversion ~le** *f* berufliche Umorientierung, Umschulung; **école ~le** *f* Berufsschule, berufsbildende Schule; **enseignement ~** *m* Berufsschulwesen; **expérience ~le** *f* Berufserfahrung; **faute ~le** *f* Dienstvergehen, Kunstfehler; **formation ~le** *f* Berufsausbildung; **frais de formation ~le** *m pl* Berufsausbildungskosten; **frais ~s** *m pl* Werbungskosten; **insertion ~le** *f* berufliche Eingliederung; **magazine ~** *m* Fachzeitschrift; **maladie ~le** *f* Berufskrankheit; **milieux ~s** *m pl* Fachkreise; **ouvrier ~** *m* Facharbeiter; **pour des motifs ~s** aus beruflichen Gründen; **promotion ~le** *f* beruflicher Aufstieg, Karriere; **secret ~** *m* Berufsgeheimnis; **vie ~le** *f* Berufsleben

△△ **avoir/exercer une activité ~le** einen Beruf ausüben; **entrer dans la vie ~le** in das Berufsleben eintreten; **quitter la vie ~le** aus dem Berufsleben ausscheiden

profil *m* Berufsprofil, Persönlichkeitsprofil

~ requis *m* Anforderungsprofil

profilé *m* Profil (z.B. Aluminium, Stahl etc.)

profit *m* (souvent au *pluriel*) Gewinn, Gewinne, Profit

△ **accroissement des ~s** *m* Gewinnsteigerung; **au ~ de** ***qc/qn*** zugunsten von *etw/jdm*; **centre de ~** *m* Profitcenter; **compte de(s) pertes et ~s** (*neuere Bezeichnung:* **compte de résultat**) *m* Gewinn- und Verlustrechnung, GVR, GuV-Rechnung, Erfolgsrechnung; **maximisation des ~s** *f* Gewinnmaximierung; **pertes et ~s** *m pl* Gewinn und Verlust; **recherche du ~** *f* Gewinnstreben, Profitstreben

△△ **afficher un ~** einen Gewinn verzeichnen; **dégager un ~** Gewinn erwirtschaften; **distribuer les ~s** die Gewinne ausschütten; **empocher des ~s** *(fam)* Gewinne einstreichen; **engranger des ~s** Gewinne einfahren; **faire des ~s** Gewinne machen; **les ~s ont augmenté de ...** die Gewinne sind um ... gestiegen; **maximiser le ~** Gewinne maximieren; **passer par ~s et pertes** in den Schornstein schreiben, abschreiben; **réaliser des ~s** Gewinne erwirtschaften, Gewinne erzielen; **renouer avec les ~s** wieder Gewinne erzielen

~ de spéculation *m* Spekulationsgewinn

~s élevés *m pl* hohe Gewinne

~s et pertes *m pl* Gewinn und Verlust

~ réalisé *m* erzielter Gewinn

~ spéculatif *m* Spekulationsgewinn

profitable einträglich, gewinnbringend, nutzbringend

profiter de ***qc*** Nutzen ziehen aus, profitieren von (*etw*)

profiteur *m* Profitmacher, Nutznießer, Profiteur

profond, e tief

△ **la France ~e** *f* Bezeichnung für abgelegene Gebiete auf dem Land

profondeur *f* Tiefe

~ de l'assortiment *f* Sortimentstiefe

~ de la gamme (de produits) *f* Tiefe der Produktpalette

progiciel *m* Anwenderprogramm, Applikation

programme *m* Konzept, Programm

△ **extension d'un ~ (à ...)** *f* Ausweitung, Ausdehnung eines Programms (auf ...)

△△ **appliquer un ~** ein Programm durchführen

~-cadre *m* Rahmenprogramm, Rahmenplan

~-cadre de recherche *m* Forschungsrahmenprogramm

~ d'action *m* Aktionsprogramm

~ d'allègement des impôts *m* Steuerentlastungsprogramm

~ d'investissement *m* Investitionsprogramm

~ de formation *m* Ausbildungsprogramm, Schulungsprogramm

~ de promotion des ventes *m* Verkaufsförderungsprogramm

~ **(informatique)** *m* Computerprogramm
△ **déverrouillage d'un ~** *m* Entschlüsselung eines Programms, Knakken des Kopierschutzes
△△ **analyser les parties d'un ~** ein Programms in seine Bausteine zerlegen; **copier un ~** ein Programm kopieren; **déverrouiller un ~** ein Programm entschlüsseln, den Kopierschutz eines Programmes knacken
~ **législatif** *m* Gesetzesvorhaben, Gesetzespaket
programmer (*qc*) 1. programmieren 2. (voraus) planen *etw*
progrès *m* Fortschritt
~ **de productivité** *m pl* Produktivitätsfortschritte
~ **technique** *m* technischer Fortschritt
progresser de ... sich steigern, anwachsen, fortschreiten, zunehmen um ...
△△ **les investissements progressent de ...** die Investitionen nehmen um ... zu
progressif, ve fortschreitend, zunehmend, allmählich, schrittweise, progressiv
△ **amortissement ~** *m* progressive Abschreibung; **barème ~** *m* progressiver Tarif
progression *f* Zunahme, Anstieg
△ **forte ~ des offres d'emploi** *f* starke Zunahme der Stellenangebote
~ **de l'épargne** *f* Sparkapitalzuwachs
~ **de l'impôt** *f* Steuerprogression
~ **des investissements** *f* Anstieg der Investitionen
~ **des salaires** *f* Lohnsteigerung
~ **des ventes** *f* Steigerung der Verkaufszahlen, Umsatzsteigerung
~ **du niveau de vie** *f* Steigerung des Lebensstandards
~ **du PIB** *f* Zuwachs des Bruttoinlandsprodukts
~ **du PNB** *f* Zunahme des Bruttosozialprodukts
~ **du pouvoir d'achat** *f* Kaufkraftzuwachs
~ **du produit intérieur brut** *f* Zuwachs des Bruttoinlandsprodukts
progressivement fortschreitend, zunehmend, allmählich, schrittweise, progressiv
progressivité *f* stufenweises Fortschreiten, Staffelung
prohibé, e untersagt, verboten
~ **par la loi** gesetzlich verboten
prohiber *qc* verbieten, untersagen *etw*
prohibition *f* Verbot
~ **d'entrée** *f* Einfuhrverbot
~ **d'exportation** *f* Ausfuhrverbot
~ **d'importation** *f* Einfuhrverbot
~ **de sortie** *f* Ausfuhrverbot
projection *f* Projektion, Vorführung
~ **de diapositives** *f* Dia-Vorführung
~ **de films** *f* Filmvorführung
projet *m* Konzept, Projekt, Entwurf, Vorhaben
△ **avant-~** *m* Vorprojekt, Vorstudie
△△ **élaborer un ~** ein Konzept entwickeln; **proposer un ~** ein Projekt vorschlagen
~ **d'intérêt public** *m* gemeinnütziges Projekt
~ **d'investissement** *m* Investitionsvorhaben
~ **de construction** *m* Bauvorhaben
~ **de loi de finances** *m* Haushaltsentwurf, Haushaltsvorlage
~ **de résolution** *m* Beschlußvorlage
~ **immobilier** *m* Bauvorhaben
~ **pilote** *m* Modellprojekt
projeter *qc* planen, vorausplanen *etw*
prolongation *f* Verlängerung
prolongé, e verlängert, andauernd
△ **crise économique ~e** *f* anhaltende Krise
prolonger *qc* verlängern, fortsetzen *etw*
promesse *f* Versprechen, Zusage
~ **de crédit** *f* Kreditzusage
~ **de vente** *f* Verkaufsversprechen, Vorvertrag
~s électorales *f pl* Wahlversprech(ung)en
prometteur, se vielversprechend
promoteur *m* Förderer, Promoter, Bauprojektträger, Bauträger(gesellschaft)
~ **de construction** *m* Bauprojektträger, Bauträger(gesellschaft)
~ **immobilier** *m* Bauprojektträger, Bauträger(gesellschaft)
promotion *f* 1. Förderung, Aufstieg 2. Sonderangebot
△ **article en ~** *m* Sonderangebot, Artikel im Angebot
~ **des ventes** *f* Verkaufsförderung

~ **immobilière** *f* Durchführung von Bauprojekten
~ **interne** *f* betriebsinterner/hausinterner Aufstieg
~ **professionnelle** *f* beruflicher Aufstieg, Karriere
~ **sociale** *f* sozialer Aufstieg
promotionnel, le absatzfördernd, verkaufsfördend
△ **action ~le** *f* Werbeaktion; **effort ~** *m* Verkaufsbemühung
promouvoir *qc* **(les investissements, les ventes, une marque)** fördern *etw* (die Investitionen, den Verkauf, eine Marke etc.), vorantreiben *etw*
prononcer *qc* aussprechen *etw*
~ **des licenciements** Kündigungen aussprechen
~ **un divorce** ein Scheidungsurteil fällen
~ **en faveur de/pour** *qc* **(se)** sich aussprechen für *etw*
pronostic *m* Prognose
pronostiquer (*qc***)** prognostizieren, vorhersagen (*etw*)
pronostiqueur *m* Prognostiker
propension *f* Neigung, Bereitschaft
~ **à consommer** *f* Konsumbereitschaft, Konsumneigung
~ **à épargner** *f* Sparneigung
~ **à investir** *f* Investitionsbereitschaft, Investitionsneigung
~ **à l'épargne** *f* Sparneigung
~ **à l'investissement** *f* Investitionsbereitschaft, Investitionsneigung
propice (à *qc*) günstig (für *etw*)
proportion *f* Anteil, Verhältnis, Proportion
proportionnalité *f* Proportionalität
proportionnel, le anteilig, anteilmäßig, proportional, prozentual
△ **scrutin ~** *m* Verhältniswahl(recht)
proportionnellement anteilig, anteilmäßig, proportional, prozentual
proposer *qc* **(à** *qn***)** anbieten, vorschlagen *etw* (*jdm*)
~ **un projet** ein Projekt vorschlagen
~ **de faire** *qc* **(se)** sich vornehmen *etw* zu tun
proposition *f* Vorschlag
~ **d'assurance** *f* Versicherungsantrag
~ **de loi** *f* Gesetzentwurf, Gesetzesvorlage
~ **de règlement** *f* Vergleichsvorschlag (bei Konkursverfahren)
propre Eigen-, eigen
△ **biens ~** *m pl* Privatvermögenswerte; **capitaux ~s** *m pl* Eigenkapital; **en nom ~** auf eigenen Namen, als Einzelfirma; **en son ~ nom** auf eigenen Namen; **fonds ~s** *m pl* Eigenkapital; **manque de fonds ~s** *m* Mangel an Eigenkapital, Eigenkapitalschwäche; **mise à son ~ compte** *f* Selbständigmachen; **moyens ~s** *m pl* Eigenmittel
△△ **se mettre à son ~ compte** sich selbständig machen
propriétaire *m* Besitzer, Eigentümer, Inhaber, Vermieter
△ **grand ~(foncier)** *m* Großgrundbesitzer
~ **d'un véhicule automobile** *m* Kraftfahrzeughalter
~ **de son habitation/logement** *m* Wohnungseigentümer
~ **des murs** *m* Wohnungseigentümer, Eigentümer der Räumlichkeiten
~ **privé** *m* Privateigentümer
propriété *f* Eigentum, Besitz
△ **accédant à la ~** *m* Grund-/Hauserwerber, Häuslebauer *fam*; **accession à la ~** *m* Eigentumserwerb; **Institut National de la ~ Industrielle (INPI)** *m* Patentamt; **prêt aidé à l'accession à la ~ (PAP)** *m* staatlich gefördertes Darlehen zum Erwerb von Wohneigentum; **réserve de ~** *f* Eigentumsvorbehalt; **revenus de la ~** *m pl* Vermögenseinkünfte, Einkommen aus Vermögen; **revenus de la ~ foncière** *m pl* Einkünfte aus Grundbesitz; **titre de ~** *m* Eigentumstitel, Anteilschein; **transfert de ~** *m* Eigentumsübertragung
△△ **rester la ~ de** *qn* Eigentum von *jdm* bleiben
~ **à temps partagé** *f* Teilzeiteigentum, Time Sharing
~ **commerciale** *f* gewerbliches Eigentum
~ **en tranches** *f* Teilzeiteigentum, Time Sharing
~ **foncière** *f* Liegenschaft, Grundbesitz
~ **foncière agricole** *f* landwirtschaftlich genutzter Grundbesitz
~ **forestière** *f* Waldbesitz

~ **immobilière** *f* Immobilienbesitz, Grundbesitz
~ **individuelle** *f* individuelles Eigentum
~ **indivise** *f* unteilbares Eigentum
~ **privée** *f* privates Eigentum, Privatvermögen
~ **industrielle** *f* Besitz eines Patentrechts
△ **Institut National de la Propriété Industrielle (INPI)** *m* Patentamt
~ **intellectuelle** *f* geistiges Eigentum, Urheberrecht
△ **défense de la ~** *f* Schutz geistigen Eigentums, Urheberrechtsschutz
prorata de *qc* **(au)** anteilig, im Verhältnis zu *etw*
△ **au prorata des frais** kostenanteilig
prorogation *f* Verlängerung
~ **d'une échéance** *f* Fristverlängerung
~ **d'un délai** *f* Fristverlängerung
proroger *qc* verlängern *etw*
prospect *m* potentieller Käufer/Kunde
prospecter Kunden werben, akquirieren
prospecteur *m* Akquisiteur
prospection *f* Kundenwerbung, Akquisition, Prospektion, Suche (nach Bodenschätzen)
△ **coût de ~** *m* Akquisitionskosten, Kundenwerbungskosten; **effort de ~** *m* Kundenwerbungsbemühung
~ **commerciale** *f* Kundenwerbung, Akquisition, Handelswerbung
~ **de clientèle/clients** *f* Kundenwerbung, Aquisition
~ **off-shore** *f* Off-shore-Suche (nach Erdöl)
~ **pétrolière** *f* Erdölprospektion, Erdölsuche
prospectus *m* Prospekt
prospère florierend, blühend, erfolgreich
prospérer florieren, boomen, prosperieren
prospérité *f* Wohlstand
protection *f* Schutz
△ **durée de ~** *f* Schutzfrist
~ **civile** *f* Zivilschutz
~ **contre l'inflation** *f* Inflationsschutz
~ **de l'environnement** *f* Umweltschutz
~ **de l'épargne** *f* Sparerschutz
~ **des consommateurs** *f* Verbraucherschutz
~ **des dessins et modèles** *f* Gebrauchsmusterschutz
~ **des droits d'auteur** *f* Urheberschutz
~ **des locataires** *f* Mieterschutz
~ **douanière** *f* Zollschutz
~ **du patrimoine écologique** *f* Naturschutz
~ **du travail** *f* Arbeitsschutz
~ **en matière de location** *f* Mieterschutz
~ **incendie** *f* Brandschutz
~ **juridique** *f* Rechtschutz
△ **assurance (de) ~** *f* Rechtschutzversicherung
~ **juridique fiscale** *f* Steuerrechtschutzversicherung
~ **par un contrat d'assurance-vie** *f* Lebensversicherungsschutz
~ **sociale** *f* soziale Absicherung, Sozialversicherung
△ **dépenses de ~** *f pl* Sozialversicherungskosten, Kosten der sozialen Absicherung; **organisme de ~** *m* Sozialversicherungseinrichtung
protectionnisme *m* Protektionismus
protectionniste protektionistisch
△ **politique ~** *f* protektionistische Politik, Schutzpolitik
protéger *qc* schützen *etw*
protestation *f* Protest
protester contre *qc* gegen etwas protestieren
~ **une lettre de change/une traite** einen Wechsel zu Protest geben
protêt *m* Wechselprotest, Protesturkunde
△ **acceptation sur ~** *f* Ehrenakzept
~ **faute d'acceptation/de paiement** *m* Protest mangels Annahme/Zahlung
prototype *m* Prototype
provenance *f* Ursprung, Herkunft
△ **en ~ de ...** aus ..., von ...
provenir de ... stammen aus ..., herkommen von ...
provision *f* Deckung, Rückstellung, Vorrat
△ **chèque avec ~ insuffisante** *m* unzureichend gedeckter Scheck; **chèque sans ~** *m* ungedeckter Scheck; **existence de la ~ en compte** *f* Vorhandensein der Kontodeckung
△△ **constituer une ~** eine Deckung bilden, eine Rückstellung vornehmen
~ **d'un chèque** *f* Scheckdeckung
~ **d'une lettre de change** *f* Wechseldeckung

~ **d'une traite** *f* Wechseldeckung
~ **en compte** *f* Kontodeckung
~**s pour charges** *f pl* Aufwandsrückstellungen, Rückstellungen für ungewisse Verbindlichkeiten
~**s pour créances douteuses** *f pl* Rückstellungen für unsichere/ungewisse Forderungen
~**s pour dépréciation d'actif** *f pl* Rückstellungen für Wertverluste von Aktiva
~**s pour dépréciation du stock** *f pl* Rückstellungen für Wertminderung der Vorräte
~**s pour dettes** *f pl* Rückstellungen für Verbindlichkeiten
~**s pour fonds de retraite** *f pl* Pensionsrückstellungen
~**s pour impôts** *f pl* Steuerrückstellungen
~**s pour pertes** *f pl* Verlustrückstellungen
~**s pour procès** *f pl* Prozeßrückstellungen
~**s pour retraites du personnel** *f pl* Pensionsrückstellungen
~**s pour risques** *f pl* Rückstellungen für unsichere/ungewisse Verbindlichkeiten, Risikovorsorge
~**s pour risques et charges** *f pl* Rückstellungen, Aufwandsrückstellungen

provisionné, e gedeckt, mit ausreichender Deckung
△ **chèque** ~ *m* gedeckter Scheck

provisionnel, le Voraus-
△ **acompte** ~ *m* Vorauszahlung (auf die Einkommensteuer)

provisionnement *m* Vornahme von Rückstellungen
△△ **procéder à un fort** ~ umfangreiche Rückstellungen vornehmen

provisoire vorläufig, vorübergehend, provisorisch

provisoirement vorläufig, vorübergehend, provisorisch

provoqué, e par ***qc*** ausgelöst/hervorgerufen durch *etw*

provoquer ***qc*** etwas auslösen, hervorrufen, provozieren

proximité *f* Nähe
△ **à** ~ **de** in unmittelbarer Nähe von **commerce de** ~ *m* Nachbarschaftsläden, Geschäfte in den Wohngebieten, Geschäfte der Nahversorgung; **magasin de** ~ *m* Tante-Emma-Laden, Convenience Store, Nachbarschaftsladen, kleines Geschäft in einem Wohngebiet; **média de** ~ *m pl* lokale Medien; **petit commerce alimentaire de** ~ *m* Lebensmittelgeschäfte der Nahversorgung

prud'homal, e arbeitsgerichtlich
△ **compétence** ~**e** *f* arbeitsgerichtliche Zuständigkeit; **élections** ~**es** *f pl* Arbeitsgerichtswahlen; **juridiction** ~**e** *f* Arbeitsgerichtsbarkeit; **procédure** ~**e** *f* Arbeitsgerichtsverfahren

prud'homme *m* Laienrichter beim Arbeitsgericht, Arbeitsschöffe, Mitglied eines paritätischen Arbeitsschiedsausschusses
△ **conseil de** ~**s** *m* paritätischer Arbeitsschiedsausschuß, paritätisches Arbeitsgericht; **conseiller** ~ *m* Laienrichter beim Arbeitsgericht, Arbeitsschöffe, Mitglied eines paritätischen Arbeitsschiedsausschusses

prudemment vorsichtig

prudence *f* Vorsicht

prudent, e vorsichtig

PTMA (poids total maximum autorisé) *m* höchstzulässiges Gesamtgewicht

PTT (Postes, Télécommunications, Télédiffusion ou Poste & Télécommunications) *f pl* französische Post und Telekom

publi-postage *m* Briefwerbung, Mailing

pulbi-promotionnel, le Werbungs-

public *m* Öffentlichkeit
△ **grand** ~ *m* breites Publikum; **largement réparti, e dans le** ~ in Streubesitz befindlich; **répartition dans le** ~ Marktstreuung

public, que öffentlich
△ **autorité** ~**que** *f* öffentliche Gewalt, Staatsgewalt; **bâtiment travaux** ~**s (BTP)** *m* Baugewerbe, Hoch- und Tiefbau; **comptabilité** ~**que** *f* öffentliche Buchführung, Kameralistik, kameralistische Buchführung, öffentliches Rechnungswesen; **comptes** ~**s** *m pl* öffentliche Kassen, öffentliche Haushalte; **consommation** ~**que** *f* Verbrauch der öffentlichen Hand; **décharge** ~**que** *f* öffentliche Müllkippe; **déficit** ~ *m* Staatsdefizit; **deniers** ~**s** *m pl* öffentliche Gelder; **demande** ~**que** *f* Nachfrage der öffentlichen Hand/des staat-

lichen Sektors; **depenses ~ques** *f pl* Ausgaben der öffentlichen Hand, Staatsausgaben; **domaine ~** *m* Gemeineigentum, öffentliches Eigentum; **dette ~que** *f* Inlandsverschuldung; **droit ~** *m* öffentliches Recht; **(effet d') emprunt ~** *m* Staatsschuldverschreibung, öffentliche Anleihe, Staatsanleihe; **endettement ~** *m* Staatsverschuldung, öffentliche Verschuldung, Verschuldung der öffentlichen Hand; **entrepôt ~** *m* öffentliches Warenlager; **entreprise de service ~** *f* öffentliches (Dienstleistungs) Unternehmen; **entreprise du secteur ~** *f* verstaatlichtes Unternehmen; **entreprise (privée) d'utilité ~que** *f* gemeinnütziges (Privat) Unternehmen; **épargne ~que** *f* öffentliche Spargelder, öffentliches Sparwesen; **établissement ~** *m* Anstalt/Körperschaft des öffentlichen Rechts, öffentlich-rechtliche Körperschaft, öffentliche Schule; **fonction ~que** *f* öffentlicher Dienst; **fonds ~s** *m pl* öffentliche Mittel; **grand chantier de travaux ~s** *m* Großbaustelle; **groupe ~** *m* staatlicher Konzern; **ordre ~** *m* öffentliche Ordnung; **travaux ~s** *m pl* Tiefbau, Straßenbau; **service ~** *m* staatliche Dienststelle, Behörde, öffentliche Einrichtung; **services ~s** *m pl* 1. Behörden 2. öffentliche Dienstleistungen; **vie ~que** *f* öffentliches Leben

△△ **rendre ~ qc** bekanntgeben *etw*

publication *f* Veröffentlichung

△△ **éditer une ~** eine Veröffentlichung herausgeben

~ **annuelle** *f* jährliche Veröffentlichung, Jahresbericht

~ **assistée par ordinateur (PAO)** *f* Desktop-Publishing

~ **spécialisée** *f* Fachpublikation

publicitaire die Werbung betreffend, Werbe-

△ **affiche ~** *f* Werbeplakat; **agence ~** *f* Werbeagentur; **annonce ~** *f* Werbeanzeige; **argument ~** *m* Werbebehauptung; **battage ~** *m* Werberummel; **budget ~** *m* Werbebudget; **campagne ~** *f* Werbekampagne; **campagne ~ intensive** *f* Intensivwerbung; **concours ~** *m* Werbewettbewerb, Preisausschreiben; **dépenses ~s** *f pl* Werbeausgaben; **documentation ~** *f* Werbeunterlagen; **encart (~)** *m* Werbebeilage; **espace ~** *m* Werbefläche; **film ~** *m* Werbekurzfilm, Werbespot; **matraquage ~** *m* Einhämmern von Werbeslogans; **pression ~** *f* Werbedruck; **rédacteur ~** *m* Werbetexter; **slogan ~** *m* Werbeslogan; **spot ~** *m* Werbespot; **stratégie ~** *f* Werbestrategie; **support ~** *m* Werbeträger

publicité *f* Werbung, Reklame, Publizität

△ **agence de ~** *f* Werbeagentur; **frais de ~** *m pl* Werbekosten; **courtier de ~** *m* Anzeigenmakler; **service ~** *m* Werbeabteilung

△△ **faire de la ~ pour qc** werben, Werbung machen für *etw*

~ **aérienne** *f* Luftwerbung

~ **agressive** *f* aggressive Werbung

~ **clandestine** *f* rechtswidrige Werbung, Schleichwerbung

~ **collective** *f* Gemeinschaftswerbung

~ **comparative** *f* vergleichende Werbung

~ **d'entreprise** *f* Unternehmenswerbung

~ **d'entretien** *f* Erinnerungswerbung

~ **d'intérêt général** *f* Social Spot, Werbung im öffentlichen Interesse

~ **dans les revues spécialisées** *f* Werbung in Fachzeitschriften

~ **de lancement** *f* Einführungswerbung

~ **de marque** *f* Markenwerbung

~ **de prestige** *f* Repräsentativwerbung

~ **directe** *f* Direktwerbung

~ **du producteur** *f* Herstellerwerbung

~ **industrielle** *f* Industriewerbung

~ **informative** *f* Informationswerbung

~ **massive** *f* Massivwerbung

~ **mensongère** *f* irreführende Werbung

~ **par téléphone** *f* Telefonwerbung

~ **par voie de presse** *f* Pressewerbung

~ **pour des/les produits industriels** *f* Industriewerbung

~ **sur le lieu de vente (PLV)** *f* POS-Werbung (POS=point of sale), Werbung am Verkaufsort

~ **tapageuse** *f* Sensationswerbung

publier qc veröffentlichen, öffentlich bekanntgeben *etw*

~ **des chiffres** Zahlen veröffentlichen/bekanntgeben

~ **le bilan** die Bilanz veröffentlichen

publipostage *m* Briefwerbung, Mailing

puce *f* Chip
puiser ***qc*** schöpfen *etw*
~ **dans** ***qc*** schöpfen aus *etw*
puissance *f* Macht, Stärke, Kraft, Potenz
△ **en** ~ potentiell
~ **d'achat** *f* Einkaufsmacht
~ **industrielle** *f* Industriemacht
~ **maritime** *f* Seemacht
~ **nucléaire installée** *f* Atomstromerzeugung am Netz
~ **sur le marché** *f* Marktmacht
puits *m* Brunnen, Schacht, Bohrloch
~ **de pétrole** *m* Erdölförderanlage, Bohrloch
purement et simplement schlicht und einfach
PV (procès-verbal) *m* Strafzettel
PVD (pays en voie de développement) *m pl* Entwicklungsländer
PVI (pays en voie d'industrialisation) *m pl* Schwellenländer
pyramide *f* Pyramide
~ **des âges** *f* Alterspyramide

Q

quadruplement *m* Vervierfachung
quadrupler sich vervierfachen
quadrupler ***qc*** *etw* vervierfachen
quai *m* Kai
qualification *f* Qualifikation, Eignung
~ **professionnelle** *f* berufliche Qualifikation
~ **supplémentaire** *f* Zusatzqualifikation
qualifié, e qualifiziert
△ **candidat** ~ *m* geeigneter Bewerber; **hautement** ~ hochqualifiziert
qualifier ***qc/qn*** **de** ***qc*** bezeichnen *jdn/etw* als *etw*
qualitatif *m* qualitativer Aspekt
qualitatif, ve qualitativ
qualité *f* 1. Qualität 2. Eigenschaft, Status
△ **abaissement de la** ~ *m* Qualitätsverschlechterung; **cercle de** ~ *m* Qualitätszirkel; **contrôle de (la)** ~ *m* Qualitätskontrolle; **de première** ~ von erstklassiger Qualität; **de** ~ **artisanale** in/von handwerklicher Qualität; **de** ~ **constante** von gleichbleibender Qualität/Güte; **de** ~ **courante** von einfacher Qualität; **de** ~ **moyenne** von mittlerer Qualität, von Durchschnittsqualität; **de** ~ **supérieure** von gehobener Qualität; **en (sa)** ~ **de ...** als ..., in seiner Eigenschaft als ...; **haute** ~ *f* hohe Qualität, Spitzenqualität; **norme de** ~ *f* Qualitätsnorm; **service du contrôle de (la)** ~ *m* Qualitätskontrolle, Abteilung für Qualitätsprüfung;
~ **artisanale** *f* handwerkliche Qualität
~ **constante** *f* gleichbleibende Qualität/Güte
~ **courante** *f* einfache Qualität
~ **de commerçant** *f* (Voll) Kaufmannsstatus
~ **de la vie** *f* Lebensqualität
~ **de propriétaire** *f* Eigentümerstatus
~ **moyenne** *f* mittlere Qualität, Durchschnittsqualität
~ **supérieure** *f* gehobene Qualität
quantitatif *m* quantitativer Aspekt
quantitatif, ve quantitativ
quantité *f* Menge, Quantität
△ **en grandes/petites ~s** in großen/kleinen Mengen/Stückzahlen; **en** ~ **illimitée** in unbegrenzter Menge
~ **capturée** *f* Fangmenge
~ **commandée** *f* bestellte Menge
~ **de temps dépensée** *f* Zeitaufwand
~ **débarquée** *f* ausgeladene Menge
~ **désirée** *f* gewünschte Menge
~ **importée** *f* Einfuhrmenge
~ **produite** *f* hergestellte Menge
quart *m* Viertel
Quart-Monde *m* Vierte Welt
quartier *m* Viertel, Wohngebiet
~ **des artisans** *m* Handwerkerviertel
~ **résidentiel** *m* Wohngebiet
~ **urbain** *m* Stadtteil, Stadtviertel
quasi-monétaire Quasi-Geld-
△ **disponibilités quasi-monétaires** *f pl* Quasi-Geld(bestände)
quasi-monnaie *f* Quasi-Geld
quasi-monopole *m* Quasimonopol
quaternaire quaternär
secteur ~ *m* quaternärer Sektor, informationstechnischer Sektor
question *f* Frage, Problem
~ **(en)** betreffender, jeweiliger
△ **la personne en** ~ *f* die betreffende Person

~-clef *f* Schlüsselfrage
~ financière *f* Geldfrage
~ fiscale *f* Steuerfrage
~ juridique *f* Rechtsfrage, rechtliche Frage, juristische Frage
~ pertinente *f* relevante Frage
questionnaire *m* Fragebogen
△ **dépouillement de ~s** *m* Auswertung von Fragebögen
quête *f* Kollekte, Sammlung, Suche
~ de *qc* (en) auf der Suche nach *etw*
quincaillerie *f* Eisen- und Haushaltswarengeschäft
quinquennal, e fünfjährig, fünf Jahre dauernd
△ **plan ~** Fünfjahresplan
quintuple *m* Fünffaches
quintupler sich verfünffachen
quintupler *qc* *etw* verfünffachen
quinzaine *f* zwei Wochen, vierzehn Tage
△ **par ~ civile** halbmonatlich (Zinsabrechnung)
~ commerciale *f* zweiwöchige Werbeaktion des Handels (mit Sonderangeboten, Lotterie etc.)
quittance *f* Zahlungsbescheinigung, Empfangsbescheinigung, Quittung
~ de loyer *f* Mietquittung
quitter *qc/qn* verlassen *etw/jdn*
~ la profession seinen Beruf aufgeben
~ la vie active/professionnelle aus dem Berufsleben ausscheiden
quitus *m* Entlastung
△△ **accorder/donner le ~ à *qn*** entlasten *jdn*, Entlastung erteilen *jdm*
quorum *m* Quorum
quota *m* (le plus souvent au *pluriel*) Quote, Kontingent
△ **régime des ~s** *m* Quotenregelung; **système de ~s** *m* Quotensystem
△△ **dépasser les ~s** die Quoten überschreiten; **respecter les ~s** die Quoten einhalten
~ de production *m* Förderquote, Produktionskontigent
~ de réescompte *m* Rediskontkontingent
~s d'importation *m pl* Einfuhrquote(n), Einfuhrkontingent(e), Importquote(n), Importkontingent(e)
~s de pêche *m pl* Fangquote(n)
~ de vente *m* Verkaufskontigent, Verkaufsquote
~s laitiers *m pl* Milchquote
~s sucriers *m pl* Zuckerquoten
quote-part *f* Anteil, Beitragsanteil
quotidien *m* Tageszeitung
quotidien, ne täglich, Tages-
△ **besoins ~s** *m pl* täglicher Bedarf; **gestion ~ne** *f* laufende Geschäftsführung; **journal ~** *m* Tageszeitung
quotidiennement täglich
quotient *m* Quotient, Nenner, Rate, Quote
~ de mortalité *m* Todeswahrscheinlichkeit, Sterberate
~ de nuptialité *m* Heiratswahrscheinlichkeit
~ familial *m* Koeffizient zur Berücksichtigung der Familiengröße bei der Einkommensteuerberechnung (Familiensplitting)
quotité *f* Mindestmenge
△△ **fixer les ~s** die Mindestmengen festsetzen; **réviser les ~s minimales** die Mindestmenge neu festsetzen; **une valeur se traite par ~s de 10** ein Börsenpapier wird in Mindestmengen von 10 gehandelt
~ de couverture *f* Deckungsquote
~ de mobilisation *f* mobilisierungsfähiger Anteil eines Kreditengagements
~ disponible *f* frei verfügbarer Anteil (z.B. Erbe)
~ de titres *f* Mindestmenge an Aktien

R

rabais *m* Preisnachlaß, Preisminderung
~ de fidélité *m* Treuerabatt
rabaisser *qc* herabsetzen, senken *etw*
raccordement *m* Anbindung, Anschluß
~ à Internet *m* Internet-Anschluß
~ téléphonique *m* Telefonanschluß
raccorder *qc* à *qc* anbinden, anschließen *etw* an *etw*
raccrocher (den Telefonhörer) auflegen
rachat *m* Kauf, Aufkauf, Übernahme, Rücknahme, Rückkauf
△ **prix de ~** *m* Rücknahmepreis
~ d'entreprise *m* Unternehmensaufkauf
~ d'une entreprise par ses salariés *m*

Übernahme eines Betriebs durch die Belegschaft
~ **de firmes** *m* Unternehmensaufkäufe
racheter *qc* aufkaufen, zurückkaufen *etw*
~ **la majorité des actions** die Mehrheit der Aktien aufkaufen
~ **un bail** einen Mietvertrag übernehmen, in einen Mietvertrag eintreten
~ **une entreprise** ein Unternehmen aufkaufen
~ **une obligation** eine Anleihe zurückkaufen
~ **une société** eine Gesellschaft, eine Firma aufkaufen
racolage *m* Anmache, Kundenfang, aggressive Kundenwerbung
racoler in aggressiver Weise Kunden werben
radiation *f* Löschung, Streichung
~ **de la cote** *f* Aufhebung der Börsenzulassung
~ **du Registre du Commerce** *f* Löschung aus dem Handelsregister
radier *qn***/une société du Registre du Commerce** aus dem Handelsregister löschen *jdn*/eine Gesellschaft
radioactif, ve radioaktiv
△ **déchets ~s** *m pl* radioaktive Abfälle
radioactivité *f* Radioaktivität
radiocommunication *f* Funkverkehr
raffermir *qc* festigen *etw*
~ **sa position sur un marché** seine Marktposition festigen
~ **(se)** sich festigen
△△ **les cours se raffermissent** die Kurse festigen sich; **une monnaie se raffermit** eine Währung festigt sich
raffermissement *m* Festigung, Stärkung
~ **de la demande** *m* Nachfragestärkung, Nachfragefestigung
~ **des cours** *m* Kursfestigung
raffinage *m* Raffinierung
raffiner *qc* veredeln, verfeinern, raffinieren *etw*
raffinerie *f* Raffinerie
△ **gaz de ~** *m* Raffineriegas
~ **de pétrole** *f* Erdölraffinerie
~ **de sucre** *f* Zuckerraffinerie
rafler *qc* an sich reißen, mitnehmen *etw*
raider *m* Raider
raison *f* Grund
△ **à ~ de ...** im Umfang von ...; **nulle ~ de se montrer inquiet** kein Anlaß zur Besorgnis; **pour des ~s de ...** aus Gründen der/des ...; **pour des ~s de rentabilité** aus Wirtschaftlichkeitsgründen; **pour des ~s fiscales** aus steuerlichen Gründen; **pour des ~s d'équité** aus Gründen der Gleichbehandlung
△△ **ramener** *qn* **à la ~** zur Vernunft bringen *jdn*
~s de rentabilité *f pl* Wirtschaftlichkeitsgründe
~ **sociale** *f* Firma
~ **technique** *f* technischer Grund
raisonnable vernünftig, angemessen (Preis)
ralentir langsamer werden, sich abkühlen (Konjunktur)
~ *qc* verlangsamen *etw*
~ **l'expansion** den Aufschwung bremsen
~ **l'inflation** die Inflation verlangsamen
~ **(se)** sich verlangsamen
△△ **la croissance s'est ralentie** das Wachstum hat sich verlangsamt; **la progression des salaires se ralentit** die Lohnsteigerung verlangsamt sich
ralentissement *m* Verlangsamung, Abkühlung, Rückgang
~ **conjoncturel** *m* Konjunkturverlangsamung, Konjunkturabschwächung, Abkühlung der Konjunktur
~ **de l'activité (économique)/de l'économie** *m* Rückgang der Wirtschaftstätigkeit, wirtschaftlicher Rückgang, Konjunkturrückgang
~ **de l'indice du coût de la construction** *m* Rückgang des Baukostenindex
~ **de l'inflation** *m* Inflationsrückgang, Verlangsamung des Preisanstiegs
~ **de la conjoncture** *m* Konjunkturverlangsamung, Konjunkturabschwächung
~ **de la consommation** *m* Rückgang des Verbrauchs/Komsums, Konsumrückgang
~ **de la production** *m* Produktionsrückgang
~ **des ventes** *m* Verkaufsrückgang
△△ **souffrir d'un ~** unter einem Verkaufsrückgang leiden
~ **du commerce mondial** *m* Rückgang des Welthandels
rallonge *f* Nachtrag, Verlängerung

~ **budgétaire** *f* Haushaltsnachtrag, Nachtragshaushalt
ramassage *m* Abfuhr (Müll)
ramasser *qc* **(les ordures ménagères)** einsammeln *etw*, abfahren (Hausmüll)
~ **du papier** Titel aufkaufen
rame (de papier) *f* Ries (=500 Blatt)
ramener *qc* **à ...** auf ... herunterschrauben, verringern, drücken
△△ **le taux d'inflation a été ramené à ...** die Inflationsrate wurde auf ... heruntergeschraubt, verringert, gedrückt
~ **à la raison** *qn* zur Vernunft bringen *jdn*
~ **le déficit à x francs** das Defizit auf x Franc herunterschrauben
rampant, e schleichend
△ **inflation ~e** *f* schleichende Inflation
rampe *f* Rampe
~ **d'accès** *f* Rampe, Finger (Flughafen)
rançonner *qn* (Schutzgeld) erpressen von *jdm*
rang *m* Rang, Position, Stelle
△ **banque de premier/second ~** *f* Notenbank/Geschäftsbank; **titre de premier ~** *m* Qualitätstitel, erstrangiges Papier; **titre de second ~** *m* Nebenwert, zweitrangiges Papier
△△ **occuper le premier ~** den ersten Platz einnehmen
rangement *m* Abstellraum, Ablage
△ **emplacement de ~** *m* Lagerplatz
ranger (*qc***)** aufräumen (*etw*)
rapatrié *m* Aussiedler, Rückkehrer
rapatriement *m* Rückführung, Aussiedlung
~ **de bénéfices** *m* Gewinnrückführung
~ **de capitaux** *m* Kapitalrückführung
rapatrier *qc/qn* rückführen *etw/jdn*, aussiedeln *jdn* (in sein Heimatland)
rappel *m* Erinnerung, Nachforderung, Mahnung, Rückruf
△ **lettre de ~ (de paiement)** *f* Mahnbrief
~ **d'impôt** *m* Steuernachforderung
~ **de salaire** *m* Gehaltsnachzahlung, Lohnnachzahlung
~ **de cotisation** *m* Beitragsnachforderung
~ **en usine** *m* Rückruf (bei defekten Geräten)
rappeler *qc* **à** *qn* erinnern *jdn* an *etw*
~ *qn* zurückrufen *jdn*
rapport *m* 1. Bericht, Gutachten 2. Bezug, Verhältnis 3. Ertrag
△ **~ annuel** *m* Jahresbericht; **par ~ à** *qc* verglichen mit *etw*; **par ~ à la même période** verglichen mit demselben Zeitraum; **par ~ au mois précédent** im Vergleich zum Vormonat; **par ~ au troisième trimestre** verglichen mit dem dritten Quartal
△△ **établir un ~** einen Bericht verfassen, ein Gutachten erstellen; **être d'un bon ~** einen guten Ertrag abwerfen; **nouer des ~s personnels** persönliche Beziehungen knüpfen
~ **annuel** *m* Jahresbericht, Geschäftsbericht
~ **d'activité** *m* Geschäftsbericht, Sendebericht (Fax)
~ **d'exercice** *m* Geschäftsbericht
~ **d'expertise** *m* Gutachten
~ **de clôture** *m* Schlußbericht
~ **de forces** *m* Kräfteverhältnis
~ **de gestion** *m* Geschäftsbericht
~ **de l'OCDE** *m* Jahresbericht der OECD
~ **de représentant** *m* Vertreterbericht
~ **économique** *m* wirtschaftlicher Ertrag
~ **qualité-prix** *m* Preis-Leistungsverhältnis
rapporter (*qc***)** 1. (Ertrag) einbringen (*etw*) 2. berichten (*etw*)
~ **gros** viel einbringen
~ **un intérêt de x %** x % Zinsen (ein) bringen
rapprochement *m* Annäherung
rapprocher *qc* **de** *qc* annähern *etw* an *etw*
~ **les taux de TVA** die Mehrwertsteuersätze angleichen
~ *qn* **de** *qn* einander näherbringen *jdn jdm*
~ **(de** *qc/qn***) (se)** sich näherrücken, sich annähern (an *etw/jdn*)
rare knapp
raréfication *f* Verknappung
raréfier *qc* verknappen *etw*
~ **(se)** knapp werden, sich verknappen
rareté *f* Knappheit
~ **de biens** *f* Güterknappheit
rassemblement *m* Zusammenführung, Vereinigung, Zusammenstellen
~ **de capitaux** *m* Kapitalbildung
rassembler *qc/qn* zusammenstellen *etw*, zusammenbringen *jdn*
rater *qc* verfehlen/verpassen *etw*
ratification *f* Ratifizierung

ratifier *qc* ratifizieren *etw*
~ **un contrat** einen Vertrag ratifizieren
rating *m* Bewertung, Bonitätsbewertung, Rating, Ranking
ratio *m* Quote, Verhältniszahl, Kennzahlen
~ **boursier** *m* Börsenkennzahlen
~ **commercial** *m* Absatzkennzahlen, Umsatzkennzahlen
~ **d'activité** *m* Umsatzkennzahlen
~ **d'endettement** *m* Verschuldungskoeffizient (Verhältnis Schulden/Eigenkapital)
~ **de chiffre d'affaires** *m* Umsatzkennzahlen
~ **de dettes** *m* Verschuldungskoeffizient (Verhältnis Schulden/Eigenkapital)
~ **de fonds propres** *f* Eigenkapitalkennzahlen
~ **de liquidité** *m* Liquiditätskennzahl
~ **de rentabilité** Rentabilitätskennzahl
~ **de rotation** *m* Umschlagszahl, Umschlagshäufigkeit, Umschlagskennzahl
~ **de solvabilité** *m* Verschuldungskoeffizient (Verhältnis Schulden/Eigenkapital)
~ **financier** *m* Finanzkennzahlen
rationalisation *f* Rationalisierung
△ **effets de ~** *m pl* Rationalisierungseffekte; **investissement de ~** *m* Rationalisierungsinvestition; **mesures de ~** *f pl* Rationalisierungsmaßnahmen
rationaliser (*qc***/la production)** rationalisieren *etw*/die Produktion/die Fertigung
rationnement *m* Bewirtschaftung, Rationierung, Zuteilung
rationner *qc* rationieren *etw*
RATP (Régie autonome des transports parisiens) *f* Pariser Verkehrsbetriebe
rattaché, e à *qc* angebunden an *etw*
rattrapage *m* Aufholen, Einholen, Nachholen, Nachziehen
rattraper *qc***/***qn* aufholen, nachholen *etw*, einholen *jdn*
~ **un retard** einen Rückstand aufholen
ravitaillement *m* Versorgung, Nachschub
ravitailler *qn* **(en** *qc***)** versorgen *jdn* (mit *etw*)
~ **en** *qc* **(se)** sich versorgen mit *etw*
rayon *m* 1. Abteilung 2. Umkreis 3. Verkaufsregal
△ **chef de ~** *m* Abteilungsleiter
~ **d'action** *m* Einwirkungsgebiet, Tätigkeitsgebiet, Bezirk
~ **d'attraction** *m* Einzugsgebiet
~ **non alimentaire** *m* Non-Food-Abteilung
RCS (Registre du Commerce et des Sociétés) *m* Handelsregister
△ **extrait du ~** *m* Auszug aus dem Handelsregister; **immatriculation au ~** *f* Eintragung in das Handelsregister; **immatriculé, e au ~** im Handelsregister eingetragen; **numéro d'immatriculation au ~** *m* Handelsregisternummer; **radiation du ~** *f* Löschung aus dem Handelsregister
△△ **immatriculer une société au ~** eine Gesellschaft in das Handelsregister eintragen; **radier** *qn***/une société du ~** aus dem Handelsregister löschen *jdn*/eine Gesellschaft
R&D (recherche et développement) *f* Forschung(-) und Entwicklung(sabteilung)
RDS (remboursement de la dette sociale) *m* Sondersteuer zum Abbau des Sozialversicherungsdefizits
réacteur *m* Reaktor
~ **à eau légère** *m* Leichtwasserreaktor
~ **à neutrons rapides** *m* schneller Brüter
~ **nucléaire** *m* Kernreaktor, Atomreaktor
réactualisation *f* Anpassung, Neuanpassung, Aktualisierung
~ **du montant du risque** *f* Anpassung des Versicherungswertes
réadaptation *f* Wiedereingliederung
~ **professionnelle** *f* berufliche Wiedereingliederung, Umschulung
réaffecter *qc* zuweisen, umwidmen *etw*
~ **des fonds** Mittel zuweisen/umwidmen
réajustement *m* Anpassung
~ **des parités monétaires** *m* Wechselkursanpassung
~ **des salaires** *m* Lohnanpassung, Lohnerhöhung
~ **monétaire** *m* Währungsanpassung, Wechselkursanpassung
réajuster *qc* anpassen *etw*
~ **les parités monétaires** die Wechselkurse/Paritäten neu festlegen/ändern/anpassen
réalisable realisierbar, machbar
~ **à court terme** kurzfristig realisierbar

réalisation *f* Realisierung, Verwirklichung, Durchführung, Auflösung
~ **de bénéfices** *f* Gewinnerzielung
~ **de l'actif** *f* Auflösung der Aktiva, Veräußerung der Vermögenswerte
~ **matérielle et administrative** *f* technische und administrative Durchführung
réaliser *qc* realisieren, verwirklichen, durchführen, erzielen, auflösen, erwirtschaften *etw*
~ **des bénéfices** Gewinne/Erträge erzielen/erwirtschaften/machen
~ **des économies** Einsparungen vornehmen/erzielen
~ **des économies d'échelle** Einsparungen durch Massenproduktion erzielen, Skalenerträge erzielen, Größenvorteile erzielen
~ **des investissements** Investitionen tätigen
~ **des profits** Gewinne erwirtschaften/erzielen/machen
~ **un bénéfice** Gewinn/Erträge erzielen/erwirtschaften/machen
~ **un chiffre d'affaires de x francs** einen Umsatz von x Franc erzielen
~ **un gain** einen Gewinn erhalten/einstreichen/erzielen
~ **un investissement** eine Investition tätigen
~ **un minimum de chiffre d'affaires** einen Mindestumsatz erzielen
~ **un titre** ein Wertpapier abstoßen
~ **une économie de x francs** x Franc einsparen
~ **une marge de x %** eine Spanne von x % erzielen
~ **une plus-value** einen Wertzuwachs erzielen
~ **x % de ses ventes outre-Atlantique** x % seiner Verkäufe in den USA tätigen
réaménagement *m* Neuordnung, Anpassung, Neufestsetzung
~ **de la parité dollar-mark** *m* Neufestsetzung des Wechselkursverhältnisses zwischen Dollar und DM
~ **des parités** *m* Anpassung der Wechselkurse
~ **du SME** *m* Währungsanpassung innerhalb des EWS
réaménager *qc* neuordnen *etw*
~ **une dette** eine Umschuldung vornehmen
réanimation *f* Wiederbelebung
réapprovisionner *qn* wiederversorgen *jdn*
~ **(se)** die/ihre/seine Bestände wieder auffüllen
réapprovisionnement *m* Lagerauffüllung, Wiederbelieferung
réassurance *f* Rückversicherung, Reassekuranz
~ **en excédent de sinistre** *f* Exzedenten(rück)versicherung
réassurer *qc* rückversichern *etw*
~ **(se)** sich rückversichern
réassureur *m* Rückversicherer
rebond *m* Hochspringen
~ **des profits** *m* Hochschnellen der Gewinne
rebut *m* Ausschuß
△△ **mettre au ~ qc** wegwerfen, loswerden *etw*
récapitulatif, ve zusammenfassend, Überblicks-
△ **état ~** *m* Zusammenstellung, zusammenfassende Aufstellung
récapituler *qc* auflisten *etw*
recel *m* Hehlerei
récemment kürzlich, unlängst
recensement (de la population) *m* Volkszählung
recenser *qc* erfassen *etw*
récent, e kürzlich, neueren Datums
recentrer sur *qc* **(se)** sich (wieder) konzentrieren auf *etw*
~ **sur son activité principale (se)** sich (wieder) auf seinen Hauptgeschäftsbereich konzentrieren
récépissé *m* Quittung, Empfangsbestätigung
~ **d'expédition** *m* Ausgangsschein
~ **postal** *m* Posteinlieferungsschein
~**-warrant** *m* Lagerpfandschein
réception *f* Empfang, Erhalt, Abnahme
△ **accusé de ~** *m* Eingangsbestätigung, Empfangsbestätigung; **après (la) ~ de la commande** nach Auftragseingang; **avis de ~** *m* Empfangsbestätigung, Rückschein; **bon de ~** *m* Lieferschein
△△ **accuser ~ de** *qc* den Empfang/Eingang von *etw* bestätigen
~ **de la marchandise** *f* Empfang der Ware
△ **après (la) ~** nach Erhalt der Ware
~ **définitive** *f* Endabnahme, endgültige Abnahme

~ **par satellite** *f* Satellitenempfang
~ **provisoire** *f* Vorabnahme, vorläufige Abnahme
réceptionnaire *m* Abnehmer, abnehmende Stelle, Empfänger
réceptionner ***qc*** empfangen, erhalten *etw*, den Empfang/Erhalt bestätigen von *etw*
récession *f* Rezession, Talfahrt, Stagnation, Konjunkturrückgang, Flaute, Abschwung
△ **en ~** in der Rezession; **phase de ~** *f* Rezensionsphase
~ **de l'activité économique** *f* wirtschaftliche Rezession, wirtschaftlicher Abschwung
recette *f* 1. (souvent au *pluriel*) Einnahme, Erlös 2. Finanzkasse, Büro des Steuereinnehmers
△ **moins-values de ~s** *f pl* Mindereinnahmen; **perte de ~s** *f* Einnahmeverlust, Einbuße
△△ **tirer des ~s de** ***qc*** Einnahmen aus *etw* erzielen
~**s à l'exportation** *f pl* Exporterlöse
~**s au titre des services** *f pl* Einnahmen aus dem Dienstleistungsverkehr
~**s budgétaires** *f pl* Haushaltseinnahmen
~**s d'exportation** *f pl* Exporterlöse
~**s de devises** *f pl* Deviseneinnahmen
~**s de l'Etat** *f pl* Staatseinnahmen
~**s domaniales** *f pl* Einnahmen aus Staatsgütern
~**s douanières** *f pl* Zolleinnahmen
~**s du fisc** *f pl* Steuereinnahmen
~**s en devises** *f pl* Deviseneinnahmen
~**s énergétiques** *f pl* Einnahmen aus Energielieferungen
~**s enregistrées au titre des services** *f pl* Einnahmen aus dem Dienstleistungsverkehr
~**s et dépenses courantes** *f pl* laufende Einnahmen und Ausgaben
~**s fiscales** *f pl* Steuereinnahmen, Steueraufkommen
△ **affectation des ~** *f* Zweckbindung/Zweckgebundenheit der Steuereinnahmen; **non-affectation des ~** *f* Nichtzweckgebundenheit der Steuereinnahmen; **pertes de ~** *f pl* Steuermindereinnahmen
~**s gazières** *f pl* Einnahmen aus dem Erdgasabsatz
~**s invisibles** *f pl* Einnahmen aus der Dienstleistungsausfuhr
~ **locatives** *f pl* Einnahmen aus Vermietung und Verpachtung, Mieteinkünfte
~**s pétrolières** *f pl* Öleinnahmen, Ölgelder
~**s publiques** *f pl* Staatseinnahmen
~**s totales** *f pl* Gesamteinnahmen
~**s touristiques** *f pl* Einnahmen aus dem Fremdenverkehr
recevable zulässig, berechtigt
receveur *m* Steuereinnehmer, Finanzkassenleiter
~ **de la prime** *m* Stillhalter (bei Optionsgeschäften)
~ **des contributions** *m* Steuereinnehmer, Finanzkassenleiter
~ **des finances** *m* Steuereinnehmer, Finanzkassenleiter
~ **des postes** *m* Postamtsvorsteher
~ **municipal** *m* Stadtkämmerer
recevoir ***qc*** erhalten, empfangen *etw*
~ **des fonds en dépôt** Geldeinlagen entgegennehmen
~ **des prestations sociales** Sozialleistungen erhalten
~ **en héritage** ***qc*** als Erbe erhalten *etw*, erben *etw*
~ **sa lettre de licenciement** seine Kündigung erhalten, sein Kündigungsschreiben erhalten
~ **un salaire** Lohn beziehen
~ **une émission** eine Sendung empfangen (Fernsehen)
~ **une pension** eine Versorgungsrente bekommen
réchauffement *m* Aufheizung
~ **de l'atmosphère** *m* Aufheizung der Atmosphäre
recherche *f* 1. Suche 2. Forschung
△ **à la ~ d'un emploi/de travail** auf der Suche nach einem Arbeitsplatz; **centre de ~(s)** *m* Forschungszentrum; **coûts de ~** *m pl* Forschungskosten; **département de ~** *m* Forschungsabteilung; **laboratoire de ~(s)** *m* Forschungslabor; **produit à haute densité de ~** *m* forschungsintensives Produkt/Erzeungis
△△ **être à la ~ de** ***qc*****/d'un emploi/de travail** auf der Suche sein nach *etw*/ nach einem Arbeitsplatz
~ **appliquée** *f* angewandte Forschung

~ **civile** *f* zivile Forschung
~ **du profit** *f* Gewinnstreben, Profitstreben
~ **et développement (R&D)** *f* Forschung(-) und Entwicklung(sabteilung)
△ **dépenses de ~** *f pl* Forschung- und Entwicklungsausgaben; **dépenses nationales de ~ (DNRD)** *f pl* öffentliche Ausgaben für Forschung und Entwicklung; **service de ~** *m* Forschungs- und Entwicklungsabteilung; **travaux de ~** *m pl* Forschungs- und Entwicklungsarbeiten
~ **fondamentale** *f* Grundlagenforschung
~ **militaire** *f* militärische Forschung
~ **nucléaire** *f* Kernforschung
recherché, e gesucht, gefragt, nachgefragt
rechute *f* Rückfall, erneuter Sturz
~ **des cours** *f* erneuter Kurssturz
réciprocité *f* Gegenseitigkeit
réciproque wechselseitig, sich entsprechend
réclamation *f* Beanstandung, Reklamation
réclamer ***qc*** **(à** ***qn*****)** fordern, verlangen *etw* (von *jdm*)
réclamer des dommages et intérêts Schadensersatz verlangen
~ **un dédommagement à** ***qn*** eine Entschädigung verlangen von jdm
reclassement *m* Neufestsetzung, berufliche Wiedereingliederung
reclasser ***qn*** neu einstufen, höher gruppieren, anderweitig einsetzen *jdn*
recommandation *f* Empfehlung
△ **lettre de ~** *f* Empfehlungsbrief, Empfehlungsschreiben
△△ **formuler des ~s** Anregungen, Empfehlungen geben
recommandé, e eingeschrieben
△ **en ~** per Einschreiben **lettre ~e** *f* Einschreibebrief, Einschreiben; **par lettre ~e** per Einschreiben
reconduction *f* Verlängerung (z.B. eines Versicherungsvertrages)
△ **tacite ~** *f* stillschweigende Verlängerung
reconduire un contrat d'asurance einen Versicherungsvertrag verlängern
reconnaissance *f* Anerkennung, Anerkenntnis, Dankbarkeit
~ **de dette** *f* Schuldanerkennung, Schuldanerkenntnis, Schuldschein
~ **de l'égalité des partenaires** *f* Anerkennung der Gleichheit der Partner
~ **de responsabilité** *f* Schuldanerkenntnis
reconnaître ***qc*****/que ...** anerkennen, zugeben *etw*/daß ...
reconnu, e anerkannt
reconstituer ***qc*** wiederherstellen, erneuern *etw*
~ **ses liquidités** seine Liquiditäten aufstocken, erneuern
reconstitution *f* Wiederherstellung, Erneuerung
~ **de l'encaisse** *f* Wiederherstellung des Kassenbestandes
~ **des stocks** *f* Bestandserneuerung, Lagerauffüllung, Lagererneuerung
reconstruction *f* Wiederaufbau
reconstruire ***qc*** wiederaufbauen *etw*
reconversion *f* Umstrukturierung, Umorientierung, Umschulung
△ **plan de ~** *m* Umstrukturierungsplan
~ **professionnelle** *f* Umschulung
reconvertir ***qc*** umstrukturieren, umstellen *etw*
~ **les installations industrielles** die Produktionsanlagen umstellen
~ **(se)** sich umorientieren, umschulen
recoupement *m* Überschneidung
recouper (se) sich überschneiden
recourir à ***qc*** zurückgreifen auf *etw*
recours *m* Rückgriff, Berufung, Rechtsmittel, gerichtliche Geltendmachung von Ansprüchen, Beschwerde, Einspruch
△ **assurance défense et ~** *f* Rechtschutzversicherung; **droit de ~** *m* Regreßanspruch; **en ~** zur gerichtlichen Geltendmachung von Ansprüchen
△△ **adresser un ~ auprès de ...** eine Beschwerde einlegen bei ...; **avoir ~ à** ***qc/qn*** auf *etw* zurückgreifen, sich wenden an *jdn*; **avoir ~ à l'endettement** Schulden aufnehmen, sich verschulden; **avoir ~ à la main-d'oeuvre étrangère** auf ausländische Arbeitskräfte zurückgreifen; **exercer un ~** von einem Rechtsmittel Gebrauch machen, Rechtsmittel einlegen; **renoncer aux voies de ~** auf Rechtsmittel verzichten

~ **à l'arbitrage** *m* Anrufung eines Schlichters/Schiedsgerichtes
~ **de l'endossataire** *m* Wechselregress
~ **en annulation** *m* Aufhebungsklage
~ **en responsabilité** *m* Haftungsklage
~ **judiciaire** *m* Einlegen von Rechtsmitteln, Rekurs
recouvrable eintreibbar
~ **par voie de justice** einklagbar
recouvrement *m* Einziehung, Beitreibung
△ **agence de ~ de créances** *f* Factoring-Gesellschaft, Inkassogesellschaft, Inkassobüro
~ **d'impôt/de l'impôt** *m* Steuereinziehung, Steuererhebung, Steuereintreibung, Steuerbeitreibung
~ **d'une créance** *m* Eintreiben einer Forderung
~ **de la CSG** *m* Erhebung der Sozialabgabe
recouvrer *qc* **(un impôt/des impôts, des cotisations, des taxes, une créance)** erheben, einziehen, einnehmen, eintreiben *etw* (eine Steuer/Steuern, Beiträge, eine Forderung)
△ **créance à ~** *f* ausstehende Forderung, Außenstand; **effet à ~** *m* einzuziehender Wechsel
recouvrir *qc* abdecken *etw*
recrudescence *f* Wiederansteigen, Verschärfung, Verschlimmerung
~ **du chômage** *f* Wiederansteigen der Arbeitslosigkeit
recrutement *m* Einstellung, Rekrutierung
△ **cabinet de ~** *m* Einstellungsbüro, Personalberatungsbüro; **politique de ~** *f* Einstellungspolitik
recruter (*qn*) einstellen (*jdn*)
rectificatif *m* Richtigstellung, Berichtigung,
rectification *f* Richtigstellung, Berichtigung
rectifier *qc* berichtigen *etw*
~ **le budget** den Haushalt berichtigen
recto *m* Vorderseite
~ **verso** beidseitig
reçu *m* Empfangsbestätigung, Quittung
~ **pour solde tout compte** *m* Ausgleichsquittung
recueillir *qc* entgegennehmen *etw*
~ **des capitaux** Kapital/Gelder sammeln
recul *m* Kursrückgang, Rückgang
△ **en ~** rückläufig; **fort ~** *m* starker Rückgang
△△ **accuser/afficher un ~ de ...** einen Rückgang von ... aufweisen; **être en ~** rückläufig sein; **l'indice CAC-40 affiche un ~ de x points** der Börsenindex weist einen Rückgang von x Punkten auf; **la Bourse accuse un ~** die Börse gibt nach; **le ~ est de x %** der Einbruch beträgt x %; **le ~ s'accentue** der Rückgang verstärkt sich; **subir un (net) ~** einen (deutlichen) Rückgang erfahren
~ **de l'emploi** *m* Beschäftigungsrückgang
~ **de l'inflation** *m* Inflationsrückgang
~ **de la demande** *m* Rückgang der Nachfrage
~ **de la production** *m* Produktionsrückgang
~ **des cours** *m* Kursrückgang
~ **des prix** *m* Preisverfall
~ **des ventes** *m* Absatzrückgang, Verkaufsrückgang
~ **des ventes à l'étranger** *m* Rückgang der Auslandsverkäufe
~ **du bénéfice** *m* Absinken der Erträge, Gewinneinbruch
~ **du chiffre d'affaires** *m* Umsatzrückgang
~ **du chômage** *m* Rückgang der Arbeitslosigkeit
reculer (de x %, de ... à ...) zurückgehen, zurückfallen, sich verringern (um x %, von ... auf)
△△ **l'indice recule** der Index geht zurück; **le chômage a reculé (de x %)** die Arbeitslosigkeit ist zurückgegangen (um x %); **les échanges ont reculé** der Handelsverkehr/Außenhandel ist zurückgegangen
récupérateur de chaleur *m* Wärmetauscher
récupération *f* Wiederverwertung, Zurückgewinnung
~ **de l'énergie** *f* Energierückgewinnung
~ **de la TVA** *f* Vorsteuerabzug, MwSt-Abzug
récupérer *qc* zurückgewinnen *etw*, wiedererlangen *etw*, abziehen *etw*
~ **la TVA** einen Vorsteuerabzug vornehmen

recyclable wiederverwertbar, recyclingfähig
△ **non ~** nicht wiederverwertbar, nicht recyclingfähig
recyclage *m* 1. Wiederverwertung, Recycling 2. Umschulung
△ **entreprise de ~** *f* Verwertungsunternehmen; **processus de ~** *m* Recyclingprozeß; **taux de ~** *m* Recyclingquote
~ des pétrodollars *m* Petrodollar-Recycling
~ des salariés *m* Umschulung der Arbeitnehmer
recycler ***qc*** recyclen, wiederverwerten *etw*
~ *qn* umschulen *jdn*
~ (se) umschulen, sich fortbilden
rédacteur *m* Redakteur, Texter
~ publicitaire *m* Werbetexter
rédaction *f* Verfassen, Schreiben
~ des statuts *f* Aufstellung der Satzung
redécoller wieder anziehen (Investitionen, Wirtschaft)
△△ **les investissements redécollent** die Investitionen ziehen wieder an/steigen wieder
redémarrage *m* Aufschwung, Wiederbelebung
~ de l'activité économique *m* Wiederanspringen der Konjunktur, wirtschaftliche Wiederbelebung, Belebung der Wirtschaftstätigkeit
redémarrer wieder steigen (Investitionen)
△△ **les investissements redémarrent** die Investitionen ziehen wieder an/steigen wieder
redéploiement *m* Strukturwandel, Umstrukturierung, Reform, Neuorganisation
~ industriel *m* industrielle Strukturlenkung, Strukturanpassung
redéployer ***qc*** umstrukturieren, neu gestalten, reformieren, reorganisieren *etw*
~ (se) Umstrukturierungsmaßnahmen treffen
redevable *m* Steuerpflichtiger, Steuerträger (*langage administratif*)
redevable steuerpflichtig, beitragspflichtig, zahlungspflichtig
△△ **être ~ d'un impôt/de l'impôt** zur Zahlung einer/der Steuer verpflichtet sein; **être ~ d'une somme** einen Betrag schuldig sein
~ définitif *m* Steuerträger, mit der Steuer tatsächlich Belasteter
~ effectivement soumis à l'impôt *m* Steuerträger, mit der Steuer tatsächlich Belasteter
~ légal *m* Steuerpflichtiger
redevance *f* Abgabe, Steuer, Beitrag, Gebühr
△ **moyennant une ~** gegen (Zahlung einer) Gebühr; **sans ~ d'occupation** mietfrei
△△ **acquitter une ~** eine Gebühr bezahlen; **encaisser une ~** eine Gebühr erheben, einnehmen; **payer une ~** eine Gebühr bezahlen; **prélever une ~** eine Gebühr erheben; **verser une ~** eine Gebühr bezahlen
~ annuelle *f* jährliche Abgabe
~ audiovisuelle *f* Rundfunk- und Fernsehgebühr
~ d'occupation *f* Mietentgelt
△ **sans ~** mietfrei
~ de fermage *f* Pachtgeld
~ initiale forfaitaire (RIF) *f* Aufnahmegebühr für Franchisenehmer
rédiger ***qc*** schreiben, verfassen *etw*
rédiger son CV (curriculum vitae) seinen Lebenslauf schreiben
redistribuer ***qc*** **(des primes, des bénéfices, des revenus)** wieder ausschütten, (rück)erstatten *etw* (Versicherungsbeiträge), ausschütten *etw* (Gewinne), umverteilen (Einkommen)
~ des primes d'assurance Versicherungsbeiträge wieder ausschütten, erstatten
~ les revenus die Einkommen umverteilen
redistributif, ve Umverteilungs-
△ **effet ~** *m* Umverteilungseffekt; **mécanisme ~** *m* Umverteilungsmechanismus; **système ~** *m* Umverteilungssystem
redistribution *f* Umverteilung
△ **politique de ~** *f* Umverteilungspolitik
~ de la richesse nationale *f* Umverteilung des Volkseinkommens
~ des revenus *f* Einkommensumverteilung

△ **politique de ~** *f* Politik der Einkommensumverteilung; **système de ~** *m* System der Einkommensumverteilung
~ **du revenu national** *f* Umverteilung des Volkseinkommens
redorer le blason de ***qc/qn*** neuen Glanz verleihen *etw/jdm*
redressement *m* Verbesserung, Erholung, Sanierung
~ **d'une entreprise** *m* Sanierung eines Unternehmens
~ **de l'économie** *m* wirtschaftliche Erholung
~ **de la balance commerciale** *m* Verbesserung der Handelsbilanz
~ **de la balance des paiements** *m* Verbesserung der Zahlungsbilanz
~ **de la situation économique** *m* Verbesserung der wirtschaftlichen Lage
~ **des comptes extérieurs** *m* Verbesserung derAußenhandelsbilanz
~ **économique** *m* wirtschaftliche Erholung
~ **fiscal** *m* Steuerberichtigung
~ **judiciaire** *m* gerichtlich genehmigte Sanierung bei Konkursverfahren
△ **plan de ~** *m* gerichtlich genehmigter Sanierungsplan
redresser ***qc*** **(documents comptables, bilan, entreprise)** wiederbeleben, wiederankurbeln, sanieren, berichtigen, bereinigen, verbessern *etw* (Buchhaltungsunterlagen, Bilanz, Unternehmen)
~ **l'économie** die Wirtschaft ankurbeln
~ **la balance commerciale** die Handelsbilanz verbessern
~ **la balance des paiements** die Zahlungsbilanz verbessern
~ **la croissance économique** das Wirtschaftswachstum fördern/ankurbeln
~ **le commerce extérieur** den Außenhandel ankurbeln
~ **une entreprise** ein Unternehmen sanieren
~ **(se)** sich erholen, sich wieder festigen (Börse, Kurse)
△△ **la Bourse se redresse** die Börse erholt sich; **le marché se redresse** der Markt erholt sich
réducteur *m* Verminderer
réduction *f* Abbau, Reduktion, Veringerung, Ermäßigung, Nachlaß
△ **article en ~** Artikel im Angebot; **billet à ~** *m* Ermäßigungskarte, ermäßigte Karte
~s budgétaires *fpl* Haushaltskürzungen
~s d'effectifs *fpl* Personalabbau
~s d'emplois *fpl* Arbeitsplatzabbau
~ **d'impôt** *f* Steuerermäßigung
~ **de l'inflation** *f* Abbau der Inflation
~ **de la durée du temps de travail** *f* Arbeitszeitverkürzung
~ **de prix** *f* Preisermäßigung
~ **de salaire** *f* Lohnkürzung
~ **des coûts** *f* Kostensenkung
~ **des déficits publics** *f* Verringerung der Haushaltsdefizite
~ **des droits de douane** *f* Abbau der Zölle
~ **des effectifs** *f* Personalabbau
~ **des horaires de travail** *f* Arbeitszeitverkürzung
~ **des marges** *f* Verringerung der Gewinnspannen
~ **des stocks** *f* Lagerabbau
~ **différée** *f* nachträglicher Rabatt
~ **du capital** *f* Kapitalherabsetzung
~ **du temps de travail** *f* Arbeitszeitverkürzung
~ **du temps de travail sans réduction du salaire** *f* Arbeitszeitverkürzung bei/mit vollem Lohnausgleich
~ **tarifaire** *f* Zollsenkung
réduire ***qc*** **(de ...)** verringern, vermindern, reduzieren *etw* (um ...)
~ **l'attrait de** ***qc*** die Anziehungskraft verringern von *etw*
~ **l'écart d'inflation** den Inflationsabstand verringern
~ **la durée du temps de travail** die Arbeitszeit verkürzen
~ **la part des importations** den Importanteil verringern, kürzen
~ **la perte** den Verlust verringern
~ **la production** die Produktion herunterfahren
~ **le temps de travail** die Arbeitszeit verkürzen
~ **le volume des stocks** die Lagerbestände abbauen, verringern
~ **les coûts** die Kosten senken/reduzieren
~ **les effectifs** Personal entlassen
~ **les impôts** die Steuern herabsetzen/ermäßigen

~ **un budget** einen Haushalt kürzen/reduzieren
~ **(de ...) (se)** sich verringern, abnehmen, vermindern, reduzieren um (um ...)
rééchelonnement *m* Umschuldung, Streckung der Tilgungsdauer, Tilgungsstreckung
~ **de la dette** *m* Umschuldung, Streckung der Tilgungsdauer, Tilgungsstreckung
~ **de la dette extérieure** *m* Umschuldung, Tilgungsstreckung der Auslandsschulden
~ **des échéances** *m* Streckung der Tilgungsfristen
rééchelonner ***qc*** strecken *etw*, die Tilgungsdauer verlängern von *etw*
~ **une dette** eine Tilgungsstreckung/Umschuldung vornehmen
rééducation *f* Rehabilitation, Reha
réel, le tatsächlich, real, dinglich
△ **biens ~s** *m pl* Realien; **chômage ~** *m* tatsächliche Arbeitslosigkeit; **cautionnement ~** *m* dingliche Kaution; **coût(s) ~(s)** *m (pl)* tatsächliche Kosten; **droit ~** *m* dingliches Recht; **en termes ~s** real; **frais ~s** *m pl* tatsächlich entstandene Aufwendungen (Einzelnachweis beim Geltendmachen von Werbungskosten); **marché ~** *m* tatsächlicher Markt; **salaire ~** *m* Reallohn; **valeur ~le** *f* realer Wert
réélection *m* Wiederwahl
rééligible wiederwählbar
réélir ***qn*** wiederwählen *jdn*
réembauchage *m* Wiedereinstellung, erneute Einstellung
réembauche *f* Wiedereinstellung, erneute Einstellung
réembaucher ***qn*** wiedereinstellen *jdn*
réemploi *m* Recycling, Verwertung, Wiederverwendung
rééquilibrage *m* Ausgleich
~ **des comptes extérieurs** *m* Ausgleich der Außenhandelsbilanz
rééquilibrer ***qc*** (wieder) ins Gleichgewicht/Lot bringen (*etw*)
~ **la balance commerciale** die Handelsbilanz wieder ausgleichen
réescompte *m* Rediskontierung, Rediskont
△ **crédit de ~** *m* Rediskontkredit; **maison de ~** *f* Rediskontbank; **marge de ~** *f* Rediskontkontingent; **plafond de ~** *m* Rediskontkontingent; **politique de ~** *f* Rediskontpolitik; **quota de ~** *m* Rediskontkontingent; **taux de ~** *m* Rediskontsatz
réescompter une lettre de change einen Wechsel rediskontieren
réévaluation *f* Aufwertung, Neubewertung
~ **d'une monnaie** *f* Währungsaufwertung
~ **des retraites** *f* Rentenanpassung
~ **du bilan** *f* Wertberichtigung der Bilanz
~ **monétaire** *f* Währungsaufwertung
réévaluer ***qc*** neu bewerten *etw*, aufwerten *etw*
~ **le bilan** die Bilanz neu bewerten
~ **une monnaie** eine Währung aufwerten
réexporter ***qc*** reexportieren, wieder ausführen *etw*
référence *f* 1. Bezug, Basis 2. Sorte 3. Artikelnummer, Bestellnummer
△ **année de ~** *f* Bezugsjahr; **base de ~** *f* Bezugsgröße, Basis; **groupe de ~** *m* Bezugsgruppe; **personne de ~ (du ménage)** *f* Bezugsperson (im Haushalt)
△△ **faire ~ à** ***qc*** sich auf *etw* beziehen, *etw* erwähnen
~ **de catalogue** *f* Bestellnummer
~-or *f* Goldstandard
référencement *m* Aufnahme in das Sortiment, Listen
△ **remise de ~** *f* Rabatt für die Aufnahme in das Sortiment
référencer un article einen Artikel in das Sortiment aufnehmen/listen/führen
référendum *m* Volksentscheid
référer à ***qc*** **(se)** sich beziehen auf *etw*
refinancement *m* Refinanzierung, Umfinanzierung
△ **conditions de ~ des banques** *f pl* Refinanzierungskonditionen der Banken; **taux de ~** *m* Refinanzierungszinssatz
refinancer ***qc*** refinanzieren, umfinanzieren *etw*
~ **(se)** sich refinanzieren
réflexion *f* Nachdenken, Überlegung, Reflexion
△ **délai de ~** *m* Bedenkzeit, Bedenkfrist
refluer zurückfließen, zurückfluten, zurückgehen

△△ **l'inflation reflue** die Inflation geht zurück
reflux *m* Rückfluß
~ **de(s) capitaux** *m* Kapitalrückfluß
refonte *f* Umarbeitung, Umgestaltung
réforme *f* Reform
~ **boursière** *f* Börsenreform
~ **de la fiscalité** *f* Steuerreform
~ **de la PAC (politique agricole commune)** *f* Reform der gemeinsamen Agrarpolitik
~ **fiscale** *f* Steuerreform
~ **monétaire** *f* Währungsreform
~ **régionale** *f* Regionalreform
~**s sociales** *fpl* Sozialreformen
refroidissement *m* Abkühlung
△ **mesure de ~** *f* Dämpfungsmaßnahme, Abkühlungsmaßnahme
refuge *m* Zuflucht(sort)
~ **fiscal** *m* Steueroase, Steuerzufluchtsort
réfugié *m* Flüchtling, Umsiedler, Übersiedler
~ **politique** *m* politischer Flüchtling, Asylant, Asylsuchender
refus *m* Ablehnung, Weigerung, Verweigerung
~ **de paiement/de payer** *m* Zahlungsverweigerung
~ **de prendre livraison** *m* Annahmeverweigerung
~ **de référencement** *m* Sortimentsverweigerung
~ **de vente** *m* Liefersperre
refuser (*qc*/de faire *qc*) ablehnen (*etw*/*etw* zu tun)
△△ **être libre de ~** freistehen, abzulehnen *jdm*
regagner *qc* zurückgewinnen *etw*
regard *m* Blick, Einsicht, Mitsprache
△ **droit de ~** *m* Mitspracherecht
régénération *f* Rückgewinnung, Wiedergewinnung
régi, e par la loi dem Gesetz unterstehend
Régie autonome des transports parisiens (RATP) *f* Pariser Verkehrsbetriebe
régime *m* System, Regelung, Sozialversicherungssystem, Sparte, Verfahren, Versicherungssystem
~ **agricole** *m* Sozialversicherung für in der Landwirtschaft Beschäftigte
~ **contributif** *m* beitragsgebundenes Versicherungssystem
~ **de base** *m* Grundversicherungssystem
~ **de capitalisation** *m* Kapitalisierungsverfahren
~ **de change double** *m* gespaltener Devisenmarkt
~ **de changes flottants** *m* System der freien Wechselkurse
~ **de croisière** *m* Reisegeschwindigkeit
~ **de contrôle des changes** *m* Devisenbewirtschaftung(ssystem)
~ **de la communauté de biens** *m* Güterstand der unbeschränkten Gütergemeinschaft
~ **de la séparation de biens** *m* Güterstand der unbeschränkten Gütertrennung
~ **de protection sociale** *m* Sozialversicherungssystem
~ **de répartition** *m* Umlageverfahren
~ **de retraite** *m* Rentenversicherung
~ **de retraite complémentaire** *m* Zusatzversicherung (Altersversorgung)
~ **de retraite complémentaire obligatoire** *m* Pflichtzusatzversicherung (Altersversorgung)
~ **de sécurité sociale** *m* Sozialversicherungssystem
~ **des cheminots** *m* Eisenbahnersozialversicherung
~ **des marins** *m* Sozialversicherung für Seeleute
~ **des mines/des mineurs** *m* Knappschaftsversicherung, Sozialversicherung für Bergleute
~ **des quotas** *m* Quotenregelung
~ **douanier** *m* Zollverfahren, Verfahren, Zollsystem, Zollbehandlung
~ **du contrôle des changes/du change** *m* Devisenbewirtschaftungssystem
~ **du perfectionnement actif** *m* aktives Zollveredelungsverfahren
~ **du perfectionnement passif** *m* passives Zollveredelungsverfahren
~ **économique** *m* Wirtschaftssystem, Wirtschaftsordnung
~ **express** *m* Expreßgut, Expreßsendung
~ **fiscal** *m* Steuersystem
~ **général (de la Sécurité Sociale)** *m* Grundversorgung der Sozialversicherung
~ **légal de la communauté (des biens)** *m* gesetzlicher Güterstand, gesetzliches Güterrecht

~ **matrimonial** *m* ehelicher Güterstand, eheliches Güterrecht, Güterrecht
~ **matrimonial légal** *m* eheliches Güterrecht, gesetzliches Güterrecht, gesetzlicher Güterstand
~ **non contributif** *m* beitragsfreies Versicherungssystem
~ **spécial** *m* Versicherungssystem für bestimmte Arbeitnehmer
~ **supplémentaire facultatif** *m* Zusatzrentenversicherung
~ **sur-complémentaire facultatif** *m* Zusatzrentenversicherung
~ **tarifaire** *m* Zollbehandlung
~ **tarifaire spécial** *m* Sonderzollbehandlung
région *f* Verwaltungseinheit oberhalb der Départements, Region, Gebiet
~ **charbonnière** *f* Kohlengebiet
~ **de vignobles** *f* Weinbaugebiet, Weinanbaugebiet
~ **(fortement) industrialisée** *f* (hoch) industrialisiertes Gebiet
~ **sinistrée par la grêle** *f* vom Hagel betroffenes/geschädigtes Gebiet
~ **touristique** *f* Tourismusgebiet, Urlaubsgebiet, Feriengebiet
régional, e regional, Regional-, Gebiets-
△ **banque ~e** *f* Regionalbank; **bourse ~e** *f* Regionalbörse, Provinzbörse; **cartel** ~ *m* Gebietskartell; **Conseil** ~ *m* Regionalrat, Regionalversammlung; **conseiller** ~ *m* Mitglied des Regionalrats/der Regionalversammlung; **délégué** ~ *m* Gebietsvertreter; **développement** ~ *m* regionale Entwicklung; **Société de développement ~ (SDR)** *f* Gesellschaft für regionale Entwicklung, regionale Wirtschaftsförderungsgesellschaft
registre *m* Register
~ **de la conservation des hypothèques** *m* Grundbuch
~ **des Métiers** *m* Handwerksrolle
~ **du Commerce** *m* Handelsregister
△ **extrait du** ~ *m* Auszug aus dem Handelsregister; **greffe du** ~ *m* Geschäftsstelle; **immatriculation au** ~ *f* Eintragung in das Handelsregister; **immatriculé, e au** ~ im Handelsregister eingetragen; **inscription modificative au** ~ *f* Änderung im Handelsregister, Änderung der Handelsregistereintragung; **numéro d'immatriculation au** ~ *m* Handelsregisternummer; **radiation du** ~ *f* Löschung aus dem Handelsregister
△△ **immatriculer une société au** ~ eine Gesellschaft in das Handelsregister eintragen; **radier** ***qn*/une société du** ~ aus dem Handelsregister löschen *jdn*/eine Gesellschaft
~ **du Commerce et des Sociétes (RCS)** *m* Handelsregister
~ **partiel** *m* Teilregister
~ **public** *m* öffentliches Register
réglage *m* Regelung, Einstellung
~ **contracyclique de la conjoncture** *m* kontrazyklische Konjunkturregulierung
règle *f* Regel, Vorschrift, Grundsatz
~**s concernant l'établissement du bilan** *f pl* Bilanzierungsgrundsätze
~ **de droit** *m* Rechtsvorschrift, Rechtsnorm, Rechtssatz
~**s de gestion des stocks** *f pl* Lagerhaltungsprinzipien
~**s de la concurrence** *f pl* Wettbewerbsregeln
~ **de la périodicité** *f* Regel der zeitlichen Übereinstimmung (bei der Finanzierung: kurzfristige Fremdmittel für kurzfristige Verbindlichkeiten, langfristige Fremdmittel für langfristige Verbindlichkeiten)
~ **de la rentabilité** *f* Wirtschaftlichkeitsregel
~ **de la sécurité** *f* Sicherheitsregel
~ **du financement minimum** *f* Mindestfinanzierungsregel
~**s et usances uniformes relatives aux crédits documentaires** *f pl* einheitliche Richtlinien (und Gebräuche) für Dokumentenakkreditive
~**s spécifiques** *f pl* Sonderregelungen
règlement *m* 1. Zahlung, Begleichung 2. Regelung, Regulierung
△ **avance sur** ~ *f* Abschlagszahlung; **banque chargée du** ~ *f* zahlende Bank; **Banque des ~s internationaux (BRI)** *f* Bank für internationalen Zahlungsausgleich (BIZ); **commission de ~anticipé** *f* Gebühr für Kassageschäfte auf dem Terminmarkt; **conformément aux ~s**

vorschriftsmäßig; **escompte de ~** *m* Barzahlungsskonto; **marché à ~ mensuel** *m* Markt für Termingeschäfte
△△ **être chargé, e du ~ de** ***qc*** aufkommen für *etw*, die Kosten tragen für *etw*
~ (à l') amiable *m* gütliche Einigung, Vergleich, außergerichtlicher Vergleich
~ au comptant *m* Barzahlung
~ commercial *m* Zahlung(sausgleich) im Geschäftsleben
~ d'avaries communes *m* Seeschadenberechnung
~ de passation des marchés *m* Verdingungsordnung
~ des comptes *m* Abrechnung
~ des salaires *m* Lohn- und Gehaltszahlung
~ du sinistre *m* Schadensabwicklung, Schadensregulierung
~ du solde *m* Saldenausgleich
~ en espèces *m* Barzahlung
~ en liquide *m* Barzahlung
~ en matière de subventions *m* Subventionsregelung
~ en numéraire *m* Barzahlung
~ immédiat *m* Sofortabrechnung, Sofortzahlung
~ intérieur *m* Hausordnung
~s internationaux *m pl* internationale Verrechnungen/Zahlungen
~ judiciaire *m* Konkurs, Konkursverfahren
△ **procédure de ~** *f* Konkursverfahren
~ juridique *m* Rechtsvorschrift
~s monétaires *m pl* Devisenvorschriften
~ par carte (bancaire/de crédit) *m* Zahlung mit Kreditkarte
~ par chèque *m* Zahlung mit Scheck
~ par versements échelonnés *m* Zahlung in Raten
~ par virement *m* Zahlung durch Überweisung
~s sur la protection de l'environnement *m pl* Umweltschutzbestimmungen
réglementaire vorschriftsmäßig
réglementation *f* Regelung, Bestimmung, Reglementierung, Regulierung, staatliche Marktkontrolle, Vorschriften
△ **allègement de la ~** *m* Abbau der Reglementierung
△△ **adopter/prendre une ~** eine Bestimmung erlassen
~ des prix *f* Preislenkung, Preisreglementierung
~ douanière *f* Zollvorschriften
~ légale *f* gesetzliche Regelung
~s monétaires *f pl* Währungsbestimmungen
~s sur les changes *f pl* Devisenbestimmungen
~s étrangères *f pl* ausländische Vorschriften
~s nationales *f pl* nationale/inländische Vorschriften
~s strictes *f pl* strenge Bestimmungen
réglementé, e geregelt, vorgeschrieben
△ **marché ~** *m* organisierter Markt, geregelter Markt, reglementierter Markt (z.B. in der EU)
réglementer ***qc*** gesetzlich regeln, reglementieren *etw*
régler ***qc*** **(une facture, un dommage)** zahlen, begleichen *etw* (eine Rechnung), regulieren (einen Schaden)
~ en espèces/en liquide/en numéraire bar zahlen
~ par carte (bancaire/de crédit) mit Kreditkarte bezahlen
~ par chèque mit Scheck bezahlen
~ par versements échelonnés in Raten zahlen
~ par virement durch Überweisung zahlen
~ un différend sich einigen, einen Streit beilegen
~ un différend à l'amiable sich gütlich einigen, einen Streit gütlich beilegen, sich außergerichtlich einigen
~ un sinistre einen Schaden regulieren, einen Schadensfall abwickeln
régresser (de x points/%) zurückgehen (um x Prozentpunkte/%)
△△ **l'indice régresse de x points** der Index geht um x Prozentpunkte zurück; **le chômage a régressé** die Arbeitslosigkeit ist zurückgegangen
régression *f* Rückgang, Sinken
△ **en ~** rückläufig; **ventes en ~** *f pl* rückläufiger Absatz
△△ **être en ~** im Rückgang begriffen sein, rückläufig sein
~ des cours *f* Kursrückgang
~ du chômage *f* Sinken der Arbeitslosigkeit, Rückgang der Arbeitslosigkeit

~ **du PIB (produit intérieur brut)** *f* Rückgang/Sinken des Bruttoinlandsproduktes
regret *m* Bedauern
△△ **avoir le ~ de faire** *qc* bedauern, *etw* tun zu müssen
regretter *qc* bedauern *etw*
~ **vivement de devoir faire** *qc* sehr bedauern, *etw* tun zu müssen
regroupement *m* Zusammenfassen, Zusammenstellen, Zusammenschluß
~ **d'entreprises** *m* Unternehmenszusammenschluß
~ **des marchandises** *m* Zusammenstellen der Waren
regrouper *qc* in sich vereinigen, zusammenfassen *etw*
~ **(se)** sich zusammenschließen
régularisation *f* Regulierung, Legalisierung
△ **compte de ~** *m* Rechnungsabgrenzungsposten (RAP); **délai de ~** *m* Regulierungsfrist; **faculté de ~** *f* Regulierungsmöglichkeit; **fonds de ~** *m* Ausgleichfonds; **poste de ~** *m* Rechnungsabgrenzungsposten (RAP)
~ **annuelle** *f* jährliche Schlußrechnung
régulariser *qc* in Ordnung bringen *etw*
régularité *f* Regelmäßigkeit
régulateur *m* Regler, Regelungseinrichtung
régulation *f* Regulierung, Reglementierung
~ **de l'offre** *f* Angebotssteuerung
~ **du crédit** *f* Kreditsteuerung
~ **globale** *f* Globalsteuerung
réhabiliter *qc/qn* sanieren *etw*, rehabilitieren *jdn*
réhabilitation *f* Rehabilitierung, Wiederverleihung von Rechten, Renovierung, Sanierung
réimportation *f* Reimport, Wiedereinfuhr
réimporter *qc* reimportieren, wieder einführen *etw*
réinjecter du capital Geldmittel/Kapital einschießen/zuführen
réinsertion *f* Wiedereingliederung
~ **dans la vie professionnelle** *f* berufliche Wiedereingliederung
réintégration *f* Wiedereingliederung
~ **dans la vie professionnelle** *f* berufliche Wiedereingliederung
réinvestir *qc* reinvestieren, wiederanlegen *etw*
△△ **être réinvesti, e dans l'entreprise** im Unternehmen verbleiben/wieder investiert werden
~ **les bénéfices** die Gewinne wiederanlegen
réinvestissement *m* Reinvestition, Wiederanlage
rejet *m* 1. Zurückweisung, Ablehnung 2. Ausstoßen, Emission
~**s industriels** *m pl* Industrieemissionen
~**s toxiques** *m pl* Giftemissionen
rejeter *qc* zurückweisen, zurückgeben, platzen lassen *etw*
relance *f* 1. Wiederbelebung, Wiederankurbeln, Wiederankurbelung, Ankurbelung, Aufschwung 2. Nachfassen, Mahnung
△ **lettre de ~** *f* Mahnbrief, Mahnung, Erinnerungsschreiben, Nachfaßschreiben; **mesure de ~** *f* Ankurbelungsmaßnahme; **moteur de la ~** *m* Motor des Aufschwungs, Konjunkturmotor
~ **de l'activité économique** *f* Wiederbelebung der Wirtschaftstätigkeit, Konjunkturbelebung, Wiederankurbelung der Wirtschaft
~ **de l'économie** *f* Wiederankurbelung der Wirtschaft, Wiederbelebung der Wirtschaftstätigkeit, Konjunkturbelebung
~ **de l'épargne** *f* Wiederbelebung der Spartätigkeit
~ **de la consommation** *f* Wiederankurbeln des Konsums
~ **de la consommation des ménages** *f* Wiederankurbeln des privaten Konsums
~ **des investissements** *f* Investitionsaufschwung
~ **durable** *f* dauerhafte Wiederbelebung
~ **par l'investissement** *f* Wiederbelebung durch Investitionen
~ **par la consommation** *f* Wiederbelebung durch den Konsum
~ **par la demande** *f* Wiederbelebung durch die Nachfrage
relancer *qc* wiederbeleben *etw*
~ **l'économie** die Wirtschaft ankurbeln, beleben
~ **la demande** die Nachfrage ankurbeln, beleben

~ **la mécanique** den Prozeß erneut in Gang bringen
~ **la production** die Produktion ankurbeln
~ **le marché** den Markt ankurbeln, beleben
~ **un projet** ein Projekt wiederbeleben
relatif, ve relativ
relatif, ve à *qc* bezogen auf, bezüglich *etw*
~ **à la vente** absatzwirtschaftlich
relation *f* Beziehung, Relation
~s avec les clients *f pl* Kundenkontakt
~s bancaires *f pl* Bankenbeziehung
~s commerciales *f pl* Geschäftsverkehr, Geschäftsbeziehungen, Handelsverkehr, Handelsbeziehungen
△△ **être en ~ avec** *qn* in Geschäftsbeziehungen stehen zu *jdm*
~s d'affaires *f pl* Geschäftsverkehr, Geschäftsbeziehungen
△△ **être en ~ avec** *qn* in Geschäftsbeziehungen stehen zu *jdm*
~s personnelles *f pl* persönliche Beziehungen
△△ **entretenir des ~ avec** *qn* in persönlichen Beziehungen stehen zu *jdm*
~s publiques (RP) *f pl* Public Relations, PR, Öffentlichkeitsarbeit
relationnel, le 1. zwischenmenschlich, Beziehungs- 2. relational
△ **banque de données ~le** *f* relationale Datenbank; **plan ~** *m* Beziehungsebene; **problème ~** *m* zwischenmenschliches Problem, Beziehungsproblem
relativiser *qc* relativieren *etw*
relayer *qn/qc* ablösen, übertragen, anschließen (*jdn/etw*)
relevé *m* Erhebung, Aufstellung
△ **lettre de change ~ (LCR)** *f* elektronische Form des Wechsels; **lieu de ~** *m* Erhebungsstelle
~ **d'identité bancaire (RIB)** *m* Vordruck mit Angabe von Kontonummer, Bankleitzahl, Name des Kontoinhabers (Bankkonto)
~ **d'identité postale (RIP)** *m* Vordruck mit Angabe von Kontonummer, Bankleitzahl, Name des Kontoinhabers (Postgirokonto/Postscheckkonto)
~ **de compte** *m* Kontoauszug
~ **de compte mensuel/quotidien** *m* monatlicher/täglicher Kontoauszug
~ **de factures** *m* Sammelrechnung, Rechnungsaufstellung
~ **de portefeuille** *m* Depotkontoauszug
~ **de prix** *m* Preiserhebung
~ **de titres** *m* Depotkontoauszug
~ **mensuel** *m* Monatsauszug, monatlicher Kontoauszug
relèvement *m* Anhebung, Erhöhung, Zunahme, Anheben
~ **de tarif** *m* Tarifanhebung, Tariferhöhung, Preisanhebung, Preiserhöhung
~ **de prix** *m* Preisanhebung, Preiserhöhung
~ **des droits de douane** *m* Zollerhöhung
~ **des impôts** *m* Steuererhöhung
~ **des prix** *m* Preisanhebung, Preiserhöhung
~ **des salaires** *m* Lohnerhöhung, Erhöhung der Löhne
~ **des taux d'intérêts** *m* Erhöhung des Zinssätze
~ **des taux directeurs** *m* Erhöhung der Leitzinsen
~ **des traitements** *m* Anhebung der Bezüge
~ **du crédit** *m* Krediterhöhung
~ **du SMIC** *m* Erhöhung des gesetzlichen Mindestlohns
~ **du taux d'intérêt** *m* Erhöhung des Zinssatzes
~ **du taux d'intervention** *m* Anhebung des Diskontsatzes
~ **du taux de l'escompte** *m* Diskontsatzerhöhung
relever *qc* 1. heraufsetzen, anheben, erhöhen *etw* 2. erheben *etw*
~ **le niveau de vie** den Lebensstandard heben
~ **le taux d'escompte** den Diskontsatz heben
~ **les droits de douane** die Zölle anheben
~ **les prix** die Preise anheben
~ **les taux d'intérêt** die Zinsen anheben
~ **les tarifs** die Preise/Tarife erhöhen
~ **les traitements** die Bezüge anheben
~ **un droit** eine Gebühr erhöhen, anheben
relié, e à *qc* verbunden mit *etw*
~ **à une banque de données** mit einer Datenbank verbunden
relier *qc* **à** *qc* verbinden mit *etw*, anbinden an *etw*, anschließen an *etw*
reliquat *m* Restbetrag

~ **de congés** *m* Resturlaub
remaniement *m* Neuordnung
~ **du portefeuille** *m* Portfolioumschichtung
remanier *qc* umändern, neu ordnen, umstrukurieren *etw*
remboursable erstattungsfähig
remboursé, e ausgezahlt, erstattet
△△ **être ~ (somme, frais)** ausgezahlt (Betrag)/ erstattet (Kosten) werden, eine Erstattung erhalten
remboursement *m* Tilgung, Tilgungszahlung, Rückzahlung, Erstattung, Bezahlung
△ **charges de ~** *f pl* Tilgungskosten; **droit au ~** *m* Rückzahlungsanspruch; **durée du ~** *f* Tilgungsdauer; **défaillance dans le ~** *f* Nichterfüllung der Ratenverpflichtung; **échéance du ~** *f* Tilgungsfälligkeit; **envoi contre ~** *m* Nachnahmesendung; **indemnité de ~ par anticipation** *f* Vorfälligkeitsentschädigung; **prix de ~** *m* Rückzahlungspreis
△△ **procéder au ~** die Rückzahlung vornehmen
~ **anticipé** *m* vorzeitige Rückzahlung, vorzeitige Tilgung
~ **d'impôt** *m* Steuerrückzahlung, Steuererstattung
~ **d'obligations** *m* Einlösung von Obligationen
~ **d'un prêt** *m* Rückzahlung eines Darlehens
~ **d'une dette** *m* Rückzahlung/Tilgung einer Schuld
~ **d'une obligation** *m* Rückzahlung einer Obligation
~ **de capital** *m* Kapitalrückzahlung
~ **de frais** *m* Kostenerstattung, Auslagenerstattung
~ **de frais de déplacement** *m* Erstattung von Reisekosten
~ **de frais médicaux** *m* Heilkostenerstattung
~ **de frais réels sur justification** *m* Auslagenerstattung auf Grund von Belegen
~ **de la dette** *m* Rückzahlung/Tilgung der Schuld
~ **de la dette sociale (RDS)** *m* Sondersteuer zum Abbau des Sozialversicherungsdefizits
~ **de la TVA** *m* Rückerstattung der Mehrwertsteuer
~ **de sécurité sociale** *m* Sozialversicherungserstattung
~ **des frais** *m* Kostenerstattung
~ **du capital (emprunté)** *m* Kapitaltilgung
~ **du principal** *m* Kapitaltilgung, Tilgung der Schuld
~ **fiscal** *m* Steuerrückerstattung
~ **garanti** *m* garantierte Geldrückgabe
~ **par anticipation** *m* vorzeitige Rückzahlung, vorzeitige Tilgung
△ **indemnité de ~** *f* Vorfälligkeitsentschädigung
~ **partiel** *m* Teilerstattung, Teiltilgung
rembourser ***qc/qn*** zurückzahlen, zurückerstatten (*etw*)/eine Erstattung zahlen *jdm*
~ **des frais** Auslagen, Kosten erstatten
~ **intégralement** ***qc*** voll ersetzen/erstatten *etw*
~ **la dette extérieure** die Auslandsschulden zurückzahlen/tilgen
~ **par anticipation (un prêt)** vorzeitig tilgen (ein Darlehen)
~ **un emprunt** eine Anleihe tilgen
~ **un prêt** einen Kredit, ein Darlehen zurückzahlen/tilgen
~ **une dette** eine Schuld zurückzahlen/tilgen
~ **une obligation** eine Anleihe tilgen/zurückzahlen
~ **une somme (à *qn*)** einen Betrag auszahlen/erstatten (*jdm*)
remédier à ***qc*** korrigieren *etw*, Abhilfe schaffen, abhelfen einer Sache
remembrement *m* Flurbereinigung
réméré *m* Rückkauf
△ **vente a ~** *f* Verkauf mit Rückkaufsrecht
remettre ***qc*** **à** ***qn*** aushändigen, geben *jdm etw*
~ **à flot** ***qc*** wieder flottmachen *etw*
~ **à plat** ***qc*** (*fam*) erledigen *etw*
~ **en mains propres** ***qc*** persönlich übergeben *etw*
~ **une traite à l'escompte** einen Wechsel zum Diskont geben/diskontieren
remise *f* 1. Ermäßigung, Rabatt, Mengenrabatt 2. Aushändigung, Einlieferung, Vorlage

△ **taux de ~** *m* Rabattstaffel, Rabattsatz

△△ **accorder/consentir une ~ de x %** x % Rabatt gewähren; **bénéficier d'une ~** Rabatt erhalten

~ **d'une traite à l'escompte** *f* Wechseldiskontierung

~ **de chèques** *f* Scheckeinlieferung, Scheckvorlage zur Einlösung

△ **bordereau de ~** *m* Scheckeinlieferungsformular

~ **de (la) dette** *f* Schuldenerlaß

~ **de fidélité** *f* Treuerabatt

~ **de référencement** *f* Rabatt für die Aufnahme in das Sortiment

~ **documentaire** *f* „Wechsel gegen Dokumente"

~ **en marche** *f* Wiederingangsetzen

~ **sur quantité** *f* Mengenrabatt

remontée *f* 1. Anstieg, Wiederanstieg 2. Rücklauf

△ **taux de ~** *m* Rücklaufquote

~ **des cours** *f* Kurserholung

~ **du taux d'investissement** *f* Ansteigen der Investitionsrate

~ **du taux de chômage** *f* Wiederanstieg der Arbeitslosenrate

remonter wieder ansteigen

~ **à ...** zurückgehen bis/auf ..., zurückverfolgen bis ..., datieren von ...

△△ **il faut ~ à hier pour trouver ...** zum letzten Mal wurde gestern ... festgestellt

~ **en flèche** (wieder) in die Höhe schnellen

remorque *f* Anhänger, Hänger

remplacement *m* Vertretung, Ersatz, Wiederbeschaffung

△ **énergies de ~** *f pl* Ersatzenergien; **investissements de ~** *m pl* Ersatzinvestitionen; **valeur de ~** *f* Wiederbeschaffungswert

remplacer ***qc*** ersetzen *etw*

~ **la marchandise** die Ware ersetzen

remplir ***qc*** füllen, ausfüllen, erfüllen *etw*

~ **un constat amiable** einen Unfallbericht ausfüllen

~ **un formulaire** ein Formular ausfüllen

~ **une condition** eine Bedingung erfüllen

remplissage *m* Füllen, Ausfüllen, Auslastung, Belegung (z.B. bei Flugzeugen, Hotelbetten etc.)

△ **taux de ~** *m* Auslastung, Auslastungsgrad, Belegung, Kapazitätsauslastung (z.B. bei Flugzeugen, Hotelbetten etc.)

rémunérable vergütbar

△ **compte ~** *m* zinsbringendes Konto

rémunérateur, trice lohnend, einträglich

△ **placement ~** *m* einträgliche Anlage

rémunération *f* Arbeitsentgelt, Entgelt, Entlohnung, Vergütung, Bezahlung

△ **évolution des ~s** *f* Lohnentwicklung; **mode de ~** *m* Entlohnungsverfahren, Vergütungsmodus

△△ **les ~s ont été augmentées/réduites** die Löhne wurden angehoben/gesenkt

~ **annuelle** *f* Jahresverdienst

~ **d'activité** *f* Arbeitsvergütung

~ **de base** *f* Grundentlohnung

~ **du capital** *f* Kapitalverzinsung

~ **du gérant** *f* Geschäftsführergehalt

~ **en espèces** *f* Barentlohnung

~ **en nature** *f* Naturalvergütung

~ **mensuelle** *f* monatliche Vergütung

~**s salariales** *f pl* Arbeitsentgelte, Löhne

~**s salariales globales** *f pl* Gesamteinkommen aus nichtselbständiger Arbeit

rémunéré, e bezahlt, vergütet

△ **activité professionnelle ~e** *f* Erwerbstätigkeit, vergütete berufliche Tätigkeit; **compte ~** *m* zinsbringendes Konto

△△ **être ~ par une commission** eine Vergütung in Form einer Provision erhalten

rémunérer ***qc/qn*** entlohnen, bezahlen, vergüten *etw/jdn*

~ ***qn*** **par une commission** eine Vegütung in Form einer Provision zahlen *jdm*

~ **un dépôt à x pour cent** eine Einlage mit x Prozent verzinsen

renchérir teurer werden, sich verteuern

renchérissement *m* Preissteigerung, Steigerung, Teuerung, Verteuerung

~ **des prix de l'énergie** *m* Verteuerung der Energiekosten

~ **des produits pétroliers** *m* Verteuerung der Erdölprodukte

~ **du crédit** *m* Kreditverteuerung

~ **du prix du pétrole** *m* Erdölpreiserhöhung

rencontre *f* Begegnung, Treffen
~ **au sommet** *f* Gipfelkonferenz
rencontrer ***qn*** treffen *jdn*, sich treffen mit *jdm*, begegnen *jdm*
rendement *m* Ergebnis, Leistung, Rendite, Ertrag
△ **au** ~ auf Leistung, Akkord-; **différence de** ~ *f* Renditenunterschied; **gain de** ~ *m* Leistungsgewinn; **salaire au** ~ *m* Leistungslohn, Stücklohn, Akkordlohn; **taux de** ~ *m* Rendite, Effektivzinssatz, Realzinssatz, Verzinsung; **travail au** ~ *m* Akkordarbeit
~ **actuariel** *m* Anlagerendite, Effektivverzinsung, interner Zinssatz
△ **taux de** ~ **annuel** *m* jährlicher Effektivzinssatz/Realzinssatz, jährliche Rendite
~ **annuel** *m* Jahresrendite
~ **boursier** *m* Börsenertrag, Börsenrendite
~ **d'une obligation** *m* Rendite einer Anleihe
~ **déficitaire** *m* Minderertrag
~ **du capital** *m* Kapitalertrag
~ **du travail** *m* Produktivität
~ **financier** *m* Kapitalertrag, Verzinsung
~ **fiscal** *m* Steueraufkommen
~ **marginal** *m* Grenzertrag
~ **moyen** *m* durchschnittlicher Ertrag, Durchschnittsertrag
~ **net** *m* Reinertrag
~ **net de frais** *m* Nettorendite, Nettoertrag, Realverzinsung (bei Lebensversicherungsprodukten)
~ **nominal** *m* Nominalrendite
~ **positif** *m* positiver Ertrag
rendez-vous *m* Termin
△△ **décommander un** ~ einen Termin absagen; **fixer/prendre** ~ einen Termin vereinbaren/festsetzen; **reporter/repousser un** ~ einen Termin verschieben
rendre ***qc*** **(à** ***qn*****)** zurückgeben *etw* (*jdm*)
~ **la monnaie** Wechselgeld herausgeben
~ **public, que** ***qc*** bekanntgeben *etw*
~ **responsable** ***qn*** **(de** ***qc*****)** haftbar machen *jdn* (für *etw*)
~ **service à** ***qn*** nützlich sein für *jdn*, sich nützlich machen für *jdn*, einen Gefallen tun *jdm*
~ **un service à** ***qn*** einen Dienst erweisen *jdm*
~ **acquéreur de** ***qc*** **(se)** *etw* erwerben
rendu, e abgeliefert, zurückgegeben
rendu droits aquittés geliefert verzollt
~ **droits non aquittés** geliefert unverzollt
~ **ex ship** geliefert ab Schiff
~ **frontière** geliefert frei Grenze
rendus *m pl* von Kunden zurückgegebene Waren
renflouer (se) sich wieder flüssig machen, sich mit Finanzmitteln ausstatten
~ **une entreprise** ein Unternehmen sanieren
renforcement *m* Verstärkung, Intensivierung
~ **de la concurrence** *m* (Ver) Stärkung des Wettbewerbs
~ **de la fiscalité** *m* Zunahme der steuerlichen Belastung
~ **de la politique monétaire restrictive** *m* Verstärkung der restriktiven Geldpolitik
~ **des capitaux/fonds propres** *m* Erhöhung/Stärkung des Eigenkapitals
renforcer ***qc*** stärken, verstärken *etw*
~ **les capitaux/fonds propres** *m* das Eigenkapital erhöhen/stärken
~ **la concurrence** den Wettbewerb (ver) stärken
renoncer (à ***qc*****)** verzichten (auf *etw*)
~ **aux mesures de licenciement** auf Entlassungsmaßnahmen/Kündigungsmaßnahmen verzichten
~ **aux voies de recours** auf Rechtsmittel verzichten
renonciation *f* Verzicht
renouer avec ***qc*** wieder anknüpfen an *etw*
~ **avec les profits** wieder Gewinne erzielen
renouvelable erneuerbar
renouveler ***qc*** erneuern, verlängern *etw*
~ **son parc de ...** seinen Bestand an ... erneuern
~ **un contrat d'assurance** einen Versicherungsvertrag verlängern
~ **un stock** einen Vorrat erneuern, ein Lager auffüllen
renouvellement *m* Erneuerung, Ersatzbeschaffung
△ **achat de** ~ *m* Ersatzkauf; **investissement de** ~ *m* Erneuerungsinvestitionen; **marché de** ~ *m* Ersatzbeschaffungsmarkt

~ **à long terme de la gamme** *m* langfristige Erneuerung der Produktpalette
~ **de(s) stock(s)/du stock** *m* Lagererneuerung
~ **des ordres** *m* Prolongation der Aufträge
~ **des produits** *m* Produkterneuerung
rénovation *f* Renovierung
rénover *qc* renovieren *etw*
renseignement *m* Auskunft
△ **agence de ~s** *f* Auskunftei
△△ **donner/fournir des ~s** Auskünfte geben/erteilen; **demander/prendre des ~s** um Auskünfte bitten, Auskünfte einholen
renseigner *qn* **(sur** *qc***)** informieren *jdn* (über *etw*)
~ **sur** *qc/qn* **(se)** sich über *etw/jdn* informieren
~ **sur la solvabilité d'un client (se)** sich über die Bonität eines Kunden informieren
rentabilisation *f* Rentabilisierung, rentable Gestaltung, gewinnbringender Einsatz
rentabiliser *qc* rentabel/gewinnbringend einsetzen/gestalten *etw*
rentabilité *f* Ertrag, Rentabilität, Ertragslage, Wirtschaftlichkeit
△ **accroissement de la ~** Rentabilitätssteigerung; **calcul de ~** *m* Rentabilitätsrechnung, Wirtschaftlichkeitsrechnung; **degré de ~** *m* Rentabilitätsgrad; **évolution de la ~** *f* Ertragsentwicklung; **seuil de ~** *m* Break-Even-Point, Gewinnschwelle, Rentabilitätsschwelle
~ **à court/moyen/long terme** *f* kurz-/mittel-/langfristige Rentabilität
~ **d'un portefeuille** *f* Rentabilität eines Portfolios
~ **de l'entreprise** *f* Unternehmensrentabilität
~ **financière** *f* Eigenkapitalrentabilität
rentable rentabel, wirtschaftlich
△ **entreprise (non) ~** *f* (un) rentabler Betrieb; **exploitation (non) ~** *f* (un) rentabler Betrieb
rente *f* Rentenpapier, Rentenwert, Rente
~ **à durée déterminée** *f* Rente mit fester Laufzeit (bei Rentensparverträgen)
~ **d'orphelin** *f* Waisenrente
~ **du conjoint survivant** *f* Witwenrente, Witwerrente
~ **perpétuelle** *f* ewige Anleihe
~ **viagère** *f* Leibrente
~ **viagère différée** *f* „aufgeschobene" Leibrente
~ **viagère immédiate** *f* sofort beginnende Leibrente
rentrée *f* Eingang, Zufluß, Einnahme
~s budgétaires *fpl* Staatseinnahmen
~s de capitaux *fpl* Kapitalimport, Kapitalzuflüsse
~s de devises *fpl* Deviseneingänge
~s de fonds *fpl* Geldeingänge
~s de l'Etat *fpl* Staatseinnahmen
~s de TVA *fpl* Mehrwertsteuereinnahmen
~s en devises *fpl* Deviseneinnahmen, Devisenzuflüsse
~s et sorties d'argent *fpl* Geldein- und -ausgänge
~s fiscales *fpl* Steuereinnahmen
rentrer *qc* hereinholen *etw*
△△ **faire ~ une créance** eine Forderung eintreiben
~ **dans ses frais** die Kosten wieder hereinbekommen, auf seine Kosten kommen
renversement *m* Wende, Umschlagen, Umschwung
~ **de tendance** *m* Tendenzwende, Tendenzumschlag, Tendenzumschwung, Trendwende, Richtungswechsel
renverser *qc* umstoßen, umwerfen *etw*
~ **la tendance** die Tendenz umkehren
renvoi *m* Zurücksendung, Entlassung
renvoyer *qc* zurücksenden *etw*
~ *qn***/un employé/un ouvrier** entlassen *jdn*/einen Mitarbeiter/Arbeiter
réorganisation *f* Umstrukturierung, Umgestaltung, Reorganisation
réorganiser *qc* umstrukturieren, umgestalten, reorganisieren *etw*
réparateur *m* Instandsetzer
réparation *f* Reparatur, Behebung, Wiedergutmachung
△ **dépenses d'entretien et menues ~s** *fpl* Ausgaben für den laufenden Unterhalt und kleinere Reparaturen
~ **d'un dommage/préjudice** *f* Wiedergutmachung eines Schadens
△△ **demander ~** Wiedergutmachung des erlittenen Schadens fordern/verlangen

réparer *qc* reparieren, wiedergutmachen *etw*
~ **les dégâts** den Schaden beheben, reparieren
~ **un dommage** einen Schaden wiedergutmachen
réparti, e verteilt, aufgeteilt, ausgeschüttet
△△ **bénéfice ~** *m* ausgeschütteter/verteilter Gewinn; **largement ~ dans le public (actions)** in Streubesitz befindlich (Aktien)
répartir *qc* verteilen, aufteilen, ausschütten *etw*
~ **les bénéfices** die Gewinne verteilen/ausschütten
~ **les risques** die Risiken verteilen/streuen
~ *qc* **(se)** sich *etw* aufteilen
~ **le marché (se)** sich den Markt aufteilen
répartition *f* Verteilung, Streuung, Ausschüttung, Aufteilung
△ **feuille de ~ des charges** *f* Betriebsabrechnunsbogen; **mode de ~** *m* Verteilungsmodus
~ **dans le public** *f* Marktstreuung
~ **de la population active au sein des différents secteurs économiques** *f* Verteilung der Erwerbsbevölkerung auf die einzelnen Wirtschaftssektoren
~ **des bénéfices** *f* Gewinnverteilung, Gewinnaufteilung, Gewinnausschüttung
~ **des DTS (droits de tirage spéciaux)** *f* Verteilung der SZR (Sonderziehungsrechte)
~ **des marchés** *f* Marktaufteilung
~ **des parts** *f* Aufteilung der Gesellschaftsanteile
~ **des risques** *f* Risikoverteilung, Risikostreuung
~ **des revenus** *f* Einkommensverteilung
~ **des tâches** *f* Aufgabenverteilung
~ **du capital** *f* Kapitalaufteilung, Kapitalverteilung
~ **du revenu national** *f* Verteilung des Volkseinkommens
~ **du risque** *f* Risikoverteilung, Risikostreuung
~ **plus égalitaire** *f* gerechtere Verteilung
~ **proportionelle** *f* proportionale Aufteilung/Verteilung

repasser le seuil des x millions erneut die x-Millionen-Grenze/Schwelle überschreiten
repasser sous la barre des x % erneut unter die x %-Grenze/Schwelle fallen
repérage *m* Standortbestimmung
répercussion *f* Auswirkung, Überwälzung, Weitergabe, Umlegung
~ **d'un impôt** *f* Überwälzung/Abwälzung einer Steuer
répercuter *qc* **sur** *qc/qn* überwälzen, abwälzen, umlegen *etw* auf *etw/jdn*
~ **la TVA (sur le prix de vente)** die MwSt (auf den Verkaufspreis) abwälzen
~ **un impôt sur** *qn* eine Steuer abwälzen/überwälzen auf *jdn*
~ **une hausse/réduction sur** *qc/qn* eine Erhöhung/Ermäßigung abwälzen/überwälzen auf *jdn*/weitergeben an *jdn*
répertoire *m* Repertoire, Verzeichnis
~ **des métiers** *m* Handwerksrolle
répertorier *qc* auflisten, aufzählen *etw*, aufnehmen *etw*
repli *m* Rückgang, Kursrutsch
~ **d'une monnaie** *m* Kursrückgang einer Währung
~ **de l'excédent des services** *m* Rückgang des Dienstleitungsüberschusses, Rückgang des Überschusses der Dienstleistungsbilanz
~ **des cours** *m* Kursrückgang, Kursrutsch
~ **du chômage** *m* Rückgang der Arbeitslosigkeit
répondeur *m* Anrufbeantworter
répondre (à *qc***)** antworten (auf *etw*), genügen/entsprechen (einer Sache)
~ **à la demande** die Nachfrage befriedigen, der Nachfrage nachkommen
~ **à un impératif** einer Forderung nachkommen
~ **de** *qc* haften für (*etw*)
~ **d'un dommage** für einen Schaden haften
~ **juridiquement et financièrement de** *qc* für *etw* haften, rechtlich und finanziell für *etw* einstehen
réponse *f* Antwort
△ **carte-~** *f* Antwortkarte; **coupon-~ (international)** *m* (internationaler) Antwortschein; **droit de ~** *m* Recht auf Erwiderung; **sans ~** unbeantwortet

~ **de(s) prime(s)** *f* Prämienerklärung
△ **cours de ~** *m* Tageskurs
report *m* Reportgeschäft, Prolongation, Übertrag
△ **taux de ~** *m* Zins bei Reportgeschäften
△△ **investir en ~** ein Reportgeschäft abschließen
~ **à nouveau** *m* Vortrag
~ **au pair** *m* glatte Prolongierung
~ **d'échéance** *m* Zahlungsaufschub, Nachfrist(setzung)
~ **de position** *m* Prolongierung des Engagements
~ **du solde** *m* Saldovortrag
~ **en arrière de déficit** *m* Verlustrücktrag
reporter *qc* verschieben, übertragen, vortragen, rücktragen *etw*
△ **bénéfice reporté** *m* vorgetragener Gewinn, Gewinnvortrag; **montant reporté** *m* Übertrag
△△ **faire ~ sa position** sein Engagement prolongieren
~ **à nouveau** *qc* vortragen *etw*
~ **à une date ultérieure** *qc* auf einen späteren Termin verschieben *etw*
~ **la cotation** die Notierung aufschieben
~ **un rendez-vous** einen Termin verschieben
repos *m* Ruhe, Freizeit, arbeitsfreie Zeit
△ **maison de ~** *f* Erholungsheim, Sanatorium, Altersheim; **temps de ~** *m* Ruhezeit, Freizeit
~ **compensateur** *m* Freizeitausgleich (zum Abfeiern von Überstunden)
repousser *qc* 1. verschieben *etw* 2. zurückweisen *etw*
~ **un rendez-vous** einen Termin verschieben
reprendre (*qc*) wiederaufnehmen (*etw*), zurücknehmen (*etw*), wieder anziehen, steigen, aufkaufen
△△ **l'investissement reprend/les investissements reprennent** die Investitionen steigen/ziehen an
~ **la cotation** die Notierung wieder aufnehmen
~ **le travail** die Arbeit wiederaufnehmen
~ **un article** einen Artikel zurücknehmen
~ **un objectif** sich ein Ziel zu eigen machen
~ **une entreprise** ein Unternehmen übernehmen/aufkaufen
repreneur (d'une entreprise) *m* Erwerber, Übernehmer, Käufer, Aufkäufer (eines Unternehmens)
représailles *f pl* Sanktionen, Repressalien
~ **commerciales** *f pl* Handelssanktionen, Wirtschaftssanktionen
représentant *m* Vertreter
△ **Voyageur ~ Placier (VRP)** *m* Handelsvertreter mit besonderem Rechtsstatus
~ **d'assurance** *m* Versicherungvertreter
~ **de commerce** *m* Handelsvertreter
~ **des salariés** *m* Arbeitnehmervertreter
~ **du patronat** *m* Arbeitgebervertreter
~ **fiscal** *m* Steuervertreter
~ **légal** *m* gesetzlicher Vertreter
~ **multicarte** *m* Handelsreisender, der mehrere Firmen vertritt
~ **permanent** *m* ständiger Vertreter
~ **régional** *m* Gebietsvertreter
~ **salarié** *m* fest angestellter Vertreter
représentatif, ve repräsentativ
△ **choix ~** *m* repräsentative Auswahl; **échantillon~** *m* repräsentative Stichprobe
représentation *f* Darstellung, Darbietung, Vertretung, Repräsentation
△ **frais de ~** *m pl* Repräsentationsaufwendungen
~ **au tiers** *f* Drittelparität
~ **des intérêts professionnels** *f* berufliche Interessenvertretung
~ **des salariés/du personnel** *f* Personalvertretung, Arbeitnehmervertretung
~ **exclusive** *f* Alleinvertretung
~ **légale** *f* gesetzliche Stellvertretung, gesetzliche Vertretung, gesetzliche Vertretungsmacht
~ **proportionnelle** *f* Verhältniswahlrecht
~ **sous forme de matrice** *f* Matrixdarstellung
représenté, e par *qn* vertreten durch *jdn*
△△ **être ~ chacun pour moitié** je zur Hälfte vertreten sein
représenter *qc/qn* darstellen, vertreten, repräsentieren *etw/jdn*
~ **x % de** *qc* x % von *etw* ausmachen
répression *f* Ahndung, Bekämpfung

~ **d'infractions** *f* Ahndung von Verstößen
reprise *f* 1. Aufschwung, Erholung, Konjunkturbelebung, Konjunkturaufschwung, Wiederbelebung, Wiederaufschwung 2. Übernahme (eines Unternehmens) 3. Rücknahme
△ **engagement de ~** *m* Rücknahmeverpflichtung
△△ **on observe une ~ de l'activité économique** es ist eine wirtschaftliche Erholung festzustellen
~ **à/de la Bourse** *f* Belebung an der/der Börse
~ **boursière** *f* Belebung an der/der Börse
~ **conjoncturelle** *f* Konjunkturbelebung
~ **d'un commerce** *f* Geschäftsübernahme
~ **d'une affaire** *f* Geschäftsübernahme
~ **de cotation** *f* Wiederaufnahme der Notierung
~ **de faible ampleur** *f* schwache Wiederbelebung
~ **de l'activité économique** *f* Wiederbelebung der Wirtschaft, wirtschaftliche Erholung, Aufschwung
~ **de l'embauche/de l'emploi** *f* Zunahme der Beschäftigung
~ **de l'entreprise par les salariés** *f* Übernahme des Unternehmens durch die Beschäftigten
~ **de l'inflation** *f* Wiederaufflammen der Inflation
~ **de l'investissement** *f* Anziehen der Investitionen
~ **de la consommation** *f* Ansteigen des Verbrauchs
~ **de la consommation des ménages** *f* Ansteigen des privaten Verbrauchs
~ **des affaires** *f* Wiederankurbelung der Geschäfte
~ **des cours** *m* Kurserholung
~ **des investissements** *f* Anziehen der Investitionen, Belebung der Investitionstätigkeit
~ **économique** *f* Wiederbelebung der Wirtschaft, wirtschaftliche Erholung
~ **molle** *f* schwache Wiederbelebung
~ **soutenue** *f* anhaltender Aufschwung
~ **sur le marché** *f* Markterholung
~ **technique (de la Bourse)** *f* technische Erholung (der Börse), technisch bedingte Erholung (der Börse)
reprivatisation *f* Reprivatisierung
reprivatiser *qc* reprivatisieren, wieder privatisieren *etw*
~ **une entreprise** ein Unternehmen reprivatisieren/wieder privatisieren
réprobation *f* Mißbilligung
reproduire qc wiederholen *etw*
~ **(se)** sich wiederholen, wieder auftreten, wieder vorkommen
répugnance à *qc/qn* *f* Abneigung gegen *etw/jdn*
requérir *qc* beantragen *etw*
requis, e erforderlich
réquisition *f* Requirierung, Beschlagnahmung, Dienstverpflichtung (z.B. bei Streik)
réquisitoire *m* Plädoyer
réseau *m* Netz, Vetriebsnetz
△ **banque de données en ~** *f* Netzwerkdatenbank
~ **aérien** *m* Streckennetz, Flugliniennetz
~ **autoroutier** *m* Autobahnnetz
~ **bancaire** *m* Bankennetz
~ **commercial** *m* Vertriebsnetz
~ **d'interconnexion** *m* Verbundnetz
~ **de concessionnaires** *m* Vertragshändlernetz
~ **de distribution** *m* Vertriebsnetz
~ **de succursales** *m* Filialnetz
~ **de télécommunications** *m* Fernmeldenetz
~ **de téléinformatique** *m* Datenübertragungsnetz
~ **de vente** *m* Vertriebsnetz
~ **de voies de communication** *m* Verkehrsnetz
~ **de voies navigables** *m* Wasserstraßennetz
~ **de voies navigables intérieures** *m* Binnenschiffahrtswege
~ **des chemins de fer** *m* Eisenbahnnetz
~ **ferroviaire** *m* Schienennetz
~ **interurbain** *m* Fernverbindungsnetz
~ **routier** *m* Straßennetz
~ **téléphonique** *m* Telefonnetz
~ **télétel** *m* Teletel-Netz
réserve (souvent au *pluriel*) ***f*** Reserve, Rücklage, Vorrat, Vorbehalt, Vermerk (z.B. über Beschädigung einer Ware)
△ **affectation aux ~s** *f* Zuführung zu Rücklagen; **autres ~s** *f pl* sonstige Rücklagen; **fonds de ~** *m* Instandset-

zungsrücklage; **instrument de ~** *m* Wertaufbewahrungsmittel; **mise en ~** *f* Rücklagenbildung; **sous (toutes) ~(s)** unter Vorbehalt, ohne Gewähr
△△ **affecter une somme aux ~s** einen Betrag den Rücklagen zuführen; **constituer des ~s** Rücklagen bilden; **détenir des ~s** Rücklagen halten; **diversifier ses ~s** seine Rücklagen diversifizieren; **formuler des ~s sur le bon de réception** Vorbehalte auf dem Lieferschein/der Empfangsbestätigung vermerken
~s contractuelles *fpl* vertragliche Rücklagen
~s d'hydrocarbures *fpl* Erdöl- und Erdgasvorräte
△ **épuisement des ~** *m* Erschöpfung der Erdöl- und Erdgasvorräte
~s d'or *fpl* Goldreserven
~s de change *fpl* Devisenreserven
~ de crédit *f* Kreditreserve
~ de liquidités *f* Liquiditätsreserve
~s de pétrole *fpl* Ölvorräte, Ölreserven, Erdölvorräte, Erdölreserven
~ de propriété *f* Eigentumsvorbehalt
~s en charbon *fpl* Kohlenvorrat
~s en devises *fpl* Währungsreserven
~s facultatives *fpl* freie Rücklagen, freiwillige Rücklagen
~s financières *fpl* Finanzreserven
~s inscrites au bilan *fpl* offene Rücklagen
~s internationales *fpl* internationale Vorräte
~s légales *fpl* gesetzliche Rücklagen
~s libres *fpl* freie Rücklagen
~s mondiales prouvées *fpl* nachgewiesene Weltreserven
~s monétaires *fpl* Währungsreserven
~ naturelle *f* Naturschutzgebiet
~s obligatoires *fpl* Mindestreserven
△ **coefficient de ~** *m* Mindestreservesatz; **politique des ~** *f* Mindestreservenpolitik; **taux des ~** *m* Mindestreservesatz
~s occultes *fpl* stille Rücklagen
~s pour risques en cours *fpl* Rücklagen für laufende Risiken
~s probables *fpl* mögliche Vorräte/Reserven
~s prouvées *fpl* nachgewiesene Vorräte/Reserven
~s réglementaires *fpl* vorgeschriebene Rücklagen
~s statutaires *fpl* statutarische Rücklagen, satzungsmäßige Rücklagen
~s sur les dépôts des établissements *fpl* Reservesatz auf Bankeinlagen
~s techniques *fpl* technische Rücklagen
réserver (*qc*) reservieren (*etw*)
~ *qc*/de faire *qc* (se) sich vorbehalten *etw/etw* zu tun
~ le droit de faire *qc* (se) sich das Recht vorbehalten, *etw* zu tun
résidence *f* Wohnung, Wohnort, Aufenthalt
△ **certificat de ~** *m* Aufenthaltsbescheinigung; **lieu de ~** *m* Wohnort
~ campagnarde *f* Landsitz
~ fiscale *f* Steuerwohnsitz
~ permanente *f* ständiger Wohnsitz
~ principale *f* Erstwohnsitz, Hauptwohnsitz, Hauptwohnung
~ secondaire *f* Zweitwohnung, Zweitwohnsitz, Ferienhaus
résident *m* Deviseninländer, Inländer, Gebietsansässiger, Bewohner
△ **compte non-~** *m* Ausländerkonto, Gebietsfremdenkonto; **compte ~** *m* Inländerkonto; **non-~** *m* Nicht-Gebietsansässiger, Devisenausländer, Ausländer, Gebietsfremder
résident, e inländisch, gebietsansässig
△ **non ~** gebietsfremd, nicht gebietsansässig; **unité non ~e** *f* nicht gebietsansässige Wirtschaftseinheit; **unité ~e** *f* Gebietsansässiger, Inländer, gebietsansässige Wirtschaftseinheit
résidentiel, le Wohn-
△ **construction ~le** *f* Wohnungsbau; **quartier ~** *m* Wohngebiet
résider wohnen, seinen Wohnsitz haben
résidu *m* Rückstand
résiduel, le Rest-
△ **chômage ~** Restarbeitslosigkeit; **valeur ~le** *f* Restwert
résidus *m pl* Rückstände
résiliable auflösbar, kündbar
résiliation *f* Kündigung, Aufkündigung, Aufhebung, Auflösung
~ annuelle *f* jährliche Kündigung (z.B. Versicherung)
~ arbitraire *f* willkürliche Kündigung
~ d'un/du contrat (d'assurance) *f* Kün-

digung, Vertragskündigung, Aufkündigung, Aufhebung, Auflösung eines (Versicherungs) Vertrages
△ **préavis de ~** *m* Kündigungsfrist
résilier un contrat (d'assurance) auflösen/kündigen einen (Versicherungs) Vertrag
résistance à *qc* *f* Widerstandsfähigkeit gegen *etw*
résistant, e widerstandsfähig
△△ **le cours est ~** der Kurs ist widerstandsfähig
~ **à** *qc* widerstandsfähig gegen *etw*, -fest, -beständig
~ **à l'eau** wasserfest
~ **aux chocs** stoßfest
résister (à *qc/qn***)** widerstehen (*etw/jdm*), sich zur Wehr setzen (gegen *etw/jdn*)
~ **à une OPA** sich gegen ein Übernahmeangebot erfolgreich zur Wehr setzen
résolu, e *f* entschlossen
résolution *f* Lösung, Entschließung, Auflösung
~ **d'un contrat (de vente)** *f* Auflösung eines (Kauf) Vertrages
~ **d'un litige** *f* Beilegung eines Streites
résolutoire Auflösungs-, Rücktritts-
△ **action ~** *f* Auflösungsklage; **clause ~** *f* Rücktrittsklausel
résorber *qc* aufsaugen, abschöpfen, abbauen *etw*
~ **le chômage** die Arbeitslosigkeit abbauen
~ **un déficit** ein Defizit abbauen
résorption *f* Aufsaugen, Abschöpfung, Abbau
~ **du chômage** *f* Abbau der Arbeitslosigkeit
résoudre *qc* lösen *etw*
~ **un problème** ein Problem lösen
respect de *qc* *m* Beachtung, Erfüllung, Einhaltung von *etw*
~ **d'un contrat** *m* Vertragserfüllung
~ **des délais** *m* Termineinhaltung
respecter *qc* beachten, respektieren, einhalten *etw*
~ **l'environnement** umweltverträglich sein, die Umwelt schonen
~ **les quotas** die Quoten einhalten
~ **un calendrier** einen Zeitplan einhalten
~ **un délai** eine Frist einhalten, einen Termin einhalten
respectif, ve jeweilig
respectivement beziehungsweise
respectueux, euse de ... ...-verträglich, ...-freundlich
responsabilité *f* 1. Haftung, Verantwortung, Verantwortlichkeit 2. Schuld (z.B. Unfall)
△ **reconnaissance de ~** *f* Schuldanerkenntnis; **société à ~ limitée (SARL)** *f* Gesellschaft mit beschränkter Haftung (GmbH); **sous sa propre ~** in eigener Verantwortung
△△ **assumer la ~ de** *qc* die Verantwortung übernehmen für *etw*; **décliner la/toute ~** die/jede Verantwortung ablehnen; **engager sa ~** die Verantwortung übernehmen, haften; **la ~ des décisions relève de ...** die Entscheidungsgewalt liegt bei ...
~ **civile** *f* Haftung, Haftpflicht, Privathaftpflicht
△ **assurance (de) ~** *f* Haftpflichtversicherung; **garantie (de) ~** *f* Haftpflichtschutz, Haftpflichtversicherung(sschutz)
~ **contractuelle** *f* Vertragshaftung, vertragliche Haftung
~ **ducroire** *f* Delkrederehaftung
~ **illimitée** *f* unbegrenzte/unbeschränkte Haftung
~ **juridique** *f* juristische Verantwortlichkeit
~ **indéterminée** *f* unbegrenzte/unbeschränkte Haftung
~ **limitée** *f* begrenzte/beschränkte Haftung
~ **pénale** *f* strafrechtliche Verantwortlichkeit
~ **personnelle** *f* persönliche Verantwortung
~ **solidaire** *f* gesamtschuldnerische Haftung
~ **ultime des décisions** *f* letzte Entscheidungsgewalt
responsable *m* 1. Verantwortlicher, Schuldiger 2. Leiter
responsable (de *qc***)** verantwortlich (für *etw*), schuld (an *etw*), haftbar (für *etw*)
△ **civilement ~ de** *qc* zivilrechtlich haftpflichtig/haftbar für *etw*; **indéfiniment ~ de** *qc* unbegrenzt/unbeschränkt haftbar für *etw*

△△ **être civilement ~ de** *qc* zivilrechtlich haften/haftbar sein für *etw*; **être indéfiniment ~ de** *qc* unbegrenzt/unbeschränkt haften für *etw*; **être ~ (des dettes)** haften (für die Schulden); **être ~ à concurrence/dans la limite de son apport de** *qc* in der Höhe seiner Einlage haften für *etw*; **être ~ de façon illimitée de** *qc* unbegrenzt/unbeschränkt haften für *etw*; **être personnellement et solidairement ~ de** *qc* persönlich und gesamtschuldnerisch haften für *etw*; **être ~ sur ses biens personnels de** *qc* mit seinem persönlichen Vermögen haften für *etw*; **n'être ~ qu'à concurrence/que dans la limite de son apport** nur in der Höhe seiner Einlage haften

~ à concurrence de son apport de *qc* in der Höhe seiner Einlage haftbar für *etw*

△△ **n'être responsable qu'à concurrence de son apport** nur in der Höhe seiner Einlage haften

~ d'un accident schuld an einem Unfall

~ dans la limite de son apport de *qc* in der Höhe seiner Einlage haftbar für *etw*

△△ **n'être responsable que dans la limite de son apport** nur in der Höhe seiner Einlage haften

~ de façon illimitée de *qc* unbegrenzt/unbeschränkt haftbar für *etw*

△△ **être ~** unbegrenzt/unbeschränkt haften für *etw*

~ des dettes haftbar für die Schulden

~ personnellement et solidairement de *qc* persönlich und gesamtschuldnerisch haftbar für *etw*

△△ **être ~** persönlich und gesamtschuldnerisch haften für *etw*

~ sur ses biens personnels de *qc* mit seinem persönlichen Vermögen haftbar für *etw*

△△ **être ~** mit seinem persönlichen Vermögen haften für *etw*

ressaisir (se) sich (wieder) fangen, anziehen (Börsenkurse)

ressentir *qc*, **un besoin** verspüren *etw*, ein Bedürfnis

resserrement *m* Beschränkung, Verknappung, Verschärfung, Verringerung

~ de la masse monétaire *m* Verringerung der Geldmenge

resserrer *qc* anziehen, verschärfen *etw*

~ la rigueur die Sparpolitik/Austerity-Politik verschärfen

~ le crédit die Kreditaufnahme erschweren

~ (se) sich verringern

ressort *m* Zuständigkeit, Kompetenz, Fachgebiet

ressortir de *qc* hervorgehen/sich ergeben aus *etw*

ressortir de *qn* der Zuständigkeit unterliegen von *jdm*

ressortissant *m* Staatsangehöriger, Staatsbürger

ressource (souvent au *pluriel*) *f* Ressource, Quelle, Mittelherkunft (bei Bewegungsbilanz), Einkünfte

△ **allocation optimale de ~s** *f* optimale Allokation von Ressourcen; **garantie de ~s** *f* Einkommensgarantie; **sans ~s** mittellos

~s à court terme *f pl* kurzfristige Geldmittel

~s brutes de l'Etat *f pl* Bruttoeinnahmen des Staates

~s budgétaires *f pl* Haushaltsmittel

~s d'autofinancement *f pl* Selbstfinanzierungsmittel

~ d'emprunt *f* Kreditquelle

~s de financement *f pl* Finanzierungsquelle(n)

~s disponibles *f pl* verfügbare Ressourcen

~s en énergie/énergétiques *f pl* Energiequellen, Energiereserven

~s en main-d'oeuvre *f pl* Arbeitskräftepotential

~s financières *f pl* Finanzquellen, Finanzmittel

~s fiscales *f pl* Steueraufkommen

~s humaines (RH) *f pl* Personalabteilung, Personalwesen, Personalführung, Personalmanagement, Humanressourcen, Humankapital

△ **investissement dans les ~** *m* Ausbildungsinvestition, Humankapitalinvestition

~s inépuisables *f pl* unerschöpfliche Vorräte

~s matérielles *f pl* materielle Ressourcen

~s monétaires *f pl* Geldmittel

~s naturelles *f pl* natürliche Ressourcen

△ **exploitation des ~** *f* Ausbeutung der natürlichen Ressourcen
~s non fiscales *fpl* nichtfiskalische Einnahmen
~s productives *fpl* Produkionsvermögen
~s propres *fpl* eigene Mittel
~s rares *fpl* knappe Ressourcen
restauration *f* 1. Restauration, Gaststättengewerbe 2. Wiederherstellung
~ **collective/de collectivé(s)** *f* Kantinen, Kantinenbetriebe
reste du monde *m* Rest der Welt (Volkswirtschaftliche Gesamtrechnung)
rester bleiben
~ **en ligne** am Apparat bleiben
~ **en magasin** liegen bleiben, nicht verkauft werden, auf Lager bleiben
~ **en souffrance** nicht erledigt sein, nicht abgeschlossen sein, nicht abgeholt werden, überfällig sein, unzustellbar sein
~ **impayé, e** unbezahlt bleiben/sein, noch offen stehen
~ **improductif, ve** brachliegend, unproduktiv
~ **la propriété de *qn*** Eigentum von *jdm* bleiben
~ **sur les rails** in der Bahn bleiben, nicht von seiner Bahn abweichen
~ **sur sa faim** nicht auf seine Kosten kommen, leer ausgehen
△△ **ne pas ~** *etw* geboten bekommen, auf seine Kosten kommen
restituer *qc* zurückzahlen, erstatten, zurückerstatten, zurückgeben *etw*
restitution *f* Erstattung, Rückzahlung, Rückerstattung, Rückgabe
~ **d'impôt** *f* Steuerrückerstattung, Steuerrückzahlung
~ **de la TVA** *f* Mehrwertsteuer(rück)erstattung
△ **demande de ~** *f* Antrag auf Mehrwertsteuer(rück)erstattung
~ **de l'excédent de versement** *f* Steuerrückerstattung
~ **du trop-perçu** *f* Steuerrückerstattung
~ **immédiate** *f* sofortige Erstattung/ Rückgabe
restockage *m* Neubevorratung, Wiederauffüllen der Lager
restreindre *qc* verringern, einschränken, begrenzen *etw*
~ **la production** die Produktion drosseln/ verringern/begrenzen
restrictif, ve restriktiv
△ **clause ~ve** *f* einschränkende Klausel
restriction (le plus souvent au *pluriel*) *f* Beschränkung, Restriktion
~ **au commerce** *f* Handelsbeschränkung
~s budgétaires *fpl* Haushaltskürzungen
~s de change *fpl* Devisenrestriktionen
~s de crédit *fpl* Kreditbeschränkungen, Kreditrestriktionen
~s en volume *fpl* Mengenbeschränkung
~s quantitatives *fpl* mengenmässige Beschränkungen
restructuration *f* Umstrukturierung (smaßnahme), Restrukturierung
△ **aide à la ~** *f* Umstrukturierungshilfe; **effort de ~** *m* Umstrukturierungsbemühungen; **industrie en ~** *f* Industrie im Umbruch, in der Umstrukturierung; **plan de ~** *m* Umstrukturierungsplan; **série de ~s** *f* Reihe von Umstrukturierungsmaßnahmen
~ **de la dette** *f* Umschuldung
~ **du patrimoine** *f* Vermögensumschichtung
restructurer *qc* umstrukturieren *etw*
~ **l'économie** die Wirtschaft umstrukturieren
résultat *m* Erfolg, Ergebnis, Resultat, Geschäftsergebnis, Betriebsergebnis, Gewinn
△ **affectation des ~s** *f* Verwendung des Jahresergebnisses; **compte de ~** *m* Erfolgsrechnung, Gewinn- und Verlustrechnung, Ergebnisrechnung; **exploitation d'un ~** *f* Auswertung eines Ergebnisses
△△ **enregistrer un ~** ein Ergebnis verzeichnen; **établir le compte de ~** die Gewinn- und Verlusrechnung/Erfolgsrechnung erstellen
~ **bénéficiaire** *m* Gewinn, Bilanzgewinn
~ **brut** *m* Rohergebnis, Bruttoergebnis
~ **commercial** *m* Geschäftsergebnis
~ **comptable** *m* buchhalterisches Ergebnis
~ **courant** *m* laufendes Ergebnis, Betriebsergebnis
~ **d'exploitation** *m* Betriebsergebnis

~ **de gestion** *m* Betriebsergebnis
~ **de l'exercice** *m* Jahresergebnis
~ **de la production** *m* Produktionsergebnis
~ **de/du sondage** *m* Umfrageergebnis
~ **déficitaire** *m* negatives Ergebnis, Ertragsausfall
~**s économiques** *m pl* wirtschaftliche Ergebnisse
~ **exceptionnel** *m* außerordentliches Ergebnis
~ **financier** *m* Finanzertrag
△ **affaiblissement du ~** *m* Rückgang des Finanzertrags
~ **fiscal** *m* steuerliches Ergebnis
~ **global** *m* Gesamtergebnis
~ **net** *m* Nettoergebnis
~ **net annuel** *m* Jahresnettoergebnis
~ **net comptable** *m* buchhalterisches Nettoergebnis
~ **net d'exploitation** *m* Nettobetriebsergebnis, bereinigter Gewinn
~**s prévisionnels** *m pl* Planzahlen
~ **quantitatif** *m* quantitatives Ergebnis
résulter de *qc* kommen von *etw*
résumé *m* Zusammenfassung
rétablir *qc* wiederherstellen *etw*
~ **(se)** gesunden, genesen, sich erholen, sich verbessern
rétablissement *m* Wiederherstellung, Gesundung, Verbesserung
~ **de la balance** *m* Verbesserung der Bilanz
~ **économique** *m* wirtschaftliche Erholung
retard *m* Verspätung, Verzögerung, Rückstand, Verzug
△ **en ~** verspätet; **intérêt de ~** *m* Verzugszins
△△ **être en ~** verspätet sein, einen Rückstand haben; **prendre du ~** in Rückstand geraten; **rattraper un ~** einen Rückstand aufholen
~ **de livraison** *m* Lieferungsverzögerung, Lieferungsverzug, Lieferverzug
~ **de paiement** *m* Zahlungsverzug, Zahlungsrückstand
~ **des investissements** *m* Investitionsrückstand
~ **fautif** *m* schuldhafter Verzug
~ **technologique** *m* technologischer Rückstand
retardataire säumig
retardé, e verspätet
retarder *qc* hinauszögern *etw*
retenir *qc* (ein)behalten, ermitteln, (aus)wählen *etw*
~ **l'attention de** *qn* die Aufmerksamkeit wecken von *jdm*
~ **l'impôt** die Steuer einbehalten
~ **l'inflation** die Inflation bremsen
~ **un certain nombre de ...** eine bestimmte Zahl von ... auswählen
~ **un impôt (à la source)** eine Steuer (an der Quelle) einbehalten
~ **une solution** sich für eine Lösung entscheiden, eine Lösung wählen
rétention *f* Zurückbehaltung
△ **droit de ~** *m* Zurückbehaltungsrecht
retenu, e einbehalten, zurückbehalten, festgehalten, ausgewählt
△△ **être ~ par la charte** in die Charta eingehen
retenue *f* Einbehaltung, Abzug, Zurückhaltung
~ **à la source** *f* Einbehaltung an der Quelle, Quellensteuerabzug, Quellenabzug, Abzug an der Quelle, Quellensteuer
△ **introduction de la ~** *f* Einführung der Quellensteuer
△△ **instaurer une ~ sur** eine Quellensteuer einführen; **la ~ peut être opérée par des personnes morales** die Einbehaltung der Quellensteuer kann durch juristische Personen erfolgen; **pratiquer la ~** eine Quellensteuer erheben
~ **à la source applicable aux intérêts** *f* Quellensteuer auf Zinserträge
~ **à la source sur les intérêts du capital** *f* Quellensteuer auf Kapitalerträge
~ **à la source sur les revenus de/des capitaux** *f* Quellensteuer auf Kapitalerträge
~**s pour retraite** *m pl* Rentenversicherungsabzüge
~**s pour temps d'absence** *f pl* Abzüge wegen Fehlzeiten
~**s sur salaire** *f pl* Lohnabzüge
~**s sur traitement** *f pl* Gehaltsabzüge
retirer *qc* herausnehmen, zurückziehen, abheben, wegnehmen
~ **de l'argent/des fonds** Geld(er) abheben
~ **de la circulation** *qc* aus dem Verkehr ziehen, aus dem Umlauf nehmen *etw*

~ **du commerce/marché (un article/un produit)** aus dem Handel/vom Markt nehmen (einen Artikel/ein Produkt)
~ **un dépôt** eine Einlage zurückziehen
~ **de ... (se)** sich zurückziehen aus ...
retombées *f pl* Auswirkungen, Niederschlag
retomber à ... zurückfallen auf ...
~ **à son plus bas niveau (historique)** seinen/ihren (historischen) Tiefststand erreichen, auf seinen/ihren (historischen) Tiefststand sinken/fallen
rétorquer (*qc* à *qn*) erwidern (*jdm etw*)
rétorsion *f* Vergeltung
△ **mesure de ~** *f* Vergeltungsmaßnahme
retour *m* Rückkehr, Rückgabe, Rücksendung
△ **cargaison de ~** *f* Rückfracht; **fret de ~** *m* Rückfracht; **par ~ du courier** postwendend, umgehend
~ **à *qc*** *m* Rückkehr zu *etw*
~ **à la convertibilité monétaire** *m* Rückkehr zur freien Währungskonvertierbarkeit
~ **d'impayé** *m* Rücksendung eines nicht eingelösten Wechsels
retournement *m* Umschwung, Wende *(häufig negativ)*
△ **point de ~ (du cycle)** *m* Wendepunkt (im Konjunkturzyklus)
~ **de (la) conjoncture** *m* Konjunkturrückgang
~ **de la situation économique** *m* Verschlechterung der Wirtschaftslage, Konjunkturrückgang
~ **sur le prix** *m* (starke) Preisveränderung
retourner (se) sich umkehren
△△ **la tendance du marché se retourne** die Markttendenz kehrt sich um; **le marché se retourne** auf dem Markt tritt eine Tendenzwende ein
~ **contre *qn* (se)** sich wenden gegen *jdn*, Ansprüche erheben gegen *jdn*
rétraction *f* Widerruf, Zurücknahme, Zurückziehen, Zurücktreten, Abstandnahme
△ **droit de ~ (de l'acceptation)** *m* Widerrufsrecht, Rücktrittsrecht
rétracter *qc* widerrufen, zurücknehmen *etw*
rétracter (se) widerrufen *etw*, eine Aussage zurücknehmen
retrait *m* Abheben, Abhebung, Rückzug, Entzug
△ **borderau de ~** *m* Auszahlungsschein; **chèque de ~** *m* Auszahlungsschein
△△ **effectuer un ~** eine Abhebung vornehmen, Geld abheben
~ **d'argent** *m* Abhebung von Geld
~ **d'argent liquide** *m* Abheben von Bargeld, Barabhebung
~ **d'espèces** *m* Barabhebung
~ **d'un compte** *m* Abhebung von einem Konto
~ **de fonds** *m* Geldabhebung
~ **de/du permis de conduire** *m* Führerscheinentzug
~ **en liquide** *m* Abheben von Bargeld, Barabhebung
~ **par carte (bancaire/de crédit)** *m* Abhebung per Kreditarte
retraite *f* Rente, Pension, Ruhestand, Ruhegehalt, Ruhegeld
△ **abaissement de l'âge de la ~** *m* Herabsetzung des Pensionierungsalters; **âge (légal) de la ~** *m* (gesetzliches) Rentenalter; **allocations de ~ de vieillesse** *f pl* Altersrente; **assurance(-)~** *f* Rentenversicherung, Altersrentenversicherung; **assurance-~ collective** *f* kollektive Rentenversicherung; **assurance-~ privée** *f* private Rentenversicherung; **assurance-~ supplémentaire** *f* Zusatzrentenversicherung; **bilan-~ personnalisé** *m* persönliche Versorgungsanalyse; **caisse de ~** *f* Pensionskasse; **caisse de ~ complémentaire** *f* Zusatzversorgungskasse; **capital de départ à la ~** *m* Startkapital für die Altersversorgung; **constitution d'une ~** *f* Aufbau einer Rente; **demande d'admission à la ~** *f* Rentenantrag; **départ à la ~/en ~** *m* Pensionierung; **épargne-~** *f* Rentensparen, Vorsorgesparen; **fonds de ~** *m* Altersversorgungsfonds, Pensionsfonds; **maison de ~** *f* Altersheim
△△ **convertir le capital en ~** Kapital verrenten; **être à la/en ~** Rentner sein, in Rente sein; **mettre *qn* à la ~** *jdn* pensionieren; **prendre sa ~/partir en ~** in

Rente/in den Ruhestand gehen; **toucher une/la ~** Rente beziehen
~ **à 55 ans** *f* Rente mit 55 Jahren
~ **à la carte** *f* flexible Altersgrenze
~ **à taux plein** *f* volle Rente
~ **anticipée** *f* Vorruhestand
△ **départ en ~** *m* Frühpensionierung
△△ **partir en ~** in den Vorruhestand gehen
~ **complémentaire** *f* Zusatzrente, zusätzliche Altersversorgung
~ **complémentaire obligatoire** *f* Pflichtzusatzversorgung (Altersrente)
~ **de base** *f* Grundrente
~ **de réversion** *f* übertragbare Altersrente (auf Witwen, Witwer, Waisen)
~ **de vieillesse** *f* Altersrente, Altersversorgung
~ **du conjoint survivant** *f* Witwenrente, Witwerrente
~ **entière** *f* volle Rente
~ **forfaitaire** *f* Pauschalversorgung
~ **légale** *f* gesetzliche Rente
~ **par ancienneté** *f* Rente nach Dauer der Betriebszugehörigkeit
~ **partielle** *f* Teilrente
~ **progressive** *f* allmählich steigende Rente
~ **réversible** *f* übertragbare Altersrente (auf Witwen, Witwer, Waisen)
~ **sans abattement** *f* Rente ohne Abzug
~ **supplémentaire** *f* Zusatzrente, zusätzliche Altersversorgung
~ **versée** *f* gezahlte Rente
retraité *m* Rentner, Pensionär
retraitement *m* Wiederverwertung, Wiederaufbereitung
~ **des déchets** *m* Wiederaufbereitung von Müll
~ **des déchets nucléaires/radioactifs** *m* Wiederaufbereitung von Atommüll
△ **usine de ~** *f* atomare Wiederaufbereitungsanlage
retraiter ***qc*** wiederaufbereiten *etw*
~ **des déchets nucléaires/radioactifs** Atommüll wiederaufbereiten
rétrécir (se) schrumpfen, enger/kleiner werden
rétribuer ***qc/qn*** vergüten *etw*, entlohnen *jdn*
rétribution *f* Entgelt, Verdienst, Bezahlung, Entlohnung, Vergütung
~ **de base** *f* Grundentlohnung, Grundvergütung
rétroactif, ve rückwirkend, Nach-
△ **cotisations ~ves** *f pl* Beitragsnachentrichtung; **effet ~** *m* Rückwirkung; **à effet ~** rückwirkend
rétrocéder ***qc*** rückabtreten, retrozedieren, weiterverkaufen, wiederverkaufen *etw*
rétrocession *f* Rückabtretung, Retrozession, Weiterverkauf, Wiederverkauf
~ **à prix coûtant** *f* Weiterverkauf zum Selbstkostenpreis
rétrogradation *f* Rückstufung
rétrograder ***qn*** rückstufen, zurückstufen *jdn*
rétroprojecteur *m* Overheadprojektor
retrouver (s'y) zurechtkommen
réunification *f* Wiedervereinigung
réunion *f* Zusammenkunft, Treffen, Versammlung
△ **la ~ se tiendra demain** die Versammlung findet morgen statt
~ **annuelle** *f* jährliche Zusammenkunft, Jahrestreffen
~ **syndicale** *f* Gewerkschaftsversammlung
~ ***qc/qn*** zusammenbringen *etw/jdn*, zusammenführen, sammeln *etw*
~ **des marchandises pour le transport** Güter für den Transport sammeln/zusammenfassen
réunir (se) sich treffen, zusammentreten, tagen
réussite *f* Erfolg
réutilisable wiederverwendbar, wiederverwertbar
réutilisation *f* Wiederverwendung, Wiederverwertung
réutiliser ***qc*** wiederverwenden, wiederverwerten *etw*
revalorisation *f* Aufbesserung, Neubewertung
~ **des salaires** *f* Lohn- und Gehaltsaufbesserung
~ **salariale** *f* Lohn- und Gehaltsaufbesserung
revaloriser ***qc*** aufwerten, neu bewerten *etw*
revendeur *m* Wiederverkäufer
revendicatif, ve der Geltendmachung von Forderungen dienend

△ **action ~ve** *f* Aktion zur Durchsetzung von Forderungen (z.B. Lohnforderungen)
revendication *f* Forderung
△ **escalade des ~s** *f* Höherschrauben der Forderungen
~s de salaire/salariales *f pl* Lohnforderungen
△△ **modérer ses ~** seine Lohnforderungen mäßigen
~s syndicales *f pl* Gewerkschaftsforderungen
revendiquer ***qc*** fordern, beanspruchen, verlangen *etw*
~ la place du numéro un die Marktführerschaft beanspruchen
~ une réduction de la durée du temps de travail eine Arbeitszeitverkürzung fordern
revendre ***qc*** wiederverkaufen *etw*
△ **achat pour ~** *m* Kauf zwecks Wiederverkauf
~ sa participation dans une société seine Anteile an einer Firma verkaufen
revenir zurückkommen
~ à x francs x Franc kosten
~ sur ***qc*** 1. zurücknehmen, widerrufen *etw* 2. zurückkommen auf *etw*
~ sur une décision eine Entscheidung zurücknehmen
revente *f* Wiederverkauf
~ à perte *f* Wiederverkauf mit Verlust
revenu *m* Einkommen, Einkünfte
△ **augmentation des ~s** *f* Einkommensteigerung; **catégorie de ~** *f* Einkommensart; **déclaration de ~s** *f* Einkommensteuererklärung; **diminution de ~** *f* Einkommensrückgang; **écarts de ~** *m pl* Einkommensunterschiede; **érosion des ~s** *f* Entwertung der Einkommen; **évolution nominale/réelle des ~s** *f* nominale/reale Einkommensentwicklung; **exonéré, e de l'impôt sur le ~** einkommensteuerfrei; **fléchissement des ~s** *m* Einkommensrückgang; **hausse nominale des ~s** *f* nominale Einkommenssteigerung; **imposition des ~s** *f* Einkommensbesteuerung; **impôt sur le ~** *m* Einkommensteuer, Lohnsteuer, Lohn- und Einkommensteuer; **impôt sur le ~ des personnes physiques (IRPP)** *m* Einkommensteuer für natürliche Personen; **impôt sur les ~s des sociétés (IS)** *m* Körperschaftsteuer; **IRPP (impôt sur le ~ des personnes physiques)** *m* Einkommensteuer für natürliche Personen; **politique de redistribution des ~s** *f* Politik der Einkommensumverteilung; **politique des ~s** *f* Einkommenspolitik; **ponction sur les ~s** *f* Einkommensabschöpfung; **pouvoir d'achat du ~ disponible brut** *m* Kaufkraft des verfügbaren Bruttoeinkommens; **redistribution des ~s** *f* Einkommensumverteilung; **répartition des ~s** *f* Einkommensverteilung; **répartition du ~ national** *f* Verteilung des Volkseinkommens; **source de ~s** *f* Einkommensquelle; **titre à ~ fixe** *m* festverzinsliches Wertpapier; **titre à ~ variable** *m* Wertpapier mit variabler Verzinsung, Dividendenpapier; **valeur à ~ variable** *f* Wertpapier mit variabler Verzinsung, Dividendenpapier; **valeur mobilière à ~ fixe/variable** *f* festverzinsliches Wertpapier/Wertpapier mit variabler Verzinsung; **ventilation du ~ national** *f* Verteilung des Volkseinkommens
△△ **déclarer ses ~s** seine Einkünfte angeben; **distribuer des ~s** Einkommen verteilen; **exercer une ponction sur les ~s** die Einkommen stärker besteuern; **imposer le ~** das Einkommen besteuern; **le ~ augmente** das Einkommen steigt; **le ~ baisse** das Einkommen sinkt; **les ~s stagnent** die Einkommen stagnieren; **percevoir un ~** ein Einkommen beziehen/erhalten; **redistribuer les ~s** die Einkommen umverteilen
~ accessoire *m* Einkommen aus Nebenerwerb, Nebeneinkommen, Zusatzeinkommen
~s agricoles et forestiers *m pl* Einkünfte aus Land- und Forstwirtschaft
~ annuel *m* Jahreseinkommen
~ annuel minimum *m* Mindestjahreseinkommen
~ après impôt(s) *m* Einkommen nach Steuern, Einkommen nach Abzug der Steuern
~ avant impôt(s) *m* Einkommen vor Steuern, Einkommen vor Abzug der Steuern

~ **brut** *m* Bruttoeinkommen, Bruttoverdienst
~ **brut de l'entrepreneur** *m* Bruttoeinkommen/Bruttoverdienst des Unternehmers
~ **confortable** *m* gutes Einkommen
~ **convenable** *m* angemessenes Einkommen
~ **correct** *m* angemessenes Einkommen
~ **d'activité** *m* Erwerbseinkommen, Einkommen aus Erwerbstätigkeit, Arbeitseinkommen
~ **d'entreprise (individuelle)** *m* Einkommen aus unternehmerischer Tätigkeit
~**s d'obligations** *m pl* Zinseinkünfte aus Anleihen
~ **de(s) capitaux** *m* Kapitalerträge, Kapitaleinkünfte
△ **retenue à la source sur les** ~ *f* Quellensteuer auf Kapitalerträge
~**s de l'entreprise** *m pl* Einkommen aus unternehmerischer Tätigkeit
~**s de l'épargne** *m pl* Einnahmen aus Sparanlagen
~**s de l'Etat entrepreneur** *m pl* Einkünfte des Staates als Unternehmer
~**s de la propriété** *m pl* Vermögenseinkünfte, Einkommen aus Vermögen
~**s de la propriété foncière** *m pl* Einkünfte aus Grundbesitz
~ **de remplacement** *m* Ersatzeinkommen
~**s de transfert** *m pl* Transfereinkommen, Sozialeinkommen, Sozialbezüge
~**s de valeurs mobilières et assimilées** *m pl* Einkünfte aus Wertpapieren und Kapitalvermögen
~ **des ménages** *m* Einkommen der Haushalte, Einkommen von Privatpersonen
~ **disponible** *m* verfügbares Einkommen
~ **disponible brut** *m* verfügbares Bruttoeinkommen
△ **pouvoir d'achat du** ~ *m* Kaufkraft des verfügbaren Bruttoeinkommens
~ **disponible des ménages** *m* verfügbares Haushaltseinkommen, verfügbares Einkommen der Haushalte
~ **disponible net** *m* verfügbares Nettoeinkommen
~**s du capital** *m pl* Einkünfte aus Kapitalbesitz, Kapitalerträge, Kapitaleinkünfte, Kapitaleinkommen
△ **retenue à la source sur les** ~ *f* Quellensteuer auf Kapitalerträge
~**s du patrimoine** *m pl* Einkommen aus Vermögen
~**s du patrimoine et de l'entreprise** *m pl* Einkommen aus Vermögen und Unternehmertätigkeit
~**s du travail** *m pl* Arbeitseinkommen
~**s du travail indépendant** *m pl* Einkommen aus selbständiger Tätigkeit
~**s du travail salarié** *m pl* Einkommen aus nichtselbständiger Tätigkeit, Einkommen aus unselbständiger Tätigkeit, Arbeitseinkommen
~**s en nature** *m pl* Naturalerträge
~ **fiscal** *m* Steuerertrag
~ **fixe** *m* festes Einkommen
△ **à** ~ mit fester Verzinsung, festverzinslich
~**s fonciers, loyers et fermages** *m pl* Einkünfte aus Vermietung und Verpachtung
~ **global** *m* Gesamteinkommen
~ **horaire** *m* Stundenlohn
~ **imposable** *m* zu versteuerndes Einkommen, steuerpflichtiges Einkommen
△△ **ajouter une somme au** ~ einen Betrag zum zu versteuernden Einkommen hinzuzählen; **déduire une somme du** ~ einen Betrag vom zu versteuernden Einkommen abziehen
~ **individuel** *m* Pro-Kopf-Einkommen
~ **minimal** *m* Mindesteinkommen, Minimaleinkommen
~ **minimum d'insertion (RMI)** *m* 1988 geschaffene kompensatorische Sozialleistung zur Garantierung eines Mindesteinkommens (zeitlich begrenzte Sozialhilfe)
△ **mise en place du** ~ *f* Einführung der Sozialbeihilfe
~**s mobiliers** *m pl* Wertpapiereinkünfte, Kapitaleinkünfte
~ **modeste** *m* bescheidenes/niedriges Einkommen
~ **national** *m* Volkseinkommen, Sozialprodukt
△ **redistribution du** ~ *f* Umverteilung des Volkseinkommens; **répartition du** ~ *f* Verteilung des Volkseinkommens;

ventilation du ~ *f* Aufteilung/Zusammensetzung des Volkseinkommens
~ **national au coût des facteurs** *m* Volkseinkommen zu Faktorkosten
~ **national aux prix du marché** *m* Volkseinkommen zu Marktpreisen
~ **net** *m* Nettoeinkommen
~ **net des placements** *m* Nettoanlageeinkommen
~ **net imposable** *m* zu versteuerndes Nettoeinkommen
~ **non imposable** *m* steuerfreies Einkommen
~ **par habitant** *m* Pro-Kopf-Einkommen
~ **par tête (d'habitant)** *m* Pro-Kopf-Einkommen
~ **per capita** *m* Pro-Kopf-Einkommen
~**s pétroliers** *m pl* Erdöleinnahmen
~ **primaire** *m* Primäreinkommen, Gewinneinkommen, Faktoreinkommen
~ **primaire brut** *m* Bruttoprimäreinkommen, Bruttogewinneinkommen, Bruttofaktoreinkommen
~ **primaire net** *m* Nettoprimäreinkommen, Nettogewinneinkommen, Nettofaktoreinkommen
~ **réel** *m* Realeinkommen
~ **résiduel** *m* Residualeinkommen (Unternehmer)
~**s salariaux** *m pl* Einkommen aus nichtselbständiger Arbeit
~**s sociaux** *m pl* Sozialeinkommen, Transfereinkommen, Sozialbezüge
~ **variable** *m* variables Einkommen
△ **à ~** mit variabler Verzinsung; **obligation à ~** *f* Obligation mit variablem Zinssatz; **titre à ~** *m* Wertpapier mit variabler Verzinsung, Dividendenpapier; **valeur (mobilière) à ~** *f* Dividendenpapier, Wertpapier mit variabler Verzinsung

revers *m* 1. Rückseite, Kehrseite 2. Mißerfolg, Rückschlag
△△ **subir un ~** scheitern
~ **de la médaille** *m* Kehrseite der Medaille

reverser *qc* abführen, erstatten (*etw*)
~ **des primes d'assurance** Versicherungsprämien (rück)erstatten, zurückzahlen, wieder ausschütten
~ **un impôt (à l'Etat)** eine Steuer (an den Staat) abführen

réversion *f* Rückübertragung
△ **pension de ~** *f* übertragbare Altersrente (auf Witwen/Witwer), Hinterbliebenenrente

revirement *m* Umschwung
~ **de la conjoncture** *m* Konjunkturverschlechterung, Konjunkturrückgang
~ **de la situation économique** *m* Konjunkturverschlechterung, Konjunkturrückgang, Verschlechterung der Wirtschaftslage

révisable veränderbar, variabel
△ **obligation à taux ~** *f* Anleihe mit variablem Zinssatz; **prêt à taux (d'intérêt) ~** *m* Kredit mit variablem Zinssatz; **taux ~ annuel** *m* variabler Jahreszins

réviser *qc* revidieren, korrigieren *etw*
~ **les quotités minimales** die Mindestmenge neu festsetzen
~ *qc* **à la baisse** nach unten korrigieren
~ *qc* **à la hausse** nach oben korrigieren

révision *f* Überprüfung, Revision
~ **comptable** *f* Buchprüfung

révocable widerrufbar, widerruflich
△ **crédit documentaire ~** *m* widerrufliches Dokumentenakkreditiv

révocation *f* Abberufung, Widerruf

revoir *qc* korrigieren *etw*
~ **à la baisse** *qc* nach unten korrigieren *etw*
~ **à la hausse** *qc* nach oben korrigieren *etw*
~ **un objectif** ein Ziel revidieren

révolution industrielle *f* industrielle Revolution

révoquer *qc/qn* widerrufen *etw*, abberufen *jdn*

revue *f* Zeitschrift
△△ **s'abonner à une ~** eine Zeitschrift abonnieren
~ **économique** *f* Wirtschaftszeitschrift
~ **professionnelle** *f* Fachzeitschrift

RH (Ressources humaines) *f pl* Personalabteilung, Personalwesen, Personalführung, Personalmanagement, Humanressourcen

RIB (relevé d'identité bancaire) *m* Vordruck mit Angabe von Kontonummer, Bankleitzahl, Name des Kontoinhabers (Bankkonto)

riche reich

~ **en carbone** reich an Kohlenstoff
richesse *f* Reichtum
~ **houillère** *f* Kohlenreichtum
~ **nationale** *f* Volksvermögen
RIF (Redevance initiale forfaitaire) *f* Aufnahmegebühr für Franchisenehmer
rigide starr
rigidité *f* Starre, Steifheit
~ **des salaires/salariale** *f* Lohnrigidität, Starrheit der Löhne
rigoureux, se unnachgiebig
△△ **juger** *qc* **trop** ~ für zu streng erachten/halten *etw*
rigueur *f* Austerity, Sparpolitik
△ **délai de** ~ *m* äußerster/letzter/spätester Termin; **mesures de** ~ *f pl* Sparmaßnahmen; **politique de** ~ *f* Sparpolitik, Austerity-Politik
△△ **desserrer la** ~ die Austerity-Politik lockern; **instaurer la ~/une politique de** ~ Sparmaßnahmen einführen/einen Sparkurs einschlagen; **resserrer la** ~ die Austerity-Politik verschärfen
~ **budgétaire** *f* Haushaltsdisziplin
~ **salariale** *f* Lohndisziplin
RIP (Relevé d'identité postal) *m* Vordruck mit Angabe von Kontonummer, Bankleitzahl, Name des Kontoinhabers (Postgirokonto/Postscheckkonto)
risque *m* Gefahr, Risiko, Versicherungsrisiko, Versicherungsgegenstand
△ **aggravation du** ~ *f* Gefahrenerhöhung; **appréciation du** ~ *f* Einschätzung des Risikos; **assurance ~ simple** *f* Haftpflicht- u. Teilkaskoversicherung; **assurance tous ~s** *f* Haftpflicht- u. Vollkaskoversicherung; **bon** ~ *m* gutes Risiko; **capital (à)** ~ *m* Risikokapital, Wagniskapital, Venturekapital; **compensation des ~s** *f* Risikoausgleich; **couverture du** ~ *f* Versicherungsschutz, Risikodeckung; **entreprise de capital (à)** ~ *f* Wagnisfinanzierungsunternehmen; **garantie du** ~ *f* Versicherungsschutz, Risikodeckung; **gestion des ~s** *f* Risikomanagement; **importance du** ~ *f* Höhe des Risikos; **mauvais** ~ *m* schlechtes Risiko; **montant du** ~ *m* Versicherungswert, Versicherungssumme; **prime de** ~ *f* Risikozuschlag; **réactualisation du montant du** ~ *f* Anpassung des Versicherungswertes; **répartition du** ~ *f* Risikoverteilung, Risikostreuung; **société de capital (à)** ~ *f* Wagnisfinanzierungsgesellschaft
△△ **étaler les ~s** die Risiken verteilen; **les marchandises voyagent aux ~s et périls de l'acheteur** die Waren werden auf Risiko des Käufers versandt, das Transportrisiko trägt der Käufer; **prendre le ~ de ...** das Risiko/die Gefahr eingehen/laufen zu ...; **répartir les ~s** die Risiken verteilen/streuen; **se couvrir contre les ~s de ...** sich gegen die ...risiken absichern
~s assurables *m pl* versicherbare Gefahren, versicherbare Risiken
~ **assuré** *m* versicherte Gefahr, versichertes Risiko, gedecktes Risiko, Versicherungsgegenstand
~ **commercial** *m* Handelsrisiko, Geschäftsrisiko, wirtschaftliches Risiko
~ **couvert** *m* versicherte Gefahr, versichertes Risiko, gedecktes Risiko, Versicherungsgegenstand
~ **d'accident** *m* Unfallgefahr
~ **d'accident mortel de la circulation** *m* Gefahr eines tödlichen Verkehrsunfalls
~ **d'impayés** *m* Nichtzahlungsrisiko
~ **d'inflation** *m* Inflationsgefahr, Inflationsrisiko
~ **d'interruption de marché** *m* Risiko der Auftragsunterbrechung
~ **de change** *m* Wechselkursrisiko, Währungsrisiko
~ **de convertibilité** *m* Konvertibilitätsrisiko, Währungsrisiko (z.B. bei Exportgeschäften)
~ **de crédit** *m* Kreditrisiko
~ **de décès** *m* Todesfallrisiko
~ **de fabrication** *m* Fabrikationsrisiko
~ **de guerre** *m* Kriegsrisiko, Kriegsgefahr
~ **de non-paiement** *m* Risiko der Nichtzahlung
~ **de non-règlement de la créance** *m* Risiko der Nichterfüllung der Forderung
~ **de non-remboursement** *m* Risiko der Nichtzurückzahlung
~ **de transfert** *m* Transferrisiko (z.B. bei Exportgeschäften)
~ **de vol** *m* Diebstahlsgefahr

~ **encouru** *m* bestehendes Risiko, eingegangenes Risiko
~s et périls (à ses propres) auf eigene Gefahr
~s et périls de *qn* (aux) auf Gefahr von *jdm*
~ **industriel majeur** *m* Risiko eines GAU
~ **monétaire** *m* Währungsrisiko (z.B. bei Exportgeschäften)
~ **non couvert** *m* nicht versicherte Gefahr, ausgeschlossenes Risiko
~ **ordinaire de transport** *m* gewöhnliches Beförderungsrisiko
~ **technologique majeur** *m* Risiko eines GAU
ristourne *f* Beitragsrückerstattung, Überschußbeteiligung, Rückvergütung
△△ **accorder une ~ de x %** eine Beitragsrückerstattung von x % gewähren
rivalités Nord-Sud *f pl* Nord-Süd-Konflikt
riverain *m* Anrainer, Anlieger
RM (marché à règlement mensuel) *m* Markt für Termingeschäfte, Terminmarkt (Erfüllung per ultimo)
△ **opération ~** *f* Ultimogeschäft
△△ **avoir accès au ~** zum Terminmarkt zugelassen sein; **être négocié, e au ~** auf dem Terminmarkt gehandelt werden
RMI (Revenu minimum d'insertion) *m* 1988 geschaffene kompensatorische Sozialleistung zur Garantierung eines Mindesteinkommens (zeitlich begrenzte Sozialhilfe)
△ **mise en place du ~** *f* Einführung der Sozialhilfe
△△ **bénéficier du ~** Sozialhilfe beziehen
Rmiste *m* (prononcer: érémiste) Sozialhilfebezieher, Bezieher des RMI
robot *m* Roboter
△ **utilisation de ~s** *f* Robotereinsatz
~ **d'assemblage** *m* Montageroboter
robotage *m* Robotereinsatz, Automatisierung
robotique *f* Robotertechnik, Automatisierung
robotisation *f* Robot(er)isierung, Automatisierung
robotiser *qc* automatisieren/robotisieren *etw*
~ **la production** die Produktion automatisieren/robotisieren
rocade *f* Ringstraße, Umgehungsstraße
rogner sur *qc* an *etw* sparen, bei *etw* kürzen
rôle d'impôt *m* Steuerliste
rompre *qc* kündigen, auflösen *etw*
~ **le cercle vicieux** den Teufelskreis durchbrechen
~ **un contrat** einen Vertrag kündigen/auflösen
~ **un marché** ein Geschäft rückgängig machen
~ **une lance pour *qc*** eine Lanze brechen für *etw*
rossignol *m* Ladenhüter
rotation *f* Umschlag, Rotation
△ **ratio de ~** *m* Umschlagszahl, Umschlagshäufigkeit, Umschlagskennzahl
~ **des postes** *f* Jobrotation, Arbeitsplatzrotation
~ **des stocks** *f* Warenumschlag, Lagerumschlag
~ **du personnel** *f* Personalfluktuation, Personalwechsel
rouage *m* Räderwerk
rouge (dans le) in den roten Zahlen, defizitär
△△ **être dans le ~** in den roten Zahlen stecken, Verluste machen, Miese machen; **plonger dans le ~** in die roten Zahlen geraten
roulement *m* 1. Lager 2. Umlauf 3. Wechsel
△ **actif de ~** *m* Umlaufvermögen; **fonds de ~ (d'exploitation)** *m pl* (laufendes) Betriebskapital; **travail en ~** *m* Schichtarbeit
~ **à billes** *m* Kugellager
roulier *m* Frachtschiff
routage *m* Sortieren nach Zielgebieten/Postleitzahlen
route *f* Straße, Landstraße
△ **Code de la ~** *m* Straßenverkehrsordnung; **feuille de ~** *f* Frachtbrief, Begleitschein
△△ **mettre en ~ *qc*** in Gang setzen, starten *etw*; **se mettre en ~** in Gang kommen, aufbrechen
routier *m* Fernfahrer, Berufskraftfahrer
routier, ière Straßen-
△ **cabotage ~** *m* Straßenkabotage; **gare**

~ière *f* Busbahnhof; **réseau ~** *m* Straßennetz; **trafic ~** *m* Straßenverkehr; **transport ~** *m* Straßentransport; **transporteur ~** *m* Straßentransportunternehmer, Fuhrunternehmer, Spediteur

routine *f* Routine (in einem Computerprogramm)

royalties *f pl* Abgaben, Förderabgaben, Tantiemenabgaben, Lizenzgebühren

Royaume-Uni *m* Vereinigtes Königreich

RP (relations publiques) *f pl* Public Relations, PR, Öffentlichkeitsarbeit

rubrique *f* Rubrik

rue *f* Straße

△ **descendre dans la ~** demonstrieren, protestieren, eine Demonstration veranstalten

~ commerçante *f* Geschäftsstraße

~ Vivienne *f* Sitz der Pariser Börse

ruée (sur *qc*) *f* Run (auf *etw*)

ruer sur *qc* (se) sich stürzen auf *etw*

ruiner *qc/qn* ruinieren, zu Grunde richten *etw/jdn*

rupture *f* Kündigung, Auflösung, Bruch

~ abusive de contrat *f* rechtsmißbräuchliche Vertragslösung

~ d'engagement *f* Vertragsbruch

~ de charge *f* Umladen, Umladung

~ de contrat *f* Vertragsbruch

~ de stock (magasin, commerçant) *f* Lagererschöpfung

△△ **être en ~** einen Artikel nicht mehr auf Lager haben, ausverkauft sein

rural, e ländlich

△ **commune ~e** *f* ländliche Gemeinde; **droit ~** *m* Landrecht; **exode ~** *m* Landflucht; **milieu ~** *m* ländliches Milieu; **population ~e** *f* Landbevölkerung

rythme *m* Rhythmus, Tempo

△ **à un ~ de ... par an** in einem jährlichen Tempo/Rhythmus von ...; **en ~ annuel** auf das Jahr hochgerechnet

~ d'accroissement *m* Wachstumstempo, Wachstumsrate

~ d'inflation *m* Inflationstempo

~ de construction *m* Baufortschritt

~ de croissance *m* Wachstumstempo, Wachstumsrate

~ de hausse des prix *m* Preissteigerungstempo

~ de l'inflation *m* Inflationstempo

~ des investissements *m* Investitionssteigerung, Investitionstempo

~ du travail *m* Arbeitsrhythmus, Arbeitstempo

~ élevé de croissance *m* schnelles Wachstumstempo, hohe Wachstumsrate

S

SA (Société anonyme) *f* AG (Aktiengesellschaft)

sac *m* Sack, Tüte, Beutel

~ en plastique *m* Plastiktüte

sachet *m* Beutel, Tüte, Säckchen

~ pour les déchets toxiques *m* Schadstoffbeutel

saisie *f* 1. Erfassen, Eingabe (von Daten) 2. Pfändung, Beschlagnahme, Inbesitznahme

△ **droit de ~** *m* Pfändungsrecht; **main levée de ~** *f* Pfändungsaufhebung

△△ **lever la ~** die Beschlagnahme aufheben

~-arrêt *f* Vorpfändung

~-arrêt sur salaire *f* Lohnpfändung

~-arrêt sur traitement *f* Gehaltspfändung

~ conservatoire *f* Sicherheitspfändung

~ de données *f* Erfassen, Eingabe von Daten

~ de texte *f* Texterfassung

~ en douane *f* Zollpfändung

~-exécution *f* Mobiliarzwangsvollstreckung

~-gagerie *f* Vermieterpfandrecht

~ immobilière *f* Pfändung/Zwangsversteigerung von Immobilien

~-revendication *f* Herausgabevollstreckung

~ sur salaire *f* Gehaltspfändung

saisi, e beschlagnahmt, gepfändet

△ **défense de disposer des biens ~s** *f* Veräußerungsverbot

saisir *qc* 1. erfassen *etw* 2. beschlagnahmen, pfänden *etw* 3. befassen, anrufen

~ des données Daten erfassen, eingeben

~ la justice vor Gericht gehen, rechtliche Schritte unternehmen

~ un bien ein Gut beschlagnahmen/pfänden

saison *f* Jahreszeit, Saison
△ **arrière-~** *f* Nachsaison; **avant-~** *f* Vorsaison; **fin de ~** *f* Saisonende, Saisonschluß; **haute-~** *f* Hauptsaison, Hochsaison; **hors ~** in der Nebensaison; **morte-~** *f* Nebensaison, Zeit geringer Geschäftstätigkeit, umsatzschwache Zeit; **pleine ~** *f* Hochsaison

saisonnabilité *f* Saisonabhängigkeit

saisonnier *m* Saisonarbeiter, Saisonarbeitskraft

saisonnier, ière jahreszeitlich, saisonal, jahreszeitlich bedingt
△ **après correction/déduction des variations ~ières** nach Berichtigung/Abzug der jahreszeitlich bedingten Schwankungen; **chômage ~** *m* saisonbedingte Arbeitslosigkeit; **corrigé, e des variations ~ières** saisonbereinigt; **déduction des variations ~ières** *f* Abzug der jahreszeitlich bedingten Schwankungen; **données corrigées des variations ~ières (données CVS)** *f pl* saisonbereinigte Werte; **emploi ~** *m* Saisonbeschäftigung; **en données corrigées des variations ~ières (en données CVS)** saisonbereinigt; **ouvrier ~** *m* Saisonarbeiter; **travail ~** *m* Saisonarbeit; **travailleur ~** *m* Saisonarbeiter; **variations ~ières** *f pl* jahreszeitlich bedingte Schwankungen, saisonale Schwankungen

salaire *m* Lohn, Arbeitsentgelt, Arbeitslohn, Gehalt
△ **allocation de ~ unique** *f* Beihilfe für Alleinverdiener; **augmentation de ~** *f* Lohnerhöhung, Gehaltserhöhung; **avance sur ~** *f* Lohnvorauszahlung, Lohnabschlag, Vorschuß; **baisse de ~** *f* Lohnsenkung; **barème des ~s** *m* Lohnskala; **bas ~** *m* Niedriglohn; **blocage des prix et des ~s** *m* Preis- und Lohnstopp; **bulletin de ~** *m* Lohnzettel; **comptabilité des ~s** *f* Lohnbuchhaltung; **contrôle des ~s** *m* Begrenzung der Lohnzuwächse; **date réelle du paiement du ~** *f* tatsächliches Datum der Lohnzahlung; **disparités de ~** *f pl* Lohnunterschiede; **écarts de ~s** *m pl* Lohnunterschiede; **échelle des ~s** *f* Lohn- und Gehaltsskala; **échelle mobile des ~s** *f* gleitende Lohnskala; **élément du ~** *m* Lohnbestandteil; **enquête sur les ~s** *f* Lohnuntersuchung, Analyse der Lohnsituation; **éventail des ~s** *m* Lohnskala; **érosion des ~s** *f* Entwertung der Löhne und Gehälter; **évolution des ~s** *f* Lohn- und Gehaltsentwicklung; **feuille de ~** *f* Lohnzettel, Lohnabrechnung; **fiche de ~** *f* Lohnzettel, Lohnabrechnung; **fixation de ~** *f* Gehaltsfestsetzung; **fonds national de garantie des ~s (FNGS)** *m* nationaler Garantiefonds für Lohnzahlungen (bei Konkursen); **garantie de/des ~ (s)** *f* Lohngarantie; **gel des ~s** *m* Einfrieren der Löhne und Gehälter; **grille des ~s** *f* Lohnskala, Lohntabelle; **hausse de ~** *f* Lohnerhöhung; **indice des ~s** *m* Gehaltsindex; **niveau de ~** *m* Lohnniveau; **pays à bas ~s** *m* Niedriglohnland; **petits ~s** *m pl* Niedriglöhne, Leichtlöhne; **pouvoir d'achat du ~ moyen par tête** *m* Durchschnittskaufkraft des Lohns pro Kopf; **prélèvement sur le ~** *m* Lohnabzug, Lohnsteuer; **progression des ~s** *f* Lohn- und Gehaltssteigerungen; **réajustement des ~s** *m* Lohnanpassung, Lohnerhöhung; **réduction de ~** *f* Lohnkürzung; **rigidité des ~s** *f* Lohnrigidität, Starrheit der Löhne; **taux du ~ ouvrier** *m* Lohnsatz; **taxe sur les ~s** *f* lohnabhängige Abgabe
△△ **ajuster les ~s** die Löhne anpassen; **augmenter les ~s** die Löhne erhöhen; **bloquer les ~s** die Löhne einfrieren; **désindexer les ~s** die Preisindexbindung der Löhne aufheben; **éroder les ~s** die Löhne aushöhlen, zu einem Lohnschwund führen; **freiner les ~s** den Lohnanstieg bremsen; **geler les ~s** die Löhne einfrieren; **la progression des ~s se ralentit** die Lohnsteigerung verlangsamt sich; **les ~s augmentent/montent (de x %)** die Löhne steigen (um x %); **les ~s continuent de croître** die Löhne steigen weiter an; **les ~s oscillent entre ... et ...** die Löhne schwanken zwischen ... und ...; **les ~s remontent de ...** die Löhne ziehen um ... wieder an; **négocier les ~s réels** die Reallöhne aushandeln; **recevoir un ~** Lohn beziehen; **toucher un ~** Lohn beziehen; **verser des ~s** Löhne auszahlen

~ **à la pièce/à la tâche** *m* Akkordlohn, Stücklohn, Leistungslohn
~ **à temps complet** *m* Lohn für Vollzeitarbeit
~ **accessoire** *m* Nebeneinkommen, Zusatzeinkommen
~ **annuel** *m* Jahreslohn
~ **annuel moyen** *m* durchschnittlicher Jahreslohn
~ **annuel net (moyen)** *m* (durchschnittlicher) Jahresnettolohn
~ **au rendement** *m* Akkordlohn, Stücklohn, Leistungslohn
~ **aux pièces** *m* Akkordlohn, Stücklohn, Leistungslohn
~ **brut** *m* Bruttolohn
~ **contractuel** *m* Tariflohn
~ **d'appoint** *m* Zusatzverdienst, Nebeneinkommen
~ **de base** *m* Grundgehalt, Grundlohn
~ **de départ** *m* Anfangsgehalt, Anfangslohn
~ **élevé** *m* Hochlohn, hoher Lohn
~**s et traitements** *m pl* Löhne und Gehälter
~ **hebdomadaire** *m* Wochenlohn
~ **horaire** *m* Stundenlohn
~ **mensuel** *m* Monatslohn
~ **minimum** *m* Mindestlohn
~ **minimum interprofessionnel de croissance (SMIC)** *m* dynamischer gesetzlicher Mindestlohn
~ **moyen** *m* Durchschnittslohn
~ **moyen par tête** *m* durchschnittlicher Pro-Kopf-Lohn
△ **pouvoir d'achat du ~** *m* Durchschnittskaufkraft des Pro-Kopf-Lohns
~ **net** *m* Nettolohn
~ **net imposable** *m* steuerpflichtiger Nettolohn
~ **nominal** *m* Nominallohn
~ **offert** *m* angebotener Lohn
~ **ouvrier** *m* Arbeitslohn
~ **réel** *m* Reallohn
~ **versé** *m* gezahlter Lohn

salarial, e Lohn-, Gehalts-, Tarif-
△ **accord ~** *m* Lohnabkommen, Tarifabkommen, Tarifvereinbarung; **augmentation ~e** *f* Lohnerhöhung; **catégorie ~e** *f* Lohngruppe; **charges ~es** *f pl* Lohnkosten (einschließlich Lohnnebenkosten); **convention ~e** *f* Lohnvereinbarung; **cotisations ~es** *f pl* Arbeitnehmerbeiträge zur Sozialversicherung; **coûts salariaux** *m pl* Lohnkosten; **discipline ~e** *f* Lohndisziplin; **fonds de garantie ~e** *m* Lohngarantiefonds; **fonds salariaux** *m pl* Arbeitnehmerfonds; **masse ~e** *f* Lohnsumme; **modération ~e** *f* Mäßigung bei den Lohnzuwächsen/Tarifabschlüssen; **négociations ~es** *f pl* Tarifverhandlungen, Lohnverhandlungen; **part ~e (des cotisations sociales)** *f* Arbeitnehmerbeiträge zur Sozialversicherung; **paysage ~** *m* Lohnlandschaft; **politique ~e** *f* Lohnpolitik; **revendications ~es** *f pl* Lohnforderungen; **revenus salariaux** *m pl* Einkommen aus nichtselbständiger Arbeit; **rigidité ~e** *f* Lohnrigidität, Starrheit der Löhne
△△ **imposer une stricte modération ~e** eine strikte Mäßigung bei den Lohnzuwächsen/Tarifabschlüssen durchsetzen, verordnen

salariat *m* Arbeitnehmerschaft

salarié *m* Arbeitnehmer, Beschäftigte(r), Gehaltsempfänger, Lohnempfänger, *pl* Arbeitnehmerschaft, *pl* Arbeitskräfte
△ **actionnariat des ~s** *m* Beteiligung der Arbeitnehmer am Unternehmen, am Gesellschaftskapital; **intéressement des ~s** *m* Gewinnbeteiligung der Arbeitnehmer; **mobilisation des ~s durant la grève** *f* Mobilisierung der Beschäftigten beim Streik; **recyclage des ~s** *m* Umschulung der Arbeitnehmer; **syndicat de ~s** *m* Arbeitnehmergewerkschaft
△△ **distribuer aux ~s une partie des bénéfices** einen Teil der Gewinne an die Arbeitnehmer verteilen; **les ~s perçoivent/touchent x francs** die Arbeitnehmer erhalten x Franc
~ **à temps complet/plein** *m* Vollzeitarbeitnehmer, Vollzeitarbeitskraft
~ **agricole** *m* Landarbeiter, Beschäftigter in der Landwirtschaft
~ **syndiqué** *m* gewerkschaftlich organisierter Arbeitnehmer
~ **à temps complet** *m* Vollzeitarbeitnehmer, Vollzeitarbeitskraft
~ **à temps partiel** *m* Teilzeitarbeitnehmer, Vollzeitarbeitskraft

salarié, e Lohn-, lohnabhängig
△ **activité professionnelle non ~e** *f* selbständige berufliche Tätigkeit; **activité professionnelle ~e** *f* unselbständige/lohnabhängige berufliche Tätigkeit; **effectif ~** *m* Personalbestand, Belegschaft; **population active ~e** *f* nichtselbständige Erwerbstätige; **travailleur ~** *m* Lohnempfänger, Gehaltsempfänger
salle *f* Saal
~ **de réunion** *f* Tagungsraum, Konferenzsaal
~ **des ventes** *f* Auktionssaal, Auktionshaus
salon *m* Messe, Ausstellung
~ **spécialisé** *m* Fachaustellung, Fachmesse
~ **technique** *m* Fachmesse
sanction *f* Sanktion, Strafe
~s économiques *fpl* Wirtschaftssanktionen
△ **levée des ~** *f* Aufhebung der Wirtschaftssanktionen
sanctionner ***qc/qn*** bestrafen, mit Sanktionen belegen, sanktionieren *etw/jdn*, ahnden *etw*
sanitaire Gesundheits-, sanitär, Hygiene-
△ **contrôle ~** *m* Gesundheitskontrolle; **équipement ~** *m* Sanitärausstattung; **normes ~** *fpl* Hygienevorschriften
sanitaires *m pl* sanitäre Einrichtungen, Toiletten
sans ohne
~ **accroc** reibungslos
~ **cesse** laufend, ohne Unterlaß
~ **consigne** Einweg-, ohne Pfand
~ **délai** ohne Verzug, unverzüglich
~-domicile fixe (SDF) *m* Obdachloser
~-emploi *m* Arbeitsloser, Erwerbsloser, Beschäftigungsloser
~ **emploi** arbeitslos, beschäftigungslos, erwerbslos
~ **engagement de notre part** unsererseits unverbindlich, ohne Gewähr
~ **garantie** ohne Garantie, ohne Gewähr
~ **importance** unerheblich, unbedeutend, irrelevant
~ **intérêt(s)** zinslos
~ **interruption** durchgehend
~ **objet** gegenstandslos
~ **personnalité juridique/morale** ohne eigene Rechtspersönlichkeit
~ **préavis** fristlos
~ **redevance d'occupation** mietfrei
~ **réponse** unbeantwortet
~ **ressources** mittellos
~ **tarder** unverzüglich
~-travail *m* Arbeitsloser, Erwerbsloser, Beschäftigungsloser
~ **travail** arbeitslos, beschäftigungslos, erwerbslos
santé *f* Gesundheit
△ **état de ~** *m* Gesundheitszustand
~ **publique** *f* öffentliches Gesundheitswesen
saper ***qc*** untergraben, unterhöhlen, unterminieren *etw*
~ **la croissance** das Wachstum untergraben
SARL (société à responsabilité limitée) *f* GmbH (Gesellschaft mit beschränkter Haftung)
satisfaction *f* Befriedigung, Zufriedenheit
△△ **donner (entière) ~ à** ***qn*** (voll) zufriedenstellen *jdn*
~ **d'un besoin/des besoins** *f* Befriedigung eines Bedürfnisses/Befriedigung der Bedürfnisse, Bedarfsdeckung
~ **des besoins de base/élémentaires/fondamentaux/vitaux** *f* Befriedigung der Grundbedürfnisse, Elementarbedürfnisse
satisfaire ***qc*** befriedigen *etw*
~ **la demande** die Nachfrage befriedigen
~ **un besoin** einen Bedarf/ein Bedürfnis befriedigen
△ **besoin à satisfaire** *m* zu befriedigender Bedarf
~ ***qn*** befriedigen, zufriedenstellen *jdn*
~ **à** ***qc*** einer Sache nachkommen, einer Sache genügen
satisfaisant, e zufriedenstellend, befriedigend
satisfait, e zufrieden, befriedigt
saturation *f* Sättigung
~ **de la demande** *f* Nachfragesättigung
~ **du marché** *f* Marktsättigung
saturé, e gesättigt
saturer ***qc*** sättigen *etw*
SAU (surface agricole utile, superficie agricole utilisée) *f* landwirtschaftlich genutzte Fläche
sauf ***qc*** außer *etw*

~ **erreur ou omission de notre part** vorbehaltlich eines Irrtums unsererseits, Irrtum vorbehalten
sauvage wild, ungenehmigt, nicht angemeldet
△ **décharge** ~ *f* wilde Müllkippe; **grève** ~ *f* wilder Streik
sauvegarde *f* Schutz, Sichern
~**s légales** *f pl* gesetzliche Schutzvorschriften (für Steuerzahler)
sauvegarder *qc* sichern, speichern *etw*
~ **un fichier** eine Datei sichern/speichern
SAV (service après-vente) *m* Kundendienst
savoir-faire *m* Know-how
~ **technologique** *m* technologisches Know-how
SBF (Société des Bourses françaises) *f* Dachverband der französischen Börsenmaklergesellschaften
scandale *m* Skandal
~ **d'initiés** *m* Insiderskandal, Insideraffaire
scanneur *m* Scanner
sceau *m* Dienstsiegel, Siegel
SCI (société civile immobilière) *f* Bauträgergesellschaft (in der Rechtsform einer GdBR)
science *f* Wissenschaft
~**s économiques** *f pl* Wirtschaftswissenschaften, Volks- und Betriebswirtschaftslehre
scientifique wissenschaftlich
scission *f* Spaltung, Teilung
scolarisation *f* Einschulung, Schulbesuch
△ **taux de** ~ *m* Anteil der Jugendlichen, die eine Schulausbildung erhalten
SCOP (société coopérative ouvrière de production) *f* Arbeitergenossenschaft
SCP (société civile professionnelle) *f* Sozietät in Form einer GdBR (Gesellschaft des bürgerlichen Rechts)
SCPA (société en commandite par actions) *f* KGaA (Kommanditgesellschaft auf Aktien)
SCPI (société civile de placements immobiliers) *f* Investmentgesellschaft in Form einer GdBR, Immobilienfonds
scriptural, e bargeldlos, unbar, Skriptural-, Giral-
△ **change** ~ *m* Devisenhandel außer Sortenhandel; **monnaie ~e** *f* Giralgeld, Buchgeld, Skripturalgeld
scrutateur *m* Stimmen(aus)zähler
scrutin *m* Wahl, Wahlverfahren
△ **mode de** ~ *m* Wahlverfahren
~ **majoritaire** *m* Mehrheitswahl(recht)
~ **proportionnel** *m* Verhältniswahl (recht)
~ **universel** *m* allgemeines Wahlrecht (recht)
SCS (société en commandite simple) *f* KG (Kommanditgesellschaft)
SDF (sans-domicile fixe) *m* Obdachloser
SDR (Société de Développement Régional) *f* Gesellschaft für regionale Entwicklung, regionale Wirtschaftsförderungsgesellschaft
séance *f* Sitzung
~ **boursière** *f* Börsensitzung
~ **du conseil d'administration** *f* Verwaltungsratsitzung
~ **du conseil de surveillance** *f* Aufsichtsratsitzung
~ **extraordinaire** *f* Sondersitzung
~ **plénière** *f* Plenarsitzung, Vollversammlung
SECN (système élargi de comptabilité nationale) *m* offizielle Form der volkswirtschaftlichen Gesamtrechnung
Second Marché *m* geregelter Markt, Sekundärmarkt (Börse)
△ **inscrit, e/négocié, e au** ~ auf dem geregelten Markt gehandelt
secondaire sekundär, Sekundär-, Zweit-, Neben-
△ **besoins ~s** *m pl* Sekundärbedürfnisse; **compte** ~ *m* Zweitkonto, Unterkonto
seconder *qn* unterstützen *jdn*
secours *m* Hilfe, Unterstützung, Rettung
△ **hélicopter de ~ (médical)** *m* Rettungshubschrauber
△△ **voler au ~ de** *qn* zu Hilfe eilen *jdm*
~ **(médical) héliporté** *m* Hubschrauberrettungsdienst
~ **mutuel** *m* gegenseitige Hilfe, Selbsthilfeorganisation
secret *m* Geheimnis
~ **bancaire** *m* Bankgeheimnis
△ **levée du** ~ *f* Aufhebung des Bankgeheimnisses

△△ **être tenu, e au ~** an das Bankgeheimnis gebunden sein
~ **de fabrication** *m* Fabrikationsgeheimnis, Produktionsgeheimnis
~ **des affaires** *m* Geschäftsgeheimnis
~ **du salaire** *m* Lohngeheimnis
~ **du vote** *m* Wahlgeheimnis
~ **en matière fiscale** *m* Steuergeheimnis
~ **professionnel** *m* Berufsgeheimnis, berufliche Schweigepflicht
△ **obligation du ~** *f* berufliche Schweigepflicht
△△ **être tenu, e au ~** an die berufliche Schweigepflicht gebunden sein
~ **statistique** *m* Statistikgeheimnis

secteur *m* Bereich, Sektor, Branche, Sparte
△ **chef de ~** *m* Verkaufsgebietsleiter
~ **à forte implantation étrangère** *m* Gebiet mit hohem ausländischem Marktanteil
~ **agro-alimentaire** *m* Nahrungsmittelsektor, Nahrungsmittelbereich
~ **automobile** *m* Automobilbranche
~ **bancaire** *m* Bankensektor
~ **clé** *m* Schlüsselsektor
~ **commercial** *m* Vertriebssektor, Absatzwirtschaft, Handel, Vertrieb
~ **concurrentiel** *m* Wettbewerbssektor, privatwirtschaftlicher Sektor
~ **coopératif** *m* genossenschaftlicher Sektor, gemeinwirtschaftlicher Sektor
~ **d'activité (économique)** *m* Branche, Erwerbszweig, Wirtschaftsbereich, Wirtschaftssektor, Wirtschaftszweig
~**s d'activité économique** *m pl* wirtschaftliche Hauptsektoren
~ **de l'ameublement** *m* Möbelbranche
~ **de l'assurance** *m* Versicherungswirtschaft, Versicherungsbranche, Versicherungssektor
~ **de l'économie** *m* Branche, Erwerbszweig, Wirtschaftsbereich, Wirtschaftssektor, Wirtschaftszweig
~ **de l'énergie** *m* Energiesektor, Energiewirtschaft
~ **de la distribution** *m* Vertriebssektor, Absatzwirtschaft, Handel, Vertrieb
~ **de pointe** *m* Spitzenbereich, Spitzensektor, Spitzentechnologiesektor
~ **de vente** *m* Verkaufsgebiet, Vertriebsgebiet
~ **déficitaire** *m* verlustreiche Sparte
~ **des produits de base** *m* Grundstoffwirtschaft
~ **des services** *m* Dienstleistungsektor, Dienstleistungbereich
~ **des transports** *m* Transportsektor, Verkehrssektor
~ **du bâtiment** *m* Baubranche
~ **économique** *m* Branche, Erwerbszweig, Wirtschaftsbereich, Wirtschaftssektor, Wirtschaftszweig
~ **en croissance** *m* Wachstumsbranche, im Aufschwung befindlicher Sektor
~ **en déclin** *m* im Niedergang befindlicher Sektor
~ **en expansion** *m* Wachstumsbranche, im Aufschwung befindlicher Sektor
~ **en phase de croissance** *m* im Aufschwung befindlicher Sektor
~ **géographique** *m* Raum, Gebiet, Sektor, Region
~ **industriel** *m* Industriesektor, Industriebereich, Industriezweig
~ **institutionnel** *m* institutioneller Sektor (Volkswirtschaftliche Gesamtrechnung)
~ **le plus touché** *m* am meisten betroffene Branche
~ **locatif** *m* Miet(wohnungs)sektor
~ **médical** *m* Bereich der medizinischen Versorgung
~ **mutualiste** *m* Versicherungswesen auf Gegenseitigkeit, gemeinwirtschaftlicher Sektor, genossenschaftlicher Sektor
~ **non alimentaire** *m* Non-Food-Bereich
~ **peu pénétré** *m* wenig durchdrungener Markt/Sektor
~ **primaire** *m* primärer Sektor, Primärsektor
~ **privé** *m* Privatwirtschaft, privatwirtschaftlicher Bereich
~ **productif** *m* produktiver Sektor. produzierendes Gewerbe
~ **public** *m* öffentlicher Sektor, staatswirtschaftlicher Bereich
△ **entreprise du ~** *f* öffentliches Unternehmen
~ **quaternaire** *m* quaternärer Sektor, informationstechnischer Sektor
~ **secondaire** *m* sekundärer Sektor, industrieller Sektor

~ **semi-public** *m* halbstaatlicher Sektor
~ **tertiaire** *m* Dienstleistungsektor, tertiärer Sektor
section *f* Sektion, Abteilung
~ **auxiliaire** *f* Hilfskostenstelle
~ **homogène** *f* Kostenstelle
~ **principale** *f* Hauptkostenstelle
~ **syndicale** *f* Gewerkschaftsvertretung im Betrieb
sectoriel, le sektoral, nach Wirtschaftsbereichen
△ **chômage ~** *m* Arbeitslosigkeit in einer Branche
Sécu *(fam)* *f* Sozialversicherung
sécurisation *f* Sicherung, Verbriefung
~ **de créances bancaires** *f* Verbriefung von Bankforderungen (in Form von handelsfähigen Kapitalmarktpapieren)
sécurité *f* Sicherheit
△ **besoin de ~** *m* Sicherheitsbedürfnis; **contrôle de la ~** *m* Sicherheitsüberwachung
~ **au travail** *f* Arbeitssicherheit
~ **d'approvisionnement** *f* Versorgungsgarantie, Versorgungssicherheit
~ **d'emploi** *f* Arbeitsplatzsicherheit, Sicherheit des Arbeitsplatzes
~ **d'un placement** *f* Anlagensicherheit
~ **de l'emploi** *f* Arbeitsplatzsicherheit, Sicherheit des Arbeitsplatzes
~ **des biens et des personnes** *m* Versicherungen von Sachen und Personen
~ **incendie** *f* Brandschutz
Sécurité Sociale *f* Sozialversicherung
△ **assujetti, e à la ~** sozialversicherungspflichtig; **Caisse Nationale de ~** *f* französische Sozialversicherungskasse; **carte de ~** *f* Sozialversicherungsausweis; **système de ~** *m* Sozialversicherungssystem; **Union de Recouvrement de la ~ et des Allocations Familiales (URSSAF)** *f* mit der Erhebung der Sozialversicherungsbeiträge betraute Einzugsstelle
△△ **cotiser à la ~** Sozialversicherungsbeiträge entrichten
sédentaire seßhaft, stationär
△ **commerce non ~** *m* ambulanter Handel, Wandergewerbe; **commerce ~** *m* stationärer Handel
segment *m* Segment, Marktsegment
~ **de marché** *m* Marktsegment
△△ **attaquer un/s'attaquer à un ~** ein Marktsegment attackieren
segmentation *f* Segmentierung
△ **critère de ~** *m* Segmentierungskriterium
~ **du marché** *f* Marktsegmentierung
segmenter *qc* segmentieren *etw*
~ **le marché** den Markt segmentieren
sein *m* Busen, Schoß
△ **au ~ de ...** *m* innerhalb von ...; **au ~ de l'entreprise/ d'une institution** innerhalb des Unternehmens/einer Institution
seing *m* Siegel
△ **acte sous ~ privé** *m* privatschriftlicher Vertrag; **blanc ~** *m* Blankovollmacht; **sous ~ privé** privatschriftlich
séjour *m* Aufenthalt
△ **carte de ~ (temporaire)** *f* (befristete) Aufenthaltsgenehmigung; **délai de ~ en entrepôt** *m* Lagerzeit; **interdiction de ~** *f* Aufenthaltsverbot
sélectif, ve selektiv
sélection *f* Auswahl
sélectionner *qc/qn* auswählen, in die engere Wahl ziehen/nehmen (*etw/jdn*)
~ **un candidat** einen Kandidaten auswählen
sellette *f* (früher: Anklagebank)
△ **sur la ~** im Kreuzfeuer der Kritik, auf der Anklagebank
selon *qc/qn* gemäß/nach *etw/jdm*, zufolge *etw/jdm*, je nach *etw*
~ **la presse** der Presse zufolge
~ **le(s) produit(s)** je nach Produkt(en)
semaine *f* Woche
~ **commerciale** *f* Aktionswoche/Werbeaktion des Handels (mit Sonderangeboten, Lotterie etc.)
~ **de 35 heures** *f* 35-Stunden-Woche
semestre *m* Halbjahr, Semester
△ **jusqu'au second ~** bis zum zweiten Halbjahr
semestriel, le halbjährlich
△ **base ~le** *f* Halbjahresbasis
semi- halb-
~**-fini, e** halb fertig
△ **biens/produits semi-finis** *m pl* Zwischenerzeugnisse, Halbfertigprodukte, Halberzeugnisse, Halbfabrikate, Halbware, Zwischenprodukte, Vorprodukte
~**-grossiste** *m* Halbgroßhändler

~-ouvré, e halb fertig
△ **biens/produits semi-ouvrés** *m pl* Zwischenerzeugnisse, Halbfertigprodukte, Halberzeugnisse, Halbfabrikate, Halbware, Zwischenprodukte, Vorprodukte
~-public, que halböffentlich, gemischtwirtschaftlich
△ **banque semi-publique** *f* gemeinwirtschaftliche/gemischtwirtschaftliche Bank; **entreprise semi-publique** *f* gemischtwirtschaftliches Unternehmen; **organismes semi-publics et publics** *m pl* halböffentliche und öffentliche Einrichtungen/Organisationen
~-remorque *f* Sattelzug, Sattelschlepper
Sénat *m* Senat (zweite Kammer des französischen Parlaments)
sens *m* Sinn, Gefühl
~ de *qc* *m* Sinn für *etw*, Gefühl für *etw*
~ de l'honneur *m* Ehrgefühl
~ des affaires *m* Geschäftssinn
sensibiliser *qn* à *qc* sensibilisieren *jdn* für/zu *etw*
sensible empfindlich, spürbar
~ à *qc* empfindlich für/gegenüber *etw*
~ aux mouvements de la conjoncture konjunkturempfindlich
sensiblement deutlich, merklich, spürbar
sentence *f* Richterspruch
~ arbitrale *f* Schiedsspruch
~ d'arbitrage *f* Schiedsspruch
sentir (se faire) spürbar werden
séparation *f* Getrenntleben, Trennung
~ de corps *f* Getrenntleben, Trennung
~ de biens *f* Gütertrennung
séparé, e getrennt lebend
séparément getrennt
séparer (*qc*/*qn* de *qc*/*qn*) trennen (*etw*/*jdn* von *etw*/*jdm*)
~ (de *qn*/de *qc*) (se) sich trennen (von *jdm*/von *etw*)
série *f* Serie, Reihe
△ **collision de ~** *f* Massenauffahrunfall; **en grande(s) ~(s)** Serien-, Massen-, Großserien-; **fabrication de ~s altérnées** *f* Sortenfertigung; **fabrication en grande(s) ~(s)** *f* Serienfertigung, Massenfertigung, Massenproduktion, **fabrication en ~s** *f* Serienfertigung; **fin de ~** *f* auslaufende Serie, Auslaufmodell; **grande ~** *f* Großserie; **production en grande(s) ~(s)** *f* Serienfertigung, Massenfertigung, Massenproduktion, Großserienproduktion; **production en petite(s) ~(s)** *f* Kleinserienfertigung, Kleinserienproduktion; **production en ~(s)** *f* Serienfertigung, Serienproduktion; **produit de grande ~** *m* Massenartikel, Massenprodukt, Großserienprodukt
△△ **fabriquer/produire de grandes ~s** große Serien fertigen, große Stückzahlen herstellen; **produire en ~(s)/en masse (*qc*)** in Massenfertigung/Serienfertigung fertigen/herstellen (*etw*)
~ de restructurations *f* Reihe von Umstrukturierungsmaßnahmen
sérieux, se ernst, ernsthaft, ernstzunehmend, schwerwiegend
serment *m* Eid, Schwur
SERNAM (Service national des messageries) *m* Stückbeförderungsdienst der französischen Eisenbahn
serpent *m* Schlange
~ monétaire (européen) *m* (europäische) Währungsschlange
serré, e eng, knapp, scharf kalkuliert
△ **bugdet ~** *m* knappes Budget
serrer *qc* anziehen *etw*
~ la vis fiscale die Steuerschraube anziehen
serveur *m* Datenbankdienst, Mailbox, Server
service *m* 1. Dienstleistung 2. (*pl*) Dienstleistungssektor 3. Abteilung, Dienststelle, Dienst 4. Bedienung 5. Service 6. Nutzen
△ **balance des ~s** *f* Dienstleistungsbilanz; **biens et ~s** *m pl* Güter und Dienstleistungen, Waren und Dienstleistungen; **chef de ~** *m* Abteilungsleiter; **de ~** im Dienst, diensthabend, diensthabender ...; **directive de ~** *f* Dienstvorschrift; **échanges de ~s** *m pl* Dienstleistungsverkehr; **en libre ~** Selbstbedienungs-; **en ~** in Betrieb, im Dienst; **entreprise prestataire de ~s** *f* Dienstleistungsunternehmen; **flux de ~s** *m pl* Dienstleistungsströme; **hors ~** außer Betrieb; **internationalisation des ~s** *f* zunehmende Verflechtung im internationalen Dienstleistungsverkehr; **libéralisation des ~s** *f* Liberalisierung

des Dienstleistungsverkehrs; **libre ~** *m* Selbstbedienung, Selbstbedienungsladen; **mini-libre-~** *m* kleines Lebensmittelgeschäft mit Selbstbedienung; **nouveaux ~s** *m pl* neue Dienstleistungen; **prestataire de ~s** *m* Anbieter von Dienstleistungen, Dienstleister; **prestation de ~s** *f* Dienstleistung, Anbieten von Dienstleistungen, Verkauf von Dienstleistungen, Erbringen von Dienstleistungen; **production de biens et ~s** *f* Leistungserstellung; **production de ~s** *f* Erbringung von Dienstleistungen; **secteur des ~s** *m* Dienstleistungsektor, Dienstleistungbereich; **société de ~(s)** *f* Dienstleistungsunternehmen; **utilisation de ~s** *f* Inanspruchnahme von Dienstleistungen; **vente en libre ~** *f* Selbstbedienungs, in Selbstbedienung

△△ **entrer au ~ de *qn*** in *jds* Dienst treten; **entrer en ~** in Betrieb gehen; **offrir des ~s** Dienstleistungen anbieten; **rendre ~ à *qn*** nützlich sein für *jdn*, sich nützlich machen für *jdn*

~ **achat** *m* Einkaufsabteilung, Einkauf, Beschaffungsabteilung

~s **annexes** *m pl* Nebenleistungen

~ **après-vente (SAV)** *m* Kundendienst

~s **aux entreprises** *m pl* unternehmensbezogene Dienstleistungen

~s **aux particuliers** *m pl* Dienstleistungen für Privatkunden

~s **bancaires** *m pl* Bankdienstleistungen, Bankdienste

~ **boursier** *m* Börsenabteilung

~ **civil** *m* Zivildients

~(-)**clientèle/clients** *m* Kundenpflege, Kundendienst, Service

~s **collectifs** *m pl* öffentliche Dienstleistungen

~ **commercial** *m* 1. kommerzielle Dienstleistung 2. Verkaufsabteilung, Verkauf, Vertrieb, Vertriebsabteilung

~s **commerciaux** *m pl* 1. kommerzielle Dienstleistungen 2. Verkaufsabteilung, Verkauf, Vertrieb, Vertriebsabteilung

~ **comptabilité/comptable** *m* Buchhaltung, Buchhaltungsabteilung

~-**conseil** *m* Beratung

~ **d'achat(s)** *m* Einkaufssabteilung, Einkauf, Beschaffungsabteilung

~ **d'approvisionnement** *m* Einkaufsabteilung, Einkauf, Beschaffungsabteilung

~s **d'assurance** *m pl* Versicherungsdienstleistungen

~ **d'entretien** *m* Reinigungsdienst, Wartungsdienst

~ **d'expédition** *m* Versandabteilung

~ **de comptabilité** *m* Buchhaltung, Buchhaltungsabteilung

~ **de conseil** *m* Beratungs(dienst)leistung

~ **de documentation** *m* Dokumentationsabteilung, Archiv

~ **de gestion de patrimoine** *m* Vermögensverwaltung

~ **de gestion de portefeuille(s)** *m* Portfolioverwaltung

~ **de la dette** *m* Schuldendienst

~ **de la dette extérieure** *m* Auslandsschuldendienst

~ **de la main-d'oeuvre** *m* Arbeitsvermittlung

~ **de maintenance** *m* Wartungsdienst

~ **de manutention des marchandises** *m* Warenwirtschaft(sdienst), Güterladedienst, Lagerdienst

~ **de marketing** *m* Marketingabteilung

~ **de médecine préventive** *m* präventivmedizinischer Dienst, medizinische Vorsorge

~ **de messagerie** *m* Kurierdienst

~ **de paie/paye** *m* Lohnbuchhaltung

~ **de production** *m* Fertigungsabteilung, Produktionsabteilung

~ **de recherche et (de) développement** *m* Forschungs- und Entwicklungsabteilung

~s **de santé** *m pl* Gesundheitsdienstleistungen

~ **de traduction** *m* Übersetzungsabteilung

~ **de vente(s)** *m* Verkaufsabteilung, Verkauf, Vertrieb, Vertriebsabteilung

~ **des achats** *m* Einkaufssabteilung, Einkauf, Beschaffungsabteilung

~ **des approvisionnements** *m* Einkaufsabteilung, Einkauf, Beschaffungsabteilung

~ **des chèques postaux** *m* Postscheckamt

~s **des organismes financiers** *m pl* Bankdienstleistungen

~ **des titres** *m* Wertpapierabteilung
~ **des ventes** *m* Verkaufsabteilung, Verkauf, Vertrieb, Vertriebsabteilung
~s **domestiques** *m pl* häusliche Dienstleistungen
~s **douaniers** *m pl* Zollbehörden
~ **du cadastre** *m* Vermessungsamt, Katasteramt
~ **du client** *m* Kundenpflege, Kundendienst
~ **du contentieux** *m* Rechtsabteilung
~ **du contrôle de la qualité** *m* Abteilung für Qualitätsprüfung
~ **du magasin** *m* Lager, Lagerhaltung
~ **du personnel** *m* Personalabteilung
~ **du recouvrement** *m* Inkassoabteilung
~(-)**entretien** *m* Reinigungsdienst, Wartungsdienst, Kundendienst
~ **étranger** *m* Auslandsabteilung
~ **export(ation)** *m* Exportabteilung
~s **extérieurs** *m pl* Fremdleistungen
~ **financier** *m* Finanzabteilung
~s **financiers** *m pl* Finanzdienstleistungen
~s **fiscaux** *m pl* Steuerverwaltung
~s **grand-public** *m pl* Dienstleistungen für ein breites Publikum
~ **immobilier** *m* Immobilienabteilung
~ **import-export** *m* Import-Export-Abteilung
~s **marchands** *m pl* gewerbliche Dienstleistungen, entgeltliche Dienstleistungen, Dienstleistungen zu Marktpreisen
~s **marchands aux entreprises** *m pl* gewerbliche Dienstleistungen für Unternehmen
~s **marchands aux particuliers** *m pl* gewerbliche Dienstleistungen für Privatkunden
~s **marchands de santé** *m pl* gewerbliche medizinische Dienstleistungen
~s **marchands financiers** *m pl* gewerbliche Finanzdienstleistungen
~ **marketing** *m* Marketingabteilung
Service national de messageries (SERNAM) *m* Stückbeförderungsdienst der französischen Eisenbahn
~s **non marchands** *m pl* nicht gewerbliche Dienstleistungen, Dienstleistungen des staatswirtschaftlichen Sektors
~ **public** *m* staatliche Dienststelle, Behörde, öffentliche Einrichtung
△ **chaîne de ~** *f* öffentlich-rechtliche Rundfunktanstalt/Fernsehanstalt, öffentlich-rechtlicher Sender; **de ~** öffentlich-rechtlich; **entreprise de ~** *f* öffentliches Dienstleistungsunternehmen
~s **publics** *m pl* 1. Behörden 2. öffentliche Dienstleistungen
~ **publicité** *m* Werbeabteilung
~ **R&D/recherche et développement** *m* Forschungs- und Entwicklungsabteilung
~ **récréatif et culturel** *m* Abteilung für Kultur und Freizeit
~ **rendu** *m* Nutzen
~s **rendus principalement aux particuliers** *m pl* überwiegend für Privatkunden bestimmte Dienstleistungen
~ **social** *m* Sozialabteilung, Sozialdienst
~s **sociaux** *m pl* soziale Dienstleistungen, Sozialabteilung, Sozialdienst
~ **technique** *m* technische Abteilung
~s **télématiques** *m pl* Online-Dienste
~s **traditionnels** *m pl* traditionelle Dienstleistungen
~ **vente** *m* Verkaufsabteilung, Verkauf, Vertrieb, Vertriebsabteilung
~ **vocal** *m* Telefonansagedienst
servir ***qc/qn*** bedienen *etw/jdn*
~ **à** ***qc*** dienen für *etw*
~ **de ... à ...** dienen als ... für ...
~ **de moteur à ...** ein starker Antrieb sein für ...
~ **des intérêts** Zinsen zahlen
~ **une dette** eine Schuld abtragen
servitude *f* Dienstbarkeit, Servitut
session *f* Sitzungsperiode
seuil *m* Schwelle, Grenze, Marke
△△ **repasser le ~ des x millions** erneut die x-Millionen-Grenze/Schwelle überschreiten
~ **d'autorisation** *m* Kreditlinie, Kreditrahmen
~ **d'imposition** *m* Steuerfreigrenze
~ **d'intervention** *m* Interventionspunkt
~ **de déclenchement du SMIC** *m* Schwelle, ab der der Mindestlohn gezahlt wird
~ **de divergence** *m* Abweichungsschwelle
~ **de pauvreté** *m* Armutsgrenze
△△ **vivre en dessous du ~** unterhalb der Armutsgrenze leben

~ **de rentabilité** *m* Rentabilitätsschwelle, Gewinnschwelle, Break-Even-Point
~ **de rentabilité d'un prix** *m* Preisuntergrenze
~ **minimum** *m* Mindestschwelle, Untergrenze
SICAV (Société d'investissement à capital variable) *f* Investmentgesellschaft, Investmentfonds, Investmentzertifikat, Investmentanteilschein, Beteiligungsgesellschaft, Kapitalanlagegesellschaft
△ **souscripteur de ~** *m* Zeichner von Investmentpapieren
~ **à réméré** *fpl* Geldmarktfonds (Investmentfonds)
~ **actions diversifiées** *fpl* breit gestreuter Aktienfonds (Investmentfonds)
~ **actions spécialisées** *fpl* spezialisierter Aktienfonds (Investmentfonds)
~ **court terme** *fpl* Investmentfonds für kurzfristige Anlagen
~ **d'accumulation** *fpl* Thesaurisierungfonds, Wiederanlagefonds (Investmentfonds)
~ **d'actions** *fpl* Aktienfonds (Investmentfonds)
~ **de revenu** *fpl* Renditefonds (Investmentfonds)
~ **de trésorerie** *fpl* Investmentfonds für kurzfristige Anlagen
~ **monétaires** *fpl* Geldmarktfonds (Investmentfonds)
~ **Monory** *fpl* Investmentfonds im Rahmen des steuerbegünstigten Aktiensparens
~ **obligataire** *fpl* Rentenfonds (Investmentfonds)
SICOMI (Société immobilière pour le commerce et l'industrie) *f* Immobilienfonds (Immobilieninvestitionsgesellschaften zur Errichtung und Vermietung gewerblicher Gebäude)
SICOVAM (Société interprofessionnelle pour la compensation des valeurs mobilières) *f* Wertpapiersammelbank, Girosammeldepot
sidérurgie *f* Stahlindustrie
sidérurgique Hütten-, Eisen-, Eisenhütten-, Stahlhütten-
sidérurgiste *m* Metallarbeiter
siège *m* Sitz
~ **central** *m* Hauptsitz, Stammsitz
~ **de l'OCDE** *m* OECD-Sitz
~ **principal** *m* Hauptsitz
~ **social** *m* Firmensitz, Geschäftssitz, Gesellschaftssitz
siéger tagen
~ **dans une commission** Ausschußmitglied sein
sien *qc* (faire) sich *etw* zu eigen machen
signaler *qc* (à *qn*) hinweisen auf *etw* (*jdn*)
signataire *m* Unterzeichner
signature *f* Unterschrift, Vertragsabschluß
△ **droit de ~** *m* Zeichnungsrecht; **spécimen de ~** *m* Unterschriftsprobe
~ **d'un/de contrat** *f* Vertragsabschluß, Vertragsunterzeichnung
~ **des statuts** *f* Unterzeichnung der Satzung
signer *qc* unterzeichnen, unterschreiben *etw*, abschließen (Vertrag)
~ **un accord** ein Abkommen unterzeichnen
~ **un constat amiable** einen Unfallbericht unterschreiben
~ **un contrat** einen Vertrag unterschreiben/unterzeichnen/abschließen
~ **un contrat d'assurance** einen Versicherungsvertrag unterschreiben/unterzeichnen/abschließen
~ **un traité** ein Vertragswerk unterzeichnen
~ **une convention collective** einen Tarifvertrag unterzeichnen, abschließen
significatif, ve bedeutend, wichtig
~ **comme indicateur de tendance** mit großem Indikationswert
signifier *qc* zustellen *etw* (behördlich z.B. durch Gerichtsvollzieher)
SII (Société immobilière d'investissement) *f* Immobilienfonds (Immobilieninvestitionsgesellschaft zur Errichtung und Vermietung von Wohnungen)
silice *m* Kieselerde, Silicium
similaire ähnlich, gleichartig
simple einfach
△ **cautionnement ~** *m* selbstschuldnerische Bürgschaft
~ **possession** *f* bloßer Besitz
simplification des procédures d'imposition *f* Vereinfachung des Besteuerungsverfahren

sincérité *f* Aufrichtigkeit
~ **du bilan** *f* Bilanzwahrheit
sinistralité *f* Schadenshäufigkeit, Schadenswahrscheinlichkeit
sinistre *m* 1. Schaden, Schadensfall, Versicherungsfall, Versicherungsschaden 2. Unglück, Katastrophe
△ **déclaration de ~** *f* Schadensmeldung; **en cas de ~** *m* im Schadensfall; **expertise du ~** *f* Schadenbegutachtung; **gestion des ~s** *f* Schadensabwicklung; **montant du ~** *m* Schadenshöhe; **règlement du ~** *m* Schadensabwicklung, Schadensregulierung
△△ **déclarer le/un ~** den/einen Schaden melden; **estimer l'importance d'un/du ~** einen/den Schaden abschätzen; **être victime d'un ~ majeur** einen größeren Schaden erleiden; **évaluer l'importance d'un/du ~** einen/den Schaden abschätzen
~ **indemnisable** *m* Schadensfall mit Entschädigungsanspruch
~ **majeur** *m* größerer Schaden
△△ **être victime d'un ~** einen größeren Schaden erleiden
sinistré *m* Geschädigter
sinistré, e geschädigt, von einem Schaden betroffen
SIREN *m* Verzeichnis der Handelsregisternummern (Unternehmen)
△ **numéro ~** *m* Handelsregisternummer (Unternehmen)
SIRENE (Système Informatique du Répertoire des Entreprises et Etablissements) *m* EDV-Register der Handelsregisternummern
SIRET *m* Verzeichnis der Handelsregisternummern (Betriebsstätten)
△ **numéro ~** *m* Handelsregisternummer (Betriebsstätte)
site *m* Ort, Lage, Standort
△ **choix du ~** *m* Standortwahl
~ **classé** *m* Naturdenkmal, unter Naturschutz stehendes Denkmal
~ **industriel** *m* Industriestandort
situation *f* 1. Situation, Lage 2. Arbeitsplatz, Arbeitsstelle
△ **amélioration de la ~** *f* Verbesserung der Lage; **dégradation/détérioration de la ~** *f* Verschlechterung der Lage; **examen de la ~** *m* Beurteilung der Lage
△△ **avoir une bonne ~** einen guten Arbeitsplatz haben; **chercher une ~** eine Arbeitsstelle suchen; **la ~ de l'emploi s'est améliorée/dégradée/détériorée** die Beschäftigungslage hat sich gebessert/verschlechtert
~ **conjoncturelle** *f* Konjunkturlage
~ **des commandes** *f* Auftragslage
~ **de compte** *f* Kontostand
~ **de famille** *f* Familienstand
~ **de l'emploi** *f* Beschäftigungslage
~ **de monopole** *f* Monopolzustand
~ **de revenu** *f* Einkommensverhältnis
~ **de trésorerie** *f* Liquiditätslage
~ **des ressources** *f* Einkommensverhältnisse
~ **du marché** *f* Marktlage
~ **du patrimoine** *f* Vermögenslage
~ **financière** *f* finanzielle Lage
~ **irrégulière (en)** illegal
~ **juridique** *f* rechtliche Stellung, rechtliche Lage
~ **nette** *f* Reinvermögen
~ **nette comptable** *f* buchhalterisches Reinvermögen
~ **par rapport à la concurrence** *f* Wettbewerbssituation
~ **sur le marché du travail** *f* Arbeitsmarktlage
situé, e gelegen
△ **bien ~** in bevorzugter Lage
~ **en bas/milieu de gamme** im unteren/mittleren Qualitätsbereich angesiedelt
slogan *m* Slogan, Spruch, Motto
~ **publicitaire** *m* Werbeslogan, Werbespruch
SME (Système monétaire européen) *m* EWS (Europäisches Währungssystem)
△ **entrée dans le ~** *f* Beitritt zum EWS
SMI (Système monétaire international) *m* IWS (Internationales Währungssystem)
SMIC (salaire minimum interprofessionnel de croissance) *m* dynamischer gesetzlicher Mindestlohn
△ **ajustement du ~** Anpassung des gesetzlichen Mindestlohns; **augmentation du ~** *f* Erhöhung des gesetzlichen Mindestlohns; **majoration/relèvement du ~** *m* Anhebung des gesetzlichen Mindestlohns

△△ **ajuster le ~** den gesetzlichen Mindestlohn anpassen; **augmenter le ~** den gesetzlichen Mindestlohn erhöhen/anheben; **être payé au ~** den gesetzlichen Mindestlohn beziehen; **majorer le ~** den gesetzlichen Mindestlohn erhöhen; **relever le ~** den gesetzlichen Mindestlohn erhöhen; **toucher le ~** den gesetzlichen Mindestlohn beziehen; **travailler au ~** zum gesetzlichen Mindestlohn arbeiten

~ **horaire** *m* gesetzlicher Mindeststundenlohn

smicard *m* Mindestlohnempfänger, Mindestlohnbezieher, Niedriglohnempfänger, Niedriglohnbezieher

SNC (Société en nom collectif) *f* OHG (Offene Handelsgesellschaft)

SNCF (Société nationale des chemins de fer français) *f* staatliche französische Eisenbahnbetriebe

sobre nüchtern, karg, schmucklos

social, e Gesellschafts-, Sozial-, sozial

△ **abus de biens sociaux** *m* Veruntreuung, Unterschlagung von Vermögenswerten (einer Gesellschaft); **action ~e** *f* soziales Handeln, Sozialmaßnahmen; **affaires économiques et ~es** *f pl* Wirtschaft und Sozialwesen; **aide ~e** *f* Sozialhilfe; **assurance ~e** *f* Sozialversicherung; **assurés sociaux** *m pl* Sozialversicherte; **avantages sociaux** *m pl* Sozialleistungen; **biens sociaux** *m pl* Vermögenswerte (einer Gesellschaft); **bilan ~** *m* Sozialbericht eines Unternehmens; **budget ~** *m* Sozialhaushalt; **capital ~** *m* Gesellschaftskapital, Stammkapital (GmbH), Grundkapital (AG); **carte de Sécurité ~e** *f* Sozialversicherungsausweis; **cas ~** *m* Sozialfall; **catégorie ~e** *f* soziale Schicht, Gruppe; **classe ~e** *f* soziale Schicht, Gruppe; **charges ~es** *f pl* Soziallasten, Sozialbeiträge, Sozialabgaben; **charges ~es et fiscales** *f pl* Sozialabgaben und Steuern; **climat ~** *m* Sozialklima; **Conseil économique et ~ (CES)** *m* Wirtschafts- und Sozialrat; **Contribution ~e généralisée (CSG)** *f* Sozialabgabe, die seit 1991 auf alle Einkommen erhoben wird; **cotisations ~es** *f pl* Sozialabgaben, Sozialbeiträge, Beiträge zur Sozialversicherung, Sozialversicherungsbeiträge; **coût ~** *m* soziale Kosten; **couverture ~e** *f* soziale Sicherung; **CSG (Contribution ~e généralisée)** *f* Sozialabgabe, die seit 1991 auf alle Einkommen erhoben wird; **dénomination ~e** *f* Firma, Firmenname; **dépenses de protection ~e** *f pl* Sozialversicherungskosten; **dépenses ~es** *f pl* Sozialausgaben; **développement ~** *m* soziale Entwicklung; **dettes ~s** *f pl* Gesellschaftsschulden, Gesellschaftsverbindlichkeiten; **droit ~** *m* Sozialrecht; **économie ~e de marché** *f* soziale Marktwirtschaft; **oeuvres ~es** *f pl* Sozialdienst; **organisme de protection ~e** *m* Sozialversicherungseinrichtung; **part ~e** *f* Gesellschaftsanteil, Unternehmensanteil; **partenaires sociaux** *m pl* Sozialpartner, Tarifparteien, Tarifpartner; **passif ~** *m* Verbindlichkeiten der Gesellschaft; **plan ~** *m* Sozialplan; **politique ~e** *f* Sozialpolitik; **prestations ~es** *f pl* Sozialleistungen, Sozialbezüge, Leistungen der Sozialversicherung, Bezüge aus der Sozialversicherung; **protection ~e** *f* soziale Sicherung; **raison ~e** *f* Firma, Firmenname; **remboursement de la dette ~e (RDS)** *m* Sondersteuer zum Abbau des Sozialversicherungsdefizits; **revenus sociaux** *m pl* Sozialeinkommen, Transfereinkommen, Sozialbezüge; **Sécurité ~e** *f* Sozialversicherung; **service ~** *m* Sozialabteilung, Sozialdienst; **siège ~** *m* Firmensitz, Geschäftssitz, Gesellschaftssitz; **traitement ~ du chômage** *m* Bekämpfung der Arbeitslosigkeit durch soziale Maßnahmen; **transferts sociaux** *m pl* Einkommensübertragungen

△△ **alléger le poids des charges ~es et fiscales** die Abgaben- und Steuerlast senken

socialisation *f* Vergesellschaftung, Sozialisierung

~ **des moyens de production** *f* Vergesellschaftung der Produktionsmittel

sociétaire (d'une association/coopérative/mutuelle) *m* Genosse, Mitglied (eines Vereins/einer Genossenschaft/eines Versicherungsvereins auf Gegenseitigkeit)

sociétaire Gesellschafts-, in Form einer Gesellschaft
△ **entreprise ~** *f* Gesellschaft, Unternehmen, das in Gesellschaftsform

société *f* Gesellschaft, Firma, Unternehmen
△ **acte constitutif d'une ~** *m* Gründungsakt, Gründungshandlung; **cession de parts de ~** *f* Veräußerung von Unternehmensanteilen; **contrat de ~** *m* Gesellschaftsvertrag; **dissolution d'une ~** *f* Auflösung einer Gesellschaft; **droit des ~s** *m* Gesellschaftsrecht; **fusion de ~s** *f* Fusion von Gesellschaften; **gestion de la ~** *f* Unternehmenspolitik, Unternehmensführung; **impôt sur les (revenus des) ~s (IS)** *m* Körperschaftsteuer; **liquidation d'une ~** *f* Auflösung, Liquidierung einer Gesellschaft; **OPA d'une ~ sur une autre** *f* Übernahmeangriff eines Unternehmens auf ein anderes; **parts de ~** *fpl* Gesellschaftsanteile, Unternehmensanteile; **quasi-~ publique** *f* eine der Rechtsformen von Staatsunternehmen; **Registre du Commerce et des Sociétés (RCS)** *m* Handelsregister
△△ **absorber une ~** ein Unternehmen übernehmen/eingliedern; **constituer une ~** eine Firma gründen; **créer une ~** eine Firma gründen; **dissoudre une ~** eine Firma auflösen; **fonder une ~** eine Firma gründen; **lancer une OPA sur une ~** ein Übernahmeangebot machen/starten auf eine Gesellschaft; **liquider une ~** eine Gesellschaft auflösen/liquidieren; **mettre une ~ en liquidation** eine Gesellschaft auflösen/liquidieren; **modifier les statuts d'une ~** die Satzung einer Gesellschaft ändern; **racheter une ~** eine Gesellschaft, Firma aufkaufen

~ **à but lucratif** *f* Gesellschaft mit Erwerbscharakter
~ **à but non lucratif** *f* Gesellschaft ohne Erwerbscharakter
~ **à responsabilité limitée (SARL)** *f* Gesellschaft mit beschränkter Haftung (GmbH)
~ **absorbante/absorbée** *f* übernehmende/übernommene Gesellschaft
~ **anonyme (SA)** *f* Aktiengesellschaft (AG)
~ **civile (SC)** *f* Gesellschaft des bürgerlichen Rechts, BGB-Gesellschaft, GdbR
~ **civile immobilière (SCI)** *f* Bauträgergesellschaft (in der Rechtsform einer GdBR)
~ **civile professionnelle (SCP)** *f* Sozietät (in der Rechtsform einer GdBR)
~ **cliente** *f* Kunde
~ **commerciale** *f* Gesellschaft, gewerbliches Unternehmen, Handelsgesellschaft
~-**conseil** *f* Beratungsgesellschaft, Consultingunternehmen
~ **coopérative** *f* eingetragene Genossenschaft, Kooperative, Genossenschaft
~ **coopérative ouvrière de production (SCOP)** *f* Arbeitergenossenschaft
~ **cotée en Bourse** *f* Publikumsgesellschaft, börsennotierte Gesellschaft
~ **cotée sur le hors cote** *f* Gesellschaft, deren Anteile an der Freiverkehrsbörse gehandelt werden
~ **créée de facto/créée de fait** *f* De-Fakto-Gesellschaft
~ **d'affacturage** *f* Factoring-Gesellschaft, Inkassogesellschaft
~ **d'assurance à forme mutuelle** *f* Versicherungsverein auf Gegenseitigkeit
~ **d'assurance privée** *f* private Versicherungsgesellschaft
~ **d'économie mixte** *f* Gesellschaft mit staatlicher Beteiligung, gemischtwirtschaftliche Gesellschaft
~ **d'expertise comptable** *f* Buchprüfungsgesellschaft
~ **d'import-export** *f* Import-Export-Firma, Gesellschaft für Import und Export
~ **d'ingénierie** *f* Ingenieurbüro
~ **d'investissement** *f* Investmentgesellschaft
~ **d'investissement à capital fixe** *f* geschlossener Fonds
~ **d'investissement à capital variable (SICAV)** *f* 1. Investmentgesellschaft, Investmentfonds 2. Investmentzertifikat, Investmentanteilschein
~ **de Bourse** *f* Börsenmaklergesellschaft (seit 1989)
~ **de capital (à) risque** *f* Wagnisfinanzierungsgesellschaft
~ **de capitaux** *f* Kapitalgesellschaft
~ **de caution mutuelle** *f* Kreditversicherungsgesellschaft

~ **de conseil** *f* Beratungsgesellschaft, Consultingunternehmen
~ **de consommation** *f* Konsumgesellschaft
~ **de courtage** *f* Maklerbüro
~ **de crédit** *f* Kreditgesellschaft
~ **de crédit-bail** *f* Leasing-Gesellschaft
~ **de Développement Régional (SDR)** *f* Gesellschaft für regionale Entwicklung, regionale Wirtschaftsförderungsgesellschaft
~ **de facto/de fait** *f* De-Fakto-Gesellschaft
~ **de financement** *f* Finanzierungsgesellschaft
~ **de financement de vente à crédit** *f* Kreditfinanzierungsgesellschaft
~ **de gestion de coupons** *f* Kuponverwaltungsgesellschaft
~ **de leasing** *f* Leasing-Gesellschaft
~ **de logiciels** *f* Softwarehaus, Softwarefirma
~ **de négoce** *f* Handelsfirma, Großhandelsfirma
~ **de personnes** *f* Personengesellschaft
~ **de portefeuille** *f* Beteiligungsgesellschaft, Unternehmensbeteiligungsgesellschaft
~ **de réassurance** *f* Rückversicherung
~ **de renseignements commerciaux** *f* Wirtschaftsauskunftei
~ **de service(s)** *f* Dienstleistungsunternehmen
~ **de télémarketing** *f* Telemarketingunternehmen
~ **de travail temporaire** *f* Zeitarbeitfirma
~ **de vente par correspondance** *f* Versandhaus
~ **dépendante** *f* abhängige Gesellschaft
~ **des Bourses françaises (SBF)** *f* Dachverband der französischen Börsenmaklergesellschaften
~ **écran** *f* Briefkastenfirma
~ **en commandite par actions (SCPA)** *f* Kommanditgesellschaft auf Aktien (KGaA)
~ **en commandite simple (SCS)** *f* Kommanditgesellschaft (KG)
~ **en expansion** *f* expandierendes Unternehmen
~ **en liquidation** *f* in Konkurs geratene Gesellschaft
~ **en nom collectif (SNC)** *f* Offene Handelsgesellschaft (OHG)
~ **en participation** *f* stille Gesellschaft, stille Beteiligung, stille Beteiligungsgesellschaft
△ **associé d'une ~** *m* stiller Gesellschafter
~ **faisant appel à l'épargne publique** *f* Publikumsgesellschaft, börsennotierte Gesellschaft
~ **familiale** *f* Gesellschaft in Familienbesitz, Familiengesellschaft
~ **fictive** *f* Scheingesellschaft
~ **fiduciaire** *f* Treuhandgesellschaft
~ **filiale** *f* Tochterunternehmen
~ **financière** *f* Finanzierungsgesellschaft
~ **financière de droit privé** *f* privatrechtliche Finanzierungsgesellschaft
~ **foncière** *f* Immobiliengesellschaft
~ **française d'enquête par sondage (SOFRES)** *f* französisches Meinungsforschungsinstitut
~**(-)holding** *f* Holding, Holdinggesellschaft
~ **immobilière** *f* Immobiliengesellschaft
~ **immobilière à vocations locatives** *f* Mietwohnungsbauunternehmen
~ **immobilière d'investissement (SII)** *f* Immobilienfonds (Immobilieninvestitionsgesellschaft zur Errichtung und Vermietung von Wohnungen)
~ **immobilière pour le commerce et l'industrie (SICOMI)** *f* Immobilienfonds (Immobilieninvestitionsgesellschaften zur Errichtung und Vermietung gewerblicher Gebäude)
~ **import-export** *f* Import-Export-Firma, Gesellschaft für Import und Export
~ **inscrite au hors cote** *f* Gesellschaft, deren Anteile an der Freiverkehrsbörse gehandelt werden
~ **mère** *f* Muttergesellschaft, Mutter
~ **multinationale** *f* multinationales Unternehmen, Multi
~ **mutualiste** *f* Versicherungsverein auf Gegenseitigkeit, genossenschaftliche Bank
~ **mutuelle** *f* Gesellschaft des gemeinwirtschaftlichen/genossenschaftlichen Sektors, Versicherungsverein auf Gegenseitigkeit

~ **nationalisée** *f* verstaatlichte Gesellschaft
~ **non bancaire** *f* Nichtbank
~ **occulte** *f* stille Gesellschaft, stille Beteiligung, stille Beteiligungsgesellschaft
~ **par actions** *f* Aktiengesellschaft (z.B. AG, KGaA)
~ **pétrolière** *f* Ölgesellschaft, Erdölgesellschaft
~ **privée** *f* Privatunternehmen
~ **semi-publique** *f* gemischtwirtschaftliche Gesellschaft
~**s et quasi-~s non financières** *f pl* Sammelbezeichnung in der französischen Volkswirtschaftlichen Gesamtrechnung für die Unternehmungen des privaten und öffentlichen Sektors (außer Banken, Versicherungen und Einzelunternehmen)

socio-culturel, le sozio-kulturell
△ **environnement ~** *m* soziokulturelle Umwelt

socio-démographique sozio-demographisch
△ **environnement ~** *m* sozio-demographische Umwelt

socio-économique sozio-ökonomisch

socio-professionnel, le sozial/gesellschaftlich und berufsbezogen
△ **catégorie ~le** *f* Berufsgruppe
~-style *m* Life Style

SOFRES (Société française d'enquête par sondage) *f* französisches Meinungsforschungsinstitut

soigné, e 1. gepflegt 2. (ärztlich) behandelt

soigner ***qn*** (ärztlich) behandeln *jdn*
~ **(se)** sich in (ärztliche) Behandlung begeben, sich (ärztlich) behandeln lassen

soins *m pl* (ärztliche) Behandlung, (medizinische) Versorgung
△ **feuille de ~** *f* Behandlungsnachweis; **par les ~ de** ***qn*** von *jdm*, durch *jdn*
~ **et biens médicaux** *m pl* ärztliche Versorgung, medizinische Versorgung
~ **hospitaliers** *m pl* stationäre Behandlung, Krankenhausbehandlung

soir *m* Abend
△ **équipe du ~** *f* Spätschicht

soit ... soit ... entweder ... oder ...

sol *m* Boden, Erde
△ **amélioration du ~** *f* Bodenverbesserung; **coefficient d'occupation des ~s (COS)** *m* Flächennutzungkoeffizient, Geschoßflächenzahl; **exploitation du ~** *f* Bodennutzung; **plan d'occupation des ~s (POS)** *m* Flächennutzungsplan

solaire solar, Solar-, Sonnen-
△ **centrale ~** *f* Sonnenkraftwerk; **énergie ~** *f* Sonnenenergie

solde *f* Sold

solde *m* 1. Saldo, Restbetrag 2. Ausverkauf, Ausverkaufsware, Sonderangebot
△ **marchandise en ~** *f* reduzierte Ware; **report du ~** *m* Saldovortrag
△△ **accuser un ~ de x francs** einen Saldo von x Franc aufweisen; **le ~ est exigible immédiatement** der Saldo wird sofort fällig
~ **à payer** *m* zu zahlender Restbetrag
~ **actif** *m* Habensaldo
~ **agro-alimentaire** *m* Saldo der Agrareinfuhren und -ausfuhren
~ **commercial** *m* Handelsbilanzsaldo
~ **créditeur** *m* Habensaldo , Aktivsaldo
~**s de fin de saison** *m pl* Saisonschlußverkäufe, Aus- und Schlußverkäufe
~ **de la balance** *m* Bilanzsaldo, Bilanzergebnis
~ **de la balance commerciale** *m* Handelsbilanzsaldo, Handelsbilanzergebnis
~ **de la balance des paiements** *m* Zahlungsbilanzsaldo, Zahlungsbilanzergebnis
~ **débiteur** *m* Passivsaldo, Debetsaldo, Fehlbetrag, Sollsaldo
~ **déficitaire de la balance** *m* Bilanzdefizit
~ **des échanges extérieurs** *m* Außenhandelsbilanz, Außenhandelsbilanzsaldo, Außenhandelsbilanzergebnis
~ **des échanges industriels** *m* Saldo aus dem Industriewarenverkehr
~ **dû** *m* Restschuld
~ **du commerce extérieur** *m* Außenhandelsbilanz, Außenhandelsbilanzsaldo, Außenhandelsbilanzergebnis
~ **en caisse** *m* Kassenbestand
~**s en fin de saison** *m pl* Saison-

schlußverkäufe, Aus- und Schlußverkäufe
~ **excédentaire de la balance** *m* Bilanzüberschuß
~ **industriel** *m* Saldo aus dem Industriewarenverkehr
~ **migratoire** *m* Wanderungssaldo
~ **négatif** *m* Passivsaldo
~ **passif** *m* Sollsaldo
~ **positif** *m* Aktivsaldo
~ **saisonniers** *m pl* saisonale Schlußverkäufe, Winter- und Sommerschlußverkäufe

solder *qc* 1. abschließen, saldieren *etw* 2. ausverkaufen, herabsetzen *etw*
~ **des marchandises** Waren ausverkaufen/herabsetzen
~ **un compte** ein Konto ausgleichen/saldieren/abschließen
~ **une opération** ein Geschäft durch ein Gegengeschäft (gewinnbringend) ausgleichen
~ **par *qc* (se)** mit *etw* abschließen
~ **par un échec (se)** mit einem Mißerfolg enden

solidaire solidarisch, gemeinsam, gesamtschuldnerisch
△ **cautionnement** ~ *m* mitschuldnerische/gesamtschuldnerische Bürgschaft

solidairement gesamtschuldnerisch
△△ **être responsable ~ de *qc*** gesamtschuldnerisch haften für *etw*

solidarité *f* Solidarität
△ **contribution (de) ~** *f* Solidaritätabgabe, Solidaritätszuschlag, Krisensonderbeitrag; **fonds de ~** *m* Solidaritätsfonds, Streikkasse; **grève de ~** *f* Solidaritätsstreik

solidité financière *f* finanzielle Solidität

solliciter *qc* beantragen, bitten um *etw*
~ **un prêt** einen Kredit beantragen
~ **une autorisation** eine Genehmigung einholen

solution *f* Lösung
△△ **chercher une ~** eine Lösung suchen; **retenir une ~** sich für eine Lösung entscheiden, eine Lösung wählen; **trouver une ~** eine Lösung finden
~ **contractuelle** *f* vertragliche Lösung
~ **sur mesure** *f* maßgeschneiderte Lösung, Individuallösung

solutionner *qc* lösen *etw*

solvabilité *f* Solvenz, Zahlungsfähigkeit, Kreditwürdigkeit, Bonität
△ **enquête de ~** *f* Bonitätsprüfung, Kreditwürdigkeitsprüfung; **marge de ~** *f* Solvabilitätsspielraum
△△ **se renseigner sur la ~ d'un client** sich über die Bonität eines Kunden informieren
~ **d'une créance** *f* Bonität einer Forderung

solvable solvent, kreditwürdig, zahlungsfähig
△ **demande ~** *f* kaufkräftige Nachfrage; **entreprise ~** *f* zahlungsfähiges Unternehmen; **marché ~** *m* kaufkräftiger Markt, Markt mit zahlungsfähigen Nachfragern

sommation *f* Aufforderung, Zahlungsaufforderung

somme *f* Geldbetrag, Geldsumme, Betrag, Summe
△ **virement d'une ~ à un compte** *m* Überweisung eines Betrages auf ein Konto
△△ **affecter une ~ aux réserves** einen Betrag den Rücklagen zuführen; **allouer une ~** einen Betrag zuwenden/auszahlen; **créditer un compte d'une ~/de x francs** einem Konto einen Betrag/x Franc gutschreiben/erkennen; **débiter un compte d'une ~** ein Konto mit einem Betrag belasten; **être redevable d'une ~** einen Betrag schuldig sein; **passer une ~ en compte** einen Betrag buchen/auf dem Konto verbuchen; **porter une ~ au crédit (d'un compte)** einen Betrag ins Haben eintragen/buchen, (einem Konto) einen Betrag gutschreiben; **porter une ~ au débit (d'un compte)** einen Betrag ins Soll eintragen/buchen, (ein Konto) mit einem Betrag belasten; **rembourser une ~ (à *qn*)** einen Betrag auszahlen/erstatten (*jdm*); **transférer une ~ d'un compte à un autre** einen Betrag von einem Konto auf ein anderes übertragen; **verser une ~ (à *qn*, à/sur un compte)** einen Betrag auszahlen/zahlen (*jdm*), einzahlen (auf ein Konto); **virer une ~ à *qn*/à un compte** einen Betrag überweisen (*jdm*, auf ein Konto)
~ **à payer** *f* zu zahlender Betrag

~ **d'argent** *f* Geldbetrag, Geldsumme, Betrag
~ **de l'assurance** *f* Versicherungssumme
~ **due** *f* geschuldeter Betrag
~ **en caisse** *f* Kassenbestand
~ **forfaitaire** *f* Pauschalbetrag
~ **imposable** *f* zu versteuernder Betrag
~ **maximum autorisée** *f* Höchtsbetrag (z.B. bei Abhebungen)
~ **modique** *f* niedriger Betrag
~ **placée** *f* Anlagebetrag
~ **prêtée** *f* Darlehensbetrag
sommet *m* Gipfel, Gipfeltreffen
△ **conférence au ~** *f* Gipfelkonferenz; **rencontre au ~** *f* Gipfeltreffen
~ **des pays industrialisés** *m* Gipfeltreffen der Industriestaaten
~ **économique mondial** *m* Weltwirtschaftsgipfel
~ **extraordinaire** *m* außerordentlicher Gipfel
sondage *m* Umfrage, Meinungsumfrage
△△ **effectuer/faire un ~** eine Meinungsumfrage durchführen
~ **d'opinion** *m* Meinungsumfrage, Meinungsforschung
~ **pour l'emploi** *m* Arbeitsmarktumfrage
sondé, e Befragter/Befragte
sondeur/sondeuse *m/f* Meinungsbefrager/Meinungsbefragerin, Meinungsforscher/Meinungsforscherin
sonore Lärm-, Schall-, Geräusch-
△ **pollution ~** *f* Lärmbelästigung
sophistiqué, e raffiniert, kompliziert
sort *m* Los
△ **tirage au ~** *m* Auslosung
△△ **tirer au ~ (*qc*)** auslosen (*etw*)
sortie *f* 1. Ausgang 2. Abfluß, Abgang (Kapital, Waren)
△ **bon de ~** *m* Warenausgangszettel; **droit de ~** *m* Rücknahmegebühr; **formalités de ~** *fpl* Ausfuhrformalitäten
~ **anticipée de la vie active/professionnelle** *f* vorzeitiges Ausscheiden aus dem Arbeitsleben/Berufsleben
~ **de capitaux** *f* Abfluß von Kapital, Kapitalabfluß
~ **de devises** *f* Devisenabfluß
~ **de fonds** *f* Mittelabfluß
~ **de produits** *f* Produktabgang, Produktauslieferung
~**s de/en stock** *fpl* Lagerausgänge
~ **nettes de capitaux** *fpl* Nettokapitalabflüsse
~ **sur imprimante** *f* Druckerausgabe, Ausdruck
soubresaut *m pl* Sprung, Aufbäumen
~**s de la conjoncture** *m* Konjunktursprünge
souche *f* Mantel (bei effektiven Stücken)
soucier de *qc* (se) sich bemühen um, sich kümmern um, sich einsetzen für *etw*
souffrance *f* Leiden
△ **en ~** unerledigt, nicht abgeschlossen, nicht abgeholt, nicht zustellbar; **affaire en ~** *f* unerledigter Vorgang; **marchandise en ~** *f* nicht abgeholte Ware
souffrir d'un ralentissement des ventes unter einem Verkaufsrückgang leiden
soufre *m* Schwefel
△ **dioxyde de ~** *m* Schwefeldioxyd; **émission de dioxyde de ~** *f* Schwefeldioxydemission
soumettre *qc* (à *qn*) unterbreiten, vorlegen *etw jdm*
~ **une offre à *qn*** ein Angebot unterbreiten *jdm*
~ ***qc* à un arbitrage** einem Schiedsspruch unterwerfen *etw*
~ **à *qc* (se)** sich unterwerfen einer Sache
~ **à un arbitrage (se)** sich einem Schiedsspruch unterwerfen
~ ***qn* à *qc*** unterwerfen *jdn* einer Sache
~ ***qn* à un impôt** zu einer Steuer heranziehen *jdn*
soumis, e à *qc* unterliegend, unterworfen einer Sache, -pflichtig
~ **à l'accise** verbrauchsteuerpflichtig
~ **à l'impôt sur le revenu** einkommensteuerpflichtig
~ **à l'impôt/à un impôt/à une taxe** steuerpflichtig, abgabepflichtig
△ **redevable effectivement ~ à l'impôt** *m* Steuerträger
△△ **être ~ à un impôt, une taxe** steuerpflichtig/abgabepflichtig sein
~ **à la taxe foncière** grundsteuerpflichtig
~ **à la taxe professionnelle** gewerbesteuerpflichtig
~ **à licence** genehmigungspflichtig
△ **exportation soumise à licence** *f* genehmigungspflichtige Ausfuhr
soumission *f* 1. Submissionsangebot,

Submission, Angebot (öffenliche Ausschreibung) 2. Unterwerfung
△ **caution de ~** *f* Submissionskaution
soumissionnaire *m* Bieter
~ **le mieux disant** *m* günstigster Bieter (Ausschreibung)
~ **le moins disant** *m* günstigster Bieter (Ausschreibung)
soumissionner à un marché submissionieren, an einer Ausschreibung teilnehmen, submittieren
soupape *f* Ventil
soupçonner ***qc*** ahnen, vemuten *etw*
souplesse *f* Flexibilität
source *f* Quelle
△ **imposition à la ~** *f* Quellenbesteuerung; **impôt à la ~** *m* Quellensteuer; **prélèvement (de l'impôt) à la ~** *m* Quellensteuerabzug, Quellenabzug; **retenue à la ~** *f* Einbehaltung an der Quelle, Quellensteuerabzug
△△ **imposer** ***qc*** **à la ~** an der Quelle besteuern *etw*; **retenir un impôt à ~** eine Steuer an der Quelle einbehalten
~ **d'approvisionnement** *f* Bezugsquelle
~ **d'information** *f* Informationsquelle
~ **de devises** *f* Devisenquelle
~ **de financement** *f* Finanzierungsquelle
~ **de profit** Einnahmequelle, Profitquelle
~ **de revenus** *f* Einnahmequelle
~s d'énergie *fpl* Energiequellen, Energieträger
sous unter, Unter-
~-agent *m* Unteragent
~-alimentation *f* Unterernährung
~-assurance *f* Unterversicherung
~-capitalisation *f* Unterkapitalisierung
~ **ce (même) pli** mit gleicher Post, anbei, inliegend, beiliegend
~-consommation *f* Unterkonsumtion
~-coté, e zu niedrig bewertet, unterbewertet
~-développement *m* Unterentwicklung
~-directeur *m* stellvertretender Leiter/Direktor
~-effectif *m* Personalunterbesetzung, personelle Unterbesetzung, Personalmangel
~-emploi *m* Unterbeschäftigung
~-ensemble *m* Teilmenge
~-équipé, e m unzureichend ausgerüstet, unterausgestattet
~-équipement m Unterausstattung, unzureichende Austtattung (mit Anlagegütern)
~-estimé, e unterbewertet
~-estimer ***qc*** unterbewerten *etw*
~-évalué, e unterbewertet
~-évaluer ***qc*** unterbewerten *etw*
~-facturation *f* Unterfakturierung
~ **franchise d'impôts** steuerfrei
~ **huitaine** innerhalb von 8 Tagen
~-investissement *m* unzureichende Investitionen, mangelhafte Investitionstätigkeit
~ **la houlette de** ***qn*** unter der Anleitung von *jdm*
~ **la pression de** ***qc/qn*** unter dem Druck von *etw/jdm*
~ **le parrainage de** ***qn*** unter der Schirmherrschaft von *jdm*
~ **le patronage de** ***qn*** unter der Schirmherrschaft von *jdm*
~ **les lambris** *m pl* (Bezeichnung für) an der Pariser Börse
~-locataire *m* Untermieter
~-location *f* Untervermietung
~-louer ***qc*** untervermieten *etw*
~-nutrition *f* Unterernährung
~-payer ***qc/qn*** unterbezahlen *etw/jdn*
~-peuplement *m* Unterbevölkerung
~-peuplement accentué *m* hohe Unterbevölkerung
~-peuplement modéré *m* mäßige Unterbevölkerung
~ **pli séparé** mit getrennter Post
~-préfet *m* Unterpräfekt
~-qualification *f* Unterqualifizierung, zu geringe Qualifizierung
~ **quinzaine** innerhalb von 14 Tagen
~ **réserve** unter Vorbehalt
~ **sa propre responsabilité** in eigener Verantwortung
~ **seing privé** privatschriftlich
~-traitance *f* Vergabe/Übernahme von Aufträgen an einen Unterlieferanten/Subunternehmer, Zulieferindustrie, Subunternehmertum
△ **Bourse de la ~** *f* Zuliefererbörse; **industrie de ~** *f* Zulieferindustrie
△△ **mettre certaines activités en ~** bestimmte Aufgaben an Zulieferer/Subunternehmer vergeben; **travailler en ~** als Zulieferer/Subunternehmer/Unter-

auftragsnehmer arbeiten
~**-traitant** *m* Zulieferer, Nachunternehmer, Unterauftragsnehmer, Subunternehmer
~**-traitant, e** Zuliefer-, Sub-
△ **entreprise ~e** *f* Zulieferunternehmen, Unterauftragsnehmer
sous-utilisation *f* zu geringe Nutzung
~ **des capacités productives** zu geringe Auslastung der Produktionskapazitäten
souscripteur *m* Zeichner, Versicherungsnehmer
~ **d'une assurance** *m* Versicherungsnehmer
~ **d'une obligation, d'un emprunt, d' une action** *m* Zeichner einer Anleihe, Aktie
~ **d'une police d'assurance** *m* Versicherungsnehmer
~ **de SICAV** *m* Zeichner eines Investmentfonds
souscription *f* Zeichnung, Subskription
△ **bon de ~** *m* Aktienanrechtsschein, Zeichnungsschein; **bon de ~ d'obligations** *m* Obligationenanrechtsschein; **bulletin de ~** *m* Zeichnungsformular; **délai de ~** *m* Subskriptionsfrist; **droit de ~** *m* Bezugsrecht, Vorzugsrecht; **frais de ~** *m pl* Zeichnungskosten; **modalités de ~** *f pl* Zeichnungsbedingungen, Zeichnungsmodalitäten
△△ **offrir à la ~ (publique)** zur (öffentlichen) Zeichnung anbieten/vorlegen; **participer à une ~** sich an einer Zeichnung beteiligen
~ **d'actions** *f* Aktienzeichnung, Zeichnung von Aktien
~ **d'un emprunt** *f* Zeichnung einer Anleihe
~ **d'une déclaration de revenus** *f* Abgabe einer Steuererklärung
~ **publique** *f* öffentliche Zeichnung, Subskription
△ **émission par ~** *f* Subskriptionsemission
souscrire ***qc*** **(un contrat, une déclaration de revenus, un emprunt)** abschließen *etw* (einen Vertrag), anfertigen (eine Steuererklärung), zeichnen (eine Anleihe)
~ **des actions** Aktien zeichnen
~ **un contrat d'assurance** einen Versicherungsvertrag abschließen
~ **un emprunt** eine Anleihe zeichnen
~ **une assurance** eine Versicherung abschließen
~ **une assurance-vie** eine Lebensversicherung abschließen
~ **une garantie défense-recours** eine Verkehrsrechtsschutzversicherung abschließen
~ **une augmentation de capital** eine Kapitalerhöhung zeichnen
~ **une obligation** eine Anleihe zeichnen
souscrit, e au porteur als Inhaberpapier gezeichnet
soustraction *f* Subtraktion
soustraire ***qc*** **de** ***qc*** abziehen, subtrahieren *etw* von *etw*
soute *f* Laderaum
soutenir ***qc*** unterstützen, fördern, stützen, vorantreiben *etw*
~ **le cours d'une monnaie** den Kurs einer Währung stützen
~ **les cours des matières premières** die Rohstoffkurse stützen
~ **les prix** die Preise stützen
~ **une monnaie** (den Kurs) eine(r) Währung stützen
soutenu, e anhaltend, fortdauernd
△ **croissance ~e** *f* anhaltendes Wachstum
souterrain, e unterirdisch
△ **économie ~e** *f* Schattenwirtschaft
soutien *m* Stützung, Unterstützung, Förderung
△ **achat de ~** *m* Stützungskauf; **comité de ~** *m* Förderverein, Hilfskomitee; **cours de ~** *m* Stützkurs; **dépenses de ~** *f pl* Unterstützungsausgaben; **prix de ~** *m* Stützpreis
souveraineté *f* Souveränität
△ **exercice de la ~** *m* Herrschaftsausübung, Hoheitsausübung
~ **économique** *f* wirtschaftliche Souveränität
~ **territoriale** *f* territoriale Souveränität, Gebietshoheit
SPA (standard de pouvoir d'achat) *m* Kaufkraftstandard (KKS)
spacieux, se geräumig
spatial, e räumlich, Raum-, Weltraum-
spécial, e Sonder-, spezial
△ **compte ~** *m* Sonderkonto; **clause ~e**

f Sonderklausel; **déchets spéciaux** *m pl* Sondermüll, Sonderabfälle; **droit ~** *m* besonderes Recht; **droits de tirage spéciaux (DTS)** *m pl* Sonderziehungsrechte (SZR)
spécialisation *f* Spezialisierung
~ à outrance *f* extreme/übermäßige Spezialisierung
spécialisé, e spezialisiert, Fach-
△ **chiffre d'affaires du commerce ~** *m* Fachhandelsumsatz; **commerce non ~** *m* Sortimentshandel; **commerce ~** *m* Fachhandel; **commission ~e** *f* Fachkommission; **détaillant ~** *m* Fachhändler; **grand commerce non ~** *m* Sortimentshandel; **grand commerce ~** *m* Fachhandel
spécialiser dans ***qc*** **(se)** sich spezialisieren auf/in *etw*
spécification *f* Spezifizierung, Bezeichnung
spécificité *f* Eigentümlichkeit, Besonderheit
spécifier ***qc*** spezifizieren, detaillieren *etw*
spécimen *m* Muster, Probe
~ de signature *m* Unterschriftsprobe
spéculateur *m* Spekulant
~ à la baisse *m* Baissespekulant, Baissier
~ à la Bourse *m* Börsenspekulant
~ à la hausse *m* Haussespekulant, Haussier
spéculatif, ve spekulativ
△ **achat ~** *m* Spekulationskauf; **engagement ~** *m* spekulatives Engagement; **gain ~** *m* Spekulationsgewinn; **mouvement ~** *m* Spekulationsbewegung; **profit ~** *m* Spekulationsgewinn
spéculation *m* Spekulation
△ **encaisse de ~** *f* Spekulationskasse; **vague de ~** *f* Spekulationswelle; **objet de ~** *m* Spekulationsgegenstand; **opération de ~** *f* Spekulationsgeschäft; **profit de ~** *m* Spekulationsgewinn
~ à la baisse *f* Baissespekulation
~ à la Bourse/en Bourse/boursière *f* Börsenspekulation
~ à la hausse *f* Haussespekulation
~ foncière *f* Bodenspekulation, Grundstücksspekulation, Immobilienspekulation
~ illicite *f* unerlaubte Spekulation
~ immobilière *f* Bodenspekulation, Grundstücksspekulation, Immobilienspekulation
~ sur devises *f* Devisenspekulation
~ sur la monnaie *f* Währungsspekulation
~ sur les terrains/terres *f* Bodenspekulation, Grundstücksspekulation, Immobilienspekulation
spéculer spekulieren
~ à la baisse auf Baisse spekulieren
~ à la Bourse/ en Bourse an der Börse spekulieren
~ à la hausse auf Hausse spekulieren
spirale *f* Spirale
~ des prix et des salaires *f* Lohn-Preis-Spirale
~ inflationniste *f* Lohn-Preis-Spirale, Inflationsspirale
△△ **déclencher une ~** eine Lohn-Preis-Spirale auslösen
sponsor *m* Sponsor
sponsoring *m* Sponsoring
spontané, e spontan, unaufgefordert
△ **grève ~e** *f* spontane Arbeitsniederlegung; **offre ~e** *f* unverlangtes/spontanes Angebot
spot Spot-
△ **marché ~** *m* Spotmarkt; **prix ~** *m* Spotpreis
~ publicitaire *m* Werbespot
SSII (Société de services et d'ingénierie en informatique) *f* großer Anbieter von EDV-Dienstleistungen und Software
stabilisation *f* Stabilisierung, Behauptung, Festigung, Konsolidierung
~ des changes *f* Wechselkursstabilisierung, Währungsstabilisierung, Stabilisierung der Wechselkurse, Währungsparitäten
~ des cours *f* Kurskonsolidierung
~ des parités (monétaires) *f* Wechselkursstabilisierung, Währungsstabilisierung, Stabilisierung der Wechselkurse, Währungsparitäten
~ des prix *f* Preisstabilisierung
~ des taux *f* Kursstabilisierung
~ des taux de change *f* Wechselkursstabilisierung, Währungsstabilisierung, Stabilisierung der Wechselkurse/Währungsparitäten

~ **financière** *f* finanzielle Konsolidierung
~ **monétaire** *f* Wechselkursstabilisierung, Währungsstabilisierung, Stabilisierung der Wechselkurse/Währungsparitäten
stabiliser *qc* stabilisieren *etw*
~ **les cours** *f* die Kurse stabilisieren
~ **les parités (monétaires)** die Wechselkurse/Währungsparitäten stabilisieren
~ **les prix** die Preise stabilisieren
~ **le taux de change** den Wechselkurs/die Währungsparität stabilisieren
△△ **intervenir pour ~** zur Stabilisierung des Wechselkurses intervenieren
~ **à ... (se)** sich stabilisieren bei ...
△△ **le chômage s'est stabilisé (à ...)** die Arbeitslosigkeit hat sich stabilisiert (bei ...)
stabilité *f* Stabilität
~ **de la monnaie** *f* Währungsstabilität, Geldwertstabilität
~ **de la valeur de l'argent/de la monnaie** *f* Währungsstabilität, Geldwertstabilität
~ **des cours** *f* Kursstabilität
~ **des prix** *f* Preisstabilität
~ **des taux de change** *f* Wechselkursstabilität
~ **du pouvoir d'achat (de la monnaie)** *f* Kaufkraftstabilität, Geldwertstabilität
~ **monétaire** *f* Währungsstabilität, Geldwertstabilität
stable stabil
stade *m* Stadium, Phase
~ **d'un processus de production** *m* Produktionsstufe
~ **de production** *m* Produktionsstufe
△ **au même ~** auf der gleichen Produktionsstufe
~**s différents (d'un processus) de production** *m pl* unterschiedliche Produktionsstufen
stage *m* Praktikum, Lehrgang
△ **convention de ~** *f* Praktikumsvertrag
~ **d'initiation à la vie professionnelle (SIVP)** *m* vom Staat finanzierte Maßnahme zur Qualifizierung von Arbeitslosen
~ **de formation** *m* Lehrgang, Ausbildungslehrgang, Fortbildungsmaßnahme
~ **de perfectionnement** *m* Fortbildungslehrgang
~ **en entreprise** *m* Betriebspraktikum
~ **TUC** *m* staatlich finanzierte AB-Maßnahme (frühere Form)
△△ **effectuer/faire un ~** an einer AB-Maßnahme teilnehmen
stagflation *f* Stagflation
△ **en état de ~** in einer Phase der Stagflation
stagiaire *m/f* Praktikant/Praktikantin
stagnation *f* Stagnation, Flaute, Nullwachstum, Stockung
~ **de l'économie** *f* Wirtschaftsflaute
~ **du pouvoir d'achat** *f* Kaufkraftstagnation
~ **économique** *f* Wirtschaftsflaute
stagner stagnieren
△△ **la consommation stagne** der Verbrauch stagniert
stand *m* Messestand, Verkaufsstand
~ **collectif** *m* Gemeinschaftsstand
~ **de dégustation** *m* Kostprobenstand, Probierstand
standard *m* 1. Standard 2. Telefonzentrale
~ **de pouvoir d'achat (SPA)** *m* Kaufkraftstandard (KKS)
~ **téléphonique** *m* Telefonzentrale
standardisation *f* Standardisierung, Vereinheitlichung
△ **cartel de ~** *m* Typenkartell
standardiser *qc* standardisieren, vereinheitlichen *etw*
standardiste *m/f* Telefonist/Telefonistin
standing *m* Niveau, Komfort
△△ **de grand ~** für gehobene Ansprüche, von hohem Niveau, mit überdurchschnittlicher Ausstattung; **immeuble de grand ~** *m* Wohngebäude mit hohem Komfort
starie *f* Liegezeit, Schiffsliegezeit
station *f* Station, Ort, Anlage
~ **d'épuration** *f* Kläranlage
~ **service** *f* Tankstelle
~ **thermale** *f* Kurort
~ **touristique** *f* Erholungsort
stationnaire stabil, gleichbleibend, unverändert
statisticien *m* Statistiker
statistique *f* Statistik
statistique statistisch

△ **études ~s** *f pl* statistische Untersuchungen, Erhebungen
~s CAF *f pl* Statistiken auf CIF-Grundlage
~s d'Etat *f pl* staatliche Statistiken
~ d'exploitation *f* Betriebsstatistik
~s de mouvement *f pl* Entwicklungsstatistiken
~ de vente *f* Verkaufsstatistik
~ des causes de décès *f* Todesursachenstatistik
~ des maladies *f* Krankheitsstatistik
~ des salaires *f* Lohnstatistik
~ douanière *f* Zollstatistik
~ du chômage *f* Arbeitslosenstatistik
~s FAB *f pl* Statistiken auf FOB-Grundlage
statuer (sur *qc*) befinden, entscheiden (über *etw*)
statut *m* Statut, Satzung, Status
△ **changement de ~s** *m* Satzungsänderung
~ de commerçant *m* Kaufmannsstatus
△△ **avoir le ~** Kaufmann/Vollkaufmann sein
~ juridique *m* Rechtsform, Rechtsstellung
~ légal *m* gesetzlicher Status, Rechtsstellung
~s d'une société *m pl* Statuten eine Gesellschaft
statutaire statutarisch, satzungsmäßig, Satzungs-
△ **réserve ~** *f* statutarische Rücklage, satzungsmäßige Rücklage
stellage *m* Stellagegeschäft, Stellgeschäft
△ **bas du ~** *m* unterer festgesetzter Kurs beim Stellagegeschäft; **haut du ~** *m* oberer festgesetzter Kurs beim Stellagegeschäft
△△ **acheter/acquérir un ~** eine Stellage kaufen; **vendre un ~** eine Stellage verkaufen
stimulation *f* Anregung, Stimulierung
~ de la demande *f* Anregung, Stimulierung der Nachfrage
stimuler *qc* anregen, stimulieren *etw*
~ la demande die Nachfrage anregen
~ les investissements die Investitionstätigkeit anregen
stipulation *f* Festlegung, Auflage, Verfügung, Vereinbarung
~ contraire *f* anderslautende Auflage/Vereinbarung/Verfügung
△ **sauf ~** falls keine anderslautende Auflage/Vereinbarung/Verfügung
~ du contrat *f* Vertragsbestimmung, Vertragsklausel
stipuler *qc*/que ... vertraglich vereinbaren, festlegen, vorsehen *etw*/daß ...
stock *m* 1. (souvent au *pluriel*) Lager, Lagerbestand, Warenbestand, Vorrat 2. Lager (=Lagerort) 3. Bestand (Buchhaltung)
△ **accroissement des ~s** *m* Vergrößerung/Zunahme der Lagerbestände; **accumulation de ~s** *f* Lageranhäufung; **administration des ~s** *f* Lagerverwaltung; **baisse du niveau d'un ~** *f* Lagerbestandsminderung; **comptes de ~s et d'encours** *m pl* Warenbestandskonten; **constitution d'un ~** *f* Lageraufbau, Bevorratung; **coût d'entretien du ~** *m* Lagerhaltungskosten; **dans la limite des ~s disponibles** solange der Vorrat reicht; **écoulement des ~s** *m* Verkauf der Lagerbestände; **entrées en ~** *f pl* Lagereingänge; **fiche de (mouvement de) ~** *f* Lagerbestandskarte; **financement du ~** *m* Vorratsfinanzierung; **formation de ~s** *f* Lagerbildung; **gestion des ~s** *f* Lagerverwaltung; **liquidation de ~s** *f* Lagerräumung, Lagerausverkauf; **mise en ~** *f* Lagerung; **mouvement de ~(s)** *m* Lagerbewegung; **reconstitution des ~s** *f* Bestandserneuerung, Lagerauffüllung, Lagererneuerung; **renouvellement de ~s/du ~** *m* Bestandserneuerung, Lagerauffüllung, Lagererneuerung; **rotation des ~s** *f* Warenumschlag, Lagerumschlag; **sorties de/en ~s** *f pl* Lagerausgänge; **variation des ~s** *f* Bestandsveränderung
△△ **avoir en ~ (*qc*, un article)** auf Lager haben (*etw*, einen Artikel); **constituer un ~ (de *qc*)** einen Vorrat anlegen von, bevorraten (*etw*); **écouler les ~s** Lagerbestände verkaufen; **garder en ~ *qc*** auf Lager halten *etw*; **les ~s s'alourdissent** die Lagerbestände nehmen zu; **liquider un ~** ein Lager räumen, Lagerbestände ausverkaufen; **mettre en ~ *qc*** auf Lager nehmen *etw*; **réduire le**

volume des ~s die Lagerbestände abbauen, verringern; **renouveler un ~** einen Vorrat erneuern, ein Lager auffüllen
~ **central** *m* Zentrallager
~ **d'énergie non renouvelable** *m* nicht erneuerbarer Energievorrat, Vorrat an nicht erneuerbaren Energien
~ **d'intervention** *m* Interventionslager
~ **de marchandises** *m* Warenbestand
~ **de réserve** *m* Sicherheitsbestand
~ **de sécurité** *m* Sicherheitsbestand, Sicherheitsvorrat
~ **final** *m* Endbestand
~ **initial** *m* Anfangsbestand
~ **moyen** *m* durchschnittlicher Lagerbestand
~ **optimal** *m* optimaler Vorrat
~**-outil** *m* Grundstock, Grundlager
~ **tampon** *m* Marktausgleichslager, Puffer(bestand)
stockable lagerfähig, lagerbar
stockage *m* Lagerung
△ **capacité de ~** *f* Lagerkapazität; **coût de ~** *m* Lagerkosten
~ **intermédiaire** *m* Zwischenlagerung
stocker ***qc*** **(une information, une marchandise)** speichern (eine Information), lagern (eine Ware), aufbewahren
stopper ***qc/qn*** aufhalten, stoppen *etw/jdn*
~ **la production** die Produktion anhalten/stoppen
~ **le recrutement de main-d'oeuvre** einen Einstellungsstopp vornehmen
stratégie *f* Politik, Strategie
~ **d'écrémage (du marché)** *f* Absahnstrategie, Skimmingstrategie
~ **d'implantation d'une entreprise** *f* Ansiedlungspolitik eines Unternehmens
~ **d'investissement** *f* Anlagepolitik
~ **de communication** *f* Kommunikationspolitik
~ **de créneau** *f* Nischenstrategie, Marktlückenstrategie
~ **de groupe** *f* Konzernstrategie
~ **de marché** *f* Marktstrategie
~ **de pénétration du marché** *f* Marktdurchdringungsstrategie
~ **de produits** *f* Produktpolitik
~ **marketing** *f* Marketingstrategie
~ **média** *f* Mediastrategie
~ **publicitaire** *f* Werbestrategie
stratégique strategisch
strict, e genau, streng, strikt
structure *f* Struktur
~ **du bilan** *f* Bilanzstruktur
~ **de (la) distribution** *f* Distributionsstruktur, Vertriebsstruktur
~ **de l'endettement** *f* Schuldenstruktur
~ **de l'entreprise** *f* Unternehmensstruktur
~ **de la branche** *f* Branchenstruktur
~ **de la clientèle** *f* Kundenstruktur
~ **de la production** *f* Produktionsstruktur
~ **des différents secteurs de l'économie (nationale)** *f* Branchenstruktur der Volkswirtschaft
~ **des échanges (extérieurs)** *f* Außenhandelsstruktur
~ **des salaires** *f* Lohnstruktur
~ **par âge** *f* Altersstruktur
structurel, le strukturbedingt
△ **chômage ~** *m* strukturbedingte Arbeitslosigkeit; **déficit ~** *m* strukturelles Defizit
stupéfiants *m pl* Drogen, Rauschgift
style de vie *m* Lebensgewohnheiten, Life Style, Lebensweise, Lebensstil
subdivision *f* Gliederung, Unterteilung
subir ***qc*** erleiden *etw*
~ **la pression de la concurrence** unter Konkurrenzdruck stehen
~ **le contrecoup de la crise/ de la déflation** die Folgen der Krise/Deflation zu spüren bekommen
~ **un dommage** (einen) Schaden erleiden
~ **un (net) recul** einen (deutlichen) Rückgang erfahren
~ **une hausse** eine Erhöhung erfahren
~ **une perte** einen Verlust erleiden
~ **un revers** scheitern
subjectif, ve subjektiv
△ **droit ~** *m* subjektives Recht
subordonner ***qn*** **à** ***qn*** unterstellen *jdn jdm*
subséquent, e nachfolgend
△ **endosseur ~** *m* Nachgirant
subside *m* (surtout au *pluriel*) Subvention, Zuschuß
subsister überleben, existieren
substance *f* Stoff, Substanz
~ **explosive** *f* explosive Substanz

~ **inflammable** *f* feuergefährliche/brennfähige Substanz
~ **polluante** *f* umweltschädliche Substanz
substituer ***qc*** **à** ***qc*** ersetzen *etw* durch *etw*
~ **à** ***qc*** **(se)** an die Stelle von *etw* treten, ersetzen *etw*
substitution *f* Substitution, Ersetzung, Substituierbarkeit
△ **clause de ~** *f* Substitutionsklausel; **produit de ~** *m* Ersatzprodukt, Substitutionsprodukt; **valeur de ~** *f* Substitutionswert
subvention *f* Subvention, Zuschuß
△△ **accorder/octroyer une ~ à** ***qn*** eine Subvention gewähren *jdm*
~ **à fonds perdu** *f* verlorener Zuschuß
~ **à l'agriculture** *f* Agrarsubvention
~ **à l'exportation** *f* Ausfuhrbeihilfe, Exportbeihilfe
~ **à l'importation** *f* Importsubvention
~ **d'équilibre** *f* Ausgleichssubvention
~ **d'exploitation reçue** *f* erhaltene Subvention (Kontenrahmen)
~ **directe** *f* direkte Subvention
~ **indirecte** *f* indirekte Subvention
~ **publique** *f* staatliche Subvention
subventionné, e par l'Etat staatlich gefördert
subventionner ***qc/qn*** subventionieren *etw/jdn*
succéder à ***qc/qn*** nach *etw/jdm* kommen, folgen auf *etw/jdn*, die Nachfolge antreten von *etw/jdm*
succès *f* Erfolg
△ **commission en cas de ~** *f* Erfolgsprovision
~ **commercial** *f* Geschäftserfolg, Verkaufserfolg, Verkaufsschlager
successeur *m* Nachfolger/Nachfolgerin
successif, ve aufeinanderfolgend
succession *f* Folge, Nachfolge, Erbfolge
△ **droits de ~** *m pl* Erbschaftsteuer
△△ **procéder à l'inventaire d'une ~** den Bestand eines Nachlasses aufnehmen
~ **d'un commerce** *f* Geschäftsnachfolge
~ **d'une affaire** *f* Geschäftsnachfolge
successoral, e *f* Nachfolge-, Erb
masse ~e *f* Erbmasse
succursale *m* Filiale, Nebenstelle, Niederlassung, Zweigstelle
△ **directeur de ~** *m* Filialleiter; **magasin à ~s** *m* Filialist, Filialgeschäft; **magasin à ~s multiples (MAS)** *m* Filialist, Filialgeschäft
~ **de banque** *f* Bankfiliale
succursalisme *m* Filialhandel
succursaliste *m* Filialist
succursaliste Filial-
△ **chaîne ~** *f* Filialistenkette; **commerce ~** *m* Filialhandel
sucre *m* Zucker
△ **betterave à ~** *f* Zuckerrübe; **bourse de/du ~** *f* Zuckerbörse; **raffinerie de ~** *f* Zuckerraffinerie
suffisamment genügend, ausreichend
suffisant, e ausreichend, selbstgefällig
suffrage *m* 1. Wahl 2. (abgegebene) Stimme
~ **exprimé** *m* abgegebene Stimme
~ **universel** *m* allgemeines Wahlrecht
suite *f* Folge
△ **pour ~ à donner** zur weiteren Bearbeitung
~ **à** ***qc*** **(comme)** bezugnehmend/in Bezugnahme auf *etw*
~ **de** ***qc*** **(à la)** im Anschluß an *etw*
suivant ***qc/qn*** gemäß, nach *etw/jdm*, entsprechend *etw/jdm*
suivi *m* Nachbereitung, Auswertung
~ **d'une foire** *m* Messenachbereitung
~ **de la clientèle** *m* Kundendienst
~ **de stage** *m* Praktikumsauswertung
~ **des clients** *m* Kundenbetreuung
~ **des ventes** *m* Kundendienst, Kundenpflege
suivre ***qc/qn*** folgen *etw/jdm*
~ **un article** ein Modell übernehmen
~ **un modèle** ein Modell übernehmen
~ **une affaire** einen Vorgang bearbeiten
△ **affaire suivie par : ...** *f* Sachbearbeiter: ...
~ **une formation** eine Ausbildung machen
sujet *m* Subjekt, Gegenstand
~ **de** ***qc*** **(au)** betreffend, wegen *etw*
~ **économique** *m* Wirtschaftssubjekt
supérette (ou superette) *f* kleines Lebensmittelgeschäft mit Selbstbedienung, kleiner Supermarkt
superfichier fiscal *m* Zentralkartei aller Steuerpflichtigen
superficie *f* Fläche, Oberfläche

~ **agricole utilisée (SAU)** *f* landwirtschaftlich genutzte Fläche
supérieur (hiérarchique) *m* Vorgesetzter
supermarché *m* Supermarkt
△ **chaîne de ~s** *f* Supermarktkette
superprivilégié, e besonders bevorrechtigt/bevorzugt
superviser *qc* überwachen, überprüfen *etw*
suppléant *m* Stellvertreter
~ stellvertretend
supplément *m* Zuschlag
~ **de prix** *m* Aufpreis, Mehrpreis, Zuschlag
~ **de rémunération** *m* Zusatzvergütung
supplémentaire zusätzlich
△ **délai ~** *m* Nachfrist; **dépôt de garantie ~** *m* Abgabe einer Zusatzgarantie; **facteur ~** *m* Zusatzfaktor; **garantie ~** *f* Zusatzgarantie
support *m* 1. Medium, Werbeträger 2. Datenträger
~ **d'enregistrement** *m* Aufnahmeträger, Tonträger, Aufzeichnungsträger, Medium
~ **d'options** *m* Basis für Optionsgeschäfte (Börse)
~ **de communication** *m* Werbeträger
~ **de presse** *m* Pressemedium
~ **de produits énergétiques** *m* Energieträger
~ **de stockage** *m* Speichermedium
~ **hors-médias** *m* Werbeträger außerhalb der Massenmedien
~ **magnétique** *m* magnetischer Datenträger
~ **publicitaire** *m* Werbeträger
supporter *qc* tragen, übernehmen *etw*
~ **un coût** Kosten tragen/übernehmen
~ **un impôt** eine Steuer tragen
~ **une charge** Aufwendung/Kosten tragen/übernehmen
supposant que ... in der Annahme daß ...
supposé, e angenommen
supposer que ... annehmen, daß ...
suppression *f* Abschaffung, Abbau
~ **d'emplois/de postes** *f* Abbau/Streichung/Vernichtung von Arbeitsplätzen, Personalabbau
~ **des droits de douane** *f* Abbau der Zölle
supprimer *qc* abbauen, streichen, abschaffen *etw*
~ **des emplois** Arbeitsplätze abbauen, vernichten
supputer *qc* schätzen, vermuten, annehmen *etw*
△ **gain supputé** *m* geschätzter Gewinn
supranationalité *f* Überstaatlichkeit, Supranationalität
sûr, e sicher
△ **emploi ~** *m* sicherer Arbeitsplatz; **valeur ~e** *f* sicheres Wertpapier, sicherer Wert
surabondance *f* Überfluß
surassurance *f* Überversicherung
surcapacité *f* Überkapazität, Kapazitätsüberhang
~ **de production** *f* Produktionsüberkapazität, Kapazitätsüberhang
surcapitalisation *f* Überkapitalisierung, zu hohe Kapitalausstattung
surcharge *f* Zuschlag
~ **monétaire** *f* Währungszuschlag
surcharger *qc/qn* überlasten *etw/jdn*
surchauffe *f* Überhitzung
~ **de l'économie** *f* Konjunkturüberhitzung
~ **de la machine économique** (*fam*) *f* Konjunkturüberhitzung
surconsommation *f* Überkonsumtion
~ **énergétique** *f* zu hoher Energieverbrauch
surcote *f* Kursaufschlag
surcoté, e überbewertet, überhöht
surcoût *m* Mehrkosten
surcroît *m* Zuwachs, Mehr-
surcroît de charges/coût *m* Mehrkosten
surcroît (de/par) überdies, obendrein
sureffectifs *m pl* Personalüberhang, Überkapazitäten an Personal
suremballage *m* Umverpackung
suremballé, e mit Umverpackung
suremploi *m* Überbeschäftigung
surenchère *f* Überbieten
surenchérir überbieten, höher bieten
surendetté, e hoch verschuldet, überschuldet
surendettement *m* Überschuldung
suréquipement *m* Überausstattung, übermäßige/übertriebene Ausstattung
surestaries *f pl* Liegegeld, Überliegezeit
surestimation *f* Überbewertung, Überschätzung

surestimé, e überschätzt, überbewertet
surestimer *qc* überbewerten, überschätzen
sûreté *f* Sicherheit
△ **créancier bénéficiant d'une ~** *m* gesicherter Gläubiger
~ **personelle** *f* persönliche Sicherheit
~ **réelle** *f* dingliche Sicherheit
~**s réelles immobilières** *fpl* Grundpfandrechte
△ **garanti, e par ~** durch Grundpfandrechte gesichert
surévaluation *f* Überbewertung, Überschätzung
surévalué, e überbewertet
surévaluer *qc* überbewerten, überschätzen *etw*
surexploitation *f* Raubbau
surface *f* Fläche, Oberfläche
△ **grande ~** *f* Großflächenmarkt, Verbrauchermarkt; **grande ~ alimentaire** *f* Lebensmittelgroßflächenmarkt; **grandes ~s spécialisées (GSS)** *f pl* Fachmärkte
~ **agricole utile (SAU)** *f* landwirtschaftliche Nutzfläche
~ **boisée** *f* Waldgebiet
~ **commerciale** *f* Verkaufsfläche
~ **de vente** *f* Verkaufsfläche
△ **chiffre d'affaires par mètre carré de ~** *m* Umsatz je qm Verkaufsfläche
~ **moyenne de vente** *f* durchschnittliche Verkaufsfläche
surfacturation *f* Stellen überhöhter Rechnungen, überhöhte Rechnungslegung
surgelé *m* Tiefkühlkost, tiefgekühltes Erzeugnis
surgélation *f* Tiefkühlung
surgénérateur *m* schneller Brüter
surindustrialisation *f* exzessive Industrialisierung
surloyer *m* Mietzuschlag
surmonter *qc* **(une crise, une difficulté)** überwinden *etw* (eine Krise, Schwierigkeit)
surmortalité *f* überhohe Sterblichkeitsziffer
surmotorisation *f* Übermotorisierung
surnatalité Geburtenüberschuß
surnombre *m* Überzahl
△△ **être en ~** überzählig sein
surpeuplement *m* Überbevölkerung
~ **accentué** *m* hohe Überbevölkerung
~ **modéré** *m* mäßige Überbevölkerung
surplus *m* Überschuß
△△ **dégager/enregistrer un ~** einen Überschuß erzielen/erwirtschaften/ausweisen
~ **agro-alimentaire** *m* Agrarüberschuß
~ **commercial** *m* Außenhandelsüberschuß, Handelsüberschuß
△△ **dégager un ~** einen Handelsüberschuß erzielen/erwirtschaften/ausweisen
~ **de main-d'oeuvre** *m* Arbeitskräfteüberschuß
~ **des produits manufacturés** *m* Überschuß aus den Fertigprodukten
~ **pétrolier** *m* Erdölgelder
surpoids *m* Übergewicht
surprime *f* Risikozuschlag (auf die Prämie)
~ **conducteurs inexpérimentés** *f* Risikozuschlag für Führerscheinneulinge
surprise *f* Überraschung
△ **grève ~** *f* Blitzstreik
surprix *m* Mehrpreis, Aufpreis
surproduction *f* Überproduktion
sursalaire *m* Lohnzuschlag
sursis *m* Aufschub, Fristverlängerung
~ **de paiement** *m* Zahlungsaufschub
surstock *m* überschüssiger Lagerbestand
surtaxe *f* zusätzlicher Steuerbetrag, Zusatzgebühr
~ **postale** *f* Portozuschlag, Nachgebühr
surtaxer *qc* eine Zusatzsteuer/Nachgebühr erheben auf *etw*
surveillance *f* Überwachung, Aufsicht
~ **de la production** *f* Produktionsüberwachung
~ **des normes sanitaires** *f* Lebensmittelüberwachung, Überwachung der Hygienevorschriften
~ **médicale** *f* ärztliche Aufsicht
surveillant *m* Wächter, Hüter, Aufpasser
surveiller *qc/qn* überwachen, kontrollieren, beaufsichtigen *etw/jdn*
~ **la politique des changes** die Währungspolitik/Geldpolitik überwachen/kontrollieren
~ **les finances d'une société** die Finanzen eines Unternehmens überwachen/kontrollieren

survenir auftreten, eintreten, sich ereignen, passieren
survie *f* Überleben, Fortbestand
△ **assurance de ~** *f* Überlebensversicherung; **difficultés de ~** *f pl* Überlebenschwierigkeiten
~ **de l'entreprise** *f* Fortbestand des Unternehmens
△△ **garantir la ~** den Fortbestand des Unternehmens sichern
survivant *m* Überlebender, Hinterbliebener
△ **dernier ~** *m* Letztüberlebender
survivant, e überlebend, hinterblieben
△ **conjoint ~** *m* überlebender/hinterbliebener Ehepartner
survivre (à *qc/qn*) überleben (*etw/jdn*)
sus de *qc* (en) zusätzlich, zuzüglich zu *etw*
susceptible de faire *qc* möglicherweise *etw* tun, fähig/geeignet sein *etw* zu tun
△ **offre susceptible d'intéresser beaucoup de clients** *f* Angebot, das zahlreiche Kunden interessieren könnte; **personne susceptible d'acheter un produit** *f* potentieller Käufer
susciter *qc* hervorrufen, verursachen *etw*
~ **un malentendu** ein Mißverständnis hervorrufen
susmentionné, e oben genannt
suspendre *qc* aussetzen, unterbrechen, aufheben, hemmen *etw*
~ **l'indexation des salaires sur les prix** die Lohn-Preis-Bindung aussetzen
~ **la cotation** die Notierung aussetzen
~ **le délai de prescription** die Verjährungsfrist hemmen
~ **le paiement de la dette** die Schuldenzahlung/den Schuldendienst einstellen
~ **le paiement des traitements** die Zahlung der Bezüge einstellen
~ **le travail** die Arbeit niederlegen
~ **les paiements** die Zahlungen einstellen
~ **un contrat d'assurance** einen Versicherungsvertrag aussetzen, ruhen lassen
suspensif, ve aufschiebend
△ **effet ~** *m* aufschiebende Wirkung
suspension *f* Aussetzen, Unterbrechen, Aufheben, Aufschiebung
△ **en ~ de droits** unter Aufhebung der Zollabgaben
~ **de (la) cotation** *f* Aussetzen der Kursnotierung
~ **de garantie** *f* Erlöschen/Unterbrechung des Versicherungsschutzes
~ **de l'indexation des salaires sur les prix** *f* Aufhebung der Lohn-Preis-Bindung
~ **de paiement** *f* Zahlungseinstellung
~ **de prescription** *f* Hemmung der Verjährungsfrist
~ **du paiement de la dette** *f* Einstellung der Schuldenzahlung/des Schuldendienstes
~ **du permis de conduire** *f* Führerscheinentzug
Swap *m* Swapgeschäft, Devisentauschgeschäft, Swap
△ **accord de ~** *m* Swapabkommen
~ **de devises** *m* Devisenswapgeschäft
~s de la deuxième génération *m pl* Swaps der zweiten Generation
~s sur les taux et les monnaies *m pl* Wechsel- und Geldswaps
Swift *m* Swift
△ **groupement d'utilisateurs de ~** *m* Vereinigung der Swift-Benutzer
sylvicole *f* forstwirtschaftlich, Forstwirtschaft-
sylviculture *f* Forstwirtschaft
synallagmatique gegenseitig/beidseitig bindend
△ **contrat ~** *m* gegenseitig/beidseitig verpflichtender/bindender Vertrag
synchronisation *f* Synchronisation, Gleichschritt
~ **du cycle économique** *f* Konjunkturgleichschritt
syndic *m* Konkursverwalter, Masseverwalter, Verwalter
~ **au règlement judiciaire** *m* Konkursverwalter
~ **de copropriété** *m* Gebäudeverwalter (bei Eigentumswohnungen)
~ **de faillite** *m* Konkursverwalter (bis 1985)
syndical, e Gewerkschafts-, gewerkschaftlich, Verbands-
△ **activité ~e** *f* gewerkschaftliche Tätigkeit; **association ~e** *f* Gewerkschaft; **centrale ~e** *f* Gewerkschaftsdachverband; **chambre ~e** *f* Berufskammer; **combativité ~e** *f* Streikbe-

reitschaft; **confédération ~e** *f* Gewerkschaftsverband; **cotisation ~e** *f* Gewerkschaftsbeitrag; **délégué ~** *m* Gewerkschaftsfunktionär; **dirigeant ~** *m* Gewerkkschaftsführer; **divisions ~es** *f pl* gewerkschaftliche Spaltung; **fédération ~e** *f* Gewerkschaftsverband; **libertés ~es** *f pl* gewerkschaftliche Rechte; **militant ~** *m* aktiver Gewerkschaftler, Gewerkschaftsfunktionär; **mouvement ~** *m* Gewerkschaftsbewegung; **organisation ~e** *f* Gewerkschaftsorganisation; **permanent ~** *m* Gewerkschaftsfunktionär (als ständiger Ansprechpartner im Betrieb); **réunion ~e** *f* Gewerkschaftsversammlung; **revendications ~s** *f pl* Gewerkschaftsforderungen

syndicalisation *f* gewerkschaftliche Organisierung, Grad der gewerkschaftlichen Organisierung, gewerkschaftlicher Organisierungsgrad

△ **taux de ~** *m* Grad der gewerkschaftlichen Organisierung, gewerkschaftlicher Organisierungsgrad

△△ **le taux de ~ baisse/est en baisse/est en hausse** der gewerkschaftliche Organisierungsgrad sinkt/steigt

syndicalisme *m* Gewerkschaftssystem

~ patronal *m* Verbandswesen auf Arbeitgeberebene, Arbeitgeberverbände

syndicaliste *m* Gewerkschaftler, Gewerkschaftsfunktionär

syndicaliste gewerkschaftlich, Gewerkschafts-

△ **dirigeant ~** *m* Gewerkkschaftsführer; **mouvement ~** *m* Gewerkschaftsbewegung

syndicat *m* Berufsverband, Gewerkschaft, Verband, Lobby, Interessenverband

△ **fédération de ~s de l'industrie** *f* Industrieverband

△△ **adhérer à un ~** einer Gewerkschaft beitreten, in einer Gewerkschaft Mitglied sein; **être affilié, e à un/être membre d'un/faire partie d'un ~** in einer Gewerkschaft Mitglied sein; **les ~s descendent dans la rue** die Gewerkschaften gehen auf die Straße; **les ~s obtiennent que ...** die Gewerkschaften erreichen, daß ...; **les ~s revendiquent que ...** die Gewerkschaften fordern, daß ...; **les ~s s'engagent dans la négociation** die Gewerkschaften nehmen Verhandlungen auf

~ agricole *m* Bauerngewerkschaft

~ bancaire de garantie *m* Übernahmekonsortium

~ d'employés *m* Angestelltengewerkschaft

~ d'employeurs *m* Arbeitgebervereinigung

~ d'exploitants agricoles *m* Bauernverband

~ d'initiative *m* Verkehrsverein

~ de communes *m* Kommunalverband

~ de garantie *m* Übernahmekonsortium

~ de l'industrie *m* Industrieverband

△ **fédération des syndicats de l'industrie** *f* Industrieverband

~ de la magistrature *m* Berufsverband der Richter

~ de la métallurgie *m* Metallergewerkschaft

~ de la presse *m* Presseverband

~ de patrons *m* Arbeitgeberverband

~ de paysans *m* Bauernverband

~ de salariés *m* Arbeitnehmergewerkschaft

~ de travailleurs *m* Arbeitnehmergewerkschaft

~ des métallos/ métallurgistes *m* Metallarbeitergewerkschaft, Metallergewerkschaft

~ des mineurs *m* Bergbaugwerkschaft

~ des postiers *m* Postgewerkschaft

~ des transporteurs routiers *m* Berufskraftfahrergewerkschaft

~ interbancaire *m* Bankenkonsortium

~ intercommunal Kommunalverband

~ „maison" *m* Hausgewerkschaft

~ ouvrier *m* Arbeitergewerkschaft

~ patronal *m* Arbeitgeberverband

~ professionnel *m* Berufsverband

syndiqué, e gewerkschaftlich organisiert

syndiquer ***qn*** gewerkschaftlich organisieren *jdn*

~ (se) sich gewerkschaftlich organisieren

synergie *f* Synergie

△ **effet de ~** *m* Synergieeffekt

△△ **faire jouer les ~s** Synergieeffekte nutzen

synthèse *f* Synthese

synthétique synthetisch, Kunststoff-, Kunst-
△ **fibre** ~ *f* Kunstfaser; **fibres artificielles et ~s** *f pl* Kunst-und Synthetikfasern
système *m* System
~ **bancaire** *m* Bankwesen, Bankensystem
~ **bancaire international** *m* internationales Bankwesen, Bankensystem
~ **CAC (cotation assistée en continu)** *m* fortlaufende Notierung per Computer
~ **d'économie de marché** *m* marktwirtschaftliches System, Marktwirtschaft
~ **d'exploitation** *m* Betriebssystem
~ **d'indexation** *m* Indexsystem
~ **d'information(s)** *m* Informationssystem
~ **de capitalisation** *m* Kapitalisierungsverfahren
~ **de changes flottants** *m* System der freien Wechselkurse
~ **de classement** *m* Klassifizierungssystem
~ **de cotation assisté par ordinateur** *m* computerisiertes Notierungssystem (Börse)
~ **de couverture sociale** *m* Sozialversicherungssystem, soziales Netz
~ **de distribution** *m* Vertriebssystem
~ **de formation en alternance** *m* duales Berufsausbildungssystem
~ **de paiement compensatoire** *m* Preisstützungssystem
~ **de paiement par carte (bancaire/de crédit)** *m* Kreditkartenzahlungssystem
~ **de paiement par carte accréditive** *m* POS-Zahlungssystem
~ **de parités fixes** *m* System fester Währungsparitäten
~ **de perception** *m* Einzugsverfahren, Erhebungsverfahren
~ **de quotas** *m* Quotensystem
~ **de rémunération** *m* Entlohnungssytem
~ **de redistribution** *m* Umverteilungssystem
~ **de redistribution des revenus** *m* System der Einkommensumverteilung
~ **de répartition** *m* Verteilungssystem, Umlageverfahren
~ **de roll-over** *m* Roll-over-System
~ **de sécurité sociale** *m* Sozialversicherungssystem
~ **de taux de change stables** *m* System mit festen Wechselkursen, festes Wechselkurssystem
~ **des montants compensatoires monétaires** *m* Währungsausgleichsabgabensystem
~ **des préférences généralisées** *m* System allgemeiner Zollpräferenzen
~ **dualiste** *m* duales Berufsausbildungssystem
~ **économique** *m* Wirtschaftssystem, Wirtschaftsordnung
~ **élargi de comptabilité nationale (SECN)** *m* offizielle Form der volkswirtschaftlichen Gesamtrechnung
~ **fiscal** *m* Steuersystem
~ **Informatique du Répertoire des Entreprises et Etablissements (SIRENE)** *m* EDV-Register der Handelsregisternummern
~ **monétaire** *m* Währungssystem
~ **monétaire européen (SME)** *m* Europäisches Währungssystem (EWS)
~ **monétaire international (SMI)** *m* Internationales Währungssystem (IWS)
~ **monétaire mondial** *m* Weltwährungssystem
~ **national de paiement par carte (bancaire/de crédit)** *m* inländisches Kreditkartenzahlungssystem
~ **parafiscal** *m* steuerähnliches Abgabesystem
~ **productif** *m* Produktivsystem
~ **rail-route** *m* Huckepackverkehr
~ **redistributif** *m* Umverteilungssystem, Umverteilungsmechanismus

T

tabac *m* Tabak
△ **bureau de** ~ *m* Tabakladen; **débit de** ~ *m* Tabakladen; **droits sur le** ~*m* Tabaksteuer
tabagisme *m* Nikotinsucht
table *f* Tisch, Tafel
~ **d'écoute** *f* Abhöranlage
~ **de mortalité** *f* Sterbetafel

tableau *m* Tafel, Verzeichnis
~ **d'amortissement** *m* Tilgungsplan
~ **d'ensemble** *m* Gesamtdarstellung
~ **de bord** *m* Armaturenbrett, Konjunkturbarometer, Reporting, Wirtschaftsindikatoren
~ **de chiffres** *m* Zahlentabelle
~ **de financement** *m* Finanzierungsplan
~ **de vérification** *m* Kontrollaufstellung
~ **des dépenses** *m* Zusammenstellung aller Ausgaben
tabler sur ***qc*** rechnen mit, setzen auf *etw*
tâche *f* Aufgabe, Arbeit, Arbeitsverrichtung
△ **division des ~s** *f* Aufgabenteilung; **parcellisation des ~s** *f* Zerlegung der Arbeit in kleine Arbeitsschritte; **partage des ~s** *m* Aufgabenteilung; **salaire à la ~** *m* Akkordlohn; **travail à la ~** *m* Akkordarbeit
△△ **avoir pour ~ de faire** ***qc*** die Aufgabe haben, *etw* zu tun
~s administatives *fpl* Verwaltungsaufgaben
~s de direction *fpl* Leitungsaufgaben
~s ménagères *fpl* Hausarbeit
tacite stillschweigend
△ **accord ~** *m* stillschweigender Vertrag; **par accord ~** stillschweigend
~ **reconduction** *f* stillschweigende Verlängerung
taille *f* Größe, Bedeutung
~ **critique** *f* kritische Größe
~ **de l'entreprise** *f* Größe des Unternehmens, Unternehmensgröße
~ **minimum** *f* Mindestgröße
~ **optimale** *f* optimale Größe
tailler ***qc*** schneiden, abschneiden *etw*
~ **la part du lion (se)** sich den Löwenanteil nehmen
talon *m* 1. Absatz, Ferse 2. Abschnitt, Kupon
~ **de chèque** *m* Scheckabschnitt, Talon
~ **de correspondance** *m* Kupon für Mitteilungen an den Empfänger
~ **de recouponnement** *m* Erneuerungsschein (effektive Stücke)
talonner ***qn*** auf den Fersen sein, hart zusetzen *jdm*
tantième *m* Anteil, Teil, Tantieme
taper ***qc*** tippen *etw*
tapis *m* Teppich
~ **roulant** *m* Förderband, Laufband
tarder à faire ***qc*** auf sich warten lassen mit ..., lange brauchen um ...
△ **sans tarder** unverzüglich
tardif, ve spät, verspätet
tarif *m* Preis, Tarif, Steuertarif, Beitrag
△ **à des ~s défiant toute concurrence** zu unschlagbaren Preisen; **augmentation des ~s** *f* Preiserhöhung, Tariferhöhung
△△ **relever les ~s** die Preise/Tarife erhöhen
~ **de la communication/des communications** *m* Gesprächsgebühr, Telefongebühr
~ **de nuit** *m* Nachttarif
~ **des douanes** *m* Zolltarif
~ **douanier** *m* Zolltarif, Zollsätze, Zollsatz
△ **accord général sur les tarifs douaniers et le commerce** *m* Allgemeines Zoll- und Handelsabkommen (GATT)
△△ **alléger les tarifs douaniers** die Zolltarife senken
~ **douanier en vigueur** *m* geltender Zollsatz
~ **extérieur commun (TEC)** *m* gemeinsamer (Außen) Zolltarif der EU
~ **horaire** *m* Stundensatz
~ **journalier** *m* Tagessatz
~ **majoré** *m* erhöhter Tarif
~ **non-fumeur** *m* Nichtrauchertarif
~ **portuaire** *m* Hafengebühr
~ **postal** *m* Postgebühr
~ **préférentiel** *m* Vorzugszoll, Präferenzzoll, Vorzugstarif
~ **spécial** *m* Sondertarif
~s postaux *m pl* Postgebühren
tarifable tarifmäßig erfaßbar
tarifaire zolltariflich, tariflich
△ **autonomie ~** *f* Tarifhoheit, Zollhoheit; **conférence ~** *f* Zollkonferenz; **démantèlement ~** *m* Zollabbau; **franchise ~** *f* Zollfreiheit; **négociations ~s** *fpl* Zollverhandlungen; **réduction ~** *f* Zollsenkung; **régime ~** *m* Zollbehandlung; **régime ~ spécial** *m* Sonderzollbehandlung
tarifer ***qc*** tarifieren, den Tarif festsetzen für *etw*
tarification *f* Gebührenfestsetzung, Tariffestsetzung, Zollfestsetzung

△ **zone de ~** *f* regionale Schadensklasse (Kfz-Versicherung)
~ **douanière** *f* Zollfestsetzung
tas *m* Haufen
~ **(sur le)** am Arbeitsplatz
△△ **être formé, e sur le ~** durch die Praxis lernen
tassement *m* Abschwächung, Nachgeben
~ **conjoncturel** *m* Konjunkturabschwächung
~ **des cours** *m* Kursabschwächung, Nachgeben der Kurse
~ **des importations** *m* Verringerung der Einfuhren
taux *m* Quote, Rate, Satz, Kurs, Zinssatz
△ **baisse des ~ (d'intérêt)** *f* Zinsrückgang; **baisse du ~ de couverture** *f* Rückgang des Deckungsverhältnisses; **crédit à ~ (d'intérêt) fixe** *m* Festzinskredit; **crédit à ~ (d'intérêt) révisable/variable** *m* Kredit mit variablem Zinssatz; **décrue des ~ (d'intérêt)** *f* Zinsrückgang; **déréglementation des ~ (d'intérêt)** *f* Dereglementierung bei den Zinsen; **détente des ~ (d'intérêt)** *f* Entspannung bei den Zinsen; **écarts de ~ (d'intérêt)** *m pl* Zinsunterschiede; **faible ~** *m* niedrige Quote; **fléchissement des ~ (d'intérêt)** *m* Nachgeben der Zinsen; **hausse des ~ (d'intérêt)** *f* Zinsanstieg; **obligation à ~ (d'intérêt) variable** *f* Anleihe mit variablem Zinssatz; **prêt à ~ (d'intérêt) fixe** *m* Festzinskredit; **prêt à ~ (d'intérêt) variable** *m* Kredit mit variablem Zinssatz; **stabilisation des ~ de change** *f* Wechselkursstabilisierung; **système de ~ de change stables** *m* System mit festen Wechselkursen; **variation des ~ (d'intérêt)** *f* Zinsschwankungen
△△ **abaisser les ~ (d'intérêt)** die Zinsen senken; **afficher un ~ d'inflation de x %** eine Inflationsrate von x % verzeichnen; **atteindre un ~ de x %** eine Quote von x % erreichen; **faire monter les ~ intérieurs** die inländischen Zinsen in die Höhe treiben; **faire (re)monter les ~ (d'intérêt)** Zinsen (wieder) in die Höhe treiben; **intervenir pour stabiliser le ~ de change** zur Stabilisierung des Wechselkurses intervenieren; **le ~ atteint x %** die Quote beträgt x %; **le ~ d'inflation a été ramené à x %** die Inflationsrate wurde auf x % heruntergeschraubt, verringert; **le ~ d'inflation a progressé (de x %)** die Inflationsrate ist (um x %) angestiegen; **le ~ d'inflation baisse** die Inflationsrate sinkt, fällt; **les ~ (d'intérêt) se détendent** die Zinsen sinken, es gibt eine Entspannung bei den Zinsen; **relever les ~ d'escompte** den Diskontsatz heben; **relever les ~ (d'intérêt)** die Zinsen anheben
~ **actuariel** *m* Anlagerendite
~ **actuariel brut** *m* Effektivverzinsung, Rendite, Bruttoanlagerendite
~ **ambiant** *m* repräsentativer Kapitalmarktzins
~ **bilatéral** *m* bilateraler Wechselkurs
~ **bonifié** *m* verbilligter Zinssatz, vergünstigter Zinssatz
~ **brut de nuptialité** *m* Bruttoheiratshäufigkeit
~ **brut de reproduction** *m* Bruttoreproduktionsrate
~ **court** *m* Zinssatz für kurzfristige Gelder
~ **créditeur** *m* Habenzinsen
~ **d'accroissement** *m* Zuwachsrate
~ **d'accroissement (naturel) de la population** *m* Bevölkerungszuwachs
~ **d'activité** *m* Erwerbsquote
~ **d'activité féminin(e)** *m* Erwerbsquote bei Frauen
~ **d'alcoolémie** *m* Blutalkoholgehalt
~ **d'amortissement** *m* Tilgungsrate
~ **d'autofinancement** *m* Selbstfinanzierungsgrad
~ **d'écoute** *m* Einschaltquote
~ **d'épargne** *m* Sparquote
~ **d'équipement** *m* Ausstattungsgrad
~ **d'équipement des ménages (en appareils ménagers)** *m* Geräteausstattung der Haushalte
~ **d'escompte/de l'escompte** *m* Diskontsatz, Diskont
△ **baisse du ~** *f* Diskont(satz)senkung
△△ **abaisser le ~** den Diskontsatz senken; **relever le ~** den Diskontsatz anheben
~ **d'expansion** *m* Expansionsrate
~ **d'imposition** *m* Steuersatz
△ **taux marginal d'imposition** *m* Grenzsteuersatz

~ **d'imposition progressif** *m* progressiver Steuersatz
~ **d'indépendance énergétique** *m* Grad der Energieunabhängigkeit
~ **d'inflation** *m* Inflationsrate, Teuerungsrate, Preissteigerungsrate
△△ **afficher un ~ de x %** eine Inflationsrate von x % verzeichnen; **le ~ a été ramené à x %** die Inflationsrate wurde auf x % heruntergeschraubt/verringert; **le ~ a progressé (de x %)** die Inflationsrate ist (um x %) angestiegen; **le ~ baisse** die Inflationsrate sinkt/fällt
~ **d'intérêt** *m* Verzinsung, Zinsen, Zinssatz, Zinsfuß
△ **baisse des ~** *f* Zinsrückgang; **crédit à ~ fixe** *m* Festzinskredit; **crédit à ~ révisable/variable** *m* Kredit mit variablem Zinssatz; **décrue des ~** *f* Zinsrückgang; **déréglementation des ~** *f* Dereglementierung bei den Zinsen; **détente des ~** *f* Entspannung bei den Zinsen; **écarts de ~** *m pl* Zinsunterschiede; **fléchissement des ~** *m* Nachgeben der Zinsen; **hausse des ~** *f* Zinsanstieg; **obligation à ~ variable** *f* Anleihe mit variablem Zinssatz; **prêt à ~ fixe** *m* Festzinskredit; **prêt à ~ révisable/variable** *m* Kredit mit variablem Zinssatz; **variation des ~** *f* Zinsschwankungen
△△ **abaisser les ~** die Zinsen senken; **faire baisser les ~** Zinsen sinken lassen; **faire (re)monter les ~** Zinsen (wieder) in die Höhe treiben; **relever les ~** die Zinsen anheben
~ **d'intérêt à court terme** *m* Zinsen für kurzfristige Darlehen
~ **d'intérêt à l'exportation** *m* Zinsen für Ausfuhrkredite
~ **d'intérêt à long terme** *m* Zinsen für langfristige Darlehen
~ **d'intérêt à moyen terme** *m* Zinsen für mittelfristige Darlehen
~ **d'intérêt actuariel** *m* Anlagerendite
~ **d'intérêt du marché** *m* Marktzinssatz
~ **d'intérêt effectif** *m* Effektivzinssatz
~ **d'intérêt préférentiel** *m* Vorzugszinssatz
~ **d'invendus** *m* Anteil der Restposten
~ **d'investissement** *m* Investitionsrate
△ **remontée du ~** *f* Ansteigen der Investitionsrate
~ **d'usure** *m* Wucherzins
~ **d'utilisation** *m* Auslastungsgrad
~ **d'utilisation de la capacité de production** *m* Auslastungsgrad, Kapazitätsauslastungsgrad, Maschinenlaufzeiten
~ **d'utilisation des capacités** *m* Auslastungsgrad, Kapazitätsauslastungsgrad, Maschinenlaufzeiten
~ **d'utilisation des machines** *m* Auslastungsgrad, Kapazitätsauslastungsgrad, Maschinenlaufzeiten
~ **d'utilisation des moyens de production** *m* Auslastungsgrad, Kapazitätsauslastungsgrad, Maschinenlaufzeiten
~ **de base** *m* banküblicher Zinssatz, Basiszinssatz
~ **de base bancaire/des banques** *m* banküblicher Zinssatz, Basiszinssatz
~ **de bonus** *m* Höhe des Schadensfreiheitsrabatts, Bonus
~ **de capitalisation** *m* Kapitalisierungssatz, Kapitalisierungszinsfuß, Rendite
~ **de change** *m* Wechselkurs, Devisenkurs, Umrechnungskurs
△ **imprévisibilité des ~** *f* Unvorhersehbarkeit, Unberechenbarkeit der Wechselkurse; **stabilisation des ~** *f* Wechselkursstabilisierung; **système de ~ stables** *m* System fester Wechselkurse
△△ **intervenir pour stabiliser le ~** zur Stabilisierung des Wechselkurses intervenieren; **le ~ d'une monnaie s'écarte du taux pivot** der Wechselkurs einer Währung weicht vom Leitkurs ab
~ **de change équilibré** *m* ausgeglichener Wechselkurs
~ **de change fixe** *m* fester Wechselkurs
~ **de change flottant** *m* freier/frei schwankender Wechselkurs, flexibler Wechselkurs, gleitender Wechselkurs
~ **de change variable** *m* flexibler Wechselkurs
~ **de chômage** *m* Arbeitslosenquote, Arbeitslosenrate, Erwerbslosenquote, Erwerbslosenrate
△△ **le ~ a reculé** die Arbeitslosenquote ist zurückgegangen
~ **de commission** *m* Provisionssatz
~ **de concentration** *m* Konzentrationsgrad (z.B. im Handel)
~ **de conversion** *m* Konversionskurs, Umrechnungssatz

~ **de cotisation** *m* Beitragssatz
~ **de couverture** *m* Deckungsgrad, Deckungsverhältnis, Deckungsrate, Deckungsquote, Deckung der Importe durch die Exporte
△ **baisse du ~** *f* Rückgang des Dekkungsverhältnisses
~ **de couverture des importations par les exportations** *m* Deckung der Importe durch die Exporte
~ **de couverture en valeur** *m* nominale Deckungsquote
~ **de couverture en volume** *m* reale Deckungsquote
~ **de croissance** *m* Wachstumsrate, Zuwachsrate, Zuwachsquote
~ **de croissance des échanges** *m* Wachstumsrate/Zuwachsrate des internationalen Handels
~ **de départ** *m* 1. Ausgangsatz 2. Urlaubsquote (Anteil der Urlaubsreisenden an der Gesamtbevölkerung)
~ **de départ en vacances** *m* Urlaubsquote (Anteil der Urlaubsreisenden an der Gesamtbevölkerung)
~ **de déport** *m* Deport-Satz
~ **de droit(s) de douane** *m* Zollsatz
~ **de fécondité** *m* Fruchtbarkeitsquote
~ **de fécondité par âge** *m* altersbezogene Fruchtbarkeitsquote
~ **de financement** *m* Finanzierungsquote
~ **de fréquence des accidents du travail** *m* Häufigkeit der Arbeitsunfälle
~ **de fret** *m* Frachtrate
~ **de l'argent à court terme** *m* Zinssatz für kurzfristige Einlagen
~ **de l'argent au jour le jour** *m* Tagesgeldzinssatz
~ **de l'emploi** *m* Beschäftigungsquote
~ **de l'escompte/d'escompte** *m* Diskontsatz
~ **de l'euro-dollar** *m* Euro-Dollar-Kurs
~ **de l'impôt** *m* Steuersatz
~ **de l'impôt en vigueur** *m* gültiger Steuersatz
~ **de l'impôt sur le revenu** *m* Einkommensteuersatz
~ **de l'impôt sur le revenu des sociétés/sur les sociétés** *m* Körperschaftsteuersatz
~ **de l'IS** *m* Körperschaftsteuersatz
~ **de la TVA** *m* Mehrwertsteuersatz
~ **de malus** *m* Malus beim Schadensfreiheitsrabatt
~ **de marge** *m* Gewinnspanne, Handelsspanne, Prozentspanne, Handelsaufschlag
~ **de marge brute** *m* Bruttoaufschlag
~ **de marge nette** *m* Nettoaufschlag
~ **de mortalité** *m* Sterberate, Sterbeziffer
~ **de natalité** *m* Geburtenrate
~ **de nuptialité** *f* Zahl der Eheschließungen, Heiratshäufigkeit
~ **de participation** *m* Beteiligungsrate, Wahlbeteiligung
~ **de pénétration** *m* Durchdringungsgrad
~ **de pénétration utile** *m* Reichweite
~ **de perception** *m* Hebesatz, Steuersatz
~ **de prélèvement** *m* Hebesatz, Steuersatz, Steuerquote, Belastung durch Steuern und Abgaben
~ **de prise en pension** *m* Zinssatz für Wertpapierpensionsgeschäfte, Lombardsatz
~ **de recyclage** *m* Recyclingquote
~ **de réescompte** *m* Rediskontsatz
~ **de refinancement** *m* Refinanzierungssatz
~ **de remise** *m* Rabattstaffel, Rabattsatz
~ **de remontée** *m* Rücklaufquote
~ **de remplissage** *m* Auslastung, Auslastungsgrad, Belegung, Kapazitätsauslastung (z.B. bei Flugzeugen, Hotelbetten etc.)
~ **de rendement** *m* Rendite, Effektivzinssatz, Realzinssatz, Verzinsung
~ **de rendement actuariel annuel** *m* jährlicher Effektivzinssatz/Realzinssatz, jährliche Rendite
~ **de rentabilité** *m* Rentabilitätsgrad
~ **de report** *m* Report
~ **de réserves minimales** *m* Mindestreservesatz
~ **de réussite** *m* Erfolsrate
~ **de rotation** *m* Umschlagshäufigkeit, Umsatzhäufigkeit
~ **de salaire ouvrier** *m* Lohnsatz, Arbeitslohnsatz
~ **de scolarisation** *m* Anteil der Jugendlichen, die eine Schulausbildung erhalten
~ **de syndicalisation** *m* Grad der ge-

werkschaftlichen Organisierung, gewerkschaftlicher Organisierungsgrad
△△ **le ~ baisse/est en baisse/est en hausse/monte** der gewerkschaftliche Organisierungsgrad sinkt/steigt
~ **de TVA** *m* Mehrwertsteuersatz
~ **de valeur ajoutée** *m* Wertschöpfungsquote
~ **débiteur** *m* Sollzins
~ **des appels d'offres (de la Banque da France)** *m* Zentralbankzinssatz
~ **des avances sur titres** *m* Lombardsatz
~ **des crédits** *m* Kreditzinsen
~ **des pensions** *m* Pensionssatz, Zinssatz für Wertpapierpensionsgeschäfte
~ **des réserves obligatoires** *m* Mindestreservesatz
~ **désaisonnalisé** *m* saisonbereinigter Satz
~ **directeurs** *m pl* Leitzinsen
~ **du marché monétaire** *m* Geldmarktzins
~ **du marché obligataire (TMO)** *m* Zinssatz am Obligationsmarkt
~ **du salaire ouvrier** *m* Lohnsatz, Arbeitslohnsatz
~ **effectif global (TEG)** *m* Effektivzinssatz, effektiver Jahreszins
~ **fiscal** *m* Steuersatz
~ **fixe** *m* fester Zinssatz
△ **crédit/prêt à ~** *m* Kredit mit festem Zinssatz; **émission à ~** *f* Emission mit festem Zinssatz
~ **forfaitaire** *m* Einheitssatz, Pauschalsatz
~ **indexé** *m* an einen Index gebundener/indexierter Zinssatz
△ **crédit à ~** *m* Kredit zu einem indexgebundenen Zinssatz
~ **interbancaire** *m* Zinssatz für Darlehen von Banken an Banken, Interbankenzinsatz
~ **interbancaire offert à Paris** *m* Paris Interbank Offered Rate (PIBOR)
~ **intérieur** *m* inländischer Zinssatz
△△ **faire monter les taux intérieurs** die inländischen Zinsen in die Höhe treiben
~ **lombard** *m* Lombardsatz
~ **long** *m* Zinssatz für langfristige Gelder
~ **majoré (de TVA)** *m* erhöhter Mehrwertsteuersatz
~ **marginal** *m* Grenzsatz, Grenzsteuersatz
~ **marginal d'imposition** *m* Grenzsteuersatz
~ **marginal réel d'imposition** *m* effektiver Grenzsteuersatz
~ **maximum** *m* Höchstsatz
~ **minimum** *m* Mindesttsatz
~ **monétaire** *m* Geldmarktzinssatz
~ **monétaire annualisé** *m* Geldmarktzins im Jahresdurchschnitt
~ **moyen** *m* durchschnittlicher Satz, durchschnittlicher Zinssatz
~ **moyen de rendement effectif** *m* durchschnittliche Effektivverzinsung
~ **moyen des obligations (TMO)** *m* Durchschnittszinssatz für Anleihen
~ **moyen du marché monétaire** *m* Geldmarktdurchschnittssatz
~ **moyen mensuel de rendement** *m* Monatsdurchschnittszinssatz
~ **moyen obligataire (TMO)** *m* Durchschnittszinssatz für Anleihen
~ **normal (de TVA)** *m* normaler Mehrwertsteuersatz
~ **normal ou intermédiaire** *m* normaler oder Zwischensteuersatz
~ **pivot** *m* Leitkurs (EWS), Mittelkurs
△ **modification du ~** *f* Leitkursänderung
△△ **le taux de change d'une monnaie s'écarte du ~** der Wechselkurs einer Währung weicht vom Leitkurs ab
~ **plafond** *m* Höchstsatz
~ **plancher** *m* Mindestsatz
~ **préférentiel** *m* Vorzugszinssatz
~ **premier** *m* Basiszinssatz, Prime rate
~ **privilégié** *m* Vorzugszinssatz
~ **progressif** *m* gestaffelter Satz, Progressionssatz, progressiver Steuersatz
~ **réduit (de TVA)** *m* ermäßigter Mehrwertsteuersatz
~ **réel de croissance par habitant** *m* reale Wachstumsrate pro Einwohner
~ **réglementé** *m* reglementierter Zinssatz
~ **révisable** *m* variabler Zinssatz
△ **crédit/prêt à ~** *m* Kredit mit variablem Zinssatz
~ **révisable annuel** *m* variabler Jahreszinssatz
~ **superréduit (de TVA)** *m* stark ermäßigter Mehrwertsteuersatz

~ **variable** *m* variabler Zinssatz
△ **crédit/prêt à ~** *m* Kredit mit variablem Zinssatz
~ **zéro** *m* zinslos, ohne Zinsen
△ **prêt à ~** *m* zinsloses Darlehen
taxable besteuerbar
taxation *f* Steuerfestsetzung, Besteuerung
~ **ad valorem** *f* Wertverzollung
~ **d'office** *f* Steuerfestsetzung von Amts wegen
~ **des patrimoines** *f* Vermögensbesteuerung
~ **des plus-values** *f* Wertzuwachsbesteuerung
taxe *f* Steuer, Abgabe
△ **hors ~s (HT)** steuerfrei, ohne Steuern; **imprimé à ~ réduite** *m* Drucksache zu ermäßigter Gebühr, Streifbandzeitung; **toutes ~s comprises (TTC)** Steuern und Abgaben inbegriffen, inklusive Mehrwertsteuer
△△ **être soumis, e à une ~** abgabepflichtig sein; **instaurer des ~s anti-dumping** eine Anti-Dumping-Steuer erheben; **prélever une ~** eine Steuer einbehalten, erheben; **une ~ frappe un produit** eine Steuer belastet ein Produkt
~ **à l'exportation** *f* Ausfuhrabgabe, Ausfuhrsteuer, Exportabgabe, Exportsteuer
~ **à l'importation** *f* Einfuhrabgabe, Einfuhrsteuer, Importabgabe, Importsteuer
~ **à/sur la consommation** *f* Verbrauchsteuer
~ **à/sur la valeur ajoutée (TVA)** *f* Mehrwertsteuer (MwSt)
△ **assujetti, e à la ~** mehrwertsteuerpflichtig; **baisse de la ~** *f* Mehrwertsteuersenkung; **demande de restitution de la ~** *f* Antrag auf Rückerstattung der bezahlten MwSt; **exonéré, e de (la) ~** mehrwertsteuerfrei; **harmonisation de la ~** *f* Harmonisierung der MwSt; **hausse de la ~** *f* Mehrwertsteuererhöhung; **hors ~** ohne MwSt, MwSt nicht inbegriffen; **récupération de la ~** *f* Vorsteuerabzug, Mehrwertsteuerabzug; **remboursement de la ~** *m* Rückerstattung der MwSt; **taux de ~** *m* Mehrwertsteuersatz; **taux majoré de ~** *m* erhöhter Mehrwertsteuersatz; **taux normal de ~** *m* Normalsatz der MwSt; **taux réduit de ~** *m* ermäßigter Mehrwertsteuersatz; **taux superréduit de ~** *m* stark ermäßigter Mehrwertsteuersatz
△△ **augmenter la ~** die MwSt erhöhen; **baisser la ~** die MwSt senken; **être assujetti, e à la ~** mehrwertsteuerpflichtig sein; **harmoniser les taux de ~** die Mehrwertsteuersätze angleichen/harmonisieren; **rapprocher les taux de ~** die Mehrwertsteuersätze angleichen; **récupérer la ~** einen Vorsteuerabzug vornehmen; **répercuter la ~ sur le prix de vente** die MwSt auf den Verkaufspreis abwälzen
~ **additionnelle** *f* Zusatzsteuer
~ **anti-dumping** *f* Anti-Dumping-Steuer
~ **communale** *f* Gemeindesteuer
~ **d'abonnement** *f* Telefongrundgebühr
~ **d'aéroport** *f* Flughafengebühr
~ **d'apprentissage** *f* Ausbildungsabgabe, Lehrlingsabgabe
~ **d'assurance** *f* Versicherungsteuer
~ **d'enlèvement des ordures ménagères** *f* Müllabfuhrgebühren
~ **d'habitation** *f* Wohnraumsteuer
~ **de consommation** *f* Verbrauchsteuer
~ **de luxe** *f* Luxussteuer
~ **de séjour** *f* Kurtaxe
~ **de voirie** *f* Wegezoll
~ **différentielle** *f* gestaffelte Steuer
~ **différentielle sur les véhicules automobiles** *f* Kraftfahrzeugsteuer
~ **foncière** *f* Grundsteuer
△ **soumis, e à la ~** grundsteuerpflichtig
~ **foncière sur les propriétés bâties** *f* Grundsteuer auf bebaute Grundstücke
~ **foncière sur les propriétés non bâties** *f* Grundsteuer auf unbebaute Grundstücke
~ **foncière sur les terrains bâtis** *f* Grundsteuer auf bebaute Grundstücke
~ **foncière sur les terrains non bâtis** *f* Grundsteuer auf unbebaute Grundstücke
~ **forestière aux dépenses de reboisement** *f* Aufforstungsteuer
~ **intérieure sur les produits pétroliers (TIPP)** *f* Mineralölsteuer
~ **locale** *f* kommunale Steuer, Gemeindesteuer
~ **parafiscale** *f* steuerähnliche Abgabe

~ **portuaire** *f* Hafengebühr
~ **professionnelle** *f* Gewerbesteuer
~ **prohibitive** *f* Prohibitivzoll
~ **sur la valeur ajoutée (TVA)** *f* Mehrwertsteuer (MwSt)
△ **assujetti, e à la ~** mehrwertsteuerpflichtig; **baisse de la ~** *f* Mehrwertsteuersenkung; **demande de restitution de la ~** *f* Antrag auf Rückerstattung der bezahlten MwSt; **exonéré, e de (la) ~** mehrwertsteuerfrei; **harmonisation de la ~** *f* Harmonisierung der MwSt; **hausse de la ~** *f* Mehrwertsteuererhöhung; **hors ~** ohne MwSt, MwSt nicht inbegriffen; **récupération de la ~** *f* Vorsteuerabzug, Mehrwertsteuerabzug; **remboursement de la ~** *m* Rückerstattung der MwSt; **taux de ~** *m* Mehrwertsteuersatz; **taux majoré de ~** *m* erhöhter Mehrwertsteuersatz; **taux normal de ~** *m* (Normalsatz der MwSt; **taux réduit de ~** *m* ermäßigter Mehrwertsteuersatz; **taux superréduit de ~** *m* stark ermäßigter Mehrwertsteuersatz
△△ **augmenter la ~** die MwSt erhöhen; **baisser la ~** die MwSt senken; **être assujetti, e à la ~** mehrwertsteuerpflichtig sein; **harmoniser les taux de ~** die Mehrwertsteuersätze angleichen, harmonisieren; **rapprocher les taux de ~** die Mehrwertsteuersätze angleichen; **récupérer la ~** einen Vorsteuerabzug vornehmen; **répercuter la ~ sur le prix de vente** die MwSt auf den Verkaufspreis abwälzen
~ **sur le chiffre d'affaires** *f* Umsatzsteuer
~ **sur les alcools et eaux de vie** *f* Branntweinsteuer
~ **sur les allumettes** *f* Zündwarensteuer
~ **sur les automobiles** *f* Kraftfahrzeugsteuer
~ **sur les carburants** *f* Treibstoffsteuer
~ **sur les cigarettes** *f* Zigarettensteuer
~ **sur les conventions d'assurance** *f* Versicherungsteuer
~ **sur les hydrocarbures** *f* Mineralölsteuer
~ **sur les produits pétroliers** *f* Mineralölsteuer
~ **sur les salaires** *f* lohnabhängige Abgabe
~ **sur les tabacs** *f* Tabaksteuer
~ **sur les valeurs mobilières** *f* Wertpapiersteuer
~ **sur les véhicules automobiles** *f* Kraftfahrzeugsteuer, Kfz-Steuer
~ **sur les véhicules de tourisme des sociétés** *f* Steuer auf Firmen-Pkws
taxer ***qc/qn*** besteuern, zur Steuer heranziehen (*etw/jdn*)
taylorisme *m* Taylorismus
TCI (Termes Commerciaux Internationaux) *m pl* Incoterms (International Commercial Terms)
TEC (tonne équivalent charbon) *f* Steinkohleeinheit (SKE)
technicien *m* Techniker
△ **brevet de ~ (BT)** *m* Technikerbrief; **brevet de ~ supérieur (BTS)** *m* Technikerdiplom (nach zweijährigem Studiengang, auch in nicht-technischen Berufen)
~ **qualifié** *m* qualifizierter Techniker, Fachmann
technicité *f* technischer Charakter
△ **produit de grande ~/à haute ~** *m* technisch hochwertiges Erzeugnis, hochveredeltes Produkt
technico-commercial *m* Vertriebsingenieur, technisch ausgebildeter Verkäufer
technique *f* Technik, Verfahren
~ **comptable** *f* Buchhaltungstechnik
~ **de dédouanement** *f* Verzollungsverfahren
~ **de fabrication** *f* Produktionstechnik
~ **de pointe** *f* Spitzentechnik
~ **de production** *f* Produktionstechnik
~ **de vente** *f* Verkaufstechnik
~**s du marketing** *f pl* Marketingtechniken
technique technisch
△ **amortissement ~** *m* kalkulatorische Abschreibung; **assistance ~** *f* technische Hilfe; **capital ~** *m* Betriebskapital; **caractéristiques ~s** *f pl* technische Merkmale; **chômage ~** *m* betrieblich bedingte Arbeitslosigkeit, durch Betriebsstörung bedingte Arbeitslosigkeit, Kurzarbeit; **cooperation ~** *f* technische Zusammenarbeit; **correction ~** *f* technische (Kurs) Korrektur; **directeur ~** *m* technischer Leiter; **exigencene ~** *f*

technische Anforderung; **fonction** ~ *f* technischer Aufgabenbereich; **incident** ~ *m* technische Störung, Störfall; **mutation** ~ *f* technischer Umbruch, technische Umwälzung; **progrès** ~ *m* technischer Fortschritt

technologie *f* Technologie
△ **haute** ~ *f* Hochtechnologie, High-Tech; **introduction de nouvelles ~s** *f* Einführung neuer Technologien; **nouvelles ~s** *f* Einführung neuer Technologien; **transfert de** ~ *m* Technologietransfer

~ **de pointe** *f* Spitzentechnologie

~ **propre** *f* saubere Technologie

technologique technologisch, technisch
△ **bond** ~ *m* Technologiesprung; **chômage** ~ *m* durch technologischen Fortschritt verursachte Arbeitslosigkeit; **dépendance** ~ *f* Abhängigkeit im Technologiebereich; **enseignement** ~ *m* Fachschulwesen; **environnement** ~ *m* technologische Umwelt; **produit à faible intensité** ~ *m* Erzeugnis mit geringen technologischen Anforderungen; **produit à haute intensité** ~ *m* Hochtechnologieerzeugnis, Hochtechnologieprodukt; **retard** ~ *m* technologischer Rückstand; **savoir-faire** ~ *m* technologisches Know-how

technopôle *m* Technologiepark

TEG (taux effectif global) *m* Effektivzinssatz, effektiver Jahreszins

télé-achat *m* Teleshopping

télé-shopping *m* Teleshopping

télécarte *f* Telefonkarte

Télécom *f* französische Telekom

télécommande *f* Fernsteuerung, Fernbedienung

télécommander ***qc*** fernsteuern, fernlenken *etw*

télécommunication *f* Fernmeldewesen, Telekommunikation
△ **Poste & Télécommunications (PTT)** *fpl* französische Post und Telekom; **réseau de ~s** *m* Fernmeldenetz

télécopie *f* Telefax, Fax

télécopieur *m* Faxgerät

télédistribution *f* Verkauf über elektronische Medien, Verkauf per Teleshopping

téléfax *m* Telefax, Fax

télégraphe *m* Fernschreiber

téléinformatique *f* Datenfernübertragung
△ **réseau de** ~ *m* Datenfernübertragungsnetz

télémaintenance *f* Fernwartung

télémarketing *m* Telemarketing
△ **société de** ~ *f* Telemarketingunternehmen

télématique *f* Datenfernübertragung (DFÜ), Telekommunikation, Datenkommunikation

télépaiement *m* Electronic Banking, Plastikgeld
△ **carte à** ~ *f* Kreditkarte (Chipkarte)

téléphone *m* Telefon, Fernsprecher
△ **abonné au** ~ *m* Telefonkunde, Fernsprechteilnehmer; **annuaire de/du** ~ *m* Telefonbuch; **équipement en ~(s)** *m* Zahl der Telefonanschlüsse

~ **à carte** *m* Kartentelefon

~ **à pièces** *m* Münztelefon

~ **mobile** *m* Mobiltelefon, Handy

~ **sans fil** *m* schnurloses Telefon

téléphoner (à *qn*) telefonieren mit *jdm*,, anrufen *jdn*

téléphonique telefonisch, fernmündlich, Fernsprech-
△ **annuaire** ~ *m* Telefonbuch; **conversation** ~ *f* Telefongespräch; **densité** ~ *f* Dichte des Telefonnetzes, Zahl der Telefonanschlüsse

téléprospection *f* Telemarketing

téléréunion *f* Konferenzschaltung, Videokonferenz

téléscripteur *m* Fernschreiber

téléspectateur *m* Fernsehzuschauer

télétel *m* Postdienst, teilweise vergleichbar mit BTX

télétraitement *m* Datenfernübertragung (DFÜ), Datenfernverarbeitung (DFV)

télévente *f* Verkauf über elektronische Medien, Telefonverkauf

téléviseur *m* Fernseher, Fernsehgerät
△ **producteur de ~s** *m* Fernseh(geräte)hersteller

télex *m* Telex, Fernschreiben

témoignage *m* Zeugenaussage, Zeugnis

témoigner de *qc* zeugen von, belegen, zeigen *etw*

~ ***qc*** bezeugen, beweisen *etw*

△△ **comme en témoigne ...** wie ... beweist/belegt/zeigt

témoin *m* Zeuge

△△ **entendre un ~** einen Zeugen vernehmen

témoin à décharge *m* Entlastungszeuge

tempérament *m* Temperament

△ **à ~** auf Raten, Kredit, Abzahlung; **achat à ~** *m* Kreditkauf, Kauf auf Raten; **crédit (pour achats) à ~** *m* Teilzahlungskredit

△△ **acheter à ~** auf Raten, Kredit, Abzahlung kaufen

temporaire vorübergehend

△ **carte de séjour ~** *f* befristete Aufenthaltsgenehmigung; **embauche ~** *f* befristete Einstellung; **emploi ~** *m* befristete Beschäftigung, Zeitarbeitsstelle

temporel, le zeitlich

temps *m* Zeit, Dauer, Zeitpunkt

△ **compte d'épargne-~** Arbeitszeitkonto; **dans un premier/deuxième ~** in einem ersten/zweiten Schritt, in einer ersten/zweiten Phase; **quantité de ~dépensée** *f* Zeitaufwand

△△ **s'échelonner dans le ~** sich über eine gewisse Zeit erstrecken, sich zeitlich verteilen

~ alloué *m* Zeitaufwand

~ choisi *m* flexible Arbeitszeit, Arbeitszeit à la carte, gleitende Arbeitszeit, Gleitzeit

~ complet *m* Vollzeit, Vollzeitbeschäftigung

~ complet (à) Vollzeit-

△ **emploi à ~** *m* Vollzeitarbeitsplatz; **salaire à ~** *m* Lohn für Vollzeitarbeit; **personne employée à ~** *f* Vollzeitkraft; **salarié à ~** *m* Vollzeitarbeitnehmer, Vollzeitarbeitskraft; **travail à ~** *m* Vollzeitarbeit; **travailleur à ~** *m* Vollzeitbeschäftigter

△△ **travailler à ~** einer Vollzeitbeschäftigung nachgehen, vollzeitarbeiten

~ d'absence *m pl* Fehlzeiten

~ d'occupation (d'une maison) *m pl* Nutzungszeiten

~ d'utilisation *m pl* Benutzungszeiten, Nutzungszeiten

~ de consommation de pointe *m pl* Spitzen(verbrauchs)zeiten

~ de loisir(s) *m* Freizeit

~ de repos *m* Ruhezeit, Freizeit

~ de repos compensateur *m* Freizeitausgleich (zum Abfeiern von Überstunden)

~ de travail *m* Arbeitszeit

△ **aménagement (de la durée) du ~** *m* Arbeitszeitgestaltung, Flexibilisierung der Arbeitszeit; **annualisation du ~** *f* Berechnung der Arbeitszeit auf das ganze Jahr (d.h. als Jahresarbeitszeit); **durée du ~** *f* Arbeitszeit, Dauer der Arbeitszeit; **organisation du ~** *f* Arbeitszeitregelung, Arbeitszeitgestaltung; **réduction (de la durée) du ~** *f* Arbeitszeitverkürzung

△△ **réduire la durée du ~/le ~** die Arbeitszeit verkürzen

~ de travail effectué *m* abgeleistete Arbeitszeit

~ imparti *m* zugebilligte Zeit

~ libre *m* Freizeit

~ libre organisé *m* organisierte Freizeit

~ partiel *m* Teilzeitarbeit, Teilzeitbeschäftigung

△△ **se convertir en ~** auf Teilzeit umsteigen

~ partiel (à) Teilzeit-

△ **année à ~** *f* Teilzeitjahr; **emploi à ~** *m* Teilzeitarbeitsplatz; **offre en emplois à ~** *f* Angebot an Teilzeitarbeitsplätzen, Teilzeitangebote; **personne employée à ~** *f* Teilzeitkraft; **préretraite à ~** *f* Teilzeitvorruhestand; **salarié à ~** *m* Teilzeitarbeitnehmer, Teilzeitarbeitskraft; **travail à ~** *m* Teilzeitbeschäftigung, Teilzeitarbeit; **travailleur à ~** *m* Teilzeitbeschäftigter

△△ **travailler à ~** teilzeitarbeiten, einer Teilzeitbeschäftigung nachgehen

~ plein *m* Vollzeit, Vollzeitbeschäftigung

~ plein (à) Vollzeit-

△ **emploi à ~** *m* Vollzeitarbeitsplatz; **salaire à ~** *m* Lohn für Vollzeitarbeit; **salarié à ~** *m* Vollzeitarbeitnehmer, Vollzeitarbeitskraft; **travail à ~** *m* Vollzeitarbeit; **travailleur à ~** *m* Vollzeitbeschäftigter

△△ **travailler à ~** einer Vollzeitbeschäftigung nachgehen, vollzeitarbeiten

~ **réel (en)** in Echtzeit
~ **utile (en)** termingerecht, fristgerecht, rechtzeitig, zu gegebener Zeit
~ **voulu (en)** termingerecht, fristgerecht, rechtzeitig, zu gegebener Zeit
tendance *f* Trend, Tendenz, Börsentendenz, Kursbarometer
△ **indicateur de ~** *m* Börsenbarometer (bis 1989); **renversement de ~** *m* Tendenzwende, Tendenzumschlag, Tendenzumschwung, Trendwende
△△ **la ~ se renverse** die Tendenz kehrt sich um; **renverser la ~** die Tendenz umkehren; **s'informer des ~s des marchés** sich über die Markttendenzen informieren
~ **à l'inflation** *f* Inflationsneigung
~ **à la baisse** *f* Abwärtsbewegung, Baissetendenz, Abwärtstrend, fallende Tendenz
~ **à la hausse** *f* Aufwärtsbewegung, Haussetendenz, Aufwärtstrend, Aufwärtstendenz, steigende Tendenz
~ **baissière** *f* rückläufige Tendenz
~ **boursière/de la Bourse** *f* Börsentendenz, Kursbarometer
△ **indicateur de tendance** *m* Börsenbarometer (bis 1989)
~ **créditrice** *f* Habentendenz
~ **croissante** *f* zunehmende Tendenz
~ **débitrice** *f* Solltendenz
~ **décroissante** *f* abnehmende Tendenz
~**s du marché** *fpl* Markttrends
teneur (en *qc***)** *f* Gehalt (an *etw*)
~ **de plume** *m* Konsortialführer (bei Übernahmekonsortien)
~ **en eau** *f* Wassergehalt
~ **en gaz** *f* Gasgehalt
tenir *qc* halten, abhalten *etw*
~ **à disposition** *qc* zur Verfügung halten *etw*
~ **à jour** *qc* auf dem Laufenden halten *etw*
~ **bon** sich gut halten
△△ **une monnaie tient bon** eine Währung hält sich gut
~ **compte de** *qc* berücksichtigen, einhalten, Rechnung tragen *etw*
~ **des comptes en banque** Bankkonten führen
~ **un commerce** ein Geschäft/einen Laden führen/betreiben
~ **un compte** ein Konto führen
~ **un magasin** ein Geschäft/einen Laden führen/betreiben
~ **une comptabilité** Bücher führen
~ **(se)** stattfinden
△△ **la réunion se tiendra demain** die Versammlung findet morgen statt
tension *f* Spannung
△△ **il y a des ~s sur une monnaie** eine Währung ist unter Druck
~ **de la fourchette des cours** *f* Spannweite der Kursschwankungen
~ **économique** *f* wirtschaftliche Spannung
~**s commerciales** *f* Handelskonflikte, Spannungen in den Handelsbeziehungen
~ **inflationniste** *f* inflatorische Spannung
~**s monétaires** *fpl* Wechselkursspannungen
tentative *f* Versuch
~ **d'OPA** *f* Übernahmeversuch
tenu, e au secret bancaire an das Bankgeheimnis gebunden
tenu, e au secret professionnel an die berufliche Schweigepflicht gebunden
tenu, e de faire *qc* verpflichtet, *etw* zu tun
tenu, e par *qc***, son offre** gebunden an *etw*, an sein Angebot
tenu, e responsable de *qc* haftbar für *etw*
tenue *f* 1. Stimmung (Börse), Festigkeit (Währung, Kurse) 2. Kleidung 3. Führen, Halten
△ **bonne ~** *f* gute Börsenstimmung, Festigkeit; **mauvaise ~ d'une monnaie** *f* Schwäche einer Währung
~ **de/du compte** *f* Kontoführung
△ **frais de ~** *m pl* Kontoführungsgebühren
~ **de la comptabilité** *f* Buchführung
~ **de travail** *f* Arbeitskleidung, Berufskleidung
~ **des comptes** *f* Kontoführung
~ **des cours en Bourse** *f* Börsenkursentwicklung
~ **des fiches de stock** *f* Lagerkarteiführung
~ **des livres** *f* Führung der Bücher, Buchhaltung
~ **des stocks** *f* Lagerhaltung
~ **du compte** *f* Kontoführung
TEP (tonne équivalent pétrole) *f* Tonne Öläquivalent, Erdöleinheit

terme *m* 1. Dauer, Zeit, Frist, Termin, Fälligkeit, Laufzeit 2. Abrechnung am Ende des Börsenmonats 3. Terminus
△ **à court/long/moyen ~** kurzfristig/langfristig/mittelfristig; **à ~** auf Dauer, auf Zeit, auf Termin; **à ~ échu** nach Ablauf der Frist; **aux ~s du contrat** laut Vertrag, nach den Bestimmungen des Vertrages; **avant ~** vorschüssig; **capitaux à long ~** *m pl* langfristiges Kapital; **compte à ~** *m* Terminkonto, Termingeldkonto, Festgeldkonto; **contrat à ~** *m* Terminkontrakt; **cours à ~ (ferme)** *m* (fester) Terminkurs; **court/long/moyen ~** *m* kurzfristige/langfristige/mittelfristige Periode/Zeitabläufe; **marché à ~** *m* Terminmarkt; **Marché d'options à ~** *m* Optionsmarkt; **créance à court/long/moyen ~** *f* kurzfristige/langfristige/mittelfristige Forderung; **crédit à court/long/moyen ~** *m* kurzfristiger/langfristiger/mittelfristiger Kredit; **crédit d' équipement à moyen ~** *m* mittelfristiger Investitionsdarlehen; **départ avant ~** *m* vorzeitiges Ausscheiden; **dépôt à ~** *m* Terminkonto, Termingeldkonto, Festgeldkonto; **dettes à court/ long/moyen ~** *f pl* kurzfristige/ langfristige/mittelfristige Schulden; **disponibilités à court ~** *f pl* kurzfristig verfügbare Geldmittel; **durée du ~** *f* Laufzeit; **emprunt à court/long/moyen ~** *m* kurzfristige/langfristige/mittelfristige Anleihe, Anleihe mit kurzer/langer/mittlerer Laufzeit, Kurzläufer/ Langläufer; **en ~s de part(s) de marché** gemessen an den Marktanteilen; **en ~s nominaux/réels** nominal/real; **engagement à court/long/moyen ~** *m* kurz-/lang-/mittelfristige Verbindlichkeit/ Verpflichtung; **engagement de crédit à long ~** *m* langfristige Kreditverpflichtung; **épargne à long ~** *f* langfristiges Sparen; **évolution en ~s réels** *f* reale Entwicklung; **exigibilités à court ~** *f pl* kurzfristige Verbindlichkeiten; **impact sur le long ~** *m* langfristige Auswirkung; **Marché d'options négociables à Paris** *m* ou Marché d'options à ~ négociables à Paris (MONEP) *m* Pariser Optionsmarkt; **opération à ~** *f* Termingeschäft; **placement à long ~** *m* langfristige Anlage; **prêt à court/long/moyen ~** *m* kurzfristiges/langfristiges/mittelfristiges Darlehen; **réalisable à court ~** kurzfristig realisierbar; **renouvellement à long ~ de la gamme** *m* langfristige Erneuerung der Produktpalette; **rentabilité à moyen ~** *f* mittelfristige Rentabilität; **ressources à court ~** *f pl* kurzfristige Geldmittel; **sur le court/long/moyen ~** kurzfristig/langfristig/mittelfristig; **titre à court/long/moyen ~** *m* kurzfristiger/langfristiger/mittelfristiger Titel; **titre de créance à court/long/moyen ~** *m* kurzfristige/langfristige/mittelfristige Schuldverschreibung; **transaction à ~** *f* Termingeschäft; **valeurs à ~** *f pl* Terminwerte; **variations à court/long/moyen ~** *f pl* kurzfristige/langfristige/mittelfristige Schwankungen
△△ **honorer ses dettes à court ~** seinen kurzfristigen Zahlungsverpflichtungen nachkommen; **négocier à ~** Termingeschäfte abschließen; **vendre au ~ de la prochaine liquidation** per nächsten Ultimo verkaufen

~s commerciaux *m pl* Handelsregeln

~s Commerciaux Internationaux (TCI) *m pl* International Commercial Terms

~s contractuels *m pl* Vertragsbestimmungen, Vertragsklauseln

~s de l'échange *m pl* Terms of Trade, reales Austauschverhältnis
△ **amélioration des ~** *f* Verbesserung der Terms of Trade; **dégradation/détérioration des ~** *f* Verschlechterung der Terms of Trade; **distorsion des ~** *f* Verzerrung der Terms of Trade; **indice des ~** *m* Index der Terms of Trade
△△ **les ~ ont baissé de deux points** die Terms of Trade sind um zwei Punkte gesunken; **les ~ se détériorent** die Terms of Trade verschlechtern sich

~s du contrat *m pl* Vertragsbestimmungen
△ **aux ~** nach den Bestimmungen des Vertrages, laut Vertrag

~ fixe *m* fester Termin, feste Frist, fester Auszahlungszeitpunkt

~ légal *m* gesetzliche Frist

~s nominaux (en) nominal
△ **évolution en ~** *f* nominale Entwicklung
~ réels (en) real
△ **évolution en ~** *f* reale Entwicklung
terminal (*pl* **terminaux**) *m* Terminal
~ bancaire *m* Bankterminal
~ de paiement électronique *m* bargeldloses Kassensystem, POS-Kasse
~ de pétrolier(s) *m* Erdölumschlagsanlage, Tankerterminal
terrain *m* Grundstück
△ **frais d'acquisition du ~** *m pl* Grunderwerbskosten, Grundstückskosten
~s agricoles *m pl* landwirtschaftlich genutztes Land
~ à bâtir *m* Baugrundstück, Bauland
~ à construire *m* Baugrundstück, Bauland
~ bâti *m* bebautes Grundstück
~ constructible *m* Baugrundstück, Bauland
~ houiller *m* Steinkohlenformation
~ non bâti *m* unbebautes Grundstück
~ non constructible *m* nicht bebaubares Grundstück/Land
~ viabilisé *m* erschlossenes Grundstück
terre *f* Boden (als Produktionsfaktor), Erde, Land
△ **amélioration des ~s** *f* Bodenverbesserung; **gel des ~s** *m* Flächenstillegung; **lopin de ~** *m* kleines Stück Land; **sous terre** unterirdisch
~ arable *f* Ackerboden, Ackerland
~ cultivée *f* Ackerboden, Ackerland
~ labourée *f* Ackerboden, Ackerland
~s cultivables *f pl* Ackerboden, Ackerland
terrestre Land-
△ **par voie ~** auf dem Landweg
territoire *m* Boden, Territorium, Gebiet
△ **Commission Nationale à l'Aménagement du ~ (CNAT)** *f* Nationale Raumordnungskommission; **Délégation à l'Aménagement du ~ et à l'Action Régionale (DATAR)** *f* zentrale Raumordnungs- und Strukturplanungsbehörde; **Fonds d'intervention pour l'aménagement du ~** *m* Interventionsfonds für Raumordnung und Strukturplanung
~ douanier *m* Zollgebiet
~ économique *m* Wirtschaftsgebiet
territorial, e territorial, Hoheits-, Gebiets-
△ **compétence ~e** *f* territoriale Zuständigkeit, Gebietshoheit; **eaux ~es** *f pl* Hoheitsgewässer; **exclusivité ~e** *f* Alleinvertretung, Gebietsschutz
tertiaire *m* Dienstleistungsektor, tertiärer Sektor
tertiaire Dienstleistungs-, tertiär
△ **secteur ~** *m* Dienstleistungsektor, tertiärer Sektor
tertia(i)risation *f* Ausweitung des Dienstleistungssektors
test *m* Test
△ **marché ~** *m* Testmarkt
~ en double aveugle *m* doppelter Blindversuch
~ comparatif *m* Vergleichstest
~ d'annonces *m* Anzeigentest
~ de marché *m* Markttest
~ de recrutement *m* Einstellungstest
~ en clientèle *m* Kundschaftstest
~ en usine *m* Fabriktest
testament *m* Testament
△ **exécution du ~** *f* Testamentsvollstreckung
testamentaire testamentarisch
△ **exécuteur~** *f* Testamentsvollstrecker
tester *qc* testen *etw*
tête *f* Kopf, Spitze
△ **à la ~ de** *qc* an der Spitze von *etw*; **consommation par (tête d')** ~ *f* Pro-Kopf-Verbrauch; **par ~** pro Kopf
~ de gondole *f* Präsentationskorb (in einem Supermarkt)
texte (législatif/réglementaire) *m* Gesetzestext/Verordnungstext
△△ **adopter un ~** einen Gesetzestext annehmen
textile *m* Textil, Textilie, Bekleidungsbranche
textile Textil-, textil
△ **fibre ~** *f* Textilfaser
~-habillement *m* Bekleidungsbranche
TGV (train à grande vitesse) *m* Hochgeschwindigkeitszug der SNCF
théorie *f* Theorie
△ **en ~** in der Theorie, theoretisch
~ des avantages comparatifs *f* Theorie der komparativen Kostenvorteile

thérapeutique therapeutisch, Heil-
△ **effet** ~ *m* Heilwirkung
thermal, e thermal, Bade-, Kur-
△ **cure** ~**e** *f* Badekur
thermalisme *m* Bäderwesen, Kurwesen
thermique thermisch, Wärme-
△ **centrale** ~ *f* Heizkraftwerk
thésaurisation *f* Thesaurierung, Hortung
△ **moyen de** ~ *m* Wertaufbewahrungsmittel
~ **d'or** *f* Goldhortung
thésauriser ***qc*** thesaurieren, horten *etw*
ticket *m* Ticket, Bon
~ **de caisse** *m* Kassenbon
~ **modérateur** *m* Selbstbeteiligung/Zuzahlung bei Medikamenten
tierce personne *f* dritte Person, Dritter
tiers *m* Dritter, Drittel
△ **assurance au** ~ *f* Haftpflichtversicherung (Kfz); **crédit accordé pour le compte de** ~ *m* durchlaufender Kredit; **droit de disposition des** ~ *m* Verfügungsberechtigung Dritter
~ **provisionnel** *m* Steuervorauszahlung, „Steuerdrittel"
tiers, tierce dritter, dritte
△ **pays** ~ *m* Drittland
Tiers(-)Monde *m* Dritte Welt
△ **endettement du** ~ *m* Verschuldung der Dritten Welt; **pays du** ~ *m pl* Dritte-Welt-Länder
tiers-mondisme *m* Ideologie der Solidarität mit der Dritten Welt, Anhänger der Ideologie der Solidiarität mit der Dritten Welt
timbre *m* Briefmarke, Gebührenmarke
△ **droits de** ~ *m pl* Stempelgebühr, Stempelsteuer; **droits/frais d'enregistrement et de** ~ *m pl* Stempelgebühr, Stempelsteuer, Registergebühren
~ **de cotisation** *m* Beitragsmarke
~ **fiscal** *m* Steuermarke
TIPP (taxe intérieure sur les produits pétroliers) *f* Mineralölsteuer
TIR (transport international routier) *m* internationaler Straßengüterverkehr
tirage *m* Ziehung
△ **droits de** ~ *m pl* Ziehungsrechte; **droits de** ~ **spéciaux** *m pl* Sonderziehungsrechte
△△ **effectuer un** ~ eine Ziehung durchführen
~ **au sort** *m* Auslosung
~ **d'une traite** *m* Annahmevermerk (Wechsel)
tiré *m* Bezogener, Angewiesener, Akzeptant
tiré, e gezogen (Scheck, Wechsel), bezogen (Bank)
△ **banque** ~**e** *f* bezogene Bank; **chèque** ~ *m* gezogener Scheck
tirelire *f* Spardose
tirer (*qc*) ziehen (*etw*)
~ **au sort (*qc*)** auslosen (*etw*)
~ **avantage de *qc*** Vorteil ziehen aus *etw*
~ **des recettes de *qc*** Einnahmen aus *etw* erzielen
~ **les importations** Einfuhren nach oben ziehen
~ **sur son épargne** auf seine Erparnisse zurückgreifen, seine Ersparnisse angreifen
~ **un trait sur *qc*** einen Schlußpunkt setzen/Schlußstrich ziehen unter *etw*
~ **une lettre de change/une traite sur *qn*** einen Wechsel ziehen auf *jdn*
tireur *m* Aussteller, Anweisender, Zieher
tiroir *m* Schublade
△ **fond de** ~ *m* eiserne Reserve
tissu *m* Gewebe, Stoff
~ **industriel** *m* Industriestruktur
titre *m* Titel, Effekt, Wertpapier, Börsentitel, Papier
△ **à juste** ~ zurecht; **à plus d'un** ~ in mehr als einer Hinsicht; **à** ~ **confidentiel** vertraulich; **à** ~ **d'essai** probehalber, probeweise; **à** ~ **d'information** zur Information, zur Kenntnisnahme; **à** ~ **de ...** als ..., in seiner Eigenschaft als ...; **à** ~ **de gage** pfandweise, als Pfand; **à** ~ **gratuit** kostenlos, gebührenfrei, unentgeltlich; **à** ~ **habituel** gewöhnlich; **à** ~ **indicatif** zur Information; **à** ~ **onéreux** kostenpflichtig, gegen Gebühr, entgeltlich; **à** ~ **privatif** zur ausschließlichen Nutzung; **achat de** ~**s** *m* Wertpapiererwerb; **acquisition de** ~**s** *f* Wertpapiererwerb; **au** ~ **de ...** nach Maßgabe von ...; **au** ~ **de la coopération** im Rahmen der Entwicklungshilfe; **avance sur (nantissement de)** ~**s** *f* Lombardkredit, bankmäßige Beleihung von Wertpapieren, Effektenlombard; **compte cou-**

rant-~s *m* Girosammeldepot; **compte-~s** *m* Wertpapierkonto, Depotkonto; **conservation de -~s** *f* Verwahrgeschäft, Verwahrung von Wertpapieren; **dématérialisation de -~s** *f* Umwandlung von Wertpapieren in Buchwerte, Girosammelverwahrung; **dépôt en compte courant de -~s** *m* Sammelverwahrung; **dépôt-~s collectif** *m* Sammeldepot; **détenteur d'un ~** *m* Inhaber eines Wertpapiers; **émetteur de ~s** *m* Emittent von Wertpapieren; **émissions de ~s nouveaux** *f* Neuemissionen; **emprunt sur ~s** *m* Lombarddarlehen; **gestion des ~s** *f* Wertpapierverwaltung; **levée de ~s** Wertpapierübernahme; **livraison de ~s** *f* Lieferung von Börsenpapieren; **nantissement de ~s** *m* Lombardierung, Wertpapierhinterlegung zwecks Sicherstellung; **portefeuille de ~s** *m* Wertpapier-Portfolio; **porteur d'un ~** *m* Inhaber eines Wertpapiers; **relevé de ~s** *m* Wertpapieraufstellung; **taux des avances sur ~s** *m* Lombardsatz; **vente de ~s** *f* Verkaufen/Abstoßen von Wertpapieren

△△ **acheter des ~s** Wertpapiere kaufen; **coter des ~s** Titel notieren; **déposer des ~s** Effekten hinterlegen; **détenir des ~s** Wertpapiere halten/besitzen; **échanger des ~s** Effekten umtauschen; **émettre des ~s** Wertpapiere ausgeben; **gérer des portefeuilles de ~s** Wertpapier-Portfolios verwalten; **lancer une OPA sur un ~** ein Übernahmeangebot machen/starten auf einen Titel; **lever des ~s** Wertpapiere übernehmen; **livrer des ~s** Wertpapiere liefern; **négocier des ~s** Effekten handeln; **placer un ~ sur le marché** ein Papier auf dem Markt plazieren; **réaliser un ~** ein Wertpapier abstoßen; **vendre des ~s** Wertpapiere verkaufen

~ **à court/long/moyen terme** *m* kurz/lang/mittelfristiger Titel

~ **à dividende(s)** *m* Dividendenpapier, Dividendentitel

~ **à revenu fixe** *m* festverzinsliches Wertpapier

~ **à revenu variable** *m* Wertpapier mit variabler Verzinsung, Dividendenpapier

~ **assimilé** *m* gleichgestelltes Papier

~ **au porteur** *m* Inhaberpapier, Lagerschein

~ **bancable** *m* diskontfähiges Wertpapier

~ **boursier** *m* Börsenpapier, Börsenwert

~s **boursiers anciens** *m pl* historische Wertpapiere

~ **coté à la Bourse/en Bourse** *m* börsennotiertes Wertpapier, börsennotierter/börsengängiger Titel

~ **court** *m* kurzfristige Anleihe, Anleihe mit kurzer Laufzeit, Kurzläufer

~ **d'emprunt** *m* Anleihepapier

~ **d'emprunt libellé en monnaie étrangère** *m* Auslandsanleihe

~ **d'emprunt public** *m* Staatsschuldverschreibung

~ **d'épargne à intérêt cumulé** *m* Zinseszinsanlage

~ **d'Etat** *m* Staatspapier

~ **d'obligation** *m* Schuldverschreibung

~ **de Bourse** *m* Börsenpapier

~ **de créance** *m* Forderungspapier, Forderungstitel, Gläubigerpapier

~ **de créance à court/long/moyen terme** *m* kurzfristige/langfristige/mittelfristige Schuldverschreibung

~ **de gage** *m* Pfandschein

~ **de participation** *m* Anteilschein, Beteiligungswert

~ **de placement** *m* Anlagenwert, Anlagenpapier

~ **de premier rang** *m* Qualitätstitel, erstrangiges Papier

~ **de propriété** *m* Eigentumstitel, Anteilschein

~ **de rente** *m* Rentenbrief

~ **de rentes sur l'Etat** *m* Staatsrentenwert

~ **de second rang** *m* Nebenwert, zweitrangiges Papier

~ **de transport** *m* Fahrkarte, Fahrschein, Fahrausweis

~ **dématérialisé** *m* dematerialisiertes Wertpapier (im Gegensatz zu effektiven Stücken)

~s **en circulation** *m pl* umlaufende Wertpapiere

~ **endossé** *m* indossierter Titel

~ **étranger** *m* ausländisches Wertpapier

~ **exécutoire** *m* vollstreckbarer Titel

~ **financier** *m* Finanztitel
~ **hypothécaire** *m* Hypothekenbrief
~ **immobilier** *m* Immobilienanteil
~ **long** *m* langfristige Anleihe, Anleihe mit langer Laufzeit, Langläufer
~ **négociable** *m* handelsfähiges Wertpapier, übertragbares Wertpapier
~ **nominatif** *m* Namenspapier
~ **participatif** *m* Beteiligungswert, 1983 geschaffener Anteilschein an staatlichen Unternehmen (Mischform zwischen Aktie und Obligation)
~ **public** *m* Staatsanleihe
~ **tiré au sort** *m* ausgelostes Papier
~ **transmissible par endossement** *m* Dispositionspapier, Traditionspapier
~ **vif** *m* effektives Stück
titrisation de créances bancaires *f* Verbriefung von Bankforderungen (in Form von handelsfähigen Kapitalmarktpapieren)
titulaire (d'un compte, d'un poste, d 'une fonction) *m* Inhaber (eines Kontos, einer Planstelle, einer Stelle auf Lebenszeit, eines Amtes), Besitzer, Bezieher
~ **d'un compte bancaire/en banque** *m* Inhaber eines Bankkontos
~ **d'un passeport** *m* Paßinhaber
~ **d'un permis de conduire** *m* Führerscheininhaber
~ **d'une carte (bancaire/de crédit)** *m* Kreditkarteninhaber
~ **de retraite** *m* Rentenbezieher
~ **des droits d'auteur** *m* Urheberrechtsinhaber
~ **du compte** *m* Kontoinhaber
titularisation *f* Verbeamtung
titulariser ***qn*** verbeamten *jdn*
TMO (taux moyen obligataire/taux moyen des obligations/taux du marché obligataire) *m* Durchschnittszinssatz für Rentenpapiere
△ **emprunt ~** *m* Anleihe mit Zinsindexierung auf dem Durchschnittszinssatz für Rentenpapiere
tôle *f* Blech
tolérance *f* Abweichung, Toleranz, Überschreitung
TOM (Territoire d'Outre Mer) *m* französisches Überseeterritorium
tomber fallen
~ **à ...** (zurück)fallen auf ...
~ **à son plus bas niveau (historique)** sei-nen/ihren (historischen) Tiefststand erreichen
~ **dans le domaine public** frei von Rechten/lizenzfrei werden, Gemeingut/Gemeineigentum werden
~ **en dessous de la barre des ...** unter die Schwelle von ... fallen
~ **sous garantie** unter die Garantie fallen
~ **sous le coup de la loi** dem Gesetz unterworfen sein
tonalité *f* Signalton
tonnage *m* Tonnage
tonne *f* Tonne
~ **équivalent charbon (TEC)** *f* Steinkohleeinheit (SKE)
~ **équivalent pétrole (TEP)** *f* Tonne Erdöläquivalent, Erdöleinheit
tonneau de jauge brute *m* Bruttoregistertonne
tontine *f* Tontine (Leibrentengemeinschaft, bei der das Kapital der verstorbenen Mitglieder in einen gemeinsamen Topf fällt)
total (*pl* **totaux**) *m* Summe, Gesamtbetrag
△ **pourcentage du ~ des ventes** *m* prozentualer Anteil am Gesamtumsatz
~ **de bilan** *m* Bilanzsumme
~ **des investissements** *m* Gesamtinvestitionen
~ **des mouvements** *m* Gesamtkontoumsatz
~ **des ventes** *m* Gesamtumsatz
△ **pourcentage du ~** *m* prozentualer Anteil am Gesamtumsatz
~ **du bilan** *m* Bilanzsumme
totaliser ***qc*** zusammenzählen, zusammenrechnen *etw*
totalité *f* Gesamtheit
~ **du capital** *f* Gesamtkapital
touche *f* Taste
touché, e par ***qc*** betroffen von *etw*
touché, e par la grève von einem Streik betroffen, bestreikt
△ **entreprise touchée par la grève** *f* bestreiktes Unternehmen
toucher ***qc*** **(des intérêts, un chèque, un salaire, une allocation, une somme)** beziehen, einlösen, erhalten *etw* (Zinsen, einen Scheck, Lohn/Gehalt, eine Zuwendung, einen Betrag)

~ ***qc/qn*** treffen, betreffen, berühren *etw/-jdn*
~ **des allocations/prestations sociales** Sozialleistungen erhalten, beziehen
~ **des ASSEDIC** Arbeitslosengeld beziehen
~ **le SMIC** den Mindestlohn beziehen
~ **un chèque** einen Scheck einlösen
~ **un dividende** eine Dividende erhalten
~ **un salaire** Lohn beziehen
~ **une pension** eine Versorgungsrente bekommen
~ **une retraite** Rente beziehen
tour *m* Umdrehung
~ **de vis fiscale** *m* Anziehen der Steuerschraube
~ **operator** *m* Reiseveranstalter
tour *f* Turm, Wohnhochhaus, Geschäftshochhaus, Hochhaus
tourisme *m* Fremdenverkehr, Tourismus
△ **balance du ~** *f* Tourismusbilanz (Teil der Dienstleistungsbilanz); **excédent du ~** *m* Überschuß aus der Tourismusbilanz (Teil der Dienstleistungsbilanz)
~ **d'entreprise** *m* Betriebsbesichtigungstouristik
touristique touristisch, Fremdenverkehrs-
△ **centre ~** *m* Fremdenverkehrsort; **excédent ~** *m* Überschuß aus der Tourismusbilanz (Teil der Dienstleistungsbilanz); **lieu ~** *m* Fremdenverkehrsort, Urlaubsort
tournant *m* Wendepunkt, Wende
tournant, e im Wechsel, rollierend
△ **grève ~e** *f* Sukzessivstreik, rollierender Streik
tournée *f* Tour (eines Vertreters), Rundgang, Runde
tourner sich drehen, laufen, umgeschlagen werden
△△ **faire ~ les usines au ralenti** die Produktion in den Werken herunterfahren
~ **à plein régime** auf vollen Touren laufen;
~ **à x % de sa capacité** zu x % seiner Kapazität ausgelastet sein
~ **rapidement** schnell umgeschlagen werden
tout au plus höchstens
tout compris alles inbegriffen, alles inklusive, insgesamt, alles in allem
tout-nucléaire *m* Energiekonzept, das der Kernenergie absoluten Vorrang einräumt
toutes catégories confondues alle Kategorien zusammengenommen, ohne Differnzierung, unterschiedslos
toutes taxes comprises (TTC) Steuern und Abgaben inbegriffen, inklusive Mehrwertsteuer
toxique giftig, toxisch
△ **déchets ~s** *m pl* Giftmüll
tracasserie *f* Schikane
~s administratives *f pl* Verwaltungsschikanen
tracé *m* Linienführung, Verlauf, Entwurf
tract *m* Flugblatt, Handzettel
tractation *f* inoffizielle Verhandlung
tracteur *m* Traktor
traducteur *m* Übersetzer
~ **assermenté** *m* vereidigter Übersetzer/Dolmetscher
traduire (*qc*) übersetzen (*etw*)
~ **par *qc* (se)** sich ausdrücken in/durch *etw*
trafic *m* 1. Verkehr 2. Schmuggel, illegaler Handel, Schieberei
△ **accroissement du ~** *m* Verkehrszunahme
~ **à petite distance** *m* Güternahverkehr
~ **aérien** *m* Luftverkehr
~ **aérien de courte distance** *m* Luftnahverkehr
~ **d'armes** *m* Waffenschmuggel, illegaler Waffenhandel
~ **de courte distance** *m* Nahverkehr
~ **de drogue(s)** *m* Drogenhandel, Rauschgifthandel
~ **de faible distance** *m* Nahverkehr
~ **de fret** *m* Frachtverkehr
~ **de main-d'oeuvre** *m* illegaler Handel mit Arbeitskräften
~ **de marchandises** *m* Warenverkehr
~ **de passagers** *m* Personenverkehr
~ **de stupéfiants** *m* Drogenhandel, Rauschgifthandel
~ **de transit** *m* Transitverkehr
~ **direct** *m* Direktverkehr
~ **ferroviaire** *m* Bahnverkehr, Schienenverkehr
~ **intérieur métropole** *m* Verkehr im französischen Mutterland

~ **international** *m* internationaler Verkehr
~ **maritime** *m* Seeschiffahrt
~ **maritime régulier** *m* Linienschiffahrt
~ **national** *m* Binnenverkehr
~ **passager** *m* Passagierverkehr
~ **routier** *m* Straßenverkehr
~ **routier marchandises** *m* Straßengüterverkehr
trafiquant *m* illegaler Händler, Schieber
△ **narco-~** *m* Rauschgifthändler
~ **d'armes** *m* illegaler Waffenhändler
~ **de drogues** *m* Rauschgifthändler, Drogenhändler
~ **de stupéfiants** *m* Rauschgifthändler, Drogenhändler
trafiquer *qc* verschieben *etw*, handeln mit *etw*, verfälschen *etw*, panschen *etw*
train *m* Zug
△ **par ~** mit der Bahn, auf dem Schienenweg
~ **à grande vitesse (TGV)** *m* Hochgeschwindigkeitszug der SNCF
trait *m* Strich, Merkmal
~s parallèles *m pl* parallele Striche (Verrechnungsscheck)
traite *f* Wechsel, Tratte
△ **acceptation d'une ~** *f* Akzeptieren eines Wechsels; **créance sur ~** *f* Wechselforderung; **échéance d'une ~** *f* Fälligkeit eines Wechsels; **encaissement d'une ~** *f* Einlösung eines Wechsels; **endossataire d'une ~** *m* Wechselnehmer; **remise d'une ~ à l'escompte** *f* Wechseldiskontierung
△△ **accepter une ~** einen Wechsel akzeptieren/querschreiben; **accepter une ~ à l'escompte** einen Wechsel zum Diskont annehmen; **avaliser une ~** einen Wechsel avalisieren; **émettre une ~** einen Wechsel ausstellen; **encaisser une ~** einen Wechsel einlösen; **endosser une ~** einen Wechsel indossieren; **envoyer une ~ à l'acceptation** einen Wechsel zwecks Akzepts einreichen; **la ~ est domiciliée à ...** der Wechsel ist zahlbar bei ...; **protester une ~** einen Wechsel zu Protest geben/protestieren; **remettre une ~ à l'escompte** einen Wechsel zum Diskont geben/diskontieren; **une ~ échoit le ...** ein Wechsel wird am ... fällig
~ **à 90 jours** *f* Dreimonatswechsel
~ **à courte échéance/échéance courte** *f* kurzfristiger Wechsel
~ **à date fixe** *f* Datumswechsel, Tageswechsel
~ **à échéance fixe** *f* Datumswechsel, Tageswechsel
~ **à échéances fractionnées** *f* Ratenwechsel
~ **à un délai de vue** *f* Nachsichtwechsel
~ **à vue** *f* Sichtwechsel
~ **à x jours de date** *f* Datowechsel
~ **à x jours de vue** *f* x Tage-Nachsichtwechsel
~ **de complaisance** *f* Gefälligkeitswechsel
~ **documentaire** *f* Dokumententratte
~ **domiciliée** *f* Domizilwechsel, Zahlstellenwechsel
~ **impayée** *f* nicht bezahlter/notleidender/geplatzter Wechsel
~ **non honorée** *f* unbezahlter/notleidender Wechsel
~ **sur place** *f* Platzwechsel
traité *m* Abkommen, Vertrag
△△ **consigner** *qc* **dans un ~** in einem Vertrag niederlegen *etw*; **le ~ prévoit que ...** der Vertrag sieht vor/in dem Vertrag ist vorgesehen, daß ...; **négocier un ~** einen Vertrag aushandeln
~ **d'excédent** *m* Exzedentenrückversicherung
~ **de Rome** *m* Römische Verträge
~ **franco-allemand** *m* deutsch-französischer Vertrag
~ **intergouvernemental** *m* zwischenstaatliches Abkommen, zwischenstaatlicher Vertrag
~ **multilatéral** *m* multilaterales Abkommen
traitement *m* 1. Aufbereitung, Entsorgung (von Abfällen) 2. Behandlung 3. Verarbeitung (von Daten, Informationen) 4. Gehalt, Bezüge
△ **ajustement des ~s** *m* Anpassung der Bezüge; **amélioration des ~s** *f* Anhebung der Bezüge; **augmentation des ~s** *f* Anhebung der Bezüge; **paiement des ~s** *m* Zahlung der Bezüge; **relèvement des ~s** *m* Anhebung der Bezüge; **versement des ~s** *m* Auszahlung der Bezüge

△△ **ajuster les ~s** die Bezüge anpassen; **améliorer les ~s** die Bezüge verbessern; **augmenter les ~s** die Bezüge anheben; **échelonner les ~s** die Gehälter staffeln; **relever les ~s** die Bezüge anheben; **suspendre le paiement des ~s** die Zahlung der Bezüge einstellen; **verser les ~s** die Bezüge auszahlen
~ **annuel** *m* Jahresgehalt
~ **brut** *m* Bruttogehalt
~s dans la fonction publique *m pl* Löhne und Gehälter im öffentlichen Dienst
~ **de données** *m* Datenverarbeitung
~ **de faveur** *m* Sonderbehandlung, Vorzugsbehandlung
~ **de l'information** *m* Datenverarbeitung, Informationsverarbeitung
~ **de texte** *m* Textverarbeitung
~ **des chèques** *m* Scheckbearbeitung
~ **des déchets** *m* Müllentsorgung
~ **électronique** *m* elektronische Datenverarbeitung, EDV
~ **en début de carrière** *m* Anfangsgehalt
~ **en fin de carrière** *m* Endgehalt
~ **médical** *m* ärztliche Behandlung
~ **mensuel** *m* Monatsgehalt
~ **net** *m* Nettogehalt
~ **préférentiel** *m* Vorzugsbehandlung, Bevorzugung
~ **privilégié** *m* Vorzugsbehandlung, Sonderbehandlung
~ **social du chômage** *m* Bekämpfung der Arbeitslosigkeit mit sozialen Maßnahmen
~ **spécial** *m* Sonderbehandlung
traiter handeln, tätig sein
~ ***qc*** 1. behandeln, bearbeiten *etw* 2. handeln mit *etw*
~ **des transactions** Geschäfte abwickeln
~ **pour le compte de *qn*** Geschäfte tätigen für *jdn*/im Auftrag von *jdm*
~ ***qn*** behandeln *jdn*
tram(way) *m* Straßenbahn
△ **ligne de ~** *f* Straßenbahnlinie
tranche *f* Stufe, Abschnitt, Schicht, Tranche, Progressionsstufe
△ **amortissement par ~s égales** *m* Ratentilgung
~ **annuelle** *f* jährlich ausgeloste Serie (bei der Rückzahlung von Anleihen)
~ **d'âge** *f* Altersklasse
~ **d'imposition** *f* Besteuerungsstufe, Progressionsstufe
~ **de l'emprunt** *f* Anleihetranche
△ **placer la première ~** den ersten Teilabschnitt einer Anleihe plazieren
~ **de réserve** *f* Reservetranche (IWF)
~ **imposable** *f* steuerpflichtiger Anteil
~ **marginale d'imposition** *f* Grenzsteuerstufe
~ **maximale** *f* höchste Progressionsstufe, Steuerstufe
~ **non imposable** *f* Steuerfreibetrag
~ **supérieure d'imposition** *f* höhere Besteuerungsstufe
transaction *f* Geschäft, Abschluß, Transaktion
△ **balance des ~s invisibles** *f* Dienstleistungsbilanz; **encaisse de ~** *f* Transaktionskasse; **volume des ~s** *m* Geschäftsvolumen
△△ **la ~ porte sur x titres** das Geschäft geht über x Titel; **procéder à des ~s** Geschäfte tätigen; **traiter des ~s** Geschäfte abwickeln
~ **à terme** *f* Termingeschäft
~ **au comptant** *f* Kassageschäft
~ **boursière** *f* Börsengeschäft, Börsentransaktion
△ **volume des transactions boursières** *m* Umsatzvolumen, Börsenumsätze
~ **commerciale** *f* Geschäft
~s de gré à gré entre banques *f pl* Interbankenhandel
~s en actions *f pl* Aktiengeschäfte
~s en obligations *f pl* Geschäfte auf dem Rentenmarkt
~ **financière** *f* Finanzgeschäft
~s financières *f pl* Finanzgeschäfte, Zahlungsverkehr
~ **immobilière** *f* Immobiliengeschäft
~ **importante** *f* bedeutendes Geschäft
~ **monétaire** *f* Geldmarktgeschäft
~ **par virement** *f* Abwicklung durch Überweisung
transbordement *m* Umladung
△ **centre de ~** *m* Großumschlagplatz; **port de ~** *m* Umschlagshafen
transborder *qc* umladen *etw*
~ **une marchandise** eine Ware umladen
transbordeur *m* Fähre
transbordeur, euse Umschlag-, Umlade
△ **pont ~** *m* Umladeanlage, Verladebrücke

transcription *f* Transkription
~ **de décès** *f* erfaßte Todesfälle
transférable übertragbar, transferierbar
△ **crédit** ~ *m* übertragbares Darlehen
transférabilité *f* Übertragbarkeit, Transferierbarkeit
transférer *qc* übertragen, verlegen *etw*
~ **le siège social à ...** den Gesellschaftssitz nach ... verlegen
~ **un appel à une messagerie vocale** einen Anruf in eine Sprachmailbox/Voicebox umleiten
~ **une somme d'un compte à un autre** einen Betrag von einem Konto auf ein anderes übertragen
transfert *m* Transfer, Übertragung, Zahlungsvorgang, Transferzahlung, Einkommensübertragung
△ **revenus de** ~ *m pl* Transfereinkommen, Sozialeinkommen, Sozialbezüge; **vitesse de** ~ *f* Übertragungsgeschwindigkeit
~ **d'avoirs** *m* Überweisung von Guthaben
~ **de biens** *m* Vermögensübertragung
~**s de capitaux** *m pl* Kapitaltransfer
~ **de devises** *m* Überweisung von Devisen
~ **de fonds** *m* Geldübertragung, Geldüberweisung
~**s de l'Etat** *m pl* öffentliche Einkommensübertragungen
~ **de patrimoine** *m* Vermögensübertragung
~ **de propriété** *m* Eigentumsübertragung
~ **de propriété intégral** *m* vollständige Eigentumsübertragung
~ **de revenus** *m* Einkommensübertragung
~ **de technologie** Technologietransfer
~**s sociaux** *m pl* Einkommensübertragungen (Sozialversicherung)
~**s unilatéraux** *m pl* einseitige Übertragungen (Zahlungsbilanz)
△ **balance des** ~ *f* Schenkungsbilanz, Bilanz der einseitigen Übertragungen
transformateur *m* Verarbeiter, Weiterverarbeiter
transformateur, trice verarbeitend, weiterverarbeitend
△ **industrie** ~ *f* weiterverarbeitende Industrie, verarbeitendes Gewerbe
transformation *f* Umwandlung, Verarbeitung, Weiterverarbeitung
△ **entreprise de** ~ *f* weiterverarbeitendes Unternehmen, Weiterverabeitungsunternehmen; **industrie de** ~ *f* (weiter) verarbeitende Industrie
~ **de l'acier** *f* Stahlverarbeitung
~ **des matières plastiques** *f* Kunststoffverarbeitung
~ **du tabac** *f* Tabakverarbeitung
transformer *qc* verarbeiten, weiterverarbeiten, bearbeiten *etw*
~ ***qc* en liquide** flüssig machen *etw*
~ **(se)** sich ändern, sich wandeln
~ **de ... en ... (se)** sich von ... zu ... wandeln
transfrontalier, ière grenzüberschreitend
△ **commerce** ~ *m* grenzüberschreitender Warenverkehr/Handel
transgresser *qc* verletzen, nicht beachten *etw*
transgression *f* Nichteinhaltung, Nichtbeachtung, Zuwiderhandlung
transit *m* Transitverkehr
△ **en** ~ Transit-, im Transit; **marchandise en** ~ *f* Transitgut
~ **communautaire** *m* Transit innerhalb der EU
transitaire *m* Transitspediteur, Spediteur
~**-groupeur** *m* Verkehrsführer
transitaire Transit-
△ **commerce** ~ *m* Transithandel; **fret** ~ *m* Transitfracht; **pays** ~ *m* Transitland
transitant im Transitverkehr befördert
△ **marchandise** ~ **par un pays tiers** *f* Ware, die durch ein Drittland befördert wird
transiter im Transitverkehr befördert werden
△△ **une marchandise transite par un pays tiers** eine Ware wird durch ein Drittland befördert
transition *f* Übergang
~ **démographique** *f* demographische Veränderung
transitoire Übergangs-
△ **disposition** ~ *f* Übergangsbestimmung; **emploi** ~ *m* vorübergehende Stelle, Übergangsbeschäftigung; **étape** ~ *f* Übergangsphase

transmettre *qc* **(des données, des informations)** übertragen *etw* (Daten, Informationen)
~ **un patrimoine** ein Vermögen vererben, übertragen
transmissibilité *f* Übertragbarkeit
transmissible übertragbar
transmission de *qc* **(de données, d'informations)** *f* Übertragung von *etw* (Daten, Informationen)
~ **d'entreprise** *f* Unternehmensübertragung
transparence *f* Transparenz
~ **du marché** *f* Markttransparenz
~ **fiscale** *f* Steuertransparenz
~ **tarifaire** *f* Tariftransparenz
transparent *m* Folie (für Overheadprojektor)
transparent, e durchsichtig, transparent
transport *m* Beförderung, Transport, Personenbeförderung, Güterbeförderung, Personen- und Güterbeförderung
△ **assurance ~** *f* Transportversicherung, Frachtversicherung; **auxiliaire de ~** *m* Vermittlungsvertreter im Transportbereich; **commissionnaire en ~** *m* Spediteur; **conditions de ~** *f pl* Transportbedingungen; **contrat de ~** *m* Beförderungsvertrag, Speditionsvertrag; **coût(s) de/du ~** *m* (*pl*) Transportkosten; **délai de ~** *m* Beförderungsfrist; **entrepreneur de ~** *m* Transportunternehmer; **entreprise de ~** *f* Transportunternehmen, Spedition; **méthode de ~** *f* Beförderungsart; **moyen de ~** *m* Verkehrsmittel; **Régie autonome des ~s parisiens (RATP)** *f* Pariser Verkehrsbetriebe; **secteur des ~s** *m* Verkehrssektor
△△ **grouper/réunir des marchandises pour le ~** Güter für den Transport sammeln, zusammenfassen
~ **à la demande** *m* Bedarfsverkehr, Gelegenheitsverkehr
~ **aérien** *m* Luftverkehr
△ **Association Internationale des Transports Aériens (AITA)** *f* IATA
~**s collectifs** *m pl* öffentliche Verkehrsmittel
~ **combiné** *m* kombinierter Transport
~ **de(s) marchandises** *m* Güterbeförderung, Gütertransport
~**s de marchandises à courte distance** *m pl* Güternahverkehr
~**s de marchandises à longue distance** *m pl* Güterfernverkehr
~ **de(s) personnes** *m* Personenbeförderung
~ **de(s) voyageurs** *m* Personenbeförderung
~**s en commun** *m pl* öffentliche Verkehrsmittel
~**s en commun urbains et de banlieue** *f pl* öffentlicher Personennahverkehr
~ **en vrac** *m* Massengut-Transport
~**s et télécommunications** *m pl* Transport- und Fernmeldewesen
~**s ferroviaires** *m pl* Eisenbahnverkehr
~ **international routier (TIR)** *m* internationaler Straßengüterverkehr
~ **maritime et aérien** *m* Beförderung auf dem See- und Luftweg
~ **par chemin de fer** *m* Bahntransport
~ **par conteneurs** *m* Containerbeförderung
~ **par oléoducs** *m* Transport über Pipelines
~ **par rail** *m* Bahntransport
~ **pour compte propre** *m* Transport für eigene Rechnung
~ **principal** *m* Hauptlauf
~**s publics** *m pl* öffentliche Verkehrsbetriebe, öffentliche Verkehrsmittel, öffentlicher Personennahverkehr
~ **routier** *m* Straßentransport
~ **routier de marchandises** *m* Güterbeförderung auf der Straße
~**s terrestres** *m pl* Beförderung auf dem Landweg
transporteur *m* Transportunternehmer, Spediteur, Frachtführer
△ **franco ~** frei Frachtführer
~ **routier** *m* Straßentransportunternehmer, Fuhrunternehmer, Spediteur
travail (*pl* **travaux)** *m* Arbeit, Arbeitsplatz, Beschäftigung, Stelle, *pl* Arbeiten (z. B. Bauarbeiten)
△ **à ~ égal** bei gleicher Arbeit; **accident du ~** *m* Arbeitsunfall; **agence de ~ temporaire** *f* Leiharbeitsfirma, Zeitarbeitssvermittlung Zeitpersonalvermittlung; **arrêt de ~** *m* 1. Arbeitsniederlegung, Streik 2. Fehlen wegen Krankheit; **arrêt des travaux** *m* Un-

terbrechung der Arbeiten (z.B. Bauarbeiten); **autorisation de ~** *m* Arbeitserlaubnis; **Bureau International du Travail (BIT)** *m* Internationale Arbeitsorganisation (IAO), International Labour Organization (ILO); **capacité de ~** *f* Arbeitsfähigkeit, Erwerbsfähigkeit; **carte de ~** *f* Arbeitserlaubnis; **certificat de ~** *m* Arbeitsbescheinigung, Arbeitszeugnis; **cessation de ~** *f* Arbeitsniederlegung; **Code du Travail** *m* Arbeitsgesetzbuch; **collègue de ~** *f/m* Arbeitskollegin, Arbeitskollege; **comité d'hygiène, de sécurité et des conditions de ~** *m* Ausschuß für Arbeitshygiene, Sicherheit und Arbeitsbedingungen; **Confédération Française Démocratique du Travail (CFDT)** der sozialistischen Partei nahestehende Gewerkschaft; **Confédération Générale du Travail (CGT)** der KP nahestehende Gewerkschaft; **conflit du ~** *m* Arbeitskonflikt; **conditions de ~** *f pl* Arbeitsbedingungen; **contrat de ~** *m* Arbeitsvertrag; **contrat de ~ à durée déterminée (CDD)** *m* befristeter Arbeitsvertrag; **contrat de ~ à durée indéterminée (CDI)** *m* unbefristeter Arbeitsvertrag; **contrat de ~ intermittent** *m* Zeitarbeitsvertrag; **déclaration d'achèvement des travaux** *f* Fertigstellungserklärung (z.B. bei Bauarbeiten); **division du ~** *f* Arbeitsteilung; **droit au ~** *m* Recht auf Arbeit; **droit du ~** *m* Arbeitsrecht; **durée des travaux** *f* Dauer der Arbeiten (z. B. Bauarbeiten); **durée du (temps de) ~** *f* Arbeitszeit, Dauer der Arbeitszeit; **durée conventionnelle du ~** *f* (tarif)vertragliche Arbeitszeit; **durée légale du ~** *f* gesetzliche Arbeitszeit; **état (d'avancement) des travaux** *m* Stand der Arbeiten; **force de ~** *f* Arbeitskraft; **grand chantier de travaux publics** *m* Großbaustelle (öffentliche Bauarbeiten, i.d.R. Tiefbauarbeiten); **groupe de ~** *m* Arbeitsgruppe; **heures de ~** *f pl* Arbeitszeit, Arbeitszeiten; **horaires de ~** *m pl* Arbeitszeit, Arbeitszeiten; **incapacité de ~** *f* Arbeitsunfähigkeit; **incapacité durable (de ~)** *f* dauernde Arbeitsunfähigkeit; **incapacité permanente (de ~)** *f* dauernde Arbeitsunfähigkeit; **incapacité temporaire (de ~)** *f* zeitweilige Arbeitsunfähigkeit; **législation du ~** *f* Arbeitsgesetzgebung; **lieu de ~** *m* Arbeitsstelle, Arbeitsort; **marché du ~** *m* Arbeitsmarkt; **manquement à la discipline du ~** *m* Verstoß gegen die Arbeitsdisziplin; **marché du ~ tendu** *m* angespannter Arbeitsmarkt; **médecin du ~** *m* Arbeitsmediziner, Werksarzt; **médecine du ~** *f* Arbeitsmedizin; **Ministre du Travail** *m* Arbeitsminister; **monde du ~** *m* Arbeitswelt; **organisation du temps de ~** *f* Arbeitszeitregelung, Arbeitszeitgestaltung; **outil de ~** *m* Betriebsausstattung, Produktionsmittel; **personne sans ~** *f* Arbeitsloser, Arbeitslose; **poste de ~** *m* Arbeitsplatz (oft im technischen Sinne), Arbeitsstelle; **productivité du ~** *f* Arbeitsproduktivität; **produit à forte intensité de ~** *m* arbeitsintensives Erzeugnis/Produkt; **réduction (de la durée) du temps de ~** *f* Arbeitszeitverkürzung; **revenu du ~** *m* Arbeitseinkommen; **sans(-)~** *m* Arbeitsloser, Beschäftigungsloser, Erwerbsloser; **sans ~** arbeitslos, beschäftigungslos, erwerbslos; **sur le marché du ~** auf dem Arbeitsmarkt; **temps de ~** *m* Arbeitszeit; **TUC (travaux d'utilité collective)** *m pl* staatlich finanzierte Arbeitsbeschaffungsmaßnahmen (AB-Maßnahmen) (frühere Form)

△△ **abaisser le coût du ~** die Arbeitskosten senken; **aller au ~** zur Arbeit gehen; **arrêter le ~** die Arbeit niederlegen; **cesser le ~** die Arbeit niederlegen, streiken; **chercher du ~** Arbeit suchen; **donner du ~ à** ***qn*** Arbeit geben *jdm*; **effectuer un ~** eine Arbeit ausführen, leisten; **être à la recherche de ~** auf Arbeitssuche sein; **être débordé, e de ~** überlastet sein; **être en arrêt de ~ (= être en congé/être en congé de maladie)** nicht arbeiten (wegen Urlaub, krankheitshalber); **être sans ~** arbeitslos, beschäftigunslos, erwerbslos sein; **exécuter un ~** eine Arbeit ausführen, leisten; **occuper les lieux du ~** das Unternehmen besetzen; **planifier son ~** seine Arbeit planen;

prescrire un arrêt de ~ (à/pour *qn*) krank schreiben (*jdn*); **réduire la durée du (temps de) ~** die Arbeitszeit verkürzen; **se mettre au ~** sich an die Arbeit machen; **suspendre le ~** die Arbeit niederlegen; **trouver du ~** Arbeit finden
~ **à domicile** *m* Heimarbeit
~ **à effectuer** *m* Arbeitsanfall, auszuführende Arbeit
~ **à façon** *m* Werklohnarbeit
~ **à la carte** *m* gleitende Arbeitszeit
~ **à la chaîne** *m* Fließ(band)arbeit
~ **à la tâche** *m* Akkordarbeit
~ **à mi-temps** *m* Teilzeitarbeit, Teilzeitbeschäftigung, Halbtagsarbeit
~ **à plein temps** *m* Vollzeitarbeit, Vollzeitbeschäftigung
~ **à temps complet** *m* Vollzeitarbeit, Vollzeitbeschäftigung
~ **à temps partiel** *m* Teilzeitbeschäftigung, Teilzeitarbeit
~ **à temps plein** *m* Vollzeitarbeit, Vollzeitbeschäftigung
~ **au noir** *m* Schwarzarbeit
~ **au rendement** *m* Akkordarbeit
~ **clandestin** *m* Arbeit(en) ohne Arbeitserlaubnis, illegale Arbeit
~ **de nuit** *m* Nachtarbeit
~ **des métaux** *m* Metallverarbeitung
~ **en équipe(s)** *m* Schichtarbeit
~ **en intérim** *m* Zeitarbeit, Leiharbeit
~ **en roulement** *m* Schichtarbeit
~ **fourni** *m* geleistete Arbeit
~ **hebdomadaire** *m* wöchentliche Arbeitszeit
~ **intellectuel** *m* geistige Arbeit
~ **intérimaire** *m* Zeitarbeit, Leiharbeit
~ **intermittent** *m* Zeitarbeit
△ **contrat de ~** *m* Zeitarbeitsvertrag
~ **lucratif** *m* einträgliche Arbeit
~ **manuel** *m* körperliche Arbeit, Handarbeit, manuelle Tätigkeit
~ **non déclaré** *m* Schwarzarbeit, illegale Beschäftigung
~ **occasionnel** *m* Gelegenheitsarbeit
~ **par équipe(s)** *m* Schichtarbeit
~ **pénible** *m* schwere Arbeit
~ **posté** *m* Schichtarbeit
~ **précaire** *m* unsichere Arbeit/Beschäftigung
~ **saisonnier** *m* Saisonarbeit
~ **syndical** *m* Gewerkschaftsarbeit
~ **temporaire** *m* Leiharbeit, Zeitarbeit
△ **agence de ~** *f* Zeitarbeitsagentur, Vermittlungsstelle für Zeitarbeit; **entreprise de ~** *f* Zeitarbeitunternehmen; **firme de ~** *f* Zeitarbeitunternehmen; **société de ~** *f* Zeitarbeitfirma
△△ **chercher/trouver du ~** einen Zeitarbeitsplatz suchen/finden

travaux *m pl* Arbeiten, Bauarbeiten
~ **d'infrastructure** *m pl* Infrastrukturarbeiten
~ **d'utilité collective (TUC)** *m pl* staatlich finanzierte Arbeitsbeschaffungsmaßnahmen, AB-Maßnahmen (frühere Form)
~ **de recherche et développement** *m pl* Forschungs- und Entwicklungsarbeiten
~ **de rénovation** *m pl* Renovierungsarbeiten
~ **ménagers** *m pl* Hausarbeit, Arbeiten im Haushalt
~ **publics** *m pl* öffentliche Bauarbeiten
△ **bâtiment ~ (BTP)** *m* Baugewerbe, Hoch- und Tiefbau
~ **publics des ponts et chaussées** *m pl* staatliche Straßenbauarbeiten

travailler arbeiten, einer Beschäftigung nachgehen
~ ***qc*** bearbeiten *etw*
~ **à mi-temps** halbtags arbeiten, teilzeitarbeiten, einer Teilzeitbeschäftigung nachgehen
~ **à perte** mit Verlust arbeiten
~ **à plein temps** vollzeitarbeiten, einer Vollzeitbeschäftigung nachgehen
~ **à temps complet** vollzeitarbeiten, einer Vollzeitbeschäftigung nachgehen
~ **à temps partiel** halbtags arbeiten, teilzeitarbeiten, einer Teilzeitbeschäftigung nachgehen
~ **à temps plein** vollzeitarbeiten, einer Vollzeitbeschäftigung nachgehen
~ **au noir** schwarz arbeiten
~ **au SMIC** zum Mindestlohn arbeiten
~ **dans la fonction publique** im öffentlichen Dienst arbeiten
~ **en intérim** als Zeitarbeiter beschäftigt sein
~ **pour une agence d'intérim** als Zeitarbeiter beschäftigt sein

travailleur *m* Arbeiter, Arbeitnehmer, Beschäftigter

△ **droit des ~s relatifs à la cogestion** *m* Mitbestimmungsrechte; **libre circulation des ~s** *f* Freizügigkeit der Arbeitnehmer; **mobilisation des ~s** *f* Mobilisierung der Arbeitnehmer; **mobilité des ~s** *f* Arbeitsmobilität, Mobilität der Arbeitskräfte/Arbeitnehmer; **syndicat de ~s** *m* Arbeitnehmergewerkschaft
~ **à domicile** *m* Heimarbeiter
~ **à mi-temps** *m* Teilzeitbeschäftigter
~ **à plein temps** *m* Vollzeitbeschäftigter
~ **à temps complet** *m* Vollzeitbeschäftigter
~ **à temps partiel** *m* Teilzeitbeschäftigter
~ **à temps plein** *m* Vollzeitbeschäftigter
~ **agricole** *m* Landarbeiter
~ **de force** *m* Schwerarbeiter
~ **étranger** *m* Gastarbeiter
~ **expatrié** *m* im Ausland Arbeitender
~ **frontalier** *m* Grenzgänger
~ **immigré** *m* Gastarbeiter, ausländischer Arbeitnehmer
~ **indépendant** *m* Selbständiger
~ **intellectuel** *m* geistig Arbeitender, Kopfarbeiter
~ **intérimaire** *m* Zeitarbeitskraft
~ **manuel** *m* körperlich Arbeitender, Handarbeiter
~ **saisonnier** *m* Saisonarbeiter
~ **salarié** *m* Lohnempfänger, Gehaltsempfänger, unselbständig Beschäftigter
~ **syndiqué** *m* gewerkschaftlich organisierter Arbeitnehmer

travailliste Labour-
△ **parti ~** *m* Labour-Partei

travaux *m pl* Arbeiten (z. B. Bauarbeiten)
~ **d'infrastructure** *m pl* Infrastrukturarbeiten
~ **d'utilité collective (TUC)** *m pl* staatlich finanzierte Arbeitsbeschaffungsmaßnahmen, AB-Maßnahmen (frühere Form
~ **de recherche et développement** *m pl* Forschungs- und Entwicklungsarbeiten
~ **de rénovation** *m pl* Renovierungsarbeiten
~ **publics** *m pl* öffentliche Bauarbeiten
~ **publics des ponts et chaussées** *m pl* staatliche Straßenbauarbeiten

traverser *qc* durchqueren *etw*
~ **une crise** eine Krise durchmachen, in einer Krise stecken

treizième mois *m* dreizehntes Monatsgehalt

trente glorieuses *f pl* die goldenen Nachkriegsjahre

Trésor (Public) *m* Schatzamt, Finanzamt, Staatskasse
△ **billet de ~** *m* kurzfristiger Wechsel; **bon du ~** *m* Schatzbrief, Schatzanweisung, Staatsanleihe, Staatsschuldverschreibung, Schatzwechsel; **bon du ~en compte courant** *m* Schatzwechsel mit beschränkter Fungibilität (Verkauf an Banken); **bon du ~ négociable** *m* fungibler Schatzwechsel; **bon du ~ sur formule** *m* börsenfähige Staatsschuldverschreibung; **comptes spéciaux du ~** *m pl* Sonderkonten der Staatskasse; **emprunt du ~** *m* öffentlicher Kredit, Staatsanleihe; **mandat du ~** *m* Schatzanweisung; **obligation (assimilable) du ~** *f* Staatsschuldverschreibung; **obligation renouvelable du ~** *f* erneuerbare Staatsschuldverschreibung; **portefeuille d'effets du ~** *m* Schatzwechsel-Portfolio
△△ **émettre des bons du ~** Schatzbriefe ausgeben

trésorerie *f* Liquiditäten, flüssige Mittel, Geldmittel, Kassenbestand, Geldbestand
△ **besoins de ~** *m pl* Finanzbedarf; **billet de ~** *m* Schuldpapier von Unternehmen unter sich (commercial paper); **budget de ~** *m* Liquiditätsplan; **crédit de ~** *m* Kassenkredit, Überbrückungskredit; **crise de ~** *f* Liquiditätskrise; **difficultés de ~** *f pl* Liquiditätsschwierigkeiten; **excédent de ~** *m* Überliquidität; **équilibre de la ~** *m* Liquiditätsgleichgewicht; **gestion de ~** *f* Rechnungsführung; **insuffisance de ~** *f* Unterliquidität, Liquiditätsmangel; **mouvements de ~** *m pl* Liquiditätsveränderungen, Kassenbuchungen; **plan de ~** *m* Liquiditätsplan
△△ **alimenter la ~** Liquiditäten schaffen; **avoir des difficultés de ~** nicht genügend flüssige Mittel zur Verfügung haben; **disposer d'excédents de ~** Liquiditätsüberschüsse haben; **gérer la**

~ **d'une entreprise** für die Rechnungsführung in einem Unternehmen zuständig sein; **la situation de ~ se dégrade** Liquiditätslage verschlechtert sich; **peser lourdement sur la ~** die Finanzen schwer belasten
~ **nette** *m* Nettoliquidität
trésorier *m* Kassenverwalter, Schatzmeister
tri *m* Sortierung
△ **dispositif de ~** *m* Sortieranlage
~ **des déchets récupérables** Wertmüllsortierung
triage *m* Sortieren, Verschieben
△ **gare de ~** *f* Verschiebebahnhof
triangle *m* Dreieck
~ **magique** *m* magisches Dreieck
tribunal *m* Gericht
△△ **comparaître devant le ~** vor Gericht erscheinen
~ **administratif** *m* Verwaltungsgericht
~ **compétent** *m* Gerichtsstand, zuständiges Gericht
~ **d'instance** *m* Amtsgericht
~ **de Commerce** *m* Handelsgericht
~ **de Prud'hommes** *m* Arbeitsgericht
tributaire de ***qc/qn*** abhängig von *etw/jdm*, angewiesen auf *etw/jdn*
△△ **être ~ d'un pays pour ses importations de pétrole** von einem Land abhängig sein bei seinen Erdöleinfuhren
trier ***qc*** sortieren, trennen *etw* (z.B. Briefe, Müll etc.)
trimestre *m* Quartal
△ **au cours du quatrième ~** im vierten Quartal; **par rapport au troisième ~** verglichen mit dem dritten Quartal
trimestriel, le vierteljährlich
△ **base ~le** *f* Quartalbasis; **chiffre d'affaires ~** *m* Vierteljahresumsatz, Quartalsumsatz; **indice ~** *m* Vierteljahresindex, Quartalsindex
tripartite trilateral, dreiseitig
△ **composition ~** *f* dreiseitige Zusammensetzung, Drittelparität
tripler sich verdreifachen
tripler ***qc*** *etw* verdreifachen
troc *m* Tauschhandel
trombone *m* Büroklammer
tromper ***qn*** täuschen *jdn*
~ **de** ***qc*** **(se)** sich irren sich täuschen bei/in/um *etw*
~ **d'un point (se)** sich um einen Prozentpunkt verrechnen
~ **de numéro (se)** sich verwählen
~ **sur** ***qc*** **(se)** sich irren, sich täuschen bei/in *etw*
tromperie *f* Täuschung, Betrug
~ **frauduleuse** *f* arglistige Täuschung, Betrug
trop élevé, e überhöht
tropical, e tropisch, Tropen-
△ **denrées ~es** *f pl* Tropenprodukte
trou *m* Loch
~ **d'ozone** *m* Ozonloch
~ **budgétaire/dans le budget** *m* Haushaltslücke
trouver ***qc*** finden *etw*
~ **de l'intérim** einen Zeitarbeitsplatz finden
~ **du travail** Arbeit finden
~ **du travail temporaire** einen Zeitarbeitsplatz finden
~ **un accord** zu einer Einigung kommen
~ **un remède** Abhilfe schaffen
~ **une place** eine Arbeitsstelle finden
~ **une solution** eine Lösung finden
~ **(se) à/dans ...** sich befinden in ...
~ **à la fin/au début de son cycle de vie (se)** sich am Ende/Anfang des Produktlebenszyklus befinden
~ **dans le commerce (se)** im Handel erhältlich sein
~ **en concurrence avec** ***qn*** **(se)** sich in Konkurrenz zu *jdm* befinden
trust *m* Trust
TTC (toutes taxes comprises) Steuern und Abgaben inbegriffen, inklusive Mehrwertsteuer
TUC (travaux d'utilité collective) *m pl* staatlich finanzierte Arbeitsbeschaffungsmaßnahmen, AB-Maßnahmen) (frühere Form)
△△ **effectuer/faire un stage ~** an einer AB-Maßnahme teilnehmen
tuciste *m* in einer AB-Maßnahme Beschäftigter/Beschäftigte
tués dans les accidents de la circulation routière *m pl*Verkehrstote
tuile *f* 1. Ziegel 2. Mißerfolg, Flop
turbulence *f* Turbulenz
turbulences monétaires *f pl* Währungsturbulenzen
tutelle *f* Vormundschaft, Aufsicht

△ **autorité de ~** *f* übergeordnete/vorgesetzte Behörde, Aufsichtsbehörde; **ministère de ~** *m* übergeordnetes/vorgesetztes Ministerium
TVA (taxe à/sur la valeur ajoutée) *f* MwSt (Mehrwertsteuer)
△ **assujetti, e à la ~** mehrwertsteuerpflichtig; **baisse de la ~** *f* Mehrwertsteuersenkung; **demande de restitution de la ~** *f* Antrag auf Rückerstattung der bezahlten MwSt; **exonéré, e de (la) ~** mehrwertsteuerfrei; **harmonisation de la ~** *f* Harmonisierung der MwSt; **hausse de la ~** *f* Mehrwertsteuererhöhung; **hors ~** ohne MwSt, MwSt nicht inbegriffen; **récupération de la ~** *f* Vorsteuerabzug, Mehrwertsteuerabzug; **remboursement de la ~** *m* Rückerstattung der MwSt; **taux de ~** *m* Mehrwertsteuersatz; **taux majoré de ~** *m* erhöhter Mehrwertsteuersatz; **taux normal de ~** *m* Normalsatz der Mehrwertsteuer; **taux réduit de ~** *m* ermäßigter Mehrwertsteuersatz; **taux superréduit de ~** *m* stark ermäßigter Mehrwertsteuersatz
△△ **augmenter la ~** die MwSt erhöhen; **baisser la ~** die MwSt senken; **être assujetti, e à la ~** mehrwertsteuerpflichtig sein; **harmoniser les taux de ~** die Mehrwertsteuersätze angleichen/harmonisieren; **rapprocher les taux de ~** die Mehrwertsteuersätze angleichen; **récupérer la ~** einen Vorsteuerabzug vornehmen; **répercuter la ~ sur le prix de vente** die MwSt auf den Verkaufspreis abwälzen
~ collectée *f* eingenommene Mehrwertsteuer
~ déductible *f* abzugfähige Merhrwertsteuer
~ incluse einschließlich MwSt
~ non récupérable *f* nicht abzugsfähige Mehrwertsteuer
type *m* Art, Typ
~ d'entreprise *m* Betriebsart
~ d'habitat *m* Wohnungsart, Wohnform
~ d'organisation *m* Organisationsart
~ de communication *m* Kommunikationstyp
~ de fabrication *m* Fertigungstyp
~ de fiscalité *m* Besteuerungsform

U

UE (Union Européenne) *f* EU (Europäische Union)
UFC (Union Fédérale des Consommateurs) *f* französischer Verbraucherschutzverband
ultérieur, e später, zukünftig
△△ **reporter à une date ~e** *qc* auf einen späteren Termin verschieben *etw*
ultérieurement später, zukünftig, zu einem späteren Zeitpunkt
un (...) sur trois jeder dritte (...)
unanime einstimmig
unanimité *f* Einstimmigkeit
△ **à l'~** einstimmig
△△ **élire** *qn* **à l'~** einstimmig wählen *jdn*; **voter** *qc* **à l'~** einstimmig verabschieden *etw*
UNEDIC (Union nationale pour l'emploi dans l'industrie et le commerce) *f* Dachverband der Arbeitslosenversicherungskassen, Arbeitslosenversicherungskasse
unicité *f* Einheitlichkeit
~ des cours *f* Einheitlichkeit der Kurse
unification *f* Einigung
~ allemande *f* deutsche Vereinigung
uniforme einheitlich
unilatéral, e einseitig
△ **acte ~** *m* einseitiger (Verwaltungs) Akt; **balance des transferts unilatéraux~** *f* Schenkungsbilanz, Bilanz der einseitigen Übertragungen; **décision ~e** *f* einseitige Entscheidung; **limitation ~e** *f* einseitige Beschränkung; **transferts unilatéraux** *m pl* einseitige Übertragungen (Zahlungsbilanz)
union *f* Einheit, Union
~ de Recouvrement de la Sécurité Sociale et des Allocations Familiales (URSSAF) *f* mit der Erhebung der Sozialversicherungsbeiträge betraute Einzugsstelle, Sozialversicherungskasse
~ des experts comptables *f* Berufsverband der Rechnungsprüfer
~ douanière *f* Zollunion

~ **économique et monétaire** *f* Wirtschafts- und Währungsunion
~ **économique, monétaire et sociale** *f* Währungs-, Wirtschafts- und Sozialunion
~ **Européenne (UE)** *f* Europäische Union (EU)
~ **Fédérale des Consommateurs (UFC)** *f* französischer Verbraucherschutzverband
~ **interprofessionnelle** *f* branchenübergreifender Verband
~ **libre** *f* eheähnliche Gemeinschaft, wilde Ehe
~ **monétaire** *f* Währungsunion
~ **nationale pour l'emploi dans l'industrie et le commerce (UNEDIC)** *f* Dachverband der Arbeitslosenversicherungskassen, Arbeitslosenversicherungskasse
~ **politique** *f* politische Union

unique unverwechselbar, einzigartig, einzeln, Einzel-, einheitlich
△ **cotation ~** *f* einheitliche Notierung

unitaire pro Stück, pro Einheit, stückweise
△ **contribution ~ au coût fixe** *m* Deckungskostenbeitrag; **coût (de revient) ~** *m* Stückkosten; **coût ~ d'exploitation** *m* Betriebskosten pro Einheit; **coût ~ de fabrication** *m* Stückkosten, Betriebskosten pro Einheit; **prix ~** *m* Stückpreis

unité *f* Einheit, Stück
△ **à l'~** pro Stück/Einheit; **coût à l'~/par ~ (produite)** *m* Stückkosten, Kosten pro Produkteinheit; **fabrication à l'~** *f* Einzelfertigung
~ **centrale** *f* Zentraleinheit, CPU
~ **d'habitation** *f* Wohneinheit
~ **d'habitation privée** *f* Privatwohneinheit
~ **d'imputation** *f* Kostenträger
~ **de calcul** *f* Recheneinheit
~ **de charge** *f* Ladeeinheit
~ **de communication** *f* Gebühreneinheit, Tarifeinheit (Telefon)
~ **de compte** *f* Rechnungseinheit
~ **de compte européenne** *f* Europäische Rechnungseinheit
~ **de fabrication** *f* Fertigungsstätte
~ **de fabrication de moteurs** *f* Motorenfertigung
~ **de mesure** *f* Maßeinheit
~ **de production** *f* Produktionsstätte
~**s de production homogènes** *f pl* Produktionswirtschaftseinheiten
~ **de produit** *f* Produkteinheit
~ **de travail** *f* Arbeitswert
~ **de vente** *f* Verkaufsstätte
~**s économiques** *f pl* Wirtschaftseinheiten
~ **fabriquée** *f* produzierte Einheit
~ **géographique de production** *f* geographische Produktionseinheit
~ **institutionnelle** *f* institutioneller Sektor (Volkswirtschaftliche Gesamtrechnung)
~ **juridique de production** *f* rechtlich selbständige Produktionsstätte
~ **monétaire** *f* Währungseinheit
~ **non résidente** *f* nicht gebietsansässige Wirtschaftseinheit, Devisenausländer (*Volkswirtschaftliche Gesamtrechnung*)
~ **périphérique** *f* Pheripherieeinheit, Pheripheriegerät
~ **produite** *f* produzierte Einheit
~ **résidente** *f* gebietsansässige Wirtschaftseinheit, Deviseninländer (Volkswirtschaftliche Gesamtrechnung)
~ **technique de production** *f* technische Produktionsstätte, technische Produktionseinheit

universel, le allgemein, Gesamt-, umfassend, universal
△ **banque ~le** *f* Universalbank; **communauté ~le** *f* allgemeine Gütergemeinschaft, Güterstand der unbeschränkten Gütergemeinschaft

uranium *m* Uran
~ **enrichi** *m* angereichertes Uran

urbain, e städtisch
△ **agglomération ~e** *f* städtischer Ballungsraum; **autoroute ~e** *f* Stadtautobahn; **milieu ~** *m* städtisches Milieu; **population ~e** *f* Stadtbevölkerung

urbanisation *f* Verstädterung, Urbanisierung

urbanisme *m* Städtebau, Raumplanung, Bauvorschriften
△ **commission départementale d'~** *f* Aufsichtsbehörde, u.a. zuständig für die Genehmigung von Supermärkten

urgence *f* Dringlichkeit, Notfall
△ **cas d'~** *m* Notfall; **d'~** dringend, eilig; **en cas d'~** im Notfall
urgent, e dringend, eilig
urne *m* Wahlurne
URSSAF (Union de Recouvrement de la Sécurité Sociale et des Allocations Familiales) *f* mit der Erhebung der Sozialversicherungsbeiträge betraute Einzugsstelle, Sozialversicherungskasse
us et coutumes *m pl* Gepflogenheiten
usage *m* Nutzung
△ **article d'~ courant** *m* gängiger Konsumartikel; **charbon à ~ domestique/industriel** *m* Hausbrandkohle/Industriekohle; **d'~** üblich, handelsüblich
△△ **être d'~ dans le commerce** handelsüblich sein
~ **civil** *m* zivile Nutzung
~ **de faux** *m* Verwendung gefälschter Urkundem
△△ **condamner** ***qn*** **pour faux et ~** *jdn* wegen Fälschung und Verwendung gefälschter Urkunden verurteilen
~s de la profession *m pl* Handelsbrauch, Branchenbrauch
~ **domestique** *m* private Nutzung
~ **industriel** *m* gewerbliche Nutzung
△ **produit d'~** *m* Produkt zur gewerblichen Nutzung
~ **interne** *m* Dienstgebrauch, betriebsinterne Verwendung
△ **réservé, e à l'~** nur für den Dienstgebrauch, nur für den internen Gebrauch
~ **personnel** *m* Eigennutzung, persönlicher Gebrauch
usagé, e abgenutzt, verbraucht
△ **huiles ~es** *f pl* Altöl
usager *m* Benutzer, Abnehmer
usé, e abgenutzt, verbraucht
eaux ~es *f pl* Abwässer
user ***qc*** abnutzen *etw*
~ **(s')** sich abnutzen
usinage *m* Verarbeitung, Bearbeitung
usine *f* Werk, Fabrik, Anlage, Betriebsstätte
△ **inauguration d'une ~** *f* Einweihung einer Anlage; **prix départ ~** *m* Preis ab Werk
△△ **faire tourner les ~s au ralenti** die Produktion in den Werken herunterfahren
~ **clé/clef en main** *f* schlüsselfertige Fabrik
~ **d'incinération des déchets** *f* Müllverbrennungsanlage
~ **de circuits intégrés** *f* Halbleiterwerk
~ **de montage** *f* Montagewerk
~ **de pied de barrage** *f* Wasserkraftwerk
~ **de retraitement** *f* Wiederaufbereitungsanlage
~ **de retraitement des déchets nucléaires/radioactifs** *f* atomare Wiederaufbereitungsanlage
~ **de traitement des eaux** *f* Wasseraufbereitungsanlage, Kläranlage
~ **de valorisation des déchets** *f* Müllaufbereitungsanlage
~ **désaffectée** *f* stillgelegte Fabrik
~ **hydroélectrique** *f* Wasserkraftwerk
~ **marémotrice** *f* Gezeitenkraftwerk
~-tournevis *f* Montagewerk
usiner ***qc*** maschinell bearbeiten, maschinell fertigen, fabrikmäßig herstellen *etw*
usité, e gebräuchlich
usufruit *m* Nutznießung, Nießbrauch, Nießnutz
~ **légal** *m* gesetzliche Nutznießung
usufruitier *m* Nießbraucher, Nießnutzer
usuraire Wucher-
△ **taux ~** *m* Wucherzins
△△ **prêter à taux ~** zu Wucherzinsen (ver)leihen
usure *f* 1. Abnutzung, Verbrauch, Verschleiß, Verzehr 2. Wucher, Wucherzins
△ **taux d'~** *m* Wucherzins
△△ **prêter à ~** zu Wucherzinsen (ver) leihen
~ **du matériel** *f* Abnutzung der Geräte und Anlagen
~ **normale** *f* Abnutzung durch normalen Gebrauch
usurier *m* Wucherer
△ **intérêt ~** *m* Wucherzins
utile nützlich
△ **échelle d'économie ~** *f* Nutzungswirtschaftsskala; **en temps ~** termingerecht, fristgerecht, rechtzeitig, zu gegebener Zeit; **surface agricole ~ (SAU)** *f* landwirtschaftliche Nutzfläche; **taux de pénétration ~** *m* Reichweite;
utilisable brauchbar

~ **ad libitum** beliebig (oft) verwendbar
~ **une fois** Einweg-
utilisateur *m* Benutzer, Anwender
~ **industriel** *m* industrieller/gewerblicher Nutzer
~ **professionnel** *m* gewerblicher Nutzer
utilisation *f* Nutzung, Auslastung, Verwendung
△ **conseils d'~** *m pl* Benutzungshinweise; **taux d'~** *m* Auslastungsgrad; **taux d'~ de la capacité de production** *m* Auslastungsgrad, Kapazitätsauslastungsgrad; **taux d'~ des capacités** *m* Auslastungsgrad, Kapazitätsauslastungsgrad; **taux d'~ des machines** *m* Auslastungsgrad, Kapazitätsauslastungsgrad, Maschinenlaufzeiten
~ **dans des conditions anormales** *f* unsachgemäße Verwendung/Behandlung, Verwendung unter unnormalen/unüblichen Bedingungen
~ **dans des conditions normales** *f* sachgemäße Verwendung/Behandlung, Verwendung unter normalen/üblichen Bedingungen
~ **de crédit** *f* Kreditinanspruchnahme
~ **de la capacité de production** *f* Kapazitätsauslastung, Auslastungsgrad, Kapazitätsauslastungsgrad, Maschinenlaufzeiten
△ **taux d'~** *m* Auslastungsgrad, Kapazitätsauslastungsgrad, Kapazitätsauslastung, Maschinenlaufzeiten
~ **de robots** *f* Robotereinsatz
~ **de services** *f* Inanspruchnahme von Dienstleistungen
~ **des biens et services** *f* Leistungsverwertung
~ **des capacités** *f* Kapazitätsauslastung, Auslastungsgrad, Kapazitätsauslastungsgrad, Maschinenlaufzeiten
△ **taux d'~** *m* Auslastungsgrad, Kapazitätsauslastungsgrad, Kapazitätsauslastung, Maschinenlaufzeiten
~ **des crédits** *f* Kreditausschöpfung
~ **des machines** *f* Kapazitätsauslastung, Maschinenlaufzeiten
△ **taux d'~** *m* Auslastungsgrad, Kapazitätsauslastungsgrad, Kapazitätsauslastung, Maschinenlaufzeiten
~ **du crédit** *f* Kreditinanspruchnahme
utiliser *qc* gebrauchen, verwenden *etw*
utilitaire *m* Nutzfahrzeug
utilitaire utilitaristisch, auf den Nutzen gerichtet
utilité *f* Nutzen
~ **collective** *f* Gemeinnutzen
~ **de base** *f* Grundnutzen
~ **économique** *f* wirtschaftlicher Nutzen
~ **psychologique** *f* Imagenutzen, psychologischer Nutzen
~ **publique** *f* Gemeinnutzen
△ **d'~** gemeinnützig
~ **technique** *f* technischer Nutzen

V

va pour *qc* einverstanden mit *etw*, abgemacht
vacances *f pl* Ferien, Urlaub
△ **colonie de ~** *f* Ferienkolonie
vacant, e frei, unbesetzt, vakant
△ **emploi/poste ~** *m* freie/zu besetzende Stelle
vacataire *m* Aushilfskraft, freier Mitarbeiter
vacation *f* Aushilfstätigkeit, freie Mitarbeit, Zeitaufwand (für diese Tätigkeit)
vache à lait *f* Milchkuh, Cashcow (Produktportfolio)
VAD (vente (directe) à domicile) *f* Haustürverkauf, Haus zu Haus-Verkauf, Hausierhandel
vague *f* Welle
△ **creux de la ~** *m* Talsohle
~ **d'achats** *f* Kaufwelle
~ **de grèves** *f* Streikwelle
~ **de nationalisations** *f* Verstaatlichungswelle
~ **de spéculation** *f* Spekulationswelle
valable (jusqu'au ...) gültig (bis zum ...)
valeur *f* 1. Wert, Preis, Börsenwert 2. Wertpapier, Titel 3. pl Wertvorstellungen, Werte, Wertbegriffe (Marketing) 4. Wertstellung
△ **accroissement de ~** *m* Wertzuwachs; **acquisition de ~s** *f* Kauf von Wertpapieren; **Bourse de/des ~s (mobilières)** *f* Börse, Wertpapierbörse, Effektenbörse; **contre-~** *f* Gegenwert; **croissance en ~** *f* nominales Wachs-

tum; **date (de) ~** *f* Wertstellungsdatum; **dépréciation de la ~** *f* Wertverlust; **en ~** nominal; **envoi en ~ déclarée (VD)** *m* Wertsendung, Sendung mit Wertangabe; **étalon des ~s** *m* Wertmesser, Maßeinheit; **perte de ~** *f* Wertverlust; **pour une ~ d'échanges de ...** bei einem Handelswert von ...; **taux de couverture en ~** *m* nominale Deckungsquote; **taxe à/sur la ~ ajoutée** *f* (TVA) Mehrwertsteuer (Mwst)
△△ **admettre une ~ en Bourse** ein Papier an der Börse zulassen; **introduire une ~ en Bourse** ein Papier an der Börse einführen; **mettre en ~ *qc*** nutzen, hervorstreichen, vorteilhaft betonen, hervorheben *etw*; **perdre de x % de sa ~** x % an Wert verlieren
~ **à neuf** *f* Neuwert
△ **assurance ~** *f* Neuwertversicherung
~ **à revenu fixe** *f* festverzinsliches Wertpapier
~ **à revenu variable** *f* Dividendenpapier, Wertpapier mit variabler Verzinsung
~**s à terme** *fpl* Terminwerte
~ **actuelle** *f* Zeitwert
~ **actuelle nette (VAN)** *f* Kapitalwert
~ **ajoutée** *f* Mehrwert
△ **produit à forte ~** *m* hochveredeltes Produkt/Erzeugnis, Produkt mit hoher Wertschöpfung; **taxe à/sur la ~ (TVA)** *f* Mehrwertsteuer (MwSt)
~ **ajoutée brute** *f* Bruttomehrwert
~ **assurée** *f* Versicherungswert, Versicherungssumme
~ **au porteur** *f* Inhaberpapier
~ **boursière** *f* 1. Börsenpapier 2. Kurswert
~ **commerciale** *f* Handelswert
~ **comptable** *f* Buchwert, Bilanzwert
~ **cotée** *f* börsengängiger Wert
~ **d'acquisition** *f* Beschaffungswert
~**s d'actif** *fpl* Aktiva, Aktivwerte
~ **d'échange** *f* Tauschwert, Handelswert
~ **d'émission** *f* Emissionswert
~**s d'exploitation** *fpl* Betriebsvermögen
~ **de capital** *f* Kapitalwert
~ **de cession** *f* Veräußerungswert
~ **de croissance** *f* Wachstumsaktie
~**s de l'indice** *fpl* Indexwerte
~ **de la nouvelle appréciation** *f* Berichtigungswert
~ **de la part** *f* Anteilswert
~ **de liquidation** *f* Liquidationswert
~ **de marché** *f* Marktwert
~ **de patrimoine** *f* Vermögenswert
~ **de placement** *f* Anlagepapier, Anlagewert
~ **de rachat** *f* Rückkaufwert
~ **de référence** *f* Bezugsgröße
~ **de remise en état** *f* Wiederherstellungswert
~ **de remplacement** *f* Wiederbeschaffungswert
~ **de substitution** *f* Substitutionswert
~ **déclarée (VD)** *f* Wertangabe
△ **envoi en ~** *m* Wertsendung, Sendung mit Wertangabe
~**s désaisonnalisées** *fpl* saisonbereinigte Werte
~**s disponibles** *fpl* verfügbare Werte
~ **douanière** *f* Zollwert
~ **du cours** *f* Kurswert
~ **effective** *f* Effektivwert
~ **en Bourse** *f* Börsenwert
~ **en capital** *f* Kapitalwert
~ **en douane** *f* Zollwert
~**s en hausse** *fpl* Werte mit haussierenden Kursen
~**s étrangères** *fpl* ausländische Wertpapiere
~ **fétiche** *f* Fetischwert
~**s financières** *fpl* Finanzwerte
~ **fonctionnelle** *f* Nutzwert, Gebrauchswert, funktioneller Wert
~**s françaises** *fpl* französische Wertpapiere
~ **garantie** *f* Versicherungswert
~**s immobilisées** *fpl* Anlagevermögen
~ **imposable** *f* Steuerwert, Einheitswert (Gebäude)
~ **industrielle** *f* Industriewert, Industrieaktie, Industriepapier
~ **intrinsèque** *f* Sachwert, Substanzwert
~ **intrinsèque par action** *f* Substanzwert je Aktie
~ **liquidative** *f* Barwert
~ **locative** *f* Mietwert
~ **locative cadastrale** *f* Mietwert (als Grundlage der Berechnung der Grundsteuer)
~ **marchande** *f* Handelswert
~ **matérielle** *f* materieller Wert
~ **métallique** *f* Metallwert

~ **minière** *f* Montanwert
~ **mobilière** *f* Wertpapier, *pl* Effekten
△ **Bourse des valeurs mobilières** *f* Wertpapierbörse, Effektenbörse; **émission de valeurs mobilières** *f* Emission von Wertpapieren; **Organismes de placements collectifs de valeurs mobilières (OPCVM)** *m pl* Oberbegriff für Sammelfonds und Investmentgesellschaften; **taxe sur les valeurs mobilières** *f* Wertpapiersteuer
~ **mobilière à revenu fixe** *f* festverzinsliches Wertpapier
~ **mobilière à revenu variable** *f* Wertpapier mit variabler Verzinsung, Dividendenpapier
~**s mobilières cotées en Bourse** *f pl* börsennotierte Wertpapiere
~ **négociable** *f* marktfähiges Wertpapier
~ **nominale** *f* Nennwert, Nominalwert
~ **nominative** *f* Namenspapier
~ **patrimoine** *f* Vermögenswert
~ **pétrolière** *f* Erdölwert
~ **réelle** *f* realer Wert
~ **refuge** *f* Fluchtwert
~ **refuge classique** *f* klassischer Fluchtwert
~ **résiduelle** *f* Restwert
~ **spéculative** *f* Spekulationspapier
~ **sûre** *f* sicheres Wertpapier, sicherer Wert
~ **vedette** *f* Spitzenwert
~ **vénale** *f* Zeitwert, Verkaufswert
validation *f* Anrechnung, Gültigmachen, Validierung
valide gültig, rechtmäßig, rechtskräftig
valider *qc* gültig machen, validieren *etw*
validité *f* Gültigkeit, Rechtmäßigkeit
△ **date de** ~ *f* Verfallsdatum; **délai de** ~ *m* Gültigkeitsdauer; **durée de** ~ *f* Gültigkeitsdauer; **expiration de** ~ *f* Ende der Geltungsdauer
~ **légale** *f* Rechtswirksamkeit
valoir *qc* wert sein *etw*
△△ **à ~ sur** *qc* in Anrechnung auf *etw*; **faire ~ ses droits** seine Rechte geltend machen
~ **son poids d'or** in Gold aufgewogen werden
valorisation *f* Aufwertung, Valorisierung, Wertsteigerung, Veredelung
~ **à long terme des capitaux** *f* langfristige Wertsteigerung von Kapitalanlagen
~ **du charbon** *f* Kohleveredelung
valoriser *qc* aufwerten *etw*
valse *f* Walzer
~ **des étiquettes** *(fam) f* starker Preisauftrieb
VAN (valeur actuelle nette) *f* Kapitalwert
vandalisme *m* Vandalismus, mutwillige Zerstörung
△ **acte de** ~ *m* Vandalismus, mutwillige Zerstörung
vapeur *f* Dampf
variable *f* Variable
variable veränderlich, variabel
△ **coûts ~s** *m pl* variable Kosten; **droits ~s** *m pl* variableGebühren(sätze); **frais ~s** *m pl* variable Kosten; **intérêt** ~ *m* variabler Zins; **obligation à revenu** ~ *f* Obligation mit variablem Zinssatz; **obligation à taux (d'intérêt)** ~ *f* Anleihe mit variablem Zinssatz; **prêt à taux (d'intérêt)** ~ *m* Kredit mit variablem Zinssatz; **Société d'investissement à capital ~ (SICAV)** *f* Investmentgesellschaft, Investmentfonds, Investmentzertifikat, Investmentanteilschein, Beteiligungsgesellschaft, Kapitalanlagegesellschaft; **taux de change** ~ *m* flexibler Wechselkurs; **titre à revenu** ~ *m* Wertpapier mit variabler Verzinsung, Dividendenpapier; **valeur à revenu** ~ *f* Wertpapier mit variabler Verzinsung, Dividendenpapier
variante *f* Variante
variation *f* Schwankung, Veränderung, Abweichung
△ **(après) correction/déduction des ~s saisonnières** (nach) Berichtigung/Abzug der jahreszeitlich bedingten Schwankungen; **(en) données corrigées des ~s saisonnières (en données CVS)** saisonbereinigte Werte, saisonbereinigt
~**s à court/long/moyen terme** *f pl* kurz/lang/mittelfristige Schwankungen
~**s conjoncturelles** *f pl* Konjunkturschwankungen
~**s de change** *f pl* Wechselkursschwankungen, Wechselkursänderungen
~**s de(s) cours** *f pl* Kursschwankungen
△ **violence des** ~ *f* Heftigkeit der Kursschwankungen

~s de l'offre *f pl* Angebotsschwankungen
~s de la population *f pl* Bevölkerungsschwankungen
~ de(s) prix *f* Preisveränderung, Kostenabweichung
~ de(s) stocks *f* Bestandsveränderung, Lagerbestandsveränderung
~s de(s) taux d'intérêt *f pl* Zinsschwankungen
~s de(s) taux de change *f pl* Wechselkursschwankungen
~ en baisse/hausse *f* Veränderung nach unten/oben, Abwärtsbewegung/Aufwärtsbewegung
~s saisonnières *f pl* jahreszeitlich bedingte Schwankungen, saisonale Schwankungen
△ **(après) correction/déduction des ~** (nach) Berichtigung/Abzug der jahreszeitlich bedingten Schwankungen; **(en) données corrigées des ~ (en données CVS)** saisonbereinigte Werte, saisonbereinigt
varier schwanken, verschieden sein
variété *f* Vielfalt, Vielfältigkeit, Art
~ de choix *f* Angebotsvielfalt, große Auswahl
vedette *f* Star, Stern (Produktportfolio)
△ **action ~** *f* Spitzenwert
végétal, e pflanzlich
△ **fibre ~e** *f* Pflanzenfaser
végétaux *m pl* Pflanzen
véhicule *m* Fahrzeug, Kraftfahrzeug
△ **assurance-~** *f* Kraftfahrzeugversicherung, Kfz-Versicherung; **garantie dommages au ~** *f* Kaskoversicherung; **parc de ~s** *m* Fahrzeugpark, Wagenpark, Kfz-Bestand, Fuhrpark
~ à moteur *m* Kraftfahrzeug, Kfz
△ **assurance-~** *f* Kraftfahrzeugversicherung, Kfz-Versicherung;
~ ferroviaire *m* Schienenfahrzeug
~ immatriculé *m* zugelassenes Fahrzeug
~ tout terrain *m* Geländefahrzeug
~ utilitaire *m* Nutzfahrzeug
veille technologique *f* Technologieberatung, Beobachtung der technologischen Entwicklung
veiller à ***qc*** wachen über *etw*, achten auf *etw*
vénal, e käuflich, verkäuflich
△ **valeur ~e** *f* Zeitwert
vénalité *f* Käuflichkeit, Bestechlichkeit
vendable verkäuflich
vendeur/vendeuse *m/f* Verkäufer/Verkäuferin
△ **à la charge du ~** zu Lasten des Verkäufers; **cours ~** *m* Abgabekurs, Verkaufskurs; **défaillance du ~** *f* Nichtlieferung durch den Verkäufer
△△ **être à la charge du ~** zu Lasten des Verkäufers gehen; **il incombe au ~ de payer le fret** es obliegt dem Verkäufer, die Fracht zu zahlen; **se porter acheteur ou ~** als Käufer oder Verkäufer auftreten
~ itinérant *m* Verkäufer im Außendienst, Außendienstler
~ sédentaire *m* Verkäufer im Innendienst
vendeuse *f* Verkäuferin
vendre (*qc*) verkaufen, absetzen (*etw*)
~ (se) sich verkaufen
~ à bas prix verschleudern
~ à crédit auf/gegen Kredit verkaufen
~ à l'usine ab Fabrik verkaufen
~ à la baisse/hausse auf Baisse/Hausse verkaufen
~ à moitié prix zum halben Preis verkaufen
~ à prix coûtant zum Selbstkostenpreis verkaufen
~ à vil prix verschleudern
~ au plus offrant an den Meistbietenden verkaufen
~ au terme de la prochaine liquidation per nächsten Ultimo verkaufen
~ aux enchères ***qc*** versteigern *etw*
~ bien (se) sich gut verkaufen, gut gehen
~ comme des petits pains (se) weggehen wie warme Semmeln
~ des titres Wertpapiere verkaufen
~ en libre service in Selbstbedienung verkaufen
~ un article einen Artikel verkaufen
~ un fonds de commerce ein Geschäft verkaufen
~ un paquet d'actions ein Aktienpaket verkaufen
~ un stellage eine Stellage verkaufen
venir à échéance le ... fällig werden am ...
△△ **le prêt vient à échéance le ...** das Darlehen wird fällig am ...
venir voir ***qn*** aufsuchen *jdn*, kommen zu *jdm*

vente *f* Verkauf, Vertrieb, Absatz, Umsatz

△ **acte de ~** *m* Kaufvertrag; **action de ~** *f* Verkaufstätigkeit; **augmentation des ~s** *f* Verkaufssteigerung; **baisse des ~s** *f* Verkaufsrückgang; **bureau de ~** *m* Verkaufsbüro; **cartel de ~** *m* Verkaufskartell; **chef des ~s** *m* Verkaufsdirektor, Verkaufsleiter; **chiffe de ~s** *m* Verkaufsziffer; **commission sur ~** *m* Verkaufsprovision; **commissionnaire à la ~** *m* Verkaufskommisionär; **conditions (générales) de ~** *fpl* (allgemeine) Verkaufsbedingungen; **contrat de ~** *m* Kaufvertrag; **coopérative de ~** *f* Verkaufsgenossenschaft, Vertriebsgenossenschaft; **crise de ~** *f* Absatzkrise; **date limite de ~** *f* Verfallsdatum; **dépôt-~** *m* An - und Verkauf (Möbel etc.); **dépôt de ~** *m* Auslieferungslager; **développement des ~s** *m* Absatzentwicklung; **directeur des ~s** *m* Vertriebsleiter, Verkaufsleiter; **directrice des ~s** *f* Vertriebsleiterin, Verkaufsleiterin; **document de ~** *m* Verkaufsdokument; **droit de ~ exclusif** *m* Alleinverkaufsrecht; **en ~** im Handel erhältlich; **en ~ libre** freiverkäuflich; **équipe de ~** *f* Verkaufsmannschaft; **garantie de ~** *f* Abnahmegarantie; **lieu de ~** *m* Verkaufsstätte, Verkaufsstelle, Point of Sale (POS), Verkaufsort; **mise en ~** *f* Verkauf, Inverkaufbringen; **option de ~** *f* Verkaufsoption; **monopole de ~** *m* Verkaufsmonopol, Vertriebsmonopol; **ordres d'achat et de ~** *m pl* Kauf- und Verkaufsaufträge, Kauf- und Verkaufsorder; **point de ~** *m* Vertriebsstelle, Verkaufsstätte, Verkaufsstelle, Laden, Filiale; **pourcentage du total des ~s** *m* prozentualer Anteil am Gesamtumsatz; **prévision de ~s** *f* Absatzprognose; **prix de ~** *m* Verkaufspreis; **produit des ~s** *m* Verkaufserlös; **progression des ~s** *f* Steigerung der Verkaufszahlen, Umsatzsteigerung; **promotion des ~s** *f* Verkaufsförderung, Sales Promotion, Absatzförderung; **publicité sur le lieu de ~ (PLV)** *f* POS-Werbung (POS=point of sale), Werbung am Verkaufsort; **réseau de ~** *m* Vertriebsnetz; **secteur de ~** *m* Verkaufsgebiet, Vertriebsgebiet; **service après-~** *m* Kundendienst; **service des ~s** *m* Verkauf(sabteilung), Vertrieb(sabteilung); **société de financement de ~ à crédit** *f* Kreditfinanzierungsgesellschaft; **suivi des ~s** *m* Kundendienst, Kundenpflege; **volume des ~s** *m* Verkaufsziffern, Verkaufszahlen, Verkaufsvolumen, Umsatz, Umsatzvolumen

△△ **conclure la ~** den Verkauf zum Abschluß bringen, abschließen; **être en ~** im Handel erhältlich sein; **être en ~ libre** freiverkäuflich sein; **mettre en ~ *qc*** in den Handel bringen, verkaufen, zum Verkauf bringen (*etw*); **promouvoir les ~s** den Absatz/Verkauf fördern; **réaliser x % de ses ~s outre-Atlantique** x % seiner Verkäufe in Übersee/in den USA tätigen

~ à crédit *f* Verkauf auf Kredit, Zielverkauf

~ à découvert *f* Leerverkauf

~ à distance *f* Versandhandel

~ à domicile (VAD) *f* Haustürverkauf, Haus zu Haus-Verkauf, Hausierhandel

~s à l'étranger *fpl* Auslandsverkäufe

~ à la criée *f* Verkauf durch öffentlichen Ausruf, Versteigerung (Großmarkt)

~ à la sauvette *f* Schwarzhandel

~ à marge réduite *f* Verkauf mit geringer Gewinnspanne

~ à perte *f* Verlustverkauf

~ à prix coûtant *f* Verkauf zum Selbstkostenpreis

~ à prix d'appel *f* Lockpreisverkauf

~ a réméré *f* Verkauf mit Rückkaufsrecht

~ à tempérament *f* Teilzahlungsverkauf, Verkauf auf Raten

~ à vil prix *f* Verkauf zu Schleuderpreisen

~ au comptant *f* Barverkauf

~ au détail *f* Einzelhandelsverkauf, Einzelverkauf

△ **magasin de ~** *m* Einzelhandelsgeschäft

~ au numéro *f* Einzelverkauf (Zeitung)

~ au plus offrant *f* Verkauf an den Meistbietenden

~ au prix coûtant *f* Verkauf zum Selbstkostenpreis

~ **aux enchères** *f* Versteigerung
~ **avec escompte** *f* Rabattverkauf
~ **CAF** *f* CIF-Geschäft, CIF-Verkauf
~ **clé/clef en main** *f* schlüsselfertiger Verkauf, schlüsselfertige Übergabe
~ **d'actions** *f* Aktienverkauf
~ **d'un bien** *f* Verkauf/Veräußerung eines Gutes/Vermögenswertes
~**s de soutien** *fpl* Stützungsverkäufe
~ **directe** *f* Direktverkauf, Direktvertrieb
~ **directe à domicile (VAD)** *f* Haustürverkauf, Haus zu Haus-Verkauf, Hausierhandel
~ **directe aux consommateurs** *f* Direktverkauf an den Verbraucher
~ **directe d'usine aux consommateurs** *f* Direktverkauf an den Verbraucher
~ **directe par les producteurs** *f* Direktverkauf/Direktvertrieb durch den Erzeuger
~ **en distributeur(s)** *f* Automatenverkauf
~ **en gros** *f* Großhandelsverkauf, Engrosverkauf
~ **en libre service** *f* Verkauf in Selbstbedienung, Selbstbedienung
~**s en régression** *fpl* rückläufiger Absatz
~ **FAB** *f* FOB-Geschäft, FOB-Verkauf
~ **ferme** *f* fester Verkauf
~ **forcée aux enchères** *f* Zwangsversteigerung
~ **itinérante** *f* Straßenhandel, Fahrverkauf
~ **judiciaire** *f* Zwangsversteigerung
~ **libre** *f* freier Verkauf
△ **en** ~ freiverkäuflich
~ **par abonnement** *f* Abonnementverkauf
~ **par catalogue (VPC)** *f* Versandhandel
~ **par correspondance (VPC)** *f* Versandhandel
△ **entreprise/société de** ~ *f* Versandhaus
~ **par démarchage (à domicile)** *f* Haustürverkauf, Haus zu Haus-Verkauf, Hausierhandel
~ **par distributeur(s) (automatique(s))** *f* Automatenverkauf
~ **par la télévision** *f* Teleshopping
~ **par licitation (judiciaire)** *f* Zwangsversteigerung
~ **par Minitel** *f* Verkauf über Minitel
~ **par réunions** *f* Verkaufsparty, Verkauf auf Verkaufsparties
~ **par téléphone** *f* Telefonmarketing
~ **publique** *f* öffentlicher Verkauf
~ **sans facture** *f* Verkauf ohne Rechnung
~ **sous licence** *f* Lizenzverkauf
~ **sur les marchés** *f* Markthandel
~ **traditionnelle en magasin** *f* traditioneller Ladenverkauf
ventilation *f* Aufteilung, Verteilung, Aufschlüsselung
~ **du capital** *f* Kapitalverteilung
~ **du revenu national** *f* Verteilung des Volkseinkommens
ventiler ***qc*** aufschlüsseln, zuordnen *etw*
verdict *m* Urteil
verificateur d'ortographe *m* Rechtschreibprüfprogramm, Spelling-Checker
vérification *f* Überprüfung, Prüfung
~ **de comptabilité** *f* Buchprüfung
~ **fiscale** *f* Steuerprüfung, Außenprüfung
vérifier ***qc*** überprüfen *etw*
~ **l'exactitude de** ***qc*** die Richtigkeit von *etw* überprüfen
~ **l'identité du client** die Identität des Kunden überprüfen
~ **le bilan** die Bilanz prüfen
versé, e dans une branche branchenkundig
versement *m* Einzahlung, Auszahlung, Zahlung, Abführung
△ **attestation de** ~ *f* Einzahlungsbescheinigung, Einzahlungsquittung, Einzahlungsbeleg; **bordereau/bulletin de** ~ *m* Einzahlungsbeleg, Einzahlungsschein; **guichet de** ~ *m* Einzahlungsschalter
△△ **effectuer un** ~ Geld einzahlen; **faire un ~ à la banque** einen Betrag bei der Bank einzahlen; **payer/régler par ~s échelonnés** in Raten bezahlen
~ **à valoir sur** ***qc*** *m* Anzahlung auf *etw*
~ **au compte (courant)** *m* Einzahlung auf das (laufende) Konto
~ **complémentaire** *m* Zusatzzahlung
~ **d'acompte** *m* Leistung einer Anzahlung
~ **d'espèces** *m* Bareinzahlung
~ **de cotisations** *m* Beitragszahlung
~ **de fonds** *m* Einzahlung, Auszahlung, Geldeinzahlung, Geldauszahlung

~ **de retraite** *m* Rentenzahlung
~ **des traitements** *m* Auszahlung der Bezüge
~ **en espèces** *m* Bareinzahlung
△△ **effectuer/faire un ~** eine Bareinzahlung vornehmen
~ **intégral du capital** *m* volle Kapitalauszahlung
~ **sur un compte** *m* Einzahlung auf ein Konto
~ **unique** *m* Einmalzahlung
verser ***qc*** **(une somme, un salaire, une allocation) (à** ***qn*****/sur un compte)** (aus)zahlen/abführen/einzahlen (einen Betrag, einen Lohn, eine Beihilfe) (*jdm*/auf ein Konto)
~ **des allocations sociales** Sozialleistungen auszahlen
~ **des arrhes** eine Anzahlung leisten
~ **des fonds** Geld(er) auszahlen
~ **des impôts** Steuern abführen
~ **des intérêts** Zinsen zahlen
~ **des prestations sociales** Sozialleistungen auszahlen
~ **des salaires** Löhne zahlen, Lohn zahlen
~ **en trop** zuviel zahlen
~ **les traitements** die Bezüge auszahlen
~ **sa quote-part** seinen Anteil zahlen
~ **un acompte** eine Anzahlung leisten
~ **une indemnisation à** ***qn*** eine Entschädigung zahlen *jdm*
~ **une pension à** ***qn*** eine Versorgungsrente auszahlen *jdm*
~ **une redevance** eine Gebühr bezahlen
~ **une somme (à** ***qn*****, à/sur un compte)** einen Betrag auszahlen, zahlen, einzahlen (*jdm*, auf ein Konto)
version *f* Ausführung, Version
verso *m* Rückseite
△ **recto ~** beidseitig
vertical, e vertikal, senkrecht
△ **concentration ~e** *f* vertikale Konzentration; **groupe ~** *m* Vertikalkonzern; **intégration ~e** *f* vertikale Integration
vertu *f* Tugend, Vorzug, Qualität
△ **en ~ du contrat** laut Vertrag, vertragsgemäß
vestimentaire Kleidungs-, Bekleidungs-
△ **besoin ~** *m* Kleidungsbedürfnis
vêtement *m* Kleidungsstück, Bekleidung
△ **vieux ~s** *m pl* Altkleider
vétuste abgenutzt (Anlagen), alt (Gegenstände), überholt
△ **équipements ~s** *m pl* veralterte Anlage(n); **installations ~s ou dépassées** *f pl* alte und abgenutzte oder überholte Anlagen
vétusté *f* Alter, Erhaltungszustand (von Gegenständen)
veuf/veuve *m/f* Witwer/Witwe
veuf, ve verwitwet
veuvage *m* Witwerschaft, Witwenschaft
△ **assurance ~** *f* Witwerversicherung
viabilisation *f* Erschließung
viabilisé, e erschlossen
△ **terrain ~** *m* erschlossenes Grundstück
viabiliser un terrain ein Grundstück erschließen
viabilité *f* Lebensfähigkeit, Funktionsfähigkeit
viable lebensfähig
viande *f* Fleisch
~ **abattue** *f* Schlachtfleisch
~ **et produits laitiers** *m pl* Fleisch- und Milchprodukte
vice *m* Mangel, Fehler
~ **apparent** *m* offenkundiger Mangel
~ **caché** *m* verborgener Mangel, versteckter Mangel
~ **de construction** *m* Konstruktionsfehler, Baumangel
~ **de fabrication** *m* Fabrikationsfehler
~ **de fonctionnement** *m* Funktionsmangel
~ **de forme** *m* Formmangel, Formfehler, formaler Mangel
~ **de procédure** *m* Verfahrensfehler
~ **visible** *m* sichtbarer Mangel
vice- Vize-, stellvertretend
~-président *m* stellvertretender Vorsitzender, Vizepräsident
~-président du directoire *m* stellvertretender Vorstandsvorsitzender
victime *f* Opfer
△△ **être ~ d'un sinistre majeur** Opfer eines größeren Schadens sein, einen größeren Schaden erleiden; **être ~ du chômage** Opfer der Arbeitslosigkeit sein
~s de la nouvelle pauvreté *f pl* Opfer der neuen Armut

~ **des accidents de la circulation** *f* Verkehrsopfer
~ **du chômage** *f* Opfer der Arbeitslosigkeit
vicus *m* Siedlung
vide leer
△ **emballage ~** *m* Leergut; **poids à ~** *m* Leergewicht
vidéotransmission *f* Videoübertragung
vie *f* Leben
△ **assurance-~ (dynamisée)** *f* (dynamisierter) Lebensversicherung(svertrag); **assurance sur la ~** *f* Lebensversicherung; **assureur-~** *m* Lebensversicherer; **augmentation de l'espérance de ~** *f* Verlängerung der Lebenserwartung; **cas de ~** *m* Erlebensfall; **cherté de la ~** *f* hohe Lebenshaltungskosten; **cycle de ~ (du produit)** *m* (Produkt) Lebenszyklus
△△ **s'assurer sur la ~** sich lebensversichern
~ **active** *f* Erwerbsleben, Berufsleben, Lebensarbeitszeit
△ **âge légal de sortie de la ~** *m* gesetzliches Rentenalter; **entrée dans la ~** *f* Eintritt in das Berufsleben/Erwerbsleben
△△ **entrer/faire son entrée dans la ~** in das Berufsleben/Erwerbsleben eintreten; **quitter la ~** aus dem Berufsleben/Erwerbsleben ausscheiden
~ **de l'entreprise** *f* Betriebsgeschehen
~ **des affaires** *f* Geschäftsleben
~ **économique** *f* Wirtschaftsleben
~ **pratique** *f* Praxis
~ **professionnelle** *f* Berufsleben, Erwerbsleben
△△ **entrer dans la ~** in das Erwerbsleben eintreten
~ **publique** *f* öffentliches Leben
vieillesse *f* Alter
△ **allocations de retraite de ~** *fpl* Altersrente; **assurance(-)~** *f* Altersversicherung; **Caisse Nationale d'Assurance ~** *f* Altersrentenversicherungskasse
vieillissement de l'appareil de production/de l'appareil productif *m* Überalterung des Produktionsapparates
vieux matériaux *m pl* Altmaterial
vieux papiers *m pl* Altpapier
vieux pays industrialisés *m pl* alte Industrieländer
vieux vêtements *m pl* Altkleider
vif *m* Lebender
△ **donation entre ~s** *f* Schenkung zu Lebzeiten
vif, ve lebendig, lebend, lebhaftig, lebhaft, heftig
△ **de vive voix** mündlich, im direkten Gespräch; **poids ~** *m* Lebendgewicht
△△ **la concurrence est ~ve** die Konkurrenz ist heftig
vignette *f* Plakette, Marke, Steuerplakette, Steuermarke, Kfz-Steuer, Kfz-Steuerplakette
~ **automobile** *f* Kfz-Steuerplakette, Kfz-Steuer
~ **d'assurance** *f* Versicherungsplakette
~ **d'assurance automobile** *f* Kfz-Versicherungsplakette
~ **fiscale** *f* Steuermarke, Steuerplakette
~ **sur le tabac** *f* Tabaksteuer
vignoble *m* Weinbaugebiet, Weinanbaugebiet
△ **région de ~s** *f* Weinbaugebiet, Weinanbaugebiet
vigueur *f* Kraft, Stärke, Gültigkeit
△ **en ~** in Kraft, gültig; **entrée en ~** *f* Inkrafttreten
△△ **entrer en ~** in Kraft treten; **être en ~** in Kraft sein, gültig sein; **mettre *qc* en ~** in Kraft setzen *etw*
~ **de l'économie** *f* Stärke der Wirtschaft
vigoureux, se stark, kräftig
△ **croissance ~se** *f* kräftiges Wachstum; **demande ~se** *f* kräftige/starke Nachfrage
vil, e schlecht
~ **prix** *m* Schleuderpreis
△△ **vendre à ~**
vilebrequin *m* Kurbelwelle
ville *f* Stadt
△ **en bordure des grandes ~s** am Rande der Großstädte
~**-dortoir** *f* Schlafstadt
~ **isolée** *f* abgelegene Stadt
~ **nouvelle** *f* neue Stadt, Trabantenstadt
~ **pilote** *f* Teststadt, Versuchsgebiet
~**-satellite** *f* Satellitenstadt, Trabantenstadt
vinicole weinerzeugend
△ **coopérative ~** *f* Winzergenossenschaft
violation *f* Übertretung, Verletzung

~ **du contrat** *f* Vertragsverletzung, Vertragsbruch, Vertragswidrigkeit
violence *f* Heftigkeit, Gewalt
~ **des variations de cours** *f* Heftigkeit der Kursschwankungen
violer *qc* verletzen *etw*
virement *m* Überweisung
△ **banque de dépôt et de ~** *f* Depositen- und Girobank; **bénéficiaire d'un ~** *m* Überweisungsempfänger; **chèque de ~** *m* Verrechnungsscheck; **ordre de ~** *m* Überweisungsauftrag; **ordre de ~ permanent/régulier** *m* Dauerauftrag
△△ **effectuer/faire un ~** eine Überweisung vornehmen; **payer/régler par ~** durch Überweisung zahlen
~ **automatique** *m* Dauerauftrag
~ **bancaire** *m* Banküberweisung
~ **d'un compte à un autre** *m* Überweisung von Konto zu Konto
~ **d'une somme à un compte** *m* Überweisung eines Betrages auf ein Konto
~ **permanent** *m* Dauerauftrag
~ **postal** *m* Postüberweisung
~ **télégraphique** *m* telegraphische Überweiseung, Blitzüberweisung
virer de l'argent/une somme (à ***qn*****/à un compte/sur un compte)** einen Betrag überweisen (*jdm*, auf ein Konto)
vis *f* Schraube
~ **fiscale** *f* Steuerschraube
△ **tour de ~** *m* Anziehen der Steuerschraube
△△ **serrer la ~** die Steuerschraube anziehen
visa *m* Genehmigung, Zustimmung, Visum
△△ **donner son ~** seine Zustimmung geben
~ **de la COB** *m* Genehmigung der Börsenaufsichtsbehörde
visé, e 1. genehmigt, zugelassen 2. Ziel-
△ **cible ~e** *f* Zielgruppe
~ **par la COB** von der Börsenaufsichtsbehörde genehmigt
viser ***qc/qn*** 1. zielen auf *etw/jdn* 2. avisieren, benachrichtigen 3. genehmigen, zulassen
visible sichtbar
△ **vice ~** *m* sichtbarer Mangel
visite *f* Besuch
~ **au secteur** *f* Bezirksbesuch (Vertreter)
~ **d'entreprise** *f* Unternehmensbesichtigung
~ **d'un représentant** *f* Vertreterbesuch
~ **de prospection** *f* Kundenbesuch
~ **de(s) clients** *f* Kundenbesuch
~ **de(s) représentants** *f* Vertreterbesuch
~ **du fisc** *f* Steuerprüfung, Außenprüfung
~ **guidée** *f* Führung
~ **medicale** *f* ärztliche Untersuchung
~ **technico-commerciale** *f* Vertreterbesuch
visiter ***qc*** besichtigen *etw*
visiteur *m* Besucher
~ **professionnel** *m* Fachbesucher
visualisation *f* Anzeige, Sichtbarmachung
visualiser ***qc*** anzeigen, veranschaulichen, sichtbar machen *etw*
vitesse *f* Geschwindigkeit, Tempo
△ **boîte de ~s** *f* Getriebe; **excès de ~** *m* Geschwindigkeitsüberschreitung, Geschwindigkeitsübertretung
~ **de croisière** *f* Reisegeschwindigkeit
~ **de rotation** *f* Umschlagzahl, Umschlaggeschwindigkeit
~ **de transfert** *f* Übertragungsgeschwindigkeit
~**s (à deux)** Zwei-Klassen-
△ **justice à deux ~** *f* Zwei-Klassen-Justiz
viticole Weinbau-, Winzer-
viticulteur *m* Winzer
viticulture *f* Weinbau
vitrine *f* Schaufenster
vivant de ***qn*** **(du)** zu Lebzeiten von *jdm*
vivant seul, e alleinstehend
vive voix (de) mündlich, im direkten Gespräch
vivement heftig, lebhaft, sehr
vivre leben
~ **à credit** auf Kredit leben
~ **en dessous du seuil de pauvreté** unterhalb der Armutsgrenze leben
~ **maritalement** in eheähnlicher Gemeinschaft leben, zusammenleben
~ ***qc*** erleben *etw*
~ **un miracle** ein Wunder erleben
vocal, e Stimme-, Ton-, Sprach-
△ **messagerie ~** *f* Sprachmailbox, Voicebox; **service ~** Telefonansagedienst
vocation *f* Bestimmung
voie *f* Weg

△ **par la ~ hiérarchique** *f* auf dem Dienstweg; **par ~ aérienne** auf dem Luftweg; **par ~ d'endettement** durch Verschuldung; **par ~ de presse (et de poste)** durch die Presse (und per Post); **par ~ ferrée** mit der Bahn, auf dem Schienenweg; **par ~ fluviale** auf dem Binnenwasserweg; **par ~ judiciaire** zwangsweise, auf gerichtlichem Weg; **par ~ légale** auf dem Rechtsweg; **par ~ maritime** auf dem Seeweg; **par ~ postale** auf dem Postweg; **par ~ téléphonique** auf telefonischem Weg; **par ~ terrestre** auf dem Landweg

~ aérienne *f* Luftweg
△ **par ~** auf dem Luftweg, per Flugzeug

~ d'endettement (par) durch Verschuldung

~s d'exécution forcée *f pl* Zwangsvollstreckung

~s de communication *f pl* Verkehrswege

~ de presse (par) durch die Presse

~ de presse et de poste (par) durch die Presse und per Post

~s de recours *f pl* Rechtsmittel

~s de transport *f pl* Verkehrswege

~ ferrée *f* Schienenweg
△ **par ~** mit der Bahn, auf dem Schienenweg

~ fluviale *f* Binnenwasserstraße
△ **par ~** auf dem Binnenwasserweg

~ hiérarchique *f* Dienstweg
△ **par la ~** auf dem Dienstweg
△△ **suivre la ~** den Dienstweg einhalten

~ judiciaire *f* Rechtsweg
△ **par ~** zwangsweise, auf gerichtlichem Weg

~ légale *f* Rechtsweg
△ **par ~** auf dem Rechtsweg

~ maritime *f* Seeweg
△ **par ~** auf dem Seeweg

~ navigable *f* Wasserstraße

~ postale *f* Postweg
△ **par ~** auf dem Postweg

~ téléphonique (par) auf telefonischem Weg

~ terrestre *f* Landweg
△ **par ~** auf dem Landweg

voir (*qc*/*qn*) sehen (*etw*/*jdn*)

~ clair (y) klarsehen

~ contraint, e de faire *qc* (se) sich gezwungen sehen, *etw* zu tun

~ dans l'obligation de faire *qc* (se) sich gezwungen sehen, *etw* zu tun

~ loin auf lange Sicht/vorausschauend planen

~ obligé, e de faire *qc* (se) sich gezwungen sehen, *etw* zu tun

voire sogar

voirie *f* Straßenwesen, Straßennetz
△ **taxe de ~** *f* Wegezoll

voisin *m* Nachbar
△ **aide entre ~s** *f* Nachbarschaftshilfe

~s d'outre-Rhin (nos) *m pl* unsere deutschen Nachbarn

voisin, e benachbart, Nachbar-

voiture *f* Wagen, Fahrzeug
△ **gamme de ~s** *f* Modellpalette, Modellreihe; **lettre de ~ (internationale)** *f* (internationaler) Frachtbrief; **lettre de ~ CIM** *f* internationaler CIM-Frachtbrief; **lettre de ~ CMR** *f* internationaler CMR-Frachtbrief; **location de ~s** *f* Kfz-Vermietung, Autoverleih

~ accidentée *f* Unfallfahrzeug

~ commerciale *f* Kombifahrzeug

~ d'occasion *f* Gebrauchtwagen

~ de tourisme *f* Personenwagen (Pkw)

~ dépolluée *f* schadstoffarmes Fahrzeug

~ individuelle *f* Personenwagen (Pkw)

~ particulière *f* Personenwagen (Pkw)

voiturier *m* Frachtführer

voix *f* Stimme
△ **de vive ~** mündlich, im direkten Gespräch; **majorité des ~** *f* Stimmenmehrheit; **partage des ~s** *m* Stimmengleichheit
△△ **en cas de partage des ~s, la ~ du président est prépondérante** bei Stimmengleichheit gibt die Stimme des Vorsitzenden den Ausschlag

~ consultative *f* beratende Stimme
△ **avec ~** mit beratender Stimme

vol *m* 1. Flug 2. Diebstahl
△ **assurance ~** *m* Diebstahlversicherung; **risque de ~** *m* Diebstahlsgefahr

~ avec effraction *m* Einbruchsdiebstahl

~ charter *m* Charterflug

~ non régulier *m* Sonderflug, Charterflug

~ par effraction *m* Einbruchsdiebstahl

~ régulier *m* Linienflug

volaille *f* Geflügel
~s abattues *fpl* Schlachtgeflügel
volant *m* 1. Reserve 2. Steuerrad
△△ **disposer d'un ~ de liquidités** über Barreserven verfügen
~ **de disponibilités** *m* Liquiditätsreserve
~ **de sécurité** *m* Sicherheitsreserve
~ **de trésorerie** *m* Liquiditätsreserve
volatilité *f* Flüchtigkeit, Instabilität
~ **des cours** *f* Instabilität der Kurse
~ **des parités** *f* Instabilität der Wechselkurse, Wechselkursschwankungen
voler 1. fliegen 2. stehlen
~ **au secours de** ***qn*** zu Hilfe eilen *jdm*
volet *m* Teil, Bereich, Strang
volontaire freiwillig, willentlich
△ **acte ~** *m* freiwillige Handlung; **cession ~e** *f* freiwillige Abtretung/Lohn- und Gehaltsabtretung; **chaîne ~e** *f* freiwillige Handelskette; **omission ~** *f* Unterlassung, Versäumnis
volonté *f* Wille
~ **de coopération** *f* Wille zur Zusammenarbeit, Kooperationsbereitschaft
volume *m* Volumen, Umfang, Menge
△ **croissance en ~** *f* reales Wachstum; **en ~** real; **marché sans ~** *m* umsatzschwacher Markt; **taux de couverture en ~** *m* reale Deckungsquote
△△ **croître en ~** real wachsen
~ **d'affaires** *m* Geschäftsvolumen
~ **d'échange(s)/des échanges** *m* Handelsvolumen
~ **de capture** *m* Fangmenge
~ **de la production** *m* Produktionsvolumen, Stückzahlen
~ **de/du marché** *m* Marktvolumen, Börsenumsätze
~ **des affaires** *m* Geschäftsvolumen, Umsatzvolumen, Umsätze
~ **des crédits** *m* Kreditvolumen
~ **des échanges** *m* Handelsvolumen
~ **des euro-dollars** *m* Eurodollar-Anleihevolumen
~ **des exportations** *m* Ausfuhrvolumen, Exportvolumen
~ **des importations** *m* Einfuhrvolumen, Importvolumen
~ **des négociations** *m* Börsenumsätze, Volumen des Börsengeschäfts
~ **des transactions** *m* Geschäftsvolumen, Umsatzvolumen, Umsätze
~ **des transactions boursières/en Bourse** *m* Börsenumsätze, Volumen des Börsengeschäfts
~ **des ventes** *m* Verkaufsziffern, Verkaufszahlen, Verkaufsvolumen, Umsatz, Umsatzvolumen
~ **du budget national** *m* Volumen des Staatshaushaltes
~ **du chiffre d'affaires** *m* Verkaufsziffern, Verkaufszahlen, Verkaufsvolumen, Umsatz, Umsatzvolumen
~ **du commerce extérieur** *m* Außenhandelsvolumen
~ **du crédit** *m* Kreditvolumen
~ **du marché** *m* Marktvolumen, Börsenumsätze
~ **effectif du marché** *m* tatsächliches Marktvolumen
~ **monétaire en circulation** *m* Geldvolumen
~ **plein** *m* volles Volumen
volumineux, se voluminös, umfangreich, groß
Vos réf. (Vos références) Ihr Zeichen
vote *m* Abstimmung, Stimme, Votum
△ **bulletin de ~** *m* Stimmzettel; **bureau de ~** *m* Wahllokal; **dépouillement des bulletins de ~** *m* Auszählung der Stimmzettel/Stimmen; **droit de ~** *m* Stimmrecht, Wahlrecht; **secret du ~** *m* Wahlgeheimnis
△△ **avoir le droit de ~** wahlberechtigt sein
~ **de confiance** *m* Vertrauensvotum
voter (*qc*/pour *qn*) wählen *etw*/*jdn*, (ab)stimmen für *etw*/*jdn*, verabschieden *etw*
△△ **s'abstenir de ~** sich der Stimme enthalten
~ **à l'unanimité** ***qc*** einstimmig verabschieden *etw*
~ **un amendement** eine Abänderung/Gesetzesänderung verabschieden
~ **une loi** ein Gesetz verabschieden
voulu, e gewünscht, vorgesehen
△ **en temps ~** termingerecht, fristgerecht, rechtzeitig, zu gegebener Zeit
voyage *m* Reise
△ **agence de ~** *f* Reisebüro; **assurance-(accident-)~** *f* Reise(unfall)versicherung
~ **d'affaires** *m* Geschäftsreise
~ **de stimulation** *m* Incentivereise

~ **organisé** *m* Pauschalreise
voyager reisen, befördert werden
△△ **les marchandises voyagent aux risques et périls de l'acheteur** die Waren werden auf Risiko des Käufers versandt, das Transportrisiko trägt der Käufer;
voyageur *m* Reisender
△ **gare de ~s** *f* Fluggasthalle
~ **d'affaires** *m* Geschäftsreisender
~ **de commerce** *m* Handelsreisender
~ **de commerce multicarte** *m* Handelsreisender, der mehrere Firmen vertritt
~ **Représentant Placier (VRP)** *m* Handelsvertreter mit besonderem Rechtsstatus
~-kilomètre *m* Passagierkilometer
voyagiste *m* Reiseveranstalter
VPC (vente par correspondance/vente par catalogue) *f* Versandhandel
vrac *m* offene Ware, Sturzware, Schüttgut
△ **cargaison de ~** *f* Schüttgut; **chargement en ~** *m* Bulkladung; **en ~** lose, nicht portioniert, unverpackt; **fret en ~** *m* unverpackte Ladung; **marchandises en ~** *f pl* Massengüter, Massenware, Schüttgut; **transport en ~** *m* Schüttgut-Transport, Lose-Transport
VRP (Voyageur Représentant Placier) *m* Handelsvertreter mit besonderem Rechtsstatus
vue *f* Sicht
△ **à ~** auf Sicht; **compte à ~** *m* Sichtkonto, Sichteinlagen; **délai de ~** *m* Sichtfrist; **dépôt à ~** *m* Sichteinlage; **échange de ~s** *m* Meinungsaustausch; **engagement à ~** *m* Sichtverbindlichkeit; **traite à ~** *f* Sichtwechsel
~ **d'ensemble (sur *qc*)** *f* Überblick (über *etw*)
vulnérabilité *f* Verwundbarkeit, Anfälligkeit, Verletzlichkeit
vulnérable verwundbar, anfällig, verletzlich

W

wagon *m* Waggon, Wagen
△ **franco ~** frei Waggon/Wagen
wagon de marchandises *m* Güterwaggon, Güterwagen
wagon-citerne *m* Kesselwagen, Tankwagen, Tankwaggon
wagon frigorifique *m* Kühlwagen, Kühlwaggon
wagon-poste *m* Postwagen, Postwaggon
warrant *m* Warrant, Bescheinigung, Ermächtigung, Lagerschein
~ **agricole** *m* Pfandurkunde für landwirtschaftliche Erzeugnisse
~ **hôtelier** *m* Urkunde über Beleihung der Inventarstücke eines Hotels
~ **industriel** *m* Pfandurkunde für Inventarstücke eines Industriebetriebs
~ **pétrolier** *m* Urkunde über die Beleihung von Erdölprodukten
~ **spécial** *m* Dokument über eine Verpfändung ohne Übergabe des Gutes

X

X Insider-Kurzbezeichnung für die militärische Elitehochschule Ecole Polytechnique
xénophobe fremdenfeindlich, ausländerfeindlich
xénophobie *f* Fremdenfeindlichkeit, Ausländerfeindlichkeit

Z

ZAC (zone d'aménagement concerté) *f* Gebiet für konzertierte Raumplanung
zéro null
△ **croissance ~** *f* Nullwachstum; **prêt à taux ~** *m* zinsloses Darlehen
ZI (zone industrielle) *f* Industriegebiet
zin-zins *m pl fam* institutionelle Anleger (an der Börse)
zone *f* Gebiet, Zone, Region
~ **à urbaniser par priorité (ZUP)** *f* prioritäres Erschließungsgebiet/Bebauungsgebiet
~ **artisanale** *f* Gewerbegebiet
~ **constructible** *f* bebaubares Gelände/Gebiet, Baugebiet, Baugelände

~ **courte** *f* Güternahverkehr
~ **d'activités** *f* Gewerbegebiet
~ **d'aménagement concerté (ZAC)** *f* Gebiet für konzertierte Raumplanung
~ **d'attraction** *f* Einzugsgebiet, Einzugsbereich
~ **de chalandise** *f* Einzugsgebiet, Einzugsbereich
~ **de compétence** *f* Zuständigkeitsbereich
~ **de diffusion** *f* Verbreitungsgebiet, Streubereich, Streugebiet
~ **de libre échange** *f* Freihandelszone
~ **de moindre peuplement** *f* dünn besiedelte Zone
~ **de peuplement industriel et urbain (ZPIU)** *f* Mischgebiet (Wohngebiet und Gewerbeflächen)
~ **de tarification** *f* regionale Schadensklasse (Kfz-Versicherung)
~ **européenne de libre-échange** *f* Europäische Freihandelszone
~ **franc** *f* Franc-Zone
~ **franche** *f* wirtschaftliches Sondergebiet (u.a. Subventionen und Steuerleichterungen für 5 Jahre)
~ **inconstructible** *f* nichtbebaubares Gelände/Gebiet
~ **industrielle (ZI)** *f* Industriegebiet
~ **longue** *f* Güterfernverkehr
~ **monétaire** *f* Währungszone
~ **non constructible** *f* nichtbebaubares Gelände/Gebiet
~ **piétonne** *f* Fußgängerzone
~ **rurale** *f* ländliches Gebiet
~ **salariale** *f* Tarifzone, Tarifgebiet

ZPIU (zone de peuplement industriel et urbain) *f* Mischgebiet (Wohngebiet und Gewerbeflächen)

ZUP (zone à urbaniser par priorité) *f* prioritäres Erschließungsgebiet/Bebauungsgebiet/Sanierungsgebiet